CS 比 较 译 丛 25

比 较 出 思 想

比较
Comparative Studies

# 贸易的冲突

[美] 道格拉斯 · 欧文（Douglas A. Irwin）_ 著
余 江 刁琳琳 陆殷莉 _ 译

CLASHING OVER COMMERCE
A HISTORY OF US TRADE POLICY

美国贸易政策 200 年

中信出版集团 | 北京

图书在版编目（CIP）数据

贸易的冲突：美国贸易政策 200 年 /（美）道格拉斯·欧文著；余江，刁琳琳，陆殷莉译 . -- 北京：中信出版社，2019.7（2024.10重印）

书名原文：Clashing over Commerce: A History of US Trade Policy

ISBN 978-7-5217-0465-5

Ⅰ．①贸… Ⅱ．①道… ②余… ③刁… ④陆… Ⅲ．①对外经济政策－研究－美国 Ⅳ．① F171.251

中国版本图书馆 CIP 数据核字（2019）第 080267 号

CLASHING OVER COMMERCE: A History of US Trade Policy by Douglas A. Irwin



**贸易的冲突：美国贸易政策 200 年**

著　　者：[美] 道格拉斯·欧文
译　　者：余　江　刁琳琳　陆殷莉
出版发行：中信出版集团股份有限公司
（北京市朝阳区东三环北路27号嘉铭中心　邮编 100020）
承 印 者：嘉业印刷（天津）有限公司

开　　本：787 mm × 1092 mm　1/16　　印　　张：53　　字　　数：864 千字
版　　次：2019 年 7 月第 1 版　　印　　次：2024 年10月第 5 次印刷
京权图字：01-2019-2986　　广告经营许可证：京朝工商广字第 8087 号
书　　号：ISBN 978-7-5217-0465-5
定　　价：168.00 元

# 目录

## 第一篇

## 税 收



## 第二篇

## 限 制

## 第三篇

# 互 惠

# “比较译丛”序

2002年，我为中信出版社刚刚成立的《比较》编辑室推荐了当时在国际经济学界产生了广泛影响的几本著作，其中包括《枪炮、病菌与钢铁》《从资本家手中拯救资本主义》《再造市场》（中译本后来的书名为《市场演进的故事》）。其时，通过二十世纪九十年代的改革，中国经济的改革开放取得阶段性成果，突出标志是初步建立了市场经济体制的基本框架和加入世贸组织。当时我推荐这些著作的一个目的是，通过比较分析世界上不同国家的经济体制转型和经济发展经验，启发我们在新的阶段，多角度、更全面地思考中国的体制转型和经济发展的机制。由此便开启了“比较译丛”的翻译和出版。从那时起至今的十多年间，“比较译丛”引介了数十种译著，内容涵盖经济学前沿理论、转轨经济、比较制度分析、经济史、经济增长和发展等诸多方面。

时至2015年，中国已经成为全球第二大经济体，跻身中等收入国家的行列，并开始向高收入国家转型。中国经济的增速虽有所放缓，但依然保持在中高速的水平上。与此同时，曾经引领世界经济发展的欧美等发达经济体，却陷入了由次贷危机引爆的全球金融危机，至今仍未走出衰退的阴影。这种对比自然地引发出有关制度比较和发展模式比较的讨论。在这种形势下，我认为更有必要以开放的心态，更多、更深入地学习各国的发展经验和教训，从中汲取智慧，这对思考中国的深层次问题极具价值。正如美国著名政治学家和社会学家李普塞特（Seymour Martin Lipset）说过的一句名言：“只懂得一个国家的人，他实际上什么国家都不懂”（Those who only know one country know no country）。这是因为只有越过自己的国家，才能知道什么是真正的共同规律，什么是真正的特殊情况。如果没有比较分析的视野，既不利于深刻地认识中国，也不利于明智地认识世界。

相比于人们眼中的既得利益，人的思想观念更应受到重视。就像技术创新可以放宽资源约束一样，思想观念的创新可以放宽政策选择面临的政治约束。无论是我们国家在上世纪八九十年代的改革，还是过去和当下世界其他国家的一些重大变革，都表明“重要的改变并不是权力和利益结构的变化，而是当权者将新的思想观念付诸实施。改革不是发生在既得利益者受挫的时候，而是发生在他们运用不同策略追求利益的时候，或者他们的利益被重新界定的时候”*。可以说，利益和思想观念是改革的一体两面。囿于利益而不敢在思想观念上有所突破，改革就不可能破冰前行。正是在这个意义上，当今中国仍然是一个需要思想创新、观念突破的时代。而比较分析可以激发好奇心，开拓新视野，启发独立思考，加深对世界的理解，因此是催生思想观念创新的重要机制。衷心希望“比较译丛”能够成为这个过程中的一部分。

钱颖一

* Dani Rodrik, “When Ideas Trump Interests: Preferences, Worldviews, and Policy Innovations,” NBER Working Paper 19631, 2003.

# 引 言

在《联邦党人文集》第十章里，詹姆斯·麦迪逊（James Madison）注意到每个社会都存在不同的经济利益集团，这些集团经常对政府政策持有相互激烈冲突的看法："土地利益集团、制造业利益集团、商业利益集团、金融利益集团，以及其他许多较弱小的利益集团，必然在各个文明国家中成长起来，并把社会分为不同的阶级，由不同的情感和观点驱动。"他指出："管理这些多种多样而彼此冲突的利益集团，构成了现代立法工作的基本任务，并需要把党派精神纳入政府的必要和日常行动中。"麦迪逊还借用贸易政策的例子阐述这一观点："是否应该，以及应该在何种程度上利用对外国制造商的限制，鼓励本国制造商？土地所有者阶层和制造商阶层对这些问题有大相径庭的结论，而且可能都不是出于对正义和公共利益的考虑。"他相当悲观地总结说："指望开明政治家能够协调这些利益冲突，使它们都服从于公共利益，这种观点恐怕是徒劳无益的。"[1]

时间证明了麦迪逊的洞察：在整个美国历史中，贸易政策一直是痛苦的政治冲突的源头。这一冲突向来激烈，因为事关金钱和就业岗位：根据政策选项，某些类型的产业、农民和工人将受损，而其他人会得利。麦迪逊同样正确地预见到贸易政策的基本议题是在何种程度上保护国内厂商免受外国竞争。这个永恒主题令社会的不同群体、国家的不同地区乃至各种哲学观点争得不可开交。

本书将探究从殖民地时期至今影响美国贸易政策争斗的经济和政治因素，考察影响贸易政策进程的经济利益和党派立场、环绕和约束政策制定者的历史背景、由政治博弈过程产生的政策结果，以及这些政策的经济效应等。国会是事件的中心，因为那里是决定贸易政策的主要场所。生产商利益集团、工会、辩护团体、公共知识分子乃至历届总统都可以提出各自的要求、抗议、谴责和抱怨等，然而改变现行政策必须有国会的多数同意和行政领导的批准。如果投票未能过关，现行政策就无法改变。

美国的贸易政策始终指向三个基本目标：通过对进口产品征收关税增加政府的收入，通过限制进口保护国内厂商免受外国竞争，以及通过互惠协定减少贸易壁垒和扩大出口。这些“3R”目标（税收，revenue；限制，restriction；互惠，reciprocity）一直是美国贸易政策的主要追求。虽然三者在整个历史上都很重要，但美国贸易政策可以划分为三个时代，每个目标在其中一个时代占据优先地位。第一个时代是从联邦政府成立到南北战争，创造关税收入是贸易政策的核心目标。第二个时代是从南北战争到大萧条，限制进口以保护国内厂商是贸易政策的主要目标。第三个时代是从大萧条至今，旨在减少关税和非关税壁垒的互惠贸易协定成为优先考虑对象。

以上的描述意味着，美国贸易政策只遇到过两次重大的外来冲击，导致其目标发生了转移。第一次是南北战争，导致了有利于共和党的政治洗牌，贸易政策的主要目标由关税收入转向进口限制。第二次是大萧条，导致了有利于民主党的政治洗牌，贸易政策的主要目标由进口限制转向互惠协定。在这三个时代当中，现行政策在两党之间也都有过激烈争论。现状一直受到挑战，总有一方在抱怨如果关税不能提高或降低，国家将被毁掉。不过，尽管有不同利益集团带来的所有这些争论和分歧，现行政策一旦确立，再想改变就非常困难。在上述三个时代中，美国的贸易政策表现出了惊人的连续性和稳定性，哪怕任何时点都不乏政治和经济上的各种斗争。

美国贸易政策的稳定性来源于国家的经济地理与政治体制的特性。国家的不同地区专注于不同的经济活动，这种定位的延续时间即使达不到数个世纪，也可以长达数十年。在两百多年中，棉花始终在密西西比州生产，烟草在肯塔基州和北卡罗来纳州，钢铁在宾夕法尼亚州，等等。从事专业化生产的各州对贸易有着各自的利益诉求：某些地区生产的产品用于出口，其他地区的产品则面临着进口产品的竞争。代表不同地区的国会议员，通常根据自己选民的利益给法案投票。其结果是，美国稳定的经济地理结构带来了国会对贸易政策投票的稳定的政治地理格局。[2]此外，美国的政治体制导致立法的通过难度很大，使政策走势倾向于维持原状。

作为经济学家，我喜欢借助经济学分析理解政策制定者背后的驱动力及其政策决策的后果。经济学家撰写的关于美国贸易政策历史的上一部重要著作是弗兰克·陶西格（Frank Taussig）的《美国关税史》（*A Tariff History of the United States*），1889 年首发，一共发行了 8 个版本，直至 1931 年。这一经典著作需要升级更新，有三方面的理由。第一，陶西格完成最后一个版本的时间是 1930 年的《霍利-斯穆特关税法案》（Hawley-Smoot Tariff Act）通过之后，但大萧条的低谷尚未到来，那时距今已发生了近一个世纪的重大变化。美国从孤立主义和贸易政策保守主义，变成了在全世界推进自由贸易的领导者。第二，对于陶西格只能推测的经济史上的许多重大问题，实证研究已得出了新见解。此类问题包括：南北战争以前的关税对美国南方的影响，保护措施对促进新兴产业发展的作用，以及高贸易壁垒与大萧条的关系等。第三，与陶西格所处的时代相比，经济学家用于思考经济政策的政治经济互动关系的理论架构已经有了长足进步。[3]

当然，讲述美国贸易政策史所需的远超出经济学范围，贸易政策与国家的政治史密不可分。我们很自然地看到，政治家学和历史学家对理解贸易政策的发展同样做出了重要贡献。[4]政治学家关注经济学家常常忽略的一些因素，如政策制定过程本身可能影响政策的最终结果。正如有报道称，密歇根州的众议员约翰·丁格尔（John Dingell）曾说，“我让你来写法案的内容，你让我来写立法的程序，最后每次我都会打败你”，不过他显然是用了比“打败”更刺眼的一个词语。历史学家则细致入微地描述了贸易政策辩论发生的政治背景。

但是，政治学家和历史学家从来都不是特别关注贸易政策错综复杂的细节。阿兰·米尔沃德（Alan Milward，1981，第58页）曾写道："关税总是相当乏味的事情，除非涉及有关联的政治事件"，意思是说只有乏味的经济学家会觉得关税本身值得研究。若干历史学家也承认，从来没有对贸易政策表现出过浓厚的兴趣。例如约翰·贝劳拉维克（John Belohlavek，1994，第482页）就曾坦承，关税"让历代美国历史学家患上了嗜睡症……尽管我们很少否认该议题的重要性，但更少有人愿意探索那些令人困惑的关税和税率的迷宫"。

更重要的是，政治学家和历史学家往往会忽视不同贸易政策的经济后果。杰斐逊在1808年的贸易禁运对经济有何影响？高关税是否促进了19世纪的美国工业化？1930年的《霍利-斯穆特关税法案》是加剧还是缓和了大萧条的程度？第二次世界大战之后的自由贸易政策是不是战后时期出现经济繁荣的原因？21世纪第一个10年早期与中国的贸易往来是否摧毁了美国的制造业就业岗位，伤害了蓝领工人？虽然本书更关注贸易政策形成背后的政治和经济因素，而不是特定贸易政策选项的后果，但以上这些重要问题仍需要解答。

本书按照年代顺序组织，但每个章节都会对政治和经济形势展开分析。引言将为后续章节提供某些背景介绍。我们首先分析试图探究的主要政策选项：对进口产品征收的平均关税。这一平均水平的设置通常是为了达成贸易政策的如下三大目标之一：增加政府收入，限制进口以保护国内厂商免受外国竞争，或者利用互惠协定为出口产品打开外国市场。继而我们将讨论美国的经济和政治地理格局如何影响国会制定的贸易政策。最后，我们将研究党派和意识形态因素在贸易政策制定中可能发挥的作用。

## 贸易政策的工具和目标

国际贸易包含把本国产品和服务出口到国外，以及把外国产品和服务进口到国内。各国政府可以用补贴促进贸易，也可以用税收限制贸易。由此形成了政府对贸易进行干预的四种可能途径：出口税收、出口补贴、进口税收以及进口补贴。这四个政策选项中的两个与美国历史没什么关系。根据本书第一章将介绍的原因，出口税被美国宪法第 1 条第 9 款明确禁止。由政府给进入本国市场的外国产品提供的进口补贴，则极少被任何国家采用，美国亦不例外。

剩下的选项是出口补贴和进口税收。美国在某些时期采用过出口补贴，但由于其财政成本，从来都规模不大。[5]相反，进口税收——关税——自联邦政府在 1789 年成立以来一直是贸易政策的核心。因此本书的主要关注点也放在进口关税上面。[6]

进口关税在外国产品进入美国国境时征收。[7]关税可以采用从价税形式，以进口产品价值的某个百分点计算（如 30%）；或者采用从量税形式，对每单位进口产品征收固定的金额（例如每磅* 或每件 1 美元）。从量税的一个重要特征是，如果不考虑进口产品的价格，它与从价税等值的百分点就不能确定。例如对每件进口衬衫征收 5 美元的从量税，那么对于 10 美元价格的衬衫，其对应的从价税率为 50%，对于 50 美元价格的衬衫，其对应的从价税率则为 10%，所以从量税对应的从价税必然与产品价格有内在关联。由于许多关税采取了从量税的形式，在历史上的某些时期，进口产品价格的大幅波动成为平均关税率大幅波动的重要原因。[8]

平均关税率是使用最广泛的反映一国进口政策的关键指标。图 I. 1 显示了美国在 1790—2015 年对全部进口产品和应税进口产品的平均关税率。[9]对全部进口产品的平均关税率是最宽泛的测量指标，包括所有进口（应税产品与免税产品）。应税进口产品的平均关税率则只限于需要缴纳关税的产品。这两个数据系列在南北战争后出现了较大缺口，当时允许某些外国产品免税进口，通常是国内不生产的产品，不会给国内生产商造成损害，例如咖啡和茶叶。20 世纪 80 年代以来，自由贸易协定让某些国家能够以零关税把产品出口到美国。如果撇开此类进口，应税产品的平均关税率可以（有些简化但依然适用）解释为面临外国竞争的国内厂商享受的平均保护程度。从某种意义上讲，这样的保护性关税正是本书通篇将要关注的核心“政策结果”。

---

* 英制质量单位，1 磅约合 0. 4536 千克。——编者注

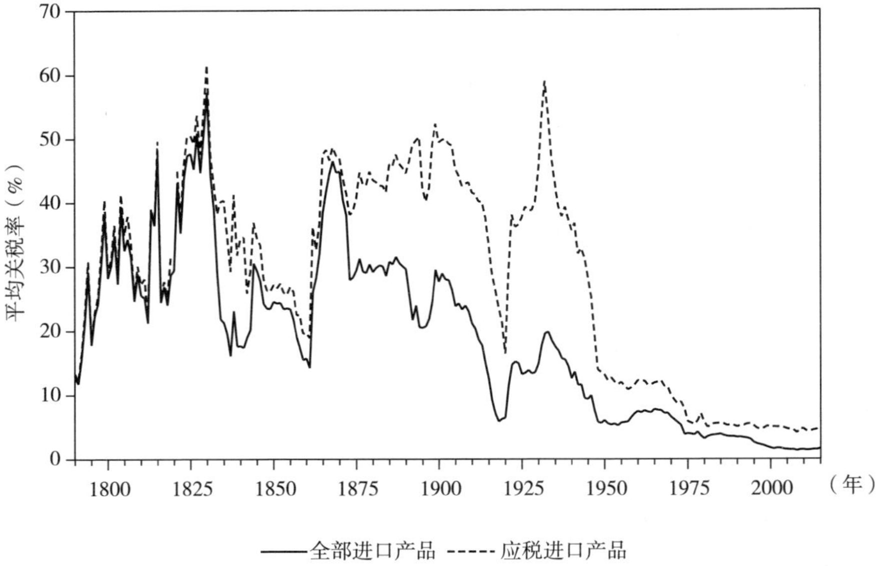


图Ⅰ.1　1790—2015年全部进口产品与应税进口产品的平均关税率

资料来源：1790—1970年的数据来自US Bureau of the Census（1975），series U-211-12；1970—2015年的数据参见US International Trade Commission，“U. S. Imports for Consumption，Duties Collected，and Ratio of Duties to Value，1891－2015，”March 2016。

正如图Ⅰ.1所示，两类平均关税率都在随时间发生变化，表明贸易政策有相当大的不稳定性。然而这基本上属于错觉，基本的贸易政策其实比该图给人的印象要稳定得多。平均关税率的部分变化确实是由于国会制定的税率变化或者总统在贸易协定谈判中达成的税率变化所致，但大多数关税法案和贸易协定只是在原先的体系和进口税率上做逐步修正，从而维持现行政策的连续性。相比之下，平均关税率的最大变动其实是因为实行从量税的进口产品的价格变化所致。即便政策制定者设置的对进口产品适用的基本税率不变，进口产品价格的外生变化有时仍会导致平均关税率出现大幅波动。

国会和总统希望通过进口关税率的设置达成哪些目标？如上文所述，政策制定者有三大基本目标：增加政府税收，限制进口以保护国内厂商免受外国竞争，利用互惠协定为出口产品打开外国市场。大致来看，美国贸易政策的三大目标在图Ⅰ.1中均有所反映。在第一个时代，即1790—1860年，增加政府收入成为设定进口关税的主要因素，因为联邦政府有90%的收入来源于此。当然税收并非唯一要考虑的因素：平均关税率从19世纪第一个10年早期的约20%提高到19世纪20年代后期的近60%，这是因为北方某些州试图利用关税进行保护。这一企图最终被南方各州击败，它们想要“仅用于增加政府税收的关税”，并为此爆发了一场严重的政治危机——南卡罗来纳州威胁退出联邦。1833年达成的妥协解决了分歧，使关税率转入下降轨道，直至南北战争爆发（那时已经降到20%以下）。对全部进口产品和应税进口产品的平均关税率水平很接近，因为当时几乎所有进口产品都需要缴纳关税。[10]

上述政治平衡被南北战争打破，政治权力由主张低关税的南方民主党人转移到主张高关税的北方共和党人手中。在第二个时代，即1860—1934年，贸易政策的主要目标变成了通过限制进口保护特定产业免受外国竞争。这一新目标能占据主导，是因为控制政治权力的党派有了更换。结果导致应税进口产品的平均关税率从1859年的不到20%提升至内战期间的约50%，并在此水平上维持了数十年。在这个时期，保护性关税成为国家政治生活的主要议题之一：赞成派认为它促进了国家成长与工业化步伐，反对派则指责它缺乏效率，以牺牲其他人的利益为代价保护某些产业部门。

这一时期，虽然应税进口产品的平均关税率居高不下，全部进口产品的平均关税率却在下降，因为某些消费品（咖啡和茶叶）与原材料产品（锡和橡胶）获得了免税待遇。进口关税对政府收入的重要性则有所下降，因为引入了其他税种。从1860年到1913年，关税收入约占政府收入的一半；而在1913年引入所得税以后，关税在政府收入中只占一小部分。从1913年到1933年，关税变得极不稳定：第一次世界大战期间，平均关税率大幅下降，战后又迅速提升，到20世纪30年代早期达到近60%的峰值。剧烈波动不仅源自立法导致的关税率变动，也反映了从量税产品的进口价格走势。

大萧条再次打破了美国的政治平衡，1932年大选后，政治权力重新交给了主张低关税的民主党。在第三个时代，即 1934 年至今，国家间互惠成为贸易政策的主要目标，以便为美国出口产品打开市场。实现互惠就需要与其他国家就削减贸易壁垒展开谈判，美国要同意削减对外国产品的关税，以换取外国对美国出口产品的同等待遇。在此之前，贸易协定基本上不可行，因为国会希望维持对关税事务的决定权，而不愿意把谈判权授予总统。但由于大萧条期间各国设置了很高的贸易壁垒，对美国的出口极为不利，国会于是在 1934 年的《互惠贸易协定法案》（Reciprocal Trade Agreements Act）中批准了对总统的授权。

这一标志性法案把贸易政策制定的地点由立法机构转到了行政机构，象征着新时代的开始。自此以后，美国参与达成了大量的贸易协定，例如 1947 年的《关税与贸易总协定》（General Agreement on Tariffs and Trade，GATT，以下简称《关贸总协定》），1993 年的《北美自由贸易协定》（North American Free Trade Agreement，NAFTA）等。部分由于这些贸易协定的影响，美国的关税率降至历史新低。应税进口产品的平均关税率在 20 世纪 40 年代大幅跌落，此后由于二战期间和战后的进口产品价格提升，到 20 世纪 50 年代早期在 10% 左右企稳，至 70 年代后期再跌至约 5%，迄今一直维持在该水平。

从长期历史进程看，只发生过两次导致美国贸易政策重大转向的突发事件：南北战争，导致贸易政策从增加政府税收转向限制进口；大萧条，导致从限制进口转向互惠贸易。前者与政治权力在国家不同地区的转移有关，后者则关系到一次政治重组，伴随着贸易政策制定过程的重大制度变化。

在每个时代中间，当政策制定者利用关税增加政府收入、限制进口和达成互惠协定时，他们依据的是哪些指导原则？事实上，对于如何设定关税实现上述目标，并没有客观和科学的标准。[11]实现关税收入最大化取决于进口产品的需求价格弹性，但国会从来不知道这些弹性的具体水平，在任何时期也不见得真希望实现关税收入的“最大化”。对于决定何种产业应该得到免受外国竞争的保护以及应该得到何种程度的保护，乃至判断此类保护能否提升整体经济福利，同样没有具体的规则可循。经济学家通常认为，贸易限制会降低国民收入，但如果满足特定条件，也有能促进新兴产业的理论根据。只不过很少有指标能帮助我们预先确定，到底哪些产业适合采用此类扶持。互惠贸易则涉及政治上的判断，即具体的贸易协定是不是符合国家利益的“划算的交易”。

即使有某些实际操作原则能用于具体案例，它们在政策制定的政治舞台上也不太能发挥作用。关税制定本身是政治活动。正如俄亥俄州参议员约瑟夫·弗拉克（Joseph Foraker）所言，实际关税水平是“经过妥协调整后的推测数字”。国会议员在利用关税达成任何目标上通常都存在激烈分歧，最终的政策结果反映了大量（国内和国外的）不同意见以及（政治和经济的）不同目标之间的妥协与权衡。缅因州共和党议员、众议院议长托马斯·里德（Thomas Reed）由此揶揄：“完美平衡的关税只能在你头脑中获得批准，国会是永远做不到的。”[12]

与麦迪逊预言的一样，出于保护主义目的而限制进口一直是美国贸易政策中争议最大的部分，当然贸易协定的相关议题在最近几年也引发了激烈争论。保护性关税的提升或下调总会激起火爆辩论，因为这些税率影响着哪些产业会扩张，哪些产业会收缩。[13]保护性关税会提高外国进口产品在本国的售价，从而影响劳动力和资本在不同产业之间的配置。由于此类原因，就像麦迪逊说的那样，如何让这些“利益冲突”服从于公共利益始终是政策制定者面临的艰巨挑战。

## 美国贸易政策的经济与政治地理学

那么，为什么贸易政策的分歧如此之大，却能在上文介绍的每个时代中表现得极其稳定呢？某些地方的经济利益依靠出口，而其他一些地方却会受到进口的伤害，由此带来了政治冲突。贸易政策连续性的根源，则在于美国经济地理特征（即不同地区特有的经济利益）的稳定及与之相关的政治地理特征（这些利益集团在国会的代表人）的稳定。

在经济地理方面，跨国贸易品的生产，如农作物耕种、矿产资源开采和制造品生产，往往集中在美国的特定区域，而且会长期持续，即使没有几个世纪，也有数十年之久。进出口贸易的产品构成通常也会长期保持稳定。这就意味着美国的农场主、矿场主和制造商对贸易有着长期持续却相互冲突的利益诉求：有人要向外国市场出口产品，需要相对开放的贸易；有人则面临外国竞争，需要保护性关税限制进口产品。由此，国家的不同地区及其不同的厂商利益集团，对于特定贸易政策往往有非常稳定的倾向性。既然国会议员通常反映各自选民的利益，国会的投票格局自然也就呈现出时间上的连续性。

这一观点的逻辑反映在图I.2 中：生产上稳定的经济地理特征加上贸易的稳定构成，产生了稳定的地区性厂商利益集团，然后形成国会在贸易政策方面稳定的政治地理特征。在本书的整个历史论述中，我们都将看到这种格局一再出现，使原有政策很难得到改变，除非像南北战争或大萧条那样的巨大冲击到来，并导致政治权力的重大调整。当然，如果某个产业的地理分布或贸易构成发生变化，地区经济利益也会受到影响，国会的投票格局将随之改变。下面将更细致地对其中的每个环节展开分析。

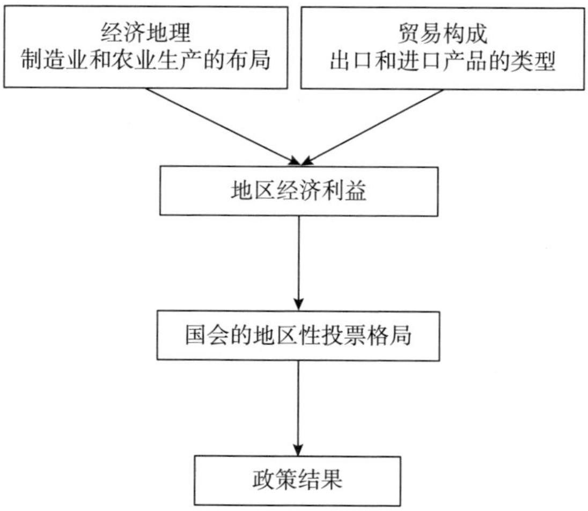


图I.2　贸易政策制定的逻辑

影响贸易政策最重要的经济利益集团是国内生产商，也就是企业及其雇用的员工。人们经常说，美国实行“生产商导向”的贸易政策，国会议员和行政官员尤其听从国内农场主、矿场主和制造商的声音。这些企业利益集团不仅深深卷入了政策制定过程，而且经常集中在国内的特定区域。不同区域的不同特征，如与农业有关的土地和气候条件，与矿业有关的地质因素，与制造业有关的距离自然资源的远近等，导致它们专业从事不同的农作物、矿产资源和制造品的生产。例如，人们经常把棉花生产与南卡罗来纳州、密西西比州和得克萨斯州联系起来，钢铁生产对应宾夕法尼亚州和俄亥俄州，烟草生产对应弗吉尼亚州、北卡罗来纳州和肯塔基州，小麦生产对应堪萨斯州和内布拉斯加州，汽车生产对应密歇根州，煤炭生产对应宾夕法尼亚州和西弗吉尼亚州，金融服务对应纽约州，铜矿生产对应亚利桑那州和新墨西哥州，高技术产品对应加利福尼亚州，飞机则对应华盛顿州，等等。

图I. 3 大致描绘了美国的经济地理格局。最早在 19 世纪早期兴起的绵长制造业地带从新英格兰地区跨越纽约州和宾夕法尼亚州北部，直至中西部地区的北部。该地区包含早期的纺织业和毛织品工业（马萨诸塞州和罗得岛州），钢铁工业（宾夕法尼亚州和俄亥俄州），以及后期的汽车工业（密歇根州）和农业装备工业（俄亥俄州和伊利诺伊州）。烟草生产一直集中在南方各州北部，棉花生产则在南方各州南部。中西部存在跨越明尼苏达州、北达科他州和堪萨斯州的小麦带，跨越艾奥瓦州、伊利诺伊州和印第安纳州的玉米带，以及威斯康星州和密歇根州的乳制品带。

地理上的这一生产分工可以延续数十年之久，但并非永恒不变。[14]在 19 世纪的多数时候，棉纺织品生产主要集中在新英格兰地区，但电力发展让工厂摆脱了对水力的依赖，使其在 20 世纪早期逐渐向南方迁移，以节约劳动力成本。棉花生产集中在南部，1820 年从南卡罗来纳州起步，在之后一个世纪缓慢向西推进到密西西比州和得克萨斯州。钢铁生产集中在宾夕法尼亚州和俄亥俄州，最早是因为当地有煤炭和铁矿资源，直至 20 世纪中期，这两个州仍占全美钢铁生产总量的大约 2/3。

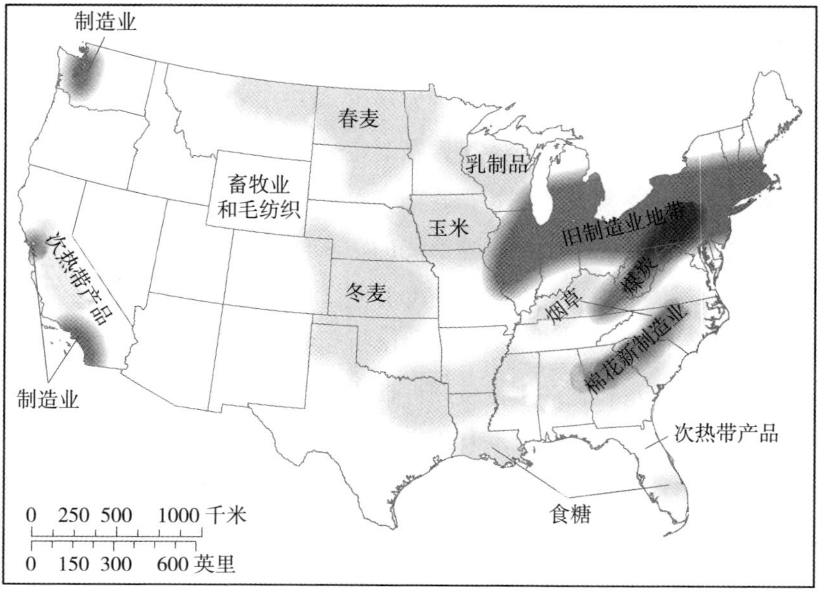


图1.3 美国的经济地理格局

到20世纪70—80年代，随着外国竞争加剧，以重工业为主的制造业地带成为著名的“锈带”（Rust Belt），工厂被关闭或迁往南方发展起来的新制造业地带。[15]

既然美国的农场、矿场和工厂都具有地理集中性，这些企业跟贸易的利弊关系又是如何决定的呢？很大程度上取决于这些企业的产品是出口到外国市场还是面临进口产品的竞争。总体而言，面临外国竞争的企业希望对进口产品征收高关税，面向外国市场出口的企业希望对进口产品征收低关税。出口商与面临进口竞争的企业有相反的利益诉求，因为国际贸易要求用出口产品交换进口产品，在其他条件相同时，任何削弱进口的政策干预都将削弱出口。

出口和进口的相互依赖关系早就被人们认识到。所谓“勒纳对称定理”（Lerner Symmetry Theorem）指出，对进口征税等同于对出口征税。实际上，政策制定者在利用税收限制进口时，也在用税收限制出口。[16]因此，出口导向型企业与面临进口竞争的企业之间经常为贸易政策展开政治角力。出口商往往成为反对高关税团体的带头人，同要求提高关税免受进口产品竞争的企业相对立。例如在19世纪，依赖棉花和烟草出口的南方各州就强烈反对北方各州制造商主张的高关税政策。

同一个产业的生产商和消费者对贸易也有相反的利益诉求。关税会提高国内产品的售价，保护国内生产商，但国内消费者会因此付出更多，承担损失。事实上，关税等于是给国内生产商提供了补贴，而税收来自进口产品及其国内替代品的消费者。这里的消费者不仅指居民家庭，也包括在生产过程中使用进口原材料和中间产品的产业。许多贸易政策争斗发生在原材料和中间产品的生产商与最终产品的生产商之间。例如，国内的羊毛生产商（饲养绵羊的农场主）要求对进口羊毛征收高关税，而国内的毛织品制造商则要求实施低关税以降低自己的生产成本。

只要贸易构成保持稳定，生产商对贸易政策的利益倾向也会保持稳定。贸易的构成，即出口产品与进口产品的类型，则主要取决于一个国家相对于其他国家的自然资源、要素禀赋（土地、劳动力和资本），以及技术水平等。由于这些基本特征的改变通常较为缓慢，贸易构成也就往往较为稳固。美国在两个世纪前出口棉花和小麦，今天依然如此。美国在两个世纪前进口服装、钢铁制品和热带产品，如今也没有改变。

图I.4显示的是美国在1821—2010年的出口（A）和进口（B）的大类构成。南北战争前，食品和原材料（棉花和小麦）占出口的2/3左右，制造品（服装和金属制品）则占进口的约2/3。此格局反映出美国相对于英国和其他贸易伙伴有较丰富的可耕地，较贫乏的劳动力和资本。自然，当一个国家的自然资源、要素禀赋与技术水平发生变化时，贸易构成也会随之改变。美国在整个19世纪都在积累资本，并着手开采丰富的矿产储备，尤其是铁矿石。这使美国逐渐成为矿产品密集型资本品的出口国，如钢铁制品，而劳动力密集型制造品则继续依靠进口，如服装等。资本密集型产品的制造商对保护国内市场免受外国竞争的兴趣逐渐减小，更多关注向外国市场出口，而劳动力密集型产品的制造商则继续面临外国竞争压力，希望维持高关税。贸易构成的这一演化给不同经济产业的利益诉求带来了深远影响，并将如下文所述，最终表现在国会的贸易政治斗争中。

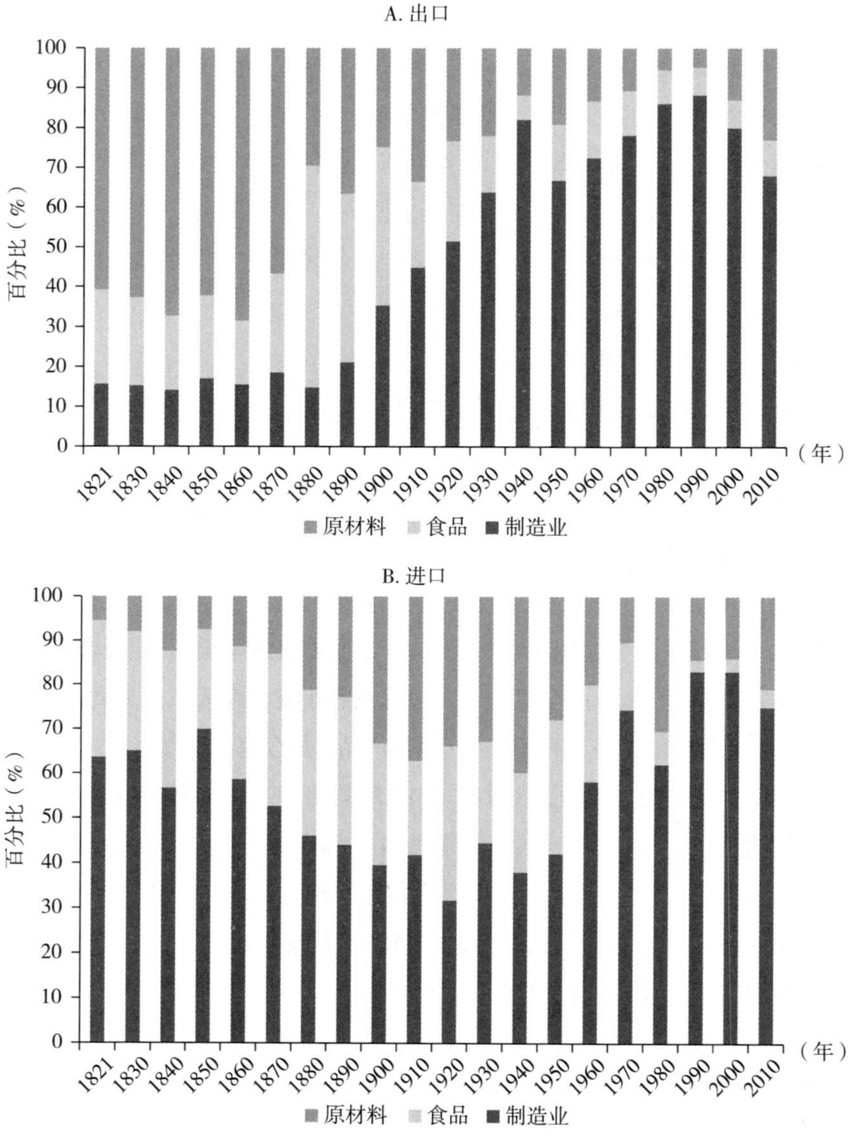


图 I.4　出口产品（A）和进口产品（B）的构成

资料来源：US Bureau of the Census（1975），series U-213-34；1980 年以后的数据来自 www. bea. gov。

生产的地理分布缓慢变化加上贸易构成缓慢变化，意味着许多州在贸易政策上有着立场分明并长期延续的经济利益倾向。因此，在贸易政策的政治角逐中，各州的立场往往是持久不变的。在 19 世纪大多数时候直至进入 20 世纪后的较长时间里，国会对贸易议题的投票都有一条南北分明的界线。简单来说，北方是制造业生产区域，南方则是出口农产品种植区。[17]图 I. 5 描述了 1828 年和 1929 年对提高关税的众议院投票的地理分布，尽管两次投票相距一个世纪以上，其地理分布格局却惊人相似，同一个州的代表在两次投票中的支持比例的相关系数达到 0. 70。这充分表明稳定的经济地理特征加上稳定的贸易构成，如何导致国会投票稳定的政治地理结构。不过在第二次世界大战后，国会开始对总统的谈判授权和贸易协定进行投票，而不是针对具体的关税率，投票分布格局也变得更为混杂，并隐约出现了东西部之间的对立。即便如此，对于 1828 年组成联邦的 22 个州来说，1828 年对关税议题的投票与 1993 年对《北美自由贸易协定》的投票之间的相关系数依然高达 0. 60。

强调地区经济分工和特定产业的贸易利益倾向，是因为资本和劳动在各个产业与地区之间的调整有较高的成本。[18]另一种思路是，某些类型的生产要素，例如技能工人、非技能工人、资本所有者、土地所有者等，不论其所处的具体产业如何，会有相似的经济利益诉求。这样，有关贸易政策的政治斗争就主要发生在不同的生产要素之间（资本所有者同劳工的对立，技能工人同非技能工人的对立等），而非在不同的产业

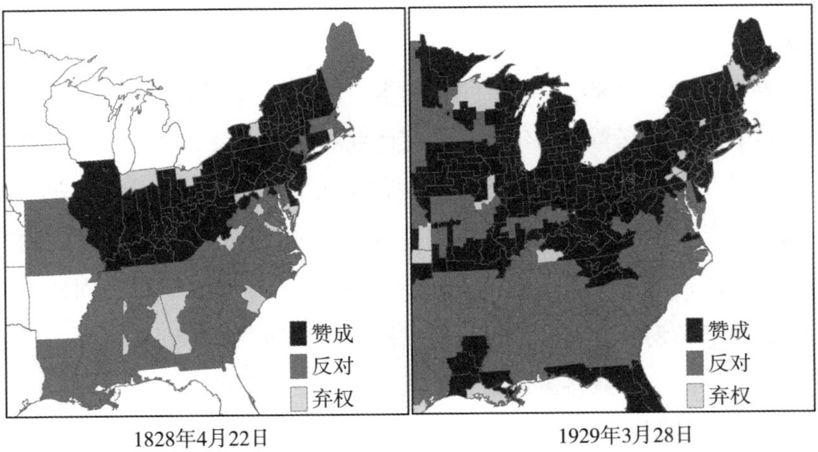


图 I. 5　1828 年和 1929 年众议院对关税法案的投票

资料来源：Map courtesy of Citrin GIS/Applied Spatial Analysis Lab，Dartmouth College。

之间（出口导向型产业同面临进口竞争的产业相对立）。[19]

当然在美国历史上的多数时候，不存在与贸易政策有关的协调统一的“资本”或“劳工”利益集团，因为有太多不同类型的资本和劳动力受到对外贸易的不同方式的影响。遭遇进口冲击的产业（钢铁、纺织和服装）的资本所有者和雇员，与出口产业（农业、机械或航空）的资本所有者和雇员对贸易政策通常有大相径庭的看法。在19世纪后期和20世纪早期，全国性工会组织通常拒绝在贸易政策中采取某一立场，因为各家工会出于自身所在的特定产业，对主张何种政策往往意见不一。所以，经济利益集团常以某个产业的生产商协会为基础来组织，如国家羊毛养殖商协会（National Wool Growers Association）、美国钢铁协会（American Iron and Steel Association）、美国农场局联合会（American Farm Bureau）或者工会，如联合汽车工会（United Auto Workers）、联合钢铁工会（United Steelworkers）、联合服装与纺织业工会（Amalgamated Clothing and Textile Workers Union）、联合矿业工会（United Mine Workers）。针对关税的议案还往往以产品分类（化工产品、金属产品、服装等）来组织，而不是根据生产中使用的基本要素特征（劳动力密集型还是资本密集型等）。国会则按照每个产品、每个产业的分类对关税逐一展开辩论，这只会强化企业和工会在产业层面进行组织动员的激励。

前文提到，自20世纪70年代以来，国会的投票转向贸易协定，而非具体关税率。在贸易协定中，特定产业利益的重要性有所下降，更宽泛的“阶层”因素的作用则比过去更加突出。如图I.4所示，工业部门内部的贸易增加导致如今的出口和进口主要是制造品，意味着经济利益更少取决于产业划分，更多关系到要素使用的密集度，例如美国越来越倾向于进口劳动密集型产品，而出口技能密集型和资本密集型产品。在此情况下，经济利益将由要素类型或经济阶层的因素决定，它们可以形成广泛的相互对立的联盟，如跨越各个产业的工会组织［劳联-产联（AFL－CIO）］或者商会组织［美国商会（Chamber of Commerce）］等。由此导致在最近几十年来，产业工人与工会组织总体上反对贸易协定，跨国公司和资本家则持支持态度。

## 贸易政策与政治制度

无论相互对立的经济利益集团如何组织，它们都必须通过政治程序磋商解决彼此的分歧。那么政治制度如何影响这些对立意见的解决呢?麦迪逊与美国宪法的架构者设计的美国政治制度，使较大的政策变动很难实现。他们在联邦政府内部划分权力，以制衡任何集团控制整个政治体系的能力。权力在众议院、参议院和行政机构这三个实体之间分立，每个实体都代表着不同选民，议案在成为法律前必须经过每个实体的批准。早年的宪法架构者给立法设置了三个潜在路障或者说“否决点”(veto point)，使美国政治制度形成了维持现状的固有强烈倾向。这成为贸易政策维持长期稳定的另一个原因。

宪法第一条赋予国会对进口产品征税和管理对外贸易的权力。因此，国会成为各种经济利益集团为影响贸易政策而开展斗争的主要舞台。政策决定归结为众议院和参议院的多数成员支持还是反对提高或降低关税，以及接受还是否决特定的贸易协定。[20]既然国会成员是有显著经济利益倾向的特定地区的代表，他们的投票往往会反映选民的利益，否则就不容易再次当选。19 世纪后期的共和党重要参议员约翰·谢尔曼总结说（John Sherman，1895，第 2 卷：第 1128 页）：“一般原则容易达成……但将其应用于关税清单上数量庞大的条款时，我们发现决定参议员和众议员行动的还是他们各自选民的利益。”[21]所以不足为奇的是，来自宾夕法尼亚州和俄亥俄州的议员支持钢铁产业的利益，路易斯安那州和佛罗里达州的议员支持糖业，密西西比州和得克萨斯州的议员支持棉花产业，加利福尼亚州和华盛顿州的议员支持航空产业等。满足这些生产商的利益诉求成为国会的主要使命。弗兰克·费特（Frank Fetter，1933，第 427 页）指出：“国会对关税的主导意见……是心照不宣地承认，增进国家福利的办法是满足每个集团的要求，使其成员获得个人利益，而丝毫不考虑此类行动与国家政策等更大的议题有什么关系。”

当然，在选民的利益发生改变时，政客也可以放弃对贸易政策长期持有的观点。马萨诸塞州的丹尼尔·韦伯斯特（Daniel Webster）在很多年里一直在国会慷慨激昂地强调自由贸易和开放商业的重要性，因为他所在的州由航运业和商业利益集团主导。然而当棉纺织业在 19 世纪 20 年代成为该州经济的关键组成部分之后，他的立场悄然改变，开始为保护性关税辩解。这给参议院带来了很多笑料，因为大家对他早年的许多演讲还记忆犹新。

既然政治代表是基于地理区域，人口变化就会逐渐改变不同地区及不同利益集团的政治影响力。图I.6 显示的是，由于新的州加入联邦以及每次人口普查后对席位重新分配导致众议院席位的地区份额发生变化。南北战争前，众议院席位基本上在北方州与南方州之间平分，而迅猛的西进运动很快导致南北双方都需要争取中西部的选票以掌握多数。20 世纪则见证了西部的崛起。更近期来看，北部和中西部在众议院的席位减少，使老制造业地带的重工业企业和工会势力难以在限制进口与否决贸易协定上获得支持。

没有理由认为，相互对立的贸易利益集团——无论是出口导向型产业与进口竞争型产业，还是同一产业中的生产商与客户等——势力相当，在国会中有着可匹敌的政治影响力。首先，贸易利益在不同地区的分布并不均等。例如在 19 世纪，出口高度集中在少数商品上，尤其是棉花和烟草，只产自南方几个州。同时，进口却包含大量不同类型的制造品，如棉纺织品和毛纺织品、钢铁制品、陶瓷制品等，与它们形成竞争的大量国内生产商分散在东北部和上中西部的许多州。由于国会代表是基于地区划分的，出口利益集团在国会的代表人数少于进口竞争型产业集团。

不同利益集团开展政治活动的动力也有所区别。尽管美国在 19 世纪大量出口棉花、小麦和玉米，农场主的贸易利益诉求却并不一致：棉花生产商严重依赖外国市场，约 2/3 的产量用于出口；小麦生产商的依赖程度就小一些，约 1/4 的产量用于出口；玉米生产商则几乎不受影响，只有很少的产量份额用于出口。所以，这些出口商推动开放贸易政

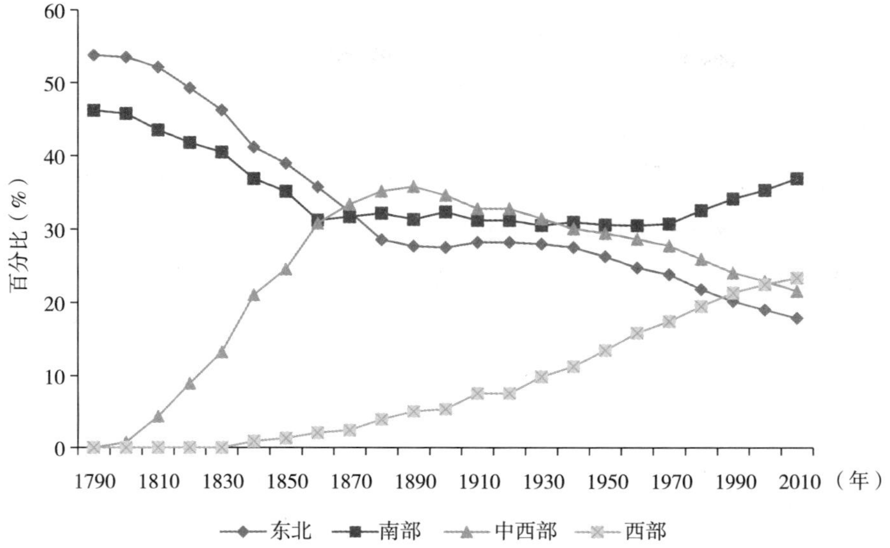


图 I.6　1790—2010 年众议院的地区代表名额

资料来源：http://www.census.gov/population/apportionment/data/2010_apportionment_results.html。

策的动力差别很大。相反，面临进口竞争的任何产业都有强烈的激励游说推高关税，哪怕它对应的外国产品在国内市场上只占很小的份额。

同样的逻辑也适用于具体产品的生产商和客户。即使每名成员受到相同的经济利益影响，如果他们参与政治行动的激励不同，其政治影响力也会有极大的差异。[22]限制进口的好处高度集中在少数生产商，他们有强大的动力组织和支持限制政策。限制政策的成本则由大量客户分担，他们组织和反对限制政策的动力就要弱得多。著名经济学家维尔弗雷多·帕累托（Vilfredo Pareto，1971［1909］，第 379 页）在很早以前就指出："保护主义措施给少数人带来了巨大的利益，却让为数众多的消费者每人承受了很小的损失。"这就导致实施进口关税变成了相对容易的事情，例如通过在国会互投赞成票或投票交易来实现。[23]

还有，进口限制一旦实施就很难取消。削减关税会给特定利益集团造成确定的损害，给其他人带来不确定的收益。因此，面临巨大损失的人会为了反对政策变化而激烈斗争，远远胜过潜在获益者为支持政策变化的投入程度。[24]这会使国会议员难以投票支持下调关税，据说，那样做对任何政客而言都是“不合情理的行为”。[25]例如，虽然 1988 年的《美加自由贸易协定》相对来说争议不大，来自俄勒冈州的共和党参议员鲍勃·帕克伍德（Bob Packwood）却提到让很多国会议员投赞成票是多么不容易。他指出，如果某个参议员所在州的某个产业明确反对该协定，即使对该州的其他 10 个特定利益集团有利，该参议员也几乎肯定会投反对票。帕克伍德说：“跟得到好处的人相比，受损害的人会疯狂得多，也会留下更长久的记忆。”因此，用反对票保护某个产业不受伤害，会比给 10 个产业提供帮助的赞成票更让选民铭记在心。[26]

行政部门又是怎样的情况呢？在 19 世纪和 20 世纪早期，人们通常认为总统在立法事务上应服从于国会，因此并没有在贸易政策上发挥主要作用。例如在 1888 年，参议员约翰·谢尔曼就指导当选总统本杰明·哈里森（Benjamin Harrison）说，总统“应该与自己的党派在政策上保持一致，而且这最好是通过国会来表达，而不是行政部门”。[27]总统一直可以提出改变政策的建议，特别是当他所在党派控制着议会多数席位时，但是否采纳其建议以及法案的具体内容如何，最终由国会决定。

不过，在 1934 年通过《互惠贸易协定法案》之后，总统在贸易政策制定上获得了远比过去突出的领导地位。该法案允许总统与外国达成贸易协定，自此，总统便开始引领国会采取新的贸易措施，或者用消极态度导致政策上的放任。当然国会在贸易政策上依然保留着最终权威。尽管自 1930 年以来国会没有批准过任何的一般性关税法案，但自 20 世纪 70 年代起，行政部门谈判达成的任何贸易协定都需要得到国会的批准。这有时导致了史诗级的争斗，例如 1993 年有关《北美自由贸易协定》的大辩论。

作为行政部门最高领导人，总统代表着全国选民的抉择，因此对贸易政策有着与国会单个议员不同的着眼点。国会议员对贸易的态度是基于贸易对各自选民的影响，总统则脱离了特定生产商集团的狭隘利益诉求，他们往往根据整个国家受到的影响来思考国际贸易，并利用贸易政策为外交政策目标服务。于是，总统通常致力于扩展对外贸易，把贸易协定视为将美国的实力和影响力投射到全球的一种手段。当然，总统偶尔也会出于国内政治目的而支持采取进口限制措施。

## 政党和意识形态

很自然，贸易政策不只涉及经济利益集团如何在国会发挥作用，因为不是全国的每个地区都有着与贸易相关的界限分明的利益诉求。这意味着政党、意识形态和其他因素也会对贸易政策的制定过程发挥潜在影响。

麦迪逊观察到不同经济利益集团"导致了党派思想的兴起"，这当然颇具先见之明。在美国历史上的多数时期，政治生活由两党主宰，各自对贸易政策有着不同立场。在两党制于19世纪30年代形成后的一个多世纪中，民主党主张低进口关税，辉格党与共和党则主张保护性高关税。这一党派分歧有其地理基础：民主党早期的大多数支持势力来自南方农业地区，那里的农场主生产用于出口的大宗作物；辉格党与共和党的主要支持势力来自北方工业地区，那里的制造商面临外国竞争。

不同政党在不同时期主宰美国政治，这帮助建立并维持了特定的贸易政策均衡格局。南北战争前的30年里，民主党在政治上比辉格党强势，把关税维持在较低水平，将增加政府税收视为贸易政策的主要目标。南北战争后，共和党的政治势力超过了民主党，把关税维持在较高水平，把保护国内工业视为贸易政策的主要目标。大萧条后，民主党在政治上重新占据强势，使关税水平再度降低，支持把互惠作为贸易政策的主要目标。

第二次世界大战后，美国进入一个不寻常的时期，两党形成了支持推动互惠贸易协定的共识。该共识的出现既有经济上的原因，也有来自外交政策的考虑。然后到20世纪70年代，两件大事开始发生。首先，两党主要支持势力的地区分布发生了转移，民主党的基地转向北方，共和党大本营转向南方和西部。其次，美国经济面临的外国竞争加剧，对上中西部工业核心地带造成的影响尤其剧烈。这一结果造成民主党对开放贸易的支持力度开始减弱，共和党对开放贸易的支持力度开始增强。[28]到 20 世纪 80 年代，两党在贸易政策议题上几乎对换了立场。到 20 世纪 90 年代，两党对贸易政策的共识消失，贸易再度成为美国政治中两极对立的热点议题。

政治学研究中一个永不过时的问题是：政党对政策结果是否真正重要。在某些人眼里，政党只不过是基本经济利益的反映，因此对政策并没有独立影响。亚拉巴马州的民主党人奥斯卡·安德伍德（Oscar Underwood，1928，第 404 页）曾坦承："与打着派别旗号把政治家选入官邸的各个政党相比，以这种或那种形式伪装的特殊利益集团在决定治理国家的法案中其实更具影响力，这个说法反映了相当多的真相。"区分政党与经济利益对政策结果的影响相当不易，因为它们有着共生关系：利益集团愿意靠近那些最支持自己观点的政党，政党对自己的定位是为了争取各类利益集团的支持，以赢得选举。由于这种相互依赖，国会中党派分明的投票格局就不见得意味着只有党派因素在发挥作用。

事实上，当国会议员面临选民利益诉求与自己所在党派的立场冲突时，前者往往会成为优先考虑的事项。约翰·谢尔曼曾指出（1895，第 2 卷：第 1085 页）："涉及关税法案的真正战斗发生在地区之间……共和党自称支持保护性关税，民主党自称支持仅以政府税收为目标的关税；但通常来说，当共和党人同民主党人一起制定关税时，每位众议员和参议员都基于自己所在地区或州的利益诉求。"例如，路易斯安那州就是地方利益压倒党派忠诚的典型，19 世纪那里是民主党的铁州，但其议员几乎都背离党派立场，投票支持高关税，因为当地的食糖企业希望排斥外国食糖进口。

与此同时，政党要关心贸易政策以外的其他许多事务。并不是所有州在贸易政策上都有鲜明的经济利益倾向性，但它们都在国会有一党或两党的议员代表。这些党派代表人通常愿意与其他同僚在贸易议题上合作，只要其他人能够在他们的选民更关注的议题上投票回报即可。对国会投票结果的研究表明，或许是出于这个原因，即使在控制了地区层级的经济利益因素后，政党因素对投票格局依然发挥着影响。[29]

由于党派因素会影响立法结果，政治权力的巨大变动虽然可能源自与贸易或贸易相关的经济利益变化无关的其他原因，但也经常会造成贸易政策的显著调整。某个党派在大选中获得压倒性胜利就能带来这样的政策转向，因为两党依附于不同的经济利益集团。此时，即使各州层面的基本经济利益没有变化，如果大选导致了政党统治权的更迭，经济利益集团的政治势力也会随之升降。

鉴于两党在贸易议题上通常持有相反的立场，贸易法案的通过往往要求有“统一政府”（unified government）作为条件，即众议院、参议院和总统由同一个党派控制的局面。从19世纪40年代到20世纪60年代通过的重大贸易相关法案，都是由统一政府完成的。统一政府从一个党派转移到另一个党派的情况很少发生，自南北战争之后的150年里，只发生过10次从某个党的统一政府更迭为另一个党的统一政府，分别是在1892年、1896年、1912年、1920年、1932年、1952年、1960年、2000年、2008年和2016年。平均每15年才发生一次党派控制的转移。这种情况出现时，都会给不同政党带来打上其政策烙印的良机，有时（但并不总是）会给贸易政策造成重大改变。控制整个政府的政党更迭较少发生，是现行政策持续性的一个重要解释因素。实际上，自南北战争结束以来的77届国会中，有40%处于“分立政府”（divided government）状态，在这种情况下基本上不可能发生重大的政策改变。[30]

经济利益和党派政治力量起落对贸易政策进程的影响显而易见，意识形态的作用则更难以分辨。[31]一方面，人们很容易把意识形态当作过于虚无且不太能影响国会决策的东西。有人相信，意识形态只不过是为现实中植根于利益的观点提供言辞上的粉饰。著名作家安布罗斯·比尔斯曾把政治描述为“化妆为原则之争的利益冲突”（Ambrose Bierce，1911，第258页）。阿列克西斯·德·托克维尔也支持这一解释（Alexis de Tocqueville，2004［1848］，第202页），他说政治家“首先要弄清楚自己的利益，并找到能够与之联合的类似的利益群体，然后想方设法发现是否凑巧有某些能围绕其组建联盟的现成学说或原则，从而能够展示给世界并获得充分的接受”。

可是，思想观念的力量不能全盘抹杀，因为并不是参与贸易政策制定过程的每个人都有经济利益考虑，只靠利益不足以完全解释政治动机。思想观念是体系化的观点，让政策制定者借以思考和讨论面临的特定议题。关税议题的思考架构，即支持或反对特定立场的原则或理由，可以改变对维持现状还是推动变革的政治支持力度。有关贸易政策的许多观点与个人对政府政策目标的政治哲学观有关，如联邦政府是否应该通过干预经济达成特定目标？制造业是否有特殊性，是否应免受外国竞争的冲击？还有些思想观念涉及对原因和结果的经济思考，如高关税会导致工资上涨还是下降？提高关税是会促进产业发展还是会补贴低效率产业？贸易协定是否有利于大企业而伤害工人，是否会促进竞争，让消费者获益？在任何时候，对此类问题的各种所谓的答案能让相应的政策看起来在经济上更合理，在政治上更容易被接受。

尤其是，来自过去的经验教训可以影响人们对何种政策可取的看法，从而决定公共讨论的走向。在南北战争之后的几十年里，美国的经济增长与发展伴随着保护性高关税政策。不管结论是否真正成立，人们对保护促进了发展这一感受帮助塑造了政治现实，使政治家和公众要推动该政策的重大调整变得非常困难。后来，公众把1930年的《霍利-斯穆特关税法案》同大萧条和世界贸易的灾难性崩溃联系起来，才彻底抛弃了提高进口关税能保持经济强劲增长的观点。在第二次世界大战结束后的时期，人们认为削减关税的多边合作带来了贸易扩张、经济增长和更为和平的国际关系。这一经验改变了在具体政策议题中没有直接经济利益的许多国会议员和公众的看法。然后到21世纪初，工作岗位流失与制造业就业人数下降伴随着美国同墨西哥和中国的贸易增长，造成了限制从这些国家进口的呼声。社会主流观点的改变不只源于局部经济利益诉求，从过去经验中得出的普遍教训似乎也发挥了作用。

另外，经济利益集团诉求有时较为消极，是政治企业家（political entrepreneurs）在观念和意识形态驱动下把这些利益集团动员起来，以追求特定的目标。这些政治企业家没有简单地接受现行政策，而是成为能够动员蛰伏的利益集团、组成新的政治联盟，以推动政策变革的领导者。美国早期政治家亨利·克莱（Henry Clay）在南北战争前关于“美式体制”（American System）的说法，就成为描述保护国内生产商免受外国竞争、发展本国市场这一政策的有效理论。该政策归根到底是源于经济利益诉求，但如果没有一个总体理念，让各个分散的利益集团找到团结起来追求共同目标的可信理由，支持保护政策的广泛政治联盟也并不容易结成。

与之类似，第一次世界大战爆发使一位来自田纳西州的众议员相信，各国政府对市场的抢夺以及争先恐后地设置殖民地贸易障碍，乃是国际冲突的重要原因。他确信，更自由的世界贸易可以有力地促进世界和平。这位众议员就是柯德尔·赫尔（Cordell Hull），他后来成为美国国务卿（1933—1944 年），不遗余力地促进在世界各地减少贸易壁垒。他的目标既有政治方面（世界和平）的，也有经济方面（世界经济繁荣）的。对于指引美国贸易政策至今的互惠贸易协定框架，赫尔发挥的推动作用堪称无人能及。

赫尔对某些思想观念的执着是推动贸易政策新走向的关键因素，而非源自强势利益集团的需要。他虽然来自传统上支持自由贸易的南方，却不是简单地听命于经济利益集团，而且也极少着力培养这些势力以便为自己的行动争取政治支持。只是试图说服其他人认同他的观念，因此当时的很多人认为他的追求将徒劳无功。然而，赫尔最终在改变美国贸易政策的走向上扮演了关键角色。正如参议员保罗·道格拉斯所述：“就这样，来自田纳西山区的这位精明的乡下自由贸易倡导者和国民自卫队队长，完全出于公益的目的，凭借其智慧战胜了来自匹兹堡和华尔街的那些收费昂贵的保护主义律师和说客。”（Paul H. Douglas，1972，第 476 页）

事实上，美国贸易政策的制度性变革，即 1934 年通过《互惠贸易协定法案》授予总统开展贸易谈判的权力，根据不同经济利益集团的政治实力是难以得到解释的。对于该法案的起源，缺乏基于利益集团的确切说法。贸易政策的这一重大制度性变革其实与指导政策的主导观念变化有关。例如杰弗里·勒格罗（Jeffrey Legro，2000）认为，当政策带来的效果偏离了社会预期，不符合需要，并且有其他可行的替代政策时，就可能导致集体观念的变化。这三个条件在 20 世纪 30 年代得到了满足。1930 年的《霍利-斯穆特关税法案》导致了外国对美国出口的报复与全球贸易的崩溃。这一出乎意料的灾难性结果促使政治家和公众思考高关税与大萧条的关系，也使通过谈判削减关税成为现行政策的可行替代选择以及对世界贸易崩溃带来的问题的潜在解决方案。这样就促使思想观念发生了天翻地覆的变化：保护主义的理由被削弱，扩大自由贸易被逐渐接受为可行的替代选择。也正是在这个时候，赫尔进入了权力核心。

经济学家的思想是否也在促进更开放的贸易政策上发挥了作用？虽然经济学家广为人知地指出了贸易产生的收益和限制贸易的成本，但他们在历史上对贸易政策的结果并无太大影响。弗兰克·费特（1933，第 413 页）就很不客气地写道："在关税领域，美国经济学家的教学和著述对公众观点的培育或公共政策的制定基本上毫无作用。"1930 年 6 月，有 1 000 多名经济学家签名恳请赫伯特·胡佛总统不要签署《霍利-斯穆特关税法案》，但他仍然照签不误。不过自大萧条以后，经济学家在经济政策辩论中有了更突出的作用，他们的影响可能让政客在批准保护主义政策前多了些犹豫，可是这一影响到底有多大还很难评测。

总之，贸易政策一直都充满争议，因为它涉及经济利益的直接冲突，这是麦迪逊在很早以前就看到的。虽然丹尼尔·韦伯斯特抱怨说，对不得不面对的议员而言，关税是"令人厌恶的枯燥事务"，有关贸易政策的政治和经济辩论却总是活力四射。[32]研究过去的贸易争议，能帮助我们了解如今的分歧是否真正有别于以往。贸易政策的历史还可以帮我们看清，美国是通过哪条路径来到如今的全球化时代的。

# 第一篇

# 税　收

## 第一章

# 争取独立的斗争，1763—1789 年

在美国走向独立和建国的关键时期，对于对外贸易的管理在一些重大事件中产生了重要影响。尽管英国与北美 13 个殖民地的冲突最终是为了争夺政治权力和主权，许多具体分歧则源自英国对殖民地贸易实施的限制和税收。由于殖民地居民在英国议会缺乏政治代表影响这些政策，他们只能利用自己可以掌握的武器施加经济压力，包括抵制英国产品。不过在成功获得独立后，美国人发现与大英帝国之外开展贸易非常困难。这些问题由于《邦联条例》（Articles of Confederation）导致的弱势联邦政府而加剧，该条例不允许国会制定全国性贸易政策或者对进口征税来增加政府收入。贸易政策面临的这些困难成为推动召开 1787 年制宪会议的关键因素。

## 贸易与美洲殖民地

自英国人于 1607 年在詹姆斯敦建立第一个北美殖民地后的一个多世纪里，新大陆定居者始终严重依赖对外贸易。贸易对新到殖民地居民的生活福利必不可少，给他们提供了服装和毛毯、钉子和火枪、烹饪设备和金属制品，以及其他不能在本地生产的工具和材料等。如果没有这些进口物资，殖民地人民的生活水平可能会严重下降，许多人或许就不会定居下来。正如麦克卡斯克与梅纳德所说（McCusker and Menard，1985，第 71 页）：“海外贸易不只使殖民地生活变得舒适，更是使之成为可能的原因。”

与英国的海外贸易是北美殖民地经济生活的核心组成部分之一，尽

管两地隔着大西洋，相距约 3 000 英里*之遥。在整个 17—18 世纪，殖民地居民一直出口经济作物（如烟草和大米）与丰富的本地特产（如鱼类和木材），换取从英国进口的制造品。贸易条件，即出口产品价格与进口产品价格的相对关系，是殖民地经济福利水平的一个关键决定因素。例如，烟草价格由于欧洲的需求增加而上涨，可以让殖民地居民换取更多的进口制造品。而出口产品价格下跌则不但使欧洲的进口产品变得更为昂贵，还会让殖民地的农业收入减少，经济前景趋于黯淡。因此，出口产品与进口产品的价格波动对殖民地经济增长和福利状况具有深刻的影响。[1]

到 18 世纪早期，新大陆的丰富资源加上与海外的贸易让殖民地居民得以享受较高的生活水平。用购买力水平调整英国和北美殖民地的价格差异后，殖民地的实际人均收入在 1700—1774 年至少比英国高出 50%。[2]这使得欧洲移民源源不断地涌向美洲，殖民地的规模和经济重要性与日俱增。到 1770 年，英国所属的北美 13 个殖民地的人口已达 210 万，大多数住在沿海。相比之下，当时的英国本土人口也刚超过 700 万。在经济产出方面，殖民地经济在 1774 年约达到英国的 1/3。因此到 18 世纪后期，北美已经不再是世界经济中弱小而无足轻重的角色了。

这些殖民地的主要经济活动是农产品种植和家庭手工业生产。大约 85% 的劳动力从事农业，一部分种植出口作物，大多数还是为本地消费而生产。虽然殖民地总体上还属于农村和农业社会，但几乎所有当地居民都以某种方式与更大的世界市场发生着联系。无论他们是在新英格兰饲养牲畜，在宾夕法尼亚种植小麦和玉米，在弗吉尼亚种植烟草，还是在南卡罗来纳种植水稻，殖民地居民都不是为本地的自给自足而劳作，除非因为特殊的具体条件所限（主要是与市场的距离）。[3]詹森指出（Jensen，1969，第 108—109 页）：

> 独立战争开始前，北美农民的发展和繁荣完全依赖向海外市场出售他们的农产品，渔民和木材商也同样如此。当时任何准确的经

* 英制长度单位，1 英里约合 1.6093 千米。——编者注

济地图都会显示，北美不过是大西洋与阿巴拉契亚山脉之间的一个长条地带，通过跨越大西洋的交通网络同西印度群岛、非洲、地中海和不列颠诸岛联系起来。18 世纪的大多数北美人对此很了解，相比距离自己所处海岸 100 英里外的内地，他们更关心上述海外地区发生的事情，因为他们生产的烟草、大米、靛蓝、小麦和玉米的富余产品，正是要卖到分散于大西洋沿岸的那些港口。所以，北美的报纸上才充满了土耳其和俄国这样遥远之地的政治新闻、作物和天气状况的报道，因为那里发生的事情很可能影响美洲的小麦和玉米价格。

北美殖民地可以分为四个经济区，每个区都有不同的资源禀赋，也专业从事不同的生产活动。[4]新英格兰地区有森林，临近海洋，主要从事与航运有关的生产活动，如造船、航运、捕鱼和捕鲸等。商业航运带动了相关产业的发展，尤其是木材业（用于制造桅杆、船体、棺材和木桶等）、金融和保险业等。虽然该地区的许多小农场也生产玉米、小麦和牲畜，但农业用地相对贫瘠，属于食品净输入地区。

中大西洋地区的纽约、宾夕法尼亚、新泽西和特拉华的经济更具多样性。纽约和费城的港口是主要的中心城市和商业枢纽，与国内沿海贸易和对外贸易都有密切联系。纽约是商业服务业中心。而费城作为殖民地时代的最大城市，是小型制造商和手工业作坊的集中地，包括制铁坊和磨坊等，使该地区的居民对英国进口制造品的依赖程度有所下降。该地区的大宗农产品是谷物和面粉，纽约州和宾夕法尼亚州的许多小型农场种植小麦、玉米、大麦和黑麦，部分产品还出口到大英帝国的各个区域。

南方地区生产大量出口的重要经济作物：上南部（马里兰、弗吉尼亚和北卡罗来纳）集中生产烟草，下南部（南卡罗来纳和佐治亚）则生产水稻和靛蓝。这些作物在规模较大的农场，依靠从非洲贩运来的奴隶种植。该地区的人均出口额最高，对国际市场依赖度最高，而经济多样化程度最低，依靠英国的金融和航运完成对外贸易。

这样，北美殖民地的不同地区专注于不同出口产品生产：烟草来自弗吉尼亚和马里兰，小麦与面粉来自宾夕法尼亚和纽约，大米与靛蓝来自南卡罗来纳，木材制品和鱼类产品来自新英格兰。排名前三的出口商品，即烟草（27%），小麦、面粉和面包原料（19%），大米（11%）加起来在1768—1772年远远超过全部出口商品的一半。除商品出口外，新英格兰还提供航运业服务，并通过开展贸易和提供保险获取更多收入。[5]

来自商品出口与航运服务的收入使北美殖民地有钱购买进口产品。各港口城市成为与世界其他地区交往的关键连接点，大多数外国产品通过费城、纽约、波士顿和查尔斯顿的海港输入。这些进口中，约80%是来自英国的制造品。毛纺织品和亚麻制品是最重要的部分之一，但进口还包括广泛的其他产品类型，如纸张、玻璃和金属制品等。用于家庭消费的商品，如茶叶和酒精饮料，也占较大的进口份额。[6]

对外贸易对一个经济体的重要性，通常采用进口额或出口额与GDP（国内生产总值）的比值测算。1774年，来自英国的进口占北美殖民地GDP的8%~9%。[7]由于独立战争以前英国在北美的全部进口中占80%以上，全部进口商品与GDP的比值可能在10%左右。这是关于贸易的经济重要性的不完美指标，因为所有贸易品的价格是由世界市场决定的，对整个殖民地经济有着更普遍的影响。这些价格把所有家庭同世界市场联系起来，要么是通过他们所售产品的售价，要么是通过他们所购产品的买价。

## 《航海条例》的经济后果

尽管北美对外贸易的商品构成主要取决于各地区的资源禀赋，由市场力量推动，贸易的地理格局却不然。英国议会通过了《航海条例》（Navigation Acts），人为要求殖民地贸易需要经过英国及其在西印度群岛的领地。这些贸易管制及随后的税收和关税造成了英国同北美的摩擦，刺激了殖民地的独立愿望。

《航海条例》的目的是提升英国的海上霸权，确保帝国内部的贸易服务于其商业利益的需要。该条例最早在 1651 年对北美殖民地实施，涉及复杂的政府政策体系。这些重商主义政策——旨在通过促进出口和限制进口来提升英国的商业利益——规范了英国和殖民地商业往来中使用的船只和海员的国籍，限制了殖民地产品可以运往的目的地以及殖民地进口产品的来源地，另外以补贴、优惠关税、特许垄断权及其他鼓励措施照顾英国的某些产业，以及禁止殖民地发展可能损害英国企业的某些类型的产业。

从北美的立场看，最重要的规制内容是要求殖民地的几乎所有出口和进口都必须通过英国运输。在出口方面，所有列入《航海条例》的产品在到达最终目的地之前必须途经英国的一个港口。北美向英国出口的产品中有大约 3/4 被列入《航海条例》，其中最重要的是烟草。虽然北美烟草在英国受到优惠待遇（来自西班牙和葡萄牙殖民地的烟草被征收歧视性关税），但其中绝大部分要再出口到欧洲其他地方。这一间接运输路线安排的要求给北美出口商带来了额外成本，并压低了烟草种植者获得的出口价格。按索尔斯的观点（Sawers，1992，第 269 页），如果烟草未被列入《航海条例》，可以直接销售给欧洲国家的消费者，则烟草种植者的收入可能提高 15%～35%。于是，《航海条例》给马里兰和弗吉尼亚的切萨皮克地区（Chesapeake）的烟草种植者这一有政治影响力、高度依赖外贸的群体造成了显著的负担。

大米出口被部分列入《航海条例》，面向南欧地区的出口可以直接运输，但面向北欧的出口则要求取道英国。这减小了规制措施对南卡罗来纳种植者的售价的负面影响。其他一些出口产品则获得了英国的奖励（补贴），包括靛蓝、松脂和木材等，当然殖民地获得的收益并不大，因为补贴幅度和出口数量相对较小。还有某些农产品，特别是小麦和面粉，很难进入英国市场，但获得了进入英属西印度群岛的特惠权。

《航海条例》没有显著扭曲北美殖民地的进口。大多数从英国的进口是在英国生产的，那里是当时全球领先的制造品生产地。对其中部分产品，如火药、亚麻、帆布、丝绸和加工食糖等，殖民地获益于英国的出口补贴，降低了美国消费者的购买价。英国还允许殖民地从英属西印度群岛和南欧直接进口某些类型的产品，如腌制鱼类的盐和马德拉葡萄酒等。不过，大多数英国以外的进口产品，无论是产自欧洲还是亚洲，起先都必须从英国转运。北美殖民地从英国的进口中有大约 20% 是原产于亚洲（主要是茶叶和胡椒等）或欧洲其他国家的产品。这一人为规定的绕道带来了额外的劳务费、佣金、仓储租金和运费，据估计使来自欧洲和亚洲的进口产品成本提高了约 20% 。[8]

劳伦斯·哈珀（Lawrence Harper，1939）的开创性研究估算了北美殖民地在 1773 年因为上述贸易限制而产生的成本和收益。他估计，总成本大约为 330 万美元，只有殖民地总收入的 2% 左右。把烟草纳入名单是最主要的影响因素，导致的损失占全部成本的 3/4。托马斯的研究（Thomas，1965）把哈珀的估算结果修正为 270 万美元，同时也考虑了北美殖民地作为大英帝国的一部分而获得的收益。这些收益约为 180 万美元，部分来自皇家海军提供保护导致的运输保险费率降低。按照这一更广泛的测算，殖民地的净损失不过 90 万美元，只有总收入的 0. 6% 。[9] 正如麦克卡斯克和梅纳德（1985，第 354 页）总结的那样："不管作为英帝国的组成部分有什么成本，也基本上被收益抵消了，包括海军提供的保护、能够进入广阔的自由贸易区域、便利的信贷和便宜的制造品，以及对外国竞争的限制等。"

然而，英国的商业政策对北美殖民地造成的总负担不大，这一事实并不意味着此类限制措施对激起独立主张无足轻重。1776 年，殖民地人口中其实只有一小部分积极支持独立，但这一能够发声、有政治势力的少数人群体恰恰是受英国贸易政策影响最大的。实际上，《航海条例》造成的经济成本有大约 90% 落在了南方殖民地的头上，尤其是马里兰和弗吉尼亚的烟草种植者，可能使该地区在 1770 年的收入减少了 2. 5% 。[10]

这些种植者强烈支持独立并非巧合。弗吉尼亚人显然基于充分的理由相信，把烟草贸易从英国的贸易管制下放开会大大增加这种作物的盈利。的确，在 17 世纪 40 年代，弗吉尼亚的下议院（House of Burgesses）就请求获得“将烟草直接销往外国市场的自由出口权”，但该请求被英国枢密院（British Privy Council）驳回。1774 年，弗吉尼亚下议院在给参加大陆会议（Continental Congress）的各位代表的一份指示稿中则宣称，“与世界所有地区开展自由贸易是美洲殖民地居民的天然权利，并未被他们自己的法律剥夺或削弱”，却受到了英国当局“不公正的侵犯”。[11]

对英国政策感到不满的另一部分人群是波士顿、纽约和费城的城市商人。他们也因为英国的贸易管制束缚了与世界其他地方开展自由贸易而感到沮丧。詹森（1969，第 109 页）就提到：“商人在独立战争时期只占人口的极小部分，但他们在大多数殖民地发挥的经济和政治影响力远远超出其人数的比重。”同时，占人口绝大部分的农民“并不像沿海城市的商人或弗吉尼亚和马里兰的烟草种植商那样有经济上的怨言”，只是在后期才出来支持独立运动。[12]

总之，北美殖民地并没有因为英国法规而致贫和受到剥夺。英国重商主义贸易管制的成本基本上被大英帝国对内保护带来的收益抵消了。事实上，殖民地已经在《航海条例》下毫无怨言地发展了一个多世纪的事业，并取得了繁荣的成果。正如麦克卡斯克和梅纳德（1985，第 357 页）概括的那样：“英国和北美殖民地的分歧不在于议会拥有管制这种或那种贸易、对某种活动征税，或者采取某项具体政策的权力……核心冲突是长远的权力问题，关乎未来事务的决定权，也即由谁主宰大英帝国在美洲的未来。”[13]迪克逊（Dickerson，1951）对当时的文献做了全面梳理，发现没有证据表明《航海条例》或英国的贸易政策是殖民地会议中的主要抱怨议题。但同时，此类贸易管制又的确给特定群体造成了不利影响，特别是烟草种植者。他们和其他人将成为独立运动最明确的倡导者，并在争取国家主权的斗争中发挥催化剂的作用。

随着北美殖民地在英国统治下日益繁荣，必然有某些事情的变化导致抵抗运动的兴起，最终引发革命。这一变化发生在 1763 年的七年战争结束后，英国试图制定新的政策，而殖民地居民认为那会威胁到他们的舒适生活。1763 年之后，英国的政策目标调整为从殖民地获取财政收入，以补偿英国方面在战争中支付的军费。政策调整意味着北美殖民地的税收负担大为增加。虽然大多数殖民地居民接受英国对北美贸易的长期管制，却反对英国把维持殖民地统治的财政负担更多转移到殖民地民众身上。他们因此不再重视大英帝国内部保护带来的收益，将新的税收和管制视为对自身繁荣和未来福利的威胁。北美殖民地在经济上处于强势而非弱势地位，这使他们有信心对抗大西洋彼岸的统治者。

## 转移税收负担

1763 年结束的七年战争（在美国被称为“法国人与印第安人战争”）很大程度上是英国为了保护北美殖民地免受邻近地区的威胁。这场战争的代价极其高昂，使英国政府的债务从 1757 年的不到 8 000 万英镑增长到 1764 年的 1.34 亿英镑。债务的年利息在当时达到近 500 万英镑，而政府的年收入只有约 900 万英镑。[14]

除偿还债务面临的财政挑战外，英国政府还必须承担给新扩张的北美领地提供保护的巨大日常成本。由于战争的胜利，英国获取了广袤的领土，不只是密西西比河以东的大部分北美地区，还有加拿大和西印度群岛的部分地区，但都需要提供防卫。在北美维持约 1 万人的常备军的成本，几乎是英国政府预算的近 4%。[15]但由于法国人和印第安人的外来威胁已被消除，美洲殖民地居民并不理解英国为何要为保护这些殖民地付出如此高昂的费用。

鉴于北美殖民地的经济规模以及战争成本正是为那里付出的，英国官员自然认为殖民地居民应该为支付防务费用和偿还债务做出更多贡献。于是，接连几任英国政府都试图从他们眼中的富庶而税负较低的北美殖民地获取更多财政收入。令英国政府沮丧的是，他们采取的大多数措施都遭遇了激烈的抵制。

在 1764 年的《食糖法案》（Sugar Act）中，英国议会要求北美殖民地给英属西印度群岛之外地区进口的食糖和糖浆支付 3 先令的税收。这其实只有 1733 年开始征收的官方税率的一半，但之前的税收传统上并未被北美商人和英国海关官员认真执行。海关部门这次被重新整顿，以便更好地执行法规，打击走私，增加税收。这些措施在殖民地造成了诸多怨言，但没有形成直接对抗。

1765 年的《印花税法案》（Stamp Act）对公共文件和印刷资料征税，包括法律文件、报纸、房契和纸牌等。尽管此类税收在英国很普遍，但在殖民地还属于新税种，激起了强烈抗议。商业发达的殖民地（主要是马萨诸塞和纽约）的居民认为他们在英国议会没有合适的代表人，因此不能接受这类国内税。他们采取的立场是，英国有权对殖民地的外贸进行管制，但不经当地人同意，不能征收国内税。英国官员则拒绝对内和对外税收的划分，声称自己有权征收选定的任何税种。

除了骚扰那些负责执行《印花税法案》的地方官员外，殖民地抗议者还在寻求完全取消该税种的办法。“印花税法案会议”（Stamp Act Congress）是各殖民地代表首次自己发起的联合会议，试图对英国的行动做出统一的反应。1765 年 10 月，殖民地代表通过了一份《权利宣言》（Declaration of Rights），其中谴责说：“英国议会最近的几部法案征收的税收，从这些殖民地的实际情况看，将极其沉重和痛苦，再考虑到铸币的稀缺，这些税收的缴纳完全无法实施。”印花税法案会议还声称，这些税收非经他们的同意不能征收，并指出：“对这些殖民地的贸易限制将使它们无法购买英国的制造品”。各殖民地还同意，将通过禁止进口协议的形式施加商业压力，迫使英国方面废除《印花税法案》。[16]

禁止进口运动起初是私人发起的行动。当年 10 月后期，纽约的 200 位商人领袖宣誓从 1766 年 1 月起停止进口英国产品。费城和波士顿的商人很快效仿。抵制运动的领导人认为，由此带来的销售损失会迫使英国出口商在伦敦开展游说。1765 年 11 月，英国驻波士顿的指挥官托马斯·盖奇（Thomas Gage）这样描述上述策略：

> 他们的第一个抗议计划——恐吓征收印花税的官员，甚至威胁用起义来阻止印花票发行——已经完全实施。为了争取英国商人的支持，美洲商人写信说，如果不废除《印花税法案》，就不会给他

> 们输送谷物。有些人甚至说，如果不满足上述条件，将不会偿还债务。他们还自鸣得意地说，在这些情况下英国议会将被劝服废除该法案。[17]

北美殖民地商人并不是纯粹出于原则开展行动，他们还利用这个时机削减原来的大量存货，那是在七年战争结束时的繁荣期之后的萧条期间积累起来的，出货的价格水平比正常情况下要高得多。

殖民地对英国产品的抵制有多大影响并不确定，因为禁止进口只持续了几个月光景，并正好赶上普遍经济下滑。北美从英国的进口在1766年下跌了7%，而1765年的跌幅是14%，很难区分禁止进口和衰退对贸易下滑的影响。[18]北美殖民地的订单减少在英国感受很强烈，那里也在经历经济下滑，英国商人带着请愿书涌向议会，讲述美洲订单取消造成的困难和就业损失。[19]

就算禁止进口的经济影响比起衰退来说并不大，其政治影响却足以让抗议者达到预定目标：英国制造商的压力成为英国议会废除《印花税法案》的重要推动力。议会认识到，该法案和食糖关税带来的收入甚少而抱怨太多，随即在1766年3月取缔了这两项措施。当这一消息传到殖民地后，禁止进口的抗议运动迅速销声匿迹。

不过，在废除上述法案的同时，英国议会又通过了《宣示法案》(Declaratory Act)，宣布它拥有制定法律和管理殖民地的完整权力，并重申了对外部和内部贸易征税的合法权力。英国依然竭力想把殖民地经济作为政府收入来源，新任财政大臣查尔斯·唐森德（Charles Townshend）建议在主要殖民地港口城市设立海关特派员，以加强关税法律的执行，确保进口税的征收。他还建议对许多不同商品实施新的低关税组合，初期包括茶叶、玻璃、纸张、铅和油漆原料，后来扩大到其他产品，以减少走私和逃税。他很注意确保这些税收是面向对外贸易，而不涉及容易引发争议的对内税收。

然而唐森德的这些措施（其中包含让士兵驻扎到私人家里的有争议政策）在殖民地激起了比《食糖法案》更大的抵抗，再次引发了贸易抵制。对唐森德政策的反抗在 1768 年逐渐酝酿，这次是民间领袖而非城市商人主导了抵制进口和消费英国产品的运动。针对关税的讨论持续了两年，才说服商人制定出有效的禁止进口协议。与以前一样，某些商人一开始支持禁止进口，是将此作为以高价出清存货的机会。但这次的商业状况普遍较为景气，商人很不希望停止贸易。他们需要贸易维持生计，不想看到禁止进口的措施长期执行。与之相反，当地的技工和手工业者热情欢迎禁止进口的措施。这些自雇性质的制鞋匠、铁匠、肥皂和蜡烛生产者、家具制造商以及绳索编织匠等生产与英国进口相竞争的产品。他们不只希望通过抵制给英国施压，还期盼以此削弱外国竞争，促进本地的制造业活动。[20]

在此情形下，第二次禁止进口运动是逐渐兴起的，在各殖民地发展不平衡。到 1769 年春季，三个主要港口城市——费城、纽约和波士顿的商人实施了禁止进口协议。到 1769 年夏季，禁止进口运动扩展到南方殖民地。卡罗来纳和佐治亚的进口在 1770 年减少，而马里兰和弗吉尼亚的进口则丝毫没有下降，那里的烟草种植者有大量债务要偿还。不过整个殖民地从英国的进口总量在 1769 年还是下降了 38% 。

到这个时候，另一届英国政府正在另行思考对美洲的关税。诺斯勋爵（Lord North）的政府再次看到，这些关税没有带来多少收入，却造成了普遍的怨恨情绪。于是诺斯建议取消其前任开征的税收，英国议会在 1770 年 4 月废除了唐森德的关税，只保留了对茶叶的关税（占全部关税的 3/4）。与取消印花税不同，本次行动不是因为抵制进口而受损的英国商人施加政治压力所致。可是对禁止进口运动的领导者来说不走运的是，殖民地的抵制恰逢英国制造商的订单大增。俄土战争导致欧洲对毛纺织品的需求增加以及国内的大丰收，让英国经济减缓了与北美的贸易下降带来的冲击。[21]虽然这次禁止进口运动导致的贸易跌幅超过对《印花税法案》的抗议行动，却没能严重打击英国商业利益集团，他们也并未在取消关税中发挥关键作用。不过，以上事件发生的时机却让众多殖民地居民认为，英国政府再次对他们的要求屈服了。

美洲禁止进口运动的领导者强烈主张，抵制行动应该继续，直至对茶叶的关税也被废除。但商人无法抵制以英国方面的让步作为重启贸易的理由，禁止进口运动很快瓦解。贸易量在1770年有所恢复，到贸易往来回归正常的第一个整年，即1771年大幅提升。

此时已形成了一个模式：英国的新税收实施后，将引发禁止进口运动，英国的政策制定者随即撤退。殖民地人民从中得出结论（对《印花税法案》适用但对唐森德关税其实不适用）北美的贸易禁令可以左右英国的政策。他们从经验中得到的印象夸大了己方通过经济手段压制英国政策的能力。实际上，禁止进口运动只是在凑巧赶上英国经济下滑时才发挥了显著作用；北美殖民地对英国的影响力非常有限，因为在1765年仅有15%的英国出口是面向北美殖民地的。[22]但美洲拥有强大的商业杠杆力的印象却留了下来。后来，托马斯·杰斐逊和詹姆斯·麦迪逊还将尝试运用各种商业压力——抵制、禁运和禁止进口来对抗英国，并因为这些行动无法给英国的政策带来预想的改变而反复感到惊讶和懊丧。

从1770年到1773年早期，大西洋两岸的关系平静得出奇。这段时间，殖民地的不满在发酵，但英国政府并未采取可能招致广泛不满的任何新行动。然后弗吉尼亚遭遇了经济危机，新的茶叶法案激怒了马萨诸塞州。在南方，弗吉尼亚的种植者已经被沉重的债务拖垮，仇视控制其贸易的苏格兰代理人，同时又面临烟草价格在1772—1773年的大幅下挫。在英国爆发并很快传递到殖民地的金融危机成了导火索。烟草价格下跌了一半，给弗吉尼亚和马里兰种植者提供的信贷被停止。沿海地区种植者的债务负担随即高涨，带来了抵押拍卖和人身监禁的风潮。这场灾难强化了反英情绪，切萨皮克地区的种植者认为，只有不再遵守《航海条例》的规定，让他们自由地把产品直接卖到世界市场，才能改善自己的经济前景。[23]

英国议会在1773年早期通过的《茶叶法案》（Tea Act）也将北美殖民地拉回与英国的对抗。该法案的目标是帮助在财务上遇到麻烦的东印度公司，给予它在殖民地的茶叶销售垄断权。英国政府还试图削减茶叶进口税，并允许东印度公司直接将货物运往北美，而不再需要经停英国，以此打击走私者，有人相信北美消费的茶叶中有 2/3 是走私的茶叶，没有缴纳关税。把走私茶叶纳入合法贸易渠道并对其征税，可能带来巨大的财政收入。[24]

尽管英国的措施实际上降低了合法进口的茶叶价格，殖民地的商人却抗议授予东印度公司垄断权和缴纳关税，他们中的很多人或许卷入了走私活动。这些人成功地动员其他殖民地居民起来反对英国的行动，到 1773 年秋季，北美各港口开始拒绝接收运载茶叶的东印度公司船只。在波士顿，几艘货船靠岸了，但未被允许卸货。在依靠走私茶叶获利的当地商人煽动下，民众于 1773 年 12 月 16 日聚集到码头，大约 150 人冲击了东印度公司的船只，把342 箱（约9 万磅）茶叶倒入大海。可见，著名的波士顿茶叶党并不是抗议不公平的增税，因为关税其实下降了，而是反对英国人通过打击茶叶走私而让东印度公司掌控茶叶贸易的企图。[25]

被这些事件激怒后，英国官方于 1774 年春通过了一系列《强制法案》（Coercive Acts），在美国被称为《不可容忍法案》（Intolerable Acts），关闭波士顿港口，直至被损毁的茶叶获得赔偿，并授予皇家总督对当地政府的直接控制权，要求殖民地为英国士兵提供住房和给养等。英国和北美 13 个殖民地就此驶入了冲突的轨道。

北美各殖民地通过 1774 年 9—10 月召开的第一次大陆会议（First Continental Congress）联合起来。该会议否认了英国议会对殖民地内部事务的管辖权（除非与对外贸易管理有关），并尖锐地提出无代表不纳（国内）税。大陆会议发表了《权利和冤情声明》（Declaration of Rights and Grievances），解释说殖民地人民“会欢欣地支持执行英国议会的法案，只要是为了确保母国在整个帝国的商业利益，以善意管理我们的对外贸易即可”，但拒绝“任何不经北美民众同意即以内部和外部税收来增加财政收入的想法”。此外，该声明继续写到，殖民地人民“被赋予了生命、自由和财产权，从来不曾向任何主权国家出让过不经他们同意而处置这些权利的授权”。[26]

各殖民地本质上是想回到 1763 年之前英国对它们的内部事务善意

放任的状态。它们还要求废除 1763 年后制定的若干法律，但并不包括已经被当作《航海条例》组成部分的《茶叶法案》。大陆会议呼吁从 1774 年 12 月起禁止进口所有来自英国、爱尔兰和英属西印度群岛的产品，直至《强制法案》被废除。在发布以上要求后，代表们休会至 1775 年 5 月，静待英国方面的反应。

英国选择了武力解决的办法。1775 年早期，英国政府宣布马萨诸塞陷入叛乱状态，派军队占领波士顿，列克星敦和康科德的战斗随即爆发。1775 年 5 月，大陆会议决定在禁止进口之外增加禁止出口：一年之后禁止所有对英国和西印度群岛的出口。出口禁令的推迟执行是对南方的妥协，它们的代表声称立即实施禁运会给种植园主造成巨大而且不公平的负担，因为当年要出售的作物早已开始种植了。

对英国的全国性贸易禁运行动比之前的禁止进口运动有严重得多的效果。如图 1.1 所示，来自英国的进口在 1775 年大幅蒸发，1775 年的出口则在增长，因为北美的农民和种植园主竭力把尽量多的货物发往英

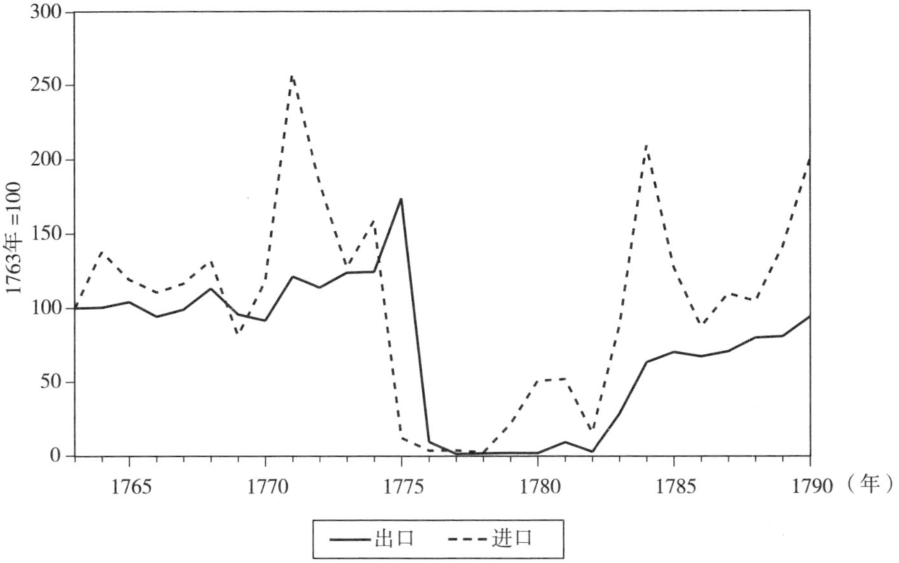


图 1.1　1763—1790 年北美殖民地与英格兰和苏格兰的出口和进口价值

资料来源：US Bureau of the Census（1975），series Z-213-14，Z-227-28。

国，次年的出口则消失了。英国军队和殖民地武装力量那时已经在马萨诸塞展开战斗，殖民地开始走向追求独立的道路。

这一时期有许多政治宣传册介绍殖民地在英国宪法之下的权利，主张美国的独立主权，但根本的诉求还是经济方面的。林德和沃德斯特雷奇（Lynd and Waldstreicher，2011，第609页）提到："商业方面的分歧先于宪政方面的分歧，该现象在那些年中反复出现……很重要的一点是，殖民地人民把经济和宪政的主张在主权问题上融合起来，但我们不能因此忽视经济因素的原发作用。"

## 贸易和独立

1775 年早期英国议会对北美采取贸易禁运措施的反应是，限定 13 个殖民地只能同英国开展贸易。英国政府则于当年晚些时候更进一步，推出《禁止法案》（Prohibitory Act），禁止与北美殖民地的所有贸易。为了镇压殖民地的反抗，结束叛乱，英国试图用完全切断对外贸易孤立北美。英国政府尤其希望限制殖民地从其他国家进口军用物资，如火药、步枪、刺刀和弹药等。完全切断对外贸易的做法让大陆会议惊慌失措。约翰·亚当斯（John Adams）在 1775 年 10 月写道："我们的人民能否承受贸易的完全中断？这是否会导致大量人员失业，失去生计，造就一个人数众多的反对党？救助这些人员的负担对社会其他群体来说是否过于沉重？如果完全离开贸易，我们还能否维持战争？我们的货币还能否维持信用？"[27]

1776 年早期，第二次大陆会议讨论了下一步行动。1776 年 4 月 6 日，大陆会议宣布北美殖民地不再受英国商业管制的约束，美洲各港口对英国以外的所有国家开放，表明了公开反抗的态度。大陆会议在 1774 年 10 月曾确认英国议会对殖民地没有管辖权，但外贸管制除外，此时连这一权力也否认了。亚当斯相信 4 月的这一声明是美国真正的独立宣言。他在此时认为："必须最大幅度地鼓励贸易，因此我们目前不该对出口或进口征税，或者试图把贸易局限在自己的范围、自己的海员手里。"[28]

1776年7月，大陆会议正式宣布从英国独立。在《独立宣言》列举的众多不满理由中，会议抱怨英国"切断了我们同世界所有地区的贸易"，并"未经我们同意而对我们征税"。此时，两国的贸易已经完全崩溃。相比英国实施的海岸封锁来说，控制主要城市（也正是主要港口所在地）的军事战略更为有效。在战争的不同时期，英国军队先后占领了波士顿（1775—1776年）、纽约（1776—1783年）、费城（1776—1783年）以及其他关键商业城市。这些港口是北美通向世界其他地方的主要出入口，英军的占领比封锁本身更有效地阻碍了外贸。其他沿海城市的港口则不足以支持大规模的对外贸易。

北美各州试图推动与法国和其他欧洲国家的贸易，以弥补同英国的贸易往来的损失。大陆会议任命了一个由约翰·亚当斯领导的委员会来处理"1776年条约计划"（treaty plan of 1776）。[29]亚当斯及其同事起草了一份商业条约模板，让外交官用来同外国政府开展谈判。依照该计划，美国将寻求其他国家的"国民待遇"，也就是说，美国的商人和船只（如果不是产品的话）将在其他国家得到与其本国商人和船只相同的对待。这一大胆要求远远超出标准的"最惠国待遇"。按照最惠国待遇，美国的产品和船只会在外国市场上得到与最受优待的其他国家相同的待遇，相对于其他国家，美国不会受到歧视，但所在国依然可以对外来产品和船只征税。

该条约计划并没有产生什么成果，由于处在战争时期，对外贸也没有发挥实际效应。但美国达成的第一份贸易协定仍然十分重要，那就是1778年2月同法国达成的《友好通商条约》（Treaty of Amity and Commerce）。虽然该条约对战争时期的双边贸易并无显著影响，却象征着两国结成了非正式联盟。[30]尽管英国极力切断殖民地的对外贸易，法国海军还是帮助维持了某些北大西洋航路的畅通，法国军事补给品的运输给美国独立战争提供了有力支持。

该条约还包含了"有条件的"最惠国待遇条款，这意味着如果任何一方给予其他国家的产品或船只更好的待遇，这一待遇并不会自动扩大到另外一方，必须经过谈判才能给予新的让步。[31]虽然有条件的最惠国待遇是在法国谈判方的要求下列入的，后来却被美国长期沿用，直至1923 年采纳无条件最惠国待遇政策为止。在无条件最惠国待遇下，给予某个国家的关税下调待遇将自动延伸到达成了最惠国待遇协定的其他国家。

有关独立战争时期美国贸易量的数据很稀缺。零碎的统计资料表明，只及战前水平的一小部分。虽然在 1778 年英军撤出波士顿和费城之后贸易开始恢复，却依然保持在较低水平。例如，1780 年进出费城的船只总吨位只有 1770 年水平的 1/3 左右。[32]与其他国家的贸易不能弥补损失掉的与英国的贸易，英国皇家海军使得军火和其他补给都难以进入美国。

美国经济由于独立战争的破坏和对外贸易的中断而损失惨重。麦克卡斯克与梅纳德（1985，第 367 页）指出，“对整体经济的表现而言，外贸部门的地位十分关键，无法回避”。衡量独立战争造成的经济破坏的一个指标是实际人均收入大幅下跌，几乎与 20 世纪 30 年代早期的大萧条同等严重。麦克卡斯克（2000，第 156 页）估计，实际人均收入在1774—1781 年下跌了 15%。而林德特和威廉姆森（Lindert and Williamson，2013，第 741 页）估计，在 1774—1800 年下跌了约 20%。由于后一数字中还包括了 18 世纪 90 年代的经济恢复期，他们的结论是：“以百分比衡量，独立战争的破坏和邦联的混乱或许造成了美国历史上最大幅度的收入下滑。”无论准确数字应该是多少，美国人都为争取独立付出了极为高昂的经济代价。

最终，得益于法国给予的某些关键的军事支持，美国于 1781 年 10 月通过约克顿战役赢得了独立战争。次年晚些时候，与英国达成了临时和平协议，英国在 1783 年 5 月承认了与美国的合法贸易。到 1783 年 9 月签署《巴黎条约》（Treaty of Paris）时，英国正式结束了敌对状态，承认北美 13 个殖民地为自由的主权国家。

在国际贸易历经 7 年的严重受限之后，美国人期待着重开贸易带来的强劲经济复苏。他们非常天真地以为，政治独立不会妨碍与英国方面重新结成紧密的经济联系，英国会允许美国恢复之前在大英帝国的商业地位。早期的迹象也支持这种假设：负责和平谈判的英国部长、亚当·斯密的信徒谢尔本伯爵（Earl of Shelburne）倾向于宽大对待反叛的前北美殖民地。1782年10月的一份和约草案就包含了商业互惠的自由条款。在条约谈判中，本杰明·富兰克林（Benjamin Franklin）大着胆子要求美国船只可以在大英帝国内部开展自由贸易，而且看似有成功的希望。1783年3月，英国财政部长威廉·皮特（William Pitt）向议会提交一份议案，给予美国之前有过的几乎所有贸易特权，甚至允许美国船只按照与英国船只相同的条件进入英国的殖民地港口。[33]这一开明的建议遭到了强烈的反对。航运利益集团要求捍卫它们在西印度群岛和其他地方对英国贸易的排他性控制权，防范美国船只的竞争。托利党民族主义者没有兴趣安抚反叛的美国人，希望利用严格的航运法规强化英国的海上地位。

随着英国政府垮台，由诺斯勋爵和查尔斯·詹姆斯·福克斯（Charles James Fox）领导的新联合政府于1783年4月上台，美国重获在大英帝国内的商业地位的希望化为泡影。福克斯和诺斯政府决心增强英国的海上力量，不愿意对美国做出商业让步。相反，枢密院还禁止美国船只出入英属西印度群岛，这一临时排斥措施在5年后被永久化。此外，某些美国产品也被西印度群岛禁运，其他产品则面临前所未有的高额关税。即使航运禁令和高关税能被部分规避，仍沉重打击了新英格兰地区的经济。

然而，英美贸易从1783年5月恢复合法化还是带来了双边贸易的复苏和美国短暂的经济繁荣。在连续8年无法获得大多数外国产品后，美国消费者大量购入英国产品，进口量激增，如图1.1所示。对英国的出口也跃升，但只达到战前水平的一半左右。当然，战后向英国的出口本来预期就会减少，因为美国的贸易已不再受英国贸易管制的约束，美国产品不需要先运往英国，再转口到别处。虽然美国摆脱了《航海条例》的束缚，却失去了通向大英帝国内部市场的特权，这一损失不足以由其他地方的新出口机遇所弥补。尽管这一时期的统计数据很少，但现有证据仍表明，总体来看美国的出口显著少于战前。[34]

其直接后果是严重的贸易赤字。至少相对于英国，在 1784—1786 年这三年中美国的进口为 760 万英镑，而出口仅为 250 万英镑。[35]独立战争前，美国对西印度群岛的贸易盈余能支撑对英国的赤字。但如今，由于英国的限制政策，美国不再能够从西印度群岛获得出口收入来购买英国的进口产品，因此不得不用铸币付款。据估计，美国在这三年中损失了 126 万英镑的金银。铸币外流造成了严重的通货紧缩：消费者价格在 1783 年的跌幅超过 12%，这是与英国恢复贸易往来的头一年，此后每年都继续下跌，直至 1790 年。在 1783—1790 年，国内价格累计下跌了 27 个百分点。[36]

这一通货紧缩造成了自 1784 年开始的严重衰退，延长了自独立战争时期开始的经济困境。许多经济指标直到 18 世纪 80 年代末才恢复到战前的水平。新英格兰受到的打击远远超过其他地区。造船业由于西印度群岛的禁运令而大批倒闭，而且英国还继续执行 1776 年实施的禁止在美国购买或维修船只的法令。捕鱼和捕鲸产业也由于英国市场的丧失而受损：1786 年，鳕鱼产业的运营规模只有战前水平的 80%。[37]

南方的谷物生产商同样遇到了从战时经济混乱中恢复的困难。英国在战争期间从弗吉尼亚没收了大约 3 万名奴隶，并在战后对烟草实施高昂的进口税。结果导致弗吉尼亚在 1783—1784 年的烟草产量比 1774 年减少约 20%。大米出口也面临英国的高关税，在 1783—1786 年的出口量不足 1770—1773 年的一半。[38]

虽然美国能够同世界其他地方自由开展贸易，但这些贸易数量有限。美国人希望与法国的贸易可以弥补同英国方面的损失，但结果令人失望。比埃尔（Buel，1998，第 69 页）的观察是："美国人已习惯同英国商人打交道，有共同的文化，能够以合算的价钱提供较高品质的产品，并能提供长期信贷……而法国商人不了解美国的习惯，提供价格较高但品质较差的产品，也不愿意提供任何信贷。"法国的航海政策也给美国船只前往法属西印度群岛设置了障碍，法国的烟草垄断机构照样继续限制从弗吉尼亚购买烟草。

战后贸易的唯一亮点是贸易条件获得了显著改善，部分原因是美国的出口不再受《航海条例》的约束。烟草价格相比战前有所提高，非英国进口产品的价格下降，因为不再需要从英国转运。不幸的是，这个好消息很短命。在战后的短暂回弹后，贸易条件在 18 世纪 80 年代的剩余时期恶化。加上贸易量的减少，贸易收益或许只及战前水平的一小部分。

因此，美国经济在整个 18 世纪 80 年代都陷于可怕的糟糕状态。出口由于难以进入大英帝国的市场而受限，货币枯竭导致持续的通货紧缩。正如詹姆斯·麦迪逊在 1785 年的怨言："革命让我们失去了同西印度群岛的贸易，那是我们唯一有盈余的贸易往来，而没有开辟其他任何能补偿的渠道……从各种角度看，这个国家的贸易都处于凄惨的状态。"[39]

## 1784—1786 年贸易谈判

人们普遍相信，面对美国摇摇欲坠的经济，解决方案是劝说英国枢密院取消限制性法令，从而刺激美国的航运业和出口产业，缩小贸易赤字，防止铸币枯竭以及结束通货紧缩。为此，美国人把希望寄托在与英国的贸易协定上面，以恢复他们过去作为大英帝国一部分而享有的商业利益。新英格兰的商人尤其呼吁国会通过某些途径解决英国的贸易限制政策。

1784 年，以扩大出口为核心目标，国会制订了一份计划，与其他国家签署贸易协定，打开美国商船和货物进入外国市场的通道。在 18 世纪 80 年代早期，美国已经同荷兰和瑞典达成了贸易协定，但国会还希望与两个最重要的强国——英国和法国——达成协定，以及普鲁士、丹麦、托斯卡纳、葡萄牙、俄国等国。约翰·亚当斯、托马斯·杰斐逊和约翰·杰伊（John Jay）每人获得了两年的任期开展这些贸易谈判。亚当斯被派往伦敦，杰斐逊去了巴黎，国务卿约翰·杰伊则留在纽约，利用外交渠道讨论其他可行协定。

在伦敦，亚当斯试图说服英国官员：他们给美国贸易设置的障碍是不利的。他建议各国对港口船运彼此给予"国民待遇"。但他很快发现，英国人对任何严肃的谈判完全没有兴趣，这些官员都深受一本小册子的影响，这本小册子题为“对美国与欧洲及西印度群岛的贸易的观察”（Observations on the Commerce of the American States with Europe and the West Indies），由谢菲尔德勋爵（Lord Sheffield）在 1783 年发表。该书强烈主张英国应该维持对美国的贸易限制。谢菲尔德敏锐地观察到，新诞生的美国国会不能对各州的贸易进行管制，因此也无力对英国进行报复。此外他还指出，达成贸易协定对英国没有意义，因为即使没有协定，英国也可以继续进入美国市场，而不会受到任何歧视。英国完全可以捍卫自己的商业利益，不用做出任何让步，不用担心来自美国的任何报复。

谢菲尔德的小册子在大西洋两岸都引发了轰动，因为它正确地指出了美国政府体制的一大关键缺陷。1777 年制定并在 1781 年实施的《邦联条例》为联邦政府建立了法律框架，并严格限制其权力。根据该条例，美国本质上是由 13 个独立州组成的联盟，而非一个统一的国家。该条例第 2 条规定：“州保留其主权、自由和独立，凡未经本条例明确授予合众国共同国会的权力、司法管辖权和权利均由各州保留。”由于明确授予国会的权力非常少，所以政治权力高度分散表现为各州拥有主权地位，联邦政府极其孱弱。

另外，《邦联条例》第 9 条明确规定：“不能通过有关的贸易协定限制相关各州对外国人及其本地民众征税的立法权，或限制各州禁止任何类型货物或商品的出口或进口。”因此，美国政府没有能力对英国的贸易管制做出反应。由于 13 个州各有其贸易政策，美国就没有全国性的贸易政策。

亚当斯写道：“美国愿意让自己领土上的所有港口对英国的船只、商人和商品敞开大门，我已做好准备代表他们表达对这样的条约的信念，只要能得到贵国的互惠约定，让你们的港口能够对我们的船只、商人和产品同样开放。”[40]但在英国外交官询问美国能够为改善贸易待遇拿出什么好处时，亚当斯却无法具体作答。结果英国官员对他的建议置之不理。亚当斯对于他自己和美国未受到外交尊重颇为恼怒，但谢菲尔德说得没错：美国的谈判地位过于脆弱，因为它的市场已经开放，而且政府没有能力关闭。英国政府的立场则很简单：既然美国已经选择了独立，就不再有资格享受殖民地的特权，由此放弃了在大英帝国内部开展贸易的全部固有权利。

在认识到自己的出使徒劳无功后，亚当斯接连给国会发送急件，说明以报复作为威胁是劝告英国达成贸易协定的唯一办法。他坚持采取这一行动：

> 面对他们给我们的贸易强加的所有不平等负担，保持耐心对我们毫无益处；也不会对维持与该国的和平起到任何作用。相反，只有报复措施、对等限制和关税，做出我们的防御姿态，才会产生效果……限定我们的出口产品用自己的船只运输，对所有外国奢侈品苛以重税，并鼓励我们自己的制造商，在我看来才是我们唯一的资源，当然我也非常清楚走这条路会遇到很多困难。[41]

很自然，只有各州能协调行动，上述报复措施才可行。而这又进一步要求各州赋予国会对全国贸易进行管制的权力。亚当斯给国会寄去了一本谢菲尔德的小册子，并痛陈其影响力："该书的论述对我们毫不尊重，明目张胆地算计如何打击我们幼小的船队和海员，但它之所以能被采纳，完全是因为他们看到我们没有统一的立法机构管理贸易事务。"[42]

亚当斯的挫折感与日俱增。美国提出了条件优厚的开放贸易建议，但英国和法国依然坚持保留它们对殖民地贸易的排他权。亚当斯在1785年写道："美利坚合众国不遗余力地在世界上推广自由贸易这一崇高理想，比法国所有经济学家所做的还要多……然而这一自由既没有被普遍接纳也没有以互惠的形成得到认可。"作为高产的通信者，亚当斯向留在祖国的同僚警告他所处的艰难谈判环境，并认为转为强硬的时机已经到来："我们迄今为止一直沉浸在自己编织的豁达平等的自由主义幻象中，法国和英国却没有以同样的态度回应，而是长期奉行自私偏狭的立场，利用我们，甚至不惜打压或破坏我们的贸易方式和实力。我希望我们不要再无谓地继续充当受骗者。我愿意冒险采用垄断权和排他权，只要发现这些手段是抵御垄断权和排他权的唯一武器。”[43]

杰斐逊在同法国政府谈判以便让法属西印度群岛对美国船只和产品开放的过程中遇到了同样的困难。他发现法国人没有什么兴趣改变政策，或者让法国的烟草垄断商增加从美国的采购，以帮助他的家乡弗吉尼亚。与之相似，约翰·杰伊在说服其他欧洲国家达成友好的贸易协定方面也鲜有成功。亚当斯给杰斐逊写信说：“我的朋友，我们绝对不能陷入自己的自由主义情感幻想。如果不能取得互惠的自由主义结果，我们就必须采取相互对等的限制、排他、垄断和关税。我们提出的条件是公平的，甚至比公平更有利。但如果遭到拒绝，我们也绝不能甘当傻瓜。”[44]

亚当斯与杰斐逊在许多信件交流中讨论了当时的情况和绕过《邦联条例》的办法。但即使作为外交官能够做出可信的报复威胁，他们或许也难以通过谈判得到令人满意的贸易协定。美国的要求远远超出双边贸易的改进：它希望加入欧洲列强同其海外殖民地的间接贸易，特别是在西印度群岛，以及让美国的船只和产品能够直接进入欧洲母国的市场。美国实际上是在要求欧洲国家结束重商主义，把所有贸易置于开放和非歧视的基础之上。然而英国和几乎所有其他欧洲国家当然都希望保留对自己殖民地的垄断权。美国是局外人，一个要求进入排他性殖民地贸易网络的非殖民国家。这个新兴国家要求的太多，能够回报的太少。赛特瑟（Setser，1937，第 74 页）指出：“真正重要的事情是，美国要求的特殊待遇是欧洲国家相互间都从未给予的……面对这样一个拿不出什么作为回报的新兴国家的要求，外国政府当然拒绝改变其现有政策。”

为期两年的外交使团在 1786 年 5 月到期，无功而返。通过发展贸易重建经济繁荣的期望变得暗淡无光。

## 在《邦联条例》之下的艰难挣扎

《邦联条例》带来的问题不仅是国会没有制定贸易政策的权力，无法让政府官员获得与其他国家开展贸易协定谈判的可信度，而且不允许国会征收进口关税，使联邦政府无法获取财政收入维持运转、偿还国家债务及负担国防费用。这些紧密交织的问题早就被认识到了，亚历山大·汉密尔顿（Alexander Hamilton）在 1782 年写道："出于多方面的原因，把贸易管制的权力授予国会本来应该成为邦联的主要目标之一……这对开展贸易和创造税收而言都是必要的。"[45]

由于无力获取任何收入，国会只能完全依靠征用各州的资金，但它也无权迫使各州拨款，事实表明各州越来越不愿意响应国会的要求。例如 1781 年 10 月，就在约克顿战役胜利后，国会要求各州为 1782 年支付 800 万美元的经费。结果到 1783 年 1 月，国会只收到了其中的 42 万美元。到 1787 年 3 月，对 1781 年 10 月和 1784 年 4 月的国会请款各州拨付了 2/3、对 1785 年 9 月的请款只拨付了 1/5，对 1786 年 8 月的请款只拨付了 2%。[46]布朗（Brown，1993，第 25 页）指出："到 1786 年底，国会实际上没有收到各州的任何拨款以应付联邦的日常需要和花费。"

还有，由于缺乏可靠的财政收入来源，国会无法从信贷市场举债。1786 年发行贷款的尝试彻底失败，没有吸引到一位申购者。正如詹姆斯·麦迪逊总结的那样："经验已充分证明，永远不能指望让 13 个分散而独立的政府既准时又可靠地回应国会的定期资金需求，以满足我们目前的贷款人的要求，或者吸引其他人成为未来的贷款人。"[47]

这一情形带来了悲惨的后果。联邦政府事实上破产了，毫无信用可言。国会非但没有资金支付政府内外债的利息，还在考虑解散，因为无力给议员、官员和职员发放薪水。国会也无法负担一支军队来应付国家面临的外交政策新挑战，例如英国违反《巴黎条约》，不断占领西部的要塞。麦迪逊在 1787 年记录了如下的观察：

> 当前的体制既没有得到拥护，也不值得拥护，如果没有找到某些强大的支持，将很快土崩瓦解。财政部没有资金注入，没有人尊重联邦政府。没有一个州响应拨款要求，几个州沉默以对，还有几个明确拒绝。自停战以来，拨款持续减少，近来已经不足以为邦联

的文职人员支付微薄的薪水。在这种情形下，政府是不可能长期维持下去的。[48]

在对进口产品征税方面，全国性的贸易政策付之阙如，但 13 个州各有其政策。其中的 11 个州在 18 世纪 80 年代制定了自己的关税法，剩下的新泽西州和特拉华州因为缺乏邻近各州那样的大型港口，又希望竭尽全力开展对外贸易，所以没有制定关税法。各州设置的关税大多很低，约为 5%，关税结构非常相似。[49]设置关税的主要目的是增加政府收入，当然也有马萨诸塞州和宾夕法尼亚州的部分关税是为了保护国内的制造商。

这一分散式的体制有自己的问题，但并未引发各州之间的贸易战。除少数例外情形外，某个州的大多数产品在其他州可享受免关税待遇。各州通常也不会歧视其他州的商船。因此主要问题不在于各州之间的贸易，而是美国与世界其他地方的贸易关系。[50]

在 18 世纪 80 年代，修正《邦联条例》和弥补上述两个缺陷的努力一再失败。1781 年 2 月，国会要求各州修正该条例，授权国会征收 5% 的进口关税，这笔收入将完全用于支付国债的本息，而不会用于联邦政府的运营开支，在债务偿清后关税也将取消。这一温和的建议是为了防止人们担心过分强大的联邦政府可能威胁各州的主权。然而，修正《邦联条例》需要各州的一致同意。最开始的迹象还令人鼓舞，一年之内得到了 11 个州的批准，但是罗得岛州议会拖而不决。到 1782 年 11 月，该州的议会一致反对国会的提案，选择用自己的进口关税支付其应付开支，而不是将征收进口关税的权力让渡给联邦政府，然后通过征收直接税满足本州的财政支出。很快，弗吉尼亚州也撤销了之前对修正案的批准。

麦迪逊在 1783 年早期提出了类似的财政收入计划，要求给国会 25 年的授权，对选定的进口产品征收从量税，对其他所有进口产品征收 5% 的关税。国会在 1784 年 4 月批准了该建议，但取得各州一致同意的努力再告失败。罗得岛州这次投了赞成票，康涅狄格州两次拒绝，直至 1784 年初才最终批准。到 1786 年 7 月，除纽约以外的其他州都批准了该提案。纽约州已经在1785年拒绝了提案，因为其北部的农业利益集团发现，如果该州放弃在纽约市征收进口税，他们的税负将会增加。纽约州在1786年终于通过了该提案，但提出的条件是由该州自行管理进口税，自行决定把多少份额分给联邦政府，并且可以用纽约的货币支付给国会。国会发现上述条件无法接受，因为它需要用金币或银币偿还外国贷款人的债务，于是问题依然没有得到解决。

除财政收入外，把贸易政策分散给13个州带来的另一个问题是无法就英国对美国的贸易歧视制定可信的国家对策。我们已经看到，争取达成贸易协定的谈判以失败告终。对英国枢密院颁布法令封锁美国与英属西印度群岛的贸易，某些州曾试图进行报复，例如在1785年，作为对该法令的回应，马萨诸塞州禁止英国商船在其港口装运美国产品。可是由于康涅狄格州拒绝效仿，英国商船只需要把目的地从波士顿转向纽黑文即可，迫使马萨诸塞州在一年后取消了该禁令。[51]地理上相邻的纽约州和新泽西州，以及宾夕法尼亚州和特拉华州如果单方面采取对抗英国航运的法案，只会让贸易转向邻州。某些州的态度很固执，例如纽约州就在1787年对来自康涅狄格州和新泽西州的进口产品征收关税，以惩罚它们没有对英国产品或船只征收额外关税。但这一行动失败了，关税很快被废除，因为其他州不愿意效仿，小州希望借大州的报复行动搭便车，从而破坏了报复计划。英国人只需要选择停靠条件最优惠的港口，就能轻松规避各州对航运的不同政策限制。

联邦政府无权解决这一集体行动难题，而英国当局对此看得一清二楚。正如一份英国杂志报道的那样："从美国的最新来信看，针对他们与英属西印度群岛的贸易而实施的限制措施已经使他们陷入了最大的迷茫；而在报复中，他们通过的法律也不利于他们自身的利益；更糟糕的是，这些法律还彼此抵触……因此各种纠纷始终萦绕着13个州组成的这个名不副实的合众国。"1787年，格伦威尔勋爵（Lord Grenville）在英国议会为政府政策辩护，他特别提到对于美国，"我们不清楚他们是有统一的领导，还是被很多人领导，或者根本没有领导"。[52]英国的许多人相信，美国作为一个国家很快就会崩溃，分解成各个组成部分。

美国的政治领袖越来越担忧，如果保持 13 个独立州的状态，其他国家是否还会认真对待美国。杰斐逊深信，只要贸易管制权继续“掌握在 13 个州议会的手里，英国人在采取行动时就无须顾忌我们的联邦”。[53]麦迪逊表示赞成：“如果有必要对贸易进行管制，显然需要把权力交给可以有效管制贸易的地方，而且经验已经证明了这背后的原因，即由各州自行其是绝不能有效做到贸易管制。”[54]

由于亚当斯和杰斐逊未能与英法等国达成贸易协定，国会开始考虑相关措施，以制定全国性贸易政策。1784 年 12 月，国会任命了一个委员会修正《邦联条例》第 9 条，并授予国会“管理合众国与其他国家贸易往来的权力”。由詹姆斯·门罗（James Monroe）领导的该委员会于 1785 年初建议，国会应该拥有“管理州与外国之间、州与州之间的贸易，并为此目的对进出口征收必要的进口税和关税的……唯一和排他性权力”。[55]

可是国会并未开展行动。1785 年 6 月，门罗向杰斐逊报告，委员会的报告没有带来任何行动，“这一问题的重要性及其将会给邦联关系带来的深刻而激进的变革，加上必须有所作为的信念，却造成了对行动的回避或者恐惧……某些先生对扩大国会权力的任何尝试都抱有根深蒂固的偏见；其他人虽然看到了改变的必要性，但对后果感到担心。”[56]

国会无所作为就是根源于对贸易问题的地区间分歧。新英格兰迫切希望授权国会处理贸易问题，中大西洋各州基本持赞成态度，但南方各州不愿意改变。南方受英国对西印度群岛的航运限制的负面影响较小，并且在烟草和其他作物销售方面仍同英国联系密切。他们对授予联邦政府更大权力非常谨慎，害怕这会用来排斥英国的船运，降低运输服务业的竞争，让他们的出口商和进口商受制于新英格兰商人。担任国会议长的弗吉尼亚人理查德·亨利·李（Richard Henry Lee）就担心，把贸易管制权授予国会将造成“有利于北方各州……对商业活动的垄断”。[57]他和其他人害怕新英格兰各州的“阴谋和串通”可能“对南方农业州的贸易和生产造成破坏性垄断”。[58]由此可能削弱航运服务的竞争，导致运输费用提高，作物价格下跌。虽然麦迪逊、门罗和杰斐逊等知名的弗吉尼亚人希望授予国会更大的贸易管制权，但他们的观点在州内并不被很多人认同。

新英格兰的商人和政客对南方的不情愿态度感到气馁。新英格兰是受英国对西印度群岛贸易的限制影响最大的地区，他们认为南方各州拒绝考虑整个国家的利益，或者不承认国内其他地区的经济损失。他们希望对美国航运业给予某些优惠（例如对英国船只运送的货物征税），以扶持美国的造船和航运等产业，但发现南方并不赞同。一位新英格兰政客就抱怨说："如果我们的船只没有生意，他们的货物运到市场的费用可能还更便宜。"[59]波士顿的商人要求国会采取行动，否则会组织抵制英国产品。这一行动失败了，导致人们对南方的不合作态度更加失望，甚至出现了如果南方继续容忍事态发展，将导致国家分裂的言论。

1785 年 8 月，麦迪逊听到报道说，如果南方继续阻碍贸易改革，新英格兰各州可能分裂出去，另组一个小邦联，他向杰斐逊做了如下汇报：

> 英国在贸易方面使的诡计在北方各州造成了极大的痛苦和争吵，尤其是在波士顿，那里的警报已传到了纽约和费城……受害者在到处呼吁加强对国会的授权以减轻损害……如果有什么理由能够说服弗吉尼亚给国会授予贸易管制权，那就是这一授权很可能触怒英国，而我们的国民对它的仇恨依旧强烈。国民对自己的商业利益似乎并不敏感，对其知之甚少，而南方的商人阶层即使有能力对公众讲清楚，也不像北方各州的商人那样有足够的动力。战争结束后我们的作物价格较高，这是种植园主对贸易事务的黑暗面缺乏关心的另一原因。如果这些原因或其他原因导致东部和中部各州无法实施对英国的普遍报复计划，将令我非常担忧。由于少数州缺乏联邦精神，而使大多数州无法实施克服自身困难的常规办法，必然让它们有最强烈的动机开展某些不同寻常的尝试。这类危机的风险让我推测，英国的政策既着眼于垄断我们的贸易，又希望打破我们的邦联。[60]

麦迪逊认为，必须修正《邦联条例》，以免对贸易问题的争议威胁到联邦自身：

> 我认为联邦体制的缺陷需要弥补，这极其重要，不但因为此类修正可以更好地回答建立联邦体制的目的，而且因为我发现这些缺陷让国家的至少部分地区陷入了严重的困境，持续下去可能威胁到联邦本身的存在。受到损害的部分即便是少数，也不可能长期尊重一个过于弱小无法维护其利益的政府。当受到损害的部分成为多数，却看到无法给联邦政府提供保护授权时，它们的忠诚还有什么理由延续下去？如果英国继续用阴谋打击我们，而美国的七八个州却因为其他州的羁绊而无法通过联邦进行报复，它们很有可能受到刺激而采取反联邦的策略，必须承认，这令我不寒而栗。[61]

起初，主张加强联邦政府的某些人相信，英国在贸易限制方面的不妥协态度可能反而是好事，只要能激发美国人的爱国情感，促进国内政治变革。古弗尼尔·莫里斯（Gouverneur Morris）认为，英国的固执会掀起美国人的仇恨情绪并激发要求改革《邦联条例》的呼声，带来的“政治好处超过经济损失”。[62]商人、农场主、造船业主、渔民——因为经济困难而受损的几乎所有人——都会支持授予国会管制对外贸易的权力。然而这一另类理论被证明是错误的，在那个年代，各州变得越来越自私，越来越不团结，他们更多的是考虑局部地区，而非全国整体。

这种地区分歧的一个案例是，西班牙使团承诺，如果美国放弃密西西比河的航运权，就可以达成贸易协定，而在 1784 年西班牙封锁了密西西比河，禁止美国商船通航。新英格兰与中大西洋各州乐意放弃该权利，以换取进入西班牙及其殖民地的更好条件。南方则对使用密西西比河的权利可能被用来做交易感到震惊，指责北方忽视这条河流对南方地区的商业重要性。可是南方在国会投票中以 5 票对 7 票被击败，约翰·杰伊得到的谈判指示让他可以放弃 20 年以内美国在密西西比河的利益。尽管最后并未达成协定，但南方领导人却被上述决定吓坏了。

到18世纪80年代中期，政治领袖对《邦联条例》下的政府体制无法运行有了更多共识。面对艰难的经济状况政府无所作为，由此带来的强烈地方矛盾威胁到联邦自身。正如麦迪逊给杰斐逊的信中所言："我们的大多数政治灾难都可以归咎于经济灾难。"[63]国会既没有权力通过进口关税创造财政收入，也无权实施外贸管制，这是引发修正《邦联条例》和强化联邦政府运动的主要原因之一。弗吉尼亚议会呼吁该州的代表于1786年9月到安纳波利斯召开会议，商讨贸易问题的解决方案。有些讽刺的是，麦迪逊竟然反对这次会议，因为会议"容易遭遇反对，可能流产"。但他还是愿意尝试一下，他写道："我对会议在当前危机下顺利完成非常缺乏信心，因此我并未涉及多少商业改革之外的议题……说实话，我对商业改革也几乎不抱希望。"[64]

麦迪逊对这次会议前景的悲观态度似乎有其道理，因为导致国会分裂的地方纷争也在州代表的所有会议中存在。虽然不时有举办此类会议的想法，但关心各州主权的人总是对此保持高度怀疑。结果表明，安纳波利斯会议参加的人并不多，不足以提议向联邦政府授予贸易管理事务的权力。参会的代表呼吁召开另一次大会，不仅讨论贸易问题，还包括整个联邦体制的架构。由此给1787年5月在费城召开的制宪会议搭好了舞台。

## 对外贸易与1787年宪法

美国在《邦联条例》下的惨痛经历，为政治领袖建立更强大的联邦政府提供了经济和外交政策方面的迫切理由。的确，召开制宪会议的运动背后有一个重要考虑，就是应该赋予国会征税权，使之能够偿还债务和负担国防，还有对外贸的管理权，使之能够与其他国家就航海权和市场进入开展可信的谈判。麦迪逊在很久之后回忆说："众所周知，各州无力对外贸进行有效管理是把权力转移给能够有效执行的共同权威机构的主要而有力的动机……在解释宪法、推断其制定者的意图时，永远不能忘记制宪会议的伟大目标是通过新宪法补救原有宪法的缺陷，而其中的缺陷之一就是管制贸易的权力。”[65]

1787 年 5 月至 9 月，来自 13 个州的代表在费城举行闭门会议，起草新宪法。麦迪逊在会议开始时写道：“整个社会都充满期待……毫无疑问，会议结果将以这种或那种方式对我们的命运产生巨大影响。”[66]制宪会议首先做出了一个深刻影响进程的关键决定：拟议的宪法条款只需获得各州投票的多数票就可通过。如果要求一致通过，会议很可能走入死胡同。[67]

代表对授予国会征收进口关税的权力没有什么争执。新宪法第 1 条第 8 款第 1 项包含了与贸易政策有关的关键规定：“国会有权设定并征集税收、关税、进口税和其他赋税，用以偿付国债并为合众国的共同防御和全民福利提供经费；但是各种关税、进口税和其他赋税，在合众国内应统一征收。”这一内容并未经过重大争论或显著反对就得以顺利通过。很少人能反驳约翰·拉特利奇（John Rutledge）的说法：“对进口征税是联邦政府唯一确定的收入来源”。又正如古弗尼尔·莫里斯所述，每个人都希望“尽可能多地从贸易中”抽取财政收入。[68]更有争议的条款是把这些权力规定为国会而非各州的排他性特权。宪法第 1 条第 10 款第 2 项规定：“未经国会同意，各州不得对进口货物或出口货物征收任何税款，但为了执行该州的检查法律而有绝对必要时，不在此限。”该条款以 6∶5 的微弱多数获得通过。[69]

授予国会管理对外贸易的普遍权力（管理范围并不限于进口关税，还包括航运政策等）这一建议则遭遇激烈争执。该建议与奴隶贸易的内容捆绑在一起，形成了在 8 月末的几天内达成的“肮脏妥协”（dirty compromise）的一部分。[70]新英格兰地区航运业发达的各州迫切希望给联邦政府授予贸易管理权，以便在美国的港口对美国船只实施优惠措施。在他们看来，通过不同的吨位税实施此类优惠不但能促进商船发展，还能提升政府的谈判地位，力争取消阻碍美国出口商进入外国市场的外国管制措施。例如马萨诸塞州的纳撒尼尔·戈勒姆（Nathaniel Gorham）在为该州发言时辩称：“东部各州对于组成联邦的唯一动机来自商业”。[71]

上文已经提到，南方各州害怕给国会授予贸易管理权力。他们的经济依赖农作物的大量出口，因此希望以开放竞争确保航运服务的低价位。南方各州认为，如果美国的港口对英国商船征收额外的吨位税，他们就会受新英格兰航运利益集团的剥削，被收取过高的运费，使其出口受到打击。理查德·亨利·李就给麦迪逊写信说："在我看来确凿无疑的是，给国会授予联邦贸易的立法权对南方5个州或者农业州来说非常危险，他们对商船和海员的需求将使其货物或产品面临恶意与破坏性垄断。"[72]但假如已不能阻止把贸易管理权授予国会，南方希望在采取此类管制时要求绝对多数（2/3）的赞成票，使他们有可能阻止这方面的法案。

北方和南方相互对立的观点如何实现协调？如芬克尔曼所述（Finkelman，1987，第214页），"肮脏妥协"的实质是"南卡罗来纳州代表团将支持贸易条款，条件是新英格兰方面支持保护奴隶贸易并禁止出口税"。这一地区间交易让制宪会议解决了上述令人困扰的议题，但妥协的每个部分依然存在争议。

首先，南方要求禁止出口税，以保护农作物出口州的利益。在宪法中禁止出口税对大多数北方代表而言是一剂苦药，他们本来认为国会对出口和进口都应该有权征税。宾夕法尼亚州的古弗尼尔·莫里斯争辩说，"地方利益诉求不应该干扰公共利益"，并质疑："在某些情况下不对出口征税而只对进口征税是否不公平；对出口征税往往是两者中更容易与合适的。"詹姆斯·麦迪逊、乔治·华盛顿与参会的部分南方代表也反对禁止出口税。麦迪逊认为此类税收"尤其适合对那些在外国市场上没有竞争对手的美国产品征收"，例如烟草，他还推测这种情况下的税收成本将由外国消费者承担。[73]

可是，大多数南方代表强烈反对授予国会征收出口税的权力。南方再次坚持国会不能获得授权，担心这样的授权将被用作北方压制南方的工具，摧毁烟草、靛蓝和大米等作物的出口。弗吉尼亚的乔治·梅森（George Mason）"希望北方各州不要拒绝给南方的保护"，不要将他所在地区的产品列入征税对象。梅森指出进口税与出口税有所不同，因为对进口产品的消费均匀分布在各州，而出口产品的生产则高度集中在少数几个州。来自南卡罗来纳州的一位代表“坚决反对出口征税权，因为对农业州不公平，令人担忧”。还有一位代表认为出口税将是“偏袒和不公的”，因为它将主要打击南方的农业地区，由此“导致无法平息的嫉恨”。[74]

作为妥协，麦迪逊建议出口税只能在国会两院都以 2/3 多数批准时才能实施。这一提议以 6∶5 的投票结果被否决，所有南方州都投了反对票。然后，完全禁止出口税的议案以 7∶4 票的投票结果通过，南方各州都投了赞成票（马里兰、弗吉尼亚、北卡罗来纳、南卡罗来纳、佐治亚，加上马萨诸塞和康涅狄格），新罕布什尔、新泽西、宾夕法尼亚和特拉华投了反对票。结果在宪法第 1 条第 9 款规定：“对各州输出之货物，不得课税。”

下一个议题是要不要允许继续开展奴隶贸易，或者是否应该征税或禁止，这也引来了更加激烈的争论。尽管北方的航运集团在奴隶贩卖中有获利，但北方的大多数代表却憎恶奴隶贸易。他们把奴隶制视为道德的败坏，试图结束这一人口贸易，尤其还因为“3/5 妥协条款”（three-fifths）可能使南方各州通过扩大奴隶人数增加在众议院的席位。南方的态度则出现分裂：马里兰和弗吉尼亚已经禁止了奴隶的输入，因为那里的奴隶主希望维持现有奴隶的高价位；而南卡罗来纳州和佐治亚州希望继续输入奴隶，以扩大农业产量。在这两个州看来，用宪法禁止奴隶贸易只能破坏达成协定。南卡罗来纳州的查尔斯·平克尼（Charles Pinckney）报告了他的“坚定看法”，如果宪法禁止奴隶贸易，那么即便他“和所有同事在宪法上签字，并发挥自己的个人影响力，对取得其选民的同意也毫无作用。南卡罗来纳和佐治亚离开奴隶将毫无作为……（他们）会把拒绝保护奴隶贸易的条款视为将南卡罗来纳排斥出联邦”。[75]

为打破僵局，古弗尼尔·莫里斯建议：“把包含出口税和航运法条款的整个议题委派给一个特别委员会”，以便让“北方州与南方州在这些问题上可以达成交易”。康涅狄格的奥利弗·埃尔斯沃斯（Oliver Ellsworth）表示赞同，认为“观点分歧之大是一个威胁，如果我们无法在中间立场达成一致，很担心我们会失去两个州，其他州可能倾向于疏远，朝不同的状态和方向发展，很有可能分裂成几个邦联，甚至发生流血冲突”。[76]特别组建的“十一人委员会”很快提出了一个妥协方案，即国会只能对进口的奴隶收取很有限的费用，并且在 1800 年之前无权禁止奴隶贸易。麦迪逊批评奴隶贸易条款是“对国家品质的亵渎”。但在把截止期更改为 1808 年（即宪法批准之后 20 年）以后，该条款以 7 票对 4 票获得通过。赞成票来自三个新英格兰州、马里兰州以及最南方的三个州。

“肮脏妥协”的最后一个部分是贸易条款。十一人委员会建议放弃任何要求绝对多数以批准贸易管制的意见。北方的代表坚持用简单多数规则采取此类管制措施。宾夕法尼亚州的乔治·克莱默（George Clymer）声称，“如果面对外国管制而不能保护自己，那么北部和中部各州会被摧毁。”马萨诸塞州的纳撒尼尔·戈勒姆发问：“如果政府如此受限，以至于无力解决东部各州的商业困境，那他们还有什么动力加入联邦，自缚手脚而不能采取自救措施？”[77]麦迪逊也支持简单多数票方案，使美国能够更易于对外国的贸易限制进行报复，但大多数南方代表强烈反对，坚持贸易条款应该有 2/3 的绝对多数支持才能实施。

这一分歧威胁到“肮脏妥协”的达成。作为补救，南卡罗来纳州的查尔斯·平克尼宣布：“没有贸易管制符合南方各州的真正利益，但鉴于独立革命给东部各州的贸易造成的损失，他们对南卡罗来纳州的慷慨举止，以及虚弱的南方各州与强大的东部各州联合的好处”，他认为对联邦政府行使贸易管制权不应设置障碍，“尽管他的选民对东部各州有看法，但可以说服他们接受这一让步”。[78]于是平克尼及南卡罗来纳州代表团决定支持十一人委员会提出的简单多数规则。根据麦迪逊的记录，平克尼提到的“慷慨举止”是指“允许进口奴隶”。他解释说：“联邦合众国的这些地区对航运和奴隶制这两个议题达成了相互谅解，由此可以解释议案的投票结果，以及平克尼将军和其他人的言论。”本质上，是新英格兰的某些州同意推迟禁止奴隶贸易，以换取南卡罗来纳州支持授予国会管制贸易的权力。[79]

其结果是，要求国会达到 2/3 多数才能实施贸易管制的议案以 7 票对 4 票被否决，南卡罗来纳州是南方唯一投反对票的州。接下来，贸易条款在没有反对记录的情况下被采纳。根据美国宪法第 1 条第 8 款第 3 项，国会被赋予了“管理与外国之间、州与州之间，以及与印第安部落之间贸易”的特别权力。

宪法中与贸易有关的最后一个条款要求与外国的所有条约都需要得到参议院 2/3 多数的批准（第 2 条第 2 款第 2 项）。这给可能影响进口关税的任何贸易协定设置了较大的政治障碍。对该条款的解释涉及南方各州的愿望，即贸易管制要有 2/3 的多数票，特别是之前刚刚发生北方各州考虑拿密西西比河的航运权做交易的事情，这会严重损害南方的利益。[80]从本质上说，要求 2/3 的多数票，就是为了在总统可能签署的任何条约中保护地方利益。

制宪会议于 1787 年 9 月休会，把宪法建议案提交各州批准。此后亚历山大·汉密尔顿、詹姆斯·麦迪逊与约翰·杰伊合作发表了一系列报刊文章，劝说纽约人民支持新宪法，后来被整理成《联邦党人文集》。其中几篇文章从财政收入和贸易管制的角度讨论了宪法建议案的好处。在文集第 11 篇，汉密尔顿强调了赋予联邦政府贸易管理权在谈判方面的作用：

> 我们可以利用全国各州同时实行禁令，迫使各国为取得进入我国市场的特权而竞争……例如，假定我们美国有一个政府，能够把英国（目前我们和它没有达成通商条约）赶出我们的所有港口，这一措施对英国的政策会产生什么影响呢？这一措施，难道不能帮助我们与英国开展最有成功希望的谈判，在其领地上取得最有价值和最广泛的商业优惠吗？[81]

汉密尔顿的希望是，美国的航运法律可以“报复英国的体制”，并使美国重新加入与西印度群岛的贸易。

1788年6月，新罕布什尔州成为第九个批准宪法的州，从而使宪法生效。到当年秋天，向新政府过渡的计划已经准备就绪。之后，乔治·华盛顿当选总统，并于1789年4月30日在纽约宣读就职誓词，新政府正式启动。新国会于1789年3月开启，几乎立刻就着手考虑征收进口关税的法律。美国贸易政策的新时代就此来临。

## 第二章

# 新国家的贸易政策，1789—1815 年

新联邦政府的首批目标之一是梳理国家的财政和贸易政策。依靠新宪法赋予的权力，国会开始对进口产品征收关税，对外贸进行管制。通过进口关税增加财政收入的必要性没有争议，但某些国会议员认为保护制造业免受外国竞争也同样必要。最有争议的贸易议题涉及与英国的商业关系，尤其是在美国航运业被卷入 1793 年英法战争之后。国家领导人对美国应做出何种反应出现了分歧。乔治·华盛顿和约翰·亚当斯的联邦党政府试图在 18 世纪 90 年代采取商业和平的政策，托马斯·杰斐逊和詹姆斯·麦迪逊的共和党政府则在 19 世纪初卷入了漫长的商业冲突。这些争执在 1812 年战争中达到顶点，然后极大地改变了美国经济，很快导致了保护性关税的兴起。

## 建国者关于贸易政策的指导思想

在新宪法下，美国的政治领袖第一次有机会重塑美国的贸易政策。是哪些一般原则在影响和指导他们的政策观和思考方式？作为启蒙运动的学生和英国重商主义的对手，美国的建国者支持国家之间的自由开放贸易，希望废除妨碍贸易的所有束缚和特权。[1]本杰明·富兰克林在 1781 年写道：“或许是个错误，但我仍倾向于采纳这一现代观点，即把贸易从所有束缚下解放出来对所有国家都是最好的选择。”[2]托马斯·杰斐逊也赞颂了自由贸易的好处，他在 1785 年写道：“我认为完全实现自由贸易会让全世界都受益。”杰斐逊在著名的《弗吉尼亚笔记》（*Notes on the State of Virginia*）一书中提出："打开贸易的大门，去除其一切锁链，给所有人选择把任何物品带到我们港口来的完全自由，并要求在他们的港口也给予同等待遇，乃是符合我们利益的选择"。[3]建国者还相信，贸易限制是为了私人利益而非公共利益实施的。正如富兰克林所述："不同国家实施的大多数限制措施似乎都是其私人利益集团的特殊诉求，只是假以公共利益的名义。"[4]

在那个时期，自由贸易的概念并不代表零关税以及对贸易没有任何政府限制。政府为财政收入目的而对贸易征税，通常是可以理解的。自由贸易是指一个国家的商人可以去自己想去的地方做生意，只要如数纳税，就不会遇到歧视性的禁止或殖民地特惠规定。自由贸易可以更准确地描述为开放贸易，各国可以征收进口关税并对航运进行管理，但应该采取非歧视的方式。

美国的建国者很熟悉亚当·斯密在1776年发表的《国富论》，那是当时最有影响力的著作之一。[5]斯密的书中批评了英国的重商主义政策，支持"明显而简单的天然自由体系"，即个人能够在政府创建的法律体系下自由追求自己的经济利益。在这种经济自由体制中，国家之间的贸易不像重商主义学说描述的那样，是一国得利另一国受损的零和博弈。斯密指出，贸易应该保持自由开放，因为所有国家都能够进口在其他地方相对丰富的产品，而出口在本国相对丰富的产品，从而共同获益。正如他所言（Smith，1976，第457页）：

> 在每一个家庭的行为中是精明的事情，在一个大国的行为中就很少是荒唐的。如果外国给我们供给的商品比我们自己生产的更便宜，那我们最好就用我国优势产业生产的一部分产品向他们购买。国家的总劳动……就决不会因此减少……只不过任其随意寻找最有利的用途罢了。要是把劳动用来生产那些可以购买的比自己制造还便宜的商品，显然没有发挥其最有利的用途。

大多数美国人接受这一观点，即贸易是天然有利的，不需要中央控制，部分原因是他们不想建立一个可能偏袒某些企业的过于强势的联邦政府。例如在 1789 年国会对进口关税举行最早期的辩论时，詹姆斯·麦迪逊就这样响应过斯密的学说：

> 我承认自己支持高度自由的贸易体制，并坚信贸易限制通常是不公正、压迫性和不明智的做法。同样，如果产业界和劳工能自己做主，他们往往会从事最有生产力的活动，并采取比最睿智的立法机构能提供的指导更为确定和直接的方式。我并不认为此类贸易限制能提升国家利益，立法机构为促进特定产业而实施的直接干预只能实现某些个人的利益。[6]

美国的大多数建国者应该会赞同上述看法，尽管某些人（尤其是亚历山大·汉密尔顿）希望政府对贸易发挥更积极的作用。在 1782 年的写作中，汉密尔顿认为对贸易实行放任、不采取政府鼓励或限制的观点是“最狂热的自相矛盾的猜想之一，已经在我们中间逐渐立足，却与各个最进步国家的通行做法和认识相左”。在汉密尔顿看来，既然这一信念“与所有地方为促进贸易而制定的各种制度和法律冲突，与各国不遗余力地培育某些产业并限制另一些产业的事实相悖，与我们已了解到的这些措施带来的好处相矛盾，还与撤销这些措施可能带来的显著危害不相符，任何了解贸易历史的人都会拒绝接受”。[7]

不过，亚当·斯密还讨论过自由贸易一般原则的几种例外情形。美国的领导者发现这些例外尤其适用于自己国家的情况。例如，斯密认为保护与国防关系重大的国内产业或许是必要的（Smith，1976，第 463—465 页），他对《航海条例》的辩护就是基于：国防“的重要性远远超过致富”。斯密还提出：“有时或许值得考虑，当外国采用高关税和禁运来限制我们的某些制造品进入其国境时……继续自由进口某些外国产品是否合适。”（第 467 页）在此情形下，采取互惠政策或者对外国贸易壁垒采取限制从该国进口的报复政策，或许是合适的选择，这取决于报复成功取消外国壁垒的可能性。虽然斯密怀疑各国每次遇到此类情形是否都应该如此反应，但他显然认为报复可以在维持贸易开放上发挥建设性作用。[8]

美国的政治领袖虽然支持自由开放贸易的目标，但也很清楚斯密提到的两个理由——国防和互惠——与自己的处境关系密切。独立战争期间关键物资（如军火和服装）依赖进口带来的问题，依然记忆犹新。各州在19世纪70年代无法对英国的贸易限制采取集体反击行动，则是制定新宪法的重要动因。国家的政策制定者当时面临两个重大问题：美国是否应该制定自己的航海法规扶持本国航运业，压制外国商船？美国是否应该对影响自己出口和航运的外国贸易限制与歧视性政策采取以牙还牙的对策？大多数人相信，这两个问题的答案都应该是无条件的，当然对具体政策应如何设计还存在激烈争论。所以虽然建国者开放贸易，他们同时也高度关心国防问题和有害于美国贸易的外国歧视。

在航运业方面，几乎所有人都同意美国应该制定能够扶持本国航运业的航海法规。杰斐逊就写道："作为一门产业，航运业有其价值，而作为国防资源，则不可或缺。"[9]争议更大的是美国对外国的贸易禁令、关税和管制的反应，而不管这些措施是不是专门针对美国。实际上，对建国者支持的自由贸易来说，最重要的条件是，如果美国采取自由贸易政策，其他国家是否必须做到互惠。如果其他国家保护自己的市场，美国或许也不得不效仿。1785年，杰斐逊希望首先能"打开所有的贸易之门，去除全部锁链。但由于其他人做不到，除非他们能为了我们做到（欧洲是没有可能的），我想我们也只能采取在自己的港口限制他们的制度，与他们对我们的做法一样"。[10]麦迪逊则这样写道："如我设想的那样，大家确实非常希望贸易管制，包括各种限制和关税都是没有必要的……完美的自由体制是我的选择。"但他接着又讲："那样的体制能够对美国适用的前提是，必须互不相欠，也就是说，只有其他所有国家都能接受，这一体制才能实现。"[11]

关于政府在外贸中的角色的很多早期讨论，还反映了人们对美国经济前景的不同看法。亚历山大·汉密尔顿与联邦党人认为美国将仿效英国，成为商业强国，不仅有庞大的都市、强劲的金融系统和繁荣的贸易，还有均衡的经济结构，制造业和农业共同发展，继续同英国保持密切联系。相反，杰斐逊和麦迪逊则认为美国将继续成为农业国，主要发展农业。杰斐逊的著名言论是“耕种土地的人是上帝的选民”，他们最具有美德，最热爱自由，其利益与国家利益最密不可分。杰斐逊等人对商人持怀疑态度，认为这些人缺乏忠诚和道德。他们不希望制造业发展，因为这会增加生活在城市贫民区的工人数量，而那些人缺乏共和精神。

因此，杰斐逊和麦迪逊的态度是亲法反英，亲农业和农民，反金融和大型制造业。他们把以英国为首的大商业和制造业势力作为腐朽堕落的代表。而美国要捍卫共和精神，则必须避免走这条发展道路。杰斐逊希望美国保持农业国的地位，用过剩的产品交换远方生产的制造品：“只要我们有可耕作的土地，那就希望我们的国民永远不要围着工作台或纺纱杆打转。农业中需要木匠、石匠和铁匠，但对于一般的制造业来说，还是把工厂留在欧洲为好。”[12]有些时候杰斐逊同他的伙伴甚至希望让美国完全撤出世界贸易。[13]他们对贸易的矛盾心理反映出当时的人们（至少某些精英）讨厌商业活动的道德败坏效应，因为此类活动过于关注大众产品及奢侈品的消费。他们不得不在这一态度与反对政府限制个人自由之间寻找平衡。

不过，上述指导思想的争论最终对国家政治领导人面临的政策选择没有太大影响，他们所做的决策还是基于对国家所处形势的现实评估。正如乔治·华盛顿所述：“哲学家和聪明人中间一直有个悬而未决的疑问，即外贸对任何国家是否真正有好处，贸易带来的奢侈、娇柔和腐朽能否由它产生的便利和财富抵消。”但他接着说，答案“对我们来说其实无关紧要……因为美国盛行的贸易精神不可阻挡”。[14]这一现实也迫使杰斐逊（带着些许不甘）承认：“我们美国人民对航运和贸易有明确的态度，这是从他们的母国继承而来的，他们的公仆则有义务从这一事实出发考察各种政策措施。”[15]

## 第一部关税法案

新国会的第一项议程是增加财政收入，以支持联邦政府正常运转和偿还公共债务。[16]与会代表对征收进口产品关税为政府创造收入的想法没有异议：进口税易于管理，而直接税则非常不受欢迎。

1789年4月8日，即国会首次达到法定人数的两天后，詹姆斯·麦迪逊在众议院提出对进口产品征收关税的法案。他指出政府急需财政收入，而关税应该立即实施，以便对当年春季来自欧洲的进口开征。作为临时的权宜之计，麦迪逊建议采纳1783年大陆会议批准的关税结构，对所有进口产品征收5%的从价税，以及对酒类、茶叶和咖啡等产品征收更高的从量税。他认为，更为永久性的关税则可在以后制定，而国会应该抓紧行动，以避免错过春季的进口，并使税金尽快流入财政部的国库："我们的财政部入不敷出早已众所周知，我不得不对此加以批评……让我们尽力弥补这一缺陷。为此必须获得国家财政收入，当然这一体制在确保收入目标的同时，不应该对人民形成压迫。"[17]

麦迪逊的提议引发国会就财政收入是否应该作为征收进口关税的唯一目标展开讨论。几位议员提出，除增加收入外，应该利用关税促进国内制造业。宾夕法尼亚州的托马斯·哈特利（Thomas Hartley）就说："没有理由……可以阻碍委员会采取旨在保护和促进国内制造业发展的措施……一般政府的扶持之手应该延伸至对国家有用的所有制造商，我认为这是明智而且正义的。"[18]

这其实是麦迪逊希望推迟到以后再展开的一类讨论。"从之前就这个议题发言的一位先生的建议看，我理解有必要比我之前建议的更为深入地探讨这些原则，"他回应说，"但我的观点是，把有关这个议题的第一份文件主要限定在财政收入上，制定一个临时解决方案，而非长期办法。"如果就制造业的情况进行考察或者对保护制造业的合适程度展开讨论，而导致任何拖延，都只会造成宝贵的政府收入的流失，使国家财政陷于瘫痪，"如果委员会拖延征收关税，直到建立完善的保护性关税制度才行动，等税法实施时就没有多少进口了，因为到那个时候春季的商船早已抵达"。麦迪逊重申了他的主张，即国会应该立即开征关税，以后再考虑政府对制造业的政策："不管我们需要在多大程度上促进国内制造业的发展，我们还是应该更关注当前获取财政收入的政策。”[19]

在被迫加入有关征税原则的辩论后，麦迪逊决定更明确地阐述观点，他说自己“支持高度自由的贸易体制……并认为限制贸易是不公正、压迫性和不明智的做法”。但他并不是自由贸易的教条式鼓吹者，因为他承认“这一普遍原则有重要的例外情形，并值得本委员会特别关注”。麦迪逊列举了三种例外情形，第一种是财政收入，“通过关税获取收入比其他任何方式都更便利和更有把握，而且不会给社会造成损害”。对这一点大家没有异议。[20]

第二种例外情形关系到航运。“如果美国要让其港口完全开放，对本国公民和外国人拥有的船只不采取歧视，而其他国家却采取歧视，那么这一政策会让美国船只无法进入外国港口，我们将在最重要的利益领域损失惨重。”鉴于这样会损害美国的利益，麦迪逊相信，美国应该对进入美国港口的外国船只征收比本国船只更高的吨位税。[21]

第三种例外情形关系到国防。麦迪逊原则上同意长期以来的一个主张，即“每个国家都应该拥有自己的国防，不依赖外国供给”。不过他对该原则的适用性抱怀疑态度：“有充分理由相信，在必要时我们可以像其他任何国家一样从国外获取任何所需的供应”，尤其是考虑到美国已经赢得了独立。当然，麦迪逊并不排斥扶持幼稚产业的想法。[22]

如上述意见交锋所示，国会开幕短短几天就卷入了贸易政策的大辩论。这一永恒的辩论围绕着什么是进口关税的正确目标：增加政府税收，限制进口以保护国内制造业，实现国际互惠，还是三者的某种组合。

尽管麦迪逊希望国会迅速通过关税法案，尽快获取财政收入，但他不能阻止议员讨论对不同产品应该适用何种税率水平，往往有人要求对特定产品给予优待。马萨诸塞州的一位代表支持对进口钉子实施特别税率；宾夕法尼亚州的一位代表呼吁对铁制品、纸张和玻璃实施保护；弗吉尼亚州的一位代表则主张对大麻和煤炭征税。新英格兰的代表反对向大麻征税，因为这对生产船舶需要的绳索不利；南方的代表则反对向钉子征税，说那对当地的消费者不公平。新英格兰主张对朗姆酒收取高关税，对糖浆征收低关税，以牺牲甘蔗种植者和提炼者的利益保护酿酒厂，南方对此则持完全相反的态度。

互相对立的议员很少述及一般原则，埃尔金斯和麦基特里克（Elkins and McKitrick，1993，第66—67页）写道，更多情况下“他们的观点主要基于地方利益，而非有关自由贸易或贸易保护的理论信念……虽然保护原则在最终达成的法案里有明显体现，但整体而言主要的考虑还是财政收入以及政府在各种情形下可以合理征税的对象”。其实以后来的历史标准衡量，首部关税法案引发的讨论并不那么对立。该法案包含某些保护性关税，但主体是对大多数进口制造品征收5%的低税率。尽管没有最终投票结果的记录留下来，但关税法案最终于1789年6月1日在众议院获得了通过。

参议院的辩论可视为此后将持续半个世纪且带有地方色彩的关税争执的一次预演。南卡罗来纳州的皮尔斯·巴特勒（Pierce Butler）愤怒地谴责关税无异于不公平地掠夺他代表的严重依赖出口的地区。宾夕法尼亚州的参议员威廉·麦克莱（William Maclay，1988，第73页）在他的日记中这样描述：“巴特勒爆发了，威胁说这样对待他代表的州将导致联邦解体——仿佛确信上帝就在空中看着。他四处攻击整部关税法案，称之为偏袒、压迫等，是专门为抑制南卡罗来纳设计的，继而又很快宣称他自己多么了解当地的观点，多么坦诚和公正冷静，最后则堕落到慷慨激昂地说他代表的州将会光荣地活着和死去之类的。”

南卡罗来纳州将会在此后几十年里激烈反对关税，但巴特勒的激情演说对劝说参议院的同僚不仅没有效果，反而犯了众怒。正如麦克莱（1988，第72页）所述：“巴特勒的党派完全不顾礼仪，他们的论述如果能有什么效果，也完全因为其失礼而丢光了。”麦克莱观察到，其他一些州采取了更具建设性的立场，不过整个议题仍充满争议：“来自新泽西、宾夕法尼亚、特拉华和马里兰的参议员，在每部法案中都渴望让关税既能产生财政收入，又能有效促进制造业发展……可是来自北方以及尤其是来自南方的参议员，在任何拟议的条款对他们有重大影响时总是怒气冲冲。”（Maclay，1988，第74页）

到 6 月中旬，参议院通过了对众议院法案的修正版。众议院则否定了参议院的几乎所有修正意见，而后参议院拒绝认同。麦克莱（1988，第 84 页）认为："彼此看起来真的是南辕北辙，或者说是故意斗气。"在开幕后的头三个月，美国国会似乎就要陷入僵局，这当然不会是最后一次。除了通常的地区分歧外，许多人怀疑商业利益集团应该对法案的拖延负责，其目的是在新关税生效前完成货物进口。正如麦克莱（1988，第 69 页）所言："如今很明显，有商业影响力在拖延关税，直到他们拿到全部的夏季货物为止，这真是令人生厌……但我还不知道到底是哪些人。我希望我们能摆脱这种卑鄙、糟糕的处境。"不过到 6 月底，众议院终于接受了参议院的多数修正意见，法案在国会通过。华盛顿总统于 1789 年 7 月 4 日签署了关税法案，使之成为新联邦政府实施的第二部法律。关税将在 1789 年 8 月 1 日起生效。以后来的标准看，国会的这次行动算是迅速的，只不过没有如麦迪逊设想的那样从春季进口货物起就获得财政收入。

新法律的前言陈述说，进口关税对于"支持政府运转，偿还美国的债务，以及鼓励和保护制造业"是必要的。美国的第一套关税体制包含三个部分：对部分产品的从量关税，对大多数其他产品的从价关税，以及对少数物品的免税待遇。从量关税针对 36 种商品，如糖浆和咖啡（分别为每加仑和每磅 2.5 美分），蒸馏酒类（每加仑 10 美分），盐（每蒲式耳 6 美分），钉子（每磅 1 美分）等。大多数这类特别关税的设计是对酒类的销售税（revenue tax）或者主要由富人消费的奢侈品税。但同时其中的某些税种也给相应厂商提供了附带保护，例如，虽然国产烈酒也需要缴纳消费税，其税率却远低于进口关税。其他从量关税则明显是为国内厂商的利益而征收的，例如对靴子和鞋子、钉子和道钉、鱼类以及大麻的关税等。

大多数进口产品需要按四个等级缴纳从价关税：车厢及部件是 15%；瓷器、石料、玻璃制品等是 10%；棉织和毛织服装、帽子、锻铁或轧铁及其他金属制造品、羽毛制品等是 7.5%；没有注明的所有其他物品是 5%。另有 17 类产品被归入免税清单，包括硝石、黄铜、马口铁、铁线和铜线、棉花和羊毛、兽皮、毛皮以及皮革等。最后，该法律建立了退税制度，对进口后再出口到其他地方的物品缴纳的进口关税予以退还。

作为第一任财政部长，亚历山大·汉密尔顿完成了在主要港口设立海关机构并监督其运转的关键任务。根据各种记录，他对海关进行了高效的管理，对细节非常用心，以确保其顺利运转、杜绝腐败。事实上，海关关税产生的收入在联邦政府接手这一职责后快速增长。纽约、费城、巴尔的摩和查尔斯顿等港口的财政收入从1785—1788年的约200万美元跃升至1792—1795年的近1 200万美元。税收增长主要是因为新宪法实施后的外贸复兴，但也是由于关税率提高和海关征收效率的改进。[23]这是一个巨大的成就，尤其是考虑到联邦政府几乎完全依靠海关作为其收入来源。例如在1792年，海关关税（包括进口产品和对航运业的吨位税）在370万美元的政府总收入中贡献了340万美元。不过当年的政府支出包括偿债支出在内约计510万美元，依然有较大的财政赤字。

实际结果证明，对进口征税是经济和政治上都较为高效的增加税收的办法。经济上的效率是因为外国产品集中运送到少数几个大型海港，只需要很少的政府雇员就能有效征收。征收进口关税的行政成本只占总关税收入的4%，而征收国内消费税需要有多得多的收税员分散到全国各地，其行政成本达到总收入的20%。[24]

同样重要的是，进口关税从政治角度看也是高效的增收办法。关税自动加入进口产品的国内价格，避免了国内税那样的“政治雷区”。[25]汉密尔顿的财政计划实现了国家税收体制的可喜转变，即从各州征收的直接税（人头税和土地税）转向联邦政府征收的关税。该计划通过承接各州的债务，让它们能够下调直接税，某些情况下降幅竟达到75%。[26]随着国家税收体制从直接税转向进口税，大多数人的税负感受显著降低。18世纪80年代经常发生的抵制州税运动在18世纪90年代基本上消失了。加上关税比其他税收形式的干扰性更小，联邦政府成功避免了关于其合法性的争议。

同时，汉密尔顿试图给政府收入来源提供补充，实现多样化。在容易随进口量波动的关税之外，加入更为可靠的国内税种，如消费税等。汉密尔顿担心完全依赖关税收入在战争时期会带来风险，使国家财政在错误的时机陷入瘫痪。然而国内税种非常不受欢迎，国会也不太愿意开征。因为关于宪法的争执余波未息，对新联邦政府的公众支持尚不确定，所以汉密尔顿对提议新的国内税种十分谨慎，担心引起国内的政治反弹，1794 年的“威士忌暴乱”（Whiskey Rebellion）殷鉴不远。结果，汉密尔顿让政府财政收入多样化的努力只取得了较小进展。

虽然关税收入随贸易扩张而增长，联邦政府的财政状况在 18 世纪 90 年代早期依旧不稳定。1792 年，美国支付的债务利息就占总收入的 87%。它只是依靠来自荷兰的大笔贷款，才偿还了之前的外国贷款，并赎回了很大数额的国内债务，填补赤字。[27]然而这次再贷款也意味着国家债务的名义数额在 1790 年并没有下降，直到 1796 年，政府的税收收入才够支付经常开支和债务利息。这让汉密尔顿受到指责，说他对偿还债务并不认真。可是政治上的束缚让他不能进一步提高关税或消费税。艾德林指出（Edling，2007，第 306 页）：“在面临提高税收以快速偿还贷款，还是至少在可预见的未来接受负债的选项时，汉密尔顿选择了后者。”

有限的财政收入让汉密尔顿对政府的财政状况高度敏感。他努力节约使用政府的微薄财力，维持国家的信誉度。我们将看到，他迫切希望美国对欧洲的军事冲突保持中立，担心卷入其中会毁掉国家的财政。卷入一场没有做好准备的战争将使政府支出飞涨，而收入崩溃。对财政失调的这种担忧还将深刻地影响汉密尔顿对贸易互惠议题的处理态度。

认识到政府脆弱的财政状况后，汉密尔顿试图通过提高关税表上的从量关税来增加收入。1790 年 1 月，在作为财政部长提交国会的第一份报告中，汉密尔顿建议把马德拉葡萄酒的关税从 18 美分提高到 20 美分，把熙春茶的关税从每磅 20 美分提高到 40 美分，把咖啡的关税从每磅 2.5 美分提高到 5 美分，把瓷器的关税从 10% 提高到 12.5%，以及其他许多调整。国会在 1790 年 8 月采纳了其中的大部分建议。之后有了更多的增税。又是根据汉密尔顿的建议，国会在1791年3月提高了对烈酒的关税。至此，汉密尔顿相信“对大量进口产品的关税已经达到了一个临界点，不适合再增加了”，因为他担心会给贸易造成打击。[28]

不过美国政府的税收需求仍在扩大。1792年，为了提供新的资金保护西部边疆，国会把从价关税提高了2.5个百分点，使基本税率从5%提高至7.5%。1794年又把这部分税率提高了2.5个百分点，使基本税率提至10%，而对食糖和葡萄酒的关税也提高了，以加快公债偿还速度。1797年，国会再度把基本税率提高至12.5%，并对食糖、糖浆、茶叶、可可及其他产品实施了更高的从量关税。每次调整的主要目的都是增加财政收入，以支持政府运转和偿还国债。因此，尽管初期的平均关税率在1790年和1791年约为12%，后来的修正却使关税率在18世纪90年代中期迅速提高至20%左右，如图I.1所示。[29]

## 汉密尔顿关于制造业的报告

在建立最初的关税制度时，国会基本上绕开了保护新兴制造业免受外国竞争的议题，但不能长期回避这方面的讨论。华盛顿总统在1790年1月首次向国会提交的报告中提到，自由人民的安全和利益“要求促进制造业发展，以使他们能够不再依赖其他人提供必需品，尤其是军事供应”。七天之后，众议院要求财政部长“向众议院准备和提交一份或若干份与总统建议一致的恰当计划……关于鼓励和促进制造业发展，以使美国能够不再依赖其他人提供必需品，尤其是军事供应”。[30]该要求提出近两年后，汉密尔顿于1791年12月提交了著名的《关于制造业问题的报告》。

这份出色的报告是美国历史上最重要和最具影响力的政策文件之一。[31]汉密尔顿全面有力地论证了政府促进国内制造业的问题，不但提供了此类政策的理论解释，还涉及政府行动的具体建议。显然受到亚当·斯密的影响，但他承认：“如果完全自由的工商业体制是各国普遍实行的体制，那么应该有充分理由劝阻美国这样处于困境的国家狂热追求发展制造业。”在自由环境中，美国可以轻松出口农产品，以换取欧洲生产的制造品。然而，那种体制“与各国普遍实行的政策相去甚远”，美国无法参与这样的无障碍交易。虽然进口制造品较为容易，美国却不能“按平等条件同欧洲开展贸易”，因为“其商品输出面临大量极为有害的限制”。[32]在汉密尔顿看来，这意味着美国应该考虑发展自己国内的制造品供给，特别是国防所需的产品。

随后，同样是联系到亚当·斯密，汉密尔顿转而反驳以下观点，即这类政府扶持没有必要，是因为“如果放任自流，产业发展自然会找到最有用途和最能盈利的领域，由此可以推论，没有政府帮助的制造业会按照事物的自然状态和社会利益要求的那样，尽早尽快地成长起来”。[33]汉密尔顿早就不赞成这一观点，认为它无视历史教训，以及世界各国政府几乎毫无例外地通过贸易管制服务于本国商人和制造商的现实。[34]

由此，汉密尔顿认为促进国内制造业发展符合美国的国家利益，并坚持认为，需要“政府的刺激与庇护”来克服妨碍制造业发展的各种限制。这些限制包括：“习惯和模仿精神的强烈影响；没有经验的企业担心失败；初次尝试与老牌成熟企业开展竞争面临的固有困难；外国在其国民参与竞争的领域给予奖励、优惠和其他人为鼓励。”[35]

在汉密尔顿眼里，最后这些因素——其他国家的人为鼓励——构成了最大的障碍，由此意味着国内制造商不仅需要同“新业务面对的天然不利因素”抗争，还要应付“其他国家的政府给本国制造商的好处和补贴”。“要维持一国的新办企业同另一国的老牌成熟企业在质量与价格方面的公平竞争，在多数情况下是不切实际的，”他断言，“如果没有政府的扶持和保护，质量或价格，又或者两者兼而有之的不对等必定会大到阻碍成功的竞争。”[36]

汉密尔顿还分析了在美国发展制造业的其他困难，如昂贵的劳动力与稀缺的资本，继而探讨了政府促进国内制造业发展的可行措施。其中包括进口关税、货币奖励（补贴）、专利和其他措施等。汉密尔顿认为奖励是“鼓励制造业的最有效的手段之一，在某些方面看是最好的……尽管与其他手段相比并不太受公众欢迎”。他提到选择补贴而非关税作为促进制造业的手段有三个理由。第一，补贴对于“刺激和支持新企业的初期尝试有更直接的效果，能增加盈利机会，减小损失风险”。第二，“与保护性高关税不同，补贴不会导致稀缺”。第三，补贴能促进出口，扩大国内厂商的潜在市场规模。[37]

本质上，补贴是更为直接和积极的鼓励，与进口关税不同，它不会造成稀缺以及人为提高国内产品价格。因此，汉密尔顿相信补贴可以协调美国农业与制造业的利益，否则这两方会在关税限制上发生争执。当然，汉密尔顿也很清楚公众对补贴抱有偏见，他坦率地承认：“因为表面上看是花费公共资金，所以人们对补贴有一定程度的偏见。”[38]

汉密尔顿把直接的定向补贴视为促进制造业发展的最佳途径，但对于采用适当的关税给国内厂商带来相对于外国厂商的竞争优势（条件是这些关税不会导致财政收入和效率的损失），他虽然不反对，却也不太热心。汉密尔顿对保护性关税抱有怀疑，因为这会同时庇护高效和低效的厂商，使消费者需要付出更高的价格（至少暂时如此），并会鼓励逃税和走私，削减政府财政收入。

汉密尔顿在报告的结论中针对一长串产品目录提出了具体政策建议。他主张提高 21 种产品的关税率，降低制造业使用的 5 种原材料的关税率，并对 5 个产业提供政府补贴。大多数提高关税的建议是把现有税率略为提高，从 5% 提高至 10% 。对于原材料——原木、粗铜、原棉、生丝和硫黄（用于军火）——的建议是取消 5% 的关税。尽管报告重点强调了补贴，汉密尔顿还是为国内的煤炭、原毛、帆布、棉纺织和玻璃（用于窗户和瓶子）生产商提出了调整关税的建议。这方面的产品清单较短，或许是因为他认识到能够用于补贴的资金很有限，以及国会的支持度较弱这一政治现实。

在 1791 年 12 月收到汉密尔顿的报告后，国会显然将其搁置了下来，没有明确迹象表明何时将拿出来辩论。然而，无论这一辩论在何时启动，麦迪逊（在众议院）和杰斐逊（作为国务卿）都准备与汉密尔顿展开斗争。他们坚信补贴是违宪的做法，如果采用，将创造危险的先例。在汉密尔顿的报告提交后不到一个月，麦迪逊就抱怨说，该报告“提出了一个有严重后果的新宪法学说……我认为它推翻了政府的基本原则和特定原则，既不符合实际，也不公平，还与已被接受的解释相悖，而且蔑视了提议、倡导和制定宪法过程中秉持的精神。如果国会能够用钱做他们想做的任何事情，能促进一般福利，政府就不再是掌握宪法规定权力的有限政府，而是受制于特例的无限政府”。[39]汉密尔顿已预见到对其报告的这类反对意见，提到宪法明确授予了国会征税权，“以偿还债务，提供正常的国防和一般福利”。在他看来，“一般福利”（general welfare）这个用语“与其他可能采用的说法一样是有综合性的……必然包含各种各样的特定内容”。[40]

杰斐逊也用类似的宪法理论反驳汉密尔顿的报告。他指出，进口关税是促进制造业发展的传统手段，而利用奖励“被证明很难杜绝滥用”。[41]当月晚些时候，杰斐逊在同华盛顿总统会谈时攻击说：“《关于制造业问题的报告》以提供奖励为幌子鼓励特定的制造业，旨在论证，既然宪法授予国会征税权为美国提供一般福利，就应该允许国会采取他们认为既有利于公共福利又可动用资金的任何可控行动。”根据杰斐逊的记载，那场谈话到此为止，华盛顿未做出任何明显反应。[42]1792 年 7 月，杰斐逊提醒自己要“谴责《关于制造业问题的报告》”。他为此在当年 9 月给华盛顿的一封信里谈到，汉密尔顿的体制“产生于反自由的原则，是有计划地破坏和颠覆合众国”。该体制是对宪法的威胁，因为“在一份以制造业为主题的（尚待实施的）报告中，公然设想一般政府可以行使所谓能促进一般福利的所有权力”。[43]

虽然《关于制造业问题的报告》从未作为立法文件呈交，因此也没有机会对其中的建议展开国会辩论，但它依然有可能面临麦迪逊及其南方盟友的激烈反对。在有关补偿新英格兰鳕鱼捕捞商用于腌制鱼类的进口食盐关税的激烈辩论中，国会对拨付公共资金扶持特定产业的抵制显露无遗。辩论中，有大量的不满意见围攻“奖励”一词，表明任何争取国会批准一般性补贴计划的努力都必将遇到强烈的抵制。[44]

虽然奖励在政治上毫无指望，汉密尔顿却成功说服国会在《关于制造业问题的报告》发表的6个月内采纳了其中的关税建议。1791年11月，美国军队在西印度群岛遭遇耻辱性败仗，不久后他便得到了修正关税法案的机会。国会于1792年3月请财政部提议如何增加财政收入，以满足保卫边境所需的更多开支。[45]汉密尔顿对此没有任何耽误，10天之后就提交了建议。这一简短报告提出了三种办法以获取增加军事开支所需的52.6万美元：出售政府在合众国银行（Bank of the United States）的股份，向贷款人借钱，以及增税。汉密尔顿认为前两个选项有失谨慎，建议提高进口关税，当然他也承认："税收对社会来说从来不受欢迎"。他指出，关税的优势之一在于："此时盛行比以往任何时候都更强烈的制造业精神；只要提高关税能够支撑和鼓励这种精神，就能显著促进我国的产业、财富、实力、独立性以及巨大繁荣。"[46]

借此，汉密尔顿提出把基本关税率从5%临时提高至7.5%，另外永久性上调若干特定产品的从量税和从价税。他建议的大多数从价税调整直接引用自《关于制造业问题的报告》。该报告提到的从量关税很少，因为归入此类的产品本来就不多。另外，汉密尔顿没有提出任何关于奖励的建议，因为国会要求他提供增加财政收入的办法，而不是如何花钱。

国会对于这一收入议案做了简短辩论，但仍有几位议员反对，他们认为这只不过是虚假的借口。例如弗吉尼亚州的约翰·佩吉（John Page）就宣称他打算投反对票，因为"这不是保卫边境的议案，而是为了扶持某些制造业……和它本来应有的样子相去甚远"。马里兰州的约翰·墨瑟（John Mercer）质疑："提交保卫边境的法律条款是否在授权建立鼓励制造业的体制……与有关国会权利的宪法问题无关，我们为什么必须考虑在印第安人战争的压力下，以广泛的关税作为间接奖励，暗度陈仓式地广泛鼓励制造业发展？"[47]

在投票时，该关税议案以37票对20票的较大优势通过。这是众议院对关税问题最早的投票记录之一，反映出了后来将持续近两个世纪的北方和南方的尖锐对立。来自新英格兰与中大西洋各州的代表以20票对7票支持该议案，南方各州的代表则以13票对7票反对。投票结果表明，提高关税没有获得压倒性的政治支持，只是因为与保卫边境的军事开支增长挂钩才得以通过。克拉菲尔德（Clarfield，1975，第 459 页）总结说："如果处在不同的形势下，这一关税议案能否在国会通过是高度存疑的……然而通过把军事拨款同关税挂钩，汉密尔顿得以说服了很大一批反对派。"

就这样，汉密尔顿在 1791 年 12 月的《关于制造业问题的报告》中提出的关税建议构成了他在 1792 年 3 月向众议院提出建议的基础，在 1792 年 5 月基本上被国会接受。在《关于制造业问题的报告》中，汉密尔顿建议提高 21 种关税，下调 5 种。这些建议大多数在 1792 年的议案中重新提出。最终，国会采纳了提高 18 种关税、下调 3 种的办法。[48] 国会接受了汉密尔顿的几乎所有提高制造业产品关税的建议，当然奖励计划从未被提出过或者被认真对待过。由于这一原因，在该报告发表的 9 个月后（即关税投票通过的 4 个月后），杰斐逊还坚持说该报告"尚未实施"。但国会实际上已经完成了对该报告能做的所有工作，也就是说，采纳其关税提议，而未触及奖励和其他建议。

在未来数十年中，《关于制造业问题的报告》将继续影响与贸易政策和政府对促进制造业的作用有关的公共讨论。该报告会被频繁引用，以说明采用高关税保护国内制造业对抗外国竞争的合理性。然而汉密尔顿远非被后来描述的那样是"保护主义"的支持者。[49] 由于财政收入对他来说过于重要，汉密尔顿赞成对进口产品适度征税，但不是过分的高关税。适度的关税可以保证进口产品的流入，提供关键的税基，产生持续可靠的财政收入，从而为政府开支提供资金并树立公共信用。他在 1782 年评论道："经验表明，适度的关税比高关税能带来更多财政收入。"[50]

实际上，汉密尔顿对保护性高关税持怀疑态度，因为这些措施会不加分辨地保护低效和高效生产商，让消费者支付更高价格，刺激走私，从而导致政府收入减少。他在《联邦党人文集》第 35 篇谈道：

> 有些人认为，这种税款的征收绝不会过度，因为这种关税越高，就越会阻碍奢侈的消费，越能有助于实现有利的贸易平衡，并促进国内制造业发展。但是一切极端都会以不同方式造成危害。对

进口产品的过高关税会造成普遍的走私倾向，这往往不利于正当商人，最终也不利于税收本身。这种关税会使社会上的其他阶层不恰当地受制造业阶层的压制，草率地给予后者市场垄断权。这种关税有时还迫使产业发展偏离更自然的轨道，进入不太有利的其他领域。最后还会压迫商人，他们通常不得不自己支付税收，而不能从消费者那里获得任何补偿。[51]

部分由于上述原因，汉密尔顿更倾向于奖励，而非关税。即使如此，他也很谨慎："持续奖励成立已久的制造业企业必定是值得怀疑的政策……但对于新创企业则是合理的，而且通常是必要的。"[52] 由此可见，汉密尔顿可能完全反对在南北战争后对已有产业实施的高进口关税，因为他的主要关注点是发起和建立新的产业，而不是扶持现有产业。正如克拉菲尔德（1975，第459页）所述："在汉密尔顿的观念中，一个关键词是鼓励而非保护制造业。"

在汉密尔顿所处的时代，制造业利益集团还没有完全结盟。他建议采取的关税水平，与国内制造商希望达到并在后来被采纳的水平相比，是相当温和的，当然，那时候的国内厂商拥有相对高昂的运输费用作为天然保护。适度的关税能保护纽约和马萨诸塞等地的贸易商的利益，但不能满足渴望排斥大多数外国进口产品的制造商的要求。汉密尔顿不愿意采用保护性关税，令这些制造商失望，他们本指望获得更大的政府扶持，却发现提高关税的请求没有得到回应。汉密尔顿未能支持保护性关税，最终产生了政治后果。纳尔逊（Nelson，1979，第977页）指出："到1793年底，汉密尔顿鼓励进口商的政治经济路线把波士顿到查尔斯顿的制造商都赶到了联邦党人的对立面。"[53] "在1794年，原属联邦党人阵营的纽约技工与商人总会（General Society of Mechanics and Tradesmen）转向支持新兴的共和党。对许多美国制造商来说汉密尔顿明显触犯了他们的利益。"（第977页）

起先，面临进口竞争的制造商会向杰斐逊派的共和党寻求政治庇护，这看似令人费解。杰斐逊和麦迪逊向来赞赏农业经济的优点，担心大型制造业的不良后果，反对政府对经济的大多数干预。不过，虽然杰斐逊和麦迪逊反对汉密尔顿主张的更为积极的政府政策，但是他们愿意考虑比汉密尔顿的财政性关税政策更严厉的贸易限制措施。他们因为英国政策的敌意而呼吁采取攻击性的互惠政策，以及通过贸易制裁惩罚英国对美国贸易的限制。

汉密尔顿强烈反对此类措施，担忧这会引发贸易战，导致来自英国的进口减少从而削弱他计划用来偿还公债的税基，并摧毁美国在信贷市场的地位。后来的结果是，当华盛顿这届政府在汉密尔顿指导下寻求与英国的政治和解时，曾负责为汉密尔顿起草《关于制造业问题的报告》第一稿的财政部官员坦奇·考克斯（Tench Coxe）转向了杰斐逊派的共和党立场，认为他们的贸易政策对促进国内产业发展更为有利。

## 关于互惠的辩论

虽然首部关税法案在通过时遇到的争执很少，《关于制造业问题的报告》也没有引发分裂性的争论，华盛顿政府内部在贸易政策议题上的尖锐对立却酝酿已久。在公共债务与国家银行等议题上，汉密尔顿同杰斐逊和麦迪逊之间已经出现了重大裂痕，观点的分歧导致了两个对立政治派别的产生：华盛顿和汉密尔顿领导的联邦党，杰斐逊和麦迪逊领导的共和党（到 19 世纪 30 年代，杰斐逊派的共和党演变为民主党；联邦党后来演变为辉格党，到 19 世纪 50 年代成为共和党）。

联邦党与共和党关于贸易问题的主要分歧涉及美国与英法两国的关系。联邦党人的支持力量主要来自纽约和新英格兰等商业州，希望维持同英国的友好商业联系。虽然对英国限制美国进入其国内和殖民地市场感到不满，但他们依然相信英国是美国的最佳供应品来源地和最佳出口市场。联邦党人不希望干扰这一商业联系，反对可能冒犯英国而导致其针对美国实施报复行动的歧视性贸易与航运政策。

前文已经谈到，汉密尔顿优先考虑的是联邦政府的财政偿付能力，确保有充分稳定的关税收入保证政府运转、偿还债务，以及树立国家信誉。同英国爆发任何贸易战都会干扰进口与进口关税产生的收入流，破坏国家财政及其在信贷市场上的借款能力。鉴于国家财政的脆弱性，汉密尔顿的压倒性目标是确保政府能够偿付公共债务："对国家信誉和繁荣发展而言，最重要的莫过于持续与系统地合理采用之前拥有的一切手段减少当前债务，并尽可能避免任何新债务的产生。"[54]

针对财政的脆弱性，汉密尔顿相信美国必须避免进口的任何显著下滑和由此导致的关税损失，同时避免任何突然的支出增长。在他看来，卷入战争是导致财政收入崩溃和支出剧增的最快途径，没有比这能更快地摧毁国家的财政状况和信誉。因此，尽管公众仇恨英国，汉密尔顿仍坚决反对采取对英国的歧视措施，担心贸易战会让他的整个财政计划瘫痪。他认为美国的实力远远弱于英国，冲突导致的损失也会大得多。

与之相反，杰斐逊派的共和党厌恶英国的重商主义政策，特别是不让美国的船只与货物进入西印度群岛。这些政策伤害了南方的出口商，并扰乱了美国商业的正常发展。共和党人相信，除非国家能获得经济独立，政治独立就不能完全实现。麦迪逊抱怨说，英国"给我们套上了商业枷锁，几乎就要毁灭我们实现独立的目标"。[55]杰斐逊则认为："依赖会导致屈从奉迎和唯利是图，会窒息美德的养成，会催生各种野心勃勃的计划。"杰斐逊和麦迪逊要求采取强硬行动，特别是给法国提供贸易特惠，以培育英国市场的替代者并对英国施压要求它改变政策。[56]当然，杰斐逊的论述存在矛盾之处：如果歧视措施如他们预见的那样成功改变了英国的政策，就会扩大两国之间的贸易，反而加深美国对英国的"商业依赖"。

1789年4月，当麦迪逊提出对进口商品征收关税的计划时，他同时建议对进入美国港口的船只征收吨位税。根据这一计划，吨位税将分为三类：对美国船只的税率，对与美国有贸易协定的国家的外国船只实行较高税率，对与美国没有贸易协定的国家的外国船只实行最高税率。设立优待美国船只的吨位税不存在争议，因为人们广泛支持给参与外贸的国内船只提供某些优惠以促进商用航运业发展。而麦迪逊的真正目的是对英国采取（相对于法国的）歧视，因为法国同美国签订了贸易协定，英国则没有。麦迪逊相信，美国的主要出口产品，如面粉和小麦、鱼类和腌制食品等在英国市场受到高度限制（即使没有被完全禁止），而美国只对英国的制造品征收较轻的关税，这是不可接受的。歧视性吨位税将减轻美国对英国的商业依赖，把贸易转向法国这一战时的盟国。

麦迪逊甚至自以为美国有足够的经济实力迫使英国放松贸易限制。在众议院发表讲话时，他争辩说，美国处于"发动贸易战"的有利位置，因为其出口的食品与其他物资对英国必不可少，而进口的制造品与其他杂货并非必需。在贸易战中，英国的商业利益集团将会"遭到几乎致命的打击，而我们一方则是无懈可击的"。"如果我们已经打算冒险中断与未结盟国家的联系，就应该能得到他们提出的最有利的条件，"他还争辩说，"我们拥有其他任何国家没有的天然优势，因此我们可以正当地要求贸易中的互惠。"最后，他总结说："我们必须让其他国家感受到我国的力量，才能促使它们给予我们互惠利益……因此，我并不害怕与英国卷入贸易战，如果有人会感到害怕的话，应该是对方。"[57]

1789 年 5 月，众议院通过了麦迪逊对进入美国港口的船只征税的法案。税率则是对美国船只每吨 6 美分，对与美国"结盟"国家的船只每吨 30 美分，对其他国家的船只每吨 50 美分。但一个月之后，参议院否决了这一方案，要求对所有外国船只统一按每吨 50 美分征税。对麦迪逊的歧视计划的反对意见，主要来自以纽约和新英格兰的商业群体。

华盛顿总统遗憾地认为参议院的行动"不符合我对正义和政策的理念"。[58]他显然不清楚是汉密尔顿（当时尚未担任财政部长）与参议员合作击败了对英国的吨位税歧视法案。汉密尔顿后来承认，他曾"坚决反对麦迪逊法案中的歧视性条款"，因为这一挑衅可能引发贸易战，破坏其酝酿的财政计划。[59]麦迪逊与众议院一开始拒绝了参议院的修正方案，但最终为避免继续拖延征税，还是接受了。

麦迪逊在 1790 年春天再次引入吨位税歧视法案，但这次的提案在众议院就搁浅了。该议题在1791年初再度提出，因为法国坚持认为，由于1778年的贸易条约，它应该免征税率较高的外国吨位税。尽管杰斐逊不赞成法国方面对条约的解释，他还是想给法国提供优待，以示善意。汉密尔顿则表示反对，因为“这件事本身需要互惠”，意思是说，法国船只希望在美国港口按照美国船只的标准征税，而美国船只在法国港口却只能获得与其他外国船只相同的待遇。汉密尔顿还相信，做出单方面让步将开启一个糟糕的先例。他建议同法国谈判，订立新的贸易条约，“或许不应包含明确的无偿和自愿豁免，以免引起其他国家的不满”。

然后，汉密尔顿向杰斐逊表达了自己的立场：“我主张的商业体制非常重视自由贸易，致力于培育同世界所有国家的良好交往。我特别不愿意在目前我们面临的形势下冒险卷入同任何强国的贸易战。”[60]在最后一点中，汉密尔顿提到吨位税收入是专门用于偿还公共债务的：“我没有说这是个不可反驳的意见，但它至关重要，因为如果某一部法案可能破坏某项税源，就应该提供等值的补偿。我认为这作为一条规则应该是神圣的，因为它关系到公共信用。”[61]

汉密尔顿的回应让杰斐逊失望，他写道：“我们的财政部依然认为，必须用消极服从和不抵抗来应对英国对我们贸易活动的又一次侵犯，唯恐与他们的任何误解都会影响我们的信用或公债的价格。”杰斐逊后来还向总统抱怨：“我的方案是给法国人提供一些令人满意的区别对待，对我们没有什么成本，能换取实在的好处；同时对英国人施加某些限制，促使他们放宽对我国贸易的严厉限制。”他解释说：“我一直认为这与你的感受相符，而财政部长通过与议会成员的阴谋以及在其他场合的高调宣讲，强行通过了内容完全相反的他的方案。”[62]华盛顿听取了杰斐逊的陈述，但并未纠正汉密尔顿。

法国在1793年2月对英国宣战，让美国的政策再次受到冲击。欧洲的战争对这个新兴国家既是机遇，又是威胁。因为冲突，美国的船运出口大幅增长，不过对欧洲的再出口与贸易往来也将美国置于两个交战国之间的危险地带。

这场战争对美国的经济影响整体上是有利的。随着英法双方的商船转向军事用途，美国商人随时准备拿下利润丰厚的商运路线。18 世纪 90 年代，美国的再出口业务——外国生产的产品先运抵美国，再转运到其他地方——大幅增长。在 1797—1807 年的几乎每一年，外国产品再出口都超过了本国产品出口。航运收入也同样飙升。欧洲的战争让国会关于吨位税的争论不再有意义。当麦迪逊最早提议歧视性税收时，从事美国外贸业务的国内和外国船只的总吨位基本相当；到 18 世纪 90 年代中期，90% 以上的美国外贸业务由本国船只运输。

18 世纪 90 年代的再出口繁荣对美国经济产生了不大但积极的作用，或许贡献了两三个百分点的国民收入。[63] 当然，这段时期的繁荣有人为成分，源于英法两国的持续冲突。外贸扩张的收益主要体现在商业航运业，集中在纽约、波士顿、费城和巴尔的摩。美国的造船业在 18 世纪 70 年代中期后曾一度衰败，到 90 年代又进入了快速扩张。[64]

其他经济部门则未必分享到了这一繁荣的成果。虽然战争导致小麦和面粉价格持续上升，其他出口则由于冲突而受到打击。航运业收入的增长主要是运费提升的结果，这使得其他国内产品的出口费用增加。事实上，国内产品出口受制于再出口繁荣的挤出效应，在 18 世纪 90 年代仅有小幅增长。南方的弗吉尼亚和南卡罗来纳等州不但未能从再出口繁荣中获益，其产品出口还由于运费上涨而受阻。这个 10 年中，南方在全部出口中所占的比重下跌，带来了地方上的众多不满情绪。弗吉尼亚州的约翰·兰多夫（John Randolph）抨击再出口贸易是“战争传播的真菌，在战争中肆意滋长蔓延”，损害了南方的经济。[65] 因此，评判再出口贸易的好处必须考虑国内出口的损失，以及在战争期间持续开展贸易付出的直接和间接成本。[66]

欧洲的战争再次点燃了华盛顿政府内部关于如何应对形势的政策争论。杰斐逊和麦迪逊主张支持法国，汉密尔顿则希望避免卷入冲突。1793 年 4 月，华盛顿总统发布了《中立宣言》（Neutrality Proclamation），宣布美国不会加入，并将在任何可能的地方继续开展贸易和航运。

虽然发布了上述宣言，在欧洲两个交战国家之间保持平衡依然成为美国在之后20年的重大外交政策挑战。英国政府于1793年6月发布枢密令（Orders in Council），允许其海军没收向法国及其殖民地的任何港口运送的所有食品，自此开始打击美国与法国的贸易往来。英国政府拒绝承认美国方面的“自由船只等于自由货物”的说法，即美国商人如果有权在某个区域航行，则有权自由运输货物，不得没收或受外部干扰。英国严厉执行了其颁布的法令，打断了美国在西印度群岛的贸易和航运，很快拦捕了300艘美国船只，把船员投入监狱或者强征其加入英国海军。

这给了杰斐逊一个机会，向国会呈交他期待已久的“关于外国对美国贸易的特权和限制”的报告。[67]这份在1793年12月发表的《通商限制报告》（Report on Commercial Restrictions）首先歌颂了自由贸易的好处：“如果不是用成堆的管制法律、关税和禁止措施压制贸易，而是让它在世界所有地方从所有束缚下解放出来，让每个国家能从事自然条件最适合生产的产品，每个国家能自由地用富余产品与他国交换各自所需，那就能生产出最大数量的提升人类生活和幸福的物品，人口数量将因此得以增加，生活状况也会得到改善。”[68]但杰斐逊的报告接下来记录了美国产品和船只在外国市场遭遇的各种障碍，例如英国对食品征收近乎禁止水平的高关税，以及许多欧洲国家阻止美国船只将外国产品运往其市场的航海政策。

杰斐逊主张采取的行动策略是通过与其他国家的“友好协定”消除此类贸易壁垒。他写道：“哪怕只有一个国家愿意与美国采取这种自由贸易模式，就值得从该国做起……某些国家尚未准备好开展彻底的自由贸易，但仍可能愿意为我们修正其限制和管制规则，只要与我们的贸易交往能带来同比例的好处。”但他坚持，贸易自由必须是相互的。杰斐逊辩称：“如果与我们的期待相反，任何国家以为继续执行其禁止、关税和管制对自己有利，则我们也有必要采取对等的禁止、关税和管制，保护本国的国民及其贸易和航运。自由贸易和自由航行不是用来换取限制和烦恼，也不太可能带来限制的放松和烦恼的减少。”[69]因此，杰斐逊所说的“我的方案”是内容广泛的互惠政策：外国的高关税和禁止措施将遭遇本国的高关税和禁止措施，根本目标是让贸易摆脱此类障碍。“如果某个国家对我们的产品实施高关税或完全禁止措施，那我们采取针锋相对的做法或许就是合适的。”

杰斐逊承认，这样的政策可能要付出代价，但如果其他国家对美国的贸易和航运实行高关税和限制，而美国却毫无作为，那就只能鼓励他国采取类似的非自由主义政策：

> 的确，我们必然看到设置歧视性关税会在实践中带来某些不便。但与其他许多情况一样，我们对此只能两害相权取其轻。与我们继续执行非歧视性计划所致损失的财富和力量相比，那些不便完全不值一提。一旦人们认为，我们的体制或惯例一视同仁地对待利用关税和禁止措施阻碍我国贸易与航运的人，利用自由和公平对待我们的人，自由和公平就会统统变成关税和限制。我们能获得信任，让自己的产品公正平等地进入市场，并非出于其他国家的节制和正义，或者由于我们分担了合理的运输成本，而是我们能独立采取手段以及运用这些手段的坚定意志。[70]

为实施互惠政策，杰斐逊建议采用双栏税则（two-column tariff schedule），即对优惠国家的产品执行一套关税，对非优惠国家的产品执行另一套较高的关税。鉴于他之前的观点，杰斐逊有些令人惊讶地提到这样的歧视性关税可以“间接鼓励同类的国内制造商，吸引外国制造商迁入美国，利用更廉价的生活标准和公平的法律大量制造其产品，也无须缴纳关税，从而确保他依靠自己的技术和产业获得最大的利润”。[71]

杰斐逊的报告发表促使麦迪逊推动国会立即采取行动，以实施互惠政策。1794 年 1 月，麦迪逊提议与美国没有贸易条约的国家（意指英国）在进口产品和航运上应该面临较高的税率。汉密尔顿竭尽全力阻止这些议案，避免与英国的对抗。[72]他指出，指望英国的政策因为这些行动而改变完全不切实际，设置新的贸易壁垒对美国的伤害将比对英国更大。“英国……面对胁迫和报复行动将向我们的要求屈服……对希望相信这种说法的人来说，理智一点就该明白其中的愚蠢完全不值得慎重对待……英国不会屈服，这是毋庸置疑的。”汉密尔顿在国会的盟友强烈反驳涉及歧视英国的任何互惠措施。[73]在主要由汉密尔顿撰写的一篇演讲中，来自南卡罗来纳州的威廉·劳顿·史密斯（William Loughton Smith）谴责杰斐逊的报告“错误估计了我们同英法两国的贸易状况的力量对比”。史密斯敦促美国控制自己的憎恶情绪，并警告说：

> 作为一个新兴国家，试图用激烈的手段打破各国对贸易普遍实施限制的通行政策，无疑是不切实际的堂吉诃德之举……这一策略能取得成功的主要论据是我们对英国的供给比英国对我们的供给更重要。但该立场更多是出于我们的自恋，而非各种事实共同给出的确切证明……与英国的贸易战会打击其六分之一左右的贸易，而我们有一半以上的贸易将受到冲击。

史密斯以如下疑问做总结：“为什么这样年轻的一个国家要为了自由贸易挑战全世界呢？或许其精神可嘉，但显然有失谨慎。”[74]

众议院就麦迪逊的互惠提案展开了激烈辩论，花去了1794年1月的大量时间，麦迪逊认识到可能遭到否决，因此一再推迟对其提案的投票。随着美国经济在1789年之后复苏，很少人希望因为招惹英国而破坏近期的收获。然后到当年3月，内容严厉的英国枢密令不期而至，它指示英国海军封锁整个法属西印度群岛的全部对外贸易。已经把美国人排斥在英属西印度群岛之外的英国人，将拦截更多的船只，并告诉美国不能再与法属西印度群岛开展贸易。美国人对此义愤填膺。英美关系的危机由此加深，驶入冲突轨道。在华盛顿总统通报了被扣押美国海员的艰难处境后，自大的美国国会宣布对所有驶往外国港口的船只实行30天禁运（后来又延长了30天）。法国对此进行了报复，拦截驶往英国的美国船只，骚扰海员，抢夺货物。局势很快失控，把美国推到与两个大国开战的边缘。

汉密尔顿赶紧警告华盛顿别宣布开战或者对英国采取贸易报复。他否认麦迪逊关于美国有巨大商业实力的说法，他说：“一国高估或者低估自己都是巨大的错误……高估我们自己、低估英国将是我们的错误。我们忘记了自己只能给对方多小的压力，（以及）可能遭遇多大的麻烦……卷入任何形式的严重冲突，对我们的处境、实力和资源来说都是完全不合适的。”他认为，贸易战给美国造成的危害将大于英国。如果美国切断双边贸易，英国完全可以向其他供应方采购食品和物资，而这一行动“会中断我们的供给，而我们又找不到可替代的需求方，即使在和平时期这一供给对我们也是必需的，如果卷入战争就更是如此”。[75]

哪一方对局势的估计更为准确？从经济影响力的角度看，双边贸易的数据似乎支持汉密尔顿的观点。英国有近 20% 的出口销往美国，但只有 6% 的进口来自美国。相反，美国 90% 的进口与 25% 的出口面向英国。[76]麦迪逊可以辩称这些百分比有误导性，因为美国向英国出口的是重要食品和物资，而进口的则是杂货。然而，对于从美国购买的大多数产品，英国也有替代供应来源。

当年 4 月，国会考虑停止对英国债权人的还款并禁止贸易往来。汉密尔顿给华盛顿写信说，这些行动“只能对我们的公共和商业信用造成有害影响……政治天空刮起的每阵狂风都可能引发摧毁我们的偿债能力、阻碍还款进程的行动”。具体来说，继续禁运会“破坏我们的财政收入与信贷”。这一鲁莽行动可能“使我们的财政收入遭受突然而猛烈的打击，难以通过其他来源获得补偿。它还会严重中断贸易，并很可能干扰此前一直在增长的关税收入，使财政部面临绝对的资金短缺，这样的事件将从根本上破坏我们的信用”。[77]

与此同时，麦迪逊提议在 6 个月内断绝与英国的所有贸易。这一措施对南方种植园主来说过于极端，他们依赖出口，因此后来转而决定停止来自英国的所有进口。1794 年 4 月后期，众议院以 58 票对 38 票通过了这一修正案，但参议院的投票出现平局，副总统约翰·亚当斯投出了决定性的一票，议案被否决。

在避免采取报复措施之后，华盛顿接受了汉密尔顿的寻求谈判解决的建议。总统派首席大法官约翰·杰伊前往英国，以期就中立贸易待遇达成外交共识。杰伊认识到："没有人能够同英国达成条约而不把自己搞得声名狼藉。"[78]但他依然在1794年后期达成了一份协定，英国同意撤出在北美的边防站（英国在美国独立后已同意撤出，但没有执行），赔偿枢密令导致的损失，并对小型美国船只开放英属西印度群岛。作为交换，杰伊被迫做出了许多会影响美国作为中立商业运输方地位的让步。美国放弃了"自由船只等于自由货物"的说法，接受英国从中立船只上没收敌方货物的权利，因此也不能保护美国船员不被强行征召。此外，根据《杰伊条约》的规定，美国同意给予英国最惠国待遇，不在商品关税与吨位税方面歧视英国。

该条约的条款非常屈辱，华盛顿推迟了向参议院递交，并试图保密。当条约内容泄露后，舆论哗然。杰斐逊认为条约"极其恶劣"，麦迪逊宣称是"毁灭性的交易"，他们的共和党追随者更是将杰伊视为出卖美国利益的叛徒。[79]作为美国历史上最有争议的外交政策协定之一，《杰伊条约》引发了联邦党人与共和党人之间的重大政治争斗。辩论揭示出了尖锐的政治分歧：关于美国是否有足够的经济实力，能否通过商业压力迫使英国开放其贸易和航运政策。1795年6月，参议院最终以非常接近规定的三分之二多数投票结果，即20票对10票批准了该条约。华盛顿总统在次月签字批准后生效。

《杰伊条约》让贸易歧视议题的争议停息了10年。汉密尔顿赢得了政策之争，延长了对他的财政体制的保护。事实上，在汉密尔顿起草的离职演讲中，华盛顿总统提到了美国应该避免与世界上任何一方结成永久联盟："我们对于外国的一个伟大行动原则是，拓展我们同它们的贸易联系，尽可能少地维持同它们的政治联系。"华盛顿这样为商业中立和非歧视性进行辩护：

> 与所有国家和平共处、自由往来，是政策、人道和利益的需要。我们的商业政策仍应该保持公平无偏；既不寻求也不给予排他性的好处和优惠；遵循事物的自然轨迹；以温和的方式实现贸易流

> 的分散和多样化，绝不强迫……但应时刻记住一国要求另一国的无私优待是愚蠢的想法；在那种情形下无论得到什么，都必须付出自己的一部分独立性作为代价；接受那种有名无实的优待可能需要做出对等的让步，而且会遭受没有付出更多、忘恩负义之类的指责。[80]

《杰伊条约》虽然成功缓解了同英国的紧张局势，美国同法国的贸易关系却快速恶化。法国指责美国在签署该条约时放弃了之前的中立承诺，作为报复，法国海军与海盗宣布对美国船运展开掠夺，在加勒比群岛乃至美国东海岸巡逻，骚扰美国商船。法国政府发布了一系列法令，对中立船只关闭港口，允许没收曾经停靠英国港口或运输英国产品的任何中立船只。1786 年 6 月之后的一年中，法国抓获了 316 艘美国船只，并在之后的三年里给美国造成了 2 000 万美元的航运损失。[81]弱小的美国海军试图保护在加勒比海的美国船只，但收效甚微。于是在 1798 年 6 月，国会宣布禁止与法国及其殖民地的所有贸易，这一“准战争”状态持续了两年多。

与华盛顿总统在 1794 年抵制共和党人对英国开战的诉求类似，约翰·亚当斯总统这次需要抵制联邦党人对法国的开战压力。与之前一样，亚当斯也派出了一个使团寻求谈判解决。在 1800 年 9 月达成的协定中，美国同意放弃追索航运业的损失，以换取结束敌对状态。该协定跟《杰伊条约》差不多，远没有实现美国的所有目标，但结束了一度导致国家走向危险的战争边缘的冲突。这样才使后来的杰斐逊政府能继承同英法两国的和平贸易局面。

## 杰斐逊的贸易禁运

1800 年的历史性选举把政权从联邦党人转移到共和党人手中，托马斯·杰斐逊当选总统，他的共和党也掌控了国会。在就职演讲中，杰斐逊宣称：“我们都是共和党人，我们也都是联邦党人”。然而安抚之辞不足以抑制此后15年将兴起的激烈的党派冲突，尤其是在贸易政策领域。[82]

虽然共和党人批评汉密尔顿的财政计划，但杰斐逊政府并没有大动干戈地改变现有体制。杰斐逊废除了国内消费税，以减轻税负，这使得联邦政府完全依赖于进口关税，这是一个容易在冲突时期受到干扰的税源。尽管共和党人希望对英国的贸易政策采取更强硬立场，但他们削减了本来可以保卫国家航运业的国防支出。国家财政的节约使1803年路易斯安那土地交易后扩大的政府债务得以更快偿还。那次购买几乎使美国的土地面积扩大了一倍，并确保了新奥尔良成为西部地区产品的重要出口港。

杰斐逊上台时，国际局势相对平静。1796年的《杰伊条约》与1800年的法美协定使美国建立了同英法两国的稳定贸易联系，美国航运受到的骚扰也基本结束。英国与法国在1801年的临时休战也在新世纪之初促进了和平局势。随着欧洲的冲突在1801—1803年降温，再出口业务大跌，美国航运业不得不重新与英法两国的商船争夺贸易运输业务。杰斐逊还不得不在地中海捍卫美国的贸易利益，因为北非的巴巴里沿岸各国要求向他们纳贡，才会停止针对美国航运的海盗行动。为支持这方面的行动，国会在1804年将从价税率又提高了2.5个百分点，使进口产品关税达到15%，最高税率则提升至22.5%。[83]

不过，到1803年5月，法国重新开始了对英国的军事行动。这次冲突将延续12年之久，而且比以前更为猛烈，使美国不可避免地卷入其中。与之前一样，战争导致了对美国航运业的大量需求，再出口业务再次高涨，在1803—1806年增加了4倍以上。根据国际法，英国和法国应该把中立船只视为运送中立货物。两国在初期没有阻拦美国的航运，但随着冲突加剧，双方为了击败对方都被迫采用极端手段。两个交战国都试图摧毁敌国的外贸，断绝必要的食品和原材料供应，使对手的经济瘫痪。英国通过1805年的特拉法加战役取得了制海权，并于1806年宣布对整个欧洲的海岸实施封锁。法国以大陆封锁体系进行反击，挤压英国对西欧的出口，并切断了英国铸币收入的一个重要来源。[84]美国被夹在可能爆发的难局中间：如果遵从英国，可能与法国挑起冲突；如果顺应法国，则会触怒英国。

英法两国开始再次在大西洋骚扰美国船只，美国的不满主要针对英国，因为英国海军影响面更广并实施了严厉的征用政策。枢密院下达了多份法令要求皇家海军拦截中立船只，以阻止走私物品运抵法国或法国控制的其他港口。为执行此类命令，英国海军舰船开始在美国东海岸游弋，对美国船只进行检查以核实其货物和目的地，并审核船员的国籍。被怀疑协助法国的船只将会被扣押并送到加拿大新斯科舍的哈利法克斯，在英国法律下接受指控。即使船上的货物未被没收，这样的延误也会造成极高的成本。不过最令美国人不满的是，由于在公海上采用武断规则判别某个人的国籍，有多达 1 万名美国公民被强征加入英国海军。

杰斐逊反对英法两国对美国航运业的袭击，但除发出外交抗议外，并不清楚能对此做些什么。美国继续坚持“自由船只等于自由货物”的主张，以及美国作为中立方有权在其愿意的任何地方开展自由贸易，不受干扰。可是这些要求在欧洲大国之间的残酷战争中完全无人响应。

1805 年，共和党人控制的国会对袭击美国船只、强征海员的行为做出反应，通过了局部的进口禁运措施，禁止从英国及其附属地输入部分制造品。当杰斐逊派出詹姆斯·门罗和威廉·平克尼前往伦敦寻求外交解决时，国会推迟了上述措施的执行。虽然英国官员拒绝对结束强征做出正式承诺，但他们私下答应将避免扣押美国公民，并对西印度群岛的贸易做出某些让步。作为回报，美国不能在 10 年之内颁布针对英国的报复性贸易法案。

与《杰伊条约》一样，《门罗-平克尼协定》也远没有达到美国的谈判目标，只是在某些方面比前者的条款更为优惠。协定可以对西印度群岛的商业航运提供更有效的保护，对走私做出更清晰的定义，停止在美国海岸 5 英里之内的强征和扣押行为。美国则不需要为回报做出太多让步，除了承诺维持中立以及不采取针对英国的任何歧视性措施。[85]然而，不同于华盛顿接受了不完美的《杰伊条约》，杰斐逊不满足于英方在《门罗-平克尼协定》中的让步，他坚持任何协定都应该明确结束强征行为，而且不能对美国的政策施加限制：“我们永远不会用条约捆绑自己的手脚，放弃颁布进口禁运或贸易禁运法案的权利”，因为美国必须拥有权力才能“成功地使英国致力于保持公正”。[86]杰斐逊拒绝将协定提交参议院批准，可能担心协定会被通过，据说他曾讲过：“实话告诉你吧，我并不希望与英国签署任何条约”。[87]

就这样，随着《杰伊条约》在1803年到期，而《门罗-平克尼协定》未能得到批准，美国与英国的贸易关系失去了框架规则。更重要的是，由于拒绝妥协，杰斐逊堵死了实现和解的中间道路。剩下的选项——默许英国的政策，实施贸易制裁，或者以宣战来捍卫国家的商业权利——要么不可接受，要么十分凶险。正如西基认为的那样（Hickey，1989，第16页）：“由于拒绝该条约，美国失去了修正18世纪90年代的英美协议，以及用和平与繁荣取代贸易限制和战争的大好机遇。”

没有达成协定，双方的冲突在所难免。1807年6月，英国海军在弗吉尼亚州诺福克海岸之外炮击美国军舰切萨皮克号，几名美国船员遇难。英国人还登上该船，抓走了4名据称是皇家海军逃兵的船员。美国群情激愤，共和党人要求还击。杰斐逊坚持要英方承担事件的责任并予以赔偿，但英国拒不让步，对强征政策的执行还变本加厉。

杰斐逊决心避免军事冲突，以贸易禁运这种“和平强制”措施予以应对，希望通过断绝英国的重要物资供应，在不发生战争流血的情况下迫使英国让步。国务卿詹姆斯·麦迪逊早就提议禁运，他在1805年给杰斐逊写信称：“禁运的效果将毫无疑问，如果行政机构能够善用贸易武器，就可以迫使在地球上的这片地区拥有殖民地的那些国家尊重我们的权利，我对此看得越来越清楚。”[88]与之相反，财政部长阿尔伯特·加拉廷（Albert Gallatin，1879，第1卷，第368页）则认为，指望贸易制裁赢得英国让步是“完全缺乏根据的……从物资匮乏、遭受的损失、财政收入、对敌方的影响以及国内的政治形势等所有角度看，我认为战争都比长期禁运更好。政府禁令总是会造成超出预计的伤害，政治家不应该贸然干预个人事务，自认为能比人们做得更好”。

最终，杰斐逊相信自己并无选择，只能采取禁运。“选项只剩下禁

表 2.1 众议院对贸易禁运的投票

A. 实施禁运，1807 年 2 月 21 日

| 地区 | 共和党 | | 联邦党 | | 总计 | |
|---|---|---|---|---|---|---|
| | 赞成 | 反对 | 赞成 | 反对 | 赞成 | 反对 |
| 新英格兰 | 19 | 0 | 0 | 15 | 19 | 15 |
| 中太平洋 | 27 | 7 | 0 | 9 | 27 | 16 |
| 南部 | 28 | 10 | 0 | 2 | 28 | 12 |
| 西部 | 8 | 2 | 0 | 0 | 8 | 2 |
| 总计 | 82 | 19 | 0 | 26 | 82 | 45 |

B. 保留禁运，1809 年 2 月 14 日

| 地区 | 共和党 | | 联邦党 | | 总计 | |
|---|---|---|---|---|---|---|
| | 赞成 | 反对 | 赞成 | 反对 | 赞成 | 反对 |
| 新英格兰 | 1 | 13 | 0 | 15 | 1 | 28 |
| 中太平洋 | 10 | 27 | 0 | 6 | 10 | 33 |
| 南部 | 18 | 16 | 0 | 2 | 18 | 18 |
| 西部 | 4 | 3 | 0 | 0 | 4 | 3 |
| 总计 | 33 | 59 | 0 | 23 | 33 | 82 |

注：本次投票针对的是一项修正案，该修正案旨在取消某项议案中撤销禁运的所有内容，因此投赞成票意味着支持保留禁运。最终议案撤销了贸易禁运，代之以针对英法的互不往来式贸易限制。并以党派色彩鲜明的投票结果通过，联邦党人都反对延续任何贸易限制。

地区划分：新英格兰包括缅因州、新罕布什尔州、佛蒙特州、马萨诸塞州、罗得岛州和康涅狄格州；中大西洋包括纽约州、宾夕法尼亚州、新泽西州、特拉华州和马里兰州；南方包括弗吉尼亚州、北卡罗来纳州、南卡罗来纳州和佐治亚州；西部包括俄亥俄州、肯塔基州和田纳西州。

资料来源：https：//www. govtrack. us/congress/votes/10 – 1/h30；https：//www. govtrack. us/congress/votes/10 – 2/ h199。

运或战争，事实上这是除战争之外我们能打的最后一张牌了。”[89] 1807 年 12 月 8 日，杰斐逊要求国会禁止所有美国船只前往外国港口。[90]总统实际上是要求停止一切对外贸易。这样做的表面理由是保护

美国的船只和船员不受英法两国的掠夺，并中断向交战国运送美国的物资，迫使它们改变政策。执行贸易禁运的决定根源于一个信念，即18世纪六七十年代的禁止进口运动成功改变了英国对北美的政策，但正如本书第一章所述，这一信念只是部分属实。与18世纪90年代早期一样，杰斐逊和麦迪逊依然相信，美国有足够的经济杠杆能影响英国的政策。

参议院迅速行动，在接到总统要求的当天就以22票对6票通过了禁运令。如表2.1A所示，三天后众议院也以82票对45票表决通过，但没有留下辩论记录。投票情况呈高度的党派分化：共和党人以82票对19票表示支持，联邦党人则以26票对0票反对。联邦党虽然竭力反对，却不能辩称禁运是违宪行为，因为他们自己也曾于1794年实施过短期禁运。杰斐逊于12月22日对法案签字，禁运令从当月底开始生效。

贸易禁运是历史上自我实施的对美国贸易最为沉重的打击。[91]法案禁止所有美国船只驶往外国港口，以及所有外国船只来美国装载货物。尽管法案允许外国船只把货物运往美国，却鲜有人来美国，因为他们不得不空船而归。

禁运让美国的对外贸易在1808年春季和夏季痛苦地瘫痪，其影响如图2.1所示。禁运实施的时间意味着出口在1808年的跌幅超过进口，1807年12月之后，任何美国船只均不得驶往外国港口，由此导致出口立即下跌（不可能再有春季出口），整个1808年也持续低迷。1808年，欧洲各国的港口基本上见不到美国船只。国内产品出口在1808年比上一年减少了80%以上，再出口的降幅也几乎相当。其实这些数字还低估了禁运的影响，因为政府统计数据是按照财政年度而非日历年度收集的。因此1808年的数据是指1807年10月1日到1808年9月30日。包括了禁运生效前的3个月。[92]

同时，国会希望鼓励那年冬季留在欧洲各国港口的众多美国船只回国。于是在1808年春季和夏季从欧洲返回的美国船只获得了卸货的允许，但之后就必须留在港口，不得出海。由此，1808财年的国内消费

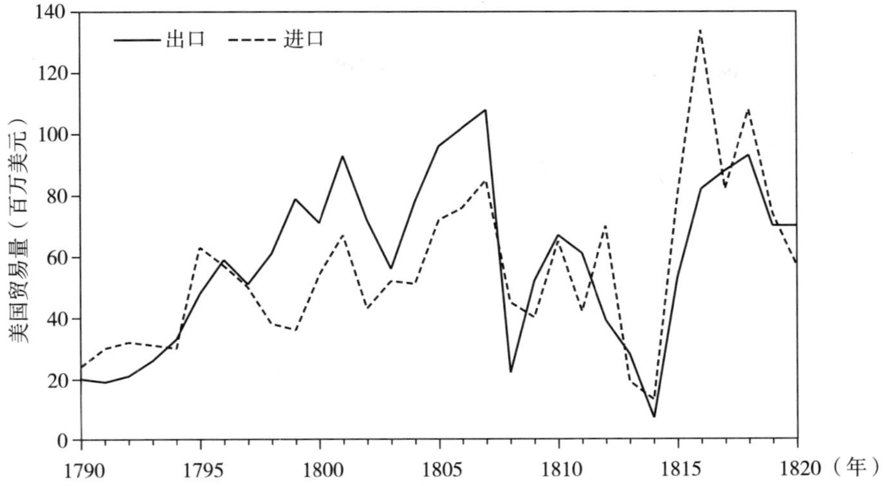


图 2. 1　1790—1820 年美国贸易量

资料来源：US Bureau of the Census（1975），series U-190，194。

品进口量仅下跌了 50%。当然到夏季中段时，满载外国货物驶入港口的美国船只数量就逐渐凋零了。

禁运给美国国内市场的价格水平带来了巨大冲击，出口产品价格下跌，进口产品价格上涨。图 2. 2A 显示了 4 种主要出口产品的月度价格，这 4 种产品分别是棉花、面粉、烟草和大米，它们占 1807 年出口量的 2/3 左右。出口价格在 1808 年早期急剧下跌，显示市场一旦知道美国农民无法进入外国市场后，禁运的效果就立即展现。出口加权的平均价格在 1807 年 12 月到 1808 年 6 月下跌了 27%。[93] 价格在 1808 年夏季触底，然后出现了持续到当年年底的反弹，表明商人逐渐希望打破禁运以及秋季收成在望。按照西顿的说法（Heaton，1941，第 189 页），“至少在 1808 年底之前，没有付出太多努力去处理大规模违反禁运的行为，民众的耐心已逐渐耗尽，废除禁运似乎变得势在必行。”确实到 1808 年后期，禁运越来越不被当回事，某些商船违法驶离港口，不过我们无法知晓这些商船的确切数量。

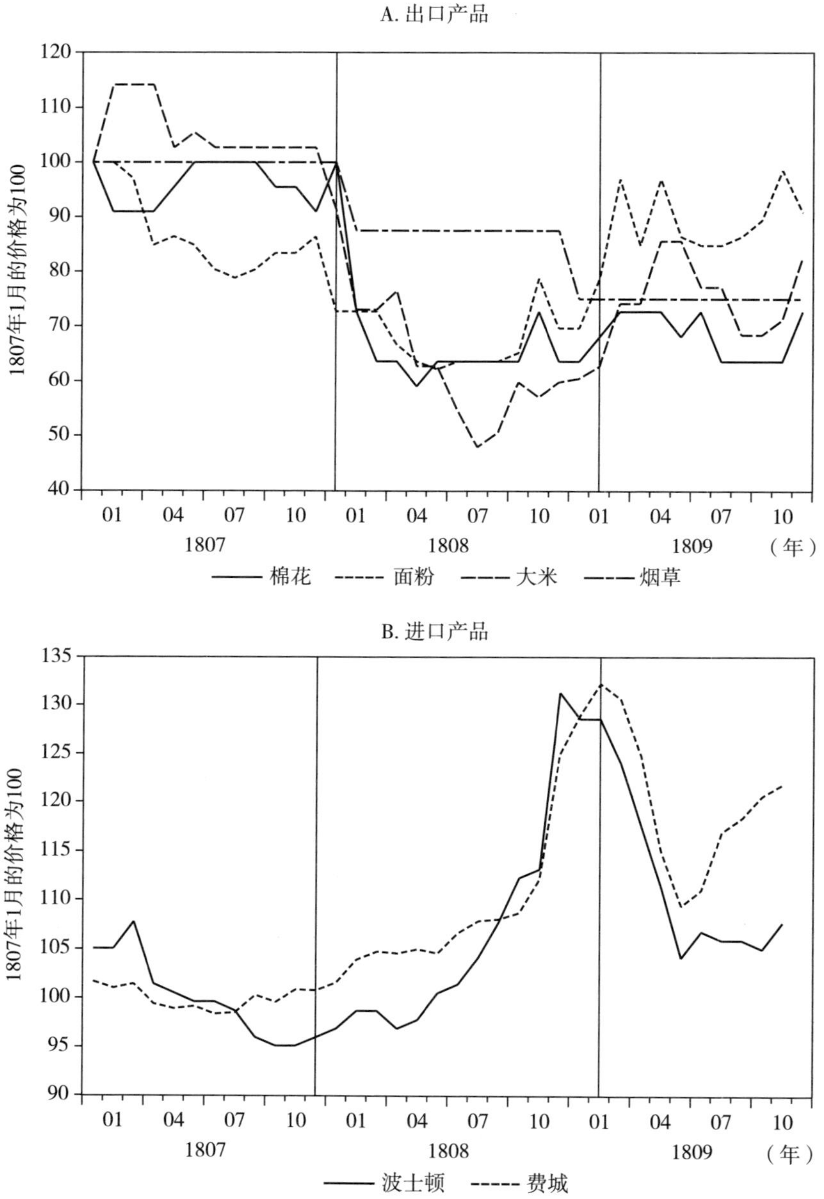


图 2.2　1807—1809 年国内进出口商品的月度批发价格

资料来源：出口产品价格的数据来自 Cole（1938）。其中的价格分别为：佐治亚高地棉花在纽约的价格，低筋面粉在纽约的价格，烟草在纽约的价格，大米在费城的价格。

进口产品价格的数据来自 Smith and Cole（1935，第147页）；Bezanson、Gray and Hussey（1936，第353页）。波士顿指数（Boston index）是18种进口产品的加权平均价格。费城指数是59种进口产品的加权平均价格。

与出口集中在少数关键产品上不同，进口产品的种类高度分散。图 2.2B 显示了波士顿和费城的进口产品月度价格指数，两个序列都显示进口产品价格在 1808 年春季没有立刻提高，因为进口产品仍在运抵各港口城市。不过到 1808 年秋季随着返回美国的船只锐减，进口产品愈加稀缺，其价格快速提高。两个城市的进口产品批发价格在禁运期上涨了 33% 左右，在 1809 年 3 月取消禁运后迅速回落。

贸易禁运对美国经济产生了广泛的影响。国内制造品出口在 1807 年约占 GDP 的 8%，出口和进口的价格与数量的急剧变化传递到整个经济中。欧文（Irwin，2005b）认为，与贸易萎缩有关的福利损失约为美国 GDP 的 5%。索普（Thorp，1926，第 116 页）则把那一年称为“萧条”，他基于当时的新闻报道做了如下描述：“严厉的禁运导致沿海地区瘫痪，并逐渐向内陆扩展；新英格兰处境艰难；商品价格进一步大幅下挫，在第三季度达到低点；外贸被完全阻止。”

禁运在新英格兰和纽约等商业州激起了强烈的反对。在全国外贸的总吨位中约占 1/3 的马萨诸塞州出现大规模抗议，甚至有主张分裂的抱怨之声。一度热火朝天的港口由于贸易中断而陷入沉寂，航运业群体遭遇严重失业。新罕布什尔州有位联邦党人写下了这样的诗句：

> 我们的船只曾经扬帆出港，在大海中乘风破浪；
> 满载货品，来来往往；
> 如今它们却注定腐烂，只能忍受
> 杰斐逊、蛀虫和贸易禁航。[94]

不过由于英国的制造品不再能进入美国，小型纺织工厂开始在罗得岛州和马萨诸塞州四处开花。[95]这些新生制造商因为进口产品受到抵制而获益，但有报道指出：“这些工业的增长并未弥补禁运造成的严重损失”（Strum，1994，第 59 页），不但沿海城市，出售农作物的农民也损失惨重。

南方也因为产品出口的锐减而损失惨重，尽管大量农产品可以储存，种植园主依然希望这些产品能够在 1808 年后期或 1809 年重新出口。在艰难时期，南方仍把支持禁运作为必须承受的负担。一位南卡罗来纳人指出："很难想象禁运造成了多大的财务损失和个人痛苦……可是，虽然有这些代价……各地依然出于对政府的信心而默默支持禁运措施。"[96]南方还是极度憎恨英国，忠于杰斐逊与共和党。与新英格兰不同，从弗吉尼亚到佐治亚都没有出现反禁运的集会或抗议，尽管那里的种植园主希望禁运能发挥作用，然后尽快结束。

在肯塔基州、田纳西州和密西西比河谷地区，则有着对贸易禁运的强大支持势力。这些区域的农民不太关心强征海员的事情，把烟草、大麻和棉花等产品价格的下跌归咎于西印度群岛市场的丢失，而非贸易禁运。虽然连杰斐逊也承认农产品价格的低迷是由于禁运，阿巴拉契亚山脉以西地区的普遍看法却认为应该怪罪英国。

费城周围是国内没有显著受到贸易禁运打击的区域之一。[97]进口制造品的短缺让国内的替代品生产得以兴起，例如炼铁厂等。不过即使在中大西洋地区，商人和农业群体的损失（由于产品价格下跌造成的收入减少）也远远超出新兴制造企业获得的收益。

在停止国家外贸的同时，杰斐逊政府也中断了支撑自身运转的关税收入。虽然在 1808 年由于美国船只在春季返回各港口，财政收入下降尚未凸显，但 1809 年的关税收入下降了一半以上。财政部长加拉廷首次面临预算赤字，但财政部仍能够承受，因为之前积累较多的预算盈余，同时政府债务的价格也出人意料地没有受到禁运的影响。[98]

鉴于商人有强烈的动机逃避禁运，从一开始禁运的执行就是个关键问题。贸易禁运时间越长，公众就越不愿意继续忍受，于是会有更多商人意图违反法令。1808 年 3 月，国会收紧了禁运，禁止任何陆路出口，以防止美国的货物取道加拿大运往英国。联邦党人抗议称，这种措施与保护航运和海员无关。国会则很快通过了补充法案加大贸易禁运的执行力度。所有参与沿海贸易的船只都必须缴纳相当于船只与货物价值两倍的保证金，以确保不会驶往外国目的地；渔船被禁止搭载任何货物，并缴纳相当于船只价值四倍的保证金。被发现违反禁运令的船只将遭到罚款、罚没和扣押的处罚。

这些补充措施确有必要，因为违反禁运令的行为在 1808 年愈演愈烈。有关佛蒙特州和纽约州等北方地区通过加拿大边境走私的报道司空见惯，试图干预的海关官员偶尔还会受到袭击。与停泊在大西洋海岸之外的英国船只之间还有很多非法的货物交易。因此，海关官员开始调查和扣押从事国内沿海贸易的船只，怀疑它们把货物出口到了纽芬兰岛或者在海岸附近巡航的英国船只。

为确保贸易禁运的成功，杰斐逊坚决支持采取上述强制措施。他对加拉廷发出指示："打击任何暴力抗法行为，极为重要。"[99] 1808 年 5 月，杰斐逊给加拉廷写信说：

> 有许多人打着从事沿海贸易的旗号，公然违反相关禁运法规，这已威胁到这些法规想要实现的重大目标。因此，国会发现利用一般规则完全不足以约束无原则的冒险分子，最后授权执法机构，一旦发现试图违背禁运法规的船只可自行一律扣押。为使法律发挥其应有的效力，我们认为，任何船只一旦涉嫌运载外国市场所需的任何美国产品，尤其是食品，就必须接受调查。[100]

加拉廷要解决无数的执法难题，因为总统并不参与贸易禁运的具体管理。[101]

随着美国的经济困境在 1808 年加深，对贸易禁运的政治反对力量也在增长，要求废除禁运的压力大增。联邦党人攻击禁运破坏了经济繁荣，削弱了政府财政，认为禁运措施徒劳无功，最后无法迫使英国改变政策。由于贸易禁运对若干利益群体——新英格兰的航运业、南方的种植园主以及政府财政收入——的负面影响，杰斐逊政府并没有多少时间证明其效果，国内政治压力就将导致禁运走向终结。

1808 年夏季，加拉廷通告杰斐逊（Gallatin，1879，第 1 卷：第 401 页），要使禁运发挥作用，必须采取更为"可憎与专断"的执行政策。财政部长拒绝支持实现有效禁运所需的严厉措施，不愿意被迫执行自己并不全力赞成的政策。此外，总统对禁运导致的问题无动于衷让加拉廷感到难过，暗示说禁运的无限期持续只会造成更多民众转为无视法律。

加拉廷带着挫折感给杰斐逊写信说（Gallatin，1879，第1卷：第398页）：

> 如果贸易禁运必须延长，为使其充分有效，必须坚持两个原则。第一，如果没有行政领导的特殊批准，一艘船也不许起航；第二，需要授予征管员普遍的权力，在任何地方查扣财物，掌控船舵，或者采取能有效阻止所有船只离开港口的其他手段……我很清楚此类专断权同样危险且招人讨厌。然而，在美国这样的情况下执行禁运性质的限制措施，如果不辅以与此类措施本身同样严厉的手段，就无法得到有效执行。总之，我想根据今年夏天的经验阐述一个观点，即国会必须要么授予行政机构最专断的权力和充足的力量有效执行禁运，要么彻底放弃此政策。

当年夏季晚些时候，加拉廷报告说（Gallatin，1879，第1卷：第401页）："贸易禁运如今已然失败……源于公开的违法，船只起航没有任何批准，根据现行法规，我们只有用巡逻舰船才能打击这种行径。"他还警告杰斐逊，贸易禁运对英国的影响"微不足道"，对着眼于下届总统大选的共和党人而言却是一场酝酿中的政治灾难。

对一位奉行有限政府和公民自由的总统来说，严厉执行贸易禁运确实是不寻常的行为。可是杰斐逊并未停止依靠更大的行政权力强化禁运，还把必须采取此类措施的责任归咎于商人。杰斐逊不能理解为什么美国人愿意违法，对某些人可以将私利置于他心目中的国家利益之上的做法感到目瞪口呆。他的结论是，商人在叛国，因此需要采取更严厉的执法措施。他答复加拉廷说："贸易禁运法规确实是我们曾经不得不执行的最令人难堪的法律。我没想到如此意外的结果，欺诈和公开的暴力反抗会在美国增加。我很赞同你的看法，如果有关法律法规不被废除，继续贸易禁运仍然好于战争（这是大家的普遍看法），国会就必须让实现禁运目标的所有必要手段合法化。”[102]

他依旧相信，禁运是检验贸易强制力是否有效的有用手段：“我极其重视彻底开展这场实验的价值，贸易禁运在这次事件以及在未来能够成为何种效力的武器。”杰斐逊准备调动民兵组织“制止或镇压旨在反抗海关官员执法、反对或违反禁运法规的集体武装或暴乱”。[103]在他的政府对走私分子宣战后，正规军也被调用来从事日常执法。[104]

贸易禁运显然也触动了英国，并引起了某些抱怨，但并未造成大的伤害。禁运的执行正值英国经济较为强劲之时，与美国的贸易损失并未给英国带来较大的冲击。[105]英国制造商把出口转向拉丁美洲，并开始从西班牙和其他国家采购之前从美国进口的产品，从而缓冲了禁运的影响。其结果是，英国拒绝了美国以结束禁运换取取消枢密令的建议。于是，到 1808 年夏末，杰斐逊的“和平强制”实验被广泛认为失败了。正如美国派往法国的使团报告的那样：“我们有些高估了自己强制两个交战大国接受正义解决方案的能力。贸易禁运被寄予了最大的希望，想以之保持我们的团结与和平，可是除此之外不能对它指望更多。法国这里并未感受其影响，在英国……则完全被淡忘了。”[106]

随着 11 月大选临近，加拉廷警告杰斐逊如果禁运不解除，共和党可能损失惨重。他认为只有弗吉尼亚、南卡罗来纳和佐治亚会坚定地支持政府，而联邦党人在新英格兰已扩充了实力。然而，即便禁运引发了争议，联邦党还是势单力薄，共和党在大选中并未受到严重打击。他们在众议院的优势被削弱了一半，但仍牢牢控制着国会，麦迪逊也轻松击败了联邦党对手，当选总统。

大选结果坚定了杰斐逊继续禁运政策的决心。他把禁运视为“暂时的罪恶，是挽救我们于更严重和更持久的罪恶，即财产损失和权利丧失的必要手段”。[107]在 6 个月的夏季休会后，国会于 1808 年 11 月重新召开，关于贸易禁运的合理性及其未来的辩论拉开了序幕。联邦党人要求立即结束禁运，杰斐逊则表态说他决心坚持到底，因为屈服或战争作为后备选项都是更坏的结果。

到此时，禁运已生效了近一年，没有迹象表明何时可以结束。随着杰斐逊的任期截止日临近，麦迪逊和加拉廷请求他对未来政策提供指导，但他拒绝提出建议，而是让新政府自己决定行动路线。于是，麦迪逊和加拉廷开始与离任国会就1808年11月到1809年3月的过渡期政策展开磋商。[108]如果离任国会不采取行动，贸易禁运将至少维持到1809年秋季，即新任国会预定召开的时候。

麦迪逊本人倾向于“积极的贸易禁运，禁止进口，用永久性关税鼓励国内制造商，永久性的航运法案：为战争做更多的准备和安排”，同时中断与法国的贸易往来。[109]国会于1809年1月又通过了一部强制执行法案，授予政府扣押涉嫌违反禁运令的货物和船只的巨大权力，要求商人为国内沿海运输缴纳巨额保证金，任何船只装卸货物和驶往国内港口也需要官方批准。政府甚至可以扣押驶往沿海的马车或货车中的货物，直至货主缴纳保证金，以确保货物不会被贩运出国。对违反者会处以严厉的罚款甚至没收，各州的民兵归入联邦官员指挥，以帮助执行法律。

共和党人顺利通过了强制执行法案，但经过了激烈的辩论。愤怒的联邦党人抱怨该法案等同于和平时期的军事专制，谴责它有失公正、具有压迫性，而且违反了宪法，因为其中的某些条款可能违背了宪法第四修正案关于搜查和扣押的规定。禁运的严厉执行及其结束的遥遥无期，让联邦党主导的新英格兰兴起更大的反抗。在国会反驳美国经济并未真正因禁运而受损的说法时，马萨诸塞州的约西亚·昆西（Josiah Quincy）表示难以置信：“我尊敬的这位同事到过沿海吗？他看到过我们的城市状况吗？他有没有看到我们的船只在码头上锈烂，港口被废弃，仓库无人租赁，街道没有繁荣的商业，企业舍弃了它钟爱的去处，希望逃离它从很早以前就习惯于做出和兑现宝贵承诺的地方？”他警告说新英格兰不会再继续容忍禁运：“你不能把一个人绑在刑架上慢慢折磨，然后用什么爱国主义来抚慰他。”[110]甚至在新的强制执行法案通过前，马萨诸塞州和康涅狄格州的议会就认为当时的执法措施“违宪”，对商业遭受的破坏表示抗议，并暗中威胁将不再执行禁运规定。

新英格兰对禁运及其执行措施的敌对态度开始削弱对禁运的政治支

持，甚至该地区的共和党人也质疑维持禁运的合理性。违法行动升级，更多的船只非法驶离港口。共和党对禁运的政治支持在国会要求加大执行力度后很快出现第一道裂痕。弗吉尼亚州的一位共和党人提出了解决方案，在未来的某个不确定日期（开始建议为6 月1 日）结束禁运。杰斐逊后来写到，这掀起了一次“突然而不负责任的意见革命”，在支持早日放弃禁运的新英格兰和纽约共和党人中间激起了“一种慌乱”。[111] 马萨诸塞州的共和党人奥查德·库克（Orchard Cook）评论道：“南方说要么禁运要么开战，北方和东部则说，不要禁运，也不要战争……我对这些观点分歧感到遗憾，不过既然如此，我们就必须接受这些现实，并制定相应的立法。共和党政府的天赋与责任是制定满足民众要求的法律，而非试图让民众适应法律。”[112] 甚至麦迪逊也开始认识到“东部沿海地区对失去工作和收入越来越缺乏耐心……为联邦考虑，有必要承认这种情绪”。[113]

共和党在禁运问题上的团结瓦解了，结束禁运的日期被提前到 3 月 4 日，即麦迪逊宣誓就职时。作为对强硬派的妥协，禁运的取消会伴随对英法两国继续采取禁止进口的措施。这一妥协于 2 月 27 日赢得了众议院的支持，于次日在参议院获得批准，并于 3 月 1 日被杰斐逊不太情愿地签字。表 2. 1B 显示了众议院对是否维持禁运的投票。一致反对禁运的联邦党人这次得到了许多共和党人的加入，尤其是来自新英格兰与中大西洋各州。令人惊讶的是，虽然南方也能从取消禁运中获得经济利益，但该地区依然强烈支持维持禁运。

为什么共和党人对贸易禁运的支持在 1809 年 1—2 月如此快速地瓦解？杰斐逊责怪马萨诸塞的两位共和党众议员约瑟夫·斯托里（Joseph Story）和伊齐基尔·培根（Ezekiel Bacon）造成了对新英格兰反禁运势力的恐慌，他甚至把斯托里称为“伪共和党人”。[114] 杰斐逊沮丧地写道：“虽然禁运在马萨诸塞州确实激起了极大的不满……其程度相对实际情况却被无限放大，我认为这是区区两三名有声望的共和党议员的阴谋，他们在国会制造了我们如果不废除禁运，就可能面临内战的印象……就这样，我们被自己内部的叛徒赶出了曾经占领的领导和智慧高地，如果我们能守住阵地，本可以恢复自由贸易，或者成功发展起国内的制造业。”[115]

许多年后，杰斐逊提到，他自愿决定结束贸易禁运，以维护国家统一。[116]不过约瑟夫·斯托里坚持说，杰斐逊顽固抵抗，企图维持禁运。斯托里本人则一直认为贸易禁运是“值得怀疑的政策”，但最开始曾支持贸易禁运，视之为一场“公平实验”。他回忆说（1852，第184—185页）：

> 一年过去了，给我们带来痛苦的各种罪恶每天都在蔓延……眼见同胞遭受痛苦，目睹生活迫使他们最激烈地反抗禁运措施，甚至达到威胁联邦自身存在的地步，让我确信有必要取消禁运。一抵达华盛顿，我就同共和党的许多重要成员就此议题做了自由交流，然后很快举行了更加公开的磋商。我发现作为报复措施的这一方案并不奏效，可是杰斐逊先生出于其傲慢态度以及经常误导其判断的凭空推测，依然坚决地不顾所有危害而继续坚持禁运。他秉持一个坚定的信念，认为如果我们继续禁运，英国就会放弃其枢密令。对于这一方案的失败，他并没有其他替代计划，而是在私人谈话中坚持认为必须在本届国会闭幕前不要试图限制禁运方案的执行期。他这样做的后果就是让所有的罪恶再恶化一年时间，让新英格兰遭到彻底破坏。我感到，对国家的责任要求我极力阻止这一灾难的发生。

斯托里很清楚，如果贸易禁运持续1809年全年，肯定会瓦解。他努力说服其他共和党人必须放弃该政策。按照斯托里（1852，第187页）的说法，杰斐逊政府试图劝说他停止反对禁运：“政府的全部影响力都直接指向伊齐基尔·培根先生与我本人，诱使我们放弃对国家特别是对新英格兰的重大责任。当时，我们被政府成员及其朋党责难、私下劝告和争取。”这些劝诫让斯托里（1852，第187页）相信，杰斐逊的态度是：

> 决心无限期延长贸易禁运，甚至会持续多年。但我非常确信的

> 是，新英格兰不会也不能承受这一路线，而是会直接反抗。该路线对整个国家将是灾难。然而杰斐逊先生以其惯有的执念，决心维持这一政策，把新英格兰的共和党人当作工具。培根先生与我本人则予以反对，通过我们的协调行动，在宾夕法尼亚州的帮助下，迫使杰斐逊先生放弃了他的疯狂计划。为此他一直没有原谅我。[117]

斯托里（1852，第 185 页）明确否认了杰斐逊对于事件的说法："不太引人注目的是，许多年后杰斐逊先生把很大功劳归于他本人，像他暗示的那样，为避免新英格兰的公开叛乱而自愿放弃了他钟爱的禁运政策。在我看来这几乎是犯罪的行为，在他那里却成了不同寻常的美德。真实情况是，如果禁运措施在当时没有取消，政府自身可能会被推翻，因为受苦而陷入疯狂的民众一旦情绪被点燃，共和党将被赶下台。"

杰斐逊的禁运导致了对外贸易在事实上的中断，因此是历史上最重大的贸易政策实验之一。我们从这一"和平强制"尝试中能得出什么结论呢？必须承认禁运是个失败：它给美国经济带来了巨大的成本，而未能实现任何预定目标。尽管美国避免了战争，使船只和船员免受更多外国侵占，禁运却严重干扰了商业往来，给农民、渔民、商人与船主带来了巨额经济损失，这些都极大地加剧了地区间紧张关系。如果美国政府继续坚持禁运，可能会导致全国性的危机。

不过杰斐逊仍执意认为，如果给他更多的时间，对英国施加的经济压力本可以取得成功。离任之后不久，杰斐逊提到禁运时说："如果可以老老实实地多执行几周时间，就应该能挽救我们。"1815 年他也坚持说："禁运多持续两个月，就可以避免 1812 年的战争。"就在去世前几个月，杰斐逊还把禁运视为"如果能持续长一些……就能完全实现其目标的措施"。当然并没有证据支持上述观点。[118]

亚历山大·汉密尔顿虽然之前已经离世，却几乎完美地预见到了禁运对贸易和财政收入的影响，以及它在国内产生的政治后果。1794 年，汉密尔顿就反对针对英国的禁运，并预言："如此严重而突然地扰乱我们的贸易必然影响出口和进口两方面，其后果不可估量。外国产品的价格过度上涨，国内产品的价格和需求异常下降，财政收入和信用失调，这些情况结合起来可能导致社会上最危险的不满与失序，并导致政府的仓皇后退，与外国因素无关。”[119]汉密尔顿的所有预测几乎都言中了，只有信用失调例外，因为 1808 年的美国政府信用比 1794 年更为稳固。

## 贸易中断与 1812 年战争

虽然国会在 1809 年 3 月废止了禁运，贸易在之后六年中依旧低迷，首先是因为一系列法案限制从英法两国进口，然后是由于 1812 年战争。禁运取消后，数以百计的美国船只再度扬帆出海（见图 2.1），出口和进口立即跃升。但贸易量并未恢复到之前的水平，因为互不往来法案（Non-intercourse Act）仍禁止同英国、法国及其殖民地开展任何贸易。至少按官方规定，美国船只只能驶往英国和法国控制之外的任何地方，美国的港口也对这两国的船只与货物关闭。然而，上述措施的影响因为总统的一个错误而减轻了。美国与英国在华盛顿的代表达成了一份协定，以取消互不往来措施换取英国的政策调整，麦迪逊总统认为该协定预计将在伦敦得到批准，于是在 1809 年 4 月放开了同英国的贸易。结果却发现那位英国外交官超越了其官方授权，英国政府并未批准协定。麦迪逊也被迫于 4 个月后重新实施了互不往来措施。

互不往来措施将于 1810 年早期到期。麦迪逊听从了国会的意见，但他希望再度实施禁运，而这是议员们不愿意考虑的。对国会不愿采取强硬路线感到不满的麦迪逊抱怨说，联邦党“情愿让我们的贸易服从英国的管制”，而共和党“表示不可能抗拒”。[120]1810 年 5 月，国会在广泛辩论后通过了梅肯第二号法案（Macon’s Bill No. 2），重启对英法两国的开放贸易，但有一个不同寻常的条件：如果英法任何一国不再执行侵扰美国航运业的政策，美国将对另外一个国家重新实施禁止进口的政策。这又让麦迪逊在外交上摔了跟头。在法国人暗示即将改变政策后，他于 1811 年 3 月对英国重新实施了禁止进口措施。总统很快意识到，法国人其实没打算改变对美国航运业的政策。可他依然维持了对英国的禁止进口措施，美国产品可以出口到英国，而禁止英国的产品进入美国。

共和党方面允许出口但禁止进口的政策在实践中和政治上遇到了问题。现实问题是，出口限制本来可能对英国的政策发挥比禁止进口更大的影响。由于欧洲农业歉收和其他地方的贸易扰动，当时英国在西班牙的军队严重依赖从美国进口的谷物。有的观察家相信，如果美国实施出口禁运，英国可能取消其枢密令。但由于中大西洋地区的谷物生产商反对，阻止了麦迪逊利用这次打击英国弱点的机遇。[121]

对出口和进口的区别对待还造成了地区间关系恶化的政治问题。禁止进口对联邦党人控制的东北部危害甚大，如新英格兰的航运业和纽约的商人。允许出口则有利于中大西洋地区的谷物和面粉生产商以及南方的农业生产商，减轻贸易制裁对他们的影响。南方和中大西洋地区的共和党人普遍支持这一措施，但少数人和联邦党人一起表示反对。一位共和党内的反对者——弗吉尼亚的约翰·兰多夫称进口限制是“一系列最鲁莽和最具破坏性的措施，对所有理性、清醒的人来说都完全不可理解”。[122]主要从新英格兰和纽约获取支持的联邦党人则基本上一致反对在 1806—1812 年的任何贸易限制议案。联邦党人抱怨，这些措施给美国造成的伤害超过对无法获得美国产品的其他国家的伤害。贸易限制对新英格兰的打击尤其严重，使当地的分离主义情绪再度点燃。[123]

如果说麦迪逊曾私下责怪国会不愿意回击英国，那么对 1811 年 12 月开幕的第十二届国会，他就无可指责了。新任国会中充斥着新一代年轻共和党人，包括肯塔基的亨利·克莱（Henry Clay）和南卡罗来纳的约翰·卡尔霍恩（John Calhoun）。在克莱领导下，这些“主战鹰派”对经济困境已无法容忍，希望对英国采取决定性的军事行动。他们的演讲充满了狂热的爱国主义论调，要求挽回民族荣誉，确保国家独立，赢回尊重，等等。一位弗吉尼亚作家在 1812 年 4 月解释说：“对强征美国船员的愤怒之情超出了所有可能的描述……如今的整个侵略体制导致英国和美国之间的真正问题已不再只是关系某些商业权利……而明显、确定和决定性地关系国家独立的问题，也就是说，考验美国是不是真正的独立国家。”[124]

主战的鹰派人士相信，美国必须为“自由贸易和海员权利”而战，因为这关乎国家荣誉。[125]可是正如克莱所说，即使“只考虑金钱方面的问题，也有足够的战争动机”。[126]主战的鹰派并不过于担心航运业受到的冲击，那是新英格兰遇到的麻烦，他们更多关心南方农作物的价格被压低，将其归咎于英国对美国贸易制造的障碍。田纳西州的菲利克斯·格兰迪（Felix Grundy）认为：“准确地说，我国与英国目前争执的问题不是关于贸易，如果这是目前唯一考虑的事情，我会很不情愿……让国家卷入战争……真正的焦点问题有着完全不同的性质，关乎整个国家的利益，即把我们自己的土地和产业生产出来的产品出口到外国市场的权利。”[127]克莱解释说：“我们昨天还在争取间接贸易的权利，即把西印度群岛的咖啡和食糖出口到欧洲的权利……今天我们则要主张直接贸易的权利，向外国市场出口我们的棉花、烟草和其他国内产品的权利。”卡尔霍恩则把南方农产品的低价归咎于“外国的不公正干预”。[128]

对抗情绪的更深刻来源是美国国内的民族主义高涨，特别是在边疆与深南部各州。英国扶持美国边疆地区的印第安人是反英情绪的源头之一。另外也涉及领土扩张带来的更多利益。扩张主义冲动的目光首先瞄准了加拿大和佛罗里达。南方地区希望把佛罗里达从西班牙控制下夺过来，其他许多民众则希望合并加拿大，由于英国忙于同法国的战争，那里似乎已唾手可得。征服加拿大将把英国一劳永逸地赶出北美，彻底解决许多问题：再也没有英国人扶持边疆地区的印第安人，结束英国人对纽芬兰岛以外海域的捕鱼活动的控制，削弱他们干预西印度群岛贸易的能力，等等。亨利·克莱宣称：“加拿大不是终点，而是手段，战争的目的是对伤害的赔偿，而加拿大是获取赔偿所需的工具。”[129]不过作为少数反对这一冒险立场的弗吉尼亚共和党人之一，约翰·兰多夫则认为主战的鹰派是想掠夺土地，“争抢战利品”。[130]联邦党人与反战派共和党人认为，发动战争不会提升大麻、烟草或棉花的价格，只会让事情变得更糟。但他们在国会中是少数派。

于是，各种动机的混合导致了 1812 年的战争。正如西基（1989，第28 页）解释的那样：“许多共和党人认为有充分的外交、意识形态和政治理由同英国开战。如果一切顺利，共和党人希望看到英国方面让步，维护美国的独立，巩固共和体制，继续执掌政权，团结其政党力量，并让联邦党人闭嘴。”到 1812 年 4 月，国会为备战实施了为期 90 天的全面贸易禁运，作为美国船只免受攻击的防御措施。

随着美国积极备战，英国首次显示出某些软化的迹象。与杰斐逊三年前实施的禁运不同，1811 年 3 月开始的禁止进口政策正赶上英国的经济衰退。虽然美方的禁止进口能在多大程度上让衰退加剧并不确定，英国制造商却认为结束该政策肯定会增加对其产品的需求。曼彻斯特、利物浦、伯明翰及其他工业城市的失业工人向议会递交了数十份请愿信，要求废除枢密令，使美国可以结束禁止进口政策。[131] 在承受对法战争带来的重税之际，英国并不希望在北美再卷入一场战争。脆弱的经济与劳工和产业界的压力促使政府放松了对中立航运的有关政策。1812 年 6 月 23 日，外交部长卡斯特雷勋爵（Lord Castlereagh）宣布暂停执行长期激化英美关系的枢密令。他在日记中说：“人们不愿意承认我们被迫对自己的制造商让步。”[132]但在某种程度上，对美国共和党的商业压力政策的表面让步是一种假象，因为该政策之所以起作用，是由于恰好赶上了英国的经济衰退，而非贸易政策本身的结果。[133]

不幸的是，暂停执行枢密令的消息直到 8 月份才传到美国，远远落后于华盛顿的政治形势把国家推向军事行动的节奏。1812 年 6 月，麦迪逊要求国会对英国宣战。他在报告中列举了几项冤屈之情：持续强征美国海员，非法扣押船只和货物，枢密令，武装西部的印第安人等。联邦党人不敢相信国家将鲁莽发起一场准备不足的战争，也怀疑自己是否应该同醉心于军事征服的法国专制君主拿破仑结盟，对抗一个正好是美国产品的重要客户的宪制政府。即使在南方也有人质疑，约翰·卡尔霍恩坚持的激进立场是不是对军事冲突会带来什么好处的“虚幻梦想”。[134]分裂的众议院很快投票通过了对英国的宣战书，该决定有鲜明的地域色彩：大多数支持战争的投票来自南方和西部，海港城市的共和党人与北部商业州的联邦党人则强烈反对。参议院也很快出现了类似的分裂性投票结果。

于是在 1812 年 6 月 19 日，也就是英国政府宣布将暂停枢密令两天之后，美国正式对英国宣战。当月晚些时候，在北大西洋某地，来自英国的带着暂停枢密令消息的船只与来自美国的带着宣战消息的船只擦肩而过。如果当时有快速的通信工具，冲突本可以避免。“麦迪逊后来提到，如果他知道枢密令被废止的消息，宣战‘本可能被阻止’，”西基写道，“可当时并没有跨越大洋的电缆，消息需要几周时间才能传到美国，那时骰子已经投下了。”

战争进展对美国不利。迅速夺取加拿大的计划无法实现，到当年年底，国会已经表现出结束冲突的意向。英国显示出足够的实力能够在欧洲对法国以及在北美对美国同时作战。最后的结果是这场战争延续了两年多时间。

在贸易政策方面，战争促使国会于 1812 年 7 月把所有进口关税翻番，直至敌对状态结束的一年之后。另外还对外国船只运载的商品征收了 10% 的附加税，对外国船只的吨位税则提到原来的 4 倍。对英国产品的进口禁令得以持续，并辅以对加拿大的出口限制，以阻碍对敌方的物资供应。此后到 1813 年 12 月又实施了全面的对外贸易禁运，要求所有美国船只留在港口，致使面向任何外国目的地的出口完全停止。同时，英国皇家海军封锁了美国东海岸以切断贸易往来，只允许其自身参与的走私。封锁线从长岛延伸到新奥尔良，却有意对新英格兰网开一面，希望那里的亲英派商人会违反美国法律给英军提供物资。[135]

战争、进口禁令以及封锁相结合，把美国的对外贸易压到历史记录的最低水平（恐怕只有独立战争时期除外，当时没有较好的统计数据）。图 2.2 显示出口在 1811—1814 年下降了近 90%，进口则下降了超过 80%。结果使海关收入也大幅萎缩，联邦政府债务在 1812—1816 年增至原来的 3 倍。

事实证明，战争时期的贸易禁运是非常短命的。1814 年 4 月，随着英国对拿破仑的初步胜利，欧洲各港口重新对美国船运开放。国会以较大多数投票通过废除贸易禁运与进口禁令，但这对贸易影响相当有限。在拿破仑的威胁解除后，英国把军事力量调集到大西洋对岸以对付美国。皇家海军收紧了封锁，这回把新英格兰各港口也纳入其中，并成功侵入波托马克河，烧毁了白宫与国会大厦。

至此，双方都已没有兴致延长冲突。从美国的角度看，战争是一场灾难，没有实现任何预定目标。经济因为战争和贸易中断而损失惨重。西基（1989，第 305 页）写道："与美国参与的大多数战争不同，这场冲突并未带来经济繁荣……虽然中部与西部各州的民众日子不错，新英格兰和南方的人却没有好处。制造业由于没有英国竞争而迅速增长，但这一部门的收益远不及渔业和商业遭遇的严重损失。"

1814 年 12 月，美国和英国达成了正式和平协定——《根特条约》（Treaty of Ghent）。该条约重建了两国之前的关系，并未提及强征海员或中立航运权利，这些只是战争的表面原因。参议院于 1815 年 2 月批准了该条约，为多年以来首次恢复和平时期的正常贸易铺平了道路。

## 新兴工业的诞生

1796 年，法国外交家塔列朗（Talleyrand）在环游美国后发现，"美国在制造业方面仍处于婴儿期，区区几家制铁厂和玻璃作坊，若干家制革厂，数量不少的简陋而落后的短毛绒制造厂，某些地方还有棉纺织厂……表明这个国家目前还没有足够能力供应日常消费所需的制造品。"[136]

从 1808 年到 1814 年，由于贸易禁运、进口禁令、封锁和战争等种种原因造成了美国的进口出现 7 年之久的中断期，大大改变了上述状况。进口压制导致了国内制造品生产的崛起，并启动了经济的结构转型。虽然促进国内制造业发展并非杰斐逊和麦迪逊的主要目标，他们的贸易政策却严重限制了进口，从而鼓励勇敢的企业家开始生产制造品替代以前的进口产品。杰斐逊并不希望看到大型工厂在美国海滨兴起，但他预见贸易禁运会"间接促进"国内小型制造商。与早先的观点相反，他欢迎这种发展，视之为实现经济独立的一种手段。杰斐逊在 1809 年卸任总统后写道："我们的贸易禁运历来是极为艰难的措施，却产生了一个极为喜人并持久的效应。它将鼓励我们所有人关注国内制造业，而且我坚信会让我们未来对英国的需求下降整整一半。"[137]

与之相似，麦迪逊在 1809 年 11 月给国会的通报中称赞了进口禁令对促进国内制造业增长的作用："在外来因素导致的各种委屈和痛苦之中，我们内部兴起的繁荣与幸福还是值得盛大庆祝……我们国家到处都有值得称道的企业、丰厚的资本和持续的改进。通过物资的积累和实用制造品的扩充，尤其是家庭纺织品的普遍推广，我们正在快速摆脱对外国供应的依赖。"[138]

这标志着共和党人的态度同他们在 18 世纪 90 年代相比有了显著改变，当时他们曾反对汉密尔顿促进制造业和鼓励工业化的计划。佩斯金（Peskin，2002，第 251 页）指出：到杰斐逊实施贸易禁运时，"毫无疑问，共和党的媒体对新兴制造业经济的态度比依旧与商业利益捆绑的联邦党人要开放得多"。的确，相比联邦党维持贸易相对开放和自由的政策，共和党的贸易战政策对国内制造业增长的促进作用要强烈得多。正如彼得森（Merrill Peterson，1970，第 515 页）所说："讽刺的是，杰斐逊原本希望留在欧洲的工厂和作坊更有可能因为他的贸易制度而不是汉密尔顿的财政制度而在美国发展起来。"

结果，制造业利益集团转而成为共和党的后盾。佩斯金（2002，第 242—243 页、第 235 页）指出："到 19 世纪第一个 10 年，制造业支持者中的共和党人已至少不比联邦党人少……两党对于制造业问题以及联邦政府的经济作用几乎互换了立场……这次来费城的一位英国旅行者发现联邦党与共和党分别是'进口商与制造商的代名词'。"众议院于 1809 年 6 月的一次投票揭示了这一重大政治变化。来自马萨诸塞州的一位共和党众议员提出议案，要求财政部长就制造业在国内的状况准备一份报告，并"为保护和促进美国制造业发展"提出建议。超过 80% 的共和党议员支持这一议案，而联邦党议员则意见分歧较大。

该议案导致财政部长加拉廷于 1810 年 4 月提交了《制造业报告》。

由于制造业状况的数据不完整，加拉廷的结论说他没有充分信息提出“精心设计的保护和促进美国制造业”的计划，但他认为有三种办法可以考虑：奖励、进口关税以及政府贷款。加拉廷辩称，奖励对出口产品最为合适，高关税则“容易导致三个缺陷，包括妨碍竞争、增加消费者的负担以及把资本和产业分散到对国家不太有利的领域”。因此，由于“资本相对稀缺是美国引入和发展制造业的主要障碍，最有效和明显的解决办法自然应该解决资本的供应”。加拉廷认为，美国的银行可能过于短视，不能给新创企业提供充足资金，所以他建议政府创设一笔 500 万—2 000 万美元的流通储备，以用于对新创制造业的贷款。[139] 设立政府资助的风险资本贷款的建议在国会毫无进展，但颇具讽刺意义的是，在麦迪逊极力阻碍汉密尔顿的《关于制造业问题的报告》之后不到 20 年，他自己的财政部长发表了结论极为相似的另一份报告。

虽然加拉廷没有建议提高关税，麦迪逊却将之作为扶持新兴产业的手段。在 1810 年 12 月对国会的年度报告中，他把正在兴起的制造业增长归功于同英国的贸易中断：“经济和政策的经验都表明确实如此，此前从外贸中获得的供应有了替代品，从国家视角看这种变化足以补偿因外国的不义之举而遭受的匮乏和损失，而恰恰是这一不义之举为实现上述成就提供了必要的动力。以贸易关税的方式保护劳动配置方面这一刚刚起步的进步究竟有多大的合理性，是各位的爱国思考中不可忽略的一个主题。”[140]

当然，贸易中断对美国各产业发展的影响是复杂的。进口替代制造业生产扩大了，但出口导向制造业，尤其是造船业受到打击。商业服务业在 1808 年受到贸易禁运而崩溃，在 1812 年战争中进一步萎缩。对面临进口竞争的制造业而言，战争时期产量大增，但在 1815 年贸易重启后，之前的大部分增幅又得而复失了。[141]

美国独立之后与英国的贸易政策冲突，就这样改变了托马斯·杰斐逊与他的共和党人。1785 年，杰斐逊盛赞农民是上帝的选民，并吁请：“把我们的工厂留在欧洲”。到 1813 年，他却写道：“由于强征海员的恶行与英国的枢密令，我们却将得到一个伟大的祝福。我过去从不是大型制造业的支持者，我怀疑，我们的劳动力从事农业生产加上土地的自然辅助，已没有余力提供其他必需品。但如果把其他因素考虑进来，我的疑虑就能得到解决。"[142]三年后他变得更富有激情："（在《弗吉尼亚笔记》发表后）不到 30 年里，形势有了多大的变化！要实现舒适生活和独立，我们必须自己制造这些产品。我们如今必须把制造商与农学家同等对待……经验教育我，制造商对我们的独立地位与舒适生活来说同样必不可少。"[143]

在贸易中断时期崛起的制造商标志着美国贸易政策的一个新时代来临了。除了贸易和农业之外，如今加入了第三个经济利益集团——制造业，它将成为影响贸易政策主张的关键部门。麦迪逊与共和党人控制的国会并不希望新兴产业因为来自英国的竞争对手重现而消失。因此，本书第三章将会介绍，麦迪逊政府将帮助建立起美国历史上第一套真正的保护性关税，并引发未来几十年中关于贸易政策的各种明争暗斗。

# 第三章
# 地区间冲突与危机，1816—1833 年

1812 年战争的结束标志着美国贸易政策开启了新篇章。独立后时期的主要问题，即从英国和法国手里确保中立航运权，随着再出口贸易的重要性下降而消失了。关于贸易政策的讨论转到新的方向：除增加政府财政收入外，进口关税是否应该用来保护国内厂商免受外国竞争。持支持态度的国会议员很快把应税进口产品的平均关税率推高到美国历史上的最高水平，在 1830 年达到 62% 的均值。这引起了强烈的政治反弹，并导致危险状态发生，南卡罗来纳州决定废除 1828 年的“可憎关税”(Tariff of Abominations)。围绕关税问题的地区冲突把美国推向了独立之后最险恶的政治危机的边缘。

## 保护主义的浮现

结束英美战争的《根特条约》于 1814 年 12 月签署，1815 年 2 月由参议院批准。和平的回归意味着海外贸易在多年中断后得以重启。贸易在 1815 年春季恢复，让出口导向型的农产品生产商感到宽慰，主要出口作物（包括棉花、烟草和大米等）的价格随着重新进入外国市场而快速上升。与独立战争之后出现过的情形类似，出口增幅赶不上进口更猛烈的回升。如第二章的图 2.1 所示，出口在 1815—1816 年迅速增长，但不及进口。1815 年和 1816 年上半年的进口产品依然要缴纳战争时期制定的高关税，应税进口产品的平均税率在 1815 年高达约 49%。这样的关税尽管是 1804 年关税法案规定的两倍，却依旧不能阻拦市场

压抑已久的对英国制造品的巨大需求。

进口剧增让美国政府收取到足够的关税，得以着手偿还战争时期积累的债务。然而，国内的幼稚产业是从 1808 年杰斐逊实施贸易禁运、把外来竞争排斥出市场后才开始运转和扩大的，进口恢复对它们来说是不受欢迎的冲击。低价格外国产品的大量涌入威胁到许多新兴制造商的生存，对铁器、棉花和羊毛产品的生产商造成的影响尤其具有破坏性。这些年轻而稚嫩的企业过于弱小，不足以抵抗回归正常贸易条件后的外国竞争对手的强大冲击。伴随着进口产品价格在 1814—1816 年下跌 28%，许多较弱的美国企业破产或者关门，工业产量在 1816 年下跌了 7%。[1]

英国制造商马上受到指责，说它们通过“倾销”蓄意打击美国的幼稚产业。1816 年 4 月，亨利·布鲁厄姆（Henry Brougham）在英国下议院发表的著名演讲中提出：“在首批出口中承受一些损失是非常值得的，其目的是用大量产品窒息还在摇篮中的美国制造商，它们是战争导致的不符合自然发展规律的产物。”[2]这一言论常被援引，以证明英国企业故意压低价格摧毁美国的新企业。但布鲁厄姆其实是说，英国商人在 1816 年遭受的巨大亏损并非有意而为，而是在贸易重开后过于急迫地想在市场上出货的结果。[3]

当然每个人都清楚，一旦贸易重启，许多新兴制造商会遇到不小的困难。1815 年 2 月向国会递交和平条约时，麦迪逊总统就要求国会考虑“对欧洲战争期间在美国各地广泛兴起并达到前所未有高度的制造业加以保护和促进的手段”。[4]这成为国会在战后面临的关键议题之一。麦迪逊政府与国会都不希望看到新兴产业因为外国竞争返回而毁灭。战争期间，美国的军事弱势令人尴尬地暴露无遗，爱国主义情绪高涨，促使国会的许多议员决心扶持新兴制造商，并确保国家摆脱对外国供应的依赖，实现经济独立。当联邦党于战后从国家政治中消失后，这一任务变得更加容易了，国会中不再有一个支持低关税和开放贸易的有组织政党。

由于战时的高关税按计划将持续到 1816 年初，国会在 1815 年并未对此议题采取行动。麦迪逊总统在 1815 年 12 月给国会的年度报告中重申了自己长期以来的信念：“把产业和资源的组织交给个人的头脑判断和利益动机去处理，不管理论上多么合理，但与其他问题一样，在这方面也存在一般规律之外的特殊情形。”例如美国要实施自由贸易政策，就必须能得到其他国家的互惠才可以。此外，“经验告诫我们，引入和发展制造企业，特别是其中较为复杂的类型，需要同时满足非常多的条件，有的国家即使足够先进，并且在某些方面非常适合发展制造业，但仍可能在很长时间内不能如愿。”所以，由于战争给美国制造业带来了“强大的推动力”，就有充分理由认为，如果给予“那些已经利益攸关的参与创业的国民适度保护”，国内制造业不但能顺利“抵御不时出现的外来竞争，还能成为国内财富和对外贸易的重要源泉”。[5]

1816 年 2 月，财政部长亚历山大·达拉斯（Alexander Dallas）应国会要求提交了一份报告，建议采用新的进口关税税则。达拉斯重点提到两个议题：筹集足够的财政收入以满足政府开支，特别是偿还战争期间的债务；支持国家的三大主要经济利益群体：农业、工业和商业。这是需要艰难权衡的行动，因为农业和商业群体的利益诉求与工业群体不同。农民和种植园主希望顺利进入外国市场，以销售其产品，并购买各种消费品。商人和航运业群体也能够从出口和进口量的扩大中获益。不过，面临英国企业竞争压力的国内制造商则希望尽可能限制进口。

达拉斯提到，自汉密尔顿的《关于制造业问题的报告》于 1790 年发表以来，政府一直很重视国内制造业团体的利益，但实现其目标的政策措施却从未真正实行过。战争时期，美国基本上被完全切断了外来的武器和战争物资、服装及其他产品的供应。达拉斯也指出：“在这样糟糕和屈辱的环境中……发展起了各种产品的国内生产商，出现了保证未来安全和独立的手段。”他总结说，在贸易恢复后，“对制造业的保护……成为有待决定的日常政策议题，这是由于过去的屈辱教训，也由于如果坐视制造业凋零衰败，在任何紧急情况下要恢复其运转将越来越困难，还由于我们已经充分认识到国内制造业对政府的财富、实力和独立的重要影响”。

接下来，达拉斯把国内制造业划分为三种类型。第一种是“牢固而长久地”发展起来的制造业，如家具、帽子、铸铁件和火枪、窗户玻璃、羽毛制品和纸张制造等。第二种是“新近或部分兴起的……但在恰当经营下，可以发展到满足所有需求范围”的制造业，包括粗纺的棉织品和毛织品等、镀金属制品、铁制品（铲子、斧子和钉子等）、啤酒和烈酒等。第三种是“国内很少培育，让国家的整个需求……依赖外国供应来源”的产品，包括精纺的棉织品、麻织品、丝绸和毛织品（如地毯和毛毯）、瓷器、其他玻璃制品等。[6]

有意思的是，达拉斯建议的关税与产业的要求相反：对有能力抵御外国竞争的产品实行高关税，对最缺乏竞争能力的实行低关税。他建议对第一种类型的国内产量有保证的产品实行最高关税率（35%），因为对这些较为发达的产业来说，实施较高的关税“不会导致供应短缺，而仅靠国内制造商之间的竞争也足以保护消费者不需要支付过高价格”。第三种类型的“很少培育”的产业（主要是奢侈品）则不完全需要保护，因为“政府当前的政策旨在保护而非创建制造企业”。对第二种类型的“新近或部分兴起”的幼稚产业，达拉斯建议政府采用的进口关税“应该使这些制造商与进口商在美国市场上以同等盈亏条件开展竞争”。给这些产品建议的关税率较为适中，对棉纺织品为 $33\frac{1}{3}$%，陶器和玻璃制品为 30%，毛织品为 28%，铁制品为 22%，麻织品为 20%，等等。达拉斯总结：“人们推崇让立法机构给他们提供方向恰当的扶持，在有限时期让他们也享有第一种类型制造业已获得的令人满意的保护……尽管为了实现国家在制造业领域的独立，总是需要某些纵容，但为此付出的牺牲既不能太大，也不能太久。今天的不便将由未来的收益充分弥补。”[7]

国会迅速采纳了行政机构的建议。自建国以来，关税议题的讨论首次聚焦于保护国内产业免受外国竞争，而非增加财政收入。肯塔基州的亨利・克莱声称：关税的设定应该着眼于“给国家的农业、制造业和商业必要与恰当的保护和支持……财政收入只是附带考虑，不应该对委员会决定该议案产生任何影响”。[8]

众议院收到了大量利益群体的请愿信，特别是要求提高关税的制造商和催促降低关税的商业团体，于是要求筹款委员会（Ways and Means

Committee）依照达拉斯的建议起草一部法案。南卡罗来纳的威廉·朗兹（William Lowndes）提交了一部反映其南方倾向、削减了很多拟议关税率的法案。例如，纸张和羽毛制品的关税从 35% 降至 30%，棉纺织品的关税从 $33\frac{1}{3}$% 降至 25%（并计划在 1819 年继续降至 20%），铁制品的关税从 22% 降至 20% 等等，未列举产品的关税率则维持 15% 不变。大多数争论集中在少数关键产品上，尤其是铁制品和食糖，棉纺织品也受到特别关注。

国会辩论暴露出了将在未来数十年持续碰撞的两个对立派别：主张高关税的中大西洋各州与主张低关税的南方各州。在这一时点上，新英格兰的态度并不统一，因为兼有商业和制造业利益的影响，但是当制造商在该地区成为更强势的经济力量之后，它将很快加入中大西洋各州，支持保护政策。高关税派别的领袖是亨利·克莱，他希望“通过足量的关税对本国制造商提供彻底而有决定意义的保护”，其目标是争取在本国市场上替代进口产品，以鼓励工业增长。克莱坚持认为，美国的国家安全取决于终止在关键供应品上对外国的依赖，其中包括鞋类、服装、武器和军需品等，但他也大力宣扬促进国内制造业发展会带来更广泛的经济利益。

南方抵制实行高关税的行动。他们的国会代表抱怨说，关税提高了南方消费的进口产品的价格，降低了民众的生活水平。此外，高关税在削减进口的同时还会导致外国对美国出口产品的需求下降，其中大部分产自南方。因此，高关税将减少南方的出口，提高其消费的进口产品的价格，造成沉重的经济负担。能言善辩的弗吉尼亚议员约翰·兰多夫谴责说，关税以牺牲南方的农业为代价，人为鼓励北方的工业发展。他认为这个议题的实质是：

> 作为一位种植园主，你是否愿意为某家制鞋厂多雇一位员工，或者为添置一部纺织机而多缴税？从我的角度看是不会同意这样做的……我不会赞成为了鼓励古怪的制造业发展而对土地耕作者征税，因为这样干只能把事情弄得更糟，并付出更高的成本……如果

我通过出售原材料，就能够从印度的达卡得到更好和更便宜的衣服，那我为什么还要向工人支付远超出其所值的工资，让他去把棉花制作成服装……我坚信，为了照顾制造商而增加民众的负担是不明智和不公平的。[9]

但在经历了上一个 10 年的混乱之后，即使南方的议员也不能反对较为温和的保护性关税。这种顺从态度丝毫不代表他们对北方制造业有任何好感，而是出于强烈的爱国主义情感和对国家防务的担忧。在近期的战争中，重要物资缺乏国内的稳定供应成了严重缺陷。后来成为激进的关税批评者的南卡罗来纳议员约翰·卡尔霍恩在 1816 年给关税法案投了赞成票，因为保护的议题“关系到国家安全”。[10]

众议院于 1816 年 4 月以 88 票对 54 票通过了关税法案，参议院也很快仿效，麦迪逊总统于当月晚些时候签字生效。新英格兰的大多数议员投票支持提高关税，随着小型棉纺织企业在该地区迅速兴起，那里已不再像 10 年前那样由商业和航运业利益集团一统天下。以宾夕法尼亚为首的中大西洋各州强烈支持该法案，因为那里有很多铁制品和玻璃厂商，面临进口的激烈竞争。南方意见不一，但略微倾向于反对。南方并不赞成把提高关税作为一般措施，还试图支持把棉纺品和毛纺品的关税削减到 20% 的修正案，但并未成功。可同时，南方的反英情绪依旧非常强烈，对于再爆发一场战争的担心让那里的议员相信有必要为新兴制造商提供保护。对国防的担忧在确保南方支持关税法案上起了决定作用，他们的投票对法案的通过至关重要。不过，南方代表明确表示反对给工业任何更多的保护措施，这预示着未来的冲突。[11]

1816 年的关税法案是美国的首批“保护主义”关税，因为其主要目的是扶持面临外国竞争的国内制造业。鉴于麦迪逊曾经在 18 世纪 90 年代反对汉密尔顿的《关于制造业问题的报告》，他自己的政府却以对进口产品征收高关税的方式制度化地扶持制造业，这确实有些讽刺的意味。[12] 当然，联邦政府从来没有实施有意识地启动“新兴产业”的政策，这些产业的诞生是贸易关系中断的副产品，迫使国会给它们提供保护，免受外国竞争。在这里因果关系的顺序十分重要：国会并非有意通过政策措施创设新兴产业，而是新兴产业自发出现，然后迫使国会为它们提高关税。换句话说，国会并没有设计未来经济走向的远见卓识，而只是对自己面临的政治压力做出反应而已。

## 棉纺织业的增长

1812 年战争之后，美国经济中出现了两个重要的产业部门：南方的棉花产业与北方的棉纺织业。棉花生产商依赖出口，棉纺织业却面临进口产品的竞争。由此导致两个地区在贸易问题上形成了截然对立的利益倾向。在未来数十年中，有关美国贸易政策的争斗将在北方的制造商与南方的农业出口商之间展开。

1793 年，伊莱·惠特尼（Eli Whitney）发明了轧棉机，给生产效率带来了惊人的进步。过去需要一人一天才能把一磅棉花上的棉籽摘除，有了轧棉机之后，同一个人每天可以清除 300 磅棉花的棉籽。1793 年，美国出产约 1 万包棉花，仅占全球产量的 1%。到 1830 年，美国的产量达到 73.2 万包，约为全球的一半。[13]其结果是，美国的棉花出口呈现爆炸式增长。在轧棉机发明前的 1792 年，美国出口 138 328 磅原棉。短短两年后，棉花出口增长到 160 万磅。1800 年达到 1 780 万磅。到 1821 年，棉花约占美国全部出口额的半壁江山。在整个 19 世纪，棉花都是美国最大的单一出口产品，并一直持续到 1929 年，那时仍占全部出口额的 18%。棉花生产的扩张巩固了南方作为出口导向经济区的地位，也强化了它对高关税的反对态度。轧棉机还加强了南方对奴隶制这一“特殊制度”的依赖，因为棉花采摘是高度劳动力密集型的工作。

与此同时，新英格兰的棉纺织业则是贸易中断时期兴起的最令人瞩目的新兴产业。从 1816 年关税法案至今，纺织和服装业一直居于贸易政策辩论的核心。美国第一家棉纺织厂于 1790 年在罗得岛建立，利用了阿克莱特的技术。这一纺纱技术是由塞缪尔·斯莱特（Samuel Slater）带到美国的，他是兰开夏郡一家早期纺织厂的主管。斯莱特在移居美国前凭脑子记下了设备的蓝图，因为英国禁止纺织机械出口，政府官员也会在他离境时搜查其行李中是否有技术资料。该技术此后逐渐在马萨诸塞与罗得岛地区推广，根据加拉廷的《制造业报告》，到 1807 年时，美国已建立了约 15 家棉纺厂，拥有 8 000 个纺锭。这些棉纺厂只是把原棉纺成棉线，然后再由工厂外的技工织成织物。

贸易禁运改变了一切。国内纺织品生产变成了利润丰厚的生意：随着进口量巨幅下降，纺织品价格高涨，而棉花价格却由于出口停滞而大跌。纺织品价格与棉花成本之间的差距拉大，促使众多小型棉纺厂快速兴起。如图 3.1 所示，棉纺厂的数量从禁运前的 15 家左右猛增到 1809 年的 87 家，加拉廷估计，到 1811 年初，可能有 112 家在运营。他写道："美国的中立贸易立场受到严重侵害，这迫使产业和资本寻找其他渠道，结果帮助我们打破了根深蒂固的习惯，并带来了普遍的激励，过去两年间制造业取得的巨大进步必须归功于此。"[14]

在贸易重启后，国内制造商还没有准备好应对 1815—1816 年如潮水般涌入的大量进口产品。虽然还有 35% 的战时关税率的保护，但大多

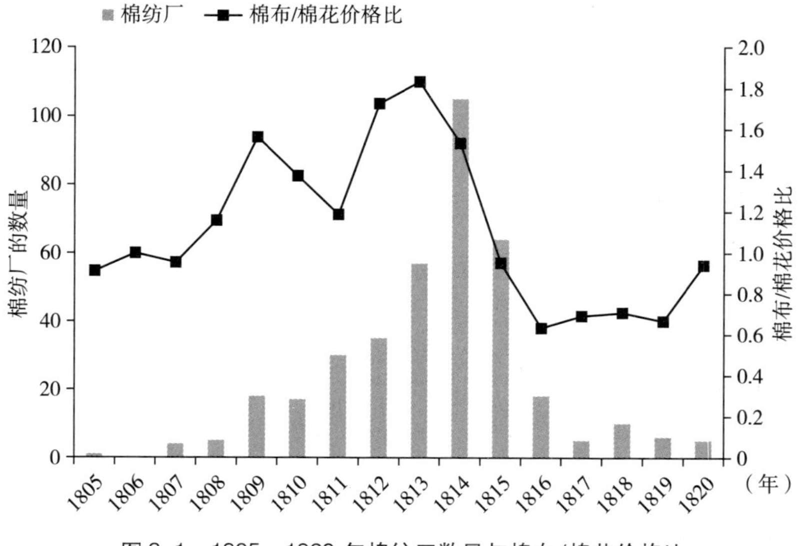


图 3. 1　1805—1820 年棉纺厂数量与棉布/棉花价格比

资料来源：Lebergott（1984），第 128 页。

数小型棉纺厂缺乏效率，完全不足以同规模更大、技术更先进的英国厂商的廉价产品竞争。随着进口压低了纺织品价格，而出口推高了棉花价格，美国棉纺厂的利润被大幅压缩。如图 3.1 所示，新企业的进入停滞不前，破产企业大大增加，据称在 1816 年，罗得岛州的普罗维登斯附近有大约一半的纺锭都处于闲置状态。

维持棉纺织业生存的关键技术是动力织布机，工厂用这种机器把纱线织成棉布（而不再把纱线送给外面的技工去织布），然后做成服装。动力织布机让纺线和织布可以在较大的工厂里共同完成。通过这些工序的结合，动力织布机能够实现布匹的大量生产，并将成本减半。[15] 该技术在新英格兰快速普及，到 1820 年，已经有 86 家工厂采用了 1 667 台动力织布机。按照 1820 年的经济普查，有大约 10 万个纺锭用于纺纱，有 22.5 万个以上的纺锭用于纺纱和织布。

美国的动力织布机也来自有进取心的个人从英国盗版的技术。1810 年前后亲眼见到兰开夏郡引入动力织布机的弗朗西斯·卡波特·洛威尔（Francis Cabot Lowell）在返回美国后，与商业伙伴、波士顿商人内森·阿普尔顿（Nathan Appleton）共同创建了波士顿制造公司（Boston Manufacturing Company）。该公司位于马萨诸塞州沃尔瑟姆，从 1815 年开始生产结实而廉价的粗布，到 1816 年以后开始全力运转。尽管美国经济处境艰难，波士顿制造公司仍取得了巨大成功，于 1817 年 10 月宣布分配 17% 的红利，并于 1818 年投资设立新棉纺厂。从 1817 年至 1826 年，该公司的年均分红接近 19%。[16]

新英格兰工业发展的成就，除了关税保护，更多应归功于来自英国的新技术转移，以及美国企业家与技术工人改进技术并将之应用到本地环境的能力。洛威尔引入动力织布机不是因为已经有了关税保护，而是因为该技术刚刚在英国出现，很容易移植到美国，能够大幅降低生产成本，有极大的营利性。动力织布机是一项节约成本的关键创新，由于战后纺织品价格降低而棉花价格走高，效率成为关键因素，动力织布机的使用变得至关重要。它带来了棉纺织业的革命，导致现有企业的剧烈重组：采用这项新技术的企业的销量迅速增长，而罗得岛和费城附近的许多老棉纺厂则被淘汰出局。

尽管动力织布机比1816年关税法案对棉纺织业的生存更为关键，洛威尔还是从自己的利益出发，积极游说调整进口棉纺织品的关税。阿普尔顿描述说（Appleton，1858，第13页）："罗得岛的制造商大声呼吁要实行极高的关税率。在1816年国会召开期间，洛威尔先生在华盛顿待了很长时间。他对关税的看法温和得多，但最终促使朗兹先生和卡尔霍恩先生支持了每平方码*至少6.25美分的方案，并得到实施。"其实，洛威尔帮忙设立了对进口纺织品适用的"最低估值"条款，其含义是，标价低于每平方码25美分的产品都必须按照每平方码6.25美分的标准缴纳关税。该条款是累退性质的，给廉价进口布匹设置了较重的关税，给昂贵的进口布匹设置的税负却较轻。

洛威尔的方案在政治上很睿智，这一关税结构平衡了南方棉花出口商与新英格兰纺织品制造商的利益。关税率的设计足以排斥不使用美国棉花且同国内厂商有竞争的印度纺织品，却不足以排斥以美国棉花为原料、价格和品质较高的英国纺织品，以免引起南方出口利益集团的反感。

规模较大的美国纺织企业并不惧怕来自英国的进口，因为两个国家倾向于生产不同类型的产品。新英格兰的动力织布机生产数量庞大的平纹布，如被料和衬衫衣料等，采用比英国产品更低的纺线密度。来自英国的进口产品通常是更高纺的高质量织物，如条纹布和花纹织物等动力织布机不能生产的产品。由于在1816年后没有来自英国或印度的低纺平纹布产品，最低估值条款其实限制了来自印度而非英国的进口产品，直至1819年的通货紧缩导致其价格下跌。[17]

棉纺织业在整个这一时期持续扩张。1826年，即国内生产与进口都有数据统计的第一年，国产与进口市场份额基本上平分秋色。到1830年，国内产量就已经远远超出进口，本书第四章还将介绍。照此看来，如果棉纺织业算是婴儿的话，它发育得非常快。贸易中断导致了小型纺织厂的兴起，动力织布机的引进则帮助批量生产的大型企业获得

---

* 英制面积单位，1平方码约合0.836平方米。——编者注

了成功，它们有能力满足不断增长的大部分布匹需求。经济历史学家怀疑保护性关税在该产业发展中是否起到了关键作用。泽文（Zevin，1971，第 128 页）认为："虽然关税可能产生了扩张需求的效应（帮助实现了从战后萧条中的周期性复苏），但没有显著推动 1815—1833 年美国对新英格兰纺织产品需求的长期增长。"在陶西格（Taussig，1931，第 60 页）看来，棉纺织业的早期进步"或许因为 1816 年的最低关税条款而得到了一定促进，但即使没有保护性关税，也不会被迟滞太久"。[18]

## 关税冲突的爆发

19 世纪 20 年代出现了美国历史上前所未有的关于贸易政策的激烈政治争斗。代表北方制造商与西部原材料生产商利益的强大联盟在国会于 1820 年、1824 年、1827 年和 1828 年毫不留情地步步推高关税。虽然 1820 年和 1827 年的增税努力失败，该联盟在 1824 年和 1828 年的胜利还是激怒了代表出口依赖型农业生产商利益的南方政治家。南方竭力反抗每次提高关税的提案，但在国会的少数派地位使其无能为力。这一失败把南卡罗来纳州推到了脱离联邦的边缘。进口关税又是如何成为这一时期美国最具分裂性的议题之一的呢？

保护主义思潮兴起的源头是 1818—1819 年的严重经济衰退。除了战争带来的混乱与和平时期的商业调整之外，美国的金融体系也陷入了困境。麦迪逊政府于 1811 年关闭了合众国银行，不得不在没有中央银行的情况下为战争筹资。虽然 1816 年成立了第二合众国银行（Second Bank of the United States），却需要建立自己的铸币储备偿还因购买路易斯安那积累的债务。为此，该银行于 1818 年夏季收紧了信贷。与此同时，部分由于给土地投机商的贷款，各州的银行扩张过度。由此导致纸币发行过多，最终银行开始要求用铸币还款，造成了 1819 年金融恐慌的痛苦结局。恐慌与随后的金融紧缩造成土地价格暴跌和大量银行破产。美国经济遭遇严重通货紧缩和衰退，消费者价格在 1819—1821 年下跌了 11%，同期的棉花价格更是下跌了近 60%。

并不令人意外的是，经济下滑带来了提高关税的呼声。[19]经济状况恶化后，主要来自北方的生产商群体、商人协会、市镇和州议会向国会递交意见书，要求提高关税以缓解经济困境，减轻广泛的失业状况。他们要求用更高的关税确保本国厂商在国内市场的地位，鼓励把更多原材料用于国内加工，而不是出口到外国，从而结束国家对进口的依赖。这些请愿者并非寻求暂时之计，而是要建立永久性关税体制以确保自己在国内的市场地位。

支持提高关税的运动来势汹汹，因为有着良好的组织，并有全国性的公众关注的支持。一位名为马修·凯里（Mathew Carey）的费城印刷商成立了“促进国家工业发展费城协会”（Philadelphia Society for the Promotion of National Industry），联合其他群体向国会递送备忘录和请愿书，要求给予国内工业更大的保护。在把提高关税的躁动从宾夕法尼亚州扩大到全国范围的行动中，凯里发挥了关键作用。[20]他的诉求非常简单：自由贸易导致铸币流失、工业凋零和失业增加，而关税可以把国内市场留给自己的产业和员工，从而改善美国的经济。颇有影响的《每周记事报》（*Weekly Register*）的编辑希西家·奈尔斯（Hezekiah Niles）也不停地发表社论，宣扬提高关税对保护国内产业免受外国竞争的好处。

虽然衰退起源于美国的金融部门，制造商却责怪外国竞争导致经济走弱。[21]不过提高关税之所以作为可行药方被提出，也是因为政府没有应对经济衰退的其他政策工具。政府没有可供选择的货币政策，也没有财政政策，原因是联邦支出只占整个经济的极小一部分。面对外国进口产品的竞争，厂商别无选择，只能求助于进口关税这项唯一可行的政策工具，作为应对经济急剧下滑的缓冲。

由于产品价格大跌，金融危机对农业生产商的打击相比于制造商即使不更加严重，也旗鼓相当。政府可以通过提高关税保护制造商免受进口冲击，却没有现成的办法帮助出口商，因为国会尚未准备好批准对任何产品提供出口补贴或价格扶持。[22]南方种植园主憎恶要求国会提高关税帮助制造业，却对农业毫无作为的局面。来自南方的陈情书和抗议信反驳了经济衰退源于低关税的说法，指出提高关税只会令局势恶化。

这一时期，人们并不指望或鼓励总统干预立法程序，那被严格理解为国会的事务。但詹姆斯·门罗还是温和地推动国会朝着提高关税的方向前进。在 1818 年 11 月给国会的年度报告中，他提出了如下温和的建议："关税法规的严格执行……如预想的那样能免除国内制造业的所有负担，没有像对待外国产品那样对其征收关税，给它们提供了保护。受这种免除的影响，几个领域的重要国家利益集团的经营活动得以增强。尽管其他群体也有希望逐渐复苏并最终克服所有障碍，我在此仍然提交给予进一步保护的临时建议，以供各位考虑。"[23]

一年之后，门罗指责其他国家对美国倾销产品，再次暗示："鼓励我们的国内制造商具有重大意义。根据对国家的其他重大利益的认识，用何种方式可以纠正之前提到的罪恶，以及在其他方面能在多大程度上给予他们更多现实可行的鼓励，将由国会做出明智决定。"[24]总统的邀约为国会的下一轮贸易论战搭好了舞台。

随着新一届国会在 1819 年开幕，亨利·克莱作为国会的新议长从筹款委员手中夺取了关税法案的起草权，交给作为其对手的制造业委员会（Committee of Manufactures），其中已被他塞满了保护措施的拥护者。1820 年 3 月，该委员会主席、来自宾夕法尼亚州的亨利·鲍德温（Henry Baldwin）提出议案，全面提高关税率。鲍德温坚信，提高关税将有助于改善不利的贸易收支，结束铸币外流，增加就业，同时保证国内农产品生产者获得更大的国内市场。[25]

鲍德温还批评了朗兹下调了达拉斯在 1816 年建议的关税率，认为美国经济的弱势无可辩驳地证明 1816 年的关税率设定得过低。作为回应，朗兹为 1816 年的关税法案做了辩护，并尖锐地质疑了提高税率的必要性。他坚称，问题不在于制造业是否有好处或者政府是否应该扶持制造业，因为这些问题都已经得到了肯定的回答。制造商因为进口产品缴纳较高的关税而得到了扶持，并且"已经获得了合理范围内所能给予的足够多的鼓励"。朗兹反驳说，高关税不是解决经济疲弱的处方，因为制造马车的工人和其他人也正饱受失业之苦，而他们并没有面临任何进口产品的竞争。他坚持认为，“这一困境不是我们的关税计划能缓解的”，而且提高关税会抬高价格，导致消费者的实际收入降低。[26]

国会中的其他南方代表也加入了攻击，他们抱怨说，提高关税会形成对工业的不公平补贴，尤其是在大多数国民受雇于农业的那个时代。南方的农业与北方的制造业一样处境艰难，用高关税帮助后者，给前者带来的只有伤害。制造商的麻烦是由于国家的金融问题所致，而非外国竞争，所以提高进口产品关税是错误的解决办法，特别是在其他地区的困难比北方更严重的情况下。他们还指出，关税的目标是增加财政收入，而非以其他人的损失为代价给特定产业提供保护。正如弗吉尼亚的约翰·兰多夫所述：“征收关税不是以筹集政府财政收入为目的，而是以承担税收的社会大众为代价，作为对特定行业的奖励，这有违明智政策的原则。”[27]他和其他人坚持认为，通过低关税鼓励贸易才有助于经济复苏。

克莱反击说，除非能得到其他国家的互惠待遇，美国就不能采取自由贸易政策（而实际上美国也并没有真正实施自由贸易政策）。他陈述如下：

> 除我国之外，其他所有国家都利用高关税或绝对禁止措施，各自在国内生产所有他们能生产的产品。真相在于我们依然是没有独立的英国殖民地，政治上实现了自由，商业上仍是奴隶，掩盖这点是徒劳的。有绅士告诉我们在世界上自由交易产品的好处，但他们说的情况从来不曾有过，如今不存在，未来或许也永远不会发生。他们要求我们在这些方面给予完全自由，而在任何其他国家的港口，我们却会遭遇一系列可憎的限制，把我们的很大部分产品排斥在外，只允许很有限的产品进入……目前我只能说，我同样是自由贸易的朋友，但必须是完全互惠的自由贸易。[28]

无论如何评估当时的情况，国会都难以对强大的选民压力毫无作为。鲍德温的法案确实“代表了一场持续而联合的游说运动的高潮，他们单独拿出较为温和的 1816 年关税法案，把它作为国家陷入经济困境的主要原因”。[29]到 1820 年 4 月，鲍德温法案在众议院以 91 票对 78 票获得通过。中大西洋地区强烈支持，南方压倒性反对，新英格兰地区则由于商业航运业和制造业利益并存而分裂。但一个月之后，在南北方政治权力分配更为平衡的参议院，该法案以一票之差被否决了。与 1816 年的投票不同，南方这次一致反对提高关税的建议，以 14 票对 0 票要求搁置法案，而其他地区以 21 票对 8 票表示支持。南方对 1816 年关税法案的支持依赖于三个因素：需要增加财政收入，与英国开战的持续威胁，制造品进口的大量增加。所有这三个要素在 1820 年都不复存在。

1820 年投票的地区格局将在未来数十年中反复出现。南方没有多少希望在众议院阻止关税法案，由于议员人数基于人口，他们处于少数派地位。因此南方的目标是在参议院进行阻击，在那里他们与北方势均力敌。由于南北双方的对峙，快速增长的中西部很快将在关税法案的地方冲突中成为起关键作用的摇摆地带。

所有国会议员都能够认可的一个问题是，关于外贸的统计数据在当时极不完善。财政部关于外贸的年度出版物只报告了执行从量关税的进口产品数量和执行从价关税的产品总价值，而没有分列介绍各类进口产品的数量和价值。1820 年，国会授权收集关于出口和进口的更详细数据。于是，美国的贸易统计数据从 1821 年开始得到了改进，但更为全面的数据直到南北战争后才基本成型。

## 克莱的“美式体制”

19 世纪 20 年代早期曾经被描述为没有什么党派斗争的“和睦时代”，可是在关税问题上很少出现和睦。是否应该利用进口关税保护国内制造商免受外国竞争成为争议性和分裂性极大的议题，让已有的地区矛盾更加尖锐。

尽管美国经济在 1819 年恐慌后逐步恢复，政府财政状况也随之改善，门罗总统却继续建议国会提高进口关税。例如在 1822 年 12 月给国会的年度报告中，他对国家贸易做了乐观评估，提到政府财政收支良好，以及

“我们同法国和英国的商业分歧都已经按照公平和体面的条件分别与对方通过一系列友好协定得到解决”。此前同英国之间关于航运权的纠纷已经消失，美国的船只不再受到对方侵扰，西印度群岛也不再是美国贸易的重要组成部分，英国市场还逐渐扩大了对美国产品的开放。[30]

总统还报告称，制造业如今发展良好，但需要更多支持。虽然他警告称：“我们联邦的每个部分的利益，包括从制造业中获利最大的地区，都要求在处理这个议题时保持最大的谨慎，并且对最微小变化带来的影响有清晰的认识。”但他仍得出结论，“我接受如下说法，现在可以进一步提高某些外国产品的关税，这会对我们有利，而不会伤害其他任何利益群体。”[31]

国会并没有按照总统的建议采取行动。弗吉尼亚州的菲利普·巴伯（Philip Barbour）利用他作为第 17 届国会（1821—1823 年）的新任众议院议长的地位，阻拦任何新关税法案的提出。保护派支持者从未放弃提高关税的希望，但不得不等到他们控制国会的关键领导职位后。随着 1823 年 12 月第 18 届国会召开，机会终于来临，这是根据 1820 年人口普查重新分配席位后首次选举出来的议会。人口普查发现，美国的人口乃至政治权力已转向北方各州：南方只新增了 2 个众议院席位，宾夕法尼亚州和纽约州增加了 10 席，俄亥俄州是 8 席，其他边疆州（如肯塔基州和田纳西州）获得 8 席。尽管南北方之间的权力平衡在参议院依然维持，上述席位调整加上亨利·克莱再次当选为议长，使关税法案得到众议院通过的难度小了许多。

当新国会召开时，门罗总统重申了调整关税的建议。与 1820 年一样，克莱把该议题交给了制造业委员会，后者于 1824 年 1 月提交了法案。该委员会认为 1816 年的关税设置不够充分，需要提高关税帮助制造商以及更广泛的产业领域。

1824 年 3 月，克莱用了两天时间在众议院发表重要演讲，提出了被称为“美式体制”（American System）的建议。他首先描述了国家的经济疲弱与“弥漫全国的普遍萧条”，把经济灾难归咎于“我们根据欧洲的一场特殊战争与不复存在的外国市场打造自己的产业、航运和贸易”。[32]尽管在特殊的战争时期可能出现了对美国产品和服务的巨大外国市场，但这些市场早已消失。过度依赖海外市场让农民和种植园主受不可靠的需求支配，并使国内工业面临强大的海外竞争对手的威胁。

为扭转对外国市场的这种过度依赖，克莱认为美国应集中发展自己的市场：

> 我们已看到，对外国市场的过度依赖必然导致更严重的萧条、贫困和没落。因此我们必须适度改变自己的道路，必须给自己的部分产业以新的发展方向，快速采用真正的美国式政策。在重视外国市场的同时，让我们也创造出一个国内市场，为美国的工业产品找到更多销路。让我们对外国人的政策采取针锋相对的办法，取消我们今天给予其产业的扶持，促进我们自己的产业发展。[33]

他继而指出：

> 最理想的情形是，能够既有国内市场，也有外国市场。但关于它们的相对优越性，我毫无疑虑地认为，国内市场是第一位的，重要性无可比拟。提交审议的这一法案的目标就是创造这种国内市场，给真正的美国政策奠定基础。这一目标遭到了反对，因此需要外国式政策（我采用这个术语并无任何恶意）的支持者来证明外国市场可以给我们生产的过剩产品提供充分的出路。[34]

克莱总结说，国家经济问题的处方“在于修改我们的外国式政策，采纳真正的美式体制。我们必须借助各国已发现的唯一有效手段，即通过充分的保护抵御外国人的压倒性影响，以此培育自己国家的工艺。这只能通过建立关税制度实现”。[35]

克莱提议，国会采纳类似于未能通过的 1820 年鲍德温法案的关税结构，把棉织品和毛织品的关税从 25% 提高到 $33\frac{1}{3}$%。他警告说，国会的不作为“会彻底破坏我们的国内工业”，这一“致命政策”将导致

“贫困和没落”。[36]

克莱的“美式体制”演讲是美国贸易政策的里程碑。演讲中展现的场景比他的具体关税建议要宏大得多。克莱是一位经济民族主义者，相信联邦政府应该为增强经济力量发挥积极作用，包括促进制造业发展；建立国家银行体系；出资支持国内改造，以建成道路、桥梁和运河构成的交通网络，把全国联系起来；等等。在贸易政策方面，美式体制要求通过保护性高关税减轻国家对外国市场的依赖，创造强劲的国内市场。美国的原材料不应该运到英国加工，而是要运到北方各州，加工成最终产品，再运回南方消费。这一安排将使美国而非外国的劳动力得到雇用，以生产用于国内消费的制造品。它将让美国的就业种类多样化，并增强经济实力，但这种前景不会自然而然地发生，因此政府必须采取措施以确保它的实现。

克莱知道，通过保护性关税改变经济发展方向将充满争议，因此他也试图减轻潜在反对者的担忧：“这样的关税会是什么样子？似乎有人一直将之视为某种庞大而畸形的怪物和野兽，拥有巨大的破坏力，将在我们的民众中间失控，如果不会吃人，也至少会吞掉大家的财物。但我们还是要保持冷静，有意识地审视一下这个惊人而可怕的东西。关税的唯一目标不过是对外国企业的产品征税，以促进美国企业的发展而已。”[37]

预见到南方会提出批评意见，克莱否认提高关税是以其他产业为代价促进制造业发展。他辩称，关税其实会带来一个自给自足的平衡经济，对所有类型的厂商都有强烈需求。不仅是北方的工业会在关税保护下繁荣昌盛，南方和西部的农业与原材料生产者也同样如此。他确信，新英格兰的工厂将会对南方棉花有更为强劲而稳定的需求，并最终向南方提供比英国进口产品更廉价和优质的棉纺织品。克莱宣称，保护性关税实际上不会减少英国对美国南方的棉花需求，因为那里是全球最有竞争力的供给来源地，关税还会在国内创造对棉花的新需求，其数量足以弥补任何出口损失。[38]他总结说，美式体制不是地方色彩的法案，而是能把国家团结起来，为所有利益团体和所有地方服务的法案。[39]

尽管克莱发表了精彩演说，但国会的许多同僚并未被打动。马萨诸塞州的丹尼尔·韦伯斯特（Daniel Webster）马上站起来表示“完全反对”克莱描述的悲惨画面。他指出，1819 年金融恐慌造成的经济麻烦已经过去，国家正在走向繁荣。增长是基于开展自由贸易的自由企业之上，而贸易限制会打击新英格兰的商业和航运业等依赖贸易的产业。他反驳说，问题不在于采取“美国式”还是“外国式”的经济政策，而是国内存在三大利益群体——农业、商业和工业，任何议案如果只服务于其中某个群体而不考虑对其他两个群体的影响，都是“危险的”。韦伯斯特担忧，采纳所谓美式体制最终会导致禁止进口，给造船业和商人利益群体造成无法估量的损失。[40]

与韦伯斯特礼貌而坚定地拒绝克莱的建议不同，南方议员发表了尖锐的谴责和批评。他们强烈否认提高进口关税对所有地区都有好处的说法，视之为以牺牲南方为代价而只服务于政治上强势的北方特殊利益的地方性建议。南卡罗来纳州的詹姆斯·汉密尔顿抱怨：“各种各样的朝圣者都去了制造业委员会的房间，从健硕的制铁厂老板到贫穷的磨石工匠，都喧哗地要求提供‘父爱式美国政策的’保护。”[41]来自密西西比州的克里斯托弗·兰金（Christopher Rankin）则嘲讽说：“给我们的产品或制造品提供国内市场的主意……是最靠不住的，没有逻辑或理论基础，而是精心设计来蒙蔽和欺骗民众的。”[42]南卡罗来纳州的罗伯特·海恩（Robert Hayne）谴责说：“这一计划以其他人为代价促进特定行业，把禁止作为手段，是不公平、不正义和压迫性的，该政策最终将毁灭全部对外贸易。”海恩还抱怨法案缺乏一致性：“有针对制造品的关税，有针对原材料的关税……整部法案是不连贯的混合体。为了满足利益相关者的诉求，我们在黑暗中立法，用各州参与抽奖的方式来分配国家的资金，把数额未知的奖励和优惠分撒出去；而所有这些除了在民众中间埋下不和的种子，并不能合理地期望产生任何效果……我们正在打开政治魔鬼的潘多拉之盒。”[43]来自弗吉尼亚罗诺克的约翰·兰多夫接着夸张地攻击说，关税是“想把梅森-迪克森线（Mason and Dixon's line，宾夕法尼亚州与马里兰州的分界线）以南、阿巴拉契亚山脉以东的国家变得比殖民地时期更加糟糕，与之相比，在我看来英国的统治还要好得多”。[44]

除去激烈的言辞之外，南方对克莱主张的美式体制提出了两个主要反对意见。首先是提高关税会打击出口，棉花和烟草等出口产品在国内的销售可能不足以弥补在外国市场上的损失。其次，提高关税会抬高制造品的价格，伤害消费者。因此南方的收入将遭受双重打击：出售的产品价格会下降，购买的产品价格会上升。在南方看来，美式体制不过是牺牲南方造福北方。以主要棉花生产州南卡罗来纳为首的南方反对态度极为强烈，以至于罗伯特·海恩发出了如下警告：

> 我借此机会宣布，我们南方认为自己有理由在第一时间废除为这些目的而通过的所有此类法案。不管这一法案会促进什么样的利益，会投入怎样的资本，我都希望诸位明确理解，我们认为自己没有义务维护该体制；如果面对我们的抗议和严正警告，还有资本家要以牺牲我们为代价去投入财富牟利，则这些愚蠢之举的后果将由他们自己承担！[45]

1824 年 4 月，在激烈辩论后，众议院以 107 票对 102 票的微弱优势通过了上述关税法案。最强烈的支持方是中大西洋各州，南方则一致反对。在参议院，某些关税率被下调，但法案还是在一个月后以 25 票对 21 票的接近票数通过。来自南方的 14 张反对票基本上被来自中西部的 11 张赞成票抵消。门罗总统很快签字批准了该法案。

1824 年的关税法案把应税进口产品的平均关税率从 1823 年的约 38% 提高至 1825 年的 42% 左右，对棉织品和毛织品的进口关税从 25% 提高到 $33\frac{1}{3}$% 。该法案还把原毛的关税从 15% 提至 30% ，并提高了铁、大麻和大多数其他产品的关税。不过该法案通过时的情形已经与 1816 年关税法案时迥然不同，之前有全国性的共识，大家普遍认为 1812 年战争后，制造商（特别是与国防有关的部分）确实应该得到某些保护。与 1820 年关税法案受阻时的情形也不同，那时是经济正处于严重衰退中。1824 年关税法案通过时，美国经济的表现相当好，因此给人的印象是利用政府政策促进某些地区的利益，而让其他地区承受损失。形势的变化标志着决定美国贸易政策的政治联盟发生了明显的转变。甚至连我们知道已转而支持保护国内工业的托马斯·杰斐逊，也用怀疑的眼光看待国会的此次行动。[46]

克莱的“美式体制”演讲试图给保护性关税提供一个总体的理由，而不纠缠于具体关税率的细节，当然这些不可避免地会成为辩论的主题。克莱的论述开启了一场漫长而激烈的针对关税税则中公平合理税率的争论。每个州都有自己特殊的生产者利益，其代表都需要争取保护：宾夕法尼亚的铁和玻璃，肯塔基的大麻，田纳西的亚麻，路易斯安那的食糖，俄亥俄和佛蒙特的羊毛，马萨诸塞的棉花和羊毛加工等。保护这些生产者免受外国竞争，让他们与出口导向型利益集团形成对立，如南卡罗来纳的棉花、弗吉尼亚的烟草、纽约的商业与马萨诸塞的航运业等。

关税法案也变得更加复杂。随着美国经济开始生产越来越多的产品，各种生产之间的联系变得越来越密切，国会也需要做艰难的权衡，逐一处理具体的进口关税。矛盾不止存在于出口导向型产业与进口竞争型产业之间，也出现在投入品产业与消费品产业之间，尤其是原材料生产商和最终产品生产商之间。例如，制铁业到 19 世纪 20 年代已经分化为两个部分，各自都有其贸易利益诉求。过去的铁制品厂商利用自己的熔炉和锻造厂生产基础产品（生铁和铁条）以及最终消费品（铁壶、铁炉、铁线、铁钉、铁轨和机械等）。随着产业的进化，各家企业开始专业化分工，有的生产初级原材料，有的生产中间产品。对生铁和铁条厂商来说，防范外国竞争的保护越多越好。而最终铁制品生产商则希望得到廉价的原材料，因此要求降低对初级铁产品的关税，而提高自己生产的最终产品的关税。[47]

与之相似，马萨诸塞州的捕鲸业者要求对进口动物油脂实行高关税，而波士顿的蜡烛制造商和肥皂加工商则呼吁降低关税，以压低其生产成本。两个产业都声称自己面临困难，需要立法的扶持。大麻生产商（作为绳索制造方）与航运业（作为绳索消费方）之间存在冲突，支持对糖浆实行高关税的群体与希望实行低关税的朗姆酒生产商也有矛盾，如此等等。正如丹尼尔·韦伯斯特所说的那样，关税正在成为“冗长而讨厌的议题”，因为涉及大量相互冲突的利益诉求，在任何关税议案的权衡取舍都不可能满足所有利益相关方。

对1824年关税法案最不满的产业是毛织品制造商。他们对棉纺织厂商得到的保护力度感到嫉妒，认为该关税法案对自己不公，因为原毛的关税涨幅（从15%提高到30%）远大于羊毛产品的关税涨幅（从25%提高到$33\frac{1}{3}$%）。到1827年初，众议院投票修正这一安排，但参议院的投票打平，于是来自南卡罗来纳的副总统约翰·卡尔霍恩投下了决定性的反对票。这使1827年的羊毛关税法案遭到了与1820年的鲍德温关税法案同样的命运：在众议院通过，却在参议院以一票之差落败。

这场失败让毛织品制造商确信，他们必须与要求更多进口保护的其他原材料生产商联合，以增强自己的政治地位。他们帮助组织了1827年8月的哈里斯堡会议（Harrisburg Convention），支持保护性关税的许多制造商、报纸编辑、政治家与小册子作家参会。[48]哈里斯堡会议得到了全国范围的关注，标志着内战前的贸易保护主义运动的高潮。特别是，会议让羊毛生产商与毛织品制造商走到一起，就关税设置达成了一致意见。在赫齐卡亚·奈尔斯（Hezekiah Niles）撰写的公开声明中，会议呼吁对所有工业产品（如玻璃和铁）加强保护，但尤其强调了毛织品，建议实行50%的关税率，并有最低估值规定。会议还建议对食糖、大麻、亚麻、铅和羊毛等原材料产品提高关税。

这一提高关税的压力出现在总统选举年之初，给1828年初的新关税法案搭好了舞台。新法案后来被称为“可憎关税”，把应税进口产品的平均关税率推高到历史最高水平。但新法案也把地区间紧张关系推至建国以来的最高水平，并导致1833年发生了“拒绝执行联邦法令的危机”（Nullification Crisis）。

## 可憎关税

1828年关税法案是离奇的政治阴谋的结果，至今也没有得到充分解释。该法案被称为“政治诡计与赤裸裸贪婪的混合体”，据称是来自

“所有地方都参与的不负责任的政治把戏，而非某个地方针对另一个地方的阴谋”。[49]

1824 年激烈的总统选举给这些事件提供了政治背景。尽管田纳西州的安德鲁·杰克逊（Andrew Jackson）在大选中得到了较多的选票，马萨诸塞州的约翰·昆西·亚当斯（John Quincy Adams）远远落后，但有四人角逐的大选却让任何候选人都不能在选举人团中取得绝对多数支持。根据宪法规定的程序，需要首次由众议院决定下任总统的人选。虽然杰克逊的呼声最高，亚当斯却在克莱和韦伯斯特表态支持他后拿下了总统之位。亚当斯随即任命克莱担任国务卿，在当时被视为通向总统职位的台阶。杰克逊的支持者则谴责整个事件是“腐败的交易”。

1828 年总统大选再次在亚当斯与杰克逊之间展开。亚当斯支持主张保护性关税和国内改造的美式体制，拥有北方各州的支持。杰克逊则坚持有限政府和维护各州权利的立场，有南方各州作为后盾。然而在关税议题上，杰克逊不必与南方同盟保持一致。作为以前的将军，杰克逊支持强大的国防。作为参议员的他则投票支持过 1824 年关税法案，并反对旨在降低税率的修正案。在 1824 年竞选中被问及他的关税立场时，杰克逊说他赞成“对关税做谨慎的审查和修正，但只要关税议题涉及对我们的国防和独立事业的培育、保护及维持，尤其是在战争时期，我就会赞成和支持。上一场战争应该给了我们一个教训，一个永远不能忘记的教训”。克莱讽刺这一含糊的声明，说他自己支持“不谨慎”的关税。[50]

然而，由于南方强烈反对高关税，是亚当斯提议扩大联邦权力的主张遭遇越来越多政治反弹的组成部分，他们认为杰克逊对高关税的支持力度比亚当斯和克莱都弱得多。南方把杰克逊视作最好的替代人选，希望能说服他加入降低关税的阵营。

在 1828 年大选中，杰克逊的政治基地在南方，而亚当斯锁定新英格兰。关键的摇摆州是中大西洋各州和中西部各州。在纽约州参议员马丁·范布伦（Martin Van Buren）的率领下，杰克逊的支持者试图利用哈里斯堡会议激起的保护主义情绪，为他在这些关键州争取政治支持。范布伦显然相信，杰克逊在新国会的同盟者推动的法案会提高他赢得总统竞选需要拿下的州生产的原材料进口关税，如宾夕法尼亚的铁、肯塔基的大麻、俄亥俄的羊毛等，以此证明他关注这些地方的利益。虽然提高原材料的关税会伤害使用这些材料的新英格兰工业生产者，但这些州总归是亚当斯的支持者。无论结果如何，范布伦聪明过头的策略本来打算帮助杰克逊：如果法案获得通过，杰克逊的同盟者可以把功劳归于范布伦；如果法案被亚当斯否决或者被他的支持者击败，杰克逊一方可以声称现任总统不受中大西洋地区和中西部的欢迎。[51]

该策略在 1827 年 12 月第 20 届国会开幕时得到执行。来自弗吉尼亚的众议院议长任命了 5 位杰克逊支持者和 2 位亚当斯支持者，此后，杰克逊派的人士控制了制造业委员会。该委员会首次就未来的关税法案召开了公开听证会。包括 9 名国会议员在内，共计有 28 人到委员会作证，分别代表钢铁、羊毛和毛织品、大麻、亚麻、玻璃和纸业等不同利益群体。[52]1828 年 3 月，委员会提出了高度倾斜性的法案，大幅提高原材料的关税，却没有对使用这些原材料的制造商做补偿性的关税调整。最惹眼的是，该法案并未如哈里斯堡会议要求的那样照顾新英格兰毛织品制造商的利益，反而建议把原毛的关税从 30% 提高到 50%，并另加特别关税，却没有调整对毛织品的关税。

制造业委员会主席是来自佛蒙特州的罗林·马拉利（Rollin Mallary），作为亚当斯的支持者否认与该法案有任何关系，并将之归咎于其他委员。各方势力对此互不相让。众议院的辩论沉闷乏味。弗吉尼亚的约翰·泰勒（John Taylor）抱怨说："一天天过去，公共事务却没有任何明显进展。一场接一场无聊的演讲，有的意见是第 15 次重复提起，套上新的封面又拿出来。"[53]出产原材料的各州支持该法案，来自宾夕法尼亚州和新英格兰的议员则不相信如此古怪的关税设计竟然能提交审议。马里兰州的约翰·巴尼（John Barney）问道："法案建议提高原材料的关税，像羊毛、大麻和亚麻等，高到几乎等同禁运的地步，却拒绝给制造业提供相应的保护；这样做将会毁掉整个制造业。对于此类产品的生产者来说，完全排除外来竞争，同时又毁掉了国内市场，究竟有什么好处？制造商要求提供面包，我们却给他们石头。”[54]

支持提高制造品关税的马里兰州议员萨缪尔·史密斯把该法案戏称为“厌恶法案”，此说法随后不胫而走。[55]该法案的倾向性过大，以至于许多人开始怀疑设计它的目的就是想被新英格兰方面阻击，或者诱使总统行使否决权。然而在整个众议院辩论中，南方表现得异常安静。克莱抱怨说：“杰克逊一派在关税议题上玩说大话的游戏。他们并不真心指望自己的方案能获得通过，结果可能导致两个党派都不想要的方案反而会获得双方的支持。”[56]根据众议院的规则，已提交的法案在议会不能修正，因此很快交付投票。到 1828 年 4 月，该法案以 105 票对 94 票获得通过。图 3. 2 显示了南北方在投票上的对立。

南方在这次事件中到底持什么观点呢？他们的议员在辩论中基本保持沉默，显然是范布伦和杰克逊的北方支持者向他们保证，该法案会在参议院被否决，就像 1827 年的毛织品法案一样，只是这次是由于马萨诸塞州的反对，或者会被亚当斯总统否决。为了阻击该法案，南方需要做的只是把原材料关税定到足够高，迫使新英格兰的参议员投反对票。至少计划如此。正如奈尔斯的《每日记事报》报道：“这样说太过分，我们也不应该这样说，即委员会提交了一部精心设计的不能通过的法案；然而就像正午的阳光一样清楚，所有公开反对关税的知名议员，每个人都相信该法案的设计包含了导致其自身毁灭的元素。他们不可能基于任何其他原则而支持该法案，除非我们认为他们都是傻子，而这是没有人承认的。”[57]

到 5 月，法案被提交给参议院，真正的战斗即将在那里爆发。弗吉尼亚的约翰·泰勒透露说：“法案的命运取决于我们使它保持现状的能力……如果我们能做到，法案就会被否决。”[58]可是与众议院不同的是，参议院可以对法案进行修正。南方代表坚信法案的设计是为了被否决，因此拒绝任何修正努力。尽管有几项降低原材料关税和提高制成品关税的修正建议被拒绝，事情却很快有了进展：14 项使法案更有利于新英格兰的修正案中的 7 项得到通过。特别是，南方在一项关键投票中遭到了算计，参议院以24票对22票同意把毛织品的关税从$33\frac{1}{3}$%提高至45%（次年还将提高至50%），并且有最低估值条款。这很大程度上解决了新英格兰遇到的麻烦，而南方代表更是瞠目结舌地看到范布伦对该修正案投了赞成票。事实上，正是范布伦的投票让该修正案得以通过，如果他投的是反对票，票数就会打平，副总统约翰·卡尔霍恩就会投票阻止，使整部法案不可能获得通过。这一投票亮出了范布伦的底牌：与一直诱惑南方议员留下的印象相反，他和杰克逊的其他北方支持者其实是支持该法案的，他们真心希望法案获得通过。

毛织品关税率的调整说服了足够多新英格兰参议员支持整部法案，从而确保了最后通过。在对投票做出痛苦抉择后，丹尼尔·韦伯斯特也决定投赞成票，尽管他之前反对大多数关税的立场让他颇为尴尬。参议院以26票对21票通过了整部法案。两天后，经过协商委员会（conference committee）的调解，众议院以115票对67票接受了更高的毛织品关税率，亚当斯的支持者强烈赞成，杰克逊的支持者则意见不一。

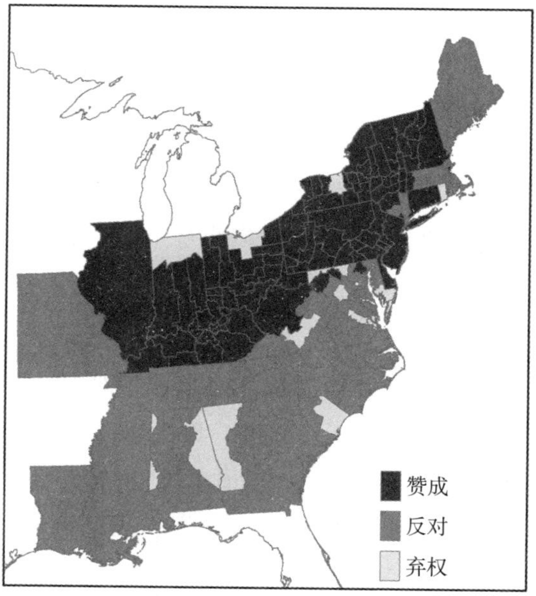


图3.2　众议院对“可憎关税”的投票，1828年4月22日

资料来源：Map courtesy of Citrin GIS/Applied Spatial Analysis Lab，Dartmouth College。

法案于 1828 年 5 月由亚当斯总统签字生效。[59]

一直被关税阴谋家玩弄的南方，吃惊地看到这个出乎意料的反转结果。南卡罗来纳州的罗伯特·海恩暴怒地说："法案中没有一项条款维护我们的利益……在这件事中，从头到尾，南方的利益都被牺牲掉了，可耻地牺牲掉了！南方的感情被漠视，愿望被忽略，朴实的自豪被羞辱！我要指出，这个保护性关税体制造成了不和谐的情感、争吵、嫉妒和愤懑，而这些不应该存在于一国的不同地区之间。"[60]

大多数咒骂指向克莱与亚当斯，尽管提出议案的并不是他们。范布伦的叛变同样令南方愤怒。正如卡尔霍恩多年后的回忆，参议院是靠"背叛忠诚"才通过了该关税法案：

> 基于我们的朋友在众议院给出的保证，我们满怀信心和愉悦地预计，法案将被否决，整个方案将被完全推翻。但我们的希望很快破灭，发现某人（马丁·范布伦）——当时的参议员，最近已当选联邦的最高职位——在有关法案的问题上表现出神秘的态度，完全不符合根据所有理由相信他本应采取的路线。当法案最终提交表决时，神秘得到了解释。我不会详细介绍他的做法，但完全可以说，他没有像我们有权预期的那样阻止法案修正，而是投票支持了确保新英格兰选票的所有修正内容，尤其是提高毛织品关税的修正案，大家知道这对其目的至关重要。所有那些修正案，除了一两个例外，都有他的赞成票。为什么不选择明显符合善意和公共利益的明确道路，而采取相反的做法，从来没有得到解释。[61]

近 20 年后，南卡罗来纳州的乔治·麦克达菲（George McDuffie）解释了他为什么投票支持修正案以维持 1828 年法案的高关税："我们看到这一保护体系将愈演愈烈，吞噬国家的物产，我们决心把这些成分放入圣杯，就仿佛要让怪兽中毒，鼓励它喝下去。这就是有时所说的'用火来对付魔鬼'，尽管我并不完全同意，但我尊重和我一起行动的那些人的观点，于是接受了那样的政策。”[62]

南方的议员并不是对结果感到沮丧的唯一人群。赫齐卡亚·奈尔斯和马修·凯里（Mathew Carey）也认为法案不是保护性关税原则的公平应用，因为提高制造商面临的原材料成本毫无经济意义。而且立法程序的政治色彩过于明显且声名狼藉，让国会主持的关税制定事务染上了污名。在众议院通过法案后，有人建议在法案标题上增加“为鼓励国内制造商”这样的言辞。弗吉尼亚的约翰·兰多夫对此回复说：“法案不是针对这种或那种类型的制造业，而是美国总统的制造业。”[63]卡尔霍恩在后来回顾时把 1828 年关税法案描述为“复杂的行动，由政治家和制造商发起，既打算尽量影响总统选举，又试图保护制造商”。卡尔霍恩还说，回头看对“那个时期的愚蠢和痴迷感到吃惊，由于制造商与政治家的双重推动，国会完全陷入了野心和贪婪的游戏，除少数几个人外，都没有预见到目前的危机，我们今天都接到了危机的警报，这是当时的所作所为不可避免的后果”。[64]

很少有国会议员能为 1828 年关税法案感到自豪，更不用说通过过程中所有复杂的政治操纵。克莱在事后承认：“美式体制的支持者之间的和谐友好只能通过坚持之前所做的事情来维系，当然其中有些事确实做得糟糕。”[65]甚至作为美式体制强烈拥护者的亚当斯总统也为该法案感到遗憾：“上届国会的关税方案在细节上对联邦任何地区的综合利益来说都是不可接受的，甚至对其特别着力促进的利益群体来说也是不可接受的。”[66]

杰克逊的声誉丝毫没有受国会行动的影响，他也在 1828 年大选中轻松击败了亚当斯，但关税法案对选举结果有何作用依然存疑。法案最重要的影响是，南卡罗来纳州对“可憎关税”紧跟 1824 年关税法案的脚步极度失望，对继续抱怨保护性高关税的不公平也感到厌倦，于是放弃了为自己的冤屈寻求立法补救的希望。该州开始考虑另外的办法，如拒绝承认联邦法令，这将很快给联邦造成威胁。1828 年夏季，卡尔霍恩写到，他从未见到南方对关税问题如此普遍的激愤：“只有一个印象，即该法案是不公平、违宪和压迫性的。”尽管南卡罗来纳与联邦关系紧密，他却警告说：“但事实表明，我必须承认不公平感有削弱这种联系的强烈趋势，长此以往，会使这个州最终与联邦其他地区分离。”[67]

## 关税政治与南方的不满情绪

19 世纪 20 年代，应税进口产品的平均关税率持续提高，从 1820 年的 25% 左右提高到 1830 年的 62%，这是美国历史上的最高关税率。这一变化趋势背后是什么样的政治力量？为什么会导致南方地区如此深刻的敌对情绪？

1824 年和 1828 年的关税法案比之前的争议要多得多，部分原因是它们并不反映增加政府财政收入的需要。联邦政府在 1822 年后实现了财政盈余，到 19 世纪 20 年代末，国债基本上还清。此外，关税也不反映生产商因经济普遍下滑而遭遇困难时的诉求。由于 1819 年金融恐慌后的经济萧条，1820 年通过关税法案的行动很容易让人理解，然而 1824 年和 1828 年的关税法案都不是为了应对广泛的经济困难，而只是国内生产商为尽可能保护自己免受外国竞争，以及政治家希望通过维护这些利益群体而捞取政治好处的强势行动。

19 世纪 20 年代的关税辩论暴露了两个对立阵营的严重分歧：支持把财政收入作为关税唯一目标的人，以及支持利用关税保护国内产业的人。财政收入派的支持者主要来自南方，希望政府权力有限、规模小、勤俭节约。他们承认进口关税是联邦政府的重要财政来源，不能完全取消，但并不希望政府用高关税扶持特定产业。他们建议所有进口产品都适用税率适度的统一关税，大致在 10%~20%。[68]

相反，保护性关税的支持者赞同亨利·克莱的说法：“关税的唯一目标是为了促进美国工业的发展而对外国工业产品征税”。总体上，这类支持者来自北方和中西部，希望对不同产品征收不同关税，取决于对国民经济的重要程度。他们一般主张对制造品使用的原材料实行低关税，对最终产品实行高关税。他们的目标是利用国内原材料在国内生产最终产品，而不是送到国外加工，再把最终产品进口回来。对最终产品的进口关税应该足够高，以确保面临外国企业竞争的国内厂商能持续经营。他们还希望采取从量税的形式，以取代从价税。他们相信从价税会激励进口商低估产品价值以便避税，而从量税可以防止上述欺诈行为。此外，假如进口产品价格下降，从量税的从价等量将自动提升，由此保护国内产业免受降价冲击。从量税还会模糊进口产品的税负程度：假定对铁的从量税设定为每吨 10 美元，如果没有进口铁的价格信息，就无法判断这个税率是高是低。

尽管有 19 世纪 20 年代关于进口关税的这些争议，但政治版图的变化使保护性关税更容易获得国会批准。美国经济包含农业、工业和商业三大产业部门，各自集中在国家的不同地区，有各不相同的与贸易相关的经济利益。在 1812 年战争前，平均关税率较为适度，因为南方的农产品出口利益群体与新英格兰的商业航运业利益群体合作，压低了关税。中大西洋各州的工业利益群体（如宾夕法尼亚州）在国会是少数派，缺乏实施保护性高关税的政治实力。

1812 年战争后，上述产业和地区的政治权力平衡发生了转移。新英格兰的商业航运业被当地的制造业利益群体取代，特别是棉纺织业。新英格兰的制造业增长与航运业和造船业的相对衰落使该地区从支持开放贸易，转向支持保护性关税，当然其议员还往往根据各自的选民基础而倾向不一。例如在 1825 年，波士顿的劳伦斯公司（W. & S. Lawrence）把业务从进口和销售外国产品转为自己制造产品，大幅改变了其经济利益诉求。政客跟随经济实力的这一再平衡进程，调整了投票格局，一个典型案例是丹尼尔·韦伯斯特，他直到 1824 年还反对关税法案，在那之后开始投赞成票。[69]

中大西洋各州给保护主义法案提供了最主要的政治支持，因为它们是其他国内制造商的基地，如制铁业和玻璃工业等。虽然纽约的商业群体有航运业的利益诉求，主张低进口关税，中大西洋的大多数其他州却坚决支持提高关税。宾夕法尼亚州是提高关税的主要政治力量之一，因为许多最早的制造商位于费城附近。早在 1810 年，费城就占全国制造品的约 20%，铁产量更是超过 40%。[70]宾夕法尼亚州还是全国人口最多的州之一，在众议院有数量庞大的议员为高关税而奋斗。

在整个南北战争之前的时期，南方都不屈不挠地反对保护性关税。该地区依然出产大宗农作物，尤其是棉花和烟草，严重依赖对外国市场的出口。南方强力谴责高关税是地方色彩的立法，以牺牲南方农业为代价扶持北方的制造业。他们声称高关税打压了出口农产品的价格，又抬高了消费的进口制造品价格，给南方带来了毁灭性的负担。南方各州几乎一致投票反对任何提高关税的议案，只有路易斯安那州例外，那里主张为其食糖业利益群体提供保护性关税。[71]

中西部地区在 19 世纪 20 年代与贸易的利害关系较为复杂。肯塔基州是主要的大麻种植区（用于制作绳索和棉花袋子等），俄亥俄州则是重要羊毛产地，这两种原材料都面临一定的进口竞争，因此，其议员倾向于支持提高关税。伊利诺伊州和印第安纳州则生产小麦和面粉，面临潜在的巨大外国市场，但高昂的运费与英国的关税却妨碍这些产品寻找海外消费者。总体看，中西部与贸易相关的经济利益诉求不像北方或南方地区那样定义鲜明，因为其地理位置使之在一定程度上与对外贸易无缘。当然，到 19 世纪 40 年代后，运输费用的降低带来了改变。

中西部的相对封闭让它在美国贸易政策中占据了独特的地位。鉴于北方和南方都没有在国会拥有绝对多数席位，中西部便掌握了关键的摇摆票。北方控制的参议院席位不到半数，在众议院虽然有略微多数的席位，却往往由于不同政治利益（或 19 世纪 30 年代中期后的不同政治党派）而存在分裂。南方在参议院和众议院的席位则均少于 40% 。于是，南北双方都需要中西部的支持，才能通过其立法议案。还有如图 I. 6 所示，中西部的政治力量在南北战争前的时期处于增长中，主要伴随着北方的相对削弱。到 1850 年，中西部在国会控制的席位已超过 1/4。由于在许多议题上，除了关税，还有奴隶制等，该地区处于相互对立的南北方的中间位置，因此成为政治体系中的关键角色。

参议院成为这一时期激辩贸易的主战场。在 1824 年和 1828 年，参议院的投票基本一模一样：大约 2/3 的北方参议员支持提高关税，南方参议员则几乎一致反对。来自中西部的参议员投票支持，对法案的通过至关重要。如果不是中西部的投票，南方本可以阻挡关税的提高。

支持高关税的北方势力如何能说服中西部议员投票赞成与其经济利益没有直接关系的关税法案？原因之一是中西部在对他们关系更大的一个议题上能获得回报，那就是国内的建设改造。[72]中西部强烈支持联邦政府在运河、道路和其他交通改造上的支出，以改变该地区的经济封闭状态，把劳动力和资本从东部吸引过来。中大西洋地区同样赞成这些支出，因为其地理位置使它成为中西部的理想运输出口，可以获得更大比例的联邦预算投入。已经建成了伊利运河的纽约州与地理上同中西部分离的新英格兰对联邦建设支出则不那么热心，但北方各州普遍同意把高关税带来的更多财政收入用于国内改造项目，以换取中西部在国会的选票支持。

亨利·克莱正是创造"美式体制"联盟的主要政治家，他把保护性关税与国内改造的支持力量联合起来。[73]从本质上看，对北方有利的高关税将增加联邦财政收入，以支持对中西部有利的国内改造项目。国会中对关税的辩论有许多或明或暗的迹象显示了北方和中西部联盟。[74]克莱在1827年给韦伯斯特的信中提到，他"最关心的是……国内改造将得到新英格兰的支持，西部和宾夕法尼亚州应该意识到这种支持……你会得到其他形式的等价回报……我们必须维持国内制造业与内部改善这两方的利益联合"。[75]

美式体制支持者的最大失败是，他们无力提出促进国内改造或鼓励制造业发展的综合计划。国内改造项目是以零敲碎打的方式推进，政客需要在支持哪个运河项目或道路项目中进行挑选。结果是各种临时议程，国会忙于"推进面子工程，对国家的意义越来越值得怀疑，还引起更为尖刻的相互攻击"。[76]这些支持者同样也没有制定出用进口关税保护国内工业的综合方案。与"可憎关税"中出现过的辩论一样，国会设置进口关税的程序带有浓厚的政治色彩，而非基于更为理性的设计。国会在中西部原材料生产商与北方工业制造商之间相互冲突的利益中挣扎。这方面的最大难题是如何调整关税税则，满足羊毛生产商和毛织品制造商两方面的诉求。

因此，北方与中西部的联盟看似相互咬合的体系，用支持关税的投票换取支持国内改造的投票，但如果关税议题可能与国内改造脱钩，就具有潜在的不稳定性。南方很清楚这一潜在弱点，试图用两个议题的分离来瓦解该联盟。南卡罗来纳州的参议员威廉·史密斯就机智地发现："把关税毁掉，就没有资源开展国内改造；如果把国内改造毁掉，也就没有动力支持关税。"[77]

的确，南方看不到能够从美式体制的任何方面获得利益。南方对高关税和国内改造支出都激烈反对：这样的支出已成了维持高关税的理由，而高关税产生的富余财政收入又只能用于国内改造支出。南方反对保护性关税，是因为关税促进的工业基本上都位于北方，与南方作为出口产品生产方的经济利益直接相悖。南方还反对国内改造项目，因为其地理位置难以获得联邦在此类项目上的任何投入。该地区不适合修建从西到东的运河，当地的棉花和烟草在东南沿海已经有了便利的出海口，密西西比河与新奥尔良则可以作为内地农产品的外运通道。

总之，南方把进口关税视为给北方造福却让自己承受的负担，以及造成南方经济困难的重要因素。后来成为总统的弗吉尼亚州参议员约翰·泰勒如此简明地概括该地区的看法："保护性关税是我们的灾难与衰败的原因，我们买得昂贵，却卖得廉价，就是这个简单的秘密。关税抬高了我们所购物品的价格，打击了作为我们产品买入方的外国的购买力，削弱了海外的需求。"[78]

约翰·卡尔霍恩在《说明与抗议》（Exposition and Protest）一文中强有力地总结南方的意见，这是他在 1828 年后期给南卡罗来纳州议会起草的。保护性关税的核心问题是它们的"负担完全集中在一方，而收益在另一方"。正如卡尔霍恩所言，南方和北方在这个根本议题上有难以弥合的分歧。"在国家工业这个关键点上，联邦的两大地区相互对立。我们要自由贸易，他们要限制。我们要适度关税、政府节俭、充分利用资源、问责制，严格执行把公共资金用于归还公共债务，以及宪法规定的其他目标；在所有这些具体问题上，以经验来看他们都有着出于自身利益的相反诉求。"[79]

卡尔霍恩解释说，关税确实导致了南方产品的售价降低，因为

“税收不管是加在进口产品还是出口产品上，必然落到交易上面，然后……事实上必将由被交易物品的美国生产商支付”，因此“出口税与进口税之间没有什么区别……我们的不满正在于，我们被禁止消费自己的劳动果实，这些果实通过一个狡猾而复杂的体系被转移给了其他人，完全违反所有的公平原则”。[80]

南方人由此否认美式体制的鼓吹者关于高关税服务于国家“总体利益”的说法，他们坚信，关税抽走了南方的财富，将其转移给了其他地方。用一位南方人的话来说，关税可以简单地被看作“少数北方工业家利用议会的特惠制度，以南方农业为代价而致富的手段”，或者“可悲、可鄙、毫无原则的卑劣盗窃计划，用偷窃和欺骗把一部分民众的财产拿去服务另一部分人”。[81]卡尔霍恩则说得更严重，指出关税让南方损失的收入超过了转移给北方的好处，从而导致国民收入总量的减少。他说道：“如果我们的全部损失能够被其他地区的民众获得，至少我们可以聊以自慰地设想，无论有多么不公平和受压迫，也只是财富转移，而没有减少美国社会的财富总量。然而事实并非如此，除了其他有害后果外，我们必须再指出这些措施造成的破坏远超过其转移的部分……这些干预造成的具体损失数额或许很难查清，却丝毫不影响其确定性。”[82]

北方要求提高关税与中西部要求增加国内改造支出的压力，让南方对国家政治的堕落现状感到失望。卡尔霍恩抱怨：“政府正在快速退化成各个地方相互争斗的状态，每个地方都试图尽一切可能压榨其他地方……作为最不贪婪的、我要补充说不如其他地方贪婪的南方，注定在这场丑陋的争斗中损失惨重。”[83]

在这个10年当中，南方一场接一场地输掉战斗，其反关税表态也变得愈加激愤。南方对自己受到其他地方压迫和剥削的一贯说法，变得更加尖锐。南卡罗来纳州比其他南方州走得更远，公开表达了对国家政策走向的担忧。如果宾夕法尼亚州是北方保护主义支持者的大本营，那么南卡罗来纳州就是南方低关税主张的堡垒。有多种因素的组合让该州比其他南方州更走向极端。19世纪20年代当地棉花经济的糟糕状况是南卡罗来纳高度敏感的原因之一，棉花价格在 1819 年和 1825 年的两次暴跌虽说对所有生产者都有影响，南卡罗来纳的种植园主所受打击却尤其剧烈。第二次价格暴跌正赶上该州上部种植园的土地日趋耗竭，而且随着棉花种植向西南部的亚拉巴马州和密西西比州等更为肥沃的地方转移，国内竞争也在加剧。

在北方经济实力相对南方持续增强时，高关税成为南方种植园主遭遇经济困境的标准解释。南方对此又能如何应对呢？作为国会的少数派，他们没有足够的票数决定政策。他们也承认，要说服来自制造业各州的国会议员接受南方的关税政策主张是不能指望的。看到自己在国会打的是一场注定失败的战争之后，南方一度提出，保护性关税违反了宪法，因为其实施的目的不是为了“整体福利”。但这一论点很快被击破。克莱回应说，批评者“完全误解了我们依据的宪法条款”。授权国会对外贸进行管理的，并非宪法第 1 条第 8 款第 1 项关于债务和整体福利的规定，而是第 3 项的规定。克莱指出，根据该项规定，“授权是充分的，没有任何限制”。[84]

即便是年迈的詹姆斯·麦迪逊，虽然比较理解保护性关税已经过分的看法，却认为关税政策并不违宪。在弗吉尼亚州议会通过一项决议，宣布为保护国内制造商而实行进口关税违宪之后，麦迪逊写了一封长信详细解释为什么可以征收这样的关税。[85]另外，麦迪逊还认定，关税议题被南方的政客过分夸大了：

> 对于现有的关税，不管在若干方面有多少正当理由值得抱怨，我依然认为对它的指责过分夸张了……我只能相信，不管针对关税有多少合理的抱怨，把国家的普遍困难归咎于它是完全过分的；如果完全废除关税，我们会惊讶地发现由此减轻的负担很有限；如果只是砍掉不是为财政收入而征收的保护制造业的那部分关税，则几乎感受不到普遍的减负。[86]

于是作为国会中的少数派，南方没有希望改变导致高关税的政治力量格局，有关违宪的讨论也未能引起对该政策的任何反思，其选项只有屈服或反抗。屈服会导致联邦专制，这是不能容忍的。因此有关南方应该考虑脱离联邦的观念开始兴起。托马斯·库珀（Thomas Cooper）提出，如果用高关税剥削南方的做法持续下去，“我们就要被迫衡量联邦的真正价值，询问这样一个极不公平的联盟对我们到底有何意义？南方为什么总是输家，而北方总是赢家？如果北方要做我们的主子，命令我们成为其附庸，维持这样的联邦对我们是否值得？”[87]

这种不满情绪背后的一个根本因素是北方在财富和收入上不断超越南方。1774 年，南方在收入和财富指标上远远领先于北方；到 19 世纪 40 年代则远远落后。[88]经济地位的相对衰落让南方痛心，他们担心政治权力也会被压缩。在输掉 19 世纪 20 年代的关税斗争后，南方看到自己在联邦的经济和政治地位下降，害怕在国会永远变成受围困的少数派。实际上，许多南方人可能不那么关心关税给自己带来的损失，而更加在意人口和财富不断增长的北方获得的优惠。

当然，在南方极端反对 19 世纪 20 年代关税法案的背后还潜伏着其他因素。许多南方人相信，关税只是决定联邦政府是否有权废除奴隶制的斗争的第一波冲突。因此南方也就把抵制高关税当作保卫其特殊制度的第一道防线。南卡罗来纳州的詹姆斯·汉密尔顿把围绕关税的争吵称为“前哨站爆发的战斗，如果我们能在这里击退敌人，堡垒就能保持安全”，堡垒即奴隶制度。[89]他与同僚认为，高关税造就了一个更强势的联邦政府，可以更强力地干预奴隶制。在关税斗争中，南方实际上是在为实现一个有限政府而战，以维护各州的权利，反对最终会被用来消除奴隶制的无限政府的权力。威廉·史密斯郑重指出：“授权国会提供‘整体福利’的宪法条文……给你带来了关税，以对你征税来扶持腰缠万贯的制造业。一旦北方各州……完成国内改造升级，关税还将使你的政府分裂，或者把你的奴隶变成你的主人。”[90]约翰·兰多夫则警告说，可以随意决定在任何地方修路的国会也能“解放美国的所有奴隶”。[91]

由于上述原因，约翰·卡尔霍恩在 1830 年总结说：

> 我认为关税是个由头，而非当前的不幸状态的真正原因。真相已不能再继续掩饰了，南方各州的特殊国内制度及其后续发展趋势，是当地土壤和气候决定的产业特征，这使他们在税收和拨款方面与联邦的主体部分存在分歧；并使他们面临危险，如果没有能力维护州的保留权利，他们最终只能反叛或者屈从，牺牲自己的永久利益，他们的国内制度将被殖民化和其他计谋颠覆，他们自己及其子女也将陷入悲惨境地。[92]

奴隶制对南方的经济重要性远远超过了保护性关税对其收入的影响。1860 年，奴隶作为财产的总价值达到 30 亿美元，接近美国国民财富的 20% 。奴隶的价值比铁路和制造业投入资本的总和还多出 50% ，这还没有计算南方种植园占有的土地的价值。奴隶制产生的收入流使南方白人的总体人均收入几乎与北方白人相当。在七个产棉州，接近 1/3 的白人收入来自奴隶劳动。可见奴隶制对许多南方白人的经济状况和收入水准至关重要。[93]

对这种生活方式的唯一真正威胁来自北方。废奴运动的力量增长对富裕的南方白人构成了直接挑战。南卡罗来纳州对此又再次表现出特殊的敏感，该州的黑人人数远超白人，一直担心爆发奴隶起义。如果联邦政府不承诺尊重各州的权利，南方人担忧其权势的扩张可能影响现状的稳定。卡尔霍恩相信“体制中潜伏着顽疾，如果不及时去除可能致命”，这一疾病就是由北方多数派控制的过于强势的联邦政府，可以对南方指手画脚。[94]威廉·弗里林（William Freehling，1965，第 255 页）指出：“简单地说，拒绝执行联邦法令的运动是由两个尖锐问题导致的：保护性关税与奴隶骚动；对大多数拒绝执行论的支持者而言，这两个不同的议题早就在多数人暴政的同一个模式下混为一体了。”

与此同时，北方毫不同情南方的处境，并对南方就关税暴政的歇斯底里式抱怨越来越感到厌倦。美式体制的支持者公开宣布，相信保护性关税对全国的所有地区都有利，完全不理解各种小题大做的吵闹。他们辩称，保护性关税只是把对棉花的需求从英国转移到美国的工厂，需求总量不会有任何减少，完全忽略了英国的纺织品是出口到全世界，而不仅仅是对美国市场。罗得岛州的参议员阿舍·罗宾斯（Asher Robbins）嘲讽说："我再次要求，给我说明关税与你们的不幸之间的因果关系……你们的抱怨是什么？一是说你们的地力枯竭了，作物没有利润。可关税是作物歉收的原因吗？"[95]还有其他人批评南方把所有困难都归罪于关税，但从不提及货币波动以及西南部地区棉花产量的增长。

随着南方对关税的指责变得日益刺耳，北方也更加怒气冲冲。北方的议员开始把自由贸易与"奴隶主的权势"等同起来，斥责懒惰的南方种植园主利用奴隶的艰辛劳动获取财富，却自私地抗议关税给北方的自由劳动力与企业主的工业投资带来的保护。他们质问，为什么占美国 1/5 的区域有权命令其他地方采用何种全国性关税政策。他们还反驳南方的攻击：变得狭隘而自私的是南方而非北方。为什么国家政策要由奴隶主决定，让大多数人被蓄奴的少数人绑架？亨利·克莱说，整体福利不能被定义为南方地区的福利，对北方来说，为南方牺牲自己的利益"将把我们变成奴隶的奴隶"。[96]对于保护性关税扶持了北方富有资本家的说法，克莱犀利地回应："一个支撑着几百名自由人的工厂和一个依靠至少同等数量的奴隶却只养活了奴隶主和监工两个白人家庭的棉花种植园，到底哪个更容易滑向贵族统治？"[97]

退休后的詹姆斯·麦迪逊在观看这场不堪入目的关税辩论时越来越沮丧："除其他因素之外，不论关税在多大程度上加剧了经济疲弱，如果其他因素不变，只是取消起保护作用的关税，其实几乎感觉不到减负。"麦迪逊提到，当时从新奥尔良出口的烟草已经多于弗吉尼亚。"越是用事实检验关税问题，就越能发现公众的不满更多源自不平等，而非关税带来的重负，更多源自对这两个方面的夸大，而非它们的事实真相如何。"[98]麦迪逊认为，南方的土地价值下跌与农作物价格低迷主要源于密西西比州和亚拉巴马州有了廉价而肥沃的土地。

南方曾强烈反对 1824 年关税法案，对 1828 年法案更是无法容忍。此后南北关系急剧恶化。还有两个政治因素促成了 1824 年与 1828 年的关税提升，给即将到来的危机推波助澜。第一，国会在制度上没有管理和控制好关税事务。筹款委员会与制造业委员会争夺为众议院起草关税法案的主导权，成了更大的地区冲突的缩影。作为 1802 年起设立的常设委员会，筹款委员会在传统上拥有提交关税法案筹集财政收入的特权。可是在 1819 年，众议院议长亨利·克莱设立了一个独立的制造业委员会，其中充斥着高关税拥护者，并开始把关税议题委任给制造业委员会，从而绕开了较为中立的筹款委员会。制造业委员会提交了争议较大的 1820 年、1824 年、1827 年、1828 年、1830 年和 1832 年关税法案。但本书第四章将提到，是筹款委员会最终促成了 1833 年的妥协方案，由此重新确立了该委员会在贸易政策方面的权威。采取较为温和路线的筹款委员会在 19 世纪 20 年代对该议题失控，让高度分裂的地方政治变得不可收拾。

第二，这一时期尤其缺乏总统的领导力。在那个时期，固然不能指望总统对法案制定发挥积极作用，但他们可以利用给国会的年度报告表达立场，从而帮助管控冲突。我们将看到，安德鲁·杰克逊如果更关注这一议题，本可以更早缓解地区间紧张关系。卡尔霍恩显然也认为，总统是能够平息南方不满情绪的唯一人选。[99]但不幸的是，杰克逊在第一个任期内没有在关税争执中采取决定性行动，给了南卡罗来纳州的拒绝执行派最充分的理由攻击希望获取联邦政府援助的对手。

## 拒绝执行联邦法律危机

1828 年 7 月，可憎关税法案通过后很短时间内，卡尔霍恩就指出南方在关税议题上普遍表现出他从未见过的激昂情绪：“只有一个印象，即该法案是不公正、违宪和压迫性的”。南卡罗来纳州的人群焚烧了亚当斯和克莱的人像，但没有把溃败的责任归到杰克逊的支持者头上。卡尔霍恩担心，虽然他的选民对联邦还有很强的依附感，“但事实表明，我必须承认不公平感有削弱这种联系的强烈趋势，如果长此以往，会使这个州最终与其他地区分离”。[100]

在州议会要求下，卡尔霍恩秘密撰写了他的《说明与抗议》报告，陈述了南卡罗来纳州对19世纪20年代实施保护性关税的反对意见。发表于1828年12月的该报告宣称："在上届国会通过的法案中，对进口产品的整个关税体制不是出于财政收入的目的，而是以牺牲其他人的利益为代价，保护某个产业分支，这是违宪、不平等和具有压迫性的；其设计会腐蚀公共道德，摧毁国家的自由。"卡尔霍恩指出："宪法授权国会制定和征收进口关税，只是为了增加财政收入的唯一目的，这一权力本质上不同于征收保护性或禁止性关税的权力。"而今，"权力遭到滥用，变成培育某个地区的产业而损害其他地区的工具"。[101]然后他提出了拒绝执行联邦法令的主张，即各州有权驳回不公正或违宪的联邦法律。南方从未在联邦法院尝试过这一主张，或许是因为他们知道不会得到法院认可。

安德鲁·杰克逊于1828年击败约翰·昆西·亚当斯当选总统，给了南方一线希望。杰克逊支持各州权利、严格执行宪法和有限政府的主张，在关税政策方面人们也预期他会赞同南方的说法。然而，杰克逊采取了中间立场，拒绝采取可能疏远其北方支持者的强硬反关税态度。在1929年3月的就职演讲中，杰克逊确实也没有暴露自己的立场，他只是说："在我看来，宪法制定中秉持的平等、谨慎和妥协精神要求平等对待农业、商业和制造业等各大利益群体……这一规则的唯一例外，或许是特别支持对国家独立至关重要的任何产品。"[102]这很难说是南方急切想要听到的对下调关税的呼吁，但南方人依然乐观地认为总统最终会转到他们一边，因为他显然不是亨利·克莱及其美式体制的友人。

南方得到的另一个安慰是，杰克逊开始把关税议题同国内改造议题松绑，从而分化北方与中西部的结盟。他于1830年3月否决《梅斯维尔道路法案》（Maysville Road Bill）是对该联盟的首次打击。国会过去曾资助过道路改造工程，这一法案也并无特殊之处。但杰克逊行使否决权时提出了联邦政府资助国内改造面临的宪法问题，指出该道路完全位于肯塔基州境内，因此就其性质而言属于地方项目，而非国家项目。三天后，杰克逊又基于类似理由否决了另一部收费道路法案，他的解释是："要平息联邦不同地区之间的嫉妒之情，防止最终会毁灭和谐共处乃至联邦本身的互惠式恶法，这是我的唯一选择。”[103]

这两次否决帮助改变了国会把提高关税与国内改造挂钩的机制。托马斯·本顿参议员（Thomas Benton，1854，第1卷：第167页）后来写到，梅斯维尔法案被否决是对全国性国内改造体制的“致命打击”。马丁·范布伦则称之为“一个关键的楔子，打破了国内改造派的强力联盟，使之分崩离析乃至最终消亡”。[104]否决行动分化了北方与中西部的联盟，从而阻止了关税率不断提高的势头。

可是南方并不满足于阻止关税的继续提高，还希望显著下调税率。此时另一个因素开始发挥作用：由于政府出现巨大财政盈余，政治趋势开始转向采用适度水平的进口关税。当然要取悦南方仍然不容易：保护措施的北方支持者拒绝承认给南方造成了任何伤害，并准备继续保卫现有的关税水平。

在 1829 年给国会的第一次年度报告中，杰克逊总统提出，鉴于近期的财政盈余和国债减少，可以下调美国并不生产的某些产品（尤其是茶叶和咖啡）的关税。1830 年，众议院的不同委员会提出了各自的议案。筹款委员会主席、南卡罗来纳州的乔治·麦克达菲建议废除 1824 年和 1828 年的关税，回到 1816 年时的税率，而制造业委员会主席及前任总统、马萨诸塞州的约翰·昆西·亚当斯则建议不要调整当前税率。众议院的普遍感受是，应该根据总统建议的路线调整关税。斯坦伍德报道（Stanwood，1903，第1卷：第362页），“由此开始了国会历史上最乏味而毫无成果的辩论之一”，大量的演讲“冗长乏味，也完全没有新鲜的观点和启示”。

最终，国会同意削减若干产品的关税，包括茶叶、咖啡、可可，乃至盐和糖浆等受保护产品。北方错误地以为这一让步能让南方满意，但此次下调关税只是为减少财政收入，并没有解决南方主要关心的棉织品、毛织品和铁等受保护产品的问题。南方说该法案“不过是打发小孩子的话梅糖”，指责它没有解除他们长期抱怨的保护主义体制。[105]

在 1830 年 12 月对国会的年度报告中，杰克逊承认关税收入的减少并未解决围绕关税的争议：“我非常清楚这是个极其微妙的议题，涉及广泛的利益群体，因此需要用最大的谨慎来处理，对于这样一个和我们国家同时代产生并被之后历届政府继承的政策，完全放弃是不现实和不必要的，但民众有权要求也已经要求对它进行调整，以纠正缺陷，消除不公”。杰克逊指出，如果保护性关税的实施有其价值，关税体制就应该得到支持，“即使保护措施形成的体制让某些地方感到受压制的时候，值得保护的产业部门也不该遭受偏见”。还有，“我们的体制的核心原则是多数人同意的原则，它应该远离这样的失信和危险，即多数人的行动不是基于共同信念，而是基于打算用某些政策措施相互支持的各个少数派的联合，而这些政策措施就其本身而言原本是不可能实行的”。杰克逊要求国会认真考虑下一步行动：“如果让这个导致公众意见高度分裂和深受刺激的大问题屈从于派系的短视，那么，为广大民众和整体福利而妥善解决它的所有希望必将破灭。”[106]

国会在1831年没有采取行动，对关税调整的政治压力却继续发酵。许多观察家担心，如果新一届国会不做出实质性改革，南卡罗来纳州就会拒绝执行关税法令并退出联邦，或许还会带走其他南方州。还有，支持适度关税的团体开始发声。在国会收到的成打的请愿信、声明和备忘录中，有一份来自1831年秋季在费城召开的自由贸易会议（Free Trade Convention）。由前任财政部长阿尔伯特·加拉廷起草的这份会议声明呼吁，对所有进口产品采取20%~25%的统一关税率，以避免对任何特殊产品的特别优待。该声明认为：

> 保护体制迫使企业界从事不盈利的业务，这些业务离开消费者承担的过高关税就不能维持，导致了相应的国家损失，其实并未给生产部门开拓新的渠道，对社会来说只是将资源从有利可图的部门转向了无利可图的部门。这是再明显不过的，如果某人为自己的外套、铁犁或工具多付了2美元，那就是他承受的损失，必须用自己的收入去支付，把所有个人的此类损失加起来，就是实实在在的国家损失。贸易限制体制的鼓吹者如果再假装把请愿者当作奇思怪想的理论家，才是真正奇怪的事情。

该声明辩称，美国取得了无可比拟的经济增长，是因为强劲的国内竞争与劳动就业和资本投资方面的个人自由："把这样连立法失误也不能阻止的空前和持续的经济繁荣归功于关税，是智者自欺欺人的最为古怪的幻觉之一。"[107]

经济增长和财政盈余增加，加上继续拖延可能引发南卡罗来纳州某些极端行动的担忧，创造了又一个打破僵局的机会。在 1831 年 12 月的年度报告中，杰克逊总统提出了一旦公共债务在几年内偿清，则进一步下调关税的可能性："预期公债将全部还清的信心带来了一个机遇，更全面地执行我在之前报告中建议的调整进口关税的政策。"关税应该大幅下调以减少财政收入，"公平对待所有国民利益……是现任国会需要考虑的主要目标之一"。[108]

在众议院，麦克达菲的筹款委员会和亚当斯的制造业委员会再度提出了不同的议案。筹款委员会对现有政策提出了广泛的批评："保护制度对农业州完全是毁灭性的，对西部各州也造成了伤害，唯独对制造业各州有利，根据公正、爱国和明智政策的所有原则，应该从速从简地废除。"[109]该委员会主张取消所有保护性关税，采取统一关税率，第一年为 25%，第二年为 18. 75%，第三年为 12. 5%。虽然南方热烈支持这一提案，众议院却因其过分极端而未通过。

这给了制造业委员会起草法案的机会。亚当斯试图取悦南方，同时不放弃对工业的过多保护，但克莱拒绝任何调和。在他看来，"那些意见如果不是全部也基本上是想象和虚构的，在几乎所有南方各州也很大程度上平息了"。亚当斯在其日记中记录："克莱先生在此犯了一个大错"，因为事实上那些不满意见并非虚构，也没有平息。亚当斯注意到，克莱在私下商谈中强力鼓吹，为了捍卫和巩固美式体制，他会"挑战南方，挑战总统和魔鬼"。[110]克莱担心，如果出现"取消现有保护性关税的任何尝试，不管是针对何种产品，都会埋下致命的分裂种子"，整个关税体制也都将被摧毁。[111]亚当斯则判断克莱的立场过于"武断和教条"。[112]

克莱建议废除和削减对茶叶、咖啡、香料、靛蓝乃至酒类的财政性关税，以保存给制造商提供保护的重要关税。亚当斯反驳说，这一法案会被南方拒绝，没有希望通过。经过与财政部长路易斯·麦克莱恩（Louis McLane）的合作，亚当斯起草了更为平衡的方案，适度降低对棉织品和毛织品的关税，而把粗纺毛料（用于奴隶的服装）的关税大幅削减至5%。克莱反对这一妥协，并在1832 年2 月初的三天中，用激情的演讲为保护性关税做了强有力的辩护。他指出 1824 年的关税法案把美国从“阴暗和痛苦带到了光明和繁荣”，这一喜人的成果“主要是旨在培育美国工业的美国式法案的功劳，而不是纵容支持外国工业的外国式法案控制关税体制”。放弃保护将破坏钢铁铸造、毛纺织、棉纺织和亚麻工厂，以及糖类作物种植等产业，“损失大量资本，使成千上万的国民破产并导致整个社会遭受不可估量的损失”。还有：

> 诸位先生在成功谋划立即或逐步破坏美式体制时，他们给出的替代方案是什么呢？自由贸易！自由贸易！可是对自由贸易的呼吁是……徒劳的……它从未存在过，也永远不会存在……要做到自由，就必须公正、平等和互惠……这些先生在欺骗自己。他们建议我们接受的并不是自由贸易，他们邀请我们采纳的其实是英国的殖民体制；如果他们的政策通过，那将导致合众国很大程度上重新被殖民化，回到英国的商业统治之下。[113]

他还极其出格地攻击瑞士出生的阿尔伯特·加拉廷是“外国人”，说对方在出席自由贸易会议时并没有把美国的最大利益放在心上。

南方对克莱的强硬路线感到厌恶。弗吉尼亚的约翰·泰勒回应说：“南方并不准备对现有的（制造业）集团做出鲁莽或激烈的举动，但我们有权利希望减轻自身的负担。来自肯塔基州的那位参议员的建议于此无补。他建议取消的关税从没有人抗议过，是从美国政府创立时就有的。”[114]

南方对亚当斯-麦克莱恩的妥协方案同样心存疑虑，该方案得到了国会中温和派的支持，也一定程度上考虑了南方的意见。这一妥协可以从本质上取消“可憎关税”，把税率下调到 1824 年关税法案时的水平。不过卡尔霍恩及其盟友依然抱有怀疑，因为该方案似乎满足了赫卡齐亚·奈尔斯和马修·凯里的愿望。

尽管众议院的南方代表对亚当斯—麦克莱恩妥协方案保持谨慎，仍有足够多的人认为其方向是正确的，南方对法案的态度出现了分化。1832 年 6 月，众议院以 132 票对 65 票的结果通过了该法案，平均税率得以降低，但对棉织品、毛织品和铁制品的保护税率依然维持。参议院很快以 32 票对 16 票紧随通过，南方大部分投了反对票，杰克逊随即签字批准。由于法案的通过得到了众议院部分南方议员的支持，总统由此认定关于关税议题的冲突即将结束：“民众现在肯定看到他们的委屈得到了伸张，只有没得到满足的野心家的错乱头脑中才留有压迫感。”[115]然而克莱却私下宣告获胜，并向奈尔斯保证：“我在国会召开时主张的每一项原则都被充分采纳了”，尤其是保留了保护性关税（除“自愿放弃的”棉花包装袋以外）和削减了收入性关税。[116]

事实上，这一结果未能安抚南方。正如弗吉尼亚的约翰·泰勒对同僚警告说：

> 我请求尊敬的各位参议员在决定这一不会下调关税的恼人的税收议案时三思而后行。如果说关税的压迫性是其唯一问题的话，那么与它导致的情感疏离相比其实不算什么。对于哪怕只是联邦的一个州，这种情感的损失有什么能够弥补呢？别安慰你们自己说，这只是南卡罗来纳的问题。不是的，先生们，这是整个南方的问题。波托马克河对岸的每个州对此都有相同的感受……倘若你们想让联邦永远维系，就请不要违反公正，因为命中注定，种下不公的人将会收获罪孽。[117]

南卡罗来纳州十分失望，关税法案没有质疑保护原则，也没有下调棉织品、毛织品和铁器等“可贸易产品”的税率，他们本来坚持应该立即降至 15% 。

卡尔霍恩认为1832年关税法案是危险的，因为“虽然法案减轻了负担，对负担的分配却比可恶的1828年法案更不公平：颠覆了1816年法案采纳的对非保护产品设定的税率高于保护产品的原则，把前者的关税几乎全部取消，而把税负几乎完全压在后者上面”。还有，该法案原本被设定了对关税的“永久性调整”，却未能做到，于是“通过联邦政府的行动减轻税负的所有希望”都破灭了。因此南卡罗来纳州“被迫做出选择，是绝对服从破坏性的压迫制度，还是诉诸自身保留的拒绝执行权……以阻止威胁我们的宪法和自由的政治腐败泛滥”。在卡尔霍恩看来，这一议题“不再只关乎自由贸易，还涉及自由与专制的斗争”。[118]

后面的行动转到南卡罗来纳州议会上。该州有不同派别，激进的拒绝执行联邦法律派认为，指望国会解救是没用的，因为北方的多数派一心要永远压榨南方。更温和的联合派则依然希望能够达成更好的妥协方案。极端的拒绝执行派的问题是，鉴于1830年和1832年已获得了有限让步，不能排除未来继续实现妥协的可能性。这正是杰克逊在第一个任期的不作为造成严重后果的原因。只要约翰·昆西·亚当斯还是总统，南卡罗来纳州的温和派力量就认为新政府可以带来政策改变。当杰克逊除了接受国会提出的有限改革之外而无所作为时，拒绝执行派对变化的希望就彻底破灭了。

南卡罗来纳的辩论集中在，为反对北方立法“压迫”，该州应该在联邦体制内进行反抗，还是通过拒绝执行法律来确立州的主权。拒绝执行派认为联合派的道路没有希望，把对方称为“投降主义者”。联合派则认为拒绝执行派是违宪和危险的，但他们的冷漠让拒绝执行派的政治势力在1829—1833年大为增长。虽然拒绝执行派在1830年的州议会中以微弱差距未能拿下多数席位，却在重组后通过1832年10月的选举夺取了州议会控制权。在一场带来巨变的激动人心的竞选后，拒绝执行派赢得了约60%的选票，掌控了近2/3的议席。[119]

之后的事件进展迅速。州议会立即发起特别会议以讨论拒绝执行联邦法律的议题。1832年11月，大会发表了《联邦法律废止权条例》（Nullification Ordinance），提出如下主张：

> 美国国会通过的多部法律，以对外国进口产品征税为名，其实是为了保护国内制造业，并给从事特定职业的阶层和个人提供补贴，却以其他阶层和个人受到伤害和压迫为代价，另外还完全免除某些外国产品的关税，例如那些在美国没有生产或制造的产品，以此为借口对那些受保护产品的类似进口品征收更高和额外的关税。国会的上述做法超出了宪法规定的正当授权，因为宪法没有授予国会实行此类保护的权力。国会的上述做法还违反了宪法的真实含义与意图，因为宪法要求把税收负担平均分配给联邦的各州与各部分。[120]

《联邦法律废止权条例》宣布，1824 年关税法案“没有美国宪法的授权，违背了宪法的真实含义与意图，因此是无效和非法的，对本州及本州的官员和国民没有约束力……（由此）进一步规定任何法定组织机构，无论是本州还是合众国的机构，从 1833 年 2 月起，根据那些所谓的法案在本州范围内征收关税均属于非法”。联邦政府试图强迫该州执行关税的任何行动，都将与南卡罗来纳继续留在联邦“相抵触”。州议会大会的一个附属委员会制定了满足南卡罗来纳的妥协条件：对所有进口产品实行不超过 12% 的统一关税。[121]

杰克逊总统对南卡罗来纳州的决定非常愤怒。1832 年 12 月，他发布了《废止权宣言》（Nullification Proclamation），把任何州拒绝执行联邦法律的行为谴责为“与联邦的存在相抵触，与宪法内容明确相悖，不符合宪法精神，与作为宪法基础的所有原则不一致，破坏了制定宪法的伟大目标”。他宣布，任何州对联邦法律进行判决或拒绝执行都是“不切实际的荒唐做法”。作为国家军队的总司令，总统警告南卡罗来纳州，“用武力搞分裂属于叛国行为”。[122]

杰克逊还讽刺了南卡罗来纳州采取这一行动所依据的经济理由：

> 你们被那些欺骗自己或希望欺骗你们的人蒙蔽了双眼。看看是哪些借口把你们引到了暴动和叛国的边缘！首先把我们的农作物产

> 品的价值降低完全归罪于关税法律的影响，其实是由其他地区的生产过剩所致，并导致了你们的土地价值减少。这些法律确实造成了有害的影响，但其危害被灌输给你们的理论极大地夸张了，说由此造成的负担与你们的出口成比例，而不是与你们消费的进口产品挂钩。[123]

怒火中烧的杰克逊私下评论说，拒绝执行派“处在精神癫狂状态”，而该州领导人的“邪恶、疯狂和愚蠢在世界历史上罕有先例”。他把拒绝执行联邦法律的运动称为“攻击我们的政府与社会契约的根本、把一切卷入无政府状态的可恶学说”，他还给一位将军写信，发誓将“把分裂的魔鬼扼杀在摇篮中”。[124]

针对关税政策的这场争斗给美国带来了独立以来最严重的危机。[125]这次危机事关重大，因为它对联邦体制的权力结构提出了质疑。为推行拒绝执行联邦法律运动，南卡罗来纳州选择了一个有风险的策略，把基本议题从关税的公平与否改成了各州是否有权对抗联邦政府。虽然有几个南方州支持它对关税的质疑，但极少响应其关于州权的极端立场。佐治亚州表现出了一定的赞成，但其他南方州对南卡罗来纳的决定感到害怕。在分歧扩大到武装冲突之前能否达成政治妥协，变成了举国关心的焦点。

# 第四章
# 关税和平与南北战争，1833—1865 年

拒绝执行联邦法令的危机通过 1833 年妥协方案得以平息，由此导致关税在 1/4 个世纪中逐渐下降。平均关税率从 1830 年顶峰时期的 62%，下调至 1859 年的不足 20%，除了一个短暂的特例外，没有强大的运动再度推高关税，因此不能佐证关税是南北战争的原因之一的说法。不过，这一政策的稳定性取决于民主党对国家政策的主导权。共和党在 1860 年大选中的压倒性胜利以及南北战争的爆发让美国贸易政策出现重大转变。战争使进口高关税成为必要的财政手段，共和党人开始打造强有力的政治联盟确保进口关税将在那个世纪剩余的时间里一直维持在高水平。

## 1833 年妥协方案

如第三章所述，1828 年通过的可憎关税法案以及此后的修正失败引发了南方的愤怒回击。1832 年，南卡罗来纳州通过了《联邦法令废止权条例》(Nullification Ordinance)，宣布该关税法案违宪，以拒绝执行相威胁。这样，有关贸易政策的争执演变成前所未有的宪政危机。不过，尽管南方各州均反对保护性高关税，南卡罗来纳的极端反应却没有什么响应者。其他南方州并未面临南卡罗来纳那样的与棉花有关的经济难题，不愿意走得像南卡罗来纳的拒绝执行派那么远。其他南方州选择支持安德鲁·杰克逊总统，谴责南卡罗来纳的激进分子没有尽力尝试各种谈判和妥协办法。南卡罗来纳的行动同时还改变了辩论的议题，从关

税是否过高，变成各州是否有权否决联邦的法律。

另一方面，杰克逊坚决认为拒绝执行联邦法律的行动不能成立，并做好了用武力解决问题的准备。联邦政府立即在国会提起了《军力动员法案》（Force Bill），授权总统在必要时利用武装力量从联邦关税机构收取关税收入。

同时总统也试图回应南卡罗来纳州的诉求，寻求化解危机。在发表《废止权宣言》（Nullification Proclamation）10 天后，杰克逊在 1832 年 12 月给国会的年度报告中加入了和解信息。他一方面赞同保护措施是确保重要物资国内供应的必要手段，同时也指出，经验“表明该制度的优点是否胜过若干缺陷，该制度是否容易引起很大一部分国民的不满和嫉妒情绪，乃至威胁联邦的稳定，是值得疑虑的”。[1] 总统说，虽然南方的抱怨被夸大了，但关税仍需调整，使国家的任何地方都不再有抱怨的理由。

接下来，杰克逊从早前的立场上（1832 年关税改革已经很充分）后退，指出保护性关税也需要下调。他陈述：“在我国法律的暗中扶持下，较大的利益集团已经成长起来，突然放弃高关税似乎将是对公众信任的背弃。但那些已经把资本投入制造业企业的人不能指望让民众永远支付高关税，服务于他们的利益，特别是当政府管理中不需要这些钱用于任何合法目的的时候。”因此，他呼吁逐步下调关税：“如果调查发现，与设想的一样，给予任何特定利益群体的立法保护超过了上述目标的必要范围，我建议应逐渐将其降低。而且只要符合上述目标，全部关税设置都应该尽快下调到实现财政收入目标所需的水平，同时考虑维护政府的信用，以及保护已投资于国内产业建设的大量资本。”[2]

国会也急于避免同南卡罗来纳州发生军事对抗，立即着手考虑新的关税修正方案。1833 年 1 月，纽约州共和党议员朱利安·维普朗克（Gulian Verplanck）提出法案，在两年内把大部分保护性关税下调至 20%。该建议遭到了保护派支持者的强硬反对，他们声称如此剧烈的降幅会让美国工业瘫痪。亨利·克莱及其盟友拒绝安抚南卡罗来纳州，认为不应以让步的方式纵容该州的固执态度。甚至曾于 1832 年牵线安排关税妥协方案但以失败告终的约翰·昆西·亚当斯也对南卡罗来纳的做法感到震惊，认为其政客简直就是一群恶棍，试图胁迫国家采纳对其有利的关税政策。

由于上述因素，尽管形势紧迫，众议院却行动缓慢。到 2 月中旬，法案的推进没有取得任何进展。正如参议员托马斯·本顿（1854，第 1 卷：第 309 页）回忆："原本希望很快能通过该法案；但相反，众议院拖而不决，就制度和理论展开了无止境的辩论，支持和反对保护性关税的两个近来相互攻击的极端派别没有合作迹象。与政府关系密切的盟友似乎是唯一热心支持法案的派别，但他们在人数上相对于联合反对的人毫无优势，时间被消磨在没有意义和离题的辩论中。"

随着时间流逝，军事摊牌的风险增大了。国会已经压倒性地通过了《军力动员法案》，允许总统利用武装力量执行联邦关税法案。杰克逊命令把查尔斯顿市的关税所搬迁至港口的一处联邦要塞，并授权该所在当地征收进口关税。现在南卡罗来纳州为拒绝执行关税，可能不得不攻击联邦据点。虽然该州推迟了拒绝执行联邦法律的时间，以观察国会的反应，但通过和平手段打破僵局的时间仍在快速流逝。

受到众议院拖延的警示，参议院采取了行动。美式体制的倡导者亨利·克莱感到自己的保护性关税体制面临危险，于是在 2 月 12 日走上讲台提出了一个妥协方案。克莱在演讲中谈道：

> 我不得不表达如下观点……无论对错，关税都面临紧迫的威胁。即使本届国会能够维持该政策，到下届国会也必然会瓦解……先生们，该政策的失败必将导致灾难性的后果。考虑到由此涉及的各个利益群体，众多受影响的个人，已投入的资本金额，已建成房屋的价值，在政府培育下蓬勃兴起的各制造业分支开展的所有业务，我实在想象不到有什么事情比突然抛弃所有这些群体更为恶劣……我相信美式体制正处在最大的危险中，我也相信本届国会能够比下届国会给该体制确立更好和更稳固的基础……让我们不要自欺欺人了。现在是时候应对问题并找到令两派都满意的办法。如果拖延至下届国会，其结果要么是快速而破坏性地下调关税，要么是

同整个南方爆发内战。[3]

克莱不情愿地赞同了众议院正在讨论的把关税下调至20%左右的方案，但要求把过渡期大大延长，从维普朗克法案的2年增加至9年。

克莱这一令人吃惊的表态背后是1832年大选。杰克逊不但在总统竞选中漂亮地将他击败，而且新任国会也将由杰克逊的支持者主导。下届国会对美式体制的态度注定会比现任国会恶劣得多。如果现任国会拖延处理该议题，不但可能造成同南卡罗来纳的军事冲突，还可能把关税政策交到那些希望大幅下调的接任者手里。正如克莱在发表上述演讲几天前所写的那样："我相信，现任政府已决心摧毁关税制度，如果不迅速采取措施设计规避办法，其目标肯定会在下届国会实现。"[4]克莱希望通过立即行动以化解危机，并给保护性关税政策换取一定的时间。鉴于南卡罗来纳州处于叛乱边缘，联邦政府有大量财政盈余，支持率极高的总统赞成削减保护性关税，新任国会必将挑战美式体制，克莱认识到现状已经不可能继续维持。[5]

在克莱讲话后，南卡罗来纳的约翰·卡尔霍恩站起来宣布，他出于"终结这个令人不安的问题的愿望"也支持达成妥协方案。[6]辩论记录显示，卡恩霍恩的简短发言之后"听众席上一片赞许之声"。如果克莱与卡尔霍恩都能够达成一致，那么危机的解决也就顺理成章了。

本顿后来描述了这一妥协的"秘史"（Benton，1854，第1卷：第342页），他把功劳主要归于肯塔基州的共和党议员罗伯特·莱彻（Robert Letcher）。此人是美式体制的拥护者，是他向克莱和韦伯斯特提出的建议，据称克莱最先反应冷淡，而韦伯斯特则拒绝任何妥协。莱彻充当了克莱与卡尔霍恩（他们互不交谈）之间的中间人，因为卡尔霍恩的支持对达成妥协性法案必不可少。从旁观者角度看，"卡尔霍恩先生与克莱先生是作为精神领袖出来平息他们掀起的风暴；从内部人的角度看，他们又是次级代理人，受形势所迫，为他们自己而不是国家做事情——克莱先生通过挽救保护性关税政策，继续争取制造商的支持；卡尔霍恩先生也是帮助自己摆脱困境"。

这一妥协名副其实，没有哪方对结果完全满意，同时双方又都能宣告获胜。有些讽刺的是，曾在 1824 年反对克莱的美式体制的丹尼尔·韦伯斯特没有参与此次幕后交易，于是怨恨地批评克莱放弃了保护路线。北方人憎恨克莱屈服于南方的压力。马萨诸塞州的约翰·戴维斯暗借奴隶制抱怨："你们建议把我们捆起来，从手到脚，把我们的鲜血洒到祭坛上，把我们作为牺牲品献祭出去，安抚南方不正常和无根据的不满。但是，我担心这样的不满有着比关税更深刻的根源，在关税解决后仍会持续。"[7]同样来自马萨诸塞州的鲁弗斯·乔特（Rufus Choate）也斥责其他同僚："南卡罗来纳拒绝执行你们的关税，然后你们就取消这些法律。"[8]

针对这些批评，克莱回应称："我一直充当这个美式体制之父的形象，如今被指责抛弃了自己的孩子……但我看到这个孩子面临什么处境呢？它落到了腓力斯丁人手里，即将被勒死。我飞过去解救它，把它从关押下抢夺出来，把它送到安全的地方休养九年，使它能够成长壮大，然后能够被全体民众接受。"[9]大体上说，制造业利益群体也支持这一妥协方案。本顿回忆说："制造商成群结队到华盛顿市，回到老家是为了阻止法案，来到华盛顿则是为了推动法案。这些现实的人很快发现他们得到了九年的延缓期与一半的保护力度，而且有把握到那个时期结束时重建关税制度。"

妥协关税方案给南卡罗来纳的让步少于其要求，但首次成功地把棉织品、毛织品和铁制品的保护性关税推到了下降轨道上。在紧急形势下，通过克莱和卡尔霍恩对妥协方案的共同支持，参议院似乎可以接受把逐步下调关税作为合理的结果。

在妥协方案有可能在参议院取得成功后，肯塔基州的罗伯特·莱彻（克莱的盟友之一）很快于 2 月 25 日在众议院提出了议案，次日以 119 票对 85 票获得通过。参议院则在 3 月 2 日以 29 票对 16 票批准，次日由杰克逊总统签字生效。在参议院，南方对妥协方案一致投了赞成票，北方和西部意见不一。美式体制的拥护者没有忽视西部的倒戈。妥协方案讨论期间，马萨诸塞的乔治·布里格斯（George Briggs）观察道：

“主席先生，我们很快就能知道，对新英格兰利益攸关的保护性关税制度，是否会不顾我们的反对，被南方和西部以及中部各州的投票联合推翻。”[10]北方的分化在南方看来增强了改革的可信度，而在克莱看来则“帮助南方更坚定地接受了和解措施，让他们从中取得了名义上的胜利，而主张高关税的各州获得了所有实质性的好处”。克莱对结果很满意，他写道：“朋友奉承我说取得了完全的胜利。”[11]

妥协方案要求，高于 20% 的全部关税从 1834 年 1 月起将把高出 20% 以上的部分削减 1/10，到 1836 年 1 月再削减 1/10，到 1838 年 1 月和 1840 年 1 月再分别削减 1/10，总计将把超出 20% 以上的部分削减 40% 。到 1842 年，超出 20% 以上的剩余 60% 将被全部削减，1842 年 1 月减去 3/10，7 月再减去 3/10。到过渡期结束时，关税降幅达到最大，美国对所有应税进口产品将实行统一的 20% 关税率。该妥协方案要求从 1842 年 7 月起，进口关税“的征收目的将是为政府的节俭运转提供必需的财政收入”。就这样，国会同意放弃保护性关税，对进口关税实行保证财政收入所需的标准。

南卡罗来纳州的拒绝执行派认可了这一妥协方案，州议会废除了《联邦法律废止权条例》，从而结束了危机。然而与任何协议一样，达成妥协方案跟保证其顺利执行是两回事。南方承担了妥协方案中的很大风险，因为它们寻求的低关税只有在 9 年的过渡期后才能实现。南方依旧抱有担忧，因为正如佐治亚州的托马斯·福斯特（Thomas Foster）准确指出的那样，当时的国会“没有权力约束我们的接任者”。[12]南方的担心有道理，国会可能随时反悔，包括在过渡期下调关税的过程，以及在 1842 年后继续维持关税水平。在介绍妥协安排时，克莱试图向南方保证该方案以后不会被篡改：如果法案的通过得到了各方的支持，“只要国家仍处于和平状态，（他）就毫不怀疑承诺的关税率在到期之后会继续维持下去”。[13]

从北方的角度看，他们担心妥协方案会阻止国会在未来保护制造业，哪怕经济环境发生变化。对于这些质问，克莱承认，“该法案没有包含义务性的承诺，因为不能做出承诺，也没有这种尝试……下届国会及之后的每届国会毫无疑问都有权在他们认为合适的任何时候废除该法律……这项措施正如宣称的那样是妥协；但没有也不可能对未来国会的意愿或权力施加限制。”[14]因此，尽管承认该妥协方案不能约束未来立法者的行动，克莱依然相信以后的国会将避免对该方案的改动。结果表明克莱基本上说对了，但未必是因为他给出的理由。

## 妥协之后：1846 年的《沃克关税法案》

1833 年妥协方案成功让关税政策从国家政治焦点中消失了近 10 年。从 1833 年到 1842 年，正如方案规定的那样进行了分阶段关税削减，国会没有干预。为什么没有人尝试背离妥协方案？该方案确实用了一些庄严的词汇，如“神圣”“为了联邦的伟大和平纽带”等，但在 1842 年前未受干扰的主要原因还在于政治：杰克逊派的民主党人主要来自南方，他们强烈支持妥协方案，并从 1833 年到 1841 年的每一年都掌握着政府的统一控制权。由于他们掌权，主张高关税的其他派别，包括亨利·克莱与丹尼尔·韦伯斯特在内的辉格党，就没有机会改变国家的贸易政策。

19 世纪 30 年代中期出现的第二政党体系（Second Party System）意味着党派冲突回归到政府政策上。正如汉密尔顿的联邦党人与杰斐逊的共和党人在合众国早年的争斗一样，辉格党与民主党如今也在经济政策上展开了角力。不过在 1833 年妥协方案之后的 4 年中，针对关税政策并无多少分歧，经济发展强劲，对保护的要求仍受到抑制，政府的财政盈余（部分源于出售公共土地）能够保证债务清偿。虽然克莱发誓要抵制妥协方案要求之外的任何关税削减，他也没有试图提出更高的关税建议来推翻妥协方案。甚至丹尼尔·韦伯斯特也承认：“除非有明确必要，国会不应打算干预（关税）。”[15]

可是，1833 年妥协方案在 1837 年的金融恐慌后受到了考验，尤其是 1839 年危机期间，这场危机导致了历时 4 年的严重通货紧缩与经济萧条。与之前的情形一样，经济下滑起源于金融体系。在 1836 年撤销合众国第二银行后，各州政府开始借入巨额资金。中西部与南方的国内改造项目在 1839 年夏季崩盘，给这些地区带来了大面积的银行破产潮，使货币供应减少了 22%。[16]由于没有中央银行作为最后贷款人缓和货币冲击，联邦政府无力应对经济低迷之势。

由此带来的结果是，对贸易保护的政治压力重新抬头，针对贸易政策的新一轮政治冲突的舞台已经搭好。南北方之间的关税争执并未消失，而是更多地通过两个政党来演绎，即民主党和辉格党。民主党的政治支持来自南方以及较为贫穷的北方农业社群，主张有限政府，即严格解释宪法、尊重州权，以及关税仅用于获取财政收入。辉格党的政治支持来自北方，特别是商业和制造业较发达的社群，主张更积极的联邦政府、设立国家银行、联邦资助开展国内改造，以及对国内工业的保护性关税等。各地区的主要经济利益群体可以大体上（但不是完全）解释这些地区会持续选择哪个党派作为自己在国会的代表。[17]

经济困境让辉格党在 1840 年大选中横扫在任的民主党。辉格党主张高关税，但重提此议题的计划却受到副总统约翰·泰勒的阻挠，由于威廉·哈里森（William Harrison）总统于就职后不久去世，泰勒出人意料地接任了总统之位。泰勒是弗吉尼亚州的民主党人，他被选为副手只是为了帮助辉格党争取南方的选票，完全没有预期到他会担任总统。很快，泰勒就两次否决了创建国家银行的法案，并阻挠了提升关税的行动，与辉格党反戈相向。辉格党急于提高关税，部分原因在于联邦政府的财政状况受到严重削弱：政府在 1841 年财年出现 1000 万美元赤字，由于 1833 年妥协方案规定的最后和最大幅度的关税削减将在 1842 年生效，预计每年还将出现 500 万美元赤字。但尽管经济下滑，财政赤字增加，泰勒依然让辉格党人吃惊地听到："妥协方案不应该改变，除非有紧急的必要性，这次显然并不存在。"[18]

调整进口关税以增加财政收入的问题还与 1841 年《土地法案》（Land Act）的规定交织在一起。根据该法案关于分配公共土地出售收入的规定，进口关税如果超过 1833 年妥协方案中制定的 20% 上限，就会导致土地出售收入的自动扣减。在 1841 年 12 月给国会的年度报告中，泰勒再次确认“恰当的做法应该是，不要使税收增加造成上届国会关于土地收入分配的法案失效，即关税如果提高至妥协方案确立的最高税率 20% 以上，该法案就会被宣告无效”。[19] 不过总统对于政府的财政难题并未给出解决办法。

1842 年 6 月，妥协方案中最后一次关税削减的约定生效，政府财政收入进一步减少。填补财政缺口需要更多收入，因此辉格党于 1842 年 7 月和 8 月通过了两部提高关税率的法案（与 1832 年法案相似）。当然，这不是严格的增收措施，因为咖啡和茶叶被纳入免税清单，主要是对制造品征收较高关税。这两个法案都被泰勒否决，理由是遵守妥协方案的条件是“最高层次的道德义务”，且这些法案会终止公共土地销售收入的分配，而联邦政府当时迫切需要那些资金。8 月后期，国会非常侥幸地通过了不涉及土地收入分配条款的关税法案，在众议院的投票结果是 104 票对 103 票，参议院为 24 票对 23 票。泰勒勉强签署了法案，由此把平均关税率从 1842 年的 26% 提至 1844 年的 37% 。

1842 年关税法案重新实行了对不同进口产品的差别税率，并使保护性关税率翻番。1833 年妥协方案预定的最终的低关税只维持了 1842 年 7—8 月两个月，就被国会推翻，这一事实引燃了宿怨。南方政客批评这是撕毁契约和背弃信任，约翰 · 卡尔霍恩这样概括他们的怨言：

> 我们以极大的耐心等待了 9 年的缓慢削减关税的过程，抵制了试图做出的可能伤害制造业利益的所有改变，哪怕这些改变对我们自己有利，为此这个会场中代表制造业利益的议员也对我们致以感谢。然而现在，当最终时刻来到，轮到我们收获利益的时候，在制造业利益受到影响时曾呼吁我们坚持法案并要求我们忠实履行妥协承诺的那些人，却转过身来，为了他们自己的利益冷酷而公开地违背了对我们有利的所有条款。[20]

弗吉尼亚州的约翰·琼斯（John Jones）表示，9年来，“当南方不得不承受协定的负担时，我们顺从而安静地接受了其后果……可如今，当我们将收获妥协方案的果实时，看到的却是怎样一幅场景？推出这部法律的同一个政党走过来宣布，他们既不会履行承诺，也不会承担相应的责任。”[21]然而南方并没有实力阻挡新关税法案的通过。

虽然美式体制已经消沉了近10年之久，其支持度甚至在克莱的家乡肯塔基州也有所退潮，疲弱的经济却给了辉格党恢复该政策的机会。不过辉格党内部的纷争（由于政策之争，他们不得不把泰勒逐出行列），却让民主党在1842年的中期选举后夺回了众议院。筹款委员会迅速提出了一项议案，将关税率设置在1833年妥协方案要求的20%与1842年关税法案要求的较高税率之间。该建议令民主党发生分裂：南方民主党人认为税率过高，北方民主党人则担忧会给其工业选民群体带来潜在损害。1844年5月，众议院以6票之差搁置了议案，辉格党人与足够数量的北方民主党人共同发挥了阻拦作用。其实无论如何，该议案在辉格党占据主导的参议院都不会通过。

1844年的总统大选是由民主党的詹姆斯·波尔克（James Polk）对阵辉格党的亨利·克莱，首次出现各政党发表纲领文件表达其政策立场。辉格党的纲领支持“关税用以筹集财政收入，支持政府的必要开支，并为保护国内就业针对具体情况采取差别措施”。民主党则主张关税仅用于筹集财政收入的目的，“除了负担政府的必要支出外，不应征集更多财政收入”，并拒绝保护性关税，因为“公正明智的政策应禁止联邦政府因扶持某个产业而破坏其他产业，或为了社会中某部分人群的利益而伤害其他部分的利益”。[22]

鉴于辉格党人在近期选举中的势头，波尔克与民主党人在迎战克莱这位年迈的美式体制倡导者时，不得不谨慎处理保护性关税的议题。公众舆论似乎对关税持正面看法，并把1839年危机后的经济复苏归功于1842年提高关税的举措。马萨诸塞州民主党参议员罗伯特·沃克（Robert Walker）告诉波尔克，如今对关税的政治支持力度“在整个联邦中都比过去任何时期强得多，在宾夕法尼亚、纽约、康涅狄格和新泽西更是不可阻挡。在宾夕法尼亚，民主党人几乎占 2/3 议席的上届议会通过了一致支持关税的指导决议，该州的全部民主党报刊也持同样立场。许多新制造业企业正在全州各地兴起，老企业也都重新转入良好运营。现在那个州里不会有人试图反对关税政策”。[23]

为策略性处理该议题，沃克建议波尔克支持财政收入性关税，但附带某些保护功能，在确保有效竞争的同时让国内工业收获合理利润，指出该立场不像“只服务于财政收入目标的关税”那样教条化。波尔克采纳了其建议，并在 1844 年 6 月的一封信里陈述，他“反对纯粹为了保护目标的关税”，其内容很快被公布。波尔克这样阐述自己的立场（1969，第 7 卷：第 267 页）：“通过调整财政收入性关税的细节，我已经认可了此类温和的有差别关税，只要能产生政府需要的财政收入，同时给我们国内的工业提供合理的附带保护。”这一妥协说法，即带有附带保护的财政收入性关税，很好地满足了民主党的利益，让他们可以在南方强调“财政收入性”的方面，在北方强调“附带保护”的方面。该立场不是完全回避保护性关税，因为明确采用了“附带保护”和“有差别”等关键词来照顾国内工业。波尔克的信帮助稳定了宾夕法尼亚的选民，使该州最终支持了民主党。不过，南卡罗来纳质疑波尔克对低关税路线的忠诚度。

1844 年选举更多取决于得克萨斯州合并事件，而非关税政策，结果是民主党大获全胜。他们确保了国会两院的多数席位，波尔克也以微弱优势当选总统。这场胜利给扭转 1842 年关税法案以及对关税结构的激进改革铺平了道路。

波尔克在就职演讲中坚持了竞选信件中的精神，支持附带保护功能的财政收入性低关税方案。[24]他在日记中描述了自己的信念：关税削减是“本届政府最重要的国内事务”。[25]为此，他任命罗伯特·沃克担任财政部长。沃克于 1845 年 11 月向内阁提交了一份下调关税税率和重新设置关税结构的重复建议。尽管有反对意见认为其中的下调建议过于极端，波尔克仍支持沃克，当然他也私下承认其财政部长“有投机之嫌，或许太过精明了”。[26]

在1845年12月给国会的年度报告中，波尔克给沃克的建议创造了条件。总统提出1842年关税法案违背了财政收入性关税的原则，更多采用了禁止措施，而非附带性的保护。波尔克建议下调关税，坚称："我对制造商绝非抱有不友好的观点，相反，我期待他们的繁荣发展，只要这样做的时候不会给其他利益群体增加不公平的负担即可。”波尔克还呼吁“取消最低估值原则，取消武断和错误推定估值以及从量关税，而代之以从价关税这种最公正和平等的间接税形式”。[27]

短短几天后，沃克在财政部的年度报告中披露了其关税建议。他指责1842年关税法案“在细节及其基本原则上都是不公正和不平等的”。他指出，保护性关税的差别化设计对制造商有利，却不利于农民、技工、商人和造船业，因此增加了资本的利润，却没有提高劳工的工资。他反驳了保护性关税有利于降低产品价格的说法，因为“某些产品的价格在征收关税后偶然下降，并不能证明那是关税的效果”。他还反驳了美国应该对其他国家的贸易壁垒予以报复的主张：“农业、商业和航运业因为外国限制而受损，并不说明要在国内用更多的限制与对抗性关税给它们更严厉的惩罚。”他争论说，事实上，“通过对抗性的限制措施，我们对自己国民的伤害要远远超过对试图打击的外国造成的影响。”他认为提高本国关税不会导致外国关税降低，而只能鼓励和维持现有的外国贸易壁垒。[28]

然后，沃克提出了基于民主党原则的新关税方案，包括把所有从量关税改为从价关税（使税率完全透明化），制定只有少数税率的关税税则等。沃克拒绝采纳完全统一的税率（如20%），认为奢侈品理应按更高税率征收，并应该对不同产品实行有限的差别税率。A类目录包含酒精类饮料，如白兰地和其他烈酒等，税率为100%。B类目录包含各类香料和进口食品（水果和肉类）、烟草制品以及葡萄酒，税率为40%。C类目录包含很多类型，例如成衣、陶器、金属、丝绸、羊毛和玻璃制品，食糖和烟草等原材料，税率为30%。D类目录主要是棉纺织品，税率为25%。E类目包含化学制品、钉子和长钉、大麻和亚麻制品等，税率为 20%。再加上其余四个产品目录：F 类（15%）、G 类（10%）、H 类（5%）和 I 类（免税），构成整个关税税则。

沃克的报告是 19 世纪出现的极少数案例之一，由行政部门提交详细的关税计划供国会审议。1846 年 4 月，筹款委员会提出了一部基本反映沃克建议的关税法案。由于众议院被民主党牢牢控制，尽管某些细节有所争议，但该法案得到通过是预料之中的事。俄亥俄州的代表要求把咖啡和茶叶列入免税目录，以惠及消费者。沃克反对因此造成的财政收入减少，但被迫妥协。1846 年 7 月，众议院以 114 票对 95 票通过了沃克的关税建议，票数有明显党派和地区色彩。民主党以 113 票对 18 票压倒性支持，其中所有反对票均来自北方，特别是宾夕法尼亚。而以新英格兰和中大西洋地区为后盾的辉格党以 71 票对 1 票表示反对。

参议院的通过显然要困难许多，因为民主党只占微弱多数，而且康涅狄格州与宾夕法尼亚州的代表打算投反对票。波尔克（1910，第 2 卷：第 53 页）在日记中写道："城里挤满了竭力活动以阻击法案的制造商。"虽然民主党在保持团结方面遇到了困难，总统及其盟友仍给了北方的民主党议员巨大压力，要求支持政府。有位参议员回家时被人在巴尔的摩—俄亥俄的火车站拦下，被直接带到总统那里，然后波尔克劝说他留在城里，为法案投赞成票。参议院出现激烈争议。克莱疯狂攻击该法案："我们不应该为了外国自由贸易政策的虚幻承诺、为了促进外国人的产业和外国的利益……而推翻保护国内生产的爱国主义制度，鲁莽尝试自由贸易的每个国家都将走向灾难和毁灭。"[29]

参议院的投票结果预计将很接近，甚至会出现平局，那样的话将迫使副总统乔治·达拉斯（George Dallas）出面打破僵局。达拉斯是来自宾夕法尼亚州的支持保护的民主党人，甚至给 1833 年的克莱妥协方案投过反对票，但他也受党派纲领的约束。由于不知道该在所属党派与所在州之间做何选择，达拉斯极其渴望避免由自己投决定票的局面。然而当这一梦魇时刻到来时，达拉斯还是做出了支持法案的痛苦决定。他声明，虽然自己并不同意法案的所有条款，大多数美国人却希望削减进口关税，众议院对此也有明确的倾向。不过在最后时刻，来自田纳西州的辉格党议员斯宾塞·加纳金（Spencer Jarnagin）改变了投票决定，他原本支持关税保护，但州议会指示他对法案投赞成票，他之前选择弃权，此时改为投赞成票。于是法案以29票对28票越过了半数线而通过，不再需要副总统出面。

众议院很快赞同了参议院的修正案，然后由总统签字批准。波尔克在日记中写到（Polk，1910，第2卷：第55页），该法案导致了：

> 国家两大政党的广泛争斗。资本家与垄断厂商不愿意交出他们拥有的庞大好处以及1842年关税法案带来的高额利润，直到经过激烈而强有力的战斗。他们大量涌入华盛顿市达数周之久，毫不吝惜其所有力量来动摇和控制国会，但所有这些都没有效果，他们也基本消失了。他们现在可能想集中自己的财富引起一场恐慌（之前也曾尝试过），以便借此废除该法案。

沃克关税法案带来了至那时为止最深远的进口关税削减。应税产品的平均关税率大幅下调，从1845年的34%降至1848年的26%。与1833年妥协方案不同，此轮下调不是分阶段完成，而是立即生效。

该关税法案还涉及与英国的某些默契的协调。英国的政策在当时正从重商主义向自由贸易转变，英国议会即将废除严重限制小麦进口的《谷物法案》。沃克与民主党希望，美国削减对制造品的关税可以鼓励英国开放农产品市场。沃克也的确是以如下陈述作为其报告的结尾："让我们的贸易变得与我们的政治制度一样自由，让我们只征收财政收入性关税，把港口向全世界开放，让一个接一个的国家很快效仿。如果我们下调关税，英国反对《谷物法案》的党派将很快占据主导，并接受我们的全部农产品在任何时候自由输入其港口。"[30]美国众议院推迟通过沃克的关税法案，以观察英国是否将废除《谷物法案》，此事于1846年3月完成。[31]虽然英国方面对《沃克法案》的反应对该法案的通过只有较小的影响，这却是美国国会在调整关税税则时考虑其他国家可能采取应对措施的少数案例之一。

沃克的关税法案执行了 11 年，是国会通过的所有关税法案中执行时间第二长的。尽管关税率并未如南卡罗来纳州要求的那样低和那样统一，南方从整体上仍给予了强烈支持。事实上，南方已经确凿无疑地赢得了制定和维持只具有附带保护功能的“财政收入性”低关税制度的战斗。如图 4.1 所示，除 1842—1846 年外，自 1833 年的妥协方案以来关税持续下降。直到 19 世纪 50 年代后期之前，关税已不再是重大的政策议题。

是哪些政治和经济因素导致了低关税政策在 1846 年后的持续？关税政策从 1846 年至南北战争没有受到挑战的主要原因在于，除民主党外，没有其他政党在此期间做到过对政府的统一控制。倾向于保护性关税的辉格党及后来的共和党有时能夺取众议院或参议院或总统职位，但民主党总是控制着政府的其他部分，因此有力量阻止任何提高关税的行动。

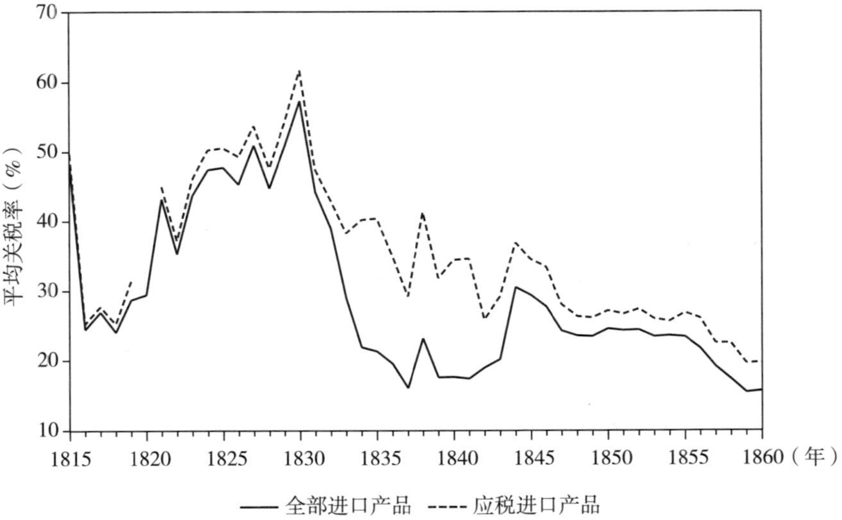


图 4.1　1815—1860 年全部进口产品与应税进口产品平均关税率

注：1820 年的应税进口产品没有可得数据（US Bureau of the Census，1975，series U-211-12）。

例如在 1848 年，辉格党人扎卡里·泰勒（Zachary Taylor）当选总统，并任命来自宾夕法尼亚的强硬派保护主义者出任财政部长。在 1849 年 12 月给国会的第一份年度报告中，泰勒呼吁修正关税，重新设置从量关税，“以足够高的税率给我们的工业提供强大而充分的鼓励，调整同时应确保稳定”。[32]民主党人控制的国会完全没有理会该建议，未做出改变政策的行动。泰勒的继任者、同为辉格党人的米拉德·菲尔莫尔（Millard Fillmore）也反复呼吁调高关税。例如在 1850 年 12 月的年度报告中，他一方面承认过高的关税可能导致不满，另一方面又主张适度上调关税。由民主党牢牢控制的国会对该呼吁同样充耳不闻。菲尔莫尔在 1851—1852 年的报告中又反复要求国会关注从价税带来的问题、沃克关税导致的所谓制造商的艰难处境，以及不合理的关税结构有时造成的以制造商利益为代价保护原材料生产的弊端等。国会的民主党人每次都不予理睬。

除民主党外的其他政党未掌控统一政府，乃是关税政策在 1846—1860 年得以延续的直接因素。由此引来的一个问题是，为什么 20 年前显得那么薄弱的低关税派的政治力量，在这段时期却能如此牢固地控制国会？开放贸易对中西部地区的经济利益日渐重要，对这一变化至关重要。中西部一直在生产小麦、其他谷物和动物制品等有出口潜力的产品，然而在 19 世纪 40 年代前，高昂的运输费用使其难以进入世界市场。但随着运输费用下降，外国市场成为中西部农产品虽然不大但处于增长中的需求方。

农业生产进一步向西扩展和国内需求量有限的印象，让该地区产生了未来成为“全世界谷仓”的憧憬。沃克（1845，第 13 页）在关税报告中就公开动员中西部地区支持降低关税，他观察到，中西部有大片肥沃土地正在出产丰富的农产品，“仅靠国内市场是完全不能消化的”。然后，他指出：“俄亥俄州、印第安纳州和伊利诺伊州如果完全得到开发，就足以为整个国内市场提供充足的食品……它们必须要有外国市场，否则就会出现大量的生产过剩以及巨幅的价格下跌”。沃克解释，由于进口关税的实际效果是对农产品出口征税，中西部“必然成为关税的最大受害方，剥夺它们利用外国市场的机会”。

从事实来看，中西部的确给《沃克法案》在参议院过关提供了决定性的支持。参议院通过该法案只有 1 票优势，28 票对 27 票，而中西部参议员的支持与反对票之比为 14 票对 4 票。如果没有该地区的赞成票，南方不可能赢得胜利。这一形势的改变当然引起了诸多关注。如肯塔基州的辉格党参议员詹姆斯·莫尔黑德（James Morehead）问道："曾通过众议员和参议员的投票、参与建立这一保护制度的某些州，怎么现在背弃了原来的路线？为什么过去一致支持保护政策的俄亥俄州和其他州改变了立场，这项伟大政策可是涉及 3 亿美元的利益啊？"来自伊利诺伊州的民主党议员西德尼·布利斯（Sidney Breese）立即回答："如果制造业利益集团有 4 亿美元的资本，那么农业方面的利益就高达 10 亿美元。伊利诺伊州需要给它的农产品找到市场，希望获得全球市场。我们州的 10 个郡已足以供应整个国内市场，我们迫切需要给正在谷仓中腐烂的产品找到外国市场。"[33]

有几方面因素帮助中西部农民更好地进入外国市场，从而增强了他们的出口导向性质。国内改造项目，特别是铁路网络在 19 世纪 50 年代的快速扩张促使运输费用显著下跌，帮助加速了中西部的出口。英国在 1846 年废除《谷物法案》以及在 19 世纪 50 年代早期的克里米亚战争，也增强了国外对美国谷物的需求。随着小麦和面粉出口激增，在美国全部出口中的比重从 19 世纪 30 年代后期的 6% 提高至 50 年代后期的 11%，中西部扩大外国市场的希望得以实现。因此在这一时期，中西部在出口方面的潜在经济利益被激发出来。[34]

在中西部地区与外国市场联系日益紧密的同时，其政治权重也在增强。如图 I. 6 所示，中西部在众议院的席位增长几乎都是伴随着北方的损失，而非南方。在 1828—1846 年的关税投票期间加入联邦的各州有阿肯色州、佛罗里达州、密歇根州和得克萨斯州，让参议院增加了 8 票，其中 7 票赞成沃克关税法案。到 1850 年南方与中西部一起掌控了参议院 2/3 的议席。于是，过去的南方出口导向型经济利益群体有了新的中西部利益群体的加盟，两者都希望以低关税促进对外贸易。与南方的棉花和烟草生产者的长期看法一样，中西部的农民如今也支持降低进口关税，以扩大进口，由此增加出口所需的外国购买力。结果使南方与中西部的政治力量联合，得以制衡北方寻求保护性关税的能力。北方没有希望推翻这一联盟，如果不是南北战争爆发，低关税局面或许还会持续数十年之久。

## 南北战争前的贸易和保护

在政客为进口关税的细节与目的争执不休之时，美国经济的规模和结构在南北战争前发生了深刻变化。从 1820 年至 1860 年，全国总人口从 960 万增长至 3 140 万。农业依然是无可匹敌的最重要的经济活动，但工业（采矿、制造和建筑）雇佣的劳动力比重已从 1810 年的 8% 提升至 1860 年的 20% 。[35]

虽然国内经济在逐渐变化，美国的对外贸易构成却大体稳定。约 85% 的出口是原材料（主要是棉花）和食品（小麦和面粉）。约 2/3 的进口是（主要来自英国的）制造品，其余为食品和饮料，如葡萄酒和烈酒、咖啡和茶叶，这些进口大多同美国的产品不存在竞争关系。在整个南北战争前的时期，海关收入依然占联邦政府收入的近 90% 。

当然，关税之所以存在争议不在于其带来的财政收入，而是由于保护性关税影响了资源在全国不同地区的配置。南北战争前，美国的贸易政策主要涉及三个关键经济问题：（1）关税给国家整体上带来经济收益还是损失？（2）关税是否造成从南方向北方的收入再分配，如果是，数额有多大？（3）进口关税是否对促进美国工业化发挥了显著作用？

第一个问题是关于进口关税对美国整体上是否利大于弊。任何税收都会带来经济学家所说的“无谓损失”，即由于税收改变了生产和消费的激励而导致效率降低。1859 年时的关税造成的无谓损失很小，约为当时 GDP 的 0. 2% ，这是因为对全体进口产品的平均关税率不高（约 15% ），且进口占 GDP 的比重较小（不足 8% ）。换个角度看，那时的联邦政府支出仅为 GDP 的 1. 6% ，关税收入约占 GDP 的 1. 2% ，因此进口关税不太可能导致很大的无谓损失。然而，当 1828 年的“可憎关税”导致平均税率超过 60% 的时候，关税带来的无谓损失或许曾达到 GDP 的 2. 5% 之多。[36]

这一无谓损失还可能被其他方面的收益冲抵，其中最显然的收益可能是一个国家贸易条件的改善。贸易条件指一个国家出口产品价格与进口产品价格的相对比值，它同贸易收益密切相关。当一个国家的出口价格提高或进口价格下降时，贸易条件得到改善，也就是说，该国可以靠更少的出口换取更多的进口。贸易条件越有利，在其他条件相同时，一个国家从贸易中获利越多。许多国家并没有影响贸易条件的能力，但作为全球最大的棉花生产国，美国在南北战争前占全球棉花产量的 80%，足以影响其世界价格水平。限制棉花出口的政策可以推高世界购买美国棉花的价格，改善贸易条件，以其他国家的更多付出为代价，让美国获得更高的实际收入。[37]

出口税可以直接减少棉花出口量，提高世界市场价格。可是，出口税对美国来说是违宪的，恰恰是由于南方担心这一措施可能被用来限制其出口。当然分析出口税在理论上的影响依然能给我们有所启示。最优出口税能实现国民收入最大化，平衡贸易条件改善带来的好处与无谓损失造成的成本。有两种方法曾被用来测算最优出口税及其对福利的影响：通过可计算一般均衡模型进行模拟，以及对美国的出口需求弹性进行估算。这两种方法得到了类似的结论：哈利（Harley，1992）的模拟表明，棉花的最优出口税率应在 60% 左右，产生的福利收益接近 GDP 的 1%；欧文（Irwin，2003c）对美国棉花出口需求弹性的测算则表明，最优出口税率为 45%～55%，福利收益约为 GDP 的 0. 3%。假如这一政策得到实施，美国整体上将会获得小幅利益，但南方的棉花生产者会承受较大损失，除非把税款退还给他们。因此尽管美国在棉花市场上占有巨大份额，最优出口税能带来的潜在经济好处仍然可能非常有限。

进口关税可能导致类似的结果，因为出口与进口之间有着密切联系。如本书引言所述，勒纳对称定理表明，进口关税与出口税是等价的。进口关税在削减进口的同时会间接减少棉花出口，从而改善美国的贸易条件。不过，这一过程的逻辑要求进口关税不是导致所有出口减少，而只是导致棉花出口减少。而哈利（1992）的模拟表明，进口关税的作用并非如此。美国除了棉花还出口其他许多产品：小麦、面粉、加工食品（腌制牛肉和猪肉、牛油、猪油）等占据的份额也不少。这些出口产品（而非棉花）才是贸易总量变化中的边际变化产品，也就是说，进口关税导致出口减少时，是食品等边际出口产品的数量减少，而不是美国有一定垄断权的棉花等超边际出口产品的数量减少。结果导致进口关税会影响食品出口，而棉花出口基本上不受影响，从而无助于改善贸易条件。

第二个关键经济问题是，南方是否像那里的政客一直说的那样受到了进口关税的不利影响，如果是的话程度有多大？哈利（1992）对此做了分析：如果取消1859年实行的20%的进口税（进口额约为GDP的6%），三大生产要素，即土地、劳动和资本的福利可能受多大影响。结果表明，取消关税让土地所有者获益最大（福利约提高10%），因为农业生产会扩大。劳动的获益很小，福利仅提高约1%。资本则会有轻微损失，福利约下降4%。而从不同劳动力的视角看，制造业工人会遭受损失，特别是棉纺织业工人的福利将下降6%~15%，农民和种植园管理者则会提高3%~9%，具体变化幅度取决于不同的模型假设。从地区总收入的角度看，取消关税会让北方地区有难以察觉的微小损失（0.1%），因为那里既有农业也有工业生产。中西部农业地区的福利将提高约1%，南方地区则会提高约2%。

因此就收入分配效应而言，关税让北方的资本获得了更高回报，使全国的土地价值降低，对劳动力的影响则不显著。进口关税总体上让南方小有损失，但这些损失或许集中在少数有政治影响力的土地所有者身上，他们于是组织起了对关税的激烈政治反抗。因此正如上面的研究结论所示，北方的资本家支持关税与南方的种植园主反对关税显然都有其经济理由。另外，关税导致的国民收入再分配效应在（关税率高出很多的）19世纪20年代可能比1859年显著得多。

第三个关键经济问题是关税同早期工业化的联系。美国在南北战争前经历了快速工业化。虽然保护性关税在 1833 年后下降，国家在 1840—1860 年仍向工业化迈进，其速度甚至比以前更快。在 1839—1859 年，美国制造业部门的规模大约从 GDP 的 15% 扩大至 21% 。[38]对这一时期制造业的增长有许多解释，包括国内市场扩大与政治环境稳定，对投资与资本积累起到了鼓励作用。[39]保护性关税只是促进早期工业增长的若干因素之一，但其作用至今仍有争议。有人认为，如果不是由于关税，美国将依旧是农业经济体，国内工业会不成气候。另有人则认为即使没有关税，美国的工业化也会与实际结果差不多。

在分析外国竞争、关税保护与国内制造业之间的关系时，有几点需要注意。第一，许多制造产业完全不受进口产品的影响，包括皮革、木材和食品加工业等，其中有些甚至是很成功的出口产业。事实上，1859 年的出口中有近 17% 是半成品和制成品（不包括食品制造业），对于在农产品生产上有巨大资源优势的美国而言，这个比例之高相当惊人。此类产业通常是以当地的自然资源为基础，即使没有关税，某些制造活动肯定也会发展起来。第二，即使所有保护性关税均被废除，美国进口制造品的能力也受到其出口能力的限制。美国是个有较多人口的快速增长的国家，要想进口所有希望消费的制造品，它在棉花、小麦和其他农产品方面的出口能力也必须高速扩张：进口的任何增加都必须有相应的出口增加来匹配，才能有钱支付。类似的，外国的制造产能也必须同样大规模地扩张。鉴于美国经济的巨大规模及其对制造品的需求增长，它要继续完全依赖进口制造品而国内生产没有显著发展是不现实的。

实际上，如表 4. 1 所示，美国人消费的几乎所有制造品都是在国内生产的。例如在 1859 年，在多年相对低水平的关税保护后，进口制造品只占国内消费的全部制造品的约 9% ，同 1839 年基本相当。这个比例相对 1810 年的 23% 大为下降。因此到 19 世纪 40 年代，如果取消全部进口关税，某些产业可能会受到显著冲击，但对制造业的总体影响应该比较有限。

表4.1　1810—1859年制造品贸易和产出数据

（单位：百万美元，以现价美元计算）

| 年份 | 制造品进口 | 制造品出口 | 制造品净出口 | 制造品的国内产值 | 进口占国内消费份额 |
|---|---|---|---|---|---|
| 1810 | ≈49 | 6 | -43 | 173 | 23% |
| 1839 | 55 | 16 | -39 | 547 | 9% |
| 1849 | 121 | 23 | -98 | 1019 | 11% |
| 1859 | 191 | 46 | -145 | 1886 | 9% |

资料来源：制造品进出口数据，参见 US Bureau of the Census（1975），Series U-223-224；半成品和制成品（不包含加工食品）。关于1810年的数据，假设当年的6 500万美元进口产品中有75%是制造品；1821年的相应比例为65%。关于1810年的制造品出口，假设当年的4 200万美元出口中有15%是制造品，与1820年的比例相同。关于国内产值，1810年的数据来自Tench Coxe的估计，见 *Statement of the Arts and Manufactures of the United States of America*：*For the Year 1810*（Philadelphia：A. Cornman，1814），第11页；1839年的数据来自Gallman对当年制造业增加值的预测，采用2票对3票的比率（Gallman，1960，第43页），即制造品价值与制造业增加值的比率，取1849—1859年的平均值；1849—1859年的数据来自经济普查数据，见 *Statistical Abstract of the United States*（1913，第666页）。进口占国内消费的比例按照进口除以减去出口的产出计算。

许多经济历史学家由此认为，保护性关税并没有在美国的工业化中产生决定性作用。陶西格总结："大体上讲，关税变化对受保护产业的影响要比通常的印象弱得多。这些产业的增长一直稳健而持续，似乎没有因为1842年的高关税而大受激励，也没有因1846年和1857年的较温和税率而被抑制"（Taussig，1931，第152页）。根据戴维斯的数据，工业生产在南北战争前的整个时期也呈现稳定而连续的增长，与关税的高低调整无关（Davis，2004）。

大多数争论集中在受较高关税保护的棉织品、毛织品和铁制品产业。如果大幅削减保护性关税，国内的这些制造业可能损失多少产量？这一影响主要取决于进口产品与国内产品的替代弹性，也就是当进口产品价格变化时，消费者会在多大程度上调整在本国和外国产品之间的购买选择。较低的替代弹性意味着国内外产品的差异较大，彼此不能很好替代，那么关税削减对国内产业的影响就较小。较高的替代弹性则意味着国内外产品较为接近，容易相互替代，关税削减会给国内产业带来较大冲击。可惜的是，对南北战争前的这一重要参数缺乏实证估计。

哈利（1992）的模型对上述问题的解答提供了参照。他把容易受外国竞争、较为依赖关税的棉纺织业，与更稳定的其他制造业做了比较。其中包括皮革工业（鞋类和靴子），其产品在加拿大成功地与英国的产品展开竞争；食品加工业、烟草工业和木材工业也不受外国竞争影响，甚至能成功出口。哈利假设棉纺织业的国内产品同进口产品的替代弹性为 10，这个较高的取值表明国内外产品能够很好地替代，而其他制造品的替代弹性为 5。他模拟了在 1859 年取消税率为 20% 的进口关税的情景，发现整个制造业产出将下降 17% ，但对不同产业的影响差别较大。棉纺织业由于替代弹性较高，其国内产出将下跌 35% ，其他制造品的国内产出降幅则为 14% 。与进口的增长相对应，农产品出口几乎将达到原来的 3 倍，但棉花出口的增幅不及 10% 。

然而，上述模拟结果或许只代表一种极端情形，因为是基于较大的替代弹性数值，通过假设而非测算得出。其他人的研究结论则认为，关税对棉纺织业并不是那么紧要，即使早在 19 世纪 20 年代也是如此，因为美国与英国厂商专注于不同类型的棉纺织产品的生产，其替代弹性会小得多。例如，泽文（Zevin，1971，第 126—127 页）指出："来自英国的进口产品与新英格兰工厂的产品通常属于完全不同的类型……进口品主要是条纹布，其精巧的编织花纹还没有被动力织布机采用。新英格兰的动力织布机供应的是平纹布，如床单和衬衫布料，以及后来的斜纹布，它们的纺线数通常比英国产布匹少。"或者说，英国主要生产更精致的棉纺品，美国则集中生产较厚的标准布匹。因此，国内厂商可能因为产品品质的差异而不受外国竞争的影响，进口增加也未必会导致国内产量减少。[40]

这一观点有事实支持，棉纺织品的关税在 1846 年急剧下降对国内产业影响之小令人惊讶。1846 年的沃克关税法案取消了最低估值关税，并用简单的 25% 从价税取代了之前近 60% 的等值从价税，从而打破了对国内生产商的保护。进口剧增至原来的 3 倍，市场份额翻番，达到 15% ，然而如图 4. 2 所示，国内的棉纺织品产量并无滑坡。这意味着在

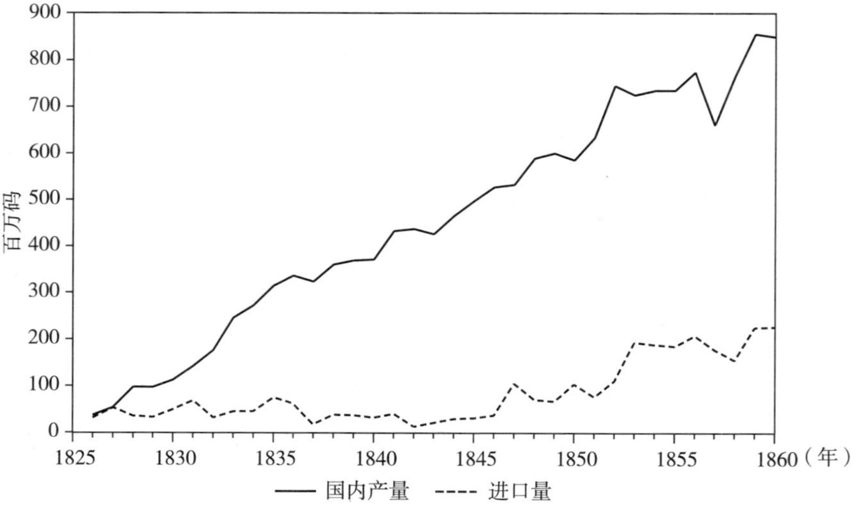


图4.2 1826—1860年棉纺织品的国内产量与进口量

资料来源：Irwin and Temin（2001），第782页。

美国人的消费中，用国内产品替代外国产品的机会是有限的，所以关税对该产业的增长并不起决定作用。[41]

相反，冶铁业面临更为直接的进口竞争。条形铁和生铁是同质性相对较高的产品，进口可以作为国内产品的良好替代品。因此，国产铁与外国铁的替代弹性较高，国内产量对进口产品价格的波动非常敏感。美国的冶铁业不像纺织业那么有牢固基础，并受制于若干制约其竞争力的缺陷，例如资本较为缺乏，熔炉规模较小，以及缺乏冶炼所需的无烟煤等。[42]根据有关研究，大约40%的国内铁产量需要靠关税保护才能持续（Davis and Irwin，2008）。当然，对进口铁征收关税会给其他国内产业造成伤害，尤其是使用铁的相关产业，还会增加桥梁和其他基础设施、农用机具及铁路建设的成本。如前文所述，冶铁业可分为生铁和条形铁生产商以及最终铁制品生产商（如农用机具等）。生铁和条形铁生产商希望给自己的产品提供较高的关税保护，但这会增加其他产业的生产成本，损害它们相对于外国厂商的竞争力。

大多数美国制造业在南北战争前的时期稳健成长，但关税也确实影响了贸易敏感度较高的某些产业的产量水平。陶西格（1931，第153页）

发现："我们经常听说，任何显著削减现有关税水平的行动……都将导致制造业消失，或者至少给它们的发展造成灾难性的约束。但 1860 年前这段时期的经验显示，此等预言没有根据。"哈利估算，如果棉纺织品相对于进口产品的敏感度很高，最多也只有 17% 的国内制造业依赖关税保护。因此，陶西格（1931，第 153 页）认为，尽管在南北战争前确实存在保护新兴产业的需要，但"美国坚持的保护措施并未取得多少效果"。在他眼里，这段时期的美国制造业扩张应主要归功于技术工人的"聪明才智和创造力"，以及不断增长的庞大国内市场，而非保护性关税。

事实上，相对于关税水平，国内制造商更多抱怨价格波动给他们的投资计划带来了不确定性。[43]大多数厂商宁可希望需求和价格维持稳定，而不是单纯地靠高关税提供保护，只不过他们把关税当作稳定市场的不完美工具。如图 4.3 所示，南北战争前的冶铁业受到过多次严重冲击，大多数与英国（主要的铁制品进口来源地）的经济发展有关。19 世纪 40 年代中期英国的铁路繁荣造成英美两国的铁价大幅提高，并使美国铁产量翻番。1847 年的英国商业危机则使繁荣戛然而止，导致产能过剩，英国出口价格暴跌。美国的进口随之剧增，国内产量则下跌了近一半。[44]国内厂商却把损失怪罪于《沃克法案》下调了关税，以及英国的"倾销"。

不过，当英国的重大供需冲击传递到美国时，关税并不足以维持生产和价格的稳定或平息进口价格的剧烈波动。较高的关税可以抬高国内价格，让规模较小、效率较低的厂商得以存续，但这样的关税总体上未必能始终维持较高的价格，保护生产商免受宏观经济波动的冲击。

第四个争论激烈的问题是，经济波动是否由进口关税导致，或者能否用关税缓和。亨利·凯里、赫齐卡亚·奈尔斯及其他关税支持者把每次经济下滑都归罪于"自由贸易"，把每次经济扩张都归功于"保护"。但大多数经济下滑是信贷市场在过度放款后的矫正行动所致。1819 年金融恐慌、1839 年危机以及 1857 年恐慌的根源都来自廉价信贷推动的土地投机。提高关税对保护厂商免受这种景气周期的冲击没什么作用。

图 4.3　1827—1859 年生铁的国内产量和进口量

资料来源：Davis and Irwin（2008）。

关税调整与经济波动发生的时机给人如下印象：两者似乎紧密相连，但存在一个时滞。1833 年的关税下调后，发生了 1839 年经济危机；1857 年的关税下调则正好赶上当年的恐慌（后文还将介绍）。这个模式似乎证明了反对下调关税的人的观点，但真实的因果关系与他们的理解不同。国内经济繁荣会导致较大的财政盈余，给国会提供下调关税的空间，而繁荣时期不可避免的结束则会带来衰退和财政赤字，给国会制造压力，要求提高关税以保护制造商和增加财政收入。因此，实际上是 1819 年的金融恐慌导致了 1824 年关税法案，1839 年危机导致了 1842 年关税法案，1857 年恐慌导致了 1861 年《莫里尔关税法案》(Morrill Tariff)。由于经济下滑与法案通过之间的时滞，等提高关税开始生效时，经济通常已开始复苏。因此这一模式会让人们对因果关系产生一种错觉，误以为是下调关税导致经济走弱，而提高关税带来经济繁荣。

其实在每次案例中，进口关税的立法调整都是对宏观经济波动的响应，而非客观经济被动的驱动因素。应对经济下滑的政治压力主要表现为呼吁提高保护性关税，因为联邦政府当时没有能力稳定货币和金融体系，有时甚至还会加剧不稳定。与之相反，1846 年的沃克关税法案大幅下调了关税，随之出现了经济繁荣，而非进入衰退。自由贸易倡导派由此宣称，是关税降低带来了经济扩张，但与保护主义对手一样，他们也犯了错误，把宏观经济变动归因于关税调整，而非货币和实体经济的其他因素。在这个案例中，经济繁荣主要来自 1849 年的加州淘金热和其他一些因素。

## 南北战争前夕的关税

在 1846 年采纳沃克关税法案后，该议题从国家政治讨论中褪色了。民主党在 1845—1860 年至少控制着决定关税法案的众议院、参议院和总统这三大机构中的两个。他们支持维持《沃克法案》确立的现状，并有能力阻止改变该政策的任何企图。辉格党人在这段时期从未掌控统一政府，也就始终没有提高关税的机会。

美国在这些年中的强劲经济增长是维持现有政策的基础。1847 年墨西哥战争后的经济热潮与 1849 年的加州淘金热给政府带来创纪录的财政盈余，消除了提高关税以增加财政收入的需要，也封住了要求进口保护的生产商的嘴。共和党负责人之一詹姆斯·布莱恩（James Blaine，1884，第 196 页）在回忆录中写道："1852 年后，民主党几乎无争议地控制了政府，并逐渐成为主张自由贸易的党派。1846 年关税法案包含的原则在当时似乎得到了完全的证明和认可，反抗消失，不仅是普遍民众，甚至保护派经济学家和制造商很大程度上也是如此。这一默认态度极其普遍，以至于在 1856 年推出总统候选人参与大选的三个党派，没有一个提出甚至暗示要实行保护性关税。"

在基本遏制了保护性关税的势头后，民主党把"仅以财政收入为目标的关税"重新确立为贸易政策的指导原则。例如在 1854 年 12 月，民主党总统富兰克林·皮尔斯（Franklin Pierce）宣布："为财政收入而非保护而征收的关税，如今可以被视为国家的既定政策。"[45]按照这一标准，进口关税的征收只是为了支付政府的节俭开支，任何超过 20%～30% 的税率都是过分的，任何大额的财政盈余都意味着应降低关税。因为进口关税占政府财政收入的绝大部分，没有太多空间考虑其他贸易政策，例如与其他国家的互惠协定等。国会也确实不鼓励总统开展可能达成此类协定的谈判。[46]

随着围绕关税的政治争论退潮，有关奴隶制的分裂性议题进入国家政治斗争的中心。担心因此导致地区撕裂的民主党，长期以来阻止把奴隶制作为政治议题进行讨论。从1836年至1844年，众议院的一条禁止发言规则阻拦了对该议题的任何讨论，民主党人则投票搁置成百上千反对奴隶制的申请。这一限制策略一直维持到得克萨斯州合并，因为这引起了把奴隶制扩展到新合并领土的问题。该问题使1820年的“密苏里妥协案”（Missouri Compromise，禁止奴隶制跨越北纬36°30′的界线）变得紧张。泰勒总统邀请加利福尼亚和新墨西哥作为自由州加入联邦惹怒了南方，它们本来希望维持自由州与蓄奴州在参议院的平衡，以便掌控对反奴隶制立法的否决权。为打破僵局，亨利·克莱撮合了1850年妥协方案，但也只是让冲突推迟而已。

民主党接下来试图对堪萨斯和内布拉斯加等地区授予州权。但作为对该党南方势力的让步，民主党通过了1854年《堪萨斯-内布拉斯加法案》（Kansas-Nebraska Act），废除了密苏里妥协方案，允许各地区可根据“人民主权”（popular sovereignty）决定是否以蓄奴州身份加入联邦。结果铸成了政治上的大错，其设计者严重低估了北方的“自由之土”派民主党人与很多辉格党人构成的反奴隶制力量的敌对反应。《堪萨斯-内布拉斯加法案》将美国政治彻底推入漩涡，撕裂了民主党，摧毁了辉格党，导致由老辉格党人与废奴主义北方民主党人结成的共和党的兴起。虽然共和党后来将采纳辉格党人曾经主张的许多积极主义政府政策，如国家银行体系和保护性关税，他们当时却更像一个反奴隶制联盟，还没有在贸易政策领域形成强硬立场。事实上，1854年中期选举中拿下众议院的共和党人在1856年的大选纲领中根本没有提及关税政策。

与此同时，经济的持续发展给政府带来了大量财政盈余，并让公共债务余额得以减半。沃克关税法案受到某些批评，认为给原材料设置的关税过高，影响了利用这些原材料的制造商。这两方面因素导致再次削减关税的压力渐增。1853 年 12 月，富兰克林·皮尔斯总统建议下调关税以减少政府收入，并让制造业使用的原材料进口免税。由于国会埋头在有关奴隶制的争执上，皮尔斯在 1855 年 12 月的年度报告又再次提出该建议，指出："各种来源的年度财政收入比谨慎和节俭开展公共事务管理所需的资金多出数百万美元，这一突出事实表明应该尽早调整和削减进口产品的关税率。"[47]

控制众议院的共和党人中包括很大一批以前的北方民主党人，他们在奴隶制问题上反对民主党，但仍继续坚持有限政府与降低关税。根据总统的建议，筹款委员会于 1856 年 8 月提交了一部法案，将把现有关税率平均下调约 20% 。然而众议院未能在秋季选举前的休会期之前将该法案付诸表决。

1856 年大选的结果是，民主党再次掌控了统一政府，詹姆斯·布坎南（James Buchanan）当选总统。民主党统一政府加上大额财政盈余，似乎将确保新的关税法案获得通过。可是当众议院于 1857 年 1 月提出关税法案时，由于对奴隶制议题的激烈争议，议员很难将焦点集中在进口关税上。当众议院最终转向关税政策讨论时，重点围绕原材料关税应该削减多大幅度。北方制造商发现提高最终产品的关税毫无希望，于是支持削减乃至取消原材料的关税，以降低自己的生产成本。毛织品厂商希望羊毛免税，铁路利益集团希望铁制品免税。事实上，讨论进程显示关税保护的支持者已在多大程度上失去政治影响力。斯坦伍德（1903，第 2 卷：第 99 页）指出："讨论的调子同 30 年前针对 1828 年关税法案时已大不相同，保护主义者以最谨小慎微的方式介绍其观点，而自由贸易者用大胆而激进的风格宣传。"

1857 年 2 月，众议院批准了该法案并将其提交参议院，后者再做了某些细微的修正，短短 6 天后也投票通过。两院协商委员会很快解决了两个版本之间的细小分歧，法案最终于 1857 年 3 月 3 日由皮尔斯签字生效，即他在任的最后一天。

1857 年关税法案让应税进口产品的平均关税率从 1856 年的 26% 下调至 1860 年的不足 20% ，降幅约为 20% ，达到 19 世纪的最低水平。

全部进口产品的平均关税率在同一时期则从 22% 降至 16% 。布莱恩（Blaine，1884，第 197 页）后来回忆说，法案并未激起太多辩论，“得到了民众的充分接受，甚至得到了相当一部分共和党人的认可……当然，某些共和党要人仍固守过去的辉格党传统，反对下调关税。”

可是，导致大额财政盈余并推动修正关税的美国经济快速成长很快戛然而止。新关税法案从 1857 年 7 月起生效时，正值商业周期的顶峰。1857 年 8 月，俄亥俄人寿保险与信托公司（Ohio Life Insurance & Trust Co.）破产，1857 年金融恐慌爆发。恐慌源于西部铁路建设的过度融资、东部金融机构的土地投机以及这些投资的价值突然崩盘。美国随之进入衰退，工业产量下跌近 7% ，财政盈余也很快变成大额赤字。[48]

财政部于是建议提高关税税率，以增加政府收入，但詹姆斯·布坎南总统拒绝这一行动。在 1857 年 12 月给国会的首份年度报告中，布坎南指出新关税“只运行了很短时间，并面临非常不利的形势，因此难以判断它作为财政收入措施的成效，至少在目前看来，我还不能认为该法案有失察之处、需要修正”。[49]得到总统的暗示后，民主党主导的国会在 1858 年没有采取行动。

到 1858 年底，随着赤字持续扩大，联邦借款持续增加，总统改变了路线。布坎南一方面否认 1857 年关税法案与国家的金融问题有任何关联，另一方面承认继续靠借款填补赤字将是“破坏性的”，所以应该提高进口关税。除了增加财政收入外，这还会“在一定程度上提升制造业群体的信心，并给复兴中的企业带来新的刺激”。布坎南还主张用从量税代替从价税，说这是“更可靠的”税收来源，并能够给美国制造商提供“在财政收入性关税下可以公平获得的附带优势”。[50]

布坎南的让步标志着关税政治重回华盛顿，并给了保护性关税的支持者逆转近期关税下调势头的新机遇。经济下滑帮助共和党在 1858 年中期选举中夺回了众议院，察觉到政治机会的该党对保护政策的态度变得大为积极。对于关键的摇摆州——宾夕法尼亚——而言，关税问题尤其重要。1857 年关税法案让铁制品和煤炭的税率从 30% 降至 24% ，虽然幅度不大，但许多人却把该州的严重衰退归罪于斯。亨利·凯里就宣扬说，国家经济正处于“可怕的自由贸易危机”之中。[51]

此时，民主党却陷于分裂。南方民主党人反对任何提高关税的行动，宁可让政府依靠借款应付财政缺口。北方民主党人则以宾夕法尼亚州的部分议员为首，他们在 1858 年选举中失败，此时只是在完成剩下的任期，阻止了授权政府增加借款的法案，因为他们希望迫使关税提升。鉴于国会在 1859 年始终不能打破僵局，布坎南在 1859 年的年度报告中重审了提高进口关税的意见。

当新的第 37 届国会于 1860 年 3 月开幕时，共和党人已控制了众议院，并提出了自己的财政建议。佛蒙特州的贾斯汀·莫里尔（Justin Morrill）提交的议案建议用从量税取代从价税，并使其税负水平大致相当于 1846 年的沃克关税法案。尽管莫里尔反对“自由贸易的陈腐理由”，却坚称“没有任何物品的关税是纯粹出于保护目的而征收的……对制造品的平均关税率将不会高于而是低于目前的水平”。占少数派的民主党人无力阻挡众议院的共和党人在春季通过该法案。众议院行动的主要动机是解决财政收入，莫里尔本人也讲过，该法案“并不是为照顾制造商，其实总是担忧不确定性的他们对此反应冷淡”。[52]而在参议院的辩论中，约翰·谢尔曼提出，当某些同僚说制造商在催促和逼迫该法案时，“他肯定知道事实不是那样，制造商反复讲过他们不愿意受到干扰”。[53]当然，即使工业利益集团不是背后推动该法案的力量，他们也依然希望影响国会对法案中的不同税率的决策。但自 19 世纪 40 年代早期被排除出关税政策制定之后，制造商的政治影响力已不可同日而语。[54]

由于参议院依旧被民主党掌控，众议院的共和党人并不奢望法案成为法律。事实上，财政委员会（Finance Committee）主席、来自弗吉尼亚州的罗伯特·亨特（Robert Hunter）宣布，该法案是“我见过的最荒谬的财政法案”。[55]他并不否认政府需要财政收入，但批评该法案重新引入了保护性关税。民主党人勉强把法案拖延到 1860 年 12 月的下届国会，但这或许成了他们的一个战略失误。如果他们有更大灵活性，本可以同意暂时恢复 1846 年的关税设置，解决政府的财政赤字，并以此换取在经济下滑结束后把税率调回 1857 年的水平。正如休斯顿所述（Huston，1987，第 265 页）："民主党其实有绝好机会破坏共和党的经济提案，并证明他们很关心北方人的物质利益。"休斯顿（1987，第 207 页）发现，在考虑恢复 1846 年的关税增加财政收入时，民主党人本可以"摧毁共和党人对他们的'奴隶主势力阴谋'这一指控……然而，南方民主党人的实际选择却让共和党人把他们描述成只关心特殊阶层的经济与社会福利的家伙"。由于南方民主党人强烈反对任何关税调整，这一固执使共和党人在 1860 年大选中获得了优势。

鉴于共和党依然是辉格党与自由之土派民主党人的联合，1860 年的共和党竞选纲领谨慎地提及了保护性关税的议题，指出："进口关税为政府的一般运转提供了财政收入上的支持，同时明智的政策应该对这些进口做相应调整，以鼓励整个国家的工业发展。"[56]该党的总统候选人亚伯拉罕·林肯认识到了党内对关税议题的政治敏感性。1859 年 10 月，他接受一位来自宾夕法尼亚的记者的采访时把自己描述成"老派的亨利·克莱式关税派辉格党人"，但补充说：

> 我的观点并未改变。我依然相信，如果我们能够有一套目前接受的温和而经过细致调整的保护性关税，而不是把它当成政治争吵、指责和不确定性的永恒主题，将是对大家都更好的结果。我同时又认为，在目前重新提起这一问题对此事及其倡导者而言并无帮助。最近我对这个问题思考不多，但我的一般印象是保护性关税的必要性不久后就将迫使其反对者面对此问题，然后其长期支持者将加入进来，在更为牢固而持久的基础上重建该制度。我们这些老派的辉格党人在关税问题上曾经完全失败，只有在保护性关税的缺失让目前那些还反对它的人看到其必要性之后，我们才有可能重新确立这一政策。[57]

因此，林肯试图在竞选中低调处理关税议题，甚至不想将它纳入政党纲领。正如他在 1860 年 5 月所写的那样："不应在芝加哥的共和党大会上鼓动关税问题"，因为共和党当时依然是支持关税的辉格党人和反对关税的民主党人的脆弱联盟。[58]

虽然 1860 年大选的主题是奴隶制度的存废，但林肯的支持者还是在宾夕法尼亚、伊利诺伊、印第安纳和新泽西等关键摇摆州大肆宣传他对关税的看法。特别是宾夕法尼亚州由于有大量选举人票（当时仅次于纽约州），将成为名副其实的“拱心石之州”。休斯顿（1987，第 267 页）描述：“保护主义经济议题对于把宾夕法尼亚从民主党州变成共和党州发挥了绝对关键的作用。”詹姆斯·布莱恩（1884，第 207 页）也把林肯的胜利归功于其关税立场：“如果共和党未能拿下宾夕法尼亚州，毫无疑问林肯先生将输掉大选……因此，关税议题非但对政治权力的竞争产生了决定性影响，而且关系到决定联邦命运的更为重大的斗争。”1857 年恐慌让 19 世纪 50 年代在地区争执中已被淡化的经济问题重新受到关注，给了共和党人强大的助选。

与此同时，民主党人的北方和南方派系对奴隶制产生了严重分歧，推出了两位候选人角逐总统。虽然他们的总得票数多于林肯，其分裂局面却让共和党人入主白宫。1856 年，辉格党与共和党的分裂让民主党人以相对多数票当选，1860 年则是因为民主党的分裂让共和党人以相对多数票获胜。林肯在全国投票中的得票数不及 40%，却赢得了较大优势的选举人团多数票。

鉴于林肯对奴隶制的立场，他的胜选立刻促使南卡罗来纳州退出联邦，更南部的几个州随即效仿。尽管民主党人在 1861 年秋季新国会召开前依旧掌控着参议院，老国会于 1860 年 12 月重新开会时，南方的参议员却没有返回华盛顿。由于少了十来位民主党议员，参议院落到共和党与北方民主党人手中，给《莫里尔关税法案》的通过扫除了障碍。北方民主党人支持提高关税，控制了负责制定该法案的特设委员会。1861 年 2 月，在对众议院的法案做了广泛修正后，参议院以 25 票对 14 票通过。众议院接受了 156 项修正中的 155 项，被参议院接受后，紧接着就由卸任总统、民主党人布坎南在林肯任职前两天的 3 月 2 日签署生效。[59]该关税法案通过的过程，表明美国内战的真正原因是关税而非奴隶制这一说法并不成立：南方不是因为《莫里尔关税法案》而分裂；是因为南方先退出联邦，《莫里尔关税法案》才得以通过。此外，该法案的签署人是民主党人詹姆斯·布坎南，而非共和党人亚伯拉罕·林肯。

同时，莫里尔关税远远超出了预定的恢复沃克关税水平的范围。许多从量税的设定明显高于过去的等值从价税。根据相关测算，应税进口产品的平均税率从 1857 年关税法案的 19% 提高到《莫里尔关税法案》的 27%。[60]另外，没有对咖啡和茶叶征税表明该法案并不能真正解释为财政收入性政策。某些共和党人宣称，关税率还不足够高，而北方民主党人则认为已经过高。来自宾夕法尼亚州的共和党议员撒迪厄斯·斯蒂文斯（Thaddeus Stevens）抱怨，众议院法案被参议院改动了，因此“不再是保护性关税”。而《纽约晚邮报》（*New York Evening Post*）的编辑、共和党人威廉·卡伦·布莱恩特（William Cullen Bryant）则写道：“新关税法案给我们的商业体系带来了完全的革命，往回走了一大步，向着老式的保护主义信条后退。”[61]

林肯显然希望有更多财政收入解决预算赤字，但实行保护性高关税并非他主要考虑的内容。1861 年 2 月，当他前往华盛顿准备就职时，他声明：“当前的财政状况似乎表明尽早修正关税是不可或缺的。国会正在讨论的《莫里尔关税法案》可能成为法律，也可能失败。我并未了解其具体条款，但如果该法案总体上令人满意，获得通过，目前的麻烦就可以结束。”[62]候任总统还自称对关税政策持开放态度：“我并不了解这个议题的多方面影响，但我向你们承诺，我将给予它最密切的关注，努力更全面地理解它。”[63]让亨利·凯里及其他关税支持者大为惊讶的是，林肯任命了萨尔蒙·蔡斯（Salmon Chase）担任财政部长，这是一位整个职业生涯都支持低关税的前民主党人。当然，新总统入职时遭遇的问题远比是否应该把进口关税适度提高或降低更为严峻，美国正处于前所未有的危机之中。

## 内　战

1860 年 4 月 12 日，就在《莫里尔关税法案》生效 11 天后，邦联军队炮击了联邦在南卡罗来纳州查尔斯顿的基地——萨姆特要塞（Fort Sumter）。这标志着美国内战的爆发。尽管历史学家依旧在争论促使南方脱离联邦的诸多原因，但如前文所述，关税政策引发的地区间冲突在 1860 年之前的约 25 年里已在很大程度上平息。随着 1833 年妥协方案达成，南方事实上已赢得了南北战争前的关税较量。1860 年，应税进口产品的平均关税率不到 20%，北方制造商基本上已放弃了设置更高关税的奢望。1861 年的《莫里尔关税法案》在某些方面不过是对 1857 年恐慌的财政调整措施，它之所以能获得通过，完全是因为南方已经脱离了国会。由于上述原因，我们不能认为南方脱离联邦是因为关税政策的争执。

相反，正如众多历史学家已经明确阐述的那样，内战是因奴隶制而爆发。共和党的胜选给奴隶制的存续带来了紧迫的威胁，或者说至少有此感受。对南方来说，奴隶制关系到巨大的经济利益，远远超出进口关税的影响。截至 1860 年，奴隶资产的经济价值约为 27 亿美元，比铁路和制造业投入的资本价值之和还高出很多。在七个主要产棉州，约有 1/3 的白人收入来自奴隶劳动。对这一体制的唯一现实威胁来自北方与政治实力日渐增长的废奴主义运动，该运动的参与者试图把奴隶定义为自由人，而非财产，从而会彻底改变现有的产权关系。[64]

南北战争是美国最血腥和最具破坏性的冲突。战争的经济损失达 66 亿美元（以 1860 年美元价值计算），或者说相当于 1860 年 GDP 的 150%。[65]伤亡数字非常惊人：约 62.5 万人死亡，40 万人受伤。这场战争自然严重冲击了对外贸易，主要出自南方的全国出口量从 1860 年的约占全国 GDP 的 7% 下降至 1865 年的不足 2%。进口同样在战争时期大幅下跌。

战争的资金需求给联邦政府的财政体系带来了巨大压力。《莫里尔关税法案》不是为打一场重大战争筹款而设计的。在战争的惊人成本日益显露后，财政部长蔡斯不情愿地提出了进一步提高进口关税以增加收入的建议。1861 年 7 月，众议院筹款委员会提出了新的关税法案，把咖啡和茶叶加入应税目录，并提高了食糖等奢侈品的税率。无须太多争议，共和党人控制的国会在 8 月通过了法案。随着政府的财政缺口继续与日俱增，国会又在当年12月再度提高税率。这些措施使得应税进口产品的平均关税率从1861年的19%提高至1862年的36%。

尽管关税得以提高，人们却很快看清，进口关税完全不足以应付北方的巨大战时开支。因此，1862年的《国内税收法案》（Internal Revenue Act）引入了广泛的国内新税种，包括所得税、遗产税，以及对国内产品和服务（如铁路和电报等）生产的高额税收。詹姆斯·布莱恩（1884，第1卷：第433页）对1862年《国内税收法案》做了如下描述：

> （它）是各国政府有史以来设计得最认真、最彻底和最全面的税收体系之一。依靠烈酒、麦芽酒和烟草提供很大一部分税收收入……对棉花、羊毛、亚麻、大麻、钢、铁、石材、泥土和其他原材料的生产商按3%征税。银行、保险、铁路公司、电报公司和所有其他公司均需交税。屠户每屠宰1头牛交税30美分，1头猪为10美分，1只羊为5美分。马车、台球桌、游艇、金银器皿以及其他所有奢侈品被课以重税。所有职业和行业，除了宗教人士外，都纳入该法律的内容庞杂的条款中，需要交税获取执照。银行家与典当经纪人、律师与马匹商人、医生与甜点师、商业经纪人与小商小贩、剧场业主与街头艺人，都被一视同仁地召唤来给联邦财政部出力。

在征收国内税收的同时，国会还大幅上调了关税税则中的税率。这一修正的主要目的是平衡进口产品与国内厂商的税负，由于后者现在被直接征税，前者的税收也必须做相应调整，以免导致有利于外国厂商的歧视。为支持该法案，佛蒙特州的共和党议员贾斯汀·莫里尔陈述："我们必须修正外国进口产品的关税，以免因为国内税收引起严重的混乱，某些物品的国内税收已超过现有的关税，我们应该做适当的补偿，否则将杀掉下金蛋的鹅……如果我们让制造商出了血，就必须看到同时采取了恰当的补救措施。"[66]宾夕法尼亚州的共和党议员撒迪厄斯·斯蒂文斯（Thaddeus Stevens）说得更简单："我们希望对同类进口产品征收更多关税，这是作为国内制造商对抗外国进口的补偿。”[67]

该法案减少了免税目录中的品种数量，并提高了大多数进口产品的关税，没有多少争论便快速在国会通过。

这一措施有时被称为“第二莫里尔关税法案”，其支持者指出，这一“战时关税”将是暂时性的。1862 年 7 月，共和党占据巨大优势的众议院以 69 票对 36 票轻松将其通过。参议院紧随其后，再经过协商委员会对法案分歧的短暂协调，由林肯总统在当月晚些时候签字生效。

随着政府支出持续增加和财政赤字不断扩大，国会被迫在 1864 年 6 月采取更多税收措施，包括大幅提高国内税率，再次大幅提高进口税率，以及授权更多的联邦借款。莫里尔也再次论述，需要提高关税率补偿国内厂商因为国内税收带来的重负：

> 主要目标是增加来自国外的进口产品的税收，同时保护和照顾国内产品，它们带来了最大的财政收入。对于我们已习惯在国内找到的产品，应该避免它们大量地被外国产品替代……如果我们对国内制造商征收 5% 的税收，同时对外国制造商提高同等幅度的关税率，那它们就能保持与之前相同的相对竞争位置，双方都没有理由抱怨。[68]

这次的法案也同样迅速通过，几乎没有争论。正如斯坦伍德（1903，第 2 卷：第 129 页）的报道：“该措施的目标非常容易理解，实现既定目标的手段也取得了充分共识，主导政党的多数优势又如此巨大，使有关讨论显得索然无味，几乎同私人养老金法案的讨论一样简短。”众议院和参议院各自用了两天对法案展开讨论，并均以压倒性多数表决通过。到 1865 年 4 月，又小幅提升了部分进口产品的税率，其中包括棉纺织品和酒类产品等。总之，1864 年和 1865 年关税法案使应税进口产品的平均税率到 1865 年提升至 48% 左右。

这些战时关税提升是在极少人反对的情况下采纳的。虽然部分北方民主党人对高税率颇有微词，如对消费者和商家带来的负担，匆忙起草法案时采用“粗暴而有缺陷”的办法，但增加税收收入的必要性一目了然，共和党人又在国会占据绝对支配地位，他们的反对也就无足轻重了。在陶西格（1931，第166页）看来，国会“既没有时间也没有兴趣仔细审查任何税率方案的含义和效应，最便捷而快速的计划是采纳国内厂商为保护他们自己而提出的关税率。不但在战争期间，而且在战后的几年，对高关税的所有反对情绪几乎都消失了”。

虽然有上述的大幅税率提升，但由此带来的税收收入依然只够应付战时联邦全部支出的1/5，大多数支出还得靠借款来融资。结果导致偿还巨额公共债务的需要使战后也很难降低关税和国内税率。事实上，1864年采纳的进口关税率基本上维持到了1883年。我们将看到，美国政府对财政收入的迫切需要与国会不愿意放弃由既得利益集团支持的方案，共同导致进口高关税在战后维持了数十年之久。内战的另一个后果是，联邦政府再也不像之前那样严重依赖进口关税了。战前，大约90%的联邦收入来自关税；战后，国内税收，尤其是对酒类和烟草的消费税范围显著扩大，只剩约一半的联邦收入来自关税。

林肯总统在这段时期对关税持什么态度呢？虽然人们往往把林肯描述为保护性关税的强烈支持者，他的总统报告却显示，除了考虑为战争筹款外，他其实对关税没有什么兴趣。卢辛（Luthin，1994，第629页）认为：“在1861年抵达华盛顿担任总统后，林肯只是把关税作为一种筹款的手段而已。”[69] 林肯不太关注这段时期采纳的鼓励工业发展的非歧视性保护措施；对他而言，关税不过是实现既定目标的手段，动员必要的资金赢得战争的一种方法。卢辛（1944，第629页）还提到，“在战争时期反复给林肯提供咨询的亨利·凯里，对总统始终深入关心战争的政治和军事方面，却对关税问题缺乏兴趣颇为失望。”的确，在1865年早期凯里自己也痛苦地记录：“保护政策让林肯先生当选总统，给了他取得的全部成就，但就我所知，他却没有对此回馈过一句感激之词。”

## 南北方的贸易战

随着邦联的成立，南方可以自由选择关税制度。南方于1861年3

月制定的《邦联宪法》（Confederate Constitution）明确规定了“关税仅服务于财政收入目标”的政策。该宪法授权邦联国会“制定和征缴税收、关税与消费税的权力，以产生偿还债务、提供一般防务和维持政府运转必需的财政收入；但财政不应提供任何奖励金；对外国进口产品的任何关税和税收也不应该用于促进和培育任何产业部门，所有的税收、关税和消费税在整个邦联应保持统一”。但有些讽刺的是，与美国宪法不同，《邦联宪法》规定如果得到 2/3 多数票赞同可以实施出口税。[70]

第一套邦联关税制度实际上借用了 1860 年 11 月的美国关税制度，也就是 1857 年关税法案。邦联直到 1861 年 5 月才设置自己的关税，模仿了 1846 年的《莫里尔关税法案》，但是对税则 A 的产品采用最高为 25% 的税率，税则 B 为 20%，等等，每个分类的税率均比模本低 5 个百分点。主要制造品（铁、纺织品和鞋类）的关税率设定为 15%，大多数进口产品按 10% 或 15% 计征。战争物资，如武器、弹药和火药等，实行低关税。来自北方的产品也需缴纳关税，但允许来自中西部的面包原料免税进口，以缓和该地区对南方分离出去的不满情绪。

南方的自由贸易情感依旧强烈。实际上，邦联众议院曾于 1862 年 3 月以 67 票对 16 票通过完全废除关税的议案，只是被参议院阻止。[71]但在脱离联邦后，许多南方人开始认识到了保护本地制造商、发展备战和维护独立必需的产业有其好处。[72]因此，南方也不能避免就自己的保护性关税策略展开辩论。由于担心战争将很快结束，以及北方和外国竞争力量的回归将压倒本地工业，南方的制造商不愿意大规模投入生产设备。尽管邦联众议院曾考虑采纳用进口关税鼓励铁产品生产投资的建议，却没有后续成果。

邦联面临的财政问题比北方严峻得多，因为其经济规模小很多，也更依赖对外贸易，能够支持战争开支的国内税基非常有限。邦联财政部长克里斯托弗·梅明杰（Christopher Memminger）在首份报告中希望以 12.5% 的平均进口关税率带来每年 2 500 万美元的税收。但事实上，邦联在整个战争期间也只征到了 340 万美元的关税。邦联政府在战争中总计获得了 2.58 亿美元的税收和贷款，支出却高达 15 亿美元，只好用通货膨胀弥补缺口。[73]

南方的经济优势之一是英国较为依赖其出产的棉花，但南方领导人对如何利用这点没有把握。有人认为南方应该借助这一经济杠杆，限制棉花出口，从而迫使英国出面支持邦联的独立。其他人则相信应该鼓励棉花出口，实现出口收入最大化，以帮助邦联从海外进口关键的给养。不管这些方案的优劣如何，邦联当局从来没有坚持一贯的策略。起初他们试图限制棉花出口，希望给英国施加压力以提供军事援助。但棉花种植园主反对任何强制减产计划，于是只好让各州政府与私人执行非正式的棉花出口禁运。效果还是相当显著，在国内产量仍很高的情况下，棉花出口量从 1860 年的 360 万包剧降至 1861 年的 10 129 包。不过禁运对英国的政策毫无影响：长期担忧过度依赖美国棉花的兰开夏郡纺织生产商已经把供应来源扩大到印度、埃及和巴西等地。南方的禁运同时还赶上了不佳的时机，世界市场的棉花供应极其丰富。[74]

棉花种植园主在推动南方脱离联邦的过程中发挥了关键作用，却没有给邦联政府提供足够的资源对抗北方。种植园主反对把削减棉花产量或出口量作为战争的手段，坚持“种植任何数量的棉花、在任何时候留存这些棉花、在任何时候以及向任何人出售这些棉花的权利”。[75]例如，根据《邦联宪法》，对棉花出口征税是显而易见的税收来源。1861 年 2 月，南方对原棉征收每磅 1/8 美分的出口税，希望借此获取数千万美元收入。这一小额税收仅相当于棉花的铸币价值的 1. 5%，却被广泛无视和轻松规避，最终只覆盖了约 5% 的棉花出口，给邦联财政部带来的税收不过 2. 8 万美元。[76]

邦联政府还考虑创立一个市场经销局，把全部棉花产出买下来，再与外国卖家进行谈判。但这一选项因为代价过高而被排除。种植园主也拒绝把邦联债券同海外棉花销售挂钩，并抵制把奴隶从棉花种植转向其他领域，如食品生产或军事服役等。他们只是继续专心生产棉花。[77]

就这样，南方限制棉花出口的所有努力都遭到了反对，或者也会由于各种国内政治原因而搁浅。种植园主喜欢吹嘘“棉花之王”的经济实力，但他们实际上却害怕行使这一权力。他们担心，任何出口限制都会鼓励世界其他地方的棉花种植，从而削弱美国在战后的棉花销售地位。他们希望仅凭借中断南方棉花供应的威胁就能吓唬住英国，让它提供援助，结果自然未能如愿。

北方的海上封锁是南方未能依靠出口杠杆获利的另一个关键因素。林肯总统于 1861 年 4 月宣布，从弗吉尼亚到得克萨斯的南方各港口都将被封锁。当然封锁从未实施得特别彻底：对于归航与出航船只的捕获率在 1862—1865 年仅为 35% 左右，帆船较高，蒸汽船较低。尽管封锁存在漏洞，尽管走私者竭尽全力躲避北方的海军，南方的外贸成本仍大幅提高。在内战期间，南方的棉花产量估计约为 680 万包，出口到欧洲的却只有 50 万包。有近 100 万包被偷运、捕获或者贩卖到北方，50 万包由南方自用，近 200 万包留作存货并在战后出售。英国市场的棉花高价格给成功躲避封锁的人带来了丰厚利润，穿越封锁的蒸汽动力船有超过 90% 再次尝试危险航线。[78]

战争对南方造成了巨大灾难。1865 年，经济完全崩溃，财富与收入损失极其惨重。1860 年，南方的人均收入为全国平均值的 72%，到 1880 年下降至 51%。南方与北方的相对经济地位在近一个世纪之后才恢复到南北战争前的水平。[79]

美国内战给对外贸易带来的影响是暂时的，给美国贸易政策带来的影响则是长期的。战争时期征收的“临时”关税成为新常态，新崛起的特殊利益群体希望维持关税水平，南方在美国政治中的力量又大为削弱，失去了之前对国家关税政策的影响力。由此，战时形成的关税制度将在之后持续数十年。

# 第二篇

# 限　制

# 第五章
# 关税改革的滑铁卢，1865—1890 年

美国贸易政策在内战前后发生了重大转折。内战期间，美国的进口关税被推升至极高的水平，共和党由此建立起一个坚不可摧的联盟，使政府难以在战后下调进口税率。尽管民主党倡导开展关税改革，但是他们在政治上常常四分五裂，在近 30 年的时间里未能实现对政府的统一掌控。本章阐明了高关税体制如何在内战后逐步扎根，并且探讨了对进口竞争性产业提供贸易保护产生的部分经济后果。

## 战后关税改革引发的斗争

内战结束后，一系列错综复杂的战后重建问题使国会不堪重负，特别是北方对南方的军事占领以及南北重新合并等问题。尽管美国在内战时已经广泛推行了无差别的高关税，但立法者无暇或者无心考虑全面的关税改革。此外，内战使联邦政府背上了沉重的债务负担。未偿公共债务从 1860 年的 6 500 万美元飙升至 1865 年的近 27 亿美元，几乎占 GDP 的 30%。[1]要偿还这些巨额债务就排除了政府立即调整关税体系的可能性，因为这会使海关税收大幅减少。

不过，由于战后军费开支大幅下降，所以联邦政府仍然有能力在整个 19 世纪 70 年代和 80 年代保持较高的预算盈余，政府可以迅速偿清债务，也使削减关税的想法始终停留在议事日程上。随着时间的推移，国会逐渐受到减轻生产者和消费者税务负担的压力。共和党计划先降低国内税率，随后调整进口税率。改革国内税的内容渐渐体现在 1866 年

至 1872 年间的很多法案中，而 1872 年美国最终取消了所得税。由于政府开征进口税的初衷是为了补偿对生产者征收的国内税，所以逐步废除国内税的过程旷日持久，这意味着关税调整的工作也相应顺延。

美国在相当长的时间内保持较高的进口关税，因此生产者获得的名义贸易保护达到了前所未有的高度。以 1864 年为例，国会将生铁的进口关税从每吨 6 美元提升至每吨 9 美元，部分原因是为了弥补每吨 2 美元的国内生产税。尽管美国于 1866 年取消了国内生产税，但是 9 美元的进口税丝毫不变。此外，战后物价下跌导致的通货紧缩也推高了从量税的从价等值。在关税税则的 815 个应税项目中，约 60% 的项目被征收了从量税或复合税。在 1867 年至 1870 年间，进口价格下滑约 16%，推高了其对应关税的从价等值。[2]结果，应税项目的平均税率从 1864 年的 36% 上升至 1870 年的 47%，并在此后的 40 年里基本保持在这个水平。

在关税高墙后发展壮大的很多国内生产者担心外国竞争卷土重来，时刻准备着抵制那些使他们受到的贸易保护大幅减少的举措。很多产业依靠军方合同逐步繁荣，而且像比尔（Beale，1930，第 277 页）写的那样，它们已经“适应了即使自己的生产方法效率极低，仍然能轻松地赚得盆满钵满这种境况”。这些生产者不仅希望维持当前的关税水平，而且希望进一步提高税率，以弥补联邦采购支出下降对它们造成的损失。

由于政府难以在缩小内战税收体系的同时获得足够的收入还债，所以 1865 年 3 月国会创建了一个特别委员会，对收入征集、税收改革和债务管理等问题建言献策。该委员会在 1866 年 1 月提交的报告中建议维持当前的收入税和进口关税，同时废除对制造业生产征收的所有直接税。国会很快采纳了委员会报告中的建议，开始调低很多直接税的税率。不过来自佛蒙特州的共和党议员贾斯汀·莫里尔没有简单地维持现有进口关税水平，而是在 1866 年 6 月向国会提交了一部法案，该法案要求提高部分关税，特别是羊毛税，由此引发了人们对战后关税政策的第一场激烈论战，而这场论战重现了内战前关于保护性关税和财政收入性关税的辩论。北方共和党联合起来支持贸易保护政策。俄亥俄州的共和党议员鲁弗斯·斯波尔丁（Rufus Spaulding）宣称：“我想说的是，无论现在还是其他任何时候，我都支持按你们的提议为各种规模的美国产业提供最高保护率。”[3]肯塔基州的共和党议员塞缪尔·麦基（Samuel McKee）也赞同这个观点，表示“我们愿意也渴望为了保护本国各行各业而尽力开征最高关税”。“我们需要征收保护性关税，不仅是为了获得税收，而且是为了让本土制造业在现有基础上更上一层楼，由此我们可以利用本国制造业生产出所有必需的产品为我所用，这样我们的人民或许就不再依赖外国供给。”[4]

与此同时，民主党和自由派共和党攻击这部法案有悖于减轻沉重的税负和降低“临时性”战时关税的目标。“你们在努力开启一个贸易保护体系，”来自俄亥俄州的民主党议员弗朗西斯·勒·布朗德（Francis Le Blond）抱怨，“美国人民很多年前就已经解决了这个问题，他们的解决办法是建立以获得财政收入为唯一目标的关税体系。”[5]来自艾奥瓦州的共和党议员约翰·卡森（John Kasson）非常赞同这个观点，警告说如果国会将获得财政收入为唯一目的的关税体系转变为以实施贸易保护为目的的关税体系，那么特殊利益集团将对政策产生异乎寻常的影响力。他说：“我非常清楚钢铁、棉花和玻璃等很多产业的利益集团会派出自己的代表到国会为他们的利益辩护。他们会让国会委员会听到他们的呼声，而且熙熙攘攘地挤满国会大厅，不过我国消费者并没有组织建起相互提供贸易保护的各协会体系来代表其重大利益。这个房间里所有力争保护消费者利益的议员必须听到他们的诉求，而且华盛顿的所有机构必须向国会一样清晰地了解这些利益诉求。”[6]

由于共和党牢牢地掌控着国会，所以民主党的反对意见基本无足轻重。国会里仍然没有什么人代表南方的利益，北方民主党也因为他们的反战态度和对南方的同情而势单力薄、名誉扫地。1866 年 7 月国会以 94 票对 53 票通过了饱受争议的《莫里尔关税法案》，其中共和党以 87 票对 28 票支持该法案，民主党以 25 票对 7 票反对该法案。两天后，参议院就这一法案展开了激烈辩论。由于国会即将休会，所以共和党议员的意见分为两派：一派希望继续推进这部法案，另一派希望将该法案的审议推迟到秋季选举结束之后。在民主党的支持下，参议院投票决定暂时搁置这一法案，下次开会时再审议。尽管这次提高税率的努力无疾而终，但这个插曲表明下调进口税的任务举步维艰。

国会认识到在战后财政事务方面获得更多建议对自己大有裨益，因此于 1866 年设立了财政收入特别专员一职，并任命前财政收入委员会（revenue commission）主席大卫·韦尔斯（David A. Wells）担任这个为期四年的职位。尽管关税政策在政界被视为最敏感的战后经济问题之一，但共和党深信作为众所周知的贸易保护拥护者和关税激进分子亨利·凯里（Henry Carey）的密友，韦尔斯担任这个职位再保险不过。然而韦尔斯在华盛顿工作一段时间后，看到强大的利益集团在幕后翻云覆雨，对国家政策只手遮天，这种影响力令他震撼不已。更让他惊讶的是，很多政客并不是为了实现国家的最大利益来满足利益集团的要求，而是出于完全利己的政治原因。1866 年 7 月，韦尔斯在私人通信里评论："来到华盛顿以后，我对关税和贸易保护的想法已经发生了彻头彻尾的改变……宾夕法尼亚人身上表现出来的贪婪和自私以及其他地区的类似表现让我厌恶透顶。"[7]

韦尔斯（1867，第 8 页）担任特别专员后提交的第一份报告称"如果仅仅从获得税收的角度看待关税，那么无法列出太多理由支持全面调整现行税率和条款，或者说完全没有理由这么做。"不过他坚信关税体系的架构"极端复杂且晦涩难懂"，而且由于内战时这一体系遭到很多盲目的改动，所以需要进行修正。韦尔斯建议下调原材料的税率，维持制成品的税率。在他（1867，第 34 页）看来，廉价原材料的供给"对美国制造业的繁荣昌盛至关重要"，而"现行关税体系几乎完全忽视了"这个原则。

随后，他批评近期国会法案中的关税"高得离谱"，结果闯进一个危险的政治领域。韦尔斯（1867，第 42 页）认为该法案会使进口减少到"要么不安全、要么有害的水平"，而且它"设定的税率过高，很可能进一步推高物价，破坏税收以及残存的外国商业，不利于国家的总体利益”。他还补充说：“很多可能受此法案影响的国内生产利益集团的代表已经向他坦陈，法案设置的税率已经超出充分保护其利益的必要水平。”

韦尔斯（1867，第 40—41 页）坚称本国面对的问题“从法律层面看，不涉及任何关于贸易保护或自由贸易等原则性问题的讨论”，试图以此把共和党可能提出的反对意见挡回去。在这个问题上，美国政府“已经相当清楚……关税税率的平均水平接近 50% 时，任何形式的自由贸易都不可能变成现实”。反之，韦尔斯提出了自己的两点观察，努力使关税问题成为商业恢复正常化以及刺激经济增长的条件之一。他表示：“首先，当前的关税税率已经走向极致，任何旨在上调关税的法案必然马上达到税率的极限，除非我国已经准备好采取全面禁止通商的政策；其次，如果平均关税税率（接近 50%）已经超过美国或其他所有现代文明国家的历史最高水平，那么这种关税体系不会产生合理的贸易保护作用。我们应该做的是努力找到补救方法，将那些导致贸易保护失去效力的因素一一清除，而不是一味地提高平均关税水平。”

为了阻止人们再次试图提高进口税，韦尔斯和财政部长休·麦卡洛克（Huge McCulloch）合作起草了新的关税税则供国会审议。他们建议修正众议院的法案，将进口税下调至战前水平，随后将该法案提交参议院。特别要指出的是，他们计划对铁屑、煤、木材、大麻和亚麻等制成品生产商使用的原材料大幅削减关税，为这些生产商提供税收减免，同时维持制成品的现行高税率。[8]

1867 年 1 月，参议院没有对这部法案提出太多争议就接受了它，因此它轻松通过了参议院的审议。不过这项修正案却折戟众议院。随着跛脚鸭会期逐渐接近尾声，莫里尔试图把支持法案的力量团结起来。他坚称这部法案总好过没有任何改变。尽管大多数议员支持该法案，但在提交众议院审议时未能获得停止讨论直接表决所需的三分之二绝对多数，因此无疾而终。事实证明这是关税修正在战后错过的一个重大机遇。

这一系列事件不仅令韦尔斯灰心丧气，而且使他走向偏激。“过去有段日子我一直想给你写信，悄悄告诉你我最近密切接触关税立法后，对自由贸易和贸易保护的看法发生了改变。”他向朋友吐露心声称，“坦白地说，我对极端观点厌恶到了极点。你很清楚，我曾经认为这些观点是异端邪说而拒绝相信它们。”[9]现在韦尔斯亲眼看到关税体系内严重的不平等，感到万分沮丧。他将自己的观点藏在心底，还没准备好公开宣布自己不再支持保护关税。他意识到自己的报告已经使人们质疑他对保护政策的信奉，所以竭尽全力消除亨利·凯里的疑虑。他抱怨：“某些人坚持不懈且极其坚决地试图把我拉进主张自由贸易的队伍……您尽可以放心……我从来没有转变成自由贸易的倡导者。”[10]

国会未能于1867年推行关税改革后，韦尔斯在自己提交的第二份报告里全力回避了这个问题，转而聚焦于国内税务问题。韦尔斯（1869a，第23页）在1869年1月发布的第三份报告中直言不讳地评论：“与政府面对的其他任何政策问题相比”，税收问题“更多地涉及基于个人私利的偏见和观点”。他继续写道：“我们要认识到一个重要事实，即在我国的现有财政条件下，自由贸易拥护者和保护关税倡导者之间由来已久的争议不再有任何实际重要性，因为在以获取财政收入为目的的关税安排中，目前的政府需求使如此高的平均税率在所难免，从而能满足以贸易保护为借口提出的各种要求。”

不过韦尔斯（1869a，第46页）坚称关税的下调空间很大。他专门挑出盐、生铁和木材，以它们为例鲜明生动地说明了“有些关税开征的初衷是为了获取财政收入和提供贸易保护，或为了抵消国内税，但它们已经充分实现了这个目标，却仍然为了满足少数人的利益而长期保持不变，给多数人造成损失”。韦尔斯坚信上调生铁的关税只是在提高国内生产者的利润：“生铁制造者使轧钢厂利益受损，牺牲了从铁路到犁头，从锅炉板到3英寸长钉等所有钢铁制品消费者的利益，以此为代价长期持续获利，这在任何合法产业的发展历史上几乎前所未有。”在他看来，下调关税会使消费者支付的价格下降，受保护产业利润减少，而国内生产不会因此缩水。

韦尔斯批判关税体系的核心观点是，对半成品开征关税降低了最终制成品的生产者受到的保护。韦尔斯（1869a，第 35 页）批评现行关税试图为所有产业提供“无差别的普惠式保护”。他认为由于一个产业的制成品是其他产业的原材料，所以不可能实现普惠式保护。他解释说：“煤是矿工生产的产品，但它是生铁制造商的原材料，生铁是条铁制造商的原材料，条铁是机器制造商的原材料，机器是纺织制造商的原材料，纺织物是服装生产商的原材料，服装是劳动者的原材料，劳动者投入农业部门的努力决定着整个国家的繁荣昌盛。”因此，对一种原材料开征进口税“相当于降低了使用该原材料进行生产的制造商受到的保护”。韦尔斯（1869a，第 36 页）强调说，除非充分探究关税造成的全部影响，否则“我们永远不知道开征或上调某种关税带来的收益是否会超过它造成的间接破坏”。

从本质上说，韦尔斯已经选定了阵营。他试图帮助最终制成品的生产者，而不是原材料和中间制品的生产者。他（1869a，第 34 页）继续严厉地斥责：

> 在推行贸易保护的主张时，政府立法只采纳了一条指导规则，即假设事实可以证明，任何看起来有利于私人利益的税率同样有利于整个国家的利益。结果政府以微观事务为基础制定税率，而不是依据任何宏观的国家原则制定税率；由此制定的关税有失公平，完全不必要地抬高了物价，并且从人们手中间接夺走的利益超出了他们从财政部获得的利益。这种关税使我们几乎不可能用国内商品换取国外商品，导致国家持续欠下外债，珍贵的金属资源源源不断地出口他国。尽管政府宣称这些关税旨在保护美国产业，但事实上在很多情况下排斥了本国产业。

韦尔斯（1869a，第 49 页）再次否认了自己在攻击保护体系或支持自由贸易。“修正关税的问题与自由贸易或贸易保护的理论和实践均无关系，”他还情不自禁地补充道，“贸易保护意味着帮助和守护弱者，但在这里援引的例子中，是以牺牲弱者的利益为代价帮助了强者。”韦尔斯（1869a，第 80 页）由此得出结论，当前的关税体系“在很多方面损害了美国的利益，具有破坏性，而且并没有像它宣称的那样，保护性关税的主要优点是刺激和保护美国产业的发展”。

这份火药味十足的报告招致了国会的强烈抗议，在关税倡导者中引起轩然大波。亨利·凯里将他比做犹大，并暗示韦尔斯 1867 年出访英国后就被英国资本家收买了。部分国会议员试图阻止这份报告出版，并且停发了韦尔斯的薪水。众议院制造业委员会启动了调查程序，抱怨“他们无法想象财政收入特别专员的职责之一居然是宣扬异见”。共和党多数派指责他讨论生铁的生产成本时采用了“荒谬且不可靠的”统计数据，得出的结论“大错特错”，而且该结论将“颠覆我国的贸易保护政策”。[11]宾夕法尼亚州的共和党议员威廉姆·凯利（William D. Kelley）因为坚定地支持钢铁利益集团而闻名并被称为“生铁凯利”。他不断攻击韦尔斯，指责韦尔斯“刻意筛选和排列统计数据……以得出具有欺骗性而且不利于我国的虚假结论”。[12]

韦尔斯（1869b，第 71—72 页）在 1869 年 12 月发布的最后一份报告中对此做出了回应。他强调：“到目前为止，任何人只要建议下调或修正进口关税，以降低为了满足特殊产业的利益而人为维持的价格，就会马上受到攻击，被指责这么做是出于贪腐或叛国的动机。”这种造谣中伤的目的在于“规避相关讨论并且……将人们的注意力从真正的现实问题转移到其他地方”。美国人民支持为雇用大批工人的成熟产业提供保护性关税，这一点“毋庸置疑”。但是，“当事实证明由此对整个社会征收的关税不足以使受保护的产业维持适度繁荣时，”韦尔斯称，“如果受保护产业的收益主要归资本家所有，而不是平均分配给广大熟练技工或普通技工；特别是如果这个产业的产品是其他更多产业的原材料，那么提高底层价格产生的影响随后会逐级体现在各个阶段，结果不仅是在对最终消费者征税，而且所有中间制品的生产商也承担了相应的税负。”此时就应该重新审视关税税则。

韦尔斯（1869b，第 72 页）宣称现行关税反映的是“高度组织化且咄咄逼人的资本家联盟的意愿”。他再次以生铁作为一个“显而易见的例子”说明有些产业“持续征收不必要的过高关税提高了其他生产部门必须使用的物品的成本”。韦尔斯（1869b，第 83 页）推测生铁价格下降会使造船业多卖出 600 艘铁船，由此为 3 万名工人创造出就业岗位，“比当前直接从事生铁制造业的工人多出 2.5 倍以上”。

韦尔斯这份直言不讳的报告引发了全国大论战，但并没有对立法产生立竿见影的影响。韦尔斯的提案在 1867 年折戟沉沙后，其他国会议员在 1868 年和 1869 年提出的各种关税法案都在国会陷入困境。像“生铁凯利”和俄亥俄州的施岑科（Robert Schenck）将军这样坚定的保护主义者反对削减保护性关税。他们说服总统撤销了韦尔斯的职位，阻止这份恼人并且引发很多政治问题的报告出版发行。然而关税问题重新引发争论，使共和党内部对它的担忧与日俱增。虽然新任共和党总统尤利西斯·格兰特（Ulysses S. Grant）起初建议国会推迟对关税采取行动，但共和党人依然感受到压力，他们必须削减部分关税，以此对那些要求为消费者提供税收减免的人群做出让步。特别是中西部共和党人中仍然残存着内战前反对关税的观点，而且俄亥俄州的詹姆斯·加菲尔德（James Garfield）和艾奥瓦州的威廉·阿利森（William Allison）等温和派希望下调关税，以保卫贸易保护体系免受政敌的攻击。

在 19 世纪 70 年代初，共和党控制下的国会最终推行了重大税收改革，废除了遗产税，逐步撤销所得税，并考虑对关税进行调整。这种举动更多是出于政治动机，而不是为了实现经济目的：他们担心无法解决关税问题会使民主党在政治上占据主动，而一旦共和党他们重掌政权，关税下调的幅度会更大。阿利森建议将受保护产品的关税下调 20%，他说：“我要警告那些顽固不化、坚持对必需品维持如此高关税的人，他们只是在让我国关税法律彻底颠覆的那一天早点到来。”[13]加菲尔德也认同这种观点，称“当下全国很多地方都有这种需求，而且这不是没有原因的。应该调整战时采用的关税体系来适应和平年代的情况”。[14]正如亨利·克莱于 1832 年进行的尝试一样，共和党领袖试图削减咖啡、茶、糖和酒精饮料等消费品的财政收入性关税，同时使原材料和制成品享受的大多数保护关税保持不变，以避免对关税进行更大幅度的调整。保护关税的倡导者还不顾一切地竭力废除所得税，而如果缺少这部分财政收入，国会就会被迫将进口税的税率维持在高位以获得财政收入。在 19 世纪 70 年代初，众议院筹款委员会提交的一份法案涵盖了以上所有内容。尽管共和党温和派并不相信这些举措的力度能够一举解决问题，但 1870 年 6 月，该法案以压倒性优势在众议院得到通过。随后参议院也审议通过了这部法案，格兰特总统于 1870 年 7 月签署法案使之生效。应税进口产品的平均关税由此从 1869 年的 47% 下降至 1871 年的 42% 。

然而，这一举动并未缓解共和党受到的压力，他们仍然需要通过立法推行更广泛的关税改革。南方各州于 1868 年和 1870 年正式加入联邦后，民主党在国会获得大量席位。在 1870 年的选举中，由于民主党攻击格兰特政府贪腐行为猖獗，共和党多数派在众议院占据的席位急剧减少。民主党对共和党的政治权力造成的威胁日益严峻，共和党决定进一步下调进口关税以平息民愤。

1870 年 12 月，格兰特总统在国会发表年度国情咨文时，表示“我全心全意地支持”进一步深化财政收入改革，并建议“取消咖啡、茶叶以及其他使用广泛但本国不生产的产品的所有关税”。[15]众议院迅速对此做出反应，提出了他们所谓的“免税早餐桌”议案。但参议院一直到 1872 年才有所行动，将棉花和羊毛、钢铁及其他敏感制成品的保护性关税调低 10% 。“我们无法否定的一个事实是，羊毛和毛织品的平均关税达到 70% —75% ，”俄亥俄州的共和党议员约翰·谢尔曼强调，“羊毛生产这个产业在我国可以轻松升级到毛制品生产这种简单的制造业。要说羊毛生产业需要征收 75% 的从价关税，这在我看来过于偏离贸易保护的信条……我经过深思熟虑后认为，应当对本国的保护产业小幅调低关税，而不是引发一场危及整个体系的关税下调竞赛。”[16]

尽管受到“生铁凯利”和其他贸易保护主义死忠分子的抵制，但众议院追随参议院采取了行动。很多共和党人相信这是为了挽救贸易保护体系而必须采取的政治行动；就连莫里尔也承认：“保护性关税的拥护者犯下的一个严重错误是有时他们要求过多。”[17]众议院以压倒性多数投票通过了该法案，几天后参议院也随之审议通过了法案。格兰特总统于 1872 年 6 月签署了该法案，首次在战后削减了棉花、羊毛、金属、纸张、玻璃和皮革等关键产品的保护性关税。尽管 10% 的关税降幅并不算大，但这是共和党面对要求下调关税的压力时能做出的最大让步。

国会的行动限制了民主党在 1872 年总统选举中利用关税问题的空间。尽管民主党与共和党自由派结下了非正式联盟，他们反对格兰特政府的贪腐行为以及对南方采取严苛的重建措施，但这两个群体提名了一个无法预知前景的政治外行作为他们的总统候选人，《纽约先驱报》发行人霍勒斯·格里利（Horace Greeley）最终在大选中毫无悬念地一败涂地。格里利使两方因为厌恶政治贪腐和支持公务员体制改革等共同点联合在一起，但他强烈支持保护性关税，而他的拥护者多半主张推行关税改革。民主党的竞选纲领承认“我们对贸易保护体系和自由贸易体系的观点存在着坦诚但不可调和的差异”，而政党分裂意味着无法在选举中就这个问题展开辩论。[18]

民主党内部的混乱导致格兰特总统成功连任，共和党建制派仍然维持着对政府的绝对控制。此外，事实证明尽管 1872 年关税法案的关税削减小之又小，但它也只是昙花一现。和之前的 1857 年关税法案一样，通过这部法案时美国正处于商业周期的顶点。1872 年 9 月，美国顶尖的投资银行杰伊·库克公司（Jay Cooke & Co.）为北太平洋铁路投入大量资金后无力偿付到期债券，只得关门大吉，由此引发 1873 年大恐慌，美国经济坠入衰退的深渊。经济下滑使民主党乘机在 1874 年的中期选举中拿下众议院，这是他们自内战以来取得的首次重大政治胜利。尽管民主党掌控下的众议院无法独力改变关税体系，但可以阻止共和党提出的相关法案。

然而，新当选的国会 1875 年晚些时候才召开会议，按计划现任国会在此之前仍然要召开会议。考虑到经济衰退导致政府财政收入减少，格兰特总统示意“为提高财政收入而重新调整关税是适宜的”。[19] 行将离任的共和党国会收到这一暗示，迅速但极其勉强地废除了之前下调 10% 保护关税的法案，并在民主党接管众议院之前提高了烟草、烈性酒、食糖和糖浆的关税。共和党人的举动被斯坦伍德（1903，第 2 卷：第 191 页）描述为“反对党鲁莽甚至胆大妄为的蔑视行为”。他们彻底推翻了之前的渐进式关税改革，使得这一改革只延续了短短三年。

这标志着内战结束后立即开展的各种关税改革走到了尽头。尽管在随后的 8 年里，众议院有 6 年时间掌控在民主党手里，但共和党控制着参议院，注定了这一时期不会产生任何重大的关税法案。

## 关税委员会和 1883 年“杂交关税法案”

尽管在 19 世纪 70 年代初，人们曾对进口关税问题展开辩论，但关税仍然不是总统政治中的重要议题。1876 年，两党的竞选纲领对关税政策只是一笔带过。共和党竞选纲领对这个问题的简要描述是，“应调整关税来提升美国劳动者获得的利益，推动整个国家的繁荣。”民主党竞选政纲强调的是公务员体系和支出体系的改革，谴责现行关税是“不公正、不公平和欺诈的杰作”，它“攫取了众多行业的利益来补贴少数几个行业，使前者穷愁困顿”。他们要求“以获得财政收入为唯一目的”来征收关税，而不是为了保护特殊利益集团。[20]

1876 年的选举是美国历史上最声名狼藉的选举之一，因此颇受关注。民主党候选人塞缪尔·蒂尔顿（Samuel Tilden）拿下了 51.0% 的选票，高于共和党候选人卢瑟福·海耶斯（Rutherford B. Hayes）拿下的 47.9% 的选票，但以一票之差在选举人团选举中败北。民主党质疑三个南方州的选举结果过于接近，因为这三个州的战后重建仍然控制在共和党手中（人们指责南卡罗来纳州、佛罗里达州和路易斯安那州的官员在蒂尔顿普选领先的情况下，将 20 张选举团票全部给了海耶斯）。国会任命了一个特别选举委员会调查此事，但委员会按照党派立场投票，仍然决定将这 20 张选举人票全部给予海耶斯。南方的民主党人计划阻挠该委员会的报告，但随后国会达成了“1877 年大妥协”，即如果剩余联邦军队撤离南方，那么南方各州将接受海耶斯担任总统。这一事件为重建时期画上了句号。

1877 年 3 月海耶斯宣誓就职时，美国经济已经从 1873 年大恐慌中逐渐复苏，政府再次录得预算盈余。海耶斯总统暗示国会取消所有国内税（烟草税除外），并且主要通过茶叶和咖啡的进口税来获得财政收入，不过他非常谨慎，并没有采取实际行动敦促国会考虑这种关税调整。他私下里写道：“实践和理论或许相去甚远，事实上往往也是如此。我倾向于自由贸易。不过在我国，华盛顿总统执政时的第一部关税法案就采纳了贸易保护政策，而且自那以后历届政府普遍追随了这一原则。大规模资本投资和众多劳动者的就业有赖于此。我们不能或许也不应该贸然放弃它。”[21]

民主党在 1878 年的选举中斩获了更多政治成果。他们自 19 世纪 50 年代末以来首次拿下了参议院。共和党害怕公众厌倦自己的治国之道，担心对手倡导改革的宣传攻势赢得更多民意支持。“1877 年大妥协”之后，共和党无法再通过煽动仇恨情绪赢得选举，也不能再使出提醒选民想起民主党曾支持南方而背叛联邦这样的伎俩。随着 1880 年大选日益临近，缅因州的詹姆斯·布莱恩建议自己的共和党同僚“把（用来激发仇恨的）被害人血衣叠整齐放在一边。它现在对我们毫无益处。你们需要把竞选的主要议题转到贸易保护上”。[22]

战后重建的议题自此在美国政坛逐渐淡出，为两党之间日益激烈的关税之争创造了条件，不过这些都发生在 1880 年大选结束之后。在这次竞选中，民主党仍然提名了一位政坛新手做他们的总统候选人——温菲尔德·斯科特·汉考克（Winfield Scott Hancock）将军。这对他们的事业没有半点帮助。这位糊里糊涂的将军无法掩盖自己在关税政策上的无知。他称“关税属于地方性问题”而被疯狂嘲笑。政治漫画家托马斯·纳斯特（Thomas Nast）曾画了一幅漫画绘声绘色地讽刺汉考克。图中汉考克对着某人耳语：“谁是关税？为什么他以获得财政收入为唯一目的？”[23]

经济复苏使共和党得以重掌参众两院，而且其总统候选人切斯特·阿瑟（Chester Arthur）在1880年的大选中胜出，使共和党继续把持着总统宝座。不过随着政府的财政盈余迅速膨胀到前所未有的水平，共和党发现自己愈发难以回避关税改革问题。在1882财年和1883财年，政府的财政收入比支出高50%以上，民众对华盛顿的政治腐败和游说行为日益警觉，使支持高关税的特殊利益集团备受关注。

共和党温和派再次担心不作为会产生严重政治后果。约翰·谢尔曼（1895，第2卷：第844页）在1882年年中写到，在参议院未能降低进口税后，“一旦国会休会，那么无论政治气候如何，如果不削减人民现在承担的税务，设置这么高的关税就相当于玩忽职守。国内对此的情绪从来没有这么强烈过。人们认为到现在为止，国会尚未废除令人民不满意且缺乏必要公共用途的关税，没有履行自己的职责。如果我们继续这样玩忽职守，我们的选民或许就会要求我们承担相应的责任。”

1881年12月，阿瑟总统第一次向国会发布年度国情咨文时，支持成立一个委员会调查财政收入过高的问题。他承认需要谨慎地修正关税，同时要适当关注“本国民众内部的利益冲突”。[24]国会接受了他的建议，在1882年5月设立了关税委员会（Tariff Commission）。不过，由于担心重蹈韦尔斯的覆辙，共和党多数派精挑细选了极其可靠的人员担任委员会成员。该委员会主席由全国羊毛制造商协会的秘书长约翰·海耶斯（John Hayes）担任，其他8位成员包括：一位钢铁制造商、一位羊毛生产商（即全国羊毛生产商协会的会长）、一位糖类作物种植商、一位纽约海关官员、一位普查局统计员以及三位前国会议员。委员会的宗旨是：“在公平地满足所有利益群体需求的前提下，为了建立审慎合理的关税体系或调整现行关税体系，研究并全面调查与美国农业、商业、贸易、制造、采矿和工业利益有关的所有问题。”[25]

委员会在近3个月的时间里在29个城市举行了听证会，记录下604名证人的2 625页证词，这些证人多为制造商，他们所在的行业都受到进口关税的影响，而他们也支持保留现行关税体系。根据这些材料，关税委员会原本应该建议不要对现行体系做出太多调整。事实恰恰相反。它提议拓展免税清单，将保护性关税削减 20%～25%，使所有人大跌眼镜。关税委员会（1882，第 5 页）在报告开篇处写道：

> 委员会早在审议阶段就深信，不仅民意沸腾，普遍要求大幅削减关税，而且本国最保守的人群也主张如此，其中包括往昔那些最激烈地要求持续保护我国产业的人。委员会认为下调现行关税不仅表明我们充分重视公众情绪，将削减关税作为保障消费者公平的手段，而且这一举措有利于总体产业繁荣。或许它会带来暂时的不便，但最终将有利于受此次关税削减影响的特殊利益集团。

关税委员会（1882，第 16 页）与韦尔斯之前的报告遥相呼应，不仅援引了很多过度保护的例子，这些过度保护损害了原本要保护的利益群体，而且指出关税税则中的“前后矛盾之处不胜枚举”，如“制成品的关税是其原材料关税的一半等不合情理的地方”。委员会认为“普遍较高的税率，或者在某些特定情况下高得离谱的税率，破坏了整个美国经济体系的声誉，为彻底颠覆现行关税体系提供了合理的论据”。

委员会的主要目标与主张将关税削减 10% 但昙花一现的 1872 年关税法案一样，希望做出足够的让步以避免保护性关税受到更猛烈的攻击。委员会主席约翰·海耶斯后来写道：“削减关税本身并不是我们希望看到的；这是对公众情绪的妥协，是保护体系的参天大树为了保护树干而使树梢和树枝顺着公共舆论的强风自行弯曲。简而言之，我们的目标是通过削减关税实现贸易保护。我们愿意让步，仅仅是为了保全重要的羊毛和毛织品关税……我们希望由我们的朋友设置关税。”[26]

1882 年 12 月，关税委员会将这份报告提交国会，这也是总统对国会发表年度国情咨文的月份。阿瑟利用这个机会使关税改革成为政府工作的重中之重。总统先唤起人们对财政盈余持续激增的关注，随后警告，“像现在这样迅速偿清国家债务绝不是值得庆贺的原因，而是需要严肃对待的原因”。问题在于“要么这些盈余必须闲置在财政部，或者政府被迫按市场利率购买当时不可赎回的债券，在这种情况下，政府不能丧失控制高额溢价的能力；要么急剧增加的财政收入导致过度支出。过去的经验告诉我们，这会给资金过剩的财政部埋下祸根”。不过阿瑟进一步解释：“当前的关税体系在很多方面很不公正。它在责任和利益的分配上都极不平等。”[27]

国会的共和党人非常不满总统插手关税问题，在他们看来，这属于立法机构专权范围内的事务，不过，考虑到公众情绪，他们也认为无所作为会招致危险。民主党在 1882 年选举中夺得众议院的控制权，也进一步提升了推行关税改革的压力。共和党相信高关税不得民心，是本党选举失败的原因之一，所以努力在丧失自己的多数派地位之前制定更加温和的关税。和过去一样，他们宁可根据自己的喜好削减关税，也不想丧失自己对这个问题的控制权，让民主党替他们完成这项工作。

就在选举前夕，众议院在 1882 年夏天通过了削减国内营业税的法规。选举结果尘埃落定后，参议院重新开始审议这一法案，根据关税委员会的建议增加了大幅削减关税的内容，并于 1883 年 1 月通过该法案。尽管众议院的共和党领袖希望在新任国会上台之前颁布该法案，但他们仍然希望关税水平远远高于参议院建议的水平。参议院使他们大为光火的另外一个原因是，宪法要求所有税收法案必须先由众议院制定。为了赶上 1883 年 3 月 4 日的最后期限（国会自这一天开始休会，下次会期再开启时，民主党控制下的新任国会就要走马上任），共和党采用了一个极其复杂的立法策略，用非常规的手段巧妙地利用规则迅速将参议院的提案提交两院协商委员会审议。[28]协商委员会虽然对该法案吹毛求疵，但修正法案时将关税提高到了参议院建议的水平之上，尽管众议院还没有对任何关税进行辩论或投票。事实上，协商委员会删去了法案中所有大幅下调关税的内容。

众议院和参议院于 3 月初火速通过了这一法案，阿瑟总统随后签字使该法案生效。由于这部法案是在很短的时间内拼凑起来并被审议通过的，所以人们戏称它为“杂交关税法案”。尽管烟草和酒的营业税被调低了，但是对关税税则的调整微乎其微，非竞争性进口产品的税率被下调，受保护产品的税率水平维持不变，整体关税水平几乎没有受到影响。共和党很清楚民意倾向于下调关税，但仍然决定维持较高的保护性关税。与此同时，鉴于民主党在政治上软弱无力，所以共和党也没有受到太多压力来大幅调整关税。

1883 年的“杂交关税法案”是美国在内战后错失的又一次修正关税税则的机会。“如果协商委员会原封不动地将关税委员会的建议和制定的税则体现在这部法案中，那么美国原本可以在数年里不再调整关税。”约翰·谢尔曼（1895，第 2 卷：第 851 页）后来写道：“不幸的是，这种情况并没有发生，而协商委员会对关税目录的调整幅度极大，使关税委员会的计划化为乌有。”与此相反，协商委员会“几乎恢复了过去关税体系里的所有不平等和不协调，屈服于地方需求和利益，摧毁了所有平衡或和谐”。谢尔曼（1895，第 2 卷：第 854—855 页）认为，1883 年关税法案只是推迟了争斗，“为后来出现的所有复杂局面埋下了祸根”。

## 共和党的贸易保护联盟

在内战结束后的几十年里，有哪些潜在的政治因素导致美国政府未能完成任何有意义的关税调整？和内战爆发前一样，政府统一是调整美国关税政策的关键。简而言之，要立法制定低关税或维持低关税不变需要有民主党执掌下的统一政府，要立法制定高关税或维持高关税不变需要有共和党执掌下的统一政府，而政府分裂会维持现状不变。

在内战结束后的头十年里，共和党全面掌控了政府，有能力避免对关税税则的任何重大修改。在国会的共和党人里，占主导地位的是保护性关税的坚定坚持者，他们抵制对保护性关税的任何修改。詹姆斯·加菲尔德、卢瑟福·海耶斯和切斯特·阿瑟等共和党总统的态度则较为温和。他们愿意支持适度下调关税，并为消费者提供税收减免，以平息关税问题引发的政治紧张。不过由于国会领袖掌控着立法流程，所以这些总统对关税政策的影响非常有限。

由于起初南方被排挤在国会之外，所以共和党的政治地位在 1865 年后的很多年里都相当稳固。1868 年，之前属于南方邦联的六个州重新加入联邦，1870 年，另外四个州也被联邦重新接纳。共和党曾试图拖延这个过程，因为正如比尔（1930，第 276 页）强调的那样，他们"认识到南方重回国会意味着南方和西部结盟，会使本国正在崛起的商业利益集团丧失过去那些激进的规则保障它们获得的种种优惠"。与此同时，他们允许堪萨斯（1861）、西弗吉尼亚（1863）、内华达（1864）和内布拉斯加（1867）这几个倾向于共和党的州加入联邦，以削弱南方在国会的力量。这些州人口稀少，无法改变众议院中的政治力量平衡，但它们明显削弱了南方在参议院的地位。

19 世纪 60 年代末和 70 年代初，尽管共和党牢牢掌控着美国政坛，但在接下来的 20 年里，政治竞争极其激烈，两党在国家层面势均力敌。在 1875 年至 1889 年间，政府常常处于分裂状态，因此无法推动任何重大的政策调整。在这一时期，民主党在七届国会中掌控了六届众议院，而共和党拿下了六届参议院。共和党一直占据着总统职位，直至 1884 年民主党候选人在总统大选中胜出。由于政府很少处于某一党派的统一掌控之下，所以关税问题始终维持着现状。第六章的讨论表明，民主党在 1892 年大选之前一直未能全面掌控政府。即使在 1892 年大选获胜后，他们的优势也只维持了一届国会（为期两年）。在此期间，他们浪费了对关税进行重大调整的大好机会。

此外，战后两党在这个问题上的分歧不如战前那么尖锐。南方反对保护性关税的力量有所减弱，而北方民主党则开始支持现行关税。西弗吉尼亚州共和党议员乔治·阿特金森（George Atkinson）这样总结两党的立场："民主党的信条是为了获得财政收入而征收关税，附带提供贸易保护，而共和党支持利用关税保护贸易，附带获得财政收入。"[29]

与贸易有关的经济利益的地理分布和强度是共和党政治力量的主要来源，却是民主党的弱点所在。美国的出口主要集中在南方和中西部盛产的棉花、小麦和食品（培根和火腿）上。棉花仍然是美国出口量最大的产品，占全部出口的 1/4。棉花收成中有 2/3 以上用于出口，因此低关税始终与南方的切身利益息息相关。尽管中西部的农产品在出口中所占比例也相当可观，但出口量在国内产量中只占一小部分。这意味着该地区的农民对国外市场依存度不高。

与此同时，美国的进口产品多样化程度很高，而且与广泛分布在东北部和中西部以北地区制造业带的诸多产业形成竞争。共和党联盟的核心位于北部。钢铁生产高度集中在宾夕法尼亚州和俄亥俄州，棉制品和毛织物的生产高度集中在新英格兰，以上制造业都是保护性关税的主要受益者。这些地区人口密集，使钢铁和纺织利益集团在众议院拥有强大的政治势力。绵羊养殖户（羊毛）、甘蔗和甜菜种植户等共和党联盟的其他成员覆盖了全国不同地区。这些群体在地域上没有太多重合，由此使共和党在美国北部拥有广泛的号召力。[30]共和党利用这种经济地理打造出一个强大的联盟支持征收极高的保护性关税。

内战结束之后，这些经济利益集团施加政治影响力的过程发生了变化，他们因此变得愈发强大。在内战前，特殊利益集团非正式地开展游说，例如政客能通过选民群体递交的请愿书和文书等清晰地获悉利益集团的意见，但游说行为往往与政府之间保持着一定距离。内战爆发后，联邦政府开始采购数百万美元的物资，变成一台四处分发利润丰厚的合同、赠予土地并提供其他特权的政治机器。因此，华盛顿像磁铁一样强烈地吸引着各地的说客和特殊利益集团。联邦政府的变化促使商界和工人组建起自己的组织，在首都设立办公室，或定期派出代表去华盛顿游说，确保自己的利益得到充分体现。生产商利益集团开始成立全国性组织，部分原因也是影响国会在进口税方面的决策。如全国羊毛生产商协会、全国羊毛制造商协会和美国钢铁协会等从事提供竞选献金、散发宣传材料、对国会的各个委员会施加压力等政治活动。

在此期间，最卓有成效的利益集团是美国钢铁协会。1864 年，它在坚定的贸易保护主义者詹姆斯·斯万克（James Swank）的领导下成立。“在美国，贸易保护不过是爱国主义的另一个名字，”斯万克写道，“它意味着我们的国家优先于其他任何国家；美国劳动者的就业优先于其他国家的劳动就业。”[31]斯万克领导下的美国钢铁协会“可以使议员当选，也可以使议员下台。它控制着共和党州委员会，并在全国代表大会召开期间开展游说。而它最令人注目的成就是让支持低关税的议员威廉·莫里森退休，并因此声名大振”，艾伦·内文斯（Allan Nevins，1932，第418页）评论：“它的钱包几乎深不见底，因为所有钢铁制造商都知道，现行关税税则每年放进钢铁厂厂主钱包里的钱没有数千万美元，也有数百万。”

1883年“杂交关税法案”创建的关税税则将货物分为14大类，其中至少6类商品（即金属、化学制品、纸张、羊毛、丝绸、亚麻和大麻）分别对应着一个贸易协会。约瑟夫森（Josephson，1938，第330页）在探讨1883年“杂交关税法案”时写道：“说客就像一群秃鹰突然降临华盛顿，在那个冬天里挤满所有酒店，打着金主利益集团的旗号使劲拉拢政客，这些集团来自各行各业，而且彼此的利益相互冲突……当时两院的委员会成员正在努力制定冗长的税则，并且试图满足食糖、钢铁、羊毛、玻璃、大理石及其他数百种行业的说客提出的恬不知耻且无休无止的要求。”有时候，一位国会议员的权力就足以确保其选民的利益在立法中得到体现。宾夕法尼亚州共和党议员、人称“生铁凯利”的威廉·凯利坚决抵制对税则C（金属产品的税则）进行任何调整。一位国会议员称凯利“每时每刻想的是关税，谈论的是关税，写的东西也是关于关税……他的一位室友告诉我他晚上做梦时嘴里咕哝的都是关税”。[32]无独有偶，路易斯安那州的代表始终警惕地关注着税则E（糖类产品的税则）的变动，马萨诸塞州和罗得岛的代表把注意力都集中在税则I（棉制品的税则）上，俄亥俄州和马萨诸塞州的代表重点关注税则K（羊毛及毛织品关税的税则），如此种种，不一而足。

商业利益与政府决策者之间如此密切的联系引发了人们对贪腐的指责，特别是在格兰特政府执政期间。尽管“游说”这个术语早在此之前就已诞生，但据称它指代的一个事实是，格兰特总统经常在白宫旁边的维拉德酒店享受雪茄和白兰地，所以政治掮客和政治交易操盘手常常在酒店大堂里漫无目的地转悠，就是希望有机会和总统说上两句话。[33]卢瑟福·海耶斯卸任后在日记中对特殊利益集团用金钱开道造成的“糜烂的现行体系”怨声载道。“这不再是一个民有、民治、民享的政府，”他写道，“这是一个企业所有、企业治理和企业享用的政府。”[34]斯坦伍德（1903，第2卷：第52页）写道：“华盛顿从来没有这么多掠夺者把国会围得水泄不通，他们中有财税诈骗犯、走私犯、政府赠地的投机者、铁路业说客和船务公司代理，其中还混入寻求贸易保护的行业代表。国会看起来和救济所没什么差别。”

如果高关税政策只是有利于北方少数行业的利益，那么不可能持续获得政治支持。随着新的州不断加入联邦，导致美国的政治重心逐渐西移，共和党力求在东部的产业之外找到更多支持贸易保护主义的政治力量，将中西部的原材料生产者也招至麾下（如羊毛、大麻、皮革和亚麻仁等原材料生产商）。他们倡导用辉格党在内战前提议的贸易保护体系实现自己的目标，即对中西部出产的原材料征收适度关税，而对东部生产的制成品征收较高关税。共和党将原材料生产商聚集在保护主义政策的保护伞下，希望以此抵制中西部反对贸易保护的唯农论。贾斯汀·莫里尔解释说：“在调整具体关税时，我对待农业、制造业、采矿业和商业就像对待所有民众一样，他们是同一个家庭的成员，都有权利享受同样的优惠政策。任何行业都不是为其他行业负重的牲口。”[35]

共和党认识到原材料生产商和最终产品制造商享受到的保护“一损俱损，一荣俱荣”。民主党试图把这两个利益集团分割开，建议对最终产品制造商提供适度的关税保护，原材料则享受免税，这将降低最终产品的生产成本。共和党意识到了这种分化会危及整个保护体系。约翰·谢尔曼（1895，第1卷：第191页）警告说，“某些制造商秉承着原材料应该免税的信条。这对贸易保护政策造成的危害更甚于自由贸易主义者反对贸易保护造成的危害。”正如他所说：“拒绝对煤炭、铁、羊毛和其他所谓的原材料提供贸易保护会导致我们无法保护机械、纺织和陶器制造等产业。绝不能牺牲某一类劳动者保障其他劳动者获得的保护。”

具有讽刺意味的是，尽管事实上民主党从来没有从本国的工业地区获得太多支持，但是它当时提议的关税法案从设计初衷上来说，正是为了将原材料加入免税清单，以帮助制造商降低生产成本。民主党提出这个主张时特别强调了羊毛。他们认为羊毛免税会提升本国羊毛加工商的竞争地位。尽管这原本是个愤世嫉俗的策略，目标在于破坏羊毛供应商和羊毛加工商之间的政治联盟，但是它对加工商的帮助会超过共和党主张的关税结构给羊毛加工商带来的好处。民主党还根据这个推理思路称应该下调钢制品的关税，从而压低铁路的修建成本，加速改善交通的工作。纽约州民主党议员塞缪尔·考克斯（Samuel Cox）补充说："保护主义者深知自己的地位岌岌可危。他们会推迟修正关税，因为一旦共同纽带中的一环被切断，整个链条都会分崩离析，这个共同纽带将其利己的立法活动与相互强化绑在一起。"[36]

民主党的原材料免税计划或许对最终产品制造商产生了很大诱惑，但他们怀疑民主党会大幅削减制成品的关税。这些产业利益集团认识到，具有潜在利益冲突的选区之间建立联盟对维护现行贸易保护体系至关重要。因此它们试图联合起来，以统一阵线的形式向国会表明自己的主张，而不是相互之间争吵不休，必须由政客解决他们的争端。因此，中西部的原材料生产商和东部制成品生产商倾向于携手合作，而不是相互抗争，如俄亥俄州的皮革生产者与马萨诸塞州的鞋厂；路易斯安那州和密歇根州的甘蔗、甜菜种植者与纽约州的炼糖厂；密歇根州和明尼苏达州的铁矿开采者与宾夕法尼亚州和俄亥俄州的钢铁制造商。在某种程度上，他们在关税问题上的利益相互冲突，但他们宁愿彼此之间达成妥协，也不愿让政客武断地为他们做出决定。

在以上各种利益集团中，羊毛供应商和羊毛加工商的重要性尤为特殊。全国羊毛加工商协会秘书长约翰·海耶斯认识到，如果不与中西部的羊毛供应商联手，就不可能让国会设置高关税。遍布俄亥俄州和密歇根州等地的养羊业主历来信誓旦旦地表示，一旦羊毛加工商试图降低进口原毛的关税，他们就会阻挠羊毛加工商努力提高羊毛制品的关税。在羊毛供应商看来，如果羊毛加工商不是他们的朋友，就是他们的敌人。

因此 1865 年 12 月海耶斯组织羊毛加工商和供应商召开了一次会议，经过艰难的讨论达成一份协议，要共同争取上调双方产品的关税。这项提案作为专门适用于羊毛业的一部独立法案提交国会审议，与其他关税法案之间没有任何附属关系，最终促成了 1867 年《羊毛和毛织品法案》。[37]

因此，民主党提出的对原材料降低关税或免税、对最终产品适度征税的政策未能赢得工业利益集团的支持。显然，那些利益集团倾向于获得共和党全面实行高关税而提供的安全保障。共和党回避了“降低原材料价格会提高下游产业地位”这个事实。他们设计的税率架构并没有特别关照制造业，而是希望从原材料到最终制成品的所有经济部门都受到高关税的庇护，隔绝与外国竞争，尽管有时这会损害最终产品制造商的利益。

然而，和内战前一样，东北部和中西部联盟从来就不是铁板一块。总的来说，中西部在贸易方面的利益诉求比较复杂：有些原材料生产商要求得到贸易保护（如羊毛和甜菜糖），其他原材料生产商在对外出口方面的利益较小（如粮食和肉）。中西部从来没有将贸易保护视为本地区享受到的特殊利益，而且对东北部的实业家心存疑虑。与此同时，它非常乐意用自己对关税法案的投票权换取能更直接满足本地区利益的政策，如更加开明的土地政策、通胀性更强的货币政策或更严厉的铁路政策和垄断监管政策。[38]

共和党不仅颇得受进口影响的生产者利益集团的欢心，而且成功地将自己的理念灌输给这些行业的工人。在 19 世纪 80 年代以前，美国有四分之一左右的劳动力就业于制造业。共和党声称，必须推行保护性关税才能确保美国劳动力拿到高薪，避免与外国的低薪工人竞争。共和党经常攻击民主党的削减关税提案是“削减美国人工资的提案”。俄亥俄州共和党议员威廉·麦金莱（William McKinley）称：“一旦降低关税，首当其冲受到伤害的就是劳动者。”[39]组织有序的劳工对这个观点并不买账。只有一些产业工人认为，外来竞争使他们的工作岌岌可危，而其他人担心的则是关税对其生活成本造成的影响。进口带来的竞争对各个行业的冲击不尽一致。例如，劳工骑士团（Knights of Labor）内部在贸易政策上的分歧极大，所以不得不宣称自己在这个问题上保持中立。美国劳工联合会（AFL）的前身行业组织和工会联合会（Federation of Organized Trades and Labor Union）在 1881 年举行第一次全国代表大会时，发现自己内部某些派别希望支持贸易保护，而其他派别则支持自由贸易。第二年，代表大会投票决定不在这个问题上明确立场。1906 年，塞缪尔·龚帕斯（Samuel Gompers）认为，美国劳工联合会在贸易保护问题上保持中立非常适合其自身的状况，因此会持续采用这一政策。[40]

或许对高关税体系威胁最严峻的政治因素是政府庞大的财政盈余。共和党努力提高政府支出降低盈余，同时维系保护性关税得到的政治支持。在内战爆发之前，辉格党拨付大量资金用于内部改善，以消耗财政收入盈余。战争结束后，联邦政府也是出于同样的目的为联邦军的退伍军人提供养老金。共和党首先于 1862 年为退伍老兵及其家属推出残疾人养老金计划。事实证明这个政治策略极其巧妙，既消耗了财政盈余，又将大量选民（联邦军士兵及其家人）与共和党紧紧绑在一起。

因此，联邦政府在内战结束后的几十年里为军人提供了令人咋舌的高额养老金。格兰德联邦军成了支持共和党的主要力量，并且鼓励政府为军人提供更多转移支付。随着 1879 年政府出台《养老金拖欠法案》，共和党不仅为战斗中的伤亡人士提供养老金，还扩大了养老金计划的覆盖范围，将残疾人和老年人包含在内。这激励人们申请成为“新发现的内战致残者”，致使养老金领取者从每月 1 600 人增加到 10 000 人，领取政府救济的人成千上万地增加。联邦政府为新近提出申请并符合条件的所有退伍军人一次性支付了追溯赔付，联邦支出在一年时间里几乎翻了一番。随后共和党制定了 1890 年《军人家属养老金法案》，切断了战争致残和政府养老金之间的联系。这再次导致养老金领取者的人数和给付大幅飙升。养老金的支出金额在 19 世纪 90 年代初达到最高点，几乎占联邦支出的 40%，之后美国内战那一代人逐渐退出历史舞台，养老金的支出也随之下降。[41]

民主党攻击养老金体系是“一个世故精明的体系，受保护的利益集团建议利用它耗尽财政盈余，并避免修正关税。”用来自肯塔基州的民主党议员詹姆斯·贝克（James Beck）的话说，“他们想用光所有超预算收入避免士兵走进救济院，事实上他们真正希望保全的是保护性关税。以牺牲广大人民群众的利益为代价，使少数人利用关税体系赚得盆满钵满。”[42]滥用政府资金的情况非常猖獗：1879 年政府大幅提升退伍军人养老金后，人们认为约有 1/4 的养老金发放给了提供虚假信息的申请人。本塞尔（Bensel，1984，第 63 页）强调，养老金局被视为“由共和党成立、受共和党控制且腐败肆虐的政治机器”。这迫使民主党在 1884 年当选的格罗弗·克利夫兰（Grover Cleveland）总统的带领下，制定法律推行行政和公务员体系改革。尽管民主党试图依据相关退役证明和客观的伤残评估结果等材料确定申请者是否有资格享受养老金，但既得利益集团紧紧抓着这些丰厚的福利绝不放手，民主党与他们的较量基本上无功而返。

高关税得到了强大政治力量的保驾护航，而支持大幅削减关税的群体却效率低下，意见不一。民主党的核心仍然在南方，且南方仍然认为自己会受到双重伤害：由于进口税过高，相当于南方的出口被间接课以重税，同时财政收入又花到了北方（这次财政收入是用于养老金，而不是内部改善）。不过，南北的关税之争一再破坏民主党在这个问题上的党内团结。南方民主党倾向于回到 1846 年《沃克关税法案》的税率水平；北方民主党中的不少人来自工业选区，希望维持现行税率。1872 年民主党的竞选政纲开诚布公地承认了这种分歧，称“我们对贸易保护体系和自由贸易体系的观点存在着坦诚但不可调和的差异”。

最应该对这种党内分歧承担责任的人是宾夕法尼亚州的民主党人塞缪尔·兰德尔（Samuel Randall）。他在 1875 年至 1880 年间担任众议院议长。兰德尔极其热诚地支持贸易保护政策。他招募了 20 名甚至更多的北方民主党人阻止本党降低关税的各种努力。人们认为，他和“生铁凯利”一样，在高关税问题上的立场“不可撼动”。他对此辩称：“我是一名美国人，所以我是保护主义者。”[43]他在担任众议院议长期间利用自己的权力使筹款委员会放缓了所有与削减关税有关的工作，尽管当时筹款委员会处于民主党的掌控之中。兰德尔的做法受到南方和中西部民主党人的激烈抵制。1883 年民主党的党团核心会议拒绝兰德尔继续担任众议院议长后，民主党在这个问题上的党内团结程度大大提升。不过即使如此，它仍然难以形成统一战线解决关税改革问题。

民主党攻击现行政策时使用的措辞也很不给力。共和党称高关税是本国工业兴旺发达的基础。相反，民主党的战斗口号"开征关税的唯一目的是获得财政收入"却平淡无奇。这个极其乏味的宣传口号适用于内战爆发前夕的美国，当时关税已经下调到极低的水平，而且民主党希望借此表明自己致力于打造小规模政府。时至今日，既然进口关税已经被大幅调高，民主党被迫面对的便是选民担忧的问题，即调低进口关税会严重破坏经济。保护主义信条的逻辑是：关税提高了受保护产业的产量，从而提升了对劳动力的需求，并且使人们拿到更高工资。对民主党来说不幸的是，保护主义信条对民众的说服力更强，而民主党一直诟病保护主义存在逻辑缺陷，却没有得到人们的认同。正如伊利诺伊州民主党议员威廉·莫里森所说："关税问题的难点在于，共和党的口号更朗朗上口，而且通常人们并不理解这个问题。要让他们认真研究这个问题无疑难上加难。"[44]

民主党称税收改革意味着税收减免。正如得克萨斯州民主党议员罗杰·米尔斯（Roger Mills）所说："对生活必需品高额征税是在榨干人民，税收不仅支持着政府的全部开支，而且它的体系设计就是为了使特权阶层中饱私囊。公库里每增加 1 美元，人们手里就被夺走 5 美元用于满足私欲。"民主党坚持认为，关税提高了生活成本，降低了工资的购买力。米尔斯断言："关税的益处全部从消费者手里流向了制造商，不是反其道而行之。"[45]

民主党在一定程度上成功地将关税体系描绘为腐败丛生的体系。纽约州的塞缪尔·考克斯是国会中最富感染力的演讲者之一。他称关税完全就是随意对个体征税，相当于"轻微盗窃罪"，因为每个利益集团都妄图以牺牲他人的利益为代价从关税中攫取钱财。正如他所说："让我们成为相互劫掠的工具。密歇根州从铜交易中窃取钱财，缅因州从木材交易中窃取钱财，宾夕法尼亚从铁交易中窃取钱财，北卡罗来纳州从花生交易中窃取钱财，马萨诸塞州从棉制品交易中窃取钱财，康涅狄格州从发夹交易中窃取钱财，新泽西州从线轴交易中窃取钱财，路易安那州从食糖交易中窃取钱财，诸如此类，不一而足。那么为什么不让马里兰州的绅士从他们那里偷窃煤炭？事实的确如此，但相对来说，只有少数人攫取了利益，而且这些利益来自广大人民群众；事实的确如此，它往往推高了价格，但是偷窃行为没有鼓励工业发展吗？"[46]

民主党不仅对关税背后隐藏的腐败政治感到灰心丧气，而且遇到了一个很简单的问题：关税政策为重要选区带来了切实可见的好处，结果使共和党获得政治支持。民主党不知如何是好，试图找到方法打破共和党维持现行政策的坚实政治后盾。令他们最为痛苦的是，"关税改革"运动没有任何组织基础与美国钢铁协会、全国羊毛加工商协会等制造商说客相抗衡。事实上，没有一家主要工业/农业生产者协会支持大幅削减关税。"与站在共和党那边务实的商人相比，支持民主党的改革者看起来相当外行，"内文斯（Nevins，1932，第 420—421 页）评论，"美国自由贸易联盟（American Free Trade League）与担任其总裁的大卫·韦尔斯虽然在四处散发关于关税改革的材料，但他们的活动与美国钢铁协会的活动比起来极其小儿科。"事实上，美国自由贸易联盟做的"都是表面工作，因为它没有募集半点运动资金，只是发出寥寥几份小册子而已，没有引起任何关注"。尽管南方棉花和烟草出口商通过国会的南方民主党充分表达了自己的利益，但他们并没有组建任何正式组织，而且他们因为自己与南方邦联之间的关联而受到许多怀疑。

在国会辩论中，共和党和民主党年复一年、数十年如一日地重复着本党在贸易政策上的观点论据。共和党坚称高关税保护本国行业免受外国竞争的困扰，确保工人找到高薪就业机会。民主党坚持认为关税相当于对消费者和农民课以重税，同时还阻碍了出口。一方提出一个论据后，另一方就立即予以反驳。共和党认为保护性关税帮助所有生产者直面外国竞争，最终将强化整个国家经济；而民主党称这些政策以牺牲某个群体的利益为代价，将收入重新分配给其他群体。对共和党而言，保护性关税促进了总体经济发展；对民主党而言，这种保护牺牲了公共福利，使特殊利益集团享有特权。共和党认为蒸蒸日上且强大的制造业使农民和土地所有者获益，从而协调了各方利益；民主党则认为这引发了社会冲突，导致资本与劳动力之间、大企业与消费者之间、工业与农业之间、银行家及铁路与小农场主之间、城市制造商和农民及种植者之间相互对立。在共和党看来，保护性关税使国家日益强大；在民主党看来，贸易保护催生了政治腐败，使财富日益集中。

两党不仅对关税政策如何影响本国政策意见相左，而且对其具体后果的判断也不尽一致。譬如，两党曾争论关税到底是提高还是降低了国内价格。民主党认为对进口商品征税提高了国内价格，损害消费者的利益。共和党承认关税或许会在短期内提高价格，但表示保护将刺激国内生产，最终压低价格，使消费者受益。正如来自俄勒冈州的共和党议员宾格·赫尔曼（Binger Hermann）所说："保护促进生产，生产促进竞争，竞争促进价格走低。"[47]由于美国在 19 世纪晚期陷入通货紧缩，所以共和党总会用价格水平下降为例佐证自己的观点。当然，当时引发通货紧缩的是美国金本位下的货币政策，而不是关税。

反之，共和党认为削减关税会使美国听任外国垄断者的摆布，而这些垄断者将拼命剥削美国消费者。根据他们的推理，外国生产者只会利用自己的市场支配力抬高物价，所以下调关税不会降低消费者价格。"生铁凯利"声称："政府宣布削减生铁关税和铁路用铁关税的那一天，就是英国铁价上涨之时。"[48]然而，这个论点与保护主义者的立场相互矛盾：如果降低关税就能使外国出口商抬高价格，那么物价不会下跌，削减关税就不会损害国内生产者的利益。此外，没有证据显示英国钢铁出口商或其他生产商会采取这种做法；他们彼此之间，以及与德国和比利时等国的生产者之间的竞争极其激烈。降低关税确实会导致价格下跌，促进进口增长，这正是与国外存在竞争关系的国内生产商担心削减关税后可能发生的事情。

最后，共和党将所有反对保护关税或拥护关税改革的人都归类为代表外国利益、一心只想削弱美国的"自由贸易主义者"。在 19 世纪晚期的美国政坛上，仇英心理异常强烈。大卫·韦尔斯等拥护削减关税的人往往被诬蔑为代表英国垄断者密谋打开美国市场的外国特工。那些不够爱国而信仰“自由贸易”的人不过是英国妄图摧毁美国工业、破坏美国经济独立的阴谋之一。[49]

保护性关税的支持者和关税改革的倡导者都期望学术界能为自己的观点找到佐证。保护性关税方面的领军人物是亨利·凯里。他是内战前美国关税体系的主要倡导者马修·凯里的儿子。亨利·凯里之前一直坚信自由贸易，直至 1842 年美国推出新的关税法案后经济回暖，才使他认同了贸易保护主义的价值。他在自己的著作《利益的和谐》（*Harmony of Interests*，1851）中认为，农业和制造业的利益并不冲突，两者之间存在着一荣俱荣的“利益协调共生”。在他看来，国际贸易破坏了这种国内和谐，不应鼓励其发展。亨利·凯里认为，应当以牺牲国际市场发展国内市场，从而创造出一个经济协作网络，将农民和制造商团结起来。亨利·凯里还攻击商人在各个市场之间运输货物的行为非常不经济。他的三卷本著作《社会科学原理》（*Principles of Social Science*，1858）将贸易保护主义作为其主要信条，成了费城政治经济学院的主要教材。[50]

尽管亨利·凯里是贸易保护主义事业的主要思想家，但他的著作晦涩难懂，观点相当费解。[51]不过，他的积极努力还是为他赢得了国际声誉，甚至给贸易保护主义的外表镀上了一层体面的学术外衣。当时的经济学界领军人物约翰·斯图亚特·穆勒（John Stuart Mill）非常看重亨利·凯里，称他是“当下（1865 年）遵循保护主义信条的知名政治经济学家中唯一的作家”。不过穆勒指出亨利·凯里的分析存在基本错误，并认为亨利·凯里关于贸易保护的论点证据“完全站不住脚”。他私下里写文称亨利·凯里的《社会科学原理》“几乎是我读过的最糟糕的政治经济学著作”。[52]这种敌意显然是相互的：一位同时代的人评论称亨利·凯里是“一个语言朴实的人。每次有人提到穆勒的名字，他就会像船员一样满嘴脏话”。[53]

与此同时，关税改革者期望从政府卸任后创建了美国自由贸易联盟的大卫·韦尔斯能扛起学术领袖的大旗。学院派经济学家也大多支持自由贸易，而且有些人关于这个议题的著述相当畅销。[54]然而，在大多数情况下，经济学家并没有引起华盛顿的关注，政治家往往对他们的观点不予理会。詹姆斯·加菲尔德在赞同他们的观点之余强调："作为一个抽象的政治经济学理论，自由贸易有很多拥护者，而且它也具备不少优点。我们不能否认，现代学术研究的结果多半支持自由贸易；当今绝大多数伟大的思想家也在带领人们朝着所谓'自由贸易'的方向迈进。"尽管如此，"在绝大多数人心里，他们深刻并且坚定地支持保护美国工业"。[55]更常见的情况是，学者的观点受到国会的猛烈攻击和嘲笑。共和党拒绝接受比较优势理论，认为它"修饰了推理过程以欺骗常识"，并且指责经济学家用"学术理论"毒害美国青年的头脑。[56]正如众议院议长、缅因州共和党议员托马斯·里德所说："每个大学生毕业时都是自由贸易论者……他们中每一个后来成为生产者或商品经销商的人都变成了贸易保护主义者。"[57]

## 贸易保护的经济影响

尽管美国经济在内战结束后的 30 年里取得突飞猛进的发展，但令人惊讶的是，它的外贸发展几乎停滞不前。战后进出口的复苏进程相当缓慢，其规模稳定在 GDP 的 6% 左右。棉花及其他农产品仍然是主要出口产品，而进口产品则包含了各类消费品、原材料和制成品。

在此期间，关税的平均水平也基本保持稳定。在 1860 年至 1900 年间，应税进口产品的平均关税率为 40%～45%。正如表 1. 1 所示，进口税率从未跌破 38%，也从未超过 52%。自从 1872 年咖啡和茶叶被列入免税清单后，应税进口产品和非应税进口产品之间的差别开始变得重要起来。从这一年起，约 1/3 的进口产品被列入美国的免税清单。

在此期间，贸易政策涉及的一个关键问题是：有多少与外国进口相互竞争的国内生产商受益于贸易保护？这些贸易保护给其他经济部门带来多少负担？这个貌似简单的问题实际上很难回答。人们将关税税则中列出的进口税率称为“名义”保护税率，经常用它来表示本国生产者暗中获得的补贴。譬如，如果进口产品的关税为 30%，使它们在美国的售价比国际价格高出 30%，那么国内生产同类产品的生产商会因为关税而获得 30% 的隐性补贴。不过，这个结论并不准确：如果进口产品不能完全替代国内产品，或者国际价格因为关税而下滑，那么国内生产商获得的隐性补贴会少于 30%。

更重要的是，由于名义保护税率忽略了不同产品之间的税率结构，所以用它作为一个指标描述国内生产商获得的保护，会有误导性。举例来说，如果对进口生铁征收的关税较高，而对用生铁制成的机械征收的进口关税较低，那么这些关税损害了机械制造业的利益，而不是给它带来好处。人们用关税结构导致某一生产活动的附加价值发生变化的百分比表示“实际”保护税率。它将半成品和最终制成品的税率都考虑在内，以此确定关税在多大程度上保护了最终制成品生产商免受外国竞争冲击。[58]在 19 世纪，美国设置关税税率的总体趋势是半成品关税较低，最终制成品关税较高，由此产生的影响之一是最终制成品的实际保护税率远远高于其名义税率。当然，实际保护税率也可能低于名义保护税率，甚至可能是负值，这意味着关税体系是对制造最终制成品的行业征税，而不是提供补贴。大卫·韦尔斯一再强调，很多受保护产品是用来生产其他最终制成品的半成品。对这类产品征收高关税推高了最终制成品生产商的生产成本，减少了对最终制成品的需求，从而损害它们相对于外国竞争者的竞争力。譬如，钢轨价格高企大幅提升了铁路铺轨的成本，结果导致铁路投资减少。

不幸的是，名义保护税率和实际保护税率完全没有反映出关税带来的影响。换言之，关税带来的负担主要以抬高物价的形式由消费者承担，还是以国外销量下降的形式由出口商承担？沙阿斯塔德（Sjaastad，1980）将“净”保护率定义为进口产品和出口产品相对于非贸易品的国内价格变化比例。该定义有助于明确对进口竞争型生产商的扶持程度以及出口商承受的负担。在这个框架下，征收进口关税提高了进口产品相对于出口产品的国内价格，而且是先提高了进口产品相对于非贸易品的国内价格。不过进口竞争性行业扩张时，提高了对非贸易品的需求，也会提升它们的价格。非贸易品价格提高降低了与进口产品一争高下的国内生产商享受到的保护，而且由于出口产品的价格相对于非贸易品价格下降，所以出口商为此承担了额外的负担。（调整高关税的另外一种方法是名义汇率升值。这也可以降低可贸易品的相对价格，但在金本位制下并不可行。）

因此，上调关税提升了非贸易品的价格，推高了整个经济的成本结构。欧文（2007）发现在 19 世纪末，美国的进口商品价格每上涨 10% ，非贸易品的价格就会上涨 6% 。在这种情况下，所有进口产品的平均税率为 30% 时，会将非贸易品的价格推高 18% 。因此，进口竞争性制造商享受到的净补贴为 10% （用进口产品的价格相对于非贸易品的价格涨幅衡量），农业出口商的净税率为 15% （用出口产品的价格相对于非贸易品的价格降幅衡量）。[59]可见，进口竞争性生产商只能享受到 1/3 左右的关税带来的益处，而出口型生产商承担的税负接近关税税率的一半。这意味着名义保护税率相对较高时，不一定能使进口竞争行业享受到较高的净保护。

这个框架还可以用来反映与贸易保护影响程度相关的收入转移。表 5. 1 绘制的矩阵记录了美国国内进口竞争性产业的生产商、出口商、消费者、纳税人和政府这五个群体之间的隐性收入转移。结果表明，对进口产品平均征收 30% 的关税时，会导致 9% 左右的 GDP 在不同经济主体之间重新分配。隐性出口税使出口商的成本增加 GDP 的 4. 3% ，迫使消费者花更多钱购买进口产品，这部分额外支出达到 GDP 的 3. 1% ，有 2. 5% 的 GDP 流入进口竞争性产业的生产商口袋里，0. 5% 的 GDP 以财政收入的形式流向政府。从受益人的角度看，进口竞争性产业的生产商从消费者那里获得 2. 5% 的 GDP，而由于出口产品价格下降，出口商蒙受损失，消费者相应地获得相当于 3. 2% GDP 的好处。政府以海关税收的形式获得 1. 6% 的 GDP，其中不少都转移给了内战的退伍老兵。因此，高关税政策在美国国内引发了规模庞大的收入再分配，因此有充足的理由成为这一时期国内政治中最具争议的议题之一。

表 5.1　关税保护引发的跨部门转移（1885 年前后）

| 来自＼转移给 | 进口竞争性行业 | 消费者 | 纳税人 | 政府 | 小计 |
|---|---|---|---|---|---|
| 出口商 | 0.0 | 3.2 | 0.0 | 1.1 | 4.3 |
| 消费者 | 2.5 | — | 0.0 | 0.5 | 3.1 |
| 政　府 | 0.0 | 0.0 | 1.6 | — | 1.6 |
| 总　计 | 2.5 | 3.2 | 1.6 | 1.6 | 8.9 |

注：以上数据为 GDP 的百分比，由于四舍五入的原因，这些数据加起来或许不等于总和。

资料来源：Irwin（2007）。

一个关键问题在于，高关税给美国消费者（家庭）带来的到底是益处还是损失。共和党声称贸易保护在受保护产业中创造出就业机会，使工人的工资得到提升。民主党则宣称贸易保护提高了生活成本，降低了实际工资。当然，保护性关税并不是美国的工资水平超越欧洲及其他国家/地区的主要原因：美国工人的人均土地所有率较高，是工资水平高出其他国家的主要原因（高工资并不是美国特有的现象。澳大利亚和加拿大等国家也出现了这种情况，它们的工人人均土地拥有率也很高）。[60]尽管贸易保护不是推高美国工资水平的原因，但贸易保护到底是提高了工人的实际收入，还是反其道而行之？我们几乎可以确定进口税推高了总体价格水平，从而抬高了名义价格，不过它对实际工资的影响尚无定论。

不幸的是，经济理论并没有就贸易保护对实际工资的影响得出准确的结论。著名的斯托尔珀-萨缪尔森定理（Stolper-Samuelson Theorem，1941）认为，（与其他国家相比的）稀缺生产要素必然受益于贸易保护，不过这个研究结果的假设前提是只有两种生产要素，而这一假设并不妥当，因为更准确地说，当时美国拥有三大要素：土地、劳动力和资本。在标准的“特定要素”贸易模型中，土地是农业的特定要素，资本是制造业的特定要素，劳动力是这两个部门都使用的流动生产要素。在此模型下，贸易保护对实际工资的影响含糊不清：出口产品价格下滑，使消费者受益，但是他们又因为进口产品价格上涨而蒙受损失。这种特定要素框架的“新古典主义模糊”意味着实际工资的变动取决于商品在消费组合中的权重。[61]如果消费支出集中在进口产品上，那么贸易保护会拉低实际工资；如果消费支出集中在出口产品上，那么贸易保护会压低出口商品的相对价格，提升实际工资。

现有证据表明，消费支出更偏向于出口产品，而不是进口产品。在19世纪80年代中期，食品占美国出口的一半以上，它们在普通家庭的消费支出中占40%左右。消费支出中只有15%～20%用于服装，这是消费组合中最主要的进口产品。[62]表5.1表明消费者在贸易保护中收支相抵，他们为进口竞争性行业的生产商和政府额外支出的费用占GDP的3%，但以牺牲出口商利益为代价获得的收益相当于GDP的3%。如果贸易保护给消费者带来的收益和损失大致相当，而从进口税中获得的收入再分配给了联邦军退伍老兵等特殊群体，那就意味着北方消费者享受到的关税收入远远超出其消费规模对应的比重，因此从关税政策中获益匪浅，而南方消费者蒙受了损失。

高额进口税不仅对收入进行了再分配，而且扭曲了生产和消费决策，造成被人们称作无谓损失的效率低下问题。内战刚刚结束时，由于所有进口品都需要缴纳高关税，所以进口税的无谓损失相对较高：在19世纪60年代末和70年代初，这种损失占到GDP的1%～1.5%。[63]不过1872年咖啡和茶叶被纳入免税清单之后，无谓损失下降到GDP的1%以下，而且在第一次世界大战爆发之前持续减少。与此相反，1859年关税的静态无谓损失仅占GDP的0.25%左右。当然，所有税收都会带来无谓损失，而且我们并不清楚，如果在这一时期采取其他课税形式是否会效率更高。[64]

如果关税改善了贸易条件——无论是降低了进口产品的价格还是提高了出口产品的价格，无谓损失就会下降。与内战前不同的是，人们在战后没有考虑过是否可能利用进口税改善贸易条件。从出口市场支配力的角度看，由于内战后其他外国供应商纷纷崛起，所以美国对世界棉花价格的影响力大打折扣。除此以外，1891年《麦金莱关税法案》废除了糖税之后，一夜之间将平均关税从70%左右拉低至零，关税削减全部传导到了国内消费者价格上，而对全球价格没有造成任何影响，尽管之后的糖税上调多多少少压低了全球价格。[65]因此，现有证据使人们开始怀疑“关税对贸易条件产生重要影响”的观点。

削减关税在多大程度上影响了美国制造品与进口产品之间的相互竞争？与内战前不同的是（1846 年的《沃克关税法案》大幅削减了关税），内战结束后，美国没有对进口税进行过显著调整。因此，我们无法观察到如果关税政策发生重大改变，进口和国内生产会怎样变化。因此，经济学家利用反事实模拟推测了大幅削减关税可能产生的影响。这种影响的幅度很大程度上取决于国内产品与进口产品之间的替代弹性。如果进口产品和国内生产的产品几乎可以完全相互替代（这意味着替代弹性相当大），那么削减关税会降低进口产品的国内价格，对国内产业的影响相当可观。如果进口产品和国内生产的产品并不能完全相互替代（这意味着替代弹性很小），那么削减关税对国内产业的影响有限。

以生铁这种同质性相对较高的产品为例，它的替代弹性相对较高。欧文（2000a）的模拟研究表明，假如 1869 年韦尔斯的提案被采纳，进口生铁的关税税率从 60% 大幅下调至 20%，那么国内的生铁产量将下降 7% 左右，进口的市场份额会从 7% 左右上升至 18% 左右。这项研究结果中最引人注目的地方在于，即使大幅调整关税，而且进口产品的替代弹性很大，对国内生铁行业的影响也相对温和。这表明即使关税削减的幅度相当大，绝大多数生铁企业仍然可以幸免于难。为什么关税调整产生的影响如此微弱？即使关税从 60% 下降到 20%，减少整整 2/3，进口生铁的国内价格至多下跌 25%。[66]虽然生铁的进口量会增长两倍，但其总量与国内产量相比还是不足一提。

此外，也很难找到其他行业的例子来证明关税能够产生决定性影响。正如本书第三章强调的那样，在内战来临前夕，美国的棉纺织业发展相当稳健。经济历史学家认为，贸易政策的政治辩论明显夸大了关税对羊毛和毛制品的助益。[67]鞋履等皮革制造业韧性很强，不太需要借助贸易保护来抗衡外国竞争的冲击，它们在出口方面的表现都很抢眼。到了 19 世纪末，进口制成品只占国内产量的 3%（请参见表 5. 2）。此外，

表 5.2　1859—1899 年制造品的贸易和产出数据

（单位：百万美元，以现价美元计算）

| 年份 | 制造品进口量 | 制造品出口量 | 制造品净出口量 | 制造品的国内产值 | 进口占国内消费份额 |
|---|---|---|---|---|---|
| 1859 | 191 | 46 | -145 | 1 886 | 9% |
| 1869 | 220 | 61 | -159 | 4 232 | 5% |
| 1879 | 180 | 133 | -47 | 5 370 | 3% |
| 1889 | 327 | 166 | -161 | 9 372 | 3% |
| 1899 | 262 | 381 | 119 | 13 014 | 2% |

资料来源：制成品的进出口数据，参见 US Bureau of the Census（1975），series U-223-224；半成品和制成品（不包括加工食品）。国内产值，参见 US Bureau of the Census，Census Reports，1900，*Manufacturing*，*United States by Industries*，vol. 7，Part I，xlvii（Washington，DC：Government Printing Office，1902）。进口占国内消费的比例计算如下：用国内产量减去出口再加上进口，然后用进口除以前面得出的这个数值。

美国在很多食品制造业上遥遥领先于其他国家，特别是肉类加工业不断崛起。美国的出口中约有 20% 为制成品，表明即使下调保护性关税，部分行业的发展势头仍然不减。本书第六章研究了关税是否会推高经济增长率。

## 1888 年关税大论战

内战结束 25 年后，国会仍然没有对战时采用的关税目录进行重大调整。事实上，由于战后出现通货紧缩并一直持续到 19 世纪 90 年代中期，所以关税水平反而在缓慢上升。应税进口品的平均税率从 1873 年的 38% 攀升至 80 年代末的 47%，部分原因就在于物价在缓慢但持续下滑。[68]

此外，尽管政府削减了很多国内税，并且提升了用于退伍军人的支出，但财政盈余的比例仍然迅速膨胀到前所未有的水平。在 19 世纪 80 年代，联邦政府每收入 1.4 美元支出就为 1 美元。以 1888 财年为例，联邦政府的预算盈余达到 1.11 亿美元，当年的支出为 2.68 亿美元（支出中包括偿付债务的费用和为偿债基金拨付的资金）。1887 年，可赎回债券已经全部偿清，政府不得不在公开市场上以超出市场价值高达 29% 的溢价购买不可赎回债券。在 1888 年至 1890 年间，财政部因为这种溢价向债券持有人支付了 4 500 万美元。[69]让民主党感到惊恐的是，消费者、劳动者和农民支付的进口关税及国内税不仅资助退伍军人及其家属获得丰厚的退休金，而且使富有的纽约投资者不劳而获大笔横财。

巨额财政盈余被视为美国在 19 世纪 80 年代面对的重大经济问题。有人预测，如果这种状况持续下去，就会偿清国家债务，使财政部的资产迅速积累，从而吸走金融体系的流动性，瓦解国家经济。美国甚至一度出现了全国 1/3 的流通货币静静地躺在财政部保险库里的情况。预算盈余推动了倡导削减国内税收和关税的群体向政府施压以实现自己的主张。

民主党和共和党都认可了降低政府税收的目标，不过对于实现目标的途径则意见相左。民主党仍然坚称下调关税会降低关税收入，同时使消费者购买商品时获得理应享受的减税。共和党反击称削减关税只会鼓励进口增长，反而提高了关税收入。与此相反，共和党支持上调关税，把进口从美国市场挤出去，从而降低政府获得的关税收入。事实上，我们无法明确地判断以上哪种立场是正确的，因为调整关税税率对税收造成的影响取决于进口需求的弹性。如果进口需求弹性较大，那么上调关税会使关税收入减少；如果进口需求弹性较小，那么上调关税会使关税收入增加。欧文（1998b）估算后得出的结果是：在这一时期，使财政收入最大化的平均关税税率超过 60%，意味着民主党的立场是正确的，即削减关税会使关税收入减少。

1882 年，民主党在国会选举中再次掌控众议院，随后他们就摆开阵势，准备利用日益强烈的主张削减关税的公众情绪大做文章。虽然他们没有一统政府，但民主党准备通过一部关税削减法案，迫使共和党在参议院迎战并批准该法案，为民主党赢得一些政绩。1884 年 3 月，众议院筹款委员会主席、伊利诺伊州民主党议员威廉·莫里森提出一部法案，建议将所有关税一律下调 20%（酒精和丝绸的关税除外），并且将部分原材料加入免税清单。根据他的建议，削减关税是“免除人民承担部分不必要税种的手段，是让消费者享有公正公平的手段，并且有利于工业全面繁荣”。[70]尽管众议院的民主党人达到近 80 人的多数席位，但由于内部分歧破坏了党内团结，所以未能通过该法案，宾夕法尼亚州的塞缪尔·兰德尔率领一群北方民主党人反对这部法案。他们代表工业选区，坚定地反对关税高墙上出现任何裂缝。让民主党领袖感到沮丧的是，兰德尔成功地聚集起 40 名民主党人（他们主要来自东北部），以 159 票对 155 票的投票结果删除了法案中的授权条款。

在 1884 年总统选举中，民主党攻击共和党未能按照关税委员会提议的路线改革关税体系。他们在自己的竞选政纲中“承诺本着对所有利益群体公平公正的态度调整关税”，并且“谴责滥用现行关税体系的行为”，“它们使很多人陷入贫困而少数人从中渔利”。然而，民主党承认“必要的关税削减将会而且必将剥夺美国劳动者与外国劳动者相互竞争并胜出的能力，而且关税的下调幅度要足以覆盖国内工资普遍上升推高了的生产成本”，结果这种说法削弱了他们的立场。[71]共和党对此的回应是发誓清除关税中的不平等，并降低预算结余，而“不通过横向削减关税这种无差别的糟糕方法达到这个目的，而是采取其他方法，在不伤害劳动者或本国重大生产利益的情况下减轻纳税人的负担”。他们坚称，在共和党执政期间，“不应‘以获得财政收入为唯一目的’向外国进口征收关税，而是……为我们的各类工业提供保障，并保护劳动者的权利和工资”。[72]

1884 年的大选诞生了美国内战结束以来的第一位民主党总统格罗弗·克利夫兰。民主党仍然掌控着众议院，但是未能拿下参议院，因此无法使政府处于其统一的掌控之下，推行关税改革的机会注定会被扼杀。克利夫兰就职时对关税问题的了解并不多。大选刚刚结束时，这位候任总统就向自己的一位支持者提出关税问题：

> （他问我）他进入白宫时应该先处理哪些重大问题。我对他说，我认为应该从关税入手。我永远不能忘记随后发生了什么。总

统身体前倾，把双手放在面前的桌子上，然后把自己的脸埋到手里。两三分钟后，他挺直身体，直言不讳地告诉我："这么说很难为情，但事实上我对关税一无所知……现在你能告诉我从哪儿开始了解这个问题吗？"[73]

起初克利夫兰政府没有提出任何关税调整方案，而是集中精力推行行政和公务员体系改革，清除养老金体系里的腐败行为。[74]尽管他的财政部长批评关税税则"一团混乱，不成体系"，但克利夫兰总统第一次向国会发表年度国情咨文时，在这个问题上的表态非常谨慎：

我们要提出的议案是降低政府收入、民众间接的支出和海关税收。其中不涉及自由贸易问题，也没有必要探讨保护体系是明智之举还是权宜之计。公平和公正要求我们在修正任何与税收有关的现行法律时，不应无情地伤及或破坏那些法律原本要鼓励发展并且吸收了大量国民投资的行业和利益群体。[75]

1884 年修正关税法案失利的经历深深刺痛了众议院的民主党人。他们不愿再次提出这个议题，因为兰德尔这些变节者势必会再次强烈反对新法案，只是党内积极分子的压力促使筹款委员会再次奋力一搏。然而，兰德尔又一次从新泽西、纽约和宾夕法尼亚等州召集到足够多的民主党人，联手共和党投票否决了提案，使民主党的努力再度受挫。

这些故意阻挠关税改革的行为使总统和他的国会盟友大为光火。他们开始谋划如何压制众议院里支持高关税的民主党人。民主党领袖公开指责兰德尔在筹款委员会里塞满了南方民主党人，总统反对现行体系的措辞也愈发激烈。1886 年 12 月克利夫兰向国会发表年度国情咨文时称财政盈余"颠覆了人民与政府之间的关系，偏离了限制联邦税收权力的规定，走上了危险的道路"。总统坚称应该修正关税实现更加平等的收入分配。农民被迫在竞争激烈的市场上销售产品，并为自己购买的东西支付高额税收，而制造商的市场被保护起来，没有受到外国竞争的冲击，因此累积起大量财富。[76]这次努力和前两次一样以失败告终：尽管民主党内反对削减关税的力量有所减弱，但共和党仍然有足够的票数狙击任何新的关税提案。

1887年9月，就在国会即将开始新一届会期之际，克利夫兰会见了来自宾夕法尼亚州的民主党议员、众议院议长约翰·卡莱尔（John Carlisle）以及筹款委员会的新任主席——得克萨斯州民主党议员罗杰·米尔斯。他们一致认为要坚决压制党内对关税问题持不同政见的党员。克利夫兰（1933，第158页）曾写道："在我看来只有一项政策可以采用：我们必须采用侧翼包抄拿下兰德尔先生。如果可能的话，要逐步分化他的支持者。"

1887年12月，克利夫兰做出了一个非同寻常的举动，他发表年度国情咨文时通篇只讨论关税改革这一个问题。总统的陈述干脆利落，猛烈抨击关税是"不可原谅的敲诈勒索，难辞其咎地背叛了美国的公平公正原则"。[77]总统警告说庞大的财政盈余会危及金融体系。他坚称：

> 我国的现行关税法律是不必要地开征税收的不平等、不合理的恶性来源，应该被立刻修正完善。显然这些法律产生的主要影响是推高所有应税进口产品的消费者价格，且消费者价格的上涨幅度等同于关税税率。因此，税率能够衡量这些进口产品的购买者缴纳的税收金额。然而，这些产品中有不少可以在本国种植或制造，目前对外国产品和货物征收的关税被称为对这些本土生产商/制造商提供的保护措施，因为它们使我国制造商能够制造出这些课税产品并且以进口产品的价格卖给消费者（这些进口产品的价格中包括已经缴纳的关税）。由此出现的情况是，尽管相对来说，使用进口产品的消费者人数不多，但我们的民众中有数百万人从来没有使用过也没有见过任何外国产品，而是购买和使用国内制造的同类产品，他们支付的价格几乎等于进口产品被征税后抬高的价格，甚至就是在按这个价格购买产品。购买进口产品的人因为购买进口产品而向国库缴纳进口税，但我们绝大多数公民购买国内同类产品时，至少

> 向国内制造商支付了接近于关税的金额。在这里提及我国关税法律的运作情况，并不是为了指导大家，而是以此时常提醒我们，它给消费国内产品和进口产品的消费者都强加了负担，使所有人都承担了税收。[78]

克利夫兰继续说到，尽管削减关税时不能“危及我国制造业的现有利益”，但这“不应意味着无视公共福利或国家的紧迫要求，必须创造出条件时时确保制造业实现高额利润，而不是适度赢利”。他甚至嘲笑了“美国制造业仍然处于发展早期，因此需要通过高关税提供广泛支持”的观点：“把我们的制造业称为‘幼稚工业’，说它仍需要最大程度的支持，要通过联邦立法培育它的发展，这种说法只适用于宣传”，没有反映出美国生产者在本国市场上已经根深叶茂的现实情况。[79]他指出只有 260 万工人受雇于受关税保护的行业，而其他行业的工人有 1 480 万人，所以为了使少数人获益绝大多数工人在交税。[80]

克利夫兰很清楚国会再次尝试调整关税时会遇到政治阻力，所以请立法机构“从更广泛和全国性的角度出发考虑这个问题，秉承着拳拳爱国之心，无视那些自私的地方性要求，因为它们不合理且不考虑整个国家的福祉”。克利夫兰否认自己的提议与自由贸易或贸易保护的理论原则有任何关联，而是认为自己完全基于整个国家面对的形势提出这些主张：“我们面对的问题是一种处境，而不是某个理论……自由贸易的问题显然与此无关，某些地区一直称这种帮助人们减轻不公正且不必要税负的努力是所谓自由贸易论者的阴谋诡计。这种说法充满恶意而且完全没有考虑公众的利益。”[81]

克利夫兰极富感染力的国情咨文使关税政策稳稳地排在了 1888 年美国政治议程的前列，而当年是总统选举年。总统发表国情咨文后，筹款委员会里的民主党多数派再次开始酝酿新的关税法草案。为了加快进程，米尔斯没有举行任何听证会，而是精心草拟出一份提案，再次将原材料加入免税清单，并且调低最终制成品的保护性关税，使应税进口产品的平均关税税率从 54% 下调至 33% 。

共和党少数派在俄亥俄州威廉·麦金莱的带领下猛烈攻击了这份提案，称它“彻头彻尾地转变”了政府政策，“赤裸裸地妄图把整个国家绑在英国的自由贸易政策上”。他们声称对保护性关税进行任何削减会导致工资水平大幅下滑，并且破坏本国工业。他们特别攻击了将原毛加入免税清单的想法，因为这会“使我们的羊群和羊毛暴露在残酷的外来竞争之下”，“毁掉我国最有价值的行业之一”。他们甚至从财政的角度提出反对意见，认为降低关税会鼓励进口，带来更多税收，使国库收入愈发膨胀。[82]

1888年春天，众议院为了备战秋季的总统选举，对米尔斯的提案展开了激烈辩论。来自伊利诺伊州的民主党议员威廉·斯普林格（William Springer）宣称：“只要我们的政府能够容忍，那么这次辩论就应该被称为‘1888年关税大论战’。”[83]米尔斯代表民主党做开幕致辞时认为，保护性关税对大多数人的消费征税，而不是对少数富人的收入征税，它们制造出托拉斯和垄断组织剥削压榨消费者，并且在需要减少预算盈余的时候创造出过多财政收入，因此应当改革关税体系。“生铁凯利”威廉姆·凯利虽然承认财政盈余过高，但他回应米尔斯的演讲时称需要调低国内的所有酒税，但保留保护性关税，因为如果不这么做，任由美国工业在毫无防护的情况下面对“势不可挡的外来攻击”，那么国内工业会萎缩，造成大面积失业。他否认高关税会推高消费者价格，因为保护性关税不会制造出托拉斯和垄断组织，而是鼓励国内竞争，从而切实地促使价格走低。最后，凯利打出了已经过时的感情牌，挥舞着“被害人的血衣”，把民主党与自由贸易、奴隶制和内战绑在一起。

其他民主党人和共和党人在耗时100多个小时的150场演讲里翻来覆去地重复本党的标准观点论据，斯坦伍德（1903，第1卷：第234页）形容它们“寡淡无味”。此次修正关税法涉及的利害关系相当重大。麦金莱警告：“经受考验的是整个体系。”一位国会议员看到“每个产业……都是整个结构中的一根支柱”，他警告说，如果美国“任由部分支持自由贸易的大力士参孙拉倒这些支柱中的一根……那么美国工业的整座庙宇必将轰然倒塌”。[84]1888 年 7 月，众议院以 162 票对 149 票的党派性投票通过了《米尔斯法案》（Mills Bill）。民主党领袖终于成功地遏制了兰德尔等人的变节行为，只有四位民主党人投票反对这部法案。

诚然，众议院的举动很大程度上只有象征意义，因为《米尔斯法案》一进入共和党控制的参议院就“无疾而终”。共和党领袖聚在一起探讨到底应该忽视众议院的所作所为，还是酝酿自己的关税法提案。艾奥瓦州的威廉·阿利森和罗得岛的纳尔逊·奥尔德里奇（Nelson Aldrich）牵头召开的党团核心会议决定继续保持攻势，针锋相对地草拟了一份上调关税的法案。《阿利森法案》在维持较高保护关税的同时削减了威士忌和烟草的国内税。尽管当年 10 月，这部法案提交给了参议院财政委员会（Finance Committee），但从来没有进入投票环节。国会在秋季选举的最后几周进入休会期，没有对该法案采取任何行动。

国会的关税之争为 1888 年的总统大选奠定了基础。民主党在竞选政纲中宣称：“关税改革这个重大问题，与国家生活的各个环节息息相关，而且涉及完善的政府治理涵盖的所有问题。民主党把这一议题的原则和专业性问题交给睿智的美国人民投票决定。”它强调了公共支出应注重节俭，坚称“所有缺乏必要性的征税都是不公平征税”，并强调了贸易保护的不平等性：“当托拉斯和联合体通过不必要的征税被政府默许并横行肆虐时，人民的利益遭到背叛。这剥夺了大量民众从自然竞争中获得的益处，明火执仗地抢劫他们，同时使相互勾结的少数人攫取大笔不义之财。”他们呼吁农民的支持（因为“不平等的关税立法体系一意偏袒某些行业，农民购买的所有东西的价格几乎都被提高了”），同时竭力安抚成熟行业，表示“减轻和修正税负问题不应该也不必然危及它们的发展”。[85]

与此同时，共和党仍然坚守自己的阵地。在 1884 年的选举中，他们曾很不情愿地承认有必要开展关税改革；如今统一阵线的民主党人对关税政策形成了切实严峻的威胁，民主党感到自己不仅要维护现行体系，而且要承诺拓展这个体系。他们在发布的竞选政纲中表示：“我们坚定不移地支持美国贸易保护体系；我们反对像总统及其所在党建议的那样，摧毁这个体系。他们在为欧洲的利益服务，而我们将支持美国的利益……我们谴责《米尔斯法案》对我国整体商业、劳动者和农民的利益造成的破坏。”“放弃保护体系后随之而来的往往是所有利益群体全面陷入灾难”，所以“必须维持”保护体系。在降低财政盈余的问题上，共和党承诺废除烟草和烈酒的所有国内税：“我们支持全面废止国内税，而不是在威士忌托拉斯和外国制造商代理的联合要求下放弃我们的一部分保护体系。”[86]

1888 年大选相当于一场对国家关税政策的全民公决。[87]尽管过度征税和过度关税保护基本上属于同一个问题，但其结果将决定关税改革和贸易保护体系的命运。共和党试图将总统及其政党描绘成“自由贸易论者”。克利夫兰（1933，第 189 页）怒斥这“纯属捏造”。不过尽管民主党近来在政治上屡奏凯歌，但它仍然缺乏组织严密的共和党拥有的咄咄逼人之气势和谋略。此外，这场大选还被视为美国历史上最腐败的一届选举，关于贿选和其他不法行为的报道层出不穷，特别是在纽约和印第安纳这两个关键的摇摆州。[88]

最终投票结果揭晓后，克利夫兰拿到的选票比他的共和党竞争对手本杰明·哈里森（Benjamin Harrison）仅仅多出 9 万张。他拿下了普选投票中的 48. 6% ，而哈里森拿下了 47. 8% 的选票。不过哈里森在人口众多的北方州拿到足够多的选举人票，以 233 票对 168 票的绝对优势在选举人团选举中胜出，这个结果对民主党造成了沉重的打击。选举地图表明南北之间势不两立，而这完全在意料之中：南方一边倒地投票支持民主党，而共和党拿下了北方和中西部的所有州。对民主党来说，更糟糕的是共和党以微弱的优势重新掌控众议院，而对参议院的主导地位也没有丢失。[89]

尽管支持两党的选民不相上下，但关税改革运动遭受了巨大挫折。整个国家似乎已经认可了共和党的贸易保护主义，或者说至少没有欣然接受民主党的关税改革。这使共和党得以将贸易保护体系更加深刻地融入美国的政治和经济结构。当然，这次选举的投票结果极其接近，所以关税问题不会从政治舞台上消失。1888 年 12 月，克利夫兰向国会发表年度国情咨文时意味深长地说出以下临别赠言："在某种程度上，我们的民众背负着过于沉重且没有带来任何公共利益的负担，只有少数受到照顾的人从中受益。政府以行使课税权为借口，没来由地与这些特权群体沆瀣一气，使他们获得好处，但伤害了绝大多数人民。"克利夫兰认为当前的形势"危及整个国家的健康发展"，因为它建立在"自私自利和贪得无厌的基础上"。[90]

## 1890 年《麦金莱关税法案》

共和党在 1888 年选举人团选举中的胜利使它在 6 年后首次重新全面掌控政府。在 1889 年和 1890 年，共和党先后同意华盛顿、爱达荷、蒙大拿、怀俄明、北达科他和南达科他这六个西部州加入联邦，进一步巩固自己的权力。和他们在内战时的做法一样，共和党只接纳支持本党的地区加入联邦，拒绝吸收人口更多但赞同民主党主张的地区，如亚利桑那和新墨西哥。[91]参议院里增加了 12 名共和党参议员，进一步削弱民主党在国会的势力，但对众议院的力量均衡没有产生显著影响。

不过，允许这些州加入联邦也为共和党制造出一些麻烦。它们的加入使政治力量的地理分布向西移动，并加剧了党内西部原材料生产商和东部制成品生产商之间业已存在的紧张局面。除此以外，关税政策与导致不同群体关系紧张的货币政策交织在一起，甚至被它压住了风头。自 1873 年加入金本位后，美国多年来一直处于通货紧缩之中。中西部的农场主利益集团和西部的矿业利益集团迫切要求铸造银币。农业平民主义者深信联邦购买白银并铸造银币会提高农产品价格，而后终结通货紧缩，而通货紧缩增加了农场主偿还农场抵押贷款及其他债务的成本。因此，农场主希望推高物价减少自己的债务，而采矿业集中的州则希望其矿产价格上涨。用白银铸币可以同时满足这两个目标，将农业区和产矿区团结到一起，但会使他们与东部共和党人分道扬镳，后者反对采用复本位货币制度，并且倾向于严格遵守金本位。

本杰明·哈里森总统在大选中胜出后呼吁新一届共和党国会修正关税税则，以确保“本国产业获得公正合理的贸易保护”。1889年12月，他向国会发表国情咨文时称：“筹备新海关税则的工作极其微妙，因为它直接影响我国商业，而且由于人们对关税法律应该倡导的目标意见不一，所以这份工作面临着重重困难……法律不公的问题需要解决，但我们应该坚持贸易保护原则，并且将它公平地应用于我们的农场和商店提供的产品。”[92]

这份国情咨文开启了饱受争议的第五十一届国会。其领导人是众议院议长、缅因州共和党议员托马斯·里德。这一届国会广泛讨论了各种颇具争议的议题，从关税、托拉斯到退伍军人养老金和采购白银等，不一而足。然而，共和党要想在参议院推进自己的政策议程，就需要与西部携手合作。这意味着白银法案必须被纳入一揽子立法中。内华达州参议员威廉·斯图尔特（William Stewart）开诚布公地表示：“除非通过购银法案，否则本次会期内不可能出台关税法案。”[93]另外一位内华达州共和党人在1889年的美国白银大会（National Silver Convention）上发言时如此描述了本地区的观点：

> 贸易保护不是一个高尚的道德原则。我们不能期望秉承这一原则的人会牺牲自己的个人利益。它是一个联盟，这个联盟实现的结果应该是中性的，迄今为止盛产小麦和白银的州还没有拿到自己应得的利益。整个内华达州没有一个纺锤，也没有一架织布机。它绵延数百里的大草原上没有一座熔炉点火开工。当马萨诸塞州的共和党和民主党都公开宣称自己对西北部伟大的出口产业怀有敌意时，他们怎么能期望西北部的人民继续投票支持高昂的保护性关税，让新英格兰的工厂继续发展壮大……你知道，自由铸币不仅使白银恢复原来的价值，而且……会使小麦、棉花和农作物的现价提升35%，提高劳动者的工资水平，并增加他们的就业机会。[94]

如果东部的利益集团希望立法提高关税，那么他们必须与西部的白银利益集团达成妥协。俄亥俄州的约翰·谢尔曼曾在 1890 年通过一系列精心操作，使购银法案和反托拉斯法案顺利通过国会审议。他是共和党内努力推动新关税法案顺利过审的主要立法者。从本质上来说，东部共和党投票赞成购银法案，是为了交换西部共和党对关税法案的赞同票。1890 年通过的《谢尔曼购银法案》（Sherman Silver Purchase Act）要求政府每个月用纸币购买 450 万盎司白银，使银价向金价看齐。

与此同时，共和党迅速推进新关税法案的起草过程。共和党曾经指责民主党秘密起草了《米尔斯法案》，所以它执掌筹款委员会后决定就修正关税的问题举行公开听证。数十位行业代表出席该听证会，提供了 1 400页证词。当然，这个听证会主要是一次公关演练。利益相关方会就这个问题发言，而提供证词的人几乎一边倒地支持提高关税，不过和以往一样，真正的法案起草工作由共和党多数派开会秘密完成。

1890 年 4 月，筹款委员会主席威廉·麦金莱提交了一部法案，建议大幅提高保护产品的关税水平。“我们丝毫不掩饰这部法案的目标，我们希望国民和所有人都认识到这一点，”麦金莱强调，“这部法案旨在促进我国的生产，提高生产性企业的多元化程度，拓展生产领域并提高对美国工人的需求。什么样的美国人会反对这些合理且充满爱国热忱的目标？”[95]密歇根州共和党议员朱利叶斯·巴罗斯（Julius Burrows）不无骄傲地说，这部法案“从说明法案制定经过的条款到最后一段，写的全是如何推行贸易保护”。[96]该法案建议将应税进口产品的平均关税税率从 41% 左右提升至 52%，上调了绝大多数原材料（如羊毛）和制成品（如金属）的税率，唯一例外的是进口食糖（后文将讨论他们这么做的原因）。这部法案既为了降低关税收入，也是“为了使本国制造厂扩大规模，遏制那些可以在国内制造且利润可观的产品的国外供给……我们从未如此担忧消费品的价格，因为我们原本可以鼓励国内制造体系发展壮大，使国内制造商获得公平的报酬，使美国劳动者拿到合理的工资”。[97]

《麦金莱关税法案》展示出四个新颖的特点：为农产品制定了全面的关税税则；将食糖加入免税清单，并辅之以对本国食糖制造商的补贴；对进口马口铁开征新的关税，希望借此在国内打造出全新的马口铁产业；在法案中加入了有关互惠协定的条款（第六章将深入探讨这个问题）。

首先，尽管小麦、棉花和大麦等大宗商品的进口微不足道，但共和党仍然开始对农产品征税，力争将中西部农业州拉入贸易保护主义阵营。美国是这些产品的主要净出口国，所以对它们征收进口税更多的是做出具有象征意义的姿态，使农业和工业表面上看起来享有关税平等，并使人们认为这样可以平衡东部和西部的利益。这些关税对于从加拿大进口的大麦、鸡蛋、肉、土豆和黄油产生了些许抑制作用，使部分农民从中受益，主要是明尼苏达州和北达科他等美加边境附近的农民，但这些农作物的大多数生产者受关税的影响。

其次，《麦金莱关税法案》将食糖列入免税清单以大幅降低财政盈余。单是糖税带来的收入就在美国所有关税收入中占到近1/4。对食糖免征关税的举动损害了属于民主党势力范围的路易斯安那州甘蔗种植者的利益，但有利于东北部的炼糖业。为了进一步减少财政盈余，抵消西部甜菜种植者因此受到的损失，政府按每镑甜菜两美分的标准为国内种植者发放奖励金，补贴的力度与之前食糖的关税税率基本相当。糖税创造了5 500万美元政府收入，而糖业补贴需要增加700万美元的政府支出，因此，调整糖业关税政策后，政府预算的变动幅度超过了6 000万美元。麦金莱宣称："我们就此使人们享受到免税的廉价糖，同时在我国生产者投入资本的情况下，使他们享受到绝对且全面的保护，帮助他们抵御其他国家廉价劳动力生产的廉价糖带来的冲击。"[98]

再次，《麦金莱关税法案》调高了进口马口铁的关税，马口铁是一种表层涂锡的铁制或钢制薄板，用于制造储存食物的罐子、存放和运输石油的油桶、屋顶材料以及各种家用器具。当时美国国内还无法生产马口铁，完全依赖英国进口。麦金莱代表东俄亥俄州一个地区的利益。这个地区具备培育马口铁生产能力的潜力。麦金莱将上调马口铁关税的条款写进法案，使外国进口的马口铁贵得离谱，以此培育国内的马口铁制造业。然而，标准石油公司（Standard Oil Company）、食品罐头生产企业和屋顶材料产业等国内的马口铁消费者都在广泛使用马口铁。它们组织严密，坚决反对提升这项关税，就连共和党也难以找到足够的政治力量支持提高马口铁的进口税。众议院以一票之差通过了提高马口铁进口税的议案。民主党对这一举动的看法相当悲观，称它“使利润可观的现有行业沦为一厢情愿的投机性冒险行为的猎物，用全新独特的方式颠覆了联邦的课税权”。[99]（本章下一节将讨论为什么马口铁属于幼稚产业，这项关税政策是否收到了成效。）

1890 年 5 月，麦金莱在众议院强有力地表达了对贸易保护的支持，引发了一场大论战。共和党多数派及众议院议长里德规定会场辩论仅限于法案中的内容，且不补充任何修正案，希望以此确保辩论结果不会出乎意料。众议院以 164 票对 142 票的党派性投票迅速通过了该法案，其中共和党以 163 票对 2 票的结果支持法案，民主党以 140 票对 1 票的结果反对该法案。[100]图 5. 1 展示了众议院的投票情况。同内战前一样，虽然中西部以北的地区也坚定地站在共和党的阵营，但南北两派的对立泾渭分明。

随后该法案被提交参议院。财政委员会主席、罗得岛州共和党议员纳尔逊 · 奥尔德里奇召开会议启动审议过程。6 月中旬，财政委员会将

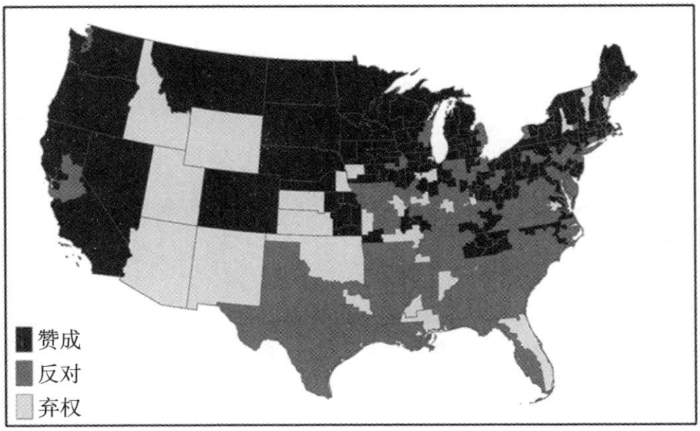


图 5. 1　1890 年 5 月 21 日众议院对《麦金莱关税法案》的投票情况

资料来源：该地图由达特茅斯学院的应用空间分析实验室（Citrin GIS/Applied Spatial Analysis Lab）提供。

该法案提交参议院，但由于西部共和党和民主党要求实现白银铸币，所以导致这一法案被搁置。也正是在这个时候，约翰·谢尔曼与西部的白银利益集团达成妥协，满足了他们的要求，即推出《谢尔曼购银法案》，关税法案的审议得以继续推进。

在7月和9月，参议院对许多具体产品举行了唱名投票，为众议院提交的议案补充了496项修正案。上调马口铁的税率是争议最大的条款之一，广泛使用马口铁的行业，如大量购买马口铁制油桶的标准石油公司和大量购买马口铁制罐子的食品加工商等，认为这将提高自身的成本，所以坚决抵制新税率。为了避免他们担心关税不仅使马口铁消费大户背上沉重的负担，又没有促进国内生产，威斯康星州共和党议员威廉·斯普纳（William Spooner）引入了一条非同寻常的条款，根据该条款，如果国内的马口铁产量没有在6年内达到进口总量的1/3，就将终止对马口铁征收关税。这是国会唯一一次以国内产业的表现为条件实施关税保护措施。

1890年9月，参议院经过漫长的辩论后，终于以40票对29票这一清晰展现党派立场的投票结果通过该法案。参众两院协商委员会奋战10天，仔细核查了关税税则中的4 000项关税，并接受了参议院提出的496项修正案中的272项。“我已经在这个关税协商委员会里奋战一个多星期了，”谢尔曼叹气道，“我相信我一定活不到下届协商委员会召开的时候。”麦金莱对最终结果并不十分满意，特别是参议院削减了金属的部分税率：“我对部分修改不太满意，不过你知道没有时间明确提出我们的要求了。我不太清楚最后法案会是什么样。”[101]参众两院审议通过协商委员会提交的法案版本后，本杰明·哈里森总统于1890年10月1日签署法案使其生效。

《麦金莱关税法案》是内战后首部全面修正关税税则的重大法案。当然，修正关税法案的目的并不是为了削减关税。事实上，它将应税进口产品的平均关税提高了4个百分点。它免去食糖的关税，使联邦预算盈余大幅减少，这正是共和党为了避免保护性关税遭到大幅削减而采取的策略之一。共和党还采用了其他降低预算盈余的方法，如推出《残疾人及家属养老金法案》（Disability and Dependent Pension Act），扩大养老福利的领取范围，将非战斗人员及其子女也涵盖在内。这部法案推出时内战已经结束 25 年。它使美国政府在 1889 年至 1893 年的军队养老支出翻了一番。因此，第五十一届国会因为慷慨无度地将政府资金用于退伍军人救济、购买白银和产糖奖励金而成为众所周知的“十亿美元国会”。如果说在 19 世纪 80 年代，政府的财政盈余造成了隐患，那么共和党已经解决了这个问题。1893 年严重的经济低迷横扫美国，将联邦预算拖入高额赤字，财政盈余迅速消失得无影无踪。

共和党已经做出自己的选择，一旦民意像 1888 年总统大选那样，支持削减关税和上调关税的民众不相上下，那就提高关税。如果选举人团曾经在 1888 年对克利夫兰提议的削减关税方案惴惴不安，那么当时它不一定会赞同大幅上调税率。部分共和党人担心公众对自己的主张反响不佳。缅因州共和党议员詹姆斯·布莱恩警告，大幅上调关税“始终都不是明智之举……这种贸易保护主义举动只会注定共和党迅速式微”。[102]就连麦金莱看起来也在与以自己名字命名的法案保持一定距离。当人们问起他为何赞同众议院的议案，设置如此高的税率时，他回答：“这么做是为了世界上最充足的理由——让我的法案通过国会审议。我的想法是让国会通过这部法案，随后再推行必要的关税削减。我明白有些关税过高，但如果不这么做就无法让我的法案通过国会……从来没有一部关税法案在设计过程中不做出大量妥协。”[103]

这部法案还对国际社会产生了影响，使大英帝国感到紧张不安。法案将加拿大的农产品拒之门外，并且限制英国羊毛制品进口，结果殃及对澳大利亚羊毛的需求。其时美国已经成为全球最大经济体。它的一举一动都在影响全世界。《麦金莱关税法案》导致英国及其自治领内的贸易保护情绪兴起，因此人们呼吁在大英帝国的版图内建立一个相互采用优惠关税的贸易集团。尽管部分美国人认为，对加拿大的产品征收高关税会“使其陷入穷途末路而被美国兼并”，迫使加拿大加入美国，但事实上，这反而推动加拿大加强了与英国的联系。[104]国会议员并不理解美国已经成为全球经济大国，它的贸易政策对其他国家的影响在逐日加深。

## 关税是否促进了幼稚产业的发展?

共和党支持保护性关税的理由之一是，保护性关税有助于保护“幼稚产业”免遭成熟的竞争对手（通常是英国）的冲击，从而鼓励它们的发展。幼稚产业保护论认为，在已经被外国生产者主导的行业里，新企业在发展初期处于成本劣势，无法在这种背景下启动生产。人们认为，如果使这些新企业有机会获得生产经验，它们就可以不断降低成本，与成熟的外国竞争对手展开有效竞争。人们担心如果不把部分国内产业暂时保护起来，使它们避开外来竞争的冲击，赢得发展壮大的时间，那么这些产业就永远没有机会崛起。[105]然而，要想实现保护幼稚产业和提高人民福祉的目的，这些产业必须到了某一时刻就具备离开政府支持仍能存活的能力，并能创造出长期经济利益，这些利益必须超过限制同类进口产品时，消费者以更高价格购买这些产品付出的成本。如果这些幼稚产业未能降低成本，也不能独立生存发展，那么就会成为一直拖累经济的低效率高成本产业。[106]不幸的是，幼稚产业政策的效果难以评估：事前几乎不可能确定某个产业是否属于幼稚产业，是否有机会发展壮大；事后也难以明确之前是否需要采取进口保护（而不是其他措施）帮助它发展壮大。

关于幼稚产业的辩论集中于三个议题：关税保护到底（1）创造出了新的财富和资本，还是只将其他利润更高的经济活动中的财富和资本转移到了幼稚产业；（2）激励国内生产者获取新的技术降低成本，还是阻碍竞争，未能激励幼稚产业实现自我完善；（3）为本国经济创造出长期净利益，还是只是催生低效产业，需要政府长期扶持，并且使消费者长期承担高物价。毫无疑问，民主党和共和党对“保护幼稚产业的做法是否可取”意见相左。对共和党而言，任何能够创造或提升国内产量的受保护产业都是有益的，即使它们永远不会在世界市场的激烈竞争中占有一席之地，或者即使这种政策伤害到消费者和下游用户行业也在所不惜。他们的目标只是把国内市场留给国内企业，把所有进口都赶出美国。与此同时，民主党极其厌恶这种观点，认为政府在不公平地干预经济，以牺牲其他产业的利益为代价扶持某些产业，连累了农产品生产商和出口产品生产商，损害竞争力，而且迫使消费者增加开支。

从刻意选定具体产业并为它们提供定向扶持的角度来说，美国从来没有推行过真正意义上的幼稚产业政策。反之，内战后的关税税则为所有面对外来竞争的产业提供了全方位的保护，无论它们生产的是原材料、资本品还是最终制成品。此外，令人惊讶的是，人们没有找到太多例子证明幼稚产业保护政策的有效性。当时，棉花和羊毛制造业是已经被保护数十年的成熟产业。丝绸业有时被视为在贸易保护政策下发展壮大的成功案例，但它面对外来竞争时仍显脆弱，需要政府持续给予大量保护。

人们常常以钢铁业为例证明保护性关税带来的益处。尽管这个产业早在内战爆发前就已经发展得相当稳健，但在战后得到大量保护，一举发展到极其庞大的规模，最终在世界市场上也表现出强劲的竞争力（请参见第六章的讨论）。[107]人们总是在质疑，这个产业在内战后发展如此迅速，究竟是因为在贸易保护的帮助下没有受到外来竞争的冲击，还是因为美国的自然资源极其丰富（特别是西部宾夕法尼亚州的铁矿石和煤炭资源），即使不需要关税提供保护也可以发展起来。伯格伦德和赖特（Berglund and Wright，1929，第 134 页）对此研究后认为“无论美国采取什么关税政策都可以建立起庞大的钢铁业”，不过他们承认，“如果没有保护关税，那么钢铁业的初始发展会被延误，而且发展势头也不会这么迅猛”。[108]

图 5. 2 列出了国内的钢铁产值与钢铁的进出口值，用它们之间的比值让人们直观感受外国竞争造成的威胁。即使在 19 世纪 80 年代，进口钢铁在国内消费中所占的比重仍然相对较小。到了 1890 年，美国的生铁产量已经超过英国。即使美国完全废除生铁进口税，英国的生产能力也不足以供给整个美国市场，除非生铁价格奇高。在这个时期，由于进口量与国内产量相比极少，“下调关税既不会明显影响国内产量的总体趋势，也不会影响它的年度波动”，所以伯格伦德和赖特（1929，第 116—117 页）“发现很难相信外国竞争是值得国内整个钢铁业极其担忧

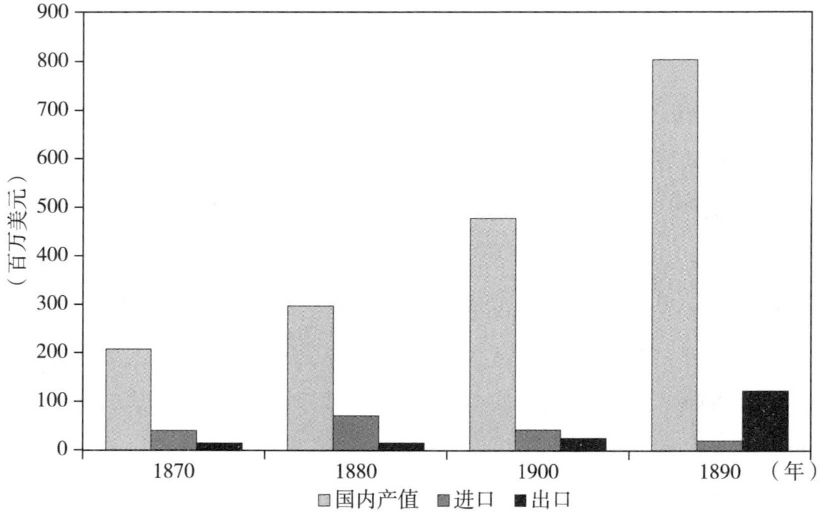


图 5.2　钢铁制造的国内产值、进口值和出口值

资料来源：*Statistical Abstract of the United States 1913*，第665页。

的问题”。

另外一个看起来更可信的案例是美国快速拓展的铁路网的脊骨——钢轨。在1870年以前，美国一直对进口钢轨征收45%的关税，1870年之后征收每吨28美元的从量税。钢轨价格直线下滑意味着从价等值超过了100%，给铁路修建业带来极其沉重的负担，但是如强心剂般激励了钢轨生产。进口钢轨被彻底挤出市场。进入19世纪后，美国开始对外出口钢轨。尽管发生了这一系列变化，但陶西格（1915，第154页）仍然相信技术进步和发现新的铁矿等因素对钢铁业增长的“重要性远远超过了保护性关税”。与他针锋相对的是，黑德（Head，1994）表示贸易保护使国内生产者有机会积累生产经验，降低生产成本，最终提高了这个产业在全球市场上的竞争力。他进行了反事实模拟研究，发现一国专有的“干中学”，对钢轨产业极其重要，如果在自由贸易的背景下，美国钢轨业到1913年才会具备国内生产能力。关税将进口产品挡在国门外，使国内企业有机会获得生产经验，而这对它们降低生产成本至关重要。尽管钢轨消费者的长期和短期利益都受到损害，但黑德发现从长期看，贸易保护政策略微提升了美国的整体福祉（包括钢轨业的利润）。

然而，这个模拟模型的假设前提是，生产经验产生的益处外溢至本国企业，而不会外溢至其他国家，即这种“干中学”是国家特有的。它假设基于学习获得的知识不会溢出至其他国家，这意味着后来进入市场的企业无法对英国领先企业掌握的生产经验进行调整，以适应自身的情况，或者无法在英国的经验基础上进一步发展提高，从而确保了产业里的第一批生产者相对于后来出现的竞争对手拥有根深蒂固且事实上无法逾越的优势。如果劳动力流动或其他因素导致生产知识溢出至其他国家，就会严重削弱幼稚产业保护政策的效果。在这种情况下，经验丰富的生产者相对于后来进入本行业的潜在生产者而言，不再拥有不可撼动的绝对优势，因为后者可以借鉴其他生产者业已获得的知识。事实上，美国生产者完全可以借鉴并采纳英国的技术进步，其中也包括通过干中学获得的知识。[109]

另外一个被视为幼稚产业保护政策的成功案例是马口铁行业。这个行业与美国其他制造业的情况不太一样。由于 1864 年财政部长没有正确理解关税税则，误把关税法中的逗号挪动了两个单词的距离，所以马口铁业没有得到太多关税保护。1864 年关税法案原本打算对进口马口铁征收 50% 以上的重税，但由于马口铁被列入下调关税的一栏，税率仅为 15%，所以其关税实际上降低了。[110]财政部的决定意味着在 19 世纪 70 年代和 80 年代，美国国内几乎不生产马口铁，完全依赖英国进口。

我们可以从后续发展中看到，1890 年国会弥补了这个失误，但同时规定是否对马口铁业提供贸易保护取决于这个产业能否实现快速增长。这个实验看起来相当成功：《麦金莱关税法案》大幅提升了进口马口铁的税率，众多美国企业进入这个产业，其国内产量在 1891 年之后直线飙升，到了 1896 年就与进口量基本持平，到 1899 年时占领了近 90% 的国内市场。然而，要评估马口铁业是否确实属于幼稚产业，就需要回答以下问题：贸易保护措施对它的创建和发展必不可少，还是说无论怎样它都会在某个时间点发展起来？

有两个因素阻碍了马口铁生产在美国国内的发展情况：原材料成本

高企和生产经验不足。表面涂锡的钢板和铁板几乎占到马口铁生产成本的3/4。由于美国的钢价和铁价比英国高出近50%，所以英国生产者在这方面的成本优势相当显著。因此，与英国同行相比，国内使用钢铁进行生产的产业在生产投入方面要支付高额溢价，导致贸易保护产生负面效果。[111]这种溢价在19世纪90年代初期迅速下降（第六章将详细讨论出现这种现象的原因）。到了世纪之交，英美两国的钢铁原材料价格大致持平。人们正是基于这种状况确信，即使没有关税的助力，美国国内的企业最终也会进入马口铁制造行业。

阻碍国内企业生产马口铁的另外一个因素是缺少现成的生产经验。不过由于知识可以溢出到其他国家，所以即使新入行者生产经验不足，面对的障碍也并非不可逾越，因为他们可以从其他成熟的生产者那里学到经验。从马口铁行业来看，它表现出的特点是其生产技术和干中学获得的知识在国内外都产生了溢出效应。威尔士从事马口铁行业的熟练技工移民到美国造成了国际溢出，关税对此发挥了部分作用。[112]事实上，美国早期的马口铁工厂有一部分由威尔士移民管理或归他们所有。这些移民带来了生产马口铁的技术，基本上把威尔士的生产方法全盘移植到了美国。

陶西格（1915，第178页）非常怀疑马口铁业是否真的属于幼稚产业。他认为1890年之后，该产业的增长“主要是由基本原材料价格下跌促成的”，这里的基本原材料指轧制铁和薄钢板。欧文（2000）也证实了陶西格的观点：生铁价格下降给马口铁业带来的益处远远超过了生产经验增加，压低生产成本后产生的效益。这一分析表明，如果没有出台《麦金莱关税法案》，由于钢铁等基本原材料的国内价格向英国的价格水平趋同，所以美国的马口铁行业原本会在1901年发展起来，而不是1891年。换言之，钢铁等原材料的国内价格高企，是美国国内的马口铁行业未能早些发展起来的主因，而关税加速了这个产业的发展，但并不是其最终发展壮大的根本原因。此外，《麦金莱关税法案》未能改善国家的经济福利：由于马口铁的生产利润较低，准入门槛不高，所以国内生产者获得的利润未能抵消消费者初期蒙受的巨大损失。

如何判断关税在多大程度上推动了幼稚产业的发展？这个问题一直引发了很多争议。陶西格（1915，第 153 页）对此得出的结论是，“在 19 世纪的最后 20 年，产业发展的性质和程度表面上为贸易保护主义者提供了依据，看似再次证明了幼稚产业保护论的有效性”。不过他继续说道：“但也有人表达了同样的疑虑：这种增长在任何情况下都不会出现吗？”事实上，有很多理由可以支持这种疑虑：内战结束后，绝大多数制造业已经不再是“幼稚”产业。

总而言之，站在保护性关税背后的强大政治联盟使这一政策在内战结束后得以持续。然而，关税保护政策并没有因此躲开各种批评指责。事实上，在 20 世纪伊始，对关税体系的反对意见有增无减。

# 第六章
# 根深蒂固的贸易保护主义，1890—1912 年

1888 年关税大论战后制定的《麦金莱关税法案》再次推迟了内战后对进口关税的重大调整。在政治层面，通过高关税提供贸易保护的体系看起来根深蒂固。有时人们称这种关税有助于美国发展成工业化国家，用这个理由为它们的合理性辩护，本章将深入探讨这种观点。然而，世纪之交的美国历史上首次成为制成品净出口国，这一重大形势发展改变了美国贸易政策的走向。贸易模式的戏剧性转变使通过互惠协定推动出口的模式成为很多大型产业的利益所在，而不是躲在高关税的保护伞下。不过，最终美国未能完成任何政策调整：进口关税仍然居高不下，民主党再次浪费了立法下调关税的机会，国会拒绝签署互惠协议，共和党和民主党在贸易政策上的党派之争火力不减。

## 保护主义和美国的工业扩张

在内战结束后的数十年里，美国全面推行较高的保护性关税，经济和制造业生产的规模扩张到前所未有的高度。在美国的贸易政策史上，争议最大的问题之一是以下两者之间的关系：高关税是不是美国经济在 19 世纪末强劲增长和美国作为工业强国崛起的主因？

美国经济在内战后的扩张速度确实令人咂舌。1860 年至 1900 年，美国的人口翻了一番，铁路里程从 3. 1 万英里扩张至 25. 8 万英里。生铁产量增长了 16 倍。煤炭产量增长了 23 倍。1870 年，美国在全球制成品的生产总量中占 23%，到了 1913 年，这一比重已经攀升至 36%，基

本上抢占了英国的份额，英国在全球制成品产出中的比重从 32% 下降到了 14% 。[1]到了世纪之交，美国成为全球领先制造商。

此外，美国还成为全球最大的经济体，人均收入高居榜首。1870 年，美国经济的规模与英国的体量不相上下；到了世纪之交，其 GDP 已经是英国的 2 倍。不过人们对于 1870 年美英两国人均收入的相对情况仍有不少争议：有些计算表明，在 1870 年前后，美国的人均收入比英国低 20% 左右，而其他计算则暗示美国的人均收入比英国高出 20% 。不过人们达成共识的是，到了 1910 年，美国的人均收入已经远远超出英国：有一项计算认为当年美国的人均收入比英国高出 26% ，工人的人均 GDP 比英国高出 38% 。[2]

高关税是否在这一时期推动了美国的粗放增长，或者说至少是部分推动因素？当时的贸易保护支持者自然是这么认为的。1890 年，俄亥俄州的威廉 · 麦金莱洋洋得意地说道："我们在农业上遥遥领先所有国家；我们矿业上遥遥领先所有国家；我们在制造业上遥遥领先所有国家。这些都是我们在推行保护性关税 29 年后拿回的战利品。其他体系能实现这种繁荣吗？"[3]如果保护关税确实加快了经济增长，或者推动了国家的经济发展，那就很难再说贸易保护政策的成本过高，或自由贸易政策的效果更好。[4]

然而，绝大多数经济史学家质疑美国在 19 世纪晚期的快速增长应归功于保护性关税。他们强调说还有其他因素驱动美国经济强势扩张，特别是北美大陆的广袤土地和丰富的自然资源，而且人们开采利用这些资源时没有受到太多阻碍。国会设计关税税则时并没有认真考虑如何促进工业扩张。政府设置进口关税时也没有太多考虑受保护产业对经济的重要性，因为政府实行保护性关税是出于政治原因，而不是为了实现具体的经济目标。[5]道格拉斯 · 诺思（Douglass North，1906b，第 199 页）总结："总而言之，尚不能确定是不是开征关税加快了美国的工业化进程，而不开征关税，美国的工业化进程就没有这么快。更让人生疑的是，它是否推动了这一时期的国民收入出现净增长。"在某种程度上，这是由于"关税一刀切地给许多原材料和工业制造品披上了保护主义的外套，同时扶持了那些未能善用自然资源的行业以及效率较高的行业”。然而在此期间，贸易政策原本可以通过不少渠道推动经济增长，而且每个渠道都值得细细斟酌。

当然，要进行比较才能说美国经济在19世纪末取得了突飞猛进的发展。人们常用的参考基准是英国，它是同期采用了自由贸易政策的领先工业化国家。表6.1以安格斯·麦迪森（Angus Maddison）整理的数据为基础，比较了这两个经济体在1870年至1913年的经济表现。在这一时期，美国的GDP实际增长率接近4%，而英国的GDP实际增长率约为2%。就增长的潜在来源而言，美国实现经济扩张的部分原因在于其人口快速增长。1870年至1913年，美国的人口几乎增长了一倍，从4 000万上升至9 700万，而英国的人口只从3 100万增长至4 500万。

表6.1　1870年—1913年英美两国经济表现的比较　（单位：年均增长率,%）

| | 美国 | 英国 |
|---|---|---|
| 实际GDP | 3.94 | 1.90 |
| 人口 | 2.09 | 1.21 |
| 人均GDP | 1.81 | 1.01 |
| 非住宅资本存量 | 5.53 | 1.73 |
| 全要素生产率 | 0.33 | 0.31 |

资料来源：Maddison（1995），第255页。

美国的人均GDP增长速度更快，约为每年1.8%，而英国的人均GDP每年增长1.0%。此外，美国的资本积累速度高于英国，对它的人均收入增长来说无异于如虎添翼。如果剔除劳动力和资本积累的增长速度这两个因素，英美的全要素生产率“余值”基本相当。换言之，美国的经济增长在19世纪末超越英国的主要原因是劳动力增长以及资本积累，而不是生产效率的提高。人均收入增长主要由资本深化造就，而推动资本深化的主要因素是高储蓄率和高投资率，而不是生产率的提升。

尽管增长核算告诉我们如何寻找增长的来源，但它并没有告诉我们贸易政策到底对经济增长发挥了什么作用。如果要说美国是因为其劳动力和资本积累快速增长实现了强劲的经济增长，那么会引发以下问题：

为什么会出现这种情况？高关税到底鼓励了劳动力和资本积累的增长还是抑制了它们？事实上，美国的政策组合极不寻常：尽管它将部分进口外国商品拒之门外，但对进入本国的人员、资本和观念基本没有设置障碍。在这种情况下，19 世纪的美国是一个相当开放的经济体。

谈到劳动力增长，由于关税政策不可能影响生育决策或死亡率，所以不会影响人口的自然增长率或劳动参与率（即工作年龄人群中从事工作的人口比重）。1870 年至 1900 年，美国的人口增长中几乎有 1/3 来源于国外移民，而且“部分移民是由高关税吸引来的”这种说法听起来也比较可信。[6]罗伯特·蒙代尔（Robert Mundell，1957）提出的定理认为，国际产品贸易和生产要素的国际流动（如劳动力和资本）可以相互替代。在一定程度上，美国对外国产品征收高关税阻碍了进口，但它或许也鼓励了更多外国移民进入美国。不过，除了下文探讨的少数案例以外，关税在推动移民进入美国方面或许只发挥了极小的作用。[7]

谈到资本积累，资本形成在 GDP 中的比重在内战爆发前后大幅提升，净投资在 GDP 中的比重从战前的 10% 左右上升到战后的 20% 左右。不过高关税不可能在美国的资本深化过程中发挥太大作用。经济史学家已经就此得出结论，认为资本积累是由储蓄驱动的，而不是由投资驱动的：在此期间，资本品的相对价格和实际利率迅速下降，表明金融市场的发展改变了储蓄的供给，而这又主导了投资需求方面的变化。[8] 1863 年和 1864 年的《国民银行法案》（National Banking Act）也推动了储蓄增长，帮助稳定了金融体系，并且鼓励 700 余家银行在内战期间进入金融体系。这些银行主要遍布俄亥俄州和中西部的北边地区，是推动该地区的制造业大幅发展，快速提升美国资本积累的主要因素。[9]除此以外，资本产出比增长最快的是服务业，如铁路和城市住房，而制造业的资本产出比变化不大。此外，对资本品征收高关税或许阻碍而不是促进了资本投资。事实证明，在其他情形下，这种做法对国家的增长前景损害极大。[10]

当然，保护性关税原本可以推动海外的资本投资，这与蒙代尔定理的主张完全吻合。由于关税阻碍了外国生产者直接将产品出口到美国市场，所以他们或许会对美国进行外国直接投资，在关税壁垒内满足消费者的需求。然而，内战结束后，外国投资对资本积累总量的贡献极小：在 1869 年至 1914 年间，外国资本流入对净资本积累的贡献率只有 6% 。因此，美国国内投资的资金几乎都来源于国内储蓄。此外，在第一次世界大战之前，没有太多跨国公司有能力对美国进行大规模的外国投资。[11]

如果说保护性关税与劳动力规模扩张或资本积累扩张之间没有显著的关联，那么它们与总体生产率增长之间的关系同样极其微弱。表 6. 1 表明，在此期间，美国的总体生产率增长速度并不比英国快。表 6. 2 展示了各部门的全要素生产率增长情况，表明非贸易部门（交通、服务、公用事业和通信等）的生产率增长远远超过农业或制造业的增长速度，而农业和制造业都是受贸易影响最显著的部门。服务业的生产率增长通常是由特定技术创新推动的，如铁路、电气化和电报。这些技术的发展都不受保护性关税的庇护。此外，服务业仍然是这一时期美国经济表现卓越的关键。布劳德伯利（Broadberry，1998）的研究显示，由于美国服务业的劳动生产率在向英国较高的生产率水平趋同，所以美国工人的人均产出相对于英国的人均产出在不断增长。

表 6. 2　美国各部门的全要素生产率增长　（单位：年均百分比变化）

| | 1869—1909 年 | 1879—1909 年 | 1889—1909 年 |
|---|---|---|---|
| 农业 | 0. 8 | 0. 6 | 0. 4 |
| 制造业 | 1. 2 | 1. 1 | 0. 9 |
| 采矿业 | — | 1. 5 | 1. 0 |
| 交通业 | 2. 8 | 2. 6 | 2. 1 |
| 公用事业和通信 | 2. 0 | 2. 3 | 3. 0 |
| 全国 | 1. 5 | 0. 6 | 1. 3 |

资料来源：Kendrick（1961），第 331 页、第 362 页、第 396 页、第 464 页、第 540 页、第 580 页。

如果保护性关税没有直接影响劳动力增长、资本积累或全要素生产率，那么它们原本会将农业的资源转移到制造业，从而促进经济增长。表 6. 3 展示了农业、工业和服务业三大经济部门对国民收入及各部门间劳动力配置情况的贡献。在 19 世纪末，农业在总产出和总就业中的比重下降，而工业和服务业在总产出和总就业中的比重上升。由于工业和服务业中的工人人均产出远远高于农业中的人均产出，所以这种结构性变化成了 19 世纪末美国经济增长的重要特点。

表 6.3　1840—1900 年美国经济的结构性变化

| 1. 国民收入在各部门之间的分配情况 | | | （单位：百分比） |
|---|---|---|---|
| 年份 | 农业 | 工业 | 服务业 |
| 1840 | 47 | 16 | 37 |
| 1850 | 40 | 22 | 38 |
| 1860 | 38 | 22 | 40 |
| 1870 | 36 | 25 | 39 |
| 1880 | 31 | 25 | 44 |
| 1890 | 21 | 30 | 49 |
| 1900 | 19 | 31 | 50 |
| 2. 美国劳动力在各部门之间的配置情况 | | | （单位：百分比） |
| 年份 | 农业 | 工业 | 服务业 |
| 1840 | 67 | 9 | 24 |
| 1850 | 60 | 16 | 24 |
| 1860 | 56 | 15 | 29 |
| 1870 | 50 | 21 | 29 |
| 1880 | 48 | 21 | 31 |
| 1890 | 40 | 21 | 39 |
| 1900 | 36 | 23 | 41 |

注：农业包括农业、林业和渔业。工业包括采矿业和制造业。服务业包括建筑业及剩下的其他行业。

资料来源：US Bureau of the Census（1975），series F-238-249，D-167-181。

农业资源可以通过以下两种方式转移至工业：由于农业生产率提高，资源被“推出”农业；或因为某些因素提升了对工业和服务业的需求，如关税抑制了进口，农业资源被“拉进”工业和服务业。[12]就前一种情况而言，农业生产率持续提高几乎永远是工业化进程的核心。农业生产率提高释放出多余的农业劳动力，并使他们进入其他人均产出更高的经济部门。农业生产率提高是推动美国经济迅猛发展的重要因素：

1800 年至 1850 年，农业的人均产出几乎没有什么变化，但随后在 1850 年至 1870 年大幅提升，并在 19 世纪末之前一直保持了这种增长势头。[13] 美国的农业生产率在 19 世纪中叶出现爆发式增长，与 1850 年之后不断加速的工业化进程息息相关。

贸易政策既可以推动这种结构变化，也可以阻碍它的发展，在这一结构变化中，农业的资源转移到了工业。美国是一个农产品出口大国，国际贸易原本会放缓农业资源向工业流动的进程。相形之下，保护性关税则会促使劳动力和资本从农业流向工业，即众所周知的进口替代政策，从而提高了实际收入。

然而农业资源向工业流动的结构变化对于这一时期人均产出的总体增长没有做出太多贡献。总生产率的增长中有 3/4 以上源于各部门劳动生产率的提高，而不是因为部门间的资源流动。1880 年时，美国的劳动力中还有一半左右从事农业劳动。如果农业的劳动生产率没有显著增长，那么人均产出的总体增长不会如此迅猛。尽管无法用因果关系解释各部门人均产出的增长情况，但研究结果表明，保护性关税没有对提高人均产出发挥太大作用，而且这种结构变化在内战之前数十年里就已经发生了，而当时的平均关税水平要低得多。

绝大多数强调保护性关税对经济增长做出贡献的观点特别强调的一点是，它们扩大了制造业的规模。不过制造业对经济的推动作用往往被夸大了。布劳德伯利（1998，第 400 页）认为，“美国的总劳动生产率能赶超英国，主要是因为农业资源转移到了其他部门，并且提高了服务业的相对生产率水平，而不是因为它的制造业生产率得到提升。很多经济史学家和发展经济学家认为，制造业发展是驱动生产率趋同或分化的主要因素。我们需要认真证明这个观点的合理性，而且必须把关注点转移到服务业的发展上。”

如第四章强调的那样，美国的制造业规模在内战爆发前就已经相当可观。这个产业即使在 1846 年推行低保护关税之后仍然一派欣欣向荣。[14] 表 5. 2 表明，内战爆发前的 1859 年，进口制成品在美国国内的制成品消费中占 9%，而战后这个比重仅为 3%。即使进口大幅提升，对制造业总体规模的影响也有限，对整个经济的影响更加微不足道。

以下计算基于 1869 年的数据，而当时可以说是内战后制造业面对外来竞争最脆弱的时候。这一年美国进口的非食品制成品价值 2. 2 亿美元，而国内 205. 3 万工人生产的制成品价值 33. 85 亿美元（相当于制造业的人均产出为 1 648 美元）。[15] 如果废除对进口制成品征收的 40% 关税，那么进口产品的相对价格会下降 29% 。假如按照欧文（1998b）的估算，进口需求的弹性为 – 2. 6，那么这样做会使制成品进口提升 75% ，进口值增加 1. 63 亿美元。如果进口增加后制成品的国内产量减少相同的规模（这实际上高估了进口增长的影响，因为绝大多数进口不能完全替代国内货物），那么会使制造业的 99 119 名工人失去工作，占制造业就业人数的 4. 8% ，占总劳动力规模的 1. 6% 左右，使制造业的从业人员从 247 万人下降至 237 万人。

这种变化对整体经济造成的后果有限。如果制造业中有 1. 6% 的劳动力转移到农业，其中制造业的全要素生产率每年增长 1. 2% ，而农业的全要素生产率每年增长 0. 8% ，那么整个经济的生产率增长会从每年 1. 50% 下降到 1. 49% 。自 1870 年开始的累积效应会使 1913 年的 GDP 小幅收缩 0. 2% 。如果采用这种方式进行研究，考虑到农业劳动力转移到工业的情况，关税保护对国民收入水平和总生产率的影响似乎并不大。

这一讨论始终建立在“关税对美国经济增长做出积极贡献”这个前提之上，而且有其他理由让我们相信进口关税可能损害了美国的经济表现。正如前文强调的那样，对资本品征收关税提高了投资支出的成本，降低了它的效率。钢铁原材料的成本较高，阻碍了马口铁制造等下游产业的发展（第五章已讨论了这个问题），推高了建筑项目和交通项目的成本。除此以外，贸易保护往往会帮助特定行业里效率不高的小企业幸免于难，而不是扶持效率更高的大企业，结果拉低了整个行业的平均生产率。不幸的是，没有太多经济研究量化这些因素。

总而言之，我们很难证明高进口税是驱动美国经济在 19 世纪末突飞猛进的重要因素。关税没有促成大规模的劳动力再配置，对生产率的影响也不大。不受进口关税直接影响的服务业是就业和生产率提升的重要推动力，为美国提升人均收入并一举在19世纪末超越英国发挥了关键作用。此外，农业发展为农场设备和机械工业奠定了基础，而这个产业是制造业经济的重要组成部分。随着约翰迪尔公司、美国收割机公司和其他生产者将大量设备卖到全球各地，美国成了农业机具的净出口国。由此看来，与贸易相关的因素对美国经济的总体增长和扩张来说并非关键因素。[16]

与此同时，我们很难说高关税政策成本高昂、效率低下。正如前文所示，关税的静态无谓损失很小，在19世纪70年代中期只占美国GDP的0.5%。贸易保护并没有催生众多远离技术前沿的低效产业，因为新企业可以获得全球先进技术，并且自由地进入市场，确保了国内的竞争仍然激烈。交通成本日益下降使美国成为一个规模庞大且完整的全国市场，而大型商业企业的崛起意味着，即使进口关税限制了外来竞争，效率不高的小企业依然难以生存。[17]

如果保护性关税不是美国经济飞速增长的主要原因，又是哪些因素推动了美国的经济腾飞？美国是一个庞大的大陆市场，而且资源丰富，等待着人们前来开发。美国的增长多为粗放式增长（即增加劳动力，开垦更多土地，开采更多矿产，投资更多资本），而不是集约式增长（即提高已开发资源的生产率）。美国允许国内各州之间开展自由贸易，允许劳动力和资本跨州自由流动。它拥有广阔的农业用地和尚未开发的矿产资源，而且通过非政治化的司法体系执行合同，保护产权。美国国内市场被铁路和其他交通方式的发展紧紧联结在一起，其规模和范围创造出高效的大型企业和创新型组织架构，鼓励各产业提升专业化程度，确保了国内竞争的激烈程度。[18]联邦政府没有干预这些创造性破坏或限制竞争，也没有人为地维持低效产业。美国的资本市场运行顺畅，推高了投资率，使美国可以从英国及其他国家获取全球最先进的工业技术，它还不断拓展中学教育体系，使美国人口保持了较高的识字水平。简而言之，无论美国选择什么竞争政策，它都已经具备了实现粗放式增长和集约式增长的条件。

美国经济极其多元化，而且拥有广袤的优质农业用地和丰富的原材料，制造业的专业技术不断提升，这些条件远远超过了同期任何一个国家。就此而言，国际贸易并不是美国经济繁荣的关键因素。“即使从今天起把美国的所有港口都封锁 10 年，美国人民的生活也只是稍有不便而已，价值（即价格）受到轻微干扰，”钢铁大亨安德鲁·卡内基（Andrew Carnegie，1890，第 64—65 页）认为，“我国一派繁荣，不愿发生任何变故，所以没有人乐意封锁港口，但我们很清楚，即使出现这种情况也只是给我们带来些许干扰和不便，绝不严重，也不会危及美国人民生活和繁荣的根本，其他国家也应该认识到这一点。”反之，即使美国废除了所有关税，对外贸易对相当于大陆规模的美国经济而言，所占的比重也相对较小。在这一时期，商品贸易在 GDP 中的占比仅为 5% ~ 6% ；而将关税下调为零或许会使这个比重上升至 7% ~ 8% 。

在推动美国工业化进程的因素中，最被低估的因素是缺乏工作技能的移民从事制造业后付出的辛勤劳动，以及技能工人移民对美国吸收先进技术发挥的作用。1880 年至 1920 年，大批没有工作技能的移民涌入美国，改变了美国的劳动力大军。相较于土生土长的美国公民，外来移民及其子女愿意接受较低的薪酬。到了 1920 年，从事制造业的劳动者中有一半以上是移民。人们认为正是因为有了这些劳动力，才适度加快了美国制造业的发展速度，扩大了其规模。[19]

在这一时期，技艺娴熟的工匠移民也至关重要。未能站在技术前沿的国家可以通过采用全球最先进的技术来提升自身的生产率，它们通常通过进口新型资本品或接受外国直接投资来实现这个目标。对美国来说，从国外获得技术转让的首要渠道就是技能工人移民。来自英国的移民中有相当一部分是拥有工业技术经验的工匠。伯索夫（Berthoff，1953，第 2—29 页）指出，“英国移民迁入正处于工业化进程中的美国，直接将 20 世纪初全球最先进的工业化国家的技术和经验注入了这个在 20 世纪崛起的巨人的静脉中。”英美两国之间密切的文化联系使英国的先进技术得以迅速跨越大西洋在美国扩散开来。作为英国的前殖民地，美国有幸经历了第一次工业革命。尽管德国的技能工人移民也为美国的技术发展做出了重大贡献，但共同的历史、语言和文化构成强烈的感情纽带，使美国可以轻而易举地同化来自英国的新观点、机械设备和其他技术，而英国当时引领了全球的技术发展。

以冶金为例，美国迅速效仿了英国研发的很多新技术。贝西默（Bessemer）炼钢法在英国取得商业成功后没几年，美国就签署了专利协议，迅速把这种技术推广到整个美国。美国做得更好的一点是，其工程师往往会对舶来技术进行改造。[20]移民不仅开办自己的钢铁厂，而且美国的毛纺织业也依靠英国的经验发展起来。原本在英国诺丁汉生产行线、花边和丝绸的制造商在美国设立了分厂，而外国的纺织技工通常会从工头、主管等级别一路爬上来，最终开办自己的工厂。在某些情况下，导致英国出口减少的关税与随之出现的技能工人移民之间存在着直接联系。伯索夫（1953，第 41 页）观察到，“几乎英国的整个丝绸业都在内战后移民到了美国。”一旦关税上调，“英国的工厂主就把他们的机器装箱，带着工人一起迁往新泽西（的帕特森）”。在这些案例中，进口关税促使英国公民带着先进的技术知识移民到美国，这或许加快了两国之间的技术流动速度。

由于美国在高关税体系下完成了工业化，所以部分观察者试图从美国在 19 世纪末的经历中汲取出适用于当代发展中国家的教训。不幸的是，当时的美国与现在的发展中国家相去甚远，无法进行这种比较。从“发展中国家”的现代含义来说，美国从来就不是一个真正的发展中国家：它一直属于高工资国家，而不是低工资国家，而且在吸引外国技能移民和非技能移民方面从来没有遇到困难。在 19 世纪，美国的政府规模相对较小，没什么存在感。美国拥有庞大的国内市场，而且与处于全球技术前沿的国家保持着密切的经济和文化联系，可以轻松地习得各种创新。当今的很多发展中国家政府规模庞大，常常干预经济发展而且腐败成风。它们的国内市场相对较小，为外国投资和技术转移设置了重重障碍。这些差异意味着很难从美国的经验中吸取太多政策教训供当代的发展中国家借鉴。

## 19 世纪 90 年代的贸易政治

我们已在第五章看到，1888 年关税大论战后，共和党于 1890 年推出《麦金莱关税法案》，上调了进口关税。当时，公众辩论的焦点都在于如何降低关税和财政结余，而共和党对此的回应似乎与民众的意见格格不入。事实上，“十亿美元国会”判断错误，很快就遭到选民的报复。民主党在 1890 年的中期选举中颇有斩获。尽管共和党有惊无险地继续掌控参议院，但众议院的多数党却从共和党（之前它比民主党多出 7 个席位）迅速变成民主党（现在它比共和党多出 147 个席位）。就连麦金莱也因为重新划分选区后，被民主党派的州议员挤出俄亥俄州的议员选举。虽然关税并非导致共和党在选举中严重失利的根本原因，但是当时很多观察者对这一点深信不疑。当时共和党内冉冉升起的政治新星西奥多·罗斯福（Theodore Roosevelt）认为，“这场灾难完全是由《麦金莱关税法案》造成的。”[21]事实上，众议院议长约瑟夫·加农（Joseph Cannon）后来推测认为，对关税进行任何修正都会使执政党在下一届选举中处于不利的境地，这个观点得到了经验证据的支持。[22]

在 1892 年总统大选中，克利夫兰与本杰明·哈里森再次同场竞技。尽管关税又一次成为重要选举议题，但货币政策，特别是白银铸币问题，主导了整个竞选。虽然《麦金莱关税法案》明显不得人心，但共和党再次声明自己致力于落实“美国的贸易保护信条”。其竞选政纲称，“除了奢侈品以外，所有无法在美国生产的物品都应该免征关税。所有与美国劳动者生产的物品形成竞争的进口产品，都应被征收关税，且税率等于国内外工资之差。”[23]与此同时，民主党谴责“共和党的贸易保护为了少数人的利益欺骗掠夺了大多数国人”，《麦金莱关税法案》是“阶级立法的暴行达到顶点”的产物，誓将废止该法案。民主党的竞选政纲重复了本党的信念，即联邦政府“没有任何宪法赋予的权力开征关税，除非是为了获取财政收入”。[24]

“十亿美元国会”不断使共和党失去民心，民主党因此在 1892 年风卷残云般地使共和党全面出局，民主党依然掌控着众议院，又从共和党手中夺走参议院，而且克利夫兰在总统大选中胜出。自1858年以来，民主党第一次全面掌控了政府。克利夫兰总统在就职演讲中称，他自己所在的民主党终于可以获得对关税政策进行重大调整的授权。

> 美国人民已经颁布了他们的命令，自今日起，他们将美国政府的立法权和行政权赋予承诺以最积极的态度推进关税改革的政党。他们已经决意支持更加公正平等的联邦税收体系。他们通过投票选出了实现这些目标的代理人，而这些代理人不仅根据主人的授意，也是在自身承诺的驱使下坚持不懈地为这个目标而努力。[25]

这是民主党在近40年的时间里首次全面掌控政府。看起来他们已经准备好履行其承诺，党内改革派对实现重大政策调整的期望值极高。

然而，民主党的这场胜利来得并不是时候。1892年下半年，伦敦的大型投资公司巴林兄弟（Baring Brothers）倒闭，促使大量黄金迅速从美国流出，引发剧烈的银根紧缩。财政部的黄金储备迅速枯竭，导致哈里森政府即将离任之时，金融恐慌就已初露端倪，大量银行开始倒闭。人们担心鼓吹白银的煽动者会迫使美国脱离金本位，因此引发了对国库储备的挤兑，金融收缩进一步恶化。[26]在克利夫兰就职前两个月，股市崩盘，美国的黄金储备下降到极其危险的水平。

克利夫兰再次就任总统时正值经济危机阴霾初现之时，毁灭了他推行关税改革的机会。克利夫兰极不情愿地把工作重心放在了国家的金融形势上，要求国会召开特别会议废除《谢尔曼购银法案》。和绝大多数民主党人不同的是，克利夫兰对货币政策的观点比较保守（他支持金本位，反对采用白银），所以他必须与民主党中的保守派和东部共和党人结盟才能废除购银法案。由于绝大多数民主党人倾向于支持白银，所以克利夫兰的立场破坏了党内团结，使他推行关税改革时最需要的盟友疏远了他。

尽管克利夫兰成功地废除了购银法案，巩固了美国对金本位的承诺，但此举未能刺激经济，美国陷入严重的经济衰退。1893 年，银行系统出现大面积挤兑，企业破产和贷款者丧失抵押品赎回权的现象如潮水般席卷美国。工业产量从 1892 年 5 月的巅峰减少 17%，在 1894 年 2 月跌至谷底，其中 1893 年 4 月至 1894 年 2 月之间的跌幅最大。失业率从 1892 年不足 4% 的水平飙升至 1894 年的 12% 以上。[27]

尽管经济持续收缩，但克利夫兰在 1893 年 12 月向国会发表年度国情咨文时仍然提到了关税改革。“经历了艰苦努力之后，关税改革就摆在我们面前，”总统强调，“在出台明智审慎的法案完成这项改革之前，任何事情都不应该分散我们对这项工作的关注或干扰我们的努力。”美国应该削减生活必需品的关税，因为“人们可以明显地感知这种做法带来的益处，而且它们的规模相当可观，成千上万因此吃得更好、穿得更暖、住得更舒适的人会看到并感受到这些益处”。鉴于经济日益疲软，克利夫兰认识到很难通过国会开展真正的关税改革。“我迫切希望这项改革能够取得成功，所以忍不住提出以下建议：唯有支持关税改革的朋友无私地提供建议，并且愿意使个人欲望和雄心壮志服从于公众利益，这项改革方能取得成功，”他敦促说，“关税改革的草案影响到形形色色且数量庞大的地方利益集团。如果所有人都坚持不让步，那么体现了关税改革的法案必然以失败告终。”[28]

然而民主党的党内团结几乎马上出现了裂痕。部分民主党人认为，应该将关税立法的工作推迟到经济复苏之后。不过由于总统大力推动国会采取行动，所以筹款委员会的新任主席、坚定支持关税改革的西弗吉尼亚州民主党人威廉·威尔逊（William L. Wilson）决定推动此事。因此，1893 年秋天，筹款委员会就制定新关税法案的问题举行了听证会，威尔逊的密友将此描述为“老生常谈、废话连篇”。[29]当年 12 月，威尔逊提出了一部法案，将很多原材料（如羊毛、煤炭、木材、铁和铜）

列入免税清单，同时适度下调制成品的关税，所以没有对棉纺织品生产商和钢铁生产商造成太多威胁。[30]

1894 年 1 月，众议院开始对这部法案进行辩论，但出人意料的是，这场辩论变成了对所得税的讨论。[31] 中西部的民主党平民派一直支持开征所得税，希望通过这种方式将进口产品给消费者造成的税负转嫁到财大气粗的实业家身上，如范德比尔特、洛克菲勒和卡内基等。所得税还可以创造财政收入，使政府有能力削减关税。尽管民主党中支持开征所得税的呼声越来越强，但这个主张仍然面临重重政治阻碍。克利夫兰主张开征企业所得税，但他和民主党领袖担心开征个人所得税会造成党内分裂，因为纽约州的坦慕尼协会民主党人坚决反对这个想法。威尔逊坚信所得税问题分散了人们对关税改革的关注，如果把它附加在关税法案里，可能导致关税法案无法通过国会审议。与此同时，共和党谴责所得税是"把人划分为三六九等的立法"，会把美国带向社会主义。他们抱怨这项措施只针对特定群体，其目的是榨取纽约和康涅狄格等少数高收入州。

国会刚刚启动对这部法案的辩论时，田纳西州民主党议员本顿 · 麦克米林（Benton McMillin）建议修正《威尔逊关税法案》，对 4 000 美元以上的收入征 2% 的所得税。尽管麦克米林的修正案受到东部共和党人的强烈反对，但得到南部和西部共和党人的广泛支持，最终以 175 票对 56 票的结果通过国会。这为众议院就关税问题举行投票表决扫清了道路。共和党为此大为光火。缅因州共和党议员托马斯 · 里德宣称，"我国在采纳了三十年贸易保护主义政策，并且没有受到自由贸易的严重干扰之后……成为世界上最伟大、最欣欣向荣的国家……那些投票反对这部法案的人之所以这么做，是因为它打开了我们的市场，使它暴露在外国带来的毁灭性竞争之下。"[32] 众议院议长、佐治亚州民主党人查尔斯 · 克里斯普（Charles Crisp）对此做出回应，坚称为进口关税买单的是消费者，而不是共和党所说的外国人，而且消费者不应受制于特别优待东部富人精英的体系，"或许各地都有部分垄断企业或富豪在批判我们，但对于全国各地的农民、工人和各行各业的劳动者来说，这么做会给他们的家庭带去快乐和幸福”。[33]威尔逊在一次演讲中宣称：“这不是一场关于百分比的战争，不是关于某一关税税则的战争，而是为了争取人类自由的战争。”[34]这次热血沸腾的演讲把民主党团结在了一起。1894 年 2 月，众议院以 204 票对 140 票的党派投票结果通过了该法案，其中民主党以 191 票对 17 票的结果支持该法案，而共和党以 122 票对 0 票的结果反对该法案。赞成票与反对票之间的差距之大，远远超出了人们的预期，因为在投票前人们预计多达 40 名民主党议员会投票反对这一法案。[35]

随后《威尔逊关税法案》提交给了分歧不太明显的参议院。为了加快立法进程，参议院的民主党人决定不举行公众听证会，不过同时他们也声明，参议院制定关税法案时不会拘泥于众议院提交的法案版本。东北部各州的参议员很快开始准备删去法案中关于所得税的条款，但是在人数上不敌南部和西部的参议员。随后 8 名支持高关税的民主党人在马里兰州阿瑟·戈尔曼（Arthur Gorman）的带领下倒戈，与共和党共同要求恢复多项保护性关税。参议院对众议院提交的法案共提出 634 项修正案。尽管盐、木材和羊毛仍在免税商品之列，但原材料免税的原则被淡化了，铁矿石、煤炭和食糖被重新课以关税。从量税重新引入关税法案，棉花、毛制品和玻璃制品的关税也被调高。来自宾夕法尼亚州的共和党人马特·夸伊（Matt Quay）在一次持续 12 天的演讲中竭力证明对多种商品征收高关税的做法是合理的，在《国会议事录》（Congressional Record）上留下整整 235 页内容。参议院极其艰难地推进这部法案，直至 1894 年 7 月初才以 39 票对 34 票的结果最终通过该法案。

参议院对法案的修改使众议院的民主党人大为沮丧。威尔逊称自己的法案“建立在两项清晰且理智的原则之上”：应该对制成品征收关税，而不是向原材料课税；关税应该从价而定，而不是从量而定。然而在参议院通过的法案版本里，“公平征税的这两大基本原则和民主党政策的两大基本原则很大程度上被践踏和忽略了”。[36]协商委员会陷入僵局。民主党无力扭转严重的经济衰退，已经招致公众的很多批评。现在他们的表现又表明他们没有坚定地致力于削减关税，除了将部分原材料加进免税清单以外，他们在避免大幅削减关税影响那些有强大政治势力的行业。有些民主党人建议放弃这次努力，这样就可以把经济不景气归咎于《麦金莱关税法案》，到1896年再重整旗鼓推进关税改革。不过民主党在过去几十年里一直强调关税改革的重要性，因此在近40年里首次全面掌控政府的情况下仍然错失良机，会让他们羞愧难当。

参议院的举动还促使一直与国会关系冷淡的克利夫兰不再保持沉默。这位挫败感极强的总统炮轰参议院的民主党人放弃了关税改革的伟大事业。克利夫兰（1933，第365—366页）坚持认为，在民主党发起的任何议案中，“对原材料免征关税必须成为所有合理明智的关税改革的基石”。在他看来，将农民生产的羊毛加入免税清单但用进口税保护公司的铁矿石和煤炭是不可原谅的。克利夫兰（1933，第365—366页）对此解释说：

> 当我们给本国制造商提供免关税的原材料时，我们释放了美国的开拓精神和独创性。这将打开外国市场接受我们货物的大门，使美国劳动力有机会源源不断地找到工作，领取工资。这些原材料免征关税时价格会下降，用它们生产出的产品成本也必然相应降低。因此，要使消费者享受到公正公平，就要求制造商必须同意对他们生产的制成品重新调整和修正关税，以确保人民享受到制成品成本降低带来的收益，并保护消费者不会受到压榨而使制造商获得暴利。

之后总统犯下了一个政治错误。1894年7月，威尔逊在国会大厅宣读了克利夫兰写的一封信。信中写道：“所有真正的民主党人和真诚的关税改革者都非常清楚，当前这部法案的内容……距离我们长期以来力求实现的雄心壮志差距太远。我们为了这个雄心壮志屡败屡战。我们期待着，在圆满完成这个目标的胜利之日，会让我们喊出激动人心的战斗口号。这个雄心壮志有望变成现实，它与民主党的承诺和成功如此紧密地交织在一起，以至于放弃它所依存的原则就意味着对我党的背信弃义和我党的耻辱。”[37]

总统没有竭力使参议院的民主党人与他站在同一阵营，而是将他们称为关税改革事业的叛徒，结果与他们渐行渐远。参议院的民主党人认为克利夫兰的声明是对他们的人身攻击，暗指他们不够正直诚实。马里兰州民主党人阿瑟·戈尔曼（Arthur Gorman）称克利夫兰传达出的是“一位美国总统写下的最不同寻常、最不必要且最不明智的信息……我这一生从来没有想过会遭受如此严重的挑衅行为、如此恶毒的辱骂和歪曲，或如此可怕的人格中伤，以至于我不得不在公共场合谈论私人问题”。[38]随后他描述了参议院的审议过程，坚持认为自己没有做出任何原则性的妥协，而且表示自己的民主党同僚已经在当前的形势下竭尽所能地推动关税改革。

如果总统希望参议院的民主党人反省悔过并赞成他的主张，他就大错特错了。他的攻击反而使后者的态度更加强硬。就连众议院议长也对克利夫兰的侮辱感到愠怒。民主党的党团核心会议指示威尔逊接受参议院的修正案，这让他非常沮丧。最终众议院领袖大体上接受了参议院的议案版本。他们规定辩论时间不得超过两个小时，硬生生通过了这部法案。一位参会议员算了一下，参议院的每项修正案所用的辩论时间仅为 1/10 秒。

现在克利夫兰面临的抉择成了是否要签署这部法案。他（1933，第 363 页）在写给威尔逊的一封信中表示：“我发现自己在怀疑我党是否还是一个支持关税改革的政党。”他还对另外一位众议员抱怨：“参议员偷走了民主党的关税改革制服，穿着它们为共和党的贸易保护服务。”最终，克利夫兰无法下决心签署这部法案，但也不能否决它，因为这么做只能维持《麦金莱关税法案》规定的现行税率。因此，1894 年 8 月，《威尔逊-戈尔曼关税法案》在没有总统签署的情况下正式成为法律。克利夫兰解释自己为何拒绝签署该法案时称：“这部法案中的一些条款不是真正意义上的关税改革，它的部分内容很粗糙且前后矛盾，不应该出现在关税法案或任何一部法律里。此外……这部法案在通过国会审议时发生的很多插曲使所有真诚的关税改革者感到不快，同时有些影响因素在国会审议后期影响了它最终成稿的内容，而这是民主党提议进行关税改革时不应该赞同和容忍的。”[39]

尽管克利夫兰失望至极，但 1894 年《威尔逊-戈尔曼关税法案》合理地下调了应税进口产品的平均关税，使之从 50% 下降到 39%，减少了 11 个百分点，降幅达 20%。然而，这个过程使人们对民主党留下了极差的印象，因为他们浪费了内战爆发以来第一个改革关税的良机。尽管它口口声声表示支持关税改革，但看起来代表的只是较为缓和的贸易保护主义而已。

共和党幸灾乐祸地看着民主党内部的各种明争暗斗。两个月后，共和党在 1894 年中期选举中一举拿下参众两院，终结了民主党短暂的执政地位。虽然共和党的胜利主要归功于经济不景气，但是民主党对关税问题处理不当也使他们口碑不佳。事实证明，就连民主党通过的所得税法案也一败涂地。1895 年 1 月，最高法院驳回了这部法案，认为所得税属于直接税，因为它没有按人口数量分摊，所以违反了宪法。[40]

与此同时，美国经济继续下滑。它在 1894 年短暂企稳后再次陷入严重衰退，并且直至 1897 年中才有所好转。在 1894 年至 1898 年间，失业率连续五年超过 11%。许多农民受到大宗商品价格下跌的沉重打击后，被迫放弃抵押品的赎回权。不少城市出现激烈的劳工动乱，罢工、示威抗议和停工事件频频发生。联邦政府受高额财政赤字所累，没有太强的政治意愿援助这些人群，为他们纾困。不过美国遭遇此次经济灾难的根本原因是政府采取了紧缩性货币政策，而金本位使信贷紧缩成为必然，而且通货紧缩势头不减。

经济灾难继续肆虐，货币政策和铸造银币再次成为美国的主导性政策问题。经济衰退加剧了农场主对金本位的敌意，而且帮助支持自由铸造银币的平民主义者在威廉·詹宁斯·布赖恩（William Jennings Bryan）的带领下掌控了民主党。很多农民深信银本位、复本位或甚至纸币（美钞）本位都能提升物价，缓解因为物价下跌而愈发沉重的债务负担。扩张性更强的货币政策或许会终结通货紧缩，甚至带来通货膨胀，但采取这种政策就要放弃金本位。扩张政策还可能导致美元相对其他货币贬值，从而抑制进口（这与关税的作用相似），但会大力推动出口（这与关税的作用相反）。

共和党在 1894 年的中期选举中赢得了对国会的控制，执政权分裂意味着随后的两年里不会出台什么法案。这为 1896 年总统竞选奠定了基础，这场选举见证了民主党候选人威廉·詹宁斯·布赖恩与共和党候选人威廉·麦金莱的对决。鉴于民主党屡屡搞砸关税改革，所以布赖恩在竞选中淡化了关税问题，将重点放在铸造银币和货币政策上。民主党的竞选政纲称："我们反对在解决货币问题之前，出现任何煽动修改关税法案的言行。"[41]与此同时，麦金莱作为金本位和关税保护的支持者，力求使东部维持金本位的利益集团和中西部的贸易保护利益集团联合起来。尽管美国经济一片惨淡，共和党人却喜不自胜地"重申并强调我们对保护政策的忠诚，它是保障美国工业独立的壁垒，也是美国发展和繁荣昌盛的基石"。他们的竞选政纲直截了当地申明："我们的执政原则是贸易保护以及美国劳动者和工业的发展壮大，绝不会对此让步。"这种表态与他们平常的诉求并无两样，即支持忠于美国的政策，对外国产品征收关税，并鼓励本国工业，以维持美国劳动者的工资水平。[42]

麦金莱试图把选举变成一场关税政策的全民公投，他确信本党能够在这样的选举中胜出，而布赖恩则使竞选始终聚焦在货币政策上。共和党承诺就白银货币化达成国际协议，成功地化解了自己面临的危险。最终麦金莱拿到 51% 的直接选票，布莱恩拿到 46.7% 的直接选票。和以往一样，共和党在工业发达的北部和中西部势头强劲，而民主党在南部和西部的基础仍然相当稳固。史学家曾经就"1896 年大选是否促成了各种政治势力重新组合"展开辩论，但此次大选确实开启了共和党长达 16 年主导政坛的局面。[43]

共和党重新全面执政之后，第一要务就是废除 1894 年民主党通过的关税削减法案。麦金莱总统在就职演讲中强调了降低财政赤字、对美国工业提供更多关税保护的必要性。正如他所说："提高关税收入的主导原则是真切地关心美国的利益和美国劳动者。人民已经宣称关税法案应该为工业和我国的发展提供充足的保护和鼓励。"[44]麦金莱认为《威尔逊-戈尔曼关税法案》使政府获得的税收不足，因此难以维持本国的黄金储备。提高关税能够改善财政收支平衡，扭转黄金外流的趋势，有助于国家重建繁荣，同时进一步保护本国工业免受外来竞争的冲击。他称本国羸弱的经济迫切需要提高进口关税，所以呼吁国会为此召开特别会议。

早在新任总统就职之前，众议院的共和党就已经动手筹备新的关税法案。国会会期开始的第一天，筹款委员会主席、缅因州共和党议员纳尔逊·丁利（Nelson Dingley）就提交了关税法案，希望恢复 1890 年《麦金莱关税法案》规定的税率。西部的白银利益集团要求对原材料提供贸易保护，所以进口的羊毛、兽皮、铁矿石和木材被再次移出免税清单而被课以关税。虽然棉制品和基本钢铁制品的税率没有调整，但绝大多数制成品的税率被上调。由于民主党属于少数派，所以他们只是口头上略微表示反对，虽然他们坚称白银铸币促进经济复苏的可能性大于提高消费者税收对经济的推动作用。1897 年 3 月，众议院经过为期四天的辩论后以 205 票对 122 票的党派投票结果通过了关税法案，其中共和党以 198 票对 0 票支持该法案，民主党以 118 票对 5 票反对该法案。

在参议院，罗得岛州共和党人纳尔逊·奥尔德里奇和财政委员会从头到尾全面改写了这部法案，以进一步调高关税。他们之所以这么做，是因为众议院的法案版本表现出"阻碍或破坏诸多产业"的"自由贸易倾向"。他们用从量税取代了从价税，"以保护诚实的进口商和国内生产商，避免有人欺诈性地低估进口产品给他们带来灾难性后果"。在 1897 年的整个春天和初夏，参议员在国会里极其费力地逐项检查法案内容，对具体商品的税率举行了数十次唱名表决。他们共对众议院的法案版本提出了 872 项修正案，其中大多数修正案都进一步上调了关税。多数党领袖坚决抵制这些调高关税的举动，认为它们太过火。这时奥尔德里奇开始表现得像一个温和派。他说“除了极少数情况以外，本国的工业发展状况不需要我们回到 1890 年关税法案制定的税率水平。”[45] 总统的密友、俄亥俄州共和党人马克·汉纳（Mark Hanna）叱责国会议员，声称“麦金莱先生代表的是贸易保护，而不是贸易排斥”。他私底下评论说，制造商“就像一群该死的兔子蹲在关税筑成的高墙后面”。[46]

参议院以 38 票对 28 票的结果通过了这个版本的法案，其中共和党以 35 票对 0 票支持该法案，民主党以 25 票对 1 票反对该法案。很快协商委员会就采纳了参议院提出的几乎所有修正案，使麦金莱得以在 1897 年 7 月底签署法案使它生效。国会只花了 4 个月的时间就完成立法，而且几乎所有时间都花在参议院的审议过程上。

斯坦伍德（1903，第 2 卷：第 364 页）将《丁利关税法案》称为“有史以来保护最全面且保护范围最广的关税法案”。它在美国实行了 13 年之久，1909 年才被废除，成为美国历史上生效时间最长的关税法案。尽管这部法案声称自己的目标在于使关税水平恢复到 1890 年关税法案的名义从量税水平，但是当时物价下滑，意味着这些关税的从价等量更高。事实上，平均税率从 1897 年（《丁利关税法案》出台前）的 42% 上升至 1899 年的 52%，略高于 1891 年《麦金莱关税法案》出台后的关税水平（47%）。

几乎与此同时，随着澳大利亚、南非和阿拉斯加的黄金供给增加，全球的黄金供给增速加快。全球货币条件变得宽松，促进了经济强劲复苏，全球价格也开始回升。同过去一样，经济复苏的时机使民众认为是《麦金莱关税法案》推动了经济回暖。

随着共和党推出新的关税法案，以及经济最终开始恢复增长，关税政策的问题再次从美国的政治议程上消失了。麦金莱很乐于看到关税引发的争议能暂时平息：“我们已经不再讨论关税问题，而是把注意力转向所有可以产生贸易的领域。”[47] 政策制定者确实已经开始改变他们的工作重点，从对进口商品关闭市场转向打开外国市场并促进出口。他们第一次开始关注出口，主要是受到新形势的驱动，本书将在后文详细讨论，但事实证明这种做法引起了很大争议。部分共和党人愿意拓宽海外市场，而其他人却担心这么做需要削减保护性关税。与此同时，民主党担心政府在利用这些商业机会实现自己的目标时，会使美国变成欧洲国家那样的殖民列强。[48]正如来自佐治亚州的民主党人威廉·霍华德（William Howard）所说："我倾向于将商业拓展到国门以外，但我并不认为我国商业扩张是领土扩张的同义词。"[49]

食糖案例展示了美国的商业扩张如何与新的外交政策交织在一起。1876 年，美国（出于政治原因，而不是商业目的）与夏威夷签署了有限互惠条约。夏威夷出产的食糖以优惠条件进入美国，而作为交换，夏威夷对特定的美国产品推行了优惠准入政策。两国签署这份条约后双边贸易急剧上升，改变了夏威夷的岛内政治局势。岛上的种植园主阶层对产糖业投入了大量资金，也受益于这份条约而赚得盆满钵满。然而，1890 年《麦金莱关税法案》允许所有进口食糖免关税进入美国，夏威夷因此丧失了优惠准入的地位，迅速陷入严重的经济衰退，并且引发政治动荡。1893 年，夏威夷岛上的一群美国人推翻了国王。数年后，这个海岛被美国并入自己的版图。[50]

与此同时，古巴生产的食糖因为《麦金莱关税法案》而以免税的优惠条件进入美国，使古巴获益匪浅。不过 1894 年，国会重新对进口食糖开征关税后（夏威夷除外），古巴的食糖产量直线下滑。古巴经济崩溃，并在 1895 年爆发了抵制西班牙统治的叛乱，受到西班牙的残酷镇压。最终 1898 年美国军队介入，发动了美西战争。[51]因此，仅仅食糖这一种商品的关税问题就使美国深深地卷入两个海岛的内部政治。

美国刚刚开始认识到本国的关税政策会产生深刻的国际后果。不过它没有像某些修正主义历史学家建议的那样，致力于打造一个商业帝国，也没有计划开创宏大的贸易霸业。[52]帕伦（Palen，2015，第 185 页）强调："无论是坚定的本土市场保护主义者还是自由贸易论者，都坚决反对共和党推行经济民族主义和帝国主义。"总体来说，美国的商业利益集团对外国市场的兴趣仅仅在于为自己的过剩产品找到销路，对于获取外国领土并不在意。

## 美国制造业的出口繁荣

尽管美国工业在 19 世纪末稳定扩张，但外贸产品的构成几乎一成不变。农产品仍然主导着整个出口，特别是原棉、粮食（小麦和玉米）以及肉类产品。1890 年，这些产品占到出口总量的 2/3 左右。制成品在出口总量中的比重约为 20%，这个数字已经保持了几十年。与此同时，美国的进口包括品种繁多的消费品（如咖啡、茶和糖）、原材料（锡和丝绸）和工业制成品（美国进口的制成品多半来自英国，同时德国及其他欧洲国家的制成品进口不断增长）。在整个 19 世纪末，贸易的总体增长相当缓慢：在 1880 年至 1895 年这 15 年间，出口量只缓慢上升了 30%。[53]

然而，到了 19 世纪 90 年代中期，美国的贸易经历了重大转型。制成品出口量急剧上升，在出口总量中的比重从 1900 年的 35% 直线上升至 1913 年的 50% 左右。正如图 6.1 所示，美国自殖民时代起一直是制成品的净进口大国，但它在 20 世纪之交时迅速转变成净出口大国。在 1890 年至 1910 年间，美国彻底颠覆了持续一个世纪之久的贸易模式，即出口农产品，进口工业制成品。

美国的出口激增始于 19 世纪 90 年代初。1895—1900 年，出口制成品的价值翻了一番，在出口总量中的比重从 26% 攀升至 35%。在这 5 年中，制成品的出口量令人咂舌地增长了 90%，全球经济欣欣向荣是它增幅惊人的原因之一。1908—1913 年，制成品出口的增长戛然而止，但随后又直线上升，在出口总量中的比重直逼 50%。第一次世界大战进一步推高了美国的制成品净出口地位，而且美国在 20 世纪 20 年代一直保持着这个地位，不过这种发展势头的关键转折期是 1895 年后的 10 年时间。[54]

欧洲的观察家将这种戏剧性转变称为“美国商业入侵”。美国在全球制成品出口中的比重从 1890 年的 4% 攀升至 1913 年的 11%，随后在

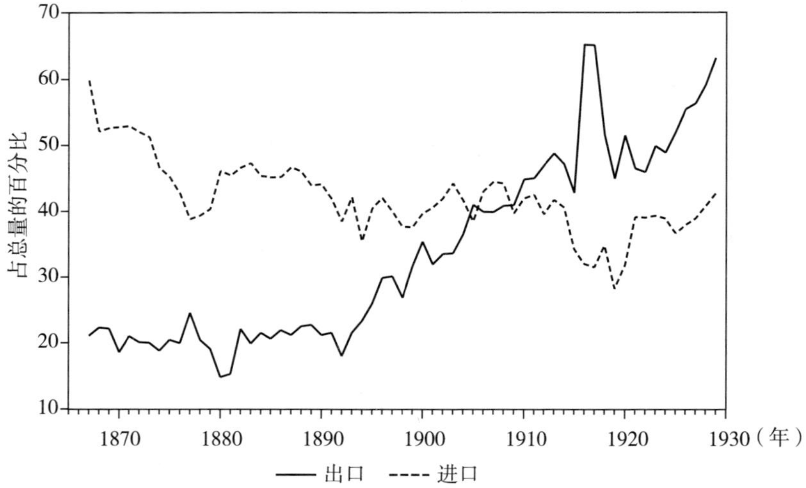


图6.1　1870—1930年制成品贸易在出口/进口总量中的比重

资料来源：US Bureau of the Census（1975），series U－213－224。

1929年达到18%。这反映出美国国内的制造业生产迅猛增长：1913年，美国在全球制造业生产中的比重达到36%，而在1870年时，这个比重仅为23%。与此形成鲜明对比的是，同期制造业产出中用于出口的部分相对较少，而且一直稳定地保持在这个水平。譬如，1914年，制成品出口在制造业产出中的比重约为6%，与1879年的比重基本持平。在石油、化学制品和加工食品等领域，国内生产用于出口的比重较高，但在绝大多数产业里，出口在国内产量中的比重从来没有超过10%。[55]

什么因素促成了美国的出口结构发生剧变？为什么恰好是19世纪90年代成为美国贸易的转型10年，而不是之前或之后的10年？有不少因素导致美国的比较优势向制成品转变，如要素禀赋方面的变化，技术水平相对于其他国家的变化。然而这些原因似乎无法解释美国的情况：制造业工人的人均资本以及制造业的全要素生产率在19世纪90年代的增长并不抢眼，农业出口也没有明显暴跌。相反，对于美国制成品出口表现如此卓越，最有力的解释是，美国提升了开发本国丰富的原材料储备的能力。在内战爆发前，美国的出口以农产品为主，内战结束后，其出口重点转向原材料，特别是矿产。由于美国在铁矿石、铜和石油等原生资源方面的充沛程度不断提高，因此在部分制成品上形成新的比较优势（这些原生资源都是制成品生产的重要原料）。[56]

尽管所有制成品的出口增长在这一时期都相当迅猛，但钢铁出口快速上升，是美国的出口构成发生剧变的主要驱动力。在 1895 年至 1900 年出口激增的背景下，钢铁生产在出口总量中的占比从 4% 上升至 9% 。钢铁产品中出口量最大的单一类别是机械，如发动机、电机、农场设备、缝纫机、收银机和印刷机。其他主要产品包括钢轨、管道及配件、电线、工具、锁和铰链、坯料、结构铁件和结构钢。汽车、留声机、办公设备（如打字机）和电子产品等创新产品的出口也急速攀升，不过由于它们的基数较小，所以第一次世界大战前在美国出口的总体增长中占比极小。

为什么 1895 年后，美国的钢铁产品在全球市场上的竞争力突然激增？下文分析了自然资源开采与制成品出口之间的关系。钢铁出口的急速增长可以追溯到 1892 年。当时明尼苏达州的梅萨比岭铁矿得到开发，使美国的铁矿石供应极大丰富。美国对这些体量庞大的矿床进行商业开发后产生了戏剧性的影响：明尼苏达州在全国铁矿生产中的比重从 1890 年的 6% 一跃上升至 1895 年的 24% ，随后在 1905 年达到 51% 。[57] 梅萨比的铁矿石进入市场后，铁矿石的国内价格下跌了一半。由于铁矿石在炼铁的原材料成本中占到一半以上，所以铁矿石价格直线下跌，压低了生铁制品以及钢铁制成品的生产成本。原材料价格跳水大幅提升了美国生产者相对于英国生产者的竞争力，英国当时是钢铁产品的头号出口国。[58]美国拥有丰富的自然资源（特别是铁矿石和煤），因此国内生产者能够获得廉价的原材料，可以在不受资源约束的情况下大幅增加供给。到了 1900 年，美国在全球生铁产量中的比重达到 34% ，在全球钢产量中的比重达到 37% 。[59]

制造业出口的第二大类是铜，也是以矿产为基础的产品。由于电气化进程催生了对铜线及其他含铜产品的巨大需求，所以铜制品在出口总量中的比重从 1890 年的 0. 3% 上升至 1913 年的 6% 。美国西部有大规模的炼铜业，使铜制品的出口增长成为可能。制成品出口的另外一个重点行业是石油。19 世纪 60 年代美国发现石油后，它才成为出口商品。尽管美国对出口石油也进行提炼，但在利用新发现的自然资源生产的所有产品中，石油的加工程序最少。

尽管美国的自然资源极其丰富，但它从来不出口未经加工处理的矿产资源，在这一时期，它甚至是铁矿石和铜的小规模净进口国家。相反，美国出口的是对这些矿产加工处理后的产品。它这么做主要出于两个原因。首先，美国国内的大规模生产者都是垂直一体化企业，由于拥有丰富的原材料而拥有成本优势。举例来说，美国钢铁公司（US Steel）拥有国内主要的铁矿石矿。新泽西州的标准石油公司拥有国内主要的油田。其次，这些矿产中有不少难以交易，对贸易往来产生了重要影响。如果全球铁矿石市场完全一体化，那么丰富的自然资源不一定有利于国内生产者，因为各国生产者都能以全球价格获得这些资源。但由于交通成本高企，所以苏必利尔湖的铁矿石并不是在全球范围内交易的商品，当时尚未开通五大湖与大西洋之间的圣劳伦斯内河航道（St. Lawrence Seaway）。因此，除了美国生产的钢铁制品价格这个渠道以外，梅萨比岭铁矿对铁矿石的价格影响并没有传导到全球市场。

如果与原棉的情况相比较，我们可以从中受到更大启发。棉花也是一种原材料，但它的运输难度很小，所以可以大量出口。[60]美国从来没有建立起一个具有国际竞争力、以出口为导向的纺织业或服装业，其原因之一在于，外国生产者拿到的棉花价格与国内生产者拿到的价格差不多。虽然南部的棉花产量相当大，但并没有使国内纺织业拥有特定的成本优势：美国公司的原材料价格和掌握的技术与英国对手相同，但是给员工支付的工资更高。

出口激增的另外一个重要特点是推动出口的几乎都是行业中规模最大的公司。1909 年，美国钢铁公司的产量就在美国的钢铁出口中占到 90%。[61]同样，国际收割机公司主导了农用设备的出口；标准石油公司主导了石油的出口；西屋电气主导了电力机械出口；阿默（Armour）公司主导了加工食品的出口。由于急剧增长的出口主要集中在个别行业中的几家大公司身上，所以对美国的贸易政策影响甚微。虽然出口增长相当显著，但在这些公司的总产量中所占的比重不大。这些出口分布并不广泛，因此没有打造出庞大的选民基础来促进贸易政策的重大调整。

不过，出口繁荣还是对美国的贸易政治产生了微妙的影响。在内战爆发以前，钢铁生产者在关税政策的政治斗争中处于核心地位，但现在他们逐渐丧失了对贸易保护的兴趣，而是开始关注出口市场的重要性。他们越来越关心互惠互利，将它作为贸易保护的替代方案。有些出口公司开始组织起来，主张通过互惠政策促进出口。1894 年，众多致力于对外出口的中小企业组建了美国制造商协会（National Association of Manufacturer，NAM）。其他规模较小的团体也如雨后春笋般纷纷出现，如各行业的出口组织、全国互惠联盟（National Reciprocity League）（1902）和美国出口协会（American Export Association）（1909）等更宽泛的实体。不过这些利益集团几乎没有对政策产生任何影响。虽然大公司不再需要保护性关税，但对于产品不出口国外而且面对进口带来的剩余竞争仍然非常脆弱的小规模生产者来说，保护关税仍然颇具价值，所以他们时刻准备着积极游说政府采取措施限制外来竞争。绝大多数小企业在进口带来的竞争面前仍然不堪一击，非常担心政府削减关税。因此，美国制造商协会建议“只有在不伤及任何国内利益群体的情况下”，才能签订互惠贸易协定。[62]

最后应该强调的是，美国的出口在缺少政府大力支持的背景下实现了强势扩张。联邦政府对出口构成的变化没有发挥任何直接作用，而且在推动出口方面几乎保持消极态度。贝克尔（Becker，1982，第 xiv 页）强调：“在 1893 年至 1921 年间，美国制成品出口大幅扩张。这种成就中更令人注目的是政商之间缺少密切的合作，在促进美国出口增长方面没有表现出任何亲密关系。”

## 互惠贸易运动

由于美国的制造业出口增长是新兴的发展态势，所以没有影响国会对 1897 年《丁利关税法案》展开的论战。不过制成品的出口增长一路高歌猛进，使人们开始质疑是否有必要利用较高的保护性关税限制进口，增强国内生产者的实力，帮助美国出口打开外国市场。由此产生了互惠的观点，为贸易政策另辟蹊径。

为互惠运动冲锋陷阵的先锋是声望极高的共和党人詹姆斯·布莱恩。他曾经担任众议院议长，并两次出任国务卿。布莱恩曾经对贸易保护主义热情高涨，但后来渐渐热衷于通过互惠协定促进出口，特别是与拉美国家之间促成这种协定。布莱恩主张削减热带商品的关税（这些商品不对国内生产者构成竞争），而作为交换，其他国家将下调对美国制成品和农产品的进口关税。他认为这种方法具有多重好处。首先，互惠协定能够扩大制成品出口，又不会将本国产业置于外国竞争中，从而巩固了经济。其次，互惠通过削减部分进口关税平息了民主党对高关税的攻击，巩固了国内对保护性关税的政治支持。布莱恩担心如果贸易保护的倡导者不采取行动克制这个体系的力度，那么一旦民主党重新大权在握，就会彻底摧毁贸易保护体系。“制定互惠法规……是为了保障贸易保护，”他认为，“互惠受到挫败，自由贸易就有机可乘。”[63] 再次，互惠协议会巩固美国与拉美地区的关系，有利于美国在该地区的外交利益。布莱恩的大力倡导使互惠概念在共和党少数派中站稳了脚跟，但共和党建制派对他的观点始终心存疑虑，他们不希望与现行政策有半点偏离。

布莱恩首次倡导互惠是在 1881 年，当时他担任加菲尔德政府的国务卿。他观察到拉美国家将本国的原材料卖给美国，但绝大多数制成品是从欧洲购买的，他由此发现了新的机遇，即美国为来自拉美国家的进口产品提供关税减让，然后取代欧洲成为拉美国家最主要的制成品供应国。布莱恩希望加强地区贸易合作，不过他在任时间太短，没能在这方面取得太多成果。

布莱恩在哈里森政府再次担任国务卿后，从 1890 年开始继续推动美国加强与拉美国家的联系。他说服总统相信即将颁布的《麦金莱关税法案》应该加入互惠条款。他认为这种条款赋予行政部门与其他国家磋商贸易协定的权力，使后者降低美国出口进入外国市场时遇到的障碍，以换取这些国家的非竞争产品进入美国时，美国为它们提供关税减让。布莱恩坚决认为关税法案不应该将食糖放入免税清单，因为它是非常有价值的筹码。它的关税削减可以放在互惠协定里完成。“人们控诉贸易保护政策对我们最大的伤害是，它带来的利益几乎全部进了制造商和资本家的口袋，与农民没有半点关系，”布莱恩强调，“现在有一个使农民也可从中受益的机会，而且不可否认的是，他们会成为主要受益者且获益颇丰。共和党把持的国会现在有一个机会为美国农民打开拥有 4 000 万消费者的市场，”不过“整部法案（《麦金莱关税法案》）里没有一节或一条为其他国家的一蒲式耳小麦或一桶猪肉打开市场”。[64]

布莱恩未能说服筹款委员会相信自己的建议有哪些优点。绝大多数共和党人仍然过于依恋现行政策，而且唯恐失去国会拥有的宪法权力，不愿意授权行政部门与其他国家协商削减关税。不过，哈里森总统支持布莱恩，并且向国会提交了一份关于泛美会议的报告，这一会议表达了与美国加强商业联系的强烈意愿。[65]哈里森总统强调，在已经进入美国的来自拉美国家的进口产品中，几乎有 90% 免交关税，因此很难再对其他国家提供关税减让，换取它们降低出口壁垒的举措。如果国会决定不为拉美国家的应税进口产品提供关税减让，哈里森总统建议对没有为美国产品提供公平市场准入的国家征收惩罚性关税。

参议院财政委员会采纳了他的建议。尽管它仍将咖啡、茶叶、兽皮、糖和糖浆列入免税清单，但对众议院提交的法案版本进行了修正，允许总统在某些国家对美国出口征收“不平等或不合理”的关税时，暂停该国产品进入美国时享受的进口免税待遇。协商委员会接受了这一条款。由此来看，国会采纳的是惩罚性互惠，即美国没有对其他国家提供关税减让，而是要求其他国家为美国出口提供优惠待遇，否则就威胁对它们的进口施以处罚并征收报复性关税。

布莱恩依据这一条款，在国务院助手约翰·福斯特（John W. Foster）的帮助下与中美洲和南美洲国家进行了磋商，以确保美国产品能以更优惠的条件进入这些地区。如果它们不与美国合作，那么可能面对的风险是它们出口到美国的糖和其他商品会被征收更高的关税。在 1891 年至 1892 年间，布莱恩签署了十份互惠协定。除了两份协定以外，其他协定的签署方都是西半球国家。譬如，巴西取消了对美国小麦、面粉、猪肉和农用设备的关税，还调低了其他美国产品的进口税率，这样巴西出口到美国的兽皮、糖和咖啡就可以继续免税进入美国。哥伦比亚、委内瑞拉和海地等三国未能做出让美国满意的回应，因此被征收了惩罚性关税，尽管阿根廷和墨西哥不愿意签署此类协定，但美国没有对它们征收惩罚性关税。美国关税委员会（US Tariff Commission，1919，第 28 页）后来总结，《麦金莱关税法案》中的这一条款"无论是作为报复手段，还是确保美国享受优惠关税的手段，都适度有效"。

与此同时，民主党认为对于那些与本国生产者形成竞争的商品，互惠条款没有对它们的保护性关税进行任何调整，所以坚决抵制这一条款。他们坚信这一条款只是对一个需要全面改革的关税体系进行了微调。佐治亚州的查尔斯·克里斯普称："即使再多欺骗、再多狡辩和再多理论也不能阻止他们真正了解这个贸易保护体系是什么。这个体系的效果是把一个阶级的利益分给其他阶级，把广大人民群众的利益分给某一个阶级。"[66]民主党在 1892 年大选的竞选政纲中谴责"这种虚情假意的互惠"通过维持保护性关税"玩弄了人民扩大外国市场和实现更自由地交换商品的愿望"。[67]因此，民主党在 1892 年的总统大选中获胜，终结了共和党的互惠贸易实验。1894 年的《威尔逊-戈尔曼关税法案》重新对食糖开征统一关税，布莱恩的互惠贸易计划就此告终。美国政策反复无常，使拉美国家大为震怒。他们强烈抱怨美国废除互惠协定，因此对美国进口征收更高的关税予以报复。

然而，互惠贸易的主张并没有消失。1893 年至 1896 年的经济衰退催生了一个错误的观点，即美国的经济困难是由"生产过剩"引发的，因此出口是处理过剩产量的唯一方法。人们希望美国能够通过出口摆脱经济萧条，这改变了国内辩论的重心，从利用高关税抑制进口转向扩大出口的海外市场。1895 年后制成品出口迅速扩张，表明外国消费者有潜力成为美国产品重要的需求来源，只要生产者能够进入这些外国市场。

在 19 世纪 90 年代，其他国家对美国出口的歧视也愈发露骨，使人们担心美国产品是否在国外市场上受到公正的待遇。在这 10 年里，德国签署了多份包括关税减让内容的双边贸易协定，但美国均不是其缔约国。1892 年，法国推出梅里纳关税（Meline tariff），制定了包括最高和最低两种税率的双层进口关税税则；由于美国和法国未签署互惠贸易协定，所以美国产品需按最高关税征税。大英帝国的附属国也开始互相给予优惠待遇。譬如，1897 年加拿大为英国产品提供 25% 的关税优惠。3 年后，关税优惠幅度上升到 33% 。美国周边的广阔市场对美国产品的区别待遇阻碍了美国的出口增长。总体看，殖民地构成的贸易网络不断扩张，而且在 19 世纪末变得愈发排外。殖民国家之间为了争夺非洲和亚洲的殖民地控制权争斗不断，意味着欧洲国家可以在全球部分地区占据主导地位，确保本国产品获得稳定的出口市场，或者说能够以优惠的条件获取原材料，这同样令美国感到头疼。

以上问题使美国官员越来越担忧如何确保本国平等地进入各国市场。譬如，1899 年国务卿海约翰（John Hay）向多国递交了关于中国的门户开放照会，其时中国已被欧洲列强划分为不同势力范围。海约翰希望欧洲各国承诺尊重中国的领土完整，并确保“中国境内的所有外贸享有平等待遇以及由此产生的利益”。尽管美国已经与夏威夷签署了自己的优惠贸易协定（并在美西战争后迅速与古巴和菲律宾签署了优惠贸易协定），但是美国希望确保所有国家“在这些地域的通商和航行都应享受平等待遇”。[68]“门户开放”照会重申了美国希望将平等待遇作为贸易政策根本指导原则的意愿，不过美国自身并没有采取具体行动。

很多人深信美国要与这些四处蔓延的排外政策抗争的唯一办法是采纳某种形式的互惠贸易，并且用更积极的态度与其他国家开展贸易协定的磋商。然而，互惠贸易在 1896 年的大选中被边缘化了。民主党放弃了布莱恩在 1894 年《威尔逊-戈尔曼关税法案》中加入的互惠条款，在竞选政纲中对它只字不提。共和党的竞选纲领攻击取消互惠贸易的行为是“国民灾难”。他们认为“贸易保护和互惠是美国政策的孪生措施，而且往往并肩出现”。[69]此外，即将上任的民主党总统麦金莱转而支持互惠理念。1890 年，麦金莱担任筹款委员会主席时对这个主张极其冷淡，不过布莱恩逐渐说服他认同了这个主张的优点。到了 1895 年，麦金莱同意只要不放弃为国内产业提供贸易保护的做法，就会拥护这个主张。正如他所说，“我们希望达成的互惠贸易能给我国剩余产品打开外国市场，相应地对那些我们不生产的外来产品开放本国市场。”[70]

1897 年《丁利关税法案》再次尝试推行互惠贸易。对于为美国商品提供“互惠和平等关税减让”的国家，该法案第三章赋予了总统对指定清单上的商品削减有限幅度关税的权力，这些商品包括粗酒石、酒、白兰地、香槟和油漆等。这一章还再次引入《麦金莱关税法案》中的惩罚性关税条款，赋予总统酌情决定权，即对于任何被美国认定为“在互惠方面采用不平等、不合理”的贸易政策的国家，总统有权取消对其咖啡、茶叶和香草豆的进口免税待遇。此外，该法案第四章首次赋予总统削减进口关税的权力：对于平等地给予美国关税减让待遇的国家，总统可以对有限数量的产品（即“这些国家出产……而美国没有的天然产品”）下调关税（关税削减措施的效力不超过两年，削减幅度不超过 20%，且相关协定的有效期不超过 5 年）。尽管除了总统现有的缔约权以外，这一章并没有赋予总统任何实质性的权力，但国会主动要求与其他国家磋商贸易协定，标志着它们与过去的政策决裂，同时意味着它乐于接受这些协定。不过法案中列出的诸多条件表明，它也谨慎地为这类要求设置了很多限制。

1897 年 10 月，麦金莱总统任命前国会议员兼资深外交官约翰·卡森（John Kasson）率领国务院特设的一个互惠贸易部门，专门负责互惠协定谈判。[71]美国依据《丁利关税法案》第三章与德国、法国、意大利、葡萄牙和瑞士签署了（它们所说的）“粗酒石协定”。譬如，德国取消了对美国肉类出口的限制，并对绝大多数美国产品征收协定关税。卡森依据《丁利关税法案》第四章赋予的更广泛的权力，与 11 个国家签署了互惠协定。这些国家主要是中美洲小国，但也包括法国和阿根廷。1899 年 12 月，总统将大多数已经完成谈判的协定提交参议院审批。

尽管卡森签署的协定只涉及少数商品，但遭到了强烈反对。绵羊养殖者激烈反对与阿根廷签署的协定，因为该协定将阿根廷羊毛的进口关税削减了 20%。与法国签署的互惠协定使绝大多数美国出口产品按照法国的最低税率表交税，而不是按照最高税率表交税，而美国需将 126 种法国进口产品的关税下调 5% 至 20% 不等。不过其中关于削减法国内衣关税的建议在针织业引发了轩然大波，最终破坏了整个协定。虽然这些协定改善了海外市场的准入条件，但从中获益的出口利益集团并未介入这场政治纷争，因为这与它们并没有太多经济利害关系。[72]

因此，卡森签署的很多协定在参议院的外交关系委员会（Foreign Relations Committee）都无疾而终。委员会从来没有对它们进行过投票。麦金莱总统在 1900 年 12 月发表的年度国情咨文中敦促国会通过这些协定，称："显然互惠政策是建立在国际平等的原则上，而且已经屡次得到美国人民的认同，因此无论参议院还是众议院都应该毫不犹豫地使它们充分发挥作用。"然而，总统并没有强迫国会立即做出决定，因为他担心这会在总统大选前导致党内分裂。[73]他再次当选后才利用 1901 年 3 月的就职演讲再次向国会施压，敦促他们批准这些互惠协定。由于国内生产的"增长幅度前所未有"，美国必须开拓外国市场，作为本国产品的销售渠道。因此，总统称，"应该开明审慎地建立并推进与其他国家的互惠贸易安排"。[74]

不过共和党的国会领袖已经习惯了国内的政治反对，所以不愿推进互惠协定。因此，正如表 6.4 所示，各类互惠协定在整个 19 世纪都未能获得国会的支持。事实上，这些零零散散的协定只影响美国与少数国家的小规模贸易，所以对两党都没什么吸引力。共和党不想清除对各个行业的中小企业提供保护的贸易壁垒，民主党也认为它们提议的关税削减方案是个骗局而不予理睬，因为这些协定只涉及在美国国内没有竞争对手的热带商品，而没有解决棉花、羊毛和钢铁制品等核心保护性关税的问题。国务卿（海约翰）对卡森哀叹说，"如果不是因为参议院，我们能做多少好事"，因为美国历史上从来没有"这样一个孕育着如此多机遇的时期"。[75]参议院的不作为和麦金莱不冷不热的支持让卡森心灰意冷。他于 1901 年 3 月辞职。

表6.4　1840—1911年各互惠协定的命运

| 年　份 | 国　家 | 结　果 | 生效时间 |
| --- | --- | --- | --- |
| 1844 | 德国 | 参议院拒绝签署 | |
| 1854 | 加拿大 | 参议院同意签署 | 1855—1866 |
| 1855 | 夏威夷 | 参议院拒绝签署 | |
| 1856 | 墨西哥 | 参议院拒绝签署 | |
| 1867 | 夏威夷 | 参议院拒绝签署 | |
| 1871 | 加拿大 | 参议院拒绝签署 | |
| 1875 | 夏威夷 | 参议院同意签署 | 1876—1900 |
| 1883 | 墨西哥 | 参议院批准协定，拒绝授权立法 | |
| 1884 | 多米尼加共和国 | 阿瑟总统执政时期进行了磋商，克利夫兰总统退出该协定 | |
| 1888 | 加拿大 | 参议院拒绝签署 | |
| 1890 | 英国 | 英国拒绝签署 | |
| 1899 | 法国 | 参议院拒绝投票 | |
| 1899 | 阿根廷 | 参议院拒绝投票 | |
| 1899 | 厄瓜多尔 | 参议院拒绝投票 | |
| 1899 | 尼加拉瓜 | 参议院拒绝投票 | |
| 1899 | 英国 | 参议院拒绝投票 | |
| 1901 | 俄国 | 参议院拒绝签署 | |
| 1902 | 英国 | 参议院提出的修正案不为英国接受 | |
| 1902 | 古巴 | 参议院同意签署 | 1902—1934 |
| 1909 | 加拿大 | 参议院同意签署，加拿大于1911年拒绝该协定 | |

资料来源：根据美国关税委员会（US Tariff Commission）1919年的数据整理而来。

此时美国出口全面开花，麦金莱总统已经决定加大对互惠主张的支持力度。1901年9月5日，他在水牛城的泛美博览会（Pan America Exposition）上发表演讲时宣称，经济“孤立不再成为事实，也不再可取”。他强调，“我们的生产能力已经取得了长足的发展。我们的产量成倍增长，这些都要求我们刻不容缓地立即关注如何开拓更多市场……我们绝不能在虚幻的安全感中安心休憩，我们不可能永远维持生产多少就卖出多少，同时不需要买进任何东西，或者只是购买少量外国产品的状态。”相反，政策制定者必须以制造业出口在过去 10 年增长惊人的事实为基础，开始为美国产品培育国外市场。正如这位总统所说：

> 互惠是我国工业在现行根深蒂固的国内政策下突飞猛进地发展后自然而然得到的产物……排他主义盛行的年代已经成为过去时。如何促进我国商贸扩张是亟待解决的问题。贸易战有百害而无一利。善意的政策和友好的贸易关系会避免他国采取报复行为。互惠协定与时代精神并行不悖，而报复措施则逆时代潮流而动。如果我国有可能不再需要通过某些关税获得税收或者鼓励和保护本国产业，那为什么不放弃它们，拓展并推进我们的海外市场？[76]

简而言之，麦金莱建议从根本上调整美国的贸易政策。当然，他能否取得成功取决于是否有政治勇气与国会里坚决反对此举的共和党人一较高下。麦金莱到底能不能取得成功，我们已经永远不得而知了，因为就在发表水牛城演讲的第二天，他遭到刺客枪击，并且很快不治身亡。然而，麦金莱不太可能使互惠成为美国贸易政策的奠基石。从他的继任者遇到的困难判断，即使总统下定决心采取互惠政策，也未必能说服保守的共和党国会领袖偏离现行政策。

## 反对保护性关税的新主张

自内战爆发以来，支持共和党的保护性高关税政策的政治力量一直相当稳定。不过随着经济增长，经济结构发生转变，传统的政治联盟开始解体。此时大工业企业（特别是钢铁企业）的商品出口到了全球各国，不再需要贸易保护规避外来竞争。经历内战洗礼的退伍老兵渐渐走下历史舞台，“为了帮助他们颐养天年而征收高关税”的理由已经有些牵强。在共和党内部，中西部农业州激进的“造反派”开始尖锐地抨击关税体系过于照顾制造业。共和党激进派在原则上支持保护性关税，但是他们认为关税从结构上关照了东部州那些不需要政府支持的大企业。他们希望下调工业品的关税税率，同时上调农产品和原材料的关税税率，以减轻消费者和农民的税负。因此，共和党的东北部和中西部贸易保护联盟内部开始出现裂痕。

伴随着美国工业化进程而来的社会动乱催生了进步运动，而且到了20 世纪之交，进步运动的政治力量日益强大。进步人士对政府偏袒大企业的做法以及大企业掌握的政治力量感到沮丧，希望从国会腐败的政客手中夺回政策制定权，交给独立的政府部门里那些保持中立的专家。他们认为这些机构可以在不受企业利益集团和党派政治影响的情况下，制定出保护劳动者（如工作时长和工作条件）和消费者（如铁路票价、食品安全和生产安全）的规章制度。这些激进的造反派最初出现于共和党，比起民主党，当时共和党倾向于支持政府对经济发挥更大、更积极的作用。

进步主义者成功地改变了关税政策辩论的走向。在爱达荷州的威廉·博拉（William Borah）和威斯康星州的罗伯特·拉福莱特（Robert LaFollette）等公共人物的带领下，造反派抱怨现行关税税则极不公平：对东部制成品征收的关税过高，对中西部农产品和原材料征收的关税不够高。他们认为这助长了工业垄断企业盘剥农民和消费者的行为。因此，来自中西部北边玉米生产带和小麦生产带的共和党进步人士开始反对共和党内来自东部城市选区和工业选区的贸易保护死忠分子。不过，萨拉森（Sarasohn，1989，第 67 页）强调：“（激进的）造反派并不是反对贸易保护主义，而是反对过度保护，看起来他们在用每一张选票重新定义这个术语。”

政党内部的地域分歧并不仅仅体现在关税政策上，在所得税等其他领域也不鲜见。东部共和党建制派的“老近卫军”（Old Guard，即极端保守派）坚决反对开征所得税，因为他们所在的选区会因此承受沉重的税负，并且削弱了征收高关税的合理性。激进的中西部共和党人却恰好也是出于这些原因支持开征所得税。尽管众议院的共和党人中没有太多激进派，但是参议院中这派人并不少，而且相对来说，共和党多数派在席位上的优势并不大，所以只要有三五票转投民主党的议案，就会产生决定性的影响。

尽管民主党盛赞共和党造反派为了降低工业品关税而做出的大量努力，但后者并没有投桃报李。虽然这些造反派时常与共和党领袖意见不一，但从来无意与支持低关税的民主党结盟。尽管有时他们与民主党的投票结果相同，但总体来说对民主党保持着敌意，他们之间没有结盟，只是偶尔为了权宜之计相互联手。虽然民主党公开表示支持普遍征收低关税，但共和党激进派并不是全心全意反对过高的关税水平，而且他们的态度反复无常——他们坚持自己支持的是“改革后的”保护性关税。举例来说，博拉引用了贸易保护的常规观点证明对进口大麦征收高关税是合理的。

当然，东部共和党人和西部共和党人在关税政策上产生分歧是近几年才出现的现象，而北部民主党人和南部民主党人在关税方面一直存在着无法消弭的分歧。代表工业选区的北部民主党人一直抵制削减关税，而代表农业地区的南部民主党人希望广泛削减关税。正如我们所见，民主党因为内部分歧而难以解决关税问题的历史要追溯到 19 世纪 70 年代。当时宾夕法尼亚州的塞缪尔·兰德尔挫败了民主党削减关税的努力。

随着美国逐步成为制成品净出口国，主张推动进步主义改革的人群作为新兴的政治力量在美国政坛冉冉升起。政治冲突卷土重来，看起来推动关税改革的时机已经成熟。除非共和党可以提出新的理由证明维持现行保护水平是合理的行为，否则所有这些新的局势发展都有利于民主党，而且在过去几十年里，民主党已经与关税改革的主张紧紧连在一起，密不可分。

此外，到了世纪之交，新一代的关税批判者提出了取消保护性关税的两大理由：保护关税导致生活成本高企，而且使工人承担了不公平的税负；保护性关税促进了垄断企业的发展，提高工业集中度，扭曲了美国经济。尽管在很大程度上，这些反对意见并不准确，但是它们不胫而走，助长了民众日益担忧高关税的焦虑情绪，同时使倡导贸易保护主义的“老近卫军”被迫采取守势。

谈到生活成本，显然关税导致进口产品在美国的售价超过了它们无须交税时的水平。[77]专门揭发丑闻的记者艾达·塔贝尔（Ida Tarbell）帮助人们最充分地理解了这一点。在 1906 年至 1907 年间，她在《美国人》（*The American*）上发表了《我们这个时代的关税》六部曲，后来还把它们结集成册正式出版。她竭尽全力把腐败政客和利益集团通过幕后操纵影响国会制定关税的行径暴露在光天化日之下。1909 年，塔贝尔发表了两篇受到广泛关注的文章《每一分钱都要用在刀刃上》和《鞋破夹脚》，使一个观念深入人心，即贸易保护使制造商赚得盆满钵满，却提高了工薪家庭的生活成本，降低了他们的生活标准。对工人阶级来说，"食物、煤和日常衣物方面的成本多增加一分钱，就意味着他们能吃到的更少，获得的温暖更少，穿到的衣物也更少"。她强调说买鞋和补鞋的费用在消费者的服装支出中占到 1/4。塔贝尔抱怨，"《丁利关税法案》出台的十年间，穷人想买双鞋就已经相当辛苦。这部关税法案出台后，他们买鞋的难度就一年胜似一年。"鞋履的成本这么高，主要是因为对皮革和鞋线征收了高关税，而牛肉托拉斯和皮革托拉斯从中坐收渔利，更不要说鞋履本身的关税更高，使美国鞋业公司大赚特赚。所有这些行业增加的成本都由消费者负担。塔贝尔总结："每次我国的财富滚雪球般累积到前所未有的水平时，数不清的辛勤劳作者就比过去更加难以勉强糊口。"[78]

改革派还指责政府对消费品征收累退关税，导致贫困家庭花更多的钱购买基本消费品，而原本就富裕的实业家从中获得的利润越来越多。虽然这种叙述看似合理，但几乎没有实证证据反映税负在这一时期的分配情况。第五章的讨论表明，虽然关税的累退程度无疑高于所得税，但关税对所有消费者而言大体上保持中性。改革派的主张使"所得税是更公平的提高政府收入的方法"这一观点卷土重来。

有时，关税批判者会进一步利用关于生活成本的观点，指责关税导致物价上升。内战结束之后，通货紧缩肆虐多年，消费者价格指数在 1899 年至 1913 年间上升了近 20%。诚然，这并不是由关税造成的。前文已经强调过，美国采取的是金本位，总体物价水平取决于全球货币条件。在 19 世纪 90 年代末，由于全球发现新的金矿，黄金供给提升，通货膨胀随之出现。所有采取金本位的国家都在经历物价上涨，即使英国等奉行自由贸易主义的国家也不例外。这一事实清楚地表明关税并不是推高物价的主因（当然，在 1873 年至 1896 年间，高关税也未能使美国躲开通货紧缩）。不过，“关税提高生活成本”这种说法仍然引起普通民众的共鸣。[79]

最后，关税批判者抱怨高关税在保护本国公司免受国外竞争冲击的同时催生了垄断企业，而这些企业以牺牲消费者和农业的利益为代价疯狂敛财。1896 年出现了一股短暂但疯狂的兼并潮，它在 1899 年达到巅峰，最终于 1903 年偃旗息鼓。在这场兼并潮中，很多企业相互合并，改变了美国商业的整个面貌。其中最具戏剧性的案例是 1901 年美国钢铁公司（US Steel Corporation）的创建。它的产量一度占到美国国内钢铁产量的 90% 左右。其他大型工业企业也相继出现，如美国烟草公司（American Tobacco）、钻石火柴公司（Diamond Match）、国际收割机公司和标准石油公司。这些公司不断吞并小公司或者把它们淘汰出局，在国内市场上呼风唤雨，无所不能。[80]

关税批判者一直抱怨进口关税减少了竞争，催生了垄断。例如田纳西州民主党人本顿·麦克米林表示：“尽管政府已经放弃搭建关税高墙，但国内的垄断企业联合起来共同推高物价，通过托拉斯、联合经营和合并等手段掠夺人民。”[81]共和党坚决否认关税与大企业的崛起之间有任何关联。1902 年，西奥多·罗斯福总统坚称：“关税引发垄断的案例少之又少，在关税问题中是一个无足轻重的因素。规制托拉斯的问题也与修改关税无关。关税与大企业这个整体之间的唯一关联在于，关税使制造业获利颇丰……取消关税，把这种手段作为反对托拉斯的惩罚性措施，必然会毁灭正在与托拉斯相抗争但较弱小的竞争者。”[82]

1897 年《丁利关税法案》颁布后迅速引发工业合并的狂潮。这一事实使“关税催生垄断”的指责看起来非常可信。1899 年，美国糖业炼制公司（糖业托拉斯）总裁哈里·哈维迈耶（Harry Havemayer）就托拉斯运动在国会作证时宣称“所有托拉斯之母均为关税法案”。这句话后来尽人皆知，并且成为平民派的战斗口号“关税是托拉斯之母”。不过人们普遍误解了哈维迈耶的意思。他的本意并不是指关税催生了托拉斯运动，而是说关税对国内企业提供的保障远远高于垄断，因为新的竞争者不断进入行业，不停磨炼着这些垄断企业。[83]

保护性关税是否加剧了国内市场上的垄断现象呢？从理论上说，进口配额可能会促使国内企业相互勾结，降低外来竞争，不过当时并没有采用进口配额的方法。非寓禁于征的进口关税只是提高了进口产品的价格，帮助国内企业占有更多市场份额，并不一定会推动产业合并或促使企业相互勾结。进口关税甚至可能使效率不高的小企业得以苟延残喘，降低国内的产业集中度。

经济史学家一直怀疑保护性关税是否在这一时期真的推动了大企业的崛起。在 19 世纪 90 年代末的兼并潮爆发之前，美国的高关税政策已经推行了数十年之久。此外，商业合并不仅出现在没有遭受进口冲击的受保护行业，也出现在依赖出口的行业。美国烟草公司、国际收割机公司、肉类加工托拉斯、标准石油公司和美国钢铁公司都是出口商，并不惧怕进口。很多完全不受国际贸易影响的行业也出现了托拉斯。[84]

如果不是关税，那么是哪些因素引发了 1897 年至 1903 年的兼并狂潮？极具讽刺意味的是，反托拉斯法很可能对此产生了推波助澜的作用。1890 年，国会通过《谢尔曼反托拉斯法案》（Sherman Antitrust Act），禁止出现旨在限制贸易的合同，也不允许企业组成限制贸易的联合体。19 世纪 90 年代末，最高法院做出的三项重大裁决判定，组建同业联盟或签署旨在固定价格的横向协议属于非法行为，而实现相同目标的兼并却是合法的。《谢尔曼反托拉斯法案》规定建立非正式的商业卡特尔是非法行为，由此催生了大量兼并活动，使企业能够以合法的形式相互合并。[85]

尽管保护性关税不是促成兼并的主要因素，但是对原材料和半成品开征关税促成了部分企业的垂直整合。麦克劳（McCraw，1986，第 53 页）强调：“如果大西洋海岸的炼钢厂必须以受保护的市价从西部宾夕法尼亚州购买生铁和焦煤，而不是以低廉的价格直接从加拿大进口这些原材料，那么它更愿意开展反向合并，以未受保护的价格获得这些生产投入。”除此以外，还有更重要的技术因素和市场激励推动了大公司的崛起。[86]

总而言之，经济学家一直怀疑“保护性关税推高了生活成本，或者提升了产业集中度”的说法，但他们承认关税的累退性超过了所得税。这些观点都给民主党和共和党激进派提供了攻击共和党“老近卫军”的政治弹药。“老近卫军”否认高关税在保护特殊利益集团。他们称高关税有助于维持工人较高的工资水平，推动了经济增长和稳定。他们拒绝批判《丁利关税法案》。众议院议长、伊利诺伊州共和党人约瑟夫·加农（Joseph Cannon）因为将该法案称为“从全盘考虑，它是有史以来最完美、最公平的关税法案”而招致批评。[87]共和党建制派无法找到新的论据证明现行关税具有合理性，所以利用了时常萦绕在人们心头的恐惧情绪，即削减关税会使大部分经济部门暴露在潮水般涌入的进口产品之下，导致企业破产，工人失业，工资下降。

对他们来说极其不幸的是，这个观点已经失去了可信度。因为美国制造业日益由发展稳健的大企业主导，而这些企业的产品已经出口到了世界各国。共和党的观点除了夸大关税保护制造业的重要性以外，还夸大了关税对劳动力收入的影响。我们可以看到，美国的工资水平远远超过欧洲的原因在于美国人均拥有的土地较多。[88]而实际工资的稳定增长与劳动生产率的增长息息相关。在 1890 年至 1913 年间，美国的劳动生产率提升了 30% 左右，实际工资也上涨了约 30% 。[89]

随着美国制造商在全球市场上不断实现跨越式发展，“需要用高关税维系就业岗位和保护高工资”的观点越来越站不住脚。到了 20 世纪之交，美国的经济体系里已经充斥着诸多大企业，而且它们的体量比欧洲同类公司大出很多倍。由于它们被迫在竞争极其激烈、规模庞大且高度一体化的美国市场上与同行开展竞争，所以它们的效率极高。这与欧洲生产者的境况迥然不同。欧洲公司仍然面对着欧洲大陆内的重重贸易壁垒，市场规模严重缩水。[90]因此，美国的很多大型制造业企业已经对关税失去兴趣。事实上，为保护性关税提供政治支持的并不是大企业，而是众多最易受外国竞争影响的小型制造业企业。

钢铁业不再支持保护性关税，成了贸易保护主义者焦虑不安的主要原因，这标志着传统的共和党联盟正在发生转变。1908 年，钢铁大亨安德鲁·卡内基称，可以在不对国内生产造成任何重大影响的情况下，稳妥地取消钢铁进口税。他认为，钢铁业早已不再是幼稚产业，它可以独立生存发展而无惧外来竞争。卡内基（1908，第 202 页）还声称，“尽管美国工人的工资较高，但美国的钢铁生产成本低于其他所有国家”，所以钢铁生产者不再需要保护。他认为，“有一批狂热的信徒认为贸易保护的信条神圣不可侵犯且永不消失，没人比信条的作者更理解这个信条。不过这个群体没有多少成员，也不可能扩大规模，因为人们公认我国的各个工业部门已经一个接一个发展壮大，建立起制造业霸权，而且将继续强化这种优势，直至人们希望在制造业开展自由贸易。全世界的市场都对美国开放，而美国的市场也对全球打开大门。”他继续说道，“到那个时候，我们的难点就在于如何使其他国家同意开展自由贸易。”

卡内基的这番言论广为流传，使共和党老近卫军大为光火。他们传唤卡内基到国会，准备盘问他为什么对贸易保护发表这种招惹事端的异端观点，但卡内基却扭转乾坤，反客为主。据纳索（Nasaw，2006，第 705 页）描述，国会盘问了卡内基后，他开始“嘲笑委员会成员妄图了解钢铁业。他反驳了委员会成员收集的数据，使委员相信具体商业运作的复杂程度超出了他们的理解能力。他还对委员轮番使出迷惑、欺骗和激怒的招数”。卡内基凭借着自己的急智和对商业细节无与伦比的掌握羞辱了质询他的人，使他们看起来像被误导的无知傻瓜，远远不配和卡内基探讨美国工业是否仍然需要贸易保护。

以上这些因素导致共和党承受的压力与日俱增，不得不重新思考自己是否应该支持以高关税提供贸易保护的过时手段。麦金莱总统遇刺身亡后，关税问题的关键变成了与共和党激进派息息相关且前途光明的青年改革者西奥多·罗斯福作为继任者是否会与本党建制派相抗衡，并提议推行关税改革。

## 关税问题的保守分子：罗斯福和塔夫脱

尽管西奥多·罗斯福总统在很多领域都是充满热情的激进改革者，但关税政策并不在这些领域之列。他刚刚从政时非常认同自由贸易的观点，但后来为了在党内平步青云而改变了自己的立场。他担任总统时已经非常坚定地拥护共和党对贸易保护的主流立场。[91]更准确地说，他对关税问题漠不关心，或许有点不太寻常。1894 年，他描述自己时说，“你知道，我有一点点相信经济不可知论，所以对关税问题不太感冒”。西奥多·罗斯福常常评论，关税政策不过是政治上的权宜之计，而不关乎原则问题。他曾经强调：“我对关税问题的感觉是……它乃权宜之计，而非道德问题。40% 的关税和 60% 的关税比起来并没有什么本质上的对错。”[92]他（1924，第 8 卷：第 51 页）还认为，“应该只从权宜之计的角度出发，对关税问题做出决策。政治经济学家几乎都认为贸易保护从理论上来说非常邪恶，在实践中也具有破坏性，但如果绝大多数对它感兴趣的人希望征收关税，而且产生的后果只影响他们这个群体，那么根本没有什么理由反对开展会让他们心满意足的实验。”

西奥多·罗斯福就任总统时，非常谨慎地避免提出任何调整关税的建议，因为他深知这是政治雷区。“毫无疑问那里面装满了炸药，”他评论，“人们普遍认为应该调整（关税），但对于如何调整的问题，人们的分歧同样广为存在。毫无疑问，无论是对关税进行过于广泛的调整，还是对关税进行一般调整，都会引发恐慌或类似情绪，给商界带来灾难，顺带还连累共和党。我本人认为，维持关税政策连贯性造成的后果要小得多。”[93]

1901 年至 1909 年西奥多·罗斯福在任期间，美国经济一派繁荣景象，共和党全面掌控政府。随着经济强劲增长，政府预算出现盈余，没有什么令人信服的理由迫使共和党国会修正关税税则，当时的国会领导人是来自伊利诺伊州的众议院议长约瑟夫·加农。西奥多·罗斯福在商业监管、环境保护和海军扩张等领域不断与共和党“老近卫军”抗争，但从来不愿在关税问题上挑战他们。“在州际贸易的问题上，我认为它是原则性问题，会力争到底，”他郑重地宣告，“在关税问题上，我认为它属于权宜之计，会在能力范围内尽力争取最好的结果，但不会因此与我的政党决裂。”[94]

1901 年 12 月，西奥多·罗斯福首次对国会发表年度国情咨文，他表示自己遵从共和党老近卫军“保守分子”的意见，不对关税政策做出任何调整。他说：“人们普遍默认我们现行的关税体系属于国家政策。”虽然他谈及互惠时不乏溢美之词，但又补充说“必须将互惠看作贸易保护的侍女”，以此来限制互惠的作用。[95]西奥多·罗斯福考虑过请国会通过卡森达成的互惠协定，但颇有影响力的共和党老近卫军、罗得岛参议员纳尔逊·奥尔德里奇建议他反对这些协定。西奥多·罗斯福因此打了退堂鼓，说自己只是想让参议院关注这些协定。由于参议院完全不热衷，所以它们无声无息地湮灭在了参议院。1902年，西奥多·罗斯福推迟与他国采取互惠行动，在随后的几年里也对实质性关税行动一拖再拖。[96]

西奥多·罗斯福认为，公众对贸易保护的批判“缺乏理性”，所以对它置之不理。他坚称：“对关税的抱怨中有95%属于空穴来风。”[97]“我国已经默认了保护性关税原则中蕴含的智慧，”1902年他重申自己的立场时说，“如果认为应该摧毁这个体系或者对它进行重大调整，这种观点就极不可取。”尽管他以改革主张而闻名，但他的实际行动体现在了关税以外的领域。他曾多次表示：“应该只从权宜之计的角度出发，对关税问题做出决策”。他认为在这个领域不作为对国家最有利。

不过，1904年西奥多·罗斯福以压倒性优势赢下当年的总统大选后，他开始考虑是否有必要调整部分关税以平息民意。“依据我的判断，”他在当选后马上写下这段文字，

> 如果我们不修正或调整关税……就会把可怕的武器交到对手手中。我明白修正关税会带来风险，但我更清楚如果连试都不试，那会产生更多危险。你意识不到有多少共和党人深恶痛绝“不应该对关税进行半点修改”的主张……我相信如果区区几个顽固的保守分子阴谋得逞，那么他们几乎可以搞垮整个共和党……从贸易保护主义者的角度看，如果拒绝修正关税，那就犯了最可怕的错误。[98]

不过，他处理关税问题时仍然没有什么积极性。他完全不认为

“削减（关税）是一个涉及民众福祉的重大问题”。他只想“满足人民的预期，让他们知道我们会考虑关税问题……我将竭尽所能达到我期望的目标，修正现行关税法案，但我不会使我党在这个问题上分崩离析，因为这么做很荒谬”。[99]

1904 年 11 月，西奥多·罗斯福致信众议院议长加农，附上了自己准备在国会发表的年度国情咨文中讨论关税问题的讲话草稿。他建议在咨文中表示，尽管取消关税会给国家带来“毁灭性的灾难”，但现在到了国会重新考虑关税税则的时候，“不要大幅修正或改变税则，而要看看是否有切入点可进行有益的修正”。[100]加农和奥尔德里奇坚决要求总统不在国情咨文中提及关税问题，否则就会阻碍总统在州际商务委员会（Interstate Commerce Commission）问题上的努力，而总统极度渴望扩大这个委员会的权力范围来监管铁路。[101]颇有影响力的俄亥俄州共和党参议员马克·哈纳（Mark Hanna）直言不讳地警告总统：“只要我还在参议院，就可以投票反对你。你永远不可能染指关税法案中的税则。”[102]由于未能获得共和党国会领袖的支持，所以西奥多·罗斯福放弃了修正关税的想法：“目前，我党远远没有在支持修正或削减当前关税的问题上达成一致。大多数人极其强烈地反对这个主张，他们这么做或是出于个人私利，或是出于惯性，或是出于胆怯，或是出于真正的坚定信念，这些动机在每个州或每个人身上表现出来的情况都不太一样。”[103]

西奥多·罗斯福不愿挑战现状，但部分地区对关税改革的需求却没有因此消失。1906 年，他展望下一届总统大选时，私下里曾预言：“给我们带来最多麻烦的议题必然是关税……要求立即修正关税的主张极不合理，但是它不能改变一个事实，即现在有着修正关税的强烈需求。鉴于加农和国会领袖不会表示国会将立即修改关税，我相信他们确实也不会这么做，所以如果这个问题被用来击败我们，那么完全在我的意料之中。”[104]

在 1908 年总统大选中，共和党候选人威廉·霍华德·塔夫脱（William Howard Taft）察觉到了民意的转变，示意自己愿意与本党在关税问题上的顽固立场进行抗争。作为西奥多·罗斯福的战时陆军部长，塔夫脱盛赞关税改革，并且自动与支持下调关税的人结成联盟，结果与共和党格格不入。共和党的竞选政纲甚至承诺“下一届总统就任之后马上召开国会特别会议调整关税”，不过它没有明说支持下调关税，而且明确否认将放弃保护性关税。共和党的政策目标“不仅是保留美国制造商、农场主和生产者有权利享受到的保障，以抵御外国竞争的冲击（但不能过度征收关税），而且要维持本国工薪阶层较高的生活水平，这个人群是保护体系最直接的受益者”。[105]

那么应该在什么基础上调整关税呢？共和党的竞选政纲表示：“要最理想地坚持贸易保护的真正原则，就要让征收的关税等同于国内外的生产成本之差，并且使美国工业获得合理的利润。”这成了共和党的新信条，即制定关税时应使它“等于国内外生产者的成本之差”。这个标准看起来披上了以客观、“科学”的方式确定关税，避免使关税特别关照具有政治影响力的行业，或者给予它们过度保护的外衣。然而，我们可以在后面第七章看到，这个原则大体上没有什么意义，而且无法付诸实施。

虽然塔夫脱支持开展关税改革，但也认同以上观点。“共和党以前就确定了一条规则，即政府可以提供的贸易保护程度应等于欧洲通行的生产条件与本国通行的生产条件之间的差异，（而）现在到了重新调整的时候，”1907 年他给西奥多・罗斯福写信时表示，“在我和其他人都了解的一些个案中，关税水平远远超过了这种差异……应该纠正这种差异。”[106]

西奥多・罗斯福之前多次与蓄意阻挠关税改革的国会进行交锋。他依据过去的经验警告塔夫脱要“极其谨慎地推进”关税问题。这并没有阻止塔夫脱在竞选中公开宣称：“依据我的判断，共和党在竞选政纲中承诺的关税调整总体来说是指大幅下调关税。”西奥多・罗斯福后来回忆这段经历时，说自己曾经告诉塔夫脱，“他做出的承诺过于极端，可能极难兑现……不过塔夫脱非常轻松愉悦，不愿意考虑未来是否可能面对麻烦。”[107]

民主党在 1908 年的竞选政纲中欢迎“共和党对关税改革姗姗来迟的承诺，他们这么晚才承认民主党在这个问题上的立场具有正义性；不过人们无法放心让共和党这样的政党承担如此重要的工作，因为它们的义务是不折不扣地为部分利益集团提供高度保护”。[108]民主党提倡对所有与托拉斯控制产业生产的产品形成竞争关系的进口产品免征关税，由于这个观点来源于中西部，所以人们又将它称为“艾奥瓦主张”。此外，民主党还承诺大幅削减生活必需品的关税，以降低生活成本。

就像之前的三届总统大选一样，共和党也轻松地在 1908 年选举中胜出。塔夫脱轻而易举击败了他的对手——民主党总统候选人威廉·詹宁斯·布赖恩（这是布赖恩第三次参加总统大选）。共和党依然掌控着国会。1909 年 3 月，塔夫脱在就职演讲中呼吁国会召开特别会议加快修正关税的工作。新的关税税则“应该确保政府获得充足的财政收入，而且调整关税时应该使本国劳动者和所有行业（无论他们来自农业、矿业还是制造业）获得的关税保护等同于国内外的生产成本之差”，新任总统称，“人们认为自根据保护主义信条起草的《丁利关税法案》颁布以来，经济状况已经发生变化，因此前面提到的关税措施会下调某些税则中的税率，如果确有必要，也会上调个别税则中的税率。”[109]

无论塔夫脱曾经对下调关税抱有多少期望，考虑到共和党在国会的领导地位，这种热切的期望都会有所降温。众议院议长和关键委员会的主席都是“老近卫军”保守派，从不支持关税改革。众议院议长加农对激进派一点耐心都没有，并且担心相关监管改革或关税改革会扰乱共和党想传达的信息，所以坚决反对这些举措。不过他也认识到通过一部关税法案有利于平息民众对调整关税的情绪。

塔夫脱就任之后没几天，筹款委员会主席、来自纽约州的共和党人塞里诺·佩恩（Sereno Payne）就起草了一部法案，筹款委员会自大选开始就在筹备这部法案。这份多数派报告承认“民众中普遍存在着削减关税的需求”。[110]这部法案调整关税的方法与民主党过去的做法非常相似，即削减原材料的关税，同时维持制成品的高关税。因此，煤、铁矿石、木浆和兽皮被列入免税清单，生铁、钢和木材的关税几乎削减了一半。羊毛和羊毛织品、棉纺织品和精制糖的关税几乎没变，而纺织品、手套、针织品和玻璃的关税被调高。总体来说，这部法案重新调整了各项关税的结构安排，而不是削减绝大多数关税，因此在整体上只是小幅调整了关税水平。[111]共和党希望迅速处理完关税问题，又不从根本上调整保护性关税。“我认为现在不值得对关税问题进行任何学术探讨，”佩恩称，“全国人民一边倒地支持实施保护性关税。”[112]

作为国会少数派的民主党认为这部法案一败涂地，指责“绝大多数下调关税的措施都是形式大于内容”，对降低消费者和劳动者的生活成本无济于事。他们称共和党的法案“无论用什么理由都无法自圆其说，即使顽固的保守派也没法为它辩护。总而言之，无论是在表面上还是实际层面，这部法案提议的关税削减都远远没有达到人们的期望，而之前在共和党的引导下，民众原本预期税负会大幅减轻”。[113]由于民主党在众议院的席位比共和党差得太多，所以他们没有任何机会阻止法案通过，而且他们的反对也相当敷衍。1909 年 4 月，众议院以 217 票对 161 票的党派投票结果通过了《佩恩关税法案》，其中共和党以 213 票对 1 票支持该法案，民主党以 160 票对 4 票反对该法案。

和以往一样，参议院的反应比较难以预测。当时参议院因为阻止所有关税削减法案而落下了“关税改革墓地”的名声。美国自内战结束之后没有进行任何重大关税调整的关键原因在于，在 1867 年至 1913 年的 23 届国会中，共和党控制了其中的 21 届，而且不出所料，审议关税法的工作落在了纳尔逊·奥尔德里奇手中。他既是财政委员会主席，也是作为国会多数派的共和党的领袖，一位坚定地倡导旧式贸易保护的“老近卫军”。这位颇具影响力的罗得岛参议员对关税调整的目的有着与总统不同的看法。奥尔德里奇承认共和党的竞选政纲确实承诺调整关税，但“我们在什么地方声明要下调关税？”[114]在 1909 年春夏两季，代表生产的游说者迅速拜访了在闭门会议中起草关税法案的奥尔德里奇和财政委员会。财政委员会对《佩恩关税法案》提出了 847 项修正案，提高了 600 项关税的税率，结果使众议院提出削减的诸多关税不降反升。

奥尔德里奇试图不对法案进行辩论就使它通过参议院的审议，但事实证明这完全不可能。与他们的如意算盘形成鲜明对比的是，东部的共和党“老近卫军”和中西部的激进造反派在国会爆发了激烈的斗争。

由于国会对所有关税税则逐条进行辩论，所以在两个月的时间里，激进造反派在威斯康星州共和党议员罗伯特·拉福莱特，艾奥瓦州共和党议员阿尔伯特·卡明斯（Albert Cummins）和爱达荷州共和党议员威廉·博拉（William Borah）的带领下，极其刻薄地批评了这部法案，而参议院不允许他们参与法案的草拟过程。这些造反派声称关税帮助大企业免受外来竞争的冲击，导致生活成本高企。他们一再攻击自 1867 年起就几乎没有调整过的关税税则 K，即羊毛和毛织品的税则。艾奥瓦州共和党议员乔纳森·多利弗（Jonathan Dolliver）斥责这部法案是“针对美国民众的小骗局”，是“彻头彻尾的政治盗窃”。多利弗称，

> 我站在这里是为了保护人民，避免他们受到贪婪的勒索；是为保护性关税的清誉而辩护，以免有些人利用它资助贸易限制中的阴谋诡计……保护性关税的信条是合理的。只是在我国付诸实施时未能实现平等才一败涂地。只有当贪婪、索求无度和急于赚取更多金钱的念头深刻地影响国会，导致他们改写关税法案时，保护性关税的信条才一败涂地，因为国会改写关税法案不是为了人民的利益，不是为了数以百万计、数不清的人民的利益，而是为了散布在我们热爱的国家的各行各业里那些少数人极其狭隘、赤裸裸的个人利益。[115]

约瑟夫·布里斯托（Joseph Bristow）称贸易保护体系“正在被扭曲成贪污和掠夺的同义词”。[116]造反派攻击关税法案就像“百搭牌”一样，把许多小把戏写进了法案，如国内生产商为自己生产的特殊产品设计出模糊晦涩的产品分类。举例来说，即使棉布中只有一根彩色的线，也会被认为是“彩色”产品，所以要缴纳较高的关税。虽然某些类别的产品关税下降了，但美国不再进口这类产品，这样其他产品的关税提高后，给人们的感觉是总体关税水平并没有改变。造反派猛烈攻击“老近卫军”是“托拉斯和东部公司手中挥舞的反动工具”。[117]

虽然这些造反派义愤填膺地强烈抗议关税不平等和特殊利益政治，但他们也声明自己并不反对贸易保护。他们设想的关税调整方案是下调工业品的关税（如铁、机械、棉纺织品和羊毛纺织品），提高农产品和原材料的关税（如大麦、兽皮、羊毛、纸、煤和铁矿石）。[118]内华达州共和党议员弗朗西斯·纽兰兹（Francis Newlands）倾向于"公平地"调整关税："我认为修正关税时不应该完全照顾东部制造商的利益，而牺牲西部生产商的利益。如果必须实施保护性关税，那么我会尝试着让西部公平地得到他们应得的保护。"[119]共和党造反派攻击本党领袖过于关照东部工业，不过由于他们倾向于使西部原材料生产商平等地享受到贸易保护，所以他们也没有与民主党结盟，他们认为民主党的主张是全面降低关税。

"老近卫军"为了维系现行关税体系打响了激烈的保卫战。对税则K，即羊毛和毛织品关税税则的攻击使奥尔德里奇大为震怒。他称这一税则是"本法案的关键"：

> 参议院里站在这一边的参议员没有一个真正了解本国或其他任何一国的关税，没有一个不知道攻击本法案中的羊毛和毛织品税则就是在攻击贸易保护的大本营以及为美国工业和劳动者筑起的防线。如果参议院破坏了这一税则中的关系或者全面摧毁这一税则，就会使整个贸易保护体系失去斗志，破坏了本国坚信贸易保护政策的人群筑起的一道道防线。[120]

尽管"老近卫军"采取的是守势，但他们的人数远远超过造反派，可以对造反派完全置之不理。他们经常在造反派发表演讲时纷纷退场。

参议院对这部关税法案中的很多具体内容举行了数十次唱名表决，涉及毛毯、木材、兽皮、鞋靴、石油、教科书和茶等诸多产品。"几乎从早上、中午到晚上，无时无刻不在谈论关税、关税、关税，"马萨诸塞州共和党议员亨利·卡伯特·洛奇（Henry Cabot Lodge）抱怨，"我这辈子从来没这么工作过。"[121]民主党大体上处于犹豫不决的状态，任由共和党内部的各个派系相互攻击。不过这些投票结果仍然暴露出民主党在立场上的缺陷，因为一旦国会投票涉及与地方利益息息相关的具体产品，党内在削减关税上的团结立刻烟消云散。譬如，民主党投票反对将木材加入免税清单或削减兽皮和大麦的关税。

国会对关税法进行辩论的过程中出现了一个更重要的事态，即国会开始考虑征收所得税。民主党建议开征所得税的部分原因是为了弥补下调进口关税后损失的海关收入。塔夫脱和其他激进派也支持征收所得税，而且努力为这个提议争取更多支持。“老近卫军”原本可以阻止重大的关税改革，但要压制人们对所得税迅速高涨的支持却显得力不从心。众议院议长加农将开征所得税的提议扼杀在了众议院，奥尔德里奇主席也在参议院财政委员会狙击了相关议案，但是他们无法阻止参议员将这项建议提交参议院会议审议。得克萨斯州民主党议员约瑟夫·贝利（Joseph Bailey）建议对个人和公司的净收入征收 3% 的税收，而激进派的艾奥瓦州共和党议员阿尔伯特·卡明斯建议对个人开征分级所得税。贝利—卡明斯修正案迅速获得了两党的支持，但受到“老近卫军”的激烈反对，“老近卫军”认为这是对保护性关税的间接攻击。[122]

奥尔德里奇竭尽全力避免将所得税和关税问题混为一谈，为巩固贸易保护政策拖延时间。为了平息这次“起义”，共和党领袖坚称必须通过相关宪法修正案，才能确保这部法案不会像 1895 年那样被最高法院驳回。塔夫脱总统对此表示支持，并补充说，“深信绝大多数国民同意赋予国民政府开征所得税的权力。只要提出修宪建议，他们会确保联邦政府采纳修正案。”[123]

尽管塔夫脱在鼓动修正关税方面发挥了巨大作用，但在国会审议期间，他全程置身事外。[124]总统承认“关税问题如此错综复杂，让他感到不知所措”，但他鼓励造反派“勇往直前，批评法案，修正法案直至削减关税，也就是说要对这个问题穷追猛打。我会持续关注你们的修正案进展如何，逐字逐句阅读你们发表的演讲。等到他们把法案放到我面前时，除非它的内容符合竞选政纲的主旨，否则我一定会否决这部法案。”[125]奥尔德里奇也与总统开展了密切合作：他很清楚造反派无力阻止法案，但总统可以。他向塔夫脱保证，这部法案会让他的支持物有所值，而且承诺在其他法案上配合总统的工作。

最终，1909 年 7 月初，参议院以 45 票对 34 票的结果通过了关税法案，其中共和党以 44 票对 10 票的结果赞同法案（激进派没有投票支持法案），民主党以 24 票对 1 票的结果反对法案。众议院议长加农和多数党领袖奥尔德里奇把众多支持贸易保护主义的“老近卫军”塞进旨在协调参众两院法案版本的协商委员会。关税法案进入协商委员会后，塔夫脱终于开始介入，敦促委员会采纳众议院的法案版本，因为它更接近自己希望实现的关税削减目标。众议院把兽皮列入了免税清单，协商委员会在兽皮关税上花费的时间多到难以想象，但参议院维持了 15% 的现行关税。总统给国会发出了最后通牒，坚称如果法案的最终版本中不包括众议院法案中的原材料免税内容（奥尔德里奇参议员反对这部分内容）及参议院法案中削减手套和针织品关税的内容（众议院议长加农反对这部分内容），他就不会签署法案。这一威胁可信度很高，协商委员会的成员不得不同意了他的意见。尽管协商委员会完成的议案采纳了众议院版本的部分内容，确实小幅下调了部分关税，但是塔夫脱对法案的审议过程干预得太晚，限制了他对法案的影响力。此外，他的举动成功地使高关税的支持者和造反派都疏远了他：前者反对他支持削减关税，而后者因为他没有要求加大工业品的关税削减力度对他感到失望。

尽管这部关税法案引发了巨大争议，但塔夫脱仍然于 1909 年 8 月签署了《佩恩-奥尔德里奇关税法案》。他说，“我相信这是共和党真诚地履行竞选政纲中的承诺并努力下调关税的成果。”[126] 公众对此的反应喜忧参半，因为新的关税税则只是对 1897 年《丁利关税法案》中的税率稍做修改。新法案调低了 650 种产品的税率，调高了 220 种产品的税率，剩下 1 150 种产品的税率没有任何变化。应税进口产品的平均关税水平小幅下滑，从 46% 减少至 41% ，但这部关税法案并没有兑现塔夫脱曾经做出的承诺。

《佩恩-奥尔德里奇关税法案》中包含了不少创新之举。它首次引进了包含最低关税和最高关税的双栏关税税则。最低税率是标准税率，最高税率比最低税率高出 25%。一旦某些国家"不正当地歧视"美国的出口产品，该国出口至美国的所有产品都将被征以最高关税。为了协助总统完成这项任务，新关税法案授权总统创建一个关税委员会调查其他国家的贸易政策。[127]最高税率从来没有真正生效，因为关税委员会没有发现哪些国家严重歧视过美国出口。然而，塔夫脱很快开始利用关税委员会调查各行各业在国内外的生产成本差异。民主党坚决反对创建这种政府机构。他们提出的理由是这会使关税体系牢牢建立在一个糟糕的原则之上，也即制定的关税等同于国内外生产者的生产成本之差。因此，1912 年民主党重新掌控国会后撤销了这个委员会。

参议院还通过了他们提议的宪法修正案，允许开征所得税。要想通过修正案，必须在所有国会议员中拿到 3/4 的赞成票。共和党"老近卫军"确信这个障碍足够高，完全可以阻止修正案通过国会审议。事实上，最激烈地反对所得税的是实现了工业化且城市化程度较高的东北部最富裕的州，如康涅狄格州、罗得岛州和宾夕法尼亚州。共和党在这些地区都颇有影响力。

不过《佩恩-奥尔德里奇关税法案》立竿见影地带来了更多政治后果。1909 年秋天，塔夫脱在全国造反派的大本营——明尼苏达州的威诺纳——发表演讲时，称新关税法案是"在削减关税这个方向上取得的重大成果"。他补充说："从总体来看，我必须承认《佩恩-奥尔德里奇关税法案》是共和党通过的最好的关税法案，因此也是迄今为止国会通过的最好的关税法案。我感觉签署这部法案最合乎我的良知。"这些评语在原本就已经疏远共和党的中西部选民中引起一片哗然。后来，塔夫脱承认在描述这部法案时，"用比较级来形容它要比使用最高级更准确"。[128]

《佩恩-奥尔德里奇关税法案》还产生了其他反响。和《麦金利关税法案》造成的后果一样，共和党也为《佩恩-奥尔德里奇关税法案》付出了高昂的代价，它在 1910 年的中期选举中丧失了对众议院的控制。尽管参议院还在共和党的掌控下，但是民主党人和共和党激进派可以联合起来推动法案通过国会审议。

新一届国会召集第一次会议时，新任众议院议长密苏里州的查普·克拉克（Champ Clark）宣称民主党的第一要务是，“坦诚、睿智地下调关税，让每位美国民众在生命的赛跑中都享有平等的机会；绝不骄纵任何人，使他们享有特殊关照或特权；根除现行关税法案的暴虐和残酷，降低生活成本。”[129]1911 年 8 月，众议院的民主党人以及参议院中民主党人和共和党激进派组成的联盟通过了三部法案，降低原毛、毛织品和棉织品的关税。这些法案都被塔夫脱否决了。表面上他给出的理由是关税委员会没有完成生产成本调查。据说，塔夫脱对一位参议员坦陈，“我不了解关税问题，所以打算否决这些法案。”这位参议员回答：“总统先生，您这么说非常坦诚，不过要是让公众知道会产生毁灭性的后果。”[130]塔夫脱在一份否决咨文中称，他不能允许国会“盲目地制定可能严重伤害相关产业以及全国商业的法律。”[131]总统否决这些法案让共和党“老近卫军”松了一口气，但激进派谴责总统放弃了关税改革的伟大事业。

塔夫脱与加拿大磋商互惠协定的举动使共和党激进派愈发对他敬而远之。1866 年，美国废除了 1854 年与加拿大签署的互惠协定。自那以后，加拿大就开始保护本国市场，努力为本国进入大英帝国市场的出口产品争取优惠待遇，不过它并没有丧失与美国签署贸易协定的兴趣。1909 年，美加开启双边讨论并达成了新的协定。作为加拿大削减美国制造品进口关税的交换条件，美国对加拿大的家畜、粮食、木材、肉和奶制品（不包含羊毛）进口降低了准入门槛。塔夫脱认为这是他执政期间的一大政绩，但事实再次证明他缺乏政治才能，而且这一所谓的“政绩”使他与共和党激进派愈发形同陌路。共和党激进派认为与加拿大签署的贸易协定再次证明了政府始终为制造品提供较高的保护性关税，同时对中西部农业带出产的所有产品都下调了关税。美加协定强化了“农民无法从联邦政府那里获得任何帮助”的看法。此外，美加协定还使共和党“老近卫军”疏远了总统，因为他们认为这份协定威胁到原材料生产商和制成品生产商之间的联盟，而这个联盟为保护体系提供了核心支持。此外，它还违反了共和党的承诺，即确定关税时应使之拉平国内外的生产成本。如果这是表面上指导共和党制定贸易政策的原则，那怎么能随便为一点蝇头小利放弃它？

虽然美加签署互惠协定意味着小麦农场主、牧场主和其他初级产品生产商面对更加激烈的竞争，但是这项协定仍然广受好评，因为它能帮助制造商顺利进入邻国市场。报社希望用更便宜的价格买到加拿大出产的纸张和纸浆，所以动用自己的社论版为这份协定摇旗呐喊。塔夫脱不辞辛劳地推动国会通过这份协定，最终于 1911 年 2 月在没有进行众议院辩论的情况下，使这份协议以 221 票对 92 票的结果通过众议院审议，其中民主党以 143 票对 5 票的结果支持该协定，共和党产生了严重分歧，以 78 票对 87 票支持该协定。参议院没来得及在国会会期结束之前采取行动，所以这份协定于 4 月再次通过众议院审议，又于 7 月以 53 票对 27 票的结果通过参议院审议，其中民主党以 32 票对 3 票的结果支持该协定，共和党以 24 票对 21 票的结果反对该协定。然而，加拿大在 1911 年的全民公决中拒绝签署该协定，结果这份协定从未正式生效。[132]

因此，尽管美国已经成为制成品净出口国，但无论在 19 世纪的最后 10 年还是 20 世纪的头 10 年，美国都没有对贸易政策进行重大调整。共和党内部意见不一，但他们仍然忠于高关税；同时民主党竭尽全力夺取政治权力并克服党内分歧。两党都公开宣称有兴趣推动出口，但从未认真考虑过如何利用互惠政策达到这个目标。任何大幅下调保护性关税的举动都会使努力帮助本国出口商改善外国市场准入条件的政党付出沉重的政治代价。因此，贸易政策在很长的时间内维持现状，没有太多变化。

# 第七章
# 政策逆转和偏移，1912—1928 年

尽管美国在 19 世纪 90 年代强势崛起，成为全球头号工业大国和制成品净出口国，但这些发展趋势未能改变美国的贸易政策路线。相反，进口关税仍然居高不下，美国对互惠政策的兴趣昙花一现后便迅速湮灭，两党的贸易政策主张依然僵持不下。尽管在民主党执政期间（1913—1922 年），美国曾短暂地调低过关税，但第一次世界大战后，共和党于 1922 年和 1930 年分别再次提高关税，重新回归经济孤立主义。不过贸易政策的目标开始缓慢地发生变化，从保护制造业免受进口的冲击，转向保护农业生产者免受低价的冲击，而进口关税很难有效地达成后一个目标。

## 1912 年民主党的全面胜利

尽管美国经济在 20 世纪头 10 年发生了重大转变，但美国的贸易政策基本保持不变。自 1896 年开始，共和党连续控制了七届国会，民主党士气低落，保护性关税毫发无损。与此同时，过高的保护性关税饱受攻击，人们认为它为垄断托拉斯的扩张和生活成本高企推波助澜，共和党“老近卫军”被迫一直处于守势。共和党未能在 1909 年的《佩恩-奥尔德里奇关税法案》里解决这些问题，所以在 1910 年和 1912 年的大选中受到相关指责时无力招架。人们普遍认为，民主党与共和党激进派在 1910 年中期选举中取得的成果表明，人们已经抛弃了共和党建制派。

1912 年，威廉·霍华德·塔夫脱再次参加总统选举，谋求连任，

并在其竞选政纲中重申了本党对贸易保护的支持。竞选政纲称高关税政策“给我国带来最大收益，充分开发我国资源，使我国的产业多样化，并且保护我国劳动力免受国外廉价劳动力的冲击，从而为我国工薪阶层确立了美国式生活标准。保护性关税已经严丝合缝地融入我国工业生活和农业生活的基本框架，如果以财政收入为唯一目的的关税体系替代保护性关税，那将摧毁很多行业，导致数百万劳动力失去工作”。[1]

共和党否认关税推高了物价。他们指出关税水平较低的国家也同样出现了消费者价格上涨的现象。不过他们承认“现行部分进口关税过高，应该被下调”，“应该时不时地重新调整关税，以适应日新月异的环境并削减过高的关税，但前提是不伤及美国的任何产业”。为了实现这个目标，就“需要比以往更认真地开展研究，并采纳更为科学的方法”，为此共和党建议设立像关税委员会那样的专家委员会。[2]

民主党提名新泽西州长、普林斯顿大学前教授兼校长伍德罗·威尔逊（Woodrow Wilson）担任本党的总统候选人。威尔逊专门研究政府和政治，一直对关税政策保持着浓厚的兴趣。他生在南部，长在南部，一生都在反对贸易保护，坚定地支持政府开展关税改革。他年轻时就曾去 1882 年成立的关税委员会作证反对高关税，一年后又组建了纽约自由贸易俱乐部的亚特兰大分部。[3]威尔逊（1909，第 543 页）在一篇言辞犀利的文章《虚伪的关税》（The Tariff Make-Believe）中称，关税不过是政客将政府的优惠待遇慷慨地赠予特殊利益集团换取政治支持的方式。他对产业恳求政府给予贸易保护的做法不屑一顾，称“讲述令人唏嘘或时运不济的故事或请求政府再给一次机会是美国式骄傲难以接受的举动，然而人们常常沉溺其中而没有任何羞愧之色”。在他看来，“如果给任何一个具体行业提供机会，使他们在关税的庇佑下站稳脚跟并正常发展起来，而它们仍然无法应对外国竞争（外国竞争确立了效率的标准），那么对本国人民加征税收来支持他们是极不公平的做法”。

威尔逊（1909，第 538 页）批评《佩恩-奥尔德里奇关税法案》“在细节上错误百出，在原则上错得离谱”。他还攻击了关税法案中的所谓“百搭牌”，说“这些条款的真正含意完全不同于它们表面上看起来的意思。它们的语言表述是为了掩盖其真实含意”。譬如，《佩恩-奥尔德里奇关税法案》将电碳的进口税率从每一英担*征收 90 美分改变为每百英尺**征收 70 美分，看起来税率明显降低，但实际上翻了整整一番。威尔逊深刻地谴责国会制定关税法规的程序。国会从来没有问过，“保护体系的哪一部分仍然有利于国家，符合广大人民群众的利益；哪一部分不需要存在；哪一部分纯粹在偏袒某个利益集团，为危险并且败坏道德的特权奠定基础。”相反，他观察到在所有已出台的关税法案里，“众议院和参议院的委员会在起草并提议部分关税税则时，不是在问什么有利于国家，而是在问什么有利于受关税影响的行业……什么税率能保证这些行业赚得盆满钵满？”[4]

威尔逊坚持认为应该把关税改革和反托拉斯政策列为民主党最重要的议题。虽然民主党反对《佩恩-奥尔德里奇关税法案》，但他们在关税问题上已经名誉扫地，甚至被指责为伪君子，因为一部分民主党人为了自己选区的利益，游说政府提高本选区出产的产品的关税，有时他们要求国会制定的税率甚至超出共和党建议的关税水平。[5]不过，威尔逊仍然决意迫使本党实现自己之前宣称的目标。因此，民主党的竞选政纲宣布：“依据宪法，除非是为了获取财政收入，否则联邦政府没有权力也没有权利开征关税，而且我们要求关税所得的收入规模仅限于满足政府诚实且勤俭执政的需求，这将成为民主党的根本原则。”这份竞选政纲猛烈攻击共和党主张的高关税是：

> 导致财富分配不公的主要原因。这一征税体系使富者更富，穷者更穷。在该体系下，美国农民和劳动者首当其冲成为受害者。它提高了农民和劳动者购买生活必需品的成本，却没有保护他们的产品或工资。农民的产品主要销往自由贸易市场，而购买的物品几乎

---

* 英担是一种冶金的专业术语，1 英担约合 50.8 千克。——编者注

** 英尺是英制长度单位，1 英尺约合 30.48 厘米。——编者注

全部来自受保护的市场。在棉花、羊毛和钢铁等贸易保护程度最高的行业里，劳动者的工资水平低于其他所有行业。我们谴责共和党党在这个问题上虚与委蛇，而且断言美国的工资水平是由竞争条件决定的，而不是由关税决定的。

民主党支持“立即下调现行关税体系中较高的税率和很多抑制进口的税率，坚决主张立即对生活必需品的关税进行实质性削减”。他们还认为，“与托拉斯控制的产业相互竞争的产品，以及海外销售价格低于国内价格的美国制成品都应列入免税清单。”[6]

如果说共和党参加大选时处于易受攻击的弱势，那么党内分歧则注定他们会以失败告终。由于对塔夫脱的执政表现极度失望，前总统西奥多·罗斯福以激进派公麋党（“Bull Moose” Party）候选人的身份参与了此次大选。激进派在关税问题上态度极为暧昧。他们支持“征收使国内外农民和制造商处于同等竞争条件，并且使劳动者享有较高生活水平的保护性关税”。他们谴责共和党制定并颁布了“不公平的”《佩恩-奥尔德里奇关税法案》，同时又攻击民主党妄图全面破坏贸易保护，认为这“将不可避免地给工商业带来全面灾难”。他们支持设立无党派关税委员会，但并未阐明它的宗旨应该是什么。他们公开表示希望降低关税，但又反对与加拿大签署互惠协定，因为这会伤害部分北部农民的利益。[7]

在 1912 年的总统大选中，西奥多·罗斯福从塔夫脱那里瓜分了不少共和党的选票，结果将大选的胜利拱手让给了民主党。这场选举算不上对威尔逊的认可，因为他在普选中只获得 44. 5% 的选票，而塔夫脱和西奥多·罗斯福共同获得 53. 7% 的选票。不过，共和党的分裂使民主党有机会在 1894 年以来第一次全面掌控政府，威尔逊成为内战爆发以来的第二位民主党总统，甚至是内战爆发以来第一位出身南方的总统。除此以外，国会论资排辈的制度意味着资深的国会议员（即南方民主党人）会占据众议院和参议院的关键领导职位。这些南方民主党人倾向于下调关税，并准备好与威尔逊共进退。

1913 年 3 月，威尔逊在就职演讲中勾勒出一个雄心勃勃的立法计划：这部法案将大幅削减关税，全面推行意义深远的银行业和货币改革，并且推出新的公司监管法规。关税改革被列为重中之重，因为现行政策“使美国未能在全球商业中获得自己应得的部分，违反了征税的公平原则，并且使政府成为私人利益手中的利器”。[8]他随后马上要求国会召开特别会议，商谈如何削减关税。

与之前各位总统不同的是，威尔逊认为自己是民主党的领袖，有责任监督关税法案通过国会的审议。威尔逊对关税目录的细节表现出极大兴趣，而且与民主党领袖开展了密切的合作，确保国会提出令他满意的法案。他甚至早在就任之前就约见了筹款委员会主席、亚拉巴马州民主党议员奥斯卡·安德伍德（Oscar Underwood），清晰地阐述了自己对法案条款的期望。[9]威尔逊对安德伍德施压，要求将诸多原材料加入免税清单，并且降低工业品和农产品的关税。[10]他们清楚地认识到，过去关税改革屡战屡败是因为党内存在分歧，所以努力确保本党在这个问题上实现最大程度的团结。他们做好了充分的准备，与代表不同特殊利益集团的民主党人展开斗争，无论这些利益集团是来自马萨诸塞州的制鞋业、科罗拉多州的甜菜种植业、北卡罗来纳州的纺织业、俄亥俄州的羊毛业，还是路易斯安那州的蔗糖业，他们可能会坚持推行高关税而拒绝妥协。因此，众议院的民主党人在起草法案之前就同意举行一个具有约束力的党团核心会议，承诺大力支持任何以 2/3 选票获得党团会议认可的法案。

筹款委员会对关税调整的草案举行了公众听证会，但作证支持维持现行关税或提高关税的商界代表却受到冷遇。田纳西州的一位年青民主党议员科德尔·赫尔（Cordell Hull，1948，第 72 页）后来回忆说：“多少年来，享受高关税特权的受益者第一次发现站在自己面前的是一个不太友好的委员会。这个委员会不允许他们把自己希望实现的税率写进关税法案。这个群体的很多代表出现在委员会时感到非常不安……他们中不少人拜访了我们所有参与起草法案的人。我们会彬彬有礼地接待他们并聆听他们的意见，但之后我们的做法却与他们的主张背道而驰。”

不过委员会的法案也对南部和西部的民主党人做出了让步，对农产品征收关税，维持皮革制品和食糖的保护关税，并对羊毛征收 15% 的关税。威尔逊在这部法案提交国会之前就介入其中，阻止了一切限制改革的企图。总统威胁说，如果法案没有将食物、糖、皮革和羊毛列入免税清单，那么就会否决该法案。他唯一做出的妥协是允许在三年时间内逐步废除糖税。威尔逊认定削减羊毛和毛织品的关税是一切关税改革的基本要素。[11]总统的威胁对委员会奏效了，他们按照总统的要求对法案进行了相应调整。

为了表明自己致力于推进关税改革，威尔逊采取了非常规的做法，于 1913 年 4 月 8 日在参众两院联席会议上发表了演讲。自 1800 年 11 月约翰·亚当斯出现在类似会议上之后，就没有总统这么做过。联席会议算得上是一次盛会：众议院的会议室里座无虚席，还有大批人聚集在国会山外。威尔逊的发言非常简短，但明确表示自己不会容忍本党重蹈 1894 年关税改革的覆辙。由于经济环境已经发生翻天覆地的变化，所以威尔逊认为美国迫切需要调整关税：

> 很久以前我们就已经不再需要“保护”本国产业的保守观念，而是大胆地前进到另一个观点，即这些产业有权利得到政府的直接扶持。在很长一段时间内，长到现在积极投身于公共政策的人几乎已经想不起来在那之前是什么样子了，我们力求在关税税则中使每个制造商群体或生产商群体都能得到心之所想的税率，与全球其他国家相抗衡，以维持一个事实上相当排外的国内市场。无论是有心还是无意，我们已经创造出一系列免于竞争的特权和豁免。在这些特权和豁免背后，企业很容易以各种形式甚至是最原始的形式结合起来并形成垄断，直至一切都脱离正规。在大企业的世界里，没有什么必须经受效率和经济性的考验，相反，所有的一切都通过大企业之间的协调安排发展壮大。

威尔逊坚持认为，现在已经到了改变这种状况的时候：

> 我们必须废除一切特权和以任何形式体现的人为优势，即使有

> 些事物看起来与此只是形似，也不能幸免。我们要激励本国企业家和生产者时时保持高效、经济性和开创精神，并且掌握绝对的竞争优势。我们要使我国工人和商人享受到的待遇超过其他所有国家。因此，除了对我们不生产或者无法生产的产品以及奢侈品征收关税以外，或者除了以获取财政收入为唯一目的征收关税以外，从今天开始征收关税的目的必须是促进有效竞争，与全球其他国家的聪明才智一较高下，打磨美国自己的智慧。

威尔逊宣称国会的其他所有法案都扣压在他手上，这样就没有什么能够“使我们的精力偏离制定关税法案这一已经相当明确的职责”。[12]

显然，继续推进法案的重担现在落到了国会的民主党领袖身上。18年来他们首次同时控制着参众两院。几周后，筹款委员会就提出一部法案，用简单的从价税替代复杂的从量税，同时将平均关税从40%下调至30%，税率的平均降幅达到26%。“关税应该用来拉平生产成本”的观念“已被彻底否定，不再是制定关税的指导思想”；相应地，民主党建议开征他们所说的“竞争关税”。[13]当然，共和党少数派反对“全盘颠覆政府的经济政策”。他们表示过去这些政策帮助工业发展壮大，使农民的生活日益富足。共和党抱怨民主党提出的议案充斥着自由贸易主义，会使美国的工业和工人处于岌岌可危的境地。他们还提醒民主党在大选中只是险胜：“提出这份议案的政党能够上台不是因为绝大多数美国人民大发慈悲，而是因为多数派内部在关税以外的问题上出现分歧。”[14]

1913年5月，众议院开始就关税草案展开辩论。得克萨斯州民主党议员山姆·雷伯恩（Sam Rayburn）对这场论战奠定了基调：“在共和党的暴政下建立起来的保护性关税体系一直在劫贫济富。人们形象地将保护性关税称‘托拉斯之母’。它从那些囊中最羞涩的人兜里掏出钱，放进钱包最鼓的人兜里。”[15]具有约束力的党团会议始终坚守原则，以281票对139票的结果推动关税法案通过国会审议。民主党以274票对5票支持法案（5位异见者中的4位来自路易斯安那州，他们主要是因为糖税问题反对这部关税法案）。共和党以127票对5票反对法案，而

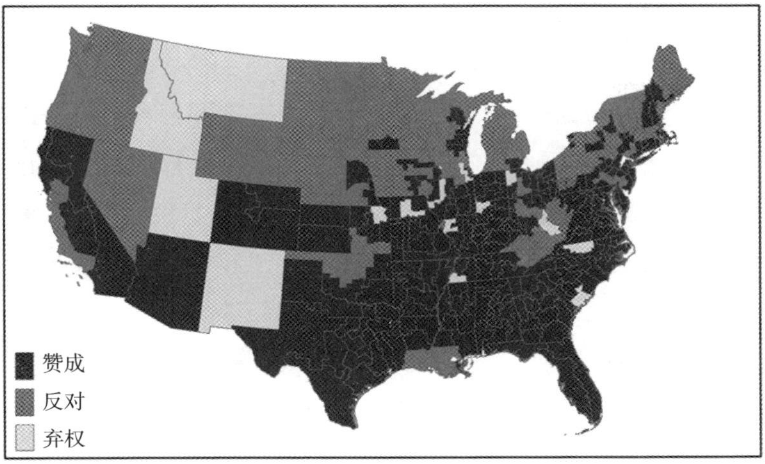


图 7.1　1913 年 8 月众议院对《安德伍德关税法》的投票情况
资料来源：Map courtesy Citrin GIS/Applied Spatial Analysis Lab，Dartmouth College。

包括进步党在内的其他党派以 7 票对 2 票的结果反对该法案。图 7.1 展示了众议院投票的地域分布。和之前的关税法案投票情况一模一样，北部共和党人和南部民主党人之间分歧明显，而民主党的支持力量甚至逐渐渗透进俄亥俄州、伊利诺伊州和印第安纳州。

随后这部法案被提交参议院，当时参议院仍然以“关税改革墓地”而著称。参议院里代表西部各州的参议员较多，因此很难通过削减原材料和农产品关税的条款。财政委员会一如既往地提出了一份议案，对众议院提交的法案版本补充了 676 项修正案，其中大多数都上调了关税。威尔逊担心众议院的议案会被参议院拆得四分五裂，所以采取了极其强硬的行动。他前往国会山直面参议院的民主党人，敦促他们坚持党内的统一主张。他拒绝对要求上调羊毛税和糖税的西部民主党人做出妥协，还警告公众，许多“邪恶”的说客已经入侵华盛顿，迫切要求国会提高原材料关税：“我想公众应该认识到说客正在对华盛顿施加巨大的影响，使国会认同对某些关税法条款的修改。”[16]

总统的声明促使艾奥瓦州的一位共和党进步派建议国会调查特殊利益集团对关税的游说活动。尽管这个动议使民主党猝不及防，但是他们无法反驳，国会自此开始全面调查参议员就关税事宜签署的相关行业合同，以及参议员在受保护行业中的金融控股情况。让几乎所有人瞠目结舌的是，这次调查表明基本上不存在与关税有关的腐败游说活动。此外，几乎没有托拉斯牵涉其中。唯一的例外是联邦制糖公司（Federal Sugar Refining Company）。它切实地支持了威尔逊关于免征糖税的建议，而这是甘蔗和甜菜种植者反对的，因为他们为维持糖税的税率水平投入了大量资金。[17]这项调查最终得出的结果是：以权谋私或赤裸裸的贪污等过时的手段已经让位于其他方法，即产业界直接通过选民施压来施展自己的政治影响。此外，反对削减关税的核心群体是中小企业，而不是大企业或大型托拉斯，因为这些中小企业面对外国竞争的冲击时最为脆弱。托拉斯及其他大企业在关税问题上基本保持沉默，因为它们完全不关心这个问题。

威尔逊没有像克利夫兰在 1894 年那样拙劣地羞辱参议院，而是成功地激发了民众对妄图影响法案的特殊利益集团的强烈反抗：愤怒的选民纷纷给本选区的议员写信，要求参议院不得削弱众议院推进关税改革的努力。因此，参议院的民主党人团结一致，在当年 9 月以 54 票对 37 票的党派投票通过了该法案。共和党内只有两位进步派投票支持民主党提出的议案，即威斯康星州的罗伯特·拉福莱特和华盛顿州的迈尔斯·波恩德克斯特（Miles Poindexter）。其他进步派成员仍然与共和党主流派共进退，投票支持继续推行高关税，虽然这一立场让他们感到有些不舒服。[18]参众两院审议通过协商委员会提交的法案版本后，威尔逊于 1913 年 10 月 3 日签署了这部法案，使之生效。

总统的领导能力与南方民主党人掌控下遵守党纪的国会共同发力，促成了 1846 年颁布《沃克关税法案》以来幅度最大的进口关税削减法案，而《沃克关税法案》也是南方共和党人的杰作。根据新的税则，应税进口产品的平均税率从 40% 下调至 27%，下调幅度达到 1/3 左右。这部新关税法案被称作《安德伍德-西蒙斯关税法案》。它将制成品的关税全面削减了 25% 左右，将大量产品列入免税清单，如羊毛、铁、煤、木材、肉、奶制品、皮靴和皮鞋、木浆和纸张、小麦和农用品，而且还将在三年的时间里逐步废除糖税。免税进口品在全部进口品中的比重从 1912 年的 54% 上升至 1916 年的 69% 。民主党面对臭名昭著的税则 K（即羊毛和毛织品的关税税则）时毫不手软，成功地将原毛列入免税清单（当时羊毛关税约为 44%），将羊毛制品的关税削减了 1/3，下调至 50% 。考虑到科罗拉多州、蒙大拿州和俄亥俄州都是最主要的牧羊业州，民主党原本是不可能取得这个政治成就的。新关税法用从价税取代了从量税，并且改变了关税结构，继续对奢侈品征收高关税，但调低了消费品的关税。

这些成果让民主党群情激昂。威尔逊的农业部长大卫·休斯顿（David Houston）大声疾呼："想想吧——全面下调关税——制造商可没有暗示要下调关税；而且参议院提议的削减幅度超过了众议院提议的水平，参众两院协商委员会的办公室里从来没有发生过这种事!! 此外还开征了累进式所得税!! 我从来没想到我们能在有生之年看到这么多成就!!"[19]

正如休斯顿所说，1913 年的关税法案还包含了所得税的内容。本书第六章介绍过，参议院对 1909 年《佩恩-奥尔德里奇关税法案》进行辩论时，通过了宪法修正案，允许开征所得税。该修正案需要得到 3/4 的国会议员同意才能通过。南部各州迅速认可了该修正案，而纽约州和康涅狄格州的民主党人却反对所得税中的"派系特征"，控诉他们会被个人所得税和公司所得税"洗劫一空"。[20]然而，关于所得税的政治辩论不像 19 世纪 90 年代那么激烈。这是因为很多州都已经推出了自己的所得税，而这个事实为政府批准在全国范围内开征所得税铺平了道路。纽约州的态度尤为关键，而坦慕尼协会（Tammany Hall）的民主党人最终决定支持所得税修正案，这项宪法修正案基本就算大功告成了。国会于 1913 年 2 月批准生效第十六条宪法修正案，而当时新关税法案恰好处于国会的审议过程中。[21]1913 年关税法案对收入超过 4 000 美元的夫妻和收入超过 3 000 美元的单身人群征收 1% 的联邦所得税，以此弥补下调关税损失的收入。新关税法案提议开征所得税的部分原因在于国家安全。它担心进口在战争期间会被全面破坏，因此政府需要有可靠的收入来源。

关税体系中这一里程碑式的变革切断了保护性进口关税与政府收入需求之间原本就已经相当脆弱的联系。所得税终结了联邦政府依赖进口关税获得大量收入的局面。在1913财年，海关税收占联邦收入的45%。到了1916财年，这个比重下降到28%，进而在“第一次世界大战”后跌到5%以下。[22]由于全国性个人所得税和公司所得税的税基远远大于进口，所以开征所得税后，联邦政府能够获得庞大的收入，为未来政府大幅增加支出奠定了基础。

## 第一次世界大战和1916年《税收法案》

不幸的是，我们永远无法得知《安德伍德-西蒙斯关税法案》会产生什么经济影响，它是自内战爆发以来关税削减幅度最大的法案。1914年夏天，也就是新关税法案生效不足一年，欧洲爆发了第一次世界大战，全球贸易饱受摧残。美国的出口因为战争激增到前所未有的水平，而进口持续减少，所以人们不可能了解在正常的贸易环境中，下调关税后美国国内的产业会如何发展。

战争刚刚爆发时，美国在1914年下半年因为战争而短暂地陷入经济萧条。当年夏天，政治紧张局势不断升级，所以欧洲投资者卖掉手头的美元证券，换回黄金资产并带回国，美国的黄金储备大量流失。[23]货币条件在年底前持续收紧，经济一片萧条。工业产量从7月的最高点下滑12%，于11月跌到谷底，虽然于1915年6月重新回到之前的水平。[24]经济下滑显然是由战争引发的资本外流造成的，但共和党把经济下滑的原因归咎于削减关税，因为1913年关税法案颁布后很快就出现经济困难。经济表现疲软还对大选产生了影响：1914年中期选举后，民主党在众议院的多数派地位被严重削弱。

和一个世纪前在拿破仑战争中的情况一样，美国在欧洲冲突刚刚爆发时充当了中立的货物承运人。在1914年至1916年间，美国的出口额几乎翻了一番，工业制成品的出口几乎是原来的3倍。总体进口额没有发生变化，但工业制成品的进口大幅下滑。因此，美国商品的贸易顺差从 1914 年的 4.71 亿美元飙升至 1919 年的 40 亿美元。进口量减少导致国内生产占据了先前进口产品的市场份额。陶西格（1931，第 448 页）认为，这使相关行业享受的“有效保护超过了任何关税法案所能赋予的保护”。

进出口变化立刻引发了政策担忧，因为美国的进口连续五年下滑，导致这一时期的海关收入锐减了 1/3 左右。与此同时，美国参战后，联邦支出从 1916 年的 7.42 亿美元飙升至 1919 年的 189 亿美元。进口关税不足以支撑财政支出这么大的增长幅度，同时总统又拒绝举债填补亏空。面对如此庞大的财政赤字，威尔逊政府建议提高所得税的税率。

虽然 1916 年《收入法案》（Revenue Act）中也包含重要的贸易政策条款，但它的主要宗旨是弥补政府收入的不足。[25]这部法案提高了个人所得税和企业所得税的税率，不再将食糖列入免税清单，同时大幅提高了化学制品和染料的进口税率以避免美国生产者受到德国倾销的冲击，并且成立了独立的关税委员会。政治因素是导致威尔逊政府对贸易政策进行这种调整的部分原因。1915 年末，鉴于第二年就要举行总统大选，财政部长威廉·麦卡杜（William McAdoo）向总统汇报时称，共和党准备在 1916 年大选中围绕关税大做文章。有一次麦卡杜对中西部地区进行广泛考察时发现，“制造商和许多商人中出现了一些人为精心培育的情绪，而且已经演变成真正的恐惧。他们担心和平重新降临世界后，欧洲制造商和商人可能会大举进攻美国市场，使他们陷入险境。”[26]

威尔逊的内阁研究了如何缓解人们对战后可能出现的倾销日益强烈的恐惧情绪，因为这么做才能保护他们之前颁布的关税削减法案。[27]商务部长威廉·雷德菲尔德（William Redfield）建议出台一部法案，提高所有向美国市场倾销的进口产品关税，但遭到麦卡杜的反对。麦卡杜认为这“相当于打进一个楔子，重新启动了整个关税问题”。[28]麦卡杜和农业部长大卫·休斯顿提出了另外一个解决方案取代反倾销法，即成立独立的关税委员会。进步党一直支持启用与政治压力绝缘的无党派专家，“使关税问题脱离政治”，提高国会议员获取贸易政策相关信息的平等性。[29]然而绝大多数民主党人对此持怀疑态度：1909 年时他们就反对成立关税委员会，担心委员会里会塞满贸易保护主义者，或者赋予委员会的任务令他们无法接受，例如通过调节关税拉平国内外生产者的生产成本。威尔逊也出于这些原因反对设立这样一个机构。到了 1915 年年中，总统还发誓要“推翻共和党的胡说八道”，因为后者坚持要求设立独立的委员会。[30]

不过现在共和党就这个问题不断发起进攻，对政府施加了沉重的压力。休斯顿联系了哈佛大学经济学教授陶西格，请教他对成立关税委员会一事有什么建议。陶西格给他回复了一张便笺，清晰地表达了自己的观点。他认为这种委员会无法预测战后贸易往来对美国产业造成的影响，但仍然会为决策者提供有价值且超越党派之争的信息。国会仅仅依靠公众听证会和私下的游说活动获取事实和分析结果，没有独立的信息来源向他们介绍贸易和国内生产所处的环境，而成立一个委员会可以达到这个目的。[31]

陶西格的便笺使内阁成员相信，建立一个独立、无党派、以寻求事实为目的且专注于贸易和关税政策的独立委员会有诸多优点。麦卡杜和休斯顿也说服威尔逊相信这样一个机构可以就国内外的贸易状况提供宝贵的信息，特别是在战争严重破坏商业的情况下，而且这还是一个有效的政治举动，既能使共和党的攻击化为乌有，又巩固了进步派对民主党的支持。[32]威尔逊对这个想法的兴趣日渐浓厚。他告诉民主党同僚，共和党“绝望地抓住关税中的一个问题不松手。现在众议院的任何一方都不能证实有关关税的任何问题……但凡有人站起来说他能够准确地预测战后出现什么动态，应该根据这些动向采取什么贸易政策，他纯粹是在胡说八道”。[33]

1916 年 1 月，威尔逊宣布他已经改变想法，支持成立一个独立委员会就进口关税对国内产业的影响、应对不公平外来竞争或倾销的方法等问题提供信息。[34]威尔逊对此给出的理由是：“全球环境已经发生变化。我认为考虑到欧洲战争造成了非同寻常且深远的变化，我们绝对有必要运用有效的调查工具研究所有影响我国对外贸易的问题。”他向国会议员保证，他对关税委员会的想法发生改变，并不表示“对所谓的‘贸易保护问题’的态度发生了变化。这两者之间毫不相干”。他只是相信没有党派偏见的信息有助于政府官员制定未来的贸易政策。确定进口税水平或美国贸易政策的其他特点等政治问题与设立关税委员会的提议之间没有任何关联。国会没有赋予这个机构任何决策权，只是授权委员会开展以事实认定为目标的调查，并协助国会获得相关信息。[35]

尽管威尔逊的想法已经发生转变，但是国会的民主党领袖仍然反对创建这种机构，因为他们担心这个委员会将威胁到他们立法保护的低关税，还担心这个委员会被贸易保护主义的利益集团腐蚀。不过他们无法否认成立这个实体有助于民主党应对共和党攻击的政治事实。此外，其他群体也加入了这场讨论：美国贸易保护关税联盟（American Protective Tariff League）认为，关税委员会“非常危险且成本高昂”，而美国商会、美国劳工联合会和全国农庄（National Grange）则支持成立该委员会。因此，国会在总统的要求下于 1916 年《收入法案》中补充了关于关税委员会的条款。

关税委员会共设六位委员。为了保证委员会的无党派地位，规定不得有三名以上的委员属于同一政党（政治代表性方面的要求对委员会的观点不会产生什么影响，因为不少支持高关税的民主党人或许会被共和党选中加入关税委员会，而很多支持低关税的进步派共和党人也可能会被民主党选中加入关税委员会）。威尔逊任命了三名民主党人和三名进步派共和党人担任关税委员会的委员，任期 12 年。陶西格被任命为委员会的首任主席。关税委员会于 1917 年 4 月正式成立，并着手研究战争期间的政府财政状况。在成立之后的头 5 年里，关税委员会完成了多项行业研究，并就日本的竞争力、自由贸易区、反倾销政策和海关行政管理等问题提交了报告。此外，它对日常行政工作的细节提出建议，如改善关税分类税则等。该委员会早期提交的一份报告还推动政府采纳了无条件最惠国条款（后文将详细讨论这个问题）。

1916 年《收入法案》中还有一个条款阻止了外国产品“倾销”美国。该法案规定“以摧毁或破坏美国产业为目的”的商品倾销行为违反了美国的法律。对倾销的解决办法并不是提高关税（这是麦卡杜和休斯顿竭力避免的），而是对相关企业罚款（罚款金额3倍于倾销行为造成的经济损失），而且涉事人员还可能锒铛入狱。换言之，1916年的这部反倾销法案是一部对违法行为处以刑事惩罚的刑法。美国政府很少运用这部法案，因为要证明出口商以限制或抑制竞争为目的的“掠夺意图”，其中的难度非同一般。1916年《收入法案》中还有一个条款引发了很大争议。它为了保护美国生产商免受战后德国竞争带来的冲击，对很多化学制品，如进口染料、药品和合成纤维开征了新的关税。

## 重返贸易保护主义

1916年旗鼓相当的总统大选完全围绕着美国在第一次世界大战中扮演的角色展开。威尔逊以极其微弱的优势险胜共和党候选人，使民主党总统自1832年安德鲁·杰克逊当选之后第一次实现连任。民主党还差点丢掉对国会的控制，因此它对政权的掌控极其脆弱。

虽然关税并不是此次竞选的主要议题，但共和党给《安德伍德-西蒙斯关税法案》打上了“全盘失败”的烙印，而且认为1916年《收入法案》中的反倾销条款不足以替代永久性贸易保护措施。共和党的竞选政纲表示：“和以往一样，共和党现在仍然全心全意地支持对美国实业和劳动者采取贸易保护政策。”与此同时，民主党的竞选政纲重申本党坚信的“信条是关税的目的是为政府勤俭执政提供充足的财政收入，并且毫无保留地支持充分彰显此信条的《安德伍德-西蒙斯关税法案》”。[36]

威尔逊曾在竞选时承诺使美国远离战争，但仅仅就任一个月之后，1917年4月他就请求国会同意美国对德宣战。这个举动是在德国宣布在宣战区对所有船只采取无限制潜艇战之后做出的。德国之所以如此孤注一掷，是为了打破战场上的僵局，却危及美国的出口。[37]这一事态发展，再加上齐默曼的电报暗示德国可能会与墨西哥结盟，终于将美国拖入了战争。全国上下迅速动员起来，使军事力量的天平开始向协约国联军倾斜。美国正式参战的时间很短。1918 年 11 月，协约国与德国签署了停战协议，终结了这场浩劫。

在战争期间，美国基本没有讨论过关税政策，但战争结束后带来了一系列新的经济挑战。全球经济被这场浩劫连根拔起，国际贸易和金融在很长一段时间里始终百废待兴。全球贸易量直至 1924 年才恢复到战前水平。英国无法在战后快速调整，所以它的生产重点从出口市场转向战时生产。美国制造商得以在战后继续主导全球市场。德国的经济也因为这场战争受到重创。除了在 1922 年至 1923 年遭遇致命的恶性通货膨胀以外，它还要在相当长的时间里支付巨额战争赔款。俄罗斯的共产主义革命摧毁了该国的粮食出口，努力向国外销售粮食的美国农民恰好从中渔利。美国的经济实力由此大大提升，从战争中强势崛起。美国在全球制造业生产中的比重从 1913 年的 36% 上升至 1926—1929 年的 42%，而所有欧洲列强在全球制造业中的比重齐齐下滑。[38]此外，美国还成为金融大国以及全球其他国家的债权人。

1918 年 1 月，威尔逊总统在国会联席会议上发表了妇孺皆知的“十四点计划”。他展望了美国如何基于民族自决和国际合作帮助其他国家建立一个新的战后世界。他反对秘密外交，希望让第一次世界大战成为“终结所有战争的战争”。他提议的核心内容是创建国际联盟确保政治独立和领土完整，阻止未来可能发生的军事冲突。威尔逊的第二点计划和第三点计划涉及贸易政策。第二点计划呼吁打造绝对的航海自由。第三点计划建议“尽最大可能，消除所有同意接受及协同维护和平的国家之间的经济壁垒，并建立平等的贸易条件”。[39]事实上，威尔逊在呼吁各国携手降低贸易壁垒，确保全球在非歧视的基础上建立商贸关系。

这些观点以及建立国际联盟的主张在国会引发一片恐慌，即使部分民主党人也对此大惊失色。国会认为这潜在地损害了美国的主权。1918 年 10 月，威尔逊给一位参议员写信时澄清了自己的主张。他解释说，提议中的第三点并没有威胁国家主权，因为每个国家仍然可以自由地按照自己的意愿设置贸易壁垒。相反，他只是建议无论一个国家选择征收多少关税或制定什么措施，都应该以非歧视的方式推行这些政策，这样才能建立起“平等的贸易条件”。[40]威尔逊辩称，这么做不仅能促进经济发展，而且会减少国际商贸领域里的紧张局势，避免由此滋生政治摩擦并进一步引发战争：“过去各国的经历教导我们：一国通过排斥性、歧视性贸易协定惩罚他国的行为催生了国家间的大量对抗，进而屡屡引发战争。如果要在各国之间实现永久和平，就应该拆除所有阻碍国际友谊的障碍物。”他否认自己想干预各国根据本国意愿制定关税水平的能力：“如果为了党派利益破坏这个伟大的（非歧视）原则，并注入自由贸易的可怕成分，而这个问题根本不涉及自由贸易，那就是在试图引入一个迥然不同的国内问题，使全国的注意力偏离‘持久和平’这个广泛并且充满人道主义的原则。”[41]

因此，在威尔逊看来，美国有机会重申自己的立场，将非歧视作为国际贸易的原则符合美国的长远利益。这个原则不仅可以满足美国出口商的利益，因为他们在外国市场上面对着重重壁垒，特别是在欧洲列强的殖民地市场，而且可以弱化过去曾经引发国际摩擦并助推第一次世界大战的经济民族主义。

尽管威尔逊决意创建国际联盟，但并没有建立战后经济秩序的具体计划。1918 年 12 月，他启程参加巴黎和会时告诉谈判团队，他对可能在会上提出的经济议题“并不太感兴趣”，随后还补充说“我认为巴黎和会不会直接提出国际贸易问题”。[42]

尽管总统对战后贸易政策制定了宏图大略，但国内政治的发展动态对它们造成了威胁。共和党在 1918 年的中期选举中拿下了国会，使总统与国会之间陷入长达两年的僵局。共和党不仅准备挫败任何旨在降低贸易壁垒的国际联盟计划，他们认为这会威胁国会在贸易政策上的权威，而且只要一有机会就迫切地推进制定新关税法案的工作，以重新提高关税水平。

民主党和共和党的分歧主要集中在国际联盟的问题上。1919 年末，总统发起密集的公众运动为国际联盟争取支持。许多共和党人都持怀疑态度，从持保留意见的温和派到坚决反对参与国际联盟且绝不妥协的孤立主义中坚分子皆是如此。参议院外交关系委员会主席、马萨诸塞州共和党议员亨利·卡伯特·洛奇（Henry Cabot Lodge）力求将 14 项保留意见写入《国际联盟盟约》，其中最值得注意的是拒绝承诺维护其他国家的领土完整，而且坚持国会对关税政策的权力不可动摇。然而，威尔逊顽固地拒绝对盟约进行任何修改，而且坚持要让美国加入国际联盟。1919 年 11 月，参议院最终打算对此投票时，威尔逊要求民主党拒绝将任何保留意见写入盟约。这种绝不妥协的态度注定了国际联盟以失败告终。参议院未能批准《凡尔赛条约》，也不允许美国加入国际联盟。

即使美国加入了国际联盟，也不可能使其贸易政策发生重大变化。美国并不是唯一希望维持本国关税体系、维护本国政策自主权的国家。因此《国际联盟盟约》完全没有提到降低贸易壁垒的问题。《国际联盟盟约》第 23 条（e）款称，“根据现行国际公约或未来经各方认可的国际公约的条款，国际联盟的成员……将制定法律条款确保和维持所有成员之间通信自由、过境自由并享受公平的通商待遇。”因此，它只呼吁公平待遇，不是平等待遇，而且只涉及联盟成员。事实上，尽管协约国获准对战败的核心国的进出口贸易采取歧视性措施，但《凡尔赛条约》命令德国对协约国和相关列强的产品给予优惠待遇。事实上，《凡尔赛条约》并未实质性地讨论敏感的经济问题，而是将它推迟到了以后。[43] 1927 年，国际联盟发起了世界经济会议（World Economic Conference），讨论国际贸易政策的诸多方面，但即使在这次会议上，也没有采取任何具体措施。

民主党总统与共和党国会就国际联盟展开的艰苦斗争还殃及关税政策。尽管在战争期间，贸易保护主义者暂时偃旗息鼓，没有对政府施压，但毫无疑问，共和党在等待一个合适的机遇颠覆大幅削减关税的 1913 年《安德伍德-西蒙斯关税法案》。[44] 在第一次世界大战期间，应税进口产品的平均关税从 1913 年的 40% 下降至 1920 年的 16% 左右，这是 1792 年以来美国最低的关税水平。导致关税削减的部分原因是美国颁布了 1913 年关税法案，但更主要的原因是战时通货膨胀，它降低了关税法规中许多特定关税的从价等值。共和党担心关税下降幅度这么大，会导致战争结束后本国产业暴露在外国竞争的冲击下，任由美国沦为全球的倾销市场。民主党对这种担忧不屑一顾。他们指出，美国拥有庞大的贸易顺差，而且美国制造商将大量产品出口到国外市场。他们评论，只要欧洲列强还在战争重建中苦苦挣扎，任何担心外国产品潮水般涌入美国并破坏国内产业的想法都不过是个错觉。虽然战争结束后，制成品出口确实有所下滑，不过进口量在 1919 年没有任何变化，但 1920 年在很低的基数上大幅上升。此外，民主党声称美国现在是债权国，应该保持国门开放，使其他国家有机会赚取美元以偿还债务。

政府分裂导致战争一结束，美国的贸易政策立刻陷于前途未卜的境地。威尔逊仍然执掌白宫，所以共和党并没有费力在 1919 年或 1920 年提出关税法修正案，他们深知自己提出任何法案都会被总统否决。1919 年 5 月，威尔逊向国会特别会议发表咨文时提醒国会："幸运的是，在可预期的未来没什么机会全面修正我们的进口关税体系。现在外来竞争不会对美国实业造成严峻的威胁。我国因为战争受到的干扰和被削弱的实力比任何一个欧洲国家都少，而这些国家是我国制造业的主要竞争对手。"[45]

1919 年 12 月，威尔逊向国会发表年度国情咨文时，提醒大家注意美国拥有庞大的贸易顺差，而且需要将产品出口到外国市场，然后重申了自己的观点，即关税应保留在当前的低水平上。

> 两个政治经济思想流派在过去几十年里争论不断，其中一派坚信应保护美国的各个行业，另一派相信征收关税的唯一目的是获得财政收入。考虑到现在的环境发生了翻天覆地的变化，两派论战产生的偏见和激情都必须服从一个考虑，即公众利益……我国生产力在战火的洗礼中大大提升，必须通过对外出口找到释放的途径。任何阻止出口的措施不可避免地会降低出口，压缩生产，使我国的银行体系因为产品滞销而背上债务负担，同时导致工业停滞不前，失业情况恶化。如果我们想卖出东西，就必须做好买东西的准备。

威尔逊从政治原因和经济原因出发拒绝孤立主义。他表示美国面临绝佳的机遇塑造全球经济体系并造福所有人："没有一项孤立政策可以满足美国日益增长的需求和当前的机遇。过去守旧的政策和标准像紧身衣一样束缚着美国商业。它们必须让位于我们生活的新时代的需求和危急情况。"[46]共和党人以质疑的态度回应了这段声明。

1920 年的总统选举将决定美国战后贸易政策的命运。[47]民主党竞选政纲重申了本党的传统政策历来"支持以获取财政收入为唯一目的的关税体系，且确信关税调整政策应该基于无党派委员会的可靠研究，而不是基于私利的需求"。共和党的竞选政纲也再次强调本党"坚信贸易保护原则"，而且承诺"一旦大环境要求利用关税为美国劳动者、农业和工业保护本国市场"，就会立刻修正关税。[48]这次大选算不上是真正的竞赛，因为共和党在经济严重衰退的助力下，以狂风扫落叶之势重新执掌美国政权。

## 贸易保护主义卷土重来

战后出现的严重经济衰退使共和党的选举运势扶摇直上，也大大助长了上调进口关税的主张。在第一次世界大战期间，美国新成立的央行，即创建于 1913 年的美联储禁止出口黄金，并同意购买国库券为战争筹措资金，由此推动了货币扩张，导致国内通货膨胀恶化，在 1920 年达到近 20%。[49]1919 年年中，美国重返金本位并取消了黄金出口禁令，随后其黄金储备大量流失。为了缓解这一局势，美联储于 1920 年迅速出手，大幅收紧货币政策。

到了 1920 年年中，物价、产量和就业齐齐直线下降。美国陷入有史以来最严峻的通货紧缩之一：在 1920 年 6 月至 12 月间，批发价下跌 26%；6 月的批发价比一年前下跌了 42%，农产品价格的下跌幅度更大。此外，实际产出也在急剧下滑：1921 年农业生产减少 14%，工业生产在 1920 年 6 月之后的一年里减少了 26%，失业率从 1919 年的 2%

飙升至1921年的11%。[50]

和过去一样，此次经济衰退也是由货币条件驱动的，而不是贸易方面的因素。随着经济不断收缩，进口也急剧下跌，到1920年时减少了16%。战争结束后进口也没有激增：由于欧洲各国在挣扎着从战争中复苏，所以在1918年后的两年里，美国的进口额仅增长了28%。

这些令人痛苦的经济环境帮助共和党势如破竹般拿下1920年大选，使它在1912年之后重新主导美国政坛。沃伦·哈定（Warren Harding）拿下了超过60%的普选票数，顺利当选总统。共和党在众议院和参议院也赢得了压倒性的绝对多数席位。即将卸任的共和党议员立即着手酝酿新的关税法案，以扭转战后的经济萧条，特别是缓解农民遭受的经济困难。农业面对的潜在问题包括：生产扩张过度、战争推高国家债务、紧缩性货币冲击，战后农业出口减少。不过所有这些问题都不是国会能立刻解决的。除了进口关税以外，国会没有其他政策可用，所以它们力求提高农产品的进口关税以避免物价下滑对农民造成冲击。

总统选举一结束，筹款委员会主席、来自迈阿密州的共和党议员约瑟夫·福德尼（Joseph Fordney）就提出了紧急关税法案，在10个月的时间里提高特定农产品的关税，如小麦、玉米、豆子、土豆、洋葱、花生、大米、柠檬、花生油和棉花籽油、牛羊及棉花和原毛。委员会的报告强调："这些农产品的现价在很多情况下远远低于农民的生产成本……情况在持续恶化。除非尽早制定救济法案，否则当前的局势必然导致众多农民放弃生产，宰杀牲畜，无法挽回地破坏我国农业资源。"[51]

部分民主党人认为，这部法案匆匆忙忙地确定了过高的关税，对农业生产无济于事，只会引发外国对本国农业出口的报复措施，所以坚决反对该法案，不过筹款委员会还是极其仓促地通过了这部法案。鉴于很多民主党人代表饱受折磨的农业州，他们也很难反对这份表面上看起来有助于自己选民的法案。1920年12月，众议院几乎没有花时间举行听证会或进行辩论就以194票对85票的结果迅速通过法案，其中92%

的共和党众议员支持它，而只有 63% 的民主党众议员反对它。参议院也迅速跟进通过了这部法案。

即将卸任的共和党国会通过这部法案的速度极快。威尔逊还没离职，它就已经出现在总统的办公桌上。威尔逊彻底卸任前的最后一天否决了法案，并且严厉斥责共和党居然通过这样的法案。他发表了一篇言辞激烈的否决咨文，指责这部法案只是在假意帮助农民，因为除了食糖和羊毛以外，法案中列出的大部分产品都是美国的主要出口产品。譬如，尽管小麦进口从 1920 年的 500 万蒲式耳飙升至 1921 年的 5 700 万蒲式耳，但小麦出口也从 2. 2 亿蒲式耳增加至 3. 66 亿蒲式耳。由于美国是这些产品的出口大国，所以农民按全球市场的现价卖出这些产品；进口关税不会大幅提升国内价格。由于商品价格下滑是全球现象，所以总统认为"人们只要稍做思考就可以得出一个结论：对于法案中提到的大宗商品，这部法案对它们的生产商不会有多大助益"。农民面对的问题是通货紧缩，而不是进口增长，而减少进口并不是解决物价下滑的良药。威尔逊还警告国会不要对制成品征收高关税："如果说美国曾经在一段时间内对外国竞争感到恐惧，那个时期早已成为过去时。美国生产商在绝大多数方面都是全世界最高效的。当美国生产商看到本国经过过去几年的洗礼而（相对而言）毫发无损，而他们的主要竞争者都受到不同程度的打击，在极其恶劣的条件下苦苦挣扎，可能在很多年里都无法复苏，我不相信美国生产商会对竞争产生任何恐惧情绪。"他在否决咨文的结尾处总结，没有什么合理的理由能证明"为了私利制定的政策"具有合法性。"这种政策催生垄断，使人们愈发倾向于将政府视为攫取私利的工具，而不是提升所有人福祉的工具。"[52]

尽管众议院的共和党人无法推翻总统的否决权，但他们迅速为即将上任的共和党总统沃伦·哈定准备了新的法案。哈定赞同本党对关税的传统看法，但他也承认自己在努力理解关税问题时"感觉极其茫然"。[53]哈定在就职演讲中否定了民主党的主张："事实已经一再证明，我们不能在对全世界敞开市场大门的同时维护美国的生活标准和它所掌握的机遇，并且在这种不平等竞争中保持我们卓越的工业成就。消除贸易壁垒理论中包含的谬论相当诱人，但要维护美国的生活水平，就需要将我国较高的生产成本反映在进口关税里。”[54]

一个月后，哈定对国会发表演讲时呼吁立法者颁布法律提高进口关税：“怎么强调制定关税法案的紧急性和迫切性……都不为过。我坚信要对美国工业提供贸易保护，而且我们的目的在于首先实现美国的繁荣富强……任何珍视美国的繁荣昌盛并力图维持美国工资水平和生活水平的人，不会赞同那些允许外国进口轻轻松松地潮水般涌入美国，结果降低美国人民生活水平的法案。这种法案更可能造成的结果是摧毁我们的购买力。”[55]

共和党国会对这番演讲的回应是通过了 1921 年《紧急关税法案》，这与威尔逊刚刚否决的法案基本没有差别。它只涉及少数农产品，而且有效期只有 6 个月（后来法案延期了），直至国会制定出更全面的关税修正法案。1921 年 5 月，哈定签署了这部法案。《紧急关税法案》的目的在于抑制农产品进口，从而提升本国的农产品价格。不过这部法案姗姗来迟：在它生效五个月前，农产品价格就已经停止下滑。事实上，关税委员会随后提交的研究发现，无论农产品是否受到高关税的影响，所有农产品的价格都已经稳定下来。[56]

当然，共和党还急于用新的法案替换 1913 年《安德伍德—西蒙斯关税法案》，为所有面对外来竞争的行业提供高关税保护。虽然美国的进口额并未在第一次世界大战后激增，事实上在美国经济衰退期间还直线下降，但经济衰退为共和党提供了另外一个提高进口关税的理由。民族主义情绪还强化了战后人们对孤立主义政策的支持。这些因素不仅巩固了共和党对贸易保护主义的传统支持力量，而且排外情绪使相对开放的移民政策走到了尽头，每年加入美国国籍的海外移民受到了配额的限制。[57]

1921 年 1 月，筹款委员会将国内目标牢记在心，开始举行听证会全面修正关税法案。国会由此开启了长达 12 个月的漫长旅程来制定战后关税税则。由于许多中小企业排成长队投诉外国竞争并要求提高关税，所以筹款委员会主席约瑟夫 · 福德尼表示他们的职责就在于“急人所急，想人所想”。[58]

筹款委员会的共和党多数派在 1921 年 7 月提交了议案，称现行关税的水平“远远不够”，而且表示“工业衰退是外国产品以低于美国生产成本的价格进入美国市场后产生的必然后果”。[59]兽皮和羊毛等原本在 1913 年关税法中列入免税清单的产品被重新加入应税清单，从量税再次取代从价税。虽然国会是在 1909 年关税法案的基础上修正关税，但化学制品、餐具、钟表、玩具、矿产和农产品等工业品的关税在 1909 年的关税水平上进一步提高；钢铁业并未受到进口的威胁，所以它的税则几乎原封不动。最后，这部法案还引进了一条引起很大争议的美国估价条款，它要求对某些进口产品征收的关税以美国的物价为基础，而不是以外国出口价格为基础。这将提高进口产品的估价水平，实际征收的关税水平随之水涨船高。法案中纳入这一条款是为了避免人们担心外国供应商或进口商调低进口产品的发票价格。

民主党少数派称这部法案是“畸形的怪物”，是腐败勾当的产物，“它与阴谋、秘密勾兑和假公济私异曲同工，内里包含着各种微妙和迂回之处。它为编造出来的新关税税则搭建框架，制造出错综复杂的复合税，制定出无法查明且不可估算的关税，并且采取了很多小把戏，如改变关税税则、隐藏‘百搭’关税、对关税子项目移花接木、改换名称使它无法与名称进行比对。”民主党攻击该法案努力“拉平国内外生产成本”的目标使这部法案成为“一个粗糙且冷酷无情的体系。某些国家的生产成本较高，某些国家的生产成本较低，而这个体系对它们生产的产品征收相同的关税。我国对聪慧的加拿大劳动力生产的高成本产品征收的关税，等同于对印度、中国和日本小工生产的产品征收的关税”。[60]最后，他们认为没有必要因为某些人毫无根据地担心进口激增而修正关税。他们指出第一次世界大战已经结束了两年半，没有出现任何实质性的进口激增。

众议院的辩论相当平淡。双方不过重复了各自耳熟能详的论据。在共和党多数派方面，福德尼称这部法案将保护农民免受进口的冲击，为工人创造更多就业机会，并且确保欧洲竞争者重新振兴后不会对美国实业造成冲击。他宣称："有些人主张使我国市场上充斥大量廉价外国产品，工厂倒闭，劳动者被迫失业，农场主被迫抵押农场，而外国工厂加班加点，外国农场蒸蒸日上，劳动者生活富足。对这些人来说，这部法案正如他们宣称的那样'臭名昭著'、'令人无法接受'，不过对于那些坚信美国发展强劲，对美国机制和劳动力有信心的人来说，这部法案则是救星。"福德尼辩称如果没有贸易保护，国内的工资水平就会下降："在美国推行自由贸易只会导致一个后果，那就是将劳动人民的生活标准拉低到国外低薪劳动力忍受的生活水平。"[61]

与此同时，民主党攻击这部法案相当于在对所有工薪家庭征税，嘲笑了"提高关税将缓解农产品价格低迷对农民造成压力"的说法。提高农业税"表明他们试图愚弄农场主，欺骗畜牧业者，使他们相信自己会从这部法案中获得足够的好处来弥补他们必须购买的制成品价格上涨给他们造成的损失，这些制成品在新关税法案的提案中都被征以较高的关税，甚至是禁止性关税"。亚利桑那州民主党议员卡尔·海登（Carl Hayden）解释："时间很快会证明，通过提高关税来提升小麦、玉米、短纤维棉花及其他诸多农产品和牧产品价格的做法是徒劳的。这些产品的进口量微不足道，而且美国在这些领域的过剩产量必须要销往国外。"[62]鉴于共和党在国会占据绝对多数席位，所以这部法案能通过国会审议也早成定局。1921 年 7 月，众议院以 289 票对 127 票的党派投票结果通过了这部法案：其中共和党以 283 票对 6 票的结果支持它，民主党以 119 票对 5 票的结果反对它。

众议院通过该法案后，参议院的财政委员会迅速召开听证会。要求提高贸易保护的中小企业代表再次成为公开听证会的主体。然而，由于在战争期间和战争结束之后，制成品出口被推到前所未有的新高度，所以事实上很多大企业的代表作证时支持下调关税。正如马萨诸塞州民主党议员大卫·沃尔什（David Walsh）强调的那样，听证会表明"美国历史上第一次出现了大企业的代表到参议院要求下调关税，而中小企业的代表……要求设置超高关税的现象"。[63]大生产商害怕外国会对自己的出口征以报复性关税，而银行家和金融家指出美国现在是债权国，因此应该保持国门开放，帮助欧洲国家偿还它们的美元债务。

不过，迫在眉睫的税收法案和财政委员会主席的离世导致国会对关税法案的审议工作推迟了一年多。这本身就很值得注意：关税的重要性让位于其他议题，表明它不再像过去那样属于重要的政治议题。制定关税法案不再像过去那样是一个迫在眉睫的问题，它在国会议事日程上的优先级排序不断下滑。现在国会开始忙于所得税和联邦政府监管等其他国内政策。它们对经济的影响远远超过了调整进口关税。参议院于1921 年 7 月至 8 月进行了法案听证会，然后这部法案被搁置一旁。1921 年 11 月至 1922 年 1 月，参议院再次重启听证会。1921 年 12 月，哈定总统发表年度国情咨文时敦促国会加快进度："我极其强烈地敦促国会尽快完成这部必要的法案。"虽然总统承认"任何修正关税的举动都会引发铺天盖地的反对意见"，但他相信"只要我们以保护生产活动、促进就业和推动美国繁荣昌盛的政策为基础制定关税，就不会错得太离谱"。[64]

在参议院推迟议案审议期间，关税法草案在国内外引发了激烈的公众辩论。其中争议最大的调整是美国估价条款以及对进口染料的禁运条款，化工业强烈支持这两个条款，而纺织业则表示坚决反对。1922 年 4 月财政委员会提交最终法案时，他们对众议院提交的法案版本补充了 2 436 项修正案。尽管它进一步上调了众议院提案中的部分关税，但取消了美国估价条款，对进口染料设置一年禁运期，而不是化工业主张的五年禁运期。财政委员会主席、内华达州共和党议员波特·迈坎伯（Porter McCumber）启动参议院的辩论程序时宣称："在我国历史上，现在到了最需要保护性关税维持美国实业发展、保护数百万依靠这些产业维持生计的劳动者的时刻。"它的潜台词就是"通过保护美国市场保护美国的工资水平和生活水平"。[65]

与众议院里两党严格遵守党纪形成鲜明对比的是，参议院的派系斗争极其激烈。西部和中西部的原材料和农产品生产商与东部工业利益集团之间的分歧再次浮出水面。参议院的辩论过程混乱不堪，因为西部各州的代表抨击对棉花、毛织品和丝绸制品征收高关税，却支持对锰、钨矿砂及其他金属征收高关税。他们坚称应将带刺铁丝网列入免税清单，但是不顾钢铁生产商的反对意见，主张对富锰矿征收高关税。西部大牧场利益集团要求对牛和兽皮征收高关税，而马萨诸塞州的制鞋企业希望将兽皮加入免税清单，以控制皮鞋的生产成本。[66]

无休无止的争执导致参议院多次对修正案举行投票表决，使法案的通过越来越遥遥无期。参议院对大量难以处理的产品税率调整展开了辩论和投票表决，包括粗镁、烧镁、煅烧镁砂、轻烧镁、带壳扁桃仁、去壳扁桃仁、带壳核桃、去壳核桃、猪肉、羔羊肉、小麦、奶油、水稻、去壳米、棉纱、废棉、棉布、棉胎、棉内衣等数十种产品。到了 1922 年 5 月，参议院深深地陷入困境而停滞不前。他们为了加快进度，开始召开马拉松式会议，从每天上午 11 点开始开会，一直持续到深夜 10 点半。但这么长的会议时间也未能如愿加速推进法案，因为每位参议员都与关税税则中的特定条目存在利害关系，迫使参议院对应税产品清单上的每一种产品都反复斟酌。[67]

民主党斥责共和党法案制定的“税率过高”，但又没有大力维护本党于近 10 年前制定的关税法案。民主党不再有清晰有力的口号阐明他们在关税问题上的立场。当时美国已经开征所得税，所以再倡导“获取财政收入是征收关税的唯一目的”已经过时。党派辩论的重心已经从“以保护为目的”征收关税还是“以获取财政收入为目的”征收关税，转向“征收高关税”还是“适度征税”。“他们没有太强调‘适度’这个词，”伯格伦德（Berglund，1923，第 28 页）补充说。由于威尔逊改革派不再是民主党的主导者，所以两党在关税问题上的立场差异在于程度，而不是原则。

就连南方对低关税的执着也在不断弱化。由于南方各地的利益点不尽相同，如路易斯安那州关注糖税，亚拉巴马州关注石墨税，田纳西州关注铁合金的关税，所以南方也不是“一刀切”地反对所有保护性关税。事实上，南方经济开始日益多元化，吸引了不少技术要求低的劳动密集型产业从北方迁到南方，最引人注目的是卡罗来纳的纺织业和服装业。这个地区有越来越多选区开始认识到征收高关税有利于抵御国外的竞争。尽管南部州的代表在最终的唱名投票中反对共和党提出的法案，但在具体产品的唱名投票中，他们不再像过去那样与高关税势不两立。[68]

长达 4 个月艰辛的会场辩论结束后，1922 年 8 月参议院以 48 票对 25 票的党派投票结果通过了关税法草案，其中共和党以 45 票对 1 票支持该法案，民主党以 24 票对 3 票反对该法案。国会协商委员会又用了 1 个月的时间协调参众两院的法案版本之间的差异。协商委员会接受了参议院的建议，调高农产品的关税，弱化了美国估价条款的内容（改成由总统裁决是否要将之付诸实施），并且放弃了染料禁运条款。9 月底哈定总统签署了《福尼特–迈坎伯关税法案》，使之正式生效。

这部 130 页的法案耗时 20 个月才艰难地通过国会审议。它将应税进口产品的平均关税从 1920 年的 16.4% 直接提升至 1922 年的 36.2%。然而，鉴于物价下滑对从量税产生影响，所以关税的实际提升幅度只有一半是由法案推出的高税率造成的。这次关税修正姗姗来迟，并没有推动经济迅速复苏，因为 1921 年 7 月，美国的经济衰退进入尾声，而新的关税法案直至 1922 年 9 月才颁布，距离经济谷底已经过去整整 14 个月。

## 弹性关税、反倾销和无条件最惠国待遇

《福尼特–迈坎伯关税法案》标志着共和党的传统贸易保护政策卷土重来，不过它也推出了三项重要的行政创新：引入新的弹性关税条款、采取新的反倾销程序，并且引入了无条件最惠国待遇（MFN）条款。弹性关税条款赋予了总统调整关税的权力：如果关税委员会的研究结果表明，有必要调整某种产品的关税以拉平国内外生产者的生产成本，那么总统有权力上调或下调该产品的关税，调整幅度不超过 50%。推动这次史无前例的授权创新的是关税委员会中极具企业家精神的共和党温和派威廉·卡伯特森（William Culbertson）。1921 年 10 月，关税法案还搁置在参议院财政委员会时，卡伯特森就给哈定总统写了封便笺提

出这个想法。[69]国会不能及时根据瞬息万变的经济状况调整关税，使商界和决策层越来越焦虑。第一次世界大战结束后，物价持续波动，贸易格局极不确定，所以很多人担心可能一系列产品的关税设置并不妥当。卡伯特森认为，如果国会允许总统在关税委员会的专家指导下，根据经济状况的需要调整进口关税，这个问题就可迎刃而解。他还希望利用弹性关税的权力削减关税税则中的部分税率，国会里的政治交易使这些税率高得离谱。[70]

卡伯特森说服总统接受了这个主张。1921 年，哈定总统对国会发表年度国情咨文时，表示他希望“找到一个途径使关税具有弹性和灵活性，这样就可以根据无法预测的异常条件或变幻不定的时局调整关税满足我们的需求”，同时他建议让关税委员会参与这个过程。[71]卡伯特森与国务卿查尔斯·埃文斯·休斯（Charles Evans Hghes）和参议院财政委员会成员、犹他州共和党议员里德·斯穆特（Reed Smoot）密切合作起草了一个可以为众人接受的条款。[72]《福尼特-迈坎伯关税法案》第 315 节授权总统可以调查国内外生产成本差异并通过调整关税拉平成本差异。哈定总统签署该法案时声称：“如果我们能够使法案中的弹性关税条款生效，就是我国历史上对关税制定做出的最伟大贡献。”[73]尽管人们质疑这个条款的合宪性，但 1928 年最高法院的裁决支持赋予总统关税制定权。[74]

弹性关税条款引发的一个重大争议是，它试图利用关税拉平国内外生产商的生产成本。其拥护者认为这为利用非政治的科学手段制定关税确定了客观且可衡量的标准。他们相信这种方法既能为本国产业提供充足的保护，又能“使关税脱离政治”。当然，这一信条存在诸多缺陷，例如它忽略了一个事实，即国际生产成本差异正是国际贸易的基石。且不论这一点，原则上，1922 年关税法案中的每项税率都必须经过关税委员会的调查后进行调整，因为它们都不是以拉平生产成本为基础制定的。不过政府官员真的可以计算出“生产成本”吗？卡伯特森（1923，第 262 页）相信关税委员会完全有能力利用现代核算技巧确定生产成本，而且确信对这一信条的任何指责“要么是出于无知，要么是谋划着破坏科学的关税制定方法”。

不过，包括关税委员会前主席陶西格在内的绝大多数专家都认为不可能确定某个行业的生产成本，因为不同企业的成本各异。陶西格质疑说，应该衡量大生产商还是小生产商的生产成本？应该衡量它们的边际成本还是平均成本？是否应包括运输成本？我们应该考虑的是在缅因州生产咖啡的成本，还是在加利福尼亚州生产咖啡的成本？我们应该计算小批量生产汽车的成本，还是达到规模经济时，大批量生产汽车的成本？生产多种产品的企业内部如何分摊资本成本？成本的季节性变化如何处理？例如对于棉花和棉籽油，后者是前者的副产品，如何处理联合成本？如果政府官员向企业了解它们的生产成本，以此为据制定关税税率，那么会不会激励企业虚报数据，争取上调关税？如果用一个行业内所有企业的平均成本为基础制定关税，那么由此产生的税率不能保护效率最低、成本最高的生产商，却增加了成本最低、效率最高的生产商的利润，这个结果公平吗？此外，怎么计算外国成本，来自德国的进口产品与来自日本的进口产品的成本不会有差别吗？既然不同国家的成本不同，那么且不说各个企业之间的成本差异，美国是否需要针对每个国家制定单独的产品关税，以“拉平生产成本”？

陶西格和其他经济学家由此得出结论：计算出一个代表“生产成本”的数字没有任何意义，政府官员不可能没有任何偏见和倾向地完成这项工作，从中得出的结果必然有武断性，而且没有任何“科学”基础。[75]这个问题像上文描述的那样极其错综复杂，所以陶西格（1920，第 134—35 页）代表绝大多数经济学家发声，拒绝采用“生产成本”法，因为它“看似公平”，但要在政治环境里制定关税，这个解决办法最终“没有任何价值”。陶西格等人提出这个结论时，并没有从深层次提出反对这个方法的原因，即国际生产成本差异是贸易的基础。

尽管存在观念上的差异，但国会认识到行政部门根据经济环境变化做出反应的速度比立法机构通过制定法律做出反应快得多。此外，人们还普遍预期这种授权可以用来削减关税。正如斯穆特所说：“如果赋予总统调整弹性关税的权力，那么我认为他运用这一权力削减关税的情况会远远多于上调关税的情况。事实上，如果环境趋于正常，那么我预计美利坚合众国的总统会削减……大部分关税。”[76]

事实上，弹性关税条款对进口关税的影响极小，部分原因在于每次提议调整关税时，关税委员会都要相应地开展旷日持久的调查。1922 年至 1929 年间，关税委员会收到了 600 项申请，希望调整 375 种产品的关税，但它只能完成 55 种产品的 47 项调查。[77]此外，这个条款用来提高关税的情况多于削减关税的情况。在 1922 年至 1929 年间，关税委员会提交了 41 份报告建议调整关税，总统发布了 37 项调整关税的公告。在 32 项关税调整中，16 类化学制品、面粉、黄油、草帽、印刷辊和生铁以及计价器、男式缝草帽、硝酸钠、沉淀碳酸钡和洋葱等定义狭窄的产品关税上调，且上调幅度常常高达 50% 。5 项关税下调的案例涉及的都是不太重要且过时的产品，如面粉厂下脚饲料、北美鹑、画笔把手、苯酚和甲苯基酸。[78]

关税委员会在这些关税考量中的独立问题引发了政治风暴，也使第 315 条款失去光彩。批评者指责哈定和柯立芝选人任用时存在偏见，破坏了设立非党派独立专家机构的目标。譬如，哈定首次任命的三位关税委员会成员包括贸易保护主义杂志的编辑兼波士顿国内市场俱乐部（Home Market Club of Boston）秘书长托马斯·马尔文（Thomas O. Marvin）、陶瓷业说客威廉·伯吉斯（William Burgess）以及与路易斯安那州糖业利益集团有千丝万缕的联系且支持高关税的民主党人亨利·格拉西（Henry H. Glassie）。

更糟糕的是，1924 年关税委员会完成的糖业报告遭到了人们的炮轰。[79]所有争议都集中在一位委员身上，他就是亨利·格拉西。他的夫人持有大笔糖业投资。威尔逊任命的委员质疑格拉西是否有权力参与糖业调查。格拉西称委员会的调查是事实追溯性调查，而不是司法调查，所以拒绝从这一调查中退出。虽然柯立芝总统支持格拉西，但国会通过了一部法案，称若关税委员会成员的家人与被调查的行业之间存在经济利益，那么不会为该委员支付薪酬。格拉西失去参与调查的资格后，威尔逊任命的委员以 3∶2 的人数优势压制了哈定任命的委员。白宫担心糖业报告会建议削减关税，所以试图对威尔逊任命的委员施压，以影响委员的投票结果。威尔逊任命的一位委员拒绝连任，而卡伯特森则被任命为联邦贸易委员会（Federal Trade Commission）的委员，不过他拒绝了这一任命。柯立芝要求卡伯特森推迟发布糖业报告，但遭到反对。随后卡伯特森因为在乔治城大学发表演讲时接受报酬而被指控渎职。

1924 年 8 月，关税委员会最终发布了这份报告，但事实上委员会内部的意见并不统一。威尔逊任命的三位委员建议将糖税从每磅 1.76 美分下调至 1.23 美分，而哈定任命的两位委员却反对这个建议。柯立芝拖延了几个月才做出决定。在此期间，他进一步对威尔逊任命的委员施压，希望改变他们的投票结果。最终在 1925 年 6 月，即关税委员会的报告发布一年后，总统引用了与关税委员会报告的结论完全相反的意见，决定不调整糖税。威尔逊任命的委员会创始委员之一爱德华·科斯蒂根（Edward Costigan）对此感到震怒，声称："关税委员会的重大报告和委员会头等重要的调查就这么被置之不理。一位专家同事为此付出近两年的辛勤工作，政府为此付出数千美元的花费，但遭遇一系列前所未有的游说攻势和政治操纵之后，白宫也非常积极地参与不少此类活动，这份报告就这么被弃之不顾。"[80]科斯蒂根为了表示抗议辞去职务，公开宣称共和党人不适合被任命为关税委员会的委员，而卡伯特森也辞职前往罗马尼亚出任外交官。[81]

关税委员会的声誉受到了破坏，不再被视为一个公正公平的委员会。之后民主党与共和党进步派于 1926 年 3 月成立了一个国会特别委员会调查这一问题。卡伯特森作证称："继续留在关税委员会比一事无成更糟糕：它准备继续借用我的名头为那些在我看来难以忍受的情况背书。"特别委员会出具的报告同样意见不一。五位参议员中有三位参议员（他们分别是两位民主党人和一位共和党造反派）建议废除弹性关税条款。多数派的报告称这一条款占用了关税委员会的大量时间，"却没有为公众得出任何重要的实质性结果"。他们发现："关税委员会里的争议极其尖锐。部分成员怀疑其他成员的善意。他们之间爆发了非常激烈的争论，有时甚至出现人身攻击。这种情况已经导致这个委员运行不畅，并且有可能使它全面解体。”他们由此得出结论：“关税委员会这个机构没有以公平或准司法的方式发挥作用，我们相信这有悖于国会设立它的本意。”[82]

弹性关税条款未能“使关税脱离政治”，而且经常被用来上调关税而不是削减关税。这让进步人士失望透顶。内布拉斯加州造反派共和党议员乔治·诺里斯（George Norris）希望废除关税委员会，因为它“已经落入反动分子手里，不再服务于政府创建它时确定的宗旨”。[83]就连在担任农业部长时积极帮助威尔逊总统创办委员会的大卫·休斯顿，也表达了自己对委员会表现的失望。休斯顿（1926，第187页）回想起当初威尔逊是不愿设立这个委员会的。他承认：“现在我更倾向于承认他最初的想法是正确的，而我的想法是错误的。成立委员会的概念是好的，法律方面的构想也很完善，但事实已经充分证明委员会无法获取足以教育民众的事实，而且国会并不重视它的经济研究结果。”休斯顿总结，弹性关税条款是个“错误”，因为它“将（关税委员会）的地位从实情调查机构彻底转变为一架政治机器”。他认为弹性条款是个“一无是处的概念”，因为共和党执政时只会用它上调关税，而民主党执政时只会用它下调关税。

共和党对弹性关税条款的疑虑还在于它威胁到了国会的权威。他们甚至开始对“生产成本可以衡量且为关税制定提供了科学基础”这个主张失去信心。“由于在很多实例中很难确定外国生产成本，所以事实已经证明‘税率应该取决于国内外生产成本之差’这个理论基本不切实际，”斯穆特承认，“事实上，美国制造商唯一关心的是他们在本土市场上被迫面对的竞争。”[84]

关税法案的第二个新特点允许政府调整进口税以避免外国产品倾销到美国市场。我们已经看到，1916年《反倾销法案》宣布“为了摧毁或破坏美国实业”而以明显低于出口国市价的价格出售进口产品的行为违法，不过几乎不可能证明外国出口商出口的本意在于掠夺。除此以外，法律需要通过法院体系执行，这意味着会拖延相当长的时间，而且和《反托拉斯法案》一样，《反倾销法案》的相关补救措施包括罚款，涉事人甚至可能被捕入狱。所有这些因素导致政府几乎没有动用过《反倾销法案》。

1921 年《反倾销法案》使形势发生了巨变（它是当年出台的《紧急关税法案》的组成部分）。如果调查证明某进口产品以“低于其公平价格”的价格进入美国市场，损害了国内产业或有可能造成这种破坏，那么新颁布的《反倾销法案》允许财政部长对这种产品征收关税。[85]人们将“公平价格”定义为出口商在本国市场上的售价。因此，外国出口产品在美国的售价低于本国市场的售价时，就被视为犯了倾销罪。这时财政部有权动用《反倾销法案》，征收进口关税来解决这个问题，且税率相当于倾销差价。一直到 20 世纪七八十年代，反倾销税才成为美国贸易政策的重要组成部分，下一章将重点探讨这个问题。在 1934 年至 1954 年间，关于倾销的裁决只有 8 起。[86]尽管动用《反倾销法案》的频率极低，但《反倾销法案》是国会将部分关税制定权下放给行政部门的另外一项举措。国会不可能每几年就花大量时间逐一审核并修正关税税则中的数百项税率，也无法定期更新各类产品的具体关税。

在 20 世纪 20 年代初，美国贸易政策的第三个新颖之处是在贸易协定中引入了无条件最惠国待遇条款。和推动弹性关税条款时一样，卡伯特森也是实现这个政策转变的主要驱动力。虽然当时人们并没有认识到，但采纳无条件最惠国待遇条款使美国更加轻松地签署国际协定以减少贸易壁垒，最终对美国贸易政策产生了极其深远的影响。

这一变化出现的背景是在第一次世界大战爆发前的几十年里，欧洲各国广泛采取歧视性贸易政策。法国、德国和其他国家采取了最低关税和最高关税的双重税则。如果美国没有与这些国家签订此类贸易协定，那么通常没有资格享受低关税。此外，殖民地的贸易网络也导致美国的贸易普遍遭到歧视。此外，美国发现涉及本国商品在外国市场上的待遇问题时，自己卷入了越来越多的关税争端和冲突，虽然每个案子涉及的利害关系通常都不大。由于在美国的关税体系中，税率不可改变而且都是由国会制定的，所以美国发现自己在全球贸易中处于劣势，因为行政部门无法有效地与其他国家进行磋商，以确保本国产品进入外国市场时享有平等的待遇。

1919 年，关税委员会在题为“美国互惠通商条约”的报告中探讨了这个日益严重的问题。这篇报告是在时任关税委员会主席陶西格的指导下完成的。事实证明这篇报告是继亚历山大·汉密尔顿的《关于制造业问题的报告》之后，美国政府最有影响力的贸易文件。它强调，在一定程度上，美国力求通过双边谈判消除其他国家对美国贸易的歧视，但是由于它长期采用有条件最惠国待遇条款，所以屡屡受挫（有条件最惠国待遇政策要追溯到 1778 年美国与法国签署的《友好通商条约》)。根据有条件最惠国待遇，其他国家不能自动享有某国从美国这里获得的特权，除非它们也给予美国新的特权。严格说，这个条款意味着如果美国同意削减某些产品的关税，以获得本国产品进入某国时享有的平等待遇，那么这些关税削减措施不会自动延伸并涵盖其他国家，除非后者为美国提供新的特权。这会使其他国家处于新的劣势，而这些国家中有不少或许已经为美国产品提供了相当优惠的待遇。如果这些国家因为新出现的不利条件而利益受损，那么它们甚至可能转而报复美国。因此，基于有条件最惠国待遇制定的积极贸易政策在制定关税税则时，会在里面塞满很多针对其他国家的歧视性条款，又对许多国家设置了例外情况。至少有条件最惠国待遇大大加深了国际谈判过程的复杂程度，难以实现平等的市场准入。[87]

关税委员会认为传统的有条件最惠国待遇政策不再满足美国的利益诉求。从现实情况看，美国不可能针对每个国家制定单独的贸易政策，因为正如委员会的报告所说：“每个国家分别确定贸易待遇，很容易让那些原本不应该有所担忧但实际上极其担忧的国家产生误解和摩擦。”因此，关税委员会得出以下结论：

> 既然美国已经承诺广泛参与全球政治，那么采纳并推行清晰简单的政策就可以确保美国受益匪浅。这个主张的指导原则就是待遇平等，它符合美国过去和现在的理念。待遇平等应该意味着美国

以同样的条件对待所有国家，反过来也要求每个国家以同样的条件对待美国。只要涉及总体产业政策和关税法案，所有国家（既包括美国也包括其他国家）都应按自己的意愿制定此类政策和法律，只要它们认为其内容有利于提高本国福祉。不过无论它们制定了什么政策和法律，只要它们正式通过了这些政策和法律，就应该使所有国家享有同样的条件和同等的待遇。（US Tariff Commission，1919，第 10 页）

当然，如果美国无条件地为所有国家提供平等的待遇，那么可能会丧失与其他国家讨价还价的筹码。若想重新获得议价能力，美国要么给那些赋予美国产品平等待遇的国家授予特权，要么对不公平地对待美国产品的国家开征惩罚性关税。关税委员会认为更好的选择是由总统判定是否征收惩罚性关税，这“并不是为了维护本国利益采取歧视待遇，而是为了避免对自己不利的歧视待遇”。虽然关税委员会没有提出具体的政策建议，但它强烈暗示最佳方法是采取无条件最惠国待遇，同时对歧视美国的国家征收惩罚性关税。

1919 年 5 月，威尔逊总统对国会发表国情咨文时特别提到了委员会的报告。[88]国会直至 1921 年初准备修正关税法案时才对此采取行动。卡伯特森在鼓励参议员采纳弹性关税条款的同时，还努力说服他们相信，推行无条件最惠国待遇并辅以惩罚性关税对美国大有裨益。因此，如果某国“收取任何不合理的关税……而且在推行这项措施时没有对所有国家的类似产品一视同仁”，或采取歧视措施“使美国的通商条件与其他国家相比处于劣势”，那么《福尼特—迈坎伯关税法案》第 317 条允许总统对该国的一种或所有进口商品征收新的关税或额外增收关税，关税增幅不超过 50%。斯穆特参议员认为：

我们应该使美国的通商政策建立在两个理念之上：为进入美国市场的所有国家赋予同等待遇；美国进入外国市场时获得同样的平等待遇。我们认为美国不应该普遍采取特别谈判政策或签署特殊

> 的互惠条约……我们支持采取简单、直接且友好的政策，使所有国家享受平等的待遇，同时不歧视任何国家，除非某些国家首先对我国采取歧视政策。[89]

事实上这个条款在国会几乎没有引发什么辩论，因为国会一直在全神贯注地忙于制定关税税则的具体税率。看起来关税法案第317条的措辞赞同采取无条件最惠国待遇，只是没有明确地对总统和政府进行授权。

1922年9月哈定总统签署《福尼特—迈坎伯关税法案》几天后，卡伯特森致信国务卿查尔斯·休斯，让他留意第317条的内容以及它对无条件最惠国待遇的含蓄认可。休斯承认第317条款意义重大——“这项政策的重要性不可小觑”，而且建议卡伯特森整理一份备忘录解释自己的观点。这份备忘录用极其充分的理由证明了待遇平等和无条件最惠国待遇的重要性。[90]有条件最惠国待遇“无法有效地确保我们不会受到外国歧视，而且在战后重建时期，很多国家正在修正本国条约，重新考虑如何授予最惠国待遇，有条件最惠国原则很可能被用来抵制我们”。卡伯特森在文末提出以下建议：“既然国会已经清楚地表示支持平等待遇政策，那么看起来从此以后，合理的做法是在修正我国通商条约时引入无条件最惠国待遇条款。”[91]

休斯将备忘录送给了参议院外交关系委员会主席、马萨诸塞州共和党议员亨利·卡伯特·洛奇。洛奇认为，这份备忘录“说服力极强，而且表达非常充分。我认为卡伯特森先生充分证明了他的主张”。[92]休斯得到洛奇的默许后，将卡伯特森和洛奇的信件转给总统，提出了自己的意见：“很多人认为未来美国应该在通商和航海条约中纳入无条件最惠国待遇条款”。1923年2月，哈定总统给休斯回信时表示，“我非常认真地研读了您送来的信件和卡伯特森先生的论点。它们已经完全说服我。我相信就无条件最惠国待遇展开磋商是理智的做法。”哈定允许与其他国家开展无条件最惠国待遇谈判。[93]由此美国正式采纳了无条件最惠国待遇政策。[94]

1924年美国与德国签署的新通商条约中首次公布了无条件最惠国

待遇政策。这一条约没有改变任何进口关税，但是要求两国推行关税优惠和其他通商优惠时，彼此都享受无条件最惠国待遇。因此，虽然美国的关税税则没有变化，但它获得了德国的承诺，即使德国与其他国家签订新的贸易协定，美国也会在德国市场上继续享有平等待遇。

当时几乎没有人留意到美国做出了采取无条件最惠国待遇的决策。它没有产生立竿见影的政策变化，所以那个时代的观察家没有充分认识到这项新政的意义。[95]不过如果美国决定与其他国家进行贸易磋商，当时人们并没有预见到会出现这种情况，那么无条件最惠国待遇会有力地推动美国签署贸易协定。它会将第三方面对的困难降至最低，避免它们找到理由报复美国。

## 19 世纪 20 年代的关税与农业

美国经济从 1920 年至 1921 年短暂但来势汹汹的衰退中复苏后，在 19 世纪的整个 20 年代保持了强劲增长，共和党因此在选举中占尽先机。由于进步党内部一片混乱，民主党势单力薄又四分五裂，所以共和党轻而易举拿下了 1924 年和 1928 年的总统大选，而且持续控制着国会。这确保了《福尼特-迈坎伯关税法案》的稳固地位，不会受到任何关税下调的威胁。1923 年，柯立芝总统对国会发表年度国情咨文时称，《福尼特-迈坎伯关税法案》已经实现了获得财政收入和重建经济繁荣的双重目标。由于“国会屡屡调整关税让人们深感不安且产生危害”，所以没有必要进一步调整关税。[96]一年后，柯立芝总统赞赏保护性关税“做到了把美国市场留给了美国工人制造的产品”，而且“确保我国人民的生活水平和工资水平超过全球任何国家在任何时候所享有的生活水平和工资水平”。[97]1926 年柯立芝总统发表国情咨文时，再次赞颂了本国的经济实力，称“这是将保护性关税作为基石时可以预见到的”。[98]有观点认为，美国的债权国地位意味着它应该对外国产品打开市场，而柯立芝总统对此完全不认可。在他看来，只要强劲的经济增长持续一年，就能创造出更多对外国产品的需求，帮助其他国家赚取美元偿还债务，而降低关税的举措在这方面取得的成果远远达不到这个水平。

与此同时，让那些渴望降低关税的人深受打击的是，民主党作为一股政治力量基本上已被彻底击败。田纳西州参议员科德尔·赫尔（1948，第 1 卷：第 124 页）哀叹："我曾经竭力主张削减关税，开展国际合作，改善国内财政状况。但这些呼声在石墙上撞得粉碎……我感到越来越失望。到了 1929 年，我几乎要下决心离开国会。" 1924 年民主党的竞选政纲痛斥《福尼特-迈坎伯关税法案》是"我国历史上最不公平、最不科学和最不诚实的关税法案。这部阶级法案为了少数人的利益愚弄民众。它大幅增加了生活成本，使农业处于不利地位，为政府招致腐败，催生家长作风，而且从长远看，并未使它打算扶助的利益集团获得益处"。[99]不过随着经济稳定增长，公众对共和党的关税政策没有明显的不满情绪。第一次世界大战结束后，公众并不关心这个问题，而且在 20 世纪之交公众对保护性关税群情激昂的不满情绪多半已经烟消云散。

当然，关税政策并没有完全从政治议程上消失。在 20 世纪 20 年代，美国有一个经济部门发展得并不理想，那就是农业。在第一次世界大战期间及战后，物价大幅波动使农业遭受重创，因此美国农民的债务水平较高。随着国外对粮食的需求激增，农产品价格翻了一番，引发了一波土地投机潮和对机器及房屋的巨额投资。这些都将农场的债务水平推向新高。战后农产品价格并没有像预期的那样崩盘，因此土地投机潮再次爆发。随后的 1920—1921 年货币条件收紧，商品价格直线下滑，使负债累累的农民背上沉重的财务压力。[100]尽管制造业也在经济衰退中受到重创，但是它们很快就触底反弹，而且工业生产在 1930 年前保持了稳定增长。相比之下，农业仍然处于漫长的萧条期。农民收入直至 1925 年才恢复到战前水平，而且在 1930 年前基本没有增长。由于抵押贷款造成的负担切实存在，物价下跌又导致其他债务迅速增长，所以越来越多农场破产。农场丧失抵押品赎回权的情况从 1913 年至 1920 年的 3% 上升至 1921 年至 1925 年的 11%，随后在 1926 年至 1929 年达到令人咂舌的 18%。[101]工业烈火烹油般的繁荣与苦苦挣扎的农场之间鲜明的发展差异再次催生了中西部对东部工商富贾的怨恨。

美国的劳动力大军中有近 1/4 仍然在从事农业生产，所以国会不能对农业的极端困顿视而不见，农地价格下降、农场丧失抵押品赎回权、农业银行倒闭等已清晰地证实了这种窘境。制造业已经得到进口税的保护，所以国会在整个 20 世纪 20 年代对政府政策提出了很多建议，以加大对农民的扶持。[102]莫林拖拉机公司（Moline Plow Company）的总裁乔治·皮克（George N. Peek）和副总裁休·约翰逊（Hugh S. Johnson）在他们影响深远的著作《农业平等》（*Equality for Agriculture*）中暗示应将农产品价格提升到战前水平以救助农业。他们为农民提出了“平价”概念，倡导根据 1910 年至 1914 年的价格水平确保农产品的购买力。[103]

问题在于如何实现提高农产品价格的目标。人们认为一个可行的方法是推行“关税平等”，即农民卖出农产品时获得的保护等同于他们购买的制成品获得的保护。制成品的平均关税达到 45% 左右，而农产品的平均关税只有 22% 左右。因此，关税平等意味着要么提高农产品的进口关税，要么降低制成品的进口关税。农业群体无意攻击贸易保护原则或削减制成品的关税，将工业利益集团拉入这场争斗，因此人们一致认定，或许更可取的办法是调高农产品的进口关税。[104]

用上调进口关税帮助农业纾困的方法存在一个问题：对绝大多数美国农民生产的粮食种类来说，美国仍然是净出口大国，特别是谷物（小麦和玉米）和传统的主要农作物（棉花和烟草）。这些产品的价格取决于全球市场。上调农产品的进口关税只能使绝大多数农民从价格走低中获得些许救济，如果说真的能产生救济作用的话。在《福尼特–迈坎伯关税法案》的辩论过程，亚利桑那州民主党参议员卡尔·海登称关税法案之所以包括上调农产品关税的内容，“其原因无非在于他们想愚弄农民，欺骗畜牧业者相信他们会从这部法案中获得足够的好处，弥补他们购买高价制成品时蒙受的损失，这些制成品都在本法案中被征以高关税，甚至是禁止性关税……时间马上就会揭露出事实的真相：试图通过关税推高小麦、棉花、短纤维棉花和其他诸多农产品和畜牧产品的做法没有任何效果。这些产品的进口量少得几乎可以忽略不计，而美国自己的过剩产量必须销往国外。”[105]

1921 年《紧急关税法案》和 1922 年《福尼特-迈坎伯关税法案》未能为农业生产者提供太多扶持，促使国会提出了新的方案。国会希望推出联邦贷款和合作营销安排、政府以担保价格和出口补贴采购剩余农产品等多个项目，直接提升农产品价格。这些方案中最值得关注的是俄勒冈州共和党参议员查尔斯·麦克纳里（Charles McNary）和艾奥瓦州共和党众议员吉尔伯特·豪根（Gilbert Haugen）共同提出的《麦克纳里-豪根计划》。这份计划于 1924 年问世，在随后的几年里不断被人们提起。它把国内价格补贴与出口补贴相结合，推行皮克和约翰逊倡导的“平价”概念。[106]根据这份计划，政府将成立一家出口公司，针对特定产品收购足够多的国内产量，将其价格抬高至政府设定的目标，并且与总体价格指数挂钩。政府还将限制该商品的进口量以阻止它们的进口价格低于政府的目标价格。随后政府以低于全球市场价的价格将其持有的过剩产品卖到国外。以较高的国内价格购买产品并以较低的全球价格销售过剩产品造成的财务损失，则由对国内销售收取的“均等费”承担。从可行性的角度来说，这份计划不能涵盖所有农产品，因此只限于小麦、羊毛、牛和生猪等基本农牧品。

虽然从全国农庄到美国劳工联合会等农场组织都支持这份计划，但反对者攻击《麦克纳里-豪根法案》违反了宪法，只代表群体利益，而且不切实际。[107]1924 年，众议院以多数票否决了它，这部法案最大的支持者来自中西部，但几乎东部和南部的所有州都反对它。中西部的众议员认识到自己需要拉拢其他政治支持力量，所以再次提出这部法案时将棉花纳入其中。棉花带和玉米带联合起来，支持这部法案于 1927 年通过了国会审议。

虽然中西部共和党人大力支持这部法案，但共和党内的东部建制派并非如此，因为农民并不是他们传统的政治基础。[108]柯立芝总统否决了这部法案，认为很难实现政府定价，会扭曲市场，而且征收“均等费”也违反宪法。总统还坚持认为这部法案只代表群体利益，具有选择性，因为它帮助的是种植小麦、玉米和棉花及养殖生猪的农民，而不是种植燕麦、大麦和蔬菜的农民，此外还忽略了牛肉和家禽肉的生产商。

尽管总统坚决反对《麦克纳里-豪根法案》，但是农民中的支持者仍执意要求政府采取措施缓解农业面对的财务困境。1928 年初，国会通过了另外一部《麦克纳里-豪根法案》，它的力度比上一部法案大得多，而且试图覆盖所有大宗商品，以避免总统再次提出反对。柯立芝总统又一次否决了这部法案，他的理由是这会“毒害我国民族精神的源泉”。[109]他在言辞激烈的否决咨文中再次强烈批评了这一计划，称这部采取协议售价方式的法案愚蠢轻率，会以牺牲其他人的利益帮助部分农民，而且复杂到难以执行。

中西部的共和党造反派对未能顺利推出农业救济法案，感到非常沮丧，所以决意做些事情帮助他们那些务农的选民。提供农产品价格补贴的想法受阻之后，他们开始猛烈抨击工业生产商享受的高关税。1927 年 12 月，南达科他州共和党参议员威廉·麦克马斯特（William McMaster）提议立即下调关税，他主要针对的是农民使用的机器和设备。麦克马斯特痛斥农业关税是个骗局，并且开始攻击工业受到的贸易保护。

> 农业可以获得救助的唯一方式是唤醒工业扎堆的东部地区。我希望看到工业集团像过去 7 年里的农业一样，被迫置于防守的处境。西部必须敲打那些已经获得救助的产业。除了调整关税，我不知道还有什么更好的途径能让东部认识到这个问题。农场主已经下决心采取这些措施。他们要么必须享受到关税带来的益处，要么必须摆脱关税造成的重负。[110]

参议院财政委员会主席、犹他州共和党议员里德·斯穆特严厉谴责了威廉·麦克马斯特的提议，“我很难衡量出采取这项决议会产生什么样的灾难后果。这相当于在黑暗中挥出一击，而且一无是处”。[111]里德与共和党“老近卫军”强调至少在两年内不需要进行任何关税修正。

然而中西部的共和党造反派和南部支持低关税的民主党人共同压制了共和党领袖，联手使《麦克马斯特决议》通过参议院审议。

东部利益集团在众议院的影响更大。虽然《麦克马斯特决议》被提上议程，但是它是以极其微弱的优势在众议院获准提请审议的。以农业为主的中西部和工业为主的东部之间的斗争被再次推迟。不过农业地区要求推行关税改革并且制定新关税法案的呼声迫使国会重新审议这个问题，而且这比共和党领导人预期或期望的时间来得更早一些。造反派要求下调工业品关税，上调农产品关税，认为这能够帮到每况愈下的美国农民。具有讽刺意味的是，撒下《霍利-斯穆特关税法案》这颗种子的人并不是贪婪的工业集团游说者或共和党领袖，而是中西部的进步共和党人。

# 第八章
# 《霍利-斯穆特关税法案》和大萧条，1928—1932年

在20世纪20年代，贸易政策的重心从保护制造业转向保护农业。国会绞尽脑汁找到适宜的方式救助农民，为农业纾困。柯立芝总统否决了为农业提供价格补贴的法案后，国会改变思路，把关注点转向了关税调整。事实证明，在这种情况下产生的1930年《霍利-斯穆特关税法案》成为1828年"可憎关税法案"之后争议最大的贸易法案。这部法案通过国会审议的过程举步维艰，其辩论过程达到白热化的程度。当时美国经济正在缓慢地滑向大萧条，这部法案将应税进口产品的平均关税推高到接近历史最高点。20世纪30年代初期，全球贸易前所未有地剧烈收缩。在此期间，很多国家对美国采取了报复措施，大幅提升本国的贸易壁垒。《霍利-斯穆特关税法案》产生了深远的影响，而且是国会最后一次全面调整关税税则的税率。

## 《霍利-斯穆特关税法案》的起源

本书第七章已经介绍，国会从20世纪20年代开始越来越关注农业而不是制造业。尽管在19世纪，制造业是政策制定者最关心的经济部门，但时至今日，美国工业已经主导了全球市场，政策制定者将他们的工作重心转向本国萧条的农业。1920—1921年大宗商品价格直线下滑，使农民陷入极其严重的财务困境中，由此引发了长达10年的经济困顿。尽管国会试图为某些产品提供价格补贴，但柯立芝总统两次否决了这类

法案。

农业身处困境是1928年大选的重要背景。两党均承诺要帮助疲软的农业，但并没有说清楚自己要做什么。民主党承诺通过政府信贷和营销援助，采取一定措施"设定并维持农产品的购买力和实现农业的经济平等"。共和党承诺"经济上平等对待美国农业与其他产业，以维护农业的利益，确保它的繁荣发展"，并强调了必须进一步巩固对农民的保护，使他们免受外国竞争的冲击。[1]

在贸易政策方面，1928年可能是有史以来两党分歧最小的时候。作为民主党总统候选人，纽约州的阿尔弗雷德·史密斯（Alfred E. Smith）是支持高关税的保守派。他能获得候选人提名，反映出城市化程度较高的北部在民主党内部的势力日益强大。民主党希望自己的立场能够接近共和党以赢得商界的支持。北部派系对现行关税没有太多抱怨，而且在努力安抚工业利益集团，表示民主党不会像威尔逊政府那样大幅削减进口关税。因此，虽然民主党的竞选政纲抨击了与大企业有关的关税过高，但也宣称民主党建立的关税体系一定会"维护合法商业，维持美国劳动者较高的工资水平"，并且"将关税带来的利益和负担均分给所有群体"。这个竞选政纲甚至认可了老派共和党制定关税税率时采用的标准，即"每项税率的极限必须是国内外生产成本的差异，同时还要充分保障美国劳动者的工资水平"。[2]

因此，民主党不再将关税改革作为本党的决定性议题。[3]在竞选期间，阿尔弗雷德·史密斯发誓本党"如果获得授权，就会反对任何一般性关税法案……民主党不允许修正具体税则时以任何方式扰乱美国生活水平和工资水平"。[4]民主党领导人相信关税改革这个议题在北部并不能赢得人心，只有南部派系仍然为了降低关税的可能性而四处奔走。

与此同时，共和党的竞选政纲重申了保护性关税是"本国经济生活的基本原则和核心原则"，"对本国保持繁荣昌盛至关重要"。共和党称："同关税对制造业的影响一样，它也攸关美国农业的生死。"但这一竞选政纲继续表示："现行关税法的部分条款需要根据全球竞争环境的变化修正关税……我们认识到由于其他国家的薪酬和生活成本较低，所以我国有些产业无法有效地与外国生产者开展竞争。我们承诺共和党执掌下一届国会后，将重新审核关税税则，而且在必要的情况下修正税则，最终使这些产业的美国劳动者再次占领本国市场，维持他们的生活水平，确保他们能在自己习惯的领域里稳定就业。”[5]

尽管共和党的总统候选人赫伯特·胡佛（Herbert Hoover）承认外贸对本国经济至关重要，但他警告说低关税会促进进口，压低工资。胡佛接受本党提名后宣称：“当今我国最紧迫的经济问题在农业。如果我们要让 1/3 的美国人民直接享受到经济繁荣，获得满足感，同时让全国人民间接享受到这些，那就必须为农业纾困。”他强调“适当的关税是救助农业的基石”，并且承诺“利用自己的公职和影响力使我国农民充分享受过去的关税政策带来的好处”。[6]

在 20 世纪 20 年代，除了农业以外，美国经济形势一片大好，因此共和党再次在 1928 年大选中全面压制民主党。共和党继续占据着总统宝座，又进一步加强了自己在国会的多数党地位。胡佛尚未正式就职，众议院就已经开始着手制定关税法案。在某种程度上，共和党在这个时候处理关税问题并不寻常：美国经济总体向好，外国进口没有充斥美国市场，而且高关税没有使企业焦虑不安。不过，就像 1909 年共和党修正自己制定的 1887 年关税法案以安抚进步派改革者一样，现在他们要修正自己于 1922 年颁布的关税法案，是为了满足中西部进步党造反派代表的农业利益集团。特别是爱达荷州共和党参议员威廉·博拉（William Borah）一直对本党领袖施压要求实现农产品的“关税平等”。

## 争论不休的关税修正过程

1928 年 12 月，筹款委员会主席、俄勒冈州共和党议员威利斯·霍利发布公告称，很快就将举行关税听证会。1929 年 1 月，筹款委员会就关税修正问题开始了为期 43 天和 5 个夜晚的听证会。他们听取了 1 100人的陈述，记录下来的证词长达 18 卷共计 10 684 页。委员会逐一审议了每条税则，包括化学制品、陶器、金属、木材、食糖、烟草、农产品、饮料、棉制品、亚麻、大麻和黄麻、羊毛、丝绸、人造丝织物、纸张、书籍以及其他各类产品。筹款委员会经常工作至深夜，认真聆听和询问来自全国各地的生产商的意见，在税则中列出的近 3 000 种产品中，几乎每一种都与他们中的一部分人息息相关。和以往的关税修正过程一样，此次听证会的证词几乎都来自中小生产者，他们几乎异口同声地要求维持或提高进口关税。2 月底公众听证会结束后，筹款委员会按照标准流程，组织多数党成员秘密起草关税税则，而不咨询少数党成员的意见。

1929 年 3 月，胡佛总统发表就职演说，呼吁国会召开特别会议，对“农业救助和有限关税调整”采取行动。[7]众议院议长、俄亥俄州共和党议员尼古拉斯·朗沃斯（Nicholas Longworth）表示国会希望在一个月左右的时间里完成农业救助计划和关税修正法案。鉴于大选中民主党传统的反关税立场已经开始松动，朗沃斯评论：“看起来两大政党之间的分裂已经在过去几年里完全弥合，几乎只剩下细枝末节上的分歧。”他强调了少数党领袖、得克萨斯州民主党议员约翰·加纳（John Garner）也赞同保护性关税，而且预期“我们不会再从少数党那里听到他们感人地号召美国政府允许美国消费者从最便宜的市场上购买商品”。[8]

胡佛总统提议召开特别会议时，要求“有效地调整农产品关税，以弥补高成本和高生活标准使农民蒙受的损失”。随后他给国会发出一份咨文，描述了自己对即将制定的关税法案的构想。总统和共和党领袖认为国会不应该全面修正 1922 年关税法案，而只是提高农产品的关税，并且调整其他部分产品的关税，因为“这些产品对应的产业在过去几年里明显增长乏力，造成大量失业”。胡佛总统在文末强调：“我们在决定关税调整时，绝不能不考虑更宽泛的整体国家利益，而且这些利益包括我国与其他国家的贸易关系。显然以牺牲更多出口行业中的就业换取进口行业中的较少就业，是不理智的贸易保护行为。”[9]

当然，胡佛总统发出这份咨文时，筹款委员会几乎已经完成了关税法案的起草。1929 年 5 月初，霍利向众议院提交了他们的工作成果。共和党在多数党委员会报告中称，现行关税“已经充分证明了它的存在有利于重建信心和推动工业复苏”，而且“对于它保护的绝大多数商品，这部关税法案仍然高效且充分”。然而，某些产业的境况已经发生改变，有必要制定法律“使关税体系能应对现代环境”。因此，这部法案提高了 845 项现行关税的税率，降低了 82 项税率。“共和党委员相信现在的国内外竞争条件存在差异，有必要修正关税，而且对关税调整涉及的利益集团来说，调整关税是实现其福祉的必要条件。”尽管这份报告表示这次关税修正“不会对应税进口品的平均税率进行实质性调整”，但关税委员会的计算表明，在众议院提交的议案里，进口商品的平均关税从 34.6% 上升至 43.1% 。最终，多数党承认其他国家对美国上调关税的举动忧心忡忡，但称“我们的首要责任是维护美国民众的成功和繁荣”。[10]

霍利在众议院宣讲这部法案时坚称：“我们所有人都享受着保护性关税缔造和维护的美国式生活水平。”有人询问关税调整的基本原则时，他回答，“只要有证据表明美国工业与外国生产者或外国进口展开竞争时，美国自身的竞争条件处于劣势，或我们获取的信息证明存在这种情况，我们就调整相应产业的税率应对竞争环境。”这意味着，对本国产业提供“贸易保护所需的任何税率都会被写入税则”。“我们无意禁止任何进口，”霍利始终强调，“我们的意图是它们不应该将美国生产者和劳动者置于不利境地。”[11]

田纳西州的科德尔·赫尔撰写了委员会的少数党报告。他批评共和党设置的关税过高或禁止了进口，因为它们确保了“国会议员之间互投赞成票以通过对自己有利的议案，以及利益冲突的集团对国会施加政治压力等最恶劣的老派做法将继续肆虐”。[12]赫尔强调对于依靠出口市场的大多数美国农民来说，进口关税对他们没有任何帮助。他说：“目前至少所有坦诚的人都默认，只有少数农业特色产品才能明确地从关税中获得实质性好处。”[13]他猛烈抨击民主党提交的法案：“现行的抑制性关税首先伤害的就是美国农民：第一，提高了他们的生产成本；第二，提高了他们的生活成本；第三，提高了他们的运输成本，第四，导致他们的海外市场和出口量缩水；第五，由于阻塞盈余（surplus congestion）

而压低他们的房产价值。”

尽管共和党领袖强调这部关税法案的首要目标是帮助农业，但在法案中，制成品关税的上调幅度与农产品关税的上调幅度没有差别。让中西部共和党人更失望的是，这部法案没有纳入出口补贴计划，而这项计划的设计初衷是为了取代本书第七章提到的“麦克纳里-豪根价格补贴计划”，为那些以出口为主而不受进口税影响的农民提供补贴。[14]共和党领袖强烈反对推行出口补贴措施，因为它会进一步恶化党内各派系间的紧张关系。东部共和党支持对工业品征收高关税，但认为进口原材料和食品提高了生产者的生产成本和家庭生活成本，所以对美国经济有破坏作用。譬如，纽约州共和党议员费欧雷罗·拉瓜地亚（Fiorello H. LaGuardia）热烈支持用关税“保护美国劳工”，但反对上调食糖和黄油的税率。他斥责对土豆征收高关税的行为“简直是赤裸裸的偷窃”。[15]与此形成鲜明对比的是，中西部造反派支持农业获得“关税平等”，即下调制造品关税，提高农产品关税，同时为农产品提供出口补贴。

胡佛总统对这部法案极为不满，所以约见了众议院的共和党人，要求他们按照共和党在竞选中做出的承诺，提高农业关税并下调工业关税。总统还坚持要求在法案中纳入“弹性关税”的授权，允许他根据关税委员会的报告调整税率。胡佛（1951—1952，第1卷：第292—293页）在自己的回忆录里写道：

> 我相信要使关税问题摆脱国会议员在议案审议中互投赞成票的做法，唯一的办法是赋权这个两党联立的委员会根据国内外生产成本差异调节应税产品的关税，并且在完成关税调整之前举行客观的调查和公众听证会……任何以国会议员互投赞成票的方式通过的议案必然在某些方面极其糟糕（这种审议过程在国会是不可避免的）。采取弹性关税手段不仅是为了提高关税平等，而且有可能使国会不再制定关税。

这次会见相当失败，因为总统的意愿没有对众议院的法案产生任何明显的影响。

赫尔等南部民主党人认为，“这部法案尖锐地提出了两个问题：关税是否可以这么高？本届政府是否有可能削减部分关税？”[16]不过绝大多数民主党反对这部法案并不是因为他们要求削减关税。民主党过去采用的口号“获取财政收入是征收关税的唯一目的”早已过时。相反，他们主张采用其他方法分配关税带来的好处。“我坚信贸易保护主义原则，”加纳声明，“但我认为应该公平地分配贸易保护：南部和西部的农民与新英格兰和宾夕法尼亚制造商一样，有权利平等地享有关税保护带来的好处。”他抱怨，“下调工业品关税，使它们向农产品关税看齐的所有努力都遭到了共和党领袖小团体的反对，这个团体控制着关税法案的命运”，而且“出口补贴计划未能纳入关税法案，使 80% 的美国农民通过关税获得大量救助的最后一线希望也破灭了”。[17]

民主党对这部法案怨声载道，但是没有足够的选票改变最终的审议结果。共和党在国会的多数党地位相当稳固，所以这部法案毫无悬念地通过了众议院审议。1929 年 5 月 28 日，众议院以 264 票对 147 票的结果通过了《霍利关税法案》。“不管这是由于白天气温太高，还是数小时的漫长讨论让人们筋疲力尽，这次众议院千辛万苦地通过了重大法案后，并没有像往常一样出现群情振奋的场面。”《纽约时报》报道：“众议院议长朗沃斯宣布关税法案通过审议时，只有共和党人发出微弱的欢呼声。民主党被共和党在人数上的绝对优势彻底击垮了，愤愤地在座位上挪来挪去。”[18]和以往一样，这次投票结果充分体现出两党各自的路线：共和党以 244 票对 12 票的结果支持法案，民主党以 134 票对 20 票的结果反对法案（其中包括一位农工党人的反对票）。

如图 8.1 所示，南北部由来已久的地域分裂依然相当清晰。来自东北部、中西部工业区和远西地带的共和党人支持这部法案，只有少数来自明尼苏达州、艾奥瓦州、南达科他州和内布拉斯加州“玉米种植带”和“小麦种植带”的造反派对该法案存在异见。南部民主党人一致抵制这部法案，只有糖业利益集团影响力极强的路易斯安那州和佛罗里达州没有遵循党内线路。换言之，投票支持这部法案的北部民主党人超过

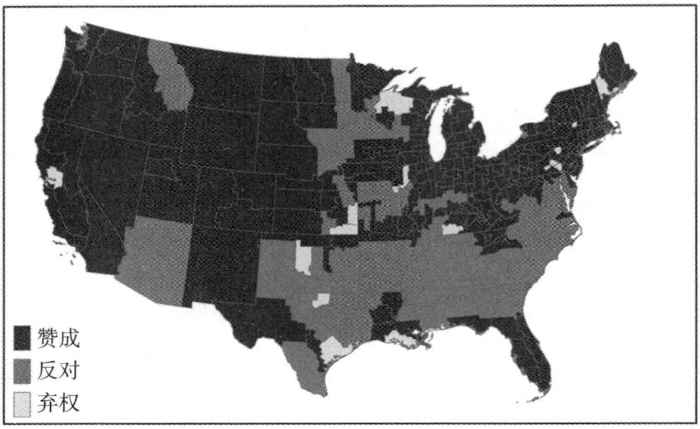


图 8.1　1930 年 5 月 28 日，《霍利关税法案》在众议院的投票情况

资料来源：Map Courtesy Citrin GIS/Applied Spatial Analysis Lab，Dartmouth College。

了反对该法案的中西部共和党人，这清晰地展露了两党内异见者的相对力量。[19]

随后这部法案被提交至参议院财政委员会。它的主席是来自犹他州的里德·斯穆特。他被很多人视为一位能力突出且不知疲倦的立法者，是国会中对关税税则的细节最了如指掌的国会议员，还是一位坚定的贸易保护主义者。从他的原则出发，他几乎反对所有削减关税的举措和主张。[20]作为摩门教的领袖，斯穆特因为坚决维护犹他州甜菜糖业的利益而成为众所周知的“保护主义信徒”和“糖业参议员”。正如一位参议员所说：“犹他州的参议员当然认为，在很多情况下糖税都不够高。我可以说，在这位参议员心里，即使将糖税调高至法案中现行税率的两倍，他也会觉得不够高。他做梦时梦的是糖，他吃的是糖，他从早到晚直至深夜，眼里都只有糖。”[21]

过去的经验已经清晰地表明，由于西部利益集团在参议院的力量更强大，而且一旦法案提交审议，共和党领袖就无法再掌控它，所以参议院审议法案的过程往往引发更多争议。在众议院提出的关税法草案中，工业品的关税上调幅度超过了农产品的关税上调幅度。使中西部共和党人和南部民主党人组成的两党联盟大为光火。他们抱怨这有悖于总统明确表达的意愿，即对关税进行有限修正，并且使农民成为主要受益人群。早在财政委员会开始审议法案之前，中西部参议员（代表农业利益）和西部参议员（代表矿业和养牛业的利益）就公开表达了自己的不满。爱达荷州共和党人威廉·博拉建议只允许财政委员会修正农业关税税则，这样就可以使工业品维持现行关税。“真正的斗争是农业利益与工业利益之争，”博拉解释，“我们认为我们在为平等而斗争。虽然我们对出口产品关税进行了一定程度的上调，但我们不得不买的产品的关税也被大幅提高。这个事实让我们感到关税平等不断遭到侵蚀。”[22]博拉决议以一票之差未通过表决，其中共和党以 32 票对 13 票反对该决议，民主党以 25 票对 7 票支持该决议。不过，这个投票结果展示了造反派农业联盟在参议院的影响力，而且预示了即将到来的艰苦斗争。

随后，财政委员会开始了艰苦卓绝的听证会，从 1929 年 5 月一直延续到 9 月。委员会听取了 1 004 名证人的证词，所做记录累计 18 卷共 8 618页（其中一卷专门记录了外国对这部法案的抗议。后文将详细讨论这个问题）。无数生产者利益集团的代表再次出现在委员会，要求提高与其产品存在竞争关系的进口品的关税。9 月初，委员会提交了自己的法案版本，在众议院提交的法案版本中提高了 177 项关税，下调了 254 项关税。斯穆特向参议院介绍这部法案时深知一场大战一触即发。“人民选举了共和党总统以及共和党主导的国会，就是为了让贸易保护主义的朋友掌控关税调整，”他警告，“如果国内的某个群体或部门拒绝执行或破坏这一授权，那么人民很清楚应该由谁来承担责任。”他指责民主党“得到了不会给国家带来任何好处的派系力量的支持”，而且“受到国际主义团伙的教唆，这群人心甘情愿地背叛美国的利益而屈服于国际主义精神”。[23]

北卡罗来纳州民主党参议员佛尼夫德·西蒙斯（Furnifold Simmons）带领民主党人发起了进攻。他称这部关税法案根本“站不住脚”，违背了总统在竞选时承诺救助农民的誓言。他大声疾呼：“这部法案不仅没有像承诺的那样清除不利于农业的关税歧视，反而大幅加剧了这些歧视并拓展了它们的范围，而且……它每给予农民一美元，就以他们购买的物品成本上升的方式，从他们那里拿走数美元。”西蒙斯认为这部法案征收关税的对象包括两种：要么是进口量微不足道的产品；要么是美国生产商依赖全球市场出口，而它的进口对美国没有太大影响的产品，所以农民对关税法案“极其不满”，西蒙斯也拒绝接受它。他认为：“农民可以通过关税法案实现基本平等或有望实现关税平等的唯一途径，是对他生产的产品征收可以见效或应当见效的关税，或者大幅下调那些他不生产或为了农场和家庭而必须购买的产品的关税。”[24]

随后参议院启动了漫长复杂的法案修正过程。在 1929 年 9 月至 1930 年 2 月间，参议院采用了“全院委员会”程序来审议这部法案。与筹款委员会不同的是，财政委员会无法控制会场对议案的辩论过程，也无法限制它的修正案。“全院委员会”程序允许进行开放式讨论。在这个过程中，任何参议员都可以提出修正案，或要求对具体产品的关税举行投票。

参议院在讨论关税税则之前，就花了好几周时间辩论关税法案中的行政条款。在这个阶段，后来被人们称作“反税联盟”的组织成功地彻底改变了这部法案，该联盟由民主党人和博拉决议中与共和党分道扬镳的少数造反派组成。自 1929 年 10 月底至 11 月中旬，“反税联盟”在一系列唱名投票中成功地大幅削减了工业品的关税，在大多数情况下都使它们恢复到了 1922 年的水平。他们不仅将出口补贴计划写入法案，而且从法案中拿掉了总统和共和党领袖力保的弹性关税条款。

来自东部工业州的“老近卫军”参议员焦虑不安地看着“反税联盟”逐渐掌握主动权。新罕布什尔州共和党议员乔治·摩西（George Mose）痛斥博拉和他的追随者是“野驴之子”，这个绰号经久不衰，成了造反派的荣誉勋章。全院委员会曾举行投票决定是否要将生铁的关税从每吨 1.50 美元削减到 0.75 美元。投票结束后，宾夕法尼亚州共和党议员大卫·里德（David Reed）攻击反税联盟，说他们“动摇了美国工业的稳定和结构”。他长吁短叹道：“反税联盟铁了心要狙击任何一项工业品的关税上调，我们还是忍耐这种情况为好。随后法案会提交协商委员会，而众议院和参议院永远不会达成一致意见，不过至少我们可以摆脱这个联盟，然后正常开展我们的日常工作。”里德还攻击了造反派对工业利益集团的敌意："西部州，特别是中西部州所谓的棉花带，对东部工业州充满了恶意，特别是对我们宾夕法尼亚州。你们几乎可以认为我们在相互开战。"[25]西部参议员回应称，里德会欢天喜地地把锰矿石列入免税清单帮助钢铁业，而全然不考虑这给矿业州带来的麻烦。

参议院审议法案时表现出的诸多不确定性为总统展现领导力创造了时机。没人知道白宫如何看待这场造反运动。胡佛是希望将关税修正的范围限制在农业关税税则里，还是他也赞同上调工业品的关税？不过，看起来胡佛从来不关心关税本身，而且拒绝给国会提供任何指导，此外他的建议也不会受到国会的欢迎。1929 年 10 月底白宫发表的一篇声明言简意赅地表示："总统已经谢绝干预任何涉及具体关税的事宜或与关税有关的让步，也不会对此表达任何观点。这是由于他无法假装自己掌握了制定数千种产品的关税所需的必要知识。"[26]

随后在 11 月初，斯穆特承认无法完成法案的起草工作，使参议院震惊不已。他承认财政委员会对这部法案失去了控制，提出将它交给反税联盟来处理，并且如果反税联盟愿意，可以休会 10 天重新撰写法案。为了加快这个进程，他建议参议院省略辩论过程，直接对反税联盟提交的版本进行表决，不过他无法确保表决的结果如何。他原本可能是为了叫板反税联盟，但事实上博拉和西蒙斯拒绝了他的提议。反税联盟的成员虽然对国会提交的草案提出各种尖锐的批评意见，但对如何改善关税税则立场不一。[27]

尽管关税立法工作尚未完成，但 11 月底参议院进入了休会期，而就在几周前美国股市刚刚出现了大幅下挫。在此之前，美联储从 1929 年 1 月开始提高利率，以抑制飙升的股价。货币政策收紧导致经济增长放缓，最终促使资产价格直线下跌。10 月底股市崩盘，表明美国的经济前途未卜。有些观察家将股市下挫与国会审议关税法案的工作联系起来，不过国会辩论对金融市场产生重大影响的可能性微乎其微。[28]事实上，公司股价急剧攀升后跳水的情况并不是普遍现象，几乎全部集中在公用事业公司上，而这些公司所属行业受进口税的影响最小。除此以外，参议院在法案方面的工作远未结束，没有对最终结果得出任何结论。

1930 年 1 月国会复会后，参议院仍然以“全院委员会”的身份审议法案，但此时他们研究的是总体法案，而不仅仅是财政委员会对众议院提交的法案提出的修正案。他们调整了法案中的关税，使它们更加温和。参议院一周接一周地把全部精力用来对原铝、铝屑、鞋履、煤焦油染料、丝织物、碳化钙、玻璃棒和牛奶罐等产品的税率举行费力费时的投票。参议院筋疲力尽地对食糖展开了长达 6 天的辩论后，把财政委员会建议的每英担 2.20 美元的粗糖关税下调至每英担 1.75 美元（即 1922 年《福尼特-迈坎伯关税法案》中的水平），与众议院建议的 2.40 美元的税率形成了鲜明对比。很多产品的投票结果非常接近，表明在具体产品上支持高关税及低关税的派系并不稳定，不过反税联盟似乎仍然占据上风。

到了 1930 年 3 月初，即众议院通过关税法案近一年后，参议院终于在“全院委员会”完成了审议。众议院的法案以 1922 年关税法案为基础，上调了 845 项税率，下调了 82 项税率，而参议院的版本上调了 620 项税率，下调了 202 项税率。随后开始启动参议院自身的立法程序，在最终通过法案前开展更加深入的辩论。参议员可以在会场辩论中再次提出修正案，或要求对具体税率举行新的投票，即使全院委员会已经审议过这一税率并且举行了投票也不例外。无论参议院以全体委员会的身份审议关税法案，还是谨以自己的身份审议法案时，得出的结果没有本质差异，但由于经济前景愈发暗淡，所以反对削减工业品关税的议员有时间重整队伍，提出新的修正案。由此出现了一个新的投票联盟，这个联盟出现的基础不是农业与工业的利益之争，而是无关联产品之间经典的投票交易。

这个新的联盟互投赞成票以通过对彼此有利的提案。他们成功地扭转了很多全院委员会已经投票通过的关税削减内容。譬如，3 月 5 日（即全院委员会将法案转交给参议院的第二天），参议院就重新审议了糖税。虽然参议院刚刚投票决定恢复 1922 年的食糖进口税率，但还不到两个月，斯穆特就成功地将粗糖关税推高至每英担 2.50 美元的水平。

同样，参议院还逆转了之前对水泥、软木木材以及反税联盟已成功削减关税的其他产品的投票结果。在最后这个阶段，参议院在全院委员会提交的法案基础上，上调了 75 项税率（涉及价值 3.55 亿美元的进口商品），下调了 31 项税率（涉及价值 3 400 万美元的进口商品）。

到了 1930 年 3 月，全院委员会为了抑制关税而采取的举措被大量逆转，人们纷纷谴责幕后交易和特殊利益集团游说催生的投票交易。威斯康星州共和党议员罗伯特·拉福莱特描述这部法案的特征时称，它是“一系列秘密交易的产物，但是要对所有公众付诸实施。他们厚颜无耻的程度在参议院的历史上无出其右……在我看来，这部法案的投票过程纵容了投票交易，而正是这种交易使法案采纳了一些最不合理的税率……本届国会展示了制定关税法案时不应该采取的做法”。[29] 参议院发表的声明指出，食糖、木材、混凝土等产品可能涉及参议员互投赞成票以通过对彼此有利的提案。譬如，马萨诸塞州民主党议员大卫·沃尔什（David Walsh）在木材关税的投票前表示：

> 近几周里在参议院发生的事让我忍不住一吐为快。它们多多少少动摇了我对参议院本其良心做出判断的信心。即使没有互换选票的行为，即参议员互投赞成票以通过对彼此有利的提案，也存在利用无形影响力改变选票，扭转参议院决定的行为，而且其严重程度在立法史上前所未有。对许多产品的投票结果发生变化，这些情况都很令人生疑。事实上，已经有人私下承认，对所有重要产品的关税的投票都已经成为或即将成为互换选票的行为。[30]

投票结果逆转使共和党造反派相当沮丧。“这部法案背叛了农民的利益，”拉福莱特怒斥道，“工业利益集团游说者为了他们代表的特殊工业利益集团的利益，把农民的脊背当作跳板，将工业品的关税推高至一个全新的水平。在很多情况下，关税法案赋予农民的农产品关税没有见效，而农民反而要承担起为农场购买的每一样物品支付更高价格的义务。”他将这部法案称为美国历史上“最糟糕的关税法案”，认为这部法案会使消费者因为物价上涨而多花10亿美元。[31]

威斯康星州立大学的经济学家约翰·康芒斯（Joahn R. Commons）、本杰明·希巴德（Benjamin H. Hibbard）和塞利格·帕尔曼（Selig Perlman）发现，很多农产品关税对扶持本国生产者来说没有产生实际作用。这项研究结果被人们广泛引用。他们的计算结果表明，1928年美国公众因为糖税支出了2.89亿美元，《霍利-斯穆特关税法案》每年使这笔支出增加到3.84亿美元。[32]斯穆特拒绝接受这份报告，称“知名经济学家”也会犯一些“愚蠢的错误”，而且“如果他们的研究像对糖业的分析那样错得很离谱，那么这本小册子里的每一行都是废话”。斯穆特称人们要求国会接受这些经济学家“在他们没有半点实践经验的”问题上提出的建议，而“经验老到的制糖业从业者……已经亲自在参议院财政委员会表明必须提高糖业的关税。他们已经向我们保证提高关税不会威胁到消费者，也不会威胁到古巴的福祉”。[33]

1930年3月24日，即众议院通过关税法案10个月后，参议院完成了对法案的审议，以53票对31票的结果通过了该法案，其中共和党以46票对5票的结果支持法案，民主党以26票对7票的结果反对法案。[34]参议院对众议院提交的法案提出了1 253项涉及技术层面或关税调整的修正案。后来的统计结果表明，自1929年9月持续到1930年2月的会场辩论共耗时527小时，在《国会议事录》（Congressional Record）中留下了2 638页记录，印刷成本达13.1万美元。[35]许多议员在辩论过程中发表了冗长的演讲，如亚利桑那州民主党议员亨利·艾舍斯特（Henry Ashurst）就西红柿关税发表的演讲有15页长，共和党议员杰拉德·奈（Gerald Nye）就木材关税发表了长达35页的演讲。

1930年4月，参众两院协商委员会开始着手处理两部法案之间的差异。协商委员会普遍采纳众议院提交的原始法案中的高税率，但在其他条款上又出现了分歧。众议院的法案版本虽然包括了弹性关税条款，但权力极其有限，不过它也采纳了出口补贴计划。参议院的法案版本拒绝采纳弹性关税条款，但保留了出口补贴计划。在参议院审议法案期间基本保持沉默的胡佛此时威胁要否决该法案，除非它加入更强大的弹性关税条款，同时放弃出口补贴计划。显然，他并不关心关税本身有多高及采取何种关税架构。[36]最终参议院让步，以 43 票对 41 票的结果勉强通过了取消出口补贴计划的决定，并且在副总统打破僵局后增加了弹性关税条款。

1930 年 6 月 23 日，参议院以 44 票对 42 票的结果通过了协商委员会报告，其中共和党以 39 票对 11 票同意该报告，民主党以 30 票对 5 票反对该报告。投票双方的差距如此微弱，表明共和党已经丧失了农业州的支持，因为在协商委员会提交的法案中，工业品关税的上调幅度超过了参议院通过的法案版本的上调幅度，让农业州焦虑不安。然而，有 5 位民主党人的选票对议案能否通过非常关键，而相关产品的利益集团说服了他们支持这部法案，即路易斯安那州的制糖业、怀俄明州的羊毛业和佛罗里达州的水果业，尽管 50 名共和党参议员中的 11 位造反派投票反对了最终的法案版本，但未能对最终结果产生更大的影响，这让他们相当沮丧。

第二天，众议院在两党都出现“变节者”的情况下通过了协商委员会提交的法案。霍利敦促众议院通过此部法案时称：“如果这部法案颁布生效……那么我们就会像共和党每次颁布关税法案一样，延续我国的经济辉煌。无论从事何种职业，身处哪个行业，所有美国人民都会像过去一样共享经济繁荣，这将提升我们的财富和就业，使我们的生活更加舒适，必需品的供给方式也将得到改善；这将促进我们的海外贸易，使美国继续在全球其他国家面前保持财政稳健、人民共享公平公正并且永远力求自给自足的头号强国形象。”[37]

几乎没有议员因为国会通过这部法案而欢欣鼓舞。立法过程逐渐接近尾声时，民主党和共和党造反派都加强了攻击的火力。内布拉斯加州共和党参议员乔治·诺里斯（George Norris）如此形容此次立法的最后结果：

> 贸易保护彻底疯狂了……它是为了维护蒸蒸日上的商业组织

的利益而酝酿成文的。在我看来，这些商业组织利用很多极不公平且具有欺骗性的方法获得权力，并动用这些权力使这部美国历史上最自私、最站不住脚的关税法案通过了国会的审议。我判断，那些藏在幕后的人将利用自己手中的权力毁灭自己，因为毕竟从长远看……使部分美国人民以破坏和伤害其他人民为基础发展壮大的关税法案终将自我毁灭。[38]

众议院的少数党领袖约翰·加纳痛斥这部法案“违反了所有常识、公平和合理的经济学原则。参众两院的共和党多数派打着保护农产品的旗号将完全站不住脚的关税强加给我国，这些关税只会使农民和消费者已经背负多年的负担愈发沉重；这些关税很容易使我国诸多产品的外国市场缩水，事实上失去所有外国市场，无论工业品还是农产品均是如此”。加纳继续说道：

所有使农业享有平等保护并因此占据一定优势的努力都遭到了破坏。所有下调工业品关税、使它们向农产品关税看齐的努力都遇到了一小撮共和党领袖的反对，而正是这个小团伙控制着关税法案的命运。他们放出烟幕弹掩盖了自己操纵工业品关税的调整过程，将它推高到史上最高水平的行径。为了掩饰这些举动，他们提高了部分农产品的关税，而这些农产品要么生产过剩，要么关税对它们根本不起作用。他们断然拒绝了出口补贴计划，而这个计划原本可以使关税对这些生产过剩的农产品提供帮助，就这样他们还厚颜无耻地称这部关税法案的目的是为了给农业施以援手。[39]

最后，加纳总结：“《霍利-斯穆特关税法案》并不是将调查研究中总结出的经济学事实应用到实际情况后得到的成果。它不是进行科学演绎或采用科学发现后得到的成果。它是政治向一个规模不大但权倾朝野的小团体阿谀奉承的结果。这个小团体财力雄厚，足以在华盛顿豢养一大批高效能干的说客为他们服务，并且在很大程度上控制了共和党的财务及政策。”[40]

随后，这部关税法案提交给了总统审批。胡佛（1951—1952，第 1 卷：第 296 页）后来写到，他“被纷至沓来的大量建议淹没了。各种利益集团的代表要么要求我同意该法案，要么要求我否决它”。制造商对法案的支持并不热情，就算他们关心最终结果，也没有努力消除国会调整关税带来的不确定性。农民组织即便不是对法案怀有深刻的敌意，也是心存疑虑。除了个别工会以外，有组织的劳工大体上对法案保持中立态度。[41]

不过，公众对国会冗长延宕的关税制定程序总体上持消极态度。负责总统信件的秘书告诉胡佛：“我国极少因为关税法案掀起如此高涨的民众抗议浪潮。”[42]对这部法案的反对声远远超过了民众对之前任何一部关税法案的反响，这要么是因为主张提高关税的经济学原理根本站不住脚，要么是因为公众看到特殊利益集团的政客几乎不加掩饰地在国会互投赞成票以此通过对彼此有利的条款，行径极其无耻。人们肆意嘲笑国会出现的各种奇观，例如它对同一种商品的关税举行多次投票，而投票的结果取决于哪个联盟占了上风或哪些参议员之间交易了哪些选票。

有一项针对媒体社论版的调查显示，在 324 家报纸中有 238 家报纸不相信《霍利-斯穆特关税法案》能在最大程度上服务于美国的利益。[43]当时最杰出的专栏作家沃尔特·李普曼（Walter Lippmann）指责关税法案是“愚蠢和贪婪造就的卑鄙、充满恶意的产物”。[44]银行和金融机构的高管提醒胡佛注意美国当时是债权国，而高关税会阻碍其他国家赚取偿还战争债务必需的美元。摩根大通的托马斯·拉蒙特（Thomas Lamont）当时是胡佛总统的顾问。后来他回忆说：“我差点儿跪下来求赫伯特·胡佛否决愚蠢的《霍利-斯穆特关税法案》。这部法案激化了全球各国的民族主义。”[45]据称国务卿史汀生（Henry Stimson）在两天的时间里“疯了似的提出反对意见”，试图说服胡佛否决这部法案。[46]后来胡佛也因为在这件事上缺乏领导能力而饱受攻击。[47]

在人们对这部关税法案的各种反应中，最引人注目的是 1 028 名经济学家共同签名发表了一份声明，并且醒目地刊登在1930年5月5日《纽约时报》的头版上。这些经济学家称高关税“大错特错”。他们认为不需要对美国制造商加大贸易保护的力度：“我国人民消费的制成品中已经有96%由我国的制造业工厂提供，而且我国生产商指望用外国市场吸收他们的机器源源不断生产出来的产品。进一步提升贸易壁垒对他们有百害而无一利。”提高进口壁垒会推高消费者的支付价格，导致低成本企业的利润进一步增长，促使高成本企业的生产效率愈发低下，而且在那些受关税保护的产业，工人会因此受到伤害。此外，出口也会受损，因为“除非其他国家可以卖给我们东西，否则它们不会一直从我们这里采购产品。而且我们通过上调关税限制它们对美出口的力度越大，我国出口进入它们市场的可能性就越低。”最终高关税会“不可避免地将……怨恨注入”国际经济关系，而且“只会刺激他国与我国竞相提高贸易壁垒”。[48]

尽管这部法案受到各种批判，但总统并不打算否决本党提出的法案。鉴于共和党执掌下的国会已经按照他的要求制定了关税法案，而且纳入了弹性关税条款，并放弃了出口补贴计划，所以总统几乎不可能找到正当的理由否决这部法案。胡佛是这样描述法案的：

> 它包含了不同部门的利益集团之间和不同产业之间达成的许多妥协。在现行体系下，过去没有制定出完美的关税法案，将来也不可能。大多数关税条目都是根据正确的判断进行调整的，但法案中必然会包括一些不平等或不公平的妥协。事实证明，部分产品的税率过高，而另一些产品的税率过低。显然没有一位总统能够在肩负其他职责的情况下，假装自己弄清楚了与3 300项税目有关的所有错综复杂的事实，这需要数百位国会议员在接近一年四个月的时间里认真研究才能完成。[49]

胡佛盛赞弹性关税条款可以用来“纠正关税中的不平等现象”，而且“让我们满怀希望，使关税摆脱政治、游说及立法者为了私利而互投赞成票等行为的影响”。不过法案的整个制定过程让胡佛感到焦虑：“目前的燃眉之急是消除商界中存在的不确定性，而关税法案的辩论一拖再拖使这个问题雪上加霜……正如我所说，我认为这部法案以及任何一部关税法案的税率结构都不完美，但我深信迫在眉睫的是这一整个问题如何处理……关税持续引发的焦虑情绪是拖累商业复苏的最大原因。”[50]于是，1930 年 6 月 17 日中午 12 点 59 分，胡佛签署了 1930 年关税法案，该法案于次日生效。胡佛（1951—1952，第 1 卷：第 299 页）很有先见之明地写道：“尽管推行关税改革有诸多裨益，但将关税问题从沉睡中唤醒制造出了政治累赘。”

## 正确看待《霍利-斯穆特关税法案》

1930 年《霍利-斯穆特关税法案》引入的时机极不合适，而且折射出了特殊利益集团为了通过对自己有利的法案疯狂地互投赞成票的现象，所以它永远地背上了恶名。[51]尽管它并没有完全离经叛道，但《霍利-斯穆特关税法案》在很多方面的表现都很不寻常。1922 年《福尼特-迈坎伯关税法案》背后的基本政治原理很容易理解：政府的控制权已经易主共和党。共和党希望扭转当时民主党的低关税政策，同时美国经济经历了战后货币和财政调整带来的动荡。而 1930 年《霍利-斯穆特关税法案》背后的基本政治原理就不太容易理解，因为以上提到的因素均不存在。多年以来，共和党一直牢牢控制着政府，而且早在 1929 年 8 月美国经济到达商业周期的顶点之前就着手制定新关税法案，当时失业率仅有 3% 左右。他们首次计划调整关税时，既没有进口激增的现象，也没有进口价格暴跌的情况。到了股市暴跌及经济陷入衰退时，关税法案的议案已经进入参议院的审议环节。

《霍利-斯穆特关税法案》的内容约有 200 页。它的长度和复杂程度都超过了以往所有的关税法案。图 8. 2 展示了关税法案的篇幅如何随着时间推移逐渐加大，由此折射出关税税则的复杂程度日益加深。《霍利-斯穆特关税法案》详细列出了近 3 300 种产品的税率，其详尽程度令人难以想象。譬如，在法案的最终版本中，税则3（金属及金属制品）的第390段称："未经装饰、涂色、上蜡、涂漆、上釉、石印、电镀或彩色压印的金属瓶盖、(铝制）软管和洒水喷头，从价税率为30%；装饰、涂色、上蜡、涂漆、上釉、石印、电镀或彩色压印后的金属瓶盖、(铝制）软管和洒水喷头，从价税率为45%。" 税则1（化学制品、石油和油漆）的第8段称："锑：氧化物的税率为每磅2美分；靴靼催吐剂或酒石酸锑钾的税率为每磅6美分；（若没有特殊规定）硫化物及其他锑盐和化合物的税率为每磅1美分和25%从价税率。"[52] 这部关税法案中有近200页都是这么详细的税率规定。马萨诸塞州民主党议员大卫·沃尔什抱怨："现行税率的内容相当精细。这在一定程度上看起来很荒谬，在一定程度上也是政党采取的欺诈手段，目的是为了掩盖关税的真实本质，即为了实现私利的大量立法内容的集合。"[53]

在归入税则号列的3 295项应税税目中，最终法案上调了890项税目，下调了235项税目，剩下2 170项税目的税率沿袭了现行税则。这次税率调整与过去的目标（即设置关税是为了拉平国内外生产成本）没有任何关系。尽管关税委员会声称对进口番茄罐头征收31%的关税可以拉平生产成本，但国会把它的关税确定为50%。关税委员会发现

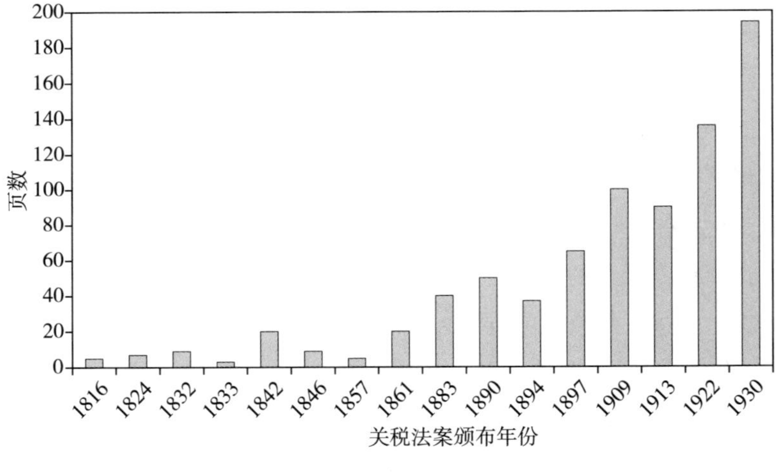


图8.2　1816—1930年各关税法案的篇幅

资料来源：Schattschneider（1935），第23页。

对每蒲式耳亚麻仁征收 56% 的关税可以使国内成本等同于国外成本，而国会将关税确定为 65% 。[54] “尽管有人在辩论中妄称有些方法可以客观地测试国家福祉，” 费特（1933，第 418 页）不加掩饰地指出，“但对具体税目的投票记录为那些愤世嫉俗的观点提供了不少证据，这些观点认为合理的贸易保护就是推高某地选民出产的产品价格，而不合理的贸易保护就是推高另一地选民出产的产品价格。”

这部法案并没有过度上调关税。关税委员会以 1928 年的进口为基数进行计算后得出的结果表明，用 1930 年的税率计算后，应税进口产品的平均税率为 41. 14% ，高于用 1922 年税率计算得出的平均税率 35. 65% 。[55]因此，《霍利-斯穆特关税法案》将应税进口产品的平均税率提高了 6 个百分点左右，增幅为 15% 。当然这只是平均水平，因为绝大多数关税没有调整，而且只有少数税率被下调了，所以对于上调的税率来说，其上调幅度远远超出了平均数值反映的情况。不过，从历史背景看，《霍利-斯穆特关税法案》上调关税的幅度并不算极端。1890 年《麦金利关税法案》将应税进口品的关税提高了约 4 个百分点，上调幅度为 10% 。《霍利-斯穆特关税法案》的关税上调幅度远远低于 1922 年《福尼特-迈坎伯关税法案》，后者将平均关税推高了近 13 个百分点，上调幅度达到 64% 。然而，《霍利-斯穆特关税法案》标志着关税在《福尼特-迈坎伯关税法案》设定的已经相当高的水平之上“更上一层楼”。

1930 年美国立法上调进口关税只是这一时期关税水平上升的原因之一。如图 8. 3 所示，虽然 1930 年应税进口产品的平均关税上升，但随后在 1931 年和 1932 年再次上升，并在 1932 年达到峰值 59. 1% ，在美国历史上位居第二。[56]进口价格急剧下降是导致 1931 年和 1932 年应税进口产品的平均关税上升的重要原因，因为约 2/3 的应税进口产品需缴纳从量税。1930 年进口价格下跌 18% ，1931 年下跌 22% ，1932 年继续下滑 22% ，这样一来 1929 年以后进口价格累计下滑 49% 。[57]通货紧缩对从量税的影响导致应税进口产品的平均关税在 1931 年缓慢上升至 53% ，继而于 1932 年攀升至 59% 。通货紧缩引发的关税上调与国会立法没有关系：它最早出现于 1929 年，而且主要是由货币因素驱动的，

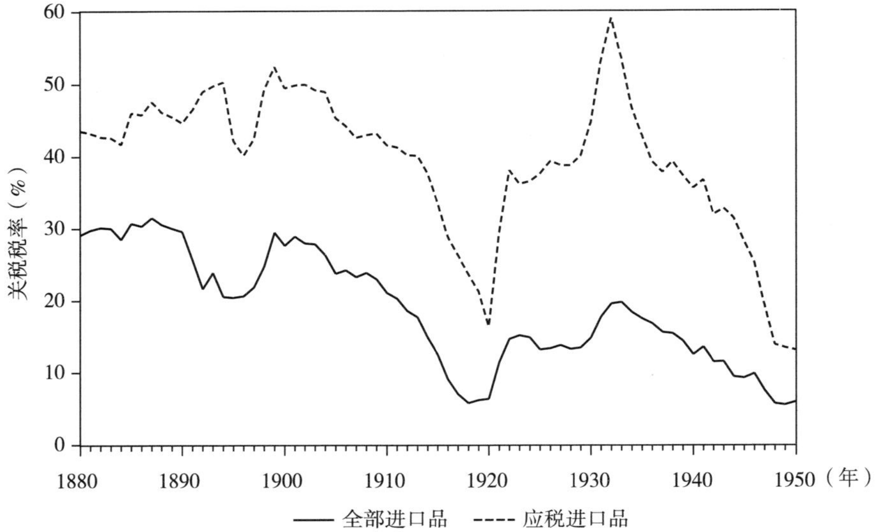


图 8.3　1880—1950 年所有进口品和应税进口品的平均关税水平

资料来源：US Department of Commerce（1975），series U-211-12。

即使不通过《霍利-斯穆特关税法案》，这些因素也会出现。

综观这一时期，政府立法上调税率与通货紧缩共同作用，使应税进口产品的平均关税从 1929 年的 40% 提升至 1932 年的 59%，提高了 19 个百分点，增幅约为 47%。政府法案将平均关税提高了 15%，通货紧缩将平均关税又推高了 32%。因此在这一时期，平均关税水平的上调幅度中有近 1/3 是由关税法案造成的，另外 2/3 是由通货紧缩造成的。[58]

《霍利-斯穆特关税法案》的复杂程度超出了国会的能力范围，特别是参议院，它们对几十项大宗商品或产品的税率反复进行多次唱名投票，受到人们的广泛嘲笑。此外，这还意味着立法过程相当漫长，从众议院召开听证会、参议院审议、协商委员会开会直至法案送到总统的书桌上，全程长达 18 个月，从 1929 年 1 月一直持续到 1930 年 6 月。1913 年《安德伍德关税法案》在国会只用了 8 个月时间就完成立法，所花时间略长于 19 世纪大多数关税法案耗费的立法时间。不过 1922 年《福尼特-迈坎伯关税法案》在国会消耗了 21 个月，这也反映出立法过程在国会花费的时间越来越长。虽然在立法过程中，议员们互投赞成票以通过对自己有利的法案内容的行为并不鲜见，但看起来这个问题越来越严重。

这种令人煎熬的立法过程在两党中都引发了巨大的挫败感。议员们充分认识到，这种旷日持久的立法过程使他们日复一日地忙于对诸多晦涩难懂的问题进行辩论，如衣夹、绳索、大礼帽、玻璃棒、亚麻籽油、纸板和含锌矿石等产品的税率应该设置在什么水平才是适宜的，而他们原本可以把这些时间花在其他迫在眉睫的问题上。烦琐复杂的立法路径使国会痛苦地意识到修正关税税则的过程中存在各种荒谬的言行。阿肯色州民主党议员撒迪厄斯·卡拉韦（Thaddeus Caraway）抱怨："问题出在体制上。已经有很多实例表明贸易保护政策用在了那些最不需要保护的产业上，而确实值得保护的产业却被忽略了，或没有给予应有的保护。看看现在提交参议院的这部法案里的税则，里面列出的产品税率与它们的进口情况之间感觉不到任何关联，而且它们常常与寻求高关税的个人/公司的收益能力之间没有太多关系。"[59]

此外，国会立法的最终结果遭到了公众的炮轰，认为它只满足了极个别利益攸关方的利益。很多与《霍利-斯穆特关税法案》有关的事情都极具讽刺意味，其中之一是它并非因为受到制造商的压力，相反，发起这一提案的是共和党进步派，他们认为关税调整有助于自己代表的农业选民，他们徒劳地希望实现"关税平等"。修正关税的想法是由政客主动提出的，而不是在利益集团的要求下被迫启动的。然而，一旦对某些群体打开调整关税的大门，其他群体就会欣欣然地借势为自己谋求利益，譬如并没有因为外来竞争加剧而受损的中小制造商。这类情形显示了政客如何利用经济利益集团实现自己的目标，而不是相反。

这次立法假意称其初衷是为了帮助农民。然而绝大多数农民面对的问题是农产品价格低廉而债务高企，无法通过提高进口关税得到解决。[60]美国在绝大多数农产品上都是净出口国（羊毛和食糖除外），因此大多数农民未能从限制进口的举措中获益。中西部农民出产谷物和肉，而南部农民出产棉花和烟草。美国将本国出产的一半棉花、三分之一烟草和五分之一小麦及面粉出口到了外国市场。"这部法案的支持者称它是为了支持农业，这完全是一派胡言，"得克萨斯州的约翰·加纳坚称，“除了个别情况以外，上调农产品的关税根本没有支持农业，而对制成品的每一项关税上调都见到了实效。”[61] 与此形成鲜明对比的是，绝大多数进口的农产品要么是本国不生产的产品（如咖啡和茶叶），要么是本国产量有限的产品（如各种热带水果）。譬如，一位农业生产者支持按每串75美分的税率对进口香蕉征收关税，这么做并不是因为美国出产香蕉，而是因为“大量廉价香蕉涌入美国很可能抑制对国产新鲜水果的消费”，特别是苹果。[62]

随后，人们力求通过研究查明哪些潜在的政治和经济因素决定了《霍利-斯穆特关税法案》能够通过国会审议。政治学者谢茨施奈德在1935年完成的经典著作《政治、压力和关税》（E. E. Schattschneider, *Politics*, *Pressures*, *and the Tariff*）中认为，推动这部关税法案出台的原因不是政党政治或贸易保护上附着的意识形态，而是因为没有任何力量阻止生产商群体要求提高关税，也没有力量阻止国会上调关税。谢茨施奈德（1935，第285页）主要研究了国会举办的公众听证会。他原本预期支持关税和反对关税的经济利益集团基本旗鼓相当，但发现实际情况恰恰相反，国会受到的压力“极不平衡……支持上调关税的压力势不可挡，因为反对力量几乎可以忽略不计”。谢茨施奈德（1935，第109页）这样描述国会承受的高度不平衡的压力：“力求提高关税的国内生产商发动了积极的攻势，几乎主导了整个立法过程。这个群体施加的压力比其他群体的所有力量更咄咄逼人、更强势、更有成效。”消费者群体或进口商反对上调关税的呼声“渺小得异乎寻常”，谢茨施奈德（第141页）指出，“极少有人因为对贸易保护的理念持异见而反对关税”。

谢茨施奈德（1935，第127—128页）解释了为什么支持高关税的力量与反对高关税的力量之间不成比例，后者反对关税的理由是“关税的成本分摊到了各个群体身上，而产生的利益却集中在少数群体身上”。正如他指出的：“立法给个别生产商带来的利益显而易见，而它带来的很多成本则模糊不清。此外，这些利益都是某项具体关税带来的，至多是几项关税带来的，而给人们带来成本的关税却多得很。”这解释了为什么国会听到的几乎全是商界的意见，而劳工、消费者或更广泛的群体没有过多参与立法过程。[63]此外，“互惠性不干涉”的做法意味着生产商不会反对提高与其他生产者有关的关税；这里隐含着一个不言而喻的规则：“各个群体为了自己的利益谋求关税调整是合理的，但反对其他群体谋求的关税调整则不公正、不合理”。谢茨施奈德（1953，第 283 页）由此得出结论，称保护性关税“在政治层面无可匹敌”，关税政策是“一项没有把握的经济政策，但它转化成了重大的政治成就。它牢固地树立起了有利公众利益的形象……几乎所有有影响力的反对意见都暂时消失了”。

不过由于谢茨施奈德的研究几乎全部专注于公众听证会，所以他描绘的立法过程并不完整，甚至具有误导性。毫无疑问，在国会的听证会上，国会议员从受关税影响的利益群体那里听到的观点倾向性极强，因为只有少数生产商利益集团愿意参与听证会。不过谢茨施奈德选择只研究国会的听证会，而不是众议院和参议院的会场辩论。他没有深入探究两院大多数民主党人及代表农业州的共和党人对关税法的反对意见。此外，谢茨施奈德的研究给人们留下的印象是，国会只是对生产商利益集团的要求做出了回应，但正如前文指出的那样，1928 年和 1929 年，工业利益集团并未叫嚷着提高关税。相反，是共和党政客主动提出上调关税以抚慰农业利益集团，但是丧失了对立法过程的控制。

## 大萧条和美国贸易的崩溃

1929 年夏天参议院就关税法案举行听证会时，美国达到了商业周期的顶峰。在之后的三年半里，美国经历了无情的经济收缩，即众所周知的“大萧条”。虽然早在 1930 年 6 月实施新关税法案之前，美国经济就已经开始下滑，但很多观察家仍然将《霍利-斯穆特关税法案》与该法案颁布后接踵而来的经济灾难联系在一起。《霍利-斯穆特关税法案》、美国贸易崩溃和大萧条之间存在哪些普遍联系呢？

在 1929 年至 1932 年间，美国经历了历史上和平时期最严重的贸易崩盘（除了 1808 年至 1809 年的贸易禁运外）。在这一时期，进出口额几乎下滑了近 70%，造成这种现象的部分原因是物价下跌。从数量来说，这三年里出口额下滑了 49%，进口额下滑了 40%。贸易的下滑幅度远远超过了实际 GDP 的下滑程度（这一时期的实际 GDP 下滑了 25%）。到了 1932 年，出口在 GDP 中的占比从 1929 年的 5.0% 收缩至仅有 2.7%，而进口在 GDP 中的占比从 1929 年的 3.8% 收缩至 2.0%。[64]

《霍利-斯穆特关税法案》对史无前例的贸易下滑产生了多大推波助澜的作用？我们已经看到，《霍利-斯穆特关税法案》将应税进口产品的平均关税提高了近 6 个百分点，增幅达到 15%。为什么关税上调的幅度这么大，但对进口的影响却如此有限？其原因有二：首先，应税进口产品的平均关税从 40% 上调至 46%，使其价格上涨 15%，但并未转化成国内进口产品价格上涨 15%。《霍利-斯穆特关税法案》颁布之前，成本为 1 美元的进口商品售价为 1.40 美元，但新关税法案颁布之后，它的售价变成 1.46 美元，消费者支付的价格约上涨 4%。其次，1929 年时只有 1/3 的进口产品需缴纳关税，出现这种现象的部分原因是高关税早已抑制了这部分进口。《霍利-斯穆特关税法案》生效之前，仍有 2/3 进口产品可以免交关税进入美国，这些产品通常是丝绸、咖啡和橡胶等原材料。

图 8.4 展示了提高关税对进口造成的影响。它逐月列出了应税产品和免税产品的进口额。1930 年 7 月，应税进口额明显急剧下降。上调关税 3 个月后，应税进口产品的进口额比颁布关税法案 3 个月前下滑了 34%（其中不包括 6 月，因为商家为了在关税上调政策生效前努力清关而导致进口额激增）。同期免税进口产品的进口额下降了 14%。如果以免税进口产品作为对照组，那么进行对比后发现《霍利-斯穆特关税法案》使应税进口产品的进口额下降了 20% 左右。由于应税进口产品在进口总量中占 1/3，所以这意味着上调关税使进口总量减少了 7% 左右。[65]因此，关税调整对应税进口产品产生了显著影响，但对总体进口影响有限。

进口的下滑幅度与随后出现的贸易崩盘比起来规模并不算大。在

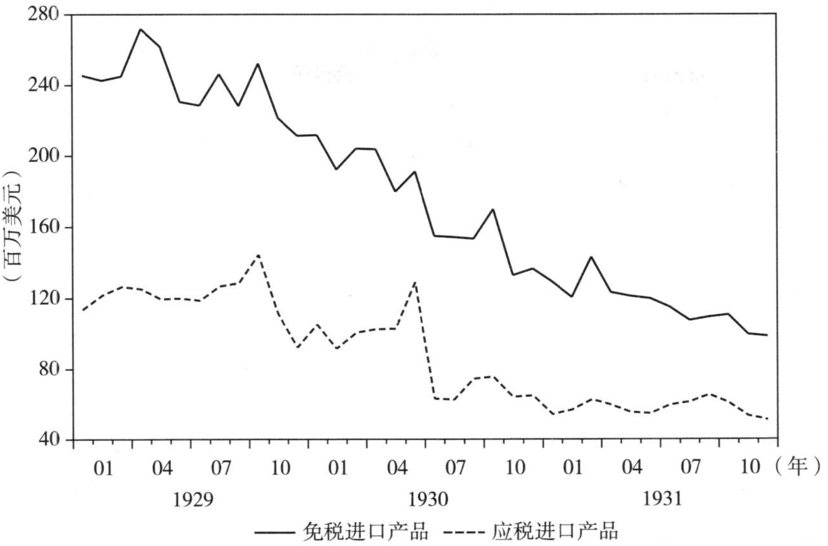


图 8.4 1929 年至 1931 年所有进口产品、应税进口产品及免税进口品的逐月进口额（1930 年 12 月至 1931 年 12 月对外贸易月度汇总）

1930 年第二季度至 1932 年第三季度贸易最低谷期间，进口额减少了 41% 。导致贸易崩溃的最重要因素是实际 GDP 持续下滑，在这一时期，实际 GDP 每个季度下降 30% 。[66] 事实上，在《霍利-斯穆特关税法案》颁布前一年（即 1929 年第二季度至 1930 年第二季度期间），进口额已经下滑了 15% ，同期实际 GDP 减少了 7% 。

一项粗略的计算表明，在 1929 年至 1932 年间，进口额减少 41% ，其中一半是由关税上调造成的。《霍利-斯穆特关税法案》上调关税或许使进口减少了 7 个百分点，这取决于人们对进口需求弹性的假设；通货紧缩引发的关税上调使进口减少了 15 个百分点。因此，关税上调和通货紧缩引发的税率上升相结合，是导致进口大幅缩水的重要原因，但不是导致贸易崩盘的全部原因。

在 1929 年至 1932 年间，为什么出口的跌幅更甚于进口？国外对美国产品的需求下降是由多个因素造成的，如海外大萧条导致外国收入减少、外国关税水平上升、贸易优惠、其他直接或间接针对美国的贸易限制、1931 年末至 1933 年初英镑相对美元持续贬值，以及其他难以准确量化的因素。

从大萧条的总体情况看，它无疑是美国历史上最严峻的经济灾难之一。从 1929 年中至 1933 年初，通货紧缩肆虐，产量下降，就业情况不断恶化。在 1929 年 8 月至 1933 年 3 月间，工业生产减少了 55%，批发价格指数下滑了 37%，农产品价格暴跌 64%。从 1929 年第三季度商业周期到达顶峰至 1933 年第一季度进入谷底期间，实际 GDP 每季度下滑 36%；在 1929 年至 1932 年间，实际 GDP 每年下降 25%。据估算，失业率从 1929 年的 4.6% 激增至 1932 年的 24.9%。即使到了 1933 年，美国经济到达拐点处开始回暖，它的经济也没有完全复苏，不时陷入低迷。譬如，1937 年至 1938 年，美国经济再次遭遇严重衰退。即使到了 1939 年，失业率仍然超过 17%（就算把参加临时性政府救助项目的人算进去，美国的失业率仍然高达 12%）。[67]

我们已经看到，《霍利-斯穆特关税法案》本身并不是对大萧条的回应。早在股市崩盘、工业生产滑坡和失业率飙升之前，国会就已经开始筹备修正关税。美国经济在 1929 年 8 月达到商业周期的巅峰后开始下滑，或许参议院更倾向于在 1930 年初制订关税法案，但当时经济衰退的程度仍然相对温和。1930 年末爆发银行业恐慌和 1931 年末货币和财政状况收紧后，经济衰退严重加剧。经济下滑贯穿了 1932 年的大部分时间，而且在 1933 年初严峻的银行危机中达到高潮。

由于关税刚刚上调后，大萧条就接踵而至，所以当时很多人认为《霍利-斯穆特关税法案》是引发经济灾难的罪魁祸首。然而，和之前历次经济下行一样，经济史学家一致认为货币和财政因素是造成大萧条的主因。弗里德曼和施瓦茨（Friedman and Schwartz，1963）称，1930 年 10 月的银行业恐慌导致货币供给出乎预料地大幅下滑，使原本只是相当正常的经济衰退恶化成了大萧条。由于当时没有存款保险，所以这场恐慌导致公众从银行体系大量提取现金，因为一旦银行倒闭，存款人的所有存款就会化为乌有。存款大量流失，迫使银行缩减借贷，相应地减少了投资支出和货币供给，结果引发了通货紧缩，使所有这些问题雪上加霜。通货紧缩导致实际利率激增，投资崩溃。物价暴跌又加重了实际债务负担，借款人偿还银行债务的难度越来越大，使财政体系愈发脆弱。很多经济学家责备美联储没有采取更多积极有效的行动阻止银行倒闭和货币供给下降，否则原本可以避免大萧条。[68]

在全球层面，绝大多数国家当时还坚守金本位，这是通货紧缩的另一个来源。20 世纪 20 年代末，各国央行对黄金的需求上升，而黄金供给没有相应增加，因此货币供给收紧，压低了全球物价水平。[69]金本位通过固定汇率体制将全球主要经济体联系在一起，某个国家国内出现的货币冲击和金融风波可以通过这种联系迅速传导到其他国家。譬如，1931 年 9 月英国放弃金本位后，美国的黄金储备开始迅速流失。美联储对此做出的反应是大幅提升利率以防止黄金外流，并维持美元相对于其他货币的价值。同时美联储选择继续与黄金挂钩而不是扶持本国经济，在经济极其疲软之时收紧货币政策。这进一步加剧了通货紧缩，导致更多银行倒闭，除了使大萧条恶化以外没有产生任何助益。

鉴于货币和财政因素是导致大萧条爆发的首要因素，《霍利-斯穆特关税法案》对经济危机发挥的作用显然相对较小。1929 年，应税进口额在 GDP 中的占比只有 1.4%。我们很难相信进口产品的平均关税从 40% 提升到 46% 会引发大萧条这么严重的经济崩溃。本书前几章表明，无论在理论层面还是实践层面都找不到有力的理由支持“高关税驱动了商业周期波动”这个结论。譬如，1922 年《福尼特-迈坎伯关税法案》上调关税的幅度远远超过《霍利-斯穆特关税法案》，但随之而来的是经济复苏，这本身也是其他因素促成的结果。

然而，关税也可能通过多种渠道改善或加剧大萧条。多恩布什和费希尔（Dornbusch and Fischer，1986，第 468—469 页）表示关税原本有助于经济发展，因为“无论从凯恩斯主义还是货币主义的角度看，在不会招致报复的情况下，关税原本会产生扩张性推动作用。凯恩斯主义认为，进口减少将人们的需求转移到国内产品身上；货币主义认为，如果不冲销黄金流入造成的影响，那么国内的货币存量会增加”。

从凯恩斯主义的角度看，关税将国内的外国产品支出转移给了国内产品支出。如果关税使进口方面的支出减少，又没有反向影响出口，那么净出口会增加，并且扩大对国内产品的总需求。[70]然而，没有证据表明当时凯恩斯式的机制发挥了作用。如果当时它发挥了作用，那么进口的降幅会超过出口的降幅，而且实际净出口会促进经济增长。现实情况恰恰相反：出口的降幅超过了进口，实际净出口拖累了经济增长，没有刺激总需求上升。[71]

从货币主义的角度看，关税上调会扩大贸易顺差，这是因为关税上调会导致进口减少，但不会使出口立即发生变化。初期贸易顺差会吸引黄金流入，货币供给扩张，除非央行采取相应的政策行动冲销黄金流入造成的影响，以保持货币状况不变。这种货币扩张会在短期内刺激经济发展，但最终会提升物价，使贸易差额回到最初的水平。不过，就在美国颁布《霍利-斯穆特关税法案》两个月后，美国事实上出口了大量黄金。美联储采取措施冲销了黄金外流造成的影响，使美国的货币状况保持不变。随后流入美国的黄金规模相对较小，然而此时第一次银行业危机来袭，存款/货币比急剧下降，货币供给开始减少。即使推行《霍利-斯穆特关税法案》之后部分黄金流入美国（这一点尚不明确），它造成的影响也被其他因素完全淹没了。此外，美联储对黄金流入和流出采取的冲销政策意味着任何黄金流入不会导致货币扩张。[72]因此，在此期间，关税既不能通过凯恩斯主义的渠道在短期内刺激经济增长，也不能通过货币主义渠道实现这一点。即使这些渠道能够发挥作用，它们的效果对于当时美国受到的巨大货币和财政冲击来说也只是杯水车薪。

《霍利-斯穆特关税法案》原本会通过其他机制导致大萧条进一步恶化。在标准的贸易框架里，高关税会消除贸易的部分静态收益，从而压低美国的实际收入。然而，《霍利-斯穆特关税法案》造成的静态福利损失与大萧条的严重程度相比微乎其微。[73]但克鲁奇尼和卡恩（Crucini and Kahn，1996，2007）认为，一旦考虑中间投入品的交易，以及关税的永久性变化和外国报复对资本积累及劳动供给造成的动态变化，贸易政策对宏观经济造成的不利影响就要大得多。他们的模拟研究表明，上调关税会导致GDP下降2%，这一降幅虽然算比较显著，但仍然远远低于人们观察到的实际GDP下降25%。

诚然，有些经济学家相信《霍利-斯穆特关税法案》对大萧条的爆发产生了重要影响。梅尔策（Meltzer，1976，第 469—470 页）认为，它将别国的黄金吸引到美国，“使一场较为严重的经济衰退演变成了极为严峻的大萧条”，将通货紧缩的冲击传递到了全世界。梅尔策还暗示《霍利-斯穆特关税法案》和外国报复对农业出口的破坏作用尤为显著，因此在 1930 年至 1931 年间压低了农产品价格，并导致农业州的银行大面积倒闭。不过早在《霍利-斯穆特关税法案》颁布一年前，农产品价格就已经开始下滑，而且关税法案出台之后，对它们的下滑趋势看起来并没有影响。1930 年和 1931 年，农场丧失抵押品赎回权的比例和 20 年代差不多；只有大萧条在 1932 年和 1933 年急剧恶化时，这个比例才达到令人难以置信的 28% 和 39% 。[74]此外，尽管银行业恐慌集中爆发于农业地区，如中西部农业州和盛产棉花的南部，但史学家已经表明银行业的问题主要是由它们自身糟糕的管理造成的，而不是因为出口持续下降。最后，还有一个因素发挥了作用，即 1930 年夏末，严重的旱灾在美国中南部横行肆虐。

在此期间，《霍利-斯穆特关税法案》可能还以其他方式对经济造成了不利影响。有一种观点认为，国会对关税法案的审议过程过于漫长，给企业带来了不确定性，相关企业投资因此被推迟，经济缓慢滑入衰退。投资崩盘是 20 世纪 30 年代初导致经济衰退的主因。尽管关税方面的不确定性在 1930 年 6 月之后得以消除，但看起来对经济没有半点助益。[75]另外一种观点是，美国关税法案限制了欧洲和拉丁美洲对美国的出口，使这些国家更难赚到美元以偿还债务。这可能扰乱了国际金融体系，使其他国家无法履行因为第一次世界大战背负的赔款任务，不过这种影响小之又小。[76]

总而言之，绝大多数经济学家达成的共识是，《霍利-斯穆特关税法案》无论在恶化还是改善大萧条方面发挥的作用都相对较小。与通货紧缩通过货币和财政体系产生的强大力量相比，关税的影响小之又小。与货币供给减少 1/3 对宏观经济造成的影响相比，即使关税政策进行重大调整也不可能对宏观经济产生任何显著的影响，在应税进口产品的进口额仅占 GDP 1.4% 的情况下尤为如此。

## 外国报复和全球贸易体系的毁灭

尽管《霍利-斯穆特关税法案》不是引发大萧条的主因，但它导致美国的贸易关系在 20 世纪 30 年代初严重恶化。美国大幅上调关税的时机恰逢全球经济处于严峻时刻，而且此次上调关税破坏了旨在限制贸易壁垒蔓延且原本就已经相当脆弱的多边努力。1927 年世界经济会议结束之后，国际联盟大力敦促各国定期召开会议鼓励贸易扩张，限制各国采用贸易保护措施。国际联盟竭尽所能地在 1930 年和 1931 年推动各国磋商关税休战事宜，但美国的举动和其他政策发展态势将这些工作的成效化为乌有。虽然美国不是国际联盟的成员，但它诱导其他国家提高本国进口关税，并且推出贸易限制政策。“美国的《霍利-斯穆特关税法案》是其他国家纷纷调整关税的导火线，至少部分表现为报复的方式，”当时国际联盟（1932，第 193 页）如此报告，“加拿大、古巴、墨西哥、法国、意大利和西班牙几乎马上就广泛提高了本国关税。”

在国会就《霍利-斯穆特关税法案》展开唇枪舌剑的辩论之时，外国政府就警告，一旦这部法案颁布，就会对全球贸易产生不利后果，特别是美国的贸易。国会对这部法案的审议过程接近尾声时，参议院通过了一项决议（民主党和共和党进步派投票支持这项决议），要求胡佛政府向国会报告其他国家就这部法案对国务院提出的抗议。1929 年 9 月，23 个国家共提出 59 份抗议（其中主要是西欧国家）。在此之后，又有 42 国政府提出了抗议。[77]

共和党领袖在推动关税法案通过国会审议的过程中，从来没有认真地承认外国政府可能采取行动反对美国出口。斯穆特和其他共和党人深信“关税是国内事务，美国关税法案必须由美国国会和美国政府制定并颁布，不容其他任何国家置喙”。[78]尽管这种说法并没有错，但它没有抓住问题的根本：其他国家并不是在干预美国的立法过程，只是警告一旦这部法案生效，它们就会采取对抗手段。虽然东部共和党人称其他国家只要通过反补贴税就可以抹杀出口补贴的作用，以此为由投票反对为农产品提供出口补贴，但他们似乎忽略了一个可能性，即其他国家会提高对美国进口商品的关税，以报复美国对它们征收的高关税。尽管《国会议事录》中有整整 20 页记录了关于进口西红柿关税水平的辩论内容，但它们完全没有考虑到国际社会对高关税的反应。只要民主党一提到外国可能对美国采取报复，共和党就认为这不过是“假设的情景”而不予理会。

事实上，很多国家确实采取了报复行为。其中加拿大的反应最为激烈。它是美国产品最重要的外国市场。1929 年 20% 的美国出口进入了加拿大。加拿大的出口中有 43% 左右销往美国；因此这种依赖性使加拿大对美国市场准入方面的任何变动都极为敏感。总理麦肯齐·金（Mackenzie King）的自由党政府历来亲美，有采取低关税政策的传统，但美国关税法案还在国会审议时，他们就在多个场合向胡佛政府表达了对这部悬而未决的法案的担忧。

关税法案通过国会审议后，麦肯齐·金政府立即降低了从英国进口的 270 种产品的关税，对 16 种美国产品征收了反补贴税，而这些产品在美国向加拿大出口的产品中占到近 1/3，包括土豆、汤类、牲畜、新鲜肉类、黄油和鸡蛋、小麦和面粉、燕麦和燕麦片及铸铁管，其中大多是美国的新关税法案理应扶持的农产品。科德尔·赫尔（1948，第 1 卷：第 355 页）用一个简单的例子阐述了《霍利-斯穆特关税法案》如何对美国产生了事与愿违的影响。美国对进口鸡蛋征收的关税从一打 8 美分上调至 10 美分后，加拿大紧随其后将鸡蛋的进口关税从一打 3 美分上调至 10 美分，使本国关税向美国关税看齐。尽管美国从加拿大进口的鸡蛋从 1929 年的 13 299 打下降至 1932 年的 7 939 打，但同期美国向加拿大出口的鸡蛋从 919 543 打下降至 13 662 打。

《霍利-斯穆特关税法案》产生的更严重后果是，加拿大对该法案的强烈反应帮助支持高关税且亲英的保守党在 1930 年 7 月拿下了加拿大大选。作为反对党的保守党曾经攻击加拿大最初采取的报复措施力度不够，希望利用加拿大选民对美国的愤怒大做文章，特别是那些出产的产品主要销往美国的地区。反美情绪找到了滋养的沃土。“《霍利—斯穆特关税法案》在加拿大激发了高涨的民族主义情绪和对美国的藐视，”科特曼（Kottman，1975，第 633 页）评论，“它在加拿大创造出一种氛围，使（保守党的）极端贸易保护主义言论比（自由党的）推动帝国贸易扩张的做法更迎合民众的情绪。”保守党之所以能在大选中胜出，正是由魁北克和草原省份的关键投票促成的，美国关税法案对这些省份的出口造成了尤为严重的破坏。[79]

1930 年 9 月，加拿大新一届保守党政府通过了紧急关税法案，大幅提升纺织品、农具、电气设备和肉类等多种产品的关税，这些产品多半产自美国。加拿大官员并没有使用“报复”这个词描述他们的行为，但传达出来的信息相当清晰。“尽管加拿大否认新近颁布的自治领关税税则是针对美国的报复行为，”《纽约时报》报道，“但看起来今晚给人们普遍留下的印象是，加拿大已经对美国关税法案做出了唯一可能的回应，而且它们的回应方式或许会影响当前已经岌岌可危的国际贸易形势。”[80]有一项估算表明，加拿大提高关税后，美国对加出口下滑了 21%，足足使美国对外总出口减少了 4%。[81]和之前报道的一样，《霍利-斯穆特关税法案》使国外进口总量减少了 7% 左右，但如果说加拿大一国对关税法案的反应就使美国的出口下滑 4%，那么它对美国出口的报复性行为几乎相当于关税对进口造成的影响的一半。此外，如果其他国家也同样采取报复行动，那么就很容易理解为什么 1930 年以后，出口的下降幅度与进口的下降幅度不相上下。

比德韦尔（Bidwell，1930，第 130 页）报道，欧洲对美国关税调整的反应是“不加掩饰且全体一致地立即表示不赞成”。欧洲媒体、民众、工农业群体、政府官员及商界领袖都为美国的这一举动感到骇然。他们认为，美国是全球最大的债权国且拥有巨额贸易顺差，完全没有必要限制他国对美国的出口，而这些国家正在迫切地偿还第一次世界大战造成的沉重债务。全球头号经济大国在 1922 年已经提高关税的情况下，没有任何正当理由就再次大幅提升关税，因为它在整个 20 世纪 20 年代里一直保持着强劲的经济增长，而欧洲则在战后重建中苦苦挣扎。此外，美国不仅拒绝加入国际联盟，而且正在破坏国际联盟努力通过磋商达成多边关税休战的努力。[82]因此，有不少原因导致欧洲面对美国上调关税的举动时心怀怨念。

虽然新关税法案在外交层面冒犯了欧洲，但关税调整对欧洲经济造成的总体影响有限，这是因为欧洲出口中只有 6% 销往美国。不过这个数字严重低估了关税法案对欧洲经济的潜在影响。从经济学的角度看，欧洲对美出口的一个重要意义是帮助欧洲赚取紧俏的美元，以偿还债务，并为进口筹措资金。这些出口往往包括主要行业里高度专业化的制成品。由于美国制造商开展大规模生产的效率极高，而且受到高关税的保护，所以欧洲出口商要将商品销往美国面对的障碍极其严重。只有提供高价特色产品的欧洲生产商才可能克服高关税造成的困难，维持自己在美国的市场地位。然而，在某些情况下，新关税法案的设计初衷就是为了将这些商品挤出市场，因为从美国经济的立场看，这些商品无足轻重，但是对欧洲制造商至关重要。

不过与加拿大不同的是，英国、法国、德国和其他欧洲国家普遍比较克制，没有采取直接报复美国的行动。这往往是因为它们与美国签署了通商条约，必须为美国产品提供最惠国待遇，不能对美国采取报复手段，虽然它们可以不动声色地动些手脚排斥美国产品。不过，一些欧洲小国对美国直接采取了行动，如西班牙、意大利、瑞士和葡萄牙。1930 年 7 月，西班牙通过了新的关税法，收回赋予美国产品的最惠国待遇，这样就可以对美国产品采取歧视性举措。它重点针对的是美国对西班牙的主要出口品，特别是汽车、缝纫机和剃须刀片。美国出口至西班牙的汽车在三年间减少了 94%，而英国、德国和加拿大出口至西班牙的机动车没有受到关税的影响，因此销量飙升。[83]意大利也瞄准了汽车、农机和收音机，这些产品全部是从美国进口的。由于美国对钟表征收了高关税，所以瑞士的各个群体义愤填膺，联合起来集体抵制美国产品。不过，以上抵制美国出口的举措加起来也没有对美国产生太大影响。

《霍利-斯穆特关税法案》还对欧洲以外的国家造成了影响。美国调高食糖的进口关税对古巴造成了毁灭性的影响，因为古巴的经济主要依赖对美出口的糖业。戴伊和斯柯特（Dye and Sicotte，2003）的估算结果表明，1930 年后古巴的出口收入下降，其中有 1/2 或 1/3 是由美国的新关税法案导致的。他们的计算显示，糖业关税使古巴的国民收入在 1929—1933 年减少了 10%，使同期古巴 GDP 的下滑幅度超过 1/3。古巴感到自己被美国的高关税背叛了，而且严峻的经济问题导致它的亲美政府在 1933 年革命中被推翻。这次革命从根本上改变了古巴的政治格局，古巴开始与美国渐行渐远。

当然，由于大萧条在全球肆虐蔓延，所以即使美国国会不通过《霍利-斯穆特关税法案》，其他国家单纯从本国情况出发也可能考虑上调关税。不过美国是在大萧条恶化之际第一个上调关税的国家，这标志着政策纪律分崩离析，随后上调关税的浪潮很快席卷了其他国家，虽然这些举措并不是专门针对美国的。

从全球经济的角度看，《霍利-斯穆特关税法案》代表着一种破坏性的发展态势，促使全球保护主义情绪在 20 世纪 30 年代初甚嚣尘上。然而，全球贸易体系真正崩溃始于 1931 年 6 月澳大利亚的一家大银行倒闭。尽管这场银行危机更像是全球经济陷入困境时表现出来的症状，而不是引发经济困境的诱因，因为全球经济早在两年前就已经受到经济萧条和通货紧缩的困扰，但是它引发了一系列连锁反应，对贸易政策产生了深刻的影响。澳大利亚银行倒闭造成金融恐慌和货币危机，迅速波及邻国。这场危机迫使德国在 1931 年 7 月启动外汇管制以避免黄金外流，缓解外汇市场面临的下行压力。面对黄金和外汇储备迅速流失的窘境，其他中欧国家紧随德国的步伐，严格管控外汇交易，阻碍了贸易往来和资本流动。

随后金融压力蔓延至英国。英国先是采取了干预行动，在外汇市场上为英镑提供支持，随后在 1931 年 9 月妥协并放弃了金本位，允许英镑相对于其他货币贬值。英镑贬值意味着英国的出口产品在全球市场上的价格竞争力更强，而他国产品进口至英国时价格更高。丹麦、荷兰、印度、挪威和瑞典等其他盯紧英镑的国家也脱离了金本位，允许本国货币贬值。日本于 1931 年 12 月亦步亦趋地采纳了这个模式。

尽管英国有充足的理由做出这个决定，但它导致了全球贸易关系破裂。首先，英国的行动促使许多仍坚守金本位的国家采取了守势。它们对货币贬值国做出的回应是设置更高的贸易壁垒。英国做出货币贬值决定一个月后，法国对英国产品加征 15% 的附加费，以抵消英镑贬值造成的影响。1932 年初，一直秉承自由贸易政策的荷兰将关税提高了 25%，部分原因就是为了抵消英镑区的生产商因为货币贬值而获得的竞争优势。其次，英国的举动虽然阻止了英镑受到投机性攻击，但使其他国家背负上了财政压力，促使它们采取外汇管制。在 1931 年 9 月至 10 月，乌拉圭、哥伦比亚、希腊、捷克斯洛伐克、冰岛、玻利维亚、南斯拉夫、奥地利、阿根廷、比利时、挪威和丹麦都采取了外汇管制阻止黄金和外汇储备流失。[84]很多仍然坚守金本位的国家也限制了进口配额，到了 1936 年，法国的进口中有近 2/3 都采取了数量管制措施。

事实证明，外汇管制是 20 世纪 30 年代限制性最强的贸易措施之一。政府开始控制民众获取外汇，不仅为了避免资金外流，而且为了抑制进口方面的支出。从本质上说，政府最终决定了进口的内容和数量。外汇管制使政府官员得以大幅削减出口方面的支出：在采取外汇管制的国家，其进口比未采取此类措施的国家少 23%，具体情况取决于它们的 GDP 在 30 年代早期的变化情况。[85]很多国家在采取外汇管制的同时还辅以高关税和配额措施，进一步限制进口方面的支出，缓解国际收支枯竭的局面。

全球贸易的多边体系由此开始瓦解，因为遭遇国际收支困境的国家试图利用双边清算机制、外汇管制、进口配额、许可证制度以及提高关税等手段，徒劳地使本国经济规避全球经济崩溃造成的影响。1931 年末金本位瓦解给全球贸易政策制造的问题确实远远超出了《霍利-斯

穆特关税法案》在 20 世纪 30 年代中期给贸易政策带来的困难。国际联盟（1933，第 16—17 页）的报告称，

> 在 1931 年 9 月 1 日之后的 16 个月里，23 个国家普遍上调了关税，其中有三个国家在这一时期两度上调关税，只有一个国家全面下调关税。50 个国家上调了部分产品或某几类产品的关税……32 个国家采取了进口配额、进口禁令、许可证制度及类似的数额限制举措。在很多重要的案例中，贸易政策的变化更加频繁……这份简单直观的清单完全不足以清晰地描绘出各国采取的紧急限制措施有多么复杂，而 1931 年 9 月英国放弃金本位后，全球外汇市场动荡不安，使早已踉跄前行的全球贸易雪上加霜。到了 1932 年年中，全球贸易机制明显陷入险境，几乎要像全球货币体系那样全盘崩溃。

随着其他国家在大萧条中陷得越来越深，它们采取的进口限制措施也越来越多，希望用这种手段刺激本国经济。越来越多的国家提高贸易壁垒时，又为其他国家提供了随即采取相同措施的理由。由于一国的进口减少相当于别国出口减少，所以这种“以邻为壑”的政策对刺激经济的目标于事无补。没有一个国家能够通过提高贸易壁垒将自己与经济萧条完全隔绝。

雪上加霜的是，英国允许英镑贬值后又放弃了自己一直秉承的自由贸易政策。英国脱离金本位一个月后，历来青睐贸易保护和帝国特惠制的保守党在大选中胜出，主导了英国的国民政府。1931 年 11 月，新一届英国议会制定了《非常进口税法案》（Abnormal Importation Act），赋予贸易委员会（Board of Trade）酌情决定关税的权力，即在它认为适宜的情况下，可以上调关税，上调幅度不超过 100%。1932 年 2 月，议会审议通过了 1932 年《进口税法案》（Import Duties Act），将进口关税普遍上调 10%。这标志着英国长期以来坚持的开放贸易政策走到了尽头。1930 年美国对英出口中有 70% 免交关税，而到了 1931 年底，只有

20% 的美国对英出口免交关税。[86]

更糟糕的是，从美国的角度看，英国开始为前英国殖民地（主要是澳大利亚、加拿大、新西兰和南非）之间的贸易建立关税优惠机制，退回了帝国经济集团抱团的局面。这些国家一直努力使本国出口至英国的农产品和原材料能够享受优惠待遇，同时作为交换，它们为英国出口至本国的制成品提供优惠待遇。之前英国从来没有考虑过为其他国家提供关税优惠。这是因为自 19 世纪中期起，它普遍采纳的就是非歧视性自由贸易政策。不过现在它已经全面开征 10% 的关税，所以做好了建立关税优惠机制的准备。

1932 年 7 月至 8 月，英国在渥太华举行的会议上同意建立这种帝国特惠制。虽然他们创建这个贸易集团并不是为了直接报复美国，但这是《霍利-斯穆特关税法案》推波助澜造就的国际环境带来的产物。"毫无疑问正是美国国会促使加拿大和英国用关税措施做出了回应，"科特曼（1968，第 37 页）总结，"就在渥太华会议召开前几天，美国驻加拿大首都的临时代表报告，无论何时人们评论即将召开的渥太华会议时，'对美国贸易政策的敌意和怨恨都暗流涌动，平静但非常明确'。"这位官员还强调："和我交谈的人多半会提到我们的关税法案，指责它引发了全球贸易限制运动。"事实上，加拿大总理在议会前为渥太华协议辩论时，就指出本国需要确保自己的对英出口能够享受优惠政策，以弥补在美国市场上蒙受的损失。

这些优惠政策使美国在其最大的两个出口市场上受到歧视，美国对加拿大和英国的出口占到其出口总量的 1/3 以上。到了 1937 年，英国对英联邦国家的出口以及从英联邦国家进口的货物中约一半享受到关税优惠，而且优惠力度平均达到 20% 。因此，美国出口商在这些市场的竞争中处于极其不利的地位。美国在加拿大和英国进口中的比重开始下滑。[87]我们已经看到，在随后的 20 年里，美国一直致力于打破这种歧视性贸易集团，因为它使美国出口商在全球主要市场上处于极其严重的劣势。

英国的帝国体系并不是唯一一个在这一时期成形且不利于美国通

商利益的特惠贸易集团。1931 年，德国开始对进口实行许可证制度，并力求与东欧国家签订特惠贸易协定。在亚洲，日本创造了所谓的“大东亚共荣圈”，利用其政治和军事影响力攫取经济利益，如独享原材料和自然资源的控制权。

因此，全球贸易的整个多边体系被 20 世纪 30 年代初的种种事件彻底粉碎。使贸易不堪重负的不仅仅是高关税，还有越来越多国家采用的进口许可要求、配额限制和数量限制、外汇管控、双边及特惠贸易协定、大宗交易和易货协议等各种举措。[88]这些政策严重阻碍了全球贸易，在 1929 年至 1933 年间，全球贸易额下滑了 26% 。马德森（Madsen，2001）认为，这些降幅中有一半左右是由关税上调和非关税壁垒造成的，而这些举措多半是为了排斥美国产品。

由此可见，1932 年全球贸易政策的环境与 3 年前迥然不同。问题不仅在于贸易保护在全球范围内兴起且尤为排斥美国。即使到了 20 世纪 30 年代末，经济终于开始复苏时，这些贸易壁垒和特惠政策也没有偃旗息鼓。绝大多数贸易限制措施仍然继续生效。因此，尽管全球生产在 30 年代末回暖，但那个时候的全球贸易仍然没有达到 1929 年的巅峰水平。

胡佛政府从来没有对这些事态发展做出回应。总统把大萧条爆发的责任推到了欧洲头上，并不认为这是由本国的货币政策或金融动荡引发的。他坚称美国需要通过高关税保护本国经济不受进口冲击。国会的共和党人对于立法提高进口关税的行为没有表示出任何悔意。他们称从来没有像现在这样需要上调关税。斯穆特（1931，第 173—174 页）强调：“在国家的危难时刻，贸易保护势在必行。”如果不推出关税措施，“美国就会变成全球所有过剩产品的倾销市场”，斯穆特否认美国是全球贸易壁垒增加的始作俑者：“很难理解为什么所有人试图让美国承担全球上调保护性关税运动的责任。很多国家在 1930 年 6 月美国国会通过《霍利-斯穆特关税法案》之前就已经修正了本国关税，而且《霍利-斯穆特关税法案》颁布以后又有不少国家上调了关税。各国都是从本国经济的实情出发采取了这些举措。”

尽管共和党试图为自己的政策辩护，努力抵挡民主党的攻击，但经济衰退使他们继续连任的前景变得黯淡。民主党在 1930 年的中期选举中接管了国会，这完全在意料之中。在共和党进步派的助力下，民主党在参议院的贸易问题投票上也取得了有效多数席位。虽然胡佛连任了美国总统，但在 1931 年至 1933 年间，政府与国会的意见分歧使美国政府并未推行重大政策调整。

人们广泛认为《霍利-斯穆特关税法案》至少是引发当时经济灾难的部分原因，这帮助民主党中沉寂已久的低关税派重新活跃起来。1931 年 8 月，田纳西州民主党参议员肯尼思·麦凯勒（Kenneth McKellar）建议废除《霍利-斯穆特关税法案》，马上立法将关税全面下调 25%。虽然绝大多数民主党认为上调关税并非明智之举，但麦凯勒的想法在政治层面根本不可能有所建树。尽管美国的失业率不断上升，产量逐日下降，但他们也无法找到任何政治力量支持单方面下调关税。

与此相反，民主党和共和党进步派采取了其他方法。由于“弹性关税”条款在 20 世纪 20 年代被用来上调关税，使民主党和共和党进步派的幻想破灭，所以他们在密西西比州民主党议员、筹款委员会主席詹姆斯·克里尔（James Collier）提出的法案下团结起来，想从总统手中夺走调整关税的权力而将其赋予国会。该法案还提议设立一个消费者委员会办公室，这样在酝酿关税调整议案时也能体现消费者的利益，而不是仅仅代表生产商的利益。最后，考虑到国际贸易关系严重恶化，这份提案还敦促总统与其他国家共同协商改善贸易环境。虽然它并没有授权总统在这类磋商中可以下调任何关税。[89]

1932 年初国会通过了《克里尔法案》，但被总统否决了。胡佛在否决咨文中反对取消总统在弹性关税方面的权力，认为这一条款是“消除过高的关税和关税体系中的一切不平等，并且在千变万化的经济状况中保持灵活性的适宜手段”，而且“美国继续坚持贸易保护政策势在必行”。

胡佛还对开展国际谈判的呼声不屑一顾。他认为关税政策“完全是国内问题”。他担心此类国际协商会议“会使我们对国内重要事务的掌控屈服于其他国家的影响力，或导致我们开展徒劳无用的国际磋商”。他还相应地提出自己对这个主张的质疑：“如果国会建议通过国际磋商使我们历来的关税政策发生重大转变，影响我国的所有关税，那么国会有责任坦陈并指明它准备在何种程度上采取这种措施。”[90] 随着美国走向 1932 年总统大选，美国经济仍然深陷大萧条的泥沼，贸易政策的未来仍然前途未卜。

# 第三篇

# 互　惠

# 第九章
# 新政与互惠贸易协定，1932—1943 年

大萧条引发了一场有利于民主党的重大政治调整，而民主党则给美国贸易政策带来了历史性转变。1934 年，应罗斯福政府的要求，国会颁布了《互惠贸易协定法案》（RTAA），授权总统在美国与其他国家谈判达成的贸易协定中下调进口关税。《互惠贸易协定法案》赋予了行政部门前所未有的权力，改变了贸易政策的制定进程，并使进口关税进入下行通道。本章将解读美国为什么在国会于 1930 年通过《霍利-斯穆特关税法案》实施高关税后才短短几年就出现这种彻底的转变。

## 贸易政策与新政

赫伯特·胡佛总统应对大萧条的策略是 1932 年总统大选的核心议题。[1]虽然政府做出了一些努力，比如限制公共工程支出、出台新的联邦救济计划以及建立复兴金融公司提供贷款，但胡佛的政策并没能缓解美国的经济危机。货币紧缩一直持续至 1933 年第一季度，在此期间生产持续下滑，失业率也不断攀升。

由于《霍利-斯穆特关税法案》引发的持续争议以及这部法案对全球经济灾难的推波助澜，竞选活动对两党在贸易政策方面的差异投入了一些关注。胡佛与共和党人为近来的关税上调辩护，并以美国经济形势黯淡为由，强烈反对下调进口关税。他们甚至表示，要想抵消外币相对于美元的贬值，必须进一步提高关税，尤其在英国和英镑集团国家于 1931 年 9 月退出金本位之后更是如此。共和党竞选政纲重申，该党

“一直是美国保护性关税制度的坚定支持者。本党认为，根据该政策建立起来的本土市场是全球最大且最富有的市场，这一市场首先应当属于美国农业、工业和劳动力。没有任何理由将这个市场交由将会摧毁我国农场、矿山和工厂并降低我国工人现有生活水平的竞争”。[2]

与此同时，民主党人又分成了高关税派和低关税派，这种划分主要体现在地域上。由1928年的总统候选人阿尔弗雷德·史密斯和党主席约翰·雅各布·拉斯科布（John Jakob Raskob）领导的北方派系控制了民主党全国委员会，并试图在民主党的竞选政纲中加入高关税立场。很显然，拉斯科布接受当时的现状，并表示民主党不应该下调关税，因为这可能伤及工业生产商。这一态度令该党强烈反对《霍利-斯穆特关税法案》的南方派系深感失望。[3]在田纳西州资深政治家科德尔·赫尔的领导下，南方派系仍然支持伍德罗·威尔逊提出的下调关税的目标，并认为如果这样做能扭转美国出口所受破坏的话，就更应该采取这一措施。这一派坚持认为，民主党应当有自己的立场，因为“两个政党在关税和贸易政策方面不应当仅仅有一些鸡毛蒜皮般的分歧”[4]。

民主党总统候选人富兰克林·罗斯福（Franklin Roosevelt）在贸易政策上的立场并不十分明朗，但他反对史密斯和拉斯科布以一种与民主党南方派系产生隔阂的方式修改竞选政纲。最后，民主党竞选政纲做出了如下表述：“我们谴责《霍利-斯穆特关税法案》，该法案过高的税率招致了四十多个国家的报复行动，造成国际经济对立，破坏国际贸易，驱使我们的工厂进入外国，剥夺了美国农民的国外市场并提高了生产成本。”不过折中后的措辞也没有呼吁下调关税，而是提议“采取具有竞争性的收入性关税，设立一个不受行政干预的事实调查关税委员会，与其他国家签订互惠关税协定，并举办国际经济会议以恢复国际贸易和促进交流”。[5]

罗斯福在形成自身的立场时收到了大量建议。雷蒙德·莫利（Raymond Moley）是罗斯福的亲密顾问之一，也是他的智囊团成员，负责起草关于关税问题的主要竞选演说。莫利（1939，第47页、第50页）回忆说，“竞选过程中没有哪场演说像这一场如此叫人头疼”，因为关税政策是“导致民主党出现长期不和的根源所在”。演说的起草过程是罗斯福阵营内部“冲突与妥协”的过程，因为罗斯福和他的顾问想让党内的各个选区都感到满意。

罗斯福先是收到了美国糖浆公司总裁查尔斯·陶西格（Charles Taussig）提议的草案，他是弗兰克·陶西格的侄子，也是科德尔·赫尔和罗斯福竞选团队的中间人。赫尔-陶西格草案将经济衰退归咎于高关税，并主张减税 10%。其他顾问则认为，在大萧条时期，这样的举动根本没有政治可行性。曾在 20 世纪 20 年代支持过农产品平价理念的休·约翰逊认为，贸易限制已在全球蔓延，因此无法确保单方面的关税削减会对贸易产生有利影响或改善经济。约翰逊准备了另一份草案，主张与外国进行双边关税谈判，逐步重新开放世界贸易渠道。约翰逊写道：“我谨在此提议，我们与每个商业大国分别坐下来展开单独谈判，让这些国家重新对我们的农业和工业盈余产品开放市场。”[6]

此时，科罗拉多州民主党参议员兼关税委员会前成员爱德华·科斯蒂根建议将赫尔-陶西格和约翰逊的草案相结合，而且尽量做到含糊其词，从而保留最大限度的灵活空间。[7]罗斯福采纳了这一建议，在1932 年 9 月指示莫利“将两者合而为一”。莫利对此简直无言以对，因为这两份草案看似完全矛盾：一份呼吁单边削减关税，另一份则呼吁与贸易伙伴展开谈判。他的困难处境很快就变得更为复杂，因为有消息传到竞选团队，称“西部和中西部地区会立马对横向关税提案做出毁灭性的反应”。莫利（1939，第 49 页）了解到：“那些地区强烈要求提高某些商品的关税！”罗斯福随后开始向西部各州倾向征税的国会议员征求建议。蒙大拿州民主党众议员托马斯·沃尔什接手了起草工作，放弃了根据赫尔的想法而起草的稿件，开始编辑约翰逊提出的开展关税谈判的草案。据莫利（1939 年，第 50—51 页）回忆：

我们向罗斯福展示了最终成品。他重新调整了一下并做了一些补充，然后，在送走速记员后，他快活地冲我笑了笑：“看！看到了吧？并没有你想象的那么难。”我承认，如果我事先知道

> 他基本上会完全无视赫尔一派的意见，只是用“《霍利-斯穆特关税法案》‘过高’的关税率必须下调”这样的说辞给他们一些安慰而已，那我也不会认为这件事很难办。他说：“但你不明白，这次演说是自由贸易者和保护主义者的相互妥协。”而且他没有开玩笑的意思！

莫利总结说，罗斯福其实接受了史密斯-拉斯科布的观点，即赞成维持现状，同时放弃了民主党一贯支持的立场，即“以财政收入为唯一目的的关税”，选择了“谈判关税”。莫利（1939，第52页）总结：“在关税问题上长达七年的逃避和误解由此而开始。不过对于政治学的学生来说，这个过程很有启发性。”智囊团的另一名成员雷克斯福德·图格威尔（Rexford Tugwell，1968，第478页）对罗斯福的含糊其词则有着较为温和的看法，他认为“罗斯福无疑只是视之为一种必要的手段，以回避一个他不愿意在竞选期间亮明立场的问题，我以前曾经说过，这一规则好像也适用于其他问题”。

罗斯福于1932年9月在艾奥瓦州苏城发表了关税演讲。他指责1930年的《霍利-斯穆特关税法案》摧毁了美国对外贸易并表示该法案“过高的税率”必须“下调”。罗斯福认为，由于大多数美国农民都是出口方，因此进口关税是一种毫无意义的农业救济形式，而且还招致外国的报复行动，导致面向美国盈余农产品的外国市场出现缩减。他建议举办一次国际会议，通过“美国佬式讨价还价”降低全球关税。用罗斯福（1933，第702页）的话来说：“民主党的关税政策主要是与各个国家展开贸易协定谈判，允许他们向我们出售货物，作为交换，他们也会允许我们向他们出售我们生产的货物和农产品。”[8]他承诺这一过程不会给美国任何产业造成伤害。

与此同时，胡佛总统还在继续捍卫高关税政策，并暗示美国的萧条是从欧洲输入的。他警告说，如果下调《霍利-斯穆特关税法案》制定的关税，“杂草将会侵袭上百个城市、上千个城镇的街头；野草将在上百万个农场里蔓延成灾……它们的教堂、医院和校舍都将残破衰败”。[9]胡佛总统还挑战似的要求罗斯福说出他将削减哪些“过高”的关税。为了安抚西部和中西部选民，罗斯福回应称，农产品方面并没有过高的关税。然后东部地区的人又要求他指出工业品有哪些过高关税。这个时候，罗斯福全面退缩了，表示：“不要被我对手的那种虚假言论蒙骗，我赞成继续保护美国农业和美国工业。”[10]

当然，大萧条打破了共和党人想要保住总统职位的梦想。罗斯福以压倒性优势赢得大选，同时民主党也以极大优势控制了参众两院。[11]很多南部民主党人因党内资历较深而在重要委员会中担任了领导职务。北卡罗来纳州的罗伯特·道顿（Robert Doughton）于 1931 年接管众议院筹款委员会，密西西比州的帕特·哈里森（Pat Harrison）于 1933 年成为参议院财政委员会主席。也就是说，关键的委员会均由南部民主党人执掌，而他们都赞同下调进口关税。此外，罗斯福任命了科德尔·赫尔出任国务卿，这样的话，至少有一名高级政府官员也赞成这项政策。

新总统随即明确表示，促进国内经济复苏的措施将优先于对外贸易政策。罗斯福在 1933 年 3 月的就职演讲中表示：“我们的国际贸易虽然很重要，但在时间和必要性上要次于建立本国的健康经济。我建议，作为可行的策略，首要事务先行。虽然我将不遗余力地通过国际经济调整恢复国际贸易，但国内情况紧急，无法等到国际贸易恢复的时候。”[12]

事实上，在罗斯福就职上任时，美国正身陷重大银行业危机。总统立即宣布银行停业整顿，以期恢复民众对国家金融体系的信心。1933 年4 月，罗斯福下令禁止黄金出口，并暂停美元与黄金的兑换，这实际上就是让美国脱离了金本位。这两项行动都有助于改善货币和金融状况。银行停业整顿成功地恢复了人们对金融体系的信心，而由于黄金储备不再是货币政策制定过程中需要考虑的因素，货币再膨胀也成为可能。

放弃金本位对经济产生了直接而积极的影响，经济复苏过程也由此展开。这一政策变化使美联储能够根据国内经济状况制定货币政策，而不再仅仅以维护美元的黄金平价为目标。美国转而采取更具扩张性的货币政策，这使货币供给开始增长而不再是收缩，从而结束了持续 4 年的通货紧缩，经济也由此开始复苏。举例来说，工业生产在1933年3月之后的4个月里飙升，随后回落，然后再次上升，到同年年底时比罗斯福就任时的水平高出了28%，而且消费者价格几乎没有上涨。对随后的经济扩张来说，放弃金本位和放松货币政策比“新政”的其他要素更为关键。[13]

从黄金平价中解脱出来以后，美元在外汇市场上开始贬值；到1933年7月时，它与加元的汇率下跌了13%，与其他主要货币的汇率下跌了约30%~45%。对贸易的影响很快就随之显现：1933年第四季度的出口量比第一季度增长了40%，与此同时，随着经济复苏，进口量的同期增幅达到了23%。[14]

罗斯福还承诺与其他国家展开谈判，以减少贸易壁垒并扩大对外贸易。1933年4月，罗斯福宣布他打算要求国会授权他与其他国家展开谈判，以便达成降税协定。不过，他很快又推迟了这一要求，以便确保国会先通过《国家工业复兴法案》（NIRA）和《农业调整法案》（AAA）。罗斯福的政治顾问担心，如果将贸易法案纳入执政百日议程，可能会让国会不堪重负，并影响“新政”的其他国内政策及时通过。

这一推迟以及罗斯福在竞选期间模棱两可的态度引发了人们对政府承诺的质疑，政府原本承诺在贸易政策方面将会采取更加开明的方针。确实，到那时为止人们尚不清楚新政府会出台什么样的贸易政策。据国务院经济顾问赫伯特·费斯（Herbert Feis，1966，第262页）回忆，“在罗斯福总统任期的头一年里，政府内部在商业政策的性质和方向上”出现了“混乱和冲突”。一位国务院官员在1933年底写道：“对于应该追求什么样的对外贸易政策，每个部门都是一头雾水，关税委员会更是如此。”[15]

罗斯福政府内部的经济政策制定者分裂成了“新政”派民族主义者和威尔逊派国际主义者，这就是问题所在。一方面，以哥伦比亚大学教授雷蒙德·莫利和雷克斯福德·图格威尔为首的智囊团属于经济民族主义者，他们认为，要想恢复经济增长并实现充分就业，国内控制和规划是必要的。“新政”派不太支持开放式贸易政策，他们认为促进经济复苏的国内政策和放开进口的对外贸易协定从根本上说是互不相容的。他们倡导的“新政”政策试图通过减少国内供给提高农产品和工业品的国内价格；他们认为这将恢复商业盈利能力，从而减少失业率。比如说，国家复兴管理局（NRA）推出了允许卡特尔和商业协会存在的“公平竞争”准则，希望它们能够减少产量、提高价格和利润。当然，这种做法的预设前提就是错误的：之前的价格下跌并不是因为生产过剩，而是因为货币供给的减少。[16]

不过，减少国内供给（以提高价格）和降低贸易壁垒之间也有冲突之处。如果减少供给的政策取得成功并使国内价格上涨，那消费者可能转而购买进口产品，减少对国内产品的需求。为了防止这种情况，很多“新政”政策都允许总统实施进口限制，以确保较高的国内价格不会因进口而受到影响。比如说，《国家工业复兴法案》第 3(e) 条赋予总统广泛的权力，使他可以通过进口配额或进口费用管制任何有可能“使准则或协定失效或对之产生严重危害”的进口（最高法院于 1935 年宣布《国家工业复兴法案》违宪）。

同样的冲突给农业造成的影响更大。“新政”政策依然立足于这样一种观点：农产品生产过度导致了大量产品的积压并造成价格下跌。《农业调整法案》鼓励减低产量、限制种植面积、减少供给，从而提高农产品价格；减少生产面积的农民将得到补偿，补偿款来自向农产品加工者的征税。1935 年的《农业调整法案》修正案赋予了总统实施进口配额的权力；如果进口使得法案制订的计划行之无效或对它们造成严重干扰，那么进口配额将把进口量从 1928—1933 年的水平减少 50% 之多。

这些规定的主要目的并不是通过减少进口产品在国内市场所占份额来保护国内生产商。相反，其目标是防止额外的进口削弱政府旨在帮助制造商和农民的价格支持。与此同时，法规中没有任何条款可以阻止总统以保护主义的方式行使相关权力。虽然政府中确实有一些人想要运用权力达成这一目的，不过进口配额在 20 世纪 30 年代很少实施，在 1936 年的时候只涵盖了进口量的 8%，而且几乎全部都是针对食糖的。[17]不过，进口配额的引入和使用标志着美国开始背离一贯反对使用配额的立场。[18]

与“新政”派非自由贸易方式形成对比的是，新任国务卿科德尔·赫尔代表了传统的低关税派南部民主党人。在新政府执政的第一年，其贸易政策存在巨大的不确定性，赫尔坚决主张通过谈判减少贸易壁垒。赫尔最终取得了成功，这也使他成为美国贸易政策史上的一位关键人物。确实，在所有给美国政策留下印记的人中，没有谁的影响能有科德尔·赫尔的影响那么深远或那么持久。赫尔一生都致力于互惠贸易协定计划，从根本上改变了美国贸易政策在20世纪30年代和40年代的走向。他的成功表明，个人也可以在关键时刻塑造政策，并非只有那些通过国会行事的非个人经济和政治力量才能做到这一点。

当罗斯福邀请赫尔出任国务卿时，受过律师培训的赫尔在国会里的身份是田纳西州议员。赫尔代表了南部地区长期以来一直反对高关税的立场，他认为过高的进口关税会阻碍出口、提高生活成本并伤害消费者和工人、助长垄断和托拉斯，并劫贫济富般地将南部和中西部贫苦农民的收入重新分配给北部富裕的工业家。[19]

第一次世界大战使赫尔看到了贸易政策的国际影响。他在回忆录中称这场战争是“我的政治理念形成过程中的里程碑”。赫尔（1948，第81页）写道：“当战争在1914年爆发时，很快就有两件事给我留下了深刻的印象。我发现，商业的概念同战争与和平的概念是相依相随的”，此外，“战争通常主要是由不公平的经济竞争造成的”。在赫尔看来，欧洲大国纷纷寻求进入外国市场，尤其是竞相建立殖民帝国并确保全球原材料的优先获取权，是最终引发军事冲突的国际紧张局势背后的因素之一。赫尔“开始认为，如果我们能够消除这种激烈的经济竞争，如果我们能够减少贸易和关税壁垒，消除不合情理的贸易障碍，增加各国之间的商业交流，这将对消除战争本身大有助益”。[20]过去仅出于国内原因而争取降低关税的赫尔（1948，第84页）发现：“这是我对贸易和关税问题的看法第一次从国家视野扩大到国际视野。”

赫尔（1948，第81页）回忆道：

我在1916年接受的理念成为我日后出任国务卿12年里秉持的

理念……从那时起，对我来说，与不受阻碍的贸易相伴的是和平；而与高关税、贸易壁垒和不公平经济竞争相伴的则是战争。虽然我意识到这其中还涉及其他很多因素，但我认为，如果我们能够实现更加自由的贸易流动，这里的更加自由指的是更少的歧视和障碍，杜绝一个国家极度嫉妒另一个国家的现象，提高所有国家的生活水平，消除滋生战争的经济不满因素，我们就很有可能实现持久的和平。

因此，赫尔（1948，第 84 页）决定将其所有的政治能量都用于减少贸易壁垒："经过深思熟虑，我决定宣布并努力制定一项全面政策，以消除或减少各种过度的国际贸易、国际交流和国际金融壁垒，并实施能够促进各国间贸易量大幅提升的贸易政策。我的这部分提议立足于这样一种信念：文明国家在战后可能建立的任何和平架构都要以自由的商业政策和贸易量的增加为必要基础。"

赫尔沮丧地看着 20 世纪 20 年代的国际经济会议以失败告终，直言不讳地批评《霍利-斯穆特关税法案》，并对大萧条导致的全球保护主义和法西斯主义的抬头感到震惊不安。20 世纪 30 年代初期，非自由贸易政策的蔓延和国际紧张局势的升级似乎恰恰验证了他从第一次世界大战中吸取的教训。尽管变革的前景黯淡，但赫尔从未放弃过国际贸易政策合作有望让世界变得更安全、更繁荣的信念。赫尔（1937，第 14 页）后来说道："我相信各国持久的和平与福祉同友好、公平、平等及最大可行程度的自由密不可分，在这一点上我从未动摇过，也永远不会动摇。"

赫尔在出任国务卿后的第一次讲话中就表示："大多数现代军事冲突和其他重大国际争议都植根于经济原因，在大多数现代实例中，经济竞争都是实际已经发生的战争的前奏。"要想缓和全球政治紧张局势，需要"公平、友好和正常的贸易关系"。现在已经到了美国发挥领导作用并在开放且非歧视基础上制定世界贸易政策的时候。他还表示："多年的灾难性经历已经造成无法估量的巨大损失和破坏，这彻底证明了狭隘而盲目的极端经济孤立政策是不可信的。在我看来，历史的命运指针现在指向了美国，它需要在现有的严重危机中发挥领导作用。”[21]

赫尔因其经验和诚信在政界备受尊重。[22]但他坚称经济竞争是国际摩擦的原因而非后果，这一点至少是有争议的。和他同时代的很多人都认为他过于天真且夸大了自由贸易促进和平的可能性。他在参议院的几位同事警告罗斯福，尽管他们喜欢并钦佩赫尔，但他并不适合担任国务卿。虽然大多数国会议员没有直接批评赫尔本人，但都不相信增加贸易往来能够解决全球政治问题。身为孤立主义者的加利福尼亚州共和党参议员希拉姆·约翰逊（Hiram Johnson）形容赫尔“对这个世界的谬见比狗身上的虱子还要多”。[23]赫尔在20世纪30年代的时候如此专注于贸易关系，以至于他好像没有注意到一场更广泛的冲突正在让世界走向另一场战争。虽然国务院官员对他忠心耿耿，但罗斯福政府中的很多人都认为赫尔是一个理想主义者，他选择相信某些东西而不是理解世界本来的样子。罗斯福在大多数高层外交政策决策过程中都将他排除在外。

但赫尔凭借坚持不懈，在罗斯福政府内击败了他的批评者。互惠贸易协定计划是他最钟爱的项目，这个计划最终改变了美国贸易政策的走向。巴特勒（Butler，1998，第ix页）写道：“在《贸易协定法案》成形、获批和落实的每个阶段，科德尔·赫尔的决心、坚持和立法经验都发挥了决定性作用。”当时正在国务院任职并将在日后出任国务卿的迪恩·艾奇逊（Dean Acheson，1969，第9—10页）回忆道：

> 国务卿缓慢、迂回而谨慎地埋头于一个核心政治目标，那就是，将国际贸易从关税和其他限制中解放出来是世界和平与经济发展的先决条件。凭借近乎狂热的专注，他心无旁骛地致力于获得立法授权，然后采取行动，在平等适用于所有国家的基础上，就“互惠互利贸易协定”展开谈判“以减少关税”，这是彻底的杰斐逊政策……赫尔先生在这份重要工作中取得了惊人的成功，彻底扭转了百年来的美国政策，这一切既要归功于他的坚持不懈，也要归功于他在参众两院的极大威信。[24]

## 转向新的贸易政策

如果民主党是在一般情况下掌握政权，那他们可能只会通过立法降低进口关税，就像他们在 1894 年和 1913 年所做的那样。但是，20 世纪 30 年代初期经济形势的内外交困改变了局势。首先，在大萧条时期失业率居高不下的情况下，单边削减关税并不具有政治可行性。虽然赫尔最初在竞选期间提议将关税降低 10%，但他（1948，第 358 页）后来承认，“要求国会废除《霍利-斯穆特关税法案》或者降低该法案设定的税率将是愚蠢的做法”。

此外，以较高关税、进口配额和外汇管制等形式呈现的对外贸易壁垒在 20 世纪 30 年代初期急剧增加。更麻烦的是，美国商品在国外市场遭受了歧视性待遇。1932 年的《渥太华协议》建立了一个旨在将美国商品排挤出加拿大和英国等主要出口市场的帝国特惠制。德国也与东南欧国家建立了优惠贸易协定，而日本则建立了所谓的“大东亚共荣圈”。身处这些贸易集团之外的美国眼睁睁地看着自己的世界贸易份额在缩水。虽然其中一些壁垒可能是由《霍利-斯穆特关税法案》造成的，但是单方面废除该法案并不能消除这些壁垒。很多官员认为，除非同时为增加出口创造条件，否则废除《霍利-斯穆特关税法案》不会起到什么作用。[25]

1933 年 6 月在伦敦举行的世界经济会议为美国新政府带来了脱离共和党孤立主义并与其他国家合作改进经济关系的第一次机会。虽然会议的主要议题是国际货币政策协调和汇率稳定，但赫尔下定决心要在会上提议通过多边努力降低关税。他动身前往伦敦参加会议的时候，满心期望政府会像之前表明的那样，很快要求国会授权展开贸易谈判，从而使他能够在贸易问题上提出实质性建议。[26]然而，在赫尔航行穿过大西洋时，他惊讶地得知罗斯福决定推迟提出这样的要求。总统发电报告诉赫尔，贸易谈判权目前“不仅极不可取，而且根本不可能实现”，但其实真正的原因是，为了确保国会通过其他“新政”立法，贸易政策只能排在第二位。[27]

赫尔（1948，第 251 页）受到了重大打击，他说“这个消息给我迎头一击”，他开始考虑辞职，但罗斯福向他保证自己将在不久后为贸易改革提供支持。不管怎么说，在参加伦敦会议的国家中，没有人支持赫尔提出的通过多边努力降低关税的提议。据赫尔（1948，第 356 页）后来回忆，

> 早些年里，我支持任何可以降低关税壁垒的行动或协定，不管是多边协定……还是地区性协定……（或）双边协定……但在伦敦会议期间以及在那之后，很显然，没有哪个国家的公众，尤其是我们自己的国家，会在当时支持值得一试的多边努力。因此，我和我的同事一致认为，我们应该努力制定减少贸易壁垒的次优方法，那就是接受无条件最惠国待遇的双边贸易协定，即非歧视和平等待遇政策。

虽然这次会议以失败告终，但赫尔的表现拿到了高分，这巩固了他在政府内部的地位。此外，赫尔还于 1933 年 12 月在乌拉圭举行的一次泛美会议上成功地让与会代表支持美国牵头开放贸易，这次成功也给赫尔加了不少分。据赫尔（1948，第 353 页）记录：“总统仍然希望保留全面决定权，以便将税率控制在《农业调整法案》和国家复兴管理局成功运作所需的水平上，所以没有马上接受我在蒙得维的亚提出的自由贸易提案。但是，提案在拉丁美洲国家和国内新闻报道中得到了很好的反响，因此他还比较看好这个提案。”在 12 月的会议之后不久，罗斯福宣布他打算向国会申请贸易谈判权。

1934 年 3 月，总统在与国会重要领导人协商之后，正式请求国会授权他与其他国家展开贸易谈判，并“在受到严格保护的范围内，以有利于美国农业和工业的方式修改现有关税和进口限制”。在提交立法草案时，罗斯福表示：“我们正在经历的这场经济危机需要一份紧急计划予以应对，而这正是这份计划的一部分。”他解释说：“全面永久的

国内复苏在一定程度上取决于国际贸易的复苏和加强……如果没有相应的进口增长，美国的出口就不可能永久增长。”罗斯福指出：“其他国家正在通过互惠贸易协定谈判而赢得越来越多的国际贸易份额。如果想要维持美国农业和工业在贸易中应有的地位，美国政府必须能够做到通过快速果断的谈判向其他国家的政府争取这样的地位……如果（政府）无法做到在某一特定时刻迅速改变其与其他国家打交道的条件，那它就无法充分保护其贸易免受歧视待遇、免受对其利益造成损害的讨价还价。”不过，总统承诺在使用他申请的这一权力时，将“保证不会有任何重要的美国利益受到损害。我国对外贸易关系的调整必须以保证受益且不损害这些重要利益为前提”。[28]

政府的立法草案只有 3 页。[29]根据该立法提案，罗斯福政府有权在美国与其他国家签订的贸易协定中将进口关税削减 50% 之多。关税削减可以通过行政命令落实，无须经过国会批准。此外，关税削减将适用于通过无条件最惠国待遇条款从所有国家进口的产品，这一条款是哈定政府在 1923 年通过的。这样的权力要远远大过国会授予任何一位前任总统的权力。罗斯福政府就这一前所未有的要求给出的理由是，对外贸易形势构成了“紧急状态”，因此迫切需要采取果断的行政措施推动贸易。

对政府法案做陈述介绍的是筹款委员会主席北卡罗来纳州民主党议员罗伯特·道顿。委员会的听证会与 5 年前它对《霍利-斯穆特关税法案》的考量形成了鲜明对比。1929 年，委员会在 43 天时间里听取了 1 131名证人（无人来自行政部门）的证词，发布了 18 卷多达 11 200 页的证词（外加索引）。1934 年，委员会在 5 天时间里仅听取了 17 位证人（其中有 7 人来自行政部门）的证词，证词共计 1 卷 479 页。长达 173 页的《霍利-斯穆特关税法案》耗时 18 个月才被国会通过，而长仅 3 页的《互惠贸易协定法案》仅用 4 个月就得以颁布。[30]

几位重要的政府官员在委员会前做证并表示，为了美国的经济利益，必须采取行政措施振兴世界贸易。赫尔表示，“这份新提案的主要目标是，逐步缓和美国产品进入国外市场时遇到的过度和极端障碍，为我们的过剩产品重新打开旧的销路并寻找新的销路。”他强调，谈判权是旨在刺激对外贸易以应对“前所未有的经济状况”的紧急立法。[31]

在筹款委员会中占据多数的民主党赞成政府的这一要求，并在报告中予以积极评价。少数派共和党则在报告中表示反对，称这一立法“考虑放弃保护本国工业、农业和劳动力的原则，允许修改税率而不考虑国内和国外商品的生产成本差异”。共和党人抱怨该法案赋予总统“对每一个依赖于关税保护的现行国内产业拥有生死予夺的大权，并牺牲这些产业以求扩大其他产业的出口贸易，而这样的尝试无疑是徒劳的”，因此极有可能“造成灾难性后果”。他们还指责该法案是对国会征税权的违宪授权，并表示谈判达成的任何贸易协定都必须得到国会批准。[32]

为了减轻一些民主党人对这种史无前例的授权怀有的担忧，道顿在众议院介绍了一条关键修正案，这一修正案将确保国会对贸易政策继续拥有影响力。[33]虽然政府（经筹款委员会同意）提议不对谈判权设置时间限制，但众议院一致同意为其设置 3 年时限，在那之后，除非国会同意延期，不然这一权力随即终止。事实证明这是一个重要手段，国会可以通过这一手段对授权计划进行监督，因为在谈判权有可能得不到延期的情况下，行政部门就会对立法部门负责并及时回应其关切事项。如果不加上时间限制，那么一旦总统否决了想要剥夺其谈判权的法案，国会想推翻总统的否决权就需要在参众两院均获得 2/3 多数票。[34]

众议院民主党人联合起来支持总统的提案。罗斯福政府在最初几年里拥有巨大的政治权威，民主党掌控的国会愿意在经济问题上赋予其非同凡响的权力。让总统拥有下调关税的权力，这在正常时期根本是不可想象的，但 1929 年至 1930 年糟糕的《霍利–斯穆特关税法案》以及随之而来的经济崩溃让民主党人相信，这样的决定权是必要的。正如宾夕法尼亚州民主党议员查尔斯·法迪斯（Charles Faddis）所说，关税政策

> 不是一个可以在国会得到妥善处理的问题……这个问题需要缓慢而仔细的斟酌与考量。必须以总体计划为指引，一步一步谨慎地

> 处理这个问题。国会无法做到这一点，因为在这个国家，关税对每个国会议员来说都是一个地方问题。关税一直是一个“互投赞成票”的问题。这样的问题可能没有总体规划，而没有总体规划，问题永远也无法得到解决。我们必须制定全国性关税政策。目前，除了授权总统制定这一政策之外，我们别无他法。[35]

共和党人极力反对授予总统降低关税的权力，他们认为这种授权违反了宪法，会削弱对关键产业的保护。这种批评的声音将在接下来 10 多年的时间里反复出现。不过，就像 19 世纪 20 年代宣称保护性关税违宪的说法一样，宣称《互惠贸易协定法案》违宪的说法没有任何效力。这种说法的一个问题是，共和党人自己在 1922 年和 1930 年赋予了总统“弹性关税”权，而最高法院已经判定这种做法没有违宪。当然，对《互惠贸易协定法案》合宪性的质疑只是一种旨在阻止关税削减的政治手段。当明尼苏达州共和党议员哈罗德·克努森（Harold Knutson）被问及为什么支持胡佛总统提出的弹性关税要求却反对罗斯福的类似要求时，他回答：“坦率地说，我知道这部法案的目的是下调税率。但凡有那么一分钟我觉得它的目的是提高税率以应对当前的状况，我都会投票支持这部立法并为自己有机会这样做而感到高兴。”[36]

鉴于民主党的绝对多数优势，法案在众议院得到通过已是定局。1934 年 3 月 29 日，众议院以 274 票对 111 票通过了《互惠贸易协定法案》，民主党的投票结果为 269 票赞成 11 票反对，共和党的投票结果为 99 票反对 2 票赞成，农民劳工（Farmer-Laborer）党的投票结果为 3 票赞成 1 票反对。西部地区的民主党最不愿意支持这部法案，因为该地区遭受大萧条的打击最为严重，很多人希望他们的庄稼和农产品能够得到价格支持和关税保护。

但是，民主党人是否能够团结一致，让法案在参议院获得通过呢？就以往的经验看，民主党对参议院的掌控程度要弱得多，而且西部地区的代表性也更强。几乎所有的关税法案在参议院都经历了重重困难，更何况少数派共和党仍心存侥幸，希望能够阻止政府的计划。他们大肆攻击这部法案，称在萧条时期降低关税简直就是经济上的自杀行为。密歇根州共和党人阿瑟·范登伯格（Arthur Vandenberg）称这部法案是“危险之举”，赋予了“总统在关税方面的专断权”。共和党人甚至声称，《互惠贸易协定法案》将在“关税问题上形成法西斯独裁”，并警告，“这一非同寻常的专制独裁权力事关美国经济的生死存亡，它在使用的时候将不受任何枷锁的约束。”[37]即使反对《霍利-斯穆特关税法案》的共和党开明人士也与他们的政党站到了同一条阵线上，反对这部法案。爱达荷州共和党人威廉·博拉（William Borah）担心政府在使用贸易权的时候，会用美国在进口原材料上的较低关税换取外国对美国制成品的较低关税，从而牺牲西部地区的利益帮助东部地区。

参议院财政委员会给众议院的法案附加了一条要求，即政府必须公布其打算进行协定谈判的意图，并允许利益相关方在这一过程中发表意见。除此之外，财政委员会的行动非常迅速，在众议院通过该法案后不到一个月就做出报告。在参议院，民主党领袖挫败了一系列修正案，这些修正案多由共和党人提出，内容从豁免羊毛和其他农产品的关税削减到所有贸易协定均需国会批准以及不得与工资不到美国工资水平 80% 的国家达成任何协定等，不一而足。民主党人则团结一致，对这些修正案做出了回击。肯塔基州民主党议员阿尔本·巴克利（Alben Barkley）表示：“如果最终会破坏总统迅速采取行动的能力，那我们还不如不要浪费时间就这个法案进行辩论。”[38]

1934 年 6 月 4 日，参议院以 57 票对 33 票的结果通过了《互惠贸易协定法案》，民主党的投票结果是 51 票赞成 5 票反对，共和党的投票结果是 28 票反对 5 票赞成。众议院同意了参议院所做的修改，并将法案呈送总统签字。赫尔（1948，第 357 页）后来回忆这一刻的时候说：“6 月 12 日晚上 9 点 15 分，我看着总统在白宫签署了我们的法案。每一笔似乎都在我心头写出喜悦之情。我在互惠贸易政策和减少贸易壁垒方面的多年奋斗终于取得了成功。用‘高兴’这个词完全不足以形容我的心情。”

赫尔（1948，第 357 页）后来表示：“公众舆论对《霍利-斯穆特关税法案》的强烈反对在参众两院都对我们起到了帮助作用。”事实上，《互惠贸易协定法案》的通过反映了国会在党派构成上的巨大变化，即民主党人取代了共和党人。在比对了所有对《霍利-斯穆特关税法案》和《互惠贸易协定法案》两个法案都投过票的国会议员的投票数后，施尼兹（Schnietz，2000）发现，国会在《霍利-斯穆特关税法案》是否合理的问题上并没有“改变立场”。所谓改变立场，是指投票赞成《霍利-斯穆特关税法案》的议员后来对其后果感到后悔并投票赞成《互惠贸易协定法案》。事实上，在投票赞成《霍利-斯穆特关税法案》的 95 名议员中，只有 9 人投票赞成《互惠贸易协定法案》。在这 9 人中，有 7 人是民主党人；也就是说，86 名共和党人中只有两人改变了立场。

在这两名共和党人中，堪萨斯州的阿瑟·卡珀（Arthur Capper）可能是由于《霍利-斯穆特关税法案》通过之后发生的事情而改变了主意。卡珀表示：“我是保护性关税的忠实信徒，但是看起来，自从我们制定了最新的关税法案以来……美国在通过关税、配额、禁运和类似贸易限制干涉世界贸易方面遇上了棘手的难题。”在卡珀看来，美国要想恢复世界贸易，除了致力于互惠贸易协定之外基本别无他法。

> 但是，如果要通过谈判达成互惠贸易协定，从实际角度看，国会似乎没有能力，甚至无法承担这项任务……我们在制定关税法案方面的经验令人沮丧，在战后时期更是如此。各集团和各派系之间的相互交易不可避免。“互投赞成票”的做法也将不可避免，而且会以最为有害的形式大行其道。我们的全国关税法案不是制定出来的，而是通过各种见不得人的联盟和组合，将派系和地方关税税率一锅烩，这种做法通常既加重我们的麻烦，也加剧全球的苦难。就我自己而言，我没有理由相信再一次尝试会带来更好的结局。[39]

《互惠贸易协定法案》的一个特别之处就是那些平时总想在税率制定方面对国会施加影响的行业团体对其完全不感兴趣。筹款委员会只收到了 63 份与《互惠贸易协定法案》相关的信函，其中 59 份对该法案表示反对。与《霍利-斯穆特关税法案》不同，很少有利益集团对《互惠贸易协定法案》表示支持或反对，即使是能够从中受益的出口协会也未表态。[40]在哈格德（Haggard，1988，第 112 页）看来，他们几乎完全不感兴趣的一个原因是，在 1930 年的时候，“利益集团是主角，具体的关税税率是问题所在，与此相反的是，在 1934 年，最重要的问题则涉及宪法，它的重点是权力从国会向行政部门转移”。《互惠贸易协定法案》只是一部授权法案，没人知道这一权力将被如何运用，谈判将取得多大成功，达成的协定将涵盖多广范围，哪些利益将受到最大影响。在《互惠贸易协定法案》通过的时候，国会和受贸易影响的经济利益集团并不能预测这部立法将会变得多么重要，甚至无法预测以后的国会是否会延续这一立法。

因此，《互惠贸易协定法案》的出台并非出于利益集团的要求，而是因为科德尔·赫尔和其他南部民主党人长期以来一直主张大幅降低关税并促进出口。大萧条阻碍了单边关税削减，也使政策制定者必须解决诸多针对美国出口的对外贸易壁垒。政策变化并不是由利益集团促成的，而是政府官员带头推动政策变革，利益集团才随后跟上。同样，现在回想起来，《霍利-斯穆特关税法案》主要也是政客为了安抚农业利益集团而发起的，工业界并没有要求出台这一法案，农民也没有认为这会对他们起到极大帮助。这不仅表明政治人物有时可以利用经济利益实现其政治目标，也表明一国的关税政策并不仅仅只是经济利益集团操纵政治人士实现利己目标的结果。

## 1934 年的互惠贸易协定

《互惠贸易协定法案》在序言中指出，该法案的颁布是“为了扩大美国产品的国外市场……是一种在当前紧急形势下帮助恢复美国生活水平的手段”。总统可以“根据美国各个生产部门的特点和需求”，宣布下调外国产品进入美国时的关税。[41]从技术角度看，《互惠贸易协定法案》可以说是 1930 年《关税法案》的修正案，它允许总统与其他国家签订贸易协定，前提是必须“合理”公开政府将要展开协定谈判的意图，以便有关各方提出意见。这一权限将在 3 年后到期。签订此类协定之后，总统可以发布行政命令，提高或调低特定产品的进口关税，幅度不得超出 50%，而且不能调换应税产品和免税产品。这些关税将适用于所有享受无条件最惠国待遇的国家向美国出口的产品。

由于《互惠贸易协定法案》对美国贸易政策的重要性，研究政权更迭的学者长期以来一直对它充满兴趣。[42]一些研究将《互惠贸易协定法案》解读为一种设计精巧的机制，可以将关税锁定在民主党想要的水平上。事后看来，这种解读似乎是正确的，但《互惠贸易协定法案》的成功并不是从一开始就得到了保证。当时根本无法保证其他国家有意愿与美国展开谈判，也无法保证此类协定将做到大幅降低关税。民主党掌控的国会和罗斯福政府也无法保证后来的政策制定者会继续延用互惠贸易协定的方法。一旦共和党重新掌权，废除《互惠贸易协定法案》就是一件轻而易举的事情，事实上，直到 20 世纪 40 年代初，共和党人都誓言要废除《互惠贸易协定法案》，甚至还要撤销由它做出的所有关税调整。虽说与废除单边关税削减相比，退出贸易协定并撤销关税削减的做法给美国外交声誉造成的损失要更高，但也没有高到让人望而却步的程度。直到第二次世界大战之后，两党才达成支持《互惠贸易协定法案》的共识（第十章对此有详细论述）。

与其说《互惠贸易协定法案》是民主党为引入不可逆转的关税调整而采取的一项深谋远虑的策略，倒不如说它是对当时局势做出的务实回应：大萧条使美国无法单方面关税削减，而层出不穷的对外贸易壁垒又严重阻碍了美国出口，因此美国必须采取应对措施。当然了，《互惠贸易协定法案》也使政治力量的天平朝着支持降低关税的方向倾斜。首先，国会将关税谈判权授予行政部门的时候，基本放弃了对特定产品的关税进行立法的权力。如果总统成功达成贸易协定，国会将不必再设定进口关税，并经历旨在帮助各进口竞争利益集团的选票交易过程。一旦关税受到贸易协定的约束，国会就很难通过立法修改它们。此外，国会在贸易政策上的投票就只围绕着是否继续实施《互惠贸易协定法案》以及在什么样的条件下继续实施。

《互惠贸易协定法案》还以行政协定取代了条约，从而降低了推动国会议员批准减税需要的政治支持的门槛。《互惠贸易协定法案》的延期只需要国会简单多数的赞成，而在《互惠贸易协定法案》出台之前，总统通过谈判达成的任何协定都必须得到参议院 2/3 多数的批准。这不但减少了批准减税协定所需的议员人数，还增加了在《互惠贸易协定法案》下阻挠此类协定所需的议员人数。

此外，《互惠贸易协定法案》将贸易政策权授予行政部门，而相比于国会，行政部门更倾向于采取适度关税。总统的选民基础是全国性的，因此更有可能支持那些有利于整个国家的政策，而国会议员代表的则是特定的地理区域。比起国会来，总统也更有可能在制定贸易政策时将更多的因素纳入考量，如出口商和消费者利益以及外交政策和国家安全因素。

最后，《互惠贸易协定法案》有助于提高出口商在政治进程中的谈判地位和游说力度。此前，进口竞争型国内生产商是在贸易立法问题上游说国会的主要团体，因为他们从高关税中得到了好处。这样的关税对出口商造成了伤害，但只是间接伤害，也就是说，任何一项进口关税给出口商造成的损失都是微乎其微的，因此出口商一直未能组织起有效的政治反对力量。《互惠贸易协定法案》将国外低关税和国内低关税直接联系在一起，因而推动出口商形成一个反对高关税、支持贸易协定的组织团体。在《互惠贸易协定法案》下谈判达成的较低关税也扩大了出口部门的规模，因此加强了支持继续实施该法案的政治力量。

当然，《互惠贸易协定法案》并没有给面临外国竞争的行业进行游说活动画上句号。负责贸易协定计划的助理国务卿弗朗西斯·塞尔（Francis B. Sayre，1939，第 96 页）说过："每次只要一有降税提案，说客和政客就会纷纷降临华盛顿并对相关决策者频频施压。"虽然这一点并没有改变，但《互惠贸易协定法案》将这种政治压力从与之相对共情的国会那里转移到了与之没有什么共鸣的行政部门。与需要选民投票获得连任的国会议员相比，国务院对生产商利益的回应远远没有那么热切。此外，国务院能够平衡来自进口竞争型利益集团的压力和来自出口利益集团的压力，还能考虑到贸易协定带来的更广泛的外交和经济利益。正是因为这一点，范登伯格抱怨，通过谈判达成的关税削减代表了“带有自由贸易倾向的官僚所做的与世隔绝且一厢情愿的猜测”。[43]

当然，《互惠贸易协定法案》也没有使美国走向更自由的贸易成为必然，因为要想继续互惠贸易协定计划还需要总统和国会多数票的持续支持。《互惠贸易协定法案》之所以在 1934 年轻松获得通过，是因为民主党在国会中占据了绝大多数。只要维持这样的多数地位，《互惠贸易协定法案》就有可能延续，但是，如果共和党在 20 世纪 30 年代重掌国会，那么这份计划就会前途莫测。

## 贸易协定计划开始运转

《互惠贸易协定法案》颁布后不到 3 个月，美国国务院就与古巴签署了贸易协定，并宣布打算与其他 11 个国家展开谈判。不过，由于罗斯福政府内部的激烈冲突，贸易协定计划的起步非常缓慢。据赫尔（1948，第 370 页）回忆：“贸易协定计划第一年面临的最大威胁不是来自其他国家，不是来自共和党人，不是来自某些制造商或种植商，而是来自罗斯福政府自身，一位名叫乔治·皮克（George N. Peek）的人。”这种官僚内斗几乎毁掉了整个计划。

乔治·皮克并不是政府内部唯一一个认为降低关税会与“新政”计划相冲突的人，因为“新政”计划寻求的是提高国内价格。1934 年 3 月，罗斯福任命皮克为对外贸易顾问，这是一个处于国务院架构之外的职务。这让赫尔（1948，第 370 页）目瞪口呆：“就算罗斯福先生拿大锤砸我的脑门，也不会比这一任命更让我傻眼。”虽然皮克帮忙起草了《互惠贸易协定法案》，但他将减税协定称为“单边经济裁军”，并对无条件最惠国待遇条款嗤之以鼻，认为这是“非美国式”的东西。皮克认为高关税、外汇管制和进口配额是全球贸易环境的固有成分，赞成通过政府促成的双边贸易协定处理美国过剩的农业品。皮克提议通过谈判按单笔交易达成易货协定，从而使政府成为国家进出口的商业代理人。皮克（1936，第178页）写道："根据临时紧急手段，应该尽一切努力在我国和其他国家之间达成有利于双方的贸易'约定'。比如说，我们应该探索向中国出售小麦、向俄罗斯出售猪肉等可能性。在某些情况下直接易货是有可能做到的，可以避免外汇短缺的困难。"

对于让政府成为美国农民和制造商的代理人与其他国家达成约定并进行贸易谈判的想法，赫尔感到深恶痛绝。如果美国采取了这种办法，然后其他国家也依样行事，那它会发现自己成为贸易协定中的输家。赫尔希望全面取消特别贸易协定，让平等待遇成为贸易关系的基石。政府应当避免引导贸易流动，同时确保私营企业有机会在开放和非歧视的全球市场中参与竞争且不受政府干预和贸易喜好的影响。皮克则认为，赫尔想要让全球经济回归市场驱动的非歧视贸易的做法既天真又不切实际。

这两种截然不同的贸易政策愿景引起了罗斯福政府的内部斗争。由于皮克和其他机构一起用尽手段想要左右贸易政策，赫尔和国务院在1934年和1935年初不得不花费大量时间应对皮克为赢得贸易政策控制权而做的各种动作。当皮克同时被任命为进出口银行（这是一个新的政府机构，其职责是通过向外国买家提供优惠贷款为出口融资）的负责人时，他开始有资格帮助达成特别贸易协定。[44]比如说，1934年12月，皮克安排进出口银行以一定价格向德国出售了80万包棉花，其中1/4将以美元支付，剩余部分以德国马克支付，外加溢价。这些德国马克将由进出口银行以折扣价出售给从德国进口的美国进口商。

赫尔和他的助手弗朗西斯·塞尔（Francis Sayre）坚决反对这种优惠交易。在他们看来，皮克未能认识到，通过政府代理交易的经济民族主义从长远看不利于美国商业的繁荣发展。这一策略有可能进一步破坏基于政治协议的世界贸易，如果美国取得成功，则容易受到外国的报复威胁。事实上，巴西威胁要中断与美国的贸易谈判并予以报复，因为皮克与德国达成的交易将取代阿根廷的棉花出口。在国务院介入后，罗斯福撤回了对皮克计划的支持；这一协议是与纳粹德国签订的，这对皮克的事业毫无助益。此后，皮克的影响力开始减弱。他对政府的批评越来越尖锐，最终罗斯福在 1935 年 11 月接受了他的辞呈。离开之后，皮克在 1936 年的《我们为何自行退出》（*Why Quit Our Own?*）一书中猛烈抨击《互惠贸易协定法案》。

皮克离职之后，国务院加强了对贸易政策的控制并开始推进贸易谈判。贸易协定计划的组织架构请参见图 9. 1。贸易协定计划的监督机构是商业政策执行委员会，管理机构是跨部门贸易协定委员会，协助机构是互惠信息委员会。每个委员会中都有来自农业部、商务部和财政部以及关税委员会的代表，不过整个过程由国务院协调并主导。

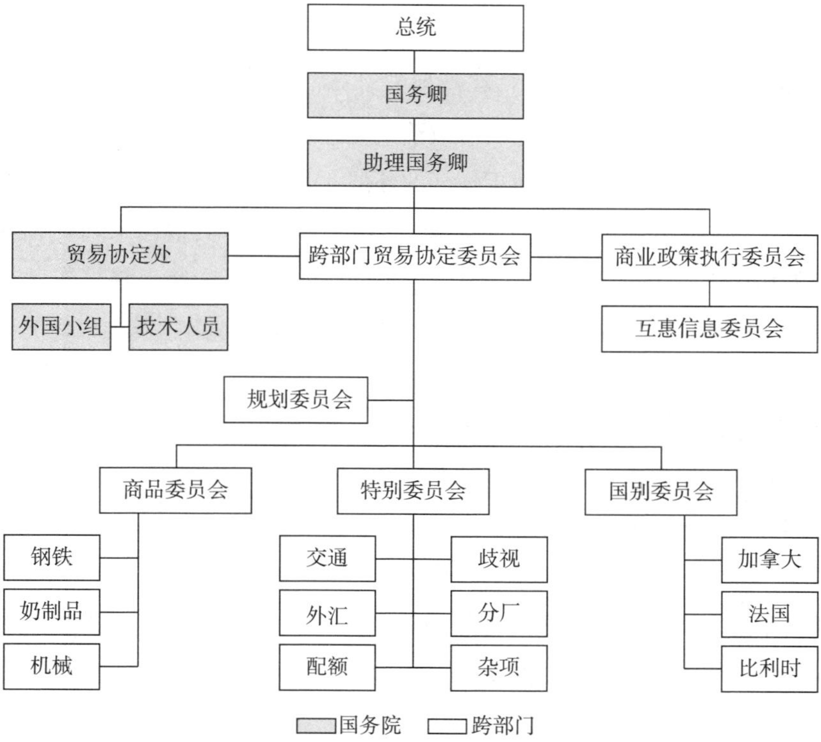


图 9. 1　贸易协定计划的行政架构

贸易协定的达成流程如下。先由助理国务卿研究某某国家是否有兴趣与美国进行贸易协定谈判。如果该国原则上同意降低关税，跨部门贸易协定委员会将宣布政府有意与该国进行谈判的消息。之后会留出一段时间供公众发表意见，这些意见通常来自那些希望降低特定外国关税的出口商以及反对就这一潜在伙伴国的某些进口产品进行关税削减的国内生产商。互惠信息委员会负责接收相关意见。据塞尔（1957，第170页）回忆："人们在公开听证会上对拟议关税削减预计会产生的破坏性影响表达强烈的抗议，这通常都是出于恐惧而不是立足于事实。"不过，他接着又表示："听证会很真实，从来都不是做做样子。我们随时准备根据听证会的结果改变我们最初的想法。我们一心想做一份诚实而完善的工作。"

随后，贸易协定委员启动双边谈判。美国方面不会提出全面降低关税；相反，它会按照《互惠贸易协定法案》的要求，"根据美国各个生产部门的特点和需求"，有选择性地就具体产品提出关税削减。这种手法有两个目的。首先，某些具有政治重要性和进口敏感性的部门可以免于关税削减，从而不用面对更激烈的外国竞争。其次，只有相应伙伴国为"主要供给国"的产品才会降低关税。这将推动其他国家与美国谈判的积极性，因为这样既能减少别国借无条件最惠国待遇搭便车的现象，又能使这些国家的出口商从中获得最大收益。如果达成协议，关税税率的调整将通过行政命令而生效。

国务院在逐渐积累了谈判经验之后，制定了一个互惠贸易协定模板和一系列可以根据各国具体情况进行修改的条款。协定的第一部分涉及整体贸易并包括最惠国待遇、国内税收、配额和外汇管制、垄断和政府采购等条款。第二部分内容为关税减让条款，如每个国家的进口税调整以及撤销或修改这些减让措施的条件（当然，关税具体如何调整是在谈判中确定的）。最后一部分内容涉及领土适用、最惠国待遇例外情况、一般保留、技术问题磋商（如贸易卫生管理），以及协定的临时适用、期限和可能的终止期。[45]

这样的贸易协定流程意味着，国务院和其他行政部门官员开始在贸易政策制定中发挥比国会各委员会主席更重要的作用，而传统上主导这一流程的都是这些委员会的主席。虽然国务卿赫尔本人很少处理贸易谈判的具体细节，但他对这项计划的大力支持使该计划成为国务院 20 世纪 30 年代期间的工作核心。赫尔极力推动减少贸易壁垒并长期担任国务卿，因而给国务院设定了一个持久的目标和方向，在他离职后很久，这一目标和方向还在影响着国务院处理贸易政策的方式。[46]

在《互惠贸易协定法案》的起步阶段，助理国务卿弗朗西斯·塞尔（他是哈佛大学的法学教授，伍德罗·威尔逊的女婿）以及国务院官员、经济学家赫伯特·费斯负责该计划的实施和监督工作。虽然塞尔和费斯还有其他职责在身，但是两人“都将在起草贸易法案、游说国会通过法案、确保国务院在法案获得通过后监督其实施情况以及与美国贸易伙伴展开单项协定谈判方面发挥非常重要的作用”。[47]经济学家亨利·格雷迪（Henry Grady）在 1934 年至 1936 年期间担任贸易协定委员会主席。他的接任者哈里·霍金斯（Harry Hawkins）也是一位经济学家，他从 1936 年开始负责国务院贸易协定部门，直至 1944 年。众所周知，霍金斯是促成该计划取得成功的关键人物。他备受尊敬，在谈判和跨部门合作过程中展现出了高超的外交技巧。赫尔在回忆录中（1948，第 366 页）专门提到霍金斯并对他大加赞赏：“在我看来，整个政府经济部门中没有哪个人的贡献能比得过他的贡献。在贸易协定的制定过程中，霍金斯就是国务院的主心骨，尤其在我们与其他国家进行谈判的时候，这些谈判有时极为艰难。”[48]

贸易协定计划之所以起步缓慢，不仅仅是因为赫尔与皮克之间的冲突，也因为其他国家在其经济远未实现充分就业并因大萧条而疲软的时候不愿意减少贸易壁垒。因此，20 世纪 30 年代期间，美国在缔结贸易协定方面成败参半，而在大幅削减进口关税的谈判方面取得的成绩还要更糟。到 1936 年时，美国只与九大出口市场中的三个达成了协议：加拿大、法国和荷兰。德国曾提出与美国进行谈判，但由于德国的歧视性贸易政策，尤其是它与东南欧国家的特权易货协议，美国拒绝了它的要求。日本、阿根廷和澳大利亚表示没有兴趣与美国谈判，而意大利与美国的谈判则以破裂告终。当时的很多协定都是与拉丁美洲国家签订的，后者的原材料出口并未对国内产业构成威胁。[49]

英国是美国的第二大出口市场，赫尔迫切希望与之达成贸易协定。我们在第八章说过，英国采取的是帝国特惠制，即对大英帝国的产品给予特殊待遇。国务院格外迫切地想要缩小渥太华协议中的优惠差额，因为这使美国产品在英国和加拿大这两个最重要的国外市场上遭受了歧视性待遇。[50]赫尔于 1940 年在国会作证的时候，称帝国特惠制是“自我担任公职以来，美国就一直在遭受的最严重的商业伤害”。[51]

在 1936 年的中期选举之后，赫尔敦促英国展开贸易谈判，但英国官员对此不情不愿。美国仅占英国出口额的 6%，而英国在其他市场拥有更大的商业利益，它不希望破坏自己优先进入这些市场的优势。不过随着欧洲爆发战争的风险与日俱增，英国开始认识到与美国达成协定带来的外交利益。英国最终决定达成协定以巩固英美合作。英国首相张伯伦同意向前推进此事，因为“这将有助于改变美国人的看法，让它越来越多地与我们共同采取行动，我觉得这肯定会让极权主义者感到惊惧。在这个时刻，它看起来就像是对柏林—罗马—东京轴心集团的回应”。[52]然而，据赫尔（1948，第 529 页）回忆，美国是中立国，“鉴于国内的孤立主义情绪”，国务院不得不淡化协定的外交政策含义，“我们可以强调我们的信念，即以贸易协定为代表的自由通商政策能够促进和平，但我们也得谨慎地指出，与英国达成的贸易协定并不代表任何具有双边政治或国防政策性质的协定”。

1938 年 1 月，两国正式宣布将在下个月开始谈判。磋商对双方来说都很艰难：美国正处于 1937—1938 年的严重衰退之中，这导致官员们不愿意让制造业面临更多来自进口商品的竞争，而英国则不愿意削弱帝国优惠制并希望美国做出更多的让步，原因是美国的关税平均值要远远高于英国。其结果是“双方经过艰难而漫长的谈判，达成了一份有限而平淡的条约”。[53]关税削减的幅度很小，而在减少优惠差额（这种优惠差额使美国出口商品受到了歧视）方面也进展甚微。不过，公共舆论对这一努力表示支持。在 1938 年 3 月的一次民意调查中，近 3/4 的受访者认为，如果英国降低美国产品的关税，那美国也应该降低英国产品的关税；只有 1/4 的人反对这一政策，而且调查结果没有明显的党派差异。[54]

然而，协定生效还不到一年，英国就在 1939 年 9 月卷入了第二次世界大战。协定由此失效，因为作为战时措施，英国被迫采取了严厉的贸易管制。尽管如此，这份协定还是标志着两国之间开启了更紧密的政治和经济关系。

到 20 世纪 30 年代末的时候，《互惠贸易协定法案》可以说取得了一定的成功。到 1940 年时，美国与 21 个国家签署了协定，占美国贸易总额的近 2/3。表 9. 1 列出了在此期间与美国签署贸易协定的国家。美国国务院公布的数据显示，对协定签署国的出口在 1934—1935 年和 1938—1939 年增长了 63%，而对非协定签署国的出口增长仅为 32%。与此同时，来自协定签署国的进口增长了 22%，而来自非协定签署国的进口同期增长了 13%。[55]此外，美国在重新获得其先前的世界贸易份额方面似乎取得了进展。1932 年，当帝国特惠制被引入的时候，美国占加拿大进口的 61%。这一比重在 1936 年降至 57%，但到 1939 年时又上升至 63%。[56]这种复苏可以在多大程度上归功于《互惠贸易协定法案》还有待探讨，不过总体趋势似乎佐证了贸易协定有助于扩大美国在一些外国市场所占份额的观点。

表 9. 1　1934—1944 年签订的贸易协定

| 国家 | 签订日期 | 生效日期 |
|---|---|---|
| 古巴 | 1934 年 8 月 24 日 | 1934 年 9 月 3 日 |
| 巴西 | 1935 年 2 月 2 日 | 1936 年 1 月 1 日 |
| 比利时（和卢森堡） | 1935 年 2 月 27 日 | 1935 年 5 月 1 日 |
| 海地 | 1935 年 3 月 28 日 | 1935 年 6 月 3 日 |
| 瑞典 | 1935 年 5 月 25 日 | 1935 年 8 月 5 日 |
| 哥伦比亚 | 1935 年 9 月 13 日 | 1936 年 5 月 20 日 |
| 加拿大 | 1935 年 11 月 15 日 | 1936 年 1 月 1 日 |

（续表）

| 国家 | 签订日期 | 生效日期 |
|---|---|---|
| 洪都拉斯 | 1935年12月18日 | 1936年3月2日 |
| 荷兰 | 1935年12月20日 | 1936年2月1日 |
| 瑞士 | 1936年1月9日 | 1936年2月15日 |
| 尼加拉瓜 | 1936年3月11日 | 1936年10月1日 |
| 危地马拉 | 1936年4月24日 | 1936年6月15日 |
| 法国 | 1936年5月6日 | 1936年6月15日 |
| 芬兰 | 1936年5月18日 | 1936年11月2日 |
| 哥斯达黎加 | 1936年11月28日 | 1937年8月2日 |
| 萨尔瓦多 | 1937年2月19日 | 1937年5月31日 |
| 捷克斯洛伐克 | 1938年3月7日 | 1938年4月16日 |
| 厄瓜多尔 | 1938年8月6日 | 1938年10月23日 |
| 英国 | 1938年11月17日 | 1939年1月1日 |
| 加拿大（第二份协定） | 1938年11月17日 | 1939年1月1日 |
| 土耳其 | 1939年4月1日 | 1939年5月5日 |
| 委内瑞拉 | 1939年11月6日 | 1939年12月16日 |
| 古巴（第一份补充协定） | 1939年12月18日 | 1939年12月23日 |
| 加拿大（狐皮补充协定） | 1940年12月13日 | 1940年12月20日 |
| 阿根廷 | 1941年10月14日 | 1941年11月15日 |
| 古巴（第二份补充协定） | 1941年12月23日 | 1942年1月5日 |
| 秘鲁 | 1942年5月7日 | 1942年7月29日 |
| 乌拉圭 | 1942年7月21日 | 1943年1月1日 |
| 墨西哥 | 1942年12月23日 | 1943年1月30日 |
| 伊朗 | 1943年4月8日 | 1944年6月28日 |
| 冰岛 | 1943年8月27日 | 1943年11月19日 |

资料来源：US Tariff Commission（1948）。

贸易协定在降低美国进口关税方面的效果相对一般。图9.2是1880年和1939年关税税则列出的平均关税税率的散点图。该图显示，进口关税的基本结构与 19 世纪后期相比几乎没有变化，这也反映出这一时期的政策持久稳定。此外，关税税率仅仅出现略微下降。关税委员会发现，到 1936 年时，生效的前 13 份协定将应缴税进口产品的平均关税从 46. 7% 降至 40. 7%，下调了 6 个百分点。这将使平均关税回到《霍利-斯穆特关税法案》颁布之前的水平。[57]因此，可以说，根据《互惠贸易协定法案》而达成的关税削减有效地扭转了《霍利-斯穆特关税法案》造成的关税提高，同时还带来一项额外收益，那就是其他国家也降低了对美国出口产品征收的关税。

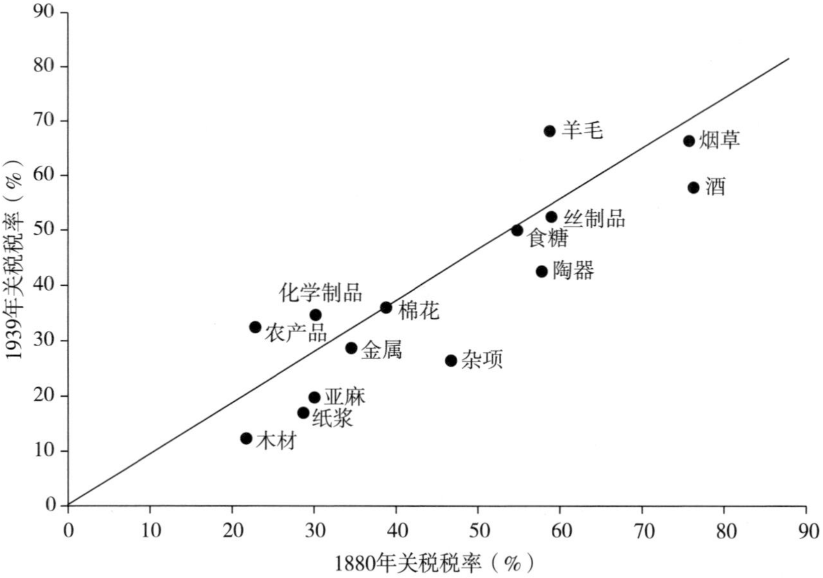


图 9. 2　1880 年和 1939 年关税税目表显示的平均关税税率

资料来源：《美国统计摘要》（Statistical Abstract of the United States），1885 年，第 13—14 页；1942 年，第 572—574 页。

更广泛地说，应缴税进口产品的平均关税从 1934 年的 46. 7% 下降至 1939 年的 37. 3%，略低于 1929 年《霍利-斯穆特关税法案》颁布之前的 40. 1%。部分下降幅度是 1934—1939 年进口价格上涨了 11% 的结果，这一上涨减少了 1930 年设定的从量税的从价等值。上涨的进口价格使得平均关税降低了约 3. 3 个百分点。因此，在关税实际下降的 9. 4

个百分点中，6.1个百分点要归功于贸易协定，还有3.3个百分点则要归功于进口价格的上涨。[58]

这一关税削减对美国对外贸易的影响是什么呢？对出口的影响很难统计，因为没有信息可查询其他哪些国家降低了关税。至于进口，如果下调的关税完全转移到进口价格上，那么由《互惠贸易协定法案》带来的关税削减将使应税进口产品的平均价格下降约4%。这对进口总量的影响是有限的，因为进口增长更多受经济复苏推动。进口量在1933年至1939年仅增长了23%，1937年至1938年的严重衰退拉低了这一数据，而出口量在此期间增长了60%。[59]虽然没有这方面的确凿研究，但《互惠贸易协定法案》可能确实通过促进出口增长为1933年以后的经济复苏做出了一小点贡献。

虽然受到了经济衰退的影响，不过法案对进口的影响从一开始就设定得比较适度。赫尔指示国务院积极推动关税削减工作，但"必须一步一步来，每个阶段都要小心谨慎"。[60]赫尔非常谨慎，他不想得罪强大的国内利益集团，以免引得国会反对这项计划。赫尔和他的副手们在减免关税时更多地针对不与国内产品形成竞争的进口产品，极力避免国内生产商受到伤害。他一直坚持认为该计划旨在降低过高的关税，而不是引入自由贸易。据塞尔（1957，第170页）回忆："整个计划的立足点就是在关税壁垒中寻找可以调低关税同时又不对美国生产商造成实质性伤害的地方。"（"不造成实质性伤害"在此可解读为"不引发政治反对"。）格雷迪（1936，第295页）表示："贸易协定计划绝不是什么自由贸易计划。这份计划只是尝试……恢复……美国企业在国外的正常市场，同时为国内产业（提供）合理的保护。"

关税削减程度因产品不同而有很大差异，因为国务院谈判代表可以自行决定在哪些领域进行削减并尽可能避免带有政治敏感性的产业。赫尔一直坚持的做法就是必须要向总统汇报每一份潜在贸易协定所做的让步，以确保国务院达成的所有贸易协定都有政治保障。罗斯福通常都会批准摆到他面前的协定，而且他远比赫尔更愿意承担政治风险。据弗朗西斯·塞尔（1957，第170页）回忆："然而，有时候，削减提案可能会造成局部伤害，我就会告诉总统：‘我们得在这儿削减关税，而这可能对您有政治影响。您可能会听到这个消息。’几乎每次他都会回答：‘呃，弗兰克，如果有必要的话，继续吧，继续。’他完全信任我们，并且毫不犹豫地执行我们的计划。”[61]

罗斯福政府在 1937 年呼吁国会延期该计划时强调了该计划严谨慎重的行事方式。总统在致信筹款委员会时表示：“在改善我国出口地位的同时，我国生产商在国内市场的利益也得到了全面的保障。”[62]赫尔 1940 年在国会作证时表示，

> 贸易协定计划的反对者和批评者提出的主张和指控中没有给出严重伤害的证据。当然，在一些个别情况下，生产商确实不得不做出调整以适应新的关税税率。一般而言，贸易协定中的减税幅度都是适度且经过精心考量的，因此这种调整并没有造成很严重的难题……试问有谁能在我国整个财政史上找出一个普通税率向上或向下调整的实例，能像我们这 33 份协定的谈判一样做到这么公正、谨慎和精准？或者能做到比我们更加关心农业、劳工、企业和全国人民的福利？[63]

事实上，就连美国关税联盟也承认贸易协定计划的运行非常公平。[64]

虽然 20 世纪 30 年代的整体关税削减比较适度，但该计划仍然存在争议。很多政治上非常活跃的进口敏感型利益集团因为要与国务院而不是国会山的民选代表打交道而感到沮丧。与国会议员不同，国务院官员一般都能抵住希望免除关税减免的行业团体施加的压力。[65]这些利益集团对行政部门的影响力要远远小于他们对国会的影响力。[66]对于政府的支持者来说，这是一件好事：正如密苏里州民主党参议员哈里·杜鲁门（Harry Truman）所说，政府已经“将关税税率的调整权交给了最适合从事这份工作的人员，不受政治互捧和关税游说影响的人，这种政治互捧和关税游说伤害的是国家福利”。[67]《互惠贸易协定法案》对贸易政策制定进程的影响开始超过它对进口关税税则的影响。

## 《互惠贸易协定法案》在 1937 年的延期

共和党人在 1934 年以压倒性投票结果反对《互惠贸易协定法案》，并在 1936 年的总统大选中延续了这样的反对立场。共和党的竞选政纲誓言要“废除当前的《互惠贸易协定法案》”，认为它具有“破坏性”，因为它“让我们的市场充斥着外国商品”，还认为它具有“危险性”，因为它涉及未经法律批准的秘密谈判。[68]民主党的竞选政纲则简单地说：“我们应当继续巩固本届政府实现的对外贸易增长；继续寻求通过双边协定降低针对我国出口农产品和工业品的关税壁垒、配额和禁运；同时，继续像过去一样，为我们的农民和制造商提供足够的保护，使他们不用遭受不公平竞争，也不用遭受国外廉价劳动力生产的或受到外国政府补贴的商品和货物对我国的倾销。”[69]

民主党在 1936 年的大选中又一次赢得了压倒性的胜利，在此之后，赫尔开始专心处理《互惠贸易协定法案》在 1937 年 6 月到期之后的延期。罗斯福致信筹款委员会主席道顿，要求延长关税削减权。他在信中写道：“我们在商业政策自由化领域的积极倡议是阻止世界经济孤立趋势的重要因素，而就在 3 年前这种趋势看上去还几乎势不可挡……不过，虽然我们取得了切实而可喜的成就，但这项任务还远远没有完成。国际贸易关系中仍然存在着紧急情况。我们的贸易仍然面临着过度的壁垒。要想让我国实现全面而均衡的经济复苏，减税仍是一项基本要求。”[70]

罗斯福希望谈判权能够永久化，但赫尔怀疑国会是否会同意，他的怀疑是对的。[71]助理国务卿赛尔在国会作证时一再强调，美国此前在削减关税时非常审慎，今后也会如此：

> 要想打开贸易通道，双方显然都得减少贸易壁垒。这并不意味着自由贸易。这并不意味着打开防洪闸门，让大量与我国产品激烈竞争的外国产品一拥而入。这并不像有些人认为的那样，意味着以

> 减少国内生产换取美国出口产业的增产。它意味着，那些不具经济合理性、伤害而非造福我国整体利益的壁垒将被减少。如果我们能够审慎地减少不合理的贸易壁垒，扩大我们国家的贸易，同时又不对国内的高效生产商造成实质性伤害，那么这两个国家都会从中获益。[72]

在听证会上，《互惠贸易协定法案》的诸多反对者表达了他们的反对意见，这些反对者包括国家农民协进会、全国牛奶生产商联合会、美国采矿协会和全国羊农协会等。在 1934 年的时候，《互惠贸易协定法案》只是一项有望通过的议案；与那时不同，现在它已经被用来进行真正的关税调整，因而招致了更大的反对声音。虽然这些集团中很少有人能够说出贸易协定给他们带来了怎样可怕的影响，但他们警告说，关税下调有可能让他们面临更激烈的外国竞争，从而威胁他们日后的生存。他们担心自己在需要的时候无法获得进口救济，因为政府的程序非常僵化，而国务院官员看起来对他们的命运漠不关心。有几家大型出口集团支持《互惠贸易协定法案》为美国商品打开外国市场，如美国棉花托运人协会、美国商会和汽车制造商协会等。

一如所料，筹款委员会在报告中对法案表示支持，但少数派共和党人在反对《互惠贸易协定法案》时改变了基调："人们普遍认为，因为我们一贯反对现行贸易协定计划的执行方式，所以我们不赞成与外国进行任何互惠谈判。"他们坚称，虽然《互惠贸易协定法案》的"伪互惠性"面临"诸多强烈反对"，但事实并非如此。他们依然指责《互惠贸易协定法案》对总统的授权是违宪的，国会应当对这些协定拥有批准权，还指责这部法案忽略了保护原则，因为它在没有考虑生产成本差异的情况下就允许调整关税税率。[73]

由于民主党占据多数，而且过去三年里达成的几份贸易协定也没有招致太多的反对意见，因此众议院在 1937 年 2 月以 285 票对 101 票的结果轻松通过了法案的延期提案。投票结果像往常一样党派分明：民主党人以 277 票对 11 票支持延期，共和党和其他党派则以 90 票对 8 票反对延期。

不出所料，参议院之战更为艰难。共和党反对者声称，降低关税可能导致进口激增，从而破坏经济。他们指责国务院设立了一个“星室法庭”（star chamber）来决定在谈判中牺牲哪些国内生产商的利益。密歇根州共和党议员阿瑟·范登伯格表示，他不反对互惠这个概念，但宣称“这种特定类型的互惠令人遗憾、不够明智、缺少依据，而且直接违反了美国宪法”。[74]他们害怕保护性关税受到重创，并抱怨进一步削减保护性关税的措施将危及美国经济从大萧条中的复苏。

来自西部地区的两党参议员均强烈反对法案延期。[75]物价低迷给西部地区造成了沉重打击，使其迟迟无法从大萧条中恢复过来。来自科罗拉多州、怀俄明州和内华达州并代表牛、羊毛和铜等利益集团的参议员格外强烈地反对延期。该地区的其他农民并没有深入参与贸易；他们只想守住国内市场，对增加出口并未抱有什么希望，但他们担心《互惠贸易协定法案》可能会允许更多的进口产品涌入，从而削弱其脆弱的地位。除了这些经济上的反对意见之外，北达科他州共和党议员杰拉尔德·奈伊（Gerald Nye）等人持孤立主义立场，认为开放贸易是东部建制派的国际主义议程的一部分，这一议程为了迎合大企业的利益，不惜牺牲西部地区。因此，西部地区的参议员提出了能够让这部法案变得形同虚设的修正案。内华达州民主党议员基·皮特曼（Key Pittman）提议，贸易协定需在参议院得到 2/3 的票数才能获得批准，这一动议被勉强挫败，但仍得到了民主党的大力支持。佛罗里达州民主党议员克劳德·佩珀（Claude Pepper）提出了另一项修正案，禁止将农产品税率降到平衡生产成本所需的水平之下。这份修正案获得通过，但民主党领导层强行要求复议，最后成功地推翻了之前的投票结果。

尽管存在这些威胁，但在众议院通过延期之后没过几天，参议院就以 58 票对 24 票的投票结果顺利地通过了延期。民主党人 54 票支持 9 票反对，而共和党人则是 14 票反对 0 票赞成（其他党派为 4 票赞成 1 票反对）。罗斯福政府之所以能够维持民主党对法案延期的支持，其中一个原因是贸易协定看似无足轻重。关税削减幅度不大，应税进口产品价值仅占 GDP 的 2% 左右，继续实施该计划带来的负面影响看起来微乎其微。此外，在 1935 年和 1936 年连续签署一系列协定之后就很少再有协定达成：除了与英国的协定之外，美国只在 1938 年与捷克斯洛伐克和厄瓜多尔达成协定，在 1939 年与土耳其和委内瑞拉达成协定。

到 20 世纪 30 年代末，赫尔已经战胜了政府内部的批评者并成功使互惠贸易协定计划成为美国贸易政策的重要特点。然而，在这 10 年里，随着时间的推移，实施这一计划的理由开始从促进经济复苏转为应对世界和平遭受的日益严重的威胁。当然，赫尔长期以来相信自由贸易能够促进和平。他在 1934 年写道："国家间贸易是人类历史中最出色的和平缔造者与文明教化者。"贸易协定计划是"为扩大世界贸易而采取的各项措施中的第一步。这份计划寄托着我对和平保障以及全面繁荣的极大希望"。[76]

但是，随着欧洲逐步走向战争，赫尔一心专注于减少贸易壁垒的做法似乎完全不合时宜。罗斯福的顾问哈罗德·伊克斯（Harold Ickes，1953—1954，第 2 卷：第 218—219 页）在他的日记中抱怨："除了对独裁者的步步进逼做出徒劳无功的抗议之外，（赫尔）所做的一切就是进行互惠贸易协定谈判。到目前为止，这些都没有问题。在正常时期，和平是世界各国的主要关注点，这时这样做可能会带来一些成果，但是正如我有一次对总统所说的那样，在全球动荡不安的时候，这简直就像是在丛林里拿着苍蝇拍子打大象。"

罗斯福也持有同样的怀疑。在 1939 年 1 月的一次内阁会议之后，伊克斯（1953—1954，第 2 卷：第 568 页）指出："虽然我认为总统没有任何想要伤害赫尔的意思，但他在这样的紧急情况下对互惠贸易协定表现出了相当不屑的态度。他说，以为多出售几桶苹果和几辆汽车就能造福我们自己或者造福世界，完全是痴心妄想。"

罗斯福跟财政部长亨利·摩根索（Henry Morgenthau）说过："贸易协定见效太慢。世界形势发展太快。"[77]往好里说，国会议员认为赫尔夸大了贸易与和平之间的关联以及贸易协定在世界政治中的重要性。往坏里说，他们认为他完全不了解黑暗的世界现实。不过，赫尔私下也承认：“（贸易协定计划）只有 5% 是经济方面的，而其他 95% 或多或少都是政治上或心理上的。”[78]

## 第二次世界大战与美国贸易

1939 年 9 月爆发的欧洲战争对美国贸易政治的最初影响出现在国会 1940 年就是否延期《互惠贸易协定法案》展开斗争的时候。虽然战争其实已经中断了进一步的贸易谈判，但赫尔认为，全球冲突让《互惠贸易协定法案》的存在有了更有力的新依据。1939 年底，赫尔（1948，第 746—747 页）发表了一次广受关注的讲话，在这次讲话中，他表示，“贸易协定计划应当保持原样，充当各国在战后重建自由商业的基石”。他指出：“如果说这个世界上有什么东西是明确无疑的，那就是：在当前的敌对冲突结束之后，亟须采取有力的行动恢复并促进各国之间的健康和互利贸易，其迫切性甚至还要超过这些年。”贸易协定方案“提供了一个坚实的基础，让我们有信心认为，等和平再次降临的时候，我们有能力重新恢复贸易。我们近年来在这份重要工作中一直发挥着全球领导作用，如果我们现在彻底改变我们自己的政策，转向自杀性的经济民族主义以及《霍利-斯穆特关税法案》造成的贸易封锁，那么我们将错失这一宝贵机会。”

赫尔的讲话打动了罗斯福，他向内阁成员表示了对这次讲话的赞赏。赫尔（1948，第 747 页）写道：“这是我自 1933 年以来第一次感到总统在贸易协定问题上真正站在我这边。”但罗斯福也担心赫尔正在打一场必败之仗。政治情绪现在开始反对延期。进口敏感型利益集团，尤其是西部地区的利益集团，对延期的反对声音越来越大，甚至超过了 1937 年的时候。罗斯福告诉伊克斯（1953—1954，第 3 卷：第 68 页）：“赫尔完全陷入了互惠贸易协定的事情当中。这是他的全部关注点。但是现在公众情绪反对这些协定，我希望赫尔在这件事上不要太过勉强。我觉得他会失败，那他可就要心碎了。”

虽然国会对贸易协定计划顾虑重重，但公众舆论并不反对这个想法：1940 年 1 月盖洛普民意调查显示，只有 10% 的受访者理解“互惠贸易”这个术语，但在这些人中，支持赫尔计划的人达到 71%，只有 29% 的人表示反对。[79]

1940 年 1 月，罗斯福总统要求国会将《互惠贸易协定法案》再次延期三年，并表示，这部法案“是任何持久而稳定的和平赖以立足的基础中不可或缺的一部分，应当得到延期”。实行贸易协定计划的理由显然已经从扩大贸易以推动经济从大萧条中恢复转变成扩大贸易以促进战后和平。赫尔在国会作证时表示，谈判权将有助于为战后贸易政策合作铺平道路：“眼下哪怕只是暂时放弃该计划，也会被其他各国视为永久放弃。除非我们继续维持我们在促进自由贸易政策方面的领导地位，除非我们继续敦促其他人将这种政策视为战后经济重建的基础，否则未来将是一片黑暗。自由贸易政策在战后的胜利或失败将在很大程度上取决于各国从现在到和平会议时投入的努力。”[80]

在大选年提出贸易政策问题一向都是有风险的，但公众舆论普遍支持贸易协定计划。[81]民主党在国会中占据多数党地位，同时大家也知道该计划在战争期间其实会被搁置，这两点似乎能够确保《互惠贸易协定法案》得到延期。当然，罗斯福政府在幕后做出不懈努力，以确保众议院批准延期。[82]民主党设法挫败了共和党的一份修正案，该修正案提出重新起草贸易协定法案，要求所有贸易协定均须经过国会批准，并为面临外国竞争的国内生产商提供额外保护。1940 年 2 月，众议院以党派分明的投票结果通过了法案的延期（218 票对 168 票），其中民主党 212 票赞成 20 票反对，共和党 146 票反对 5 票赞成。

由于民主党内部的反对声音，参议院的斗争比 1937 年还要激烈。南部地区的民主党人坚决支持这部法案，但西部地区民主党人的反对态度比以前还要强硬。参议院外交关系委员会主席、代表西部地区矿业和农业利益集团的基·皮特曼是反对派的牵头人。他和他的盟友抱怨，关税下调已经导致“涌入的”进口矿物和农产品淹没了国内市场。在“延期”大战之前，这一派系阻止了国务院在有望与智利和阿根廷达成的贸易协定中下调铜矿和牛肉的关税；结果，美国与智利的协定中删去了铜矿这一项，而阿根廷则中断了谈判。怀俄明州民主党议员约瑟夫·奥马尼（Joseph O' Mahoney）担心："农产品保护性关税可能被下调，以换取其他国家在制成品方面的让步。"[83]参议院有太多民主党人反对延期，因此范登伯格和共和党人决定袖手旁观，让他们"自相残杀"地废掉这部法案。[84]

参议院财政委员会险些就没有提出法案报告；还是委员会主席、来自密西西比州的帕特·哈里森力挽狂澜，在此时以及后来扭转了败局。[85]皮特曼在参议院提出一份修正案，要求所有贸易协定都须获得参议院（2/3 多数票）的批准，这其实相当于让贸易协定计划变得形同虚设。在投票前一天晚上，皮特曼相当自信地认为他有足够的支持票能通过这份修正案，不过罗斯福政府极力说服了西部地区的参议员予以反对，最后修正案以 44 票对 41 票的 3 票之差没有得到通过。[86]其他旨在削弱总统权力或限制该计划的修正案也因微弱劣势以失败告终。

1940 年 4 月，罗斯福政府在参议院最终投票时仅以 5 票之差取得险胜。民主党人分歧严重，投票结果为 38 票赞成 18 票反对，而共和党人则是 17 票反对 3 票赞成。反对延期的民主党人多过了共和党人，这一事实表明了《互惠贸易协定法案》背后的政治支持是多么脆弱。这让法案反对者深受鼓舞，比如加利福尼亚州共和党议员希拉姆·约翰逊就写道："白宫这一次费尽周章才让延期得到批准，而且优势极为微弱。老赫尔是个'坚果儿'，他聚拢了一帮过气的自由贸易商，还有一些将之视为治国哲学的年轻人。每一次我们都朝着打败他的方向又迈进了一步，所以这一次延期并没有让我感觉特别糟糕。"[87]当然，激烈的政治斗争与背后的赌注其实并不成比例，因为欧洲现在已经卷入战争，贸易协定计划实际上已被搁置。而与此同时，如果谈判权未能延期的话，将会对政府造成沉重打击。

风云变幻的世界局势也使共和党的立场发生了微妙的变化。虽然该党以压倒性投票结果反对延期，但 1940 年的竞选政纲显示他们的立场有所缓和。竞选政纲重申了他们一直以来的观点，即关税保护"对我们美国的生活水平至关重要"，但共和党并没有像 1936 年那样要求废除

《互惠贸易协定法案》。相反，他们对该计划的实施提出了批评："我们谴责'新政'下所谓互惠贸易协定的生效方式：不举行应有的听证会，过度仓促，没有合理考虑国内生产商，也没有经过国会批准。我们应当纠正这些缺点。"[88]

1941 年 12 月日本偷袭珍珠港之后，美国加入了战争，这使事态出现了很多新的变化。共和党孤立主义者名誉扫地，贸易协定在国会中几乎全被遗忘，战争给美国经济带来了深远的变化。第二次世界大战给对外贸易造成的破坏比第一次世界大战还要严重。英国和其他盟国迫切需要粮食供给和战争物资，因而美国成为同盟国的农场和工厂。由于战争，联邦政府开始筹集资源，工业和农业生产激增，失业率随之消失。出口从 1939 年的 30 亿美元猛增至 1943 年的近 130 亿美元，而进口基本没有变化。就像第一次世界大战时那样，美国出现了巨额贸易顺差。1943 年，商品出口占 GDP 的 6.5%，而进口下降到仅占 GDP 的 1.5%。

与美国贸易顺差相对应的是英国和盟国的巨额贸易逆差。他们只有通过财政援助才能够负担起这么大的贸易逆差。在将国内生产从出口货物转为支援战争之后，英国就不再拥有出口收入来购买美国商品。因此，它迅速减少了黄金存量和美元储备。1941 年 3 月，美国出手相助，通过了《租借法案》。根据该法案，总统有权向任何对抗轴心国的国家出售、转让、交换或出借设备，并接受"实物或财产或任何总统认为可以接受的其他直接或间接收益形式"的还款。从 1941 年 3 月到 1945 年 12 月，美国通过《租借法案》向海外输送了近 500 亿美元的商品和服务，占战争期间出口的 80% 以上。事实上，《租借法案》提供了巨额的出口补贴，联邦政府购买农产品、飞机、坦克和其他车辆、军械和物资并将它们运往盟国，以免他们在军事上陷入崩溃。[89]

战争使贸易协定计划在 1941 年和 1942 年处于搁置状态。当赫尔在 1943 年为延期该计划陈述理由时，他再次展望了未来，强调了在战后促进国际经济合作这一长期目标。赫尔表示，如果美国想为经济复苏和世界和平做出贡献，这种合作就是必要的：

恢复世界贸易是维护世界和平的一个基本要素。当然，我并不是说，繁荣的国际商业就能保证和平的国际关系。我的意思是，如果没有各国之间繁荣的贸易，持久和平的基础就会变得摇摇欲坠并最终被摧毁……如果否定贸易协定计划，或是通过修正案限定其范围或时间，这将被视为一个明确的迹象，表明这个正在战争中承担起全部责任的国家将不会在和平时期这样做。[90]

不过，赫尔不再提出给予总统进一步下调关税的权力，而只是要求将现有权力延期三年，这一权力允许将关税从 1934 年的水平最多下调 50% 。[91]

这样的请求没有说服像科罗拉多州共和党议员尤金·米利金（Eugene Millikin）这样的共和党人，他攻击称“这种新的宣传”是为了“虚幻的国际主义目标”而“放弃我们的本土市场”。[92]但是，战争已经导致很多共和党人放弃了他们在 20 世纪 30 年代持有的孤立主义立场。这标志着美国外交政策的重大转变，因为两党都开始支持美国在战后更多地参与全球事务。有了美国在第一次世界大战后拒绝加入国际联盟的前车之鉴，国会领导人不会再破坏第二次世界大战后国际合作与和平的机会。

密歇根州参议员阿瑟·范登伯格的思想演变最能体现这种变化迹象，他在外交政策问题上是共和党的主要代言人，在 20 世纪 30 年代曾是一名孤立主义者，但他逐渐改变了自己的立场。在逐渐摆脱过去的孤立主义时，范登伯格（1952，第 34 页）坚称美国在战争结束后“绝不能错过和平”。[93]范登伯格在 1934 年、1937 年和 1940 年均投票反对《互惠贸易协定法案》，但他在 1943 年宣布：“我赞成在战争期间延长贸易协定法案，因为我反对在我们仍然追求军事上的全面胜利时给我们的同盟关系造成任何不必要的破坏。”但是，范登伯格坚持认为，政府不应当对战后贸易问题拥有全部的决定权：

国会和这个国家一直坚定地（1）认为这一贸易协定授权有违宪法，（2）反对让国务院——国务院本质上是政府的政治部门而非经济部门——为我们国内的各个工业部门、农业和劳工制定有可能攸关生死的决定。这样的理念与所谓的孤立主义无关，而是早在这场战争之前就已存在，而且只要美国存在下去，它们在战后也会继续存在。[94]

孤立主义的名誉扫地消除了共和党人对 1943 年《互惠贸易协定法案》延期的反对声音，但是战时的两党合作并没有使他们成为该法案的全面支持者。共和党在外交政策方面仍然观点不一，既有加利福尼亚州希拉姆·约翰逊坚定的孤立主义，也有明尼苏达州约瑟夫·鲍尔（Joseph Ball）狂热的国际主义。共和党人愿意在战争期间与罗斯福政府合作，但不愿意给予政府在战后制定政策的自由裁量权。他们更反对的是政府决策过程，而不是下调关税，因为《互惠贸易协定法案》的影响一直都是适度的。他们抱怨说行政部门对其战后贸易谈判计划过于保密，并坚持要求所有贸易协定都得经由国会批准。

由于一些共和党人将《互惠贸易协定法案》视为战时两党外交政策的一部分而予以支持，因此比起三年前，1943 年的延期应该比较容易获得国会的批准。主要问题在于，法案延期在获得通过的时候能否不被加上削弱性修正案；就像田纳西州民主党议员杰利·库珀（Jere Cooper）所指出的那样："很显然，想要废掉贸易协定计划的主要办法就是通过修正案。"[95]得克萨斯州民主党议员米尔顿·韦斯特（Milton West）指出，大多数众议员都认为延期应当只持续至战争结束，这样的话国会就可以对战后贸易安排施加影响，因此他建议将总统的谈判权限制在两年而不是法案提出的三年。如此一来，国会就有机会在战争结束之后对整个贸易协定计划进行评估审查。众议院民主党领导层和罗斯福政府对这一修正案表示反对，但是它以 196 票对 153 票获得了通过。[96]

这份修正案的成功推动了其他一系列想在延期法案中削弱谈判权的修正案。其中一份修正案提出贸易协定需经参议院批准，另一份修正案则意在阻止贸易协定以低于美国生产成本的价格进口农产品。在事态失控之前，众议院议长萨姆·雷伯恩（Sam Rayburn）走下座位，向全体众议员发表了一次讲话。雷伯恩警告："在对这份修正案以及其他将被提出的修正案表示赞成之前，我们应当三思而后行。我们在众议院正面临考验，那就是我们到底是否支持互惠贸易计划。如果待批修正案以及后续可能被提出的其他修正案获得通过，那我们将一无所获。"

雷伯恩表示，贸易协定计划一直有益于美国，他认为应当摒弃"带有严重削弱效果的修正案"。他在展望战后情景时警告：

> 我不希望美利坚合众国众议院的投票让全球人民感觉，等这场战争结束后，我们就会回到美国海岸，把头埋进沙子里，不再参与这个世界的重要工作……我今天在此请求诸位将这份计划至少延期两年，最好是三年，不要被人误解，不要让全世界的希望落空。我们不仅要帮助民主国家赢得这场战争，而且在这场战争结束后，我们还要尽自己的努力来维护世界和平。[97]

在雷伯恩做出这番陈述之后，众议院投票否决了剩下的所有修正案，而且两党立场一致地以 343 票对 65 票的压倒性结果通过了两年的延期。

像往常一样，参议院的斗争比众议院更加艰难，主要就是挫败那些错综复杂的修正案，不过投票过程还是比 1940 年要顺利。参议院两党以 59 票对 23 票结果表示赞成，其中民主党为 41 票赞成 8 票反对，共和党为 18 票赞成 13 票反对。这次投票并不能保证共和党在战后还会支持贸易协定计划，但也表明该党全盘反对的立场正在逐渐缓和。

人们越来越明显地感觉到，美国的贸易政策将在战后发生重大改变。第二次世界大战从根本上改变了美国的全球地位。筹款委员会在 1943 年的延期报告中指出："摆在我们面前的问题远远不止过去那些狭隘和无聊的关税辩论……今天摆在我们面前的重要问题并不是某项关税税率有点高还是有点低，而是国会是否应当制定一项能够最好地服务于全国大多数利益的政策，并设立一套切实的程序使这一政策行之有效。"[98]

同样，国务院在 1943 年为《互惠贸易协定法案》的延期做陈述时，指出了其中涉及的利害关系："这份计划的总体目标是在我们与其他国家的关系中用经济合作取代经济战；为我们的睦邻政策赋予经济实质；建立起可以支撑起持久和平结构的国际经济关系。"[99]此时，国务院尚未认真考虑战后的经济政策。不过，美国官员即将与英国官员就战后在贸易政策领域达成多边协定的可能性展开非正式讨论。这些讨论开启的理念将远远超出最初版《互惠贸易协定法案》的支持者在 1934 年所做的任何构想。

# 第十章

# 建立多边贸易体系，1943—1950 年

虽然国会通过 1934 年的《互惠贸易协定法案》将贸易谈判权授予了行政部门，但 20 世纪 30 年代达成的双边协定在降低进口关税方面只起到了一定的作用。在第二次世界大战期间，国务院开始制定宏大的多边协定计划，以期减少世界各地的贸易壁垒并消除歧视性贸易政策。1947 年的《关贸总协定》谈判就是这一努力的结果。虽然对这一行政举动怀有一些担忧，不过国会还是认识到，开放的世界贸易体系可以在多个方面服务于国家的经济和外交政策利益；但是，由于缺少国会的支持，试图建立一个国际贸易组织的努力最终还是化为泡影。

## 世界贸易新秩序

在 1940 年 11 月赢得连任之后不久，富兰克林·罗斯福总统开始脱离中立政策并帮助英国对抗纳粹德国。英国没有足够的财政资源支付军事和民用物资，但罗斯福总统下定决心要向其提供某种形式的援助。像第一次世界大战期间那样，向英国提供贷款的想法又遭到摒弃，因为债务偿还导致了两次世界大战之间全球经济的不稳定。[1] 1940 年 12 月，总统公布了《租借法案》，这是一份旨在为英国和其他与轴心国交战的国家提供经济和军事援助的计划。根据《租借法案》，美国政府将购买军用物资并把它们提供给同盟国，假定这些物资将在战后“归还”美国，从而不再需要盟国偿还债务。经过激烈的辩论，国会在 1941 年 3 月批准了《租借法案》。

虽然没有指望受援国为这些物资付款，但美国并不打算不求任何回报地将它们白白送人。法案要求受援国提供“总统认为可以接受的直接或间接收益”对援助给予回报。[2]这种未指定的收益被称为“对价”，是英国等国必须为美国的支援付出的代价。

在没有提供贷款或要求付款的情况下租借货物，这一决定意味着负责处理“对价”的是国务院而不是财政部。[3]虽然财政部将拥有处理战后货币和财政问题的主要权力，但国务院将在其他大多数战后协议中发挥牵头作用。国务院的首要任务是重建世界贸易体系。国务卿科德尔·赫尔及其追随者认为，需要采取措施促进世界贸易的日益增长，从而为持久和平奠定基础。

在 1941 年 5 月的一次广播讲话中，赫尔阐述了他对战后世界的展望并指出：“现在至少应该制定一些原则，以便在战争结束时用其来指引政策制定。”战后时期的首要目标是“为公正的和平创造最终条件”。这将需要“一个全面的世界经济重建计划”，该计划的“主要原则经得起考验且简单明了”。这些原则包括“国际商贸关系中的非歧视性待遇应当成为准则，以便推动国际贸易的发展和繁荣”，“所有国家都可以无差别获得原材料”。此外，“不得以过度贸易限制的方式表达极端民族主义”。赫尔最后说：“最终看来，问题就在于为相互依存的各个国家谋取共同利益而自由合作的国际秩序奠定基础。”[4]

欧洲又一场战争的爆发使得几乎所有人都认为，美国在第一次世界大战后没有充当世界领袖是第二次世界大战爆发的促成因素之一，因此政府官员下定决心不再重蹈覆辙。眼下的一个关键目标就是让世界贸易摆脱 20 世纪 30 年代开始冒头的破坏性贸易政策，帮助世界经济再次繁荣发展。作为世界主导力量，美国完全有能力帮助世界贸易奠定开放和非歧视性的基础。美国官员看到了战后“在全球范围大幅减少贸易壁垒”的“前所未有的机会”，并认为“应该探索一切可能性，利用当下这一难得机会保护并加强世界贸易的自由市场基础”。[5]除了降低关税、取消配额并拆解歧视性贸易集团之外，美国政策制定者还密切关注国营贸易和国有企业开始在全球贸易中排挤美国私人企业的现象。在这样的环境中，以私营企业经济为主的美国将在国外市场上处于竞争劣势。

1941 年 5 月，国务院官员开始起草正式的《互助协定》（Mutual Aid Agreement）。国务院官员认为，要想换取租借援助，英国应当与美国合作建立一个开放的多边贸易体系，而非歧视性待遇将是这一体系的基石。英国的参与对这一措施的成功至关重要。虽然英国的全球影响力已经严重下降，但它仍然在国际贸易和金融方面发挥着主导作用，而且它的身后站着众多英联邦国家，如澳大利亚、加拿大、印度、南非、新西兰和锡兰（今斯里兰卡）。如果英国拒绝美国的提议，那它可以根据《渥太华协议》中的优惠关税和以英镑为中心的支付系统，建立起自己的强大贸易集团并将美国晾在一边。因此，赫尔领导下的国务院希望废除帝国特惠制并大幅减少其他贸易壁垒。英国现在迫切需要美国的援助，因此比起 1938 年，那时互惠贸易协定未能取得多大成效，国务院更有底气对英国提出要求。[6]

1941 年 6 月，英国政府派出才华横溢的经济学家兼英国财政部重要顾问约翰·梅纳德·凯恩斯（John Maynard Keynes）前往华盛顿磋商《互助协定》的条款和条件。凯恩斯是著名的《就业、利息和货币通论》（1936 年）一书的作者，书中提出了以积极的政府政策维护经济稳定并确保充分就业的观点。在当时，凯恩斯认为，战后需要通过经济规划确保充分就业。他认为，这种规划将涉及对国际贸易的控制，如进口配额和国营贸易。凯恩斯对签订战后协定确保开放性世界贸易的前景感到悲观，并担心英国在战后面临严重的国际收支问题。因此，当他前去谈判的时候，内心深信的是英国将长期依赖它在英镑集团内部享有特权的双边贸易关系开展对外贸易。

当凯恩斯被派往华盛顿时，英国的主要目标只是想推迟对战后经济政策做出任何具体承诺。[7]但是美方官员并没有轻易转移目标，助理国务卿迪恩·艾奇逊（Dean Acheson）在 1941 年 7 月向凯恩斯提交了援助协议草案。协议草案第 7 条规定，为了换取援助，战后协议“不应给两国间贸易增加负担，而是促进两国间的互利经济关系并改善世界经济关系；应当防范美国或英国针对另一国任何产品的歧视性待遇；应当为实现这些目的而制定相应措施”。[8]凯恩斯询问这是否意味着帝国特惠制、外汇管制和其他贸易手段都将在战后受到限制。艾奇逊回答说确实如此，但他向凯恩斯保证：“这一条的目的不是为了强加单方面义务，而是要求两个国家在最终解决方案中审查所有此类问题，并尽最大努力制定出可以避免歧视性待遇和民族主义做法，并通过合作防止这种做法的条款。”[9]

这次沟通引发了凯恩斯的激烈回应。在他看来，这是企图在英国需要保留帝国特惠制并且可能需要各种贸易控制措施才能在战后世界生存下去的时候，对英国强加单方面的义务，他对此备感沮丧。[10]凯恩斯没有做出任何承诺，他告诉艾奇逊，英国政府在战后贸易政策方面存在分歧；一些人希望恢复自由贸易，另一些人（包括凯恩斯本人）认为应当实施进口控制，还有一些人希望保留帝国特惠制。[11]

事实上，凯恩斯对国务院的提案大感震惊并在私下里将第 7 条贬称为“赫尔先生的疯狂建议”。[12]对他而言，美国人似乎相信政府有限干预这种过时理念，这种理念忽视了政府需要通过大量贸易控制确保经济稳定的新现实。凯恩斯（1980，第 239 页）拒不接受国务院的一份贸易备忘录，称之为“沿用 40 年前为人所知的那套说辞，武断地对国际贸易中自由放任主义的优点大加赞赏，其中有很多内容是正确的，但是它并没有尝试着从理论上陈述或是在实践中解决过去 20 年来理论和历史给大多数现代人制造的难题”。[13]

凯恩斯和艾奇逊在帝国特惠制问题上的冲突将在接下来 6 年里的几乎每一次双边会晤上一再上演。比如说，几个星期之后，即 1941 年 8 月，罗斯福总统和丘吉尔首相在加拿大纽芬兰海岸会晤，就反法西斯战争的目的和战后应当遵循的指导原则发表联合声明。丘吉尔提出了日后的“大西洋宪章”的第一版草案，其中包括承诺两国将“努力实现必需品在全球范围内公平合理的分配”。[14]副国务卿萨姆纳·韦尔斯（Sumner Welles）希望加入更强硬的措辞，要求“消除所有歧视性待遇”。罗斯福对这一点做了软化处理，表述成两国在处理相互间的经济关系时将“不出现任何歧视性待遇”，但丘吉尔坚称只有“合理尊重现有义务”

才能消除歧视性待遇。[15]

虽然韦尔斯强烈反对，但罗斯福还是接受了这一折中措辞。“大西洋宪章”的最终版本指出，各国“要在尊重他们现有的义务下，努力促使所有国家，不分大小，战胜者或战败者，都有机会在同等条件下，为了实现其经济繁荣，参加世界贸易和获得世界的原料”。赫尔（1948，第 975—976 页）对这样的措辞“大感失望”，因为“尊重”现有义务的要求“使得这一条基本毫无意义，因为它意味着英国将继续保留我与之斗争了 8 年之久的帝国关税特惠制”。赫尔领导下的国务院不肯放弃对帝国特惠制的攻击，在他们看来，这种特惠制“集歧视性待遇和政治化这两大对外贸易弊端于一身”。[16]

与此同时，罗斯福敦促丘吉尔尽快敲定《互助协定》，他告诉丘吉尔，并没有具体的义务要求英国废除帝国特惠制，英国只需承诺将在这个问题上进行真诚谈判。[17]这一承诺使得丘吉尔成功说服其内阁批准了《互助协定》，协定于 1942 年 2 月在华盛顿签署。协定第 7 条规定，为了换取美国的援助，两国同意“不给两国间贸易增加负担，而是促进两国间的互利经济关系并改善世界经济关系”，两国还同意采取行动，“所有志同道合的国家都可参与其中，通过合理的国际和国内措施扩大生产、就业以及货物的交换和消费，这是全人类自由和福祉的物质基础；消除国际商贸中一切形式的歧视性待遇，减少关税及其他贸易壁垒”。不幸的是，美英两国官员还是对第 7 条有着不同的解读。美国国务院认为英国这是在含蓄地承诺将废除帝国特惠制，而英国政府视之为将就这一问题展开磋商的承诺。[18]

《互助协定》的签署使双方都能专注于落实第 7 条的义务。英国的政策制定者希望赶紧提出自己的贸易政策建议，以免美国官员死守着美方方案不肯松口。1942 年 7 月，战时内阁秘书处经济科的经济学家詹姆斯·米德（James Meade）撰写了一份题为“国际商贸联盟提案”的简短备忘录。[19]米德拟写了一份带有三个主要特点的多边贸易公约：（1）向所有愿意履行成员义务的国家开放成员资格，（2）参与国之间不存在任何优惠待遇或歧视待遇（帝国特惠制除外），（3）承诺“取消针对联盟内其他成员国的某些保护主义措施，降低这些措施对本国生产商的保护程度，使其不得高于明确划定的上限”。米德的提案在英国政府内部广为传阅并大体获得认可，唯一的保留意见就是如果面临国际收支困难，英国应当保留设置进口配额的权力。米德的提案构成了英国在第 7 条上的谈判立场。[20]

与此同时，由于美国在日本偷袭珍珠港之后加入第二次世界大战，因此美国关于第 7 条的实施提案在 1942 年被一再推迟，到了 1943 年仍是如此，因为国务院当时一直忙于让国会批准《互惠贸易协定法案》的延期（请参见第九章）。最终，在 1943 年 9 月，英国代表团抵达华盛顿，与美国同行会面讨论贸易问题。经济学家詹姆斯·米德和莱昂内尔·罗宾斯（Lionel Robbins）等英国贸易委员会和战时内阁经济科官员与美国务院的哈里·霍金斯和负责商贸政策问题的其他联邦机构官员举行了会晤。在并行磋商中，约翰·梅纳德·凯恩斯和英国财政部其他官员与美国财政部的哈里·德克斯特·怀特（Harry Dexter White）会面讨论战后金融和汇率问题。[21]这些官员代表的是各自政府的工作层面而非政治层面，这意味着这些探索性磋商是在为更高层面的谈判奠定基础。

商贸政策磋商中的主要议题是关税和优惠、数量限制、投资、就业政策、卡特尔、商品协定和国营贸易。关于关税和优惠，美国倾向于通过双边谈判，有选择性地按产品减少关税，从而避免对敏感产品削减关税，这也是美方在《互惠贸易协定法案》下的一贯做法。英国则强烈希望全面削减多边关税，从而最大限度地放开国际贸易。英国官员认为，美国更加谨慎的做法以及在保障措施和例外条款方面的坚持己见将限制关税削减在扩大国际贸易方面的潜力。随着磋商的推进，英方代表开始说服其同行相信多边方案的优点。美方官员没有排除这一方案，而霍金斯本人似乎也赞成这种做法，但这与《互惠贸易协定法案》追求的传统双边谈判背道而驰。[22]双方在特惠制和数量限制等问题上存在较大分歧：美国反对这些措施，但英国希望能够在有国际收支需求的时候运用这些手段。

尽管存在分歧，磋商还是取得了丰硕成果，双方都认为他们为下一步工作的继续推进奠定了坚实的基础。因此，由各机构联合组成的减少贸易壁垒特别委员会于1943年12月发布了一份临时报告，报告先是简要陈述了美国官员的普遍看法：

> 要想让美国和其他各地实现充分和有效就业，让私营企业受到保护，并让国际安全体系成功防范未来战争，国际贸易量必须在战后大幅上涨。为了创造有利条件，在非歧视待遇的基础上尽可能扩大国际贸易，各国必须摆脱两次世界大战之间的贸易限制和贸易转移等做法，并通过合作减少政府在此期间设立的贸易壁垒。除非大幅减少或消除过度关税、进出口数量限制、外汇管制以及政府限制贸易的其他手段，否则国际贸易不可能得到充分发展。此外，如果不采取这样的措施，很多国家在战前就已经非常明显的趋势可能会进一步加强，也即将私营企业从国际贸易中排挤出去，并代之以严格的国家控制。[23]

报告指出，“在世界范围内减少、消除或规范各类贸易限制的最有效手段就是让尽可能多的国家就商贸政策的多边公约展开谈判”，报告还指出，美国是唯一能够带领全世界走向这个目标的国家。报告提议“大幅削减所有国家的保护性关税”；废除进口配额，因为进口配额“是对国际贸易破坏性最强、与私营企业制度最不匹配度的手段之一”；“消除国际贸易中一切形式的歧视待遇”，尤其是帝国特惠制；为国营贸易制定相关原则；废除出口补贴；建立一个国际商贸政策组织，这一点“对于拟议公约的成功运作至关重要”。

然而，战后贸易协定方案的具体落实非常缓慢，因为当时的工作重点是（在华盛顿特区的敦巴顿橡树园）建立联合国以及（在新罕布什尔州的布雷顿森林）建立国际货币体系。直到1944年10月，政府内部才开始传阅多边商贸公约的粗略构想。这份草案建议美国提出50%的横向关税削减，不过有一个10%的下限，还提议取消关税优惠和进口配额，不过有一些例外情况。拟议的公约还将着手应对外汇管制、国营贸易（确保平等待遇）和补贴（出口和国内补贴都将逐步取消，但有一些例外）等问题。罗斯福总统专门指示赫尔将有关限制性商业行为的条款加入其中。[24]

到目前为止，国会和民众基本上都不知道罗斯福政府一直在战后贸易政策问题上运筹帷幄。1944 年 11 月，艾奇逊在有关政府战后商贸政策提案的第一轮公开讨论中在国会作证。艾奇逊（1944，第 660 页）先是警告："如果战前的贸易壁垒和贸易歧视待遇在战后又得以重新运作，国际贸易的恢复和扩大将受到极大限制。这些壁垒和歧视待遇大多是政府行为的结果。政府需要采取行动，共同减少这些壁垒并消除歧视待遇，为战后的贸易扩张铺平道路；我们要想实现充分就业的目标，就必须实现贸易扩张。"接下来他又表示，在战争即将向和平过渡的时候，全世界"正面对着一个与其他国家合作开展建设性行动的难得机会……因此，我们建议与主要贸易国，事实上，是与尽可能多的国家，早日就有效并大幅削减各类贸易壁垒达成共识"。

艾奇逊表示，美国的目标是消除贸易中的歧视待遇、取消进口配额和禁令、降低关税、制定有关政府垄断和国营贸易的规则。此外，他期望建立一个国际组织研究世界贸易问题并提出解决方案。艾奇逊（1944，第 660 页）总结："换言之，我们建议本届政府更加积极地与更多国家以更具实质性的方式推进过去十年里所做的工作。"虽然还不需要马上采取具体的政策行动，但艾奇逊为《互惠贸易协定法案》在 1945 年的延期奠定了基础："要想实现这一目标，我们需要通过互惠贸易协定计划，继续并加强我们所做的努力，在非歧视待遇的基础上推动私人对外贸易的发展。"

## 《互惠贸易协定法案》在 1945 年的延期

到 1944 年的总统大选时，第二次世界大战的结束已经指日可待，政治重点开始从军事行动转向战后外交政策。民主党的竞选政纲表示，

“世界和平至关重要”，并承诺将“延续现任政府提出的贸易政策”，但没有给出任何具体细节。[25]共和党的竞选政纲则表明共和党开始进一步——虽然程度相当有限——接受贸易协定计划以及总统通过谈判进一步下调关税的可能性：

> 要想妥善规划战后世界，就必须大力扩展世界贸易，以便修复战争损耗并建立持久和平。共和党一直牢记自己的首要使命……是要服务于我国的工人、我国的农民和我国的工业，我们在此郑重承诺将与其他人一起，为消除不必要且具有破坏性的国际贸易壁垒而共同做出努力。我们将始终牢记国内市场是美国最大的市场，只有国会批准的互惠双边贸易协定才能对保护国内市场免受外国竞争的关税进行修改。

这表明共和党人接受了互惠的概念，但仍拒绝授予总统不受限制的权力。不过，如果这番警告尚不足以阻挠该计划的话，共和党还承诺将对“竞争型产品保留保护性关税，从而确保我国人民的生活水平不会因其劳工工资标准低于美国标准的国外产品进口而受到影响”。[26]

1944年的选举结果是民主党继续控制国会，罗斯福继续担任总统。大局已定之后，国务院开始为《互惠贸易协定法案》中贸易谈判权的延期做准备，因为谈判权将于1945年6月到期。这将是谈判权第一次在没有科德尔·赫尔的情况下延期。赫尔在担任了11年的国务卿之后，于1944年11月从公职上退休。他从一开始就坚定支持互惠贸易协定计划，因此他的离任原本有可能会让这一计划在国务院和行政部门受挫。不过，赫尔的继任者仍然认为该计划服务于国家经济利益并推动了美国的外交政策目标。事实上，负责经济事务的新任助理国务卿威尔·克莱顿（Will Clayton）比赫尔更欣然地接受了非歧视性贸易自由化。作为一名成功的棉花经纪人，克莱顿秉承了南部民主党支持自由贸易的传统。克莱顿（1963，第501页）后来说过：“我一直认为，国际贸易中的关税和其他壁垒都是为拥有强大政治力量的少数群体的短期特殊利益而设立的，它们违背了国家利益和国际利益。”克莱顿还在 1944 年 12 月致信已经退休的赫尔：“我在国务院写的第一封信就是给您的。我向您保证，您的外交政策已经根植于我的内心，我将永远为之奋斗。”[27]

1945 年的延期有着有利的政治条件：罗斯福史无前例地第四次成功当选总统，民主党仍以绝对多数控制着国会，公众舆论支持美国发挥全球领导作用以确保持久和平。盖洛普民意调查显示，75% 的受访者支持继续执行贸易协定计划，只有 7% 的人表示反对，18% 的人没有表态。在被问及是否应该通过该计划进一步下调关税时，57% 的人回答应该，20% 的人回答不应该，23% 的人没有表态。[28]

不过，《互惠贸易协定法案》在 1945 年的延期还是不同于以往任何一次，因为它将为战后的关税谈判设立法定依据。政府的提案有两点敏感之处：关税削减的幅度和关税削减的方法。国务院希望能够获得授权，将进口关税从 1945 年的税率下调 50%，而不再像之前的延期那样以 1934 年的税率为基点。之所以提出新的关税削减权是因为 1934 年最初法案中规定的最高 50% 的关税降幅基于之前的互惠贸易协定对应税进口产品征收 42% 的关税，这样的话，依据之前的关税削减权进一步削减关税的空间相当有限。[29]

国务院官员还探讨了是坚持有选择性地按产品降低关税还是提议横向（全面）降低关税。《互惠贸易协定法案》之前的延期之所以提出有选择性地削减关税是为了避免有些削减伤害到某些拥有强大政治力量的进口敏感型产业。然而，在与英国和加拿大方面进行讨论之后，官员们开始相信横向关税削减的方式将会更有效地降低进口关税。行政当局将这种方法写进了供国会审议的《互惠贸易协定法案》延期立法草案之中。

1945 年 3 月初，国务院高级官员在国会与民主党主要领导人进行了会谈。据称，众议院议长萨姆·雷伯恩、筹款委员会主席罗伯特·道顿以及其他人的最初反应“令人极为气馁”。虽然民主党领导层不反对草案第 1 部分提出的将谈判权延期三年，甚至也不反对第 2 部分新的 50% 关税削减权，但他们觉得允许横向而不是选择性关税削减的第 3 部分很成问题。据国务院一份备忘录透露，虽然国会领导人“看起来很喜欢这一部分设定的目标，但他们担心将它写入草案会使国会”对50%关税削减权的考量“变得复杂而冗长”并“让第2部分很难甚至无法获得某种形式的国会批准”。国会领导人“并没有完全否定第3部分，但与之会面的国务院官员在离开的时候强烈认为应该放弃这部分内容”。[30]这使得政府官员开始考虑是有选择性地削减50%的关税还是横向削减较少的关税。在战争期间处理过贸易事务的国务院人员希望两者兼顾，但是鉴于国会的反应，艾奇逊和克莱顿决定还是只提议有选择性地将关税降低50%。[31]

3月底的时候，罗斯福正式提出将《互惠贸易协定法案》延期三年。在提出这一请求时，总统表示，“除非建立起一个经济健康的世界，否则我们就不可能成功建立一个和平的世界”，同时，“贸易对各国繁荣至关重要”。他还表示，

> 互惠贸易协定计划是旨在减少世界各国针对彼此贸易所设壁垒的长期努力。要想让世界和平的经济基础像政治基础那样牢固，很显然，我们必须有力且有效地继续这种努力……这份工作的目标是消除经济战，让切实可行的国际合作在尽可能多的方面行之有效，从而为我们所有人都渴望的安全和平的世界奠定经济基础。[32]

罗斯福一个月后就去世了，这也成为他在贸易政策方面的最后一番讲话。但他的去世对美国的政策几乎没有影响，因为他的继任者哈里·杜鲁门（Harry Truman）确保了政策的延续性。作为密苏里州的民主党参议员，杜鲁门一直是《互惠贸易协定法案》的忠实支持者。上任几天后，杜鲁门就在以总统身份召开的第一次新闻发布会上指出：“我支持互惠贸易协定计划。一直都支持。你们应该能找到我之前在参议院的投票记录，我的立场没有改变。”但是，杜鲁门并不清楚谈判的细节，甚至不清楚有哪些棘手难题。在克莱顿向他简要介绍了战后贸易政策计划的现状后，杜鲁门叹了口气：“我对这些事情一无所知。我完全不知道我该怎么做。我需要帮助。”[33]

《互惠贸易协定法案》在 1945 年延期面临的风险要远远超过之前任何一次延期。筹款委员会于 4 月中旬开始举行听证会，共听取了 89 名证人的陈述，有 33 人赞成延期（其中 7 人是政府官员）。克莱顿在作证时表示，如果没有美国的领导，开放的多边贸易体系就很有可能被经济集团和政府易货协议取代，而这两者都扭曲了贸易，并且“违背了我们在什么样的经济秩序最有利于维护和平这个问题上的坚定立场”。[34] 作证表示支持的团体有美国农场局联合会、产业组织联合会（CIO，汽车和飞机工人联合会）以及美国商会，这些团体看到了战后扩大出口市场能带来的利益。反对该法案的证人有来自劳工组织的代表和来自特定行业的中小生产商，如玻璃和陶器、羊毛养殖和加工、纺织品和鞋制品、木材、牛和食糖。

处于多数党地位的民主党对延期议案做出积极表态，并强调这是为战后世界贸易建立新体系的良机。处于少数党地位的共和党拒不承认自己是经济孤立主义者，但表示担心进口会有损国内产业。他们指责民主党人“屈从于国务院的要求”，并声称他们“受惑于世界规划者和世界组织官员（globocrat）的甜言蜜语；我们认为，这些规划者和官员会把美国工人、美国农民和美国商人放到国际拍卖台上拍卖”。[35]

北卡罗来纳州民主党议员罗伯特·道顿自最初版《互惠贸易协定法案》于 1934 年通过以来就一直担任筹款委员会主席，他在众议院辩论的时候表示：“《互惠贸易协定法案》的全部理念就是在一个没有那么多经济壁垒的世界里为我们的剩余产品找到一个更好的市场，这意味着更充分的就业、更高的利润和更高的生活水平。”他指出：“法案的反对者也承认，已经削减的关税税率并没有伤害到他们，但他们担心自己可能会在遥远且不确定的未来因贸易协定所做的关税削减而遭受损失。反对派的脚本、说教和唱词均以恐惧为名。”[36]

一些共和党人表示他们支持延期，但前提是删掉第 2 部分提出的新关税削减权。带头表示反对的是明尼苏达州共和党议员哈罗德·克努森（Harold Knutson），他警告不要以就业为由大幅削减关税：“主席先生慷慨激昂地表示要为回国的退伍军人提供就业机会。请告诉我，在工资都被转移到捷克斯洛伐克、法国、英国、中国、德国、俄罗斯和印度的情况下，你怎么提供就业机会?”佛蒙特州共和党议员查尔斯·普拉姆利（Charles Plumley）表示：“我强烈认为，美国比以往任何时候都更需要合理的保护性关税壁垒抵御贫困和战灾地区产品的涌入，在这些产品的制造和生产过程中，工人得到的是难以维持温饱的极低工资，他们的生活水平是我们无法接受的，同时我们也无法与这些产品竞争。”他补充说：“美国要想帮助世界，最好的办法是实现自身的繁荣和强大，如果我们将国内市场向全球贫困劳动力开放，那两者我们都将无法维持。”[37]

迪恩·艾奇逊对国会的辩论不以为然，这次辩论更多的是在推测进口可能对国内产业造成哪些影响，而不是关注如何通过合作扩大贸易以加强自由世界的外交政策目标。据艾奇逊（1969，第107页）记录，他认为“这是一场沉闷且完全不切实际的辩论。关于这部法案，人们声称的优点没几项是真实的，幻想的危险则没有一项是真实的。真正的事实静静地躺在双方炮轰领域之外”。在辩论的第三天，艾奇逊（1969，第107页）写道：“我这一天都在国会费尽口舌地游说。我们遇到了真正的麻烦，明天有可能挺得过去，也有可能挺不过去。我们正在设法让总统写一封信，表达出和我们一样的政治意愿。看看他是否会签名将是件有意思的事儿。”

在众议院辩论的最后一天，克努森提议删除拟议法案的整个第2部分，即新的50%关税削减权，这是“整场斗争的症结所在”。[38]对此早有预料的众议院议长萨姆·雷伯恩采取了不同寻常的应对措施，他向整个众议院发表了讲话，警告“这样很有可能犯下大错”。雷伯恩表示，要想确保战后的经济合作，就必须加强贸易协定计划。然后他宣读了杜鲁门总统的一封信，信中承诺不会在任何贸易协定中背弃美国产业和劳工。总统写道：

我想，这部法案肯定会得到延期。真正的问题是，延续的形式是否能够做到让法案真正产生效力。要想达成这一目的，待决法案第2部分提议的权力扩展至关重要。我已经注意到有言论称这种权力扩展有可能被用来伤害或“出卖”美国部分工业、农业或劳工。罗斯福总统和科德尔·赫尔从未有过这样的举动，我担任总统期间也不会有这样的举动。[39]

建议删除第 2 节内容的拟议修正案在投票中以 197 票对 174 票的微弱差距被否决。只要 12 名众议员的立场发生变化就有可能扭转这一重要投票的结果并让战后的这一重大贸易自由化计划泡汤。在总统所做呼吁的激励下，民主党领导层以微弱差距或者较大差距否决了其他修正案，这些修正案原本有可能让国会拥有对所有贸易协定的否决权、削弱或废除新权力或者以其他方式让该法案元气大伤。

1945 年 5 月 26 日下午 6 点 30 分左右，众议院以 239 票对 153 票的结果批准将《互惠贸易协定法案》延期三年。和往常一样，最终的投票结果基本上可以说是党派分明，其中民主党 203 票赞成 12 票反对，共和党 139 票反对 33 票赞成。虽然最终的投票差距是安全的，但艾奇逊（1969，第 107 页）指出：“这并不能说明真实情况。在一些能够扼杀这部法案的重要修正案上，两边的票数非常接近。其中最艰难的一仗就是想要删除总统额外关税削减权的那份修正案。”图 10.1 为众议院投票情况，和以前一样，支持力量主要来自南部地区的民主党，不过东北部地区也新出现了一些支持的声音，那里的制造业希望能够受益于战后的出口增长。

延期法案随后被提交至参议院进行投票，在那里它面临着更多的危险。在财政委员会，民主党挫败了共和党提出的将授权减至两年而且所有贸易协定都得经过国会批准的修正案，但俄亥俄州共和党议员罗伯特·塔夫特（Robert Taft）以 10 票对 9 票的结果说服该委员会删掉法案的第 2 部分。11 位民主党人中有 3 人投票反对总统。代理国务卿约瑟夫·格鲁（Joseph Grew）对委员会的这一举动提出批评并向媒体表示，如果没有第 2 部分，延期法案将沦为“表明我们希望在经济领域与世界其他国家合作的空洞象征。”[40]

参议院民主党领导层坚持认为，除非重新加入新增的 50% 谈判权，否则延期将毫无意义。塔夫特表示，他承认《霍利-斯穆特关税法案》

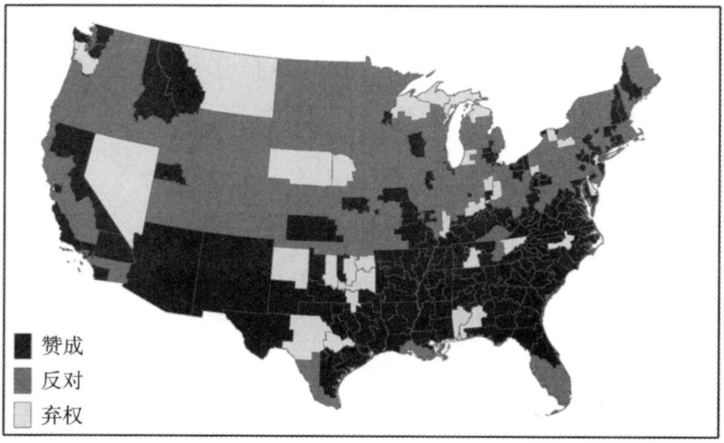


图 10.1　众议院 1945 年 5 月 26 日就《互惠贸易协定法案》延期的投票

资料来源：地图承蒙达特茅斯学院 Citrin GIS/Applied Spatial Analysis Lab 提供。

的税率过高并支持贸易协定计划，但反对赋予总统再将关税降低 50% 的权力，因为现行关税削减并没有在正常时期实行过。他表示："如果我们将税率降低 50% ……国家将会受到伤害。我们有责任尽一切努力防止我们的人民失去工作。"[41] 民主党多数派以 47 票对 33 票的结果设法留住了法案第 2 部分，然后又否决了另外 6 项来意不善的修正案，如要求所有贸易协定都得经过参议院批准、禁止削减农产品关税以及对纺织品施行进口配额等。

1945 年 6 月 20 日，用艾奇逊（1969，第 108 页）的话来说"在经过了漫长得仿佛上千年的磋商之后"，参议院以 54 票对 21 票的结果通过了延期投票。民主党为 38 票赞成 5 票反对外加一名进步党赞成票，而共和党为 16 票反对 15 票赞成。也就是说，在这个关键时刻，31 名参议院共和党人中有 15 人（48%）打破常规支持延期，虽然他们中有些人也投票支持那些限制性修正案。就像科罗拉多州共和党议员爱德华·约翰逊（Edward Johnson）所说的那样："我不知道这是怎么回事，但情况好像总是这样，在就互惠贸易进行投票前一两天，我们好像总是有足够的票数否决它，可是一到投票的时候，选票不知怎么就消失了，然后法案就通过了。"[42]

共和党在 1945 年贸易政策上出现分歧主要是因为北方共和党人转为支持《互惠贸易协定法案》，尤其是东北部地区，这些州的出口导向型生产商的集中程度要高于全国平均水平。[43]将 1934 年和 1945 年的参议院共和党人投票结果做个简单比较就可以看出这一点。中西部共和党人支持《互惠贸易协定法案》的倾向并没有改变：1934 年，14 名中西部共和党人中有 6 人投票支持《互惠贸易协定法案》（他们是这样做的仅有的共和党人）；1945 年，20 名中西部共和党人中有 8 人投票支持延期。但是，支持《互惠贸易协定法案》的东北部共和党人出现了大幅上升：1934 年，15 名北部共和党人中没有一人支持《互惠贸易协定法案》，但到 1945 年时，9 名北部共和党人中有 6 人投票支持。由于共和党人不再誓言要废除《互惠贸易协定法案》，也不再攻击该法案的合宪性，因此至少在参议院开始出现对贸易协定计划的跨党支持。事实上，《互惠贸易协定法案》要想长期存在，就得在一些点上同时吸引两党，因为共和党人早晚还会重新掌权。

哈里·霍金斯后来写道，1945 年的延期“标志着贸易协定计划在立法依据方面达到了最高点”。[44]不过他也指出：“这次延期发生在战争即将结束之时，此时短缺的是产品而不是激烈的市场竞争，此时永久和平的建立仍被普遍视为可实现的目标，此时各国之间的和平贸易被广泛视为国际和平的重要基础。”这些特殊情况促成了法案延期的通过。即便如此，争取到国会对《互惠贸易协定法案》的支持也并非易事，而形势的不断变化只会让日后的延期变得更难。

## 走向多边贸易协定

就在国会批准《互惠贸易协定法案》延期之后没几天，已在美国驻伦敦大使馆任职的霍金斯告诉他的英国同行，国会已经批准了大规模关税削减的立法授权，但关税削减是有选择性的，无法横向削减。因此，美国建议采取一种“多边—双边”的形式，由各国按产品与有关产品的主要供给商举行双边谈判，然后再通过无条件最惠国待遇条款将谈判达成的关税削减推广至其他参与国。[45]英国官员对这一消息大感失望，因为这对他们想要实现大规模全面多边关税削减的愿望来说是一个打击。有了1938年两国旷日持久的贸易谈判先例，英国人对双边谈判要耗费的时长也感到悲观。

美国也向加拿大官员通报了这一事态发展。加拿大副外长诺曼·罗伯逊（Norman Robertson）是开放性多边贸易体系的坚定支持者，他对无法实现横向关税削减的消息"深感失望和沮丧"。加拿大方面强调指出，选择性关税削减将"突显保护主义的不可侵犯"，让各国"对关税削减采取同样谨慎而小心的态度"，并"掩盖了削减国也会从贸易壁垒削减中受益的事实"。[46]

不过加拿大官员还是提出了一个建议，而这个建议很快就会产生巨大的影响。他们认为，如果不得不采取多边—双边形式，那么让很多国家坐到谈判桌前并不是一种可取的做法。加拿大认为："把所有国家都涵盖在内的大会有可能是危险的，因为很多小国的观点可能会过度削弱一些比较大胆的措施，而贸易大国则有可能就这些措施达成一致意见……从过去的经验看，如果那些不太重要并在大多数情况下都采取保护主义措施的国家出席国际大会，则必然会让少数重要贸易国原本有望做出的承诺大打折扣。"[47]因此，加拿大官员建议先召集一个由8—12个全心全意致力于减少贸易壁垒的国家组成一个小型"核心"小组。在加拿大提出建议之前，美国国务院设想的是举行一个单一的大型多边会议进行关税削减谈判、制定贸易政策规则并建立国际贸易组织（ITO）。加拿大提议分成两个步骤：先是一个小范围团体进行贸易壁垒削减谈判，然后再由大范围团体最终敲定创建国际贸易组织的协议文本。

这个提议对美国政策产生了直接影响。1945年7月，经济外交政策执行委员会建议放弃多边—双边方式，采取"有选择的核心多边—双边"方式。[48]根据这种方式，大约10来个国家将就选择性关税削减展开双边协定谈判，并就应对关税和非关税贸易壁垒的规则达成非正式协定。然后，协定将被提交至更大规模的国际会议，再由这一会议创建国际贸易组织。也就是说，到了1945年7月，美国对于如何通过双轨程序从提交草案到谈判达成协定已经形成了一个粗略的概念，这一双轨程序将形成一个不同于国际贸易组织的《关贸总协定》。

在对美国的谈判权受限感到不满后，英国仍然是个不情不愿的伙伴，尤其是在新的工党政府面临着国内严重经济问题的时候。在第二次世界大战因日本投降而结束之后，杜鲁门总统在 1945 年 8 月突然决定终止向英国和盟国提供的租借援助，从而重新启动了两国之间陷入停滞的磋商。英国政府目前仍然没有能力支付关键的食品、燃料和原材料进口，因此这一决定让他们目瞪口呆。凯恩斯（1979，第 410 页）警告，如果没有金融援助，英国将面临“财政上的敦刻尔克”。英国立即派他前往美国，以确保获得贷款帮助英国弥补国际收支逆差。

英国贷款谈判于 1945 年 9 月至 11 月在华盛顿举行，关于第 4 条和商贸政策的磋商也同时展开。美国贸易谈判代表在处理存在争议的帝国特惠制问题时表现得非常糟糕。助理国务卿克莱顿暗称英国在《互助协定》中已经同意废除帝国特惠制（事实并非如此），并暗暗威胁，如果英国不废除帝国特惠制，就会切断对英国的金融援助，这被英国视为一种讹诈。英国表示抗议之后，美国官员做出让步并接受了取消特惠制并非财政援助前提条件的立场。

虽然存在这样的摩擦，但事实证明这次英美商贸政策磋商是一次重要的突破，并结束了两年的无所作为。11 月，双方发表联合声明称，“将在采取适当措施大规模减少世界贸易壁垒的同时结合相应行动消除特惠制”，而且现有承诺不会妨碍消除特惠制的行动。[49]更重要的是，双方商定了贸易政策的章程大纲，这一大纲将被提交给其他国家的政府进行审议。

1945 年 12 月，美国国务院发布了“关于扩大世界贸易和就业的建议”，这是政府第一次对外公开政府计划。这些提议旨在应对造成世界贸易量萎缩的四个因素：政府贸易限制、私人贸易限制（卡特尔和企业联合）、无序的初级商品市场以及不规范的国内生产和就业。关于第一个因素，提案指出：“施加这种壁垒的原因是它们服务于或看上去服务于另外某些目的，而不是为了扩大世界贸易。在一定范围内，这些壁垒是无法禁止的。但是当壁垒变得过高时，尤其是当它们区别对待不同国家或者破坏原有的商贸联系时，就会造成不良情绪并破坏经济繁荣。国际行动的目标应该是减少所有这些壁垒并对留存的壁垒设立公平的限制规则。”[50]提案呼吁“最迟在 1946 年夏季”召开国际关税会议，并指出：“目前没有哪国政府已经准备好接受绝对意义上的‘自由贸易’。尽管如此，还是可以通过国际协定为减少政府贸易壁垒做出很多贡献。”

美国随后做了两件事。首先，国务院邀请了 15 个国家参加“核心”国家会议，磋商关税削减问题。不过，国内政治随即介入其中。1946 年 4 月，杜鲁门收到了签署关税削减清单的要求，同时还受到警告：“经验表明，一旦这份清单对外公布，少数派利益集团将对政府施加极大压力，要求政府承诺不会削减某些特定关税。”[51]由于中期选举即将举行，这一要求给白宫和国务院高层敲响了警钟。最终，杜鲁门和国务卿詹姆斯·伯恩斯（James Byrnes）决定将“核心”国家之间的谈判推迟至 1947 年初，理由是政府希望国会在国务院按要求将谈判涵盖的关税项目进行 90 天公示之前先通过对英贷款。如果国会按照预期在 1946 年中批准这笔贷款，那么关于关税削减的公示和公开听证会在时间上就会过度接近国会选举。为了避免贸易提案激起政治争议，杜鲁门和伯恩斯决定在选举后立即发布公示，这意味着谈判要到 1947 年初才能开始。克莱顿发出了一份慷慨陈词的备忘录，要求遵守原定的时间表；他想加速这一进程，据说他曾经说过：“我们需要在既得利益者获得利益之前采取行动。”[52]但是，决定已经做出，克莱顿的请求没能成功。

其次，1946 年 2 月，美国提议召开联合国贸易和就业大会。大会的目标不是开展关税谈判，而是为国际贸易组织制定章程，不过起草议程的委员会将与磋商关税减让的小规模核心团体展开协同工作。1946 年 10 月至 11 月期间，联合国国际贸易和就业会议筹备委员会第一次会议在伦敦圣公会总部教会大楼举行。[53]这次筹备会议上第一次出现了其他国家（包括澳大利亚、印度、中国、锡兰、黎巴嫩、巴西、智利和其他几个国家）帮助制定贸易政策多边公约。发展中国家的主要目的是确保相关规则不会妨碍它们利用进口配额达成就业和经济发展方面的目标。因此，国际贸易组织章程草案加入了涉及这两个问题的新章节。

在这次具有里程碑意义的伦敦会议上，与会者就国际贸易组织章程草案的大部分条款达成了一致，不过该草案对各国政府尚不具有约束力。参与者同意减少使用数量限制、外汇管制和出口补贴，特定情况除外。其他一些章节就国营贸易、经济发展、限制性商业行为、政府间商品协定以及国际贸易组织的架构等制定了广泛的规则。筹备委员会建议在一小部分国家之间“通过《关贸总协定》的形式”执行“国际贸易组织章程的某些规定”，这可能是《关贸总协定》的概念第一次独立于国际贸易组织之外被提及。[54]

1946 年 11 月，在中期选举后不久，杜鲁门总统批准了关税削减谈判会议计划，并签署了美国准备减让关税的产品公示清单。国务院宣布，关税谈判将于 1947 年 4 月在日内瓦举行，届时至少有 18 个国家参加。就拟议关税削减举行的公开听证会并不像官员担心的那样争吵不休。但11 月大选的结果令人震惊：共和党人卷土重来，自 1932 年以来第一次控制国会，暂时结束了漫长的民主党主导政治的时代。鉴于共和党以往对保护性关税的支持和对《互惠关税协定法》的敌意，这次选举造成的掌控权转移对即将举行的日内瓦谈判构成了威胁。虽然共和党人不能撤销 1945 年的谈判权（他们无法推翻总统的否决），但国会多数党地位的转移可能会让谈判变得极其复杂。

果然，保守派共和党人立即呼吁推迟 4 月的会议并在日后废除《互惠贸易协定法案》。1946 年 12 月，内布拉斯加州共和党参议员休·巴特勒（Hugh Butler）给克莱顿写了一封铿锵有力的信，声称选民已经否定了政府的关税削减计划，因此日内瓦谈判应当“摁下暂停键，直到新的国会拟定新的对外贸易政策”。用巴特勒的话说：“试图利用先前从民主党国会那里获得的‘贸易协定法案’授权摧毁我们的关税保护制度，这在我看来就是在直接叫板上个月选举中反映出来的民意。”[55]

克莱顿拒绝推迟日内瓦会议，并逐点反驳了巴特勒的信件，他坚称：

我国政府远未打算“摧毁我们的关税保护制度”，政府加入即将举行的贸易谈判是为了确保让关税而不是歧视性进口配额、外汇管制和双边易货交易成为各国规制对外贸易的公认之道。要不是因为我国政府在这个问题上主动作为，全世界已经因全面实施行政控制而直接走上故意扼杀贸易的道路。这样的发展会严重损害美国的根本利益，这一点应该用不着我来告诉你。

克莱顿还回击说：“我们正在努力维护这样一个世界，一个让我们对私营企业、经济自由、生活水平提高、国际合作、安全与和平的未来看到一些希望的世界，这是美国人民想要的世界。要想实现这些目标，我们就需要贸易协定计划这一工具的帮助。”[56]

1947年1月，俄亥俄州共和党议员托马斯·詹金斯（Thomas Jenkins）提出了一份决议案，要求将日内瓦谈判推迟至关税委员会就关税削减对国内产业的影响做出相关报告。由于委员会的这项研究可能旷日持久，因此詹金斯提出的决议案有可能无限期推迟日内瓦会议。为防止国会与政府之间出现严重分歧，外交关系委员会主席、密歇根州共和党议员阿瑟·范登伯格和财政委员会主席、科罗拉多州共和党议员尤金·米利金分别会见了艾奇逊和克莱顿。范登伯格曾是一位孤立主义者，但后来又变成了两党共同外交政策的坚定支持者，他在20世纪30年代时反对过《互惠贸易协定法案》，但现在又转而支持通过多边合作减少贸易壁垒。[57]不过，他也担心国务院过度重视外交政策并在关税削减谈判时低估国内生产者利益有可能遭受的伤害。参议院领导人希望限制行政部门在关税事务上的权力，同时又不危及整个贸易协定计划。

这些磋商使双方达成折中方案并让日内瓦会议得以推进。1947年2月，范登伯格和米利金发表声明表示，考虑到大量的准备工作，推迟4月的会议将是“不可取的”。他们还建议，等《互惠贸易协定法案》在1948年延期时，再对其做出立法改革将会“更加合适”。不过，他们也注意到“有强烈的情绪要求改进相关程序，进一步确保关税削减不会危及我们的国内经济”。他们特别提出要进行五项程序性修改，以应对人们担心的“足以保护我们国内经济的关税可能屈从于外部且被高估的外交目标”。[58]这些修改包括允许关税委员会设置一个确定点，过了这个确定点之后不得再削减进口关税，以防国内产业受到伤害，这个确定点即日后为人所知的“危险点”。更重要的是，范登伯格和米利金希望强制加上一个例外条款程序，如果国内产业因进口受到伤害的话，该程序将使它们更容易获得临时保护。

几周之后，杜鲁门总统发布一项行政命令，接受了上述大部分建议。这项行政命令设立了一个行政程序，用于审议和处理国内企业就关税削减造成的外国竞争负面影响而提出的投诉。行政命令要求，在以后达成的所有贸易协定中，“如果由于不可预见的事态发展或美国根据贸易协定就某一产品做出让步导致该产品的进口数量上涨和进口条件对同类或类似产品的国内生产商造成或有可能造成严重伤害”，美国可以撤销或修改关税削减。[59]这一程序的运作方式如下：任何一个国内生产商感觉自己受到外国竞争伤害都可以向政府申请进口救济；关税委员会将对相关投诉进行调查，并向总统提出建议，“供其参照公众利益进行考量”。如果关税委员会认为有理由限制进口以防止伤害，总统可以选择限制进口或者不采取任何措施。

在宣布新程序时，杜鲁门坚称“这项行政命令的规定并没有偏离传统的科德尔·赫尔原则”，而“只是进一步确保美国的利益得到应有的保障”。行政命令并没有采纳参议员的所有建议，尤其是让关税委员会设立低于相应水平就不再进行减税谈判的关税限额（或“危险点”）建议。巴特勒认为总统的行动不够到位，但范登伯格和米利金对之表示欢迎，认为这是“在合法和必要的国内保护方面取得了实质性进展，这种保护应该成为同等重要的对外贸易计划的一部分”。[60]

在两党于第二次世界大战后就建立开放贸易体系达成共识的过程中，这一折中方案是其中几个关键时刻之一。这样的折中避免了第一次世界大战后民主党总统与共和党国会之间的冲突再度上演。这次相互妥协确立了美国贸易政策的一个重要组成部分，即“例外条款”，这一条款确保了国内利益可以得到保障而不受贸易自由化的潜在不利影响。[61]

这样的保障措施有效解决了一些共和党人对贸易协定计划的担忧，即使不能帮助赢得他们对日内瓦会议的支持，也至少帮助赢得了他们的默许。[62]事实证明，它也是有效的政治手段，国会可以借此将保护主义压力从立法机关转移出去。

1947 年 3 月，杜鲁门在得克萨斯州贝勒大学发表演讲时表示支持即将举行的日内瓦会议。总统强调了在贸易政策问题上达成国际协定的重要性：

> 如果各国能够同意遵守国际贸易中的良好行为准则，则能更好地在其他国际事务中展开合作。这样的协定能够防止经济战带来的痛苦。它营造的氛围能够帮助维护和平。作为这份计划的一部分，我们已经要求世界其他国家与我们一起减少贸易壁垒。我们并没有要求他们消除所有壁垒。我们自己也没有打算这样做。但我们提议通过谈判减少国内外关税、取消其他限制性措施并废除歧视待遇。我们将在下个月开幕的日内瓦会议上展开这些谈判。对于国际贸易组织的建立（以及）联合国经济和政治合作的整体架构来说，这一计划的成功至关重要……日内瓦谈判绝不能失败。[63]

一个月后，迪恩·艾奇逊、威尔·克莱顿和贸易协定委员会主席温斯罗普·布朗（Winthrop Brown）与总统会面审查国务院准备在日内瓦提出的关税削减计划，并讨论了其中涉及的政治敏感问题，尤其是锌、羊毛制品和棉纺织品的情况。在被告知一些特殊利益集团预计会做出强烈的政治抗议时，杜鲁门回答“我已经做好准备”并批准了相关建议。[64]

## 《关贸总协定》

1947 年 4 月，来自 18 个国家的代表在瑞士日内瓦的万国宫（Palais des Nations）举行会议，就贸易政策的实施原则缔结协定并展开减税谈判。美国急于降低关税、禁止进口配额并修改或取消帝国特惠制。与此同时，西欧国家正面临着巨额国际收支逆差，它们希望能够从美国那里得到最大程度的关税削减，从而扩大出口并获得购买进口产品所需的宝贵资金。这些进口对它们的经济重建至关重要，但由于国际收支方面的困境，他们也希望能够保留使用贸易管制限制进口支出的权力。

因为事先已做好大量准备工作，《关贸总协定》谈判进展非常顺利。[65]协定在序言中指出，贸易关系“应着眼于提高生活水平、确保充分就业、确保实际收入和有效需求稳步增长”。“通过达成旨在大幅降低关税和其他贸易壁垒并消除国际贸易歧视待遇的互惠互利协议”，可以在一定程度上实现这些目标。[66]

《关贸总协定》的诸多条款都引自 20 世纪 30 年代的互惠贸易协定。协定第 1 条阐述了无条件最惠国待遇条款，该条款规定，“任一缔约方对来自或运往其他任何国家的产品给予的利益、优待、特权或豁免，应当立即无条件地给予来自或运往所有其他缔约方的同类产品”。先前已经存在的优惠，如帝国特惠制和美国与古巴的特别贸易关系，则属例外情况。协定第 2 条是日内瓦谈判设定的关税减让时间表（附录）。协定第 3 条呼吁在国内税收和法规方面实施国民待遇（即非歧视原则），声称这些税收和法规“不应出于为国内生产提供保护的目的而对进口产品或国内产品适用”。协定第 11 条引入了对进口配额的一般禁令，国际收支困难的国家或农产品进口妨碍到国内措施的时候属于例外情况（第 12 条）。

《关贸总协定》的另外一些条款则允许各国在特定情况下重新实施协定第 2 条和第 11 条禁止的贸易壁垒。第 6 条涉及倾销（其定义是“低于正常价值”的货物销售），并规定了在倾销对“某一已有产业造成了实质性损害或者构成损害威胁……又或者对某一国内产业的兴建产生实质性损害”的情况下征收反倾销税的程序。第 19 条借鉴了美国的例外条款措辞。其他条款则进一步限制了非歧视原则和贸易壁垒削减目标。第 18 条允许发展中国家通过实施贸易限制促进经济发展。第 20 条允许通过贸易干预保障公共卫生和安全。第 21 条涉及保护国家安全的行动。其他很多条款则涉及原产地标记、海关估价、过境货物、贸易法规的出版和管理、国营贸易企业以及政府的经济发展援助等琐碎问题。

在敲定这些规则的同时，参与国还按产品举行了双边减税谈判。比起总协定文本的敲定过程，关税谈判引发了更多的争执。美国国务院官员在参加会议的时候面临两种选择：公布总统批准的所有关税削减，展示美国代表团的最大减税程度，从而最大限度地减少策略博弈；或者保留一些削减项目，以期达成更好的交易。为了表现出诚意，克莱顿决定从一开始就把美方的所有让步建议都摆在桌面上。其他国家不为所动，而且不肯亮明自己一方的意向，谈判陷入僵局。[67]

有一种商品在谈判中展现出了极大的重要性，那就是羊毛。由于国内的政治敏感性，美国代表团没有获得削减羊毛关税的授权。在日内瓦会议开始的时候，共和党重新掌控的国会甚至正在制定立法，以进一步加强对进口羊毛的限制，从而扶持国内价格。[68]众议院于 1947 年 5 月以 151 票对 65 票的大幅差距通过了这一立法，其中很多民主党人投了赞成票。参议院已经通过了类似的立法，尽管政府强烈反对，但两院协商委员会不仅保留了进口税，而且还允许总统实施进口配额。虽然仅占农业总收入的 1%，但羊毛生产商历来是国会中最具政治影响力的农业团体之一。[69]

羊毛立法原本有可能危及整个日内瓦谈判。澳大利亚是羊毛主要出口国，他们希望美国降低关税的主要商品就是羊毛。澳大利亚代表团对美国不愿就羊毛做出任何让步甚至可能进一步限制进口感到极度愤怒，他们威胁要带着英联邦其他成员国退出会议。这样的威胁看起来颇具可信度。克莱顿乘飞机回到华盛顿，在最高政治层面出手干预。总统给克莱顿和支持该法案的农业部长克林顿·安德森（Clinton Anderson）各 15 分钟进行陈述。克莱顿力劝总统否决该法案，认为这将破坏正在进行的谈判。安德森则力劝总统签署该法案，称日内瓦会议注定会失败，而这一立法将帮助农村地区的农民。克莱顿的陈述显然更为有力：杜鲁门否决了该法案，理由是它的“部分内容会对我们的国际关系产生不利影响，却不一定能帮助到国内的羊毛生产商”。[70]

杜鲁门不仅仅只是否决了这一立法，他还立即授予克莱顿将羊毛关税降低 25% 的权力。克莱顿（1963，第 499 页）后来说，在国会刚刚批准上调关税之后，总统就批准大幅降低羊毛关税是“我见过的最有政治勇气的行动”。虽然澳大利亚抱怨关税削减的幅度太小，但杜鲁门和克莱顿以迅速而果断的行动拯救了日内瓦会议。减少羊毛关税的授权在 8 月份得到正式批准之后，减税僵局立刻就被打破，各国即将提出更多的让步建议。

随着羊毛问题的解决，日内瓦谈判转向了阻止协定取得成功的最大妨碍因素：英国的帝国特惠制。自 1932 年的《渥太华协议》以来，消除这些歧视性优惠一直是美国的首要目标之一。不过日内瓦会议从一开始就出师不利。在开幕式的一次新闻发布会上，有人问英国首席谈判代表斯塔福德·克里普斯（Stafford Cripps）美国降税 50% 是否足以推动英国取消帝国特惠制，他只回答了一个简单的“不”。[71]克里普斯坚定地捍卫帝国特惠制，这其中有部分原因在于战后英国面临的极端经济困难。他还发表了一次讲话，严厉批评美国并贬低关税谈判和国际贸易组织章程的重要性。

英国的恶劣态度给整个会议蒙上了阴影。[72]在 1947 年 7 月的一次重要会议上，克莱顿和克里普斯在特惠制问题上发生了冲突。克莱顿坚持认为英国到现在这个时候应该取消这些优惠，而克里普斯则对他嗤之以鼻。美方在一份电报中形容克里普斯“完全无动于衷，已经接近于对日内瓦会议所设目标的公开敌意”，而且“在特惠制度下建立起来的既得利益集团非常强大，英国没有表现出甘冒政治风险以减少或取消这些利益集团享有特惠制庇护的意愿”。[73]克莱顿对克里普斯“全然漠视他们在特惠制问题上的承诺”感到愤怒，而克里普斯建议，美国如果认为自己没有得到足够让步的话就应该撤回一些让步提议，这简直让美国代表团无言以对。[74]

在谈判最后关头发挥了关键作用的是美国对日内瓦谈判失败的外交后果和英国经济明显疲软的担忧。8 月底，在《关贸总协定》已经敲定文本但关税谈判仍深陷僵局的时候，克莱顿给身处华盛顿的副国务卿罗伯特·洛维特（Robert A. Lovett）发电报提出了四个备选方案：（1）达成一份没有大幅消除优惠措施的协定；（2）就像克里普斯两次提议的那样，撤回美方在关税削减方面的一些让步提议，达成一份没有大幅消除优惠措施的协定；（3）中止与英国的谈判并寻求与其他国家达成多边协定；（4）无限期暂停关税谈判。[75]克莱顿对英国的谈判立场深感失望，虽然他的工作人员强烈反对，但他还是建议采取第三个选项。

洛维特在椭圆形办公室与杜鲁门讨论了这些备选方案。总统否掉了方案 1 和 4，在方案 2 和 3 中更倾向于方案 2。两人都认为方案 2 是一种两害相权取其轻的选项。洛维特在向克莱顿解释这一决定时明确表示，外交政策考量压倒一切。总统和国务院高级官员尤其担心的是，此次会议如果失败，将在进一步削弱英国经济和政治地位的同时加强苏联的地位。[76]总统的决定否决了克莱顿提出的因帝国特惠制而放弃与英国达成协议的建议，这一决定使日内瓦谈判终于得以结束。令克莱顿失望的是，英国的帝国特惠制基本没有受到影响，因为英国对英联邦国家的出口产品中有 70% 的产品优惠幅度保持不变，但他还是接受了妥协的“现实必要性”。[77]

1947 年 10 月 29 日，杜鲁门总统对日内瓦会议的闭幕表示欢迎，并称之为“国际经济关系史上的里程碑。从来没有过这么多国家为降低贸易壁垒而一起持续努力。从来没有国家在关税和优惠问题上采取覆盖面如此广泛、影响如此深远的一致行动……（而且）它也证明，人们普遍将扩大的多边贸易体系视为国家政策的目标”。[78]其他国家的领导人也对这一结果表示欢迎。比利时的麦克斯·苏滕斯（Max Suetens）是日内瓦会议的主席，他称赞这次会议是“世界贸易史上最全面、最重要、最深远的谈判”。[79]加拿大总理麦肯齐·金（Mackenzie King）称赞这一结果是“世界各国见过的涵盖面最广泛的有关贸易行为和关税削减的协定……对加拿大而言，总协定的重要性几乎是怎么说都不为过。在广泛的多边基础上开放世界贸易，这对我们整个国家的福祉来说至关重要”。[80]与之形成对比的是，英国官员对会议的闭幕绝口不提。

在美国，已经退休的科德尔·赫尔发表声明，表示他对日内瓦会议的闭幕感到“由衷的喜悦”，并指出“参与谈判的国家已经朝着经济改善与世界和平的目标迈出了长足的一步”。[81]公众看来也对协定感到满意。在日内瓦谈判结束时，盖洛普（Gallup，1972，第1卷：第695页）报告称，只有34%的受访者听说过《关贸总协定》；在这些人中，63%的人赞同这份协定，12%的人反对，25%的人没有表态。

然而，国会中的共和党人对这一结果持批评态度，并明确表示他们会尽快设法限制总统日后在贸易政策方面的权力。米利金对关税削减的未来后果感到担心：“一些关税削减在常规时期将是灾难性的。比如说，它们大幅减少了西部原材料的产量，这种情况在常规时期是不能忍受的。铜、牲畜、兽皮和羊毛等畜产品、多种金属、农产品等在国外的生产成本都会比美国更低。”[82]他预测国会将争取实施杜鲁门在那年早些时候否决掉的“危险点”条款。筹款委员会主席、明尼苏达州共和党人哈罗德·克努森（Harold Knutson）抨击《日内瓦协定》，并抱怨“那些空想的改革家拿我们的利益交换可疑而含糊的贸易让步，而这些让步有可能永远也不会变成现实”。[83]

《关贸总协定》是国务院和白宫的一项成就，但是如果没有共和党重要人物的默许，尤其是阿瑟·范登伯格的默许，这一协定是不可能出台的。《关贸总协定》还将共和党一直以来的三个理念转变为现实：互惠、无条件最惠国待遇政策以及反对贸易数量限制。《互惠贸易协定法案》开启了贸易协定和关税削减的进程；而《关贸总协定》则是一个更加正式的多边机制，它将进口关税限制在较低水平（先是三年，后来被无限期延长），并提高了增税意图的政治成本。但真正确保低关税一直延续至后来的原因是，即便共和党在1946年的大选中赢得了国会控制权，但已经有足够多的共和党人接受了贸易协定计划并允许日内瓦谈判继续进行。当然，《关贸总协定》既不是条约也不是组织，而只是通过行政命令得到实施的贸易协定。因此，参与者是“缔约方”（而不是“成员”），该协定也只是在国会通过“国际贸易组织”章程之前暂时适用的临时协定而已。

## 美国关税下调

第二次世界大战期间，应缴税进口产品的平均关税基本保持不变，在 1944 年的时候为 33%。从图 10.2 可以看出，仅仅 6 年后，它就几乎下降到了 13% 的水平，跌幅达到 60%。是什么原因导致了这种大幅下跌？从政治角度说，国会怎么会允许关税降至 1791 年以来的最低水平？

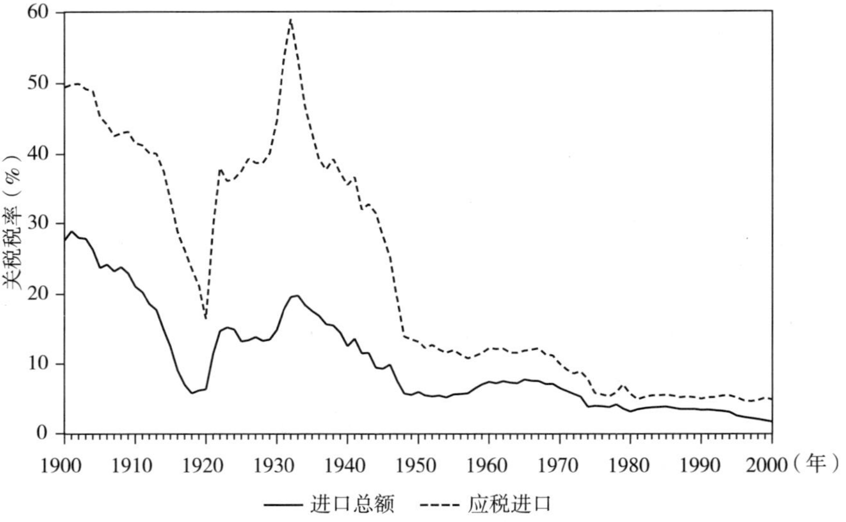


图 10.2　1900—1970 年美国关税平均值

资料来源：U. S. Bureall of the lensus（1975），Series U-211-12。

1947 年的日内瓦谈判是关税下调的表面原因。但事实上，这些谈判达成的关税削减只占下调幅度的一小部分。战后关税下降的主要原因是进口价格大幅上涨。大约 2/3 的关税是从量税，而走高的进口价格降低了这些关税的从价等值，正如大萧条时期的通货紧缩提高了从价等值一样。进口价格在 1944 年至 1947 年间上涨了 41%，这一提高是战后时期平均关税急剧下降的主要原因所在。[84]

哪一个原因在更大程度上造成了关税下降：1947 年谈判达成的削减还是进口价格的上涨？日内瓦谈判将平均关税降低了约 21%，而进口价格上涨则将关税降低了约 40% 。[85]因此，在战后关键时期，即 1944 年之后平均关税从 33% 降至 13% 的 6 年里，大约 2/3 的关税下降要归因于进口价格的上涨，另外 1/3 要归因于谈判达成的关税削减。事实上，仅在 1948 年那一年，即日内瓦关税削减生效的那年，进口价格上涨就占据了关税削减的 1/3。[86]

关税委员会（1948，第 19—20 页）也努力想要弄清楚，在 20 世纪 30 年代初至 1948 年这段较长的时间内，互惠贸易协定和进口价格上涨在降低平均关税方面相对发挥了多少作用。他们得出的结论是："两者的影响似乎相差不多。"[87]再将时间线稍微拉长一点，即从 20 世纪 30 年代初到 20 世纪 50 年代初，进口价格上涨的累积效应左右了零星的税率下调，从而降低了关税。1932 年至 1954 年，应税进口的平均关税从 59% 降至 12% 。这一削减中约有 2/3 可归因于进口价格上涨，另外 1/3 可归因于互惠贸易协定和日内瓦谈判。在 1945 年至 1967 年的战后时期，大约 3/4 的关税下调可归因于进口价格上涨。

不管是国会还是进口敏感型利益集团都没有预料到通胀造成的关税下降。事实上，人们普遍认为，20 世纪 30 年代早期的通货紧缩可能在战后再度出现，因为之前的战争，如 1812 年的美英之战、美国内战和第一次世界大战结束后，都出现了通货紧缩。关税委员会（1948，第 20 页）认为，"无法预测几年后的进口产品价格，即使粗略估计也做不到"。然而，在 1945 年之后的 5 年里，进口价格上涨了 56% ，这使得平均关税的下降到 1950 年时已经是既成事实。虽然杜鲁门政府处理日内瓦关税谈判的方式引发了一些争议，但似乎没有人注意到，在税则上占据半壁江山的从量税正悄无声息地被一点一点侵蚀。

尽管如此，日内瓦谈判对《关贸总协定》的设立仍是至关重要的，它也表明通过国际合作减少贸易壁垒是有可能的。在第一轮多边回合中，23 个参与国签署了至少 123 份协定，减少了 45 000 个税目的关税，这些税目约占世界贸易额的一半。[88]就美国而言，将近一半的应税进口需要进行关税削减，平均降幅为 35% 。由于还有很多关税没有下调，因此所有关税的平均下调幅度为 21% 。表 10. 1

根据税则列出了谈判达成的关税削减，可以看出不同产品或不同国家的削减并不对等。这些关税削减于1948 年1 月1 日经由行政命令而开始生效，无须经过国会批准。如果需要国会批准的话，那它们可能遭到国会特殊利益集团的反对，共和党掌握的国会最终有可能不批准这些削减。

由于国外关税数据不易获取，因此很难知道其他国家在这次谈判中削减关税的幅度。《关贸总协定》没有提及削减的结果，而关税委员会仅报告了受关税削减影响的外国进口总值，并没有提及减税将会达到何种深度。在 1947 年日内瓦会议之前，欧洲核心国家（德国、法国和英国）应税进口产品的平均关税约为 22% 。如果这些国家的关税降幅与美国的降幅一样，那么它们的平均关税应降至 17% 左右。[89]

鉴于战争造成的混乱局面和外汇管制的广泛应用，几乎可以肯定这些关税削减对贸易流动的直接影响是有限的，但是随着经济状况逐渐恢复常态，它们将在日后带来更大的影响。不过，一些研究表明，《关贸总协定》成功地刺激了世界贸易，即便在这一早期阶段也是如此。戈尔茨坦、里弗斯和汤姆兹（Goldstein、Rivers and Tomz，2007）发现，与非参与国之间的贸易相比，《关贸总协定》参与国之间的双边贸易在协定达成后的前两年里平均上涨了 136% 。其他研究也表明，《关贸总协定》促成了战后世界贸易的扩张，从而帮助推动了全球经济复苏。[90]

虽然多边关税削减从 1948 年开始对世界贸易产生了一定的刺激作用，但进口关税在当时并不是最重要的贸易限制因素。欧洲货币不能自由兑换美元，因而官方的外汇管制使得政府在如何分配外汇方面拥有很大的决定权。英国和西欧国家与美国之间有巨额贸易逆差，他们竭力想要储备稀缺的美元资源。因为美元储备非常宝贵，“美元短缺”促使英国及其英镑区伙伴国利用各种行政机制，如进口许可证，以回避美国的进口产品。由于这些外汇限制，日内瓦谈判达成的关税削减并没有立即给美国出口商带来更多进入欧洲市场的机会。

表 10.1　按税则列示的根据贸易协定应税进口品的关税削减（基于 1948 年 1 月 1 日的实际削减）

| 关税税则 | 应税进口总值，1939 年（百万美元） | 需要减税的比例（需要减税的进口从价等值）税率 | | | 税率平均降幅 | | |
|---|---|---|---|---|---|---|---|
| | | 协定之前的税率 | 截至 1947 年（日内瓦会议之前） | 截至 1948 年 1 月 1 日（日内瓦会议之后） | 协定之前至日内瓦会议之前 | 协定之前至日内瓦会议之后 | 日内瓦会议之前至日内瓦会议之后 |
| 1. 化学品、油类和油漆 | 56.6 | 37.2 | 31.5 | 30.4 | 15 | 18 | 3 |
| 2. 稀土、陶器和玻璃器皿 | 25.4 | 43.0 | 40.3 | 34.9 | 6 | 19 | 13 |
| 3. 金属和制成品 | 89.7 | 40.3 | 27.7 | 21.4 | 31 | 47 | 23 |
| 4. 木材和制成品 | 17.0 | 16.8 | 10.6 | 7.0 | 37 | 58 | 34 |
| 5. 糖、糖浆和制成品 | 90.5 | 69.4 | 35.2 | 24.4 | 49 | 65 | 31 |
| 6. 烟草和制成品 | 36.0 | 77.5 | 58.6 | 55.2 | 24 | 29 | 6 |
| 7. 农产品和粮食 | 173.8 | 36.8 | 23.1 | 21.3 | 37 | 42 | 8 |
| 8. 烈酒、葡萄酒和其他饮料 | 59.1 | 109.8 | 56.0 | 34.7 | 49 | 68 | 38 |
| 9. 棉花制成品 | 27.3 | 38.3 | 33.8 | 28.9 | 12 | 25 | 14 |
| 10. 亚麻、麻、黄麻和制成品 | 54.8 | 24.7 | 18.5 | 9.8 | 25 | 60 | 47 |
| 11. 羊毛制成品 | 49.3 | 76.3 | 60.8 | 47.7 | 20 | 37 | 22 |
| 12&13. 丝织品、人造纤维和合成纤维 | 15.5 | 37.6 | 35.2 | 28.5 | 6 | 24 | 19 |
| 14. 纸和书 | 11.50 | 21.8 | 17.3 | 14.3 | 21 | 34 | 17 |
| 15. 杂项 | 133.3 | 28.8 | 24.3 | 19.2 | 16 | 33 | 21 |
| 进口时需缴纳消费税的免税清单 | 38.1 | 31.3 | 21.1 | 16.7 | 33 | 47 | 21 |
| 总计 | 877.7 | 48.2 | 32.2 | 25.4 | 33 | 47 | 21 |

资料来源：U. S. Tanff Comlnission, *Operation of the Trade Agreement, June 1934 – April 1948*，第 3 部分。美国做出的贸易协定让步，参见 Report No. 160，华盛顿特区：GPO（1948），第 37 页。

这在国会引发了一些抱怨之声，认为谈判是美国的单方面让步。尤金·米利金认为："如果人们觉得我们正在经营一个有着真正互惠制度的贸易体系，那就大错特错了。在互惠的幌子下，我们向全球的出口产品开放了我们的市场，在很多情况下已经接近自由贸易的水平，而其他受益国却通过各种手段规避它们应当做出的让步，如国营贸易、进口配额、双边协定、优惠制度、进口许可证和外汇限制。"[91]与此同时，英国和欧洲不那么反感降低关税，因为它们知道进口管制可以防止来自美国的过度进口。[92]在欧洲货币于 1958 年可以全面兑换美元之后，随着欧洲关税的下降，跨大西洋贸易才更加自由。

令人惊讶的是，虽然帝国特惠制让美国谈判代表头疼不已，但在日内瓦会议之后，相关争议基本上就消失不见了。这个问题再也没有成为重要议题，英美商贸关系中的一大难题就此消除。《渥太华协议》中面向从量税而非从价税的关税优惠被通货膨胀逐步削弱。英国约有 50% 的出口和进口都被涵盖在特惠制之内，英国和英联邦之间的平均贸易优惠幅度在 1937 年约为 11%，但到 1953 年时降至了 6%。[93]特惠制在 1973 年英国加入欧洲经济共同体时被逐步取消，并在 1977 年被完全废除。

## 美国贸易政策转变的原因

美国贸易政策在战后初期出现了建国以来最重大的转变，其目标从限制转为互惠，从使用保护性关税保护国内产业免受外国竞争影响转为使用贸易协定减少全球贸易壁垒。战后初期见证了一次并不多见的重大变化，美国贸易政策的基本目标在这次变化中得到了修改。各种因素在机缘巧合下共同导致了这种根本性的变化。

美国贸易政策的这种转变是由行政部门在国会的默许下推动的。学者一直在讨论《互惠贸易协定法案》本身是不是造成这种政策不连续性的原因。《互惠贸易协定法案》显然是一项重要的制度变革，这一变革改变了贸易政策的制定程序，但《互惠贸易协定法案》对贸易政策结果并没有产生太大的直接影响。我们也看到了，在 20 世纪 30 年代，平均进口关税只是略有下降而已。在此期间，《互惠贸易协定法案》的政治基础并不稳固。即使到了 20 世纪 30 年代末，也依然看不出来《互惠贸易协定法案》将成为美国贸易政策的长久特征：共和党人在 1940 年对它的支持度并没有超过 1934 年，甚至还有很多民主党人投票反对那一年的延期。当然，就 20 世纪 40 年代后期发生的变化而言，《互惠贸易协定法案》是必要因素之一。因此，事实证明它是一项重要而持久的制度变革，但只是在第二次世界大战后的独特局面使该法案成为美国对外经济政策的重要组成部分之后。

《互惠贸易协定法案》之所以能够得到延期，政策向互惠贸易的转变之所以能够得到政治保障，共和党在战后的立场变化发挥了至关重要的作用。1936 年，共和党人还誓言要废除《互惠贸易协定法案》，但到 1948 年，共和党的竞选政纲则宣布有条件支持该法案："只要能够保障我们自己的工业和农业，并在合理考虑国内需求的有效行政程序下，我们支持互惠贸易制度并鼓励国际贸易。"[94]共和党人在战后废除这一法案的风险一直存在，但真要废除法案则比看上去要难得多。1946 年重掌国会的共和党无法剥夺杜鲁门总统的谈判权，因为它无法推翻总统对这类法案的否决。共和党对《互惠贸易协定法案》的反对立场出现软化，这是一个重要的进展。共和党在这个问题上已经分裂成两派：支持法案的东部工业和金融利益集团与仍然坚持保护主义的西部利益集团。[95]

尽管还有一些共和党人抱怨国会授予行政部门太多的权力，以至于自己失去了宪法授予的关税权，但很少有国会议员想要再次承担起设定关税税率的直接责任。阿瑟·范登伯格提醒他的同僚："国会在制定关税方面表现得非常糟糕，既不具备经济科学性，也不具备合理性。包括我自己在内的 10 名参议员耗时 11 个月才苦苦编写出最后一部国会关税法案，如果再让他们承担另一部国会一般关税法案的修正工作，我怀疑他们会跟我一起辞职。"[96]

就连俄亥俄州颇具影响力的罗伯特·塔夫特（2003，第 228—229 页），一位曾在 1945 年投票反对《互惠贸易协定法案》延期的共和党参议员也这样写道："我不赞成恢复国会制定关税税率的做法，这不可避免地会带来互投赞成票的行为，但我赞成国会根据美国和国外生产成本差异制定一些标准，再授权一个关税委员会按照这些标准调整关税。”也就是说，大多数共和党人都不愿意废弃整个体系，但他们不太可能像民主党政府那样积极热情地寻求达成贸易协定，同时他们也希望给这一程序设置更多的约束。

国会不再参与设定个别关税税率并将这项工作交给了行政部门，因而在贸易政策方面发挥的作用变得更为有限。这种授权显然对贸易政策结果产生了影响。国会历来容易受到那些在任何情况下都反对大幅降低关税的进口竞争型利益集团的影响，因而很难想象国会会主动投票将关税削减80%。不过，在应税进口产品的平均关税从1932年的59%下降至20年后的12%时，国会并没有采取任何措施遏制这种下降。这种大幅下调在过去数十年里是根本不可想象的，但这一次却没有引起太多的政治争议。基本没有什么迹象表明国会担心通货膨胀正在侵蚀从量税的从价等值，比如说提议将从量税转为从价税或是提高从量税税率。关税的逐步削减在没有任何国会干预的情况下持续进行着。

这就向我们提出了一个问题：如果没有进口价格上涨造成的通货膨胀，美国是否会通过两倍或三倍于其在《关贸总协定》谈判中承诺的降税幅度将关税降至现在这样的低点？1947年之后，国会在给予总统进一步无条件贸易谈判权上出现了强烈的政治阻力，由此可以看出，谈判能够达成的降税幅度显然受制于政治约束。实际关税的大幅下降在某种程度上可以说是进口价格上涨和从量税主导地位引发的历史偶然事件。

国会为什么会听任关税出现这么大幅度的下调？最重要的原因是，关税下调基本没有对进口产生直接影响，对国内产业也基本没有任何负面影响。就像第一次世界大战之后一样，第二次世界大战之后也没有出现进口激增。1945年之后，进口从GDP的2%左右缓慢上升至GDP的3%左右，然后在20世纪50年代基本维持在这个水平。这样的水平低得异乎寻常：即便在20世纪20年代的高关税时期，进口也占到GDP

的 4%～5%。

进口占比这么低，并不是因为美国的贸易壁垒很高，而是因为世界其他地区的生产能力遭到了战争的破坏。这种经济混乱意味着西欧和东亚国家根本无法生产足够的产品用于出口。因此，进口竞争还没有激烈到让很多美国工人失去工作，从而关税下调对国会议员来说基本不会造成什么政治成本。米利金抱怨，《关贸总协定》谈判已经将关税降低到了“在正常时期将是灾难性的”水平，然而当时远非正常时期。关税下调发生在一个独特的历史时期：当时其他国家并不具备大量出口的能力；因此，进口政策的变化基本没有给政客造成必须做出回应的选民压力。进口竞争行业的投诉寥寥无几，因此国会并没有什么亟待解决的“贸易问题”。

与低额度进口相对应的是高额度出口。杜鲁门政府有意通过战后持续走高的出口水平维持高就业率。美国在第二次世界大战中脱颖而出，成为全球最重要的经济大国，而且它是唯一一个生产能力不但没有受到影响，还由于战争冲突得到扩大的工业大国。美国在制成品贸易中所占份额在 1937 年的时候是 17%，到 1954 年时上涨到了 26%。[97]随着欧洲经济的崩溃，美国在除了金属之外的每一个重要产业——机械和设备、机动车辆、化学品和其他制造业——都出现了巨额贸易顺差。一些关键部门比战前更加依赖出口。比如 1947 年，美国出口的小麦占总产量的 32%（1938 年为 10%），煤炭占总产量的 11%（1937 年为 3%），机床占总产量的 39%（1937 年为 23%），农业机械和农具占总产量的 21%（1937 年为 14%）。[98]

这些出口带来的是就业岗位。在 1946 年有 133 万个就业岗位要直接归因于出口顺差，在 1947 年则有 197 万个就业岗位。[99]虽然这在 5 800万左右的民用就业总数中只占了一小部分，但出口相关的就业增长在这两年里几乎占了私营部门就业增长的半数。在很多美国人都担心战后失业率会重回两位数并再次出现经济萧条之际，出口创造的就业机会让人欣然接受，维持高水平出口可以保证美国巨大的生产能力不被闲置。

维持这些出口的一种方法是美国增加进口，让其他国家能够赚取所需的美元购买美国商品。而增加进口的一个办法就是减少美国的进口限制。大型制造商、农场代表和工会支持杜鲁门政府通过降低进口关税促进出口的措施。这些商业团体包括美国商会、美国农场局和美国银行家协会。[福特汽车公司总裁亨利·福特二世（Henry C. Ford II）甚至呼吁取消对进口汽车的关税。] 一些重要劳工组织也加入了他们的行列，如产业组织联合会（代表600多万工人）、汽车和飞机工人联合会、美国纺织工人工会和美国服装工人联合会，他们在1945年都表态支持《互惠贸易协定法案》延期。美国劳工联合会和产业组织联合会等重要工会的官方政策都支持贸易自由化，除非有哪个成员工会感觉受到了威胁，而且前提条件是该成员工会希望开展“与公平的劳工标准相符的”贸易。[100]

大多数美国人都不是很清楚贸易协定计划是怎么回事，1945年的盖洛普民意调查显示，只有1/10的受访者熟悉这一计划，但是知道它的人中有3/4表示支持。[101]20世纪40年代后期和20世纪50年代初期几乎所有的民意调查都显示，在互惠贸易协定计划这一背景下，支持降低关税的人占明显多数。绝大多数报纸社论也都支持这一政策。[102]

如果只研究国会听证会上的证人证词，那基本会完全漏掉这样的支持意见。此类听证会主要由中小型商业利益集团把持，它们通常仅在国内市场出售商品，打开国外市场并不能给它们带来什么收益。最反对降低关税的行业有玻璃器皿、陶器和瓷砖、纺织品和服装、自行车、手表、纸和纸浆、餐具、煤炭、滚珠轴承、铜、铅和锌、牛奶、蘑菇、雨伞和羊毛。[103]虽然它们对进口多有怨言，但很少有行业通过例外条款寻求救济。1947年到1951年总共只有21起进口救济申请，其中大部分在关税委员会进行初步调查后即被驳回。杜鲁门总统在例外条款上只做出过三个决定：他接受了委员会提出的对女用毛毡帽及帽坯和帽商用毛皮征收更高关税的建议，否决了针对手表的救济。[104]

不过事实证明，国会对这些进口竞争型利益集团的投诉还是很敏感的。福特汉姆（Fordham，1998a，1998b）等人对战后初期国会投票情况的实证研究表明，这些利益集团确实影响了反对进一步自由贸易的投票，但是很多赞成开放贸易的投票并不能归因于出口导向型利益集团。要么是因为出口生产的地理位置不够集中，要么是因为对开放贸易的支持分布非常广泛，因而无法探查到这样的生产商影响。这与影响国会投票支持开放贸易的其他因素是一样的，比如说外交政策方面的考量。

特定的进口竞争利益与分散的出口利益在政治影响上的不对称被称为“鸟笼”现象。这个词源自纽约第十五区的一个实际案例，十五区包含纽约市的史坦顿岛（Staten Island）和航运码头。尽管每年有数十亿美元的出口和进口经过这一选区并支撑起数千名码头工人的就业，但纽约州共和党议员约翰·雷（John Ray）依然投票反对贸易谈判权，因为在他的选区，有一家只雇用了 50 名工人的鸟笼工厂感觉自己受到了进口的威胁。这位国会议员在为自己的决定做辩护时表示，他几乎听取了这 50 名工人中每个人的意见，但是，他没有听取任何贸易依赖型岗位的工人的意见。因此，他觉得有义务投票反对《互惠贸易协定法案》。[105]伊利诺伊州民主党参议员保罗·道格拉斯（Paul H. Douglas）说过：“我质疑的不是众议院和参议院的才智，而是在普遍利益没有得到全面代表、四下分散、相对较弱的情况下，参众两院是否能够承受住行业要求保护的集中压力。”[106]

不过，由于《互惠贸易协定法案》，小规模国内生产商与国会议员之间的关系发生了变化。国会议员现在能够更有底气地忽视进口竞争利益而投票支持互惠贸易协定。这其中有出口、就业和外交政策方面的原因。洛伊（Lowi，1964）提出过一个观点，即贸易政策已经从“分配”问题转变为“规制”问题，纳尔逊（Nelson，1989，第 90 页）借鉴这一观点指出，国会的贸易政策不再是通过互投赞成票来“满足分散的个别利益”，而是专注于“设定两项通用规则，其中一项规定了行政部门关税削减权的大小；另一项规定了获得行政保护机制的便利性以及在该机制内进行调解所需的条件”。那些进口敏感型国内产业要想提高关税，就得针对行政程序方面的一套通用法律指南（如例外条款）展开游说，而不再就关税税则中涉及一些特定生产商利益的特定税率游说国会。这就削弱了这些企业向国会提出要求的动力，因为这种努力不再能直接影响关税税则中涉及其利益的特定进口关税。

总之，进口处于人为压低的水平，没有给国内生产商造成任何影响，而美国生产商正在向其他国家出口大量农产品和制成品，同时公众舆论也广泛支持现有政策，因而贸易协定计划得以延期至战后时期。

外交政策考量又有力地强化了这种有利的国内经济背景。实际上，外交政策可以说是贸易协定计划在战后得到政治支持的关键因素。战争结束后，美国的主要外交政策目标是促进欧洲的经济复苏并遏制苏联共产主义的蔓延，这是两个密切相关的目标。中央情报局在 1947 年年中得出这样的结论："美国安全面临的最大危险是西欧经济崩溃以及共产主义势力随之掌权的可能性。"[107]这表明政府官员和国会议员并没有孤立地看待贸易政策，而是将之置于危机四伏的外交形势下进行考量。这一背景显著削弱了那些想要维持美国高关税政策的利益集团的影响。[108]前面我们已经看到了 1947 年日内瓦关税谈判结束时经济政策与外交考量之间的相互影响。防御共产主义在美国官员心里占据着极大的分量，而西欧的经济重建则被视为这一工作的必要构件。

就此而言，美国决策者在战后面临的直接经济问题是其他国家对美国产品的巨大需求及支付能力的不足。要想满足欧洲人民的需求并重振欧洲产业，美国供给的食品和制成品至关重要，但欧洲没有能力生产足够的出口产品支付这些关键进口产品。欧洲国家也已经耗尽了黄金和外汇储备，因此很难筹资购买进口产品。"美元缺口"，即欧洲通过出口赚取的美元硬通货与它们为保证进口而必须支付的美元硬通货之间的差额，高达数十亿美元。

有三种办法可以解决这种困境。第一种方法是美国继续提供美元贷款、赠款和援助，使欧洲能够继续购买美国产品。这并非长久之计，因为国会不会无限制地拨款数十亿美元用于外援。（马歇尔计划是对欧洲危机的专门回应，具有国家安全色彩。）

第二种方法是欧洲削减在进口产品上的支出。事实上，大多数欧洲国家已经实施严格的外汇管制和数量限制以储备美元，同时它们还转向不要求美元支付的国家购买产品，比如说英国的英镑区。但无论是对欧洲还是对美国来说，削减进口支出这一选项都没有什么吸引力。从美国的角度说，这意味着出口减少以及农场和工厂就业率下降，而官员们原本希望在这个时候将出口保持在较高水平。从欧洲的角度说，他们迫切需要大量进口食品以避免饥荒，需要大量燃料为房屋供暖并为工业提供动力，还需要大量资本品重建基础设施。[109]如果紧缩政策迫使这些国家进一步削减进口，则会加剧现有短缺并进一步阻碍恢复和重建进程，其结果就是滋生左翼政党的沃土。

第三种方法是美国向外国商品开放市场，让欧洲国家通过扩大出口赚取更多美元。美国可以对进口产品开放本国市场，并通过关税谈判帮助减少世界各地的贸易壁垒，从而促进欧洲的经济复苏并增强自身的国家安全。这种让世界贸易回归高位的政策似乎是解决“美元短缺”和经济重建问题的最明智的长久之计。

这些方法的利弊取舍在当时可以说一目了然。不出所料，杜鲁门政府选择了短期的金融援助（对英贷款和马歇尔计划）和长期的开放贸易（《关贸总协定》谈判）。杜鲁门警告：“如果美元在国外的流动出现严重萎缩，那不仅会减少我们的出口，还会迫使其他国家通过制定歧视性贸易协定来储存美元，这将对我国对外贸易的长远未来产生不利影响。此外，这还将阻碍国外的复苏和重建，它促成的事态发展有可能对世界政治稳定产生严重影响。”[110]

美国必须在战争结束后很快就做出对外经济政策方面的重要决定。如前所述，在《租借法案》于 1945 年突然终止后，英国面临着严重的国际收支问题，美国国会在 1946 年不情不愿地批准了一笔贷款。第二年是危机之年。虽然欧洲经济已经开始复苏，但 1946—1947 年的凛冽寒冬耗尽了煤炭供给，减少了出口收入，并使宝贵的外汇资源被转为购买进口燃料。随之而来的是 1947 年那个漫长而干燥的夏季，整个欧洲的农业都因之减产。这种持续的物资短缺和紧缩措施在法国和其他地方引发了社会动荡。[111]

当年 5 月，在《关贸总协定》谈判期间前往欧洲的克莱顿向华盛顿报告："很显然，我们严重低估了战争对欧洲经济的破坏程度……如果没有进一步及时而实质性的援助……经济、社会和政治崩塌将席卷欧洲。"[112]国务卿乔治·马歇尔（George C. Marshall）对克莱顿发自西欧的悲观报告做出了回应，提议向该地区提供新的经济援助，这就是日后众所周知的"马歇尔计划"。马歇尔计划的大部分资金被用于食品、燃料和原材料，而不是投资或基础设施，这缓解了当时的资源不足。[113]克莱顿认为，马歇尔计划使日内瓦贸易谈判"比以往任何时候都更加重要，因为如果没有［一个］永久的多边互惠贸易计划，任何临时紧急计划都不可能产生长久且有价值的结果"。[114]

这些经济问题正好赶上冷战拉开帷幕、人们担心共产主义会扩张至西欧之际。1947 年春天，杜鲁门政府被危机感和紧迫感包围。政府官员认为，必须迅速采取行动，否则欧洲复苏有可能受到重创，从而引发民众骚乱和政治动荡，并有可能导致左翼或专制政权上台执政。经济困难有可能对国家安全产生巨大影响。

1947 年的日内瓦谈判就在这样的背景下进行。美国官员希望帮助欧洲提高从美国进口的能力，不仅仅是因为这有助于维持出口，还因为任何危及欧洲经济复苏并有可能导致经济崩溃、政治混乱以及共产主义上台接管政权的局面都将损害美国的国家安全。如果任由欧洲经济这样岌岌可危下去，似乎会产生相当可怕的国家安全后果。正如克莱顿警告的那样："如果西欧各国必须在寒冷、饥饿和经济挫折的条件下抵制共产主义，那他们几乎必然输掉这场战争。"[115]

因此，推动建立一个更加自由的世界贸易体系看来能在同一时间满足美国的经济、外交政策和国家安全利益。科德尔·赫尔一直坚信繁荣的国际贸易是持久和平的必要构件，这一理念在这个时候似乎第一次与政策制定者和公众产生了共鸣。人们常说，美国加入第二次世界大战与法西斯主义作战的目的是为了不让共产党接管西欧。美国副国务卿帮办道格拉斯·迪隆（C. Douglas Dillon）在 1958 年表示："当自由世界以前所未有的方式面临来自国际共产主义的全面经济、政治和军事威胁时，开放贸易通道、连接自由世界的进程一定不能停滞不前。"[116]这也是共和党人不再试图终止贸易协定计划的原因之一：他们对共产主义的反对要胜过他们对进口增长的担心，而且他们不想采取可能危及脆弱的欧洲复苏并有可能将一些国家推向共产主义阵营的行动。

对美国来说，第一次世界大战和第二次世界大战的相似之处在于它们都扩大了出口、减少了进口并使美国成为一个主要债权国。然而，贸易政策方面的结果却大不相同：美国在第一次世界大战后选择了经济孤立，在第二次世界大战后选择了经济开放。造成这种差异的原因之一是第二次世界大战后掌权的是民主党，而第一次世界大战后掌权的是共和党。民主党国会议员全力支持罗斯福和杜鲁门政府的外交政策目标，而共和党国会议员则对威尔逊政府的战后秩序计划持怀疑态度。第二次世界大战的破坏力要远远超过第一次世界大战，因此几乎没有人担心战后会出现进口激增，人们普遍预计美国会在接下来很多年里享有巨额贸易顺差。此外，20 世纪 30 年代的经济光景和第二次世界大战的爆发也让那些孤立主义者的可信度大打折扣。外交政策中的孤立主义由于两次世界大战之间发生的一切而信誉尽失，和它一样，经济政策中的孤立主义也同样名誉扫地。人们现在甚至认为孤立主义是危险的。

政策制定者和公众都很清楚第一次世界大战和第二次世界大战结束时的相似之处。筹款委员会在对《互惠贸易协定法案》1945 年的延期做报告时写道：

> 委员会震惊地发现，我们现在所处的形势与上一次战争结束时何其相似。就像现在一样，那个时候我们原本有机会采取自由贸易政策，但我们摒弃了这样的政策，结果造成了众所周知的灾难性后果……美国必须毫不含糊地表明将用自己强大的经济实力和声望支持自由和开明的贸易政策，否则就没有其他国家能够在经济混乱的情况下提供有效的领导，从而使不确定因素占据上风。如果不提供这样的领导，美国将无法躲避战后不确定状态隐含的任何危险。如果不提供领导，我们只会加倍推动我们最恐惧的情况成为现实。如

> 果向外告知美国将推行既定的贸易自由化和扩张政策，我们就可以向前迈出一大步，提前消除接下来的重建和调整期间诸多令人不安的不确定因素。[117]

对政府官员和大多数国会议员来说，外交政策方面的这种担忧远远胜过了少数进口竞争型行业引发的看似微不足道的担忧。

虽然存在着所有这些因素，但在 1947 年之后转向新贸易政策的过程并不是那么一帆风顺。如果以为国会在将贸易权赋予总统之后就不再插手贸易政策，那就大错特错了。虽然国会再也没有修改过关税税则中的关税，但它还是通过限制总统权力和制定各种在战后得到扩展的程序性例外条款继续影响贸易政策。国会还拒绝支持成立新的国际贸易组织。

## 《互惠贸易协定法案》挣扎求生，国际贸易组织化为泡影

在 1947 年 10 月完成《关贸总协定》后，杜鲁门政府的下一个目标是完成国际贸易组织章程的谈判并确保它得到国会的批准。1947 年 11 月至 1948 年 3 月，来自 50 多个国家的代表出席了在古巴哈瓦那举行的联合国贸易和就业会议，以最终敲定章程并建立一个新的国际组织（哈瓦那会议上没有进行关税谈判）。章程的篇幅现在已经远远超出了美国国务院在 1945 年 12 月最初发布的“提案”。这份大型文件共含 106 条，涉及商贸政策和就业、经济发展、限制性商业行为、商品协定、外国投资等一系列问题，远远超出了《关贸总协定》涵盖的范围。[118]

哈瓦那会议的开局并不顺利。据美国谈判代表团团长克莱尔·威尔考克斯（Clair Wilcox，1949，第 47 页）回忆：“会议一开场就是一通指责，有 30 个欠发达国家的代表指责日内瓦草案没有做到不偏不倚，而是服务于工业大国的利益，它不能给落后国家的发展带来希望。各国提出了大约 800 项修正案，其中多达 200 项将会毁掉这份规划的根基所在。文件中的几乎每一项具体义务都受到了质疑。”

很多没有参加 1947 年日内瓦会议的拉丁美洲国家这下终于有机会对拟议章程做出回应了。他们要求对约束关税优惠和数量限制的规则拥有全面豁免权，并坚持要求拥有限制初级商品生产和贸易的权力。他们认为政府应该有足够的自由裁量权实施进口配额和其他贸易限制，从而保护新兴产业、促进经济发展并保障国际收支。[119]

由于参会的国家有很多处于经济发展的不同阶段并对政策看法不一，修正后的哈瓦那章程变得极为复杂。很多条款因过于宽泛而缺乏实质内容，而其他的实质性条款则被强加了很多例外情况。美国希望达成一份能够保护投资者免于征用和没收风险的章程，但发展中国家却将外国投资与经济帝国主义画上等号，并希望能够对此进行无限制监管。

到了 1947 年 12 月，威尔考克斯深感沮丧，并认为“我们不太可能全面达成一份足够接近日内瓦草案的令人满意的宪章”。1948 年 1 月，美国代表团必须决定：是（1）推动一份得到大多数国家支持（而不是一致同意）的可接受章程，还是（2）就重要问题达成协议并等到以后再解决分歧，抑或（3）同意成立一个没有实质性承诺而纯粹只是咨询性的国际贸易组织。克莱顿决定继续向前推动并尽力而为，不过威尔考克斯认为这并不明智。[120]

最后，在 1948 年 3 月，美国和另外 52 个国家的代表完成并签署了哈瓦那章程。与之前由《互惠贸易协定法案》授权并通过行政命令生效的贸易协定不同，国际贸易组织章程将建立一个国际组织，并且必须得到国会的批准。同月，筹款委员会的共和党多数派通过了一份决议，称章程的签署不得“被视为美国承诺接受拟议章程的全部或任何规定”。[121] 由于共和党人控制着国会，杜鲁门政府选择等到 1948 年的选举之后再向国会提交章程，他们希望在这次选举中民主党能够重新掌控国会，从而提高国际贸易组织章程获得批准的概率。

国务院此时的工作重点是《互惠贸易协定法案》的延期，因为法案将于 1948 年 6 月到期。杜鲁门总统要求将法案延期三年，除了 1945 年授予的 50% 减税幅度之外没有再提出新的减税权。杜鲁门称

《互惠贸易协定法案》是“美国外交政策的基本要素”并表示需要这一法案以便与其他寻求加入《关贸总协定》的国家进行谈判。[122]这将是共和党人第一次主宰《互惠贸易协定法案》的命运。很多共和党人不想延期该计划，希望看到它悄然作废。他们对政府，尤其是国务院的意图持怀疑态度，他们认为国务院在追求被高估的外交目标时损害了国内产业。[123]

然而，共和党领导层并不希望共和党被贴上“孤立主义者”的标签。范登伯格和其他党派领导人排除了终止该计划的选项，因此他们准备了一年的延期而不是总统要求的三年。他们还提出了“危险点”条款，要求总统在贸易谈判之前向关税委员会提交可能需要降税的产品清单。然后，关税委员会需要提交报告，说明在不对国内生产商造成严重伤害的情况下最大幅度的关税削减。众议院的提案版本要求，在委员会发布报告之前不得降低关税，而报告的发布并没有截止日期。虽然法律并不限制关税降至“危险点”以下，但如果总统决定这样做，就必须通知国会并陈述理由。如果国会不认同，则有可能推翻任何超出危险点的降税。危险点条款至少会严重妨碍谈判进程，因为它会造成延迟和不确定性。民主党人将提案称为“虚伪而典型的保护主义手段”，并指责共和党人试图破坏《互惠贸易协定法案》。[124]1948年5月，众议院以党派分明的投票结果通过了为期一年的延期。

在参议院，范登伯格和塔夫特都同意把危险点条款包括在内，但认为这一条款的应用不应该是强制性的，也不应该受制于国会的否决权。他们对提案做了大幅改动，对关税委员会的报告设立了4个月的时间限制，去掉了国会的否决权，并赋予总统将关税降至危险点以下的自由裁量权（但在这种情况下仍然需要向国会做出声明）。参议院的提案以压倒性多数得到通过，共和党为47票赞成1票反对，民主党则分裂成23票赞成17票反对。两院协商委员会采纳了限制较少的参议院版本。

长仅一年的续期以及“复杂、耗时且毫无必要的”危险点条款让杜鲁门大为沮丧。虽然存在这些“严重缺陷”，但总统还是签署了法案，因为他认为重要的是“不能让互惠贸易协定计划失效”。长仅一年的延期并不构成重要的政策制约因素，因为当时并没有重要贸易谈判处于计划阶段，但杜鲁门还是希望“本年度这次延期中的缺陷以后会得到纠正，从而让这部法案再度成为美国长期政策中全面有效的工具”。[125]

民主党在 1948 年的选举中成功夺回国会掌控权，再加上杜鲁门的意外连任，一致性政府的局面由此恢复。1949 年，民主党人提出了三年的谈判权（追溯）延期，且不包含任何危险点条款。[126] 令人惊讶的是，延期法案在众议院轻松通过，以 319 票对 69 票的结果得到了两党联合支持；民主党为 234 票赞成 6 票反对，共和党为 84 票赞成 63 票反对。延期法案在参议院也轻松通过。1949 年的法案表明，共和党人的立场是分裂的：不含危险点条款的谈判权延期得到了 57% 的众议院共和党人和 45% 的参议院共和党人的支持。1948 年和 1949 年的投票结果表明，大约一半的众议院和参议院共和党人会投票支持不含任何限制性条款的三年延期，但他们所有人都会投票支持包含危险点条款的互惠贸易协定计划。由于共和党人对《互惠贸易协定法案》的无条件支持也可能取决于大多数民主党人的支持，因此，使它延期的两党合作得以建立。

然而，这并不表示国会将欣然接受国际贸易组织。1949 年 4 月，在国际贸易组织章程完成近一年后，杜鲁门将章程提交至国会并表示：“本章程是有史以来最全面的国际经济协定。它不再含糊不清过于笼统，而是直击我们在当前世界形势下面临的问题的本质。虽然它并没有把美国代表希望的每一个细微之处都涵盖在内，但它确实提供了一种切实可行的方法，使我们可以采取积极行动实现扩大世界贸易的目标。”[127]

事实上，章程陷入了艰难处境。最基本的问题是商界完全不支持国际贸易组织，就连那些在 1945 年支持《互惠贸易协定法案》延期的团体也是如此。早在 1948 年 5 月，美国商会就拒不支持该章程。美国商会强调了在世界贸易中支持自由企业和市场竞争的重要性，并认为“现行章程与这些原则并不相符，美国应该拒绝接受并寻求重新谈判”。[128] 政府原本希望赢得私营部门对章程的支持，而这不异于是一个沉重的打击。美国商会一直是互惠贸易协定计划的坚定拥护者，而它居然不支持国际贸易组织，这必然在国会引起麻烦。

反对国际贸易组织的声音越来越大，其他那些通常都支持贸易的团体也纷纷加入。美国国际商会理事会称章程是“一份危险的文件，因为它几乎接受了所有经济国家主义政策；因为它优先考虑由国家政府集中规划对外贸易，危及了自由企业制度；因为它留下了极大的歧视待遇空间，接受了经济隔绝原则，并在事实上同意让国际贸易组织所有成员国通过国家规划实现充分就业”。[129]国家对外贸易委员会是一个坚定支持美国参与世界经济的组织，它的拒绝格外具有杀伤力。它认为，就业条款“将无情地把美国的自由企业制度转变成计划经济体制，随之而来的将是破坏创新的管制措施、生产性产出和生活水平的下降以及美国人民的自由制度和自由受到威胁”。[130]全国制造商协会和美国农场局联合会也加入了他们的行列。

众议院外交事务委员会在 1949 年春季举行的听证会表明，支持该章程的人寥寥无几。[131]美国关税联盟和那些寻求保护的小型产业，如化学品、乳制品生产商、牲畜、玻璃器皿生产商、毛织品制造商、纸张和纸浆行业，反对该章程的原因与美国商会不太一样，但态度同样坚定，理由是它可能导致更多的贸易。美国律师协会对章程是否有损美国主权提出质疑。因此，该章程没能在重要利益集团中赢得任何有分量的政治支持。

即使对杜鲁门政府来说，国际贸易组织似乎也处于次要地位。与几年前相比，华盛顿的政治环境在 1949 年有了明显变化。克莱顿和威尔考克斯已经离开政府，国务院现在对章程似乎也不那么上心了。战后初期那种令人兴奋的乐观情绪以及世界将会焕然一新的前景已经全部让位于冷战。《互惠贸易协定法案》在 1945 年的延期好像已经是久远的记忆，而国际贸易组织更像是过去的遗物。早在 1948 年 1 月，英国官员就报告：“克莱顿非常坦率地承认，他发现自己很难让华盛顿的美国当局对章程产生同样的兴趣，他们的注意力几乎全都放在了马歇尔援助计划上。他说，这就是他担心章程如果不尽快敲定的话就会不了了之的原因之一。”[132]

事实证明克莱顿的预感是正确的。更为紧迫的外交政策问题和国家安全问题——马歇尔计划、柏林空运、北美公约组织（NATO）的成立、中华人民共和国成立——使得国际贸易组织一事不再被列入政府的政策议程。1949 年，外交事务委员会以忙于其他事务为由，一直没有在众议院就章程一事做过报告。杜鲁门在 1950 年 1 月的国情咨文中提醒国会国际贸易组织章程仍然悬而未决。然而，朝鲜战争在 1950 年 6 月爆发，使得众议院又有了推迟行动的借口。

到 1950 年 11 月，《互惠贸易协定法案》将在 7 个月后到期，国务院方面预计，届时的延期将会遭遇“强烈的反对并极有可能以失败告终。除非我们明确表示贸易计划是我国外交政策中不可或缺的重要组成部分，否则我们将无法战胜反对声音并避免失败”。他们担心“再次提起国际贸易组织会使我们陷入徒劳的争论，其结果就是必然的失败或无尽的拖延”。[133]换句话说，推动国际贸易组织有可能危及《互惠贸易协定法案》的延期。因此国务卿迪恩·艾奇逊告诉杜鲁门：“国际贸易组织不再具有可行性。”他建议：“为了推动我们的贸易计划以积极的方式向前发展……我们应该放弃国际贸易组织一事，并借《贸易协定法》延期之际向国会寻求授权，以便在《关贸总协定》的框架下参与建立合适的国际组织。”[134]总统接受了这一建议。

杜鲁门政府就这样屈服于政治现实。国务院在 1950 年 12 月发布了一份新闻稿，表示“相关机构建议，虽然拟议的国际贸易组织章程不应再被重新提交国会，但还是请国会考虑通过立法确保美国加入《关贸总协定》一事能够产生更为有效的结果，总统已经同意这一建议”。[135]其他国家在批准国际贸易组织章程之前都在等着美国，因为如果没有美国的参与，这一切将毫无意义，所以至此这个组织已经算是胎死腹中。私营部门坚决反对，民主党领导层不愿接受章程，杜鲁门政府内部认为国际贸易组织一事不值得争取，所有这些因素结合在一起，使国际贸易组织化为泡影。[136]

这一失败的原因是什么？国际贸易组织的最大问题在于章程本身。该章程是一份庞大的文件，用条条框框稳定原材料价格和农产品市场、终止限制性商业行为并促进充分就业。在那些基本没有全国共识更不用说国际共识的领域，章程太过泛化，而且为了让大家都能接受相关细节，到处都列出了例外情况。商界认为，国际贸易组织在消除对外贸易壁垒方面做得不够，甚至有可能为外国政府提供法律保护，使它们得以加强这些壁垒。商业团体还认为，章程中的豁免和例外条款太多，对国有产业做出了太多让步，外汇管制有可能被无限期保留，而且章程在数量限制问题上过于温和，对表面上以“充分就业”为名而强加的政府干预措施过于宽容，有人将“充分就业”视为政府计划和国家控制的代名词。[137]

所有支持《互惠贸易协定法案》延期和《关贸总协定》的主要国内利益集团现在全都反对国际贸易组织，这一点最为致命。当政治领域的这么多团体都表示强烈反对的时候，哪届国会都不可能接受章程。现在回过头来看，国际贸易组织可能原本就无法为消除全球贸易中的贸易壁垒做出太多贡献，甚至有可能批准政府继续干预贸易。国际贸易组织章程是一份复杂的协定，它有可能创建一个庞大而笨拙的组织，就像 1964 年成立的联合国贸易和发展会议（UNCTAD）那样，而且它的多样化成员构成也可能影响其效力。相比之下，《关贸总协定》相对简单，侧重于一些关键原则和一些简单的商品贸易规定。它对参与国的政策做出了一些宽松的限制，但是也给予他们足够的灵活性，使他们可以利用自主贸易政策推动进一步自由化。

虽然《关贸总协定》不是一个正式的国际组织，但它在日内瓦仍继续发挥着小型秘书处的作用，促进贸易谈判并解决贸易争端。1949 年在法国安锡举行的谈判使得 11 个新的缔约国加入《关贸总协定》。最初的 23 个国家之间没有做出新的关税减让，但他们确实都与新加入的国家进行了谈判。1950 年至 1951 年，原始缔约国在英国托基相互交换了新的关税减让，另有七个国家加入了该协定，其中最重要的是联邦德国。如表 10.2 所示，安锡和托基的关税削减幅度很小。不过，到 1952 年时，《关贸总协定》已经有 34 个缔约国，这些国家在世界贸易中所占份额超过了 80%，而且《关贸总协定》显然已经成为讨论国际贸易政策的主要论坛。

表 10.2　美国在《关贸总协定》谈判中的关税降幅

| | 需要降低关税的应税进口所占百分比（%） | 下调关税的平均降幅（%） | 所有关税的加权平均降幅（%） |
|---|---|---|---|
| 第一轮，日内瓦，1947 年 4 月至 10 月 | 54 | 35 | 19 |
| 第二轮，安锡，1949 年 4 月至 8 月 | 6 | 35 | 2 |
| 第三轮，托基，1950 年至 1951 年 | 12 | 26 | 3 |
| 第四轮，日内瓦，1955 年至 1956 年 | 16 | 15 | 2 |
| 第五轮，日内瓦，1961 年至 1962 年 | 20 | 20 | 4 |
| 第六轮，日内瓦，1964 年至 1967 年 | 64 | 35 | 22 |

资料来源：Evans（1971），第 12 页、第 281—282 页。

因此，战后初期对美国的贸易政策来说是一个意义重大的时期。主要政策目标已经出现了从限制到互惠的决定性转变。两党开始达成一些共识并支持逐步采取措施消除世界贸易中政府强加的贸易壁垒。国内的争论重点不再聚集于是否应该和其他国家一起削减关税，而是聚焦于用哪些方式帮助一些进口竞争行业应对外国竞争。此外，美国牵头为减少全球贸易限制而做的努力取得了成效。虽然国际贸易组织失败了，但《关贸总协定》基本上将非歧视待遇和无条件最惠国待遇确立为核心国家间贸易政策的基准。《关贸总协定》标志着发达国家不会再重新回到两次世界大战间歇期的贸易保护主义，而是在未来数年里致力于促进世界贸易的扩张。

阿尔弗雷德·伊基斯（Alfred Eckes，1995）认为，考虑到某些行业未来将因进口竞争而面临的困境，美国在战后初期可以说是为了外交政策或国家安全目标而牺牲了经济利益。但理查德·库珀（Richard Cooper，2000，第 148 页）则表示："很难说美国是有意识地决定做出这样的经济牺牲，也很难说它真的做出了经济牺牲。如果世界贸易仍然受制于诸如 1945 年、1950 年或 1960 年推行的政策，那美国的生活水平将远远不会提高这么多，就此而言，过去半个世纪以来的全面贸易自由化极大地推动了美国的经济（以及安全）利益。”美国经济在第二次世界大战后的几十年里蓬勃发展，贸易壁垒的减少也更快地推动了欧洲和日本的战后经济复苏。第二次世界大战后的全球经济繁荣与第一次世界大战后 20 年间的惨淡局面形成了鲜明对比。很多经济学家认为，虽然有诸多因素导致这两个战后时期出现截然不同的结果，但美国在推动减少贸易壁垒并设立《关贸总协定》方面发挥的领导作用为第二次世界大战后的经济增长做出了贡献。

# 第十一章

# 新秩序与新压力，1950—1979 年

虽然平均关税在第二次世界大战期间和之后出现大幅下降，但战争在欧洲和亚洲造成的经济破坏意味着大多数美国国内企业并没有受到外国竞争的威胁。然而，到了 20 世纪 60 年代中期，西欧和日本的产业经过重建之后，已经可以对美国生产商构成挑战。到 20 世纪 70 年代，中国台湾和韩国等亚洲其他国家和地区也开始出口劳动密集型制成品。尽管多边降税谈判在 20 世纪 60 年代和 70 年代仍在继续，但这样的形势发展还是使美国制造商进入了艰难而漫长的调整期，并引发了国内对进口的大规模强烈抵制。国外竞争的压力越来越大，甚至扭转了两党之前在贸易问题上的分歧：很多民主党选民现在深受进口之害，而共和党选民则受益于扩大出口。

## 20 世纪 50 年代陷入沉寂的贸易政策

在 1945 年至 1947 年的频繁动作之后，投入到贸易政策之中的政治能量在接下来的 10 年里逐渐消失。前面我们已经看到，国际贸易组织一事在国内没有得任何支持并在 1950 年不了了之。在这 10 年剩下的时间里，基本没有新的贸易政策举措得到实施。在政府处于分治状态的情况下，国会勉勉强强地一次次通过了《互惠贸易协定法案》的延期。

政府分治在以前一直是造成政治僵局的原因所在，但这一次贸易政策的沉寂并不能完全归因于政府分治。相反，在政府由民主党（1951—1952 年）或共和党（1953—1954 年）统一掌权的时候，国会甚至比以

往更不愿意授予贸易谈判权。此外，总统和行政部门的官员也没有提出令人信服的理由进一步推动减少贸易壁垒。[1]

20 世纪 50 年代的贸易政策僵局主要不是因为党派之间的分歧，而是因为两党的党内分歧。共和党人分裂成两派，一派是德怀特·艾森豪威尔总统这样的国际主义者，他们支持扩大世界贸易；还有一派是国会中保守的经济民族主义者，他们对国内产业有可能受到的伤害感到担忧。曾经立场一致的民主党人在贸易政策问题上的分歧也越来越严重，因为南部民主党人一贯支持降低关税的立场也逐渐开始动摇。因此，贸易政策陷入停滞模式，没有出现任何想要打破现状的重要举措。[2]

举例来说，杜鲁门总统在 1951 年要求将《互惠贸易协定法案》延期三年。民主党人控制着国会，延期应该不会遇到任何问题。在众议院，宾夕法尼亚州共和党议员理查德·辛普森（Richard Simpson）重新引入了危险点条款。他是宾夕法尼亚州的共和党人，因此这样的举动并不出人意料。但是，与 1949 年民主党人轻易挫败类似修正案的结果不同，这一次众议院以 225 票对 168 票的结果通过了修正案。共和党的投票结果是 184 票赞成 5 票反对，民主党的投票结果是 162 票反对 41 票赞成。很多民主党人改变了立场，因此延期法案中保留了危险点条款。带头改变立场的是南部民主党人，他们在投票时站到共和党人那边的 41 名民主党人中占到了 27 人。

参议院财政委员会保留了众议院的危险点条款，并投票支持延期两年而不是三年，这对总统提出的要求是进一步的打击。在签署《互惠贸易协定法案》的延期法案时，杜鲁门对“烦琐和多余的”的危险点条款被加入法案一事发出悲叹，而这一次是由他自己的政党把它加进去的。他还警告称，“在关税领域恢复按产品立法的风险是显而易见的”，他所指的是针对特定产业往法案中加入特殊条款。[3]威尔金森（Wilkinson，1960，第 65—66 页）总结，“如果说 1945 年的法案代表了贸易协定计划的最高点，那么 1951 年的延期法案肯定就是最低点。”

1951 年的投票结果标志着美国贸易政策中的政治经济格局发生了历史性转变。近两个世纪以来，南部地区一直是国会中支持低关税、反对保护主义的中坚力量，但现在情况已经变了，因为棉花和烟草的出口导向型利益已被削弱，而棉纺织品的进口竞争型利益却增强了。

到 1929 年的时候，棉花仍是规模最大的单一出口商品，占美国总出口的 15% 。但是，美国在 20 世纪 30 年代引入了农产品价格扶持措施，无论农民出口多少商品，他们的价格都能得到保证。由于扶持价格定得过高，导致国内棉花在全球市场上不具备任何价格优势，因而出口大幅下降。其结果就是，棉花生产商开始指望华盛顿而不是全球市场为他们的作物买单。小说家威廉·福克纳（William Faulkner）说过："我们不再在密西西比的棉花地里耕种了。现在，我们在华盛顿的走廊和国会的委员会办公室里耕种。"[4]由于棉花生产与全球市场之间的联系被切断，棉花生产商对通过降低进口关税推动出口的做法不再有那么大的兴趣。

随着政府的棉花库存日渐增多，农业部出台了出口补贴处理过剩的农产品。补贴措施使棉花的国内价格和全球价格之间出现了更大的差距。有点事与愿违的是，美国不得不通过进口配额支撑国内高价并阻止棉花购买商（纺织品和服装企业）以较低的全球价格进口棉花，有些时候他们进口的正是因补贴而出口的美国棉花。[5]1948 年的《农业调整法案》将价格扶持的范围延伸至牛奶、花生和土豆等其他产品，结果这些产品也很快就需要实施进口配额。所以说，农产品价格扶持不仅削弱了一个重要的出口导向型游说团体，还招来了新的要求限制进口的声音。

改变南部议员贸易政策观点的第二个重要原因是棉花纺织品生产从新英格兰地区迁到了南部地区。[6]电力的普及意味着纺织厂不再需要靠近水道发电，因而该行业不再局限于新英格兰河流附近的原有厂址。由于南部地区非技能工人的工资远低于美国其他地区，因而开始吸引对纺织品、服装以及其他非熟练劳动密集型产业的投资。在第一次世界大战之前，纺织品生产约有 2/3 位于北部地区。而如图 11. 1 所示，到 1947 年的时候，3/4 以上的纺织品生产都位于南部地区了。当然，非技能劳动密力集型产业恰恰是美国易受外国竞争影响的产业。纺织品和服装产业一直都不是重要的出口产业，而且始终面临着进口竞争，这种竞争最初来自 19 世纪的英国，现在则越来越多地来自日本等东亚低工资国家。

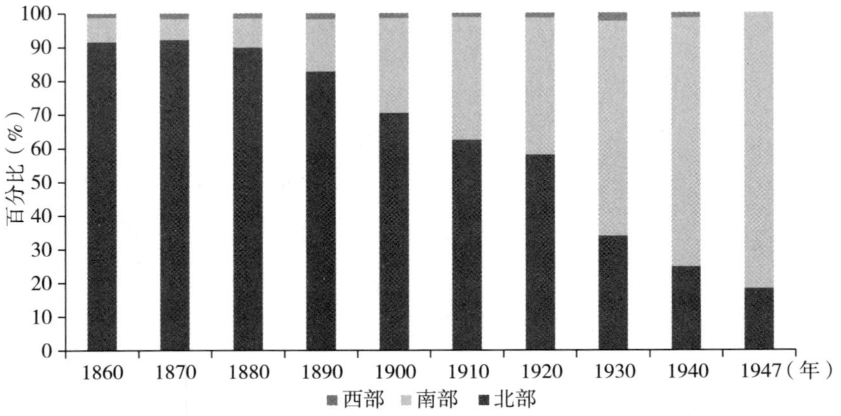


图 11.1　棉纺织品生产的地区划分

资料来源：U. S. Bureau of Census，各年的 *Census of Manufactures*。

这一系列变化削弱了南部民主党人长期以来支持降税的立场，也让这一地区的议员在保护该产业免受进口影响方面更加利益攸关。1955 年，南卡罗来纳州民主党参议员斯特罗姆·瑟蒙德（Strom Thurmond）表示，国会不应再考虑有可能导致进一步削减关税的立法。他代表的可是当年差点因保护性关税问题而脱离美国联邦的一个州，因此这番言论可谓是令人侧目。南部地区的利益变化使得贸易法案的投票表决对民主党来说更为艰难。北部民主党人还像过去一样对进口竞争型行业极为敏感，如宾夕法尼亚州的煤炭、新英格兰地区的纺织品、纸张和手表以及新泽西州的化学品。与此同时，北部和西部的共和党人仍然分裂为两派，一派是守旧的经济民族主义者，一派是摒弃保护主义和孤立主义的新国际主义者。由于这样的党内分裂，两党在贸易政策上的传统党派分歧在 20 世纪 50 年代变得模糊不清。

国内政治因素在 1951 年的投票中也发挥了重要作用。随着西欧经济走上复苏之路，共产主义的威胁也逐渐消退，20 世纪 50 年代初期不再像 20 世纪 40 年代末那样有强有力的外交政策理由推行自由贸易政策。这并不是说贸易政策已经脱离了外交政策；在整个 20 世纪 50 年代，国家安全对国会在贸易问题上的投票一直有着显著影响。[7]如果没有外交政策方面的理由来维持开放的贸易政策，那么某些商品逐渐退回受保护市场的趋势可能更加明显。不过，由于对外经济政策不再是当务之急，纯粹的国内因素再次开始影响贸易政策：对开放性贸易政策的支持变得更加犹疑不决，总统谈判权的延期法案也开始纳入更多的条件以及对进口竞争型生产商的额外保护。

1952 年的选举使共和党人自胡佛政府以后第一次实现了对政府的统一控制。假设共和党人没有在 20 世纪 40 年代调整其对《互惠贸易协定法案》的立场，那么这一次的政治转向将标志着贸易政策的重大逆转。共和党现在的官方立场是接受《互惠贸易协定法案》，但更加强烈地要求“消除针对我国出口的歧视性做法”并为国内产业提供更多保障。[8]当然，共和党现在分成了两派：保守派对于因贸易协定计划而失去保护感到沮丧，而国际派则支持开放贸易并担心共产主义在欧洲蔓延。[9]艾森豪威尔总统（1963，第 195 页）在回忆录中说，包括参议院多数党领袖、俄亥俄州共和党议员罗伯特·塔夫特和参议院财政委员会主席、科罗拉多州共和党议员尤金·米利金在内的一些共和党议员“对《互惠贸易协定法案》感到不满，有些人甚至希望我们能够恢复《霍利-斯穆特关税法案》，这样的举动在我看来将是毁灭性的”。艾森豪威尔属于共和党内更自由、更具国际主义色彩的那一派，与较为保守的共和党人不同，他希望继续推动贸易。党内分裂阻止了任何新举措的启动，但也排除了已有关税削减被逆转的可能性。[10]

艾森豪威尔还没来得及就贸易政策提出任何建议，共和党议员就推出了他们自己的法案。宾夕法尼亚州共和党议员罗伯特·辛普森（Robert Simpson）提出了一份提高关税、实施新的进口配额并赋予关税委员会更大权力的议案。为了阻止这份议案，总统别无选择，只能拖延并妥协。1953 年初，作为权宜之计，艾森豪威尔请求将《互惠贸易协定法案》延期一年，“以待彻底而全面地重新审视美国的外交经济政策”。[11]虽然煤、铅、锌以及其他进口敏感型产业进行了游说，国会还是挫败了辛普森的提案并将谈判权延期一年，前提是艾森豪威尔承诺不再展开任何新的贸易协定谈判。虽然两党都不是真的打算终止贸易协定计划或扭转已有的关税削减，不过国会中的大多数共和党人都乐于将贸易政策置于长期停滞状态。

艾森豪威尔政府按照承诺成立了对外经济政策委员会，由它对未来的美国贸易政策提出建议。这就是后来为人所知的兰德尔委员会（Randall Commission）。委员会在1954年2月的报告中没有得出任何令人意外的结论。报告呼吁尽快终止以赠款为基础的经济援助，进一步加强与欧洲的双向贸易以弥补剩余的“美元缺口”，实现欧洲货币与美元的快速可兑换。报告指出：“如果能够减少现有的诸多货物贸易壁垒，如果能够消除这些壁垒带来的不必要的不确定性和延误，如果能够达成并维持合理的国际协定探讨并解决共同的贸易问题，那么自由世界的国家将会更强大、更有凝聚力。”[12]委员会呼吁赋予总统新的权力重新开展《关贸总协定》谈判并将之交由国会最终批准。

然而，委员会内部也存在分歧，无法发出统一的声音。三位保守的共和党人——科罗拉多州的尤金·米利金、纽约州的丹尼尔·里德和宾夕法尼亚州的理查德·辛普森——对报告的很多建议都不认同。他们认为，如果对《互惠贸易协定法案》延期，应该只延期两年，同时还应该加强行政程序，允许受进口影响的产业上调关税。

1954年3月，在委员会发布报告一个月后，艾森豪威尔要求将《互惠贸易协定》延期三年，法案包含危险点条款和例外条款，也包括对特定税目削减关税15%的新增权力。总统认为，这将有助于实现四个相互关联的目标：“援助，这是我们想要减少的；投资，这是我们想要鼓励的；可兑换，这是我们想要推动的；贸易，这是我们想要扩大的。”[13]共和党掌控的国会以其他紧急事务为由，拒绝了这一要求，并连续第二年仅批准了将《互惠贸易协定法案》延期一年的临时措施。

1955年，艾森豪威尔在争取贸易权方面的运气略微好转了一点点，因为 1954 年的中期选举使民主党在国会中占据了多数席位。至少在贸易问题上，这位共和党总统在 1955 年至 1960 年期间与民主党国会的合作要比他在 1953 年至 1954 年间与共和党国会的合作更为成功。民主党领导层支持艾森豪威尔提出的为期三年的谈判权。众议院领导层试图在通过议案的时候附加上一项禁止再提修正案的议决规则（closed rule），但很多议员都希望能有机会将特殊利益条款加入议案，因此议决规定被否决了。这使得众议院议长、得克萨斯州民主党人萨姆·雷伯恩离席向众议院议员发表了一次讲话，就像他以往在关键时刻所做的那样。他警告："众议院在刚刚的投票中做了一件不同寻常的事情，在目前这种情况下可以说是一件非常危险的事情。"[14]在议长和多数党党鞭进一步施压的情况下，众议院进行复议并以一票的优势通过了议决规则，这一规则将限制辩论并禁止议员提出修正案。

国会以 206 票对 199 票的微弱优势挫败了里德提出的重新提交众议院议案的动议，这一次两党内部都出现了分歧，该事件再次表明，国会在是否支持就贸易政策采取进一步行政措施上立场不定。民主党人以 140 票对 80 票的结果赞成审议该议案，而共和党人则以 119 票对 66 票的结果赞成将其发回委员会。投票结果显示，众议院的较量发生在支持贸易扩张的两党议员和一群反对扩张的保守派共和党人与南部民主党人之间。[15]

最后，国会批准了 1955 年的《互惠贸易协定法案》延期。谈判权允许总统将关税下调 15%（三年内逐年降低 5%，从而引入了分阶段降税这一理念），还可以将极高的关税降至 50%。与此同时，法案中的法律措辞使得关税委员会在例外条款案中更倾向于建议采取保护措施。委员会只需要发现进口"在实质上增加"了重大伤害的可能性，就可以建议总统采取关税救济措施，同时委员会还有权阻止"有可能损害国家安全"的进口。

这一谈判权在日内瓦第四轮《关贸总协定》多边谈判（1955—1956 年）中派上了用场。日内瓦会议带来了一些新的关税削减，也多了几个新的缔约方，其中最重要的是日本。[16]这引起了一些争议，因为日本是一个众所周知的潜在出口大国。西欧国家拒绝接受日本的加入，担心其劳动密集型产品的出口会影响国内生产商，而美国则坚持要巩固这位亚洲重要盟友的地位并将其纳入贸易体系。[17]

当然，日本的加入也使美国纺织品和服装业感到担忧。虽说在 20 世纪 50 年代的时候，纺织品的整体进口渗透率并没有高于其他制造业，但日本在一小部分产品类别上的出口有迅速增长的势头，这给某些生产商带来了麻烦。比如说，就棉纺织品而言，进口量相对于国内产量的百分比从 1939 年的不到 3% 上升到 1958 年的 22% 。在南部民主党的推动下，国会多次考虑通过立法或修正《互惠贸易协定法案》以保护纺织品和服装产业。1955 年，参议院离强制要求实施进口配额帮助国内生产商仅有两票之差。艾森豪威尔政府反对这一做法，不过日本在 1957 年同意了一份限制其棉纺织品出口的五年计划。然而，随着越来越多全球供给渠道的出现，针对特定国家的贸易限制变得毫无作用：虽然美国从日本进口的棉纺织品份额从 1958 年的 63% 下降到 1960 年的 26% ，但从中国香港进口的份额从 14% 增加到了 28% 。[18]

在日内瓦会议上，美国还在农产品价格扶持问题上拿到了《关贸总协定》义务的豁免权。《关贸总协定》已经允许各国在实施政策减少国内生产的时候限制农业进口；1955 年的豁免权使美国在不限制国内作物生产或销售的时候也可以限制进口。其他国家也紧随美国，纷纷拿到了这样的豁免，这实际上就是将农业政策排除在了《关贸总协定》的规则之外。[19]

美国错失了借 1955 年日内瓦会议加强《关贸总协定》制度基础的机会。《关贸总协定》是一份行政协定，而不是正式的国际组织，因为根据原定的设想它本应被国际贸易组织取而代之。事实上，国会千方百计地想要表明自己未必赞成这一协定。20 世纪 50 年代（1951 年、1953 年、1954 年、1955 年和 1958 年）的每一次谈判权延期都包含了以下免责声明：“本法案的颁布不得被解释为国会对《关贸总协定》这一行政协定的认同或不认同。”[20]

1955 年 3 月，缔约方同意成立贸易合作组织（OTC）管理《关贸总协定》的规则并发起国际贸易谈判，不过它对成员国的贸易政策没有任何发言权。艾森豪威尔总统在第二个月向国会提交了一份关于贸易合作组织的议案，他表示："如果美国没有成为贸易合作组织的成员，那么整个自由世界对这件事的解读将是：我们国家并不想真正致力于扩大贸易。"如果美国不采取行动加强这一机构，世界贸易体系有可能受到侵蚀。总统警告："这样的事态发展只会给予共产党可乘之机。"不过国会还是对贸易合作组织持谨慎态度，原因与它不想支持《关贸总协定》的原因是一样的：国会仍然对所有可能削弱其贸易政策权的行政协定持怀疑态度。国会以其他紧急事务为由推迟了议案的听证会，之后也从未就其采取过行动。[21]

进一步减少贸易壁垒的多边谈判在 20 世纪 50 年代的大部分时间都处于搁置状态，与此同时，一些国内利益集团试图在国会的支持下开辟出特定的保护领域，就像农业领域的价格扶持那样。比如说，石油业一再努力并最终成功使政府出手帮助他们对抗进口影响。美国在第二次世界大战之前一直是石油净出口国，但中东和北非的增产压低了全球价格，因而美国在战后成为净进口国。到 20 世纪 50 年代中期，净进口占国内消费量的 10% 以上。[22]标准石油、德士古和壳牌等主要石油生产商拥有大量国外储备，对限制进口没有兴趣。但是得克萨斯州、俄克拉何马州和加利福尼亚州的小型独立生产商并没有这样的多元化经营，而且深受生产成本走高和产能闲置之苦。因而他们要求实施进口配额，理由是对外国石油的依赖威胁国家安全。

在宾夕法尼亚州煤炭生产商和煤矿工人的支持下，理查德·辛普森牵头要求实施石油进口配额。由于汽油和家用燃料油开始取代煤炭的能源地位，全国煤炭协会和矿工联合会试图通过限制石油进口支撑煤炭需求。因此，肯塔基、宾夕法尼亚和西弗吉尼亚等煤炭州加入了俄克拉何马、路易斯安那和得克萨斯等石油州的行列，支援要求实施配额的呼声。虽然艾森豪威尔反对保护，但他还是在 1955 年宣布了"自愿性"石油进口配额计划，这份计划毫不令人意外地以失败告终。与此同时，1956 年的苏伊士运河危机中断了中东石油的流入，也从国家安全角度证明了建立国内备用生产能力的合理性。因此，美国在 1959 年设立了强制性石油进口配额计划（MOIP），该计划将原油和精炼产品的进口限制在美国产量的 12% 左右。[23]

这一进口配额一直生效至 1973 年，它产生了一个非常重要的意外后果并在近 20 年后影响了美国。强制性石油进口配额计划对来自墨西哥和加拿大的进口石油给予优惠待遇，却歧视来自委内瑞拉和中东的进口。作为回应，这些国家在 1960 年组建了石油输出国组织（OPEC，以下简称欧佩克）。欧佩克控制了全球市场上 80% 的在售石油，于是该组织开始寻求限制生产，从而提高全球价格。它们在 20 世纪 70 年代初成功实现了这一目标。也就是说，石油进口配额不仅导致美国国内石油供给被更快耗尽，而且帮助推动了欧佩克的建立，从而让 20 世纪 70 年代的能源危机雪上加霜。[24]

劳工运动支持开放贸易的立场在 20 世纪 50 年代也开始动摇。第二次世界大战结束后，主要工会意识到出口带来的就业机会要胜过进口构成的威胁。于 1955 年合并成劳联-产联的美国劳工联合会和产业组织联合会宣布支持逐步降低贸易壁垒，条件是对受到不利影响的工人给予调整援助，并通过协商建立起国际公平劳工标准。[25]但是到了 50 年代末期，进口开始造成服装产业的工人纷纷失业（尤其是女装工人、男装工人、纺织工人、帽匠和皮具工人），一些工会开始重新考虑是否还支持降税。

尽管如此，由于进口一直稳定在不到 GDP 3% 的水平，保护主义压力在这 10 年里普遍减弱，新的贸易保护措施也鲜有出现。危险点条款从来没有形成过阻碍，因为多边贸易谈判只是零星举行，而且从没表示过要对现行政策进行重大改变。[26]而作为主要保护渠道的例外条款也很少被援引。从 1947 年至 1962 年，关税委员会对 106 种产品进行了 135 项例外条款调查。在完成调查的 113 例个案中，有 72 例没有发现任何伤害。在发现进口造成伤害的 41 起个案中，总统接受了 15 起，否决了 26 起。[27]就像杜鲁门总统当年拒绝对意大利的进口大蒜实施限制一样，总统在大多数情况下都认为，比起停止国内产业受到的伤害，外交政策或其他利益更为重要。例外条款限制了无花果干、苜蓿草籽、女式毛皮毡帽、手表、自行车、亚麻毛巾、弹簧衣夹、安全别针、不锈钢餐具、铅和锌、地毯的进口，但这些商品只占据了进口总量的一小部分。[28]

虽然国会没有兴趣进一步推动贸易自由化，但支持开放贸易的政治力量在 20 世纪 50 年代轻轻松松地维持住了现状。虽然出口导向型利益集团仍然对支持自由贸易的投票产生了影响，不过《互惠贸易协定法案》之所以得到延期，部分原因还在于贸易政策与外交政策和国家安全之间的关联。[29]即使国会议员所在的选区没有很多强大的出口导向型利益集团，大多数人也都因为这些更广泛的原因而对现行政策感到满意。共和党人尤其认同的一个观点是，更加自由的世界贸易是反共战争的一个重要组成部分。正如艾森豪威尔在 1955 年的国情咨文中所说的那样："我们必须扩大国际贸易和投资，并帮助那些即使倾尽全力也仍然无力确保自由世界安全的友好国家。"[30]在一项针对 20 世纪 50 年代国会投票模式的研究中，贝利（Bailey，2003）找到的证据可以证实下面这种观点："美国人民深切关注苏联威胁，并愿意支持那些推行能够推动国家安全目标的援助和贸易政策的政治家。"根据他的研究结果，如果不是因为公众舆论如此偏向于支持外国盟友，1955 年和 1958 年的《互惠贸易协定法案》延期根本无法通过。

## 欧洲经济共同体带来的挑战

作为贸易壁垒削减的谈判论坛，《关贸总协定》在 20 世纪 50 年代相对沉寂。美国国会不愿让总统展开新的谈判，刚好欧洲也不愿意减少贸易壁垒，因为它仍在努力应对战争结束后的经济混乱局面。美国大力敦促西欧国家扩大彼此间的贸易，从而促进经济复苏并摆脱对外国援助的依赖。1949 年，为了给金融援助画上最终的句号，马歇尔计划的美方负责人坚持要求西欧经济实现一体化。[31]

为此，西欧各国政府制定了恢复多边支付体系，并进一步推动欧洲自由贸易的计划。欧洲支付联盟的成立是为了结束双边贸易平衡，并帮助推动整个欧洲的贸易流动，这是迈向货币全面自由兑换的一步（在这种情况下，可以出于贸易目的而自由买卖欧洲货币）。欧洲经济合作组织［经济合作与发展组织或经合组织（OECD）的前身］的成员国达成了“贸易自由化准则”，根据该准则，进口份额的增加将不再受制于数量限制和外汇管制。经历了战后初期的经济困难之后，西欧从战争的破坏中迅速恢复，进口配额和其他歧视美元进口的政策在1955年和1956年被迅速取消。剩下的外汇管制措施在1958年被取消；在经常账户项下，欧洲货币开始能够自由兑换成美元。

比利时、法国、联邦德国、意大利、卢森堡和荷兰在1957年签署《罗马条约》，将这番努力推向了顶点。六国同意成立欧洲共同体（EEC，以下简称欧共体）并创建共同市场。欧共体是一个关税同盟，成员国取消彼此之间的所有贸易关税，并对非成员国产品实施共同的对外关税。此外，另外七个国家——英国、瑞典、挪威、丹麦、瑞士、奥地利和葡萄牙——建立了欧洲自由贸易联盟（EFTA），该联盟的成员国也废除了彼此之间的所有贸易关税，但对非成员国产品实施各自独立的关税。欧洲经济共同体和欧洲自由贸易联盟是合作性而非竞争性贸易安排，两者有望在欧洲建立起一个大型自由贸易区。

欧洲经济共同体和欧洲自由贸易联盟的建立使美国的政策制定者陷入了两难境地。美国之所以支持欧洲经济合作，是因为它认为贸易扩张能够推动经济增长、促进政治稳定并遏制苏联的扩张。然而，虽然美国乐于见到这些成效，但它并不希望西欧形成一个独立的贸易集团，因为这将对美国的出口产生不利影响。比如说，联邦德国的产品将在法国享受免税待遇而美国产品却要受制于欧共体关税，因此，外部关税的水平将决定美国产品受歧视的程度。

由于担心欧共体对美国出口的不利影响，《互惠贸易协定法案》在1958年的延期要比前几年都容易。艾森豪威尔要求将贸易谈判权延期5年，并希望能够将关税从当前水平降低25%。鉴于贸易立法在50年代早些时候遭遇的重重困难，众议院议长萨姆·雷伯恩本以为必须经历“鲜血、汗水和眼泪”才能让国会同意这一系列要求，但他错了。商界受欧共体建立的刺激，要求政府采取反制行动应对欧洲的优惠制度，国会议员对此做出了回应。虽然谈判权只延期 4 年，而不是总统提出的 5 年，但这仍是迄今为止年限最长的延期。虽然关税削减权从 25% 减到了 20%，但大于 50% 的大幅减税也得到了批准。与前几年相比，政府的要求得到了满足，因为谈判权有一个清晰明确的目标：在西欧消除内部贸易关税的时候，将美国出口受到的影响降至最低。

《互惠贸易协定法案》在 1958 年的延期使美国处在了可以讨价还价地要求欧共体下调关税的有利位置。第一阶段谈判（1960—1961 年）涉及的议题是欧共体与《关贸总协定》相关规定的一致性以及欧共体拟定的对外关税水平。关税同盟无疑背离了《关贸总协定》第 1 条规定的最惠国待遇，因为成员国和非成员国在进口关税上面临差别待遇。但是，如果以下两项要求得到满足，《关贸总协定》第 23 条又允许关税同盟的存在。首先，必须取消“同盟成员领土之间几乎所有贸易”的进口关税和其他贸易限制。其次，对外关税“总体上不得高于或严于在形成此种同盟之前各成员领土实施的关税和贸易法规的总体影响范围”。[32]根据第二个条件，美国坚持要求欧共体设立较低的关税，但欧共体回应称任何关税削减都必须得到其他国家的对等回报。

在 1961 年至 1962 年的第二阶段谈判，也被称为狄龙回合，美国和欧洲讨论了减税问题。[33]欧共体提出将工业品关税削减 20%，但拒绝考虑农业税，因为它正在制定共同农业政策。然而，美国无法有效回应这一提议。由于担心违反危险点条款，谈判代表无法提出与 20% 的减税提议相匹配的回应；虽然危险点条款并不构成真正的法律限制，但是如果超过危险点就有可能产生政治成本。此外，国务院接到的要求仍是有选择性地按产品进行谈判，因而无权进行全面的关税削减。

狄龙回合在总统贸易谈判权于 1962 年 6 月到期之前不久结束。关税削减仅达到 4% 的加权平均削减水平，这完全不足以拉低欧洲产品获得的优惠幅度，因而没有解决美国出口商面临的麻烦。

## 《1962 年贸易扩展法案》

约翰·肯尼迪（John F. Kennedy）在 1960 年当选总统，这恢复了民主党统治下的统一政府。肯尼迪来自马萨诸塞州，在该州纺织业衰退的情况下，他并不是一直倾向于推动进一步的贸易自由化。事实上，他的竞选承诺是帮助保护那些受进口困扰的行业。与此同时，新总统坚定地致力于加强同西欧的关系，防止大西洋联盟的解体。[34] 此外，政策制定者和出口商仍然担心欧共体成立之后有可能造成的贸易转移。同时他们在担心投资转移：如果美国企业发现对欧出口变得更加困难，就有可能会将部分投资支出从美国转移到欧洲，以便吸引欧共体关税制度下的消费者。因此，肯尼迪政府将加强大西洋联盟这一外交政策目标与减少欧洲对美出口歧视这一经济目标相结合，推动贸易振兴计划。

贸易谈判权将在 1962 年年中到期，在这种情况下，新政府可以选择简简单单地延期《互惠贸易协定法案》，也可以选择提出更大胆的议案。在副国务卿乔治·鲍尔（George Ball）的力促之下，肯尼迪决定参照令人失望的狄龙回合，对贸易协定计划做出修改。总统将做出这样的表态：《互惠贸易协定法案》“不能光是简单的延期，它必须脱胎换骨”。

1962 年 1 月，肯尼迪公布了政府的贸易协定计划改革提案。《贸易扩展法案》（Trade Expansion Act，TEA）的主要目的是加强西方联盟的力量和团结。总统表示：“大西洋的这两大市场要么逐渐融合，要么分道扬镳。是融合还是分离，这一决定要么标志着各国联盟翻开新的篇章，要么意味着西方统一增长面临威胁。”肯尼迪指出，这部新法案至关重要，原因有五：应对欧洲经济共同体的挑战、扭转国际收支状况的恶化、促进经济增长、反制共产党想要争取世界贸易更大份额的意图、促进日本和其他发展中国家融入世界贸易体系。总统强调，国会应当给予两党一致的支持：“自由市场理念——让人们和国家有更广泛的经济选择——就像自由这个理念本身一样源远流长。这一理念是不分党派的。多年来，我们的贸易法案都得到了两党一些议员的共同支持，因为他们认识到贸易对我们的国外基本安全和国内经济健康至关重要。现如今更是如此。《1962 年贸易扩展法案》的制定是为了表明整个国家的立场，而不是哪个单一派系或哪个单一部门的立场。”[35]

肯尼迪政府的提案虽然立足于过去的实践经验，但在好几个方面都有所创新。总统希望得到高达 50% 的全面减税权并放弃自 1934 年以来按产品展开双边谈判的方法。此外，危险点条款会被废弃，而且关税委员会只需把降税的大概经济影响告知总统即可，这为更大幅度的关税削减扫清了障碍。

政府还提出了一个新办法帮助受到进口负面影响的工人，那就是不再通过例外条款限制进口，而是以贸易调整援助（TAA）的形式向受进口不利影响的工人和社区提供政府直接援助。贸易调整援助包括收入补助、搬迁福利、培训援助以及其他面向失业工人的经济补偿。这份计划帮助赢得了劳联-产联主席乔治 · 米尼（George Meany）对法案的支持。[36]肯尼迪还提议收紧例外条款的适用要求；根据新的法案，进口造成的生产设施长期关停或工人失业必须影响整个产业，而不仅仅是一个产业中的一种产品，才可适用例外条款。

以上种种标志着传统《互惠贸易协定法案》的大胆转变。《互惠贸易协定法案》的最初目标是消除《霍利-斯穆特关税法案》中过高的关税，以换取其他国家的关税削减。这个版本的《互惠贸易协定法案》旨在有选择地降低关税，从而避免伤害国内利益，虽然法案也包含了例外条款，以便在“不可预见的事态发展”导致一个产业受到伤害的时候暂时提高关税。而新的拟议法案则放弃了选择性减税的办法，并明确承认一些国内利益将因关税削减而受损，而相应的补救措施不应是进口限制，而应是政府直接援助。这种援助旨在推动劳动力和资本进行调整以适应新的竞争条件，并帮助工人在其他经济产业找到工作。正如副国务卿鲍尔所说：“我们必须保护美国每一个产业都免于竞争带来的调整，这一理念与我们的经济精神背道而驰。”[37]危险点条款的终结也意味着人们认识到，根本无法判定什么样的关税水平可能会给某一产业造成“伤害”。

肯尼迪政府在向国会推销这一方案时，在政治上极其机敏，因而议案基本完好无损地获得通过。政府组织了一场全国性运动以争取商界的支持，而运动的口号就是“不贸易就衰败”。与过去一样，很多大型联合会（既有产业组织也有劳工组织）在国会各委员会作证时都表示支持新的谈判权，而很多小型商业利益集团则表示反对。在欧共体的刺激下，很多企业高管和出口集团在1958年和1962年作证时都表态支持谈判，这远远超出了20世纪50年代初期和中期的时候。全国制造商协会、美国农场局联合会和其他贸易保护组织之所以支持该法案，是因为他们的成员担心欧洲会对其产品采取歧视待遇。[38]

肯尼迪政府还设法消除了进口敏感型行业的反对声音，这样他们就不会举行运动来反对这部法案。比如说，法案的最大阻力预计会来自东北部和南部地区约有100名成员的纺织品集团，他们会对任何有可能损害纺织品和服装产业的提案表示反对。为了在1960年的竞选中赢得南部的选票，肯尼迪承诺会对纺织品生产商施以援手。上任之后不久，肯尼迪就宣布了一份七点计划帮助该产业，如召集纺织品进出口国举行会议讨论纺织品贸易问题。[39]

负责协定磋商的差事落在了副国务卿乔治·鲍尔的肩上。他和其他自由主义者都不喜欢这份任务。据鲍尔（1982，第188页）回忆：“在总统竞选期间，（肯尼迪）承诺会解决纺织品进口问题，现在该产业马上开始催促他兑现承诺。总统把问题转给了我。在我任职于政府不同部门的12年里，我承担的任务中没有哪一项像这次这样让我个人备感痛苦。”鲍尔（1982，第188页）从根本上反对保护这一产业，他无法理解国内生产商为什么不利用亚洲的低薪优势在海外投资：“我们国家原本可以不用把1.3%的劳动力集中在纺织品生产上，而是更快地转向资本密集型和知识密集型的产业和服务，这样的产业和服务会以发达的经济来造福一国。”

虽然有着不同的个人观点，但鲍尔还是落实了总统的指示，从而防止了该产业对政府的贸易计划提出反对。1961年7月，国务院帮助促成了美国与其他进口商（欧共体、英国和加拿大）和出口商（日本、中国香港、印度）的棉纺织品短期安排（STA）。这些出口商同意对其纺织品出货量设置为期一年的数量限制（本质上就是出口配额）。一项为期五年的长期安排（LTA）在 1962 年 2 月达成。长期安排限制了棉纺织品出口的增长速度，并将涵盖的产品范围扩大至羊毛、人造纤维和丝制品。长期安排涉及 19 个国家，并规定了 5% 的配额最低年增长率。它还引入了“市场混乱”这一概念，也就是说，即使没有像例外条款要求的那样证实伤害确已造成，但进口急剧上涨仍足以触发额外的进口限制。长期安排在 1967 年获得延期，并将范围扩大至其他很多出口商和产品。

包括鲍尔在内的自由贸易政策人士将纺织品配额视作通过《贸易扩展法案》而付出的极高代价，因为纺织品配额与农产品进口配额最明显地背离了贸易协定计划成立以来的原则。不过，配额有其政治目的。长期安排成功地满足了纺织品和服装产业的需求，进而赢得了美国棉花制造商协会（ACMI）的支持。该协会的理事在年度会议上对肯尼迪政府“前所未有的深思熟虑”表示感谢，并表示：“我们相信总统提出的与外国协商的谈判权将会得到明智的行使，国会应当予以批准”。[40]

为了进一步巩固对法案的支持（或者说，阻止反对的声音），肯尼迪明确承诺会帮助木材和石油产业。1962 年 3 月，总统接受了关税委员会关于两起例外条款案的救济建议，大幅提高了机织地毯和平板玻璃的进口关税。这一决定的时机把握得刚刚好，正赶上筹款委员会就《贸易扩展法案》举行听证会之际。虽然委员会主席、阿肯色州民主党人威尔伯·米尔斯（Wilbur Mills）一开始对肯尼迪政府提出的法案持怀疑态度，但是这次的例外条款行动赢得了他的支持。

好像是为了证明与欧洲达成新贸易协定的必要性，数次跨大西洋贸易争端在这个时候爆发，其中最著名的要数“鸡肉贸易战”。[41] 1962 年 7 月，作为新的共同农业政策的一部分，欧共体引入了针对外国家禽的差价进口税。税率在原先 15% 左右的水平上大约翻了一番，这在短短几周内就让美国的家禽出口锐减 2/3。经过 18 个月徒劳无益的谈判之后，美国采取了报复措施，对主要从西欧进口的马铃薯淀粉、糊精、白兰地和轻型卡车征收更高的关税（确切地说，就是撤回在之前的《关贸总协定》谈判中所做的关税削减）。前三种产品的高关税最终被取消，但是轻型卡车25%的关税一直延续至今。所有这一切都向当时的政策制定者表明，如果各国开始实施贸易限制并背离《关贸总协定》的原则，报复性贸易战会有多么危险。

芬格尔和哈里森（Finger and Harrison，1996，第217页）指出，尽管“肯尼迪以唯利是图的方式拉拢《贸易扩展法案》所需选票的做法遭到了自己党派成员的批评”，但是，动员商界的支持、安抚潜在反对者以及与日俱增的美欧贸易战风险大大降低了该法案在国会获得通过的难度。公众舆论也广泛支持这部法案。1962年3月的盖洛普民意调查显示，在听说过肯尼迪计划的人中，38%的人赞成降低关税，15%的人赞成提高关税，18%的人希望关税保持不变，29%的人没有表态。然而，只有13%的受访者熟悉法案的具体细节。[42]

当然，两院议员根据自己的喜好对法案做了一些调整。筹款委员会剥夺了国务院的贸易谈判控制权，并在总统办事机构内设立了特别贸易代表这一大使级职位负责对外贸易谈判。由此可见，国会越来越认为贸易政策和外交政策应该由不同的实体负责。议员长期以来一直担心国务院过于重视外交目标，因此不能很好地代表国家商业利益。即使坚决支持降低贸易壁垒的人士，如曾在1930年共同组织经济学家上书反对《霍利-斯穆特关税法案》的伊利诺伊州民主党参议员兼芝加哥大学前经济学教授保罗·道格拉斯（Paul Douglas），也希望做出这样的改变。国务院对其他国家歧视对待美国出口（尤其是使用非关税壁垒）的做法漠不关心，这让道格拉斯大为震惊。[43]他主张对那些肆无忌惮地阻止美国出口的国家采取更强硬的立场。[44]

1962年6月，众议院以298票对125票的压倒性优势通过了《贸易扩展法案》。民主党是218票赞成35票反对，而共和党则是90票反对80票赞成。共和党人的内部分裂主要是因为该党一贯担心进口竞争型行业可能会受到伤害，也因为危险点条款和例外条款等贸易救济措施被贸易调整援助取而代之。9月，参议院以78票对8票的结果轻松通过这一法案；民主党的投票结果为 56 票赞成 1 票反对，共和党的投票结果为 22 票赞成 2 票反对。

参议院的这次投票标志着国会在贸易法案投票模式方面的重大转变。至少可以说从内战以来，众议院多数党领导层一直能够执行相关规定并限制修正案和辩论，因而投票结果都与该党路线相一致，即一般都有严格的党内纪律，基本没有人会叛离这个路线。因此，在众议院的投票中，通常都可以预测取胜的将是多数党。问题总是出在参议院，这里党内纪律薄弱，议员可以一个接一个地提出修正案阻止法案的通过。由于这一原因，参议院被称为民主党关税改革的“墓地”，也是共和党人互投赞成票问题的根源所在，1929 年至 1930 年正是这种情形。而现在，从 1962 年开始，众议院的党内纪律开始弱化，如果某次投票有可能影响自己的连任机会，那么一些普通议员就会无视党鞭的指示。其结果就是越来越多的人背离党派立场，有争议的贸易法案也越来越难通过。与此同时，参议院两党在贸易问题上的投票却变得越来越一致，立场也越来越国际化，因为参议员在连任问题上没有那么急切的担忧。从 20 世纪 70 年代开始，参议院轻松通过有争议贸易法案的趋势变得特别明显：选举票数胶着的情况现在出现在了众议院，而不是参议院，相反参议院对贸易协定和谈判权的支持变得越来越具有可预见性。

肯尼迪在 1962 年 10 月签署这部法案时对之表示欢迎：“我们无法通过躲在关税壁垒后面保护我们的经济，但是……最好的保护措施是相互降低友好国家之间的关税壁垒，从而让所有人都受益于货物的自由流动。扩大贸易能够促进经济活动，从而为我们的工人提供更多的就业机会。”他还强调了该法案的外交政策理由，“自由世界的经济扩张可以有力地对抗全球共产主义运动的威胁”，贸易扩展是“推动自由事业的重要新型武器”。[45]在接下来的半个世纪里，两党的总统在推动新的贸易协定时将始终如一地以这两个主题为由：在国内创造就业机会，在国外建立更加自由的世界。

《贸易扩展法案》结束了 20 世纪 50 年代贸易政策的摇摆不定，并为《关贸总协定》的肯尼迪回合谈判铺平了道路。迪堡（Diebold，1999，第 268 页）评论："《贸易扩展法案》使美国得以将关税降到极低的水平并使肯尼迪回合成为可能，它标志着一次重要的转变，即美国远离了一条快要全面中止美国贸易自由化进程的道路，这样的道路也相当于阻碍全球贸易体系的自由化。"

## 肯尼迪回合与国会的激烈反应

《关贸总协定》缔约方之间的第六轮多边贸易谈判起步缓慢。经过数月的筹备工作，肯尼迪回合最终于 1964 年 5 月在日内瓦拉开帷幕，参加谈判的共有 46 个国家。美国的主要目标是削减欧共体的对外关税，从而降低欧洲企业享有的优惠幅度，这种优惠不利于共同市场中的美国公司。欧共体的主要目标是解决美国关税税则中的高关税并修改各种令人反感的政策，如美国销售价格（用美国价格评估进口产品关税）、《购买美国产品法案》（在政府采购合同中偏向国内公司）以及例外条款（他们担心这会让美国市场对他们的产品关上大门）。

与之前的多边谈判相比，肯尼迪回合漫长而艰难，历时 3 年才在 1967 年 6 月画上句号。法国与其伙伴国就谈判目标发生了争执，导致欧共体无法参加谈判，1965 年有半年左右的时间就这样白白浪费了。到 1966 年初的时候，谈判进展甚微。要不是因为总统谈判权将在 1967 年到期的话，谈判可能会无休止地拖延下去。此外，谈判的参与者也在不断增多。在肯尼迪回合结束后，《关贸总协定》缔约方的数量从最初的 23 个增加到 70 多个。不过，谈判主要还是在美国和欧共体之间进行，日本和英国也发挥了重要作用；发展中国家没有参加关税谈判。

第一场交锋的议题是降税时所用的确切公式。美国提出统一降税 50%，少数情况除外，但欧共体表示反对，指出美国关税税则中的某些最高税率仍会很高，而欧共体的税率则会普遍处于较低水平。欧共体建议将关税降至某个目标水平，比如制造业为 10%，半成品为 5%，原材料为零。最后，欧共体接受了美国的立场，即各方都尝试统一降低关税，少数情况除外。

美国还坚持认为农产品应该像工业品一样进行自由化贸易，但欧共体不能认同。林登·约翰逊总统（Lyndon Johnson，1971，第 312 页）在回忆录中写道："由于共同市场强大的农业保护主义，很显然，我们无法为美国农业争取到所有想要的让步。问题是，我们是应该接受我们能够得到的让步外加工业品贸易的重大自由化，还是应该放弃这一努力。"[46]

1967 年 5 月，约翰逊的顾问在内阁会议室里逐项审查了最终的一揽子方案并一致表示同意该协定，于是总统也点头同意。约翰逊政府的高层官员随后向国会领导人介绍了情况，并表示："有一些敏锐而具体的疑问，但总体结果是有利的"。约翰逊（1971，第 313 页）指出：

> 不出所料，国会议员最关注的是涉及他们所在州和地区的商品项目。议长麦科马克（McCormack）的家乡马萨诸塞州是制鞋州，所以他关注的是在新协定下鞋制品的进口量会上涨多少。西弗吉尼亚州参议员罗伯特·伯德（Robert Byrd）关注玻璃的进口情况。佐治亚州参议员赫尔曼·塔尔马奇（Herman Talmadge）担心纺织品和农产品。佛蒙特州参议员乔治·艾肯（George Aiken）想知道出口加拿大的枫糖销量是否会受到影响。很多人心里都有同样的疑问，最后，罗得岛参议员约翰·帕托雷（John Patore）问出了大家的心声：我们是不是太过迫切地想让肯尼迪回合取得成功，结果反而一败涂地？

约翰逊（1971，第 314 页）认为，"我们努力而耐心地进行了磋商"，但他承认，国会议员"很快就会听到国内那些紧张兮兮的特殊利益集团的抱怨，而大部分将会受益于贸易协定的选民的声音却传不到他们的耳朵里"。

1967 年 6 月 30 日，就在离总统谈判权到期还有几个小时的时候，美国副贸易代表迈克尔·布卢门撒尔（Michael Blumenthal）大使代表美方签署了肯尼迪回合协定。该轮谈判的主要成就是将工业品关税平均削减 35% 左右。表 11.1 列出了该轮谈判之前和之后的美国、欧共体、英国和日本的平均关税税率。机械、运输设备和化学品的削减幅度最大，铁和钢的削减幅度较小。纺织品和羊毛制品的关税基本没有减少。降低后的关税经由行政命令生效，并在 5 年时间内逐步落实，也就是说，从 1968 年开始，到 1972 年完成。

表 11.1　肯尼迪回合前后应税进口产品的平均关税（非农业应税进口产品，矿物燃料除外）

（单位：%）

| | 肯尼迪回合之前 | 肯尼迪回合之后 |
|---|---|---|
| 美国 | 13.5 | 9.6 |
| 欧共体 | 12.8 | 8.1 |
| 英国 | 16.6 | 10.6 |
| 日本 | 15.5 | 9.5 |

资料来源：Preeg（1970），第 208—211 页。

此外，肯尼迪回合谈判达成了关于非关税贸易壁垒的若干“准则”。美国同意废除美国销售价格（ASP），这是一种通过国内价格而非国外价格对进口进行估值从而提高实际关税的做法（主要针对化学品）。美国法律也因为新的反倾销准则而不得不做出修改：这一准则规定，所谓进口倾销，必须是造成实质性损害的“主要原因”才行；而现行美国法律在损害方面并没有做出要求。

国会虽然支持《贸易扩展法案》，但并不满意这次谈判的结果。国会对肯尼迪回合的一个主要不满是它未能解决农业问题，尤其是没能解决欧共体共同农业政策对美国农产品出口的不利影响。此外，国会还认为谈判在进一步向进口产品开放美国市场的同时，没能充分解决美国出口面对的非关税壁垒。1966 年，在该轮谈判结束之前，伊利诺伊州共和党参议员埃弗里特·德克森（Everett Dirksen）抱怨：“美国似乎有意达成一份既不会修复我国农民受到的损害又会对制造业造成新损害的协定……看起来我们好像在向他们（其他国家）提议以我们的衬衫换取一块手帕。”[47]国会也对那些能够规范反倾销规定并废除美国销售价格的准则感到沮丧。埃文斯（Evans，1971，第 299 页）指出，在行政部门，“肯尼迪回合在 1967 年夏天圆满结束带来的兴奋是短暂的，很快人们就开始怀疑协定是否经受得住反对的声音”。

虽然肯尼迪回合的关税削减是经由行政命令而生效的，但协议的其他一些内容需经国会批准。1968 年春季，约翰逊总统提请国会废除美国销售价格、批准反倾销协议并授予新的关税削减权，因为旧的关税削减权已在 1967 年底到期。筹款委员会就这一提案举行的听证会进展得很不顺利：纺织品、鞋制品、钢铁和石油产业的代表非但不支持政府的要求，还呼吁实施进口配额。由于总统大选即将来临，国会没有理会约翰逊的要求，也没有对美国销售价格和反倾销准则采取任何行动。这预示着，贸易政策接下来将面临艰难岁月。虽然强劲的经济增长和低失业率使贸易政策在 20 世纪五六十年代的大部分时间里都处于搁置状态，但较高的通货膨胀和失业率即将出现，与之同时出现的还有日益严重的国际收支问题。事实上，美国在全球经济中的地位即将发生变化，这一变化将让现行政策面临巨大压力。[48]

1968 年的总统竞选主要围绕内政和越南战争展开辩论，但贸易政策并没有被完全忽略。民主党承诺将立足于《贸易扩展法案》，“进行更多的贸易合作并迈向更加自由的国际贸易”。[49]与之形成对比的是，共和党人承诺采取更强硬的措施，包括“采取坚定而冷静的磋商降低美国出口面临的非关税壁垒”。共和党人在提出“努力实现自由世界各国之间更自由贸易”的同时，也强调了进口造成的问题：

> 突然涌入的大量进口可能危及很多产业。每个产业都存在差异，因此必须根据具体情况考虑这些问题。我们的准则是生产商和工人都享有公平的待遇，在这样的情况下我们不会阻止进口。由于歧视待遇和不公平贸易行为，数千个工作岗位已经流失到了外国生产商那里。国务院在与出口国磋商协议时应当打起十二分精神，确

保实现公平竞争。进口不应当占据美国市场的过多份额，而应当通过国际协定参与推动消费增长。如果这种努力失败了，则必须采取具体的应对措施，直到重新建立公平竞争为止。[50]

共和党的竞选政纲被普遍解读为赞成将“公平贸易”列为贸易政策的目标之一。这番陈述颇有先见之明地指出了美国贸易政策在未来20年的主要关注点。

正如肯尼迪在1960年所做的那样，新当选的共和党总统理查德·尼克松（Richard Nixon）也乐于将贸易政策用于选举目的。在竞选期间，尼克松向受进口影响的工人公开示好，以期赢得北部劳工组织和南部纺织工人的支持。在南北卡罗来纳州开展竞选活动时，尼克松承诺将把肯尼迪政府的纺织品进口限制扩大至羊毛和合成纤维。[51]

赢得大选之后，尼克松兑现了他的承诺，将针对日本纺织品出口的限制扩大至种类快速增多的人造纤维，如聚酯、丙烯酸和尼龙。虽然人造纤维的进口量不到国内产量的4%，但国内生产商坚决支持进一步的进口限制措施。[52]1969年11月，尼克松与日本首相达成秘密协定：美国交还冲绳岛，以此换取更加严格的纺织品出口限制。尼克松政府自认为已经解决了纺织品问题，于是向国会提交议案，要求获得为期4年的授权，以将进口关税从1967年的水平降低20%，其中还包括废除美国销售价格。提案还建议加强行政权力，对外国不公平贸易行为采取报复措施，并建议放宽进口救济和调整援助的法定要求，从而扩大政府对受损行业和工人的援助。

1970年初，众议院筹款委员会主席威尔伯·米尔斯在接受政府提案的时候，罕见地给提案加上了一项对进口纺织品和鞋制品实施配额的条款。虽然米尔斯原则上赞成自由贸易，但他认为这项条款有利于他本人的政治前程，同时也给了尼克松政府更好的谈判筹码，以与日本达成更有效力的纺织品协定。而事实上，到1970年初的时候，事态已经很明显：日本首相无法说服其他政府官员或行业高管同意执行新的出口限制。[53]米尔斯的策略没有起到作用：日本拒绝做出更多让步，而尼克松则威胁称，如果该项措施限制纺织品以外的进口产品，如鞋制品，他将否决这一措施。

米尔斯本人也失去了对提案的控制权。筹款委员会给提案加上了一项条款，要求对每一种在美国市场中占额超过 15% 的进口产品实施配额。虽然这一条款后来被撤销了，但在众议院于 1970 年 11 月通过法案的时候，法案中包含了对纺织品、服装和鞋制品的配额，这些配额将按类别和原产国限制在 1967 年至 1969 年的平均进口水平，此后每年上涨幅度不得超过 5%。[54]《米尔斯法案》以 215 票对 165 票获得通过。两党在投票时都出现了分歧。民主党的分歧表现在地理位置上：南部民主党人以 70 票对 11 票坚定地支持这一法案，而北部民主党则以 72 票对 67 票表示反对。共和党人则是以 82 票对 78 票的微弱差距表示反对。这次投票标志着一个重要的转变：民主党人支持加强对国内产业的保护，而共和党人却表示反对，这样的局面还是第一次出现。此外，南部地区和北部地区在贸易问题上的分歧从 19 世纪初至少延续至 20 世纪 30 年代，而这种分裂状态现在已经消失不见。如图 11.2 所示，一种新的地理格局开始显现：南部和东北部地区基本支持进口限制，而西部地区则基本反对限制。

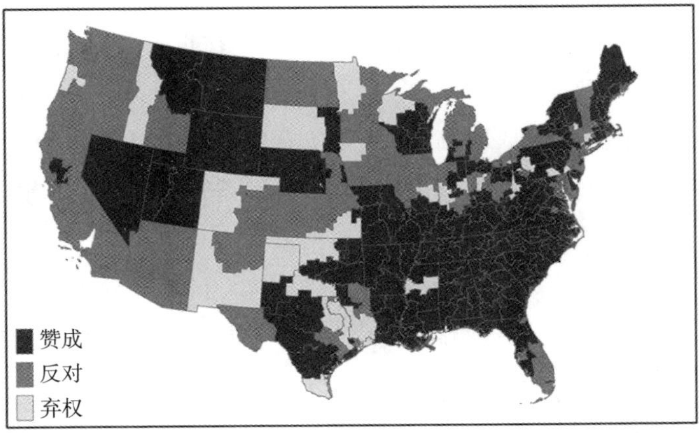


图 11.2 众议院对《米尔斯法案》的投票结果，1970 年 11 月 19 日

资料来源：地图承蒙达特茅斯学院 Citrin GIS/Applied Spatial Analysis Lab 提供。

参议院还没来得及采取行动，《米尔斯法案》就在国会休会期间不了了之。这意味着极端贸易措施的终结，这项措施原本有可能给受进口影响的制造业设立重大贸易壁垒，而这可是自《霍利-斯穆特关税法案》时期之后再未出现过的情形。虽然《米尔斯法案》基本上会被总统否决，但它出人意料地得到了这么多人的支持，这也表明保护主义压力正越来越大。在国会对贸易开放政策给予了 40 年的支持之后，美国贸易政治的根基正在悄然变化。

## 美国贸易政策的新世界

是什么原因使得国会开始采取更具保护主义倾向的立场？自《互惠贸易协定法案》于 1934 年颁布以来，国会已经从积极控制贸易政策的状态中后退了一步。虽然在 20 世纪 40 年代拒绝接受国际贸易组织，在 20 世纪 50 年代拒绝支持其他贸易倡议，但国会已经接受了行政部门在贸易政策方面的大部分行动。1970 年的米尔斯法案代表了国会想要重新掌握贸易监管权的意图，并有可能使美国背离第二次世界大战后制定的贸易政策。这一变化反映出一个重要的新动态：一些国内产业现在面临的外国竞争要远远超过以往数十年。贸易政治将会变得更加艰难，因为进口开始在经济中发挥更大的作用。第二次世界大战之后，进口量还不到 GDP 的 3%，这在一个异乎寻常的历史低点。由于西欧和日本的战后经济复苏耗时良久，1965 年的进口总值在 GDP 中所占的比重并没有高过 1950 年的水平。然而，从 20 世纪 60 年代中期开始，进口量开始上涨，而出口量在 GDP 中所占比重基本保持不变。

随着其他国家逐渐从战争创伤中恢复，进口量的上涨原本是可以预料的，但还是让产业领袖和政策制定者感到措手不及。1950 年的时候，美国占全球 GDP 的 27% 和全球出口的 23%。到了 1973 年，美国在全球 GDP 中的占比下降到了 22%，在世界贸易中的占比降到了 16%。[55] 美国在全球制成品出口中的占比从 1960 年的 25% 降至 1972 年的 19%。由于强劲的经济复苏，欧洲和日本开始在世界市场上彰显实力。很多人将此解读为美国的竞争力出现了令人担忧的下降，但事实上，这只是市场回复至正常的竞争条件而已。美国经济在战后初期的全球唯一工业强国地位并不具有可持续性。欧洲和亚洲不断增长的经济实力不但是不可避免的，而且是有利的，但这样的事实并不能缓解一些国内生产商在这个过程中经历的痛苦。很多产业以及它们的工人已经习惯了没有国外激烈竞争的世界，而现在他们不得不适应新的形势。

除了战后的经济繁荣，“集装箱革命”也是推动世界贸易扩展的另一个因素。20 世纪 60 年代中期引进的集装箱简化了货物装卸流程，大大降低了货运成本。列文森（Levinson，2006b，第 49—50 页）指出：“在集装箱化之前，国际贸易极为昂贵：货物的装箱、保险、运输、装载、卸载和储存成本通常高达商品价值的 25% 或更多。集装箱化大幅降低了货运成本，使得制造商、批发商和零售商能够将他们的供给链扩展至全球范围而无须担心成品运输费用。”一项研究发现，从 20 世纪 70 年代初开始，集装箱化使发达国家之间的贸易量增加了约 17%，并使所有国家（包括发展中国家）之间的贸易量增长了约 14%，不过后者要晚上 10 到 15 年。[56]

集装箱对纽约市的影响特别显著。进入纽约港的航运集装箱所占比重从 1960 年的 6% 上升至 1970 年的 31%。集装箱的使用大幅提升了港口效率，同时也造成港口相关就业岗位的急剧减少。集装箱在 1967 年至 1975 年纽约市周边工业基地的土崩瓦解中发挥了关键作用，在这个时期，纽约市失去了 1/4 的工厂和 1/3 的制造业工作岗位，其中以服装和成衣业最为突出。[57]

推动进口增长的另一个因素是相对较低并且还在下调的关税。从 20 世纪 50 年代初到 20 世纪 60 年代末的近 20 年里，应税进口产品的平均关税大致保持在 12% 左右的水平。由于肯尼迪回合和进口价格上涨的影响，平均关税在 1975 年削减一半，降到了 6% 左右。[58]虽然关税下调肯定会促成更多的进口，但这并不是进口上涨的主要原因。不管美国的政策如何变化，欧洲和亚洲产量的大幅增长以及运输效率的提高都会促使更多进口产品进入美国市场。

对于很多观察人士来说，美国失去国际竞争力的最明显表现就是20 世纪 60 年代美国贸易顺差的减少。商品贸易顺差在这 10 年里逐渐缩水，到 1971 年时，美国出现了 20 世纪 30 年代以来的第一次贸易逆差。政策制定者说过，需要维持战后初期的出口顺差支持就业并证明减少贸易壁垒的合理性，但这种顺差已经消失。政府的出口扶持在此期间也缩减了。在 1960 年的时候，约有 13% 的美国出口通过贷款和拨款、《480 号公法》规定的外国农业援助以及军事补助金等拿到了政府扶持资金；到了 1977 年，这个数字减至 1.5%。[59]

哪个经济部门最容易受到外国竞争的影响？和其他国家相比，美国一直是一个高工资经济体，因此毫不奇怪，在美国制造业中，非技能劳动密集型产业是第一波感受到外国竞争之痛的。纺织品和服装产业尤其容易受到影响，因为这个产业是劳动密集型的，而且有着标准化技术。进口在国内消费中所占份额在战后时期稳步上升。该产业拥有巨大的政治影响力：1967 年有 230 万工人受雇于这一产业，差不多占制造业总就业人数的 12%，其中大部分工人集中在南部地区。在 20 世纪 50 年代中期出现竞争时，纺织品和服装产业成功地让艾森豪威尔和肯尼迪政府要求日本限制其服装出口。制鞋业有着相似的处境，它面临日渐激烈的外国竞争，但由于雇用的工人较少而且地域集中度较低，因此虽然一再尝试但还是没能争取到类似的贸易限制。

劳动密集型产业并不是唯一受到进口影响的制造业部门。高度集中的资本密集型产业也陷入了困境，而它们往往拥有强大的工会。钢铁产业在这份名单上排名第一。前面的章节说过，钢铁产业在 19 世纪一直是推动保护性关税的强大力量，但到世纪之交的时候，它已经开始面临国际竞争。不过，国内生产高度集中在少数处于不完全竞争状态的生产商手中。他们有权制定价格、满足工会对更高工资的要求并将这些成本转嫁给消费者，而且在这样做的时候他们基本不用担心外国竞争。[60]

钢铁产业的贸易问题始于 20 世纪 50 年代末。1959 年 7 月，美国钢铁工人联合会将国内生产停工了 116 天，这是美国历史上最长的一次产业罢工。罢工期间，建筑和汽车等钢铁消费产业拼命地寻求替代供给源并转向进口钢铁。1959 年，钢铁进口超过了出口，这在 20 世纪以来尚属首次。进口在国内消费中所占比重从 1957 年的 1.5% 跃升至 1959 年的 6.1%。

管理层从昂贵的停工中得到的教训是，要想维持工厂运转并防止消费者购买外国钢铁，就得在工资问题上做出慷慨的让步以换取劳资和谐。到 20 世纪 70 年代中期，钢铁产业的平均工资比制造业的平均工资高出 70% 多；到 20 世纪 80 年代初期的时候，高出幅度上升至 95%。[61]虽然丰厚的工资待遇安抚了钢铁工人，但企业也因此承担起高昂的劳动力成本，然而这一成本并没能推动劳动生产率的根本改善。虽然在没有外国竞争的情况下钢铁产业可以将高工资成本转嫁给钢铁消费者，但是在消费者能够接触到越来越多的外国供给商时，这种做法不再可行。

与此同时，日本和德国的钢铁产能稳步增长。美国在 1950 年占世界钢铁产量的 53%，但到 1970 年时仅占 21%。这种下降本身并不能说明该产业出现了问题，因为想要维持这么高的世界产量占比是不现实的；较早时候的占比反映了战后初期生产能力的人为分配。但是，外国竞争的激增暴露了国内缺乏强大竞争力的事实，这一事实使得高成本企业得以生存，同时也造成了糟糕的技术选择。

受高昂的成本所累，国内生产商开始因定价而被排挤出市场，并将市场份额让给了外国钢铁。如图 11.3 所示，进口渗透率从 1960 年的不到 5% 上升至 1970 年的约 15%。钢铁产业及其工人有着极大的利益驱动阻止进口增长。管理层希望阻止外国竞争削弱自己的盈利，而工人则希望维持高工资和目前的就业水平。因此，钢铁产业提出了进口保护的要求。1967 年底，印第安纳州民主党参议员万斯·哈特克（Vance Hartke）提出一部法案，要求将钢铁进口量限制在国内市场的 9.6%。为了阻止这一法案，约翰逊政府接受了日本和德国提出的限制自身钢铁出口的提议。在由此达成的自愿限制协定（VRAs）中，日本和欧共体同意将钢铁出口量从之前的 750 万吨（日本）和 730 万吨（欧共体）

全都降至 580 万吨，之后每年增长 5%。自愿限制协定生效了 3 年（从 1969 年到 1971 年），之后又延期了 3 年（直至 1974 年）。虽然钢铁进口量下降了，但外国生产商将出口产品升级为价值更高的不锈钢和合金钢产品，因此进口总价值并未下降。此外，日本认为，协议不涵盖某些类别的钢材（装配式结构钢材和冷轧钢筋），因此这些钢材的出口不受限制。

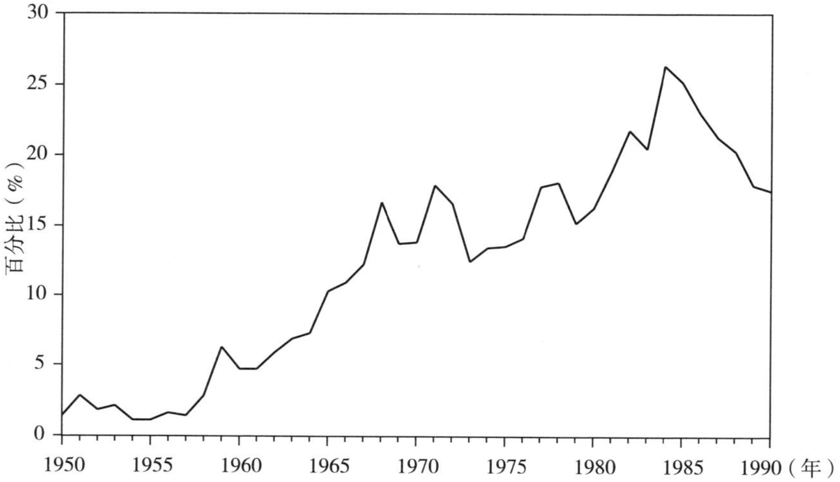


图 11.3　1950—1990 年钢铁进口在国内消费中的占比

资料来源：美国钢铁协会，《年度统计报告》（历年），按量（净吨）统计。

继肯尼迪政府在 1962 年谈判达成棉纺织品贸易长期安排之后，钢铁产业的这一行动只是未来 20 年发展起来的保护主义冰山一角。在接下来的 20 年里，同样的情形会一次又一次地上演：进口渗透率一上升，生产商和工人就怨声载道，国会就会考虑通过立法强制要求大幅削减进口，而行政部门为了应对这一局面，就会通过谈判与他国达成自愿出口限制。

在行政部门和国会的政策制定者努力想要理解并应对新的全球环境之际，20 世纪 70 年代早期成为贸易政策动荡不定的时期。总统的国际贸易和投资政策委员会（即威廉姆斯委员会）在 1971 年 7 月发布的一份报告表明美国感到自己在世界经济中的地位受到了威胁。报告（1971，第1—3 页）一开篇就说：“第二次世界大战后我们熟知的世界已经发生了根本性的变化。在第二次世界大战结束的时候，美国在主要工业国中有着出类拔萃的表现，其生产能力和技术基础不仅毫发未伤，甚至还得到了加强。我们完全不必担心自己在全球的竞争地位。我们面临的主要出口限制起因于贸易伙伴的‘美元短缺’。”因此，美国发挥领导作用，承担起了对非共产主义世界给予经济支持和防御的重任。

然而，现在美国出现了“新的情绪”以及“在体系内部逐渐发酵的信任危机”。报告指出，这一点具体表现为：

> 随着纺织品、服装、鞋制品、钢铁、电子产品和汽车对我国市场的渗透，要求美国实施进口限制的压力越来越大；有越来越多的声音要求采取报复措施以应对致使美国农产品和其他产品在国外市场处于劣势的外国措施；我国人民越来越担心美国多年来的关税削减没有充分实现其价值，因为除了关税之外，其他国家又找到了阻止我们进入其市场的其他途径；劳工们认为，我国公司放弃了美国能够从其卓越技术和效率中获得的竞争优势，正通过其海外业务向外“输出工作”；人们对我国持续的国际收支逆差感到沮丧，并感觉其他国家在国际货币体系运作方面没有做出应有的工作；人们越来越担心我国政府的对外经济政策在不够重视我国经济利益的同时又过度重视我国的外交政策关系，他们担心这一政策仍受到“马歇尔计划心态”的影响，这种心态比较适用于之前那段时期。[62]

威廉姆斯委员会呼吁在贸易政策中采取“新现实主义”。与其他国家的市场相比，美国市场对外国产品的开放程度一般都比较高，因为与贸易伙伴相比，美国关税较低，非贸易关税壁垒较少。因此，报告认为，美国应该更加强势地要求西欧和日本分担起维护开放性世界贸易体系的责任。

威廉姆斯委员会的报告是在贸易政策动荡不定的年代发布的。1971年，美国创下了1935年以来的第一次商品贸易逆差记录。从后来的标准看，贸易逆差幅度很小，进口渗透率微乎其微，但这是一种新的事态发展，它敲响了警钟，让人意识到美国的竞争力正在下降。1971年4月，美国财政部长约翰·康纳利表示，美国在世界贸易中“处境糟糕”，贸易政策需要“彻底改变”。他断言，美国“很快就不得不做出决定，想好我们在这10年里以及10年之后如何走。美国的生活水平正受到威胁，此话绝非虚言”。[63]

由于经济开始停滞不前，失业率从1969年的3.5%上升至1971年的5.9%，这时人们担忧的远远不止贸易逆差这一个问题。这样的形势发展煽动了保护主义压力，国会很快就充斥着各自要求限制进口的新提案。其中最具争议的一份提案是以其发起人，马萨诸塞州民主党众议员詹姆斯·伯克（James Burke）和伊利诺伊州民主党参议员万斯·哈特克的名字命名的伯克-哈特克提案。伯克-哈特克提案是在1971年底推出的，和之前的米尔斯议案一样，这份提案建议在逐个产品、逐个国家的基础上创建一个庞大的政府管理贸易体系。根据该提案，每个产品类别和每个国家的进口数量不得超过1965—1969年的平均进口量。这一做法将有效地把1972年的进口量减少1/3。根据一项估算，贸易减少量相当于将应税进口产品的平均关税从6.8%提高至19.6%。[64]一旦贸易量降至1965—1969年的水平，进口产品与国内生产的比率就不得再增长，这将有效地在逐个产品和逐个国家的基础上冻结进口渗透率。美国将设立一个新的政府机构管理配额并给予豁免，同时在进口“抑制”国内生产的时候加强限制。该机构还有权限制外国投资并监管反倾销和例外条款行动。

提案的主要提出人詹姆斯·伯克的立场变化反映了政治立场在贸易问题上的普遍转变。作为一名民主党人，伯克曾投票赞成1962年的《贸易扩展法案》，并表示贸易将创造“更多的就业岗位、更多的商业和更强大的综合性经济体”。[65]不到10年之后，伯克就加入了一个完全不同的阵营。来自制造业地带的其他很多北部民主党人也是如此。哈特克抱怨：“我们的国际贸易政策已经崩溃，美国产业损失惨重，600 万美国人失业。然而，这届政府没有制定任何政策应对这场危机。”[66]

高失业率和贸易逆差的同时出现导致很多人都将失业归咎于外国竞争。劳联-产联的一份报告指出，由于进口增长、出口滞后，“1966 年至 1969 年，美国对外贸易相当于造成 50 万美国就业岗位的净损失。”[67] 由于这一失业数据被大肆宣传，贸易争论不再聚集于外交政策目标或者如何促进外国市场准入，而是转为计算因贸易而获得或损失的国内就业机会。美国劳工统计局一名官员回应：“国内就业与进口水平之间的关系错综复杂。这些（有关就业和进口的）数据完全是假设，从中得出的任何结论都有可能是错误的或者带有误导性。”但工会的分析结果引起了公众和国会议员的共鸣。[68]后来的研究表明，失业与劳动生产率提高和国内需求变化的相关程度要远远超出它与出口下降或进口上涨的相关度。比如说，弗兰克（Frank，1977）在研究 1963 年至 1971 年的 19 个行业时发现，在就业率下降的四个行业（纺织品、服装、皮革制品和金属制品）中，净进口增长起主要作用的只有一个部门（皮革制品）。

在这一点上，劳工组织反对美国公司对外投资的程度要超过他们反对进口的程度。从 20 世纪 60 年代末开始，为了降低生产成本，公司开始将美国的劳动密集型装配作业，尤其是服装和消费型电子产品生产的最后阶段转移到其他国家。以电视机为例，电子元件先在美国制造，然后运往墨西哥组装，最后再返回美国进行最终销售。美国关税税则第 806 条第 30 款和第 807 条允许运往国外进行下一步加工或装配的美国零部件免税进入美国，因而助长了这种做法。这项规定只影响了少量进口，但离岸装配条款是造成服装和电子产业迁往海外的一个重要因素。

虽然人们普遍认为，劳动密集型装配作业的外包可以将成本降低到一定程度，从而阻止这些产业将所有生产都转移到国外，但劳工组织反对所有因生产和装配迁往他国而造成的岗位流失。[69] 因此，他们想借伯克-哈特克提案这一立法手段，既管制进口，又防止生产被迁往国外。[70]众所周知，劳工组织，尤其是劳联-产联，是伯克-哈特克提案的背后推手。[71]威廉姆斯委员会的一名成员曾感叹：“劳工想废掉整个国际贸易体系！"[72]虽然劳工运动对对外投资的不满要大于对进口的不满，但减少进口的政策要比停止对外投资的政策更容易实施。

伯克-哈特克提案相当激进，它旨在通过强制数量要求以限制进口。它将完全破坏战后的贸易体系，因为这一体系的立足点是市场竞争和以关税替代配额的《关贸总协定》规则。当然，伯克-哈特克提案基本没有机会成为正式法律：委员会没有就其提交报告，众议院也没有就其举行投票；它在参议院应该也会遇到强大的阻力，而且总统肯定也会把它否决掉。不过，它还是反映了政治体系中正在酝酿的一些贸易压力。

## 尼克松冲击

美国贸易困境之所以日益严重，原因之一就是美元相对于其他外币的估值越来越高。美元的错位导致美国产品比国内外市场上的外国产品更加昂贵，同时也反映出 1944 年布雷顿森林协定的固定汇率制存在着结构问题。布雷顿森林体系将看似有黄金储备为其撑腰的美元正式定为世界主要储备货币。外币与美元之间的汇率是固定的，不过，经国际货币基金组织（IMF）批准后可以进行调整。

前面我们已经看到，欧洲在第二次世界大战后遭遇了美元短缺，但到了 20 世纪 60 年代，美元短缺已经变成了美元过剩。不断增长的美元供给意味着，到 20 世纪 60 年代后期的时候，外国持有的美元（近 500 亿美元）远远超出了美国的黄金储备（约 100 亿美元）。如果外国央行要求以美元储备换取黄金，那美国根本履行不了以美元兑黄金的义务。[73]

在应对这一局面时，美国自身的政策选择十分有限。由于美元是世界储备货币，也是国际货币体系的支柱，因而其他国家可以使本国货币相对于美元升值或贬值，但美国无法单方面使美元相对于其他货币贬值。随着美国国际收支从顺差变为逆差，外国央行有义务购买更多美元维持固定汇率并防止美元贬值，这在一定程度上解释了官方美元储备量为何会上涨。欧洲国家和日本越来越担心自己不断增持的美元储备会造成通胀，但他们又不愿意使自己的货币相对于美元升值，因为他们担心这会削弱出口增长，不过有些国家已经开始考虑将部分美元储备换成美国黄金。

尼克松政府将其他国家拒绝货币升值的行为视为一种背叛。在他看来，美国做出了巨大努力推动西欧和日本的战后经济复苏，而现在这些国家却不愿意调整汇率帮助美国，就因为这样做可能危及其出口产业的竞争地位。这样的态度只会加强尼克松政府有意对外国盟友“做出强硬调整”的立场。正如美国财政部长约翰·康纳利所说：“我认为这些外国人想把我们搞垮。我们的任务是先把他们搞垮。”[74]

美国并不是与所有国家都存在汇率问题。英镑和法国法郎一直处于长期疲软状态，并在 20 世纪 60 年代后期相对于美元出现了贬值；美国对这些国家继续保持着贸易顺差，它们的出口也没有明显给国内保护主义压力火上浇油。联邦德国也没有被视为主要问题，因为该国政府由于担心美国的通胀溢出，在 1969 年底重估德国马克兑美元的汇率。1971 年 5 月，德国放弃了固定汇率并允许德国马克相对于美元升值。但是，日本坚决反对调整汇率，1 美元兑 360 日元的汇率是在 1949 年确定下来的，在那之后一直保持不变。日本政府极不愿意采取任何有可能影响该国对美出口能力的措施。因此，从美国的角度看，日本成了妨碍美元进行适当调整的主要绊脚石。[75]

鉴于国会的保护主义压力以及美国黄金储备与外国美元储备之间的不对等状态，尼克松政府于 1971 年开始着手准备调整国际货币体系。康纳利希望结束国际收支状况恶化被“善意忽视”的现状，并控制事态以避免外国央行突然对美国黄金储备产生冲击。康纳利希望关闭黄金窗口，也就是说，暂停外国央行将其所持美元兑换成黄金的能力，并且是出于美国自己的选择，而不是处境尴尬地不得不拒绝他国提出的黄金兑换要求。负责货币事务的财政部副部长保罗·沃尔克（Paul Volcker）领导了一个机构间规划小组，为这种可能性做好应对准备。

1971 年 8 月的“尼克松冲击”主要侧重于新的国内政策，尤其是通过工资和价格控制降低通货膨胀；由于那年夏季发生的几件事，“尼克松冲击”也涉及了国际政策。[76]当年 5 月，美国财政部进行了一次调查，得出结论的是美元被高估了 10%~15%，调查认为一场外汇危机在所难免。[77] 7 月，威廉姆斯委员会公布报告并提出，“如果我们的国际收支问题一直持续，如果其他国家不愿进一步储备美元，那么美国应该表明自己的立场，即美国已经准备好采取临时的统一进口关税和出口补贴”迫使其他国家重估其货币。[78] 当月公布的新数据还表明，美国 6 月份的贸易逆差大得出人意料，而且美国有可能在第二次世界大战后首次出现年度贸易逆差。这些数据让财政部官员深信现行美元平价已经维持不了多久。

8 月 6 日星期五，国会联合经济委员会的报告得出了一个“必然结论”，那就是“美元被高估了”。（具有讽刺意味的是，该报告题为“立即采取行动加强美元”。）报告称：“美元高估导致美国贸易逆差长期存在，从而提高了发生国际货币危机并使国际货币体系四分五裂的风险。”[79] 同一天，财政部还宣布将向法国出售约值 2 亿美元的黄金并使用近 8 亿美元的外汇回购比利时和荷兰的美元。

这样的事态发展导致美元在 8 月 9 日星期一面临巨大的抛售压力。在接下来的这一周里，外国央行大举采取干预措施维持美元价值，购买了约 37 亿美元以防止本国货币升值。康纳利在与总统会面的时候，提议关闭黄金窗口并征收 10% 的进口附加税。此举的目的是，既然日本和其他国家不愿意自发升值其货币，那就通过附加税迫使他们这样做。总统喜欢这个想法，他表示：“进口税让我感到高兴。”因为这种办法可以回击其他国家并让它们做出让步。[80]

8 月 13 日星期五下午，尼克松带着少数经济顾问和助手前往戴维营举行秘密会议，以决定下一步怎么做。虽然美联储主席阿瑟·伯恩斯（Arthur Burns）强烈反对关闭黄金窗口，但其他所有人都认为这样做是必要的。康纳利认为单纯关闭黄金窗口未必能让其他国家（日本）升值其货币，他坚持要求征收 10% 的进口附加税迫使它们这样做。[81] 他认为这种做法在国内政治层面会大受欢迎，而且应该一直生效下去，直到通过谈判达成新的汇率平价。[82] 总统赞同这一想法，称“边境税并没有太过激进，而是激进得恰到好处”。[83] 总统询问其他国家是否可以对附加税采取报复措施，得到的答复是，根据《关贸总协定》的规则，如果附加税的征收是出于国际收支目的，那其他国家就不能进行报复；问题似乎得到了解决。

8 月 15 日星期日晚上，尼克松总统在全国电视讲话中宣布了新政策。讲话的大多数内容都聚集于国内经济形势，尤其是政府决定实施为期 90 天的工资和物价冻结以及其他紧急措施控制通货膨胀。这次讲话在提到关闭黄金窗口的决定时，没有说此举是为了达成美元贬值的目的，而是将之说成提高美国制造业在全球市场竞争地位的一种方式。附加税不是这次讲话的主要焦点，不过也有所提及：

> 我将采取进一步措施保护美元、改善我国国际收支状况并增加美国人的就业机会。作为临时措施，今天我在此宣布对进口到美国的货物征收 10% 的附加税。与直接控制进口量相比，这是一个更好的国际贸易解决方案。此进口税是一项临时措施。它不针对其他任何国家。这项行动旨在确保美国产品不会因不公平的汇率而处于不利地位。一旦不公平待遇结束，进口税也会随之结束。这些行动将会让美国劳工的产品更具竞争力，同时也会消除一些不公平的外国竞争优势。这是我国贸易平衡在过去 15 年里逐渐受损的主要原因所在。[84]

尼克松和康纳利认为进口附加税会受到民众欢迎，他们是对的：根据一项民意调查，71% 的美国受访者认同这项附加税，14% 的人不赞成，15% 的人不确定。[85]

在这些行动对全世界都产生冲击之后，尼克松政府坚持要求其他国家升值本国货币换取美国撤销附加税。康纳利的开价是日元升值 24% 、马克升值 18% 。这对德国（指当时的联邦德国）来说不是一个问题，因为该国早就已经允许马克升值，但日本抵制了这一要求。[86] “尼克松冲击”引得外汇市场大规模抛售美元，从而迫使日本央行采取大规模干预措施防止日元升值。在 8 月 16 日至 17 日的星期一和星期二，日本购买了 13 亿美元以维持美元价值，并将日元保持在 360 日元兑 1 美元的旧汇率上。但事实最终证明，外汇市场的交易量要强过政府购买美元并阻止本国货币升值的意愿。8月底，日本财务大臣宣布政府将允许日元升值，不过还将继续采取政府干预措施以减缓升值速度。[87]

虽然外汇市场迫使各种货币偏离了它们的官方平价，但各国政府仍不愿表态同意正式调整汇率平价。附加税也成为一个日益加剧国际紧张局势的根源。虽然10%的附加税针对的主要是日本，但它适用于来自所有国家的应税进口产品，包括那些与美国存在贸易逆差的国家。欧共体向《关贸总协定》投诉了美国，其他国家则暗示有可能采取报复措施。9月，尼克松政府内部出现了越来越多反对继续征收附加税的声音，其中的领头人物是总统国家安全事务助理亨利·基辛格（Henry Kissinger）。[88]11月底，在基辛格反复重申汇率问题得不到解决将会造成外交政策困境的情况下，尼克松开始担心这一僵局的政治代价，并向康纳利表示他应该尽快解决这个问题。

12月，在华盛顿史密森学会举行的一次会议最终确立了新的汇率平价。在谈判的第一天，美国提出的要求是日元升值19.2%，马克升值14%。德国同意马克升值13.57%，这给日本带来了压力，因为德国官员坚持认为日元至少要比马克多升值4个百分点，也就是说，至少升值17.57%。日本财务大臣坚持认为这个数值必须低于17%，并讲述了一个故事：在日本重新回归金本位之后，一位财务大臣将日元升值了17%，结果他在1930年被人暗杀。康纳利最终同意日元升值16.9%。（这位财务大臣后来透露，其实日本首相已经批准他将日元最多升值20%。）[89]

尼克松总统把这份史密森协定称为“世界历史上最重要的货币协定”。[90]美元兑全球主要货币的贸易加权贬值幅度略低于8%，如果不把加拿大计算在内的话，则达到12%。不过，新的平价只不过是将外汇市场已经形成的机制正式确立下来而已。两天后，总统签署行政命令取消了10%的附加税，此时附加税已经生效4个月。附加税仅适用于美国一半左右的进口产品，因为它不适用于免税进口产品（约占总进口量的1/3）或数量受限的进口产品（约占应税进口产品的17%，包括石油、食糖、肉类、乳制品、其他进口农产品以及涵盖在纺织品长期安排之中的棉纺织品）。尽管如此，据估算，附加税使受到影响的进口减少了6%～8%，这足以引起其他国家的关注。[91]

虽然尼克松积极评价史密森协定，但新的汇率平价只维持了一年左右。1973 年 3 月，来自外汇市场的更大压力迫使各国政府放弃了维持固定汇率的责任，开始允许货币价值出现波动，这标志着布雷顿森林体系汇率制度的正式终结。固定汇率制度的崩溃对贸易政策具有重要意义。从短期看，美元相对于其他货币的贬值有助于扭转贸易逆差，美国也确实在 1973 年和 1975 年创下了商品贸易顺差。美元贬值也有助于缓解国会中日渐积累的保护主义压力，1970 年的《米尔斯法案》和 1971 年的伯克-哈特克提案都反映了这种压力。沃尔克（1978—1979，第 7 页）后来表示："有人得出结论认为，美国摆脱了对美元的责任，也摆脱了牵头维护开放性世界秩序的责任；在我看来，这是对事实的误解……贬值本身就是我们用来排斥保护主义的最有力论据。这件事由始至终的运作前提是，对汇率的必要调整以及其他符合开放贸易和开放资本市场原则的措施可以实现必要的国际收支调整。"[92]确实，由于汇率调整，伯克-哈特克提案之类的再也没有出现，国会甚至开始考虑通过新的立法减少贸易壁垒。

从长期看，固定汇率制度的结束和浮动汇率的开启使各国放松了它们一直以来对国际资本流动的控制。这种控制措施有助于确保汇率保持固定不变，但现在已经没有这个必要了。资本管制的取消导致国际资本流动大幅增加，并使各国在接下来几年内出现巨额经常账户失衡。这导致了汇率大幅波动，这种波动将对贸易政策产生重大影响，尤其在 20 世纪 80 年代更是如此。第十二章中将会予以详述。

虽然达成了汇率协定，但日本仍是贸易政策制定者的主要关注点所在。经过两年多的较量，美国与日本之间关于纺织品的长期争端最终得到了解决。尼克松政府在 1971 年 9 月加大施压力度，提出了最后通牒：要么日本同意按照美国的条件进一步限制纺织品出口，要么美国根据 1917 年《对敌贸易法案》中的紧急授权实施进口配额。威胁动用这一法案对盟友采取贸易行动，这可谓是一项严重的外交打击，它终于说服日本对羊毛和人造纤维等非棉制品采取出口限制。[93]具有讽刺意味的是，日本的出口配额从未产生约束力，因为该国的工资因强劲的经济发展而迅速增长，因而纺织品生产开始转移到其他低工资亚洲国家。

美国对进口纺织品的限制具有全球影响。随着亚洲生产商将部分纺织品出口从美国转向欧洲，欧共体开始想办法保护自己的产业免受进口增长的影响。美国官员表示欢迎欧共体加入纺织品协定，因为这看来能够让美国自己的限制变得合法化。1974 年，这些国家设立了一个名叫《多种纤维协定》（MFA）的总体框架管理纺织品和服装贸易。《多种纤维协定》构成了一个对纺织品和服装贸易进行双边限制的多边体系，涉及 18 个国家，占全球棉花、羊毛和人造纤维进口量的 3/4。另外还与其他 10 个出口国达成了以下非正式协议（“谅解”）：如果这些国家的出口增长太快并给国内生产商带来问题，则有可能对它们施加限制。整个协定取决于出口国和进口国的妥协。进口国能够限制人造和羊毛纤维（外加棉花）的外国出口，而出口国则在双边配额中得到了相当高的年增长率（不低于 6%，而非最初与日本达成的长期安排中所定的 5%）。此外，出口国还拥有一些灵活性，因为他们可以在不同的年份更换不同的出口产品类别，这样就可以使用过去的多余配额或是借用以后的配额。

因此，美国和日本在 1957 年为控制棉纺织品贸易而达成的“短期安排”已经转变成极为复杂的多边协定，涵盖了数十个国家和多种纤维。当然，整个管理式贸易协定明显违反了《关贸总协定》的相关规定，因为这些措施在适用的时候具有歧视性，并通过配额而非关税干预贸易。（具有讽刺意味的是，负责监管《多种纤维协定》的是《关贸总协定》的纺织品监督机构。）

1972 年，日本和欧共体同意将自愿限制协定延长 3 年至 1974 年，也就是说，钢铁产业所受的保护也得到了延期。这次延期削减了出口量、规定了不同类别钢材的吨位限制并降低了这些出口的年度可增长率。对进口钢材的持续限制并没有带来国内产业在业绩方面的任何改善。批评人士指责自愿限制协定助长了国内生产商的自满情绪，工人也因此寻求更高的工资和福利。[94]

虽然美元贬值、1973 年再次出现的贸易顺差以及失业率的下降有助于缓解国会山在贸易问题上的低落情绪，但美国还是因 1973 年底的油价冲击而意识到了自身的脆弱性。在美国于 20 世纪 50 年代后期对石油实施进口配额之后形成的欧佩克因美国在 1973 年的阿以战争中支持以色列而对美国实行了石油禁运。这场冲击严重扰乱了世界经济，使美国重新陷入衰退。它也对贸易产生了巨大影响：石油进口总值在 1974 年增长了两倍多，占到所有进口的 1/4。虽然进口在 GDP 中的比重翻了一番，但是由于美元贬值和农产品出口价格上涨，出口与进口增长保持了同步。

## 《1974 年贸易法案》

20 世纪 70 年代早期的汇率调整以及纺织品、服装和钢铁的进口限制缓解了国会受到的保护主义压力，也让尼克松政府得以谨慎地向国会提出延长总统贸易谈判权，这一权力已在 1967 年失效。1973 年 4 月，尼克松要求将贸易谈判权延期 5 年，同时允许他在 10 年内分阶段将关税减少 60% 并取消 5% 以下的关税。他提出新授权的主要理由是希望解决那些妨碍美国对欧洲和其他地区出口的外国补贴和非关税壁垒，如欧共体的扩张，这次扩张将英国、丹麦和爱尔兰也并入了欧共体。根据 1971 年的威廉姆斯报告，政府还提议大幅修正有关进口救济和调整援助的贸易法案。

工会立即对政府的提议发动攻击，理由是进一步减少贸易壁垒将会损害经济。劳联-产联主席乔治 · 米尼宣称“这些提案没有提出特定机制来管制进口商品的涌入，事实上，有些提议将会加剧美国就业和工业生产受到的破坏”。[95]纺织品和服装、化学品、制鞋、石材制品、钢铁、餐具、五金和手表等进口敏感型产业纷纷反对政府的提议。

其他产业则支持总统提出的要求，如造纸、机械、卡车和拖拉机以及航空航天产品的生产商。这些以出口为导向的产业抱怨外国非关税壁垒阻碍了它们的销售，它们将新的谈判视为解决问题的一种途径。由于全球商品价格在20世纪70年代初创下历史新高，农民和农业团体也对全球市场产生了新的兴趣，因此他们也支持政府的提议。由于欧共体的共同农业政策阻碍了农产品出口，这些团体还希望能够削减欧洲的农业补贴并取消其农产品进口配额。

两党都支持通过谈判扫清其他国家的对外贸易壁垒。大多数国会议员认为，只要美国企业拥有“公平的竞争环境”，它们就可以在全球市场展开有力竞争，而所谓“公平的竞争环境”，就是说外国市场真正开放，不公平贸易行为被完全消除。路易斯安那州民主党参议员拉塞尔·朗（Russell B. Long）说，国会“受够了美国在一个充满歧视的世界里承受‘最差国待遇’。其他国家都躲在差额税、出口补贴、进口平衡税、边境税、卡特尔、政府采购行为、倾销、进口配额以及其他一系列将我国产品拒之门外的壁垒背后，在这个时候，我们不能再把我们的市场暴露在外。”[96]国会议员认为，美国市场对进口的开放程度远远高于其他国家，因此在寻求为美国出口商品打开国外市场的时候，美国不会有什么损失，只会收益良多。事实上，就1966年而言，美国进口受非关税壁垒阻碍的比例（36%，主要是纺织品和服装）要高于欧共体的进口（21%，主要是农业）或日本的进口（31%，主要是农业）。[97]

政府提议的法案还拟定了一项名为“快速通道”（fast track）的新条款推动国会考虑达成谈判协定。过去，贸易谈判只涉及进口关税，总统只要发布行政命令就可以落实协定达成的较低进口关税。然而，在肯尼迪回合中，谈判代表提出了关于非关税贸易壁垒的协定，这些协定需要国会批准对国内法律做出调整。然而，我们之前也看到了，国会拒绝考虑肯尼迪回合谈判达成的任何准则。由于工业品的关税已经很低，因此要想进一步放开贸易，新的贸易协定就不得不把焦点放在非关税壁垒上。不过，如果国会不大可能批准谈判成果，欧共体和其他贸易伙伴就不会愿意参与谈判。

为了绕开这个难题，国会同意建立“快速通道”程序。根据快速通道，国会必须在总统达成贸易协定并提交国会之后 90 天内进行投票表决，而且不得附加任何修正案。由于涉及非关税壁垒的所有协定都必然涉及国内法律的变更，因此协定的实施法案须经参众两院批准。根据快速通道程序，国会还承诺不会修改协定本身，也不会就是否批准协定推迟做出决定。[98] 两党都对快速通道表示支持，因为每个人都认识到，要想缔结任何不只是简简单单削减关税的贸易协定，都需要一些新的国会程序。它也使行政部门在敲定协议之前会与国会议员进行更紧密的合作，确保国会最终支持相关协定。

政府的这一提案于 1973 年在众议院缓慢推进并获得通过。筹款委员会否决了其中一项提议：只要外国市场份额超过 15%，就实施强制性进口配额，这个提议得到了一些民主党人的支持，这也是该党对开放贸易的支持已经下滑的又一个迹象。1973 年 12 月，众议院以 272 票对 140 票通过了该法案。少数党共和党以 160 票对 19 票一面倒地表示赞成，而多数党民主党则出现了分歧。以钢铁生产州（宾夕法尼亚州和俄亥俄州）和鞋类制造州（缅因州和马萨诸塞州）为首的北部民主党人以 101 票对 52 票反对该法案。南部民主党人则以 60 票对 20 票表示赞成，因为近期达成的《多种纤维协定》已经缓和了纺织品和服装行业的反对声音。[99]

俄亥俄州民主党议员查尔斯·万尼克（Charles Vanik）和华盛顿州民主党议员亨利·杰克逊（Henry Jackson）提出了一份修正案，建议将苏联最惠国待遇与苏联犹太人移民自由相挂钩，有关这份修正案的辩论使参议院对该法案的立法行动被拖过了 1974 年的一大半时间。[100] 尼克松政府希望总统拥有绝对权力给予共产党国家最惠国待遇，但国会拒不同意。1974 年 12 月，参议院以压倒性优势通过了法案，其版本与众议院版本的其他差异之处很快经两院协商委员会得到解决。

此时，尼克松已经因水门事件下台，杰拉尔德·福特（Gerald Ford）成为总统。上任仅 3 个月后，福特（1979，第 210—211 页）就在前往日本的时候明确告知日本首相，他“一直是自由贸易的支持者，即使他会因国内失业率居高不下而受到显而易见的政治压力，他也不会改变这样的信念。”然而，福特在回忆录中表示，他对贸易法案并不满意。虽然它是“过去40 年来最重要的贸易立法”，但福特（1979，第 224—225 页）“对法案包含的一些措辞感到担忧，这些措辞在其他国家看来既令人反感且具有歧视性，其中尤以杰克逊-万尼克修正案为最”。然而，他“不情不愿地决定签字让这项措施成为法律”，因为他相信“即使自己行使否决权，也会被国会以压倒性的投票结果给推翻”。1975 年 1 月，福特签署了《1974 年贸易法案》。

《1974 年贸易法案》授予总统关于关税和非关税壁垒的谈判权，使美国更积极地参与已在 1973 年 11 月开始的《关贸总协定》东京回合谈判（下文将会具体介绍）。总统获准将进口关税最高减少 60% 并取消 5% 以下的关税。法案建立了快速通道程序，以便加速国会批准（或否决）所有涉及非关税壁垒的协定，因为这些协定需要修正国内法律。国会还同意授权总统根据名为“普遍优惠制”（GSP）的计划，给予合格发展中国家的选定产品免税待遇。

《1974 年贸易法案》表明，国会并不只是想保护进口竞争型产业，它也愿意向更多贸易开放市场，并就非关税壁垒展开规则谈判。与此同时，法案也让受进口影响的产业更容易获得保护，让工人更容易获得调整援助。到这个时候，人们的一个共识就是，《1962 年贸易扩展法案》试图将政府支持从例外条款保护转向贸易调整援助的努力失败了。1962 年的法案确实加大了相关产业获得例外条款保护的难度：在 1962 年至 1969 年的 29 项调查中，关税委员会仅在 3 起个案中做出了肯定裁决。[101] 但是事实证明，相关产业也同样难以获得贸易调整援助：在这一时期，关税委员会不接受单一的援助请求。从 1969 年到 1973 年，委员会只批准了四起个案，分别是陶器、大理石、钢琴和平板玻璃，仅覆盖3 180 名工人。

《1974 年贸易法案》没有尝试用其中一项来取代另一项，而是同时放宽了获得例外条款保护和调整援助的要求。201 条款为管理例外条款行动设定了新的法律要求。1962 年设定的要求是伤害必须“主要由贸易协定所做的关税削减造成”，这一要求现在被取消了；201 条款只要求进口是“造成严重损害的实质原因”，从而使任何进口增加——即使与之前的关税削减无关——都可以成为获得保护的理由。这极大地增加了各个产业寻求临时进口救济的个案数量。

法案还规定了一个严格的时间表处理例外条款个案。关税委员会被更名为国际贸易委员会（ITC），而且现在它必须在收到申诉后的 6 个月内做出裁决。如果发现产业受到伤害，那么总统将有 60 天时间决定是否发放国际贸易委员会提议的救济。国会还试图将发放救济设成默认选项，规定总统“应当”批准国际贸易委员会建议的贸易救济，“除非他认为，提供此类救济不符合美国的国家经济利益”。临时进口救济可以持续 5 年，还有可能再延期两年，所采取的形式多种多样，一般为关税（逐年下降），但也可能是进口配额、有序销售安排或其他措施。进口关税必须一视同仁地适用于所有国家的进口。

《1974 年贸易法案》还加强了贸易调整援助。如前所述，关于调整援助的法定标准非常严格，因而关税委员会在十多年的时间里只批准了四项申请。由于获得调整援助的难度太大，原本在 1962 年坚定支持这项措施的劳工组织转向了它的对立面。劳联-产联的负责人将之贬称为“丧葬保险”，并直截了当地表示“调整援助无法解决现代贸易问题”。[102]为解决这一问题，法案放宽了资格要求，并将负责这一计划的权限从关税委员会转到劳工部。

新法案也降低了企业获得倾销救济的难度。此前，倾销的定义是指外国生产商以低于其本国市场的价格出口其产品。《1974 年贸易法案》将“低于平均成本”的出口视为另一种可以提起诉讼的倾销形式，这样的定义说明了本国市场价格有可能会随出口价格而被人为压低。法案还对行政程序规定了严格的时间限制，而众所周知，此前这一程序一拖就是数年。

最后，《1974 年贸易法案》的 301 条款授予总统更大的权力处理给美国商业带来负担或障碍的“不公正、不合理和歧视性”对外贸易行为。[103]根据 301 条款，美国出口商可以就歧视美国生产商的外交政策或行为向特别贸易代表提出申诉。随后贸易代表会决定是否启动调查并寻求通过谈判方案终止这样的行为。如果没有达成解决方案，总统有权对违规国家的出口商品征收报复性关税。在301条款的前10节内容中，有7节针对欧共体，并侧重于各种歧视性政策，如欧共体对鸡蛋的进口税；对罐装水果、果汁和蔬菜的最低进口价格要求；对麦芽和小麦的出口补贴；对牲畜的饲料混合要求；对橙子和西柚汁的优惠关税。

最后，《1974年贸易法案》做出了若干制度变革。国会正式设立了贸易谈判特别代表这一职务，该职务之前只是通过行政命令而存在；除了创建私营部门咨询小组之外，这一举措还为国会更多地参与贸易谈判创造了条件。[104]美国贸易代表办公室（USTR）由此成为行政部门的谈判机构。前面说过，国会还将关税委员会的名称改为国际贸易委员会，并使之成为一家独立机构，而不再是行政部门的一部分。作为一个独立机构，国际贸易委员会必须直接向国会提交预算方案，这就让国会对该机构的活动拥有了更大的影响力。[105]

总而言之，《1974年贸易法案》是一部重要的贸易立法。在20世纪70年代初保护主义压力爆发之后，国会开始设法建立一个体系，为更多例外条款个案和反倾销行动开辟法律途径，从而将进口救济方面的政治压力从法律救济转向行政救济。法案将贸易自由化和贸易保护杂糅在了一起。一方面，它使总统有权进一步放宽贸易，扩大进出口，并通过普遍优惠制（GSP）使发展中国家的产品免税进入美国市场。与此同时，它又通过临时关税或额外的失业保险为进口竞争型企业和工人提供了更多的政府援助。

《1974年贸易法案》的通过也证明贸易政策上的党派分歧已经变得模糊不清。新的分歧取决于不断变化的选区特征。总的来说，民主党人发现自己越来越难以做到支持开放的贸易政策，因为他们与工会有着千丝万缕的联系，而工会担心就业岗位的流失，尤其在工业化的东北部和中西部地区更是如此。与此同时，共和党人在减少贸易壁垒并确保互惠市场准入的问题上仍然心存顾虑，但他们还是比过去数十年要更加愿意反对那些有可能间接损害出口的保护主义措施。

## 东京回合

早在 1972 年，美国、欧共体和日本就宣布打算开启新一轮多边贸易谈判，这是自 1947 年日内瓦《关贸总协定》大会以来的第七轮谈判。当东京回合于 1973 年 11 月开始的时候，人们都期待着国会将很快授予总统谈判权。虽然全球经济因衰退和高通胀而陷入困境，不过东京回合还是想进一步降低关税水平并限制非关税壁垒的使用。[106]虽然如表 11.2 所示，此时的平均关税已经很低，但美国、欧共体和日本在谈判中还是同意将关税平均削减 34%。与肯尼迪回合一样，关税削减不再是通过对特定利率进行双边磋商的老办法，而是通过公式进行计算，因此较高关税的削减幅度要大于较低关税。

表 11.2 东京回合之前和之后的平均关税水平 （单位：%）

| | 所有工业品 | | 原材料 | | 半成品 | | 制成品 | |
|---|---|---|---|---|---|---|---|---|
| | 东京回合前 | 东京回合后 | 东京回合前 | 东京回合后 | 东京回合前 | 东京回合后 | 东京回合前 | 东京回合后 |
| 美国 | 6.5 | 4.4 | 0.9 | 0.2 | 4.5 | 3.0 | 8.0 | 5.7 |
| 欧共体 | 6.6 | 4.7 | 0.2 | 0.2 | 5.1 | 4.2 | 9.7 | 6.9 |
| 日本 | 5.5 | 2.8 | 1.5 | 0.5 | 6.6 | 4.6 | 12.5 | 6.0 |
| 加拿大 | 13.6 | 7.9 | 1.0 | 0.5 | 14.8 | 8.3 | 13.8 | 8.3 |

资料来源：国会预算办公室（Congress Budget Office，1987），第 32 页。

随着关税降至相对较低的水平，谈判的重点转为规范非关税壁垒的使用。（降低关税被比作“抽干沼泽，露出所有仍需清理的非关税壁垒暗礁和残桩”。[107]）东京回合通过 6 项准则应对非关税壁垒，分别涵盖了政府采购、技术性贸易壁垒、补贴和反补贴税、海关估价、进口许可程序和反倾销。[108]由于这些壁垒很难判定和监管，因此这些准则的内容基本上都是程序性的，没有提出什么具体的义务。准则设立了宽泛的一般性规则，如透明度和国民待遇要求，但谈判国并不非得签署这些准则，它们可以选择加入或不加入。尽管如此，这些准则还是代表了将《关贸总协定》规则扩展至各种监管性贸易壁垒的初步尝试。

谈判也涉及补贴和反补贴税。欧共体对补贴的使用程度要远远超过美国：1978 年，得到官方出口信贷支持的制成品出口比重在英国为 56%，在日本为 34%，在法国为 30%，而在德国和美国仅为 11%。[109]美方的关键谈判目标之一就是限制这种补贴，原因是它们扭曲了资源分配、破坏了市场运作，因此有损美国利益。与之形成对比的是，欧共体只想在这种补贴对另一国产业造成伤害的时候对其进行惩罚。双方协商的结果是，欧共体同意对影响贸易的国内补贴进行限制，美国同意对反补贴税（countervailing duty）案件进行实质损害检测。换句话说，只有在出口补贴对国内产业造成损害的情况下才能征收反补贴税；之前美国并没有这样的要求。反倾销准则也根据要求较低的美国标准进行了调整，也就是说，要想征收反倾销税，必须是进口倾销造成实质损害，但未必是损害的“主要”原因。

在东京回合中，发展中国家第一次开始在《关贸总协定》中发挥更积极的作用。它们的作用仍然十分有限，因为发展中国家得到的是“特殊和差别待遇”，这意味着它们在受益于发达国家的关税削减时不必降低自己的关税。就连最贫穷的发展中国家也受益于各种关税优惠计划，如普遍优惠制，严格说来，这些制度其实违反了最惠国待遇条款。

与之前的谈判一样，东京回合未能解决农产品贸易问题。尽管美国坚持要求采取一些措施，但欧共体还是拒绝降低补贴水平或者放宽共同农业政策中的贸易壁垒。谈判代表也未能就保障措施在适用时是否能够有所差别的问题达成一致。《关贸总协定》第 19 条的要求是，保护措施——如第 201 条的例外条款——必须一视同仁地适用于所有来源的进口。《关贸总协定》在自愿出口限制和有序销售安排等选择性和差别性安排方面没有相关规定，而这类安排现在已经被引入并将在未来 10 年内激增。

东京回合引发的国内争议相对较少。纺织品和服装产业是对谈判结果感到担忧的团体之一。该产业及其工人说服国会在 1978 年底通过了一部法案，禁止贸易谈判代表降低纺织品和服装的关税，这充分彰显了其政治实力。南卡罗来纳州民主党参议员欧内斯特·霍林斯（Ernest Hollings）指出该产业正处于水深火热之中，并表示："如果一个人正在出血，那就不能再切断他的另一条血管。"[110]来自南部地区的议员支持这一法案，并呼吁来自佐治亚州的总统吉米·卡特签署该法案。总统的顾问强烈反对，理由是这将成为一个糟糕的先例，导致其他产业也寻求类似的豁免。它还会危及正在进行的谈判，促使其他国家撤回影响美国出口的关税削减提议。他们认为，由于高通胀，美国不能再实行会进一步提高价格的政策。其他利益集团，尤其是零售商和一些制造商，也表态反对这一法案。

1978 年 11 月，卡特否决了该法案，理由是它"无法解决造成产业困境的真正原因"。它给该产业带来的好处将是"短暂的"，但"会促使我们的贸易伙伴采取报复措施，撤销他们在美国出口需求最大的领域提出的关税削减，如烟草、谷物、柑橘、原棉、纸张、机械、家禽，以及成衣和时装等纺织品相关领域"。总统得出结论："如果损失这些出口领域，那对我们国家来说将是过高的代价。"[111]

东京回合于 1979 年 4 月结束。总体而言，结果喜忧参半。虽然发达国家的进口关税被降至更低水平，但发展中国家预计不会回以同等待遇。非关税壁垒方面的准则含糊不清，而且各国可以自己选择是否采用这些准则；农业贸易问题也仍未得到解决。两个月后，卡特政府将东京回合的实施法案提交国会批准。国会必须迅速采取行动，因为《1974 年贸易法案》的"快速通道"条款要求国会在 60 天内投票表决，并且不得附加任何修正案。美国贸易代表罗伯特·施特劳斯（Robert Strauss）是民主党的运作高手，他在谈判期间一直尽力让国会和相关私营团体了解谈判动态。这一做法确保了主要选区不但不会对谈判结果感到意外，还会广泛支持。据施特劳斯（1987，第 vii 页）后来回忆说："我与国内选民（既包括产业也包括劳工）以及国会议员进行谈判所花的时间一点也不少于我与外国贸易伙伴谈判所花的时间。"比如说，路易斯安那州民主党参议员拉塞尔·朗和参议院财政委员会的人员坚持要求参与实施法案的起草工作，以便确保国会最后对之给予支持。由于立法机构和行政机构的这一合作，《1979年贸易协定法案》在国会顺利通过，众议院的投票结果为395票对7票，参议院为90票对4票。[112]一面倒的支持既反映了施特劳斯杰出的政治敏锐性，也表明国内没有哪个团体感觉自己受到了谈判结果的严重威胁。[113]

然而国会要求，要想通过《1979年贸易协定法案》，就得推行进一步的贸易政策行政改革，尤其是总统需要通过行政命令将反倾销程序权从财政部转到商务部。国会长期以来一直抱怨财政部没有认真对待倾销申诉，并因为不愿意征收关税而导致长期的程序延误。比如说，当真力时（Zenith）在1971年对黑白电视机进口提出反倾销投诉时，关税委员会裁定该行业遭受了损失，但财政部直到1978年才采取行动并将之驳回。[114]国会显然希望反倾销法得到更积极的落实，而商务部——其选区组织是美国企业——应该比财政部更乐于见到这样的申诉。

此外，美国贸易代表办公室（USTR）正式成立，主要负责在行政部门制定和协调贸易政策。美国贸易代表办公室的主要职责是贸易协定谈判，但它在谈判时必须平衡好众多政府机构的观点，如代表外交政策利益的国务院、代表商业利益的商务部、代表农业利益的农业部、代表工人利益的劳工部、代表竞争关注的司法部和代表消费者和经济效率利益的经济顾问委员会等。所以，美国贸易代表办公室牵头负责一套全面的跨机构协商程序，指引美国贸易政策的制定。

## 保护主义悄然蔓延

20世纪70年代，美国显著加深了对世界贸易的参与度。商品进出口的GDP占比在这10年里翻了一番，从1970年的近4%上升至1979年的约8%。虽然商品贸易顺差在1976年之后让位于商品贸易逆差，但这最初是由1973年石油危机后的大量石油进口促成的。美国在农产品和制成品以及服务业上持续拥有贸易顺差。此外，美国与亚洲的贸易占比越来越大：20世纪80年代，美国约40%的进口来自亚洲，而在20

世纪 50 年代时仅为 17%。由此可以看出一些东亚国家和地区的快速经济发展，尤其是日本、中国香港、中国台湾和韩国。因此，政策制定者开始将注意力从欧洲转移到太平洋地区的新兴工业化经济体。

总体而言，制造业在 20 世纪 70 年代坚守住了自己的地位，但制造业内部发生了重要的结构变化并引发了很多艰难的调整。出口转为美国拥有最大技术优势的更新颖、更先进的产品，如机械和航空航天，这些领域的技术工人的工资相对较高。与此同时，随着越来越多的东亚国家实现工业化，美国开始进口更多的劳动密集型制成品，如纺织品和服装。在标准化的资本密集型产品中，如基础钢材乃至汽车，外国产能显著提升，这导致国内外的竞争开始加剧。因此，虽然高科技和机械领域的先进产业表现良好，旧有产业却陷入了持久的困顿。这一调整过程需要将劳动力和资本从旧有产业（纺织品、服装、鞋类和钢铁）重新分配至新的产业（电机、航空航天、半导体、计算机和电信设备）。

虽然制成品贸易顺差在 20 世纪 70 年代不断增长，但受到进口竞争影响的产业不可避免地吸引了大部分注意力。重组过程给人带来整个制造业都吃尽苦头的感觉。虽然制造业的产量在 20 世纪 70 年代增长了 36%，但就业情况则是另一番光景。制造业就业岗位在 20 世纪 60 年代增加了近 400 万，但是到了 20 世纪 70 年代，制造业就不再是就业岗位净增长的源头。相反，在这 10 年里，制造业的工人数量一直在1 900万和2 000万左右波动，不过隐藏在这种稳定表象下的是一些劳动密集型产业的就业岗位显著减少和其他产业的岗位增加。从大多数研究看，就业岗位的减少主要是因为需求和生产率增长的变化，而不是因为进口。[115]

前面我们已经看到，国会认识到按产业设立援助法案既耗时又充满争议。因此，它在《1974 年贸易法案》中修改了关于贸易救济的法律，使得受到进口影响的企业和工人可以更容易获得高关税形式的临时救济。虽然这些规定已经存在了几十年，但其他国家对国内市场的渗透率不断上升，因而促使 20 世纪 70 年代后期涌现出一批新的进口救济案。企业向政府申请提高进口关税的主要法律工具是例外条款、反倾销税和反补贴税。例外条款理应是受损产业获得临时进口保护的主要途径。根据《1974年贸易法案》的201条款，如果国际贸易委员会发现进口是“造成严重损害的实质原因”，那它可能会建议对所有来源的进口都征收更高的关税（5年期间逐渐下调）。总统对是否给予进口救济有完全的决定权。

事实上，例外条款并没有为申诉产业提供太多帮助。1975年至1980年间提出的201条款案一共有44起，但只有9起最终使关税得到提高。这44起申诉案中有17起被国际贸易委员会裁定没有满足进口救济的法定要求。在另外27起申诉案中，国际贸易委员会裁定进口是造成损害的原因之一，并建议对其中24起提高关税，对其他3起实施调整援助。[116]不过，福特总统和卡特总统对大多数申诉案都否决了救济措施，理由是这不符合国家经济利益，因为贸易壁垒会给消费者带来沉重负担、加大通胀压力、破坏美国与他国的关系、让业内繁荣企业坐享其成，同时又不能给受进口影响最大的企业提供太多帮助。[117]

例外条款还有另一个问题：必须对所有来源的进口都征收更高的关税，而不是有选择性地只针对影响国内产业的进口。因此，即使只有一个国家造成进口急剧上涨，也得是所有外国出口商都受到贸易限制。这也是总统不愿意批准救济的原因之一：如果来自日本和韩国的进口是国内生产商的主要竞争来源，那么他们不想对加拿大和西欧造成不必要的伤害。因此，总统面临着艰难的选择。如果总统批准例外条款救济，可能会让国内产业感到满意，但是会激怒那些并非问题根源的出口国。如果总统拒绝批准进口救济，国内产业就会不满，并有可能转向国会寻求补救措施。

最后谈判达成的解决方案涉及自愿出口限制（VER）或有序销售安排（OMA），这是一个几乎让所有人都感到满意的妥协结果。根据这一方案，只有出口损害到国内生产商的国家（或多个国家）才需要限制其在美销售。只要这些出口受到限制，国内产业就会感到满意。外国出口商也会感到安心，因为他们不用承受更高的关税，而如果采取例外条款或反倾销措施，就会造成关税的提高。更有利的是，那些限制销售的出口商发现自己可以在美国提高定价，而这将弥补销售数量的下降，甚至有可能提高他们的利润。受到限制的出口商获得的更高收益被称为“配额租金”。有的时候，即便没有美国产业对进口提出抱怨，一些外国企业也会自己去联系美国官员并要求实施自愿出口限制或有序销售安排，原因就是他们想要追求这样的租金。

没有参与自愿出口限制或有序销售安排的国家的出口商也对这些安排感到满意，因为他们可以自由地提高出口量并填补受限制出口商留下的空白。这往往会使进口救济变得千疮百孔，结果国内产业发现它根本起不到什么作用。比如说，在涉及非橡胶鞋制品的例外条款案中，卡特总统决定与中国台湾和韩国谈判达成有序销售安排，而不是像国际贸易委员会建议的那样加征关税。有序销售安排在 1977 年至 1981 年生效，只对这两个国家和地区的出口予以限制。结果，中国台湾和韩国的出口减少很快就被中国香港和菲律宾的出口上涨抵消。卡特政府随即面临压力，需要扩大进口限制涵盖这些新的供给商。政府于 1978 年做出回应，要求中国香港鞋类出口产品提供原产地证明，因为很多人怀疑中国台湾和韩国只是经中国香港转运货物以规避出口限制。此外，中国台湾和韩国企业开始更换它们所售产品的类型，以避开有序销售安排的限制。韩国生产商减少了运动鞋的皮革含量，添加了更多的橡胶和织物，这样它们就不再是协议中定义的“非橡胶鞋制品”，因此无须受到出口限制。[118]最终，有序销售安排未能减缓鞋制品进口，因此也没有阻止国内制鞋业的持续下滑。

涉及彩电进口的有序销售安排也没能帮到国内产业。在进口量从 1975 年的 110 万台激增至 1976 年的 290 万台之后，一些工会和小企业提出了 201 条款申诉。国际贸易委员会裁定进口是造成严重损害的实质原因，并建议征收 25% 的关税，5 年后降至 10% 。然而，卡特总统与日本谈判达成了为期 3 年的有序销售安排，将进口电视机的数量减少至 156 万台。虽然从日本进口的电视机数量下降了，但是在一年的时间内，来自韩国的进口数量上涨了约 4 倍（从 97 000 台增至 437 000 台），来自中国台湾的进口量翻了近一番（从 322 000 台增至 624 000 台）。虽然达成了有序销售安排，但1978年的彩色电视机进口量与1977年的进口量基本是一样的。[119]

政府随后在1979年强制要求韩国和中国台湾加入有序销售安排，各自的出口量上限均为526 000台。相应的后果是产品结构发生了变化：组装电视的进口量下降了，但未组装电视的进口量从1976年的几乎为零上升至1980年的近300万台。这些例子说明，作为一种帮助国内产业应对外国竞争的方式，贸易救济有其局限性。制造业生产的全球化意味着针对特定国家的贸易限制很容易被规避，因为外国供给可能来自任何一个国家。有序销售安排很容易被规避，因此它们在帮助国内生产商维持市场份额方面基本没有起到什么作用。

纺织品、服装和钢铁等具有政治影响力的产业也获得了特殊贸易保护，有时还有反倾销和反补贴税作为补充。纺织品和服装产业继续受到《多种纤维协定》的保护，这份协定已经制度化，成为美国贸易政策的一部分。1977年12月，在东京回合谈判期间，21个国家敲定第二版《多种纤维协定》（MFA-II），更新了对发展中国家的棉花、羊毛和人造纤维服装产品的出口限制。这一次，是欧共体而非美国支持通过降低年增长率收紧《多种纤维协定》配额，限制出口商在不同年份和产品类别中转换供给种类的能力，并在进口激增对国内生产者造成伤害的情况下允许"合理偏离"配额（即更严格的限制）。这些拼凑在一起的出口限制协定从1978年一直生效至1981年，然后又进行了延期。[120]

钢铁产业的第二轮自愿限制协定于1974年到期，这个时候全球钢铁市场正在蓬勃发展。不过欧洲和日本的钢铁生产商在此期间增加了产能，结果在全球需求开始减弱的时候，产能出现了严重过剩。更糟糕的是，从美国国内钢铁生产商的角度看，欧洲政府经常补贴他们的企业以防止工厂关闭并最大限度地减少失业，从而通过维持产能延长调整过程，而正常情况下这些产能原本是应该被关停的。[121]从某种程度上说，美国产业是受到补贴的国外过剩产能的受害者，这种过剩产能使全球产量居高不下，价格却低于正常水平。与此同时，国内钢铁产业没能将生产率提高到足以使其产品在市场上具有竞争力的程度，而且支付给工会工人的大幅工资溢价带来了高昂的成本。

当钢铁需求在 1977 年减弱时，美国国内生产商重新开始争取新的进口限制。卡特政府希望与外国供给商达成有序销售安排：日本同意了这样的安排，但欧共体没有同意。因此，钢铁产业提出了无数针对欧洲生产商的反倾销申诉。由于担心反倾销税可能造成难以逾越的进口壁垒，卡特政府提出了“触发价格机制”（TPM）：如果进口价格低于特定触发价格，政府将进行价格监控并加速反倾销调查。这一针对进口的“公允价值”作为参考价格基于对日本钢铁生产成本、利润率和其他费用的估算。触发价格机制加大了征收关税的可能性，而且价格下限适用于所有进口，因此无法进行供给转移。一经美国和欧洲钢铁产业接受，触发价格机制立即于 1978 年 1 月开始生效。

国内产业几乎立即就抱怨触发价格设得太低。因为触发价格是根据日本的成本计算得出的，因此成本较高的欧洲生产商仍可以“倾销”钢铁并扩大其市场份额。1980 年 3 月，美国钢铁公司对欧洲生产商提起反倾销和反补贴申诉，导致卡特政府暂停了价格下限。触发价格机制在几个月后恢复，不过价格下限提高了 12%，从而换来了申诉被撤回。[122]

与接下来数年将要出现的局面相比，这些贸易行动都还是相对温和的。20 世纪 70 年代是过渡的 10 年。美国不再主导全球制造业，很多产业面临着来自进口的竞争。此外，各国之间出现了大量资本流动，而这并非布雷顿森林体系的特点。资本流动意味着贸易流动现在更有可能受到汇率变动的影响。一系列因素意味着 20 世纪 80 年代将会出现更大的要求限制进口的政治压力。

# 第十二章
# 贸易冲击和应对，1979—1992 年

20 世纪 80 年代是美国贸易政策史上最艰难的时期之一。1979 年至 1982 年的严重衰退和 1980 年至 1985 年美元相对其他货币的显著升值这两大宏观经济因素相结合，挤压了国内的贸易品生产商，尤其是制造业生产商。美国还开始出现大幅贸易逆差，这成了美国贸易问题的代名词。外国竞争的加剧意味着要求限制进口的政治压力急剧增大。[1]里根政府的回应是限制多个部门的进口，但同时也顶住了国会要求采取更多措施（尤其是针对日本）的压力。始于 1983 年的经济复苏和始于 1985 年的美元贬值最终帮助缓解了贸易品生产商的压力，并使进口限制在 20 世纪 90 年代初被取消。这一时期，两党在贸易政策上的传统党派分歧也在继续逆转，因为很多民主党选区现在深受进口之苦，而共和党选区则受益于开放贸易。

## 双重困境：严重衰退和美元升值

推动贸易政策的宏观经济因素伴随着货币政策的转变而出现，这种转变的目的是为了阻止通货膨胀。1979 年，由于消费者价格每年上涨约 12%，美联储主席保罗 · 沃尔克开始收紧货币政策。这一政策成功地降低了通货膨胀，但也推高了实际利率，并造成了自大萧条以来最严重的经济衰退。制造业受到的冲击尤为严重：在 1979 年到 1983 年，就业岗位减少了 12%，汽车和钢铁等大型贸易敏感产业出现了大规模裁员。美联储政策造成的影响在 1982 年全面展现：产业生产下降超过

7%，失业率到年底时高达近 11%。[2]

罗纳德·里根（Ronald Reagan）总统的新政府也推行扩张性财政政策，即降低税率并提高国防开支。紧缩的货币政策和宽松的财政政策相结合，导致了财政赤字的不断增长、实际利率的持续走高以及美元在外汇市场上的稳步升值。1980 年至 1985 年，美元相对于其他货币的实际贸易加权汇率上升约 40%。美元升值沉重打击了国内贸易品生产商的竞争地位。美元的走高还削弱了美国出口，因为美国产品对外国消费者来说较为昂贵，同时又使进口产品在国内市场上占据极大优势，因为外国产品对消费者来说较为便宜。因此，商品贸易逆差在 1987 年增长到接近 GDP 的 3.5%。直到美元在 1985 年开始贬值，贸易逆差才逐渐减少。

为什么这种完全超出以往历史经验的大规模贸易逆差会在此时突然出现？第十一章中谈到的国际金融体系的根本变化使得大规模且持续的贸易失衡成为可能。在过去的几十年里，贸易失衡的规模很小，因为在汇率固定的布雷顿森林体系下，政府会限制资本的国际流动。当各国之间只能相互买卖货物时，出口和进口必定会基本持平。当固定汇率制度于 1973 年崩溃后，各国开始采取浮动汇率，资本管制也就变得没有必要。随着各国政府开始允许更多的国际资本流动，不同国家的投资者也开始购买彼此的资产。因此，各国之间的资本流动大幅增加，[3]使大规模贸易失衡开始出现。就美国而言，其他国家更希望把它们对美出口赚到的美元用来购买美国资产，而不是购买美国制造的产品。结果，随着外国对美投资的激增，美元出现升值，出口开始低于进口。

日本的政策变化尤为重要。长期以来，日本一直是个高储蓄率、低利率的国家。1980 年 12 月，日本放开了资本流出，允许日本投资者在美国购买资产，而美国是一个储蓄率低但利率相对较高的国家。结果，日本的金融机构开始出售日元购买美元，这样他们就可以购买更高收益的以美元计价的资产。[4]这推高了外汇市场上美元兑日元的汇率。美元升值（或者说日元贬值）加强了日本产品在全球市场的价格竞争力，却削弱了美国产品的竞争力。

严重的经济衰退和美元升值使出口依赖型和进口竞争型经济部门都面临巨大压力。如图 12. 1 所示，在 20 世纪 80 年代初期，出口的 GDP 占比急剧下降，而进口则基本保持不变。然而，这张图让人误以为进口在国内市场上的重要性并没有在增长。进口相对于 GDP 的价值没有大幅增加，部分原因在于，虽然进口量大幅上涨，但美元走强导致进口价格走低。在 1982 年至 1985 年期间，半成品和制成品的进口量分别增长了 50% 和 72% 。与此同时，半成品和制成品的出口量分别仅增长了 9% 和 1% 。[5]

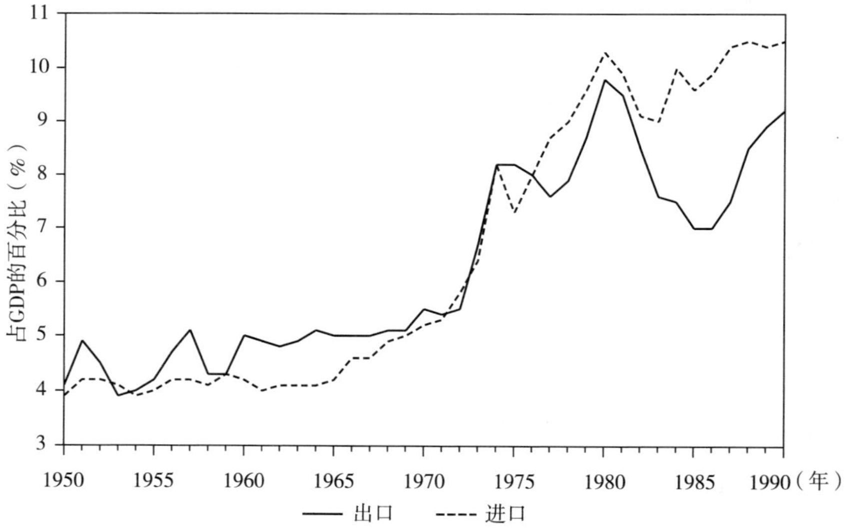


图 12. 1　1950—1990 年商品出口和进口的 GDP 占比

资料来源：美国商务部，经济分析局，www. bea. gov/。

美元兑其他货币的走强也导致贸易平衡结构发生重大变化。在 20 世纪 70 年代，整体贸易逆差是由于矿物燃料（石油）的净进口略微超过制成品和农产品的净出口造成的。如图 12. 2 所示，在 20 世纪 80 年代，农产品贸易顺差继续保持，矿物燃料的贸易逆差基本稳定，但制成品的贸易平衡发生极大逆转，变成了贸易逆差。从 1983 年开始，美国成为制成品的净进口大国。

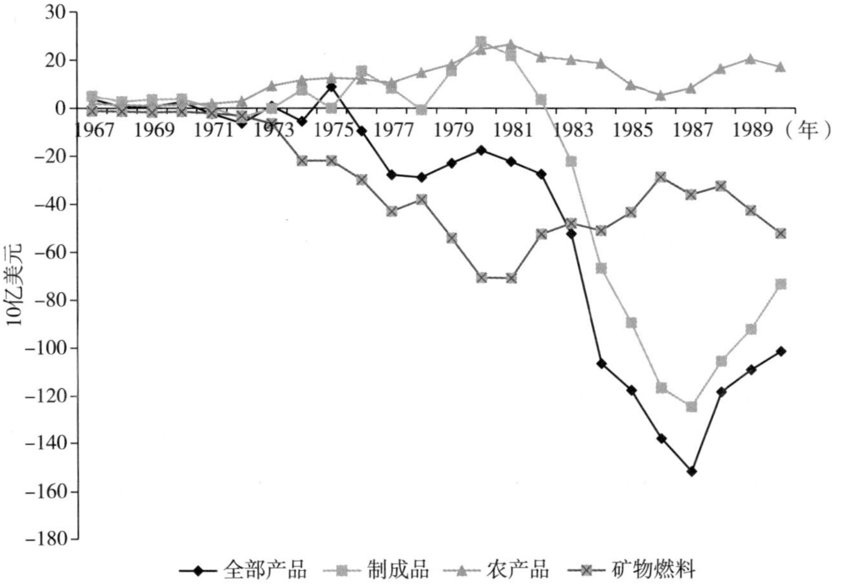


图 12.2　1967—1990 年按类别划分的美国贸易平衡

资料来源：美国商务部，各期 *Highlights of U. S. Trade*。

这样的形势变化引发了关于制造业健康状况的持续争论。大部分担忧围绕的都是就业问题。制造业就业人数在 20 世纪 60 年代增加了近 400 万，之后在 20 世纪 70 年代和 80 年代一直在 1 850 万至 2 100 万之间波动。制造业就业人数大幅下跌的情况见于 1968—1970 年、1973—1974 年和 1979—1982 年。在前两个时期，下跌几乎完全是周期性的，与经济衰退同时发生，而与贸易基本无关。但在 1981 年至 1982 年，制造业就业人数下降了 12%，就业岗位减少近 300 万，这其中有大约 1/3 的就业损失要归因于贸易，即制成品出口的下降和进口的上涨，而其他 2/3 则要归因于经济衰退。[6]

不过，从 1979 年至 1994 年这段较长的时期看，贸易实际上推动了制造业的就业率提升。虽然制造业就业人数在此期间下降了 13%，但据克莱策（Kletzer，2002）计算，如果将出口和进口冻结在 1979 年的水平，那么制造业就业人数则会下降 16%。个中原因在于，制成品出口和进口在此期间都有所增长，但出口在创造就业岗位方面的影响要大于进口在破坏就业岗位方面的影响。尤其需要指出的是，并非所有制成品进口都直接取代了国内生产：进口产品有可能与国内生产的产品有极大的不同，因此两者之间并没有产生真正的相互竞争。[7]

除了这些周期性波动外，经济也经历了长时间的结构性变化，这些变化导致各产业之间出现了重大就业转移。虽然有些制造业正在扩大就业，但另外一些则在经历大规模的永久性就业岗位流失。1977 年至 1987 年，初级金属产业（高炉和基础钢材）的生产工人数量减少了 39 万，纺织品和服装产业的就业人数减少了近 60 万。对于这些产业而言，减产和工厂倒闭导致了蓝领工人的大规模裁员。“去工业化”这个词开始出现，“锈带”（以工业为中心的中西部地区开始被冠上这个名字）工厂大门紧闭的画面深深地烙在了大众的记忆之中。另一方面，运输和电子产业的就业人数在此期间增加了 35 万，印刷和出版业增加了 43 万。[8]

虽然工人遭遇了困难，但制造业整体产出在这一阶段的大部分时间里仍在继续增长。在 1979 年至 1982 年的严重衰退时期，虽然制造业就业人数下降了 12%，但制造业生产仅下降了 4%。相反，在 1983 年至 1989 年的经济增长期，制造业生产增长了 36%，但就业岗位仅增长了 4%。生产和就业不再相辅相成：由于生产率的提高，产业无须雇用新工人就能实现产出增长。这既是因为制造业产出构成发生了变化（技术和资本密集型产业的扩张以及劳动密集型产业的相对减少），也因为新技术和新设备推动了劳动生产率的普遍提高。

在此期间，制造业占经济的比重也有所下降：1970 年至 1990 年，制造业在 GDP 中的占比从 24% 下降到了 18%。由于贸易逆差越来越大，这 6 个百分点的下跌往往被归咎于外国竞争。但是，正如克鲁格曼和劳伦斯（Krugman and Lawrence，1994）指出的那样，即使制成品贸易处于平衡状态，制造业的比重在此期间仍会下降 5 个百分点。换句话说，制造业在经济中的占比下降绝大部分是非贸易因素造成的，比如说消费者需求从商品转向服务业，制成品相对价格由于生产率快速增长而下降。（此外，按实际值计算，制造业在经济产出中的比重是稳定的，这表明它在名义 GDP 中的占比下降很大程度上是因为生产率提高导致制成品的相对价格下降。）

不过，20 世纪 70 年代和 80 年代的情况是不一样的。在 20 世纪 70 年代，美国的制成品贸易顺差不断上涨。贸易扩大了制造业在经济中的比重，因为技术密集型产品（飞机和机械）的出口抵消了劳动密集型产品（服装和鞋类）的进口。情况在 20 世纪 80 年代发生了变化。在这 10 年间，制造业对 GDP 的贡献下降了 3.1 个百分点，与 20 世纪 70 年代几乎一样；但是，如果贸易保持平衡，那么制造业的比重应该只下降 1.7 个百分点。也就是说，20 世纪 80 年代制造业在 GDP 中的占比下降有一半以上可以归因于贸易逆差。

制造业面临的真正问题是竞争的加剧，而推动这种加剧的既有技术发展，也有外国竞争。这种竞争加剧使几乎所有行业都不得不进行重组。国内企业应对竞争加剧的办法是努力提高效率、关停低效生产设施以及用更少的工人维持生产等方式降低成本。竞争迫使美国国内企业降低生产成本、提升产品质量或进入新的业务领域以求生存。企业通过采用新技术、削减劳动力和重新调整生产努力降低成本并提高效率。当然，不同产业的调整方式也有所不同。汽车产业致力于提高产品质量并生产体型较小、油耗较低的汽车。钢铁产业开始关停过剩产能，从而推动生产合理化。劳动密集型产业通过以资本（机器）取代劳动力的方式实现了现代化。而无法以资本或技术替代劳动力的产业，如电子消费品组装业或制鞋业，则有可能将国内生产安置到国外，以便利用更便宜的劳动力。因此，很多产业的劳动密集型生产阶段都被转移到其他国家。

不管是否面临国际竞争，各个产业都在重组：不同产业工人失业率的差异仅与贸易有些微关系。虽然高失业率产业通常都是进口敏感型产业，但并非所有进口敏感型产业都出现了高失业率。[9]重组一般都是通过减少工人数量而非削减现有工人的工资实现的。[10]不管是不是由进口变化、技术发展或消费者需求变化造成的，失业对于受影响的工人来说都是一个沉重的打击。失业工人在失去工作后收入往往会有显著下降。尤其是年龄较大的工会工人的工资水平要显著高于制造业普通工人，如果他们在其他经济部门就业，其收入会大幅减少。[11]另一方面，如鞋制品、皮革制品、纺织品和服装等劳动密集型部门最容易受到进口竞争影响的工人，往往是没有一技之长的女性和少数族群。这些工人失去工作之后常常会在其他经济部门找到具有可比工资的岗位，因为他们已经是劳动力中收入水平最低的工人。[12]

虽然失业率在1979—1982年的经济衰退期间急剧上升，但到80年代快结束时，失业率却回落至5%。虽然贸易没有影响总体就业，但它确实影响了不同经济部门的就业构成。进口破坏了低工资制造业（服装、鞋类、皮革）和一些高工资工会化产业（汽车和钢铁）的就业机会，而出口创造了高工资产业（航空航天、机械、制药）的就业机会。不幸的是，美元升值导致出口在20世纪80年代早期和中期跟不上进口的步伐，因此出口商和进口竞争型产业都受到了挤压。这种压力将就业岗位从可贸易品产业转移到了非贸易品产业，如服务业。

即使没有这种压力，美国也在加速转变成为一个服务型经济体。随着收入的增加，美国消费者开始需要更多的服务，如医疗保健、教育、金融、娱乐和休闲。由于服务业的劳动生产率增长速度低于其他经济部门，因此，为了满足上述需求，投入服务业的劳动力比例也必须提高。正如前几代工人从农业转向制造业一样，服务业劳动力的比例从1970年的67%上升至1990年的77%，这样的变化可谓是大势所趋。虽然制造业的工人总数在1970年和1990年大致相同，但他们在总就业中所占比例从27%下降到了17%。这样的变化与贸易没有太大关系：在生产过程中，资本取代劳动力和新的技术进步推动了制造业生产率的提高，比起进口增加，这是一个造成制造业就业比例下降的更为重要的原因。即使贸易处于平衡状态，考虑到制造业劳动生产率的快速增长，其就业比重也只会高出一个百分点，不是17%，而是18%。[13]

这些因素在20世纪80年代初期的综合影响引发了人们对美国制造业“竞争力”的担忧以及对美国“去工业化”的不安。可以肯定的是，一些产业在生产效率和产品质量方面落后于其外国竞争对手，因此竞争迫使国内企业要么改善这两点，要么破产倒闭。然而，制造商面临的主要问题不是一些根深蒂固的结构性问题，而是对其国内市场竞争力构成巨大障碍的汇率问题。1979 年至 1985 年，美元兑其他货币实际升值 40%，这让出口导向型和进口竞争型生产商在面对外国生产商时很难保持价格竞争力。美元升值使得受贸易影响产业的制造业就业岗位平均减少了 4%~8%。[14]等到美元在 1985 年开始贬值，制造业出口立即复苏，工厂就业情况也出现好转，这证明困扰国内生产商的并不是结构性“竞争力”问题。

总而言之，进口增长只是制造业在 20 世纪 80 年代初面对的众多挑战之一。国内需求急剧下降、生产率加速增长、竞争加剧、技术变革以及消费者需求变化，所有这些都显著影响了制造业就业情况，但它们超出了决策者的直接影响范围，与此不同，限制进口是一种可被决策者用来帮助进口竞争型产业的措施。因此，保护主义压力急剧增大。

## 保护主义的出现

美国的经济困境是 1980 年总统大选中的一个重点议题。虽然贸易还不是焦点，但共和党候选人罗纳德·里根以进口救济争取政治支持，尤其是南部地区的支持。里根承诺保护纺织品和服装产业免受进一步的市场冲击。[15]至于汽车产业，里根起初拒绝实施进口配额，称该产业的问题源于过度监管而非日本进口，但他的竞选顾问提出了一个想法，那就是日本可能会“自愿”限制出口。里根没有明确承诺减少钢铁进口，但他承诺为该钢铁产业提供税收和监管救济，并对卡特政府决定暂停“触发价格机制”一事提出批评，称贸易必须“公平”。

里根赢得了 1980 年的总统选举，他在竞选政纲中表示将减少政府对经济的干预。总统及其政府在公开声明中似乎坚定地追求自由贸易。[16]里根政府在 1981 年 7 月的贸易政策声明中宣布，要想确保经济强劲，自由贸易至关重要，而其前任政府从未明确认可过这一表述。里根政府誓言要“坚决抵制保护主义”，但也警告：“目前越来越对美国形成挑战的不仅包括其他国家有能力生产具有竞争力的产品，还包括很多国家政府对经济事务日益增多的干预。我们应当准备好接受竞争挑战，但坚决反对政府扭曲贸易的干预措施。”[17]

事实上，里根政府内部在贸易政策问题上存在严重分歧。一些机构（财政部和国务院、管理和预算办公室、经济顾问委员会）的官员希望坚持自由市场原则并减少政府对经济的干预。而代表商界和劳工的商务部和劳工部官员则希望政府帮助那些艰难应对外国竞争的企业和工人。里根本人经常在他对自由企业及有限政府的坚定信念和他想要帮助美国产业及工人的愿望之间左右为难。[18]

因此，虽然言语之间表示要支持自由贸易，但鉴于贸易品产业受到的巨大冲击，里根政府还是会经常帮助那些寻求国外竞争救济的国内产业。[19]在关键时刻，政府或是对保护大型产业免受进口影响的选举利益做出政治考量，或是抢在国会立法之前限制进口。因此，贸易限制涵盖的进口份额先是从 1975 年的 8% 上升到 1980 年的 12%，又在 1984 年一跃升至 21%。[20]政府前经济顾问威廉·尼斯卡宁（William Niskanen，1988，第 137 页）指出：“自第二次世界大战以来，美国增设的贸易限制第一次超过了它取消的限制。”他将这一时期的政策描述为“战略性退却”，原因是虽然这种做法的结果本身并不可取，但是要好过另一个最有可能的替代方案，即国会强行实施进口配额。他表示，政府的策略是“建立一个 5 英尺*的贸易隔离墙，以防国会建立起 10 英尺的隔离墙”。从汽车、钢铁、纺织品和服装以及其他商品的贸易政策中就可以看出这种模式。[21]

## 汽车

大多数产业从 20 世纪 60 年代后期开始面临着日渐加剧的外国竞争，而汽车产业是最后一个受到影响的重要制造业。它也是第一个得到

---

* 英制长度单位，1 英尺约合 0. 3048 米。——编者注

里根政府保护的产业。汽车产业在结构上与钢铁产业相类似：少数企业主导市场（三巨头：通用、福特和克莱斯勒），生产区域集中（在中西部工业区），劳工拥有强大的工会（汽车工人联合会）。与其他产业一样，进口在第二次世界大战后几十年里并不构成主要问题。在 20 世纪 60 年代，外国产品的国内市场份额保持着不到 7% 的稳定水平。进口主要来自德国，日本的市场份额直到 1968 年时都只有 1% 左右。三巨头将低利润的小型汽车市场割让给了外国生产商，自己集中生产利润更高的中型和大型汽车。

当 1973 年的石油价格冲击将消费者需求转向更小、更便宜、更省油的汽车时，这种策略彻底失灵了。三巨头没有这类车型的深加工生产线，只能眼睁睁地看着国内汽车市场的外国份额在 1975 年至 1980 年间几乎翻了一番，其中尤以日本为最，如图 12. 3 所示。

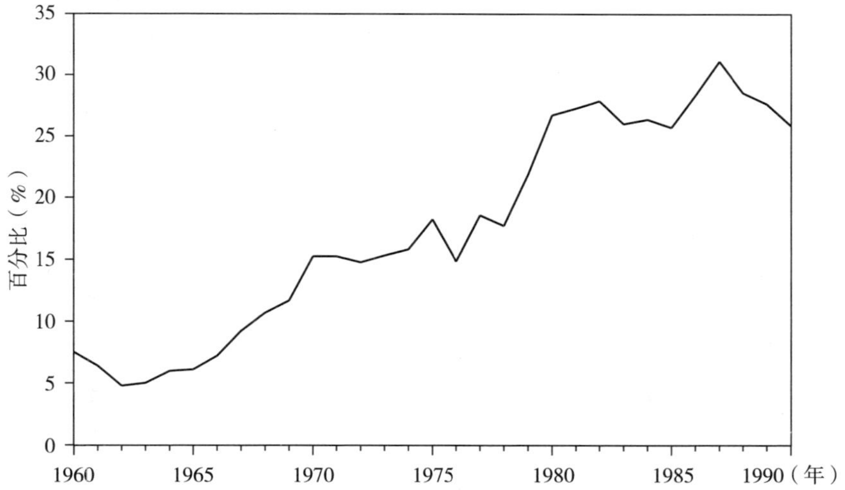


图 12. 3　1960—1990 年外国汽车产品在美国汽车登记数量中所占比重

资料来源：各期 *Ward's Automotive Yearbook*（底特律：Ward's Reports）。

随着日本市场份额的增长，劳工和管理层的观点开始发生变化。与其他工会不同，美国汽车工人联合会（UAW）曾反对 1971 年的伯克-哈特克提案，但很快又要求实施进口配额，并要求日本企业开始在美国生产汽车。在这个时候，通用、福特和克莱斯勒并不想限制进口，因为他们已经开始进口外国生产的汽车并冠上自己的品牌。1975 年，美国汽车工人联合会对 8 个国家的 28 家外国汽车制造商提出了倾销指控，但国内生产商并不支持这次申诉，因为 40% 的进口汽车来自它们的子公司，尤其是位于加拿大的子公司。在外国制造商保证采取纠正措施之后，财政部放弃了反倾销调查。[22]

与 20 世纪 80 年代初期的严重衰退相结合，1979 年的第二次油价冲击对国内生产商造成的损害要远远超过上一次冲击。三巨头遭受了巨大的经济损失，它们削减了生产，约 30 万汽车工人因此失业，而其供给链上的产业则有更多工人失去工作。在得到政府支持的贷款担保时，克莱斯勒已经处于破产边缘。

1980 年夏天，福特和汽车工人联合会根据 201 例外条款申请实施进口救济。通用和克莱斯勒并不支持这次申诉：通用汽车从日本进口小型汽车并冠上自己的品牌，而克莱斯勒不想与卡特政府产生隔阂，因为卡特政府给过它经济援助并公开表示反对进口限制。1980 年 11 月，在总统大选前几天，国际贸易委员会一致投票裁定汽车产业因进口而受到严重损害，但又以 3∶2 的投票结果裁定进口并非造成严重损害的“实质原因”，因此该产业无权获得救济。这一裁定结果似乎取决于一个技术性细节：根据《1974 年贸易法案》，所谓实质原因就是指“一个重要性不低于其他原因的原因”，这意味着要想获得救济，进口必须是造成损害的最重要原因。但国际贸易委员会认为对紧凑型轿车的需求增长和对大型汽车的需求下降是一个比外国竞争更重要的伤害起因，并以此为由驳回了申诉。在这一决定之后，两位总统候选人都承诺将为汽车产业提供某种形式的援助。众议院也通过了一项决议，授权总统就日本出口限制问题展开谈判。密苏里州共和党参议员约翰·丹佛斯（John Danforth）提出一份议案，要求将进口自日本的汽车数量限制在每年 160 万辆。

1981 年 3 月，在里根总统就职后不久，交通部长德鲁·刘易斯（Drew Lewis）敦促总统“兑现我们的竞选承诺”并对日本汽车实施进口限制。预算办公室主任大卫·斯托克曼（David Stockman，1986，第 154 页）对此大感震惊：“这个荒谬的想法简直充满了敌意，我们只是站着讨论了片刻，我就头昏脑涨地坐下了……一位内阁官员居然在白宫里说要采取保护主义！在新政府成立还不到两个月的时候！”里根的顾问之间产生了分歧：刘易斯、商务部长马尔科姆·鲍德里奇（Malcolm Baldrige）和贸易代表威廉·布罗克（William Brock）赞成限制汽车进口，而斯托克曼、财政部长唐·雷根（Don Regan）和经济顾问委员会主席默里·韦登鲍姆（Murray Weidenbaum）则表示反对。商业维护者和自由市场支持者之间的分歧所反映的紧张对立贯穿了里根政府的整个执政期。

总统犹豫不决，但他明确表示同情汽车生产商，并指出政府监管是该产业面临的问题之一。他不肯表态说否决丹佛斯议案，这对日本来说是一个明确的信号，即如果日本不限制出口，美国就会采取措施限制进口。在所有选项中，里根最赞成的是让日本自愿限制其汽车出口这一想法，因此也就采取了这种办法。[23]斯托克曼（1986，第 158 页）不满地评论道：“至此，里根政府贸易政策的本质变得明确而清晰：嘴上拥护自由贸易，但每一次都会找借口走向相反的一面。随着时间的推移，我们会一次又一次地看到这样的情形。”在受到里根政府的压力之后，日本很快就宣布将对美汽车出口限制在每年 168 万辆，这比 1980 年的出口量减少了近 8% 。自愿出口限制将从 1981 年 4 月至 1984 年 3 月生效 3 年，不过出口限制仍有可能在此期间增加。

自愿出口限制并非新出台的贸易政策工具，对日本来说更是如此。日本在一小部分产品类别方面的出口似乎比其他任何国家都增长得更快，这给进口国的生产商带来了麻烦。当棉纺织品生产商在 20 世纪 30 年代对来自日本的过度进口提出抱怨时，日本生产商决定自行限制出口，而不是面对美国实施的进口限制。在 20 世纪 50 年代，日本对金枪鱼、棉纺织品和不锈钢餐具等产品实施了多项自愿出口限制。[24]正如第十一章所述，出口国普遍更愿意实施自愿出口限制，而不愿被迫面对进口国的关税或配额。在自愿出口限制的情况下，出口商可以从配额租金中获利，即他们可以因出口受限而在受保护市场中提高价格，从而获得额外收入。

1981 年和 1982 年，当严重衰退抑制了人们对汽车的需求时，汽车自愿出口限制可能没有对日本的出口产生什么约束力。因此，出口限制最初未能给国内生产商带来太大帮助。汽车工人联合会继续要求日本企业在美国建立生产设施，从而为美国国内创造更多就业机会。国会也开始考虑出台国产比例立法，要求所有在售汽车都得含有一定比例（最高达 90%）的美制零件和劳动力参与，否则将面临进口配额。1982 年 12 月和 1983 年 12 月，众议院两次在民主党支持、共和党反对的情况下通过国产比例法案，不过法案两次都没能在参议院获得通过。虽然众所周知，总统肯定会否决国产比例法案，但众议院的投票还是向日本发出了一个信号，表明该国出口造成了美国国内的政治问题。

1984 年的大选是里根决定要求日本续签自愿出口限制的原因之一，因为他不希望因解除限制而失去中西部工业地带的大量选票。随着经济复苏和汽车销售的反弹，自愿出口限制在 1984 年和 1985 年对日本汽车销售形成了约束性限制，不过出口限量提高到了 185 万辆。本章稍后再讨论自愿出口限制产生的经济影响，总之，在 80 年代进入尾声的时候，出口限制和日本在美建造生产设施稳住了市场的进口份额。

## 钢铁

20 世纪 80 年代初期的经济衰退给钢铁产业造成了沉重打击。包括美国钢铁公司和伯利恒公司（Bethlehem）在内的大型综合生产商遭受巨大的经济损失，被迫减产并裁员数十万工人。虽然钢材进口随需求下降而减少，但国内产量的下降更为迅速。如图 11.3 所示，进口在国内消费中的份额从 1979 年的 15% 上升至 1982 年的近 22%。[25]

1982 年 1 月，主要钢铁公司对来自 11 个国家 9 种不同产品的 51 个供给商提出了 155 项反倾销和反补贴申诉，不过针对的主要是欧共体。[26]国际贸易委员会对近半数申诉做出了肯定裁决，但各方都不愿意对欧洲生产商实施长期而严厉的关税惩罚或对一系列国家和生产商实施各种反倾销税。为了说服企业撤回申诉，里根政府促成了新的自愿限制协定，将 11 个产品类别的欧共体出口限制在美国市场份额的 5.5%。

欧洲生产商更倾向于数量限制，因为这些限制能使他们避开极高的反倾销税或进口税，同时又能让他们提高价格。国内钢铁产业也更倾向于这一结果，因为这样做固定了进口量（而触发价格机制或反倾销税和反补贴税会影响价格）并适用于所有欧共体国家。日本继续通过协定，将其钢铁出口限制在美国市场的 5%~6.5%，具体数据视产品而定。

限制协定没能像国内钢铁产业希望的那样提供那么多的帮助，因为来自不受自愿限制协定约束的国家的进口出现了增长。1982 年至 1984 年，日本、欧共体和加拿大以外的生产商所占市场份额从 5% 升到了 10%。因此，外国产品的整体市场份额持续攀升，在 1984 年达到了 26%。钢铁生产商对来自韩国、西班牙、巴西、墨西哥、波兰和南非等非自愿限制协定国家的进口产品提出了 200 多起反倾销申诉，希望能借此填补这项制度的漏洞。

为了进一步阻止进口，伯利恒钢铁公司和联合钢铁公司的工人在 1984 年提出了 201 例外条款申诉。国际贸易委员会得出结论认为，进口是造成 5 个产品类别严重受损的实质原因，但没有发现另外 4 个类别受到损害。申诉设置了时限，因此总统必须在离 1984 年总统大选只剩 8 周的时候就国际贸易委员会的建议做出决定。总统陷入了两难境地：约有一半的钢铁产能位于宾夕法尼亚、俄亥俄、印第安纳和西弗吉尼亚，因此很多潜在的选票都岌岌可危。国会钢铁议员团强烈要求实施强制性 5 年配额，将进口限制在国内消费的 15%。里根在大选中的民主党对手是前副总统沃尔特·蒙代尔（Walter Mondale），他提议将国外产品的市场份额上限设为 17%。

里根拒绝了国际贸易委员会提出的关税建议，理由是，在例外条款行动中，“我们的贸易伙伴有权得到补偿或采取报复措施，如果我们的行动会危及钢铁制造业和其他消费产业或美国经济中有可能受到影响的其他部门的数千个工作岗位，那么这并不符合国家经济利益。”相反，他指示美国贸易代表办公室与那些“因进口的不公平激增（之所以不公平，要么是因为倾销补贴，要么是因为其他进口国限制了市场准入，导致进口转移）而使其对美出口在近些年出现显著增长”的国家进行谈判以达成“激增控制”协议或谅解备忘录，其目标是设定“更加正常的钢铁进口水平，也就是说，在不包括半成品钢的情况下，达到大约 18.5% 左右的水平”。[27]也就是说，总统承诺将确保达成针对所有主要外国钢铁供给商的出口限制协议，协议将涵盖申诉提到的所有产业部门，甚至包括国际贸易委员会驳回的部门，这远远超出了 201 条款案的范围。

当然，限制协议仍然需要通过谈判达成。在市场份额的配额最终敲定之前，钢铁进口量在 1984 年底和 1985 年初大幅上涨，导致了更多针对欧洲和拉丁美洲各国的倾销和补贴投诉。到 1985 年 8 月，自愿限制协定针对不同产品和不同国家的配额开始生效，涵盖了 15 个国家，占钢材进口的 80% 。自愿限制协定按计划将于 1989 年 12 月到期。

## 纺织品和服装

正如里根在 1980 年的竞选活动中承诺的那样，《多种纤维协定》在 1981 年被第三次延期。从 1982 年到 1986 年，第三版《多种纤维协定》实际上将发展中国家纺织品和服装出口的年增长率从 6% 降到了 2% ，同时还以更加严格的原产国要求以及反激增和反市场扰乱规定限制敏感类别的出口增长。限制措施的覆盖面在 20 世纪 80 年代扩大到了其他国家。到 1985 年时，《多种纤维协定》涵盖了来自 31 个国家 650 种类别的纺织品和服装产品进口。

然而，与其前身一样，第三版《多种纤维协定》也没能阻止服装进口的快速增长。之所以出现这种增长，是因为配额在随着时间的推移而增长，而且一些产品类别的利用率极为低下。外国出口商有足够的空间在不同类别和年份之间转换，从而扩大其出货量：配额用尽的国家可以将其服装产品运至配额没有用尽的国家进行小加工，然后再出口至美国。（比如说，如果一国的衬衫出口达到上限，那它可以将无袖衬衫出口到另一个出口配额没有用完的国家进行最后的缝合。）外国生产商也可以改变他们的生产组合，升级他们的产品，从而利用不同类别的不同限制。因此，正如克莱因（Cline，1990，第 169 页）所说，《多种纤维协定》提供的保护“不是一面坚固的墙壁，而只是一层屏障”。如图 12.4 所示，《多种纤维协定》的漏洞使得进口量在 1983 年和 1984 年出现激增，再加上经济复苏和美元升值的推波助澜，进口渗透率急剧上升。

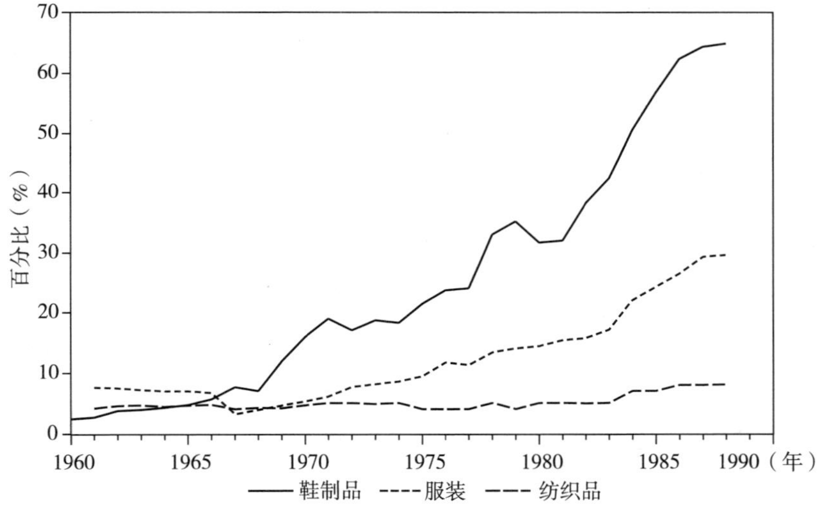


图 12.4　1960—1988 年纺织品和服装进口在国内消费中所占的比重

注：纺织厂出产的产品（textile mill products，SIC 22）、服装和其他工厂出产的产品（SIC 23）和非橡胶鞋制品（SIC 314）。

资料来源：美国商务部，各期《产业展望》（*Industrial Outlook*）。

从图 12.4 中，我们还可以看到纺织品和服装的进口渗透率有很大差异。虽然两者经常被相提并论，但实际上它们有很大不同。纺织业生产的是织物，因此比较容易用资本机械取代劳动力，从而提高生产率。生产纱、线、地毯和家具装饰品的高度自动化工厂主要位于佐治亚州和卡罗来纳州。通过采用先进技术，该行业虽然进行了裁员，但仍保持了竞争力：进口所占份额并不高，也没有增长，一些行业部门还能出口。

与之不同，服装业生产的是服装，需要剪裁纺织布料、缝纫并组装，包括压制、染色、洗涤和包装，才能将之转化成衣服和其他成品。

这是一个劳动密集型生产过程，雇用的主要是非熟练女工和少数族群，其工厂分布在宾夕法尼亚州、南部地区和加利福尼亚州南部。由于其生产只能是劳动密集型过程，因此国内企业很难进行创新、降低成本并与那些能够拥有低薪劳动力的外国生产商竞争。结果，进口所占市场份额迅速提高。在该行业，外国竞争造成的失业比例要大得多。与此同时，自有序销售安排在 20 世纪 70 年代后期以失败告终后，非橡胶鞋制品市场就不再受到保护，由于国内鞋制品产量的大幅下降，这个市场的进口渗透率急剧上涨。[28]

《多种纤维协定》未能阻止服装进口，因此服装生产商、其盟友纺织品公司和工会做出了巨大的政治努力，想要通过立法加强进口限制并减缓就业人数的减少。纺织品和服装业仍然是美国最大的制造业用工产业，在 20 世纪 80 年代中期拥有近 200 万名工人。该产业的代表表示需要更严格的进口限制挽救就业，还指出国内生产对国防至关重要。他们成功地让国会在 1985—1986 年、1987—1988 年以及 1990 年批准了进口限制，只是每一部法案最后都被总统否决了。

第一场较量针对的是佐治亚州民主党众议员埃德·詹金斯（Ed Jenkins）提出的 1985 年纺织品和服装贸易执法法案。詹金斯在为该产业做陈述时表示："据我所知，没有哪个产业或工人群体遇到的困难比得过纺织业，而这是外国廉价进口的直接结果。"[29]该法案试图把来自 12 个国家（主要是亚洲国家）的纺织品和服装进口从 100 亿码减到 70 亿码。法案在众议院得到了超过 260 票的赞成票，对它给予支持的不仅有南部地区，还有宾夕法尼亚州（很多小型工厂的所在地），甚至还有新英格兰（虽然那里的工厂正在快速消亡）。

这一行动遭到了广泛的反对。李维斯（Levi Strauss）等一些服装制造商已经成为进口商，它们希望能够自由地从国外采购。Gap（盖璞）、杰西潘尼（JC Penney）和凯马特（Kmart）等零售商也反对进口限制，并反复强调消费者对廉价服装的兴趣。以美国农场局联合会和其他团体为代表的农业生产商则担心，如果该法案获得通过，外国将对其出口进行报复。政府官员也拒绝采取新的进口限制这种保护主义行动，因为这将危及美国在下一轮《关贸总协定》谈判中想要达成的目标。该行业还遭遇了媒体的负面报道。媒体将之描述为一个没有竞争力的行业，它雇用的低薪非技能劳工完全可以在其他经济部门找到工作。言下之意就是该产业的萎缩是不可避免的，如果美国想在 21 世纪的高科技领域一展拳脚，那大可舍弃国内服装生产。很多国会议员将它视为过去的低工资夕阳产业，而不是未来的高科技朝阳产业。

尽管如此，众议院在 1985 年 11 月还是以 262 票对 159 票的结果通过了《詹金斯法案》。民主党的投票结果是 187 票赞成 62 票反对，而共和党则是 79 票反对 75 票赞成。[30]一个月之后，参议院以 60 票对 39 票的结果通过了一个不那么严格的版本；为了避免旷日持久的协商，众议院接受了这一版本。不出所料的是，里根否决了这部法案。总统表示，虽然他“很清楚”这个产业“面临的困难”，并“对受失业和工厂关停影响的诸多工人深表同情”，但是，“我坚定地认为，这部法案的经济成本和人力成本实在是太高了：外国对美国出口的报复、美国就业机会的流失、美国企业的损失以及对世界贸易体系的破坏，而我国的繁荣发展正立足于这一体系。”[31]

法案的支持者将推翻总统立法否决的投票表决一直拖到中期选举即将举行，希望能借此迫使政府加强即将到期的《多种纤维协定》。1986 年 7 月，里根政府宣布了新的五年期《多种纤维协定》，此次协定包含了对苎麻、亚麻和丝绸混纺等新纤维的出口限制，与中国香港、韩国和中国台湾等《詹金斯法案》的目标国家和地区的新双边协定，以及新的阻止进口激增的保障措施。然而，这些还不能让工会感到满意，而国会的推翻表决可能会是旗鼓相当的结果，这使总统开始致电众议院议员寻求他们的支持。最终，众议院未能推翻总统的否决。[32]1987 年，该产业及工人再次试图让国会制定立法，将纺织品和服装进口总量限制在 1986 年的水平。众议院在 1987 年底通过该法案，参议院也在一年后通过了法案，但最后法案再次被里根总统否决。

为什么服装业及其工人除了行政部门达成的《多种纤维协定》保护之外，没能通过立法获得其他保护呢？尽管国会纺织品议员团体一再努力，但该产业及其工人的政治实力并不像其人数展现的那样强大。纺织品和服装企业在贸易保护是优是劣这个问题上存在分歧；纺织企业正在采用新技术，这使它们能够保持竞争力，而服装企业则越来越多地从其他国家采购原料。进口救济的倡导者也意外地遭到了零售商的强烈反对，他们代表消费者做出了强有力的反击。最后，该行业已经是《多种纤维协定》的受益者，其衰落并非是因为外国政府的“不公平贸易行为”。人们认为，该行业的萎缩是不可避免的，进口限制充其量只是一种减缓这一过程但又代价高昂的方法。

## 农业

经济衰退和美元走强造成的经济困难也对农业生产者产生了影响。虽然农民在 20 世纪 70 年代大宗商品价格暴涨的时候生意兴隆了一把，但是当商品价格在 20 世纪 80 年代初暴跌之后，他们也遭受了损失。1979 年至 1982 年，农业净收入下降了 1/3，这使农业债务达到了创纪录的水平。较低的价格意味着，农民以固定的扶持价格向政府出售农作物比以现行市场价格出售农作物更具吸引力。其结果就是联邦农场计划的成本迅速上涨。

随着政府购买和持有过剩作物的支出不断增长，农业部试图通过减少国内产量以提高农产品价格，具体办法就是退耕补贴制度，即付钱给农民让他们保持土地闲置。此外，出口补贴有时被用来处理政府持有的商品库存。这些出口补贴使美国与欧共体产生了冲突，后者长期以来一直在做同样的事情。其中有一种商品格外重要，那就是小麦。欧共体之前是净进口方，但是在 20 世纪 80 年代，它将国内目标价格设定得很高，因而出现了大量生产过剩，在那之后它就成了小麦净出口方。这些过剩产品通过出口补贴在全球市场上倾销。这项政策和美元走强一起导致了外国对美国小麦的需求急剧下降。1983 年，里根政府讨论是否要利用选择性出口补贴减少小麦库存，并惩罚欧洲扭曲全球小麦市场的行为。1985 年的农业法案制定了出口促进计划，通过提供有针对性的出口援助帮助美国农民提高在国外市场的销量，从而打击欧共体的补贴。[33]其中有一次，美国在国内市场价格是每吨 225 美元的情况下，以每吨 100 美元的价格向埃及出售小麦，从而取代了法国的出口。这其中的差价由纳税人填补。[34]

美国并不是唯一干预农产品市场的国家。国内价格支持、进口限制、出口补贴和其他政策的使用愈演愈烈，导致全球农产品市场出现大规模扭曲。经合组织记录了政府对农业生产者的大力支持：1986 年，约有 23% 的美国农业收入、39% 的欧共体农业收入和 65% 的日本农业收入要归功于政策措施。[35]一个国家的干预导致了其他国家的溢出问题。比如说，共同农业政策使欧共体在世界粮食出口中所占份额从 1976 年的 8% 升至 1981 年的 18% 。[36]全球价格因此下跌，这导致其他国家纷纷采取更多的进口限制和更大力度的价格支持。20 世纪 80 年代早期的农业补贴战使农业改革成为美国在下一轮《关贸总协定》谈判中的重点议题。

大多数美国农民都想将其农产品出口到世界市场，因此要求减少农产品进口的声音并不强烈，不过食糖是例外。[37]在 20 世纪 70 年代，原糖仅受到适度进口关税的保护。1981 年的农业法案在全球价格相对较高的时候制定了新的国内糖价支持计划，不过要求该计划不得涉及联邦支出。糖价在 1981 年至 1982 年下跌，这反映了既设立政府价格支持计划又不允许任何预算支出的矛盾之处。既保持国内价格又避免政府支出的唯一办法就是限制进口，从而将国内价格维持在政府的目标价格水平。

为此，农业部于 1982 年 5 月对进口食糖实施了紧急配额。这一措施将食糖进口从 1981 年的 500 万吨削减到 1982 年的 300 万吨。为了遵守《关贸总协定》的非歧视规定，配额按照 1975—1981 年（这一期间实行非歧视性关税）从各国进口的比重进行分配。由于糖价持续下跌，农业部在接下来的两年里将进口配额下调了 6 次，使得来自加勒比和中美洲国家的食糖进口减少了 75% 。

政府通过限制食糖进口实现供需平衡并维持目标价格的做法有时将国内糖价推高到了世界价格的 5 倍以上。这种巨大的价格差距使得以下做法变得有利可图：先从国外进口不受配额限制的精制糖产品，如袋装冰茶和可可、盒装蛋糕材料、罐装枫糖和其他高糖产品，然后再将糖提取出来并以国内高价出售。1983 年，里根政府下令禁止以散货集装箱进口某些类别的糖和其他成分的混合物，原因是它们扰乱了价格支持计划。外国加工食品出口商，尤其是加拿大和欧共体的出口商，强烈反对此举。

国内高昂的食糖价格也加速了食品生产中以高果糖玉米糖浆取代食糖的做法。1984 年，可口可乐和百事可乐宣布他们将用玉米糖浆取代食糖作为软饮中的甜味剂。这大幅减少了国内对食糖的需求，导致农业部将所有出口国的进口配额再度削减 20% 。国内高昂的糖价意味着，用糖产业比国外竞争对手承担着更高的生产成本，这将很多糖果生产商推向了其他国家，食品制造业的国内就业因此减少。

最终，食糖进口的急剧减少引发了外交问题。配额制度减少了加勒比和中美洲国家的出口收入并破坏了当地经济，而此时这些国家中有很多正在全球债务危机中苦苦挣扎。美国的这一举动损害了它与这些国家的关系，因此试图通过其他贸易优惠政策予以帮助，如 1983 年的加勒比海盆地倡议（Caribbean Basin Initiative）。食糖配额制度也导致该地区的农民不再生产食糖而转为种植非法毒品，这些毒品被偷运到美国，引发了美国与毒贩之间的战争。

1986 年 8 月，美国决定向中国出售 136 000 吨食糖的全部库存并给予补贴，此举让所有这些问题变得更加复杂。政府遭受了巨大损失；食糖之前以每磅 18 美分的价格收购，但出售的时候每磅不到 5 美分。在这笔交易后的两天里，全球糖价下跌 20% 多，从每磅 6. 3 美分降至 5. 0 美分，这让食糖出口国极其愤怒。[38]

## 行政保护的崛起

我们在前文已经看到，具有强大政治影响力的三大产业——汽车、钢铁和服装——都受益于行政部门与外国达成的出口限制协定。而农民则依靠政府的价格支持，免受世界商品价格波动的影响。但是，还有很多规模较小、政治影响力较弱的产业也受到了经济衰退和外国竞争加剧带来的冲击，他们又怎么办呢？他们可以做些什么来争取政府的进口救济呢？这些生产商无法争取到国会或行政部门的关注，因此他们只能求助于允许国内企业向政府请求临时进口关税的贸易法律。[39]

我们在第十一章中也看到了，国内公司寻求贸易保护的主要法律途径是例外条款、反倾销税和反补贴税。《1974 年贸易法案》的 201 条例外条款本应是受到进口损害的产业接受临时外国竞争救济的主要手段。如果某一特定商品进口被判定是“造成严重损害的实质原因”，国际贸易委员会就会建议总统对所有渠道的进口征收更高的关税，然后分 5 年逐步降低。总统对是否给予进口救济有完全的决定权。

然而，我们也看到，在大多数例外条款案中，要么是国际贸易委员会认为进口不是造成严重损害的实质原因，要么总统拒绝提供任何救济。继 1980 年驳回汽车申诉之后，国际贸易委员会在 1981 年驳回了钓竿申诉，在 1982 年驳回了无内胎轮胎阀申诉，在 1983 年驳回了不锈钢餐具和非橡胶鞋制品申诉，在 1984 年驳回了金枪鱼罐头和高锰酸钾申诉，在 1985 年驳回了电动剃须刀、金属铸件和苹果汁申诉。里根总统确实为重型摩托车、一些钢铁制品以及木遮盖板和木头屋瓦提供了例外条款保护，但驳回了未锻造铜以及国际贸易委员会批准的另一起非橡胶鞋制品案的救济措施。有鉴于此，国内企业知道自己不大可能通过例外条款获得太多帮助，因此很少有人费力提起申诉。正如南卡罗来纳州民主党参议员弗里茨·霍林斯（Fritz Hollings）所说的那样：“傻瓜才会走 201 条款这条路。”[40]

因此，国内生产商转为采取反倾销和反补贴税措施。图 12.5 显示了 1960 年至 1990 年反倾销和反补贴税的申诉数量，从图中可以看出，对贸易救济的需求在 20 世纪 80 年代显著增加。从 1980 年至 1993 年，共有 682 例反倾销案和 358 例反补贴税案。其中有很多（38% 的反倾销案和 55% 的反补贴税案）是由钢铁产业提出的，其目的或是为了迫使总统与外国出口商谈判达成自愿限制协定（在那之后申诉就会被撤销），或是为了对自愿限制协定没有涵盖的国家或产品关闭美国市场。[41]

就反补贴税而言，提出申诉的企业必须证明外国出口享有补贴并造成实质性损害，因此企业要承担很大的举证责任。由于证明存在补贴有难度，因此除了钢铁和化学工业之外，反补贴税案的数量相对较少。只有 21% 的反补贴税案最终带来征收关税的结果，因为它们经常会被自愿限制协定取代，随后终止或暂缓。[42]

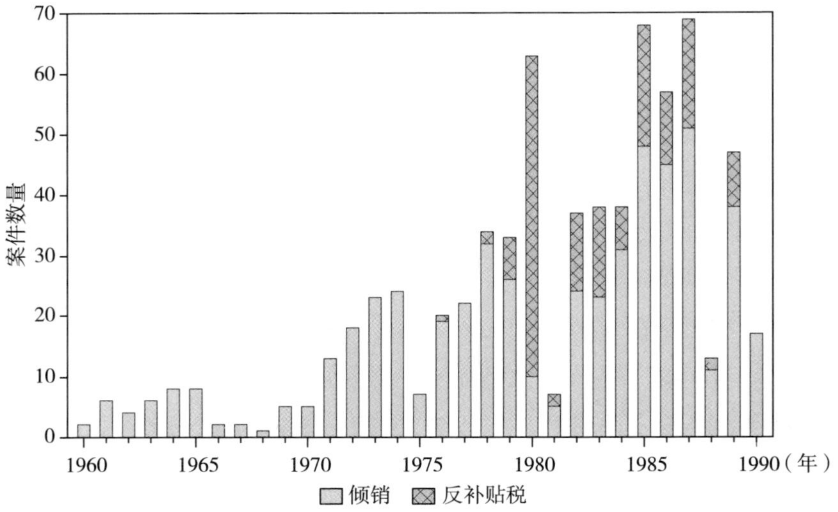


图 12.5　1960—1990 年的贸易救济案数量

资料来源：Baldwin（1998），表 11.1—11.4。

反倾销法则被默认成小型产业获得些许外国竞争救济的主要手段。提出这类申诉的主要吸引力在于，发现倾销所需的举证责任比较小，而最后征收关税的可能性又比较大。国会也修改了贸易法中的很多条款，以便推动申诉并加大最终征收进口关税的可能性。最重要的程序变化可能发生在 1979 年，当时倾销案的管辖权从财政部（该部门对落实法规没什么兴趣）转到了商务部（该部门支持生产商的利益）。

反倾销程序的第一步是一家企业或一个行业协会向商务部和国际贸易委员会提出申诉，声称来自某一特定国家的进口产品售价“低于公允价值”并造成“实质性损害”。商务部负责判定是否“低于公允价值”，而国际贸易委员会负责判定是否有“实质性损害”。正常情况下，如果外国出口商在美国的售价低于其在本国市场的售价，则会被视为“倾销”（售价低于公允价值）。[43]商务部基本会裁定有倾销存在：自1980 年至 1992 年，93% 的案件都被发现存在倾销。商业部经常会发现大幅度倾销：1980—1984 年的平均反倾销税率为 26%，1985—1989 年的平均反倾销税率为 41%。1992 年，非钢铁案件的实际平均反倾销税率为 46%，钢铁案件的平均反倾销税率为 27%。[44]

与此同时，国际贸易委员会负责判定提起申诉的行业是否因进口倾销而遭受“实质性损害”或有遭受“实质性损害”的风险，所谓“实质性损害”，指的是“并非微不足道、无关紧要、无足轻重的损害”。在做出损害裁定时，国际贸易委员会研究相关产业的产出、就业和产能利用的变化等因素。（根据法律，只考虑对国内生产商的损害，而不考虑征收额外关税有可能对消费者或其他国内产业造成的破坏或损害。）从 1980 年到 1992 年，国际贸易委员会在 2/3 的案件中做出了损害裁定，约 40% 的反倾销案件导致了征收关税的结果。[45]在 20 世纪 80 年代，反倾销税涵盖了一大片产品，如瑞典的订书钉、韩国和中国台湾的彩电、加拿大的覆盆子、伊朗的开心果、中国的蜡烛、哥伦比亚的鲜切花以及巴西的冷冻橙汁。不过，受到反倾销税限制的商品都是狭义界定的产品，因此这些关税涵盖的全部进口份额还不到 1%。

从国内申诉人的角度看，比起例外条款，反倾销程序有数项优点。首先，倾销案中的“实质性损害”标准远远不如例外条款中的“严重损害”要求那么严格，因此国际贸易委员会更有可能做出肯定的损害裁定。反倾销程序也无须交由总统决定：如果商务部和国际贸易委员会做出认可申诉人要求的裁定，反倾销税就会自动生效而无须进一步审查。例外条款救济一般会在 5 年内逐步取消，与此不同，反倾销税可以无限期生效。在 20 世纪 90 年代初期，反倾销税的平均期限为 7 年，约有 1/5 的关税实施了 10 年或更长时间。[46]

然而，例外条款关税适用于所有来源的进口，而反倾销税仅适用于申诉书中指定国家的进口商品。换句话说，反倾销税是有选择性的，不能在打击目标国的同时阻止其他供给商扩大出口。这种供给转移使得反倾销税成为一种有漏洞的保护形式。比如说，在美国对日本的半导体征收反倾销税后，来自日本的进口量急剧下降，生产于是转移到中国台湾。随着中国台湾半导体出口激增，它们也同样成为反倾销税的打击对象。生产随后又转移到韩国，同样的模式在那里再次上演。最终，企业学会了提出多份申诉，将多个潜在供给源的进口全都涵盖在内。

由于反倾销行动被越来越多地用于打击进口，经济学家开始对之提出批评。行政部门坚定支持国内的申诉者，在征收此类关税的时候没有考虑下游用户产业或家庭的消费者利益。芬格（Finger，1993，第 13 页）认为，“虽然有着良好的公共关系方案，但反倾销就是一种普通的保护措施”，因为它的立足点是对“不公平”外国竞争的指控。1993 年，美国反倾销和反补贴税行动的福利成本达到 40 亿美元，这是一个相当可观的数目。[47]虽然反倾销蔓延到其他国家之后对美国的出口产生了不利影响，但国会积极支持现有制度，因此拒不同意在多边谈判中修改这一程序。

## 评估 20 世纪 80 年代的保护主义

关于 20 世纪 80 年代新施加的进口限制，我们可以问三个问题：使用这类政策工具的原因何在？进口壁垒造成了什么样的经济影响？保护是否有助于振兴受保护的产业？

用于保护国内企业免受外国竞争影响的主要政策工具是关税（反倾销、反补贴税或例外条款行为）或配额（出口限制）。一般而言，规模和政治影响力最大的产业都是通过谈判达成的出口限制协议避免外国竞争的影响，纺织品和服装产业是《多种纤维协定》，汽车产业是自愿出口限制，钢铁产业是自愿限制协定，而规模和政治影响力较小的产业则提出其他贸易救济申诉。国内生产商比较喜欢具体的进口数量限制带来的确定性；外国出口商也更倾向于出口配额，因为他们可以在美国市场收取更高的价格，从而获得可观的“配额租金”。

进口关税和出口限制之间的主要区别在于，关税给政府带来收入，而出口限制则给出口企业带来配额租金。因此，进口关税将国内消费者的收入重新分配给国内生产商和政府，而出口限制则将国内消费者的收入重新分配给国内和国外生产商。所以毫不奇怪，外国企业都强烈倾向于出口限制而不是进口关税，但这两者对进口国的福利影响却大不相同。在征收关税的情况下，福利由于生产和消费扭曲造成的无谓损失，消费者的损失超过了国内生产商和政府的收益。而在外国出口限制或进口配额的情况下，福利损失既包括无谓损失，也包括外国出口商攫取的配额租金，而且后者的数额要远远大于前者。此外，出口配额还推动了外国企业提升其产品质量。这意味着他们可以转向生产更高端的新产品，与美国生产商进行更加直接的竞争。

20 世纪 80 年代，经济学家开始对各种贸易限制的影响进行量化评估。政策制定者现在需要直面贸易保护成本和收益方面的确切数据，这还是第一次。几乎在所有情况下，此类限制给消费者和下游产业造成的成本都超过了国内受保护产业得到的收益。[48] 比如说，德·梅洛和塔尔（De Melo and Tarr，1992，第 199 页）得出的结论是，美国在 1984 年的主要贸易限制加在一起导致了 260 亿美元的福利净损失，约占 GDP 的 0.7%，这与 49% 的全面关税导致的福利损失大致相当。几乎所有损失（260 亿美元中的 210 亿美元）都要归因于纺织品和服装、汽车及钢铁的外国出口限制。260 亿美元中约有 70% 是从国内消费者转移到外国生产商手里的配额租金；剩下的则是无谓损失。这些调查结果表明，如果使用关税而不是出口限制或进口配额保护国内产业（或者说，如果政府根据配额来拍卖进口权的话），经济损失原本会低得多。[49] 当然，如果征收关税，其他国家会强烈反对，甚至有可能采取报复措施，而配额租金则在一定程度上补偿了出口商，使之能够接受出口限制。

保护纺织品和服装行业的《多种纤维协定》是这一时期唯一高成本的贸易干预措施。据德·梅洛和塔尔（1992）计算，1984 年的福利损失达到了 104 亿美元，其中 60 亿美元要归因于外国出口商获得的配额租金。[50]《多种纤维协定》带来的损失之所以这么大，是因为该项政策隐含高壁垒、大量限制进口并由此造成数量可观的配额租金。[51] 与其他进口限制措施一样，《多种纤维协定》的主要目的是减缓纺织和服装产业的岗位流失。从大多数统计来看，《多种纤维协定》使纺织品和服装产业的国内就业多出约 25 万个岗位，占行业就业人数的10%～15%。[52]进口限制无法阻止技术变革造成的失业；事实上，在此期间的大部分岗位流失都要归因于生产率的提高以及向资本密集型生产方式的转变，而不是因为进口增长导致的产量下降。[53]问题就在于，通过进口限制留住这个产业的工作岗位是一种既昂贵又低效的方式。进口限制被用来保住一些低技能工作：服装和非橡胶鞋制品行业的平均时薪是所有制造业里的最低水平。对于平均年薪大约为 12 000 美元的产业来说，每留住一份工作造成的消费者损失就会超过 10 万美元，计算方法是用消费者损失总数除以受保护行业保留下来的工作岗位数量。[54]

这些研究工作对进口限制每保留一份工作造成的消费者成本进行了量化统计，从而使保护主义政策的倡导者处在被动防守的状态。虽然一些国会议员愿意让消费者支付这一成本，以确保其选民的继续就业，但大多数政策分析人士都不太认同。他们指出，贸易保护措施为了保护相对低薪的产业而牺牲了出口产业的高薪工作岗位。一些分析人士明确表示，这些工作根本不值得花这样的代价保留。在研究了纺织品、服装和非橡胶鞋制品产业的相关情况后，国会预算办公室（1991，第 xi—xii 页）直截了当地得出结论：“预估消费者成本均高于工人的年均收入……因此，一般来说，更有效的做法是政府允许这些岗位流失，然后对无法找到同等工作的失业工人进行补偿。”

20 世纪 80 年代第二高成本的贸易限制是日本汽车的自愿出口限制。据德·梅洛和塔尔（1992）计算，如果自愿出口限制在 1984 年被取消，福利收益将会达到 100 亿美元，其中有 80 亿美元是日本生产商赚取的配额租金。这一限制措施使日本出口商将每辆车的价格提高了约 1 000美元。[55]这个产业保留下来的工作岗位都是高薪岗位，但一些分析人士质疑，让平均收入低于工会工人的消费者以更高的价格购买汽车，从而拯救高收入汽车工人的工作机会，这样是否公平。另有一些人指出，出口限制最终可能影响国内生产商，因为它们使外国生产商更有动力提高产品质量，以便尽量给受限制的出口产品加价。比如说，专门生产小型、廉价、节能汽车的日本汽车生产商开始生产车型更大、质量更好的汽车，从而在自愿出口限制措施落实之后与美国品牌展开直接竞争。

诸如此类的研究对贸易限制造成的经济影响进行了更多的分析，而在以前的贸易政策讨论中则缺少这些信息。各项研究的调查结果使政策界开始广泛怀疑这些限制措施是否明智、是否合理，国会议员也因而有理由在表态支持这些措施之前先按下暂停键。比如说，1984 年，国会预算办公室（CBO）受命评估一部拟议法案的经济影响，该立法将对进口钢铁实施为期 5 年的配额，从而将外国产品的市场份额限制在 15% 以下。据国会预算办公室（1984）估算，这一配额将使进口钢铁的价格上涨 24%~34%，使国内产量上涨 6%，使钢铁产业就业人数增加 6%~8%。然而，配额将使钢铁平均价格提高 10%（包括国内和进口钢铁），而这将使国内钢铁消费量减少 4%~5%，由此导致的钢铁消费产业的就业损失将大致抵消钢铁产业的就业增长。贸易保护不会带来就业净收益（因为它是其他产业使用的中间产品），这样的事实是对贸易保护的一大打击。此外，国会预算办公室（1984，第 xv 页）认为："配额不太可能扭转该产业的持续衰退，因为它没有解决造成这种下滑的根本原因。"

基本没有证据表明临时贸易保护能够帮助受保护产业适应新的全球竞争。国会预算办公室（1986，第 101 页）在《贸易保护重振国内产业了吗?》报告中得出如下结论："贸易限制未能实现其提高相关产业国际竞争力的首要目标。"同样，另一项关于例外条款的研究发现，大多数接受这种保护的产业正在经历长期的持续衰退，这种衰退是进口限制无法逆转的。国际贸易委员会（1982b，第 86 页）在回顾过去的时候得出以下结论："人们观察到，例外条款救济措施对公司调整的影响相对较小，这或者因为公司遭受的大部分影响都是由非进口相关因素引起的，或者因为采取救济措施之后进口量没有什么下滑。"

这些报告以及其他多份报告找出了进口限制未能帮助陷入困境的国

内产业的两个原因。首先，这些限制措施在减少进口方面不是非常有效。《多种纤维协定》到处都有空子可钻，日本的汽车自愿出口限制在头两年并没有真正产生约束力，之后又被外国在美投资所规避，钢铁自愿限制协定和反倾销/反补贴税无法阻止供给转移。实际上，由于越来越多的进口来自新的供给源或新型产品，大多数针对特定国家或特定产品的贸易限制都没有效果。虽然达成了有序销售安排，但1988年的机床进口量比1986年增加了10%，原因就是那些不受限制的供给商增加了他们的出货量。

其次，进口壁垒可能会缓和迫使生产商提高效率的竞争压力，但是并不能阻止这种压力。与所有劳动密集型产业一样，纺织品和服装产业正在实现现代化，进口只是造成其就业岗位减少的部分原因。比如说，据国际贸易委员会的报告反映，在纺织业，国内簇绒地毯生产商造成了现有的威尔顿机织地毯和天鹅绒地毯生产商破产停业。汽车和钢铁产业也面临着竞争压力，亟须提高其生产率和产品质量。到20世纪80年代后期，越来越多的日本汽车生产商在美国拥有生产设施，这意味着进口限制无法再显著减少外国竞争。同样，大型综合钢铁生产商不得不抵御小型但高效的国内钢厂迅速增长的市场份额。这些小型钢厂的成本远低于综合生产商，因为它们可以加工金属废料，而不是用原材料进行锻造。到20世纪80年代初，小型钢厂已经占据了钢铁市场约20%的份额。小型钢厂也是20世纪80年代和90年代钢铁产业生产率大幅提升的原因所在。虽然该行业在1962年至2005年失去了大约75%的劳动力，相当于约40万工人，但这两年的钢铁出货量大致相同，这表明每个工人的产出增加了5倍。[56]因此，即使没有外国竞争，钢铁生产商也会面临大规模的重组。

所有这些案例都体现了罗伯特·鲍德温（Robert Baldwin，1982）所说的“贸易政策”在帮助国内困难产业方面的“无效”。[57]有一个典型的例子可以说明进口限制的局限性，那就是著名的哈雷戴维森摩托车案，该案常被称为那个年代进口救济取得成功的案例。按照传统说法，哈雷戴维森已经被来自日本的竞争推向了破产的边缘，但该公司在

1983 年获得了例外条款中的临时进口救济，并迅速复苏。但事实上，进口救济与哈雷戴维森的复苏几乎没有什么关系。对哈雷产品的需求之所以急剧下降，主要是因为 20 世纪 80 年代初的经济衰退，而不是因为进口。伴随着 1983 年开始的总体经济复苏该公司也开始复苏。此外，哈雷戴维森主要生产“重型”摩托车，其活塞排量超过 1000cc，这种车型没有进口产品，因为本田和川崎已经在美国生产这种车型。日本生产商主要出口活塞排量为 700—850cc 的中型机车，但铃木和雅马哈逃避关税的办法就是生产 699cc 的机车，这样就无须缴纳关税（最初设定为 45%）。因此，保护措施几乎没有对哈雷戴维森产生任何影响，因为本田和川崎已经在美国生产重型摩托车，而其他日本生产商又轻而易举地避开了中型机车的例外条款关税。[58]

如果进口壁垒如此无效，那为什么还被频繁动用呢？它们的兴起是一种退而求其次的办法，是因为总统或国会无力或不愿调整导致美元走强和大规模贸易逆差的基本宏观经济政策。现实情况是，如果美元继续走强，那么仅靠贸易政策基本无法减轻调整过程的种种痛苦。贸易保护可能确实使一些企业有更多的时间调整，但它最终并没能阻止劳动密集型产业的大量岗位流失。大多数贸易敏感产业之所以改善，最主要的原因是 1983 年经济开始复苏，1985 年美元开始贬值。贸易保护在帮助这些产业方面发挥的作用非常有限，但往往给消费者造成了巨额成本。

## 国会威胁采取行动

虽然里根政府保护了美国几个大型产业——汽车、钢铁、纺织品和服装——免受外国竞争的影响，但在很多国会议员看来，政府在应对贸易形势方面还是做得太少。政府对不断增长的贸易逆差和困难产业面临的问题漠不关心，这让众多议员感到沮丧。一些政府官员做出回应表示，贸易逆差反映了美国经济的实力，强势美元则反映了国际社会对美国经济的信心。对于国会议员来说，这种乐观解释反映了政府对自己所在各州的产业困境和选民失业的无情漠视，如果议员所在的地区正苦苦应对经济衰退和强势美元，情况则更是如此。在国会，需要针对贸易形势“做些什么”的压力主要来自中西部地区和南大西洋沿岸地区，如表 12.1所示，有一半的进口敏感型就业岗位分布在这两个地区。在 20 世纪 80 年代初期和中期，这两个地区都经历了大规模的工厂关闭和数千名工人的裁员。

表 12.1　按地区划分的贸易敏感型制造业就业分布，1990 年

| 地区 | 所有制造业 | 敏感产业 | | | 接受贸易调整援助的工厂工人（1987—1992） |
|---|---|---|---|---|---|
| | | 仅对进口敏感 | 仅对出口敏感 | 对进口和出口均敏感 | |
| 就业（以千计） | 19143.3 | 1391.9 | 2117.6 | 412.9 | 314.9 |
| 百分比 | 100.0 | 100.0 | 100.0 | 100.0 | 100.0 |
| 新英格兰地区 | 6.4 | 8.2 | 8.7 | 11.7 | 8.0 |
| 中大西洋地区 | 14.3 | 19.7 | 10.9 | 18.4 | 21.3 |
| 南部地区 | 23.9 | 26.0 | 14.2 | 15.8 | 28.0 |
| 中西部地区 | 29.5 | 24.4 | 22.3 | 41.5 | 25.5 |
| 石油州 | 8.2 | 6.5 | 12.1 | 4.6 | 9.4 |
| 西部地区 | 17.8 | 15.3 | 32.0 | 8.1 | 4.8 |

注：由于四舍五入，GDP 百分比相加后可能不等于总数。

资料来源：Shelburne and Bednarzik（1993），第 6—8 页。

这种情况在美国之前的制造业产业带尤为严重，即从纽约州北部经宾夕法尼亚州和俄亥俄州直至伊利诺伊州这一带。如图 12.6 所示，这一地区是重工业生产的所在地，尤其是汽车和钢铁生产。它逐渐被人称为“锈带”，因为美国大部分“去工业化”都发生在这一带。虽然全国制造业就业人数在 1969 年至 1996 年增长了 1.4%，但锈带的制造业就业人数减少了 1/3。[59]即便在经济衰退结束且美元开始贬值之后，锈带流失的制造业就业岗位也没能重新回升，这让该地区陷入了萧条。虽然在 20 世纪 80 年代初期的大规模失业之后，锈带的失业率在五年里回到了全国平均水平，但这种调整基本上要完全归因于人口外迁，而不是因为

工作岗位的迁入或劳动参与率的变化。[60]当然，美国仍是制成品出口大国，因此中西部地区也有重要的出口敏感型就业，但这些产业也因美元走强而受到影响。

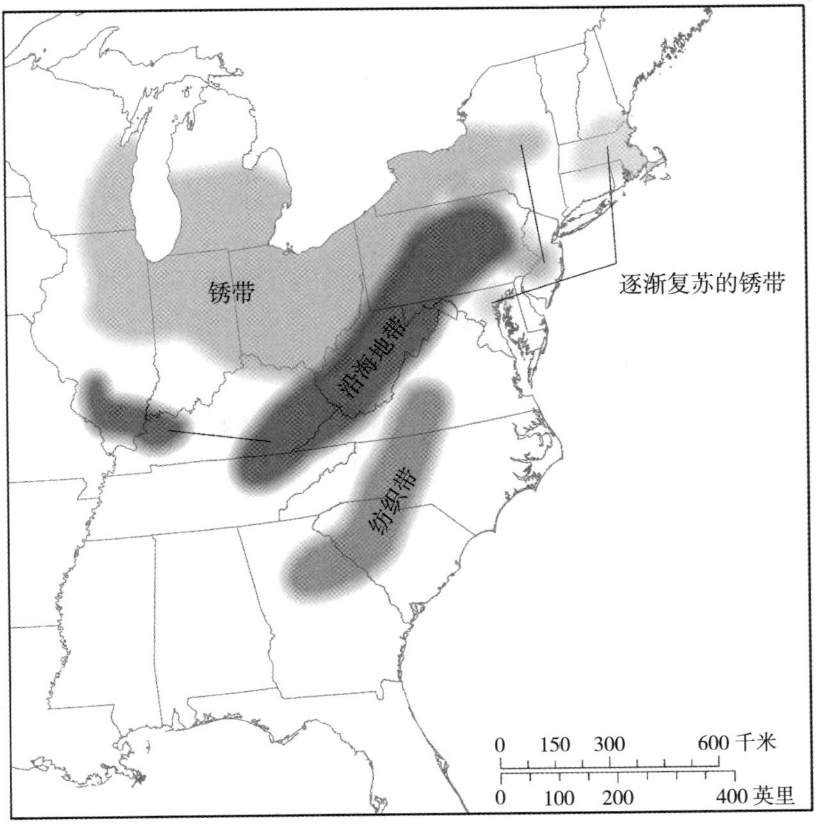


图 12.6　锈带

资料来源：达特茅斯学院 Map courtesy Citrin GIS/Applied Spatial Analysis Lab，基于 Brendan Jennings（2010）、Benjamin F. Lemert（1933）以及 John Tully（1996）的研究。

全国纺织厂生产有 2/3 以上都位于南大西洋沿岸地区，该地区也深受工厂倒闭和大规模裁员的影响。在 1987 年至 1992 年，仅仅服装产业就占用了一半以上的贸易调整援助资格。不过，南部地区比中西部工业地区更轻松地化解了这种打击。由于良好的商业环境，南部地区吸引了来自中西部和其他国家的制造业投资。

因此，来自中西部工业地区和南部纺织业地区的议员要求国会和政府采取行动阻止进一步的就业损失也就是情理之中的事情。这些地区主要是民主党选区，密苏里州的理查德·戈普哈特、密歇根州的约翰·丁格尔和南卡罗来纳州的欧内斯特·霍林斯等领导人都是国会中积极发声主张制定政策减少外国竞争的议员。20 世纪 80 年代初期的经济冲击给中西部工业地区留下了累累伤痕，该地区的国会议员直到 21 世纪仍对那些削减贸易壁垒的协定怀有敌意。中西部地区的工会积极推动民主党议员支持进口限制。民主党开始对贸易持怀疑态度，这标志着其传统立场出现了重大转变。

美国其他地区在 20 世纪 80 年代初也受到了影响，但这些地区并不支持进口限制。美国的粮食带——堪萨斯、内布拉斯加、艾奥瓦、南达科他和明尼苏达等农业州——仍然依赖出口。高利率和商品价格下跌给农民造成了沉重打击。最重要的是，美元走强使美国农产品价格在全球市场失去了优势。不过农业团体反对实施新的进口限制，因为它们担心自己的农产品出口将成为其他国家的第一报复对象：比如说，如果美国开始限制服装或钢材进口，那么其他国家很容易就可以将他们的小麦或大豆采购从美国转向加拿大或其他外国供给商。因此，来自中西部农业地区的共和党人，如堪萨斯州的罗伯特·多尔（Robert Dole），不仅希望通过《关贸总协定》谈判为农产品出口打开国外市场，同时还奋力与想要对外国进口关上国内市场大门的种种尝试做斗争。如果说有什么要求的话，他们想要的是出口补贴、较低利率和较弱美元，就像早些年的中西部平民主义者那样。

20 世纪 80 年代初期的贸易困境对西部地区的影响较小。如表 12.1 所示，西部地区占全国制造业就业人数的 18%，但占全国出口敏感型就业人数的 32%，该地区面临进口直接竞争的行业则相对较少。尤其是加利福尼亚州和华盛顿州，主要以出口为导向，高科技产品的生产高度集中，如电气设备和飞机、电子产品和计算机，以及传统的木材和木制品出口。虽然对美元走强感到担忧，但加利福尼亚州的罗伯特·松井（Robert Matsui）等西部议员也倾向于反对中西部工业地区和南部纺织业地区提出的保护主义措施。

由于中西部工业地区和南部纺织业地区在当时受到贸易冲击的影响最严重，国会开始出现一种新的投票模式；在 1970 年对《米尔斯法案》的投票中，这种模式第一次变得明显起来（如图 11.2 所示）。从本质上说，贯穿美国贸易政策的历史南北分歧演变成了一种粗略的东西分歧模式。[61]此外，两党在贸易问题上的传统分歧是民主党支持开放贸易，共和党人支持保护主义政策，但这种模式开始反转。现在，很多民主党选区深受进口影响，而共和党选区却有望受益于开放贸易。

国会内部的分歧导致保护主义法案不太可能获得通过。（汽车自愿出口限制、钢铁自愿限制协定和服装《多种纤维协定》都是由行政部门谈判达成的，虽然国会施加了一些压力，但基本没有直接参与其中。）事实上，颇为出人意料的是，由于解决贸易形势的压力越来越大，国会在 1984 年颁布了一部温和的贸易法案。1984 年的《贸易和关税法案》没有任何重大创新之处：法案没有设立总统贸易谈判权，但放宽了提供进口救济的法定标准，并将一个备受欢迎的想法（授权与以色列达成自由贸易协定）与不太受欢迎的计划（延期面向发展中国家的贸易优惠）结合在一起。[62]里根政府努力想要取消任何有可能导致针对特定产业的特定进口限制条款，如葡萄酒、铜、鞋制品和乳制品生产商。[63]最具争议的提案是密苏里州共和党参议员约翰·丹佛斯提出的互惠修正案，该修正案提议设立一个管理机制，如果其他国家没有向美国提供同等程度的市场准入，该机制将对来自这些国家的进口实施限制。这是一项明确针对日本的条款。在里根威胁要行使否决权之后，丹佛斯修正案被撤销，最终众议院以两党一致的压倒性多数票、参议院以全票通过了该法案。

不过这部立法并没有正确地反映国会在贸易问题上的情绪。虽然 1983 年开始出现强劲的经济复苏，但随着美元继续升值、贸易逆差继续增长，国会越发警惕。国会议员，尤其是民主党人，抱怨里根政府没有采取任何措施缓解可贸易品产业的痛苦。马萨诸塞州民主党众议院议长托马斯·奥尼尔（Thomas P. O’Neill）抱怨：“里根总统似乎很愿意负责主导美国的去工业化，但我们国会不愿意。”[64]

当然，最根本的问题还是美元在外汇市场上的居高不下。正如丹佛斯所说：“如果美元高估带来的影响相当于25%~50%的［外国］关税，那么不管多么合理的贸易协定和不管怎样执行的贸易法律都不可能让美国人有机会在国际市场上公平竞争。这么说并不是要贬低贸易协定。相反，这是为了说明有效处理汇率问题的绝对必要性。”[65]然而，汇率问题不在国会的直接控制范围之内。美元升值是资本大量流入的结果，它的部分原因在于美国的货币和财政政策。国会无法直接影响货币政策，因为这是美联储的职责，同时国会又不愿意调整财政政策（如削减预算赤字）减少外国资本流入。

1984年，贸易逆差超过1 000亿美元，这在当时可是一个巨大的数额，贸易压力达到顶峰，国会因而引入了600多部贸易法案。这些法案提出了各种建议，如（仿照日本）建立国际贸易和工业部、设立部门互惠要求、提供产业保护以及放松反倾销和反补贴案的要求等。[66]最受关注的提案来自密苏里州民主党众议员理查德·戈普哈特，该提案要求对美贸易顺差“过高”的国家和地区——即日本、中国台湾、韩国和巴西——减少其贸易顺差，否则将会面临25%的进口附加税。

虽然民主党领导人支持戈普哈特修正案，但这种支持可能只是一种战略技巧，目的是为了推动里根政府改变对贸易问题的善意忽视。里根政府在1984—1985年做出的若干决定更是让人觉得它对国会议员感受到的贸易压力漠不关心。1985年3月，在安全赢得1984年的总统大选之后，总统表示不会要求日本继续实施汽车出口限制。日本宣布它会继续执行第五年的限制，不过这一次限制是230万辆汽车这一较高水平，不过国会议员仍对政府让日本就此脱身感到不满。里根的决定促使参议院以92票对0票的投票结果通过了一份不具约束力的决议，决议谴责“日本的不公平贸易行为”，并敦促总统对日本进行报复，除非它放开市场并开始进口更多产品抵消额外的汽车出口。[67]得克萨斯州民主党参议员劳埃德·本斯滕（Lloyd Bensten）抱怨：“我们在打一场贸易战，而且正在输掉这场战争。”[68]

国际贸易委员会认定国内铜和非橡胶鞋制品生产商受到了损害，但里根总统拒绝了相关的 201 例外条款申请，这也让国会愤怒不已。总统就这些决定给出的理由是，进口限制会给消费者带来高昂而不合理的负担，有可能招致外国对美国的报复，使产业放慢必要的竞争调整，而且只能暂时保留住就业机会。即便如此，他的决定还是让很多议员感到懊恼。戴斯特勒（Destler，1995，第 124 页）指出，里根在采取行动的时候，“显然并没有意识到，如果拒绝通过已经建立的渠道向一个明显受到进口损害的行业提供救济，通过法律方案解决问题的压力必然会加大”，也就是说，选民施加的压力会转移到国会议员身上。

国会在 1985 年通过的唯一一部具有明显保护主义色彩的立法是限制纺织品和服装进口的法案。1985 年的《纺织品和服装贸易实施法案》旨在解决《多种纤维协定》未能阻止进口增长的问题，进口量已从 1980 年的 490 万平方码涨至 1984 年的 1020 万平方码。如前所述，《多种纤维协定》是一种漏洞百出的保护形式，因为受到限制的进口可以在国家和产品类型之间转换。如本章前文所述，《詹金斯法案》（以其提议人佐治亚州民主党众议员埃德·詹金斯命名）要求将纺织品进口和服装进口分别从现有水平减少 36% 和 20%。该法案将设立针对特定国家和产品的出口配额并对丝绸、亚麻和苎麻纤维商品实施新的限制，从而压低主要供给商（中国台湾、韩国和中国香港）的进口量。法案将以美国单方面实施的全面进口配额取代《多种纤维协定》的双边安排。法案中还有帮助鞋制产业和铜业的条款，总统此前驳回了这两个产业的进口救济申请。鞋制品进口量将持续 8 年被限制在国内市场份额的 60% 以下，此外总统还需与外国铜出口商通过谈判达成为期 5 年的自愿限制协定。

虽然众议院和参议院在 1985 年底通过了《詹金斯法案》，但国会议员知道这一行动很大程度上是象征性的，因为里根已经宣布他会否决这部法案，而他也确实这样做了。事实上，大多数民主党人并不热衷于实施进口限制。虽然承受着来自中西部工业地区和南部纺织业地区的压力，但民主党领导层认为这种公然的保护主义并非上策：这样做会违反

《关贸总协定》规则并引来针对美国出口的报复措施。正如筹款委员会主席伊利诺伊州民主党人丹·罗斯滕科夫斯基（Dan Rostenkowski）所说："有人说这是一个重大政治问题，不要被他们说服（而不再反对该法案）。糟糕的经济不会成就良好的政治。"[69]

国会在认识到保护主义未必是一个成功的政治策略或有吸引力的政策选择之后，开始尝试其他新的手段。一些民主党人认为，应该采取"产业政策"，即政府制定支持制造业投资的国家战略，但是政策细节尚不明确。[70]还有一些人推动的是全面征收进口附加税，或者类似于戈普哈特的建议，即对那些拥有大幅对美贸易顺差的国家征收更高的关税。当然，这些想法中没有一个有望成为政策：想让国会通过一部全国所有地区都满意的立法已是难上加难，更不要说得到总统的批准了。

这些提议表明国会正在想办法缓解贸易压力，因为它无法就美元走强问题采取任何直接措施。大多数议员都认识到，通过限制进口解决贸易逆差或减少外国竞争是一种高成本、低成效的办法。就连戈普哈特也承认，只有一小部分贸易逆差可以归因于对外贸易政策。虽然对那些受到进口影响的产业怀有同情，但国会一般都会避免彻底的保护主义，因为保护主义远远没有被视为理想的政策。华盛顿州民主党众议员唐·邦克（Don Bonker）指出："我们（民主党）现在背上了保护主义这个污名，原因就在于我们与劳工的密切关系以及我们提出的国内法案。"[71]

因此，就像戴斯特勒（1995，第66页）指出的那样，国会并没有走向"保护主义"。戴斯特勒表示："议员们开始公开参与贸易事务。他们以各种方式做出公开表态；他们迫使政府在国际谈判中采取更加咄咄逼人的姿态。但他们最终并没有改变美国的贸易政策，只是在其最重要的方面，即美国市场对进口商品的开放程度做出了些微改变。他们并没有帮助特定的客户强加特定的贸易限制。"俄亥俄州民主党众议员唐·皮斯（Don Pease）解释说："我们正尝试着在里根不计成本的自由贸易政策和彻头彻尾的保护主义之间找出一条体面的路线。"[72]或者，正如纽约州民主党众议员托马斯·唐尼（Thomas Downey）所说："里根没有贸易政策并不意味着我们就该有糟糕的贸易政策。"[73]

## 互惠与日本

在寻求解决贸易压力的过程中，国会试图把重点放在外国“不公平”贸易政策上，从而将一些压力转移给其他国家。以戈普哈特为首的“贸易鹰派”指责其他国家从事不公平的贸易行为并且不肯开放市场。日本成为这番动作的特别关注对象。[74]日本是经济成功的典范，它在第二次世界大战结束时遭受重创，但在战后迅速发展并最终成为世界第二大经济体。日本对美出口在 20 世纪七八十年代飙升，而且高度集中在特定产业，这导致两国之间的贸易摩擦不断加剧。在日本成为出口大国的过程中，其出口构成从劳动密集型产品转向了更精密、更先进的产品。一个又一个产业相继成为日本竞争的牺牲品：从 20 世纪 50 年代的棉纺织品和服装到 20 世纪 60 年代的晶体管收音机、唱片机和体育用品；20 世纪 70 年代的电视机、电子消费品和钢铁；最后再到 20 世纪 80 年代的汽车、半导体和办公设备。

美国人既对日本的技术实力感到敬畏，又对其工业主导地位感到担心。日本的成功有时要归功于当时的通产省（MITI，现更名为经济产业省），该部门制定了定向产业政策，如研发补贴和行政指导，以推动某些经济部门的发展。在这场辩论中，有人认为美国制造商在与得到政府支持的日本企业进行不公平的竞争，而另外一些人则反驳说美国制造商不注重质量，而且实现现代化的过程非常缓慢。他们还认为，通产省的影响力被夸大了，日本企业之所以成功是因为它们以合理价格提供优质产品并在国内进行激烈竞争。比如说，行政指导和产业政策似乎都不是日本汽车和电子消费产业获得成功的原因，因为两者都没有接受政府援助。[75]

双边贸易的极度失衡正是美日贸易“问题”的具体体现。从美国的角度看，问题很简单：日本出口太多，进口太少。在美国的压力下，日本有时愿意限制其出口，因此问题就变成了怎么让它进口更多商品。不同于其他发达经济体，日本的制成品进口量极低，在 20 世纪 60 年代和 70 年代也没有大幅上涨。1985 年，制成品进口在制造业 GDP 中所占比重在美国是 32%，而在日本仅为 9%。[76]当然，这并不能证明日本市场没有对外国产品开放。日本特有的要素禀赋可能是主要原因所在：日本缺少食品、燃料和原材料的国内供给，因此初级产品进口挤压了制成品进口。[77]此外，日本也没有太多正式的贸易壁垒：关税水平与美国相当，大多数进口配额在 20 世纪 80 年代初已被废除。

然而，正如美国贸易代表威廉·布罗克在 1983 年所说："美国市场对日本商品的开放程度远远超过日本市场对美国商品的开放程度，这既是一种感觉，也是一个事实。"[78]外国企业在向日本销售时遭遇了一系列非关税壁垒，如影响药品和农产品进口的神秘产品标准和检验认证要求，以及阻碍电子产品、汽车和运动器材进口的产品安全要求。人们经常抱怨烦琐的海关手续、不够充分的知识产权保护、歧视性政府采购行为、定向行政指导、商业合谋行为以及其他将外国货物拒于市场之外的非正式手段。日本垂直整合而且以银行为中心的大财集团占支配地位的市场结构和复杂的零售分销系统，给外国企业制造了额外的障碍。因此，外国在日本经济中的参与率一直很低。

为了解决有关日本市场准入问题的投诉，里根政府于 1985 年启动了"市场导向的特定产业"（MOSS）的谈判。这一谈判的重点是电信、电子、林业产品、医疗设备和药品等四个产业，并聚集于检验和认证要求、政府采购规定以及其他规制和私人行为，这些都对在日外国生产商构成了障碍。[79]日本抵触任何变化，认为外国企业需要提高自身产品的质量并在市场销售方面加倍努力，但它还是在开放市场方面做出了让步。不过，这些让步是否在推动贸易方面产生了任何实效，这一点尚且存疑。日本修改或消除贸易壁垒之后，出口商沮丧地发现他们的销售量通常并没有增长。事实上，后续分析表明谈判取得的成效非常有限。只有极少数协议，即 27 份协议中只有 6 份对贸易产生了积极影响，而且就连这些成效有时也是因为将来自其他贸易伙伴的贸易转移，而不是因为贸易创造。[80]

这类双边贸易谈判对美国出口的影响非常有限，这使得一些人认为美国需要采取“以结果为导向”的贸易政策。他们认为，问题的重点不应该是原则上减少贸易壁垒，而是要实现外国销售额的可观增长。里根政府就是否应该针对日本采取这种方法展开了激烈的内部辩论。一方是商务部和美国贸易代表办公室的强硬派（黑帽子），他们甘冒报复风险进行态度强硬的谈判，从而在出口增长方面取得明显的成效。另一方是司法部、行政管理和预算办公室以及经济顾问委员会的温和派（白帽子），他们担心以结果为导向的贸易协定和固定的市场份额会导致市场的卡特尔化。前一派被指责为“打击日本”，而后一派则被指责为对外国竞争对手太过“温和”。[81]

美国没能与日本达成协议大幅减少其巨额贸易顺差，这应该是意料之中的事情：零散地开放特定市场可能有助于一些出口商在日本销售更多商品，但双边贸易逆差的存在并不是因为日本在受保护部门进口“太少”。相反，它的存在是因为日本正在经历大量的资本流出，而这个问题完全超出了贸易谈判的范围。

## 1985 年的贸易政策转变

在里根总统于 1984 年赢得连任后，重要人事变动极大地改变了政府对贸易政策的态度。特别值得一提的是，白宫办公厅主任詹姆斯·贝克（James Baker）和财政部长唐纳德·雷根互换了职务。雷根在财政部一直对美元问题采取善意忽视政策，认为美元走强代表着对政府政策投出的信任票。但贝克则与 20 世纪 70 年代初期来自得克萨斯州的财政部长约翰·康纳利一样，担心美元走强会给国会带来保护主义压力。据贝克（2006，第 427 页）回忆，当他接任财政部长时，“我们面临的是相对于其他货币被高估的美元以及有利于日本、德国和其他贸易伙伴但牺牲美国制造商和出口商利益的贸易失衡。这两个经济问题促成了一个严重的政治问题：每当本田或梅赛德斯又从三巨头那里赢走一位客户时，或者每当又一位流行经济学家写文表示日本公司必将大获全胜时，国会中的保护主义热潮就会愈演愈烈。”就像之前的康纳利一样，贝克试图通过美元贬值来缓解压力。[82]

在说服总统和美联储主席保罗·沃尔克相信有必要采取新的汇率政策之后，贝克开始寻求达成国际协定实现美元稳步贬值。[83]其他国家就像1971年那样，不愿回应这种要求他们升值本国货币的呼吁，但贝克（2006，第429—430页）指出："我方的优势在于，如果我们不先采取行动，那么国会的保护主义者就会抛出贸易壁垒。汽车制造商和其他产业正在白宫、财政部和国会拍着桌子要求我们采取措施保护他们免受外国竞争的影响，而国会正在倾听他们的声音。到了（1985年）夏末，外国高层经济官员开始意识到我们不是在开玩笑。"

经过这番努力，《广场协议》（Plaza Accord）得以达成，1985年9月的会议是在著名的纽约广场酒店举行的，协议正是据此命名。在会议上，日本和欧洲官员同意采取措施提高本国货币对美元的汇率，比如由中央银行统一对外汇市场进行干预。[84]虽然美元实际上在1985年2月已经开始贬值，但它在接下来4年内相对其他主要货币还会继续贬值。不过，由于汇率变化对贸易流动的影响是滞后的，因此贸易逆差又继续增长了两年，之后才逐渐缩小。

除了对美元采取行动外，贝克和美国贸易代表克莱顿·约特（Clayton Yeutter）还提出了新的贸易议程以化解国会的保护主义压力。政府开始对外国的不公平贸易行为采取更强硬的立场，并试图恢复双边和多边谈判减少贸易壁垒。这套计划的目的是为了打动国会山，向主要贸易伙伴发出警告，并将争论焦点从关闭美国市场转向开放国外市场。

1985年9月23日，即《广场协议》对外公布后的第二天，里根总统宣布了这一新战略。总统将美国描述成其他国家贸易政策的受害者，并谈到了这些国家在维持开放贸易体系方面的责任。他表示：

> 要使国际贸易体系行之有效，所有国家都应当遵守规则。所有国家都应当努力确保市场开放。最重要的是，根据定义，自由贸易就是公平贸易。一旦一国向其他国家的出口商品关闭国内市场，这就不再是自由贸易。一旦政府向制造商和农民提供补贴以使他们将

货物倾销到其他市场，这就不再是自由贸易。一旦政府允许伪造或复制美国产品，那就是在窃取我们的未来，这就不再是自由贸易。一旦政府以违反国际法的方式帮助其出口商，这就不再是公平竞争，也不再是自由贸易。一旦政府向各个产业提供补贴使之获得商业优势并为之承担成本，从而使竞争对手承受不公平的负担，这就不再是自由贸易。

总统接着表示：

我们将根据我国法律和《关贸总协定》采取一切必要行动追求我们在国际贸易中的权利和利益，确保其他国家履行其义务以及与我国达成的贸易协定。我认为，如果贸易没有做到对所有人都公平，那么所谓自由贸易也只是名义上的自由而已。我不会袖手旁观地任由美国企业因国外不公平贸易行为而倒闭。我不会袖手旁观地任由美国工人因其他国家不遵守规则而失去工作。[85]

新战略将会更加强势地动用《1974 年贸易法案》中的 301 条款，该条款到目前为止尚属美国贸易法律中相对不受重视的一个组成部分。根据 301 条款，美国贸易代表有权调查外国政府任何“不公正、不合理或歧视性”的并“给美国商业造成负担或障碍”的行为、政策或做法，并采取应对措施。[86]这种调查的第一步一般是一家企业或一个行业协会向美国贸易代表办公室提起申诉，而贸易代表办公室有全面裁量权决定是接受还是驳回相关案件。在所有此类调查中，美国贸易代表办公室都会寻求与那些其政策受到审查的外国政府进行协商沟通以解决问题。如果协商解决不了问题，则会采取一系列补救性强制行动，其中主要是对该国出口产品征收更高关税进行报复。

里根宣布美国贸易代表办公室将发起多例 301 条款案，分别涉及韩国对外国保险公司的限制、巴西对信息产业贸易（计算机硬件和软件）的阻碍以及日本对外国烟草产品的壁垒。总统设定了一个很近的截止期限，要求在此期限之前解决涉及日本皮革和非皮革鞋制品市场以及欧共体罐装水果补贴的相关案件，否则就将采取报复措施。美国贸易代表办公室还开始调查日本的电信采购政策是否将外国生产商排除在市场之外。

我们可以从一起涉及日本半导体的著名案件中充分看出这种更强硬地捍卫美国生产商利益并打击外国贸易壁垒的新战略。[87]和其他行业一样，美国在半导体生产方面的主导地位在20世纪80年代因日本对全球市场的快速渗透而受到威胁。1978年，美国企业占全球工业收入的55%，日本企业占28%；到1986年，日本所占份额上升至46%，而美国所占份额则下降至40%。半导体产业的相对衰退似乎象征着美国丧失了技术领先地位，而且人们普遍认为，这其中有部分原因在于日本政府的产业目标选择。

1985年6月，半导体产业协会（SIA）提出301条款申诉，声称日本的半导体市场因日本的结构性壁垒而对外国生产商关闭。这些结构性壁垒包括受到政府纵容并得到官方规制支持的企业间反竞争商业惯例，使美国企业无法在日本市场上得到“公平公正的市场机会”，因此从301条款的定义看，这些属于“不合理”壁垒。

这起半导体案件非常复杂，因为它还涉及一起倾销案。虽然美国经济正在强劲复苏，但是由于计算机生产放缓，半导体产业在1984—1985年经历了严重的周期性衰退。半导体价格暴跌导致该产业所有生产商都遭受巨大损失。然而，虽然美国公司被推到破产边缘并大幅减产，但日本公司还在继续生产，因为它们凭借着自己与大银行的密切关系，可以持续获得贷款。日本的竞争几乎逼得动态随机存取存储器（DRAM）这一设备的所有美国生产商都退出了市场。总的来说，半导体产业协会并不希望商务部征收反倾销税：他们不想为各种设备的跨境运输制造障碍，因为半导体的生产是遍布全球的；如果增加进口壁垒，就连电子工业工会都对半导体生产的外包感到担心。此外，该产业的问题并不只是产品在美国的倾销，而是全球范围内的价格普遍下跌。反倾销税并不能解决这个问题，反而会使美国成为一座“高价岛”，对计算机制造商和电信设备制造商等使用半导体的产业造成损害。与此同时，鉴于美国市场的规模，不让日本企业获得美国消费者将是一种迫使日本解决问题的办法。

尽管半导体产业协会反对关税，但还是有一家小型动态随机存取存储器生产商（美光科技公司）对 4 家日本 64K 动态随机存取存储器出口商提出了反倾销诉讼。美光公司称，日本生产商的本土市场销售额低于其生产成本。这起诉讼相当于打开了一道闸门。继美光公司于 1985 年 6 月提起申诉之后，三家主要半导体生产商（英特尔、超微半导体公司和美国国家半导体公司）在 9 月就另一种设备——可擦除可编程只读存储器（EPROM）——提出了反倾销申诉。随后，商务部首次就 256K 和未来几代随机存取存储器发起了针对日本的倾销案。[88]

美国政府发起倾销案并给予 301 条款案强有力的支持，这一事实给日本施加了巨大的压力，使之不得不解决这一冲突。如果没有在美国贸易代表办公室和国际贸易委员会的法定截止日期之前找到办法解决争端，日本将面临针对其半导体出口的反倾销税以及针对其他出口产品的报复性关税。最终，美国和日本在 1986 年 7 月达成了终止倾销并开放日本市场的 5 年协定，从而暂缓了倾销案和 301 条款案。日本政府同意对销往全球的半导体实施最低出口价格（按季度进行调整），并鼓励其企业购买外国半导体。在协定的一份秘密附函中，日本同意将该国半导体市场的外国份额从现有的大约 8% 提高至 20% 。[89]

公认存在的市场份额目标在两国都有争议。在美国，支持者认为，它是“平权行动”，在一个难以渗透的市场里帮助了外国生产商。20% 这一目标被视为“导向”型方案的典范，一些人认为应该更加普遍地使用这种办法，因为事实证明，此前为打开日本市场而做出的其他努力都是令人失望的。但批评者认为，这样的目标构成了“管理式贸易”，其商业结果是由政府协定决定的，市场竞争和生产效率没有被考虑在内。在日本，企业不满政府干预他们的价格和采购来源。他们担心，如果在半导体产业这样做了，其他产业将会成为下一个目标。协定引发了日本一些民族主义者的强烈反对，他们敦促政府拒绝他国要求。

事实上，日本政府很难做到让本国企业遵守这一协定的相关条款。政府官员很难阻止在第三方市场的“倾销”行为，也很难说服日本工业买家购买更多的外国半导体。半导体产业协会很快就抱怨日本没有履行协定中的倾销和市场准入条款。由于国会的贸易压力达到极点，里根政府不能再继续退缩并冒险与日本再达成一份“失败的”贸易协定。

1987 年 1 月，在半导体协定签署仅 6 个月后，美国贸易代表办公室要求日本在 60 天内证实它正在履行该协议。美国政府希望有具体的迹象表明第三方市场的倾销行为已经终止，同时外国半导体在日本的销量正在上涨。同年 4 月，美国宣布不再遵守半导体协定，并报复性地对进口自日本的价值 3 亿美元的计算机、电视机和电动工具征收 100% 的关税。此举让日本目瞪口呆。这一单方面行动是战后最严厉的报复行动之一，也是针对日本的第一次此类行动，充分表明了美国政府对半导体协定和美日贸易问题的严肃态度。同年晚些时候，在商务部确定倾销行为已经终止之后，部分报复性关税被取消。（半导体生产被转移到中国台湾和韩国以规避反倾销措施，不过这些国家和地区后来也受到了倾销指控。）1991 年，在日本半导体市场的外国份额达到 20% 之后，剩下的报复性关税也被取消。

美国对欧共体也开始采取强硬立场。1985 年，为了报复欧共体对柑橘制品的进口限制，美国对进口欧洲意大利面征收了更高的关税。1986 年，西班牙和葡萄牙加入了欧共体，因而不得不采取统一的对外关税。虽然西班牙和葡萄牙对制成品的关税会下降，但是为了遵守共同农业政策，两国现在必须限制农产品进口。美国对这些国家的饲料谷物出口预计将减少 10 亿美元，因此美国贸易代表办公室威胁对欧共体进行报复，除非后者对其销量损失进行补偿。由于欧洲没有采取行动，里根政府在 1986 年 12 月宣布将对价值 4 亿美元的欧洲对美出口产品征收 200% 的关税。一个月后，双方达成协议，欧共体将确保西班牙在接下来的四年里进口一定数量的美国玉米和高粱，并下调对其他货物的关税。[90]

里根政府在 1986 年还采取了其他一些贸易行动阻止国会的保护性

贸易立法。《1962 年贸易扩展法案》第 232 条赋予总统以国家安全为由限制进口的权力，里根政府动用这一条说服日本、联邦德国、中国台湾和瑞士减少对美机床出口。政府对来自加拿大的红雪松木遮盖板和木头屋瓦征收了 35% 的反补贴税。美国贸易代表办公室还继续就欧共体禁止进口促长激素牛肉和巴西限制信息技术产品和药品一事分别对两方施压，同时还发起了其他案件。

从《广场协议》到新的 301 条款政策，1985 年 9 月标志着美国贸易政策的巨大转变。这些政策有效吗？随着时间的推移，美元贬值帮助减少了贸易逆差并缓解了保护主义压力。贝亚德和埃利奥特（Bayard and Elliott，1994，第 64 页）总结说，301 条款在打开国外市场方面“似乎是一个相当有效的工具”。然而，至少在一开始的时候，这些行动并没有怎么减少来自国会的贸易压力。贸易逆差在 1986 年和 1987 年继续增长，国会一再要求政府应对这一贸易形势，比如说，为进口竞争型国内产业提供更多救济。密歇根州民主党众议员约翰·丁格尔抱怨：“我们的贸易伙伴在设定进出口政策时一直在孜孜不倦地追求自身的经济利益，而美国却为自由贸易理念所累，这一理念忽视了世界贸易体系的现实情况。”[91]财政部长贝克在 1987 年承认，政府在处理贸易逆差问题上“略有延误”，但他坚称，“过去几年里，没有哪届政府像我们这样在补贴性进口产品和国外贸易壁垒问题上做出这么大的努力”。贝克在回应那些抱怨政府过度拘泥于自由贸易理念的批评者时表示：“总统给予美国产业的进口救济要多于过去半个多世纪里任何一位前任总统给予的救济。”[92]

与此同时，民主党国会议员仍在继续为贸易立法而努力。1986 年 5 月，众议院通过了一部法案，其中包含了带有争议的戈普哈特条款，该条款要求对美贸易顺差“过高且不正当”的国家和地区（日本、德国和中国台湾）在 6 个月内修改其政策，并将顺差额度每年减少 10% 。如果他们不肯照办，那么总统别无选择，只能对其采取报复措施。法案还扩大了企业和工人获得外国竞争救济的途径；比如说，如果进口是造成损害的“重要”原因而不是“重大”原因，也可以根据例外条款予以进口救济。众议院以 295 票对 115 票的结果通过了该法案，民主党的投票结果是 236 票赞成 4 票反对，共和党的投票结果是 111 票反对 59 票赞成。虽然民主党的立场更为强硬，但很多共和党人也投票支持该法案。在国会中带头倡导自由贸易的明尼苏达州共和党议员威廉·弗伦泽尔（William Frenzel）承认："共和党人也发出了民主党人发出的那种保护主义呼声，因为他们的选民发出了这样的呼声。他们反映的是选民的感受。"[93]

但总统不为所动。里根回应道："这种反贸易法案不是保护主义，而是破坏主义。"总统表示，这部法案根本不是什么"综合贸易法案"，而是"恶意的反贸易法案"。他还表示："这部法案具有潜在的破坏性，就连很多投票支持它的人都希望它被否决……好吧，如果真到了这一步，我一定会实现他们的愿望。"[94]议长奥尼尔反驳："我们不认为自己是保护主义者。我们认为我们成了世界其他国家的替罪羊，我们只是想要成为公平贸易商。"[95]

共和党主导的参议院在就该部法案采取行动之前进行了休会，随后民主党在 1986 年 11 月的中期选举中控制了参议院。因此，民主党人对国会有了统一的控制权，这为通过贸易法案并将之呈递总统铺平了道路。1987 年 1 月，新任众议院议长、得克萨斯州民主党人吉姆·赖特（Jim Wright）宣布："第 100 届国会的首要任务将是应对美国竞争力的持续下跌和贸易逆差的不断上涨。"[96]政府官员意识到新的贸易法案也许会有一些可取之处，比如说，贸易谈判权，因此开始与国会开展更密切的合作，以便删除那些令人反感的条款，如限制行政部门贸易案裁量权的"程序保护主义"，并将法案修改到可以让白宫接受的程度。1987 年初，改选后的众议院通过了与上一部法案相类似的法案。戈普哈特在众议院将他之前的条款进行了弱化处理，弱化后的版本要求美国威胁报复大幅拥有对美贸易顺差的国家。戈普哈特修正案以 218 票对 214 票的微弱多数获得通过，考虑到政府方面的反对态度，这样的投票结果表明它肯定无法在两院协商委员会获得通过。参议院很快以 71 票对 27 票的结果通过了自己的贸易法案，但 1987 年 10 月的股市崩盘导致国会没有在休会前完成协商。

经过漫长的拖延，法案最终于 1988 年在国会通过，不过直到最后一刻还在相持不下。1988 年 4 月，两院协商委员会删掉了戈普哈特修正案，随后两院通过了法案，但是总统因为其中关于工厂停产的条款否决了该法案。国会删掉这一条款之后再次通过了该法案。经过三年的努力，《1988 年综合贸易与竞争法案》终于以一种能够得到总统认可的形式而定稿。[97]

这部长达 1 000 多页的综合法案对国家的贸易法律做出了诸多渐进式修改。它削弱了总统的裁量权并扩大了企业和工人在行政贸易案件中获得进口救济的途径。更重要的是，法案授予了总统新的谈判权，使得行政部门可以在 5 年内达成的贸易协定中将关税降低 50% 。谈判权还确保了国会将对任何需要修改国内立法的协定进行“快速”审议，这意味着在总统将协定提交国会之后，国会需要在 60 天内予以批准或否决并且不得附加任何修正案。有了这些条款，已于 1986 年启动的乌拉圭回合贸易谈判才得以落下帷幕，第十三章中将会对此展开具体论述。

该法案还包含了备受争议的“超级 301”条款。根据条款，美国贸易代表办公室需要在 1989 年和 1990 年确定重点国家，并在一定的时间段内通过谈判消除针对美国主要出口产品的壁垒。另外的“特别 301”条款则要求美国贸易代表办公室审查其他国家未能尊重知识产权的情况，尤其是影响到高科技（软件和半导体）、娱乐（电影和音乐录音）和制药行业的情况。

为了制定一部里根政府可以接受的贸易法案而做出的长期努力终于因《1988 年综合贸易与竞争法案》画上句号。为了避免遭到总统的否决，法案没有为任何特定产业提供特殊保护。不过，纺织品和服装产业仍对《多种纤维协定》感到不满。1987 年 9 月，众议院通过了一部法案，对 185 类纺织品和服装以及 15 类非橡胶鞋制品实施进口配额，不过投票数未能达到推翻总统否决权所需的 2/3 多数。参议院直到 1988 年 9 月才通过该法案。不出所料，里根否决了这部法案，这是呈交给他的第二份纺织品配额法案。

不过，到了这个时候，20世纪80年代初期和中期在贸易问题上的巨大政治压力已经大为缓解。到1987年的时候，美元已经回落到1980年的水平；如图12.1所示，出口也终于开始加速。出口增长，进口放缓，长期的经济扩张降低了失业率，以上种种缓解了可贸易品产业的大部分压力。因此，国会应对贸易问题的压力也开始消退。

## 混乱无序的多边体系

到目前为止，本章基本没有谈及多边贸易体系。事实上，在20世纪80年代初的贸易政策动荡期，《关贸总协定》的意义受到了强烈质疑。之前的多边贸易协定，如20世纪60年代的肯尼迪回合和20世纪70年代的东京回合，已经将发达国家的制成品关税削减并限制在较低水平。虽然关税受到了控制，但《关贸总协定》没能阻止非关税壁垒在全球贸易中的蔓延。贸易政策观察人士担心，战后开放的非歧视性贸易体系正在受到侵蚀，甚至有可能土崩瓦解。

从20世纪70年代开始激增的贸易壁垒包括：进口差额税（欧洲农产品进口）、反倾销和反补贴税、自愿出口限制、有序销售安排以及其他形式的管理式贸易。在1966年至1986年，非关税壁垒涵盖的进口份额在美国从36%升至45%，在欧共体从25%升至54%，在日本从31%升至43%。[98]由于共同农业政策的扩展，欧共体的升幅格外明显。同时，非关税壁垒也被应用于越来越多的制成品。自愿出口限制的扩展蔓延尤为惊人。1989年，《关贸总协定》在报告中指出，正在生效的出口限制协定有236项，其中67项涉及对美出口，127项涉及对欧共体的出口。这些出口限制大多源于20世纪80年代，而且没有遵守《关贸总协定》的规则或约束。[99]

不管是被视为一个机构，还是被视为一套规则，《关贸总协定》都没能遏制这一时期四处蔓延且形式不断变化的保护主义。这就提出了一个问题：如果《关贸总协定》的规则被如此广泛地忽视，其条款被如此轻易地规避，那么是否还有必要把它当回事？密歇根大学法学教授约翰·杰克逊（John Jackson）在 1978 年“自由贸易体系正在坍塌的制度”一文中指出，“几乎所有的《关贸总协定》规则都不足以应对当前的世界贸易问题”，之所以出现这种情况，有些时候是因为规避行为，但更多的时候是因为缺少执行机制。贸易规则之所以被违反，是因为在各国限制贸易的时候，缺乏有效的争端解决机制迫使它们承担责任。“悲剧的是，一个有缺陷的管理体系往往会惩罚遵守规则的人，却奖励违反规则的人”，而这只会促成人们“进一步侵蚀规则”。所有这些都导致了世界贸易体系的恶化。[100]《关贸总协定》总干事阿瑟·邓克尔（Arthur Dunkel）在 1982 年表示：“《关贸总协定》面临的真正危险并不是贸易战的爆发，而是主要签署国就那样堂而皇之地假装总协定并不存在。”他认为，“这实际上将会终结《关贸总协定》”和基于规则的贸易体系。他认为，将这一体系维系在一起的唯一因素就是“一种恐怖平衡”，即各国之所以不敢实施过多的保护主义措施是因为这可能招来报复。[101]

在东京回合于 1979 年结束后，美国贸易代表办公室的官员开始筹划下一轮多边贸易谈判。谈判议程既有旧问题（农业和保障措施），也有新问题（服务业和高科技产品）。美国开始向其他国家施加压力，要求他们批准议程并开始谈判，但由于全球经济衰退，这个时机并不合适。美国在 1982 年 11 月的《关贸总协定》部长级会议中敦促发起新的贸易谈判，但这次会议在争吵和分歧中不欢而散。就像理查德森（Richardson，1994，第 641 页）所说的那样：“欧共体特别抵触农业自由化，印度和其他发展中国家坚决反对服务业自由化，所有人都指责美国没有准备充分的文件，没有足够的解释和劝说，没有谈妥合适的交换条件，就将它的议程摆到桌面上。”不过，与会者也对愈演愈烈的保护主义感到担心。部长宣言警告说，由于保护主义压力成倍增长，各国政府无视《关贸总协定》规则，多边贸易体系正“受到严重威胁”。各国部长呼吁对贸易壁垒采取“维持现状并逐步减少”的应对策略，立即停止引入新的贸易壁垒并开始取消已有的贸易壁垒，不过这番话基本上没有受到重视。[102]美国官员垂头丧气地离开了日内瓦，因为其他国家拒绝启动新的贸易谈判。由于对《关贸总协定》进程感到沮丧，他们开始认真考虑采取多边体系之外的替代方案减少贸易壁垒，这在战后尚属首次。[103]

事后看来，1982 年《关贸总协定》部长级会议的结果显然起到了重要作用，因为它说服了美国贸易官员开始考虑以替代方案减少贸易壁垒。如果《关贸总协定》的参与者不愿意加强现有规则的执行并弥补法律框架的漏洞，那么美国就准备绕过多边进程，采取单边行动执行贸易规则并解决对外贸易壁垒，同时启动双边和区域磋商进一步开放贸易。1985 年，里根总统再次呼吁启动新一轮多边贸易谈判，同时警告："如果不启动谈判，或是谈判没有取得太大进展，我会指示我们的贸易谈判代表与其他国家探索达成区域和双边协定的可能性。"[104] 事实上，贸易代表威廉·布罗克之所以认为《1984 年贸易和关税法案》应当授权与以色列达成双边贸易协定，一个原因就是他对《关贸总协定》不再抱有幻想。次年达成的贸易协定在 10 年内逐步取消了双边贸易的所有关税。以色列是一个备受欢迎的盟友，因此协定在国会没有遇到任何反对。[105]

美国和以色列达成的协定具有更多的外交政策含义，不能算是贸易政策的重大变化，但是，与加拿大达成自由贸易协定的可能性很快就浮现。长期以来，加拿大一直对是否继续进入美国市场心怀疑虑，尤其是在相关贸易行动对其经济造成破坏的时候：美国在 1971 年征收 10% 的进口附加税时并没有豁免加拿大，该国其他出口产品也时常受到反倾销和反补贴税的困扰，这在 20 世纪 80 年代给两国双边关系造成了长期问题。加拿大生产商经常发现自己只能任由美国商务部和国际贸易委员会摆布，种种不利于他们的裁定可能在很长一段时间内干扰他们的出口。加拿大官员还担心商业投资有可能因为无法确保美国市场准入而遭受损失。

与此同时，加拿大一直担心自己被这个强大的邻国控制，从而失去其主权和特有文化。这些国内敏感问题使加拿大官员在是否寻求与美国建立更密切的经济关系上犹豫不定。当然，美国可以宣布它愿意探讨达成双边贸易协定的可能性，但主动权必须在加拿大这边；美国的任何此类提议都会让加拿大民族主义者担心美国正在谋划占有该国资源并控制其经济。[106]

一个皇家委员会在 1985 年发布了一份关于加拿大经济前景的报告，这份报告成为推动事态向前发展的催化剂。与美国一样，加拿大也日益担心该国的生产率表现以及该国出口在全球市场上的竞争地位。这份报告敦促加拿大官员采取能够增强经济韧性和活力的政策，减少庇护该国经济免受外国竞争的程度和各省的分割程度。为此，报告敦促加拿大"转变观念"，与美国展开自由贸易协定谈判。这样的协定会让加拿大经济面临更大的竞争，从而迫使生产商提高效率，还会锁定加拿大的美国市场准入权，使该国不那么容易受到美国政策变化莫测的影响。加拿大保守党总理布莱恩·马尔罗尼（Brian Mulroney）在职业生涯早期曾反对美加自由贸易这一理念，但是 1985 年 10 月，在政府内部进行了激烈争论之后，他致信里根总统，提出展开自由贸易协定谈判。

加拿大在此类协定中的经济利益要远远高于美国。1985 年，加拿大近 3/4 的出口（约占加拿大 GDP 的 20%）都是运往美国的，而美国只有 20% 的出口（占美国 GDP 的 1%）被运往加拿大。平均而言，加拿大对美国产品的关税（约 9%）要高于美国对加拿大产品的关税（约 4%）。大约 80% 的加拿大对美出口和 65% 的美国对加出口已经免税，因为两国在 1965 年达成了一份特别协议，取消了汽车和汽车零部件的双边贸易关税。不过，除了降低关税之外，美国还会有其他一些收获：加拿大保留了很多针对外国投资（尤其是金融服务、能源和自然资源）的限制，并对很多生产商提供补贴（美国公司提出投诉的源头所在）。

鉴于两国经济规模的不平衡，加拿大对此次谈判的重视程度要远远高于美国。[107]国会和里根政府似乎都没有意识到，加拿大政府能够提议进行协定谈判，就已经在政治上向前迈出了一大步。谈判于 1986 年初开始启动，不过开局不利。[108]美方高层并不重视此次谈判，这让加拿大谈判代表大为沮丧。美国贸易代表办公室的首席谈判代表彼得·墨菲（Peter Murphy）够不上领导层面；他只是工作层面的官员，不具备达成协定的政治权力。[109]

两国对协定的认识也有所不同。美国只想达成一份简单的协定来取消关税，并让加拿大减少补贴并放开外国投资。加拿大则希望达成更全面的协定来遏制贸易救济措施的使用，因为这些贸易救济措施经常会困扰加拿大出口商。加拿大方面提议协调两国的反倾销和反补贴税规则，而美国贸易代表办公室认为国会永远不会同意这样做，因而拒绝予以考虑。

在无法说服美方对美国贸易法律进行任何修改之后，加拿大谈判代表提议建立一个公正的、具有约束力的机制解决两国在贸易法律执行方面的争议。到1987年9月中的时候，美国谈判代表仍没有认真对待这一想法，这让加拿大官员沮丧不已。［劳埃德·本斯滕（Lloyd Bensten）和约翰·丹佛斯这两位很有影响力的参议员表示绝无这个可能。］加拿大方面认为，即使达不成协定，也要好过达成糟糕或有限的协定，因此准备宣布谈判失败。结束谈判的最后期限很快就要到来：要想让协定有资格接受“快速通道”审议，就必须在1987年10月3日午夜之前将协定提交至国会。9月下旬，加拿大谈判代表表示会谈正处于失败边缘，争端解决制度是一个成败在此一举的问题。这让里根政府的高层官员大感意外。

意识到谈判即将破裂，财政部长詹姆斯·贝克接手了谈判并最终挽救了两国的协定。筹款委员会贸易小组委员会主席、佛罗里达州民主党议员萨姆·吉本斯（Sam Gibbons）致电加拿大大使阿伦·戈特利布（Allan Gotlieb）并在电话中表示，由于国会不能接受反倾销和反补贴税联合规则，因此他建议设立一个特别法庭，在出现争端的时候审查两国现行贸易法律的适用情况。[110]虽然加拿大方面担心美国之后会加强其反倾销和反补贴税法，不过设立特别法庭的提议已经是一种让步。加拿大方面鼓励新泽西州民主党参议员比尔·布拉德利（Bill Bradley）和其他一些强烈支持两国达成协定的国会议员致电贝克，并表明他们对这一想法的支持。虽然美国贸易代表办公室表示反对，同时贝克本人最初也持怀疑态度，但他后来改变了看法，转为支持这个建议。他开始在国会争取议员对设立独立审查体系的支持，同时也推动加拿大方面就银行服务和跨境投资做出更多的让步。[111]

在美方保证能够达成不错的协定之后，加拿大方面回到了谈判桌，结果发现什么也没变。在必须通知国会达成协定的那天晚上，加拿大方面已经准备好宣布谈判失败。晚上 9 点左右，贝克冲进谈判室，把一张纸拍到桌上，喊道："好了，给你该死的争端解决机制！"[112]离午夜只有 10 分钟的时候，协定终于完稿并被信使送往国会山，而总统的通知也赶在截止时间前一分钟送达。戈特利布大使（2006，第 493 页）后来说："要不是因为贝克，协定根本不会达成。"

里根总统和马尔罗尼总理于 1988 年 1 月签署了协定，不过，在举行了大量听证会之后，协定直到 1988 年 7 月才被正式提交至国会。（政府因疏忽而没有与国会议员就谈判情况进行太多协商，日后的北美自由贸易协定再也没有重演这一错误。）在同年夏天的两党投票中，国会以压倒性多数批准了这一协定，众议院的投票结果为 366 票对 40 票，而参议院的投票结果为 83 票对 9 票。[113]与之形成对比的是，加拿大在这个问题上进行了激烈的公开辩论，这个问题也成为 1988 年大选的关键所在。最后保守党赢得大选，下议院批准了这份协定，协定于 1989 年 1 月开始生效。

《美加自由贸易协定》是历史性成就，巩固了两国的经济关系并减少了贸易摩擦。长达 250 页的文本共含 21 章及附件，内容包括 10 年内逐步淘汰双边贸易关税、服务贸易协定、谨慎开放投资和金融服务、设立公正的评判小组解决贸易救济方面的争议、通过限制外国对媒体和电影的投资对加拿大文化予以特别保护以及各种其他规定。不过，由于双边贸易已经相当自由，这份协定对美国整体经济的影响非常有限。

虽然这是朝着双边贸易协定迈出的重要一步，但美国并没有放弃多边体系。1986 年，它成功地带领《关贸总协定》中的其他国家启动乌拉圭回合贸易谈判。这些谈判于 1993 年结束，第十三章将详细论述。

## 保护主义浪潮逐渐消退

在 1985 年 9 月的《广场协议》之后，美元相对于其他货币的持续贬值终于成功地解救了那些与全球市场进出口商进行竞争的产业。从

1985年2月的峰值到1988年4月的谷底，美元的实际贸易加权价值下降了近30%。其结果就是，出口增长回升，进口增长放缓。事实上，在经济增长于1989年放缓之前，出口相关产业占1987—1988年制造业就业增长的一半。[114]商品贸易逆差在1987年达到1 590亿美元的峰值，随后在接下来三年里逐渐下降。随着经济的持续增长，这些变化极大地缓解了保护主义压力。如图12.5所示，1987年以后，国内企业提出的反倾销申诉大幅减少。当然，近期实施的很多进口限制依然生效：近三分之一的日本对美出口仍然受到某种形式的限制。

在这样的环境中，乔治·布什（George H. W. Bush）总统的新政府和贸易代表卡拉·希尔斯（Carla Hills）借机取消了20世纪80年代积累起来的一些保护主义措施。三大受保护产业分别是汽车、钢铁、纺织品和服装，而它们受到的特殊保护很快就要结束。首先，日本对汽车的自愿出口限制逐渐取消。日本在1981年之后又延期了自愿出口限制，不过这样的限制慢慢不再具有约束力，因为日本主要汽车生产商在美国建起了生产设施，从而取代了来自日本的出口。到1991年的时候，日本企业占美国国内汽车和轻型卡车产量的15%。因此，自愿出口限制已经没有必要：当年的出口限制为230万辆，但美国仅从日本进口了173万辆。1992年，日本将出口限制减少到165万辆，不过在接下来这一年里，日本仅出口了140万辆汽车，远远低于限制数量。

1994年初，日本宣布不再实施出口限制。美国的工会官员和汽车公司高管对这个决定大为不满，但他们已经没有合适的立场要求继续实施这样的限制。撇开就业不说，汽车产业已经在盈利和生产方面从20世纪80年代初的低谷时期恢复过来。此外，日本企业已经满足了行业和工会提出的要求：也就是说，“在出售汽车的地方生产汽车”。此外，三巨头对一些日本生产商进行了投资，因此他们现在已经是日本汽车的主要进口商。

钢铁产业则构成了更加艰巨的挑战。钢铁产业在1984年赢得的全面自愿限制协定将于1989年到期，即1988年总统大选之后不久。与汽车产业一样，比起几年之前，钢铁产业的状况已经大为改善：产能利用率大幅提升，经济损失转为利润，美元疲软帮助提升了产业竞争力，因而进口也逐步减少。此外，大型钢铁企业关闭了低效工厂并对生产设施进行现代化改造以提高生产率并降低劳动力成本，从而使生产逐渐实现合理化。

不过，当副总统乔治·布什在 1988 年竞选总统时，俄亥俄州和宾夕法尼亚州的民意调查数据不太理想，他的应对之措是表态将延续进口限制，不过他并没有做出任何具体的承诺。延续自愿限制协定的可能性引发了激烈的争论，现在钢铁消费企业也表示反对，如重型土方设备生产商卡特彼勒（Caterpillar）和其他主要钢铁消费者。他们抱怨钢铁保护提高了他们的生产成本，削弱了他们相对于外国竞争对手的竞争力。钢铁用户指出他们雇用的工人要远远多于钢铁产业的工人，他们认为进口限制造成的钢材短缺和价格上涨危及了这些工作岗位。

这使得盈利丰厚的综合钢铁生产商在捍卫自愿限制协定的时候需要面对另一大批制造商的反对。在钢铁产业要求将自愿限制协定延期 5 年而钢铁用户坚决主张将它们废除的时候，国会钢铁议员团必须在两个集团之间进行调解。国会本身也意见不一。（萨姆·吉本斯打趣说，1989 年国会重新授予政府达成协定限制钢铁进口的权力是“我提出的唯一没有人认同但每个人都同意投赞成票的法案”。）[115]布什政府提出了一个折中方案，即将进口限制延续两年半，随后将之取消。在此期间，为了帮助钢铁消费者，如果钢材供给短缺，自愿限制协定将被放宽。政府还指出，解决钢铁市场全球产能过剩和贸易扭曲行为的正确办法是正在进行的《关贸总协定》谈判，而非出口限制。

综合钢铁生产商和美国钢铁工人联合会对这一决定感到失望。自 1967 年以来，两者一直都受益于进口限制，而失去自愿限制协定也表明该行业的政治影响力有所减弱。在自愿限制协定于 1992 年初到期时，钢铁产业立即提出 80 多起反倾销和反补贴税申诉，对商务部和国际贸易委员进行疲劳轰炸。虽然商务部发现倾销和补贴幅度高达 109%，但国际贸易委员会仅对 32 起案件做出了伤害裁决；大部分申诉都被驳回，因为进口产品的销售价格通常都要高于国内钢材。这些案件的驳回又一次打击了希望继续受到保护的钢铁产业。

纺织品和服装产业受到的特殊保护也被取消了。到 1991 年时，《多种纤维协定》的出口配额共涉及 41 个国家，占纺织品进口的 69% 和服装进口的 88% 。[116]然而，我们在前文已经看到，《多种纤维协定》在阻止进口方面更像是一层滤网，而不是一面墙壁，国内生产商也一直努力想要加强限制。该行业希望布什政府能够比上届政府更支持他们，并再次尝试从国会那里争取到全面的贸易保护。1990 年 4 月，国会纺织品议员团推出了 5 年内的第三部重要的纺织品和服装法案。与 1988 年的法案一样，此次法案将按产品（而不是按国家）设定进口总量上限，并将其增速限制在每年增长 1% 。中西部农业州此前曾反对此类立法，因为它们担心其他国家会对其农产品出口进行报复，为了化解它们的反对，法案包含了如下条款：如果一国提高美国农产品进口，美国则允许提高该国的纺织品配额。法案的另一条款要求将非橡胶鞋制品进口冻结在 1989 年的水平，以便更多地赢得鞋类生产商所在地区的国会议员的支持票。虽然以上种种措施提高了该法案的吸引力，但纺织品和服装产业在政治上仍然处于弱势：美国服装生产商协会并不支持该法案，因为它的很多成员已将工厂转移到海外或是从外国服装制造商那里进口服装。

国会平平淡淡地通过了该法案，因为布什总统已经宣布他将否决这部法案。总统称这是一部“高度保护”法案，它会破坏经济、提高对消费者来说已经很高的服装成本并违反《关贸总协定》的规则。[117]总统指出，法案只会造成上述后果，而不会消除任何不公平贸易行为或打开任何国外封闭市场。第十三章将会说到，这次否决为乌拉圭回合全面废除《多种纤维协定》奠定了基础。

20 世纪 80 年代的其他贸易问题也在布什执政期间逐渐消退。当美日两国 1986 年达成的半导体协定需要在 1991 年延期时，国内计算机生产商（半导体消费者）的反对导致该协定的反倾销条款被终止。机床领域的有序销售安排已经过期，其他贸易限制也已经失效。其结果就是，特殊保护措施涵盖的进口份额从 1984 年的 21. 5% 下降至 1990 年的

10.4%。[118]事实证明，20 世纪 80 年代的贸易保护只是美国政策中的临时之计，而非长久之举。

经过 20 世纪 80 年代强大的贸易压力之后，保护主义为何在 20 世纪 90 年代相对轻松地出现逆转？进口限制的解除主要归因于三个因素：形势变化、经济调整、国内的反对声音越来越大。

形势变化指的是开始于 1983 年并贯穿 20 世纪 80 年代大部分时间的经济复苏：国内需求的增长推动了制造业的复苏并降低了失业率。美元相对于其他货币的贬值既有利于国内市场的进口竞争型生产商，也有利于全球市场的出口商，这对于缓解保护主义压力和消除现有措施也至关重要。

经济调整指的是国内企业为应对竞争加剧而采取的措施。很多调整措施都是艰难而痛苦的，如关闭效率较低、成本较高的生产设施并大幅裁员，不过这些措施带来的结果是成本降低和效率提高。很多企业不得不改变产品组合，一般都是提升产品质量，如半导体产业从生产存储芯片转为专注生产专用设备和复杂的微处理器。此外，很多产业开始在海外生产方面进行全球多元化投资，这降低了他们在美国市场设立贸易壁垒的兴趣。很多外国企业还在美国建立了生产设施，这进一步降低了进口限制对国内企业的价值。

最后，国内反对保护主义措施的声音不断加大。购买进口中间产品以生产最终产品的公司越来越积极地反对施加在其生产投入方面的进口限制。与前几十年不同，钢铁采购商现在强烈反对钢铁产业提出的进口限制要求，半导体产业也是如此。至于服装产业，零售商则为国内用户发声，努力争取降低服装价格。因此，进口产品的消费者在政治上活跃起来，这里指的不是那些家庭消费者，而是利润受到威胁的企业消费者。这种反对声音极大地改变了贸易政策的政治局面：国会议员和政府官员现在不得不面对并协调不同选区相互冲突的观点，而不仅仅只是了解进口竞争型生产商和工人的意见。

20 世纪 80 年代遗留下来的另一个贸易问题就是动用 301 条款对付外国不公平贸易行为。虽然最初没有显现出来，但使用这一工具打开国外市场的做法也开始随着时间的推移逐渐消失。如前所述，《1988年综合贸易与竞争法案》包含了“超级301”条款，根据该条款，美国贸易代表办公室需要确定“重点国家”的贸易壁垒和政策扭曲，如果这些做法没有在3年内取消的话，贸易代表办公室则会采取报复措施。国会正是采取这种办法推动行政部门使用高压手段打开国外市场，尤其是日本市场。[119]

对于向日本等盟国提出什么样的要求，布什政府的官员意见不一。美国贸易代表卡拉·希尔斯在她的任命听证会上承诺会采取强硬措施处理不公平贸易行为，并保证，与过去的谈判不同，新的谈判一定会取得成效。（希尔斯打比方说会用撬棍为美国产品撬开外国市场，因此她后来被人称为“撬棍卡拉”。）与此同时，政府官员并不希望结果导向的贸易政策退化成为管理式贸易，这样的贸易将会设定明确的市场份额目标，就像1986年的半导体协定那样。

1989年5月，美国贸易代表将日本、巴西和印度列为超级301条款下的“重点国家”。日本被列为重点国家，是因为它在超级计算机和卫星领域的歧视性采购政策和林业产品的技术壁垒；巴西是因为它的各种定量进口限制；印度是因为它在与贸易相关的外国投资和服务贸易方面的壁垒，尤其是保险壁垒。（韩国和中国台湾做出了足够的让步才没有被列为重点国家/地区，欧共体也没有被列入名单。）一年后，希尔斯宣布，美国与日本的谈判成功地为美国超级计算机和林业产品打开了日本市场，这让来自蒙大拿州的知名民主党参议员马克斯·博卡斯（Max Baucus）大为满意。

不过动用超级301条款的做法也逐渐消失了。令批评日本的人士感到沮丧的是，美国贸易代表办公室在1990年没有将日本列为重点国家。布什政府没有动用超级301条款施加压力，而是发起了结构性障碍协议（SII）解决日本市场准入问题。[120] 1990年，只有印度被列为重点国家，但它拒绝与美国谈判。美国意识到了这样的做法徒劳无益，因此没有采取报复措施来施加压力。之后，超级301条款期满终止，没有再延期。贝亚德和埃利奥特（Bayard and Elliott，1994，第313页）得出结论认为，超级 301 条款“未必会比常规 301 条款更有效”，但“具有不必要的挑衅性”，容易挑起美国与其他国家的冲突。

到 20 世纪 90 年代初，对外国不公平贸易行为的担忧已经逐渐减弱。日本进入了持续的经济低迷期，它构成的问题已经成为历史；由于日元走强和经济疲软，日本生产商已经不再像 10 年前那样构成竞争威胁。不过，比尔·克林顿总统的新政府在成立之初仍然想要重振“结果导向”的贸易政策。[121]1993 年 3 月，日本宣布其半导体市场的外国份额已经达到了 20%，不过它坚称这个数字既不是目标，也不是承诺。克林顿政府认为其他部门也可以采取半导体协议的模式。克林顿总统在那年与日本首相会晤时，呼吁日本“关注特定产业和特定结构”，以期在市场准入问题上“取得成效”。[122]半导体协定带来的教训，也就是说，想要说服国内生产商同意购买外国产品可谓难上加难，使得日本官员强烈反对日本再次在进口问题上接受数字基准。[123]虽然克林顿政府设法构建了双边贸易关系框架，但日本还是成功地避免了在进口问题上做出更多承诺。到 1995 年，这件事也就不再被提起。

因此，到 20 世纪 90 年代初，贸易政策的政治和经济环境远比 20 世纪 70 年代初或 80 年代更为平静。那些年，开放贸易体系受到了巨大压力，结果导致出口限制协定和其他形式的贸易保护主义广为扩散。虽然出现过强大的要求施加新贸易壁垒的压力，但 1934 年之前的那种高水平关税并没有卷土重来。此外，进一步自由化的基础已经奠定。随着 20 世纪 80 年代的贸易措施开始到期，美国即将走进贸易扩张的新时代。

# 第十三章 从全球化到极化，1992—2017年

如果说在20世纪80年代，美国采取了很多临时进口限制措施帮助本国生产者规避外来竞争的冲击，那么90年代的情况恰恰相反：美国提出了重要倡议以削减贸易壁垒，不断深化美国融入全球经济的程度。这些举措包括：签署《北美自由贸易协定》，完成“乌拉圭回合”谈判并创建了世界贸易组织，与中国建立永久性正常贸易关系（PNTR）。随着发展中国家逐步启动市场开放改革，以上举措推动全球贸易大幅攀升。然而，这些政策举动也导致政治争议不断升级，侵蚀了两党携手支持自由贸易的立场。尽管美国在21世纪的头10年签署了多项双边协定，但在这一时期，贸易政策之争表现出极其鲜明的党派色彩。随着美国的政治和经济极化程度日益加深，这一时期美国贸易政策引发的争议超过了第二次世界大战以后的任何时期。

## 《北美自由贸易协定》

如果说美国与日本的贸易摩擦体现了美国贸易政策在20世纪80年代的主要特征，那么《北美自由贸易协定》则代表着90年代最典型的贸易政策之争。即使已经过去了25年，这场争斗给美国贸易政治留下的伤疤依然相当刺眼。本书第十二章已经表明，美国是从20世纪80年代中期开始将工作重心转向签署双边和区域贸易协定，而且逐步摆脱主要贸易合作伙伴带给它的挫败感，这些贸易伙伴不愿降低贸易壁垒并减少对农业及其他市场的干预，也不愿加大《关贸总协定》的执行力度。

1985 年，里根总统提出了这项挑战："如果没有发起这些（我们提议的多边贸易）谈判，或者它们取得的进展不大，那么我会指示贸易谈判代表寻求与其他国家签署区域贸易协定或双边贸易协定的可能性。"[1]当然，一旦美国宣布愿意启动区域谈判或双边谈判，其他国家要想在贸易方面有所建树，都必须热烈拥护这个主张。

美国与加拿大签署自由贸易协定后，向其他西半球国家伸出了橄榄枝。1988 年里根总统发表年度国情咨文时称："我们的目标必须是有一天，贸易能够从火地岛的一端自由地流向北极圈，用互惠互利的贸易交换将西半球的人民紧紧连在一起。"由于很多拉丁美洲国家对降低贸易壁垒的主张不太感冒，所以美国对他们递出的橄榄枝很可能被忽视。[2]

不过政治风向突变，改变了整个局势。1989 年 11 月，柏林墙意外倒塌，东欧国家的社会主义制度瓦解，随后苏联解体。此外，冷战结束不仅撼动了全球政局，而且影响了各国经济政策。社会主义不再是绝大多数发展中国家采取的经济模式。它们中的不少国家走上了政策改革的道路，其中就包括贸易开放。1990 年 1 月，墨西哥总统卡洛斯·萨利纳斯·德·戈塔里（Carlos Salinas de Gotari）前往瑞士参加达沃斯世界经济论坛，一个政界领袖和商界领导人云集的国际会议。萨利纳斯政府一直致力于推行国内改革提高生产率以及本国生产者在全球市场上的竞争力，以促使墨西哥经济实现现代化。[3]他们相信如果不进行重大政策调整，墨西哥的生活水平只会进一步落后于其他国家。萨利纳斯参加世界经济论坛的初衷是让其他国家关注墨西哥的改革活动以吸引外国投资。

然而，墨西哥温吞吞的改革倡议并没有给国际投资者留下深刻的印象。相反，全球商界被东欧国家蕴含的全新机遇牢牢地吸引了眼球。未能得到世界的关注让萨利纳斯深信，墨西哥必须采取大动作才能实现这个目标，譬如和美国签署自由贸易协定。[4]他对自己的幕僚推断说，墨西哥只有成为对美出口的平台才可能吸引到外国投资；而只有确保墨西哥的商品能够进入美国市场，这一切才能变成现实。

起初，美国贸易代表办公室的官员对于是否要启动与墨西哥的贸易谈判一直犹豫不决。他们担心墨西哥主动提议进行贸易谈判的举动并没有经过深思熟虑，而且他们想集中精力完成当时正在推进的“乌拉圭回合”谈判（后文很快会谈到这次谈判）。为了表明萨利纳斯政府对这个提议的兴趣，墨西哥官员联系了詹姆斯·贝克，当时詹姆斯在老布什政府担任国务卿，是最有影响力的内阁成员。总统及其他高层官员认为墨西哥的提议是一个历史机遇。过去美国与墨西哥的关系一直磕磕绊绊，而两国签订贸易协定会促进双方的经济合作，深化美国与这个重要邻国的商业联系。[5]1990年6月，老布什和萨利纳斯在华盛顿举行会晤，并宣布两国政府将启动自由贸易协定谈判的准备工作。加拿大面对此事先提出抗议，随后很快就要求加入谈判。[6]1991年2月，美国、墨西哥和加拿大三国宣布将就自由贸易协定启动正式磋商。

这些先期行动引发了美国历史上最激烈也最具决定性的贸易政策辩论。此次论战将商业利益集团、工会和草根政治团体悉数卷入政策领域，而这些团体中大多数都反对此类自由贸易协定。它的核心问题是这份贸易协定对美国意味着什么。这是美国第一次与发展中国家谈判重大双边贸易协定。虽然墨西哥的经济体量与美国相比极小，而且依据普遍优惠制，墨西哥对美出口的产品多半已经享受免税待遇，但墨西哥的工资水平远远低于美国。与这样的国家签署自由贸易协定使人们担心墨西哥进口增加会导致美国工人失业。

在墨西哥愿意启动自由贸易协定谈判之前，老布什政府必须延长自己的“快速通道”谈判授权，他们手中的授权即将在1991年过期。《1988年综合贸易与竞争法案》允许政府在3年的时间里拥有“快速通道”谈判授权，而且除非遭到众议院或参议院的反对，这项授权可以再延长两年至1993年。在正常情况下，延长授权只是例行公事，特别是在国会大力支持正在进行的《关贸总协定》谈判的情况下。但是几乎让所有人大跌眼镜的是，延长授权的提案提交国会后却受到激烈抵制。由于美国有可能与墨西哥达成贸易协定，所以这份协定的批评者决意破坏“快速通道”授权，在两国启动磋商之前就将它扼杀在摇篮之中（如第十二章所说，“快速通道”是《1974年贸易法案》设定的一个程序，可以加快国会对行政部门签署的贸易协定的审议过程）。工会认为与墨西哥扩大贸易可能对美国造成不利影响，对这一谈判极为气愤，所以牵头反对延长“快速通道”授权。他们深信允许墨西哥产品免税进入美国的贸易协定会鼓励美国公司把生产或组装业务转移到墨西哥，以充分利用当地较低的工资水平。[7]他们认为这份协定必然会使很多工人失业。正如劳联-产联所说：“他们提议的美墨自由贸易协定对两国工人来说都是场灾难。它会摧毁美国的就业机会，同时持续剥削墨西哥工人，大面积破坏墨西哥的环境，而受益的是跨国公司和大银行。”[8]

有望达成的《北美自由贸易协定》还招致了部分国内生产者的反对，如水果和蔬菜生产者。他们认为会受墨西哥进口带来的竞争所累。不过，与以往关于贸易问题的争斗不同，反对《北美自由贸易协定》的公众远远不止生产商和劳工利益群体。这份协定的批评者抱怨它会影响环境、工作条件、人权、毒品走私和移民。环保团体担心《北美自由贸易协定》会使企业利用墨西哥不够完善的监管体制钻空子，导致美墨边境的污染情况恶化。他们还担心这会导致美国为了把本土企业留在国内而降低本国的环保标准。人权活动分子担心的是，墨西哥的工作条件已经相当恶劣，而美墨贸易扩张是否会意味着墨西哥工人遭到更多剥削，并加深农民的贫困程度。

然而，如果政府的“快速通道”授权不能延长两年，就会危及正在推进中的“乌拉圭回合”谈判，当时这一谈判已获得广泛的政治支持。即使对《北美自由贸易协定》持怀疑态度的国会议员也不想为全新的多边贸易协定设置障碍。因此，密苏里州民主党众议员理查德·戈普哈特宣称不一定是因为赞同某一特定的贸易协定才支持赋予政府“快速通道”谈判权。绝大多数民主党人都反对否决延长“快速通道”谈判权的议案，但他们允许对这个问题进行辩论并且投票。1991 年 5 月，众议院以 231 票对 192 的投票结果否决了终止“快速通道”谈判权的动议。第二天，参议院以 59 票对 36 的投票结果否决了类似动议。尽管阻止政府继续持有“快速通道”谈判权的努力未能得逞，但这些程序性投票的结果展示了《北美自由贸易协定》的反对人群具有很强的政治实力。[9]1991 年围绕“快速通道”谈判权展开的斗争只是为两年后的《北美自由贸易协定》之争奏响了序曲。

美国国内因为“快速通道”谈判权引发的争议完全出乎人们的意料。这第一次表明美国贸易政策将在冷战后走向不同的方向。在冷战中，贸易扩张被视为西方联盟巩固内部经济关系的重要方式，以此来提升国家安全，抵御共产主义带来的威胁。美国的外交政策曾主张拒绝国内选区反对贸易的要求。随着共产主义的威胁渐渐消散，以此为理由制定的外交政策大幅减少。与此同时，那些对外国竞争极其脆弱的劳动密集型产业（如服装产业）的经济重要性迅速降低，削弱了它们的政治影响力。现在，越来越多反对自由贸易的呼声来自全国工会、环保组织和人权活动分子等组成的更广泛的群体。组织严密的工会扮演了这场运动的先锋，他们是最适于为国会议员提供高额政治献金的群体。过去的互惠贸易协定从来没有受到这种公共激进主义的威胁。喷薄而出的反对意见使积极倡导贸易的商业团体措手不及。[10]

继续拥有“快速通道”谈判权使政府得以在 1991 年 6 月正式对《北美自由贸易协定》启动谈判。三方谈判团队对很多问题展开了争论，如市场准入、原产地规则、金融服务、投资和争端解决等。这些磋商遵循了美加自由贸易协定的模板，但是远远超出它的范围。知识产权和交通等新领域也被纳入了谈判。1992 年 8 月，《北美自由贸易协定》历经 14 个月完成最终签署时，一共有 22 章以及数不胜数的附件，总篇幅超过 2 000 页。

市场准入条款是这份协定的基石。美国的平均关税水平为 5%，加拿大的平均关税水平为 8%，墨西哥的平均关税水平为 12%。然而，非关税壁垒将美国的实际关税水平推高至 9%，加拿大的实际关税水平被推高至 12%，墨西哥的实际关税水平被推高至 31%。[11]由于墨西哥的贸易壁垒极高，所以它不得不在很多行业放宽限制，为美国出口商创造出大量机遇。《北美自由贸易协定》要求分别在 5 年、10 年或 15 年内逐步废除北美贸易涉及的所有关税，部分关税需要立即废除。美国要求对鞋袜和服装、玻璃器皿和扫帚等劳动密集型产品设置较长的过渡期。在农业方面，除了美国的食糖和橙汁以及墨西哥的玉米和豆类等敏感产业以外，农产品的进口配额将转换为等值的关税壁垒，然后逐步废除，此外，美国坚持采取一些保护措施，以免柑橘类水果、西红柿、洋葱和西瓜等农产品的进口量激增。

这份协定中的一个关键问题是确定哪些产品是北美产品，即哪些产品有资格享受美墨加三国的免税待遇。由于这三个国家仍然在按照现行税率对其他国家的进口产品征收关税，所以三国之间的关税水平与它们的对外关税水平之差，可能会引发转运问题，即先把货物出口至三国里关税较低的国家，然后再运到高关税国家逃避相应的关税。例如，美国对进口卡车征收 25% 的关税，所以其他国家（如日本）可能会尝试先将卡车出口到加拿大或墨西哥，然后穿越边境将它们运往美国，以规避较高的美国关税。为了避免转运现象，并且确保只有墨西哥或加拿大出产的货物享受美国的免税待遇，《北美自由贸易协定》制定了原产地规则，规定特定产品包含的北美比例需达到最低水平才能享受免税待遇。

原产地规则对汽车产业尤为重要。美国汽车产业希望原产地规则提高对汽车的北美比例要求，以确保墨西哥不会成为日本或其他外国制造商的出口平台，否则这些制造商只要将零部件运往墨西哥组装在一起，就可以将整车销往美国。《美加自由贸易协定》中关于本地比例的条款规定，占汽车价格一半的零部件原产于美国或加拿大时，生产出来的汽车才有资格享受免税待遇。对于《北美自由贸易协定》，全美汽车工人联合会要求它规定北美比例达到 80% 的汽车才能享受免税待遇，福特和克莱斯勒要求享受免税待遇的汽车的北美比例达到 70%，通用汽车要求符合免税标准的汽车的北美比例达到 60%。墨西哥和加拿大希望延用美加自由贸易协定中的规定，即北美比例达到 50% 的汽车可以享受免税待遇，但最终不情愿地接受了 60% 的免税标准。为了避免引发汽车制造商的反对，美国谈判代表曾向他们承诺，能够享受免税待遇的汽车的北美比例必须超过 60%。虽然他们说服墨西哥将这个比例确定为 65%，但加拿大坚决要求将北美比例保持在 60%，因此谈判代表各退一步，最终将这个比例确定为 62.5%。[12]

原产地规则对纺织品和服装产业来说也意义重大。美国谈判代表试图确保墨西哥生产的所有服装都使用美国制造的面料。《北美自由贸易协定》中包含“从纱线开始”的规则（yarn-foruard rule）和“三次转变试验”（triple transformation test）。它们要求，只有用《北美自由贸易协定》国家生产的纱线织成的织物来裁剪和缝制的服装，才有资格享受免税待遇。这些错综复杂的规章制度都是为了将免税贸易局限在北美范围内。

在投资方面，《北美自由贸易协定》禁止设置投资方面的业绩要求，如制定关于本地比例的条款或对出口业绩提出强制要求。[13]此外，如果外国投资者的财物被征用没收，或投资国的重大政策调整严重影响投资者的投资价值，那么《北美自由贸易协定》将要求投资国政府按公平市场价值给予补偿，确保外国投资者不会受到歧视待遇。如果政府未能履行这些义务，那么《北美自由贸易协定》中颇具争议的第11章允许私人投资者向一个专门仲裁机构投诉。这个机构可以对任何争端做出裁决。能源部门的外国投资对墨西哥来说是一个相当敏感的问题，加拿大过去也是如此。墨西哥宪法中的一项条款禁止外国投资者拥有本国的石油或天然气企业，美国不得不接受这个事实，尽管它说服了墨西哥放宽与国家石油垄断有关的采购规定。

在服务业方面，美墨加三国要求将国民待遇和最惠国待遇作为所有行业的普遍原则，但电信、金融服务和运输业不在此列。加拿大坚决不准对本国的文化产业推行国民待遇和最惠国待遇。它限制外国投资者涉足加拿大的电视、广播、杂志和报纸等媒体。《北美自由贸易协定》的其他条款还涉及知识产权、政府采购、竞争政策和争端解决。

1992年8月《北美自由贸易协定》谈判结束时，美国正在如火如荼地举行总统竞选，而这只是为《北美自由贸易协定》招致更多批评意见。此外，美国经济刚刚从1990年至1991年的短暂衰退中复苏。虽然与20世纪80年代初的经济萧条比起来，这次经济衰退较为温和，但就业迟迟没有回归正常水平，因此选民对“《北美自由贸易协定》将导致美国就业机会减少”的观点极为敏感。共和党的初选候选人——保守派评论员帕特·布坎南（Pat Buchanan）警告，《北美自由贸易协定》

将摧毁中产阶级并伤害蓝领工人。这一言论大大激发了人们的担忧情绪。在民主党的初选中，几位候选人认为这份协定将损害美国经济并破坏就业机会。选举中的黑马是得克萨斯州的亿万富翁罗斯·佩罗（Ross Perot）。他作为一名第三党候选人，在竞选中表现强劲得令人大跌眼镜。佩罗警告，一旦《北美自由贸易协定》正式颁布，“你将会听到巨大的吮吸声，把美国的工作机会都吸走”。[14]“巨大的吮吸声”成了关于《北美自由贸易协定》的整个论战中最令人难忘的短评。它简短有力地描绘出与低工资邻国扩大贸易规模的前景给美国带来的恐惧情绪。佩罗在普选中拿下了 19% 的选票，对于第三党候选人来说，这个票数相当惊人。大选结束后，他成了《北美自由贸易协定》反对运动的公众代言人。

虽然老布什总统坚定地支持《北美自由贸易协定》，但他的民主党挑战者对这份协定采取了极其谨慎的做法。作为一名来自阿肯色州的南方民主党人，比尔·克林顿属于“新派民主党人”。他主张推行中间派经济政策，排斥工会和“锈带”的北方民主党采取的贸易保护手段。[15]克林顿非常倾向于签署《北美自由贸易协定》，但反对这份协定的俄亥俄州和密歇根州对他拿下大选至关重要。在竞选活动的大部分时间里，他始终对自己的立场含糊其词。他从原则上支持达成贸易协定的主张，但对手头正在推进的协定不做出任何承诺。最终，克林顿在 1992 年 10 月发表的一次竞选演讲中宣布，只要贸易协定能够保护劳工和环境就会支持它。他表示：“问题不在于我们是否应该支持自由贸易或开放市场。这当然是我们应该做的。真正的问题在于我们是否会制定出确保我们从这份协定中获益的国家经济战略。”[16]

克林顿在 1992 年大选中击败了老布什。《北美自由贸易协定》的命运掌握在了一位没有参与过其谈判过程的民主党总统手里。克林顿（2004，第 432 页）在他的自传中回忆说：“我发自内心地崇尚自由贸易。我认为我必须支持墨西哥的经济增长以确保我们所在的半球长期保持稳定。”他认为《北美自由贸易协定》标志着一个历史性转折，所有签约国由此摆脱了双边关系中由来已久的相互猜疑和合作匮乏。克林顿和他的经济顾问支持进一步开放贸易，但他的政治顾问反对为这份贸易协定而斗争，因为它会导致民主党分裂并冒犯民主党的许多选民阵营。

1993 年 2 月，克林顿总统就职没几周就发表了一次重要讲话，承认美国对全球化“百感交集”。他解释说，全球经济的快速变化将不可避免地影响美国，使它的未来充满不确定性。但他坚持认为，“开放和具有竞争力的商业会使我国更加富足”，美国除了适应这种全新的环境以外别无选择。因此，“面对所有迫使我们倒退的压力，我们必须奋力一搏，而不是退却”。美国必须“努力打开其他国家的市场，建立清晰和可执行的规则扩大贸易”。[17]他指出新的全球经济除了对国家造成经济影响以外，还产生了更深刻的影响，“维护美国的就业和繁荣这样的理由足以促使我们竭力掌握全球经济的基本要素。但此外还有更多利害关系与此息息相关，因为这种新的商业结构将塑造全球繁荣以及全球人民享有民主、自由及和平的前景。”[18]

美国贸易代表米基·坎特（Mickey Kantor）遵循总统在竞选中做出的承诺，开始对《北美自由贸易协定》中涉及劳工和环境的补充协议进行磋商。（由于 1992 年 12 月，老布什总统已经签署了《北美自由贸易协定》，所以不能对它的正文重新谈判。）这些谈判从 1993 年 4 月持续至 8 月，它涉及的附件既有实质性目标，也蕴含着政治目标。它的实质性目标是设立三国委员会解决劳工和环境争端，以巩固这份协议；其政治目标是为尚未拿定主意的国会议员提供他们所需的政治理由以支持这份协定，从而削弱对《北美自由贸易协定》的反对意见。[19]

对于山雨欲来的国会斗争来说，反对《北美自由贸易协定》的运动不仅规模庞大，而且组织得井井有条。劳联-产联强烈反对这份协定，并领导其他几十个工会共同抵制它。反《北美自由贸易协定》运动的主题是，它将导致美国的就业机会流失。劳联-产联的负责人坚持认为，《北美自由贸易协定》“对于数以百万计的美国、加拿大和墨西哥劳动人民来说将是一场灾难”，因为它“完全以剥削为基础。它会摧毁美国和加拿大的就业机会，压低工资水平……我们应该拒绝这份协定，重新对它进行谈判以提升公众的整体福祉”。[20]有人称，“这份协定根本不是为了实现自由贸易”，而是“为了确保美国投资者能够将工厂迁到墨西哥，利用那里的低廉工资和糟糕的工作条件进行生产，然后再出口到美国市场”。[21]这种反对意见并不难理解，因为美国的制造业工人在 20 世纪 80 年代受到沉重打击，工会的会员数从 1975 年的 2 220 万减少到 1991 年的 1 660 万。[22]《北美自由贸易协定》是对劳工运动在民主党内部实力影响的重要考验。

尽管有关劳工的补充协议未能缓解工会对《北美自由贸易协定》的反对情绪，但关于环境的补充协议瓦解了自然保护运动对它的抵制。世界自然基金会、国家野生动物协会、奥杜邦协会（Audubon Society）和环境保护基金会认为《北美自由贸易协定》有助于实现环保目标。具体来说，如果《北美自由贸易协定》能够使墨西哥经济实现现代化，提升它的繁荣程度，那么墨西哥就有能力采用更新、更清洁的生产技术，并获得资源清理环境。而塞拉俱乐部（Sierra Club）、地球之友（Friends of the Earth）和绿色和平组织等其他组织则强烈反对《北美自由贸易协定》，认为它的环保补充协议不过是场骗局，而且不加节制的经济增长只会加剧环境恶化。

此外，其他形形色色的领域里还有不少团体坚决抵制这份协定，如美国民主行动协会（Americans for Democratic Action）、美国福音信义会（Evangelical Lutheran Church in America）、非神职天主教人员组织、美国国会黑人同盟（Congressional Black Caucus）和美国州郡及市政公务员联合会（American Federation of State, County and Municipal Employees, AFSCME）。民权活动家杰西·杰克逊（Jesse Jackson）表示：“《北美自由贸易协定》把我国的就业机会转移到了别国。”[23]消费者权益倡导者拉尔夫·纳德（Ralph Nader）创办的宣传组织“公共公民”（Public Citizen）认为《北美自由贸易协定》极不民主。正如他所说的：“从公司说客和他们的老布什政府盟友秘密策划出来的病态概念，到禁止修改《北美自由贸易协定》内容的快速通道程序，再到与我国法理实践背道而驰且难以理解的国际法庭裁决，《北美自由贸易协定》一直在削弱美国的民主。”[24]“公共公民”称这份协定只会使跨国公司受益，而伤害的却是穷人等被边缘化的少数群体，尽管西班牙裔美国人倾向于赞成这份协定。反对《北美自由贸易协定》的积极分子还利用了墨西哥在美国的糟糕形象，很多美国人认为这个国家肮脏腐败，被毒枭和政治精英玩弄于股掌之间。

前总统候选人罗斯·佩罗不仅创造了一个令人过耳不忘的短语“巨大的吮吸声”来描述流失到墨西哥的就业机会。他还发起了声势浩大的草根运动反对该协定。佩罗的著作《拯救你的工作，拯救我们的国家：为什么必须阻止＜北美自由贸易协定＞》将《北美自由贸易协定》描述为大企业和外国代理人的阴谋诡计，牺牲了普通劳动者的利益而使跨国公司赚得盆满钵满。这本书想传达的主要信息是：《北美自由贸易协定》“会使美国工人陷入与墨西哥工人的逐底竞争。数百万美国人会在这场竞赛中失去工作”。佩罗还一再强调这份协定将“严重削弱”美国的主权。他抱怨外国势力游说美国签署《北美自由贸易协定》的行径扭曲了美国的政治进程。（美国贸易代表办公室发布了一篇长达74页的文件驳斥这本书的观点。他们斥责书中的观点“不实且具有误导性”。）

在围绕《北美自由贸易协定》展开的公共论战中，喧嚣的反对意见淹没了支持《北美自由贸易协定》的生产商利益集团的声音。他们对这份协定的支持平静但相当有力。美国制造商协会和美国全国商会一直力挺这份协定。美国全国商会认为，这份协定将“创造更多就业机会，降低消费品价格，并增强美国企业在国内外的竞争力”。[25]尽管佛罗里达州的柑橘种植者、加利福尼亚州的蔬菜种植者和佛罗里达州的食糖生产商担心墨西哥进口对他们不利，但中西部农民从这份协定中看到了大幅提升农产品对墨西哥出口的机遇。[26]

纺织服装产业对待《北美自由贸易协定》的态度存在不小的分歧。纺织业认为原产地规则要求从加拿大或墨西哥进口的任何服装必须采用北美出产的纱线和织物才能获得免税待遇，所以自己可以从这份协定中获益匪浅。纺织品生产商希望他们能凭借这些规则成为墨西哥服装生产商的主要供应商。当然，纺织服装产业的工会仍然坚决反对这份协定。

这个行业内部意见不一，无法对外表达统一的观点，所以没能形成反对《北美自由贸易协定》的力量。

人们对《北美自由贸易协定》的强烈敌意与它涉及的经济利益完全不成比例。墨西哥的经济体量只有美国经济的 4%。美国从墨西哥进口的产品中已经有近一半要么因为普遍优惠制享受免税待遇，要么因为美墨联合生产项目享受优惠关税。剩下的墨西哥对美出口产品平均需缴纳 4% 的关税，尽管大多数劳动密集型产品的税率会高一些。即使没有《北美自由贸易协定》，也没有什么能阻止美国公司将它们的生产迁往墨西哥。与此同时，墨西哥对美国进口商品设置的壁垒明显高于美国对墨西哥进口商品设置的壁垒，因此《北美自由贸易协定》的支持者完全有理由称这份协定有助于在市场准入方面“打造公平的竞争环境”。

出于以上这些原因，国际贸易委员会研究《北美自由贸易协定》后得出的结论是：这份协定有利于经济发展，但整体收益可能不大。国际贸易委员会（1993，第 2—4 页）估计《北美自由贸易协定》促使美国 GDP 提升的幅度至多为 5%，“由于墨西哥和美国在经济体量上存在巨大差异，而且美国的贸易壁垒起点很低，所以对经济的提升幅度这么小是可以预期的”。尽管这份协定会对某些产品的双边贸易产生重大影响，但它带来的贸易变化对大多数产业的生产影响可能微不足道。此外，国际贸易委员会总结称，《北美自由贸易协定》“可能对美国的就业水平影响很小或完全没有影响，但可能导致某些产业的工作机会转移到其他产业”，只有少数几个产业的就业人数大幅减少，如服装、家用电器、食糖和陶瓷，出口产业的就业增长完全抵消了这几个产业减少的就业机会。国际贸易委员会的报告预测美国的平均工资将小幅上涨，但指出“有大量证据表明，它对美国低技能群体和高技能群体的工资率的影响几乎微不足道”。

经济学家普遍赞同这些结论并支持签署《北美自由贸易协定》。来自各党派的三百多位经济学家签署了一份请愿书，表示支持这份协定，其中还包括几位诺贝尔奖获得者。保罗·克鲁格曼（1993）用五个简单的命题总结了《北美自由贸易协定》：（1）它不会影响美国的就业数量；（2）它不会破坏环境，而是可能有利于环境保护；（3）它将小幅提升美国的实际收入；（4）它可能导致美国非技能工人的实际工资略有下降；（5）《北美自由贸易协定》确实属于外交政策问题，而不是经济问题。与大多数经济学家一样，克鲁格曼（1993，第 13 页）认为："人们无法从协定的实质内容或它可能产生的后果这个角度真正理解它为何会引发如此激烈的辩论，辩论的结果也不可能取决于对相关证据认真核查后得出的结论。"相反，他认为："《北美自由贸易协定》遭到的坚决抵制从根本上源于现代民粹主义，它迫切地希望维护工业美国，避免任何力量将美国转变为服务型经济。总体国际贸易和对墨贸易与这些力量没有太大关系。坚持按照 4% 的平均关税水平对墨西哥的进口制成品征税可能会在一段时间内挽救一些工资较低的工业岗位，但这几乎无力阻止真正让《北美自由贸易协定》的反对者担忧的长期趋势，甚至无法让这种趋势放慢脚步。"

其他经济学家对这份协定的看法更加积极。在国际经济研究所被人们广泛引用的研究中，赫夫鲍尔和斯科特（Hufbauer and Schott，1993，第 14 页）得出的结论是："《北美自由贸易协定》将对美国劳动力市场产生适度但积极的影响。"假设美国对墨出口的增长速度快于墨西哥对美出口的增长速度，那么他们预计《北美自由贸易协定》将在 5 年内创造出 171 000 个新就业岗位。而《北美自由贸易协定》的反对者反驳说，这份协定会对美国经济造成巨大的消极影响，而不是小规模积极影响。劳联-产联资助的一项研究预测，依据"投资转移"假设，《北美自由贸易协定》会促使美国公司加大对墨西哥的投资而减少国内投资，因此墨西哥进口增长，美国国内有 55 万人因此失业。[27]

双方都在努力证明对方的论点站不住脚。激烈的唇枪舌剑使美国公众难以理解这份协定到底会造成哪些潜在影响。反对者认为《北美自由贸易协定》会摧毁就业，压低工资，促使移民人数增长并破坏环境，而支持者立即反驳称《北美自由贸易协定》将创造就业机会，推高工资水平，促使移民人数减少并且改善环境。虽然反对者认为这份协定会产生巨大的负面影响，但大多数标准分析指出，部分非技能工人注定因此蒙受损失，但这份协定总体上会产生小规模积极影响。不过，对这份协定的担忧引起了民众的普遍共鸣。梅耶（Mayer，1998，第 270 页）指出："有些观点相信《北美自由贸易协定》会摧毁数十万个工作岗位，破坏环境，损害民主或威胁美国社会，有些观点认为《北美自由贸易协定》只会产生些许影响。对公众来说，前者更令人信服。"因此在政治辩论中，这份协定可能产生的小规模积极影响被不断放大以加强它的冲击力。人们这么做是因为很少有政治家会在受到强烈反对的情况下为没有太多好处的事情殚精竭虑。克鲁格曼评论："《北美自由贸易协定》的反对者撒的是恶毒的弥天大谎，而它的支持者撒的是善意的小谎言。"[28]

在 1993 年夏天以前，国会批准签署《北美自由贸易协定》的前景看起来始终一片黯淡。反对《北美自由贸易协定》的团体连续几个月孜孜不倦地努力说服公众反对这份协定，不断抛出"《北美自由贸易协定》会摧毁就业，伤害工人利益"的观点予以炮轰。"国内草根团体反对《北美自由贸易协定》的原因更多在于它的象征意义，而不是它的实质内容，"梅耶（1998，第 257 页、第 266 页）评论："《北美自由贸易协定》代表了 20 世纪 80 年代发生在美国工人身上的所有事情，以及他们对未来的所有担心。"[29]在 8 月份国会休会期间，国会议员回到自己的选区后，听到的全是选民对这份协定的怨言。到了 1993 年 9 月，国会会期重新开启时，大多数政治观察家都相信《北美自由贸易协定》已经走到穷途末路。多数党领袖理查德·戈普哈特和首席党鞭大卫·博纳（David Bonior）等民主党核心领导者都反对这份协定。[30]而普通民主党议员担心如果支持《北美自由贸易协定》，会在选举中遭到工会的报复。

与此同时，这份协定的支持者基本都保持沉默。政府只是在 8 月份完成了补充协议的谈判，还没有集中精力向公众解释《北美自由贸易协定》的合理性。总统虽然支持这份协定，但是一直犹豫不决。进入盛夏后，政府内部仍在激烈争论到底应该全力推动《北美自由贸易协定》谈判（他们知道这么做会造成党内分裂），还是把工作重心放在其他可以将民主党团结起来的问题，如医疗保健上。总统的政治顾问反对为《北美自由贸易协定》投入大量时间和精力。他们认为这是一场注定失败的战争。而总统的经济顾问则坚定地支持这份协定，其中包括财政部长劳埃德·本斯滕（Lloyd Bensten），他是一位来自得克萨斯州的前参议员。根据哈里斯（Harris，2005，第 95 页）的说法，“正是本斯滕在政治团队表示反对和克林顿痛苦地质疑这份协定的关键时刻拍板。在一次内阁会议上，他当着总统的面用拳头猛捶桌子强调自己的主张。这个举动使整个房间鸦雀无声。他称《北美自由贸易协定》不仅是一项好的政策，而且对总统自身的原则构成重大考验。他是否有勇气为了这些原则奋力一搏?”此后不久，克林顿（2004，第 540 页）确定他“已准备好全力推动《北美自由贸易协定》通过国会审议”。[31]

克林顿政府面对的是一场硬仗。他们只有两个月时间动员商界，并且在 11 月中旬投票之前为《北美自由贸易协定》拉拢国会的支持力量。众议院需要获得 218 张支持票，才能批准签署《北美自由贸易协定》。当时预计约有 120 名共和党人支持它，这意味着还需要 100 名民主党人的支持票。政府根本无法拿到这么多支持票，因为反对这份协定的民主党人远远超过支持它的人，而且公众舆论也一边倒地强烈抵制，所以很多尚未表态的国会议员很难公开宣布自己支持《北美自由贸易协定》。

1993 年 9 月中旬，克林顿签署了劳工和环境补充协议，由此启动了为《北美自由贸易协定》赢得国会和公众支持的运动。三位前总统也加入他的阵营，坚决支持这份协定。克林顿总统认为：“关于《北美自由贸易协定》的辩论实际上是对另外一个问题的辩论，即我们会欣然接受（全球经济中的）这些变化，并创造出未来的就业机会；还是试图抵制这些变化，希望能够保持过去的经济结构。”克林顿承认公众害怕改变。他说道：

> 显然大多数人反对这一协定的根源在于恐惧和不安全感。这些情绪如影随形地萦绕在伟大的美国中产阶层的心头，这是完全可以

> 理解的。否认这些恐惧和不安全感的存在无济于事。否认许多美国人民在变革之战中一败涂地也无济于事。但认为《北美自由贸易协定》会使情况变得更糟则大错特错。无论这份贸易协定是否通过国会审议，你听到人们谈论和担心的每一起独立事件总会发生。而且如果《北美自由贸易协定》未能通过国会审议，那么这些独立事件中大多数都会变得更糟。[32]

他还强调了这份协定对外交政策的影响："在过去几十年里，我们从未停止过宣扬民主，尊重人权，并且进一步对拉丁美洲开放市场。"他认为《北美自由贸易协定》最终将使美国有机会大力推进这些目标。[33]

由此开启了一场浩浩荡荡的运动来推动《北美自由贸易协定》通过国会审议。政府试图转变辩论的重点，把关注点从墨西哥进口至美国的产品会因为这份协定增加多少变成美国对墨出口会因此增加多少。《北美自由贸易协定》会使美国进入墨西哥市场时享受优惠的进口条件，因此美国公司在墨西哥市场上比欧洲和日本出口商具有更显著的竞争优势。政府官员称《北美自由贸易协定》降低了墨西哥的贸易壁垒，会造就出口繁荣，并在未来两年里创造出 20 万个就业机会，在未来 5 年里创造出上百万个就业机会。贸易和投资增长将有助于提高墨西哥的工资和生活水平，减少进入美国的墨西哥移民。政府一再表示，拒绝签订《北美自由贸易协定》是对现状的认可，而没有人认为现状可以接受。从恶劣的劳动条件和糟糕的环境标准到移民和贩毒，没有签订《北美自由贸易协定》时，美国与墨西哥之间的所有这些问题就已经存在。如果不能签订这份协定就无法改变现状。《北美自由贸易协定》的支持者认为，没有人承诺这份协定是药到病除的灵丹妙药，但它可能解决以上存在的部分问题，至少是向正确的方向迈出了一步。

虽然总统及其团队最担心的是如何确保民主党人支持《北美自由贸易协定》，但同时他们必须把共和党人也拉入阵营。10 月中旬，少数党党鞭、佐治亚州共和党人纽特·金里奇（Newt Gingrich）抱怨克林顿为这份协定付出的努力“极其可悲。”金里奇警告总统说，除非他亲自下场，全力以赴确保有100名众议院民主党人支持这份协定，否则无法保证他拿到120名共和党众议员的支持选票，而必须得到这么多共和党人的支持才能通过《北美自由贸易协定》。这一批评意见刺激了克林顿更加直接地参与这场政治斗争。克林顿和政府高级官员认识到《北美自由贸易协定》是对总统能力的重要考验，所以他们亲自与200余名国会议员进行了交谈。财政部长本斯滕自嘲地说：“我向某些国会议员献殷勤花的时间比在夫人身上花的时间还多。”[34]美国运通首席执行官兼商业圆桌会议负责人詹姆斯·罗宾逊（James Robinson）敦促其他商界领袖每天至少与三名国会议员通话以鼓动他们支持《北美自由贸易协定》。

那些尚未表态的国会议员承受着来自两派力量的巨大压力。双方都要求他们表明自己的投票意向。9月的调查显示，43%的众议院议员反对该协定，38%的众议员支持这份协定，有19%的议员尚未表明立场。到了11月，总统的努力开始得到回报：83名没有表态的议员中有3/4决意支持这份协定，甚至有一部分之前表示反对的议员也转而公开支持这份协定。许多国会议员都承认从长远看，《北美自由贸易协定》是一个不错的主张，但他们担心在公众反对这份协定的情况下支持它会给自己招致不利的政治后果。为了让那些还没拿定主意的议员找到他们所需的政治理由口支持《北美自由贸易协定》，政府公布了专门的贸易调整援助计划来缓解失业工人受到的打击。

在政府不断加大力度推动国会通过《北美自由贸易协定》的同时，工会的反对攻势也越来越激烈。工会威胁不再为那些投票支持《北美自由贸易协定》的民主党人提供竞选献金。一位工会领导人曾警告资助这些民主党议员的人，“我们要用鞭子抽你的屁股，然后把你赶出办公室”。工会领袖的举动让总统震怒，他指责前者采用“冷酷无情的肌肉发达型战术”。劳联-产联的一位高层官员回应称，“我们没有威胁过任何人”，不过“如果你投票把我们会员的就业机会转移到其他国家，我们就不会再支持你”。双方言辞激烈地相互指责，传统的民主党盟友之间的关系极其紧张。[35]

就在国会对《北美自由贸易协定》举行投票的前两周，它通过国会审议的前景还一片惨淡。众议院领袖大卫·博纳和理查德·戈普哈特前往白宫提议推迟此次投票，以免投票失利使总统蒙羞，但克林顿拒绝了这一提议。在众议院投票前八天，副总统阿尔·戈尔（Al Gore）和罗斯·佩罗在美国有线电视新闻网（CNN）的“拉里·金现场秀”节目上对《北美自由贸易协定》展开了辩论。从各方面看，准备极其充分的戈尔全面碾压佩罗。佩罗给观众们留下的印象是极其暴躁而且漫无边际。（正如一份报纸的头条新闻写道：“罗斯被顶翻在地。”）戈尔强调，改善美国产品进入墨西哥市场的准入条件将提升美国出口，增加美国的就业机会。他先提醒观众，美国已经对墨西哥进口打开国门，然后强调，《北美自由贸易协定》会降低墨西哥的贸易壁垒，为美国出口打造公平竞争的环境。他一再敦促佩罗说清楚自己将如何修正这份协定或有没有其他议案替代这份协定，但佩罗给出的答案无法让人们满意。佩罗在这次节目中的表现极其糟糕，大大削弱了公众对他的信任度。有调查表明，59% 的观众认为戈尔的观点论据更可信，只有 22% 的人认可佩罗的主张。[36]

政府对国会开展的工作甚至开始扭转原本对《北美自由贸易协定》不利的公众舆论。9 月的民意调查表明 25% 的美国人赞成这份协定，36% 的美国人反对它；到了 11 月中旬，同样的民意调查发现 36% 的美国人赞成这份协定，31% 的美国人反对它。[37]随着部分美国人对《北美自由贸易协定》的看法不断改观，更重要的是，部分犹豫不决的投票者（如尚未表态的国会议员）越来越倾向于这份协定。政府和支持这份协定的商业团体成功地驳斥了反对者对这份协定的经济影响的说法，即使在就业机会这样敏感的问题上也不例外。他们还就协定对外交政策的影响提出了更广泛的观点论据，进一步占据上风，他们称如果美国拒绝了一份有助于同重要邻国加强关系的协定，那么人们会如何描述美国的本质？

在最终投票日前的最后几天，政府为了赢得 218 位议员的支持而拼尽全力。为了避免自身受到政治攻击，或者为了迫使政府做出更多让步，很多未表态的议员不断推迟宣布自己的投票意向，尽可能拖到最后一分钟。[38]佛罗里达州和路易斯安那州有一大批没有表态的众议员坚持要求政府在涉及食糖、柑橘类水果和冬季蔬菜（如西红柿）的问题上做出让步。美国政府承诺一旦国外进口导致国内蔬菜价格下跌，就为国内的蔬菜种植者提供价格补贴，同时敦促墨西哥进行适度调整以加大墨西哥对美出口食糖的难度。（墨西哥官员也在计算众议院的投票情况。他们除了同意美国政府的提议外别无选择。）最终佛罗里达州的水果和蔬菜协会、海湾柑橘种植者和其他团体放弃反对《北美自由贸易协定》，政府由此获得 25 张支持票。此外，政府承诺调查加拿大的小麦补贴问题，又拿下中西部的 5 张支持票，同时政府承诺保护服装制造商，以免乌拉圭回合带来的廉价进口产品对他们造成冲击，于是将另外 4 张南方的支持票也收入囊中。[39]罗斯・佩罗抱怨：“在政治分肥出现之前，选票情况原本没有发生改变。”[40]

1993 年 11 月 17 日，众议院准备对《北美自由贸易协定》进行投票表决。会场辩论持续了 11 个小时，有 240 位国会议员上台发表了演讲。大卫・博纳发表了激动人心、感情充沛的演讲，攻击《北美自由贸易协定》是一份“糟糕透顶的协定”，会“压低我们的生活水平”，并且“锁定墨西哥的体系，使它继续剥削墨西哥人民并拒绝赋予他们绝大多数基本政治权利和经济权利”。他继续说：“站起来反对这份协定的劳动人民没有拿过哈佛大学的学位。他们不研究经济模型，而且他们中的绝大多数人从来没听说过亚当・斯密。不过，他们知道什么时候自己受到不公平的待遇。他们知道让美国工人与时薪 1 美元的墨西哥工人竞争是不公平的。美国的工作仍然是由那些每天事先准备好午餐、打卡上班、为了获得每一份工资全情投入的人民完成的。我们承担不起抛弃他们付出的代价。”[41]

少数党领袖伊利诺伊州共和党人罗伯特・米歇尔（Robert Michel）激情四溢地为这份协定辩解并恳求同僚：“不要为了今天的恐惧而牺牲掉未来的就业机会。”他称“《北美自由贸易协定》有三位最著名的非选举产生的反对者：罗斯・佩罗、帕特・布坎南和拉尔夫・纳德——即

《北美自由贸易协定》反对者中的格劳乔、奇科和哈勃（他借用了喜剧三人组合“马克斯兄弟”中的人名）。”他们“对全球竞争带来的挑战做出的唯一回应是退缩、发牢骚和啜泣”。[42]

到了当晚 10：26，第二次世界大战结束以来最史诗般的贸易政策之争以国会通过《北美自由贸易协定》的结果落下帷幕。投票结果为 234 票对 200 票，支持者与反对者的实力差距远远超出了人们的预期。克林顿政府后来者居上，成功地逆转了局势，给人们留下极其深刻的印象。由于《北美自由贸易协定》奇迹般地向死而生，所以华盛顿州民主党人、众议院议长托马斯·弗利（Thomas Foley）将它称作“拉撒路法案”。[43]反对《北美自由贸易协定》的活动分子为了挫败这份协定投入大量时间和精力，最终一败涂地。[44]

政府承认，如果没有共和党的支持就不可能拿下这场胜利。共和党以 132 票对 43 票的投票结果支持了《北美自由贸易协定》。民主党以 156 票对 102 票的投票结果反对这份协定（其中还包括一位独立议员）。具体来看，北方民主党人以 124 票对 49 票的结果反对协定，南方民主党人以 53 票对 32 票的结果认可它。克林顿后来“推测如果议会秘密投票，那么《北美自由贸易协定》至少需要 30 张选票才能拿到多数票得到通过”，不过他认为“《北美自由贸易协定》的实质内容常常输给赤裸裸的政治斗争，其中工会施加的压力尤为沉重”。[45]

图 13.1 展示了国会对《北美自由贸易协定》投票情况的地缘分布。绝大多数支持票都来自密西西比河的西部，特别是西南部，而东部的情况则冰火两重天。后来有很多研究者尝试解释各个议员投出赞成/反对票的原因。[46]麦基（Magee，2010）认为，如果 1992 年老布什成功连任总统，那么会削弱民主党对协定的支持力度，大大降低国会通过《北美自由贸易协定》的可能性。与众议院的“殊死搏斗”形成鲜明对比的是，三天后参议院以 61 票对 38 票的投票结果轻松通过《北美自由贸易协定》。共和党以 34 票对 10 票的投票结果支持这份协定，民主党内部分歧较大，以 28 票对 27 票的结果反对它。最终《北美自由贸易协定》于 1994 年 1 月正式生效，虽然相关关税会在 10 年的时间里逐步废除。

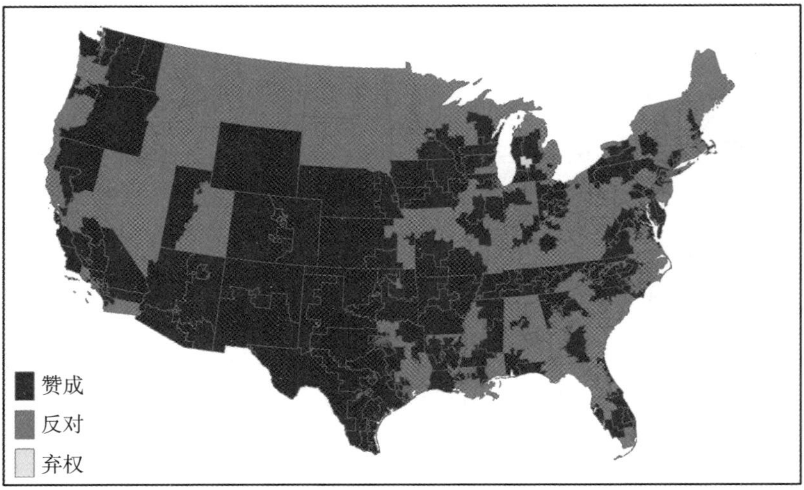


图13.1　1993年11月17日国会对《北美自由贸易协定》的投票情况

注：阿拉斯加和夏威夷投了反对票。

资料来源：地图承蒙达特茅斯学院 Citrin GIS/Applied Analysis Lab 提供。

《北美自由贸易协定》造成了哪些经济影响？对于所有担心“巨大吮吸声”的人来说，在20世纪90年代中期至晚期，美国的劳动力市场极其稳健。失业率在2000年末不足4%，制造业的就业情况保持稳定，就连技术欠佳的工人拿到的工资也在不断增长。进口没有导致失业人员显著增加。尽管《北美自由贸易协定》加速了服装产业的就业不断减少，但相关研究表明，它既没有对净就业造成重大影响，也没有影响到其他贸易相关产业就业流动的总体情况。[47]

后来的一些研究发现，《北美自由贸易协定》虽然对贸易影响显著，但对价格和福利情况的影响少之又少。[48]它促进了双边贸易快速增长，不断提升北美经济的一体化程度。尽管批评者对它的不满主要集中于墨西哥进口增长迅猛，但这些进口值的40%左右来源于美国生产的半成品或零部件，虽然这意味着美国劳动密集型组装产业的部分就业机会流失到了墨西哥。总而言之，《北美自由贸易协定》既没有恶化两国经济当时面对的问题，也没有使它们有所好转。如今回过头来看这份协定，赫夫鲍尔和斯科特（2005，第4页）指出：“《北美自由贸易协定》

做出的绝大多数承诺不可能通过区区一份自由贸易协定来实现。批准签署《北美自由贸易协定》后出现的问题，多半不是由它要求开展的政策调整造成的。”

然而，1994 年底墨西哥受到金融危机的重创后，美国的双边贸易顺差迅速下滑为逆差。这场金融危机导致墨西哥深陷严重的经济衰退，墨西哥比索相对于美元汇率直线下滑。由于某些预测《北美自由贸易协定》制造出净就业机会的研究结果是以贸易顺差持续扩大为前提的，所以批评者借着突然出现的贸易逆差称《北美自由贸易协定》导致就业机会减少。尽管《北美自由贸易协定》本身与墨西哥的金融危机没有任何关联（这场危机爆发前已经酝酿多年），但形势突然发生转变，使人们开始质疑“贸易协定会促进国内就业增长”的观点。

尽管墨西哥经济最终开始回暖，但它遭受的经济危机使它难以将自己隔离于《北美自由贸易协定》带来的即时冲击之外。《北美自由贸易协定》对墨西哥造成的最大冲击或许体现在政治层面：它促进墨西哥的现代化，导致统治墨西哥数十年之久的革命制度党（Institutional Revolutionary Party，PRI）日渐式微，促使墨西哥走上多党民主的道路。正如普雷斯顿和狄龙（Preston and Dillon，2004，第 226 页）强调的那样，《北美自由贸易协定》“迫使墨西哥反思了其拒人于千里之外、闭关锁国的民族主义，而这种民族主义正是革命制度党的革命主张的要义。尽管传统的革命制度党将美国视为帝国主义霸凌者，但《北美自由贸易协定》呼吁墨西哥把邻国当作合作伙伴，甚至是朋友。”除了对经济造成影响以外，《北美自由贸易协定》还对美国的贸易政治产生了深远的影响。即使过了 1/4 个世纪，仍然可以感受到民主党在这份协定上的尖锐分歧。

## 乌拉圭回合谈判

1993 年 12 月 15 日，就在国会批准《北美自由贸易协定》后不到一个月，117 个国家的代表完成了乌拉圭回合多边贸易谈判。乌拉圭回合经过 7 年的漫长谈判，达成相当全面的协议，重塑了全球贸易体系及贸易政策，将它们带进 21 世纪。克林顿总统称赞这一成果是“历史上规模最大、最全面的贸易协定”。[49]在这份协定取得的众多成果中，特别要指出的是签署国废除了《多种纤维协定》，发起农业贸易政策改革，将协定中的规则延伸到新的领域（如服务），保护与贸易有关的知识产权，建立起更加有效的争端解决机制，并成立了世界贸易组织。

我们必须回顾一下 20 世纪 80 年代初的贸易政策环境，才能更深刻地理解乌拉圭回合的重大意义。当时美国在竭力劝说其他国家同意启动新一轮贸易谈判。本书第十二章已经介绍过，到了 20 世纪 70 年代末，《关贸总协定》似乎越来越落后于时代潮流。当时涌现出大量限制出口的协定，农业补贴情况日益严重，《关贸总协定》的规则常常被各国忽视。当然，并不是说美国没有对这种情形推波助澜，但确实只有它想采取一些行动改变现状。

美国官员认为《关贸总协定》没有解决现代贸易面临的现实问题，并且急于修复其框架中存在的漏洞。农业政策通过一系列复杂的生产补贴、出口补贴和进口管制措施，严重扭曲了全球市场，而之前的各种谈判全然没有涉及这些问题。《关贸总协定》的规定并不限制各国采用出口限制协定、提供出口和国内补贴或设置其他非关税壁垒，所以这些举措在全球范围内日益泛滥。由于《关贸总协定》缺少有效的落实机制，所以不遵守规则的问题不断恶化。此外，在现有规则没有涉及的领域里频频浮现新的贸易问题。《关贸总协定》中没有关于银行和金融服务、海运和运输服务、建筑和法律服务等服务贸易的条款，而此类贸易在全球贸易中的重要性与日俱增。在很多国家，假冒商品泛滥成灾，侵犯版权、商标和专利的行为极其猖獗，让美国忧心忡忡。侵犯知识产权保护已经成为高科技产业、娱乐业和制药业面对的重大问题之一。

20 世纪 70 年代的东京回合结束以后，世界贸易格局发生了重大变化，所以各国认为有必要启动新一轮《关贸总协定》谈判。当时只有美国、欧共体、日本、加拿大等少数发达国家参与了相关谈判以降低关税，并制定政策措施方面的规则和纪律。发展中国家的贸易量在全球贸易中所占比重很小，所以没有参与这些谈判。到了 70 年代后期，东亚国家在世界贸易中迅速崛起。它们希望降低贸易壁垒，为其劳动密集型产业出口扫清障碍（特别是纺织品和服装出口）。此外，对于发达国家的出口来说，发展中国家的市场规模在快速扩张。美国坚持认为，发展中国家不能再以“搭便车”的方式享受发达国家通过谈判获得的关税削减。它的立场是，《关贸总协定》的规则应适用于所有国家，发展中国家应该参与降低贸易壁垒的工作。

1985 年，里根总统发表国情咨文时再次呼吁启动新一轮多边贸易谈判，并在世界领导人齐聚一堂的七国集团会议上继续提出这一主张。1986 年 9 月，来自 100 多个国家的代表聚焦在乌拉圭的埃斯特角城，同意启动乌拉圭回合谈判，即《关贸总协定》下的第七轮谈判。这一轮谈判原本计划于 1990 年 12 月结束，但事实上多花了 3 年时间才完成谈判。[50]

乌拉圭回合谈判的议程相当广泛。尽管东京回合也涉及非关税壁垒、补贴和政府采购问题，但之前的回合几乎都将重点放在工业品关税上。乌拉圭回合设立了不同的谈判小组，分别就关税、非关税措施、热带产品、自然资源产品、纺织品和服装、农业、《关贸总协定》条款、保障条款、最惠国协定、补贴和反补贴措施、争端解决、与贸易有关的投资措施、与贸易有关的知识产权以及《关贸总协定》体系的运作等问题展开谈判。美国国会在《1988 年综合贸易与竞争法案》中明确了美国的谈判目标：“（1）实现更加开放、公平、互惠的市场准入；（2）减少或消除贸易壁垒以及其他扭曲贸易的政策和做法；（3）制定更加有效的国际贸易纪律。”很大程度上，是美国确保将新的议题纳入此次谈判，如农业、服务业、《与贸易有关的知识产权》（TRIPs）和《与贸易有关的投资措施》（TRIMs）。

美国坚持将农业纳入乌拉圭回合的谈判议程，希望借此减少或消除扭曲贸易的农业补贴计划，特别是欧共体的“共同农业政策”。“共同农业政策”不仅使欧洲市场对农产品进口关上了大门，而且提供高额补贴，使欧洲在很多农产品上从净进口状态转变为生产大量过剩。随后，欧洲各国又通过高额出口补贴，将过剩的产品倾销到世界市场上。我们可以在第十二章中看到，美国对此的回应是出台“出口促进计划”补贴本国的小麦出口，随后它还拓展了这一计划，将棉花等其他农作物涵盖在内。美国与欧共体的补贴战导致世界粮食价格走低，没有采取补贴计划的农业出口国因此大伤元气，如澳大利亚、加拿大、新西兰、阿根廷、巴西和乌拉圭等。它们组成了凯恩斯集团（Cairns group），要求取消所有出口补贴，并开放农产品市场。

经合组织的研究还使人们关注到现有农业政策对市场的扭曲以及由此产生的经济成本。经合组织发现，政府为农业补贴花费了数十亿美元，而且补贴形式五花八门。它们通常借助出口补贴来支持农产品价格。经合组织的计算结果表明，在 1986 年至 1988 年，美国的生产者补贴等值为 22%，欧共体为 39%，日本为 64%（生产者补贴等值指政府补贴在农民收入中的百分比）。[51]

美国提议在 2000 年前取消所有扭曲贸易的农业补贴。它希望至少使农民的收入补贴与生产决策“脱钩”，削弱激励措施的力度以免出现生产过剩，降低对世界市场的扭曲。美国和凯恩斯集团迫使欧洲的谈判代表采取防守姿态，后者的任务是争取在尽可能少地开展改革的情况下维持“共同农业政策”。美国一再威胁欧洲，声称如果不能在这个问题上达成协议，就要对欧洲采取报复措施。

美国的另一个兴趣点是，将非歧视原则和国民待遇等《关贸总协定》的现有规则扩展到服务贸易领域。服务涵盖的范围极其广泛，包括金融服务（如银行、保险和会计）、专业服务（如法律、教育和医疗）和商业服务（如广告、咨询、建筑和设计）。美国的服务出口顺差极高，而且充分准备利用这个欣欣向荣的贸易领域推动本国发展。与此同时，美国希望从谈判议程中拿掉一些服务方面的议题（如空运、海运和部分金融服务）。

此外，美国还力促就与贸易有关的投资措施（TRIMs）达成协议，这样在海外运营的美国公司就可以与当地公司享有同样的“国民待遇”，而不会面临歧视性壁垒。发展中国家坚决抵制美国的要求，不愿取消作为外国直接投资前置条件的国产化比例和出口业绩要求。不过，与贸易有关的投资措施的谈判过于分散，普遍被视为乌拉圭回合中“最令人沮丧、成果最少”的谈判。[52]

最初，美国凭一己之力将与贸易有关的知识产权（TRIPs）推上议事日程。[53]长期以来，美国公司一直抱怨它们必须在服装产业（如品牌服饰和设计服饰）、娱乐产业（如音乐和电影）和高科技产业（如半导体和软件）等领域里竭力保护自己的产品不受外国假冒产品的冲击。在以上产业，非法仿制、设计剽窃和假冒伪劣等问题越来越猖獗。由于大多数国家都严打剽窃行为，至少在公开表态中是这样，所以美国提出的目标在原则上没有遭到太多反对，但要提出具体规则并付诸实施则是另外一回事。事实上，许多发展中国家认识到，要吸引外国投资和促进本国创新，就需要加强知识产权保护。然而，美国希望制药业加强专利保护的意愿引发了很大争议。这触及发展中国家药品定价的敏感问题，而这些国家都希望获得廉价的仿制药。

在美国的大力倡导下，知识产权保护成为谈判的重中之重，其他国家由此认识到最终形成的协定中必须将知识产权保护的相关内容包括在内。[54]这方面的谈判一直笼罩在美国无形的威胁下，即一旦其他国家不同意在这个领域里制定规则，那么美国将自行确定什么是适当的知识产权保护措施，并根据 301 条款和超级 301 条款采取贸易制裁，以执行美国对这一问题的解读。由于其他国家强烈反对美国单方面采取这种行动，所以愿意就与贸易有关的知识产权达成协议，并对争端解决制定具有约束力的规则。

这些谈判还降低了关税，清除了主要的贸易壁垒，特别是出口限制协议。印度、巴基斯坦、印度尼西亚和其他发展中国家认为《多种纤维协定》阻碍了本国的纺织品和服装出口，应该立即废除它。它们认为，废除《多种纤维协定》是发达国家必须履行的义务，而不是对发展中国家做出的让步。美国最初拒绝废除这一协定，而是建议建立全球出口配额体系（不再是各国分别确定本国的出口配额）。只有加拿大支持这个立场。不过，老布什总统否决了要求收紧进口配额的法案后，美国政府开始支持逐步废除《多种纤维协定》，以促进各国就与贸易有关的知识产权达成协定。

美国还希望取消其他有管理的贸易安排，如自愿出口限制和有序销售安排等。这意味着废除 20 世纪七八十年代涌现的 200 多份出口限制协议。[55]如果一个国家想要保护本国生产者不受外国竞争的影响，就必须诉诸例外条款或启用反倾销税和反补贴税，而不是寻求出口限制手段。与此同时，美国不愿意修改自己的反倾销和反补贴关税法律，其他国家认为美国出于纯粹的贸易保护主义目的在滥用这些法律。[56]

就《关贸总协定》体系的运作展开谈判的小组力求弥补现有框架中的其他缺陷。人们一致认为应该建立有效的争端解决机制，并将它融入乌拉圭回合达成的各份协定。各国希望建立的争端解决机制“既可以用来在具体争议中维护本国利益，又可以广泛确保自己的现有权益，确保自己在乌拉圭回合谈判中达成的新承诺具有价值”。[57]事实上，只有美国有能力通过启用 301 条款和威胁报复其他国家自行实施这些协定。小国根本做不到这一点，因为即使它们威胁对其他国家进行报复，后者也不会当真。小国决心建立一个所有国家都可以平等利用的公平争端解决程序来解决权力失衡的问题。这将终止美国单方面要求保障自身贸易权利的情况，而且允许其他国家要求美国对自己的贸易政策负责。尽管很多国家对美国的 301 条款怨声载道，但《关贸总协定》总干事阿瑟·邓克尔表示美国在 20 世纪 80 年代后期咄咄逼人地动用 301 条款，为《关贸总协定》做了最好的事情之一就是，这么做不仅没有破坏以规则为基础的多边贸易体系，而且帮助全世界在强化这个体系的信念下团结起来。[58]

参与乌拉圭回合的国家还讨论了如何使《关贸总协定》形成一个正式的国际组织。自 1947 年以来，人们就假设《关贸总协定》会被国际贸易组织取代，因此只是“临时性机构”。但正如本书第十章所述，由于缺少国会支持，所以国际贸易组织并未真正成形。《关贸总协定》

有一个小型秘书处，但与国际货币基金组织和世界银行相比没有正式地位。1990 年，密歇根大学法学教授约翰·杰克逊（John Jackson）建议设立一个永久性国际贸易组织。[59]加拿大采纳了这个想法，建议成立世界贸易组织担任这个角色。欧共体同意这个主张，但希望把它叫作“多边贸易组织”（Multilateral Trade Organization，MTO），而美国“毫不掩饰”对这个计划的“敌意”。[60]美国认为在对具体规则达成一致意见之前把工作重心放在制度结构上为时过早。正如美国贸易代表卡拉·希尔斯（Carla Hills）所说：“在建造法院之前要先制定规则。”[61]

在乌拉圭回合谈判启动的头几年，由于工作方案在不断制订中，所以谈判进展缓慢，但 1989 年中期评估结束后，它开始稳步向前。1990 年老布什总统否决了纺织品配额法案，并同意逐步废除《多种纤维协定》后，谈判工作不断向前推进。美国满足了发展中国家提出的关键要求，并且在知识产权和投资等领域赢得其他国家的让步。

此轮谈判的有效截止期限是 1990 年 12 月，这样在 1991 年年中“快速通道”授权到期之前，国会原本有足够的时间评估并投票表决谈判中达成的任何协定。虽然此时协定的大部分内容都已经确定，但农业问题尚未得到解决。谈判代表已经决定将不同类型的补贴划分为“允许采用的贴补”和“不允许采用的补贴”，但仍未就补贴的削减幅度和农业贸易壁垒的降低程度达成共识。1990 年 10 月，美国国会为了向欧洲施加压力，重新授权政府推行“出口促进计划”补贴农业出口，并在其中纳入“《关贸总协定》触发器”，即如果未能达成农业协定，将扩大“出口促进计划”的规模。

1990 年 12 月，在布鲁塞尔举行的《关贸总协定》部长级会议力图最终确定农业补贴水平的细节内容，以结束这一回合谈判。美国已经放弃了零方案，而是提议将国内（价格和收入）补贴降低 75%，将出口补贴降低 90%。欧共体的还价是将国内补贴减少 15%，而不对出口补贴做出承诺。[62]由于双方的分歧太大，所以此次会议以失败告终。许多与会者认为是因为欧洲不愿意妥协才造成这个结局。[63]

尽管农业谈判上的僵局始终没有取得突破，但乌拉圭回合谈判并没有停滞不前。[64]美国一直对达成最终协定保有希望，为此将“快速通道”授权延长了两年，同时逐步加大对欧洲施压的力度以达成农业协定。老布什总统对本国农民发表演讲时表示：“欧共体必须从它们的（农业）保护主义铁幕后走出来，这是迟早的事。”[65]美国还表示不能就农业补贴问题达成协定意味着它将诉诸单边贸易制裁措施。1992 年初，老布什政府宣布，它将对价值 10 亿欧元的欧洲出口征收高关税，以报复欧共体补贴油籽生产者的行为。得到《关贸总协定》专家小组的支持后，美国政府还对价值 3 亿美元的欧洲白葡萄酒和其他农产品征收了 200% 的进口税。

由于贸易战可能一触即发，所以 1992 年 11 月农业谈判在国内补贴水平、出口补贴和农业市场准入等问题上取得突破。《布莱尔宫协定》（Blair House Agreement）要求欧洲在 6 年内将出口补贴减少 21%，尽管是以较高的补贴标准为起点（即以 1990 年至 1991 年的补贴标准为起点下调出口补贴，而不是以 1986 年至 1987 年的补贴标准为起点进行削减）。这份协定以白宫斜对面的国宾馆命名。当时美国和欧洲的谈判代表就在这里举行会晤并完成谈判。它是老布什政府取得的最后一个重大贸易成果，因为他在当月举行的大选中铩羽而归。

《布莱尔宫协定》搬走了一块主要的绊脚石，但并不表明这一回合谈判圆满结束。有关各方的谈判人员发生了重大变化，导致谈判暂时中止：比尔·克林顿接替老布什登上美国总统的宝座，米基·坎特接替卡拉·希尔斯担任美国贸易代表，彼得·萨瑟兰（Peter Sutherland）取代阿瑟·邓克尔担任了《关贸总协定》总干事。尽管主要谈判人员进行了调整，但他们的谈判立场并未发生显著变化。《关贸总协定》谈判于 1993 年 7 月重新启动，完成了剩下的所有细节问题，如各国间如何相互削减关税，并确定了所有协定的具体文本。

还有一个没有解决的问题是，是否应该设立一个新的国际贸易组织。老布什政府从来都不支持这个想法，他们担心国会对此持保留意见，不过协定的草案中包含了设立这样一个组织的计划。1993 年 12 月 15 日，即谈判的最后一天，坎特同意建立一个新机构，但希望把它的名称从“多边贸易组织”改为3年前提议的“世界贸易组织”。虽然新机构没有权力直接干涉成员国的贸易政策，但世界贸易组织正式确定了《关贸总协定》秘书处的地位，使各国在协定中做出的承诺是“确定无疑的最终承诺”，而不只是“临时”承诺。这些决定使总干事彼得·萨瑟兰得以最终宣布乌拉圭回合谈判接近尾声。1994年4月，117个国家在摩洛哥的马拉喀什正式签署了乌拉圭回合的最终协议，并计划让它于1995年1月生效。

乌拉圭回合是1947年《关贸总协定》成立以来最宏大、影响最深远的多边贸易谈判。《多种纤维协定》将在10年内逐步废除。各国政府将减少和限制农业补贴，并废除出口限制协定。各国被迫启用保障条款、反倾销税或反补贴税为本国生产商提供进口救助。乌拉圭回合还建立了争端解决程序，使各国同意将进口关税减少1/3左右，并且签署了《服务贸易总协定》《与贸易有关的知识产权协定》《与贸易有关的投资措施协定》，以及关于保障条款、补贴、争端解决和贸易中的技术问题（如进口卫生和植物检疫措施）的协定。

在很大程度上，是美国启动了这一回合谈判，并将新的贸易领域加入谈判议程。[66]它之所以能够做到这一点，是因为它隐隐地造成两重威胁。如果乌拉圭回合谈判不能达成协议，那么其他国家担心美国可能会：（1）放弃多边贸易体制而发起双边和区域性贸易倡议，排斥未参加这些倡议的国家（并因此对它们采取歧视措施），以及（2）通过301条款单方面强行保障自己的贸易权利，并威胁对其他国家采取报复措施。虽然美国希望通过新的世界贸易组织规则限制其他国家的政策，但其他国家也希望对美国有所制约，以免它滥用自己的力量。

当然，在美国确定自己参加乌拉圭回合谈判之前，乌拉圭回合的各类协定必须得到国会的批准。在1994年的整个春季和夏季，克林顿政府都在起草乌拉圭回合的执行法案，但直到国会因为中期选举而休会的前几周，才将这份法案提交国会。[67]

国会对乌拉圭回合的辩论与一年前讨论《北美自由贸易协定》时

的情形大相径庭。由于全球其他各国在协议中对农业、知识产权和争端解决等做出了大量承诺，这将有力地推动美国出口，所以国会通过这些协定基本上是板上钉钉的事。主要商业机构不遗余力地支持这些协定，特别是从波音、通用电气到美国运通和宝洁等大企业。协定中关于农业和知识产权的条款也帮助赢得了其他主要选民阵营的支持，如中西部农业州非常欢迎欧洲减少农业补贴的条款，加利福尼亚州的娱乐业和高科技产业非常欢迎对知识产权保护的承诺。就连理查德·戈普哈特这样的贸易“鹰派”也宣布支持乌拉圭回合一揽子协定。此外，劳工团体和环保组织反对协定的力度也明显弱于对《北美自由贸易协定》的抵制；这些群体虽然批评乌拉圭回合一揽子协定，但并不积极。只有纺织品和服装产业才有较多声音警告乌拉圭回合一揽子协定可能对国内造成影响。因此，国会议员承受的巨大政治压力是确保通过这些协定，而不是否决它们。

1994 年 11 月 30 日，众议院经过 4 个小时的辩论（人们将这场辩论描述为“例行公事和一边倒式”的辩论），以 288 票对 146 票的结果批准了乌拉圭回合的执行法案，该法案同时得到了两党的支持：其中三分之二的民主党人和共和党人都投了赞同票。与国会通过《北美自由贸易协定》时的情景完全不同的是，支持乌拉圭回合的民主党人比反对它的民主党人多出一倍，而支持乌拉圭回合的共和党人要少于支持《北美自由贸易协定》的共和党人。[68]参议院也在两党的通力支持下以 76 票对 24 票的结果轻松地批准了乌拉圭回合一揽子协定。随后克林顿总统签署行政命令，使乌拉圭回合一揽子协定于1995 年1 月 1 日正式生效。

乌拉圭回合谈判带来了哪些经济影响？与大多数贸易协定一样，我们不可能准确地弄清楚它到底使世界贸易增长了多少，更不用说它产生的更广泛的经济结果。平均适用关税减少了 1/3。如表 13. 1 所示，发达国家的工业品关税较低，而劳动密集型制成品的关税较高。与此同时，尽管乌拉圭回合已经削减了各国关税，但发展中国家的关税水平仍然相对较高。[69]

表 13.1　部分国家在乌拉圭回合后征收的平均适用关税

| | 工业品关税 | 农产品关税 | 纺织服装品的关税 |
|---|---|---|---|
| 发达国家 | | | |
| 美国 | 3.1 | 2.2 | 14.8 |
| 欧盟 | 2.9 | 3.7 | 8.7 |
| 日本 | 1.4 | 10.5 | 7.2 |
| 加拿大 | 2.6 | 1.5 | 14.2 |
| 澳大利亚 | 9.7 | 3.3 | 21.6 |
| 发展中国家 | | | |
| 阿根廷 | 10.6 | 4.9 | 12.1 |
| 印度 | 29.0 | 60.1 | 42.4 |
| 韩国 | 7.6 | 11.6 | 13.0 |
| 泰国 | 26.8 | 26.5 | 28.9 |

资料来源：Finger、Ingco and Reincke（1996）。

人们预计终止《多种纤维协定》、缩小农业补贴的规模以及消除自愿出口限制是促使效率提升的主要原因。废除《多种纤维协定》或许是这个一揽子协定里最重大的改革。在 1994 年之前，美国与 40 个国家签署了协定，为多达 105 类产品详细设置了出口限制。这些产品覆盖了美国一半左右的纺织品和服装进口。《多种纤维协定》中的出口配额与出口税的效果差不多：1992 年，中国服装进口缴纳的隐性税为 40%。[70] 由于《多种纤维协定》要在 10 年内逐步废除，而且主要工作放在后面几年，所以 2004 年只实现了 20% 的贸易自由化。这意味着 2005 年 1 月 1 日最终取消出口配额时，进口激增会对美国经济产生巨大冲击。事实上，2004 年中国对美服装出口中有 18% 受到《多种纤维协定》配额的限制（正是由于这些产品的出口受到限制，所以它们的占比极小），2005 年取消所有出口限制时，这部分出口增长了 450%，而当年中国过去不受限制的服装品类的出口增长了 50%。在 2005 年以前受到限制的进口产品价格下降了 38%，消费者从中获得不少好处。[71] 哈里根和巴罗斯（Harrigan and Barrows，2009）的计算结果表明，《多种纤维协定》的配额每年使美国消费者多花了 70 亿美元，折合到每户家庭多花了 63 美元（约为家庭平均服装预算的 4.5%）。废除《多种纤维协定》还使各国的市场份额发生了大洗牌：在 2004 年至 2005 年，中国在美国服装进口中的份额从 21% 跃升至 28%。印度、巴基斯坦和孟加拉国等南亚国家的出口份额小幅增长，而美国从墨西哥进口的服装占比减少了 7%（之前的《北美自由贸易协定》曾经助力提升了这部分进口）。

农业协定解决了美国和欧共体在补贴问题上由来已久的冲突，不过实际推动的市场开放程度远远低于人们最初的预期。在各国将五花八门且错综复杂的现行贸易壁垒转化成关税的过程中，有些国家开征的新关税比现行所有非关税限制加起来折合的关税水平还要高，这种做法被称为“卑鄙的关税化”。[72]尽管未能明显改善市场准入，但经合组织成员国对农民的补贴规模在 1995 年以后大幅缩水。在乌拉圭回合的协定正式生效之前，所有经合组织成员国的生产者补贴等值（PSE）从 1986 年至 1988 年的 37% 下降到 1995 年至 1997 年的 30%，但是在 2011 年至 2013 年直接下滑至 18%。名义保护系数（NPC）显示，在 1986 年至 1988 年，经合组织成员国农民的农产品价格比全球价格高出近 50%，但到了 2011 年至 2013 年，他们的农产品价格仅比全球价格高出 10%。这种降幅主要由欧洲各国推行的改革驱动，而促使它们启动改革的原因除了乌拉圭回合的协定以外，还有预算约束和大宗商品价格上涨。国际社会对欧洲各国施压，要求它们将转移支付与生产决策脱钩并采取其他政策改革，从而促进了这一进程。[73]

乌拉圭回合达成的很多协定确立了全新的规则和做法，很难具体量化它们对世界贸易的影响。譬如，《服务贸易总协定》或许确实促进了服务贸易的增长，但我们并不清楚这份协定本身到底促成了多少贸易自由化以及由此增加了多少贸易量。《保障措施协定》有效地终止了各种出口限制协议，迫使各国采用标准的贸易救济措施，但我们很难确定它对贸易的总体影响。

尽管新的争端解决机制很大程度上将现有的做法形式化并形成官方认定的体系，但它改变了各国处理贸易冲突的方式。在新的机制下，各国可以对任何可能违反世界贸易组织相关协定的行为提出申诉。如果各国未能通过磋商解决问题，那么世界贸易组织将指定一个三人专家小组确定是否存在违反协定的行为。（相关国家可以就专家小组的决定向上诉机构提出申诉，上诉机构将对专家小组报告中涉及的法律及其对这些法律的解读做出裁决。）这个新机制的做法与《关贸总协定》的标准做法不同，它不允许各国阻挠世界贸易组织成立专家小组或采用专家小组报告。它还设定了具体的时间要求加快案件处理。如果专家小组发现确实存在违反协定的行为，那么被告国有义务调整本国的政策，使之符合乌拉圭回合制定的规则。当然，世界贸易组织没有权力强迫任何国家改变本国政策，但如果某个国家不遵守裁决，那么申诉方可以申请世界贸易组织批准它报复不遵守规则的国家。实际上，绝大多数国家都接受了专家小组的裁决，极少有国家采取报复手段。由于提起诉讼费用昂贵且过程冗长，所以只有对错一目了然的案件才会提交世界贸易组织，在这些案件中，原告总是最后的赢家，被告总是会输掉案子。因此，美国在自己提交的案子中总是会胜出，而在其他国家申诉它的案子中多半都会败诉。

这个机制运作得非常成功，卓有成效地终止了美国单方面采取行动的做法。1995 年以后不再出现 301 条款案，取而代之的是各国提交世界贸易组织争端解决机制的各种案件。事实证明，这成功地将很多世界贸易组织协定付诸实施。尽管人们担心世界贸易组织会侵犯美国的主权，特别是涉及环境标准或者健康和安全监管的案件，但绝大多数案件都相当平淡，没引起什么争议，而且技术性很强。[74] 与此同时，用拘泥于法律条文的方式解决贸易争端不太利于解决政治性较强的贸易争端，例如美国和欧洲在补贴飞机制造商（空中客车和波音公司）和食品法规（如牛肉中的激素和转基因作物）等问题上的冲突。这些案子仍然需要通过谈判（而不是法律）寻求解决方案。

不过，事实证明乌拉圭回合一揽子协定是世界贸易组织成员国达成的最具实质性内容的重大协定。1995 年时，世界贸易组织拥有 128 个成员国；到了 2015 年，它的成员国已经增加到 160 多个。作为一个旨在促进贸易自由化的机构，规模扩张为它带来诸多问题。世界贸易组织通常被称为“成员国驱动型”组织，因为只有在成员国希望通过它实现一定目标的领域内，它才具有真正、独立的权力。此外，世界贸易组织的运作基础是，各成员国在规则谈判和共同降低贸易壁垒的目标上达成一致意见。要达成这样的共识势必极其困难，而且事实证明成员国越多，实现这个目标的难度就越大。特别是长期以来一直不愿降低贸易壁垒的印度和巴西等发展中国家，它们更加积极地参与世界贸易组织的活动时，给下一轮贸易谈判带来的问题就更多。

## 《北美自由贸易协定》之后的贸易政治

克林顿政府在执政前两年里说服国会通过了两份具有里程碑意义的贸易协定：《北美自由贸易协定》和乌拉圭回合的一揽子协定，尽管《北美自由贸易协定》及乌拉圭回合绝大多数协定的谈判是由前任政府完成的。克林顿总统在任期内还经历了美国经济增长极其抢眼的时期（1993 年至 2001 年）。20 世纪 90 年代末，美国的失业率降到 4% 的低水平，到了 2000 年 4 月进一步下探至 3.8%，创下 30 年以来罕见的低纪录。尽管人们曾担心《北美自由贸易协定》会导致美国的就业机会流失，但制造业的就业情况保持稳定，实际工资水平强势增长，特别引人注目的是低工资工人的薪酬增长更加突出。随着信息技术的发展突飞猛进，生产率的提高不断加速。联邦预算赤字曾在很短的时间里扭亏为盈。尽管贸易逆差再次开始膨胀，但雄厚的经济实力意味着几乎没有人抱怨外来竞争，这与 20 世纪 80 年代的情况形成了鲜明的对比。

后来人们再回顾起 20 世纪 90 年代的经济状况时，总是充满艳羡之情。然而，劳伦斯（Lawrence，2002，第 279 页）指出“看起来很荒谬的是，随着经济发展大踏步向前，（贸易政策）的政治环境在不断恶化”。虽然来自贸易保护主义的压力被削弱了，而且没有人提议废除已经签署的贸易协定，但“美国政界在支持贸易协定方面的共识受到严重侵蚀”，贸易议程陷入停滞状态。造成这种事态发展的原因很大程度上是《北美自由贸易协定》引发的争议始终没有平息。在这几十年里，《北美自由贸易协定》暴露出民主党内部的严重分歧，毒害了贸易政策的政治气氛，使任何一位总统都难以推进新的贸易举措（不过并非不可能做到这一点）。国会议员不想再次经历如此混乱且破坏党内团结的辩论。他们敏锐地意识到公众对贸易问题极其敏感，所以希望对这个议题敬而远之。

在 20 世纪 90 年代，美国政治比过去几十年表现出更鲜明的党派特色。一个令人大跌眼镜的事态发展是，共和党在 1994 年的中期选举中拿下众议院，在 40 年的时间里第一次掌控了国会。[75]虽然更多共和党人走入国会或许会巩固倡导贸易发展的民主党总统的影响力，双方在《北美自由贸易协定》上的通力协作已经清晰地展示出这一点，但他们开始在其他很多问题上争执不下，因此再在贸易问题上开展合作就难如登天。

民主党在贸易问题上的严重分歧以及全新的党派偏见在 1997 年至 1998 年的“快速通道”授权之争中体现得淋漓尽致。乌拉圭回合一揽子协定通过国会审议两年后，克林顿总统提议延长将于 1994 年到期的“快速通道”授权。总统认为发展中国家已经开始打开国门，减少国家对经济的管控，美国不应该落在他们后面。“我们在竭尽全力拆除海外的贸易壁垒，从而为美国国内创造良好的就业机会，”他说，“现在我们必须采取行动扩大我们的出口，尤其是对亚洲和拉丁美洲的出口，它们是世界上经济增长最快的地区，否则这些新兴经济体与其他国家的贸易纽带成形后，美国就会被甩在后面。”克林顿继续说道，“这不仅仅是经济学问题。我们还可以通过扩大贸易在全球推进自由和民主事业。”[76]

然而，延长“快速通道”授权的政治时机尚不成熟。工会仍然对《北美自由贸易协定》的通过耿耿于怀，所以决意挫败总统的努力。众议院的少数党领袖理查德·戈普哈特和少数党党鞭大卫·博纳再次带领民主党人反对总统的提议。此次政府提议延长“快速通道”授权的法案是一部独立法案，既没有包含在大型贸易法案里，当时或不远的未来也没有什么即将要达成的实质性贸易协定，所以被国会否决的可能性很大。[77]克林顿政府察觉到会麻烦缠身，所以要求国会推迟到 1997 年秋天再对这部法案举行投票表决。和上次一样，众议院仍然需要拿到 218 票赞成票才能通过授权。人们预计共和党会投出 150 张赞成票，但要从

206名民主党众议员手中拿走70张赞成票则难如登天。就在投票前几天，只有112名共和党人和42名民主党人宣布他们支持这一提议。1997年11月10日凌晨1点15分，也就是投票表决当天，克林顿总统致电众议院议长纽特·金里奇，请他推迟投票。劳联-产联主席约翰·斯威尼（John Sweeney）将“快速通道”授权法案的失败称作“多年以来美国工人从美国贸易政策中看到的第一线蓝天”。[78]

如果说民主党内部不和谐的声音给“快速通道”授权带来的问题还不够多，那么第二年党派关系进一步侵入这个领域。金里奇议长不顾克林顿政府的反对提请众议院对延长“快速通道”授权的法案进行投票表决。共和党人深知此次投票必将以失败告终。他们只是想把民主党的内部分裂暴露在光天化日之下，并在1998年中期选举前给总统一击。就连民主党中支持贸易的人也对共和党的举动感到错愕失望。加利福尼亚州民主党人罗伯特·松井抱怨：“今天他们对付这部法案的手段用党派政治的污水玷污了我国的贸易政策。”[79]法案以243票对180票的结果被彻底否决了。

是什么发生了变化，导致贸易政策所处的政治环境充满纷争？除了《北美自由贸易协定》的反对者余怒未消以外，有一个更广泛的现象日益凸显：美国正在进入党派关系和政治分裂的新时代。这不仅体现在贸易政策上，而且困扰着国会面临的大多数政治问题，使共和党掌控下的国会难以与民主党总统开展合作。然而，这种党派关系的新时代并不是偏离正常轨道，而是回归到了历史常态。从两党在国会的合作程度看，20世纪40年代末一直到80年代这段时期表现得极其反常。[80]

图13.2分别列出了1890年至2015年间，两党在国会重大贸易立法上的投票情况，它显示出两党在投票上的合作不断加深。纵轴衡量了两党投票支持低关税或反对高关税的比重。从1890年《麦金莱关税法案》一直到1940年第二次延期《互惠贸易协定法案》，几乎每次投票都赤裸裸地反映出两党各自的政党路线，即共和党投票支持提高关税，反对降低关税，民主党则投票支持降低关税，反对提高关税。而共和党从20世纪50年代起支持贸易协定后，这种模式就开始走向瓦解。在这几十年里，

国会对贸易问题的投票表决在大多数情况下都反映出两党合作。在很大程度上，是人们对外交政策的担忧促成这种两党合作模式（本文第十一章讨论过这个问题），并一直延续到 1989 年冷战结束。民主党丧失自己在南方的大本营，开始从北方（特别是“锈带”）获得大部分支持之前，这种合作模式一直持续。虽然民主党在 20 世纪 70 年代和 80 年代倡导了一些贸易保护主义法案，但他们支持了 1984 年和 1988 年的贸易法案以及乌拉圭回合谈判。不过《北美自由贸易协定》是一个转折点：这份协定签署之后，民主党对贸易法案的支持力度大大减弱。事实上，与 90 年代后期和 21 世纪初美国在贸易政策上的激烈争执相比，国会对《北美自由贸易协定》的投票结果几乎可以看作是两党合作的成果了。

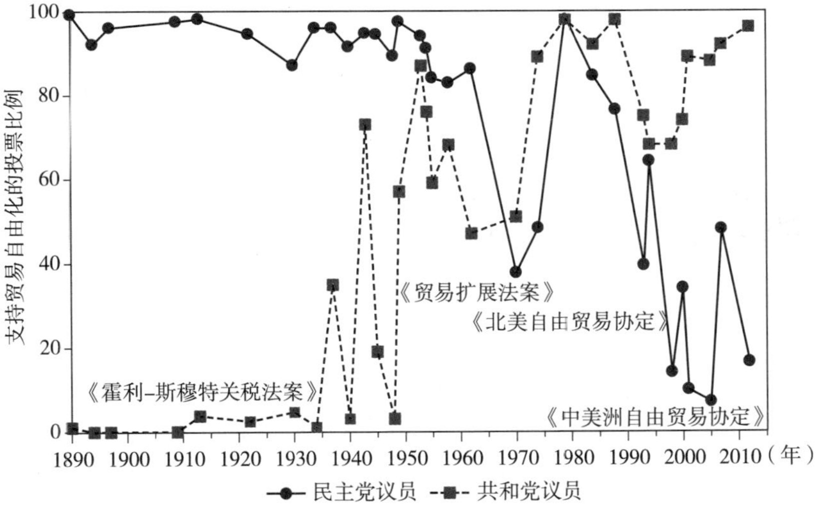


图 13. 2　1890—2015 年众议院的民主党人和共和党人对贸易法案的投票情况

资料来源：本书作者汇编整理。

美国政坛出现的一个重大变化是南方民主党人开始消亡，取而代之的是南方共和党人。从南北战争到大萧条时期，南方民主党人一直牢牢占据着党内的统治地位。他们的人数多于制造业聚焦区的民主党人，后者往往倾向于支持保护性关税。20 世纪 30 年代，富兰克林 · 罗斯福及其新政巩固了民主党在北方城市选区的地位后，民主党人在地缘分布上愈发多元化，不过在50年代和60年代的平静期，外国竞争暂时偃旗息鼓，民主党内对于贸易问题并没有积怨。70年代的进口冲击将（代表工业带的）北方民主党推向自由贸易的反对面，而（代表纺织品带的）南方民主党则一如既往地支持自由贸易，这是因为当时已经推行了《多种纤维协定》保护纺织服装产业。南方民主党人的消亡削弱了民主党对自由贸易的支持力度。随着南方民主党的人数逐日下降，而且这个趋势在90年代初不断加速，北方民主党人逐步开始掌控民主党，并确定该党在贸易问题上的立场。“锈带”的北方民主党人习惯于满足工会的利益，并且适应了制造业就业机会流失的现状。他们不希望克林顿总统或其继任者继续深入地对贸易协定展开谈判，因为这将激发工会或其他选民群体的反对情绪。[81]

虽然这种地缘上的变化改变了民主党的性质，但南方共和党人在意识形态上更倾向于支持自由贸易。在南方地区，民主党人被共和党人取而代之，削弱了纺织服装产业及其工会组织的影响力。以南卡罗来纳州为例，该州大力倡导限制进口的民主党参议员欧内斯特·霍林斯被共和党人吉姆·德明特（Jim DeMint）取代，而后者坚定地拥护自由贸易。共和党人没有为日薄西山的纺织产业挽救工作机会，而是集中精力将未加入工会的新制造业岗位引入南卡罗来纳州。随着南部各州的发展前景越来越国际化，同时它们竭力将国内外投资引入其他产业，该地区服装生产商的经济实力和影响力迅速衰落。

来自“锈带”的民主党人一直抱怨《北美自由贸易协定》等贸易协定只顾及大企业的利益，而忽略了工人（图12.7展示了这一点）。俄亥俄州民主党人马西·卡普托（Marcy Kaptur）抗议说：“我们的贸易政策在名义上满足了美国跨国公司的需求，这些公司的商业愿景和发展规划具有全球性，没有任何国家忠诚度可言。”“自由贸易的拥护者希望美国人民相信我们这些反对‘快速通道’授权的人对新的国际经济一无所知，而且采取的是‘美国垫底’战略，”伊利诺伊州民主党人威廉姆·里品斯基（William Lipinski）补充说，“他们认为我们是‘保护主义者’，就好像这个词很肮脏似的。好吧，如果说我努力保护美国的就业、美国的生活水平和美国的工薪家庭就是一个保护主义者，那么我很乐意被贴上这个标签。”[82]

与此同时，其他地区，特别是西部各州的民主党人代表出口导向型产业，如高科技产业和航空航天业。他们秉承本党的传统立场，支持打开贸易的大门。民主党内部的地缘分歧不再像从前那样以南北为界，而是表现为与组织严密的工会关系紧密的州与缺少这种关系的州之间的分歧。[83]

虽然民主党内部反对贸易的呼声越来越强烈，但同时它在国家政治中的影响力不断减弱。1994 年共和党掌控了众议院以后就一直把持着它，直至 2006 年大选短暂地失去对国会的控制权，但很快就在 2010 年重新将它收入囊中。此外，美国的政治地理不断变化，也削弱了老派制造业地区在国会的力量。1990 年人口普查之后，纽约州、宾夕法尼亚州、俄亥俄州、密歇根州和伊利诺伊州这五个“锈带”最大的州在国会重新分配席位时失去了 11 个席位，在 2000 年的人口普查之后又失去了 7 个席位。与此同时，加利福尼亚州、得克萨斯州、佛罗里达州和亚利桑那州在 1990 年人口普查后获得了 15 个新的众议院席位，随后又在 2000 年人口普查后增加了 7 个席位。此外，艾奥瓦州、堪萨斯州、南达科他州和内布拉斯加州等中西部农业州从农业出口商的角度出发，继续支持出口导向的贸易政策，并将外国市场视为扩大销售的机遇。小麦、大豆、玉米、肉类和动物皮革的出口量仍然名列前茅。随着国家的政治重心从北部和中西部的工业区向南部和西部移动，贸易协定反对者的政治地位越来越低。各个地区的政治力量发生转变，意味着代表老派制造业利益的国会议员可能会试图阻止新的贸易协定，但他们的实力永远不足以推翻这些协定。

此外，美国已成为一个服务型经济体，农业和制造业在国家经济中的重要性和几十年前相比已经不可同日而语。劳动密集型制造业或工会化的制造业应对外国竞争时遇到的问题没有给绝大多数美国工人造成直接影响。制造业从业人员在就业总人口中的比例从 1970 年的 25% 以上下降到 2000 年的不到 15% 。在私营部门的就业人口中，参加工会的工人的比例也从 1983 年的 20% 下降到 2014 年的 11%。[84]这个人群的规模不断缩水相应削弱了工会的政治力量。

以上这些政治和经济因素以及世界贸易组织反对出口限制协议的新规则，使面临进口竞争的行业很难再像 20 世纪七八十年代那样得到大量贸易保护。例如，1997 年至 1998 年的亚洲金融危机导致大量钢铁出口转移到美国。美国的钢铁进口量飙升，压低了钢铁价格，同时进口增长迫使美国钢铁企业削减产量或破产，在一定程度上导致 17 万钢铁工人失业。美国由此掀起了一波请求政府推出反倾销税和反补贴税的浪潮，但立法援助并没有随叫随到。尽管众议院在 1999 年 3 月高票通过了一部法案，要求采取进口配额，但每个人都知道这种努力最终会以失败告终：总统已经威胁会否决这部法案，参议院甚至不愿意花时间讨论这部法案。[85]在这场周期性危机中，钢铁产业甚至无法让国会召开听证会，表明产业贸易政治已经发生翻天覆地的变化。如果在 20 世纪七八十年代遇到类似情况，国会会迅速要求采取行动，而行政部门则会与其他国家谈判出口限制协议。现在无论国会还是总统都不愿意代表产业采取行动，而世界贸易组织的规则也不再允许成员国签署出口限制协议，相关产业只能碰运气看政府是否会采取贸易救济措施。[86]

虽然国会从来没有考虑通过任何新的进口限制措施，但它也不鼓励总统寻求新的贸易协定。事实上，当时几乎不可能在短时间内在任何多边或区域贸易讨论中取得成果。克林顿政府的兴趣点在于大力推进新的谈判来讨论电子商务、农业和服务业，在乌拉圭回合的基础上更上一层楼，但当时的全球情绪不利于开展新的贸易谈判。欧盟和日本都不愿进一步深入讨论它们的农业政策，发展中国家还在忙于消化自己在乌拉圭回合中做出的承诺，因此绝大多数世界贸易组织成员国并不热衷于启动新的谈判。

事实已经证明世界贸易组织在解决贸易争端方面发挥了极其宝贵的作用，但各成员国不愿推进新的贸易谈判。当下的多边体系不再像过去的谈判回合一样主要由美国、西欧和日本构成。发展中国家已经充分参与其中，因此要使所有参与国对谈判议程达成共识愈发困难。例如，克林顿政府和国会的民主党人希望确保所有的新贸易协定中都包含关于劳工标准和环境的条款，但遭到发展中国家的强烈抵制。后者担心发达国家可能会利用这些条款阻止它们出口劳动密集型制成品，因此很不放心在贸易协定里加入关于工人权利的强制性条款。1996 年在新加坡举办的第一次世界贸易组织部长级会议上，发展中国家拒绝了美国的提议，不愿将劳工标准纳入贸易议程。

1999 年在西雅图举行的第二次部长级会议更加波折。由于包括工会、环保团体、人权活动家、宗教组织等在内的各类团体都对这个贸易体系怨声载道，所以此次部长级会议吸引了大批公众前来抗议。这些团体担心新的世界贸易组织协议会侵犯国家主权，为了保护环境和工作条件而破坏国内法规，尽管事实证明这些担忧不过是杞人忧天。抗议者中包括一些被贸易官员斥为“娱乐性革命者”的非主流团体，如无政府主义者，而部分无政府主义者在西雅图市中心肆意打砸商店橱窗。防暴警察因此出动，并与骚乱者发生冲突，他们使用了催泪瓦斯，大规模逮捕骚乱分子。这些冲突被称为“西雅图之战”，后来还被拍成同名电影。

虽然会议中心外喧嚣混乱的抗议活动成了媒体的主要关注点，但世界贸易组织成员国仍然未能就新一轮谈判的议题范围达成共识，所以此次部长级会议不欢而散。其中的一个关键问题是劳工标准。发展中国家认为这个问题已经在新加坡部长级会议上提出过。而克林顿总统再次提出这个问题，而且他在发表以下言论时很可能不经意间破坏了此次会议，他说：“最终我会支持一个对违反劳工标准协议的行为进行制裁的体系”。这一声明“使与会代表感到震惊，就连克林顿自己的谈判代表也不例外”。发展中国家最大的担心由此坐实。[87]这次会议结束时没有决定是否要启动新的谈判，却让发展中国家对新贸易谈判议程的内容更加忧虑。

美国参与的其他区域性贸易倡议也没有取得进展，如美洲自由贸易区（FTAA）和亚太经济合作组织（APEC）。[88]不过，克林顿政府成功地说服国会通过了 2000 年《非洲增长与机遇法案》，该法案对撒哈拉以南非洲国家进口的特定产品给予免税待遇，但不可避免地再次与工会之间争执不下。此外更重要的是，中国加入了世界贸易组织。

## 中国与世界贸易扩张

1989 年东欧共产主义政权覆灭，后来又发生了苏联解体，使这些国家也融入全球经济，尽管它们对全球贸易的影响极小。这些事件产生的更重要的后果是，很多发展中国家采用的社会主义计划经济声名不再。这种经济模式往往设置极高的贸易壁垒，并且采纳国家主导的工业化政策。发展中国家看到中国台湾和韩国的出口导向型经济增长政策在 20 世纪六七十年代大获成功后，开始推行市场化改革，特别是放松国家对经济的管控，包括对国际贸易打开本国市场的大门。即使美国的政策没有任何调整，全球各国在 80 年代末和 90 年代初纷纷开展的经济改革也提升了发展中国家在全球贸易中的参与度，对美国经济产生了深刻的影响。

最大的变化发生在中国。20 世纪 70 年代，中国约有 10 亿人口，是全球最贫穷的国家之一，而且它基本上没有进入全球市场。1978 年，邓小平使这个闭关锁国的经济体打开国门，开始从严格受国家管控的中央计划经济体系向私营企业受限的市场化经济体系转型。农业集体经济逐步退出，私人农业经济逐渐引入；外贸方面的国家垄断被废除；外国投资进入中国逐渐得到允许并且贸易壁垒分阶段被清除。

这些政策改革推动中国经济以惊人的速度加速增长，它的对外贸易由此实现快速扩张。随着数以亿计的非技能工人走出农村，在沿海的制造业中心就业安家，中国很快成为世界上最大的劳动密集型产品出口国，特别是服装、鞋类、玩具和体育用品出口，同时还是全球消费电子产品的组装地。在 20 年的时间里，中国对全球市场和贸易往来产生了巨大的影响。1980 年时，中国在世界出口中的比重几乎可以忽略不计，到了 2000 年就攀升到 5%，进而于 2014 年达到 12%。[89]

1949 年共产主义革命在中国取得成功之后，美国与它几乎没有任何接触。这种状态一直持续到 1972 年尼克松总统开启他著名的北京之行。1980 年，卡特总统对中美贸易打开了大门，允许中国进入美国的货物享有最惠国待遇，而不是被征收较高的非最惠国关税（当时美国尚未取消 1930 年《霍利-斯穆特关税法案》中推行的非最惠国关税）。《1974 年贸易法案》赋予总统每年给予共产主义国家最惠国待遇的权力，但前提是国会不会投票反对总统的决定。1989 年政治风波之前，中国每年都被授予最惠国待遇且没有引起任何争议。1989 年之后，国会试图将中国的最惠国待遇与其改善人权状况的进展相联系，但事实证明很难让不断膨胀的商业利益服从美国对中国人权状况的担忧。在整个 20 世纪 90 年代，克林顿总统始终表示同时从政治层面和经济层面接触中国，有助于实现美国的外交政策目标（其中包括人权目标），而取消中国的最惠国待遇无法达到这个目标，只是从根本上切断双边贸易。[90]

进入 90 年代后，美国开始讨论中国加入《关贸总协定》的条件。一旦中国加入《关贸总协定》，它就必须遵守其规则，美国则有义务在不进行年度审核的情况下授予中国最惠国待遇。要让美国允许中国加入《关贸总协定》，中国必须承诺在关税削减和市场准入方面推行广泛的一揽子措施。到了 1995 年，中国还必须认可乌拉圭回合一揽子协定的内容。虽然其他国家愿意接受中国加入世界贸易组织，但美国一再推迟这项工作，希望尽可能迫使中国做出更多让步。

1999 年 11 月，美国贸易代表查琳 · 巴尔舍夫斯基（Charlene Barshefsky）在西雅图举行的世界贸易组织部长级会议上宣布中美已经达成协议，美国将支持中国加入世界贸易组织。中国同意大幅削减关税，将平均关税从 25% 下调至 9%，逐步取消进口配额和许可要求，并承诺开放服务业，遵守与贸易有关的投资措施和知识产权协定。[91] 美国没能让中国在国企改革和政府采购方面做出太多承诺，但中国允许美国动用专门针对中国的特殊保障条款避免进口激增，并在相当长的时间内采用针对非市场经济体的特殊方法应对倾销和补贴问题。

国会必须批准与中国建立“永久性正常贸易关系”才能使这份协定生效。由于美国国内关于《北美自由贸易协定》和“快速通道”授权的激战刚刚结束没多久就出现了中国入世的问题，所以政府决定在大选年提请国会投票表决中国的贸易地位问题时，民主党人对这个做法相当不满。加利福尼亚州民主党众议员南希·佩洛西（Nancy Pelosi）抱怨："总统在我们努力拿下众议院的重要关头，在民主党内撒下了不和的种子。"[92]民主党人不希望再爆发像《北美自由贸易协定》那样的论战，即各方的辩论焦点在于是否应该批准另一个工资水平较低的发展中国家永久性地进入美国市场。由于中国的劳动力规模远远大于墨西哥，而工资水平比它更低，所以中国对美国经济的影响可能比墨西哥大得多。

商界和农业生产商强烈赞成赋予中国"永久性正常贸易关系"。已经投资于中国或与中国企业签署了合同的美国跨国公司希望确保自己在中国制造或组装的货物运回美国时能够享有较低的最惠国税率。这些公司还预见到，如果能够扫清中国政府设置的壁垒，建立和执行贸易规则，那么它们对华出售产品的增长潜力极大。此外，数十个代表农民、生产者和加工者的农业团体极力敦促国会通过这部法案，因为他们认为中国对大豆和其他农产品出口来说是一个极其庞大的市场，而且其规模还在不断扩张。此外，这些团体担心，一旦国会拒绝赋予中国"永久性正常贸易关系"，那么它们的对华销售情况就会输给那些已经赋予中国最惠国待遇的欧洲或亚洲竞争对手。许多外交政策专家也认为，与中国加强贸易联系和一体化程度会促进双边接触并巩固地区安全。他们甚至希望这种接触能够推动中国的法治进程，改善其人权状况，或许还会鼓励民主运动。

反对赋予中国"永久性正常贸易关系"的人群强调了与中国加强贸易可能带来的潜在问题：美国可能因此丧失大量就业机会，导致美国的贸易赤字节节攀升，中国的人权问题尚未解决，且中国的劳工和环保标准不够充分。这个人群的范围远远超过了反对《北美自由贸易协定》的群体，因为除了劳工和环保团体以外，人权活动家甚至部分政治权利团体也加入这个阵营，如社会保守派、宗教团体和国家安全鹰派。他们反对任何可能让共产主义国家和潜在对手变强的举措。许多保守派担心向中国转让先进技术会威胁美国的国家安全。这些团体相信，每年审查中国的最惠国待遇使美国对中国拥有更大影响力，也是让中国守规矩的唯一途径。因此，共和党对赋予中国“永久性正常贸易关系”这个提案的支持力度不及之前对贸易倡议的拥护。

关于中国“永久性正常贸易关系”的辩论再现了美国激辩《北美自由贸易协定》时表现出的很多特点。少数党领袖理查德·戈普哈特和少数党党鞭大卫·博纳在众议院牵头带领民主党人反对这一提案；白宫邀请多位前总统回到华盛顿，帮助他们力证与中国加强贸易的合理性；国会议员不断推迟宣布自己的投票决定，直到最后一分钟才公之于众。[93]虽然美国经济已经接近商业周期的顶峰，失业率还不足 4%，但由于贸易问题仍然具有极强的政治敏感性，所以众议院的投票形势不容乐观。在众议院投票前一周，大约有 100 多位众议员没有表明自己的态度。2000 年 5 月，众议院进行广泛讨论后，以 237 票对 197 票的结果同意赋予中国“永久性正常贸易关系”。共和党以 164 票对 57 票的结果赞成该提案，民主党（包括两名独立人士）以 140 票对 73 票的结果反对该提案。[94]当年晚些时候，参议院以 87 票对 13 票的结果轻松通过该提案。随后克林顿总统签署法案，为中国加入世界贸易组织铺平了道路。

从 1980 年开始，美国每年都赋予中国最惠国待遇，所以与中国建立“永久性正常贸易关系”并没有改变中国货物进入美国时的关税水平。然而，正如图 13. 3 所示，在接下来的 8 年里，中国对美出口直线上升，对美国造成的进口冲击远远超过了日本在 20 世纪 80 年代对美国的冲击，或者墨西哥在 90 年代对美国的影响。是什么导致中国对美出口激增？这对美国经济和贸易政治产生了什么影响？

中国对美出口在 20 世纪 90 年代和 21 世纪头 10 年初快速增长的主要原因是中国经济规模庞大而且在迅速扩张。在近 30 年的时间里，中国的实际 GDP 增长速度每年超过 10%，它在 21 世纪初一跃成为世界第二大经济体。无论在供给侧（中国出口大量劳动密集型制成品）还是需求侧（中国进口大量原材料和大宗商品），中国的经济扩张都对世界市场造成了巨大冲击。国会同意赋予中国“永久性正常贸易关系”是美国进口在 2001 年后大幅增长的原因之一，因为它消除了中国对美出口是否继续享有优惠关税待遇的不确定性。[95]一旦中国失去最惠国待遇，

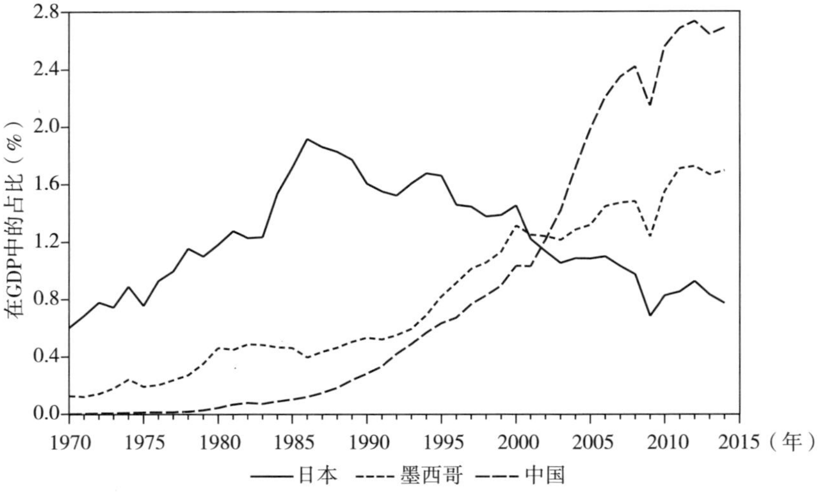


图 13. 3　各国进口在美国 GDP 中的占比

资料来源：根据由作者美国普查局的数据汇编整理而成。

那么中国出口货物的平均关税将从 4% 上升到 37%，部分货物的税率甚至高达 70%。如果两国关系恶化，美国可能重新对中国对美出口征收高额税收。这种威胁抑制了部分贸易和投资。

进口激增是 2001 年至 2003 年美国制造业就业岗位异常大幅减少的原因之一。尽管美国在 2001 年经历了短暂的经济衰退，但在此期间制造业的就业率下降幅度高达 17%，似乎与经济温和衰退的程度完全不成比例。[96]除了 2001 年至 2003 年短暂的窗口期以外，相关估算表明，自 20 世纪 90 年代至 21 世纪头 10 年，中国进口大幅增长，对美国部分进口竞争性产业的就业影响极大。奥托、多恩和汉森（Autor、Dorn and Hanson，2013）的研究认为，1990 年至 2007 年，美国制造业减少的就业人数中有 21% 是由中国进口造成的，由此流失的工作岗位达到 150 万个。他们的研究结果表明，1990 年至 2000 年，中国进口导致 54. 8 万个美国制造业工作岗位流失；2000 年至 2007 年，又流失了 98. 2 万个工作岗位。其中许多工人因为技能不足或缺少教育背景而无法在出口部门或其他制造业实现再就业。此外，这部分工人的地域流动性也不足，没有迁往其他正在创造出就业机会的地区。反之，他们往往被迫在服务业找份工作糊口，或者完全退出劳动力大军，参加政府的残疾人救助项目。

此外，由于受到进口冲击的产业多为技术水平不高的劳动密集型制造业（如服装产业和家具制造产业），所以进口带来的负面影响在地域分布上主要集中于田纳西州、密苏里州、阿肯色州、密西西比州、亚拉巴马州、佐治亚州、北卡罗来纳州和印第安纳州等地区。[97]服装产业受到的冲击尤为显著。由于中国经济崛起的时候，美国恰好在逐步废除《多种纤维协定》，这两个因素相结合，给了美国服装产业沉重的一击：在 20 世纪 90 年代和 21 世纪头 10 年，尽管美国整体经济在飞速发展，但服装产业的产量和就业情况下滑惊人。1995 年至 2005 年，许多服装工厂纷纷倒闭（贫困县和农村县的情况尤为严重），约 50 万服装业工人就此失业。在某些情况下，纺织厂和服装厂只是停工，然后把设备拆下来运往中国和南亚国家继续生产。

尽管中国进口对美国造成了强大的冲击，但当时它造成的失业问题被其他国家层面的因素掩盖了，所以并未受到太多关注。在 20 世纪 90 年代，劳动力市场增长强劲，为那些因为中国进口而失业的工人创造出其他就业机会。由于纺织服装产业的工人薪酬远远低于普通制造业工人的工资，所以失业人员再就业后拿到的工资可能与之前持平，甚至高于过去。[98]在 21 世纪头 10 年，火爆的住房市场为建筑业创造出新的就业机会，因此进口造成的失业问题没有受到关注。[99]事实上，就在中国进口激增的同时，美国的全国失业率在 2002 年至 2006 年保持着持续下降的态势。不过，从总体上说，这一时期的失业工人境遇要糟糕得多，因为劳动力市场不像之前那么强劲，而且失业工人再就业的选择减少了。我们仍然可以从这个角度理解这些流失的就业机会：每年中国进口可能导致 97 000 名制造业工人非自愿失业（这是平均水平，已经将自愿离职的情况考虑在内进行了调整），不过他们在同期制造业非自愿失业总量中的占比不足 20%，在全部非自愿失业中的占比不到 5%。[100]

中国对美出口远远不是美国制造业就业在这一时期大幅下滑的最重

要因素。工业制成品的生产正在经历翻天覆地的变革。新兴技术和资本设备只需雇用少量技术工人（如工程师），就可以在员工越来越少的情况下不断提升产量。譬如在20世纪80年代，生产一吨钢需要18人工工时，到了2015年只需要2人工工时。有一项研究认为在2000年至2010年，美国制造业流失的工作机会中有87%是由生产率提高造成的，只有13%是由贸易导致的。然而，在贸易造成的失业中，有两个离群值表现得特别明显：家具产业的就业机会减少了40%，服装和皮革产业的就业减少了44%。它们都是技术水平不高的劳动密集型产业。[101]

令人意外的是，中国和其他发展中国家的进口在这一时期对美国收入不平等造成的影响并不大。美国的工资不平等水平是从19世纪80年代开始上升，当时全球贸易正在加速增长［人们用大学毕业生与高中毕业生的工资差异衡量工资不平等水平，或用非生产工人（白领）与生产工人（蓝领）的工资差异衡量它］。人们普遍认为，贸易增长（特别是与劳动力丰富的发展中国家加强贸易）会压低非技能蓝领工人相对于技能白领工人的工资水平。然而，经济学家普遍认为，发展中国家对美进口不断增长不是导致美国工资不平等加剧的主要原因。有一项估算表明，1980年至2006年，与低工资国家开展贸易对大学生工资溢价提升的贡献度不足10%。[102]劳伦斯（2008，第37页）发现："如果在1981年至2006年，工资不平等水平没有受到影响，那么2006年蓝领工人的工资会比实际水平高出1.4%，而且工资不平等受到的影响几乎都发生在2000年之前。"此外，贸易增长和工资不平等水平上升并不是同时发生的：20世纪80年代，美国的工资不平等水平急剧上升，而当时它与发展中国家的贸易增长速度较慢；低收入国家的进口在20世纪90年代和21世纪头10年开始加速增长时，美国的不平等程度趋于平稳。[103]因此，"近期美国的不平等水平上升与全球性力量（如外来移民、美国与发展中国家的贸易扩张等）没有什么关系，而人们原本预期这些力量对非技能工人造成的影响最大。"劳伦斯（2008，第73页）总结："恰恰相反，不平等加剧的根源在于超级富豪在收入中的占比越来越高（而贸易对这种变化产生的影响很小），而且利润在收入中的占比上升，其中多半是周期性因素造成的。”

来自中国的进口在 2001 年至 2007 年激增还对美国的宏观经济产生了重要影响。美国的经常账户赤字总额在 2007 年创下历史纪录，达到 GDP 的 6%，但与 20 世纪 80 年代美国的经常账户赤字较小时一样，这种现象并没有引起人们的警觉。与此同时，2007 年中国的经常账户盈余像吹气球一样迅速膨胀至 GDP 的 10%，这种增长幅度远远超出了发展中国家飞速发展时的正常范围。[104]美国对华出口的增长速度完全赶不上中国对美出口的增长速度，美国与中国的双边贸易赤字从 2000 年的 830 亿美元增长到 2007 年的近 2 600 亿美元。

人们并不是没有注意到中美双边贸易的失衡状况。与 20 世纪 80 年代对待日本的态度一样，人们关心的是汇率问题。然而日本与美国的贸易顺差是由私人资本外流驱动的，但中国与美国的贸易顺差涉及中国政府对外汇市场的干预。从 20 世纪 90 年代中期开始，中国将其（人民币）币值与美元挂钩，迅速积累起大量外汇储备，从 2000 年的不足 2 亿美元增长到 2007 年的 1.6 万亿美元，进而在 2014 年达到最高值，接近 4 万亿美元。这么庞大的外汇储备表明，中国央行正在购买美元并出售人民币，使人民币一直处于被低估的情况并提振出口。[105]

随着中国对美出口大幅增长，一些美国生产商开始抱怨中国的货币政策使该国掌握了不公平的贸易优势，引起国会议员的关注。从 2003 年开始，纽约州民主党参议员查尔斯·舒默（Charles Schumer）和南卡来罗纳州共和党参议员林赛·格雷厄姆（Lindsay Graham）提出一份议案，要求在人民币汇率升值之前对中国商品征收 27.5% 的关税。（他们对 15% 和 40% 取简单平均数得出了 27.5%，而 15% 和 40% 分别代表了当时对人民币汇率低估程度的两种估算结果。）随后国会议员提出了 100 余项类似议案，但都在委员会不了了之。

老布什政府几乎没有质疑中国的货币政策，至少没有在公开场合这么做过。《1988 年综合贸易和竞争法案》要求财政部长每半年对美国的主要贸易伙伴提供汇率政策报告，研究“这些国家是否为了避免有效调整国际收支平衡或在国际贸易中获得不公平的竞争优势，而操纵其本币与美元之间的汇率”。美国财政部从未将中国称为“货币操纵国”，但官员们在悄悄地推动中国调整货币政策。[106]2005年7月，中国开始允许人民币对美元稳步升值。

2008年金融危机改变了整个局势。当时美国的进口直线下滑，美国的经常账户赤字大幅减少。这场危机还使中国的经常账户盈余下降到GDP的3%左右，这个水平的可持续性更强，有利于缓解双边贸易的紧张态势。不过经历了这次调整之后，众议院仍然于2010年通过一部法案，允许商务部在涉及反补贴税的案子中将货币币值低估定义为出口补贴，但参议院没有讨论这部法案。

由于中国进口的大幅增长主要集中在部分产品上，所以美国国内生产同类产品的地区的立法者往往投票反对进一步签署贸易协定。例如，来自北卡罗来纳州第六区的保守派共和党人霍华德·科布尔（Howard Coble）曾在1993年投票支持《北美自由贸易协定》。但从中国进口的厨柜和纱线对他所在选区的工人造成威胁后，他从21世纪头10年开始投票反对签署贸易协定。他不是唯一这么做的议员：在21世纪头10年，中国进口对自己选区造成不利影响后，部分众议员纷纷投票反对贸易协定，只是他们的力量不足以阻止这些协定通过国会审议（后文将讨论这个问题）。[107]

与20世纪80年代受到日本进口产品冲击不同的是，21世纪初美国受到中国进口产品的强大冲击后没有采用太多保护主义政策。诚然，中国成为美国企业要求征收反倾销和反补贴税的目标，就像日本当年被迫对汽车、钢铁、半导体和其他很多商品采取出口限制措施一样。但要求限制中国进口产品的政治压力远远小于当年日本冲击美国时的情况，造成这种现象的部分原因是在华发展的外国企业规模远远超过外国企业在日本的发展规模。[108]人们认为无论对于外国产品还是外国投资来说，日本都是一个封闭的市场，而中国对外国品牌和外国投资相对开放。日本出口产品都是日本生产商在本土生产的（如丰田、本田、松下、索尼），对美国生产商构成了直接竞争，但中国出口产品是由美国公司自身外包的，而且都是美国知名品牌（如耐克鞋、沃尔玛出售的服装、苹果的电子产品等）。很少有美国消费者能说出一两个中国本土的品牌，但谈到日本品牌则如数家珍。

中国对美出口的主要产品包括消费电子产品、体育用品和玩具、服装鞋履和家具等，它们所涉及的产业在美国早已陷入长期衰落的状态，而且美国国内市场上的此类产品也多半进口于其他亚洲国家。此外，中国在全球消费电子产品出口中所占的份额极大，反映出其劳动力成本低廉，但并不说明它的技术成熟度较高。这使中国成为世界上开展大规模劳动密集型装配业务时成本效益最高的国家。事实上，中国对美出口的价值中只有一半确实来源于“中国制造”。它的出口中有不少是加工产品或外国生产的零部件组装成的产品，这意味着它们的大部分价值都来自从日本、韩国、德国和美国等国家采购的半成品。[109]

因此，在 20 世纪初，美国国内倡导保护本国生产者免受中国进口产品冲击的人比 20 世纪 80 年代时抵制日本进口产品的人少得多。[110]他们不再认真地把限制进口当作一种政策选择。全球化的大企业强烈支持保持贸易开放。美国国内的很多企业可以在世界市场上获得各种各样的半成品，因此也受益匪浅。此外，与中国进口产品直接竞争的美国本土企业在国会中政治影响力有限，服装和家具产业的衰落已经清晰地反映出这一点。世界贸易组织不允许采用出口限制协议，国内企业只能向政府请愿，要求对中国征收反倾销和反补贴税。对中国开征特定关税不会刺激美国生产，只会使其他亚洲供给商取代中国提供的部分进口。如果美国不从中国进口消费电子产品、体育用品和玩具、服装鞋履和家具，那么很可能从其他亚洲国家进口这些商品。实际上，中国对美出口增长的部分原因是它取代了其他亚洲供货商或其他地区的供货商。[111]

## 小布什的双边主义

克林顿政府一手推动《北美自由贸易协定》和乌拉圭回合的协定顺利通过国会审议，并将中国领进全球贸易体系，使美国贸易政策的格局发生了翻天覆地的变化，而且加速了全球化的进程。不过，虽然克林顿总统一再强调经济变革不可避免，但他也承认公众对贸易有所忌惮，所以他的立场显得不够坚定。与此形成鲜明对比的是，他的共和党继任者小布什（George W. Bush）谈及自由贸易时口气比克林顿坚定得多。尽管在小布什执政期间，美国经济明显疲软，但他没有理会很多美国人对自由贸易的疑虑。小布什政府成功地使国会通过8份双边贸易协定，但在实现这些目标的同时也激化了民主党的反对情绪。

小布什在2000年竞选期间口气坚定地盛赞了自由贸易带来的经济、政治和道德裨益。[112]他承诺要保住政府的贸易谈判权，完成政府提请国会审议的《美洲自由贸易区协定》（FTAA），并启动新的多边和双边贸易谈判。然而，与大多数总统候选人面对的形势一样，选举政治对小布什至关重要。钢铁产业仍未从1997年至1998年进口激增带来的打击中完全复苏，而俄亥俄州、宾夕法尼亚州和西弗吉尼亚州又是选举中的关键州。小布什的竞选伙伴理查德·切尼（Richard Cheney）在西弗吉尼亚州的一家钢厂举行竞选活动时承诺要救助钢铁产业。切尼对工人说道："如果贸易伙伴违反了我国贸易法，那么我们会迅速有效地做出回应。我们不应该考虑其他应对方式而让政治战胜原则。"[113]这一承诺非常稀松平常，因为自从林登·约翰逊执政以来，历届美国政府都对钢铁产业提供了贸易保护。唯一的例外是克林顿政府。

大选结束后，新一届政府就要兑现竞选时对钢铁产业做出的承诺。美国钢铁工人联合会和美国国会钢铁议员团表示，只有政府采取行动抵制钢铁进口后，他们才支持赋予政府新的贸易谈判权。2001年6月，小布什政府为了避免钢铁产业申请反倾销调查而另辟蹊径，代表钢铁产业启动了201条款中的"例外条款"。这是有史以来美国政府第一次启动该条款。当然，美国国际贸易委员会仍须裁定进口是钢铁生产商"受到严重伤害的重要原因"。虽然在1997年至1998年亚洲金融危机肆虐期间，美国的钢铁进口量大幅增加，但随后就在1999年至2000年间大幅回落。这引发了人们的质疑：已经到了2002年，是否还可以对三四年前激增的进口征收"例外条款"税。世界贸易组织的保障协议要求在进口绝对值增加的情况下才能提高税率，而在1999年之后，钢铁进口的绝对量并没有增长。不过，国际贸易委员会认定某些品类（而不是所有品类）的钢铁进口增长导致钢铁产业受到了伤害。

2002 年 3 月，政府内部进行辩论后，总统接受了国际贸易委员会的建议，对特定进口钢种征收高达 30% 的关税。[114]在这一特殊案件中，政府提供的保护措施存在很多漏洞。此项决定涵盖的钢铁进口中有 37% 左右免交保障税（safeguard duties），其中包括与美国签订了自由贸易协定的国家对美国的钢铁出口和发展中小国对美国的钢铁出口。此外，政府还规定了征收保障税的期限为三年零一天。世界贸易组织的规则规定，任何打算实施三年以上的保障措施都要进行中期审查，这意味着这项措施推出一年半以后，美国政府就可以重新审视这个问题并调整或取消关税。[115]

与此同时，欧盟和其他很多国家迅速通过世界贸易组织的争端解决机制质疑美国在钢铁产业上采取的行动。2003 年，世界贸易组织的专家小组发现国际贸易委员会的裁决不符合保障协定的要求，上诉机构重新审议了这项裁决。[116]随后美国政府面临三个选择：取消钢铁的进口税，继续征收高关税并接受上诉国家对美国出口的报复行为，下调其他货物关税作为补偿。做出选择的时机与进行强制性中期审查的时间恰好重合。小布什政府在这个时间点宣布，保障税已经实现预期目标，因此可以被取消。政府对钢铁产业的救助措施遭到美国和全世界媒体报道的批评，而且这项措施生效的时间贯穿了 2002 年中期选举，已经充分完成其政治使命，此外，当时恰好国内钢价回暖，大幅提高了钢铁产业的利润率，所以美国政府做出取消钢铁税的决定时没有遇到太多阻力。

小布什政府的主要工作重心是从国会获得谈判权，开展新的贸易协定谈判。后来在小布什政府出任首位贸易代表的罗伯特·佐利克（Robert Zoellick）早在大选之前就简单描绘了众所周知的“竞争式自由化”（competitive liberalization）政策的大致框架。[117]过去，美国的关注点是通过《关贸总协定》实现多边贸易自由化，偶尔在时机来临时签订双边和区域贸易协定（如《北美自由贸易协定》）。小布什政府打算更加积极地推动双边和区域贸易谈判，以这种方式对那些因为不愿降低本国贸易壁垒而拖延多边谈判的国家施加压力。佐利克就职后立刻开始干劲十足地依照这一议程请求国会授予政府“贸易促进权”（Trade Promotion Authority，TPA），这成了“快速通道”谈判授权的新名字。“如果政府缺少这一授权，那么在其他国家已经大力推动贸易协定的背景下，美国会停滞不前，”佐利克表示，“故步自封或者陷入党派分歧的泥潭造成的代价是我们承担不起的。其他国家会从美国手中夺走贸易领导者的职责。”[118]尽管国会在共和党的掌控之下，但它仍然不愿推进如此宏大的贸易议程。在2001年春季和夏季，由于“贸易促进权”未能在国会得到足够支持，所以众议院议长、伊利诺伊州共和党人丹尼斯·哈斯特尔特（Dennis Hastert）被迫三次推迟对它的投票表决。公众对贸易问题仍然极其敏感：距离“西雅图之战”和与中国建立永久性正常贸易关系引发的争议过去还不到两年时间，而且美国经济正处于温和衰退之中。

佐利克希望利用原定于11月在卡塔尔多哈举行的世界贸易组织部长级会议启动新一轮多边贸易谈判，并说服国会通过授予政府“贸易促进权”的提案。当然，之前1999年在西雅图举行的世界贸易组织部长级会议是一场灾难，没什么人认为多哈部长级会议会取得成效，当时的迹象显示此次会议仍然会争论不休。但2001年9月11日美国遭受的恐怖袭击暂时改变了国际风云。各国团结在美国周围以示支持，而且世界贸易组织成员国同意开启新一轮贸易谈判。[119]但即便如此，很多发展中国家还是不愿意参与其中。它们越来越觉得自己在乌拉圭回合中承担的义务过多，特别是在知识产权方面，而乌拉圭回合对他们承诺的农业和服装产业市场准入，要么从未付诸实施，要么因中国主导这些领域而难以兑现。发展中国家坚持认为，如果要开始新一轮谈判，就必须调整乌拉圭回合的谈判结果。因此，在多哈举行的谈判被命名为“多哈发展议程”，并承诺会重点关注发展中国家的经济利益。

有望达成新一轮多边贸易谈判的前景有利于布什政府赢得国会对“贸易促进权”的支持。[120]对于历届分治政府来说，总统需要建立两党联盟才能推进自己的贸易议程：罗纳德·里根和老布什与民主党执掌下的国会就曾通力协作达成目标；比尔·克林顿难以获得足够的党内支持，只有拿到共和党的支持票才能通过贸易协定。但小布什在国会中拥有共和党多数席位，只要共和党团结一致，不需要民主党的选票也能通过贸易协定。因此，国会对贸易问题的投票结果党派色彩极浓。共和党深信民主党人不会与他们合作，所以基本没有投入时间和精力促使两党共同支持新的贸易倡议。相反，政府和共和党领袖把工作重点放在如何利用其多数党优势上，以使不包含劳工和环境条款的贸易协定通过国会审议。在他们看来，尽管劳工和环境条款可能会赢得部分民主党人的支持，但它们带来繁重的监管工作可能会限制贸易，从而拖累整个贸易协定。

2001 年 12 月，众议院以充分体现党派主张的投票结果（215 票对 214 票）通过了《2001 年两党贸易促进权法案》，其中共和党以 194 票对 24 票支持这部法案，民主党以 188 票对 20 票反对。美国政府和众议院领袖对国会的共和党人施加了巨大压力，要求他们不得偏离本党路线，不得在战争时期破坏总统的努力。[121]授予政府“贸易促进权”的法案未能在 1998 年通过国会审议，但在 2001 年迎来了转机，这是因为一方面 2001 年的共和党众议员在人数上超过了 1998 年（由此为这份法案增加了 13 张支持票），另一方面从反对这份法案转为支持它的共和党人在人数上超过了之前支持这份法案但随后反对它的民主党人（由此又增加了 16 张支持票）。[122]然而，这场投票的党派色彩表明共和党人计算票数时出现了小幅误差，因为就连他们自己的部分成员也对贸易问题持保留意见。[123]密苏里州民主党众议员桑德·莱文（Sander Levin）警告说：“这一授权不是那种可以促进贸易政策广泛获得两党支持的授权。如果再来一场险胜的投票结果，那绝不是美国贸易政策的胜利，而是意味着每份新贸易协定都会遇到麻烦，因为每次都要一而再再而三地讨论所有完全相同的问题，进行完全相同的辩论。”[124]

不管怎样，由于美国既无法说服欧盟在农业补贴问题上做出妥协，也不能推动发展中国家实施更多贸易改革，所以多哈回合很快陷入僵局。事实上，各国在多哈达成妥协，为这一回合的谈判贴上“发展”

的标签时，就已经播下不和谐的种子。[125]这轮谈判开始后不久，就有太多国家将各种各样的利益诉求摆上谈判桌，显然要想达成协定难如登天。不过在农业和非农业市场准入谈判方面取得的进展喜人，所以2008年各国部长希望解决剩下的问题，圆满结束谈判。然而，当谈及发展中国家在进口激增的情况下上调农产品关税的程度时，美国和印度之间爆发了争执，导致谈判陷入僵局。双方都拒绝做出任何让步，会议以失败告终。这个僵局看起来毫无转机的可能性，标志着多哈回合彻底崩溃。随后这轮谈判磕磕绊绊又进行了几年，各国都没有切实地做出努力取得突破。2015年12月在肯尼亚内罗毕举行的世界贸易组织部长级会议上，各成员国未能重申多哈回合的谈判议程，使这一轮谈判彻底搁浅。这是《关贸总协定》的参与者第一次未能完成贸易谈判。

当然，早在多哈回合中的问题充分暴露之前，佐利克就已经暗示美国政府将采取“竞争式自由化”的策略，利用双边和区域贸易协定对不愿推行改革的国家施加压力。因此，小布什政府迅速与有意愿的合作伙伴达成贸易协定。在此之前美国只签署了四份自由贸易协定，即1985年与以色列签署的自由贸易协定，1988年与加拿大签署的自由贸易协定，1993年签署的《北美自由贸易协定》，以及随后在2001年与约旦签署的自由贸易协定（这份协定是由小布什政府最终签署的，但谈判是由克林顿政府发起的）。佐利克迅速启动了多项双边贸易谈判。在2002年至2007年的6年间，美国与新加坡、智利、澳大利亚、摩洛哥、巴林、阿曼、秘鲁、韩国、哥伦比亚、巴拿马和五个中美洲国家签订了贸易协定（即《美国-多米尼加-中美洲自由贸易协定》，CAFTA-DR）。它与非洲南部五国、马来西亚、泰国和阿拉伯联合酋长国的谈判以失败告终。计划推进的美洲自由贸易区和中东自由贸易协定也未能取得进展。

从美国的角度看，它主要出于外交政策的目的签署这些自由贸易协定，因为它们能够为美国带来的商业利益极小。为什么其他国家愿意与美国达成自由贸易协定？许多发展中国家都希望锁定本国的经济改革（如降低贸易壁垒），并确保本国产品顺利进入美国市场，以此吸引对本国的外国投资。例如，根据普遍优惠制，秘鲁对美出口的所有品类几乎都享受免税待遇，但能够享受这种待遇的出口数量不得超过一定限额，结果限制了这些部门获得的投资。秘鲁希望清除对美出口的所有障碍，与墨西哥和其他国家享有同样的市场准入待遇。

表 13.2 显示，美国最初签署的自由贸易协定引发的争议相对较少，很容易在共和党掌控下的国会中通过审议。2003 年，国会以悬殊的投票结果通过并批准了美国与智利和新加坡签署的贸易协定。这是美国首次与南美国家和亚洲国家签署自由贸易协定。它从 20 世纪 90 年代初开始就断断续续地与智利开展贸易谈判。与新加坡签署的协定主要涉及服务业，因为该国几乎没有制造业。2004 年，国会还通过了政府与澳大利亚和摩洛哥签署的贸易协定，它们是美国在伊拉克和阿富汗战争中的盟友。由于美国与这些国家的双边贸易量很小，所以从经济的角度说，以上贸易协定都没有引起重大反对。这两个国家都不生产具有政治敏感性的劳动密集型制成品。当它们的出口产品威胁到美国国内的产业时（如澳大利亚出产的食糖），这份协定设置了较长的期限逐步清除贸易壁垒，或根本不在这些领域推行贸易自由化。

表 13.2　美国签署的区域和双边贸易协定

| 国家/地区 | 众议院投票结果 | 参议院投票结果 |
|---|---|---|
| 以色列 | 422 票对 0 票<br>（民主党：241 票对 0 票，共和党：181 票对 0 票）<br>1985 年 5 月 7 日 | 口头表决<br>1985 年 5 月 23 日 |
| 加拿大 | 366 票对 40 票<br>（民主党：215 票对 30 票，共和党：151 票对 10 票）<br>1988 年 8 月 9 日 | 83 票对 9 票<br>（民主党：43 票对 7 票，共和党：40 票对 2 票）<br>1988 年 9 月 19 日 |
| 《北美自由贸易协定》 | 234 票对 200 票<br>（民主党：102 票对 157 票，共和党：132 票对 43 票）<br>1993 年 11 月 17 日 | 61 票对 38 票<br>（民主党：27 票对 28 票，共和党：34 票对 10 票）<br>1993 年 11 月 20 日 |

（续表）

| 国家/地区 | 众议院投票结果 | 参议院投票结果 |
|---|---|---|
| 约旦 | 口头表决<br>2001年7月31日 | 口头表决<br>2001年9月24日 |
| 智利 | 270票对156票<br>（民主党：75票对129票，<br>共和党：195票对27票）<br>2003年7月24日 | 65票对32票<br>（民主党：22票对25票，<br>共和党：43票对7票）<br>2003年7月31日 |
| 新加坡 | 272票对155票<br>（民主党：75票对128票，<br>共和党：197票对27票）<br>2003年7月24日 | 66票对32票<br>（民主党：22票对25票，<br>共和党：44票对7票）<br>2003年7月31日 |
| 澳大利亚 | 314票对109票<br>（民主党：116票对85票，<br>共和党：198票对24票）<br>2004年7月24日 | 80票对16票<br>（民主党：32票对14票，<br>共和党：48票对2票）<br>2004年7月15日 |
| 摩洛哥 | 323票对99票<br>（民主党：120票对81票，<br>共和党：203票对18票）<br>2004年7月22日 | 85票对13票<br>（民主党：39票对8票，<br>共和党：46票对5票）<br>2004年7月21日 |
| 《美国-多米尼加-中美洲自由贸易协定》（CAFTA-DR） | 217票对215票<br>（民主党：15票对188票，<br>共和党：202票对27票）<br>2005年7月28日 | 54票对45票<br>（民主党：11票对33票，<br>共和党：43票对12票）<br>2005年6月30日 |
| 巴林 | 327票对95票<br>（民主党：115票对82票，<br>共和党：212票对13票）<br>2005年12月7日 | 口头表决<br>2005年12月13日 |
| 阿曼 | 221票对205票<br>（民主党：22票对177票，<br>共和党：199票对28票）<br>2006年6月20日 | 62票对32票<br>（民主党：13票对27票，<br>共和党：49票对5票）<br>2006年9月19日 |

（续表）

| 国家/地区 | 众议院投票结果 | 参议院投票结果 |
|---|---|---|
| 秘鲁 | 285 票对 132 票（民主党：109 票对 116 票，共和党：176 票对 16 票）2007 年 11 月 8 日 | 77 票对 18 票（民主党：30 票对 17 票，共和党：47 票对 1 票）2007 年 12 月 4 日 |
| 巴拿马 | 300 票对 129 票（民主党：66 票对 123 票，共和党：234 票对 6 票）2011 年 10 月 12 日 | 77 票对 22 票（民主党：30 票对 21 票，共和党：47 票对 1 票）2011 年 10 月 12 日 |
| 哥伦比亚 | 262 票对 167 票（民主党：31 票对 158 票，共和党：231 票对 9 票）2011 年 10 月 12 日 | 66 票对 33 票（民主党：21 票对 30 票，共和党：45 票对 3 票）2011 年 10 月 12 日 |
| 韩国 | 278 票对 151 票（民主党：59 票对 130 票，共和党：219 票对 21 票）2011 年 10 月 12 日 | 83 票对 15 票（民主党：37 票对 14 票，共和党：46 票对 1 票）2011 年 10 月 12 日 |

资料来源：历年 *Congressional Quarterly Almanac*。

与哥斯达黎加、萨尔瓦多、危地马拉、洪都拉斯和尼加拉瓜等中美洲国家和多米尼加共和国签署的《美国-多米尼加-中美洲自由贸易协定》引发的争议要大得多。2005 年对这份协定的辩论重演了 10 年前《北美自由贸易协定》谈判时的情形，不过规模要小得多。虽然这些国家的经济体量与美国相比微不足道，与美国的贸易量也极小，但反对这份协定的人群将它描述为《北美自由贸易协定》的大规模延伸，对美国构成了严重威胁。和过去一样，反对者再次声称这份协定使美国向工资水平较低的发展中国家打开进口的大门，这会伤害到工人，使他们失业或工资减少，而所有福利都流向跨国公司。如人们预期的那样，工会坚决反对这份协定。不过尽管这份协定使纺织产业遭遇不少困难，但纺织厂主并没有团结起来反对这份协定。时至今日，许多企业已经热情接纳了全球化。[126]

与之前辩论《北美自由贸易协定》时的情形一样，政客夸大了《美国-多米尼加-中美洲自由贸易协定》可能带来的经济后果，因为它涉及的经济体只占美国经济规模的2%。[127]不过虽然涉及的美国利益微乎其微，但政府需要付出相当可观的努力推动这份协定通过国会审议。由于投票结果存在很大不确定性，所以到了众议院的投票日那天（2005年7月27日），形势异常紧张。筹款委员会主席、加利福尼亚州共和党人比尔·托马斯（Bill Thomas）称："这不是针对贸易问题的重大投票。这是重大的政治投票，而且是民主党人把它变成了政治投票。"[128]人们预计众议院的投票结果会不相上下，所以总统罕见地出现在国会山，召集共和党议员，敦促他们不要只关心自己的选区，而是全力支持政府。佛罗里达州共和党人马克·福雷（Mark Foley）表示"那个夜晚极其痛苦"，因为白宫和众议院领袖放弃了从民主党人获得任何支持的可能性，强迫共和党议员投票支持这份协定。然而，北卡罗来纳州和南卡罗来纳州等纺织产业州、路易斯安那州和爱达荷州等糖业州，以及俄亥俄州和宾夕法尼亚州等老牌制造业州的共和党人反对这份协定，使它很难赢得全体共和党人的支持。

这次投票是在晚上11点举行的，原计划需要15分钟，但30分钟后，投票结果为214票对211票支持该协定，然后就此停滞，当时还有8名共和党人尚未投票。投票过程拖延了约一个小时。在此期间，共和党领袖拼命计算哪些共和党议员可以投票反对这份协定，但仍然可能确保它通过众议院审议。[129]最后，这份协定以217票对215票极其微弱的优势通过国会审议；其中共和党人以202票对27票赞成该协定，民主党以187票对15票反对该协定。[130]随后参议院在9月对这份贸易协定举行投票表决，并以54票对45票的结果通过这份协定。[131]

虽然某种程度上说，利用共和党的多数席位以一两票的优势通过贸易法案是一种聪明的政治策略，但绝不可能以这种方法使两党对贸易政策达成强烈的共识，如果说他们还可能达成共识的话。即使对共和党议员来说，贸易问题显然也越来越让他们感到不安。谁都不愿经常对这种棘手的问题进行投票表决。政府决定不在贸易问题上寻求两党的共同支持，要么是因为无法平息民主党的反对意见，要么是因为民主党会坚持要求将劳工和环境方面的条款纳入贸易协定，使共和党人难以接受最终成形的协定，导致政府无法从议员身上压榨出足够的选票使贸易协定通过国会审议。

2006 年，国会批准了与巴林签署的自由贸易协定，但与阿曼达成的类似协定却出乎意料地遇到重重阻力，险些折戟国会。《美国-多米尼加-中美洲自由贸易协定》的投票场景再次重演，共和党领袖忙成一团，竭力拉拢任何可能被拉拢的支持力量，导致国会投票超出了时间限制。最终国会以 221 票对 205 票的结果通过这份协定，但此次投票对未来的潜在贸易协定来说是一个不祥之兆，因为阿曼没有对美国的国内生产商构成任何威胁。与小国签署贸易协定意味着美国可以获得的经济利益极少，但需要付出巨大的政治代价来应对怀有敌意的批评者并捍卫此类贸易协定。就连共和党议员也开始厌烦涉及它们的投票表决。

只有共和党人在国会中占到有效多数席位时，小布什政府在贸易政策上采取的政治策略才会见效。2006 年民主党在中期选举中占领了众议院和参议院后，共和党失去了国会的多数席位。此次选举失败使政府延长“贸易促进权”的希望化成泡影，而它们手中的“贸易促进权”将于 2007 年到期失效，而且如果政府将更多贸易协定提交国会审议，那么势必要对支持贸易的民主党人做出妥协，才能赢得他们的支持。2007 年初，就在此次选举结束后没多久，小布什政府屈从于政治现实，与民主党人达成了所谓的《五月十日协定》，承诺将劳工和环境条款纳入尚未签署和未来可能签署的贸易协定。这为国会审议政府刚刚与哥伦比亚、巴拿马、秘鲁和韩国达成的贸易协定铺平了道路。政府修正了与秘鲁磋商的自由贸易协定中的劳工和环境条款，以获得部分民主党人的支持。因此，2007 年 11 月众议院以 285 票对 132 票的投票结果通过了与秘鲁签署的自由贸易协定。此次投票的差距相当悬殊，充分反映出两党共同支持这份协定的力度。共和党人以 176 票对 16 票赞成这份协定，民主党以 116 票对 109 票反对它。相对于之前同仇敌忾地反对《美国-多米尼加-中美洲自由贸易协定》的情况，这次民主党发生了巨大的变化，它的内部对贸易协定的看法并不统一。

不过，此时两党在其他问题上争执不休，它们之间的工作关系几近崩盘，基本上不可能在贸易问题上相互妥协。2007 年 6 月“贸易促进权”失效后，民主党国会没有发出任何信号表明会延长这一授权。随后在 2008 年 4 月，两党在贸易问题上的合作彻底破裂。由于离任在即，所以小布什总统对国会是否能通过与哥伦比亚签署的贸易协定感到焦虑不安。众议院议长南希·佩洛西建议总统推迟向国会提交落实哥伦比亚自由贸易协定的法案，当时人们担心这份协定会侵犯人权，压制劳工组织，围绕它产生了极大争议，但总统还是一往无前地提交了这份协定。这一举动激怒了佩洛西和国会的民主党人，因为总统没有先确认是否获得国会领袖支持，就在大选年将这份协定提交国会审议。他们为此采取了报复行动，投票决定将这份协定从“快速通道”授权的时间表中拿掉，这样国会就可以无限期推迟审议这份协定。[132]小布什对众议院采取的“史无前例且令人遗憾的举动”极为懊恼。他指责这一举动“以牺牲我国经济和国家安全为代价”，走上了“目光短浅和充满党派偏见的道路”。[133]

总统的举动和众议院的反应表明行政部门和立法部门在贸易政策上的合作出现了严重破裂。国会曾经承诺会及时审议总统完成的任何贸易协定，即在总统提交贸易协定 90 天内对它进行直接表决，但这个承诺已经烟消云散。现在众议院已经表明，它可以随时按照自己的想法改变贸易协定的审议规则，因此并没有承诺推进“快速通道”授权的审议工作。这种僵局导致美国与哥伦比亚、韩国和巴拿马签署的自由贸易协定在后来的 5 年内始终前途未卜。

小布什政府花费了巨大的精力谈判双边贸易协定，同时为了迫使国会反复就这些贸易协定进行投票表决耗费了大量政治资本，而这些贸易协定多半没有太大经济意义。就 2001 年至 2008 年与美国签订贸易协定的国家而言，它们在美国贸易总额中所占的比例不足 5%。2012 年，国际贸易委员会（2016，第 21 页）的研究表明，从 1984 年美国与以色列签署的贸易协定到 2011 年与韩国、哥伦比亚和巴拿马签署的贸易协定，所有现行的双边和区域贸易协定使美国的出口总额增加 3.6%，进口总额增加 2.3%，实际 GDP 增长 0.2%，实际工资提升 0.3%。尽管这些贸易协定遭到政治攻击，但它们确实产生了积极的经济影响，只是规模较小。

不过后期小布什政府竭力推动国会通过（小型）贸易协定，不断消磨两党在战后对贸易政策达成的共识。尽管民主党人一直都不太合作，但国会对秘鲁自由贸易协定的投票结果表明，贸易协定中只要包括有关劳工和环境的条款，还是有可能赢得两党支持，从而顺利通过国会审议。美国签订了大量小型自由贸易协定，造成的后果就是以巨大的政治代价收获些许经济收益。这意味着 2008 年民主党风卷残云般全面夺取政权后，国会的民主党人支持贸易协定的可能性进一步降低。

## 犹豫不决的奥巴马

2008 年巴拉克·奥巴马（Barack Obama）当选总统，民主党得以在十多年的时间里首次全面掌控政府。奥巴马政府与众议院的民主党人观点相同。他们认识到贸易问题会在党内和各个选区之间造成内部分裂，所以尽可能不要提上议事日程。奥巴马政府没有推出新的措施限制进口（只有一个例外），而是直到连任之后，才开始在第二届任期内推动诸多新贸易协定。

奥巴马刚刚就职时对贸易协定没有太大热情，与比尔·克林顿这样长期支持自由贸易的南方民主党人形成鲜明的对比。作为一个北方民主党人，奥巴马所在的选区对《北美自由贸易协定》这样的贸易协定即便不是充满敌意，也是疑虑重重。奥巴马担任伊利诺伊州参议员时发表的回忆录《无畏的希望》（*The Audacity of Hope*）描述了 2005 年自己在《中美洲自由贸易协定》投票过程中的挣扎纠结。他（2006，第 172 页）承认："这份协定对美国工人构成的威胁不大，它涉及的几个中美洲国家，经济体量加起来也不过相当于康涅狄格州纽黑文市的经济规模，"他总结称，"总的来说，《中美洲自由贸易协定》或许给美国带来了净收益。”然而，工会领袖认为这份协定带来了巨大威胁，提醒奥巴马注意工会的观点，即《北美自由贸易协定》已经导致成千上万工人失去工作。奥巴马（2006，第 176 页）回应：“反对《中美洲自由贸易协定》的原因与这份协定的具体内容没有太多关系，更多的是因为它在不断强化美国工人的不安全感。除非我们找到减轻这些忧虑的策略，向美国工人发出强烈的信号，表明联邦政府与他们站在一起，否则保护主义情绪势必甚嚣尘上。”奥巴马最终对《中美洲自由贸易协定》投了反对票。他承认“我对我的投票决定并不满意，但我认为这是我向白宫表达抗议的唯一途径，因为它并不关注自由贸易中的输家”。

在 2008 年的竞选活动中，奥巴马指责《北美自由贸易协定》导致美国失去了 100 万个工作岗位，认为应该对它重新进行谈判。他补充说：“我认为《北美自由贸易协定》没有给美国带来半点好处。这是我一贯的看法。”后来他收回这些说法，称他的竞选言论被“过分宣扬和放大”，但他坚持认为“我们不能继续通过像《北美自由贸易协定》这样的不公平贸易协定，它们把特殊集团的利益凌驾于工人利益之上”。[134] 虽然他的一位经济顾问安抚因为这些言论而惊慌失措的加拿大时，表示这不过是竞选时的说法，但这一事件揭示了奥巴马对贸易问题摇摆不定的态度。

奥巴马就任总统后，有许多原因导致他没有推进宏大的贸易议程。除了他自己对贸易问题感到不安以外，他不愿把工作重心放在一个会导致本党分裂的问题上。更重要的是，奥巴马就职时面临着大萧条以来美国最严重的经济危机。房价暴跌之后，许多杠杆率过高的银行和家庭被推入资不抵债的境地。在这种极其脆弱的环境中，2008 年 9 月投资银行雷曼兄弟宣布破产，金融市场暂时停止正常运转。到了 2009 年初，美国陷入严重衰退。工业生产在 2007 年 12 月至 2009 年 6 月期间下降了 17%，失业率在 2009 年 10 月达到 10%。因此，在就职后的第一年里，奥巴马的全部精力都放在说服国会通过财政刺激计划和新的金融监管计划上。

幸运的是，此次经济危机没有转化为贸易政策危机，所以奥巴马总统忽视贸易政策问题并未造成太大代价。金融崩溃和经济衰退刚刚露出苗头时，它就使很多评论家想起 20 世纪 30 年代初的大萧条，引发了人们对保护主义和以邻为壑的政策卷土重来的担忧。世界贸易经历了巨大震荡：世界贸易组织的数据显示，2009 年全球贸易量下降了 12%，是第二次世界大战结束以来的最大降幅。

然而，令许多观察家出乎意料的是，此次金融危机和全球经济衰退并未导致保护主义在全球范围内大规模爆发。世界贸易的降幅中只有一小部分是因为贸易壁垒上升造成的。[135] 在美国，保护主义者没有因为 2008 年至 2009 年的大衰退加大对政府的压力，主要原因是这一时期的进口急剧下降。在 2009 年第二季度，美国的实际商品进口量下降幅度高达 22%。由于所有主要行业都没有承受进口激增的压力，所以国内生产商没法将自己遇到的困境归咎于外国竞争。美国的反倾销案数量没有大幅增加，经常账户赤字大幅收缩，国会基本没有受到贸易保护主义者的施压。

此外，还有一些因素可以解释为何此次严重衰退没有像 20 世纪 30 年代那样催生贸易保护主义情绪。首先，与大萧条时期相比，各国已经掌握了更多政策工具应对经济危机。正如第八章讨论的那样，各国在 20 世纪 30 年代采取了严苛的进口限制措施，这是因为它们没有其他宏观经济政策工具（主要是货币政策）可以用来稳定金融体系，避免货币贬值（它们的货币政策受到金本位的制约）。而到了 2008 年和 2009 年，各国央行面对危机迅速采取了行动，为金融市场提供流动性，并救助银行体系，成功避免了经济长期下滑。

其次，在 20 世纪 30 年代，各国可以在不违反任何国际贸易协定的情况下加高贸易壁垒，而现在世界贸易组织的协定禁止各国随意采取贸易限制措施。当然，各国可以随心所欲地违反这些协定，但一旦他们这么做了，就不可能幻想自己可以躲开其他国家的报复行为。事实上，在此次危机爆发期间或之后，提交世界贸易组织的贸易争端并没有陡然增加。[136]

再次，与 20 世纪 30 年代相比，外国投资已经深刻地改变了世界经济，大幅降低了限制进口给本国企业带来的经济利益。美国、欧洲和亚洲最大的企业无论在生产经营还是供给链上都跨越了不同国家，因此推高贸易壁垒不再能使它们获得既得利益。以汽车生产商为例，他们不会再像20世纪80年代初那样要求国家提供贸易保护，因为这不会解决它们面临的任何问题；他们以入股外国汽车生产商的形式进入其他市场并实现多元化经营，而且很多外国公司已在美国生产，所以贸易保护与它们并无干系。

虽然没有太多压力迫使奥巴马政府推行新的贸易壁垒，但在2009年9月，它启用了特殊保障条款，对从中国进口的汽车和卡车轮胎加征关税。[137]这个涉及中国轮胎的小案子是白宫唯一一次出手限制进口，充分反映了美国国内几乎没有什么要求提供贸易保护的呼声（这起案件是由一个工会而不是国内企业提出申诉而引发的）。过去的经验表明，保障措施不会给国内轮胎生产商提供太多帮助。首先，美国进口的轮胎价格较低、质量较差，完全不同于国内生产的高质量高价轮胎。其次，这一保障税仅针对从中国进口的产品，由此减少的进口由其他不受此关税影响的外国供应商接手，特别是泰国和印度尼西亚。这段插曲再次说明，政府提供的贸易保护存在很多漏洞，第十一章和第十二章已经充分讨论过这个问题。

2010年，共和党在中期选举中获得了对众议院的控制权，完全可以阻止总统进一步提出任何国内倡议，奥巴马政府开始转向贸易问题，将它作为两党可以共同努力推进的议题。共和党人敦促总统再次启动自2008年开始停滞不前的哥伦比亚、韩国和巴拿马贸易协定谈判。尽管政府极不情愿地支持了与哥伦比亚谈判的贸易协定（因为这份协定引发的争议涉及侵犯人权和工会镇压），同时要求韩国做出更多让步（特别是在汽车零部件和牛肉问题上），但最终还是努力推动国会批准了这些贸易协定。在共和党的大力支持下，众议院和参议院于2011年10月通过了美国与巴拿马、哥伦比亚和韩国签署的贸易协定。民主党对它们的支持力度略强于之前对《中美洲自由贸易协定》的支持，而这仅仅是因为这些一揽子计划中包括了为贸易调整援助计划提供资金的内容。

奥巴马政府成功连任后，开始克服自己的不情愿情绪，积极倡导新的贸易协定。尽管小布什政府签署的那些小型双边贸易协定已经过时，多哈回合的多边谈判又陷入僵局（2015 年这一谈判被终止），但美国政府开始重新启动大规模区域贸易协定的谈判。自 1989 年开始，美国和亚太地区国家一直在亚太经合组织（APEC）论坛的支持下讨论如何使这个地区的经济提高一体化程度。之前它们曾讨论过如何推动这个地区的贸易自由化，但收效甚微。例如，1994 年各国领导人参加在印度尼西亚茂物举行的亚太经合组织峰会时宣布，亚太地区将在 2020 年前实现贸易自由和投资自由。1997 年至 1998 年的亚洲金融危机使这方面的工作拖延了 10 年。后来部分国家开始重新推动这些讨论，小布什政府在 2008 年底宣布美国将参与其中，随后奥巴马政府在 2009 年底重申了这一承诺。

2011 年 11 月，美国协助发起了“跨太平洋伙伴关系”（TPP）谈判。（这些协定曾在 20 世纪 30 年代被称为“贸易协定”，接下来在 20 世纪 80 年代被称为“自由贸易协定”，随后在 21 世纪头 10 年被贴上“伙伴关系”的标签，这是因为“自由贸易”这个词在很多地区已经带有负面意义。）虽然奥巴马政府仍然将贸易协定看作政治包袱，但它不能不参与在亚太地区开放贸易的重大倡议。奥巴马政府的外交政策以亚洲为“轴心”，也是美国在亚太地区积极促进贸易合作的另外一个原因。“跨太平洋伙伴关系”最终将智利、新西兰、马来西亚、秘鲁、越南和日本等 12 个迥然不同的国家汇聚在一起，签署了一份贸易协定。引人注目的是中国缺席了这份协定。“跨太平洋伙伴关系”谈判展示了贸易讨论可以在多大程度上从关税税率转向非关税壁垒和监管问题。它的谈判议程涵盖了竞争政策、能力建设、跨境服务、电子商务、环境、金融服务、政府采购、知识产权、投资、劳工、法律事务、产品市场准入、原产地规则、卫生和植物检疫标准、贸易的技术壁垒、电信、临时入境、纺织品和服装以及贸易救济。这份协定的目标是提高监管一致性和贸易便利化程度，以促进市场准入和竞争。

2014年，奥巴马发表国情咨文时请求国会授予其政府贸易促进权以达成《跨太平洋伙伴关系协定》。国会的民主党领袖提出异议后，奥巴马在2015年重申了这个要求。“你们看，我第一个坦承过去签署的贸易协定并不总是像宣传的那么天花乱坠，”他说，“但全球有95%的消费者不在美国生活，我们不能闭关锁国，把自己隔离在这些机遇之外。”[138]民主党人再次表示反对，但共和党多数派在面临重重困难的情况下成功地使政府于2015年6月获得贸易促进权。当年晚些时候，“跨太平洋伙伴关系”谈判圆满结束。

2013年，奥巴马政府还同意与欧盟启动“跨大西洋贸易和投资伙伴关系”（TTIP）谈判。与“跨太平洋伙伴关系”谈判一样，主张美国与欧盟开展贸易协定谈判的想法已经流传了几十年，但“跨大西洋贸易和投资伙伴关系”谈判冲破了多哈回合失败的阴霾以及2008年金融危机期间对保护主义的担忧情绪。不过，它的谈判进程比“跨太平洋伙伴关系”谈判慢得多，部分原因是欧洲反对改变农业政策，担心监管主权受到侵犯。

因此，尽管起初奥巴马政府不愿意介入贸易政策，但它在推进美国与太平洋国家和大西洋国家开展实质性贸易谈判方面发挥了重要作用。然而，就像20年前的《北美自由贸易协定》一样，政府在临近总统大选的关头完成“跨太平洋伙伴关系”的谈判工作，使它成为2016年总统大选的竞选议题之一。共和党人唐纳德·特朗普（Donald Trump）和民主党人伯尼·桑德斯（Bernie Sanders）称过去和未来的贸易协定破坏就业机会，伤害中产阶级，极具“灾难性”。作为奥巴马的国务卿且支持“跨太平洋伙伴关系”的民主党候选人希拉里·克林顿被迫在竞选期间反对这些协定。

特朗普意外当选标志着美国总统对贸易政策的基调出现了360度大转弯，使贸易政策的实质内容发生重大变化。自从第二次世界大战结束以来，美国总统一直盛赞国际贸易，支持签署多边和双边协定减少贸易壁垒。他们往往竭力推动满心不情愿的国会与他们站在同一阵营。现在，公开严厉批评这类贸易协定的候选人入主了白宫。特朗普在竞选期间就毫不客气地抨击《北美自由贸易协定》以及与中国建立的“永久性正常贸易关系”是极其糟糕的交易，损害了美国工人的利益，甚至威胁要对中国进口产品征收 45% 的关税，对墨西哥进口产品征收 35% 的关税。

特朗普在他的就职演讲里仍然秉承着这些强硬的批评言论。“在几十年的时间里，我们以牺牲美国工业为代价使外国工业赚得盆满钵满，”他说，“美国工厂一家接一家地关门大吉，离开我们的海岸，甚至都没有想过被他们甩在身后的数百万美国工人。”特朗普承诺要推行“美国优先”的贸易政策，将流失到其他国家的工作机会带回美国。“我们必须保护我们的国界，以免其他国家模仿我们的产品、窃取我们的公司以及破坏我们的就业机会来蹂躏它。贸易保护会使美国更加繁荣昌盛。”[139]自赫伯特·胡佛以来，没有哪位美国总统口气如此强硬地谈论保护本国免受外国竞争冲击的必要性。

特朗普就任之后采取的首批行动之一是促使美国退出“跨太平洋伙伴关系”。这意味着政府不会再把这份贸易协定提交国会审议。随后他开始重新谈判《北美自由贸易协定》，同时对那些将工作岗位转移到海外的公司提出威胁。虽然中国没有被马上列入汇率操纵国，但人们预计特朗普政府会对中国进口采取强硬行为，他在竞选时曾痛斥中国。特朗普及其政府还认为贸易赤字对本国极其不利，认为这表明美国在贸易中“蒙受损失”。然而，这些赤字并不是之前签订的各份贸易协定造成的结果，而是由外国资本流入导致的。人们尚不清楚政府会对此采取什么措施。

由于特朗普的言论带有强烈的民族主义色彩，所以人们经常给他打上“贸易保护主义者”的烙印，认为他可能会挑起贸易战。不过有时候他坚持认为自己只是希望与贸易伙伴达成“公平贸易”和“更理想的交易”。例如，虽然他把“跨太平洋伙伴关系协定”搁置一旁不予理睬，但他也承诺与这份协定涉及的国家启动双边贸易协定谈判，尽管我们还不明白为什么分别签订双边贸易协定的效果要优于签署单一的区域贸易协定。事实上，至少在初始阶段，美国政府没有具体说明他们不能接受现有贸易协定中的哪些条款，应该如何对它们进行调整，也没有明确它承诺达成的协定会在哪些方面不同于过去的贸易协定。2017年2月俄勒冈州民主党参议员罗恩·怀登（Ron Wyden）与政府官员会面后表示，他们“几乎没有对政府的贸易目标提出具体细节，也没有介绍以什么策略实现这些目标”。[140]

特朗普政府上台究竟是标志着美国贸易政策进入转折点，还是它只在贸易问题上摆出强大的姿态？这一切还有待观察。本书强调了那些在过去阻止贸易政策发生重大方向性调整的深层次结构因素。我们在第七章中看到伍德罗·威尔逊成功地在短期内大幅削减关税，但事实证明，在关税水平普遍保持高位的限制期内，这不过是一段短暂的插曲。现任美国总统不循常规地抛弃了先前的模式，他批评美国现有贸易安排的激烈程度甚至超过了许多国会议员。一些议员开始捍卫《北美自由贸易协定》、世界贸易组织和其他贸易协定，特别是农产品出口州的议员。一旦其他国家因为美国采取新的进口限制措施而加以报复，就会给这些选区带来风险。即使美国不推出重大贸易保护主义措施，特朗普政府执政仍然预示着美国将失去国际经济的领导地位。

在某种程度上，特朗普当选反映了人们对政府和经济表现存在深刻的挫败感。美国的实际工资增长从20世纪90年代末开始陷入停滞，收入不平等自1979年起稳步上升，这使人们重新开始辩论全球化程度加深和技术变革加快到底有利于普通美国人还是给他们带来伤害。虽然受过良好教育的白领工人看起来境况还不错，但是蓝领工人和教育程度较低的工人却感到被遗弃了。2008年金融危机爆发之后，美国经济复苏缓慢，助长了民众的经济不安全感，使反贸易的主张与许多选民产生共鸣。与此同时，2017年初的盖洛普民意调查表明，72%的受访者将贸易视为机遇（这个比例创下了历史纪录），只有23%的人认为它带来威胁。[141]不过，对贸易的积极看法并不一定转化为对贸易协定本身的支持。就像对其他很多问题的态度一样，美国人始终没有在贸易政策上达成共识。

# 结　语

就像本书展示的那样，美国的贸易政策始终在政坛引发激烈争议。分散于全国各地的各利益集团，通过不同政党和当选议员体现自己的利益所在，要么努力扩大出口，要么竭力限制进口。这些群体或者受益于国际贸易，或者受它所累。它们之间的紧张关系贯穿了美国的整个历史。

然而，稳定一直凌驾在这种冲突之上。美国的贸易政策经历了三个不同的时期。财政收入、限制及互惠等目标分别成为各个时期的政策要务。在每个时期内，尽管贸易政策的方向始终冲突不断，但贸易政策相对保持稳定且不易发生改变。它们之所以能够保持稳定，部分原因在于美国的政治体制使人们难以改变现状。因此，美国贸易政策的特征之一是“冲突下的稳定”。

例如，在 1860 年至 1934 年政府利用高关税限制进口时，人们对贸易政策展开了激烈的争论，但在这 75 年的时间里，政府基本没有对贸易政策进行调整。反对现行政策的人群只有两次机会降低关税，其中一次被浪费了，另外一次短暂成功后被迅速逆转。同样，在 1934 年之后的互惠期（到现在为止已经延续了 80 多年），人们的争论焦点在于到底要批准贸易协定进一步降低关税和非关税壁垒，还是让它们维持现状，他们不再争论是否要回到高关税时代。从历史的角度看，美国在特定时间点考虑的贸易政策往往局限在极窄的范围内。

如果只关注贸易政策上爆发的直接冲突，那么可能会忽略它的长期稳定性。在 20 世纪 60 年代初，雅各布 · 维纳（Jacob Viner）警告说

“国会……出现了向贸易保护主义倾斜的趋势。”在20世纪70年代初，弗雷德·伯格斯滕（C. Fred Bergsten）警告说：“自1934年以来，美国的贸易政策一直追求自由贸易，而现在它在稳定地偏离这条轨道。”在20世纪70年代和80年代，还有其他不少人警告保护主义将死灰复燃，随后在21世纪头10年，人们称全球化的趋势即将逆转，自由贸易政策马上就要走到尽头。不过现在回头看，虽然当时他们有充分的理由提出这些警告，但这些言论有些夸大其词。[1]相反，尽管出现了一些停顿和倒退，但看起来美国自1934年以后一直在相当稳定地朝着减少贸易壁垒的方向前进。只有时间能证明特朗普在2016年竞选活动中发表的反贸易言论是否会切实地转化为政策行动，并改变上文的结论。尽管中美之间的贸易摩擦可能增加，就像20世纪80年代美国与日本之间那样，但这并不一定意味着美国会全面摒弃开放贸易政策或者贸易政策的“互惠”阶段行将结束。

从某种意义上说，美国从第二次世界大战结束后开始强调互惠，代表着美国的贸易政策兜了个圈子又回到原点。互惠始终是美国贸易政治的长期政策目标和传统。美国的开国元勋一直希望以开放和非歧视的方式推进贸易。美国赢得独立后惊讶地发现，一旦自己脱离了大英帝国，就在贸易和航运上面对很多歧视性政策。在18世纪80年代，美国未能完成贸易政策谈判，它的经济又因为排除在殖民国家的市场之外而蒙受损失。这些艰难的经历给美国的贸易思想留下了不可磨灭的印记。1793年托马斯·杰斐逊发布的《通商限制报告》坚称不应该容忍“不公平”的外国贸易壁垒，应通过谈判或反补贴措施解决这方面的问题。这份报告成了如今美国贸易代表办公室每年发布的《对外国贸易壁垒的国家贸易评估报告》的前身。

在19世纪的大部分时间里，美国并不担心互惠问题，因为它的主要贸易伙伴英国一直奉行单边自由贸易政策。在此期间，贸易政策主要属于国内政治问题。但是，到了19世纪末，殖民地开始回归贸易优先政策，人们重新主张在公开、非歧视的基础上推进世界贸易。1899年国务卿海约翰的“门户开放”照会充分反映了这种主张。第一次世界大战后伍德罗·威尔逊总统也是出于这些想法坚持认为，美国以平等和非歧视的方式进入世界市场能够服务于其国家利益。在这两种情况下，美国都没有认真地推出相应的政策举措，但随着20世纪30年代大萧条爆发，世界贸易环境急剧恶化，改变了整个局势。英国及其自治领在1932年《渥太华协定》中决定采取极端贸易限制措施，并重新启用关税优惠政策，使美国贸易政策急剧转向。它的政策目标变成清除那些不利于美国出口的优惠政策和歧视政策。

第二次世界大战结束后，美国贸易政策的根本目标是完成贸易协定谈判降低贸易壁垒。“本届政府在贸易政策方面最重要的承诺是打开市场并扩大贸易，在可能的情况下通过多边贸易协定实现这个目标，在必要的情况下通过双边贸易协定实现这个目标，并且推行贸易法律来抵制其他贸易国的不公正贸易行为。”[2]这是克林顿政府于1993年发布的官方声明，不过基本上它可以用来描述过去80年里任何一届美国政府的贸易政策。这份声明表明美国贸易政策的目标本质上存在连续性。

在协助建立《关贸总协定》和世界贸易组织之前，美国已经为了实现18世纪80年代确定的初始目标走过漫长的道路，即在全球范围内推行开放和非歧视性贸易。各次贸易谈判已经将发达国家的进口关税降至较低水平。作为本书的主要关注点，美国的进口关税也处于历史低位。2016年，所有进口产品的平均关税为1.5%，应税进口产品的平均关税为5.0%。虽然关税的下限为零，但近年来关税水平并没有明显下降，而且近期全面清除关税的可能性很小。当然，美国与其他国家一样仍然设置了很多非关税贸易壁垒。从历史的角度看，目前美国仍然对贸易非常开放；它的进口产品中有70%免交关税。

要想继续推进降低贸易壁垒的进程，美国的互惠时代是否会延续下去取决于总统的领导力。除非国会认为可以通过贸易解决重大政治问题，否则它本能地避免对贸易政策采取任何行动。由于贸易政策的调整总会引发国内争议，所以国会需要有极其充分的理由努力降低贸易壁垒。政府必须说服国会相信贸易协定可以解决重大经济问题，才可能推进这方面的工作。从1947年的第一次《关贸总协定》谈判、20世纪60

年代的肯尼迪回合到80年代的乌拉圭回合，美国在互惠时代推出的每一次重大贸易倡议都是为了解决美国出口商当时面临的巨大障碍：如20世纪30年代的“帝国特惠制”、50年代创建的欧洲经济共同体、随后欧洲在80年代提供的农业补贴和当时匮乏的知识产权保护。在每一种情况下，美国国内都形成了广泛的政治共识，即与贸易伙伴开展谈判解决出口商面临的问题符合美国的国家经济利益。[3]没有令人信服的案例表明外交政策严重阻碍了出口，或者对外交政策的考量使美国有充足的理由在贸易政策方面采取行动。这意味着近年来要想获得国会对新贸易协定的支持难上加难。

或许在当前这个互惠阶段，美国贸易政策面临的一个更严峻挑战是，保护主义不断以新的形式涌现。2009年大衰退造成的后果之一是，全球很多国家采用了微妙的监管歧视措施保护并支持本国企业。这些“灰色地带”的政策远远不如关税或其他边境措施那么透明，因此通过谈判清除它们的难度更大。此外，当前的贸易协定不仅涉及关税、配额和补贴等传统的贸易壁垒，对监管协调、制定产品标准和保护知识产权等问题同样高度关注，所以对国内经济的干扰程度也相应地“水涨船高”，遇到国内的政治阻力在所难免。由于监管保护主义的使用日益普遍，达成复杂的贸易协定的希望又不断破灭，所以贸易政策前景的不确定性比过去有增无减。

最后，我无法克制心中的强烈愿望，还是打算用预测未来政策走向的方式为这部长篇史书画上句号。如果说我们从过去学到的教训是“（美国的贸易政策保持着）冲突下的稳定”，那么可以轻而易举地由此得出一个结论：未来的事态发展会和过去高度相似，互惠时代还将持续一段时间。如果说过去导致美国贸易政策发生重大转变的是内战和大萧条，那么现在很难预见什么时候会发生下一轮将贸易政策推向其他轨道的政治或经济动荡，尽管出现了特朗普总统在选举中成功突围这样的意外。

不过，谢茨施耐德（E. E. Schattschneider）和他探讨《霍利-斯穆特关税法案》的经典著作《政治、压力和关税》（*Politics*, *Pressures*, *and the Tariff*）讲述了一个警世故事，提醒我们不要对过去的经验过于自信。谢茨施耐德（1935，第283页）总结说："对1929年至1930年修正关税法案的压力政治进行研究的结果表明，要求下调关税的政治力量凝聚在一起后不足以扭转政策走向，使美国重返低关税或自由贸易体系。"但不幸的是，这本书出版一年前，美国就已经通过了《互惠贸易协定法案》。这一法案标志着美国贸易政治的主要目标从限制进口转向互惠互利，最终使美国关税创下历史最低水平。考虑到这一"前车之鉴"，或许我们唯一可以确信的是，正如詹姆斯·麦迪逊很久以前预测的那样，未来美国贸易政策必将爆发很多新的冲突。

# 致　谢

本书的成书过程历时颇久。我在完成这个项目的过程中欠下不少人情债。首先要感谢迈克尔·博多（Michael Bordo）在1994年和我打电话时，不经意间让我关注到美国贸易政策史这个主题。对于任何一个同时研究国际经济学和经济史的人来说，巴里·埃肯格林（Barry Eichengreen）都是值得学习的榜样。我衷心感谢他对我的支持和他的学术榜样作用。此外还要感谢贾格迪什·巴格瓦蒂（Jagdish Bhagwati）和罗纳德·芬德利（Ronald Findlay）。他们对我研究国际贸易和贸易政策的方法产生了不可磨灭的影响。

国民经济研究局（National Bureau of Economic Research）在马丁·费尔德斯坦（Martin Feldstein）和詹姆斯·波特巴（James Poterba）的领导下，为我提供了一个重要的平台。我借助这个平台发布了不少研究论文，其中部分已经纳入本书。我在国民经济研究局时有幸参加了克劳迪娅·戈尔丁（Claudia Goldin）牵头负责的“美国经济发展计划”以及罗伯特·芬斯特拉（Robert Feenstra）负责的“国际贸易和投资计划”主办的很多研讨会，促使我的研究思想成形并不断升华。多年以来，很多参与国民经济研究局研讨会和项目会议的学者都对我提供了宝贵的反馈意见。我特别要感谢普赖斯·费希贝克（Price Fishback）的热情鼓励和克劳迪娅·戈尔丁对这个项目的长期支持。

有些朋友慷慨地抽出时间阅读了全书手稿，有时甚至会读两遍！然后细致入微地提出自己的评论意见。他们是：安妮·克鲁格（Anne Krueger）、斯蒂夫·米多恩（Steve Meardon）、查德·鲍恩（Chad Bown）、马克·德斯特勒（Mac Destler）和道格·纳尔逊（Doug Nelson）。我再怎么感谢他们在帮助我完善手稿方面花费的巨大时间和精力都不为过，而且我相信如果他们的所有建议都被采纳，这本书会更加精彩。迈克尔·芬格（J. Michael Finger）对几个章节的评论相当有帮助。苏姗·阿伦森（Susan Aaronson）在成文初期就提供了宝贵的反馈。很久以前对本书草稿召开的两次评论会也使我受益匪浅：一次会议在达特茅斯学院举办，参会人员包括罗伯特·鲍德温（Robert Baldwin），道格·纳尔逊、斯蒂夫·米多恩和尼娜·帕克尼克（Nina Pacvnik）；另一次会议在伯克利加州大学举办，由巴里·埃肯格林组织，参会人员包括巴里·温加斯特（Barry Weingast）、克里斯蒂娜·罗默（Christina Romer）、布拉德福德·德龙（Brad DeLong）、朱迪思·戈德斯坦（Judith Goldstein）、加文·赖特（Gavin Wright），安德鲁·古茨曼（Andrew Guzman）、艾伦·泰勒（Alan Taylor）、约翰·沃利斯（John Wallis）和罗伯特·芬斯特拉。

约翰·西蒙·古根海姆纪念基金会（John Simon Guggenheim Memorial Foundation）为我提供的资助使我有能力抽出时间，在这本书上取得显著进展。斯坦福大学胡佛研究所（Hoover Institution）的休假也是如此。

在达特茅斯学院工作期间，我非常感谢迈克尔·马斯坦杜诺（Michael Mastanduno）和南希·马里翁（Nancy Marion）提供的支持。这些支持对完成本书必不可少。我为了这个项目殚精竭虑时，迈尔·科恩（Meir Kohn）不断对我提出我迫切需要的睿智建议。如果不是因为达特茅斯学院图书馆出色地收集了大量政府文件及其他材料，本书根本无法完成。我还要感谢约翰·科克林（John Cocklin）多年以来在政府文件方面提供了极其专业的协助。达特茅斯学院拥有大量一流的国际经济学家。我的同事（特别是尼娜·帕克尼克）和历史系的同事都给我提出了宝贵的意见。达特茅斯学院 Citrin 地理信息系统/应用空间分析实验室（Citrin Family GIS/Applied Spatial Analysis Laboratory）主任乔纳森·奇普曼（Jonathan Chipman）给予了我巨大的帮助，我对他万分感谢。科里·希拉克（Kory Hirak）和克里斯蒂娜·蒂姆莱克（Kristine Timlake）帮助我处理了很多草稿里的问题，为我节省出大量时间。最后，我很高兴地感谢几届达特茅斯学院的学生对本项研究提供的宝贵帮助。他们是：威廉·康登（William Congdon）、埃米·苏格曼（Amie Sugarman）、埃莉斯·韦克森伯格（Elise Waxenberg）、克里斯汀·里奇（Kristin Ricci）、马哈·马利克（Maha Malik）、康拉德·冯·莫尔特克（Konrad von Moltke）、安德烈斯·伊萨扎（Andres Isaza）、罗伯特·克林根伯格（Robert Klingenberger）、泰勒·吴（Taylor Ng）、埃玛·瑞特克利夫（Emma Ratcliffe）和April Liu。

伯纳德·戈登（Bernard Gordon）很久以前就在我心中撒下了对贸易政策感兴趣的种子，这种兴趣在贾格迪什·巴格瓦蒂和罗纳德·芬德利的引导下不断增强。在1986年至1987年间，我在总统经济顾问委员会（CEA）度过了令人兴奋的一年，参与了本书第十二章讨论的很多问题，这进一步激发了我对贸易政策的兴趣。这一年赋予了我绝佳的机遇，让我看到联邦政府的贸易政策流程是如何运作的。我从总统经济顾问委员会、美国贸易代表办公室、行政管理和预算办公室（OMB），特别是托马斯·多尔西（Thomas Dorsey）那里学到很多。我特别感谢斯蒂文·赫斯特德（Steven Husted）和戈登·劳舍尔（Gordon Rausser）的悉心指导。在这一年里，他们允许我越级参加一些贸易和农业方面的政策会议。无论在当时还是以后的岁月里，我都从迈克尔·穆萨（Michael Mussa）那里获益良多。

让我感到难过的是罗伯特·鲍德温、迈克尔·穆萨和科林·坎贝尔（Colin Campbell）在本书完成之前就已经离开了我们，是他们的鼓励使我坚持完成本书。

最后要将本书献给我的妻子萝丝（Marjorie Rose）。我们初次相见于我到总统经济顾问委员会报道的第一天，自那以后就再也没有分开过。她耐心地容忍了我对贸易政策和神秘历史的痴迷。如果没有她的口头禅“结构和目的”，你就不会有机会读到本书。我对她的感激永无止境。

# 注　释

## 引　言

1. 参见 *PJM*，第 10 卷：第 265—266 页。

2. 有研究指出，从美国建国开始，地方主义就一直是国会投票的一个重要特征（Martis，1988）。

3. 经济学家对贸易政策的政治经济学研究概述，可参见 Rodrik（1995）、Gwande and Krishna（2003）、McClaren（2016）。被广泛引用的“销售保护”模型主要分析不同产业税率的决定因素（Grossman and Helpman，1994）。本书则更多关注平均关税率，在上述模型中用一个外生参数来描述，即政治家对社会福利赋予的权重。

4. 政治学家有关贸易政策的著述包括：O'Halloran（1994）、Hiscox（2002）、Destler（2005）等。历史学家有关贸易政策的著述包括：Stanwood（1903）、Ratner（1972）、Dobson（1976）、Eckes（1995）。

5. 20 世纪 30 年代创立了进出口银行，为出口商提供信用担保，但对出口的整个资金支持规模仍较小。有关该银行的历史，可参见 Becker and McClenahan（2003）。20 世纪 80 年代还使用出口补贴解决农产品过剩的问题。

6. 贸易政策还有许多方面不在本书探讨范围内，如对特定国家的贸易制裁，出于国家安全考虑对特定产品的出口禁运等。

7. 也可以用进口配额限制特定外国产品进入市场的数量，但美国直到 20 世纪 30 年代才开始采用，并主要用于农产品。

8. 参见 Irwin（1998a）。

9. 这些指标是用关税收入除以总进口产品和应税进口产品的价值得到，它们有几方面的缺陷（Anderson and Neary，2005）。这些指标构建的贸易限制度指数能用来分析许多常见问题。尽管存在缺陷，平均关税率依然是个很有用的指标。有研究测算了美国在 1867—1961 年的关税贸易限制度指数，表明它与标准的平均关税指标高度相关（Irwin，2010）。此外，美国并未采用可能使平均关税指标出现误导的许多非关税壁垒（如进口许可证、外汇限制、歧视性监管等）限制进口。

10. 财政收入性关税和保护性关税的区别并不总是特别明显。财政收入性关税不采取有利于国内厂商的歧视性做法，往往对本土不生产的产品征收，或者对应缴纳国内税的产品征收。保护性关税则采取有利于国内厂商的歧视性做法，约翰逊把保护定义为“使可进口产品的国内厂商得到的价格高于世界市场价格的任何政策措施”（Johnson，1960）。

11. 有关贸易政策理论的介绍，可参见 Corden（1974）。

12. 弗拉克的引言来自 Morgan（1965），第 227 页；里德的引言来自 Morgan（1969），第 167 页。

13. 关税会提高进口产品的国内价格，导致对进口产品的需求减少，转向国内生产的替代品，促使国内厂商增加其产量。这符合 Baldwin（1976）描述的“不完全替代”的局部均衡贸易理论模型。另可参见 Rousslang and Suomela（1988）。

14. 参见 Kim（1995）、Holmes and Stevens（2004）。如后者所述：“对生产非贸易品的产业或服务业（如零售业）而言，基本没有地理上的专业化分工；而对可贸易品，如制造业、矿产品和农产品而言，地区间有显著的专业化分工（Holmes and Stevens，2004，第 2008 页）。

15. 据 Holmes and Stevens（2004，第 2000 页）介绍，20 世纪 50 年代以后，美国的制造业迁出了这些北方地区，进入其他地区……南方的某些地区成为高度专业化的制造业地区，实际上形成了新的制造业地带。

16. 参见 Lerner（1936）。不过，对进口产品全面实施关税并不会同等幅度地减少所有出口产品的出口量。

17. 有关地方主义和美国的政治演进，可参见 Bensel（1984）。

18. 这一基于产业的分析方法，可参见 Baldwin（1984a）、Grossman and Helpman（1994）。这两个研究都是基于 Jones（1971）与 Samuelson（1971）的特定要素模型。

19. 著名的斯托尔珀-萨缪尔森定理关注基本生产要素（而非产业本身）的经济利益，这一问题可参见 Rogowski（1989）和 Hiscox（2002）。对该定理的基本介绍，可参见 Deardorff and Stern（1994）。

20. 有研究分析过，如果贸易政策决策是由公投方式做出，中间选民的偏好会如何影响结果（Mayer，1984）。

21. 特拉华州的民主党参议员托马斯·贝亚德（Thomas Bayard）曾说：“参

议院和众议院的议员是不同地方利益的支持者和代表人，所有这些利益群体很自然地都试图影响政府事务，为自己谋利。”（引自 Rothman，1966，第 81 页）

22. 这一点与 Mancur Olson（1965）关于集体行动的理论有关。

23. 例如，如果宾夕法尼亚州的代表希望对钢铁实行更高关税，南卡罗来纳州的代表希望对服装实行更高关税，来自这两个州的议员可以同意给对方的议案投赞成票。提高钢铁的关税给宾夕法尼亚带来的好处会远远超过提高服装的关税带来的损失，南卡罗来纳也是相似的情形。对多数主义政治中的保护主义倾向的理论分析，可参见 Grossman and Helpman（2005）。

24. 对确定的输家和不确定的赢家的分析，可参见 Fernandez and Rodrik（1991）。对过渡性收益陷阱的分析，可参见 Tullock（1975）。实施关税可以给受保护产业带来短期或过渡性的收益，但不是长久收益，因为初期的收益最终会固化为资产价值，或由于生产扩大和新企业进入而缩减。此时，对现有企业来说关税带来的收益并不明显，但取消关税则会给它们带来巨大的资本损失，因此它们强烈反对任何改变。

25. 参见 Destler（1986），第 3 页。

26. 参见 *CQA*（1988），第 223 页。

27. 引自 Binkley（1962），第 222 页。也有某些例外，如伍德罗·威尔逊总统就是积极促成 1913 年关税法案的强势政党领袖。

28. 关于此次改变，可参见 Keech and Pak（1995）。

29. 有研究表明，政党对贸易政策结果有超出选民经济利益的影响（McGillivray，1997；Brady、Goldstein and Kessler，2002；Weller，2009）。

30. 在 1867—2016 年的共 77 届国会中，出现过 21 个民主党统一政府，22 个共和党统一政府，以及 34 个分治政府。自 1934 年通过《互惠贸易协定法案》后，分治政府对贸易政策来说不再是那么严重的问题，因为关税法案不再由国会制定。可参见 Karol（2000）和 Sherman（2002）。

31. 有研究分析了思想观念在决定美国贸易政策中的作用（Goldstein，1993）。

32. 可参见 Remini（1997），第 223 页。

## 第一章 争取独立的斗争，1763—1789 年

1. 参见 Pereira and Flores de Frutos（1998）。

2. 参见 Lindert and Williamson（2016）、Gallman（2000）以及 McCusker（2000）。

3. 如Shammas（1982，第268页）所述：“如果这些社群把1/4的人均收入用来购买殖民地以外进口的产品，如何能够称之为实现本地的自给自足?”

4. 参见Shepherd and Walton（1972）。

5. 同上。

6. 参见Shammas（1982）。

7. 北美殖民地在1774年的名义GDP据估计约为1.42亿美元（McCusker，2000，表2）和1.64亿美元（Lindert and Williamson，2013，表4）之间。从英格兰和苏格兰到13个殖民地的出口名义价值在1774年约为295.3万英镑，或者以每英镑4.44美元的平价汇率换算，为1 310万美元（McCusker，1971）。

8. 参见Harper（1939），第35页。

9. 托马斯的估计（Thomas，1965）引发了大量研究成果，讨论有关的方法和数据。可参见Walton（1971）和Sawers（1992）。

10. 参见Ransom（1968）。

11. 参见*PTJ*，第1卷：第123页。

12. Egnal and Ernst（1972），第30页。

13. 有文献（Baack，2004）指出，另一个争议焦点是土地，英国在1763年发布公告，禁止殖民者在阿勒格尼山脉（Allegheny Mountains）以西定居或开展贸易。

14. 参见Mitchell（1988），第579页。

15. 参见Thomas（1987）和Calloway（2006）。

16. 参见Breen（2004）。

17. 参见Thomas（1975），第151页。

18. 参见US Bureau of the Census（1975），series Z-227-28。

19. 参见Olson（1992）。

20. 参见Witkowski（1989）。

21. 参见Thomas（1987），第169—170页。

22. 参见Mitchell（1988），第494页。

23. 参见Ragsdale（1996）和Holton（1999）。在1776年欠英国商人的近300万英镑债务中，南方各殖民地约占84%（Sheridan，1960，第167页）。

24. 参见Thomas（1987），第246—254页。

25. 参见Labaree（1964）。

26. 参见*Journal of the Continental Congress*；http://www.loc.gov/teachers/classroommaterials/presentationsandactivities/presentations/timeline/amrevrebelln/rights.html。

27. 参见*PJA*，第3卷：第190页。

28. 同上，第 4 卷：第 57 页。

29. 参见 Lint（1978）和 Clarfield（1979）。

30. 参见 Cheney（2006）。

31. 该条约第 2 条规定，两国“保证不相互给予其他国家在商业和航运上的任何特殊优惠，这些优惠不会立即对另一方适用，如果是无偿做出的让步，另一方应该同样享受，如果是有条件做出的让步，应要求同样的补偿条件”。参见 Malloy（1910），第 1 卷：第 468 页。另有观点认为，有条件的最惠国待遇条款是由法国谈判方提出的（Setser，1933）。

32. 参见 Buel（1998），第 178 页。

33. 参见 Ritcheson（1969）、Olson（1992）和 Crowley（1993）。

34. 参见 Bjork（1964）和 Shepherd and Walton（1976）。

35. 参见 Nettles（1962），第 49 页。

36. 参见 McCusker（2001）。

37. 马萨诸塞在独立革命前一年生产出了 125 艘船，1784 年仅有 4 艘（Nettles，1962，第 52 页；Marks，1973，第 64 页）。

38. 参见 Nettles（1962），第 49 页、第 51 页。

39. 参见 *PJM*，第 8 卷：第 314—316 页。

40. 参见 *WJA*，第 8 卷：第 383 页。

41. 同上，第 313 页。

42. 同上，第 101 页。

43. 同上，第 299 页。

44. 参见 *PJA*，第 17 卷：第 390 页。

45. 参见 *PAH*，第 3 卷：第 75—76 页。

46. 参见 Baack（2001）和 Ferguson（1961）。

47. 参见 *PJM*，第 6 卷：第 144—145 页。

48. 同上，第 9 卷：第 294—295 页。

49. 有系列文章分析过 18 世纪 80 年代 7 个州的关税法律（Zornow，1954—1956）。罗得岛、康涅狄格、宾夕法尼亚和马里兰的情况，另可参见 Shepherd（1993）。

50. 参见 McGillivray（2001）和 Giesecke（1910）。

51. 参见 Marks（1973），第 82 页。

52. 同上，第 83 页、第 68 页。

53. 参见 *PTJ*，第 9 卷：第 399—400 页。

54. 参见 *PJM*，第 8 卷：第 333 页。

55. 参见 Davis（1977），第 91—92 页。

56. 参见 *PTJ*，第 8 卷：第 215 页、第 296 页。

57. 参见 Davis（1977），第 92—93 页。

58. 参见 *PJM*，第 8 卷：第 407 页。

59. 参见 Davis（1977），第 85 页。

60. 参见 *PJM*，第 8 卷：第 344 页。

61. 同上，第 334—335 页。

62. 参见 Marks（1973），第 68 页。

63. 参见 *PJM*，第 8 卷：第 502 页。

64. 同上，第 9 卷：第 96 页。

65. 参见 *LJM*，第 4 卷：第 251 页。

66. 参见 *PJM*，第 10 卷：第 29 页。

67. 关于会议的投票格局，参见 McGuire（2003）、Heckelman and Dougherty（2007）和 Pope and Treier（2015）。

68. 参见 Farrand（1911），第 3 卷：第 126 页、第 327 页。

69. 同上，第 2 卷：第 441 页。

70. 参见 Finkelman（1987），Goldstone（2005），以及 Baack、McGuire and Van Cott（2009）。

71. 参见 Farrand（1911），第 2 卷：第 374 页。

72. 参见 *PJM*，第 8 卷：第 340 页。

73. 参见 Farrand（1911），第 2 卷：第 360 页、第 306 页。

74. 同上。

75. 同上，第 371 页。

76. 同上，第 374—375 页。

77. 同上，第 450 页、第 453 页。

78. 同上，第 449—450 页。

79. 同上，第 449 页。马里兰州反对宪法的路德·马丁也证实过这一投票交易，提出“东部各州尽管反对奴隶制，也非常愿意至少暂时容忍南方各州从事奴隶贸易的自由，条件是南方各州给予回报，对航运法规不做限制；很短时间后，该委员会就以绝对多数票批准了一份报告，其中禁止政府在一定时间内阻碍奴隶进口，与航运法规有关的限制性条款则被删除了”（同上，第 3 卷：第 210 页）。

80. 参见 McClendon（1931）。

81. 参见 *PAH*，第 4 卷：第 340 页。

## 第二章 新国家的贸易政策，1789—1815 年

1. 如 McCoy（1980，第 86—87 页）解释的那样："许多共和党人热情接受了 18 世纪的自由贸易思想，其主要代言人包括孟德斯鸠、休谟、亚当·斯密和法国的重农学派。按照这些学者的说法，对外贸易与国内贸易一样都应该摆脱各种束缚，使其能繁荣发展，并在此过程中改善人们的习惯和品质……由于许多美国人对英国及其重商主义道路的敌意，他们在独立早期就接受了上述观点，将之与自己的革命精神直接结合起来，这并不出人意料。"

2. 参见 *PBF*，第 35 卷：第 83 页。

3. 参见 *PTJ*，第 8 卷：第 332 页；Jefferson 1955［1785］，第 176 页。

4. 参见 *PBF*，第 39 卷：第 344 页。

5. 如托马斯·杰斐逊在 1790 年给一位笔友的建议："在政治经济学领域，我认为斯密的《国富论》是现有的最佳著作。"（*PTJ*，第 16 卷：第 449 页）有研究分析过亚当·斯密对美国国文们的影响，参见 Cowin（1999）和 Fleischhacker（2002）。

6. 参见 *PJM*，第 12 卷：第 71 页。当时的联邦党带头人之一费雪·埃姆斯提到（Fisher Ames，1854，第 1 卷：第 49 页）："麦迪逊关于贸易保护的首批讲话之一引自亚当·斯密的《国富论》。该书提出的原则非常精彩，但将其应用到美国需要谨慎。我确信并可以解释，在美国对商业和制造业进行立法干预的意义要远大于英国。"

7. 参见 *PAH*，第 3 卷：第 76 页。

8. 关于斯密和贸易政策的更多阐述，可参见 Irwin（1996b）。

9. 参见 *PTJ*，第 27 卷：第 527 页。

10. 同上，第 8 卷：第 633 页。

11. 参见 *PJM*，第 8 卷：第 333—334 页。

12. 参见 *WTJ*，第 3 卷：第 269 页。

13. 杰斐逊说："如果完全按照我自己的理论，我会希望美国人既不从事商业也不发展航运，而是像中国那样与欧洲保持关系。这样我们就能避免战争，让国民成为专职的农夫。"他承认："这只是一个理论，美国的公仆并不能随意遵从的理论。"（*PTJ*，第 8 卷：第 633 页）

14. 参见 *PGW-CS*，第 3 卷：第 299—300 页。

15. 参见 *PTJ*，第 8 卷：第 633 页。

16. 参见 Bordewich（2016）。
17. 参见 *PJM*，第 12 卷：第 64—65 页。
18. 参见 *AC*，1798 年 4 月 9 日，第 114 页。
19. 参见 *PJM*，第 12 卷：第 69—70 页。
20. 参见 *PJM*，第 20 卷：第 70—71 页。
21. 同上，第 71—72 页。
22. 同上，第 72—73 页。
23. 参见 Edling and Kaplanoff（2004）。Peskin（2003，第 91 页）提到，联邦关税率大约是纽约州的两倍，但一般低于宾夕法尼亚州和马萨诸塞州的税率。
24. 参见 Balinky（1958），第 57 页。
25. 参见 Brown（1993），第 238—239 页。
26. 参见 Edling and Kaplanoff（2004）。
27. 参见 Riley（1978）。
28. 参见 *PAH*，第 7 卷：第 232 页。
29. 参见 Irwin（2003）。
30. 参见 Richardson（1903），第 1 卷：第 65 页。
31. 关于该报告，可参见 Cooke（1975）、Nelson（1979）、Irwin（2004）。
32. 参见 *PAH*，第 10 卷：第 262—263 页。
33. 同上，第 266 页。
34. 同上，第 3 卷：第 75 页。
35. 同上，第 10 卷：第 266 页。
36. 同上，第 10 卷：第 68 页。
37. 同上，第 299 页。
38. 同上，第 301 页。
39. 参见 *PJM*，第 14 卷：第 195 页。
40. 参见 *PAH*，第 10 卷：第 302—304 页。
41. 参见 *PTJ*，第 23 卷：第 172—173 页。
42. 同上，第 24 卷：第 187 页。
43. 同上，第 214 页、第 353 页。
44. 参见 Elkins and McKitrick（1993），第 277 页。
45. 参见 Clarfield（1975）。
46. 参见 *PAH*，第 11 卷：第 139 页。
47. 参见 *AC*，1792 年 1 月 12 日，第 349—351 页。这部分辩论内容显然放错了地方，因为提到了 1 月以后发生的事件，基本可以肯定是在 4 月后期开展的。

48. 参见 Stanwood（1903），第 1 卷：第 102 页；Irwin（2004）。

49. Elkins and McKitrick（1993，第 261 页）认为："把汉密尔顿同 19 世纪早期的保护主义关税理论家过于紧密地联系起来具有误导性，尽管那些人可能在他身上受到过启发。汉密尔顿的目标比他们要复杂得多，远不止单纯的保护。实际上，汉密尔顿如果在 19 世纪很可能成为自由贸易主义者，他认为任何利益集团都不应该过于安稳和舒适。"

50. 参见 *PAH*，第 3 卷：第 78—79 页。

51. 同上，第 4 卷：第 477 页。

52. 同上，第 10 卷：第 301 页。

53. 另外可参见 Shankman（2003）。这不是说保护主义压力很强大，因为制造商的人数还很少，中间还有不同的利益诉求。例如，Peskin（2003，第 109 页）就指出，铁的生产商与用户（钉子和马掌生产者）有深刻分歧，前者希望对进口铁实行高关税，后者希望降低关税。

54. 参见 *PAH*，第 11 卷：第 141 页。

55. 参见 *AC*，1789 年 5 月 4 日，第 238 页。

56. 参见 *WTJ*，第 8 卷：第 405 页。关于杰斐逊的贸易政策观点，可参见 Peterson（1965）。关于共和党的经济观点的总结，可参见 McCoy（1974，1980）。

57. 参见 *AC*，1789 年 5 月 4 日，第 256 页。

58. 参见 *PGW PS*，第 3 卷：第 323—324 页。

59. 参见 *PAH*，第 5 卷：第 488—489 页。

60. 同上，第 7 卷：第 426 页。

61. 同上，第 424 页。

62. 参见 *PTJ*，第 20 卷：第 236 页、第 353—354 页。

63. 有研究认为（Goldin and Lewis，1980），贸易条件的有利改善带来了人均收入增长率的提高，从每年 1.07% 提升至 1.32%，增加了约 1/4 个百分点。按这一测算，如果没有欧洲战争带来的美国贸易繁荣，美国的国民收入可能降低 3% 左右。

64. 虽然有某些船只与货物被没收，欧洲战争造成的直接损失仍相对不大。有文献（Nettles，1962，第 324 页）指出："当时的政治和外交争吵可能给人的印象是，美国航运商遭受的损失完全摧毁了他们的业务，船只完全不能出海。但实际上他们的生意比以往任何时候都好。顺利完成旅途的船只数量远远超出被交战国扣押的。"

65. 参见 *AC*，1806 年 5 月 6 日，第 557 页。

66. 参见 Adams（1980）。

67. 参见*PTJ*，第27卷：第567—578页。

68. 同上，第574页。

69. 同上，第560页。

70. 同上，第561—563页。

71. 同上，第562页。

72. 1792年，汉密尔顿给杰斐逊即将提交的报告起草了一份答复，开篇说道："英国的商业制度没有对美国实施与其他国家不同的歧视……因此美国没有理由抱怨英国的制度对自己具有特别的伤害和敌意"（*PAH*，第13卷：第412页）。

73. 同上，第16卷：第271—272页。

74. 参见*AC*，1794年1月13日，第196页、第203页、第202页。杰斐逊的说法是："我需要把史密斯的演讲归功于其真正的创作者，除了介绍部分外，所有题目都来自汉密尔顿，所有内容我也几乎在我们的多次私下和公开讨论中听他讲过，论述的方式也完全相同……风格同样是汉密尔顿式的。其诡辩过于细致和精巧，史密斯恐怕都不能理解，更不用说让他设计了。"（*PTJ*，第28卷：第49页）

75. 参见*PAH*，第16卷：第275页。

76. 参见Mitchell（1988），第494页。

77. 参见*PAH*，第16卷：第274—276页。

78. 参见*PTJ*，第27卷：第560页。

79. 参见Bemis（1923）、Combs（1970）、Estes（2006）。

80. 参见*WGW*，第35卷：第233页、第235页。

81. 参见Nettles（1962），第325页。

82. 参见Richardson（1903），第1卷：第322页。

83. 参见Lambert（2005）。

84. 参见Davis and Engerman（2006）。

85. 参见Hickey（1987）。

86. 参见*WTJ*，第5卷：第64页。

87. 参见Latimer（2007），第20页。

88. 参见*PJM SSS*，第16卷：第322页。关于杰斐逊的商业政策，可参见Peterson（1965）、Spivak（1979）、Ben-Atar（1993）。

89. 参见*WTJ*，第5卷：第265页。

90. 参见Richardson（1903），第1卷：第433页。

91. 关于贸易禁运，可参见Jennings（1921）、Sears（1927）、Spivak（1979）、Frankel（1982）以及Irwin（2005b）。

92. 英国方面对日历年份的数据表明，英国对美国出口的“官方价值”从1807年的790万英镑下降至1808年的400万英镑，降幅达49%；英国从美国进口的“官方价值”从1807年的280万英镑降至1808年的80万英镑，降幅达71%（Mitchell，1988，第499页）。

93. 参见Irwin（2005b）。

94. 参见Bailey（1980），第126页。

95. 参见Wolford（1942）。

96. 参见Fry（2002），第34页。

97. 参见Sears（1921）。

98. 参见Irwin（2011a）。

99. 参见*WTJ*，第5卷：第271页。

100. 参见Gallatin（1879），第1卷：第389页。

101. 参见Mannix（1979）。

102. 参见*WTJ*，第9卷：第202页。

103. 同上，第237页。

104. 同上，第239页、第245页；*WTJ*，第12卷：第56页。

105. 参见Frankel（1982）。

106. 参见*ASP FR*，第1卷：第256页。

107. 参见*WTJ*，第9卷：第237页。

108. 参见Mannix（1979）和Stuart（1982）。

109. 参见Stagg（1983），第24页；Spivak（1979），第153页。

110. 参见*AC*，1808年11月28日，第538页、第541页。

111. 参见*WTJ*，第9卷：第244页。

112. 参见*AC*，1809年1月31日，第1249页。

113. 参见Ketcham（1971），第465页。

114. 参见*PTJ RS*，第2卷：第537页。

115. 同上，第533—534页。

116. 1825年，杰斐逊回忆称，亚当斯曾告诉他新英格兰因为禁运出现的分裂言论。当时，他的反应是“不管我多么不愿意放弃该措施（如果坚持稍长一些，我们就有相当的把握完全影响其目标），从那个时刻起，受到该消息的影响，我还是认识到了放弃它的必要性，不再能继续利用这一和平武器来实现目标，我们必然会爆发争斗，或者使联邦分裂。于是我建议接受取消禁运的必要性，并努力采用能够达成普遍共识的最好的替代方案”（*WTJ*，第7卷：第424—426页）。

117. “在这些咨询过程中，我理解了杰斐逊先生的整个政策，并惊讶而悲哀地发现，在他的计划走向失败的最明显不过的证据面前，他却继续抱着不切实际的期望……废除禁运得到共和党多数议员的热烈支持应该已经让杰斐逊先生明白，他们早已把禁运当作悲惨且恶劣的失败了。”（Story，1851，第 1 卷：第 185 页）

118. 参见 *PTJ RS*，第 2 卷：第 506 页；*WTJ*，第 9 卷：第 521 页；第 10 卷：第 354 页。有研究认为：“尽管有压倒性的相反证据……杰斐逊直至他的公职生涯最后依然对美国及其商业实力抱有过高的估计。”（Ben-Atar，1993，第 171 页）

119. 参见 *PAH*，第 16 卷：第 275 页。

120. 参见 *PJM PS*，第 2 卷：第 322 页。

121. 参见 Latimer（2007）。

122. 参见 Hickey（1981），第 521 页。

123. 参见 Buel（2005）。

124. 参见 Risjord（1961），第 205 页。

125. 参见 Gilji（2013）。

126. 参见 *AC*，1811 年 12 月 31 日，第 599—600 页。

127. 参见 *AC*，1811 年 12 月 9 日，第 424 页。

128. 参见 *AC*，1811 年 12 月 31 日，第 601 页。

129. 参见 *PHC*，第 1 卷：第 842 页。

130. 参见 Latimer（2007），第 31 页。

131. 参见 Perkins（1961），第 326 页。

132. 同上，第 339 页。

133. 如 Perkins（1961，第 339—340 页）所说：“英国在 1810 年的经济衰退同美洲的事件完全无关，却给了杰斐逊的禁运措施并不能带来的结果。”

134. 参见 Hickey（1981），第 523 页。

135. 参见 Dudley（2003）。

136. 参见 Lebergott（1984），第 124 页。

137. “From Thomas Jefferson to Marie-Joseph-Paul-Yves-Roch-Gilbert du Motier, marquis de Lafayette, 24 February 1809,” Founders Online, National Archives, http://founders. archives. gov/documents/Jefferson/99 - 01 - 02 - 9871。

138. 参见 Richardson（1903），第 1 卷：第 476 页。

139. 参见 *ASP-F*，第 2 卷：第 430—431 页。

140. 参见 *PJM PS*，第 3 卷：第 52 页。

141. 参见 Irwin and Davis（2003）。

142. 参见 *PTJ RS*，第 5 卷：第 563 页。

143. 参见 *WTJ*，第 4 卷：第 521—523 页。

## 第三章 地区间冲突与危机，1816—1833 年

1. 参见 North（1966），第 242 页；Davis（2004）。

2. 参见 Hansard，*Parliamentary Debates*，第 33 卷：第 1099 页。

3. 布鲁厄姆认为这种交易是失误而非蓄意打击美国厂商，但很容易理解为什么布鲁厄姆的言论似乎证实了英国制造商的不良企图。参见 Viner（1923），第 42 页。

4. 参见 Richardson（1903），第 1 卷：第 553 页。

5. 同上，第 1 卷：第 567 页。

6. 参见 *ASP-F*，第 3 卷：第 90 页。

7. 同上。

8. 参见 *PHC*，第 2 卷：第 179 页。

9. 参见 *AC*，1816 年 1 月 16 日，第 687 页。

10. 参见 *AC*，1816 年 4 月 4 日，第 1330 页。

11. 关于南方对该法案的支持，参见 Preyer（1959）。

12. 1832 年，麦迪逊写到他依然相信自由贸易是“理论上的规则，也存在与其原则不符的例外”，不过，“理论是密室中的产物，例外则是从实际经历中得到的教训”（*LJM*，第 4 卷：第 259 页）。

13. 参见 US Bureau of the Census（1975），series K-554。

14. 参见 *ASP-F*，第 2 卷：第 426 页、第 430 页；Ware（1926）。

15. 参见 Jeremy（1981），第 101 页。泽文（Zevin，1971，第 141 页）认为：“引入动力织布机的主要动机是想节约成本，重获竞争力。激起这一愿望的是原材料和产品价格的变动大幅缩小了制造商的利润空间。采用动力织布机的结果则是极大地降低了直接的运营成本。”

16. 参见 Jeremy（1981），第 101 页。

17. 参见 Ware（1931），第 75 页。

18. 有学者认为，如果某个产业存在外部的规模经济效应，则排除关税所起的重要作用还为时过早（Rosenbloom，2004）。

19. Taussig（1931，第 68 页）指出：“在 1818—1819 年危机前还没有什么强势的保护主义运动。”有关那次金融恐慌的介绍，可参见 Rothbard（1962）和 Dupre（2006）。

20. 有人指出（Peart，2013，第 97 页）：“克莱在这次推广中发挥了关键作

用，用极其大量的个人通信给全国各地的盟友提供建议和鼓励。”

21. 1802年，宾夕法尼亚州的一个特别委员会认为，基本的经济问题“主要源于银行体系的违规”及其“普遍的糟糕管理……国内制造商需要保护的要求尽管对制造业城镇来说很大程度上适用，却与联邦的大多数民众无关，民众完全能感受到银行体系才是自己窘境的直接原因”（Eiselen，1932，第45页）。

22. Rothbard（1962，第172页）发现：“保护主义者把大量注意力放在经济萧条上，自由贸易者却完全相反，因为他们对萧条拿不出自己的简单对策。自由贸易者通常聚焦于更普遍的政治经济问题，如国际贸易和劳动分工的好处、垄断的危险、特权的不公以及工厂生活的道德伦理等。”

23. 参见Richardson（1903），第2卷：第45页。

24. 同上，第61页。

25. 有关鲍德温法案的关税政治斗争，可参见Peart（2013）。

26. 参见*AC*，1820年4月26日，第2116页、第2131页。

27. 参见Kennon and Rogers（1989），第86页。

28. 参见*AC*，1820年4月26日，(2036)。

29. 参见Vipperman（1989），第204页。

30. 参见Setser（1937）。

31. 参见Richardson（1903），第2卷：第192页。

32. 参见*PHC*，第3卷：第685页、第687页。

33. 同上，第692页。

34. 同上，第688页。

35. 同上，第694页。

36. 同上，第726页。

37. 同上，第701页。

38. 同上，第704页。

39. 同上，第723—724页。

40. 参见*AC*，1824年4月2日，第2028页。

41. 参见*AC*，1824年4月6日，第2206页。

42. 参见*AC*，1824年4月1日，第2010页。

43. 参见*AC*，1824年4月30日，第649页，第623页。

44. 参见*AC*，1824年4月15日，第3359页。

45. 参见*AC*，1824年4月30日，第649页。

46. 正如杰斐逊给一位笔友的通信：“国会除了以微弱多数通过关税法案外没有做任何特别的事情，对美国的大部分民众来说这令人反感，大家原本以为该

法案除了制造商自己以外不会获得其他赞成票。”（*WTJ*，第 10 卷：第 304 页）

47. 参见 Paskoff（1983），第 76 页；Pincus（1977），第 58—61 页。

48. 另一位参加者是弗里德里希·李斯特（Friedrich List），来自宾夕法尼亚州雷丁市的德国报纸编辑，他后来因为在 1841 年发表的《政治经济学的国民体系》（*The National System of Political Economy*）而著称于世，该书捍卫了保护主义政策，被广泛视为最好地回击亚当·斯密的《国富论》宣扬的自由贸易学说。参见 Henderson（1983）。

49. 引自 Bartlett（1993），第 145 页；Dangerfield（1952），第 409 页。另外参见 Remini（1958）；Stanwood（1903），第 1 卷：第 243—290 页。

50. 参见 Remini（1981），第 70 页。

51. 有人提出：“已经被毁掉的亚当斯政府是否还值得如此精巧地去算计，则是另一个问题。”（Dangerfield，1952，第 406 页）

52. 参见 Pincus（1977），第 50 页。

53. 参见 Dangerfield（1952），第 406 页。

54. 参见 *RD*，1828 年 3 月 4 日，第 1750 页。

55. 丹尼尔·韦伯斯特把这一提法归于罗得岛州的史密斯，参见 *RD*，1828 年 5 月 9 日，第 756 页。

56. 参见 *PHC*，第 7 卷：第 95 页、第 136 页。

57. 参见 *Weekly Register*，1828 年 9 月 20 日，第 52 页。

58. 参见 Remini（1958），第 913 页。

59. 有人（Dangerfield，1952，第 409 页）认为：“亚当斯的签字只代表他认为该法案符合宪法，与前任一样，他认为自己不能因为某部法案不够明智而行使否决权。”

60. 参见 *RD*，1828 年 5 月 9 日，第 746 页。

61. 参见 *PJC*，第 13 卷：第 459—460 页。

62. 参见 *CG*，1844 年 5 月 30 日，附录，第 747 页。

63. 参见 *RD*，1828 年 4 月 21 日，第 2472 页。

64. 参见 *PJC*，第 12 卷：第 61 页。

65. 参见 *PHC*，第 10 卷：第 125 页。

66. 参见 Richardson（1903），第 2 卷：第 414 页。

67. 参见 *PJC*，第 10 卷：第 402—403 页。

68. 当然，财政收入性关税也会对某些产业带有保护效应，但这种保护是关税偶然的副产品，而非有意识地促进特定产业的发展。正如弗吉尼亚州共和党人约翰·莱彻在 1857 年承认：“让财政收入性关税避免偶然的保护效应是完全不可能的”（*CG*，1857年2月5日，附录，第190页）。不过其他某些人的希望则相反，宾夕法尼亚州参议员西蒙·卡梅隆（Simon Cameron）就说，“我支持把保护作为目标，而把税收作为附带结果”（*CG*，1860年6月15日，第3019页）。

69. 参见Peskin（2003），第208—209页；Prince and Taylor（1982）。

70. 参见Meyer（2003）。关于宾夕法尼亚在19世纪贸易政治中的作用，可参见Eiselen（1932）。

71. 参见Tiegle（1942）。

72. 参见Larson（2001）和Irwin（2008）。

73. 参见Baxter（1995）和Ha（2015）。

74. 参见*CG*，1846年5月27日，第936页。有学者指出（Sellers，1991，第290页）：“克莱的美式体制通过互投赞成票把保护主义同国内改造联系起来。西北部的企业家支持用高关税增加财政收入，投入道路和运河建设，东北部的制造商则支持运输项目拨款，以消化可能导致降低关税的财政盈余。”

75. 参见*PHC*，第6卷：第654页。

76. 参见Larson（2001），第165—166页。

77. 参见Feller（1984），第136页。

78. 参见*RD*，1832年2月9日，第339—340页。

79. 参见*PJC*，第10卷：第456—457页。

80. 同上，第450页。

81. 参见Huston（1994），第532—533页。

82. 参见*PJC*，第10卷：第482页。

83. 参见*PHC*，第10卷：第328页。

84. 参见*AC*，1824年3月31日，第1994页。

85. 麦迪逊指出：“鼓励制造业发展的关税可能因为税率过高、有失公正或者错误地选择扶持对象而被滥用，这是肯定的。但宪法赋予的任何权力的行使也都可能如此……如果仅仅因为制定税收或其他法案中出现的不平等，就视同于违宪，那么在联邦中有哪个州能保证宪法的安全呢？在每届国会和每次会议中都能听到对滥权的抱怨。”（*PJM*，第9卷：第287页）

86. 同上，第431—432页。

87. 参见Forsyth（1977），第82页。

88. 参见Lindert and Williamson（2013）；Russel（1924）。

89. 参见Ratcliffe（2000），第17页。

90. 参见Freehling（1965），第118页。

91. 参见*AC*，1824年1月30日，第1308页。

92. 参见 *PJC*，第 11 卷：第 299 页。

93. 参见 Huston（2003），第 27 页；Gundersen（1974），第 922 页。

94. 参见 *PJC*，第 10 卷：第 398 页。

95. 参见 *RD*，1832 年 3 月 5 日，第 501—502 页。

96. 参见 *AC*，1824 年 3 月 31 日，第 1979 页。

97. 参见 *AC*，1832 年 2 月 2 日，第 278 页。

98. 参见 *LJM*，第 4 卷：第 261—262 页。

99. 参见 *PJC*，第 11 卷：第 227 页。

100. 同上，第 10 卷：第 402—403 页。

101. 同上，第 444—446 页。

102. 参见 *PAJ*，第 9 卷：第 78 页。

103. 参见 Parton（1861），第 3 卷：第 295 页。

104. 参见 Feller（1984），第 141 页。

105. 参见 Ratcliffe（2000），第 11 页。

106. 参见 Richardson（1903），第 2 卷：第 525 页。

107. 该声明引自 Taussig（1892），第 127—128 页。有关费城自由贸易会议的详情，可参见 Belko（2012）。

108. 参见 Richardson（1903），第 2 卷：第 556 页。

109. 该委员会的少数派保留异议，他们辩称："保护体制与国家的最佳利益密切相关。"（Stanwood，1903，第 1 卷：第 374—375 页）

110. 参见 *MJQA*，第 8 卷：第 443 页、第 446 页。

111. 参见 *PHC*，第 8 卷：第 125 页。1832 年 3 月，詹姆斯·麦迪逊请求克莱设计一个妥协方案（*PHC*，第 8 卷：第 479 页）。

112. 参见 *MJQA*，第 8 卷：第 445 页。

113. 参见 *RD*，1832 年 2 月 2 日，第 266 页。

114. 参见 *RD*，1832 年 2 月 13 日，第 367 页。

115. 参见 Freehling（1965），第 248 页。

116. 参见 *PHC*，第 8 卷：第 551 页。

117. 参见 *RD*，1832 年 2 月 13 日，第 367 页；Miller（1975）。

118. 参见 *PJC*，第 12 卷：第 62 页；*PJC*，第 11 卷：第 603 页。

119. 参见 Pease and Pease（1981）；Ochenkowski（1983）；Ford（1988）。

120. 参见 Benton（1854），第 1 卷：第 297 页。

121. 参见 Freehling（1965），第 262 页。

122. 参见 Richardson（1903），第 2 卷：第 643 页、第 645 页。

123. 同上，第652页。

124. 参见Bassett（1926），第4卷：第498页、第504页、第502页。

125. 参见Bergeron（1973）；Latner（1977）；Ellis（1987）。

## 第四章　关税和平与南北战争，1833—1865年

1. 参见Richardson（1903），第2卷：第598页。

2. 同上。

3. 参见*PHC*，第8卷：第621—622页。

4. 同上，第617页。多年后，当有人问起克莱为何接受该妥协时，他回答说有两方面动机。首先，他试图“避免内战的悲剧，已经在南卡罗来纳燃起的烈火有蔓延到整个联邦的危险”。其次，他希望“防止保护制度的完全破坏”，因为“如果不采纳妥协方案，整个保护制度可能会被当时的政府首脑（杰克逊总统）利用其压倒性的影响力完全废除”（*PHC*，第9卷：第660页）。

5. 有关这次妥协安排，参见Peterson（1982）。

6. 参见*PHC*，第12卷：第41页。

7. 参见Benton（1854），第1卷：第311页。

8. 参见Kennon and Rogers（1989），第113页。

9. 参见*RD*，1833年2月25日，第729—742页。

10. 参见*RD*，1833年1月14日，第1040页。

11. 参见*PHC*，第8卷：第630页和第628页。

12. 参见*RD*，1833年2月26日，第1792页。

13. 参见*RD*，1833年2月12日，第468页。

14. 参见*PHC*，第8卷：第626—627页。

15. 参见*CG*，1838年3月12日，第638页。

16. 参见Timberlake（1993）。有关恐慌的起源，参见Rousseau（2002）和Wallis（2001）。

17. 参见Egnal（2001）。

18. 参见Richardson（1903），第4卷：第43页。有关泰勒与关税的关系，参见Monroe（2003），第5章。

19. 参见Richardson（1903），第4卷：第82页。

20. 参见*PJC*，第16卷：第171页。

21. 参见*CG*，1842年6月15日，第635页。

22. 参见 Johnson and Porter（1973），第 9 页、第 3 页。

23. 参见 Polk（1969），第 7 卷：第 264 页。

24. 参见 Richardson（1903），第 4 卷：第 378—379 页。

25. 参见 Polk（1910），第 2 卷：第 28 页。

26. 同上，第 44 页。Sellers（1966），第 462 页；Shenton（1961），第 74 页。

27. 参见 Richardson（1903），第 4 卷：第 405—406 页。

28. 参见 S. Doc. No. 2-29，第 8 页（1845）。

29. 参见 *PHC*，第 10 卷：第 286 页。

30. 参见 S. Doc. No. 20-29，第 11 页（1845）。

31. 参见 James and Lake（1989）。

32. 参见 Richardson（1903），第 5 卷：第 18 页。

33. 参见 *CG*，1846 年 7 月 21 日，第 1124 页。

34. 参见 Taylor（1951），第 451 页。

35. 参见 Lebergott（1966），表 1。

36. 1859 年的计算结果参见 Irwin（2010）。1830 年的进口约为 GDP 的 7%，平均进口关税率约为 60%，导致的无谓损失约为 GDP 的 1.3%。这一测算忽略了不同产品的关税率区别，而这种区别通常会导致无谓损失增加一倍或更多。因此，对无谓损失很粗略的估算是约为 1830 年 GDP 的 2.5%。

37. 参见 Irwin（2003c）。

38. 参见 Gallman（1960），表 A-1。

39. 参见 Meyer（2003）。

40. 早在 1825 年，即便赫卡齐亚·奈尔斯也承认美国的粗纺棉织品不需要进口保护。Taussig（1931，第 136 页）和 Ware（1931，第 106 页）都认为，至少到 19 世纪 30 年代早期之前，美国的粗纺产品厂商不需要保护。

41. 有研究发现（Irwin and Temin，2001），即使在 1830 年前，国内产量与进口价格之间也只有微弱的联系，符合国内和国外厂商分工生产不同产品的现实。该实证研究结果表明，1846 年的《沃克关税法案》只会造成国内棉织品产量下降约 7%，而取消 1820 年本来就较低的关税，只会造成国内产量下降约 9%。

42. 参见 Davis and Irwin（2008）；Warren（1973），第 11 页、第 13 页。

43. 参见 Pincus（1977），第 32 页。

44. 参见 Engerman（1971）和 Davis and Irwin（2008）。

45. 参见 Richardson（1903），第 4 卷：第 285 页。

46. 例如，参议院在 1844 年拒绝与德意志关税同盟（German Zollverein）达成互惠协定。类似的，路易斯安那在 1855 年阻止了与夏威夷达成互惠协定，因为担心食糖进口。参议院还在 1859 年阻止了与墨西哥的贸易协定。一个例外是在 1855 年同加拿大的有限互惠协定谈判，根据该协定，两国对大多数原材料双边贸易给予免税待遇。美国和加拿大还同意分享纽芬兰岛外围的大西洋渔场，并允许美国在圣劳伦斯河通航。参议院批准了该协定。两国贸易很快增长至原来的 3 倍，加拿大成为美国的第二大贸易伙伴。但美国于 1866 年废除了该协定。参见 Officer and Smith（1968，1971）。

47. 参见 Richardson（1903），第 4 卷：第 338 页。

48. 参见 Calomiris and Schweikert（1991）。

49. 参见 Richardson（1903），第 4 卷：第 458 页。

50. 同上，第 521 页。

51. 参见 Pitkin（1940）；Flaherty（2001），第 108 页。

52. 参见 Luthin（1944），第 626 页。

53. 参见 *CG*，1860 年 5 月 10 日，第 2053 页。

54. 参见 Magness（2009）和 Hofstadter（1938）。

55. 参见 Flaherty（2001），第 111 页。

56. 参见 Johnson and Porter（1973），第 33 页。

57. 参见 *WAL*，第 3 卷：第 487 页。

58. 参见 *WAL*，第 4 卷：第 252 页。如 James Blaine（1884，第 198—199 页）解释的："提名林肯先生的大会召开时，反对自由贸易的情绪正在滋长，并在许多州已经根深蒂固。参与那次大会的大多数人继承了辉格党的政治信念，是克莱先生的保护主义信条的资深信徒。但也有强势的少数派来自民主党的激进派别，他们在反对奴隶制上加入了共和党，却在金融和工业议题上保留原先的主张……因此大会避免了采用'保护'一词，并发表了较为温和的宣言。"

59. 尽管南方已决定脱离联邦，莫里尔依然担心关税的政治后果："我们的关税法案在此时实施是不幸的，将成为所有问题的替罪羊。事实上，如果我们强行取消过去的法律，南方邦联可以实施较低的关税，并且会带来同样的麻烦。"（Sherman，1895，第 1 卷：第 183 页）

60. 参见 Magness（2009），第 325 页、第 315 页。

61. 参见 Lee（1957），第 299 页。

62. 参见 Luthin（1944），第 625 页。

63. 参见 *WAL*，第 4 卷：第 211 页。

64. 参见 Huston（2003），第 27 页；Gunderson（1974）。

65. 该估计来自 Goldin and Lewis（1975）。Goldin（1973）指出，作为战争的替代选项，把奴隶从主人手中赎买出来，其成本可能同样高昂。她估计为奴隶购买人身自由的总成本约为27亿美元，即使分摊到25年的期限，也会使联邦政府支出达到原来的3倍。

66. 参见*CG*，1862年3月12日，第1196页。

67. 参见*CG*，1862年7月1日，第3053页。

68. 参见*CG*，1864年6月2日，第2672页。

69. 人们通常以为林肯有过这样的言论：美国在进口中得到产品，却失去了金钱，而通过保护，既能得到产品，也不会失去金钱。但陶西格发现，没有证据表明林肯说过那样的话（Taussig，1920，第34—48页）。

70. 参见McGuire and Van Cott（2002），第429页。

71. 参见Bensel（1990），第175页。

72. 参见Carlander and Majewski（2003）。

73. 参见Burdekin and Langdana（1993），表2。

74. 参见Davis and Engerman（2006），第144页。虽然利物浦的棉花价格从1860年的每磅6便士飞涨到1864年的27便士，英国政府却没有给邦联政府提供多少支持。

75. 参见Lebergott（1983），第69页。

76. 参见Lebergott（1983），第67页；Burdekin and Langdana（1993）。

77. Lebergott（1983，第70页）指出："鉴于南方人不愿意缴纳税收，种植园主不愿意限制自己的棉花销量来支持邦联的债券销售，邦联只剩下利用通货膨胀征收财富的唯一财政政策。"

78. 参见Lebergott（1981），第883页；Hetherington and Kower（2009）。此外，封锁措施造成贸易成本增加，影响了邦联的进口构成，这对南方的战争是不利的。商人得到的激励是进口高价值的奢侈品（如咖啡和茶叶），而非笨重却意义重大的军事物资。参见Lebergott（1981），第873页；Ekelund and Thornton（1992）。有关北方实施封锁的一般介绍，参见Surdam（2001）、Davis and Engerman（2006）。

79. 参见Easterlin（1961），第86页；Sellers（1927）。

## 第五章　关税改革的滑铁卢，1865—1890年

1. 参见US Bureau of the Census（1975），Y-493。

2. 参见McGuire（1990）。

3. 参见*CG*，1866年6月29日，第3499页。

4. 同上。

5. 同上，第3500页。

6. 同上，第3719页。

7. 参见Joyner（1939），第44页。

8. 参见H. R. Exec. Doc. No. 12－39（1869年12月）。

9. 参见Ferleger（1942），第178页。

10. 或许是之前相关利益集团对《莫里尔关税法案》的强大游说活动改变了韦尔斯的观点。Meardon（2007）研究了使韦尔斯的想法发生转变的部分原因。

11. 参见H. R. Rep. No. 72－41，第33页、第63页、第65页（1869）。

12. 参见*CG*，1869年1月19日，第452页。

13. 参见Tarbell（1912），第67页。

14. 参见*CG*，1870年4月1日，第270—271页。

15. 参见Richardson（1903），第7卷：第107页。

16. 参见*CG*，1872年3月28日，第2017—2018页。

17. 参见Morgan（1969），第167页。

18. 参见Johnson and Porter（1973），第42页。

19. 参见Richardson（1903），第7卷：第293页。

20. 参见Johnson and Porter（1973），第54页、第50页。

21. 参见Morgan（1969），第167页。

22. 同上，第116页。

23. 参见*Harper's Weekly*，1880年11月13日，第731页。

24. 参见Richardson（1903），第8卷：第49页。

25. 参见Tariff Commission（1882），第1页。

26. 参见Taussig（1931），第249页。

27. 参见Richardson（1903），第8卷：第134—136页。

28. 参见Stanwood（1903，第2卷：第207—218页）描述了这一场景，此外，请参见Hendrickson and Roberts（2016）。

29. 参见*CR*，1890年5月9日，第4431页。

30. 请参见Bensel（2000），第495页。

31. 引自Tedesco（1985），第127页。

32. 参见Kennon and Rogers（1989），第187页。

33. 参见Thompson（1985）。

34. 参见Hoogenboom（1995），第493—495页。

35. 参见Richardson（1997），第105页。

36. 参见*CR*，1882年5月3日，第3577页。

37. 参见 Wright（1910）。

38. 由于在此期间，中西部地区很乐于用自己的投票权来换取对自己有利的政策，所以 Smith（1954，第 165 页）强调：“除了 1830 年至 1860 年这段时期，美国南方棉花种植区以外的农民对自由贸易政策几乎没有任何贡献”。

39. 参见 Morgan（2003），第 168 页。另请参见 Calhoun（1996），第 300—301 页，以及 Richardson（1997）。

40. 参见 Leiter（1961）。

41. 参见 Skocpol（1993）和 Holcombe（1999）。

42. 参见 Bensel（1984），第 70 页。

43. 参见 Thompson（1985），第 187 页。

44. 参见 Morgan（1969），第 170 页。

45. 参见 *CR*，1888 年 4 月 17 日，第 3058 页。

46. 参见 *CR*，1872 年 5 月 9 日，第 3234 页。

47. 参见 *CR*，1888 年 5 月 17 日，第 4352 页。一位共和党记者解释说：“我国过去的所有经历表明，国内竞争加剧往往会促使价格走低。调低关税会破坏国内生产和竞争，必然会导致物价像外国竞争对手要求的那样不断走高。”

48. 参见 *CR*，1870 年 3 月 25 日，附录 209。

49. 参见 Palen（2013），第 217 页。

50. 奇怪的是，亨利·克莱支持大批外来移民进入美国。他认为这可以增加就业的多样性，从而提高劳动力的工资。请参见 Morrison（1986，2011）。

51. 尽管贾斯汀·莫里尔很欣赏亨利·克莱的政策结论，但他委婉地承认克莱并不受欢迎，因为他的论证方式过于“分散”（Huston，1983，第 51 页）。

52. 参见 Mill（［1848］1909），第 922 页；*JSM*，第 17 卷：第 1589 页。

53. 参见 Morrison（1986），第 2 页。

54. 请参见 Terrill（1969）了解关于韦尔斯的情况。众所周知 Henry George 倡导征收土地税，他在 *Protection or Free Trade*（1886）一书中攻击了贸易限制措施，而耶鲁教授、社会达尔文主义者 William Graham Sumner 撰写了 *Protectionism: The-ism Which Teaches that Waste Makes Wealth*（1885）。威廉姆斯学院的 Arthur L. Perry 积极参与了美国自由贸易联盟的活动，甚至就关税政策舌战 Horace Greeley。

55. 参见 *CR*，1870 年 4 月 1 日，第 268 页。

56. 参见 *CR*，1877 年 1 月 10 日，第 555 页。

57. 参见 *CR*，1894 年 2 月 1 日，第 1781 页。

58. 请参见 Corden（1971）和 Anderson（1998）。Hawke（1975）计算了 19

世纪美国各个产业的实际保护税率。

59. 这一时期的研究大多认为美国的价格水平高于英国。1910年，美元兑英镑的名义汇率为4.86，但Williamson（1995）的计算表明，购买力平价汇率要高出30%，即6.35英镑。这表明英美之间存在着贸易障碍，而且美国的非贸易品价格较高。同样Ward and Devereux（2003，第832页）的研究表明，在19世纪末，尽管英美两国收入水平接近，但美国的服务价格（如住房、国内服务和交通等的价格）比英国高出约25%。

60. 参见O'Rourke and Williamson（1999）。

61. 特定要素模型是Jones（1971）和Samuelson（1971）提出的。Ruffin and Jones（1977）分析了“新古典主义歧义”。

62. 如Ward and Devereux（2003，第833页）所示，19世纪70年代和80年代的消费者调查表明，食物在支出中的比重约为42%，烟酒在支出中的比重约为10%，住房在支出中的比重约为18%，衣物在支出中的比重约为20%，其他物品的支出比重约为10%。

63. 参见Irwin（2010）。

64. 然而，进口关税的征收成本高于国内税的征收成本。财政部称，在19世纪80年代，进口关税和国内税的操作成本（在已征税收中的比重）约为3%左右，不过到了1900年前后，国内税的征收成本下降到了1%左右（Lindert，2014，第487页）。

65. 参见Irwin（2014）。

66. 如果进口产品的供给完全有弹性，那么进口产品的国内价格预计下跌25%，其计算过程如下（其中$\tau$为税率）：$(1+\tau_{1870})/(1+\tau_{1869})-1$，或$(1.20/1.60)-1=-0.25$。

67. Smith（1926，第119—120页）称：“经济史学家一致认为，在本章讨论的年代里，关税并不是促使羊毛业发展欣欣向荣的主要力量。”

68. 参见McGuire（1990）。

69. 参见James（1984），第193页。

70. 参见H. R. Rep. No. 792－48（1884）。

71. 参见Porter and Johnson（1956），第65页。

72. 同上，第72—73页。

73. Allan Nevins（1932，第280页）讲完这个故事后补充说：“克利夫兰或许是在表明，相对来说自己不那么了解关税，不过如果这样的话，他不会摆出这么情绪化的姿态。”

74. 克利夫兰否决了成百上千份以资助老年人为唯一目标的私人养老金法案。

“那些要求领取养老金的人持续不断地攻击国库时逐渐锻炼出来的智谋”让克利夫兰叹为观止，同样让他惊叹的是“那些已经享受退休金的人居然试图把眼痛列为痢疾造成的结果，以此为理由要求提高退休金”（Bensel，1984，第65页）。

75. 参见 Richardson（1903），第8卷：第341页。

76. 同上，第509—510页。

77. 同上，第581页。

78. 同上，第584页。

79. 同上，第588页。

80. 同上，第590页。

81. 同上，第590页。

82. 请参见 H. R. Rep. 1496 – 50，第15页（1888）。

83. 参见 *CR*，1888年7月19日，第6519页。

84. 参见 *CR*，1888年6月7日，第4401/4403页，第4卷：3591页；第5卷：第4107页。

85. 参见 Johnson and Porter（1973），第78页。

86. 同上，第80页。

87. 参见 Reitano（1994，第108页）称：“毫无疑问关税是1888年大选的核心问题。”此外，请参见 Calhoun（2008）。

88. 参见 Baumgardner（1984）。

89. 迄今为止，尚没有系统性的研究分析1888年大选的投票模式，但相关情况可参见 Reitano（1994），第127—128页；Kleppner（1979），第361—362页。

90. 参见 Richardson（1903），第8卷：第774—776页。

91. McCarty、Poole and Rosenthal（2002）探讨了美国的地域扩张如何帮助国会的共和党人提升对关税保护的支持力度。

92. 参见 Richardson（1903），第9卷：第39页。

93. 参见 Morgan（2003），第109页。另外请参见 Morgan（1960）。

94. 引自 Frieden（1997），第387页。

95. 参见 *CR*，1890年5月7日，第4253页。

96. 参见 *CR*，1890年5月8日，第4318页。

97. 参见 H. R. Rep. No. 1466 – 51，第1—2页（1890）。

98. 参见 Stanwood（1903），第2卷：第268页。

99. 参见 H. R. Rep. No. 1040 – 52，第2页（1890）。

100. Conybeare（1991）研究了《麦金莱关税法案》得到的政治支持来自何

种经济基础。

101. 参见 Morgan（2003），第 113 页。

102. 参见 Josephson（1938），第 454 页。

103. 参见 Morgan（2003），第 113—114 页。

104. 参见 Rogers（2007）、Palen（2010）以及 Palen（2016）。

105. 幼稚产业论往往主张“干中学”，即初始生产成本会随着生产者不断累积经验迅速下降。如果生产经验是决定企业（或产业）成本的重要因素，那么暂时提供贸易保护可以使它们有机会降低成本，从而有效地与成熟的外国企业（产业）展开竞争。Sutthiphisal（2006）发现，没有太多证据表明制鞋、纺织和电气设备这三个产业在 19 世纪末的发展遵循了“干中学”的过程。

106. Irwin（1996b）指出，幼稚产业保护论在学术界的历史由来已久，得到约翰·斯图亚特·穆勒等权威学者的认可。Baldwin（1969）认为进口关税没有提供合理的激励措施帮助幼稚产业发展壮大。

107. James Swank 是美国钢铁协会中坚定的贸易保护主义者，但就连他也不认为钢铁产业属于新兴产业，需要从幼稚产业的角度出发给予保护。请参见 Tedesco（1985），第 191 页。

108. 请参见 Berglund and Wright（1929），第 195 页；Hogan（1971），第 357 页。Taussig（1915，第 151 页）认为：“毫无疑问，无论是否开征关税，（钢铁产业）最终都会实现同样的高速增长，只是这一切不会来得这么快，规模也不会这么大。”

109. 1901 年一位英国主管生铁的官员访问美国后发布了一篇报告，认为国际间技术转移势在必行。该报告强调说：“如今美国炼铁业的大量行业带头人正在英国接受培训，以习得它的知识和经验。”此外请参见 Hyde（1991）。

110. 参见 Irwin（2000b）。

111. 举例来说，如果我们用有效保护率的基本计算公式进行计算，并假设钢和铁占到马口铁生产成本的 2/3，钢和铁的关税为 40%，那么马口铁的名义关税为 25%，意味着有效保护率为 -56%！

112. 请参见 Berthhoff（1953，第 69 页）。

## 第六章　根深蒂固的贸易保护主义，1890—1912 年

1. Statistical Abstract of the United States（1903），第 549 页；League of Nations（1945），第 13 页。

2. 人们普遍采用的 Maddison（1995）的数据认为，美国的人均收入在世纪之交超过了英国，不过越来越多的人质疑这个结论。Ward and Devereux（2003，2005）认为美国的人均收入一直高于英国，这与 Lindert and Williamson（2016）研究 18 世纪末和 19 世纪初的美国得出的结果完全一致。关于 1910 年的情况，请参见 Woltjer（2015）。

3. 参见 *CR*，1890 年 5 月 7 日，第 4255 页。

4. “在自由贸易与贸易保护的辩论中，其他可供选择的贸易政策对增长率的影响很可能是一个有定量意义的重要问题，” Harry Johnson（1960，第 339—340 页）曾经写道，“如果在任何时间点，贸易保护成本在国民收入水平中的占比都很小，而且实际情况恰好符合贸易保护主义者的观点，即贸易保护提升了国家的经济增长率，那么经济增长率的上升幅度不一定需要显著地提升国民收入来抵消贸易保护在短短几年里造成的国民收入下降。”请参见 Bairoch（1993），第 52—53 页；O’Rourke（2000）。他们强调了这一时期关税与经济之间的正关系。本书这一章的内容参考了 Irwin（2001）。

5. 不幸的是，试图解释 19 世纪末各个产业之间关税结构的研究相对较少。Baack and Ray（1983）发现各产业的关税税率与生产中的劳动技能密集程度或资本劳动比之间没有密切的联系。

6. 参见 Haines（2000），第 153 页。

7. Hatton and Williamson（1998）发现，流入美国的移民周期性很强，而且移民情况取决于两个大洲之间的工资差距和商业周期的变化。这些移民周期与关税运动没有关联。譬如，1846 年《沃克关税法案》下调保护性关税后大批移民流入美国。

8. 请参见 Davis and Gallman（1978）；Davis and Gallman（1994）。James（1984）发现，有间接证据表明政府的财政结余多半用于降低政府的内战债务。这些结余通过降低利率推动了国内投资（例如，财政结余挤入了私人投资领域）。

9. 参见 Jaremski（2014）。

10. De Long（1998，第 369 页）强调：“关税提高了众多投资品的价格，从英国的机床和蒸汽机到钢轨再到精密仪器，都是如此。”国内外资本品价格走高，压低了资本积累率。“关税对投资的破坏作用对 19 世纪的经济增长至关重要，” De Long（1998，第 370 页）总结说，“从长远来看，实际投资在国民产值中的比重下降 2% ~ 4% 会使资本产出比下降 10% ~ 20%，生产率和实际工资会减少 5% 或更多。”

11. Kravis（1972），第 403 页。19 世纪末见证了大企业的崛起，但它们尚未发展成有能力开展大规模外国投资的大型跨国企业。Wilkins（1989）研究了第一次世界大战前外国投资在美国经济中发挥的作用。另请参见Lipsey（2000）。

12. 请参见Lewis（1979）、Dennis and Iscan（2009）和Alvarez-Cuadrado and Poschke（2011）。

13. 参见Weiss（1993）。

14. Cochran（1961）及其他研究表明，内战没有大力推动制造业的发展。

15. 数据来源于US Bureau of the Census（1975），series P-5，P-10，U-223-224。

16. North（1960b，第199页）指出："在这一时期，国际经济对美国经济增长的影响显然不如之前那么显著。"如果进口替代对19世纪末经济增长的贡献可以忽略不计，那么毫无疑问这个时期美国的增长不属于"出口拉动型"增长（Kravis，1972）。

17. Taussig（1915，第29页）指出："美国经济史普遍表明，保护性关税在绝大多数情况下没有扶持夕阳产业，也没有阻碍变革，尽管目前尚不清楚它们是否经常按照（幼稚）产业保护论预期的方式和力度，刺激了（幼稚）产业的发展。"

18. Chandler（1959，第31页）认为："从19世纪80年代起，一直到20世纪之交，美国经济的重大创新就是在不少产业中诞生了大公司。"这种创新"是对全国市场以及日益城市化的市场做出的回应，而这些市场是由全国铁路网的拓展造就的，铁路网是1855年至1880年刺激经济发展的重要动力。"

19. 参见Hirschman and Mogford（2009）。

20. Hyde（1991，第67页）认为："贝西默炼钢法转让给美国10年后，美国的贝西默炼钢厂无论在产量还是生产率上都遥遥领先于英国。"

21. 参见*LTR*，第1卷：第104页。Stanwood（1903，第2卷：第294页）认为，"看起来这个结果代表着全国选民坚决反对保护体系，在某种实际意义上，也的确如此。"有些观点认为，高关税保护的是占据垄断地位的大企业和托拉斯，这使《麦金莱关税法案》愈发不得人心。在Taussig（1931，第317页）看来："虽然对托拉斯和垄断企业的保护只是个案，而不是保护性关税的正常工作机制，但对托拉斯和垄断企业的强烈抗议或许是促使公众声讨《麦金莱关税法案》最有力的原因。"

22. Cannon认为，对关税进行任何调整（无论是上调关税还是下调关税）会给企业带来不确定性，从而损害经济发展。相关分析请参见Clarke、Jenkins and Lowande（2016）。

23. 参见Johnson and Porter（1973），第93页。

24. 同上，第87页。

25. 参见 Richardson（1903），第 9 卷：第 392 页。

26. Friedman and Schwartz（1963）认为，导致黄金储备流失的原因在于人们害怕白银利益集团强迫美国放弃金本位。一直到 1896 年共和党在选举中获胜，这种担忧才烟消云散，黄金流回美国，经济逐渐复苏。关于这一时期经济衰退的具体情况，请参见 Steeples and Whitten（1998）。

27. 请参见 Miron and Romer（1990）以及 Romer（1986）。

28. 参见 Richardson（1903），第 9 卷：第 458—460 页。

29. Kennon and Rogers（1989，第 237 页）指出："公众听证会不过是个形式，真正的工作是在紧闭的大门后完成的。《威尔逊关税法案》就像 1888 年的《米尔斯关税法案》一样，是盏'暗灯'。正式的听证会结束之后，委员会就搬到迷宫般复杂的国会大厦地下室里几乎无人能接近的人口普查会议室。委员会与财政部的官员和商人在这里召开会议，其中部分人要求委员会隐去他们的姓名，才会参会。委员会就在这个地下室里继续起草法案。"

30. 先前克利夫兰曾经敦促民主党代表制造商再次就原材料免税问题发出呼吁："世界应该对我国的独创性和企业打开大门，但是联邦立法开征高关税，使美国制造商无法像竞争对手那样获得廉价原材料时，这扇大门就无法打开了。很显然这项政策提高了我国制成品的价格，不仅将美国产品的市场局限在本国境内，直接将我国制造商置于不利的境地，而且提高了我国民众购买这些产品的成本。"（Richardson，1903，第 9 卷：第 459 页）。

31. 参见 Joseph（2004）。另请参见 Mehrotra（2004）。

32. 参见 *CR*，1894 年 2 月 1 日，第 1781 页。

33. 同上，第 1792 页。

34. 同上，附录，第 205 页。

35. 参见 Summers（1953），第 186 页。

36. 参见 Stanwood（1903），第 2 卷：第 341 页。

37. 参见 Morgan（1969），第 474 页。

38. 参见 *CR*，1894 年 7 月 23 日，第 7082 页。

39. 参见 *CR*，1894 年 8 月 28 日，附录，第 1535 页。

40. 参见 Ratner（1942），第 184—192 页；Joseph（2004）。

41. 参见 Johnson and Porter（1973），第 98 页。

42. 同上，第 107 页。

43. 参见 Rove（2015）。

44. 参见 Richardson（1903），第 10 卷：第 13 页。

45. 参见 Morgan（1965），第 227 页。

46. 参见 Morgan（2003），第 212 页。

47. 参见 Kennon and Rogers（1989），第 242 页。

48. 参见 Palen（2013）。

49. 参见 *CR*，1898 年 6 月 14 日，第 5903 页。

50. 参见 La Croix and Grandy（1997）。

51. 请参见 Pérez（2003），第 74 页。

52. William Appleman Williams 在自己的著作《美国外交的悲剧》（*The Tragedy of American Diplomacy*）中称，美国在努力以经济扩张为基础打造一个非正式的帝国，这有时被称作"门户开放"政策。然而，Herring（2008，第 334 页）指出，"最初的'门户开放'照会虽然意义重大，但是它的成果远远没有达到它赋予的目标……照会对中国或美国没有产生什么立竿见影的影响"，看起来只是重申了美国对非歧视待遇的兴趣。另请参见 Palen（2016）。

53. 参见 Lipsey（2000）；Lipsey（1963），第 144 页。

54. 参见 US Bureau of the Census（1975），U 213 - 18；Lipsey（1963），第 144 页。

55. 参见 Lewis（1957），第 579 页；League of Nations（1945），第 13 页；Eysenbach（1976），第 6 页。

56. 参见 Lipsey（1963，第 59 页）观察到制成品出口的构成"自 1879 年开始就沿着相当稳定的方向不停变化——美国出口从动物制品或未加工蔬菜转向未加工矿产"。Wright（1990）研究了 1879 年至 1940 年间美国制成品贸易的要素含量，发现美国在不可再生自然资源方面普遍处于净出口的状态。

57. 参见 Warren（1973），第 116 页。

58. 美国钢铁业的国际竞争力情况请参见 Allen（1979）、Allen（1981）以及 Irwin（2003a）。

59. 参见 Wolman（1992），第 82 页；Statistical Abstract of the United States（1904），第 218 页，第 522 页。

60. 参见 Findlay and Jones（2001）。

61. 参见 Wolman（1992），第 xvii 页。

62. 参见 Kenkel（1983），第 44 页。

63. 参见 Terrill（1973），第 168 页。

64. 参见 Healey（2001），第 165—166 页。

65. 参见 *CR*，1890 年 6 月 19 日，第 6256—6259 页。

66. 参见 *CR*，1890 年 5 月 9 日，第 4397 页。

67. 参见 Johnson and Porter（1973），第 87 页。共和党在竞选政纲中为这一

条款辩解：“我们要指出共和党的互惠政策卓有成效。在这项政策下，我国出口贸易大幅提升，我国农民和工人生产的产品不断进入新的市场，或者进一步拓宽现有市场。我们要提醒人民注意，民主党激烈地反对这项实用的贸易政策，而且我们要宣称，共和党政府执行现行法律最终将使我们统领全球贸易。”（同上，第93页）

68. 参见 *FRUS*（1899），第130页。

69. 参见 Johnson and Porter（1973），第107页。

70. 参见 Morgan（1965），第226页。

71. Kasson 的相关情况请参见 Younger（1955）。

72. 参见 US Tariff Commission（1919）。

73. 参见 Richardson（1903），第10卷：第210页。

74. 同上，第240页。

75. 参见 Younger（1955），第378—379页。

76. 参见 Richardson（1903），第10卷：第394—396页。

77. 譬如，1890年《麦金莱关税法案》废止原糖关税当天，其国内价格的下跌幅度就超过了20%。1894年和1897年上调糖税后，原糖价格立即上涨。请参见 La Croix and Grandy（1997）、Irwin（2015）。

78. 参见 Tarbell（1912），第266页、第261页。

79. 参见 Stapleford（2009）。

80. 参见 Wolman（1992），第xvii页；Lamoreaux（1985）。

81. 参见 *CR*，1888年4月24日，第3305页。

82. 参见 *CR*，1902年12月2日，第8页。

83. Havemayer 称：“同一行业里的大型利益集团相互合并，带来的经济进步强烈地刺激了它们（如托拉斯）的形成，不过这与关税保护赋予它们的优势相比无足轻重。”（*Literary Digest*，1899年6月24日，第720页）

84. Taussig（1931，第310页）指出，“人们不需要特别熟悉经济史，也不需要特别精湛的推理技巧，就可以发现造成企业兼并这一趋势的原因比保护性关税法案深刻得多，并且它们引发的问题比关税争议涉及的问题更为复杂。社会意义也更加重大。”

85. Bittlingmayer（1985）称政府推行反托拉斯法引发了企业兼并潮。Chandler（1977，第375页）强调：“如果没有《谢尔曼反托拉斯法案》和（19世纪90年代）的这些司法解释，很多小型家族企业组成的卡特尔原本可以像欧洲的那样，拥有和运营着功能单一的企业，顺利地迎来20世纪。”

86. Chandler（1977）将企业规模的扩张归因于技术变革以及铁路网和电话

网扩展带来的交通成本和信息成本的不断下降。它们使公司可以利用规模经济并且将美国改造成全国一体化的市场，这个市场主要由大型企业为它提供服务。

87. 参见 Gould（1978），第 65 页。

88. 参见 Williamson（1995）。

89. 参见 Irwin（2002）。

90. 这个观点的相关佐证请参见 Liu and Meissner（2015）。

91. 显然西奥多·罗斯福从哈佛大学毕业时热情地拥护自由贸易，刚刚开始职业生涯时也非常赞同自由贸易的观点。1883 年他在纽约自由贸易俱乐部（Free Trade Club）发表演讲时表示，自己支持“沿着以获得财政收入为唯一目的方向开征关税，逐步对进口关税进行累进式调整”。他补充说：“公众中无疑存在着反对我党教义的观点，但这不应该使我党内部滋生胆怯情绪，而是鼓励自由贸易的拥护者更加持之以恒地推动他们向往的改革。”他甚至预言自由贸易原则全面取得胜利只是时间问题（*NYT*，1883 年 5 月 29 日，第 5 版）。不过他很快就为了在共和党内部向上擢升而否定了这些观点。详情请参见 Baker（1941）。与此同时，他（1924，第 16 卷：第 338 页）撰文称，关税的问题在于“它牺牲了普通民众的福祉，由此产生的溢价满足了特定个人和特定产业或地区的私利。我们推进低关税政策的最有力理由是，它消除了这些贪婪且相互冲突的利益集团之间的争斗”。

92. 参见 *LTR*，第 1 卷：第 408 页。

93. 同上，第 312—313 页。在另一个时候，他写道：“问题只在于削减部分关税获得的益处是否足以抵消调整关税造成的麻烦。我本人认为当前的关税体系没有伤害到任何重要的利益集团。另一方面，我认为削减关税在实际层面既不会带来任何特别的益处，也不会造成特殊的伤害。”（同上，第 471—472 页）

94. 参见 *LTR*，第 4 卷：第 1100 页。

95. 参见 Richardson（1903），第 10 卷：第 428 页。

96. 西奥多·罗斯福怯生生地与古巴接触，并提出磋商互惠协定。国务院在这份协定中主动提出减免对古巴的糖税和烟草税。但美国甜菜、甘蔗和烟草生产商支持的共和党人坚决反对这份协定，最终迫使西奥多·罗斯福打了退堂鼓：“除非会有什么好事发生，否则我不希望自己的政党在关税问题上出现巨大分歧。”（Gould，1978，第 35 页）

97. 参见 *LTR*，第 3 卷：第 580 页。

98. 参见 *LTR*，第 4 卷：第 1039—1040 页。

99. 同上，第 1056 页。

100. 同上，第 1052—1053 页。

101. 同上，第1028页。

102. 参见Goodwin（2013），第309页。

103. 参见*LTR*，第4卷：第1062—1063页。

104. 参见*LTR*，第5卷：第367页。1907年短暂的金融恐慌使任何推行改革的可能性都向后顺延。西奥多·罗斯福坚称："我国致力于采纳保护体系，任何妄图推翻它的努力都只会引发广泛的产业灾难。换言之，理智的人不会颠覆当前关税法案秉承的原则。"（Richardson，1903，第14卷：第7083页）

105. 参见Johnson and Porter（1973），第158页。

106. 参见Solvick（1963），第425—426页。

107. 参见Anderson（1981），第169—170页。

108. 参见Johnson and Porter（1973），第146页。

109. 参见*CR*，1909年3月4日，第3页。

110. 参见H. R. Rep. No. 1 – 61，第2页（1909）。

111. 虽然这部法案为菲律宾出口至美国的食糖和烟草设置了限额，但也赋予了菲律宾与美国开展自由贸易的待遇。

112. 参见*CR*，1909年3月22日，第139页。

113. 参见H. R. Rep. No. 1 – 61，第3页（1909）。

114. 参见Goodwin（2013），第592页。

115. 参见*CR*，1909年5月4日，第1716页；*CR*，1909年5月5日，第1742页。

116. 参见Harrison（2004），第178页。

117. 参见Goodwin（2013），第593页。

118. Sarasohn（1989，第64页）强调："无论民主党在削减关税的努力中表现得多么分裂，表现出多少不确定性，共和党造反派的着眼点似乎都与他们完全不同。所有造反派在公开场合就关税发表演讲时，都会先重申自己对保护体系的信念。"

119. 同上。

120. 参见*CR*，1909年5月5日，第1744页。

121. 参见Goodwin（2013），第593页。

122. 纽约州共和党议员Chauncey Depew称倡导开征所得税的运动是"对保护体系最直接的攻击"。他表示除非在战争时期，否则没有任何合理的理由开征所得税。Aldrich（*CR*，1909年4月19日，第1379页）对支持削减关税的人评论说："或许你们是为了降低政府收入而建议开征所得税，由此迈出了毁灭贸易保护体系的第一步。"

123. 参见 *CR*，1909 年 6 月 16 日，第 3344 页。

124. 请参见 Solvick（1963）和 Barfield（1970）了解塔夫脱发挥的作用。

125. 参见 Goodwin（2013），第 593 页。

126. 参见 Anderson（1981），第 174 页。

127. 关税委员会是行政部门的顾问机构，而不是国会的下属部门。它也可以就其他关税问题提供建议。其主席为耶鲁大学的政治经济学教授 Henry C. Emery。

128. 参见 *WHT*，第 3 卷：第 177 页。另请参见 Lake（1988），第 144 页。

129. 参见 *CR*，1911 年 4 月 4 日，第 7 页。

130. 参见 Anderson（1981），第 178 页。

131. 参见 Kenkel（1983），第 81 页。

132. 请参见 Percy、Norrie and Johnston（1982）以及 Beaulieu and Emery（2001）。

## 第七章　政策逆转和偏移，1912—1928 年

1. 参见 Johnson and Porter（1973），第 184—185 页。

2. 同上，第 184—185 页，第 168—169 页。

3. 请参见 Burdick（1968）。威尔逊在委员会发言时称高关税催生了垄断，损害了国内福祉，而且将破坏美国与其他国家的关系。委员会没有给他留下深刻的印象。他称这个委员会是“饱受嘲讽而且能力低下的机构”（*PWW*，第 2 卷：第 140—143 页、第 285—286 页）。

4. 参见 Wilson（1909），第 554 页。

5. Barfield（1970，第 308—309 页）强调：“到了 1909 年，在 1896 年大选中贯穿始终的强烈命运感早已烟消云散，民主党似乎把精力都投入到不太重要的目标上，如争权夺位、互投赞成票换取政治利益，寻找可以羞辱共和党的事情。”

6. 参见 Johnson and Porter（1973），第 168 页。

7. 同上，第 180—181 页。

8. 参见 *PWW*，第 27 卷：第 150 页。

9. Underwood（1928，第 217 页）是强烈支持削减关税的南方派。他相信“保护关税法律的目的是为了保障制造商的利润，而不是维持工薪阶层的工资水平或劳动者的生活水平”。

10. 参见 Link（1956），第 37—38 页。

11. 在历史上，对原毛征收高关税意味着羊毛生产商需要国家设置更高的补

偿性税率抵消原材料成本高企对它们造成的影响。从本质上说，对原毛开征关税提高了门槛，就无法再下调羊毛制品的关税。为了终结这种关税不断升级的做法，威尔逊坚决要求将羊毛加入免税清单。筹款委员会迫于总统的压力同意了这个建议。羊毛制品生产商也支持这一举动，因此威尔逊成功地使羊毛生产供应商和羊毛制品生产商分道扬镳。Willis（1914，第 15 页）指出："证人的证词表明，制造商在很多情况下都渴望确保进口的原材料免交关税。他们之所以犹豫不决是否要敦促政府取消羊毛税，是因为他们担心这么做会打破自己与羊毛生产商之间由来已久的'邪恶联盟'，从而失去后者的支持以及来自绵羊养殖州的参议员的投票。然而，一旦事态清晰地表明无论进行多少暗中操纵都不足以'维系联盟'，那就可以安心地对羊毛和羊毛制品的税则进行实实在在的修正。制造商会迫切地要求削减羊毛税，使自己长期以来的愿望梦想成真。"

12. 参见 *PWW*，第 23 卷：第 270—271 页。

13. 参见 H. R. Rep. No. 5 - 63，第 ii - iii 页、第 vii 页（1913）。

14. 同上，参见第 iv 页。

15. 参见 *CR*，1913 年 5 月 6 日，第 1247 页。

16. 参见 Link（1956），第 187 页。

17. 参见 Burdick（1968）。Link（1956，第 190 页）强调："委员会发现没有什么实质性的违法行为……而且没有证据显示是因为大利益集团游说国会才引发了 20 年前的高关税之争。"详情请参见 *Maintenance of a Lobby to Influence Legislation: Hearings Before the Senate Judiciary Committee*，第 63 届国会（1913）4 卷本。

18. 请参见 Holt（1967）。尽管造反派曾经攻击《佩恩-奥尔德里奇关税法案》的关税水平过高，但现在他们转而攻击民主党削减关税的举动。共和党进步派坚称他们更关心的是"关税平等"，而非"削减关税"。对他们来说，关税平等意味着重新打造关税平衡，下调工业品的关税，同时上调农产品和原材料的关税。共和党进步派认为民主党全面削减关税的方法鲁莽而不顾后果，而且猛烈抨击了削减农产品关税的举动，特别是肉和粮食。

19. 参见 Link（1956），第 194 页。

20. 参见 Saunders（1999），第 230 页。

21. 参见 Joseph（2004）。收入所得税蕴含的政治经济学请参见 Baack and Ray（1985）、Anderson and Tollison（1993）、Holcombe and Lacombe（1998）以及 Mehrotra（2004）。

22. 参见 US Bureau of the Census（1975），Y - 352 - 53。

23. 国会于 1913 年 12 月建立了联邦储备系统，将它作为美国的新央行，不过美国仍然坚持金本位。

24. 参见 Miron and Romer（1990）。

25. 参见 Brownlee（1982）。

26. 麦卡杜报告称："共和党领袖最渴望在即将到来的选举中利用关税大做文章。1915 年春天，他们坚持不懈地攻击民主党制定的关税法案，称当时美国处于商业萧条完全是由该法案以及民主党的无能造成的，而事实上，造成经济衰退的主要原因是欧洲战争。(1915 年秋天）经济繁荣开始回归时，他们改变了进攻路线，称战争结束之日就是经济繁荣消散之时，即战争结束之后，美国制造商将开始感受到《安德伍德—西蒙斯关税法案》造成的致命影响，因为它允许欧洲国家以任何价格将数量可观的制成品'倾销'到美国市场。本国制造商即使不会被这场竞争彻底毁灭，也会受到严重伤害。"（*PWW*，第 35 卷：第 475 页）。

27. 参见 Schnietz（1998）。

28. 参见 *PWW*，第 35 卷：第 477 页。

29. 1913 年参议院审议关税法草案时曾提出一项修正案，建议成立两党关税委员会，但未能通过审议。参议院对它的投票结果是 32 票对 37 票，其中共和党支持成立该委员会，而民主党表示反对。

30. 参见 Link（1956），第 342 页。

31. 请参见 Taussig（1916）。该备忘录重印于 Taussig（1920），第 180—193 页。

32. 休斯顿曾三次向威尔逊力荐成立关税委员会，直至总统的态度最终软化。他（Houston，1926，第 196—197 页）回忆道："当时我对他说，我没有蠢到认为关税或任何一种形式的税收可以脱离政治的影响。"但休斯顿认为："为总统、国会、特别是公众收集可靠的数据，为他们提供信息必定会大有裨益。"

33. 参见 *PWW*，第 35 卷：第 312—316 页。

34. 参见 *PWW*，第 36 卷：第 12—13 页。

35. 参见 *PWW*，第 35 卷：第 510—552 页、第 526—527 页。Schnietz（1998，第 25 页）强调威尔逊发给筹款委员会的法案草稿与陶西格给休斯顿和麦卡杜准备的草案非常相似。唯一的差别在于威尔逊提供的草案赋予了关税委员会调查倾销的权力。

36. 参见 Johnson and Porter（1973），第 205 页、第 195 页。

37. Fordham（2007）认为，德国威胁到美国的战时出口繁荣，这或许促使美国最终决定参与第一次世界大战。

38. 参见 League of Nations（1945），第 13 页。

39. 参见 *PWW*，第 45 卷：第 537 页。

40. 威尔逊解释："我当然不是建议限制各国自由制定本国经济政策的权力，

但各国为了本国经济建设征收必要的关税时，无论这些关税是高是低，都应该对所有国家一视同仁。换言之，不应该针对部分国家采取歧视政策。”（*PWW*，第51卷：第476页）

41. 同上。

42. 参见 Diamond（1943），第183页。《国际联盟盟约》的初始草案没有包括任何关于贸易条件平等的条款，但后来美国开始起草相关条款，建议限制各国在贸易政策中推出新的特惠措施和歧视措施（其中包括涉及殖民地贸易的措施），并且在国际联盟的支持下创办国际贸易委员会（International Trade Commission）。Temperley（1921，第5卷：第68页）发现，尽管美国已经初步提出这些措施，但“没有证据表明巴黎和会曾认真敦促各国采纳美国的建议，甚至没有认真讨论过它们”。

43. Temperley（1921，第5卷：第69—71页）解释了为何没有对贸易政策采取行动。他认为这反映出战后各国更关心的是政治问题，而不是贸易问题。

44. 共和党国会削减了关税委员会的资金，以免它的研究可能会导致人们质疑关税保护的原则。1919年陶西格辞去委员会主席一职后，这个职位空缺了两年，直至共和党总统沃伦·哈定任命人尽皆知的贸易保护主义者、前国内市场俱乐部（Home Market Club）总裁 Thomas O. Marvin 担任该委员会主席。

45. 参见 *PWW*，第59卷：第294页。

46. 参见 *PWW*，第64卷：第108—109页。

47. 另外一项对贸易产生影响的政策是1920年1月生效的《禁酒令》。美国宪法的第十八项修正案禁止制造、销售和运输含酒精饮料，非法交易由此出现。英国制酒商开始把威士忌等其他含酒精饮料运到巴哈马群岛，再偷运进美国。巴哈马的酒类进口从1918年的27 000加仑直线上升至1921年的567 940加仑，使这个岛国在两年内就还清了公共债务，还疏浚了拿骚港，兴建其他市政工程（Spinelli，1989，第3页）。美英签订禁酒条约后限制了这些非法贸易，加拿大随之成为酒类走私的主要大本营，直至1933年《禁酒令》被废除。

48. 参见 Johnson and Porter（1973），第216页、第235页。

49. 参见 Meltzer（2003），第91页。

50. 人们对第一次世界大战后经济衰退的严重程度意见不一。根据美国商务部发布的官方数据，实际 GNP（国民生产总值）在1919年至1921年间下滑了14%，而 Romer（1988）对官方数据进行修正后再计算得出的结果表明，在这两年里，实际 GNP 只下降了3%。如果以工业生产来判断，那么这场经济衰退无论是下滑还是复苏都来势汹汹但时间短暂。美国国民经济研究局（NBER）的研究显示，商业周期的峰值出现在 1920 年 1 月，谷底出现在 1921 年 7 月。

51. 参见 H. R. Rep. No. 1139 - 66（1920）。

52. 参见 *CR*，1921 年 3 月 3 日，第 4498—4499 页。

53. 参见 Kennon and Rogers（1989），第 262 页。

54. 参见 *CR*，1921 年 3 月 4 日，第 7 页。

55. 参见 *CR*，1921 年 3 月 12 日，第 170 页。

56. “事实上，法案通过后物价并没有上涨，” US Tariff Commission（1922，第 1—2 页）总结说，“《紧急关税法案》颁布后，部分产品的进口增长，而农产品价格持续下降。”

57. 参见 Goldin（1994）。

58. 参见 Kenkel（1983），第 152 页。

59. 参见 H. R. Rep. No. 248 - 267（1921）。

60. 同上，No. 44 和 No. 49。

61. 参见 *CR*，1921 年 9 月 21 日，第 13105 页；*CR*，1922 年 9 月 13 日，第 12508 页。

62. 参见 *CR*，1921 年 7 月 14 日，第 3835 页、第 3840 页。

63. 参见 Hoff（1971），第 76 页。

64. 参见 *CR*，1921 年 12 月 6 日，第 37 页。

65. 参见 *CR*，1922 年 4 月 20 日，第 5673—5674 页。

66. 明尼苏达州共和党议员弗兰克·凯洛格（Frank Kellogg）抱怨很多来自农村的共和党人或许会因为关税问题落选。福德尼声色俱厉地说：“我宁可看到参议院没有你这个议员，也不希望美国实业受损。”（Murray，1969，第 277 页）

67. 犹他州共和党参议员里德·斯穆特在 1922 年 2 月 28 日的日记中着重记录说：“我们今天从关税法案里删掉了一些最棘手的段落，涉及折叠小刀、剪刀和大剪刀、纽扣、钩子和剃刀等。我们确定的税率太高，总统已经不需要再提高关税了。”（Smoot，1997，第 495—496 页）

68. 参见 Dollar（1973）。

69. 参见 Culbertson（1937），第 209 页中再次提到这张便笺。另请参见 Gersting（1932）。

70. 请参见 Snyder（1968）和 Snyder（1980）了解卡伯特森的情况。

71. 参见 *CR*，1921 年 12 月 6 日，第 37 页。

72. 由于斯穆特是共和党老近卫军，所以这两位不过是“同床异梦”。卡伯特森强调说：“如果六个月前有人告诉我会体恤斯穆特参议员并与他通力协作……我一定会转过身大发牢骚。”（Leffler，1979，第 46—47 页）。

73. 参见 McClure（1924），第 50—51 页。

74. 1928 年，最高法院在“小汉普顿公司诉美国案”（J. W. Hampton，Jr. & Co. v. the United States）中支持了弹性关税条款的合宪性。在这起案件中，一位进口商就过氧化钡被征收每磅 6 美分的关税提出抗辩，1924 年柯立芝总统宣布在 1922 年关税法案的基础上将过氧化钡的关税提高 2 美分。最高法院裁决总统的关税调整权符合宪法，因为总统执行的是国会意愿。

75. 无论“生产成本”调查的结果如何，许多国会议员都支持采取高关税。正如奥尔德里奇所说：“在其他条件相同的情况下，如果需要开征 300% 的关税才能拉平生产条件，使美国生产者拥有公平的竞争机遇，那么我会和赞同征收 50% 的关税一样，高高兴兴地投票支持开征 300% 的关税。”（*CR*，1909 年 5 月 17 日，第 2182 页）

76. 参见 *CR*，1922 年 8 月 10 日，第 1192—1193 页。

77. 参见 Kelley（1963），第 18—19 页。

78. 参见 US Tariff Commission（1930），第 24—25 页。

79. 参见 Greenbaum（1971）。

80. 引自科斯蒂根的辞职信，再版于 *CR*，1928 年 3 月 15 日，第 4735 页。

81. 请参见 Goodykoontz（1947）和 Snyder（1968）。

82. 参见 *CR*，1928 年 5 月 29 日，第 10546—10552 页。报告全文请见 S. Rep. No. 1325 - 70（1926）。

83. 参见 Kenkel（1983），第 175 页。请参见 Taussig（1926）了解他对此的反应。

84. 参见 *CR*，1929 年 9 月 12 日，第 3549 页。

85. 参见 H. R. Rep. No. 79 - 67，第 1—2 页（1921）。

86. 参见 Baldwin（1998），第 301 页。

87. 参见 Viner（1924）。

88. 威尔逊称美国应该有能力保护本国贸易免遭外国歧视，并且努力在全球贸易中建立起平等待遇机制。目前，“若其他国家制定不平等法规，使美国产品相对于其他国家的产品受到歧视，那么美国没有任何可以报复它们的武器，”威尔逊强调说，“虽然我们尽量避免对任何国家采取报复手段，但我们必须坦诚地面对一个事实，即其他国家完全有可能制定对美国怀有敌意的法律，而且我们必须相应地立法来以牙还牙。”关税委员会的报告“已经非常清楚地表明，我们缺少必要的工具来确保本国获得平等公平的待遇，而且我们应该拥有这样的工具”（*PWW*，第 59 卷：第 295—296 页）。

89. 参见 *CR*，1922 年 4 月 24 日，第 5881 页。

90. 参见 Culbertson（1937），第 245 页。

91. 参见 *FRUS*（1923），第 1 卷：第 122 页。

92. 同上，第 126—127 页。

93. 同上，第 128—129 页。

94. 1923 年 8 月，休斯给美国外交官发出一封机密通告，通知他们总统已经“授权国务卿与其他国家谈判通商条约时允许双方互相给予无条件最惠国待遇”（同上，第 1 卷：第 131 页）。

95. “美国的有条件最惠国待遇政策给美国造成的歧视待遇相对较少，”Kelley（1963，第 35 页）强调，“所以如果美国关税仍然没有可谈判的余地，那么 1923 年引进的无条件最惠国待遇政策就不会有如此重大的意义。”

96. 参见 *CR*，1923 年 12 月 6 日，第 97 页。

97. 参见 *CR*，1924 年 12 月 23 日，第 54 页。

98. 参见 *CR*，1926 年 12 月 7 日，第 29 页。

99. 参见 Johnson and Porter（1973），第 245 页。

100. 参见 Benedict（1953），第 168—172 页。

101. 参见 Alston（1983）。

102. 请参见 Hansen（1991）。

103. 参见 Tontz（1958）。

104. “事实上美国农场局联合会（American Farm Bureau Federation）和全国农庄（National Grange）等全国性农民组织没有直接攻击高关税原则，”Conner（1958，第 37—38 页）强调，“相反，这些团体采取的基本方法是确保农业关税向工业关税看齐……这些组织的领导人都是在高关税结构的框架下形成自己的思想。他们的重点在于提高农产品关税，使其达到工业制成品的关税水平，而不是削减部分或全部税率。”

105. 参见 *CR*，1922 年 7 月 14 日，第 3835 页、第 3840 页。

106. 请参见 Kelley（1940）和 Benedict（1953）。

107. 参见 Benedict（1953），第 216 页。

108. 共和党建制派“老近卫军”一直看不起农民。“是啊，农民从来没有赚过钱”，据说柯立芝总统这样评论农民的困境“我觉得我们对此做不了什么”（Sundquist，1983，第 187 页）。

109. 参见 *CR*，1928 年 5 月 23 日，第 9524—9527 页。

110. 参见 Malin（1930），第 114—115 页。

111. 参见 *NYT*，1928 年 1 月 10 日。

## 第八章　《霍利-斯穆特关税法案》和大萧条，1928—1932 年

1. 参见 Johnson and Porter（1973），第 272 页、第 285 页。

2. 同上，第 272 页。

3. “在至少三代人的时间里，民主党的竞选政纲第一次没有明确攻击共和党的理论，即较高的保护关税是高工资和经济繁荣的最佳保障，” Craig（1992，第 158—159）强调称，“民主党在一个多世纪的时间里秉承着‘获得税收是征收关税的唯一目的’这一原则，这是民主党有别于共和党的首要因素，而现在民主党却致力于采纳保护关税的原则”。

4. 参见 *NYT*，1928 年 11 月 4 日，第 132 版。

5. 参见 Johnson and Porter（1973），第 282 页。

6. 参见 *NYT*，1928 年 11 月 4 日，第 132 版。

7. 参见 *PPP*（1929），第 75 页。

8. 参见 *CR*，1929 年 4 月 15 日，第 25 页。

9. 参见 *PPP*（1929），第 79 页。

10. 参见 H. R. Rep. No. 7 – 71，第 11 页（1929）。

11. 参见 *CR*，1929 年 5 月 9 日，第 1073—1074 页。

12. 参见 H. R. Rep. No. 7 – 71，第 11 页（1929）。

13. 参见 *CR*，5/28/1929，第 2127 页。

14. 依据这份计划，农产品出口商会收到一份退税证明书，它的价值等于其出口商品的进口关税的一半。举例来说，如果小麦的关税是每蒲式耳 42 美分，那么他就会收到一份退税证明书，每出口一蒲式耳小麦获得 21 美分补贴。美国的小麦产量多半用于出口，所以即使关税没有真正保护小麦种植者免受进口的冲击，退税证明书对农民依然非常宝贵。它类似于现金，可以以接近面值的价钱卖给进口商以缴纳进口关税。

15. 参见 *CR*，1929 年 5 月 25 日，第 1951 页。

16. 参见 *CR*，1929 年 5 月 13 日，第 1201 页。

17. 参见 *CR*，1929 年 6 月 14 日，第 10762 页。

18. 参见 *NYT*，1929 年 5 月 29 日，第 1 页。

19. 有些学者对《霍利关税法案》的众议院投票情况进行了实证研究，力求弄清楚这部法案背后的潜在政治和经济因素。请参见 Eichengreen（1989）和 Callahan、McDonald and O'Brien（1994）。

20. Merrill（1990，第288页）写道："没有证据表明，有任何显而易见的事实、任何论据和任何反省会略微动摇他对保护主义的信念或他坚定不移地反对任何关税削减的行为。"Taussig（1930，第184页）认为，斯穆特"不仅是一个不折不扣、最为偏狭的贸易保护主义者，而且对本地区及其产品（甜菜糖）有着莫大的兴趣。人们从不认为他是公平或无私的人，而且他也没有资格被看作是这样的人"。

21. 参见*CR*，1922年9月19日，第12906页。

22. 参见*CR*，1929年9月26日，第3971页。

23. 参见*CR*，1929年9月12日，第3549页。

24. 同上，第3542页。

25. 参见*CR*，1929年11月6日，第5239页。

26. 参见*NYT*，1929年11月1日，第1版。史学家因此批评胡佛对关税法漠不关心。Ritche（2007，第48页）称："如果胡佛动用了大选赋予他的权力，在刚刚就任总统的头几个月里在立法方面发挥更多领导力，"原本可以避免后来在关税方面的混乱局面。另请参见Koyama（2009）。

27. 《纽约时报》的一篇社论解释了其中的原因："有人猜测叛逆的反税联盟希望制定自己的法案，这种想法大错特错。反税联盟的主要愿望是破坏参议院财政委员会提出的法案。如果把联盟的领袖锁在委员会的房间里，告诉他们写出让所有支持者都满意的法案才能出来，那他们可能再也出不来了。假如我们破门而入，多半会发现他们彼此之间发生了血腥的争执，伤痕累累地倒在地上。"（*NYT*，1929年11月11日，第20版）

28. Jude Wanniski（1978）在一篇广为流传的声明中称，参议院对某项关税的一次关键小投票引发了黑色星期四（1929年10月24日）和黑色星期二（1929年10月29日）的股市暴跌。另一方面，Alfred Eckes（1998）暗示正是反税联盟竭力下调工业品关税，引发了股市崩盘，因为商界支持高关税。"据《纽约时报》国内版报道称，1929年10月24日股灾是对参议院小组委员会拒绝部分参议员的提议做出的回应——这些议员反对上调碳化物关税，"Kindleberger（1986，第125页）认为这种说法"牵强附会"。White（1990，第173页）认真研究后发现"没有证据支持'《霍利-斯穆特关税法案》导致股灾'这种观点"。

29. 参见*CR*，1930年3月24日，第5976—5977页。

30. 参见*CR*，1930年3月20日，第5669页。

31. 参见*CR*，1930年3月24日，第5977页。

32. 他们得出的结论是：对亚麻、橄榄油、大豆油和羊毛征收的关税充分有效；对荞麦、黄油、酪蛋白、牛奶和奶油、绵羊、羔羊和羊肉、瑞士奶酪和高蛋白小麦征收的关税部分有效；对大麦、糖浆、切达干酪、椰子油、玉米、棉花、黄麻、棉花籽油、鸡蛋、燕麦、黑麦及其他种类的小麦征收的关税完全无效（*CR*，1930 年 11 月 11 日，第 1439—1447 页）。

33. 参见 *CR*，1930 年 1 月 10 日，第 1368 页。

34. 请参见 Hayford and Pasurka（1992）、Cupitt and Elliott（1994）和 Irwin and Kroszner（1996）。

35. 参见 *NYT*，1930 年 3 月 30 日，第 22 版。

36. 胡佛（1951—1952）曾回忆说："5 月 24 日，我听说协商委员会否决了斯穆特参议员和霍利议员的意见，极力稀释弹性关税条款的内容，几乎没什么实质内容保留下来。我把我希望实现的条款写下来并告诉他们，除非采取我的方案，否则我会否决他们提出的法案。结果我方大获全胜，协商委员会报告里提出的弹性关税条款充分反映了我的意愿。"

37. 参见 *CR*，1930 年 6 月 14 日，第 10760 页。

38. 参见 *CR*，1930 年 6 月 12 日，第 10546 页。

39. 参见 *CR*，1930 年 6 月 14 日，第 10762 页。

40. 同上，第 10764 页。

41. 1929 年，美国劳工联合会主席重申了本组织"从来不支持保护性关税或自由贸易。我们已经尽最大努力谨慎地避开这个极具争议的领域"（Leiter，1961，第 56 页）。

42. 参见 Leuchtenburg（2009），第 92 页。

43. 参见 Scroggs（1930）。

44. 参见 Steel（1980），第 288 页。

45. 参见 Burner（1979），第 298 页。

46. 参见 Morison（1960），第 312 页。

47. 参见 Snyder（1973）。

48. 参见 *CR*，1930 年 5 月 5 日，第 8327—8330 页。这项声明是由斯沃斯摩尔学院（Swarthmore College）的 Clair Wilcox 和芝加哥大学的 Paul H. Douglas 共同组织并发布的（后来伊利诺伊州的参议员也参与其中）。请参见 Fetter（1942）了解这份声明的发起过程。纽约州共和党众议员 David O'Connell 说："我对经济学家半点耐心也没有，他们总是对这部法案提出站不住脚的反对意见。"（*CR*，1930 年 5 月 5 日，第 8383 页）Henry Hatfield 参议员称："这些人身处大学的象牙塔，远离尘世，又躲在海量的统计数字后面，没有机会从实操层面看待与全国工业福祉息息相关的问题。"他嘲笑这些"高智商的自由贸易者看起来更关心的是外国的繁荣富强，而不是本国人民的幸福康乐"（*CR*，1930 年 5 月 28 日，第 9704 页）。

49. 参见 *PPP*（1930），第232—233页。

50. 同上。

51. 有时人们更愿意把1930年关税法称为《霍利-斯穆特关税法案》，因为一方面它听起来比《霍利-斯穆特关税法案》更朗朗上口，另一方面，斯穆特与该法案的关系比霍利密切得多。然而，我们按照惯例把众议院筹款委员会主席的名字放在前面，参议院财政委员会主席的名字放在后面。

52. 参见 Tariff Act of 1930, H. R. Doc. No. 476 - 71，第2页、第43页（1930）。

53. 参见 *NYT*，1929年11月10日，第11版。

54. 这些例子来源于 Bidwell（1930），其中还可以找到更多相关例子。

55. 参见 Irwin（2011b），第95页。

56. 1828年政府颁布"可憎关税法案"之后没多久，1830年应税进口产品的平均关税达到61.7%，成为美国历史上最高的关税水平。当然，1932年所有进口产品的平均关税（19.6%）远远低于1830年的水平（57.3%）。这是因为很多进口产品都于1932年列入免税清单。

57. 参见 US Bureau of the Census（1975），U - 237。

58. 参见 Irwin（1998a）。

59. 参见 *NYT*，1929年11月10日，第21版。

60. Archibald et al.（2000）的计算表明《霍利-斯穆特关税法案》事实上降低了农业生产者得到的有效保护。

61. 参见 *CR*，1930年6月14日，第10762页。

62. 参见 Conner（1958），第40页。

63. 参见 Schattschneider（1935），第136页。

64. 参见 US Bureau of the Census（1975），series U 225，第237页。

65. 同时代的 Hall（1933）估算了关税对贸易的影响，也佐证了这一研究结果。

66. Gordon（1986），附录B中提供了每个季度的GDP值。

67. 这些数据来源于 US Bureau of the Census（1975）和 *Statistical Abstract of the United States*（1934），第283页、第703页。实际GDP的季度数据来源于 Gordon（1986），附录B。

68. 最近的调查结果请参见 Fishback（2013）。

69. 请参见 Eichengreen（1992）；Irwin（2012，2013）和 Sumner（2015）。

70. Eichengreen（1989）采用凯恩斯模型进行研究后，表明如果不存在外国报复，那么《霍利-斯穆特关税法案》的支出转换效应会使国内产量提升5%。Eichengreen（1989）将有限国外报复纳入自己的凯恩斯模型后，发现《霍利-斯穆特关税法案》产生的扩张影响减小，但仍对 GDP 产生了积极影响，将它提升了 2%。

71. 如果出口下降是由外国报复造成的，那么它会抵消关税本身产生的任何积极的扩张性影响。详情请参见 Dornbusch and Fischer（1986），第 469 页。

72. 请参见 Irwin（2011b），第 123 页。

73. Irwin（2010）的估算结果表明，在 1929 年至 1933 年间，关税结构造成的无谓福利损失上升，上升幅度相当于 GDP 的 0.1%。

74. 参见 Alston（1983）。

75. 参见 Archibald and Feldman（1998）。

76. 参见 Carey（1999）。

77. 参见 *CR*，1930 年 6 月 9 日，第 10291 页。

78. 参见 *CR*，1929 年 9 月 12 日，第 3548 页。

79. 参见 McDonald、O'Brien and Callahan（1997）。

80. 参见 *NYT*，1930 年 9 月 17 日，第 26 页。

81. 参见 Irwin（2011b），第 158 页。

82. 参见 League of Nations（1942）。

83. 参见 Jones（1934），第 53 页。

84. 参见 Gordon（1941），第 54—55 页。

85. 参见 Eichengreen and Irwin（2010）。

86. 参见 Jones（1934），第 238 页。

87. 参见 MacDougall and Hutt（1954）。

88. 贸易保护主义在欧洲蔓延的情况请参见 Kindleberger（1989）、Eichengreenand Irwin（2010）和 Irwin（2012b）。

89. “美国人民普遍相信，由于 1930 年关税法案设置的关税过高，所以导致全球很多国家对美国心怀敌意。”他们认为，正是这种敌意导致很多国家针对美国出台了报复性关税。很多智者都对此感到不安。”（H. R. Rep. No. 29 - 72，第 6 页［1931］）

90. 参见 *PPP*（1932），第 205—207 页。

## 第九章　新政与互惠贸易协定，1932—1943 年

1. 请参见 Ritchie（2007）。

2. 参见 Johnson and Porter（1973），第 343 页。

3. 在被一位民主党官员指责支持高关税时，拉斯科布予以否认并回应说《霍利-斯穆特关税法案》是“我国法律法规中最糟糕的法案……似乎连国外的人都觉得我赞成高关税，但这完全不是事实”。相反，他是想向东部工业地区保证，民主党不会“摧毁工业”，而是“支持能够充分保护并恢复美国工业繁荣的最低关税”。请参见 Craig（1992），第 196 页。

4. 同上，第 199 页。

5. 参见 Johnson and Porter（1973），第 331 页。

6. 参见 Rosen（1977），第 344 页。

7. 同上，第 345 页。

8. 参见 *PPP*（1928—1932），第 1 卷：第 702 页。

9. 参见 Leuchtenburg（2009），第 141 页。

10. 参见 Moley（1939），第 51 页。

11. 斯穆特和霍利都没有重回国会。斯穆特在 1932 年竞选连任时被击败，而霍利则在当年成为落选的共和党候选人。

12. 参见 *PPP*（1933），第 2 卷：第 14 页。

13. 正如 Temin and Wigmore（1990，第 485 页）所说：“美元贬值是一个最重要的信息，表明坚持金本位的通货紧缩政策已经被放弃了……1933 年 4 月至 7 月的贬值是［美国经济］复苏的直接原因。”也请参见 Taylo and Neumann（2016）。大量研究表明，一旦各国放弃金本位并开始追求更具扩张性的货币政策，全球经济就会开始从大萧条中复苏；国际背景请参见 Eichengreen（1992），美国的情况请参见 Sumner（2015）。Romer（1992）认为，货币扩张是美国经济在 1933 年后开始复苏的动力。

14. 参见 *Survey of Current Business*，1951 年 7 月，第 27 页。

15. 参见 Steward（1975），第 14 页。

16. 就连约翰·梅纳德·凯恩斯也强烈反对通过减产来提高价格。这样的政策阻碍了经济复苏，因为减产并不能增加就业。

17. 配额涵盖的其他产品包括来自菲律宾的椰子油和缆索、来自加拿大的红雪松木头屋瓦、道格拉斯冷杉和西部铁杉以及牛、奶油和白籽土豆。其中一些配额不具有约束力（Whittlesey，1937）。

18. 参见 Kelley（1963）。

19. 关于赫尔的贸易政策观点，请参见 Butler（1998）以及 Allen（1953）。

20. 参见 Butler（1998），第 37 页。

21. 参见 *NYT*，1933 年 4 月 30 日。

22. 曾在 20 世纪 30 年代与赫尔密切合作过的助理国务卿 Francis Sayre

（1957，第 158 页）说过：“他对自己的理想有着非同寻常的奉献精神，并坚如磐石地忠于自己的基本原则。他在国会的长期工作经历使他对‘国会山’有着极大的影响力；在国会相持不下的时候，他总是可以拿起电话，跟他以前的同事热络地交谈。他在哪里都备受尊敬。他有极强的领导能力，而且是全国公认的罗斯福内阁中最有实力的成员。”

23. 参见 Schatz（1972），第 499 页。

24. 艾奇逊（1969，第 55 页）指出，赫尔全力专注于贸易问题而无心顾及其他问题，因此，“无论什么场合”，无论时下的主要问题是什么，赫尔发表的任何讲话都“会变成长篇大论地讲述无障碍国际贸易的好处以及通过减税协定来实现这一目标的正确道路”。

25. Francis Sayre（1939，第 41—42 页）说过：“我国的单边关税削减无法触及由于激进的经济民族主义而在世界各地建立起来且不断加剧的贸易壁垒，事实上，这些壁垒阻碍了美国的多余产品流向全球市场。如果我们想要重新为美国多余产品夺回已经消失的出口市场，那很显然，唯一合理有效的办法就是国内外同时降低贸易壁垒。”

26. 参见 *FRUS*（1933），第 1 卷：第 727—731 页。

27. 同上，第 924 页。

28. 参见 *CR*，1934 年 3 月 2 日，第 3580 页。

29. 赫尔（1948，第 356 页）指出，国务院最初的立法草案要比这更长、更复杂。具有讽刺意味的是，即将在政府内部成为赫尔对手的乔治·皮克建议说，如果提案只有两三页长的话，会更容易被国会通过，赫尔同意了这一建议。请参见 Peek（1936），第 197—199 页。

30. 参见 Schneitz（2000），第 431 页；*CR*，1930 年 6 月 14 日，第 10761 页。

31. 参见 *Reciprocal Trade Agreements*：*Hearings Before the Committee on Ways and Means*，第 73 届国会，第 2 页、第 5 页（1934）。

32. 参见 H. R. Rep. No. 1000 - 73（1934）。

33. 关于《互惠贸易协定法案》在国会的通过情况，请参见 Berglund（1935）。

34. 在 1933 年 6 月的一次新闻发布会上，罗斯福称“国会永远不会给我完全的权力来制定关税税则”。对此一名记者回答说：“嗯，他们已经给了你其他的一切。”（Haggard，1988，第 96 页）。不过罗斯福说的对，国会并不愿意给予行政部门过多的贸易政策权。

35. 参见 *CR*，1934 年 3 月 24 日，第 5356 页。

36. 参见 Trubowitz（1998），第 163 页。

37. 参见 *CR*，1934 年 5 月 29 日，第 9803 页、第 9805 页。

38. 参见*CR*，1934年6月4日，第10383页。

39. 同上，第10378—10379页。

40. 虽然棉农和麦农支持该法案，但纺织企业、玩具制造商和其他很多中小型生产商都反对（Schnietz，2000，第428页）。虽然没有怎么参与其中，但利益集团还是受到了法案的影响。Schnietz（2003）发现，在罗斯福要求通过《互惠贸易协定法案》的时候，出口依赖型企业的股价上升了近4%，而在参议院财政委员会就《互惠贸易协定法案》做出报告的时候，受到高度保护的企业的股价下跌了近5%。

41. 《互惠贸易协定法案》文本请参见Tasca（1938，第306—308页）。对贸易协定计划进行研究的其他当代文献有Larkin（1940）和Beckett（1941）。

42. 关于《互惠贸易协定法案》的政治经济学研究包括Haggard（1988），Nelson（1989），Lohmannand O' Halloran（1994），Bailey、Goldstein and Weingast（1997），Gilligan（1997），Irwin and Kroszner（1999），Hiscox（1999），Schneitz（2000）以及Schneitz（2003）。若想全面了解国会和行政部门在对外经济政策中的关系，请参见Pastor（1980）。

43. 参见*NYT*，1936年2月13日。

44. 关于进出口银行的历史，请参见Becker and McClenahan（2003）。

45. Irwin、Mavroidis and Sykes（2008）的附录A引用了1941年贸易协定的模板。

46. 请参见Miller（2003）。

47. 参见Butler（1998），第25页。

48. 霍金斯的直接报告对象Francis Sayre（1957，第159页）也同样写道："（他）是一个罕见而出色的人。就像国务卿赫尔一样，他的全部身心和灵魂都投入到了削减过度贸易壁垒的工作之中。我认为，贸易协定计划能够取得成功，哈里·霍金斯的功劳要大于除了国务卿赫尔之外的其他每一个人。"同样，Henry Grady（2009，第56页）也写道："（霍金斯）是能力最强的人之一，他的足智多谋，尤其是在起草协定的基本原则方面，发挥了至关重要的作用。这份伟大而艰巨的工作要归功于他。多年来，他在国务卿赫尔的领导下，指明了［贸易协定］计划最出色的方向。"

49. 参见Varg（1976）。

50. 关于加拿大政策在此期间的变化，请参见O' Brien and McDonald（2009）。

51. *Extension of the Reciprocal Trade Agreements Act*，1：第38页，众议院筹款委员会，第76届国会（1937）。

52. 参见Schatz（1970），第100页。

53. 参见 Rooth（1993），第 303 页。关于英美贸易协定，请参见 Kottman（1968）、Schatz（1970），以及 Drummond and Hillmer（1989）。美方涉及谈判的文件，可参见 *FRUS*（1938），第 2 卷：第 1—71 页。

54. 参见 Cantril（1951），第 842 页。

55. 关于《互惠贸易协定法案》对美国贸易格局影响的早期量化评估，请参见 Durand（1937）。

56. 参见 Hart（2002）。

57. 参见 Tasca（1938），第 188 页。

58. 这一计算结果意味着《互惠贸易协定法案》将关税降低了 12.8%，相当接近关税委员会估算的 13%。因此，1934 年至 1939 年总体关税削减的 2/3 可归因于谈判达成的关税削减，另外 1/3 要归因于进口价格的上涨（Irwin，1998a）。

59. 参见 *Survey of Current Business*，1951 年 7 月，第 27 页。

60. 参见 *FRUS*（1937），第 1 卷：第 842 页。

61. 另请参见 Grady（2009），第 49 页、第 51—52 页。Hawkins（1944）记载了贸易协定计划的执行情况。

62. 参见 *CR*，1937 年 2 月 5 日，第 925 页。

63. 参见 *Department of State Bulletin*，1940 年 1 月 13 日，第 34—35 页。赫尔就评论家对这些协定的曲解表示不满："不时有传言称，一些并没有被削减现行关税的商品或者《霍利-斯穆特关税法案》列在免税清单上的商品受到了影响。从我全部的工作经历来说，没有哪个对每位公民、每户家庭、每个农场和每家工厂都有重要意义的问题像这个问题一样经受了这么多公然无耻的打压和颠倒是非。"

64. 参见 *NYT*，1938 年 1 月 21 日，第 12 版。

65. Francis Sayre（1939，第 95—96 页）认为："在我们置身于这些一触即发的谈判，从中寻求达成对双方都真正有利的协定，与此同时能量强大的游说者正在全国进行游说，要么动用每一种手段防止我们就涉及其利益的特定商品做出让步，要么就是想要扰乱或破坏协定。国会议员遭受了压力；华盛顿充斥着蛊惑人心的信件和电报。整个国家都充斥着特殊利益集团的抗议之声；不幸的是，好像没有什么人费心为消费者利益或国家利益发声。"

66. Brenner（1977，第 151 页）指出："制度的变化大大削弱了这些利益集团的影响力……他们也知道这一点。"

67. 参见 *NYT*，1939 年 1 月 14 日。

68. 参见 Johnson and Porter（1973），第 363 页。

69. 同上，第 368 页。Hull（1948，第 486 页）被竞选政纲的最后一部分惊得“目瞪口呆”。

70. 参见 *CR*，1937年2月5日，第925页。

71. 据 Hull（1948，第518页）回忆：“在与总统讨论此事时，我发现他赞成让法案永久化，而不是限期三年。我也更喜欢永久化这个想法，但我严重怀疑我们是否能够让它在国会获得通过……法案像总统希望的那样被提交至众议院，但众议院筹款委员会给它加上了三年的期限。”

72. *Extending Trade Agreements Act*: *Hearings Before the Senate Finance Committee*，第75届国会：第14页（1937）。

73. 参见 H. R. Rep. No. 166 – 75，第19页（1937）。

74. 参见 *CR*，1937年2月23日，第1502页。

75. 参见 Schatz（1972）。

76. 参见 Schatz（1970），第86—87页。他于1937年7月发给外交官员的一份备忘录很好地总结了他的理念，请参见 *FRUS*（1937），第1卷：第841—845页。

77. 参见 Blum（1959），第1卷：第524页。

78. 引用于 Patrick（2009），第124页。Schatz（1970，第102—103页）对之进行了很好的评估。

79. 参见 Gallup（1972），第206页。

80. 参见 *Department of State Bulletin*，1940年3月21日，第231页。

81. 参见 *NYT*，1940年2月4日。

82. “赫尔已经说服了十几个摇摆不定的议员支持互惠贸易，[助理国务卿]布雷肯里奇·朗（Breckinridge Long）也与众议院领导人私下进行了沟通，并确保几乎所有民主党人在唱名投票那天都会出现在华盛顿。”（Porter，1980，第51页）。

83. 同上，第53页。副总统约翰·加纳（John N. Garner）并不赞成深度削减关税，他正在暗中背着政府为一份修正案拉票，这份修正案将把总统的谈判权限制在一年。

84. 同上，第55页。当然了，共和党人还在继续攻击《互惠贸易协定法案》。宾夕法尼亚州参议员詹姆斯·戴维斯（James Davis）称之为“对美国贸易保护的游击式进攻”，而阿瑟·范登伯格则对达成协定时“专横独断的讳莫如深”提出批评，称这种做法“严重违宪地将立法权授予了行政部门”（*CR*，1940年3月25日，第3341页；*CR*，1940年3月26日，第3495页）。

85. 参见 Porter（1974）。

86. 美国国务院竭力说服西部地区的民主党人支持法案延期，而且还在最后一次唱名投票前几个小时改变了其中两个人的立场（Porter，1980，第 57 页）。皮特曼写道："我们从一开始就在打一场必输的仗。在投票前一天晚上我们多出了三票。但是施加的影响力太强大，我们根本无法保住这些选票。当你看到怀俄明州的施瓦茨（Schwartz）和华盛顿的施勒伦巴赫（Schwellenbach）投票反对我们的时候，你就能明白这种力量有多强大。战争尚未结束。"（Israel，1963，第 130 页）

87. 参见 Porter（1980），第 58 页。

88. 参见 Johnson and Porter（1973），第 392 页。

89. 若想了解美国在战争期间的国际贸易概况，请参见 Bach（1946）和 US Department of Commerce（1948）。

90. 参见 *State Department Bulletin*（1943），第 329 页、第 333 页。

91. 请参见 Long（1966），第 305 页。

92. 参见 Zeiler（1999），第 18 页。

93. 不过，范登伯格直到 1945 年才发表那次著名的讲话，放弃了孤立主义；请参见 *CR*，1945 年 1 月 10 日，第 166 页。另请参见Kaplan（2015）。

94. 参见 *CR*，1943 年 5 月 24 日，第 4796 页、第 4795 页。

95. 参见 *CR*，1943 年 5 月 11 日，第 4200 页。

96. Breckinridge Long（1966，第 311 页）写道："这在一定程度上要归因于对政府的敌意，另一部分原因则是共和党希望重新掌权，即终止对行政部门的授权，而这又是因为要反对罗斯福和民主党……投票要表决的并不是法案的优点，而只是政治力量的一种展现，同时也对这一届以及所有其他政府发出警告：美国可能会像上次一样，在这场战争之后重新缩回壳中，回归孤立主义并拒绝全心全意的合作。我看到了自己曾在 1918 年看到过的那种迹象。我希望自己不会看到由此产生的后果。"

97. 参见 *CR*，1943 年 5 月 12 日，第 4310 页。

98. 参见 H. R. Rep. No. 403—78，第 10 页（1943）。

99. 参见 *State Department Bulletin*（1943），第 169 页。

## 第十章 建立多边贸易体系， 1943—1950 年

1. 1940 年 12 月，罗斯福致信财政部长亨利 · 摩根索："这次旅行途中我一直在思考我们应该为英格兰做些什么，在我看来，我们要做的就是不要和美元扯上关系。"（Reynolds，1982，第 157 页）

2. 请参见 Notter（1949）。

3. 1941 年 5 月，罗斯福总统授予国务院与英国谈判租借协议的主要责任（*FRUS*，1941，第 2 卷：第 5 页）。

4. 参见 Notter（1949），第 45—46 页。

5. 参见 *FRUS*（1945），第 4 卷：第 74—75 页。

6. Woods（1990，第 18 页）写道："（在国务院看来）根据《渥太华协议》，英国给予他国特殊的低关税，并与帝国贸易伙伴签订了长期批量采购协议，以便垄断这些国家的原材料并确保他们只采购英国制造的产品。因此，帝国特惠制不仅可以被用来垄断某个国家或地区的贸易；还可以被用来孤立和惩罚政治和军事竞争对手。不管是从经济意义上还是从政治意义上来说，《渥太华协议》构建的架构都似乎与多边主义相对立。"

7. Pressnell（1986，第 31 页）指出："英国外交部建议采取拖延之计，不对战后政策承诺做出任何表态。这种坚定的阻挠反映出英国乐观地认为，到时要么根本不用支付任何对价，要么很大程度上都是非经济对价。"

8. 参见 *FRUS*（1941），第 3 卷：第 15 页。

9. 同上，第 11 页。

10. 请参见 *FRUS*（1941，第 3 卷：第 12 页中）关于艾奇逊的会议记录。

11. 同上，第 11 页。不过，凯恩斯的立场还是松动了。艾奇逊在报告文件中写道："在我们的谈话结束时，他似乎比之前更能接受这一条款，但绝对没有达到完全接受的程度。"凯恩斯在平静下来之后致信艾奇逊："我对'歧视'这个词之所以有这么强烈的反应，是因为我坚定地认为，我们应该放开手脚，让战后的世界变得更新、更好；而不是说我要歧视这个词不好的旧含义，事实上恰恰相反……但这个词让人想起，一定会让人想起所有那些旧东西、最惠国待遇条款和其他那些一败涂地并把旧世界搞得一团糟的东西，因为严格说来，这正是它的意思所在。我们也知道这不会奏效。它就像是死者紧握不放的手，或者说，至少就像是垂死之人紧握不放的手。"（*FRUS*，1941，第 3 卷：第 16—17 页）

12. 参见 Harrod（1951），第 512 页。

13. 美国驻伦敦大使馆的一位经济官员 E. F. Penrose（1953，第 18 页）后来说："在当时以及后来，我竭尽全力想要给凯恩斯先生和其他政府经济学家留下这样的印象，即国务院对更加自由的非歧视性贸易的渴望不应当被视为 19 世纪对经济事务的自由放任态度的产物，并且无视近代的经济思想和经验……在华盛顿举行的谈话中，艾奇逊和霍金斯都展示出了他们的远见卓识，他们完全没有把自由贸易幻想成解决所有经济弊病的灵丹妙药。然而，很快就有国务院之外的一些美国官员在华盛顿向英国官员表达了相反的观点。"

14. 参见 Wilson（1991），第 164 页。

15. 同上，第 163—172 页。

16. 参见 Woods（1990），第 18 页。

17. 参见 *FRUS*（1942），第 1 卷：第 535—536 页。

18. 关于双方的不同解读，请参见 Pressnell（1986）。

19. Pressnell（1986）记录了情况背景。Irwin、Mavroidis and Sykes（2008）中转载了米德的备忘录。Penrose（1953，第 89—90 页）写道："如果说有哪一件事可以被视为 1947 年在哈瓦那提出的国际贸易宪章和国际贸易组织的起源，那这件事就发生在 1942 年下半年的白厅。如果说有哪个人可以被视为国际贸易组织运动的创始人，那这个人就是詹姆斯·米德。"米德是一位杰出的经济学家，他对战后贸易政策的观点与美国国务院的观点类似。他对凯恩斯非常尊重，但并不认同后者对贸易政策的看法。1940 年，米德出版了《持久和平的经济基础》，他在书中阐述了那些有望为战后国际经济秩序奠定基础的原则。

20. 请参见 Cairncross and Watts（1989），以及 Culbert（1987）。

21. 关于英美两国在战争期间的贸易政策合作，请参见 Gardner（1956），Culbert（1987），Ikenberry（1992），Zeiler（1999）以及 Irwin、Mavroidis and Sykes（2008）。这次金融磋商促成了 1944 年的布雷顿森林会议，后者设立了国际货币基金组织和战后固定汇率制度。

22. 霍金斯无法保证国务院能够接受这一方案。事实上，霍金斯的一名工作人员警告米德称："霍金斯是一个勇敢而无私的人，他采取了支持多边贸易政策的立场，这其实是赌上了他的个人职业生涯，因为国务卿是一个极其谨慎的人。"（Howson and Moggridge，1990，第 139 页）

23. 参见 Notter（1949），第 622 页。

24. 参见 *FRUS*（1944），第 2 卷：第 71—72 页、第 87 页。

25. 参见 Johnson and Porter（1973），第 403 页。

26. 同上，第 411 页。

27. 参见 Fossedal（1993），第 136 页。

28. 参见 Gallup（1972），第 505 页。

29. 参见 US Tariff Commission（1948），第 2 卷：第 14 页。

30. 参见 *FRUS*（1945），第 6 卷：第 27—28 页。

31. E. F. Penrose（1953，第 106—107 页）后来回忆说："关于这个问题，决定讨论结果的既不是经济学论证，也没有公平可言，而是国务院各位助理国务卿认为怎样可以让它在国会获得通过。"

32. “Recommendation for Renewal of the Trade Agreements Act,” *State Department Bulletin*，1945年4月22日，第532—533页。

33. 参见Fossedal（1993），第152页。

34. “1945 Extension of Reciprocal Trade Agreements Act,” 第79届国会第1次会议，第1卷：第20页。

35. 多数党报告指出：“如果在这场战争之后，各国再次被少数利益团体驱使，或者被经济民族主义的错误理论蒙骗，又开始实施那些在上一次战争之后使各国走上经济和政治分裂的短视型经济政策，那么所有国家的经济都会受到破坏，对世界安全至关重要的政治团结也将受到威胁。”［HR Rep. No. 594—79，第4页（1945）］

36. 参见*CR*，1945年5月22日，第4871—4872页。

37. 同上，第4878页、第4981页、第4884—4885页。

38. 参见*CR*，1945年5月26日，第5124页。

39. 同上，第5148页。艾奇逊（Acheson，1969，第107页）头一天晚上写好这封信，当天早上让总统签了字，然后很快将它交给议长雷伯恩，而雷伯恩“用上了这封信，取得了极佳效果……这一招使得保守派功败垂成。”

40. 参见*CQA*（1945），第314页。

41. 参见*CR*，1945年6月19日，第6256页。

42. 参见Drury（1963），第444页。

43. 参见Irwin and Kroszner（1999）。

44. 参见Hawkins and Norwood（1963），第104—105页。

45. 参见*FRUS*（1945），第4卷：第57页。

46. 同上，第6卷：第63页。

47. 同上，第64页、第72—73页。

48. 同上，第74—76页。

49. 参见US Department of State（1945），第12页。

50. 同上，第3页。

51. 参见*FRUS*（1946），第1卷：第1307页。

52. 同上，第6卷：第1311—1312页；Diebold（1993），第36页。

53. 美国代表团团长是国务院国际贸易政策办公室主任威尔考克斯，首席副团长是美国驻伦敦大使馆经济事务处公使衔参赞哈里·霍金斯。威尔考克斯是斯沃斯莫尔学院经济学离职教授。

54. *Report of Committee II*：*General Commercial Policy*，*Preparatory Committee of the International Conference on Trade and Employment*，United Nations Economic and

Social Council, E/PC/T/30, 1946 年 11 月 24 日, 第 5 页。

55. 巴特勒向参议院解释说: “我并不反对任何关税削减。但是, 我反对以这种近乎一蹴而就的方式全盘抹去曾经让美国变得强大的体系。我反对单方面撤销我们对自己的经济保护。” (*CR*, 1947 年 2 月 7 日, 第 892 页) 关于杜鲁门与共和党主导的国会的关系, 请参见 Hartmann (1971)。

56. *Department of State Bulletin*, 1947 年 1 月 26 日, 第 161—163 页刊出了这些书信交锋。

57. 参见 Kaplan (2015)。

58. 参见 *CR*, 1947 年 2 月 10 日, 第 912 页。

59. 参见 *CR*, 1947 年 2 月 26 日, 第 1411 页。

60. 同上, 第 1413 页。

61. 事实上, 例外条款最初是由国务院在 1941 年制定并加入互惠贸易协定模板之中的。他们这样做是因为国会在 1940 年《互惠贸易协定法案》延期时, 对第二次世界大战后贸易中断对美国生产商可能产生的影响表示了担忧。

62. Jones (1955, 第 99 页) 写道: “怀揣着这份协议, 参议员范登伯格随后说服了一些有影响力且没有表态的共和党领导人公开支持贸易协定计划 (不包括参议员塔夫特, 他在这个问题上与范登伯格公开决裂了)。” 塔夫特 (Taft, 2003, 第 242—243 页) 写道: “参议员范登伯格和米利金提议接受加上一些修正案的互惠贸易计划, 但我没有认同, 不过至少他们已经说服国务院同意在每份协定中都写上撤销条款。”

63. 参见 *Department of State Bulletin* (1947), 第 483 页。

64. 参见 *FRUS* (1947), 第 1 卷: 第 914 页。

65. 关于《关贸总协定》的这段早期历史, 请参见 Brown (1950), Kock (1969), Zeiler (1999), 以及 Irwin、Mavroidis and Sykes (2008)。

66. 参见 World Trade Organization (1999), 第 424 页。

67. 加拿大首席谈判代表达纳·威尔格雷斯 (Dana Wilgress, 1967, 第 153—154 页) 后来写道: “光是为了启动关税谈判就已经挫折重重; 每个国家都有很好的借口推脱……有些国家在前来参加会议的时候, 打的算盘是在不给予太多回报的情况下尽其所能地多争取到别国的让步。美国……发现态度必须特别强硬才行, 而这种强硬又引起了指责, 尤其是来自古巴的指责。”

68. 由于在提高战争期间羊毛产量的商品贷款计划, 商品信用公司囤积的羊毛已经超过 4.6 亿磅, 但是因为政府设立的平价价格远高于市场价格, 公司无法在不造成巨额经济损失的情况下处置掉这些过剩产品。由于进口使国内羊毛价格低于平价水平; 因此众议院考虑对羊毛征收 50% 的关税, 这样商品信用公司就可以出售掉其囤积的羊毛而不致产生亏损。

69. 参见 Zeiler（1999），第 102 页；另请参见 Hussain（1993）。

70. 参见 *PPP*（1947），第 309 页。具体细节请参见 Hussain（1993）。羊毛业者并没有落得两手空空。最后，国会通过立法，允许商品信用公司以全球市场价格处理过剩羊毛。也就是说，政府承担了经济损失，而羊毛业者没有受到任何不利影响。

71. 参见 Toye（2003b）。

72. 6 月，美国驻日内瓦代表团报告说："我们相信［英国谈判代表］想要的是保全面子的章程草案和贸易协定，但是他没有打算对帝国优惠制做出真正的变革。我们认为，他想把会议未能达成预期目标的责任推到我们身上。"（*FRUS*，1947，第 1 卷：第 953 页）

73. 同上，第 965 页、第 975 页。正如 Toye（2003b，第 923 页）总结的那样："克莱顿指责英国人根本不合作，这样的指责有一部分是事实。他们并没有尽一切努力确保英联邦国家的弃权声明；反之亦然。"

74. 同上，第 979 页。要想理解双方这种不妥协的原因，需要先知道一些背景情况。从克莱顿的角度看，他的个人信誉受到了威胁。从 1945 年的《互惠贸易协定法案》延期到英国贷款，他在国会面前多次作证并向议员保证大英帝国将会四分五裂，还说日内瓦会议将标志着英国歧视性关税的终结。他认为英国早在 1941 年的《大西洋宪章》中就已经同意废除帝国特惠制，因此高估了自己实现这些承诺的能力。事实上，英国从未承诺过放弃特惠制。国务院工作人员对能够实现的目标有了更现实的看法，并试图缓和克莱顿的立场。他们甚至不得不说服克莱顿不要因为英国拒绝对特惠制采取比象征性妥协更进一步的措施，就放弃日内瓦会议。

75. 同上，第 978 页。

76. 洛维特给克莱顿发电报写道："我们正在努力为英国提供一切帮助，帮助他们渡过难关，也帮助他们避免长远地位受到不可挽回的影响。我认为，让贸易谈判陷入破裂的做法与我们在达成金融协定时遵循的政策是不一致的。（如果我们选择备选方案 3，总统认为这与我们的立场是不一致的。）从成功放宽可兑换性和非歧视性规定的角度看，重要的是在承诺减少贸易壁垒方面取得一些进展，即便是微弱的进展也行。我认为，方案 3 可能会引起英国公众的强烈不满并在美国造成不小的混乱从而招致批评，也会让我们更难推动国会对英国乃至整个欧洲的进一步援助。你也知道，英国政府现在正面临着来自左翼工党的巨大压力，后者要求大幅削减英国的外交承诺、减少武装力量并从希腊和意大利撤出英国军队。我们担心苏联会充分利用美国和英国之间的这类分歧，就像他们现在正试图通过加大整个东欧和近东的压力利用英国的弱势一样。因此，最好的办法是在目前这种极端不利的情况下争取到有可能达成的最佳协议，并对我方的提议做出相应的削减，从而保留我们的部分谈判立场并在日后更为合适的时机派上用场。从公众和国会的角度看，我们认为这样的协定虽然很单薄，但是聊胜于无，尤其是在明确说明当前协议只是处理这个问题的初始阶段的情况下。”（同上，第981 页）

77. 参见 Gardner（1956），第 360 页；也可参见 Fossedal（1993），第 253 页。

78. 参见 *PPP*（1947），第 480 页。

79. 参见 *NYT*，1947 年 10 月 31 日。

80. 加拿大众议院的争论，1947 年 12 月 9 日，第 99 页。

81. 参见 *NYT*，1947 年 10 月 31 日，第 99 页。

82. 参见 *NYT*，1947 年 11 月 20 日。

83. 同上。

84. 参见 US Bureau of the Census（1975），series U-226。

85. 据官方统计，如果日内瓦谈判中达成的关税在 1947 年生效，应税进口产品的平均关税将是 15.3%，而不是实际上的 19.4%，也就是说会减少 4 个百分点，或者说减少 21%（美国关税委员会，1948，第 19 页）。关于进口价格的影响，请参见Irwin（1998a）。进口价格在 1944 年至 1950 年间上涨 60%，$0.60 \times -0.67 \approx -0.40$。

86. 有关这一统计数据的详细情况，请参见 Irwin（1998a）。1948 年的平均关税为 13.9%，而不是关税委员会预测的 15.3%，这中间的差距完全可以用进口价格的上涨解释。进口价格在 1948 年上涨了 10.5%，这足以使关税降低约 6.7%。在 1947 年 19.4% 平均关税的基础上，再算上《关贸总协定》谈判造成的 21.1% 降幅和进口价格上涨造成的 6.7% 降幅，得出的结果是 14.0%，接近实际数据 13.9%。关税委员会（1948，第 18 页）当时就承认，20 世纪 40 年代因通货膨胀造成的从量税减少对关税削减做出了显著贡献，并指出，“过去 20 年来进口商品价格大幅上涨，由于价格上涨对从量税和复合税从价等值的影响，仅这一项就能让近年来实际征收的平均税率明显低于早些年”。

87. Irwin（1998a）计算出《互惠贸易协定法案》和《关贸总协定》在 1931 年至 1948 年间将关税降低了 32%，而进口价格上涨则将关税降低了 38%。

88. 参见 General Agreement on Tariffs and Trade（1949），第 11 章。

89. 参见 Bown and Irwin（2015）。

90. 参见 Subramanian and Wei（2007）。

91. 参见 *CR*，1949 年 9 月 8 日，第 12655 页。

92. Curzon（1965，第 70 页）表示：“有些国家认为数量限制将成为战后世界的永久特征，它们对税率做出了虚假但是幅度较大的下调，以便从唯一一个不对制成品实施配额的国家——美国——那里换来真正的减税。”

93. 参见 MacDougall and Hutt（1954）。

94. 参见 Johnson and Porter（1973），第454页。

95. 参议员保罗·道格拉斯（1972，第476页）如此形容战后的政治阵容：“共和党的东部地区的国际金融派最终因形势所迫而改变立场，不过他们在这样做的时候还算是‘面带惭色’。然而，以纺织、钢铁和化工产业为基础的该党主要议员派系仍然坚持强硬的保护主义立场，并试图反转赫尔的政策。总的来说，民主党继续忠于该党的一贯立场，不过随着制造业向南迁移，这样的立场开始稍有松动。原棉和烟草出口商仍然是南部地区一股支持低关税的力量。”

96. 参见 *CR*，1948年6月14日，第8049—8050页。

97. 参见 Lewis（1957），第579页。

98. 参见 US Department of Commerce（1950），第28页。

99. 参见 Taylor、Basu and McLean（2011）。

100. 参见 Mitchell（1970）和 Donohue（1993）。

101. 参见 Foster（1983），第94页。1945年5月，美国民意研究中心的一项调查发现，当知情选民被问及贸易协定计划是否应该继续时，75%的人回答是，7%回答否，18%表示不确定。在被问及根据贸易协定计划下调美国关税是不是一个好主意时，57%的人回答是，20%回答否，23%表示不确定（Bauer、Pool and Dexter，1963，第81页）。

102. 根据 Foster（1983，第94页）的说法，“在接受调查的150家报纸中，只有不到30家明确反对这部法案”。

103. 参见 Watson（1956），第964页。

104. 参见 Leddy and Norwood（1963），第128页。

105. *Administration and Operation of Customs and Tariff Laws and the Trade Agreements Program*: *Hearings Before the House Committee on Ways and Means*，第84届国会，pt. 2，第915页（1956）。

106. 参见 *CQA*（1958），第173页。

107. 参见 Leffler（1984），第364页。

108. 请参见 Fordham（1998a；1998b）。Bailey（2003）揭示了公众对国家安全的担忧如何影响国会对贸易政策的投票结果。

109. Brusse（1997，第124页）指出：“德国经济迟迟无法复苏，这使欧洲更加依赖作为食品和资本品进口来源的美元区。西欧与东欧的贸易解体，后者在战前是前者谷物进口的主要供应方，这进一步加剧了此种依赖。”

110. 参见 *PPP*（1949），第 366 页。

111. 请参见 Milward（1984）；Killick（1997）以及 Eichengreen（2006）。

112. 参见 *FRUS*（1947），第 3 卷：第 230 页。

113. 虽然经济学家仍就马歇尔计划对欧洲的重要性争执不下，不过 DeLong and Eichengreen（1993）认为它缓解了资源限制，否则这样的限制会让欧洲经济政策走上一条不那么以市场为导向的道路。

114. 参见 *FRUS*（1947），第 1 卷：第 955 页。

115. 参见 Zeiler（1999），第 137 页。

116. 参见 *CQA*（1958），第 169 页。

117. 参见 H. R. Rep. No. 594—79，第 38—39 页（1945）。

118. 关于国际贸易组织章程，请参见 Wilcox（1949）和 Brown（1950）；两人都是美方贸易谈判代表。

119. 美国代表团在发电报回华盛顿的时候，尤其提到阿根廷“不可调和的反对立场。让人不安的是，人们没有表现出想要支持美方立场或建议的兴趣。这种兴趣缺乏表现得尤其明显的是：拉丁美洲的各个代表团急不可耐地互相捧场，即使在无论国家给予什么支持都不重要的问题上……大肆宣扬国际贸易组织“侵犯国家主权”的呼声再度出现以及坚持想要［维护］全面自由的国民经济自主权的决心让哈瓦那摇摆不定……大多数代表团普遍认为，阿根廷的目的是阻止大会取得成功、阻止成立国际贸易组织”（FRUS，1948，第 1 卷：第 830—831 页）。

120. 同上，第 824 页，第 829 页；以及 Toye（2003a）。1948 年 2 月，威尔考克斯报告说，来自主要发达国家的代表“陷入了阴霾之中。［加拿大的］威尔格莱斯（Wilgress）完全看不到任何希望。［澳大利亚的］库姆斯（Coombs）说我们应该休会，将整个项目搁置一年或更长时间”（同上，第 872—873 页）。

121. 前往哈瓦那的代表团中有两名外交事务委员会的共和党成员，但是这一点并没能赢得他们的支持。

122. 参见 *PPP*（1948），第 168 页。

123. 国务院还被指责说对共产主义过度温和。纽约州共和党议员丹尼尔·里德质问：“如果将数百个国内产业的未来——其中很多产业以血汗为基础——托付给‘国务院’一小撮有着共产主义思维并自称国际主义者的人，是否符合我们国家的利益?”（*CR*，1948 年 5 月 26 日，第 6513 页）

124. 参见 H. R. Rep. No. 2009－80（1948）。筹款委员会前主席、民主党人罗伯特·道顿谴责这次延期：“现行法律大大改进了从前在处理关税问题时互投赞成票、称兄道弟、滋生垄断、四处树敌的做法。”（*CR*，1948 年 5 月 26 日，第 6505 页）

125. 参见 *PPP*（1948），第385页。

126. 共和党人极力反对取消危险点条款，他们认为这一条款至关重要，可以防止“任何不明智的关税削减造成可能但不必要的灾难，因为委员会的调查结果是立足于经济现实的”［H. R. Rep. No. 19—81，第5页（1949）］。

127. 参见 *PPP*（1949），第234页。

128. 参见 *NYT*，1948年5月10日，第33版。

129. 参见 Diebold（1952），第20—21页。

130. 参见 Gardner（1956），第376页。

131. 关于国会就国际贸易组织展开的辩论，请参见 Aaronson（1996）。

132. 参见 Toye（2003），第294页。

133. 参见 *FRUS*（1950），第1卷：第780—781页。

134. 同上，第783—785页。

135. 参见 *Department of State Bulletin*（1950），第977页。

136. 关于国际贸易组织为何以失败告终的分析研究，请参见 Diebold（1952）、Aaronson（1996）、Odell and Eichengreen（1998）以及 Zeiler（1999）。

137. 请参见 Diebold（1952），第14页。

## 第十一章　新秩序与新压力，1950—1979年

1. Wilkinson（1960）全面回顾了20世纪40年代后期到20世纪50年代的国会和贸易政策。Watson（1956）分析了国会在此期间对贸易法案的投票结果，发现区域模式取代了党派模式。Bauer、Pool and Dexter（1963）也全面调查了20世纪50年代贸易协定计划的政治支持和反对情况。

2. 请参见 Stiles（1995）。据 Koch（1969，第82页、第84页）记载，这种消极反映了“人们的一种感觉，即美国在没有得到任何实际相应好处的情况下白白做出了让步，因为欧洲国家在消除对美国产品的歧视待遇方面进展缓慢”，而且也未能废除他们的殖民特惠制。

3. 参见 *PPP*（1951），第340页。

4. 参见 Schulman（1991），第153页。

5. 请参见 Leddy（1963），第187页。

6. 参见 Kane（1988）。

7. 请参见 Fordham（1998a，1998b）和 Bailey（2003）。

8. 参见 Johnson and Porter（1973），第499页。

9. 用参议员 Paul Douglas（1972，第 478 页）的话说，共和党人“可以做他们想做的事。但是他们不知道该怎么做。他们分裂成了两派：一派是来自东部地区的国际主义者，一派是来自中西部地区和山地州的经济和政治民族主义者。”

10. 有关艾森豪威尔执政期间的贸易政策，请参见 Wilkinson（1960）和 Kaufman（1982）。艾森豪威尔（1963，第 499 页）回忆说：“贸易问题时常萦绕我心。”

11. 参见 *PPP*（1953），第 164 页。

12. 参见 Wilkinson（1960），第 84 页。

13. 参见 *PPP*（1954），第 363 页。

14. 参见 *CR*，1955 年 2 月 17 日，第 1678 页。

15. 1955 年的投票是新英格兰和南部纺织业地区的国会议员首次联合起来要求加强危险点条款和例外条款，从而明确保护纺织产业免受日本进口的影响。正如新罕布什尔州共和党众议员斯泰尔斯·布列吉斯（Styles Bridges）所说：“我不能认同在日本创建新兴城市却在新英格兰创建鬼城的贸易政策。”（*CQA*，1955，第 296 页）

16. 就美国而言，关税减让仅适用于 16% 的应税进口产品，这使得加权平均关税减让仅仅略高于 2% 。根据 Kreinin（1961）的统计，关税削减使美国的进口增加了 2 亿美元（当时进口总额约为 120 亿美元），最多让 2 万名工人失业，约占劳动力的 0. 03% 。这一数据立足于 Salant and Vaccara（1961）的统计，在当时，进口每造成 100 万美元的国内生产被取代，就会造成 115 个国内工作岗位的流失。

17. 约一半的《关贸总协定》签署方援引协定第 35 条，并拒绝让日本享有非歧视待遇的全部福利。直到 20 世纪 60 年代中期，日本与其他《关贸总协定》参与方的贸易关系才正常化。请参见 Forsberg（1998）。关于冷战时期加入《关贸总协定》的政治博弈，请参见 McKenzie（2008）。

18. 参见 Keesing and Wolf（1980）。

19. 请参见 Leddy（1963）。

20. 参见 Kelley（1963），第 107 页。

21. 参见 *PPP*（1955），第 397—398 页。艾森豪威尔在 1956 年 1 月的国情咨文中提请国会关注贸易合作组织的重要性，筹款委员会同意举行听证会。商业团体和劳工组织（如劳联-产联）支持美国加入，而反对者质疑国会如何在没有批准《关贸总协定》的情况下授权美国加入贸易合作组织。虽然筹款委员会在报告中做出了正面评价，但众议院民主党多数党领袖拒绝就其发起投票，理由是它永远不会获得通过。共和党人以三分之二反对、三分之一赞成的投票结果反对这项措施，而很多民主党人也对之感到不安。此事因此被永久搁置。

22. 参见 Bohi and Russell（1978），第 23 页。

23. 关于石油进口配额计划的分析，请参见 Bohi and Russell（1978）。

24. Kaufman（1982，第 91 页）指出："人们随口就能提出这样的论点：在外国石油既便宜又充足的时候消耗本国的石油储备，这也是 20 世纪七八十年代能源危机的促成因素。"

25. 参见 Mitchell（1970）。

26. 在 1951 年的安锡谈判期间，关税委员会发现美国对来自委内瑞拉的进口石油的关税太低，而在 1955 年至 1956 年的日内瓦谈判中，关税委员会建议提高对某些钨合金以及小提琴和中提琴的关税。这两次总统都没有采取任何行动。然而，在美国与欧共体提出的关税削减程度无法匹配的情况下，危险点条款确实在 1960 年至 1962 年的日内瓦谈判中阻碍了美国与欧共体的贸易谈判（Leddy and Norwood，1963，第 143—146 页）。

27. 参见 Murray and Egmand（1970），第 406 页。

28. 此外，旧的弹性关税权（《福德尼-迈坎伯关税法案》第 315 条，或《霍利-斯穆特关税法案》第 336 条）也很少使用。请参见 Kelley（1963），第 22—23 页。

29. 参见 Fordham（1998b）。

30. 在总统看来，"颁布这项立法——在没有修正案妨碍其效力的情况下——对我们的国家经济利益、我们的安全和我们的对外关系至关重要"（*PPP*，1955，第 10 页）。

31. 参见 Asbeek Brusse（1997），第 127 页。

32. 参见 World Trade Organization（1999），第 458 页。关于欧共体与《关贸总协定》的兼容性，请参见 McKenzie（2010）。

33. 此轮谈判是以道格拉斯·狄龙的名字命名的，他在艾森豪威尔政府中担任副国务卿，在肯尼迪政府中担任财政部长。

34. 1960 年的民主党竞选政纲指出："全球贸易对世界和平至关重要。我们将延续科德尔·赫尔的传统，以各种负责任的方式扩大全球贸易。所有美国人都会受益于这一政策，因此其成本不应仅由少数人承担。我们支持采取切实措施，对可能因进口增长而不可避免地受到影响的产业和团体进行必要的调整。"（Johnson and Porter，1973，第577 页）

35. 参见 *PPP*（1962），第 74 页。

36. 用米尼本人的话来说："毫无疑问，贸易扩张要想取得成功，调整援助至关重要。就像我们多次说过的那样，这对整个贸易计划来说是不可或缺的。"

（Charnovitz，1986，第158页）

37. 参见 Diebold（1962），第361页。

38. 参见 *NYT*，1962年1月18日，第12版。

39. 参见 Zeiler（1987）。

40. 参见 Bauer、Pool and Dexter（1963），第363页。

41. 参见 Talbot（1978）。

42. 参见 Gallup（1972），第3卷：第1761页。

43. 参见 Douglas（1972，第481页、第485页）后来回忆说："还有其他很多歧视性做法，国务院也是温和地一概无视。我能理解保护主义者的愤怒以及他们后来提出的采取报复行动的要求……我让国务院举一些针对我们的贸易歧视的实例，但是，虽然我在财政委员会进行着这场战斗，但是这从来没能帮上忙。当他们放下防备的时候……经常把其他国家称为他们的'客户'，听到这些让我感到很震惊。国际联盟似乎比双向经济合作带来的共同利益更为重要……在费了一番功夫之后，我最终得出了这样的结论：不能让国务院在经济问题上代表国会。"

44. Douglas（1972，第482—483页）提出，美国"如果受到歧视，应该有更大的实力进行报复，比如说重新启用以前的霍利-斯穆特关税或者设置更高的关税。我希望我们永远不需要动用这一武器，不过鉴于欧洲人对待我们的方式，我觉得我们同时需要胡萝卜和大棒。"

45. 参见 *PPP*（1962），第759—760页。

46. 关于肯尼迪回合的最后阶段，请参见 Lee（2001）。

47. 参见 Dryden（1995），第94页。1964年的共和党竞选政纲承诺"通过艰难而现实的谈判，坚决推动消除其他国家的诸多歧视性和限制性贸易行为"，并抨击约翰逊政府"在国际贸易谈判中软弱无能，任由对美国企业来说难得一见的机会白白溜走，并廉价出售了对美国农业繁荣来说不可或缺的市场"（Johnson and Porter，1973，第760页）。

48. 关于美国在20世纪60年代的贸易政治状况，请参见 Zeiler（1992）。

49. 参见 Johnson and Porter（1973），第727页。

50. 同上，第760页。

51. 关于尼克松政府期间的贸易政治概况，请参见 Matusow（1998）。

52. 同上，第120页。

53. 参见 Destler、Fukui and Sato（1979）。

54. 该法案令经济学家感到担忧，因此4390人联署了一份声明，敦促尼克松在法案通过的情况下对之予以否决（*NYT*，1970年9月19日，第1版）。保罗·道格拉斯是 1930 年请愿书的最初发起人之一，他也帮助组织了这一请愿活动。他（1972，第 607 页）称，众议院的这一举措“远比《霍利-斯穆特关税法案》还要糟糕”，因为它会用配额而不是关税限制贸易。最终签署请愿书的有 5025 名经济学家。

55. 参见 Maddison（2001），第 261 页；Maddison（1989），第 139 页。

56. 参见 Bernhofen、El-Sahli and Kneller（2016）。

57. 请参见 Levinson（2006a，b）。

58. 参见 Van Cott and Wipf（1983）。

59. 参见 *Statistical Abstract of the United States*（1978），第 873 页。

60. 参见 Adams and Dirlam（1964）。杜鲁门总统和肯尼迪总统在不同时期分别因严格的定价政策而与钢铁产业发生冲突。

61. 参见 Crandall（1981），第 35 页。

62. 参见 Commission on International Trade and Investment Policy（1971），第 2 页。

63. 参见 *WP*，1971 年 4 月 26 日，第 A4 版。

64. 参见 Magee（1972），第 692 页。

65. 参见 *CR*，1962 年 9 月 17 日，第 19591 页。

66. 参见 *NYT*，1972 年 3 月 28 日，第 59 版。

67. 参见 Ruttenberg（1971），第 62 页。

68. 参见 Saloom（1972），第 121 页。

69. 正如劳联-产联主席乔治·米尼所说：“工业生产的这种转移意味着美国就业机会的流失。它有可能会造成美国经济实力的下降。美国工业基础的萎缩意味着，如果美国生产和就业的这些巨大而迅速的损失不停止，这个国家将会成为二流甚至是三流的工业国家。”（Saloom，1972，第 122—123 页）

70. 参见 Ruttenberg（1971），第 123 页。

71. 参议员哈特克的一位前法律助理说：“劳工组织是推动这部法案的主要力量，这是一个公开的秘密……法案是由劳联-产联主导起草的。”（Saloom，1972，第 115 页）

72. 同上，第 99 页。

73. 请参见 Eichengreen（2000）以及 Bordo and Eichengreen（1993）。

74. 这篇声明的确切措辞有几种不同的报道。请参见 Reeves（2001），第 341 页；Odell（1982），第 263 页；以及 James（1996）。

75. 康纳利告诉总统：“日本人仍在作战，只不过现在不再是军事战争，而是一场经济战。他们设立了关税安排，设立了针对美国商品的贸易限制……坦率地说，那里的人比我们更勤劳，因为他们比我们更努力……一个简单的事实是，在很多领域，其他国家正超越我们的生产、思想和贸易。”尼克松回答说：“我们会解决这些混蛋。”但总统也认为“美国不能在自己周围建起围栏并指望自己继续是一个了不起的国家”。（Reeves，2001，第341页）

76. Gowa（1983）和Irwin（2012a）探讨了1971年8月这一举动背后的国内政治因素。

77. 参见Odell（1982），第252页；*FRUS*（1969—1976），第3卷：第424—425页。

78. 参见Commission on International Trade and Investment Policy（1971），第37页。人们一般认为，统一进口关税和出口补贴相当于货币贬值的想法是由约翰·梅纳德·凯恩斯提出来的。

79. 参见James（1996），第217—218页。

80. 参见Ohlmacher（2009），第9页。

81. Gowa（1983，注释150）写道：“虽然不是所有人，但是大部分政府经济官员都认为，附加税外加暂停黄金窗口的杀伤力过大，非常危险，因为它会招致其他国家的报复。戴维营会议的参与者基本都认为，如果康纳利没有担任财政部长的话，附加税就不会付诸实施。”康纳利是要求实施进口附加税的关键人物，请参见Volcker and Gyohten（1992），第76页。

82. 沃尔克后来回忆说：“关于该计划，真正激烈的辩论就是关于进口附加税。我记得，讨论的时候主要是经济学家针对政治家，而结果相差很远。我认为总统已经确信这既是一种必不可少的谈判策略，也是一种争取公众支持的方式。”（Volcker and Gyohten，1992，第78页）

83. 参见Safire（1975），第513页。

84. 参见*PPP*（1971），第889页。

85. 参见*Harris Survey*（1975），第184页。

86. 沃尔克认为各国会同意美国的要求：“我天真地以为我们将在一两个月内完成汇率调整并开始商谈改革一事……相反，我很快就在这些重要谈判中尝到了教训……我们发现，即使我们关闭了黄金窗口，主要国家仍然坚决抵制让其货币相对于美元升值。”（Volcker and Gyohten，1992，第80页）

87. 参见Angel（1991），第128页。

88. 最初对8月15日的措施持“不可知”态度的基辛格（1979，第955页、第957页）认识到，政府“必须在保持足够的压力激励我们进行调整和引发贸易战并危害几十年来建立起来的政治关系之间走一条狭窄的道路”。国家安全委员会认为，有关附加税的讨价还价拖得越久就越没有价值（*FRUS*，1969—1976，第 512—515 页）。9 月 20 日，基辛格向总统提出这一外交政策观点，建议减免附加税。尼克松严词拒绝了这一请求："附加税正是难题所在，亨利，它在国内大受欢迎，我们必须从中得到点什么才能将它完结。见鬼，85% 的人都支持附加税。你不能就这么把它舍弃掉。"（Ohlmacher，2009，第 23 页）。

89. 参见 Angel（1991），第 257 页；Volcker and Gyohten（1992），第 97 页。

90. 参见 *PPP*（1971），第 1195—1196 页。

91. 参见 Irwin（2012a）。

92. 白宫国际经济顾问彼得·彼得森（Peter Peterson）也认为："要不是我们采取了非常积极的行动应对美元问题，那我们必然已经走向了保护主义。"（Stein，2010，第 49 页）。

93. 请参见 Destler、Fukui and Sato（1979）。

94. 请参见 Crandall（1981）。

95. 参见 *CQA*（1974），第 836 页。

96. 参见 Destler（1980），第 169 页。

97. 参见 Laird and Yates（1990），第 316 页。

98. 众议院少数党领袖伊利诺伊州共和党人罗伯特·米歇尔（Robert H. Michel）说："快速通道使我们成为贸易谈判伙伴，（国会）拥有批准或否决的最终权力。"密苏里州共和党参议员约翰·丹佛斯表示："但凡懂点国际贸易的人都一致认为，如果没有快速通道，就不可能达成贸易协定。根本就没有这个可能。"关于快速通道，请参见 Shapiro（2006）。

99. 鲍德温（Baldwin，1985a）研究了影响国会投票的一些选区因素。

100. 1972 年 10 月，作为尼克松缓和政策的一部分，美国与苏联签署了一份贸易协定，这份协定的落实取决于美国是否给予苏联最惠国待遇。这一待遇并非自动给予，因为苏联不是《关贸总协定》的缔约国。

101. 在 1962 年的法案中，例外条款需要经过三项检测：进口必须在进入美国的时候出现数量上的增加，进口增加必须"主要"归因于某一贸易协定中做出的让步，进口增加必须造成了或有可能造成严重伤害。事实证明，要想从进口竞争中获得临时喘息的机会，例外条款是很难派上用场的工具，因为"主要"归因要求是关税委员会面临的法律障碍（Murray and Egmand，1970）。比如说，1971 年，电视产业的三个工会提出了例外条款救济申请，但均被驳回，因为进口增加必须"主要是因为贸易协定中做出的让步造成的。"虽然进口电视关税已经从 1962 年的 10% 下降到 1971 年的 6%，但这种轻微的降幅并不能被视为日本电视机进口量大幅上涨的原因。

102. 钢铁工人联合会的一位代表也同意："贸易调整援助是一个已经过时的

想法……（它）并不能真正取代有效的贸易政策。”（Charnovitz，1986）

103. 早前的《1962 年贸易扩展法案》第 252 条已经授予过类似的权力，但只使用过两次，一次是为了报复欧共体在 1962 年的“鸡肉贸易战”中针对家禽的差价进口税，还有一次是为了报复加拿大对美国牛肉出口的限制。

104. Winham（1980）指出，这些条款促使选民和利益集团的游说重心进一步偏离国会并偏向行政部门和行政机构。用 Destler（1980）的话说，这种行政保护制度是“为国会提供保护”的一种方式，这样国会就可以不用应对选民关心的所有贸易问题。

105. 国会长期以来一直希望关税委员会能更好地回应国会在例外条款和倾销案件中做出伤害裁决的担忧。路易斯安那州民主党参议员拉塞尔·朗曾在 20 世纪 60 年代后期表示：“关税委员会需要回应的对象应该是国会，而不是行政部门。”（Baldwin，1984，第 16 页）

106. Winham（1986）概述了东京回合谈判和协定的情况。

107. 援引自 Baldwin（1970），第 2 页。

108. 美国最终也同意废除化学品的美国销售价格，这是肯尼迪回合的延续。关于牛肉、乳制品和民用飞机贸易也达成了具体协定。

109. 参见 Hufbauer（1983），第 332 页。

110. 参见 Minchin（2013），第 80 页。

111. 参见 *PPP*（1978），第 2 卷：第 2008 页。

112. Destler（1980，第 202 页）指出，反对这部法案的 11 票中有 5 票来自威斯康星州，该州议员反对就奶酪进口做出有可能损害乳制品产业的让步。

113. 明尼苏达州共和党众议员比尔·弗伦泽尔（Bill Frenzel）评论说，法案在国会的成功是“鲍勃·施特劳斯高超技巧的体现。如果没有鲍勃，我们会遇到各种各样的困难。”请参见 Winham（1980）。

114. 参见 Millstein（1983），第 123 页。

115. Krueger（1980）发现，从 1970 年到 1976 年，在 19 个产业中有 10 个产业的就业岗位减少，而其中仅有一个产业的进口相关损失超过国内需求或生产率变化导致的损失，那就是皮革制品。在 1967 年至 1979 年期间，Grossman（1987）发现，在受调查的 9 个产业中，只有一个产业的就业率因进口大幅下降（广播和电视制作）。

116. 参见 US General Accounting Office（1987）。

117. 被驳回救济申请的产业包括芦笋、亚铁氰化物蓝色颜料、蜂蜜、蘑菇、铸铁炉、螺栓、螺母和螺丝、高碳铬铁、不锈钢扁平餐具、铜、自行车轮胎或内胎、渔具和皮革服饰。当总统拒绝给予例外条款救济时，国会有时会代表国内产业进行干预。比如说，1976 年，在涉及非橡胶鞋制品的 201 条款案中，福特总统批准了调整援助，但没有批准国际贸易委员会提议的进口救济。国会敦促重新考虑此案，因而制鞋业再次提出申诉。1977 年，国际贸易委员会再次判定该产业受到了严重伤害，并建议实施严格的为期五年的关税配额。这一次，卡特总统选择了与中国台湾和韩国通过谈判达成有序销售安排（OMA）。

118. 1977 年，韩国对美鞋制品出口的组合比例是 70% 的非橡胶鞋制品和 30% 的橡胶鞋制品。到 1978 年的时候，这一比例完全颠倒了过来（Mutti and Bale，1981）。

119. 参见 Canto and Laffer（1983）。

120. 参见 Aggarwal（1985）。

121. 事实上，欧洲国家自己也在为这种补贴而争吵，因为法国、比利时、英国和意大利的国有企业得到了政府援助，以弥补其经营损失，而这损害了德国和荷兰私营企业的利益。

122. “触发价格机制”涵盖了 70 个不同的产品类别以及 1979 年钢铁进口量的 85% 。请参见 Eichengreenand van der Ven（1984）。

## 第十二章　贸易冲击和应对，1979—1992 年

1. 关于这 10 年的贸易政策发展概况，请参见 Destler（1991）、Richardson（1994）、Destler（1995），以及 Krueger（1996）。

2. 根据国民经济研究局的数据，美国经济在此期间经历了两次衰退，一次是 1980 年 1 月至 7 月，另一次是 1981 年 7 月至 1982 年 11 月。第二次经济衰退比第一次要严重得多，不过这一时期的经济普遍疲弱。

3. 参见 Eichengreen（1996）。

4. 参见 Fukoa（1990）。

5. 参见 *Statistical Abstract of the United States*（1988），第 768 页。

6. 参见 Lawrence（1984），第 44 页。

7. Kletzer（2002，第 129 页）指出：“虽然我们可以确定出口产品是由美国工人生产的，但我们无法确定进口是否会直接取代国内产品。”

8. 参见 *Handbook of US Labor Statistics*（2001），表 2. 1。

9. 请参见 Addison、Fox and Ruhm（1995）。Kletzer（1998，第 455 页）也得出结论认为：“各个产业日益激烈的外国竞争造成的失业只占很小的比例，”因为“贸易程度很低的产业也出现了高失业率”。Davis、Haltiwanger and Schuh

（1995，第 48—49 页）得出的结论是："就业流动总量和国际贸易程度之间没有系统性关系……总的来说，各种证据表明，国际贸易系统性地降低了就业保障的观点不太站得住脚。"

10. Revenga（1992）发现，产业进口价格每下降 10%，产业就业人数就会减少 2.5%～4.0%，但产业工资仅下降 0.5%～1.0%。这意味着，当进口价格在 1980 年至 1985 年下降 19% 时，进口敏感产业的工资下降了约 2%，而就业人数减少了 5%～8%。Freeman and Katz（1991）也发现，进口量每上涨 10%，产业就业人数就会减少 5%～6%，产业工资就会下降 0～0.6%。

11. Jacobson（1978）发现，在失去工作后的前两年里，汽车和钢铁产业失业工人的收入下降了 40% 以上，而在随后的四年中，他们的收入仍比留下来的业内人士低 10%～15%。

12. 请参见 Jacobson（1978）和 Bednarzik（1993）。工资相对较低的非工会产业（如女装、电视接收器、玩具、棉纺）失业工人的初始收入损失较少（约 10%），事实上有些人的收入还要高于从前；在失业后的四年里，棉纺工人的收入增加了近 12%。在大多数情况下，这些损失中约有一半要归因于失业期而不是因为后来赚取的工资比较低。

13. Krugman and Lawrence（1994）指出："政策制定者经常将产业就业比例的下降归因于生产率增长不足导致的制造业竞争力不足。事实上，这种收缩主要是生产率更高增长造成的结果，至少和服务业相比是这样的。"一些产业研究也得出了类似的结论。Lawrence（1984，第 54 页）发现，20 世纪 70 年代，有 9 个产业的总体就业人数下降超过了 10%，在其中 6 个产业中，与贸易相关的就业人数其实增加了；只有在鞋类和服装产业，贸易造成的损失才大于国内需求变化造成的损失；就钢铁产业而言，Grossman（1986）发现，就业人数的持续下降造成的岗位流失要比进口造成的岗位流失多 5 倍。在 1979 年至 1983 年这段较短的时期内，进口和长期因素同样重要，不过他也指出："进口竞争在此期间造成的损失完全是美元实际升值超过 30% 的结果。"

14. 请参见 Revenga（1992）。C. Fred Bergsten（1985，第 138 页）是当时认为里根的经济政策"也受困于贸易政策与货币政策根本矛盾"的主要声音之一。

15. 虽然吉米·卡特总统来自南部地区，但是在他否决了一份可以让南部免除东京回合关税削减的议案后，他就不再被纺织品和服装产业视为朋友。里根在 1980 年 9 月致信南卡罗来纳州共和党参议员斯特罗姆·瑟蒙德时指出纺织品和服装产业贡献了 230 万个就业岗位，并承诺通过将所有来源的进口增长与国内市场增长相关联来加强"多边安排。我将努力实现这一目标"（*Oversight of US Trade Policy*：*Joint Hearings*，*Before the Subcommittee on International Trade*，*Com-*

*mittee on Finance*, *and Subcommittee on International Finance and Monetary Policy*, *Committee on Banking*, *Housing and Urban Affairs*，第 97 届国会，pt. 1，第 19 页（1981）。

16. 里根在 1983 年的国情咨文中表示："作为西方世界的领导者，作为一个因经济自由而变得强大和富裕的国家，美国必须是一个不屈不挠的自由贸易倡导者。在一些国家有意转向保护主义的时候，我国的策略不是追随它们，而是带领大家走向更加自由的贸易。"（*PPP*，1983，第 1 卷：第 108 页）

17. 参见 *Oversight of US Trade Policy*：*Joint Hearings*，第 19 页。

18. 比如说，20 世纪 70 年代中期，里根在斯坦福大学胡佛研究所发表演讲时，批评外国在美国市场倾销商品。当一位经济学家回复说低价倾销商品使消费者获益时，里根反驳说这也提高了失业率并导致工厂倒闭。另一位经济学家表示经济最终会适应这样的挫折，里根面露疑惑地说："事情很可能会是这样。但是美国的工人会遭遇些什么呢？他和他的家人将何以为生呢？"请参见 Hook（1987），第 598—599 页。

19. 内部记录请参见 Niskanen（1988）。

20. 参见 Hufbauer、Berliner and Elliott（1986），第 21 页。

21. 本节内容参考了 Krueger（1996），该篇著作提供了贸易政策的产业案例研究。

22. 参见 Destler（1980），第 196—197 页。

23. 里根（1990，第 253—254 页）在回忆录中写道："我一边听着人们的辩论，一边想着是否有一种办法既可以保持我们支持自由贸易这一立场的一致性，同时又可以做些什么来帮助底特律并缓解数千名失业装配工的困境。"根据里根的说法，当他询问有没有人能够就如何在两者之间取得平衡提出什么建议时，副总统乔治·布什插话道："我们都支持企业自由经营，但是如果日本在我们没有提出任何要求的情况下宣布他们将自愿减少对美汽车出口，那么在座的有谁能找出什么错处来吗？"斯托克曼（1986，第 157 页）指责称总统顾问埃德温·米斯（Edwin Meese）种下了这一念头的种子，称米斯"正在悄悄地将方钉钉入圆洞，说服自己和总统相信，我们要想维持自由贸易地位，需要做的就是说服日本人'自愿'限制他们的出口。根据米斯的配方，我们的手会很干净；肮脏的工作由日本人自己去做。"另请参见 Dryden（1995），第 267—275 页。

24. 请参见 McClenahan（1991）。关于自愿出口限制的综合性分析，请参见 Jones（1994）。

25. 若想了解对钢铁产业的不同分析，请参见 Crandall（1981）和 Howell et al（1988）。另请参见 Moore（1996）。

26. Destler（1991，第262页）指出："美国钢铁制造商在一天之内共同向商务部提交了132起反补贴税和反倾销申诉的494箱300万页文件。"

27. 参见*PPP*（1984），第2卷：第1312页。

28. 从1966年到2001年，虽然消费量在上涨，但国内鞋制品产量从6.39亿双减少到1.29亿双，全职就业人数从233 400人减少到28 900人，这几乎要完全归因于工厂关闭。进口渗透率从1966年国内消费的13%上升到2001年的近97%（Freemanand Kleiner，2005）。

29. 参见Minchin（2013），第99页。

30. 在众议院投票之前，詹金斯恳请众议院"务必采取一些行动拯救美国的基础工业"。佛罗里达州民主党议员萨姆·吉本斯等反对者回答说："没有哪个国家通过限制进口提高了生活水平。"（Minchin，2013，第116页）

31. 参见*PPP*（1988），第2卷：第1486页。

32. 第四版《多种纤维协定》计划生效5年，直至1991年，不过它后来被延期至1995年。《多种纤维协定》涵盖的范围最终从1977年的18个国家的出口扩大到1991年的41个国家，其中主要是小型发展中国家。

33. 参见Gardner（1996）。

34. 参见*CQA*（1986），第187页。

35. 参见Organization for Economic Cooperation and Development（2014）。

36. 参见Graham（1983），第130页。

37. 请参见Krueger（1990b），以及Marks and Maskus（1993）。

38. 参见Maskus（1989），第96页。

39. 请参见Finger、Hall and Nelson（1982）。国际贸易委员会前任经济学家约翰·索米拉（John Suomela，1993）从内部人士的角度对某些个案进行了分析。

40. 参见US General Accounting Office（1987）。*CR*，1985年11月13日，（参议院）第15315页援引了霍林斯的话。

41. 参见Irwin（2005a）、Baldwin（1998）以及Congressional Budget Office（1994）。

42. 参见Congressional Budget Office（1994），第50页。

43. 经济学家和律师经常批评商务部使用的方法很有问题，这些方法在设计的时候似乎就是为了确保能够发现倾销行为并抬高计算出的倾销幅度。可参见Boltuckand Litan（1991）以及Finger（1993）。

44. 参见Congressional Budget Office（1994），第58页。

45. 同上，第50页。

46. 数据引自US International Trade Commission（1995），第3节第1页，以

及 Congressional Budget Office（2001），第41页。

47. 参见 Gallaway、Blonigen and Flynn（1999）。

48. 这些经济学家受雇于联邦贸易委员会、国际贸易委员会和国会预算办公室。可参见 Morkre and Tarr（1980）、Tarr and Morkre（1984），以及 Rousslang and Suomela（1988）。

49. 美国也可以通过拍卖美国市场销售配额权来获得配额租金。关于此类提议，请参见 Bergsten et al（1987）。

50. 这一估算结果接近于 Trela and Whalley（1990）计算出的1986年的123亿美元。Hufbauer and Elliott（1994，第15页）发现，在使用局部均衡模型的情况下，《多种纤维协定》的福利成本在1984年为30亿美元，在1990年为86亿美元。Cline（1990，第191页）所做的局部均衡估算得出的结果是81亿美元，这主要是因为他们在估算配额溢价时有所不同。De Melo and Tarr（1992，第105—106页）对这些数据之间的差异做出了解释，这些差异取决于对如何估算配额引起的溢价。

51. 1987年，对外国纺织品和服装出口的限制对进口量产生的影响相当于对现有的纺织品征收10%的关税，对服装征收18%的关税分别再加上22%和28%的额外关税（US International Trade Commission，1989）。

52. De Melo and Tarr（1992，第89—90页）得出结论认为，《多种纤维协定》多让247 000名工人继续就业于该产业，也就是该产业就业人数的12%。Cline（1990，第193—194页）的结论是，《多种纤维协定》留住了234 000个纺织品和服装产业的就业岗位，其中多数都是服装产业岗位。据美国国际贸易委员会（1989）估算，消除贸易壁垒将使纺织品和服装产业的就业岗位减少233 000—291 000个，约占总数的15%。

53. Cline（1990，第95页）发现，“即使在最糟糕的时期（1982—1986年），（进口）对纺织品就业变化的负面影响也仅为生产率增长负面影响的1/6。”就纺织品而言，McKenzie and Smith（1987）发现，岗位流失的主要原因是技术变革，而不是进口。

54. Cline（1990，第192页）计算，要想留住纺织品和服装产业的224 700个工作岗位，每留住纺织品产业的一个工作岗位和服装产业的一个工作岗位的年度消费者成本分别是134 686美元和81 973美元。他总结道：“纺织品和服装产业的平均工资为每年12 000美元上下，在通过保护措施保住服装产业工作岗位的时候，消费者付出的成本几乎是其收入的7倍，因为他们需要为相关工人提供带全薪的永久假期。就纺织产业工作岗位而言，这个倍数还要更高。”

55. 据 Feenstra（1988）估算，自愿出口限制仅在1983年和1984年产生了约束力，并且将日本汽车的价格提高了 17%，这使得自愿出口限制的福利成本在 1984 年至 1985 年达到了 23 亿美元。根据 Dinopoulos and Kreinin（1988）的补充，自愿出口限制将美国的需求转向欧洲汽车，而欧洲进口汽车的价格上涨又导致了 34 亿美元的额外福利损失。

56. Collard-Wexler and De Loecker（2015）由此得出结论：生产率快速增长和相关就业下降的主要原因不是钢材消费量下降或进口增长，而是垂直整合型生产商使用的旧技术被效率更高的小型钢厂生产商取代。

57. Baldwin（1985b，第 109 页）写道："事实证明，进口限制措施经常是一种无效的政府监管形式，不会带来受保护行业和公众期望的就业和公平利益……它们带来的进口减幅以及国内产出和就业增幅要远远小于预期，更重要的是，在公平方面，它们往往没有帮助社会中最需要帮助的群体。"

58. Reid（1990）指出，公司管理层承认，在提出 201 条款申诉的时候，哈雷的生产流程远远落后于日本先进的制造技术。请参见 Kitano and Ohashi（2009），以及 Irwin（2015）。

59. 请参见 Kahn（1999）。

60. Feyrer，Sacerdote and Stern（2007）。尤其需要指出的是，每个县每失去一个钢铁或汽车工作岗位就会导致人口净减少 1.8 人。尽管"锈带"的一些县在失业率和人均收入方面迅速恢复，但其他一些区域属性（犯罪率、公共图书馆和餐馆）并未随着时间的推移而改善，甚至还有可能出现了恶化。"锈带"制造业衰败的唯一一点慰藉就是环境质量得到了改善，尤其是空气中的颗粒物显著下降（Kahn，1999）。

61. Trubowitz（1998，第 219 页）指出："在 20 世纪 30 年代，大部分东北部工业化地区在自由贸易面前面临风险，而到 20 世纪 80 年代时，北部核心地带形成了强烈的保护主义，就像 19 世纪末期和 20 世纪早期那样。与之形成对比的是，西部地区在 20 世纪 30 年代是贸易保护主义的基石，但现在已经超过南部地区，成为自由贸易导向程度最深的地区，而南部地区则处在东北部保护主义和西部自由贸易的中间。"

62. 请参见 Lande and VanGrasstek（1986）。

63. 来自加利福尼亚州的里根总统拒绝了他的顾问埃德温·米斯（同样来自加利福尼亚州）提出的保护葡萄酒业免受外国竞争影响的提议（Stuart Auerbach，"Reagan Rejects Meese's Plea to Back Bill Aiding Wineries，" *WP*，1984 年 2 月 17 日，第 A2 版）。

64. 参见 Caroline Herron and Michael Wright，"A Race for Import Curbs，" *NYT*，1985 年 9 月 22 日，第 A5 版。

65. 参见 Destler and Henning（1989），第104—105页。

66. Destler（1986，第84页）报告称，在634部法案中，“99部属于直接而严重的保护主义，另有77部也有这一可能性，因为它们会使准司法贸易救济更易获得。”

67. Destler（1991，第279页）指出，该决议针对的显然是里根政府，而不是日本。就像他报告的那样，在被问及参议院为什么如此反对日本时，参议院一名助手回答说：“你不明白。我们的目标并不是日本人，而是白宫！”

68. 参见 Destler（1995），第272页。

69. 参见 *CR*，1988年10月4日，（众议院）第9497页。

70. 请参见 Graham（1992）。大多数经济学家都摒弃制定产业政策的想法。卡特总统的经济顾问委员会前主席查尔斯·舒尔茨（Charles Schultze，1983，第4页）写道：“现实情况与产业政策倡导者依据的四个前提中的任何一个都不相符。美国不会去工业化。日本的产业成功并不是因为它的产业政策。政府无法设计出双赢的产业结构。最后，在美国的政治体系下，不可能以产业政策倡导者设想的那种实质性的、效率驱动的方式在个别企业和地区中甄选。”

71. 参见 Shoch（2001），第97页。

72. 参见 *CQA*（1985），第254页。

73. 参见 Steven V. Roberts，“The President's Hard Sell on Free Trade，” *NYT*，1985年9月29日，第A1版。

74. 关于美国对日贸易政策评估，请参见 Porges（1991）、Schoppa（1997），以及 Kunkel（2003）。

75. 参见 Zinsmeister（1993）。

76. 参见 Lincoln（1990），第16页。

77. 经济学家关于日本贸易模式独特之处的论述，请参见 Krugman（1991）。

78. 参见 *CQ*（1984），第157页。

79. 美国也反对保留牛肉、柑橘、烟草和皮革的进口配额，这些成了双边谈判的主题。1986年，针对运输机械（汽车零部件）开展了另一轮“特定产业市场导向”（MOSS）谈判：这些谈判专注于财团和其他私人企业的行为以及美国公司对日本企业的销售，包括在美销售，从而取得了新的突破。

80. 参见 Greaney（2001）。

81. 关于商务部贸易谈判代表对这些斗争的描述，请参见Prestowitz（1988）。

82. Baker（2006，第427页）在回忆录中写道：“强势美元与弱势外币之间的差异使外国竞争者拥有了超过美国公司的巨大优势。这促成了我国不断增长的贸易逆差，并引发了对高关税、进口配额和其他保护主义措施的需求。”

83. 沃尔克后来写道："无论政府是否愿意承认，美元的汇率都已经高到非常麻烦的水平。当然，从经济或政治角度看，这种情形看起来不可持续。"贝克和他的副手理查德·达曼（Richard Darman）"用不着成为经济学博士就可以将（保护主义）压力与美元走强相挂钩"（Volcker and Gyohten，1992，第 228—229 页、第 241 页）。

84. 参见 Destler and Henning（1989）；Bergsten and Green（2016）。

85. 参见 *PPP*（1985），第 2 卷：第 1127—1128 页。

86. 301 条款的使用是有争议的；批评者称之为"咄咄逼人的单边主义"。请参见 Bhagwati and Patrick（1990）。

87. 本节内容参考了 Irwin（1996a）。

88. Prestowitz（1988）生动地描述了这一情形，并探讨了美国谈判代表和日本谈判时面临的困境。

89. 附函内容发表于 Irwin（1996a）。

90. 参见 Odell and Matzinger-Tchakerian（1993）。

91. 参见 Bayard and Elliott（1994），第 14 页。

92. 参见 Stuart Auerbach，"Baker Calls US Late in Attacking Trade Gap，" *WP*，1987 年9 月15 日。

93. 参见 *CQA*（1986），第 344 页。

94. 参见 *PPP*（1986），第 1 卷：第 689 页。

95. 参见 *CQA*（1986），第 343 页。

96. 参见 *CQA*（1987），第 640 页。

97. 关于 1988 年的这一法案，请参见 Schwab（1994）和 Grinols（1989）。关于国会对该法案不同组成部分的投票模式，请参见 Nollen and Quinn（1994）。

98. 参见 Laird and Yates（1990），第 312 页。也可参见 Nogués、Olechowski and Winters（1986）。

99. 参见 Low（1993），第 76 页。

100. Aho and Bayard（1982）是该时期的另一篇悲观主义作品。

101. 邓克尔的引语摘自 Wolff（1983，第 363 页）和 Croome（1995，第 11 页）。

102. 宣言还呼吁各国"坚持不懈地做出努力，确保贸易政策和措施符合《关贸总协定》的原则和规则，并在制定和实施国家贸易政策、提出立法议案时抵制保护主义压力；同时不采取或不维持任何与《关贸总协定》不一致的措施，并坚持不懈地做出努力，避免采取限制或扭曲国际贸易的措施"（*NYT*，1982 年 11 月 30 日，第 25 版）。

103. 比如说，1982 年关于贸易协定计划的报告指出："美国仍将《关贸总协定》的多边制度视为实现自身利益和其他贸易国家利益的主要手段。”1986年的报告重申“美国仍然致力于《关贸总协定》和多边谈判进程”，但补充说“多边谈判本身并不是目的”，而且“美国已经决定，无论何时何地，无论是在多边、复边还是双边背景下，只要存在贸易自由化的机会，就会追寻这样的机会”（Richardson，1994，第641页）。

104. 参见*PPP*（1985），第2卷：第1129页。

105. 以色列想要达成协定的目的是巩固与美国的关系，并确保其出口能够进入美国市场；虽然出口到美国的以色列产品中有90%属于免税进口，但是市场准入还得取决于国会是否批准“普遍优惠制”和其他计划。如果有了自由贸易协定，以色列就可以扩大并确保市场准入。

106. 出于这个原因，之前关于双边贸易协定（1854年、1911年和1947年）的所有磋商都是由加拿大方面提出来的。1854年的协定只生效至1866年就被美国废除。1911年，两国达成协定并获得参议院批准，但是众议院议长表示协定将会带领美国走上吞并加拿大之路，在这之后加拿大议会否决了该协定。

107. 德里克·伯尼（Derek Burney，2005，第109页）是加拿大总理的办公室主任，后来出任加拿大驻美国大使，他表示：“我们现在充分认识到两国对自由贸易的看重程度有很大的不同。自由贸易在加拿大已经成为一个令人心力交瘁的问题，全国、各省乃至市政当局都以积极、激烈以及党派分明的方式对这个问题展开辩论。而在华盛顿，它几乎没有激起任何涟漪。我们最大的问题就是需要竭力让美国政府认识到加拿大政府对这个问题的重视程度并对之采取相应的态度。”

108. 若想了解加拿大方面对谈判的详细分析，请参见Hart（1994）、Ritchie（1997），以及Burney（2005）。

109. 墨菲基本上得走一个跨部门流程，而在这个过程中商务部和其他人会对协定的具体细节百般挑剔。马尔罗尼总理（Mulroney，2007，第566页）在回忆录中写道：“彼得·墨菲是一位能干的谈判代表，但是他在政府中没有上层政治人物撑腰，因此他专注于美国各机构官员和重要国会议员确定的‘刺激物’，并对加拿大的提议给出了符合最低共识的答复。”

110. 参见Gotlieb（2006），第486页。

111. 加拿大官员对美国毫无章法的谈判进程很不以为然，但对贝克赞不绝口。戈特利布大使（Gotlieb，2006，第490—491页）在日记中写道：“美国佬的表现很可恶。国会山上的那些混蛋……给政府施压，然后政府就迷失了方向。它没有表现出任何历史担当。贝克是唯一一个有着更高精神层次的人。”戈特利布担心自己的国家浪费了两年的时间筹划谈判。“美国人既心胸狭隘又群龙无首，加拿大的部长则立场不一、反复无常。”

112. 正如贝克所说，“我不得不打破很多瓷器。我不得不推翻（美国贸易代表）克莱顿·尤特的意见。他对此持反对意见。我不得不打电话给六位参议员和各位国会议员。我知道我提出这个建议让自己陷入了大麻烦。我为加拿大承担了很大的风险”（Gotlieb，2006，第491页）。有一个例子可以说明贝克果断的领导力：当司法部的一份备忘录凭空冒出来并声称争端解决机制违宪时，贝克回答说“胡说八道，给我接通司法部长”，然后这个问题就迎刃而解了。原来这份备忘录是商务部官员想出来的主意，他们不希望让自己的贸易救济裁定接受一个独立小组的审查（Gotlieb，2006，第492页）。

113. 正如吉本（Gibbon）所说：“我不敢说人们对协定有很大的热情。”纽约州民主党众议员约翰·拉法尔斯（John LaFalce）承认：“国会议员对美加关系漠不关心。”（*CQA*，1987，第662页）

114. 参见 Singleton（1990）。

115. 参见 *CQA*（1990），第144页。

116. 参见 Congressional Budget Office（1991）。

117. 参见 *PPP*（1990），第2卷：第1364—1365页。

118. 参见 Hufbauer and Elliott（1994），第15页。

119. Noland（1997）得出的结论是，美国贸易代表办公室正在“追逐幻影”，因为它使用301条款对付的是那些拥有大额对美贸易顺差的国家，而不是那些采取明显不公平贸易做法的国家。

120. 《结构性障碍协议》（SSI）专注于深层次的政策和实践，并寻求改变日本的分配制度、公共工程支出、土地改革、排他性财团的商业行为和反垄断政策的执行。

121. 请参见 Kunkel（2003）和 Lincoln（1999）。

122. 参见 Kunkel（2003），第167页。

123. Kunkel（2003，第173页）指出：“日本官员对所有术语——指标、基准、标准、准绳、目标——都持谨慎态度，这些术语都可以被解释成在美国贸易法律下可强制执行的政府承诺。”这一政策工具甚至被赋予“自愿进口扩张”（VIE）的名称，与自愿出口限制相对应。请参见 Bhagwati（1987）和 Irwin（1994）。

## 第十三章　从全球化到极化，1992—2017年

1. 参见 *PPP*（1985），第2卷：第1129页。

2. 参见 *PPP*（1988），第1卷：第88页。在1980年大选中，里根提出了美

国、加拿大和墨西哥签署北美协定推动三国之间贸易投资的主张。

3. 20世纪80年代初，墨西哥启动单边贸易改革，并决定于1986年加入《关贸总协定》，由此开始缓慢地开放严格管控下的经济。杰米·塞拉·蒲彻（Jaime Serra Puche）强调，墨西哥在普遍优惠制下享有出口优势，但受到出口上限的限制。譬如，依据普遍优惠制，它可以按优惠条件向美国出口10万台扩音器，但只要它的出口在这个基础上多增加一台，那么出口的所有扩音器都无法再享受优惠政策。请参见Boskin（2014），第20页。

4. 墨西哥贸易部长杰米·塞拉·蒲彻称："某天晚上，夜已经很深了，萨利纳斯到我（在达沃斯）的房间里对我说，'我们必须做些什么。我们没有被列入外国直接投资的地图。为什么我们不开始考虑和美国发展贸易？'"同上，第19—20页。

5. 布什政府的很多高层官员都来自得克萨斯州。这个事实成功地帮助墨西哥引起美国政府的关注（Mayer，1998，第41页）。了解《北美自由贸易协定》的起源及其谈判过程请参见Mayer（1998）以及Cameron and Tomlin（2000）。请参见Van Bertrab（1997）了解墨西哥如何看待这些谈判。

6. 当时的加拿大总理布赖恩·马尔罗尼和他的助手在刚刚结束的大选中花了不少精力艰难应对美加自由贸易问题带来的麻烦，所以起初他们认为，加拿大已经疲于开展自由贸易，不应该参加自由贸易协定，但很快他们认识到自己别无选择，只有加入自由贸易协定才能保护本国在美国市场上的利益，尽管很多加拿大官员对此不情不愿。

7. 他们认为《北美自由贸易协定》相当于大幅扩张了的美墨联营工厂项目。这个项目允许美国制造商将组装业务放到墨西哥，即美国企业把零部件运到墨西哥免税组装，然后把成品再出口到美国就无须缴纳关税（美国关税税则中的离岸组装条款允许这类成品免税进入美国）。虽然墨西哥的美墨联营工厂自1965年起就已经启动，但墨西哥在这个项目下的对美出口直至80年代才开始实现快速增长。

8. 请参见Preeg（1995），第129页。

9. 极具讽刺意味的是，发起反对"快速通道"动议的议员更感兴趣的是阻止美国签署《关贸总协定》，而不是阻止它签署《北美自由贸易协定》，如北达科他州民主党众议员拜隆·多根（Byron Dorgan）是因为农业补贴减少而表示反对；南卡罗来纳州民主党参议员欧内斯特·霍林斯是因为废除了《多种纤维协定》而表示反对。

10. 正如Mayer（1998，第69—70页）指出："然而，在《北美自由贸易协定》中，自由贸易没有威胁到多少经济部门。种植特定农产品的农民（特别是种植柑橘类水果、甘蔗、甜菜和西红柿等温带水果的农民）和生产服装、扫帚和玻璃等产品的受保护的劳动密集型制造商完全有理由担心这份协定会使它们面对的竞争越来越激烈。不过与众多必将从自由贸易中获益的产业相比（如银行及其他金融机构、三大汽车制造商、农业企业以及几乎所有美国大企业），这些潜在的输家并没有造成太多政治威胁。在必要的情况下，政府还可以承诺通过谈判延长过渡期或采取其他措施来应对特殊情况，以缓解国内产业受到的打击。因此，自由贸易的主要反对力量并不像过去那样，来自坚守贸易保护主义的生产者，而是一个由工会、环保主义者和基层组织组成的新兴联盟。”另请参见 Aaronson（1996）。

11. 请参见 Shikher（2012）。

12. 正如 Mayer（1998，第 142—143 页）报道得那样，“福特 CEO 哈罗德·雷德·波林（Harold‘Red’Poling）听说美国做出让步后火冒三丈，并马上致电（美国首席谈判代表）朱尔斯·卡茨（Jules Katz）。波林认为他们已经和政府谈好了要使北美比例达到 65%。为了使他冷静下来，卡茨提醒他说‘我们现在谈的问题是以 2.5% 的关税为基础上调或下调 2.5%’。”

13. Cameron and Tomlin（2000，第 40—41 页）强调了其中的讽刺意味：墨西哥希望达成《北美自由贸易协定》是为了鼓励外国投资，而它又不愿使本国市场对外国投资开放；而美国担心本国投资外流进入墨西哥，却在对墨西哥施压，要求它对这些投资打开国门。

14. 参见 Mayer（1998），第 229 页。

15. 1991 年，部分民主党支持者质疑克林顿支持自由贸易和开放市场的举动缺乏政治智慧，他回应说：“如果你们希望我像孤立主义者或保护主义者那样行事，那么你们需要另找候选人。我是不会这么做的。”（*WSJ*，1993 年 11 月 2 日）。

16. 请参见 Grayson（1995），第 121—122 页。克林顿认同这份协定的过程并不轻松。正如 Harris（2005，第 95 页）所说：“从学术层面，克林顿作为自由贸易的信徒激情万丈地支持这份协定，但在政治层面，这份协定使他如芒刺在背……一年前克林顿还是总统候选人时，他应该对《北美自由贸易协定》如何表态的问题一度使竞选陷入瘫痪状态。他支持过这份协定，但把各种限制条件像‘蛋黄酱’一样厚厚地涂在他的主张外面，掩饰他的真实态度，所以他的承诺几乎没有任何意义。”

17. 参见 *PPP*（1993），第 1 卷：第 209 页及以后各页。

18. 同上，第 210 页。

19. 不过美国政府磋商补充协议时，不能对加拿大和墨西哥施加太大压力。这不仅因为加拿大和墨西哥坚决拒绝对劳工和环境做出强有力的承诺，而且因为一旦补充协议生效，虽然部分民主党人会因此投票支持贸易协定，但也会损失共和党的一部分支持票。商业团体与共和党警告说，如果补充协议过于严苛，而给他们带来新的监管负担，那么他们对《北美自由贸易协定》的支持力度会减弱。由于民主党很可能会一致反对《北美自由贸易协定》，而最好的情况也只是对这份协定意见不一，所以共和党的投票对于能否通过这份协定至关重要。克林顿政府在这当中找到平衡点的难度相当大：如果补充协议过于乏力，就不足以平息反对者的情绪，或者无法赢得摇摆不定的民主党人的支持；而如果它们过于强势，又会丧失部分共和党人的支持。

20. 请参见 Mayer（1998），第 179 页、第 224 页。

21. 同上，第 144—145 页。

22. 参见 Grayson（1995），第 180 页。

23. 参见 Mayer（1998），第 253 页。

24. 参见 Grayson（1995），第 177 页。

25. 参见 Minchin（2013），第 195 页。

26. 参见 Orden（1996）。

27. 参见 Mayer（1998），第 220—221 页。

28. 参见 *NYT*，1993 年 9 月 17 日。

29. 请参见 Mayer（1998），第 341—342 页。

30. 克林顿政府试图赢得戈普哈特的支持，但他从来不说清楚这份协定需要包括哪些具体条款才能获得他的支持（Mayer，1998，第 201 页）。

31. 克林顿在私下交谈中提到《北美自由贸易协定》时称“政策是好政策，但不好在政治层面操作”。总统深信由于这份协定承诺使墨西哥对美国货物的开放程度超过美国市场对墨西哥商品的开放程度，所以反对它的行为“极不理性”（Branch，2009，第 49—50 页）。

32. 参见 *PPP*（1993），第 2 卷：第 1489 页。

33. 尽管总统的声明非常圆融得体，但前总统卡特猛烈抨击了罗斯 · 佩罗。他说：“不幸的是，现在我国有一位财力极其雄厚的煽动者全然不在乎事实的真相，不断加剧美国公众的恐惧感和不确定性。”（*NYT*，1993 年 9 月 15 日）

34. 参见 Michael Duffy and Laurence I. Barrett，“Secrets of Success，” *Time*，1993 年 11 月 29 日，第 26 页。

35. 参见 Engel and Jackson（1998）。

36. 请参见 Grayson（1995），第 211 页。盖洛普在辩论前开展的民意调查显示，34% 的受访者支持《北美自由贸易协定》，38% 的受访者反对它。同一批受访者观看了电视辩论后再接受民意调查时，57% 的受访者表示支持这项协定，

36% 的受访者反对它（Gallup，1994，第 194—197 页）。

37. 参见 Mayer（1998），第 315 页。

38. 请参见 Box-Steffensmeier、Arnold and Zorn（1997）。

39. 克林顿让坎特“开一间糖果铺”来赢取佛罗里达的选票，包括放宽部分农业环保规定。他与 Branch（2009，第 83—84 页）交谈时，“描述了他的谈判代表如何避免佛罗里达州爆发灾难。他们利用政策调整成功安抚柑橘种植者之前，佛罗里达的 23 名民主党议员中有 21 名反对《北美自由贸易协定》”。

40. 参见 Mayer（1998），第 317 页。

41. 参见 *CR*，1993 年 11 月 17 日，第 29936 页。

42. 同上，第 29947 页。

43. 参见 Branch（2009），第 83 页。克林顿（2004，第 557 页）在他的回忆录中写道：“我们整个团队为美国的政治经济打了一场大胜仗，但……为此付出了极高的代价，国会的民主党人四分五裂，劳工运动中不少坚定支持我们的人因为这份协定而对我们暴跳如雷。”

44. 国际电子工人工会的总裁评论说，克林顿“骗了我们，我们永远记恨在心”（Susan B. Garland and Richard S. Dunham，“Sweet Victory,” *Business Week*，1993 年 11 月 24 日，第 34 页）。

45. 参见 Branch（2009），第 60 页。民主党领导委员会的主席艾尔·弗罗姆（Al From）称：“3/4 的民主党党团认为克林顿是对的，但他们不敢投支持票。”（*NYT*，1993 年 11 月 17 日）众议员吉姆·克尔比（Jim Kolbe）说：“如果人们凭良心投票，那么这份协定轻而易举就可以通过国会……私下里说，绝大多数议员都认识到《北美自由贸易协定》的价值。”米基·坎特回忆说，总统曾经问那些尚未表态的众议员：“‘如果可以进行秘密投票，你会做什么选择?’。好吧，每个人都说：‘我们当然赞成它’。然后他说，‘你还不明白这是怎么回事吗?’”（Boskin，2014，第 26 页）。

46. 譬如，请参见 Kahane（1996），Holian、Krebs and Walsh（1997），Uslaner（1998），以及 Baldwin and Magee（2000）。

47. 请参见 Burtless et al（1998），第 57 页。

48. 请参见 Romalis（2007）。Caliendo and Parro（2015）发现，《北美自由贸易协定》使墨西哥与贸易联盟成员国的贸易增长了 118%，美国与贸易联盟成员国的贸易增长了 41%，加拿大与贸易联盟成员国的贸易增长了 11%。他们还发现这份协定提高了美国和墨西哥的实际工资水平，使墨西哥的总体福利水平提升了 1.3%，美国的总体福利水平提升了 0.08%。总之，Shikher（2012）的报告称，人们在预测《北美自由贸易协定》产生的影响时，使用的经济模型严重低估了这份协定对贸易的影响，但是比较准确地预测了它对收入和就业造成的小幅影响。

49. 参见*PPP*（1993），第2卷：第2180页。

50. 请参见Croome（1995）、Preeg（1995）、Paemen and Bensch（1995）以及VanGrasstek（2013）了解“乌拉圭回合”谈判的相关史实。

51. 参见Organization for Economic Cooperation and Development（2014）。

52. 参见Croome（1995），第138页。

53. 参见Sell（2003）。

54. 美国推动“与贸易有关的知识产权协定”谈判时表现得尤为卖力。欧洲最高谈判代表所说，“如果说美国人对欧洲（在知识产权上）的愿望表现得漠不关心，那么对第三世界担心的问题，他们完全不屑一顾……无论是因为他们生来就不够敏感还是没有意识到这些问题，美国人极不合作的态度没有阻止他们的代表团想方设法”建立一个更强大的体系以保护制药业、娱乐业和软件制造商的知识产权（Paemen and Bensch，1995，第167页）。

55. 《关贸总协定》的报告称，1989年有236份进口限制协定游离于《关贸总协定》的纪律准则之外（Low，1993，第76页）。在这些协定中，美国参与了67份协定，而欧洲共同体参与了127份协定。

56. 请参见Destler（2005），第161页、第217页。

57. 参见Croome（1995），第144页。

58. 请参见Bhagwati（1993），第25页。请参见Bhagwati and Patrick（1990）了解关于301条款的辩论情况。VanGrasstek（2013，第52页）指出：“美国经常动用301条款和报复其他国家的手段而不是借助《关贸总协定》体系来界定和实现自身的权利。参加乌拉圭回合谈判的国家坚决要求终止这种行径，而我们怎么夸大这种要求的优先性都不足为过。”“在争端解决谈判中，欧共体从一开始就强烈要求明确禁止成员国对多边规则中涉及的问题采取单边行动。”

59. 请参见Jackson（1990），第94页。杰克逊因此被称为“世界贸易组织之父”（Van-Grasstek，2013，第57—68页）。

60. 参见Croome（1995），第273页。

61. 参见Preeg（1995），第114页。

62. 同上，第118页。

63. 法国坚决反对采取任何削减补贴的措施。请参见Paemen and Bensch（1995），第182—189页，这本著述极其生动地描述了欧洲在这个问题上的孤立状态。

64. 一年后，《关贸总协定》总干事阿瑟·邓克尔到处散发众所周知的“邓克尔草案”。它总结了乌拉圭回合谈判已经取得的进展，并且针对农业补贴上的分歧提出折中方案，清晰地描绘出当时谈判的状况。从《关贸总协定》总干事的身份来说，这个举动非常大胆，因为他没有权力调解各国政府谈判代表之间的谈判，但后来人们认为，这是推动乌拉圭回合谈判继续前进的一项重要举措。

65. 参见 *PPP*，1992—1993，第 1 卷：第 77 页。

66. 欧洲的首席谈判代表称：“如果不是因为美国人这么坚韧不拔，这些谈判就不可能启动。”（Paemen and Bensch，1995，第 91 页）

67. 南卡罗来纳州民主党参议员欧内斯特·霍林斯反对乌拉圭回合谈判一揽子协定的原因在于，废除《多种纤维协定》威胁到了他所在州的纺织业就业情况。霍林斯将这份法案压在委员会，在“快速通道”授权到期之前强行要求国会对该一揽子协定举行投票，这在“跛脚鸭会期”极为少见。具有讽刺意味的是，他硬生生地迫使国会在大选后进行投票表决，反而使这一揽子协定获得更多国会支持。

68. 民主党并不担心在自己投票支持乌拉圭回合后，工会会像之前审议《北美自由贸易协定》时那样报复他们。与此同时，部分共和党反对创建世界贸易组织。他们担心这个组织会迫使美国在主权上做出让步，使世界贸易组织的专家小组有权力对美国国内的法律和贸易政策决策指手画脚。

69. 请参见 Finger、Ingco and Reincke（1996）了解关税减让的情况。经合组织的研究预测，乌拉圭回合谈判一揽子协定的市场准入条款将使静态福利提升 1840 亿美元，相当于全球 GDP 的 0.5%～1.0%（这项研究结果是采用一般均衡模型得出的，它没有包括动态福利增长或不完全竞争。如果加入这两个因素，都会进一步提高之前的计算结果）。

70. 请参见 MacDonald and Vollrath（2005）。美国还必须将服装的平均关税从 1994 年的 17.2% 下调至 2004 年的 15.2%。

71. 价格急剧下跌证明了产品质量滑坡（Harrigan andBarrows，2009）。我们可以从第十二章看到，就像采取出口配额措施会提升产品质量一样（如果出口数量受到限制，那么出口商会出口价格最高且质量最好的产品），不再受到配额限制的出口商出口的都是质量较差的低价产品。

72. 参见 Ingco（1996）。

73. 参见 Organization for Economic Cooperation and Development（2014）。

74. 请参见 US General Accounting Office（2001）。

75. 工会仍然因为自己在《北美自由贸易协定》之争中的惨败感到愤懑，并继续威胁要惩罚那些支持《北美自由贸易协定》的民主党人，拒绝给他们提供政治献金（Engel and Jackson，1998）。

76. 参见*PPP*（1997），第1卷：第115页。

77. 在1974年、1979年、1984年和1988年，“快速通道”授权都是大型贸易法案的组成部分，而这些法案中有不少条款都深得国会支持。1991年“快速通道”授权作为独立的法案在国会投票表决时，遭遇了巨大的阻力。1997年的情况与此如出一辙。

78. 引自Devereaux、Lawrence Watkins（2006），第227页。另请参见Schneitz and Nieman（1999）及Bardwell（2000）。

79. 参见*CQA*（1998），第23—29页。

80. 正如Han and Brady（2007，第506页）强调的那样：“近年来美国进入两极化时期，折射出国会的两极化格局，在美国历史上，这种格局经常居于主导地位。”事实上，真正反常的历史时期是第二次世界大战结束后迅速开启的两党合作期。DeVault（2013）认为，促使两党合作的不是重新划分选区，而是因为“党派联合情况的变化对投票行为的影响明显超过选区特征的变化”。

81. Conley（1999）发现，1997年是选民压力（用劳工的政治力量衡量）驱动国会议员反对克林顿提议的“快速通道”授权法案。

82. 参见*CR*，1998年9月25日，（众议院）第22154页；*CR*，1998年9月25日，（众议院）第8797页。

83. 民主党内部的人员更迭也导致了他们更激烈地反对贸易协定。在冷战时代成长起来的老派民主党人更认同自由主义贸易政策，而年轻一代的民主党人则以选民的意见马首是瞻。

84. 参见Bureau of Labor Statistics（2015）。请参见http://www.bls.gov/news.release/union2.nr0.htm。

85. 俄亥俄州民主党众议员丹尼斯·库钦奇（Dennis Kucinich）抱怨行政部门更关心的是金吉达品牌国际公司（一家总部位于美国但在中美洲运营的公司）将香蕉卖到欧盟时面临的贸易壁垒，而不理会国内的钢铁企业。他说：“美国不是用香蕉建造起来的，而是钢铁。简而言之，这种（忽略钢铁产业的）贸易政策太疯狂了。”*CQA*（1999），第20—23页。

86. 钢铁产业的失败并不意味着国会不能创新性地提供援助。2000年，西弗吉尼亚州民主党参议员罗伯特·伯德（Robert Byrd）在一份（与贸易完全无关的）议案中加入一个条款，要求将反倾销税和反补贴税产生的收入分配给请求政府援助的公司，而不是把它们上交美国财政部。在随后几年里，《伯德修正案》将超过10亿美元的关税收入拨付给国内钢铁生产商和其他接受反倾销税和反补贴税补贴的公司。欧盟和其他国家纷纷谴责这项政策，认为这属于不合理的补贴，违反了世界贸易组织的规则。2002年，世界贸易组织的专家小组支持这些国家的申诉，很快其他国家就获准对美国进行报复，除非美国停止为本国公司提供这种转移支付。老布什政府最终说服国会在2005年废除了《伯德修正案》。

87. 参见*NYT*，1999年12月3日，第1版。

88. 1994年12月，美国和西半球的其他23个国家在迈阿密举行的美洲峰会上承诺在2005年之前完成美洲自由贸易区的相关谈判。然而，很多拉丁美洲国家对这份计划充满疑虑，特别是阿根廷和巴西。到了2003年，美洲自由贸易区已经无望变成现实。

89. 数据来源于世界贸易组织于不同年份发布的《国际贸易统计数据》（*International Trade Statistics*）。

90. 从1990年到2001年，众议院每年都对取消中国临时性最惠国待遇的提案举行投票表决，并在1990年、1991年和1992年通过这些提案。

91. 参见Hufbauer and Rosen（2000）。

92. 参见Jackson and Engel（2003）。

93. 和当初美国讨论《北美自由贸易协定》时的情形一样，很多众议员都希望通过赋予中国“永久性正常贸易关系”的提案，但是如果他们不确定这部提案一定能通过，就不愿投票支持它。贸易代表巴尔舍夫斯基曾说过：“绝大多数议员都知道这绝对是美国要做的事情。”但随后又补充说：“这并不意味着……他们一定会投赞成票。”（CQA，2000，第20—25页）

94. 农业利益集团通过游说为这部法案赢得的赞成票与劳工组织促使国会议员投出的反对票不相上下（Gilbert and Oladi，2012）。

95. 美国联邦审计总署（GAO，1994，第3页）发现，美国企业“认为美国每年审议是否延长中国的最惠国待遇所引发的不确定性，是影响中美贸易关系的最重要问题”。Handley and Limão（2015）发现，消除这种不确定性使中国进口在这一时期增长了近1/4。

96. 在2001年至2003年的3年里，制造业生产下滑之后很快就复苏了，而就业情况一直未能触底反弹。Pierce and Schott（2016）发现，在那些（如果未能持续赋予中国市场准入许可）中国可能需要缴纳高关税的领域里，中国进口的增长势头更加迅猛，相关产业流失的工作机会更多。另请参见Acemoglu et al（2016）。

97. 请参见Autor、Dorn and Hanson（2016）。其他研究认为，中美之间的贸易逆差导致美国流失更多就业机会，但它们采取的方法论令人生疑。经济政策研究所（EPI）认为，在2001年至2014年，美国与中国之间的贸易逆差导致美国失去了320万个就业机会（Scott and Kimball，2014）。然而，使用中国进口产品的美元价值计算中国进口产品对就业的影响，夸大了它们对美国就业市场的冲击。消费性电子产品出口中的中国成分相对较少（中国往往进口零部件，将它们组装后再出口国外）。经济政策研究所的研究假设如果美国不从中国进口这些货物，那么会在本土制造，而不是从其他发展中国家进口，由此创造出就业机会。

98. 参见 Field and Graham（1997）。

99. 参见 Charles，Hurst and Notowidigdo（2016）。

100. 参见 Lawrence（2014），第86页。

101. 参见 Hicks and Devaraj（2015），表4。

102. 请参见 Lawrence Katz 对 Krugman（2008）的评论。

103. “2000年以后，非欧佩克发展中国家的进口比重迅速攀升，事实上发展中国家的总体进口比重在下滑……然而，在这一时期，几乎所有工人的工资都在缓慢增长，不平等几乎没有扩大。”（Lawrence，2008，第31页、第34页）

104. 关于中国经常账户盈余的分析请参见 Yang（2012）。

105. 请参见 Goldstein and Lardy（2008）。国际货币基金组织前首席经济学家 Michael Mussa（2008，第281页）指出：“毋庸置疑，人民币的汇率一直被严重低估，而且刻意被中国政府保持在低位。中国的相关政策强力阻止人民币大幅升值，这是其目标所在。”

106. 请参见 US Department of Treasury（2016）。《国际货币基金组织协定》的相关条款规定其成员国有义务“避免操纵货币汇率或国际货币体系来阻止对国际收支平衡的有效调整或者获取不公平的优势”。尽管国际货币基金组织有责任监督其成员国的汇率政策，但它并没有提醒人们关注中国的货币政策。2006年，国际货币基金组织表示人民币“被低估”，但不认为称这是被操纵的结果。Mussa（2008，第281页）认为，国际货币基金组织不作为是“严重的行为不当和渎职行为，没有履行自己的义务”。

107. 进口冲击没有影响现任议员的再选率。议员们从战略上调整了自己对贸易法案的投票，但没有改变对其他法案的投票选择（Feigenbaum and Hall，2015）。

108. 2005年《多种纤维协定》到期失效时，老布什总统同意与中国签订谅解备忘录，为美国纺织品和服装进口的34类产品设置21项配额。这些临时性配额并没有放缓中国对美服装出口的飞速增长，最终于2009年被废止。

109. 参见 Koopman、Wang and Wei（2012）。

110. 参见 Bown and McCulloch（2009）。

111. 国会预算办公室（Congressional Budget Office，2008，第9页）发现：“从1998年至2005年，来自中国的进口在美国市场的占比增长中约有1/3，是因为其他国家的进口占比增长放缓，有时甚至出现负增长。”在1998年前，其他国家给中国让出来的市场份额比这个比例还要高。

112. 例如，小布什签署《2002年贸易法案》时表示：“事实还证明自由贸易是创造全球繁荣和促进政治自由的有效战略……提高跨境贸易的自由度最终会使本国公民享有更多自由。”（*PPP*，2002，第1356页）

113. 请参见美联社（Associated Press）2000年10月28日的文章Eun-Kyung Kim，“Candidates Stump in Key Swing States”。据说这一承诺起源于竞选顾问卡尔·罗夫（Karl Rove）的计算结果，即承诺救助钢铁产业会使西弗吉尼亚州的选举团投票向共和党倾斜。事实上，卡尔·罗夫很可能是对的：布什拿下了西弗吉尼亚州，这是1984年以来共和党人第一次成功地做到这一点，也是在1932年以来的18场总统选举中，共和党第四次拿下这个州。如果当初没有拿下西弗吉尼亚州，小布什就会输掉整场竞选。

114. 在某次重要会议之前，美国财政部长保罗·奥尼尔（Paul O’Neil）和美联储主席艾伦·格林斯潘（Alan Greenspan）敦促副总统切尼拒绝开征钢铁税。他们提出的理由是“从总体上说，两党在自由贸易上达成共识是过去10年取得的伟大胜利之一，而总统无视这一共识会使很多选区感到困惑”，而且这一举动可能违反世界贸易组织的规则。奥尼尔凭借自己担任美铝公司首席执行官的经验提出了一份国际协定，希望减少世界钢铁市场的过剩产能，从根本上形成一个全球钢铁卡特尔来管理全球生产（Suskind，2004，第216页）。总统顾问卡尔·罗夫认为，为钢铁产业提供贸易保护措施有利于2002年中期选举，可以把宾夕法尼亚州和密歇根州有力地推向共和党的阵营。2002年2月，小布什政府的经济政策和外交政策负责人在白宫战情室的会议上就国际贸易委员会的裁决做出最终决定。根据苏斯金（Suskind）的说法，切尼和贸易代表罗伯特·佐利克倾向于采取保障措施，而其他大多数与会者对此持怀疑态度，不过也没有提出强烈反对。佐利克认为，救助钢铁产业能够确保参议院通过“快速通道”授权法案，而当时参议院尚未对此进行投票。

115. 请参见Hufbauer and Goodrich（2003）、Bown（2013）以及Finger（2012）。

116. 请参见Read（2005）。

117. 请参见Zoellick（2000）。Bergsten（1996）率先提出“竞争式自由化”这个术语描述20世纪90年代初亚洲实现贸易自由化的过程。请参见Evenett and Meier（2008）。

118. 请参见*Nomination of Robert Zoellick: Hearings Before the Committee on Finance, US Senate*，第107届国会（2001）。

119. 请参见 Blustein（2009）。

120. 佐利克将贸易自由化描述为爱国者的必然之举。他暗示反对“贸易促进权”的力量来自“贸易保护主义者”或者那些“出于其他极其狭隘的利益或理由阻止这一授权的”国会议员，“后者中的一些人与为他们提供资助的地区之间在政治上有扯不清的关系。”这番言论惹怒了国会筹款委员会中的纽约州资深民主党人查尔斯·兰格尔（Charles B. Rangel）。他立即推迟了对“快速通道”议案的审议，要求佐利克“公开道歉”。“毫无疑问佐利克太过分了，”积极支持开放贸易的加利福尼亚州民主党众议员罗伯特·松井补充说，“我感到非常失望。”（*CQA*，2001）

121. 他们说服了两位关键的共和党人——南卡罗来纳州的吉姆·德敏特（Jim DeMint）和北卡罗来纳州的罗宾·海耶斯（Robin Hayes）——支持这一议案，并承诺不会让美国赋予非洲、加勒比和安第斯国家的贸易优惠政策伤害这两位共和党人所在选区的纺织品印染和纺织品整理产业。海耶斯出身于一个纺织业家庭，还在北卡罗来纳州拥有一家织袜厂，不过他因不能投票反对“贸易促进权”（TPA）承受着巨大的压力。最终他投票支持了这一议案，并在投票结束后泪洒众议院（Foer，2002）。

122. 请参见 DeVault（2010b）。

123. 后来参议院在2002年5月对安第斯贸易优惠议案进行投票的时候，顺势批准了“贸易促进权”（TPA）。最终国会于2002年7月同意授予总统谈判权。

124. 请参见 Shapiro（2006），第29页。

125. 请参见 Blustein（2009）了解多哈回合的艰难进程。很多发展中国家都期望被授予非互惠市场准入，他们坚信根据乌拉圭回合的谈判结果和发达国家在多哈回合上做出的承诺，发达国家理应赋予它们这种待遇。当然，发达国家仍然坚持要求实现互惠互利。双方在这个问题上必须同时做出让步。

126. 请参见 Minchin（2013），第305页。

127. 国际贸易委员会（International Trade Commission，2004）指出，《中美洲自由贸易协定》覆盖的经济体只占美国经济规模的2%。美国从这些国家进口的产品价值为1 680万美元，其中80%已经在普遍优惠制的框架下免税进入美国，而当时美国对这些国家的出口总额为12.63亿美元。国际贸易委员会预计逐步取消这些国家的关税并最终完成后，美国从这些国家进口的货物总额将增加0.07%（主要是纺织品、服装和食糖），但增加的这部分进口主要是取代其他供应国的进口，因此美国的净进口量只是小幅增加。除了食糖以外，这些国家的进口增加对国内生产者几乎不会产生任何明显的影响。国际贸易委员会还估计，这些国家清除贸易壁垒将使美国的出口增加0.16%。

128. 请参见 *CQA*（2005），第14—17页。

129. 例如，北卡罗来纳州共和党人罗宾·海耶斯所在选区的纺织和服装产业已经失去数千个工作岗位。他在投票前宣布自己反对这份协定。“我全心全意地反对《中美洲自由贸易协定》，”海耶斯说，“它无法使我代表的核心选区实现最大利益。”他说，“每次我开车穿过坎纳波利斯，看到那些空荡荡的工厂时，我就知道自己绝不可能投票支持这份协定。”但是众议院议长伊利诺伊州共和党人丹尼斯·哈斯特（Dennis Hastert）对他施加了巨大的压力，并承诺采取措施限制从中国进口的服装，最终成功地说服了海耶斯在午夜前改投支持票。海耶斯后来回忆说：“我正在众议院的衣帽间忙自己的事情，议长突然走过来说，‘我们必须得到你的支持票’。作为回报，我们将尽一切努力帮助第8区的人民，”海耶斯险些没有在2006年的选举中成功连任（*NYT*，2005年7月29日）。

130. DeVault（2010a）发现，竞选捐款没有对《中美洲自由贸易协定》的国会投票模式产生太大影响。此外，Guisinger（2009）发现，由于这个问题没有在各个选区引起太多关注，所以当时在任的议员在随后的选举中没有因为支持这份协定而受到太多惩罚。

131. 后来 Magee（2010）的计算表明，如果当时统领白宫的是民主党总统，那么无论是2001年的“贸易促进权”议案还是2005年的《美国-多米尼加-中美洲自由贸易协定》都不会通过国会审议，因为由此流失的共和党支持票会超过增加的民主党支持票。

132. 众议院的投票结果是224票对195票。民主党以218票对10票的结果支持这份协定，共和党以185票对6票的结果反对它。

133. 参见 *PPP*（2008），第497—498页。

134. 请参见 Peter Engardio，“Refighting NAFTA，” *Business Week*，2008年3月31日，第58页。

135. 全球贸易的降幅中只有2%（0.2个百分点）是由贸易保护主义抬头造成的（Kee、Neagu and Nicita，2013；Henn and McDonald，2014）。尽管在此次危机中，贸易壁垒确实被暂时性加高（如开征反倾销和反补贴税），但此类措施的使用程度远远低于人们的预期（Bown and Crowley，2014）。

136. 世界贸易组织和美国贸易代表办公室的监测显示，在此次危机期间，贸易限制措施没有大幅增加，尽管一些分析人士指出“模糊型”保护主义在四处蔓延，如具有歧视性的政府采购规则及健康安全法规，它们加重了外国企业的负担，使本国企业从中渔利。

137. 对这一案例的分析请参见 Hufbauer and Lowry（2012）。

138. Barack Obama，2015 State of the Union address（2015年国情咨文）。在

线资源请参见 AmericanPresidency Project，http://www.presidency.ucsb.edu/ws/index.php?pid=108031（访问时间为 2016 年 9 月 14 日）。

139. “Inaugural Address: Trump's Full Speech.”（“特朗普就职演讲全文”）在线资源请参见 CNN 政治版块，http://www.cnn.com/2017/01/20/politics/trump-inaugural-address/。

140. 请参见 William Mauldin and Siobhan Hughes，“Congress Tests Trump Officials onTrade,” *WSJ*，2017 年 2 月 17 日。

141. “In US, Record- High 72% See Foreign Trade as Opportunity.”在线资源请参见 Gallup 的网站 http://www.gallup.com/poll/204044/record-high-foreign-trade-opportunity.aspx?

## 结　语

1. 这些引文及其他类似引文来自 Pastor（1983）。作者将它们称为“哭泣叹息”综合征。

2. 参见 *PPP*（1993），第 2 卷：第 2198 页。

3. 请参见 Dür（2010）。

# 缩略语

AC　《国会年史》

ASP　《美国国家文件》（F－财政，FR－外交）

CG　《国会议事录》

CQA　《国会季刊年鉴》。华盛顿特区：国会季刊出版社，1945年至今。

CR　《国会记录》。1875年之前的资料请搜索国会图书馆（https://memory.loc.gov/ammem/amlaw/lawhome.html）；1875年之后的资料请搜索美国国会文献数据库ProQuest Congressional（http://congressional.proquest.com/profiles/gis/search/advanced/advanced?accountid=10422）。使用网站时需要会员资格。

FRUS　美国国务院，《美国对外关系》。华盛顿特区：政府印刷局。

JSM　《约翰·斯图亚特·密尔作品集》，约翰·罗布森（John M. Robson）编。33卷。多伦多：多伦多大学出版社，1963—1989年。

LJM　《詹姆斯·麦迪逊的信件和其他文件》。4卷。费城：利平科特出版公司，1865年。

LTR　《西奥多·罗斯福的信件》，埃尔廷·莫里森（Elting E. Morison）编。8卷。剑桥：哈佛大学出版社，1951—1954年。

MJQA　《约翰·昆西·亚当斯回忆录》，查尔斯·弗朗西斯·亚当斯（Charles Francis Adams）编。12卷。费城：利平科特出版公司，1874—1877年。

NYT　《纽约时报》

PAH 《亚历山大·汉密尔顿论著集》，哈罗德·赛雷特（Harold C. Syrett）编。26 卷。纽约：哥伦比亚大学出版社，1961 年至今。

PAJ 《安德鲁·杰克逊论著集》，萨姆·史密斯（Sam B. Smith）和哈利特·奥斯利（Harriet C. Owsley）编。10 卷。诺克斯维尔：田纳西大学出版社，1980 年至今。

PBF 《本杰明·富兰克林论著集》，雷纳德·拉巴里（Leonard W. Labaree）编。41 卷。康涅狄格州纽黑文：耶鲁大学出版社，1959 年至今。

PGW CS 《乔治·华盛顿论著集：殖民地系列》，W·W·阿伯特（W. W. Abbott）编。10 卷。夏洛茨维尔：弗吉尼亚大学出版社，1985 年至今。

PGW PS 《乔治·华盛顿论著集：总统系列》，W·W·阿伯特（W. W. Abbott）编。19 卷。夏洛茨维尔：弗吉尼亚大学出版社，1987 年至今。

PHC 《亨利·克莱论著集》，詹姆斯·霍普金斯（James F. Hopkins）编。10 卷。列克星敦：肯塔基大学出版社，1959—1991 年。

PJA 《约翰·亚当斯论著集》，罗伯特·泰勒（Robert J. Taylor）编。18 卷。马萨诸塞州剑桥：哈佛大学出版社，1977 年。

PJC 《约翰 ·卡尔霍恩论著集》，罗伯特·麦瑞威瑟（Robert L. Meriwether）编。28 卷。哥伦比亚：南卡罗来纳大学出版社。

PJM 《詹姆斯·麦迪逊论著集》，威廉·哈钦森（William T. Hutchinson）和威廉·雷切尔（William M. E. Rachal）编。17 卷。芝加哥：芝加哥大学出版社，1962—1991 年。

PJM PS 《詹姆斯·麦迪逊论著集：总统系列》，罗伯特·拉特兰（Robert Rutland）编。8 卷。芝加哥：芝加哥大学出版社，1984 年至今。

PJM SSS 《詹姆斯·麦迪逊论著集：国务卿系列》，罗伯特·布鲁格（Robert Brugger）编。10 卷。芝加哥：芝加哥大学出版社，1986—2014 年。

PPP　《总统公务文件》，华盛顿特区：政府印刷局。

PRT　《罗伯特·塔夫特论著集》，克拉伦斯·温德林（Clarence E. Wunderlin）编。4卷。俄亥俄州肯特：肯特州立大学出版社，1997—2006年。

PTJ　《托马斯·杰斐逊论著集》，朱利安·博伊德（Julian P. Boyd）编。42卷。新泽西州普林斯顿：普林斯顿大学出版社，1950年至今。

PTJ RS　《托马斯·杰斐逊论著集：退休系统》，J·杰斐逊·卢尼（J. Jefferson Looney）编。12卷。新泽西州普林斯顿：普林斯顿大学出版社，1994年至今。

RD　《辩论记录》。请搜索国会在线图书馆，网址为https://memory. loc. gov/ammem/amlaw/lawhome. html。

WAL　《亚伯拉罕·林肯作品集》，罗伊·巴斯勒（Roy T. Basler）编。9卷。新泽西州新布伦瑞克：罗格斯大学出版社，1953—1955年。

WHT　《威廉·霍华德·塔夫特作品集》，戴维·伯顿（David H. Burton）编。8卷。俄亥俄州雅典：俄亥俄大学出版社，2001—2004年。

WJA　《约翰·亚当斯著作》，查尔斯·亚当斯（Charles F. Adams）编。10卷。波士顿：利特尔 & 布朗出版社，1850—1856年。

WTJ　《托马斯·杰斐逊著作》，保罗·莱斯特·福特（Paul Leicester Ford）编。10卷。纽约：G. P. Putnam's Sons出版社，1892—1899年。

WP　《华盛顿邮报》

WSJ　《华尔街日报》

# 参考文献


Aaronson, Susan Ariel. 1996. *Trade and the American Dream: A Social History of Post-war Trade Policy.* Lexington: University Press of Kentucky.

Acemoglu, Daron, David Autor, David Dorn, Gordon H. Hanson, and Brendan Price. 2016. "Import Competition and the Great U.S. Employment Sag of the 2000s." *Journal of Labor Economics* 34:S141–S198.

Acheson, Dean. 1944. "Post-War International Economic Problems." Department of State *Bulletin* 11:656–63.

———. 1969. *Present at the Creation: My Years in the State Department.* New York: W. W. Norton.

Adams, Donald R., Jr. 1980. "American Neutrality and Prosperity, 1793–1808." *Journal of Economic History* 40:713–37.

Adams, Walter, and Joel B. Dirlam. 1964. "Steel Imports and Vertical Oligopoly Power." *American Economic Review* 54:626–55.

Addison, John T., Douglas A. Fox, and Christopher J. Ruhm. 1995. "Trade and Displacement in Manufacturing." *Monthly Labor Review* (April):58–67.

Aggarwal, Vinod K. 1985. *Liberal Protectionism: The International Politics of Organized Textile Trade.* Berkeley: University of California Press.

Aho, C. Michael, and Thomas O. Bayard. 1982. "The 1980s: Twilight of the Open Trading System?" *World Economy* 5:379–406.

Allen, Robert C. 1979. "International Competition in Iron and Steel, 1850–1913."*Journal of Economic History* 39: 911–37.

———. 1981. "Accounting for Price Changes: American Steel Rails, 1879–1910." *Journal of Political Economy* 89:512–28.

Allen, William R. 1953. "The International Trade Philosophy of Cordell Hull, 1907–1933." *American Economic Review* 43:101–16.

Alston, Lee. 1983. "Farm Foreclosures in the United States during the Interwar Period." *Journal of Economic History* 43:445–57.

Alvarez-Cuadrado, Francisco, and Markus Poschke. 2011. "Structural Change Out of Agriculture: Labor Push versus Labor Pull." *American Economic Journal: Macroeconomics.* 3:127–58.

Ames, Fisher. 1854. *Works of Fisher Ames.* Edited by Seth Ames. Boston: Little, Brown.

Anderson, Gary M., and Robert D. Tollison. 1993. "Political Influence and the Ratifica-

tion of the Income Tax Amendment." *International Review of Law and Economics* 13:259–70.
Anderson, James E., and J. Peter Neary. 2005. *Measuring the Restrictiveness of International Trade Policy*. Cambridge, MA: MIT Press.
———. 1998. "Effective Protection Redux." *Journal of International Economics* 44:21–44.
Anderson, Judith Icke. 1981. *William Howard Taft: An Intimate History*. New York: W. W. Norton.
Angel, Robert C. 1991. *Explaining Economic Policy Failure: Japan and the 1969–71 International Monetary Crisis*. New York: Columbia University Press.
Ankli, Robert E. 1971. "The Reciprocity Treaty of 1854." *Canadian Journal of Economics* 4:1–20.
Appleton, Nathan. 1858. *The Introduction of the Power Loom and the Origins of Lowell*. Lowell, MA: Penhallow.
Archibald, Robert B., and David H. Feldman. 1998. "Investment during the Great Depression: Uncertainty and the Role of Smoot-Hawley Tariff." *Southern Economic Journal* 64:857–79.
———, David H. Feldman, Marc D. Hayford, and Carl A. Pasurka. 2000. "Effective Rates of Protection and the Fordney-McCumber and Smoot-Hawley Tariff Acts: Comment and Revised Estimates." *Applied Economics* 32:1223–26.
Asbeek Brusse, Wendy. 1997. *Tariffs, Trade, and European Integration, 1947–1957: From Study Group to Common Market*. New York: St. Martin's Press.
Autor, David H., David Dorn, and Gordon H. Hanson. 2013. "The China Syndrome: Local Labor Market Effects of Import Competition in the United States." *American Economic Review* 103:2121–68.
———, David Dorn, and Gordon H. Hanson. 2016. "The China Shock: Learning from Labor Market Adjustment to Large Changes in Trade." *Annual Review of Economics* 8:205–40.
Baack, Ben. 2001. "Forging a Nation State: The Continental Congress and the Financing of the War of American Independence." *Economic History Review* 54:639–56.
———. 2004. "British versus American Interests in Land and the American Revolution." *Journal of European Economic History* 33:514–54.
———, Robert A. McGuire, and T. Norman Van Cott. 2009. "Constitutional Agreement during the Drafting of the Constitution: A New Interpretation." *Journal of Legal Studies* 38:533–67.
Baack, Bennett D., and Edward J. Ray. 1983. "The Political Economy of Tariff Policy: A Case Study of the United States." *Explorations in Economic History* 20:73–93.
———, and Edward John Ray. 1985. "Special Interests and the Adoption of the Income Tax in the United States." *Journal of Economic History* 45:607–25.
Bach, G. L. 1946. "War Period Transactions of the Federal Government." *Survey of Current Business* 26:7–15.
Bailey, Michael A. 2003. "The Politics of the Difficult: The Role of Public Opinion in Early Cold War Aid and Trade Policies." *Legislative Studies Quarterly* 28:147–78.
———, Judith Goldstein, and Barry R. Weingast. 1997. "The Institutional Roots of American Trade Policy: Rules, Coalitions and International Trade." *World Politics* 49:309–39.

Bailey, Thomas A. 1980. *A Diplomatic History of the American People.* 10th ed. Englewood Cliffs, NJ: Prentice-Hall.

Bairoch, Paul. 1993. *Economics and World History: Myths and Paradoxes.* Chicago: University of Chicago Press.

Baker, James A. 2006. *Work Hard, Study . . . and Keep Out of Politics!* New York: G. P. Putnam.

Baker, Richard C. 1941. *The Tariff under Roosevelt and Taft.* Hastings, NE: Democrat Print Co.

Baldwin, Robert E. 1969. "The Case against Infant-Industry Tariff Protection." *Journal of Political Economy* 77:295–305.

———. 1970. *Nontariff Distortions of International Trade.* Washington, DC: Brookings Institution.

———. 1976. "The Trade and Employment Effects in the United States of Multilateral Tariff Reductions." *American Economic Review* 66:142–48.

———. 1982. "The Inefficacy of Trade Policy." Princeton Essays in International Finance, No. 150, December. International Finance Section, Princeton University.

———. 1984. "The Changing Nature of U.S. Trade Policy since World War II." In *The Structure and Evolution of Recent U.S. Trade Policy,* edited by Robert E. Baldwin and Anne O. Krueger. Chicago: University of Chicago Press.

———. 1985a. *The Political Economy of U.S. Import Policy.* Cambridge, MA: MIT Press.

———. 1985b. "Ineffectiveness of Protection in Promoting Social Goals." *World Economy* 8:109–18.

———. 1998. "Imposing Multilateral Discipline on Administered Protection." In *The WTO as an International Organization,* edited by Anne O. Krueger. Chicago: University of Chicago Press.

———, and Christopher S. Magee. 2000. "Is Trade Policy for Sale? Congressional Voting on Recent Trade Bills." *Public Choice* 105:79–101.

Balinky, Alexander. 1958. *Albert Gallatin: Fiscal Theories and Policies.* New Brunswick, NJ: Rutgers University Press.

Ball, George W. 1982. *The Past Has Another Pattern: Memoirs.* New York: W. W. Norton.

Bardwell, Kedron. 2000. "The Puzzling Decline in House Support for Free Trade: Was Fast Track a Referendum on NAFTA?" *Legislative Studies Quarterly* 25:591–610.

Barfield. Claude, E. 1970. "'Our Share of the Booty': The Democratic Party, Cannonism, and the Payne-Aldrich Tariff." *Journal of American History* 57:308–23.

Bartlett, Irving H. 1993. *John C. Calhoun: A Biography.* New York: W. W. Norton.

Bassett, John Spencer, ed. 1926. *Correspondence of Andrew Jackson.* 7 vols. Washington, DC: Carnegie Institute.

Bauer, Raymond A., Ithiel de Sola Pool, and Lewis Anthony Dexter. 1963. *American Business and Public Policy: The Politics of Foreign Trade.* 2nd ed. Chicago: Aldine-Atherton.

Baumgardner, James L. 1984. "The 1888 Presidential Election: How Corrupt?" *Presidential Studies Quarterly* 14:416–27.

Baxter, Maurice G. 1995. *Henry Clay and the American System.* Lexington: University Press of Kentucky.

Bayard, Thomas O., and Kimberly Ann Elliott. 1994. *Reciprocity and Retaliation in U.S. Trade Policy*. Washington, DC: Institute for International Economics.

Beale, Howard K. 1930. "The Tariff and Reconstruction." *American Historical Review* 35:276–94.

Beaulieu, Eugene and J. C. Herbert Emery. 2001. "Pork Packers, Reciprocity and Laurier's Defeat in the 1911 General Election." *Journal of Economic History* 61:1082–1100.

Becker, William H. 1982. *The Dynamics of Business-Government Relations: Industry and Exports, 1893–1921*. Chicago: University of Chicago Press.

———, and William M. McClenahan. 2003. *The Market, the State, and the Export-Import Bank of the United States, 1934–2000*. New York: Cambridge University Press.

Beckett, Grace. 1941. *The Reciprocal Trade Agreements Program*. New York: Columbia University Press.

Bednarzik, Robert W. 1993. "An Analysis of U.S. Industries Sensitive to Foreign Trade, 1982–87." *Monthly Labor Review* 116 (February), 15–31.

Belko, William S. 2012. *The Triumph of the Antebellum Free Trade Movement*. Gainsville: University Press of Florida.

Belohlavek, John M. 1994. "Economic Interest Groups and the Formation of Foreign Policy in the Early Republic." *Journal of the Early Republic* 14:476–84.

Bemis, Samuel F. 1923. *Jay's Treaty: A Study in Commerce and Diplomacy*. New York: Macmillan.

Ben-Atar, Doron S. 1993. *The Origins of Jeffersonian Commercial Policy and Diplomacy*. New York: St. Martin's Press.

Benedict, Murray R. 1953. *Farm Policies of the United States, 1790–1950*. New York: Twentieth Century Fund.

Bensel, Richard F. 1984. *Sectionalism and American Political Development, 1880–1980*. Madison: University of Wisconsin Press.

———. 1990. *Yankee Leviathan: The Origins of Central State Authority in America, 1859–1877*. New York: Cambridge University Press.

———. 2000. *The Political Economy of American Industrialization, 1877–1900*. New York: Cambridge University Press.

Benton, Thomas H. 1854. *Thirty Years' View: A History of the Working of the American Government for Thirty Years, from 1820 to 1850*. 2 vols. New York: Appleton.

Bezanson, Anne, Robert D. Gray, and Miriam Hussey. 1936. *Wholesale Prices in Philadelphia, 1784–1861*. Philadelphia: University of Pennsylvania Press.

Bergeron, Paul H. 1973. "Tennessee's Response to the Nullification Crisis." *Journal of Southern History* 39:23–44.

Berglund, Abraham. 1923. "The Tariff Act of 1922." *American Economic Review* 13:14–33.

———. 1935. "The Reciprocal Trade Agreements Act of 1934." *American Economic Review* 25:411–25.

———, and Philip G. Wright. 1929. *The Tariff on Iron and Steel*. Washington, DC: Brookings Institution.

Bergsten, C. Fred. 1985. "The Problem?" *Foreign Policy* 59:132–44.

———. 1996. "Globalizing Free Trade." *Foreign Affairs* 75:105–20.

Bergsten, C. Fred, et al. 1987. *Auction Quotas and United States Import Policy.* Washington, DC: Institute for International Economics.

———, and Russell A. Green. 2016. *International Monetary Cooperation: Lessons from the Plaza Accord after Thirty Years.* Washington, DC: Peterson Institute for International Economics.

Bernhofen, Daniel M., Zouheir El-Sahli, and Richard Kneller. 2016. "Estimating the Effects of the Container Revolution on World Trade." *Journal of International Economics* 98:36–50.

Berthoff, Rowland T. 1953. *British Immigrants to Industrial America, 1750–1950.* Cambridge, MA: Harvard University Press.

Bhagwati, Jagdish. 1987. "VERs, Quid Pro Quo DFI, and VIEs: Political-Economy Theoretic Analyses." *International Economic Journal* 1:1–14.

———. 1993. "The Diminished Giant Syndrome: How Declinism Drives Trade Policy." *Foreign Affairs* 72:22–26.

———, and Hugh Patrick, eds. 1990. *Aggressive Unilateralism: America's 301 Policy and the World Trading System.* Ann Arbor: University of Michigan Press.

Bidwell, Percy W. 1930. "The New American Tariff: Europe's Answer." *Foreign Affairs* 9:13–26.

Bierce, Ambrose. 1911. *The Devil's Dictionary.* Cleveland, OH: World Publishing.

Bierman, Harold. 2004. "The 1929 Stock Market Crash." In EH.net Encyclopedia of Economic and Business History, edited by Robert Whaples. Online at http://eh.net/encyclopedia/article/Bierman.Crash.

Binkley, Wilfred E. 1962. *American Political Parties: Their Natural History.* 4th ed. New York: Alfred A. Knopf.

Bittlingmayer, George. 1985. "Did Antitrust Policy Cause the Great Merger Wave?" *Journal of Law and Economics* 28:77–118.

Bjork, Gordon C. 1964. "The Weaning of the American Economy: Independence, Market Changes, and Economic Development." *Journal of Economic History* 24:541–60.

Blaine, James G. 1884. *Twenty Years in Congress: From Lincoln to Garfield.* Norwich, CT: Henry Bill.

Blum, John. 1959. *From the Morgenthau Diaries.* Boston: Houghton Mifflin.

Blustein, Paul. 2009. *Misadventures of the Most Favored Nations.* New York: Public Affairs.

Board of Governors of the Federal Reserve System. 1941. *Banking and Monetary Statistics. 1914–1941.* Washington, DC: Government Printing Office.

———. 1943. *Banking and Monetary Statistics. 1914–1941.* Washington, DC: Government Printing Office.

Bohi, Douglas R., and Milton Russell. 1978. *Limiting Oil Imports: An Economic History and Analysis.* Baltimore: Johns Hopkins University Press.

Boltuck, Richard, and Robert E. Litan, eds. 1991. *Down in the Dumps: Administration of the Unfair Trade Laws.* Washington, DC: Brookings Institution.

Bordewich, Fergus M. 2016. *The First Congress: How James Madison, George Washington, and a Group of Extraordinary Men Invented Government.* New York: Simon & Schuster.

Bordo, Michael D., and Barry Eichengreen. 1993. *A Retrospective on the Bretton Woods*

*System*. Chicago: University of Chicago Press.
Boskin, Michael J., ed. 2014. *NAFTA at 20: The North American Free Trade Agreement's Achievements and Challenges*. Stanford, CA: Hoover Institution Press.
Bown, Chad P. 2013. "How Different Are Safeguards from Antidumping? Evidence from U.S. Trade Policies Toward Steel." *Review of Industrial Organization* 42:449–81.
———, and Meredith Crowley. 2014. "Import Protection, Business Cycles, and Exchange Rates: Evidence from the Great Recession" *Journal of International Economics* 90:50–64.
———, and Douglas A. Irwin. 2015. "The GATT's Starting Point: Tariff Levels circa 1947." NBER Working Paper No. 21782.
———, and Rachel McCulloch. 2009. "U.S.–Japan and U.S.–China Trade Conflict: Export Growth, Reciprocity, and the International Trading System." *Journal of Asian Economics* 20:669–87.
Box-Steffensmeier, J., L. Arnold, and J. Zorn. 1997. "The Strategic Timing of Position Taking in Congress: A Study of the North American Free Trade Agreement." *American Political Science Review* 91:324–38.
Brady, David, Judith Goldstein, and Daniel Kessler. 2002. "Does Party Matter? An Historical Test Using Senate Tariff Votes in Three Institutional Settings." *Journal of Law, Economics, and Organization* 18:140–54.
Branch, Taylor. 2009. *The Clinton Tapes: Wrestling History with the President*. New York: Simon & Schuster.
Breen, T. H. 2004. *The Marketplace of Revolution: How Consumer Politics Shaped American Independence*. New York: Oxford University Press.
Brenner, Steven R. 1977. *Economic Interests and the Trade Agreements Program, 1937–1940: A Study of Institutions and Political Influence*. PhD diss., Stanford University.
Broadberry, Stephen N. 1998. "How Did the United States and Germany Overtake Britain? A Sectoral Analysis of Comparative Productivity Levels, 1870–1990." *Journal of Economic History* 58:375–407.
Brown, Roger H. 1993. *Redeeming the Republic: Federalists, Taxation, and the Origins of the Constitution*. Baltimore: Johns Hopkins University Press
Brown, William A., Jr. 1950. *The United States and the Restoration of World Trade*. Washington, DC: Brookings Institution.
Brownlee, W. Elliot. 1982. "Wilson and Financing the Modern State: The Revenue Act of 1916." *Proceedings of the American Philosophical Society* 129:173–210.
Brusse, Wendy A. 1997. "Liberalizing Intra-European Trade." In *Explorations in OEEC History*, edited by Richard T. Griffiths. Paris: OECD.
Buel, Richard. 1998. *In Irons: Britain's Naval Supremacy and the American Revolutionary Economy*. New Haven, CT: Yale University Press.
———. 2005. *America on the Brink: How the Political Struggle over the War of 1812 Almost Destroyed the Young Republic*. New York: Palgrave Macmillan.
Burdekin, Richard C. K., and Farrokh K. Langdana. 1993. "War Finance in the Southern Confederacy, 1861–1865." *Explorations in Economic History* 30:352–76.
Burdick, Frank. 1968. "Woodrow Wilson and the Underwood Tariff." *Mid-America* 50:272–90.
Burner, David. 1979. *Herbert Hoover: A Public Life*. New York: Alfred A. Knopf.

Burney, Derek H. 2005. *Getting It Done: A Memoir*. Montreal: McGill-Queen's University Press.

Burtless, Gary, Robert Z. Lawrence, Robert E. Litan, and Robert J. Shapiro. 1998. *Globaphobia: Confronting Fears about Open Trade*. Washington, DC: Brookings Institution, Progressive Policy Institute, and Twentieth Century Fund.

Butler, Michael A. 1998. *Cautious Visionary: Cordell Hull and Trade Reform, 1933–1937*. Kent, OH: Kent State University Press.

Cairncross, Alec, and Nita Watts. 1989. *The Economic Section 1939–1961: A Study in Economic Advising*. London: Routledge.

Calhoun, Charles W. 1996. "Political Economy in the Gilded Age: The Republican Party's Industrial Policy." *Journal of Policy History* 8:291–309.

———. 2007. "The Political Culture: Public Life and the Conduct of Politics." In *The Gilded Age: Perspectives on the Origins of Modern America*, edited by Charles W. Calhoun. 2nd ed. Lanham, MD: Rowman & Littlefield.

———. 2008. *Minority Victory: Gilded Age Politics and the Front Porch Campaign of 1888*. Lawrence: University Press of Kansas.

Caliendo, Lorenzo, and Fernando Parro. 2015. "Estimates of the Trade and Welfare Effects of NAFTA." *Review of Economic Studies* 82:1–44.

Callahan, Colleen, Judith McDonald, and Anthony O'Brien. 1994. "Who Voted for Smoot-Hawley?" *Journal of Economic History* 54:683–90.

Calloway, Colin G. 2006. *The Scratch of a Pen: 1763 and the Transformation of North America*. New York: Oxford University Press.

Calomiris, Charles W., and Larry Schweikart. 1991. "The Panic of 1857: Origins, Transmission, and Containment." *Journal of Economic History* 51:807–34.

Cameron, Maxwell A., and Brian W. Tomlin. 2000. *The Making of NAFTA: How the Deal Was Done*. Ithaca, NY: Cornell University Press.

Canto, Victor, and Arthur B. Laffer. 1983. "The Effectiveness of Orderly Marketing Agreements: The Color TV Case." *Business Economics* 18:38–45.

Cantril, Hadley. 1951. *Public Opinion, 1935–1946*. Princeton, NJ: Princeton University Press.

Carey, Kevin. 1999. "Investigating a Debt Channel for the Smoot-Hawley Tariffs: Evidence from the Sovereign Bond Market." *Journal of Economic History* 59:748–61.

Carlander, Jay, and John Majewski. 2003. "Imagining 'A Great Manufacturing Empire': Virginia and the Possibilities of a Confederate Tariff." *Civil War History* 49:334–52.

Carnegie, Andrew. 1890. "Summing up the Tariff Controversy." *North American Review* 151:47–74.

———. 1908. "My Experience with, and Views upon, the Tariff." *Century Illustrated Monthly*. Reprinted in *Miscellaneous Writings of Andrew Carnegie*, edited by Burton J. Hendrick. Vol. 2. Garden City, NY: Doubleday, Doran, 1933.

Chandler, Alfred D. 1959. "The Beginnings of 'Big Business' in American Industry." *Business History Review* 33:1–31.

Chandler, Alfred D., Jr. 1977. *The Visible Hand: The Managerial Revolution on American Business*. Cambridge: Harvard University Press.

Charles, Kerwin Kofi, Erik Hurst, and Matthew Notowidigdo. 2016. "The Masking of the Decline in Manufacturing Employment by the Housing Bubble." *Journal of Economic Perspectives* 30:179–200.

Charnovitz, Steve. 1986. "Worker Adjustment: The Missing Ingredient in Trade Policy." *California Management Review* 28:156–73.

Cheney, Paul. 2006. "A False Dawn for Enlightenment Cosmopolitanism? Franco-American Trade during the American War of Independence." *William and Mary Quarterly* 63:463–88.

Clarfield, Gerard. 1975. "Protecting the Frontiers: Defense Policy and the Tariff Question in the First Washington Administration." *William and Mary Quarterly* 32:443–64.

———. 1979. "John Adams: The Marketplace, and American Foreign Policy." *New England Quarterly* 52:345–57.

Clarke, Andrew J., Jeffrey A. Jenkins, and Kenneth S. Lowande. 2016. "Tariff Politics and Congressional Elections: Exploring the Cannon Thesis." *Journal of Theoretical Politics* 29:382–414.

Clayton, William L. 1947. "The European Crisis." *Foreign Relations of the United States* 3 (May 27): 230–32.

———. 1963. "GATT, The Marshall Plan, and OECD." *Political Science Quarterly* 78:493–503.

Clements, Kenneth W., and Larry A. Sjaastad. 1984. *How Protection Taxes Exporters.* Thames Essay No. 39. London: Trade Policy Research Centre.

Cleveland, Grover. 1933. *Letters of Grover Cleveland, 1850–1908.* Selected and edited by Allan Nevins. New York: Houghton Mifflin.

Cline, William R. 1990. *The Future of World Trade in Textiles and Apparel.* Rev. ed. Washington, DC: Institute for International Economics.

Clinton, Bill. 2004. *My Life.* New York: Alfred A. Knopf.

Cochran, Thomas C. 1961. "Did the Civil War Retard Industrialization?" *Mississippi Valley Historical Review* 48:197–210.

Cole, Arthur H. 1938. *Wholesale Commodity Prices in the United States, 1700–186: Statistical Supplement.* Cambridge, MA: Harvard University Press.

Collard-Wexler, Allan, and Jan De Loecker. 2015. "Reallocation and Technology: Evidence from the US Steel Industry." *American Economic Review* 105:131–71.

Combs, Jerald A. 1970. *The Jay Treaty: Political Battleground of the Founding Fathers.* Berkeley: University of California Press.

Congressional Budget Office. 1984. *The Effects of Import Quotas on the Steel Industry.* Washington, DC: CBO.

———.. 1986. *Has Trade Protection Revitalized Domestic Industries?* Washington, DC: CBO.

———. 1987. *The GATT Negotiations and U.S. Trade Policy.* Washington, DC: CBO.

———. 1991. *Trade Restraints and the Competitive Status of the Textile, Apparel, and Nonrubber Footwear Industries.* Washington, DC: CBO.

———. 1994. *How the GATT Affects U.S. Antidumping and Countervailing Duty Policy.* Washington, DC: CBO.

———. 2001. *Antidumping Actions in the United States and Around the World.* Washington, DC: CBO.

———. 2008. "How Changes in the Value of the Chinese Currency Affect U.S. Imports." Washington, DC: CBO.

Conley, Richard S. 1999. "Derailing Presidential Fast-Track Authority: The Impact of Constituency Pressures and Political Ideology on Trade Policy in Congress." *Political Research Quarterly* 52:785–99.

Conner, James R. 1958. "National Farm Organizations and United States Tariff Policy in the 1920s." *Agricultural History* 32:32–43.

Conybeare, John A. C. 1991. "Voting for Protection: An Electoral Model of Tariff Policy." *International Organization* 45:57–81.

Cooke, Jacob E. 1975. "Tench Coxe, Alexander Hamilton, and the Encouragement of American Manufactures." *William and Mary Quarterly* 32:369–92.

Cooper, Richard. 2000. "Foreign Economic Policy in the 1960s: An Enduring Legacy." In *Economic Events, Ideas, and Policies: The 1960s and After*, edited by George L. Perry and James Tobin. Washington, DC: Brookings Institution.

Corden, W. M. 1971. *The Theory of Protection*. Oxford: Clarendon Press.

———. 1974. *Trade Policy and Economic Welfare*. Oxford: Clarendon Press.

Cowin, William P. 1999. "The Invisible Smith: The Impact of Adam Smith on the Foundation of Early American Economic Policy during the First Federal Congress, 1789–1791." In *Inventing Congress: Origins and Establishment of the First Federal Congress*, edited by Kenneth R. Bowling and Donald R. Kennon. Athens: Ohio University Press.

Craig, Douglas B. 1992. *After Wilson: The Struggle for the Democratic Party, 1920–1934*. Chapel Hill: University of North Carolina Press.

Crandall, Robert. 1981. *The U.S. Steel Industry in Recurring Crisis*. Washington, DC: Brookings Institution.

Croome, John. 1995. *Reshaping the World Trading System: A History of the Uruguay Round*. Geneva: World Trade Organization.

Crowley, John E. 1993. *The Privileges of Independence: Neomercantilism and the American Revolution*. Baltimore: Johns Hopkins University Press.

Crucini, Mario J., and James Kahn. 1996. "Tariffs and Aggregate Economic Activity: Lessons from the Great Depression." *Journal of Monetary Economics* 38:427–67.

Crucini, Mario J., and James Kahn. 2007. "Tariffs and the Great Depression Revisited." In *Great Depressions of the Twentieth Century*, edited by Timothy Kehoe and Edward Prescott. Minneapolis: Federal Reserve Bank of Minneapolis.

Culbert, Jay. 1987. "War-time Anglo-American Talks and the Making of the GATT." *World Economy* 10:381–99.

Culbertson, William S. 1923. "The Making of Tariffs." *Yale Review* 12:255–74.

———. 1937. *Reciprocity*. New York: McGraw-Hill.

Cupitt, Richard, and Euel Elliott. 1994. "Schattschneider Revisited: Senate Voting on the Smoot-Hawley Tariff Act of 1930." *Economics and Politics* 6:187–99.

Curzon, Gerard. 1965. *Multilateral Commercial Diplomacy: The General Agreement on Tariffs and Trade, and Its Impact on National Commercial Policies and Techniques*. London: Michael Joseph.

Dangerfield, George. 1952. *The Era of Good Feelings*. New York: Harcourt, Brace.

Davis, Joseph H. 2004. "An Annual Index of U.S. Industrial Production, 1790–1915."

*Quarterly Journal of Economics* 119:1177–1215.
———, and Douglas A. Irwin. 2008. "The Antebellum U.S. Iron Industry: Domestic Production and Foreign Competition." *Explorations in Economic History* 45:254–69.
Davis, Joseph L. 1977. *Sectionalism in American Politics, 1774–1787*. Madison: University of Wisconsin Press.
Davis, Lance E., and Stanley L. Engerman. 2006. *Naval Blockades in Peace and War: An Economic History since 1750*. New York: Cambridge University Press.
———. and Robert E. Gallman. 1978. "Capital Formation in the United States during the Nineteenth Century." In *Cambridge Economic History of Europe*. Vol. 7. *The Industrial Economies: Capital, Labour, and Enterprise*. New York: Cambridge University Press.
———. and Robert E. Gallman. 1994. "Savings, Investment, and Economic Growth: The United States in the Nineteenth Century." In *Capitalism in Context: Essays on Economic Development and Cultural Change in Honor of R. M. Hartwell*, edited by John James and Mark Thomas. Chicago: University of Chicago Press.
Davis, Steven J., John C. Haltiwanger, and Scott Schuh. 1995. *Job Creation and Destruction*. Cambridge, MA: MIT Press.
De Melo, Jaime, and David Tarr. 1992. *A General Equilibrium Analysis of U.S. Foreign Trade Policy*. Cambridge, MA: MIT Press.
Deardorff, Alan V., and Robert M. Stern, eds. 1994. *The Stolper-Samuelson Theorem: A Golden Jubilee*. Ann Arbor: University of Michigan Press.
DeLong, J. Bradford. 1998. "Trade Policy and America's Standard of Living: An Historical Perspective." In *Imports, Exports, and the American Worker*, edited by Susan Collins. Washington, DC: Brookings Institution.
———. and Barry Eichengreen. 1993. "The Marshall Plan: History's Most Successful Structural Adjustment Program." In *Postwar Economic Reconstruction and Lessons for the East Today*, edited by Rudiger Dornbusch, Wilhelm Nölling, and Richard Layard. Cambridge, MA: MIT Press.
Dennis, Benjamin N., and Talan B. Iscan. 2009. "Engel versus Baumol: Accounting for Structural Change Using Two Centuries of U.S. Data." *Explorations in Economic History* 46:186–202.
Destler, I. M. 1980. *Making Foreign Economic Policy*. Washington, DC: Brookings Institution.
———. 1986. *American Trade Politics*. Washington, DC: Institute for International Economics.
———. 1991. "U.S. Trade Policymaking in the Eighties." In *Politics and Economics in the Eighties*, edited by Alberto Alesina and Geoffrey Carliner. Chicago: University of Chicago Press.
———. 1995. *American Trade Politics*. 3rd ed. Washington, DC: Institute for International Economics.
———. 2005. *American Trade Politics*. 4th ed. Washington, DC: Institute for International Economics.
———, Haruhiro Fukui, and Hideo Sato. 1979. *The Textile Wrangle: Conflict in Japanese-American Relations, 1969–1971*. Ithaca, NY: Cornell University Press.
———, and C. Randall Henning. 1989. *Dollar Politics: Exchange Rate Policymaking in*

*the United States*. Washington, DC: Institute for International Economics.

DeVault, James M. 2010a. "CAFTA, Campaign Contributions, and the Role of Special Interests." *Economics and Politics* 22:282–97.

DeVault, James M. 2010b. "Swing Voting and Fast-Track Authority." *Southern Economic Journal* 77:63–77.

———. 2013. "Political Polarization, Congressional Redistricting, and Trade Liberalization." *Public Choice* 157:207–21.

Devereaux, Charan, Robert Z. Lawrence, and Michael D. Watkins. 2006. *Case Studies in US Trade Negotiation*. Vol. 1. *Making the Rules*. Washington, DC: Institute for International Economics.

Diamond, William. 1943. *The Economic Thought of Woodrow Wilson*. Baltimore: Johns Hopkins University Press.

Dickerson, Oliver M. 1951. *The Navigation Acts and the American Revolution*. Philadelphia: University of Pennsylvania Press.

Diebold, William, Jr. 1952. *The End of the ITO*. Essays in International Finance, No. 16. Princeton, NJ: International Finance Section, Princeton University.

———. 1962. "Trade Policies since World War II." *Current History* 42:256–61.

———. 1993. "Reflections on the International Trade Organization." *Northern Illinois University Law Review* 14:335–46.

———. 1999. "A Watershed with Some Dry Sides: The Trade Expansion Act of 1962." In *John F. Kennedy and Europe*, edited by Douglas Brinkley and Richard T. Griffiths. Baton Rouge: Louisiana State University Press.

Dinopoulos, Elias, and Mordechai E. Kreinin. 1988. "Effects of the U.S.-Japan Auto VER on European Prices and on U.S. Welfare." *Review of Economics and Statistics* 70:484–91.

Dobson, John M. 1976. *Two Centuries of Tariffs: The Background and Emergence of the United States International Trade Commission*. Washington, DC: US International Trade Commission.

Dollar, Charles M. 1973. "The South and the Fordney-McCumber Tariff of 1922: A Study in Regional Politics." *Journal of Southern History* 39:45–66.

Donohue, Peter. 1993. "'Free Trade' Unions and the State: Trade Liberalization's Endorsement by the AFL-CIO, 1943–1962." *Research in Political Economy* 13:1–73.

Dornbusch, Rudiger, and Stanley Fischer. 1986. "The Open Economy: Implications for Monetary and Fiscal Policy." In *The American Business Cycle: Continuity and Change*, edited by Robert J. Gordon. Chicago: University of Chicago Press for the National Bureau of Economic Research.

Douglas, Paul H. 1972. *In the Fullness of Time*. New York: Harcourt Brace Jovanovich.

Drummond, Ian M., and Norman Hillmer. 1989. *Negotiating Freer Trade: The United Kingdom, the United States, Canada, and the Trade Agreements of 1938*. Waterloo, Canada: Wilfrid Laurier University Press.

Drury, Allen. 1963. *A Senate Journal, 1943–1945*. New York: McGraw-Hill.

Dryden, Steve. 1995. *Trade Warriors: USTR and the American Crusade for Free Trade*. New York: Oxford University Press.

Dudley, Wade G. 2003. *Splintering the Wooden Wall: The British Blockade of the United States, 1812–1815*. Annapolis, MD: Naval Institute Press.

Dupre, Daniel S. 2006. "The Panic of 1819 and the Political Economy of Sectionalism." In *The Economy of Early America: Historical Perspectives and New Directions*, edited by Cathy Matson. University Park, PA: Penn State University Press.

Dür, Andreas. 2010. *Protection for Exporters: Power and Discrimination in Trans-Atlantic Trade Relations, 1930–2010*. Ithaca, NY: Cornell University Press.

Durand, E. Dana. 1937. "Measurement of Effects of Reciprocal Trade Agreements." *Journal of the American Statistical Association* 32:50–61.

Dye, Alan, and Richard Sicotte. 2003. "The U.S. Sugar Tariff and the Cuban Revolution of 1933." Working Paper, Barnard College.

Easterlin, Richard. 1961. "Regional Income Trends, 1840–1950." In *American Economic History*, edited by Seymour E. Harris. New York: McGraw-Hill.

Eckes, Alfred E., Jr. 1995. *Opening America's Market: U.S. Foreign Trade Policy since 1776*. Chapel Hill: University of North Carolina Press.

———. 1998. "Smoot-Hawley and the Stock Market Crash, 1929–1930." *International Trade Journal* 12:65–82.

Edling, Max M. 2007. "'So Immense a Power in the Affairs of War': Alexander Hamilton and the Restoration of Public Credit." *William and Mary Quarterly* 54:287–326.

———, and Mark D. Kaplanoff. 2004. "Alexander Hamilton's Fiscal Reform: Transforming the Structure of Taxation in the Early Republic." *William and Mary Quarterly* 61:713–44.

Egnal, Marc. 2001. "The Beards Were Right: Parties in the North, 1840–1860." *Civil War History* 47:30–56.

———, and Joseph A. Ernst. 1972. "An Economic Interpretation of the American Revolution." *William and Mary Quarterly* 29:3–32.

Eichengreen, Barry. 1989. "The Political Economy of the Smoot-Hawley Tariff." In *Research in Economic History*, edited by Roger Ransom. Vol. 12. Greenwich, CT: JAI Press.

———. 1992. *Golden Fetters: The Gold Standard and the Great Depression, 1919–1939*. New York: Oxford University Press.

———. 1996. *Globalizing Capital: A History of the International Monetary System*. Princeton, NJ: Princeton University Press.

———. 2000. "From Benign Neglect to Malignant Preoccupation: U.S. Balance of Payments Policy in the 1960s." In *Economic Events, Ideas, and Policies: The 1960s and After*, edited by George L. Perry and James Tobin. Washington, DC: Brookings Institution.

———. 2006. *The European Economy since 1945: Coordinated Capitalism and Beyond*. Princeton, NJ: Princeton University Press.

———, and Douglas A. Irwin. 2010. "The Slide to Protectionism in the Great Depression: Who Succumbed and Why?" *Journal of Economic History* 70:872–98.

———, and Hans van der Ven. 1984. "U.S. Antidumping Policies: The Case of Steel." In *The Structure and Evolution of Recent U.S. Trade Policy*, edited by Robert E. Baldwin and Anne O. Krueger. Chicago: University of Chicago Press.

Eiselen, Malcolm R. 1932. *The Rise of Pennsylvania Protectionism*. Philadelphia: University of Pennsylvania Press.

Eisenhower, Dwight D. 1963. *Mandate for Change: The White House Years*. Garden

City, NJ: Doubleday.

Ekelund, Robert B., and Mark Thornton. 1992. "The Union Blockade and Demoralization of the South: Relative Prices in the Confederacy." *Social Science Quarterly* 73:890–902.

Elkins, Stanley M., and Eric McKitrick. 1993. *The Age of Federalism*. New York: Oxford University Press.

Ellis, Richard E. 1987. *The Union at Risk: Jacksonian Democracy, States' Rights, and the Nullification Crisis*. New York: Oxford University Press.

Engel, Steven T., and David J. Jackson. 1998. "Wielding the Stick Instead of the Carrot: Labor PAC Punishment of Pro-NAFTA Democrats." *Political Research Quarterly* 51:813–28.

Engerman, Stanley. 1971. "The American Tariff, British Exports, and American Iron Production. 1840–1860." In *Essays on a Mature Economy: Britain after 1840*, edited by Donald N. McCloskey. Princeton: Princeton University Press.

Estes, Todd. 2006. *The Jay Treaty Debate: Public Opinion and the Evolution of Early American Political Culture*. Amherst: University of Massachusetts Press.

Evans, John W. 1971. *The Kennedy Round in American Trade Policy*. Cambridge, MA: Harvard University Press.

Evenett, Simon J., and Michael Meier. 2008. "An Interim Assessment of the U.S. Trade Policy of 'Competitive Liberalization.'" *World Economy* 31:31–66.

Eysenbach, Mary Locke. 1976. *American Manufactured Exports, 1897–1914*. New York: Arno Press.

Farrand, Max, ed. 1911. *Record of the Federal Convention of 1787*. 3 vols. New Haven, CT: Yale University Press.

Feenstra, Robert C. 1988. "Quality Change under Trade Restraints in Japanese Autos." *Quarterly Journal of Economics* 103:131–46.

Feigenbaum, James J., and Andrew B. Hall. 2015. "How Legislators Respond to Localized Economic Shocks: Evidence from Chinese Import Competition." *Journal of Politics* 77:1012–30.

Feis, Herbert. 1966. *1933: Characters in Crisis*. Boston: Little, Brown.

Feller, Daniel. 1984. *The Public Lands in Jacksonian Politics*. Madison: University of Wisconsin Press.

Ferguson, E. James. 1961. *The Power of the Purse: A History of American Public Finance, 1776–1790*. Chapel Hill: University of North Carolina Press.

Ferleger, Ronald. 1942. *David A. Wells and the American Revenue System, 1865–1870*. New York: Roosevelt Memorial Association.

Fernandez, Racquel, and Dani Rodrik. 1991. "Resistance to Reform: Status Quo Bias in the Presence of Individual-Specific Uncertainty." *American Economic Review* 81:1146–55.

Fetter, Frank W. 1933. "Congressional Tariff Theory." *American Economic Review* 23:413–27.

———. 1942. "The Economists' Tariff Protest of 1930." *American Economic Review* 32:355–56.

Feyrer, James D., Bruce Sacerdote, and Ariel Stern. 2007. "Did the Rust Belt Become Shiny? A Study of Cities and Counties That Lost Steel and Auto Jobs in the 1980s."

In *Brookings-Wharton Papers on Urban Affairs*, 41–89. Washington, DC: Brookings Institution.

Field, Alfred J., and Edward M. Graham. 1997. "Is There a Special Case for Import Protection for the Textile and Apparel Sectors Based on Labour Adjustment?" *World Economy* 20:137–57.

Findlay, Ronald, and Ronald Jones. 2001. "Input Trade and the Location of Production." *American Economic Review* 91:29–33.

Finger, J. Michael. 1993. "The Origins and Evolution of Antidumping Regulation." In *Antidumping: How It Works and Who Gets Hurt*, edited by J. Michael Finger. Ann Arbor: University of Michigan Press.

———. 2012. "Flexibilities, Rules, and Trade Remedies in the GATT/WTO System." In *The Oxford Handbook of the World Trade Organization*, edited by Amrita Narlikar, Martin Daunton, and Robert M. Stern. New York: Oxford University Press.

———, H. Keith Hall, and Douglas R. Nelson. 1982. "The Political Economy of Administered Protection." *American Economic Review* 72:452–66.

———, and Anne Harrison. 1996. "The MFA Paradox: More Protection and More Trade?" In Krueger 1996.

———, Merlinda D. Ingco, and Ulrich Reincke, 1996. *The Uruguay Round: Statistics on Tariff Concessions Given and Received*. Washington, DC: World Bank.

Finkelman, Paul. 1987. "Slavery and the Constitutional Convention: Making a Covenant with Death." In *Beyond Confederation: Origins of the Constitution and American National Identity*, edited by Richard Beeman, Stephen Botein, and Edward C. Carter II. Chapel Hill: University of North Carolina Press.

Fishback, Price. 2013. "U.S. Monetary and Fiscal Policies." In *The Great Depression of the 1930s: Lessons for Today*, edited by Nicholas Crafts and Peter Fearon. New York: Oxford University Press.

Flaherty, Jane. 2001. "Incidental Protectionism: An Examination of the Morrill Tariff." *Essays in Economic and Business History* 19:103–17.

Fleischacker, Samuel. 2002. "Adam Smith's Reception Among the American Founders, 1776–1790." *William and Mary Quarterly* 59:897–924.

Foer, Franklin. 2002. "Fabric Softener." *New Republic*, March 4/11, 19–21.

Fossedal, Gregory A. 1993. *Our Finest Hour: Will Clayton, the Marshall Plan, and the Triumph of Democracy*. Stanford, CA: Hoover Institution Press.

Ford, Gerald R. 1979. *A Time to Heal*. New York: Harper & Row.

Ford, Lacy K. 1988. *Origins of Southern Radicalism: The South Carolina Upcountry, 1800–1860*. New York: Oxford University Press.

Fordham, Benjamin O. 1998a. "Economic Interests, Party, and Ideology in Early Cold War Era U.S. Foreign Policy." *International Organization* 52:359–95.

———. 1998b. *Building the Cold War Consensus: The Political Economy of U.S. National Security Policy, 1949–51*. Ann Arbor: University of Michigan Press.

———. 2007. "Revisionism Reconsidered: Exports and American Intervention in World War I." *International Organization* 61:277–310.

Forsberg, Aaron. 1998. "The Politics of GATT Expansion: Japanese Accession and the Domestic Political Context in Japan and the United States, 1948–1955." *Business and Economic History* 27:185–95.

Forsythe, Dall W. 1977. *Taxation and Political Change in the Young Nation, 1781–1833.* New York: Columbia University Press.

Foster, H. Schuyler. 1983. *Activism Replaces Isolationism: U.S. Public Attitudes, 1940–1975.* Washington, DC: Foxhall Press.

Frank, Charles R., Jr. 1977. *Foreign Trade and Domestic Aid.* Washington, DC: Brookings Institution.

Frankel, Jeffrey A. 1982. "The 1807–1809 Embargo against Great Britain." *Journal of Economic History* 42:291–308.

Freehling, William W. 1965. *Prelude to Civil War: The Nullification Controversy in South Carolina, 1816–1836.* New York: Harper & Row.

Freeman, Richard B., and Lawrence Katz. 1991. "Industrial Wage and Employment Determination in an Open Economy." In *Immigration, Trade, and the Labor Market,* edited by John Abowd. Chicago: University of Chicago Press.

———, and Morris M. Kleiner. 2005. "The Last American Shoe Manufacturers: Decreasing Productivity and Increasing Profits in the Shift from Piece Rates to Continuous Flow Production." *Industrial Relations* 44:307–30.

Frieden, Jeffry A. 1997. "Monetary Populism in Nineteenth Century America: An Open Economy Interpretation." *Journal of Economic History* 57:367–95.

Friedman, Milton, and Anna J. Schwartz. 1963. *A Monetary History of the United States.* Princeton, NJ: Princeton University Press.

Fry, Joseph A. 2002. *Dixie Looks Abroad: The South and United States Foreign Relations, 1789–1973.* Baton Rouge: Louisiana State University Press.

Fukoa, Mitsuhiro. 1990. "Liberalization of Japan's Foreign Exchange Controls and Structural Changes in the Balance of Payments." *Bank of Japan Monetary and Economic Studies* 8:101–53.

Gallaway, Michael P., Bruce A. Blonigen, and Joseph E. Flynn. 1999. "Welfare Costs of US Antidumping and Countervailing Duty Laws," *Journal of International Economics* 49:211–44.

Gallatin, Albert. 1879. *The Writings of Albert Gallatin.* Edited by Henry Adams. Philadelphia: Lippincott.

Gallman, Robert E. 1960. "Commodity Output, 1839–1899." In *Trends in the American Economy in the Nineteenth Century.* Vol. 24. *Studies in Income and Wealth.* Princeton, NJ: Princeton University Press for the National Bureau of Economic Research.

———. 2000. "Economic Growth and Structural Change in the Long Nineteenth Century." In *The Cambridge Economic History of the United States,* edited by Stanley L. Engerman and Robert E. Gallman. Vol. 2. *The Long Nineteenth Century.* New York: Cambridge University Press.

Gallup, George. 1972. *The Gallup Poll: Public Opinion, 1935–1971.* 3 vols. New York: Random House.

———. 1994. *The Gallup Poll: Public Opinion in 1993.* Wilmington, DE: Scholarly Resources.

Gardner, Bruce L. 1996. "The Political Economy of U.S. Export Subsidies for Wheat." In Krueger 1996.

Gardner, Richard N. 1956. *Sterling-Dollar Diplomacy: Anglo-American Collaboration in the Reconstruction of Multilateral Trade*. Oxford: Clarendon Press.
General Agreement on Tariffs and Trade. 1949. *The Attack on Trade Barriers: A Progress Report on the Operation of the GATT, January 1948–August 1949*. Geneva: GATT.
Gersting, John Marshall. 1932. *The Flexible Provisions in the United States Tariff, 1922–1930*. Philadelphia: University of Pennsylvania Press.
Giesecke, Albert A. 1910. *American Commercial Legislation before 1789*. Philadelphia: University of Pennsylvania Press.
Gilbert, John, and Reza Oladi. 2012. "Net Campaign Contributions, Agricultural Interests, and Votes on Liberalizing Trade with China." *Public Choice* 150:745–69.
Gilji, Paul A. 2013. *Free Trade and Sailors' Rights in the War of 1812*. New York: Cambridge University Press.
Gilligan, Michael. 1997. *Empowering Exporters: Reciprocity, Delegation, and Collective Action in American Trade Policy*. Ann Arbor: University of Michigan Press.
Goldin, Claudia. 1973. "The Economics of Emancipation." *Journal of Economic History* 33:66–85.
———. 1994. The Political Economy of Immigration Restriction in the United States, 1890 to 1921." In *The Regulated Economy: A Historical Approach to Political Economy*, edited by Claudia Goldin and Gary D. Libecap. Chicago: University of Chicago Press.
———, and Frank D. Lewis. 1975. "The Economic Cost of the American Civil War: Estimates and Implications." *Journal of Economic History* 35:299–322.
———. 1980. "The Role of Exports in American Economic Growth during the Napoleonic Wars, 1793–1807." *Explorations in Economic History* 17:6–25.
Goldstein, Judith L., Douglas Rivers, and Michael Tomz. 2007. "Institutions in International Relations: Understanding the Effects of the GATT and WTO on World Trade." *International Organization* 61:37–67.
———. 1993. *Ideas, Interests, and American Trade Policy*. Ithaca: Cornell University Press.
Goldstein, Morris, and Nicholas R. Lardy. 2008. *Debating China's Exchange Rate Policy*. Washington, DC: Peterson Institute for International Economics.
Goldstone, Lawrence. 2005. *Dark Bargain: Slavery, Profits, and the Struggle for the Constitution*. New York: Walker.
Goodwin, Doris Kearns. 2013. *The Bully Pulpit: Theodore Roosevelt, William Howard Taft, and the Golden Age of Journalism*. New York: Simon and Schuster.
Goodykoontz, Colin B. 1947. "Edward P. Costigan and the Tariff Commission, 1917–1928." *Pacific Historical Review* 16:410–19.
Gordon, Margaret S. 1941. *Barriers to World Trade*. New York: Macmillan.
Gordon, Robert J., ed. 1986. *American Business Cycle: Continuity and Change*. Chicago: University of Chicago Press for the National Bureau of Economic Research.
Gotlieb, Allan. 2006. *The Washington Diaries, 1981–89*. Toronto: McClelland & Stewart.
Gould, Lewis L. 1978. *Reform and Regulation: American Politics, 1900–1916*. New

York: John Wiley & Sons, 1978.

Gowa, Joanne S. 1983. *Closing the Gold Window: Domestic Politics and the End of Bretton Woods*. Ithaca, NY: Cornell University Press.

Grady, Henry F. 1936. "The New Trade Policy of the United States." *Foreign Affairs* 14:283–96.

———. 2009. *The Memoirs of Ambassador Henry F. Grady: From the Great War to the Cold War*, edited by John T. McNay. Columbia: University of Missouri Press.

Graham, Otis L. 1992. *Losing Time: The Industrial Policy Debate*. Cambridge, MA: Harvard University Press.

Graham, Thomas R. 1983. "Global Trade: War and Peace." *Foreign Policy*, 50:124–37.

Grayson, George W. 1995. *The North American Free Trade Agreement: Regional Community and the New World Order*. Lanham, MD: University Press of America.

Greaney, Theresa M. 2001. "Assessing the Impacts of U.S.-Japan Bilateral Trade Agreements, 1980–85." *World Economy* 127–57.

Greenbaum, Fred. 1971. *Fighting Progressive: A Biography of Edward P. Costigan*. Washington, DC: Public Affairs Press.

Grinols, Earl L. 1989. "Procedural Protectionism: The American Trade Bill and the New Interventionist Mode." *Weltwirtschaftliches Archiv* 125:501–21.

Grossman, Gene M. 1986. "Imports as a Cause of Injury: The Case of the U.S. Steel Industry." *Journal of International Economics* 21:201–23.

———. 1987. "The Employment and Wage Effects of Import Competition in the United States." *Journal of International Economic Integration* 2:1–23.

———, and Elhanan Helpman. 1994. "Protection for Sale." *American Economic Review* 84:833–50.

———, and Elhanan Helpman. 2005. "A Protectionist Bias in Majoritarian Politics." *Quarterly Journal of Economics* 120:1239–82.

Guisinger, Alexandra. 2009. "Determining Trade Policy: Do Voters Hold Politicians Accountable?" *International Organization* 63:533–57.

Gunderson, Gerald A. 1974. "The Origins of the American Civil War." *Journal of Economic History* 34:915–50.

Gwande, Kishore, and Pravin Krishna. 2003. "The Political Economy of Trade Policy: Empirical Approaches." In *Handbook of International Trade*, edited by E. Kwan Choi and James Harrigan. Oxford: Basil Blackwell.

Ha, Songho. 2015. *The Rise and Fall of the American System: Nationalism and the Development of the Economy, 1790–1837*. New York: Routledge.

Haggard, Stephan. 1988. "The Institutional Foundations of Hegemony: Explaining the Reciprocal Trade Agreements Act of 1934." *International Organization* 42:91–119.

Haines, Michael R. 2000. "The Population of the United States, 1790–1920." In *The Cambridge Economic History of the United States*, Vol. 2. *The Long Nineteenth Century*, edited by Stanley L. Engerman and Robert E. Gallman. New York: Cambridge University Press.

Hall, Ray Ovid. 1933. "Smoot-Hawley Tariff Caused Only About $165,000,000 of 1931 Import Shrinkage." *The Annalist* (September 29): 403–404.

Han, Hahrie, and David W. Brady. 2007. "A Delayed Return to Historical Norms:

Congressional Party Polarization after the Second World War." *British Journal of Political Science* 37:505–31.

Handley, Kyle, and Nuno Limão. 2015. "Policy Uncertainty, Trade and Welfare: Theory and Evidence for China and the U.S." *American Economic Review*, forthcoming.

Hansen, John Mark. 1991. *Gaining Access: Congress and the Farm Lobby, 1919–1981*. Chicago: University of Chicago Press.

Harley, C. Knick. 1992. "The Antebellum American Tariff: Food Exports and Manufacturing." *Explorations in Economic History* 29:375–400.

Harper, Lawrence A. 1939. "The Effects of the Navigation Acts on the Thirteen Colonies." In *The Era of the American Revolution*, edited by Richard B. Morris. New York: Columbia University Press.

Harrigan, James, and Geoffrey Barrows. 2009. "Testing the Theory of Trade Policy: Evidence from the Abrupt End of the Multifiber Arrangement." *Review of Economics and Statistics* 91:282–94.

Harris Survey. 1975. *Yearbook of Public Opinion in 1971*. New York: Lewis Harris & Associates.

Harris, John F. 2005. *The Survivor: Bill Clinton in the White House*. New York: Random House.

Harrison, Robert. 2004. *Congress, Progressive Reform, and the New American State*. New York: Cambridge University Press.

Harrod, Roy. 1951. *The Life of John Maynard Keynes*. New York: Harcourt Brace.

Hart, Michael. 1989. "Almost but Not Quite: The 1947–48 Bilateral Canada-U.S. Negotiations." *American Review of Canadian Studies* 6:25–58.

———. 1994. *Decision at Midnight: Inside the CanadaUS Free-Trade Negotiations-*. Vancouver: University of British Columbia Press.

———. 2002. *A Trading Nation: Canadian Trade Policy from Colonialism to Globalization*. Vancouver: University of British Columbia Press.

Hartmann, Susan M. 1971. *Truman and the 80th Congress*. Columbia: University of Missouri Press.

Hatton, Timothy J., and Jeffrey G. Williamson. 1998. *The Age of Mass Migration: An Economic Analysis*. New York: Oxford University Press.

Hawke, G. R. 1975. "The United States Tariff and Industrial Production in the Late Nineteenth Century." *Economic History Review* 28:84–99.

Hawkins, Harry C. 1944. "Administration of the Trade Agreements Act." *Wisconsin Law Review* 1:3–14.

———, and Janet L. Norwood. 1963. "The Legislative Basis of United States Commercial Policy." In *Studies in United States Commercial Policy*, edited by William B. Kelley Jr. Chapel Hill: University of North Carolina Press.

Hayford, Marc, and Carl A. Pasurka. 1992. "The Political Economy of the Fordney-McCumber and Smoot-Hawley Tariff Acts." *Explorations in Economic History*, 29:30–50.

Head, Keith. 1994. "Infant Industry Protection in the Steel Rail Industry." *Journal of International Economics* 37:141–65.

Healy, David. 2001. *James G. Blaine and Latin America*. Columbia: University of Missouri Press.

Heaton, Herbert. 1941. "Non-Importation, 1806–1812." *Journal of Economic History* 1:178–98.

Heckelman, Jac C., and Keith L. Dougherty. 2007. "An Economic Interpretation of the Constitutional Convention of 1787 Revisited." *Journal of Economic History* 67:829–48.

Henderson, William O. 1983. *Friedrich List: Economist and Visionary, 1789–1846*. London: F. Cass.

Hendrickson, Scott A., and Jason M. Roberts. 2016. "Short-Term Goals and Long-Term Effects: The Mongrel Tariff and the Creation of the Special Rule in the U.S. House." *Journal of Policy History* 28:318–41.

Henn, Christian, and Brad MacDonald. 2014. "Crisis Protectionism: The Observed Impact." *IMF Economic Review* 64:77–118.

Herring, George C. 2008. *From Colony to Superpower: U.S. Foreign Relations since 1776*. New York: Oxford University Press.

Hetherington, Bruce W., and Peter J. Kower. 2009. "A Reexamination of Lebergott's Paradox about Blockade Running during the American Civil War." *Journal of Economic History* 69:528–32.

Hickey, Donald R. 1981. "American Trade Restrictions during the War of 1812." *Journal of American History* 68:517–38.

———. 1987. "The Monroe-Pinkney Treaty of 1806: A Reappraisal." *William and Mary Quarterly* 44:65–88.

———. 1989. *The War of 1812: A Forgotten Conflict*. Urbana: University of Illinois Press.

Hicks, Michael J., and Srikant Devaraj. 2015. "The Myths and Realities of Manufacturing in America." Muncie, IN: Center for Business and Economic Research, Ball State University.

Hirschman, Charles, and Elizabeth Mogford. 2009. "Immigration and the American Industrial Revolution from 1880 to 1920." *Social Science Research* 38:897–920.

Hiscox, Michael. 1999. "The Magic Bullet? The RTAA, Institutional Reform, and Trade Liberalization." *International Organization* 53:669–68.

———. 2002. *International Trade and Political Conflict: Commerce, Coalitions, and Mobility*. Princeton, NJ: Princeton University Press.

Hoff, Joan. 1971. *American Business and Foreign Policy, 1920–1933*. Lexington: University Press of Kentucky.

Hofstadter, Richard. 1938. "The Tariff Issue on the Eve of the Civil War." *American Historical Review* 44:50–55.

Hogan, William T. 1971. *Economic History of the Iron and Steel Industry in the United States*. Lexington, MA: D.C. Heath.

Holcombe, Randall. 1999. "Veterans Interests and the Transition to Government Growth: 1870–1915." *Public Choice* 99:311–26.

———, and Donald Lacombe. 1998. "Interests versus Ideology in the Ratification of the 16th and 17th Amendments." *Economics and Politics* 10:143–59.

Holian, D., T. Krebs, and M. Walsh. 1997. "Constituency Opinion, Ross Perot, and Roll-Call Behavior in the U.S. House: The Case of the NAFTA." *Legislative Studies Quarterly* 22:169–92.

Holmes, Thomas J., and John J. Stevens. 2004. "Spatial Distribution of Economic Activities in North America." In *Handbook on Urban and Regional Economics*, Vol. 4, edited by J. V. Henderson and J. F. Thisse. Amsterdam: North Holland.

Holt, Laurence James. 1967. *Congressional Insurgents and the Party System, 1909–1916*. Cambridge, MA: Harvard University Press.

Holton, Woody. 1999. *Forced Founders: Indians, Debtors, Slaves, and the Making of the American Revolution in Virginia*. Chapel Hill: University of North Carolina Press.

Hoogenboom, Ari Arthur. 1995. *Rutherford B. Hayes: Warrior and President*. Lawrence: University Press of Kansas.

Hook, Sidney. 1987. *Out of Step*. New York: Harper & Row.

Hoover, Herbert. 1951–52. *Memoirs*. 2 vols. New York: Macmillan.

Houston, David F. 1926. *Eight Years with Wilson's Cabinet, 1913 to 1920*. Garden City, NY: Doubleday, Page.

Howell, Thomas R., William A. Noellert, Jesse G. Kreier, and Alan W. Wolff. 1988. *Steel and the State: Government Intervention and Steel's Structural Crisis*. Boulder, CO: Westview Press.

Howson, Susan, and Donald Moggridge, eds. 1990. *The Wartime Diaries of Lionel Robbins and James Meade, 1943–45*. London: Macmillan.

Hufbauer, Gary C. 1983. "Subsidy Issues after the Tokyo Round." In *Trade Policy in the 1980s*, edited by William R. Cline. Washington, DC: Institute for International Economics.

———, Diane T. Berliner, and Kimberly Ann Elliott. 1986. *Trade Protection in the United States: Thirty-One Case Studies*. Washington, DC: Institute for International Economics.

———, and Kimberly Ann Elliott. 1994. *Measuring the Costs of Protection in the United States*. Washington, DC: Institute for International Economics.

———, and Ben Goodrich. 2003. "Steel Policy: The Good, the Bad, and the Ugly." International Economics Policy Briefs, 03–1. Washington, DC: Institute for International Economics.

———, and Sean Lowry. 2012. "U.S. Tire Tariffs: Saving Few Jobs at High Cost." Peterson Institute for International Economics Policy Brief, No. PB12–9, April.

———, and Daniel H. Rosen. 2000. "America's Access to China's Market: The Congressional Vote on PNTR." International Economics Policy Briefs, 00–3. Washington, DC: Institute for International Economics.

———, and Jeffrey J. Schott. 1993. *NAFTA: An Assessment*. Washington, DC: Institute for International Economics.

———. 2005. *NAFTA Revisited*. Washington, DC: Peterson Institute for International Economics.

Hull, Cordell. 1937. *Economic Barriers to Peace*. New York: Woodrow Wilson Foundation.

———. 1948. *Memoirs*. 2 vols. New York: Macmillan.

Hussain, A. Imtiaz. 1993. *Politics of Compensation: Truman, the Wool Bill of 1947, and the Shaping of Postwar U.S. Trade Policy*. New York: Garland.

Huston, James L. 1983. "A Political Response to Industrialism: The Republican Embrace of Protectionist Labor Doctrines." *Journal of American History* 70:35–57.

Huston, James L. 1987. *Panic of 1857 and Coming of the Civil War*. Baton Rouge: Louisiana State University Press.

———. 1994. "Virtue Besieged: Virtue, Equality, and the General Welfare in the Tariff Debates of the 1820s." *Journal of the Early Republic* 14:523–47.

———. 2003. *Calculating the Value of the Union: Slavery, Property Rights, and the Economic Origins of the Civil War*. Chapel Hill: University of North Carolina Press.

Hyde, Charles K. 1991. "Iron and Steel Technologies Moving Between Europe and the United States before 1914." In *International Technology Transfer: Europe, Japan, USA, 1700–1914*, edited by David J. Jeremy. Aldershot: Edward Elgar.

Ickes, Harold. 1953–54. *The Secret Diary of Harold L. Ickes*. 3 vols. New York: Simon & Schuster.

Ikenberry, G. John. 1992. "World Economy Restored: Expert Consensus and the Anglo-American Postwar Settlement." *International Organization* 46:289–321.

Ingco, Merlinda D. 1996. "Tariffication in the Uruguay Round: How Much Liberalization?" *World Economy* 19:425–46.

Irwin, Douglas A. 1994. *Managed Trade: The Case against Import Targets*. Washington, DC: AEI Press.

———. 1996a. "Trade Politics and the Semiconductor Industry." In Krueger 1996.

———. 1996b. *Against the Tide: An Intellectual History of Free Trade*. Princeton, NJ: Princeton University Press.

———. 1998a. "Changes in U.S. Tariffs: The Role of Import Prices and Commercial Policies." *American Economic Review* 88:1015–26.

———. 1998b. "Higher Tariffs, Lower Revenues? Analyzing the Fiscal Aspects of the 'Great Tariff Debate of 1888,'" *Journal of Economic History* 58:59–72.

———. 2000a. "Could the U.S. Iron Industry Have Survived Free Trade After the Civil War?" *Explorations in Economic History* 37:278–99.

———. 2000b. "Did Late Nineteenth Century U.S. Tariffs Promote Infant Industries? Evidence from the Tinplate Industry." *Journal of Economic History* 60:335–60.

———. 2001. "Tariffs and Growth in Late Nineteenth Century America." *World Economy* 24:15–30.

———. 2002. "Ohlin versus Stolper-Samuelson?" In *Bertil Ohlin: A Centennial Celebration, 1899–1999*, edited by Ronald Findlay, Lars Jonung, and Mats Lundahl. Cambridge, MA: MIT Press.

———. 2003a. "Explaining America's Surge in Manufactured Exports, 1880–1913." *Review of Economics and Statistics* 85:364–76.

———. 2003b. "New Estimates of the Average Tariff of the United States, 1790–1820." *Journal of Economic History* 63:506–13.

———. 2003c. "The Optimal Tax on Antebellum Cotton Exports." *Journal of International Economics* 60:275–91.

———. 2004. "The Aftermath of Hamilton's Report on Manufactures," *Journal of Economic History* 64:800–821.

———. 2005a. "The Rise of U.S. Antidumping Activity in Historical Perspective." *World Economy* 28:651–68.

———. 2005b. "The Welfare Costs of Autarky: Evidence from the Jeffersonian Embargo, 1807–1809." *Review of International Economics* 13:631–45.

———. 2007. "Tariff Incidence in America's Gilded Age." *Journal of Economic History* 67:582–607.

———. 2008. "Antebellum Tariff Politics: Regional Coalitions and Shifting Economic Interests." *Journal of Law and Economics* 51:715–42.

———. 2010. "Trade Restrictiveness and Deadweight Losses from U.S. Tariffs." *American Economic Journal: Economic Policy* 2:111–33.

———. 2011a. "Revenue or Reciprocity: Founding Feuds over Early U.S. Trade Policy." In *Founding Choices: American Economic Policy in the 1790s*, edited by Douglas A. Irwin and Richard Sylla. Chicago: University of Chicago Press.

———. 2011b. *Peddling Protectionism: Smoot-Hawley and the Great Depression.* Princeton, NJ: Princeton University Press.

———. 2012a. "The Nixon Shock after Forty Years: The Import Surcharge Revisited." *World Trade Review* 12:29–56.

———. 2012b. *Trade Policy Disaster: Lessons from the 1930s.* Cambridge, MA: MIT Press.

———. 2012–13. "The French Gold Sink and the Great Deflation of 1929-32." *Cato Papers on Public Policy* 2:141.

———. 2014. "Tariff Incidence: Evidence from U.S. Sugar Duties, 1890–1930." NBER Working Paper, No. 20635.

———. 2015. *Free Trade under Fire.* 4th ed. Princeton, NJ: Princeton University Press.

———, and Joseph H. Davis. 2003. "Trade Disruptions and America's Early Industrialization." NBER Working Paper, No. 9944.

———, and Randall S. Kroszner. 1996. "Log-Rolling and Economic Interests in the Passage of the Smoot-Hawley Tariff." *Carnegie-Rochester Conference Series on Public Policy* 45:173–200.

———, and Randall S. Kroszner. 1999. "Interests, Institutions, and Ideology in Securing Policy Change: The Republican Conversion to Trade Liberalization after Smoot-Hawley." *Journal of Law and Economics* 42:643–73.

———, Petros C. Mavroidis, and Alan O. Sykes. 2008. *The Genesis of the GATT.* New York: Cambridge University Press.

———, and Peter Temin. 2001. "The Antebellum Tariff on Cotton Textiles Revisited." *Journal of Economic History* 61:777–98.

Israel, Fred L. 1963. *Nevada's Key Pittman.* Lincoln: University of Nebraska Press.

Jackson, David J., and Steven T. Engel. 2003. "Friends Don't Let Friends Vote for Free Trade: The Dynamics of the Labor PAC Punishment Strategy over PNTR." *Political Research Quarterly* 56:441–48.

Jackson, John H. 1978. "The Crumbling Institutions of the Liberal Trade System." *Journal of World Trade Law* 12:93–106.

———. 1990. *Restructuring the GATT System.* New York: Council on Foreign Relations.

Jacobson, Louis S. 1978. "Earnings Losses of Workers Displaced from Manufacturing Industries." In *The Impact of International Trade and Investment on Employment.* Washington, DC: GPO.

James, Harold. 1996. *International Monetary Cooperation since Bretton Woods.* New York: Oxford University Press.

James, John A. 1984. "Public Debt Management Policy and Nineteenth Century American Economic Growth." *Explorations in Economic History* 21:192–217.
James, Scott C., and David A. Lake. 1989. "The Second Face of Hegemony: Britain's Repeal of the Corn Laws and the American Walker Tariff of 1846." *International Organization* 43:1–29.
Jaremski, Matthew. 2014. "National Banking's Role in U.S. Industrialization." *Journal of Economic History* 74:109–40.
Jefferson, Thomas. 1955 [1785]. *Notes on the State of Virginia*. Edited by William Peden. Chapel Hill: University of North Carolina Press.
Jennings, Brendan. 2010. "The Rust Belt of the United States of America." Map republished in "Where Is the Rust Belt?" *Belt Magazine*, 9 December 2013. Retrieved from http://beltmag.com/mapping-rust-belt/.
Jennings, Walter W. 1921. *The American Embargo, 1807–1809*. Iowa City: Iowa State University Press.
Jensen, Merrill. 1969. "The American Revolution and American Agriculture." *Agricultural History* 43:107–24.
Jeremy, David J. 1981. *Transatlantic Industrial Revolution: The Diffusion of Textile Technologies between Britain and America, 1790–1830s*. Cambridge, MA: MIT Press.
Johnson, Donald B., and Kirk H. Porter. 1973. *National Party Platforms, 1840–1972*. 5th ed. Urbana: University of Illinois Press.
Johnson, Harry G. 1960. "The Cost of Protection and the Scientific Tariff." *Journal of Political Economy* 68:327–45.
Johnson, Lyndon B. 1971. *The Vantage Point: Perspectives on the Presidency, 1963–69*. New York: Holt, Rinehart, and Winston.
Jones, Joseph M. 1955. *The Fifteen Weeks*. New York: Viking.
———. 1934. *Tariff Retaliation: Repercussions of the Hawley-Smoot Bill*. Philadelphia: University of Pennsylvania Press.
Jones, Kent A. 1994. *Export Restraint and the New Protectionism: the Political Economy of Discriminatory Trade Restrictions*. Ann Arbor: University of Michigan Press.
Jones, Ronald W. 1971. "A Three-Factor Model in Theory, Trade and History." In *Trade, Balance of Payments and Growth*, edited by Jagdish Bhagwati, Ronald Jones, Robert Mundell, and Jaroslav Vanek. Amsterdam: North-Holland.
Joseph, Richard J. 2004. *The Origins of the American Income Tax: The Revenue Act of 1894 and Its Aftermath*. Syracuse, NY: Syracuse University Press.
Josephson, Matthew. 1938. *The Politicos*. New York: Harcourt Brace.
Joyner, Fred B. 1939. *David Ames Wells: Champion of Free Trade*. Cedar Rapids, IA: Torch Press.
Kahane, Leo H. 1996. "Congressional Voting Patterns on NAFTA: An Empirical Analysis." *American Journal of Economics and Sociology* 55:395–409.
Kahn, Matthew. 1999. "The Silver Lining of Rust Belt Manufacturing Decline." *Journal of Urban Economics* 46:360–76.
Kane, Nancy F. 1988. *Textiles in Transition: Technology, Wages, and Industry Relocation in the U.S. Textile Industry, 1880–1930*. New York: Greenwood Press.

Kaplan, Lawrence S. 2015. *The Conversion of Senator Arthur H. Vandenberg*. Lexington: University Press of Kentucky.

Karol, David. 2000. "Divided Government and U.S. Trade Policy: Much Ado about Nothing?" *International Organization* 54:825–44.

Kaufman, Burton I. 1982. *Trade and Aid: Eisenhower's Foreign Economic Policy, 1953–1961*. Baltimore: Johns Hopkins University Press.

Kee, Hiau Looi, Cristina Neagu, and Alessandro Nicita. 2013. "Is Protectionism on the Rise? Assessing National Trade Policies during the Crisis of 2008." *Review of Economics and Statistics* 95:342–46.

Keech, William R., and Kyoungsan Pak. 1995. "Partisanship, Institutions, and Change in American Trade Politics." *Journal of Politics* 57:1130–42.

Keesing, Donald B., and Martin Wolf. 1980. *Textile Quotas against Developing Countries*. London: Trade Policy Research Centre.

Kelley, Darwin N. 1940. "The McNary-Haugen Bills, 1924–1928: An Attempt to Make the Tariff Effective for Farm Products." *Agricultural History* 14:170–80.

Kelley, William B., Jr. 1963. "Antecedents of Present Commercial Policy, 1922–1934." In *Studies in United States Commercial Policy*, edited by William B. Kelley Jr. Chapel Hill: University of North Carolina Press.

Kendrick, John W. 1961. *Productivity Trends in the United States*. Princeton, NJ: Princeton University Press.

Kenkel, Joseph F. 1983. *Progressives and Protection: The Search for a Tariff Policy, 1866–1936*. New York: University Press of America.

Kennon, Donald R., and Rebecca M. Rogers. 1989. *The Committee on Ways and Means: A Bicentennial History 1789–1989*. Washington, DC: Government Printing Office.

Ketcham, Ralph. 1971. *James Madison: A Biography*. New York: Macmillan.

Keynes, John Maynard. 1979. *The Collected Writings of John Maynard Keynes*, edited by Donald Moggridge. Vol. 24. *Activities 1944–1946, The Transition to Peace*. London: Macmillan; Cambridge University Press, for the Royal Economic Society.

———. 1980. *The Collected Writings of John Maynard Keynes*, edited by Donald Moggridge. Vol. 26, *Activities 1941–1946, Shaping the Post-War World: Bretton Woods and Reparations*. London: Macmillan; Cambridge University Press, for the Royal Economic Society.

Killick, John. 1997. *The United States and European Reconstruction, 1945–1960*. Edinburgh: Keele University Press.

Kim, Sukkoo. 1995. "Expansion of Markets and the Geographic Distribution of Economic Activities: The Trends in U.S. Regional Manufacturing Structure, 1860–1987." *Quarterly Journal of Economics* 110:881–908.

Kindleberger, Charles P. 1986. *The World in Depression, 1929–1939*. Revised edition. Berkeley: University of California Press.

———. 1989. "Commercial Policy between the Wars." In *Cambridge Economic History of Europe from the Decline of the Roman Empire*. Vol. 8. Edited by Peter Mathias and Sidney Pollard. Cambridge: Cambridge University Press.

Kissinger, Henry. 1979. *White House Years*. Boston: Little, Brown.

Kitano, Taiju, and Hiroshi Ohashi. 2009. "Did US Safeguards Resuscitate Harley-

Davidson in the 1980s?" *Journal of International Economics* 79:186–97.

Kleppner, Paul. 1979. *The Third Electoral System, 1853–1892: Parties, Voters, and Political Cultures*. Chapel Hill: University of North Carolina Press.

Kletzer, Lori G. 1998. "Trade and Job Displacement in U.S. Manufacturing: 1979–1991." In *Imports, Exports, and the American Worker*, edited by Susan Collins. Washington, DC: Brookings Institution.

———. 2002. *Imports, Exports, and Jobs: What Does Trade Mean for Employment and Job Loss?* Kalamazoo: W. E. Upjohn Institute for Employment Research.

Kock, Karin. 1969. *International Trade Policy and the GATT, 1947–1967*. Stockholm: Almquist and Wiksell.

Koopman, Robert, Zhi Wang, and Shang-jin Wei. 2012. "Estimating Domestic Content in Exports when Processing Trade Is Pervasive." *Journal of Development Economics* 99:178–89.

Kottman, Richard N. 1968. *Reciprocity and the North American Triangle, 1932–1938*. Ithaca, NY: Cornell University Press.

———. 1975. "Herbert Hoover and the Smoot-Hawley Tariff: Canada, A Case Study." *Journal of American History* 62:609–35.

Koyama, Kumiko. 2009. "The Passage of the Smoot-Hawley Tariff Act: Why Did the President Sign the Bill?" *Journal of Policy History* 21:163–86.

Kravis, Irving. 1972. "The Role of Exports in Nineteenth Century United States Economic Growth." *Economic Development and Cultural Change* 20:387–405.

Kreinin, Mordechai E. 1961. "The Effects of Tariff Changes on the Prices and Volumes of Imports." *American Economic Review* 51:310–24.

Krueger, Anne O. 1980. "Protectionist Pressures, Imports and Employment in the United States." *Scandinavian Journal of Economics* 82:133–46.

———. 1990a. "Asymmetries in Policy between Exportables and Import-competing Goods." In *The Political Economy of Trade Policy*, edited by Ronald Jones and Anne Krueger. Cambridge: Basil Blackwell.

———. 1990b. "The Political Economy of Controls: American Sugar." In *Public Policy and Economic Development: Essays in Honour of Ian Little*, edited by Maurice Scott and Deepak Lal. New York: Oxford University Press.

———, ed. 1996. *The Political Economy of American Trade Policy*. Chicago: University of Chicago Press.

Krugman, Paul, ed. 1991. *Trade with Japan: Has the Door Opened Wider?* Chicago: University of Chicago Press.

———. 1993. "The Uncomfortable Truth about NAFTA." *Foreign Affairs* 74:13–19.

———. 2008. "Trade and Wages, Reconsidered." *Brookings Papers on Economic Activity* (Spring): 103–37.

———, and Robert Z. Lawrence. 1994. "Trade, Jobs and Wages." *Scientific America* 270 (4): 22–27.

Kunkel, John. 2003. *America's Trade Policy towards Japan: Demanding Results*. New York: Routledge.

La Croix, Sumner J., and Christopher Grandy. 1997. "The Political Instability of Reciprocal Trade and the Overthrow of the Hawaiian Kingdom." *Journal of Economic History* 57:161–89.

Labaree, Benjamin W. 1964. *The Boston Tea Party*. New York: Oxford University Press.
Laird, Sam, and Alexander Yeats. 1990. "Trends in Nontariff Barriers of Developed Countries." *Weltwirtschaftliches Archiv* 126:299–325.
Lake, David A. 1988. *Power, Protection, and Free Trade: International Sources of U.S. Commercial Strategy, 1887–1939*. Ithaca, NY: Cornell University Press.
Lambert, Frank. 2005. *The Barbary Wars: American Independence in the Atlantic World*. New York: Hill & Wang.
Lamoreaux, Naomi R. 1985. *The Great Merger Movement in American Business, 1895–1904*. New York: Cambridge University Press.
Lande, Stephen L., and Craig Van Grasstek. 1986. *The Trade and Tariff Act of 1984: Trade Policy in the Reagan Administration*. Lexington, MA: D. C. Heath.
Larkin, John D. 1940. *Trade Agreements: A Study in Democratic Methods*. New York: Columbia University Press.
Larson, John L. 2001. *Internal Improvement: National Public Works and the Promise of Popular Government in the Early United States*. Chapel Hill: University of North Carolina Press.
Latimer, Jon. 2007. *1812: War with America*. Cambridge, MA: Harvard University Press.
Latner, Richard B. 1977. "The Nullification Crisis and Republican Subversion." *Journal of Southern History* 43:19–38.
Lawrence, Robert Z. 1984. *Can America Compete?* Washington, DC: Brookings Institution.
———. 2002. "International Trade Policy in the 1990s." In *American Economic Policy in the 1990s*, edited by Jeffrey Frankel and Peter Orzag. Cambridge, MA: MIT Press.
———. 2008. *Blue Collar Blues: Is Trade to Blame for Rising U.S. Income Inequality?* Washington, DC: Peterson Institute for International Economics.
———. 2014. "Adjustment Challenges for U.S. Workers." In *Bridging the Pacific: Toward Free Trade and Investment between China and the United States*, edited by C. Fred Bergsten, Gary C. Hufbauer, and Sean Miner. Washington, DC: Peterson Institute for International Economics.
League of Nations. 1932. *World Economic Survey*. Geneva: League of Nations.
———. 1933. *World Economic Survey*. Geneva: League of Nations.
———. 1942. *Commercial Policy in the Interwar Period: International Proposals and National Policies*. Geneva: League of Nations.
———. 1945. *Industrialization and Foreign Trade*. Geneva: League of Nations.
Lebergott, Stanley. 1966. "Labor Force and Employment, 1800–1960." In *Output, Employment, and Productivity in the United States after 1800*, edited by Dorothy Brady. New York: National Bureau of Economic Research.
———. 1981. "Through the Blockade: The Profitability and Extent of Cotton Smuggling, 1861–1865." *Journal of Economic History* 41:867–88
———. 1983. "Why the South Lost: Commercial Purpose in the Confederacy, 1861–1865." *Journal of American History* 70:58–74.
———. 1984. *The Americans: An Economic Record*. New York: W. W. Norton.
Leddy, James M. 1963. "United States Commercial Policy and the Domestic Farm Program." In *Studies in United States Commercial Policy*, edited by William B.

Kelley Jr. Chapel Hill: University of North Carolina Press.

———, and Janet L. Norwood. 1963. "The Escape Clause and Peril Points under the Trade Agreements Program." In *Studies in United States Commercial Policy*, edited by William B. Kelley Jr. Chapel Hill: University of North Carolina Press.

Lee, Arthur M. 1957. "Henry C. Carey and the Republican Tariff." *Pennsylvania Magazine of History and Biography* 81:280–302.

Lee, Donna. 2001. "Endgame at the Kennedy Round: A Case Study of Multilateral Economic Diplomacy." *Diplomacy and Statecraft* 12:115–38.

Leffler, Melvyn P. 1979. *The Elusive Quest: America's Pursuit of European Stability and French Security, 1919–1939*. Chapel Hill: University of North Carolina Press.

———. 1984. "The American Conception of National Security and the Beginnings of the Cold War, 1945–48." *American Historical Review* 89: 346–81.

Legro, Jeffrey W. 2000. "The Transformation of Policy Ideas." *American Journal of Political Science* 44:419–32.

Leiter, Robert D. 1961. "Organized Labor and the Tariff." *Southern Economic Journal* 28:55–65.

Lemert, Benjamin F. 1933. *The Cotton Textile Industry of the Southern Appalachian Piedmont*. Chapel Hill: University of North Carolina Press.

Lerner, Abba. 1936. "The Symmetry between Import and Export Taxes." *Economica* 3:306–13.

Leuchtenburg, William E. 2009. *Herbert Hoover*. New York: Times Books.

Levinson, Marc. 2006a. *The Box: How the Shipping Container made the World Small and the World Economy Bigger*. Princeton, NJ: Princeton University Press.

———. 2006b. "Container Shipping and the Decline of New York, 1955–1975." *Business History Review* 80:49–80.

Lewis, Frank D. 1979. "Explaining the Shift of Labor from Agriculture to Industry in the United States: 1869 to 1899." *Journal of Economic History* 39:681–98.

Lewis, W. Arthur. 1957. "International Competition in Manufacturers." *American Economic Review* 47:578–87.

Lincoln, Edward J. 1990. *Japan's Unequal Trade*. Washington, DC: Brookings Institution.

———. 1999. *Troubled Times: U.S.-Japan Trade Relations in the 1990s*. Washington, DC: Brookings Institution.

Lindert, Peter D. 2014. "Private Welfare and the Welfare State." In *The Cambridge History of Capitalism*. Vol. 2. Edited by Larry Neal and Jeffrey Williamson. New York: Cambridge University Press.

Lindert, Peter H., and Jeffrey G. Williamson. 2013. "American Incomes Before and After the Revolution." *Journal of Economic History* 73:725–65.

———. 2016. "American Colonial Incomes, 1650–1774." *Economic History Review* 69:54–77.

Link, Arthur S. 1956. *Wilson: The New Freedom*. Princeton, NJ: Princeton University Press.

Lint, Gregg. 1978. "John Adams on the Drafting of the Treaty Plan of 1776." *Diplomatic History* 2:313–20.

Lipsey, Robert E. 1963. *Price and Quantity Trends in the Foreign Trade of the United*

States. Princeton, NJ: Princeton University Press.
———. 2000. "U.S. Foreign Trade and the Balance of Payments." In *The Cambridge Economic History of the United States*. Vol. 2. *The Long Nineteenth Century*, edited by Stanley L. Engerman and Robert E. Gallman. New York: Cambridge University Press.
Liu, Dan, and Christopher M. Meissner. 2015. "Market Potential and the Rise of US Productivity Leadership." *Journal of International Economics* 96:72–87.
Lohmann, Susanne, and Sharyn O'Halloran. 1994. "Divided Government and U.S. Trade Policy: Theory and Evidence." *International Organization* 48:595–632.
Long, Breckinridge. 1966. *The War Diary of Breckinridge Long*. Edited by Fred L. Israel. Lincoln: University of Nebraska Press.
Low, Patrick. 1993. *Trading Free: The GATT and U.S. Trade Policy*. New York: Twentieth Century Fund Press.
Lowi, Theodore J. 1964. "American Business, Public Policy, Case-Studies, and Political Theory." *World Politics* 16:677–715.
Luthin, Reinhard H. 1944. "Abraham Lincoln and the Tariff." *American Historical Review* 49:609–29.
Lynd, Staughton, and David Waldstreicher. 2011. "Free Trade, Sovereignty, and Slavery: Toward an Economic Interpretation of American Independence." *William and Mary Quarterly* 68:597–630.
MacDonald, Stephen, and Thomas Vollrath. 2005. "The Forces Shaping World Cotton Consumption after the Multifiber Arrangement." US Department of Agriculture, Economic Research Service, CWS-05c-01, April.
MacDougall, Donald, and Rosemary Hutt. 1954. "Imperial Preference: A Quantitative Analysis." *Economic Journal* 64: 233–57.
Maclay, William. 1988. *The Diary of William Maclay and Other Notes on Senate Debates, March 4, 1789–March 3, 1791*, edited by Kenneth R. Bowling and Helen E. Veit. Baltimore: Johns Hopkins University Press.
Maddison, Angus. 1989. *The World Economy in the 20th Century*. Paris: OECD.
———. 1995. *Monitoring the World Economy, 1820–1992*. Paris: OECD.
———. 2001. *The World Economy: A Millennial Perspective*. Paris: OECD.
Madsen, Jakob B. 2001. "Trade Barriers and the Collapse of World Trade during the Great Depression." *Southern Economic Journal* 67: 848–68.
Magee, Christopher P. 2010. "Would NAFTA Have Been Approved by the House of Representatives under President Bush? Presidents, Parties, and Trade Policy." *Review of International Economics* 18:382–95.
Magee, Stephen P. 1972. "The Welfare Effects of Restrictions on U.S. Trade." *Brookings Papers on Economic Activity*, no. 3:645–707.
Magness, Phillip W. 2009. "Morrill and the Missing Industries: Strategic Lobbying Behavior and the Tariff, 1858–1861." *Journal of the Early Republic* 29:287–329.
Malin, James C. 1930. *The United States after the World War*. Boston: Ginn.
Malloy, W. M. 1910. *Treaties, Conventions, International Acts, Protocols and Agreements between the United State of America and other Powers*. 3 vols. Washington, DC: Government Printing Office.
Mannix Richard. 1979. "Gallatin, Jefferson, and the Embargo of 1808." *Diplomatic His-*

*tory* 3:151–72.

Marks, Frederick W. 1973. *Independence on Trial: Foreign Affairs and the Making of the Constitution*. Baton Rouge: Louisiana State University Press.

Marks, Stephen V., and Keith E. Maskus. 1993. *The Economics and Politics of World Sugar Policies*. Ann Arbor: University of Michigan Press.

Martis, Kenneth C. 1988. "Sectionalism and the United States Congress." *Political Geography Quarterly* 7:99–109.

Maskus, Keith E. 1989. "Large Costs and Small Benefits of the American Sugar Programme." *World Economy* 12:85–104.

Matusow, Allen J. 1998. *Nixon's Economy: Booms, Busts, Dollars, and Votes*. Lawrence: University Press of Kansas.

Mayer, Frederick W. 1998. *Interpreting NAFTA: The Science and Art of Political Analysis*. New York: Columbia University Press.

Mayer, Wolfgang. 1984. "Endogenous Tariff Formation." *American Economic Review* 74:970–85.

McCarty, Nolan M., Keith T. Poole, and Howard Rosenthal. 2002. "Congress and the Territorial Expansion of the United States." In *Party, Process, and Political Change in Congress: New Perspectives on the History of Congress*, edited by David Brady and Matthew D. McCubbins. Stanford, CA: Stanford University Press.

McClaren, John. 2016. "The Political Economy of Commercial Policy." In *Handbook of Commercial Policy*, edited by Kyle Bagwell and Robert W. Staiger. Vol. 1A. Amsterdam: North Holland.

McClenahan, William. 1991. "The Growth of Voluntary Export Restraints and American Foreign Economic Policy, 1956–1969." *Business and Economic History* 20:180–90.

McClendon, R. Earl. 1931. "Origin of the Two-Thirds Rule in Senate Action upon Treaties." *American Historical Review* 36:768–72.

McClure, Wallace. 1924. *A New American Commercial Policy*. New York: Columbia University Press.

McCoy, Drew R. 1974. "Republicanism and American Foreign Policy: James Madison and the Political Economy of Commercial Discrimination, 1789 to 1794." *William and Mary Quarterly* 31:633–46.

———. 1980. *The Elusive Republic: Political Economy in Jeffersonian America*. Chapel Hill: University of North Carolina Press.

McCraw, Thomas K. 1986. "Mercantilism and the Market: Antecedents of American Industrial Policy." In *The Politics of Industrial Policy*, edited by Claude E. Barfield and William A. Schambra. Washington, DC: AEI Press.

McCusker, John J. 1971. "The Current Value of English Exports, 1697 to 1800." *William and Mary Quarterly* 28:607–28.

———. 2000. "Estimating Early American Gross Domestic Product." *Historical Methods* 33:155–62.

———. 2001. *How Much Is That in Real Money? A Historical Commodity Price Index for Use as a Deflator of Money Values in the Economy of the United States*. 2nd ed. Worcester, MA: American Antiquarian Society.

———, and Russell R. Menard. 1985. *The Economy of British America, 1607–1789*.

Chapel Hill: University of North Carolina Press.
McDonald, Judith A., Anthony Patrick O'Brien, and Colleen M. Callahan. 1997. "Tariff Wars: Canada's Reaction to the Smoot-Hawley Tariff." *Journal of Economic History* 57:802–26.
McGillivray, Fiona. 1997. "Party Discipline as a Determinant of the Endogenous Formation of Tariffs." *American Journal of Political Science* 41:584–607.
———. 2001. "Trading Free and Opening Markets." In *International Trade and Political Institutions*, edited by Fiona McGillivray, Iain McLean, Robert Pahre, and Cheryl Schonhardt-Bailey. Cheltenham: Edward Elgar.
McGuire, Robert A. 1990. "Deflation-Induced Increases in Post-Civil War US Tariffs." *Economic History Review* 43:633–45.
———. 2003. *To Form a More Perfect Union: A New Economic Interpretation of the United States Constitution*. New York: Oxford University Press.
———, and T. Norman Van Cott. 2002. "The Confederate Constitution, Tariffs, and the Laffer Relationship." *Economic Inquiry* 40:428–38.
McKenzie, Francine. 2008. "GATT and the Cold War: Accession Debates, Institutional Development, and the Western Alliance, 1947-1959." *Journal of Cold War Studies* 10:78–109.
———. 2010. "The GATT-EEC Collision: The Challenge of Regional Trade Blocs to the General Agreement on Tariffs and Trade, 1950–67." *International History Review* 32:229–52.
McKenzie, Richard B., and Stephen D. Smith. 1987. "Loss of Textile and Apparel Jobs: Is Protectionism Warranted?" *Cato Journal* 6:731–46.
Meardon, Steven. 2007. "Postbellum Protection and Commissioner Wells's Conversion to Free Trade." *History of Political Economy* 39:571–604.
———. 2011. "Reciprocity and Henry C. Carey's Traverses on the 'Road to Perfect Freedom of Trade.'" *Journal of the History of Economic Thought* 33:307–33.
Mehrotra, Ajay K. 2004. "'More Mightly than the Waves of the Sea': Toilers, Tariffs, and the Income Tax Movement, 1880–1913." *Labor History* 45:165–98.
Meltzer, Allan H. 1976. "Monetary and Other Explanations of the Start of the Great Depression." *Journal of Monetary Economics* 2:455–71.
———. 2003. *A History of the Federal Reserve*. Vol. 1. *1913–1951*. Chicago: University of Chicago Press.
———. 2009. *A History of the Federal Reserve*. Vol. 2, bk. 2. *1970–1986*. Chicago: University of Chicago Press.
Merrill, Milton R. 1990. *Reed Smoot: An Apostle in Politics*. Salt Lake City: Utah State University.
Meyer, David R. 2003. *The Roots of American Industrialization*. Baltimore: Johns Hopkins University Press.
Mill, John Stuart. [1848] 1909. *Principles of Political Economy*. London: Longmans Green.
Miller, James N. 2003. *Wartime Origins of Multilateralism, 1939–1945: The Impact of the Anglo-American Trade Policy Negotiations*. PhD thesis, Emmanuel College, University of Cambridge.
Miller, Richard G. 1975. "The Tariff of 1832: The Issue that Failed." *Filson Club History*

*Quarterly* 49:221–30.
Millstein, James E. 1983. "Declining in an Expanding Industry: Japanese Competition in Color Television." In *American Industry in International Competition: Government Policies and Corporate Strategies*, edited by John Zysman and Laura Tyson. Ithaca, NY: Cornell University Press.
Milward, Alan S. 1981. "Tariffs as Constitutions." In *The International Politics of Surplus Capacity: Competition for Market Shares in the World Recession*, edited by Susan Strange and Roger Tooze. Boston: Allen & Unwin.
———. 1984. *The Reconstruction of Western Europe, 1945–1951*. Berkeley: University of California Press.
Minchin, Timothy J. 2013. *Empty Mills: The Fight against Imports and the Decline of the U.S. Textile Industry*. Lanham, MD: Rowman & Littlefield.
Miron, Jeffrey A., and Christina D. Romer. 1990. "A New Monthly Index of Industrial Production, 1884–1940." *Journal of Economic History* 50:321–37.
Mitchell, B. R. 1988. *British Historical Statistics*. New York: Cambridge University Press.
Mitchell, Daniel J. B. 1970. "Labor and the Tariff Question." *Industrial Relations* 9:268–76.
Moley, Raymond. 1939. *After Seven Years*. New York: Harper & Bros.
Monroe, Dan. 2003. *The Republican Vision of John Tyler*. College Station: Texas A&M Press.
Moore, Michael O. 1996. "The Waning Influence of Big Steel?" In Krueger 1996.
Morgan, H. Wayne. 1960. "Western Silver and the Tariff of 1890." *New Mexico Historical Review* 35:118–28.
———. 1965. "William McKinley and the Tariff." *Ohio History Journal* 74:215–31.
———. 1969. *From Hayes to McKinley: National Party Politics, 1877–1896*. Syracuse, NY: Syracuse University Press.
———. 2003. *William McKinley and His America*. Rev. ed. Kent, OH: Kent State University Press.
Morison, Elting Elmore. 1960. *Turmoil and Tradition: A Study of the Life and Times of Henry L. Stimson*. Boston: Houghton Mifflin.
Morkre, Morris E., and David G. Tarr. 1980. *Effects of Restrictions on United States Imports: Five Case Studies and Theory*. Washington, DC: Bureau of Economics, Federal Trade Commission.
Morrison, Rodney J. 1986. "Henry C. Carey and American Economic Development." *Transactions of the American Philosophical Society* 76:1–91.
Mulroney, Brian. 2007. *Memoirs, 1939–93*. Toronto: McClelland & Stewart.
Mundell, Robert A. 1957. "International Trade and Factor Mobility." *American Economic Review* 47:321–35.
Murray, Robert K. 1969. *The Harding Era: Warren G. Harding and His Administration*. Minneapolis: University of Minnesota Press.
Murray, Tracy W., and Michael R. Egmand. 1970. "Full Employment, Trade Expansion, and Adjustment Assistance." *Southern Economic Journal* 36:404–24.
Mussa, Michael. 2008. "IMF Surveillance over China's Exchange Rate Policy." In Goldstein and Lardy 2008.
Mutti, John H., and Malcolm D. Bale. 1981. "Output and Employment Changes

in a 'Trade Sensitive' Sector: Adjustment in the U.S. Footwear Industry." *Weltwirtschaftliches Archiv* 117:352–67.

Nasaw, David. 2006. *Andrew Carnegie*. New York: Penguin Press.

Nelson, Douglas. 1989. "Domestic Political Preconditions of U.S. Trade Policy: Liberal Structure and Protectionist Dynamics." *Journal of Public Policy* 9:83–108.

Nelson, John R., Jr. 1979. "Alexander Hamilton and American Manufacturing: A Reexamination." *Journal of American History* 65:971–95.

Nettles, Curtis P. 1962. *The Emergence of a National Economy, 1775–1815*. New York: Harper.

Nevins, Allan. 1932. *Grover Cleveland: A Study in Courage*. New York: Dodd, Mead.

Niskanen, William. 1988. *Reaganomics: An Insider's Account of the Policies and the People*. New York: Oxford University Press.

Nogués, Julio J., Andrzej Olechowski, and L. Alan Winters. 1986. "The Extent of Nontariff Barriers to Industrial Countries' Imports." *World Bank Economic Review* 1:181–99.

Noland, Marcus. 1997. "Chasing Phantoms: The Political Economy of USTR." *International Organization* 51:365–87.

Nollen, Stanley D., and Dennis P. Quinn. 1994. "Free Trade, Fair Trade, Strategic Trade, and Protectionism in the U.S. Congress, 1987–88." *International Organization* 48:491–525.

North, Douglass C. 1960a. "The Balance of Payments of the United States, 1790–1860." In *Trends in the American Economy in the Nineteenth Century*. Studies in Income and Wealth, Vol. 24. Princeton, NJ: Princeton University Press for the National Bureau of Economic Research.

———. 1960b. "The United States in the International Economy, 1790–1950." In *American Economic History*, edited by Seymour Harris. New York: McGraw-Hill.

———. 1966. *The Economic Growth of the United States, 1790–1860*. New York: W. W. Norton.

Notter, Harley A. 1949. *Postwar Foreign Policy Preparation, 1939–1945*. Washington, DC: Government Printing Office.

O'Brien, Anthony Patrick, and Judith A. McDonald. 2009. "Retreat from Protectionism: R. B. Bennett and the Movement to Freer Trade in Canada, 1930–1935." *Journal of Policy History* 21:331–65.

O'Halloran, Sharyn. 1994. *Politics, Process, and American Trade Policy*. Ann Arbor: University of Michigan Press.

O'Rourke, Kevin H. 2000. "Tariffs and Growth in the Late 19th Century." *Economic Journal* 110:456–83.

———, and Jeffrey G. Williamson. 1999. *Globalization and History: The Evolution of a Nineteenth-Century Atlantic Economy*. Cambridge, MA: MIT Press.

Obama, Barak. 2006. *The Audacity of Hope*. New York: Crown.

Ochenkowski, J. P. 1983. "The Origins of Nullification in South Carolina." *South Carolina Historical Magazine* 83:121–53.

Odell, John S. 1982. *U.S. International Monetary Policy: Markets, Power, and Ideas as a Source of Change*. Princeton, NJ: Princeton University Press.

———, and Barry Eichengreen. 1998. "The United States, the ITO, and the WTO: Exit

Options, Agent Slack, and Presidential Leadership." In *The WTO as an International Organization*. Chicago: University of Chicago Press.

———, and Margit Matzinger-Tchakerian. 1993. "European Community Enlargement and the United States." In *Talking Trade: U.S. Policy in Perspective*, edited by Robert S. Walters. Boulder, CO: Westview Press.

Officer, Lawrence H., and Lawrence B. Smith. 1968. "The Canadian-American Reciprocity Treaty of 1855 to 1866." *Journal of Economic History* 28:598–623.

Ohlmacher, Scott W. 2009. *The Dissolution of the Bretton Woods System: Evidence from the Nixon Tapes, August–December 1971*. Honors Thesis, University of Delaware.

Olson, Alison G. 1992. *Making the Empire Work: London and American Interest Groups, 1690–1790*. Cambridge, MA: Harvard University Press.

Olson, Mancur. 1965. *The Logic of Collective Action*. Cambridge: Harvard University Press.

Orden, David. 1996. "Agriculture ." In Krueger 1996.

Organization for Economic Cooperation and Development. 2014. *Agricultural Policies*. Paris: OECD.

Paemen, Hugo, and Alexandra Bensch. 1995. *From the GATT to the WTO: The European Community in the Uruguay Round*. Leuven, Belgium: Leuven University Press.

Palen, Marc-William. 2010. "Protection, Federation and Union: The Global Impact of the McKinley Tariff upon the British Empire, 1890–94." *Journal of Imperial and Commonwealth History* 38:395–418.

———. 2013. "The Civil War's Forgotten Transatlantic Tariff Debate and the Confederacy's Free Trade Diplomacy." *Journal of the Civil War Era* 3:35–61.

———. 2015. "The Imperialism of Economic Nationalism, 1890–1913." *Diplomatic History* 39:157–85.

———. 2016. *The 'Conspiracy' of Free Trade: The Anglo-American Struggle over Empire and Economic Globalization, 1846–1896*. New York: Cambridge University Press.

Pareto, Vilfredo. 1971. *Manual of Political Economy*. Translated by Ann S. Schwier. New York: A. M. Kelley. Orig. pub. 1909.

Parton, James. 1861. *Life of Andrew Jackson*. 3 vols. New York: Mason Bros.

Paskoff, Paul F. 1983. *Industrial Evolution: Organization, Structure, and Growth of the Pennsylvania Iron Industry, 1750–1860*. Baltimore: Johns Hopkins University Press.

Pastor, Robert A. 1980. *Congress and the Politics of U.S. Foreign Economic Policy, 1929–1976*. Berkeley: University of California Press.

Pastor, Robert. A. 1983. "The Cry and Sigh Syndrome: Congress and U.S. Trade Policy." In *Making Economic Policy in Congress*, edited by Allen Schick. Washington, DC: American Enterprise Institute.

Patrick, Stewart. 2009. *Best Laid Plans: The Origins of American Multilateralism and the Dawn of the Cold War*. Lanham, MD: Rowman & Littlefield.

Peart, Daniel. 2013. "Looking Beyond Parties and Elections: The Making of United States Tariff Policy during the Early 1820s." *Journal of the Early Republic* 33:87–108.

Pease, Jane H., and William H. Pease. 1981. "The Economics and Politics of Charleston's Nullification Crisis." *Journal of Southern History* 47:335–62.

Peek, George N. 1936. *Why Quit Our Own?* New York: Van Nostrand.

Penrose, Ernest F. 1953. *Economic Planning for the Peace.* Princeton, NJ: Princeton University Press.

Percy, Michael, Ken Norrie, and Richard Johnston. 1982. "Reciprocity and the Canadian General Election of 1911." *Explorations in Economic History* 19:409–34.

Pereira, Alfredo M., and Rafael Flores de Frutos. 1998. "Export Growth and Economic Development in Colonial British America." *Review of International Economics* 6:638–48.

Pérez, Louis A. 2003. *Cuba and the United States: Ties of Singular Intimacy.* Athens: University of Georgia Press.

Perkins, Bradford. 1961. *Prologue to War: England and the United States, 1805– 1812.* Berkeley: University of California Press.

Peskin, Lawrence A. 2002. "How the Republicans Learned to Love Manufacturing: The First Parties and the 'New Economy.'" *Journal of the Early Republic* 22:235–62.

———. 2003. *Manufacturing Revolution: The Intellectual Origins of Early American Industry.* Baltimore: Johns Hopkins University Press.

Peterson, Merrill D. 1965. "Thomas Jefferson and Commercial Policy." *William and Mary Quarterly* 22:584–610.

———. 1970. *Thomas Jefferson and the New Nation.* New York: Oxford University Press.

———. 1982. *The Olive Branch and the Sword: The Compromise of 1833.* Baton Rouge: Louisiana State University Press.

Pierce, Justin, and Peter K. Schott. 2016. "The Surprisingly Swift Decline of U.S. Manufacturing Employment." *American Economic Review* 106:1632–62.

Pincus, Jonathan J. 1977. *Pressure Groups and Politics in Antebellum Tariffs.* New York: Columbia University Press.

Pitkin, Thomas M. 1940. "Western Republicans and the Tariff of 1860." *Mississippi Valley Historical Review* 27:401–20.

Polk, James K. 1910. *The Diary of James K. Polk during His Presidency, 1845–1849,* edited by Milo Milton Quaife. Chicago: McClurg.

———. 1929. *Polk: The Diary of a President, 1845–1849.* Edited by Allan Nevins. New York: Longmans, Green and Co.

———. 1969. *Correspondence of James K. Polk,* edited by Herbert Weaver. 12 vols. Nashville: Vanderbilt University Press.

———. 1989. *Correspondence of James K. Polk.* Edited by Wayne Cutler. Vol. VII, Jan.–Aug. 1844. Nashville: Vanderbilt University Press.

Pope, Jeremy C., and Shawn Treier. 2015. "Voting for a Founding: Testing the Effect of Economic Interests at the Federal Convention of 1787." *Journal of Politics* 77:519–34.

Porges, Amelia. 1991. "U.S.-Japan Trade Negotiations: Paradigms Lost." In Krugman 1991.

Porter, David L. 1980. *Congress and the Waning of the New Deal.* Port Washington, NY: Kennikat Press.

———. 1974. "Sen. Pat Harrison and the Reciprocal Trade Act of 1940." *Journal of Mississippi History* 36:363–76.

Porter, Kirk H., and Donald B. Johnson, eds. 1956. *National Party Platforms, 1840–1956*. Urbana: University of Illinois Press.

Preeg, Ernest H. 1995. *Traders in a Brave New World: The Uruguay Round and the Future of the International Trading System*. Chicago: University of Chicago Press.

Pressnell, L. S. 1986. *External Economic Policy since the War*. London: Her Majesty's Stationery Office.

Preston, Julia, and Samuel Dillon. 2004. *Opening Mexico: The Making of a Democracy*. New York: Farrar, Straus, and Giroux.

Prestowitz, Clyde V. 1988. *Trading Places: How We are Giving our Future to Japan and How to Reclaim It*. New York: Basic Books.

Preyer, Norris W. 1959. "Southern Support for the Tariff of 1816—A Reappraisal." *Journal of Southern History* 25:306–22.

Prince, Carl E., and Seth Taylor. 1982. "Daniel Webster, the Boston Associates, and the U.S. Government's Role in the Industrializing Process, 1815–1830." *Journal of the Early Republic* 2:283–29.

Ragsdale, Bruce A. 1996. *A Planters' Republic: The Search for Economic Independence in Revolutionary Virginia*. Madison, WI: Madison House.

Ransom, Roger L. 1968. "British Policy and Colonial Growth: Some Implications of the Burden from the Navigation Acts." *Journal of Economic History* 28:427–35.

Ratcliffe, Donald J. 2000. "The Nullification Crisis, Southern Discontents, and the American Political Process." *American Nineteenth Century History* 1:1–30.

Ratner, Sidney. 1942. *American Taxation*. New York: W. W. Norton.

———. 1972. *The Tariff in American History*. New York: Van Nostrand.

Read, Robert. 2005. "The Political Economy of Trade Protection: The Determinants and Welfare Impact of the 2002 US Emergency Steel Safeguard Measures." *World Economy* 28:1119–37.

Reagan, Ronald. 1990. *An American Life*. New York: Simon & Schuster.

Reeves, Richard. 2001. *President Nixon: Alone in the White House*. New York: Simon & Schuster.

Reid, Peter C. 1990. *Made Well in America: Lessons From Harley-Davidson on Being the Best*. New York: McGraw-Hill.

Reitano, Joanne R. 1994. *The Tariff Question in the Gilded Age: The Great Debate of 1888*. University Park: Pennsylvania State University Press.

Remini, Robert V. 1958. "Martin Van Buren and the Tariff of Abominations." *American Historical Review* 63:903–17.

———. 1981. *Andrew Jackson and the Course of American Freedom, 1822–1832*. New York: Harper & Row.

———.1997. *Daniel Webster: The Man and his Times*. New York: Norton.

Revenga, Ana. L. 1992. "Exporting Jobs? The Impact of Import Competition on Employment and Wages in U.S. Manufacturing." *Quarterly Journal of Economics* 107:255–84.

Reynolds, David. 1982. *The Creation of the Anglo-American Alliance 1937–1941: A Study in Competitive Cooperation*. Chapel Hill: University of North Carolina Press.

Richardson, Heather Cox. 1997. *The Greatest Nation of the Earth: Republican Economic Policies during the Civil War*. Cambridge, MA: Harvard University Press.

Richardson, J. David. 1994. "Trade Policy." In *American Economic Policy in the 1980s*, edited by Martin Feldstein. Chicago: University of Chicago Press.

Richardson, James D., ed. 1903. *A Compilation of Messages and Papers of the Presidents, 1798–1902*. 10 vols. New York: Bureau of National Literature and Art.

Riley, James C. 1978. "Foreign Credit and Fiscal Stability: Dutch Investment in the United States, 1781–1794." *Journal of American History* 65:654–78.

Risjord, Norman K. 1961. "1812: Conservatives, War Hawks and the Nation's Honor." *William and Mary Quarterly* 18:196–210.

Ritcheson, Charles R. 1969. *Aftermath of Revolution: British Policy toward the United States, 1783–1795*. Dallas: Southern Methodist University Press.

Ritchie, Donald A. 2007. *Electing FDR: The New Deal Campaign of 1932*. Lawrence: University Press of Kansas.

Ritchie, Gordon. 1997. *Wrestling with the Elephant: The Inside Story of the Canada--U.S. Trade Wars*. Toronto: Macfarlane Walter & Ross.

Rodrik, Dani. 1995. "Political Economy of Trade Policy." In *Handbook of International Economics*. Vol. 3. Edited by Gene M. Grossman and Kenneth Rogoff. Amsterdam: North Holland.

Rogers, Edmund. 2007. "The United States and the Fiscal Debate in Britain, 1873–1913." *Historical Journal* 50:593–622.

Rogowski, Ronald. 1989. *Commerce and Coalitions: How Trade Affects Domestic Political Alignments*. Princeton, NJ: Princeton University Press.

Romalis, John. 2007. "NAFTA's and CUSFTA's Impact on International Trade." *Review of Economics and Statistics* 89:416–35.

Romer, Christina D. 1986. "Spurious Volatility in Historical Unemployment Data." *Journal of Political Economy* 94:1–37.

———. 1988. "World War I and the Postwar Depression: A Reinterpretation Based on Alternative Estimates of GNP." *Journal of Monetary Economics* 22:91–115.

———. 1992. "What Ended the Great Depression?" *Journal of Economic History* 52:757–84.

Roosevelt, Theodore. 1924. *Roosevelt's Writings: Selections from the Writings of Theodore Roosevelt*. Edited by Maurice G. Fulton. New York: Macmillan.

Rooth, Tim. 1993. *British Protectionism and the International Economy: Overseas Commercial Policy in the 1930s*. New York: Cambridge University Press.

Rosen, Elliot. 1977. *Hoover, Roosevelt, and the Brains Trust: From Depression to New Deal*. New York: Columbia University Press.

Rosenbloom, Joshua L. 2004. "Path Dependence and the Origins of the American Cotton Textile Industry." In *The Fiber That Changed the World: Cotton Industry in International Perspective*, edited by Douglas Farnie and David Jeremy. New York: Oxford University Press.

Rothbard, Murray. 1962. *The Panic of 1819*. New York: Columbia University Press.

Rothman, David J. 1966. *Politics and Power: The United States Senate, 1869–1901*. Cambridge, MA: Harvard University Press.

Rousseau, Peter L. 2002. "Jacksonian Monetary Policy, Specie Flows, and the Panic of

1837." *Journal of Economic History* 62:457–88.

Rousslang, Donald J., and John W. Suomela. 1988. "Calculating the Welfare Costs of Import Restrictions in the Imperfect Substitutes Model." *Applied Economics* 20:691–700.

Rove, Karl. 2015. *The Triumph of William McKinley: Why the Election of 1896 Still Matters*. New York: Simon & Schuster.

Ruffin, Roy, and Ronald Jones. 1977. "Protection and Real Wages: The Neoclassical Ambiguity." *Journal of Economic Theory* 14:337–48.

Russel, Robert R. 1924. *Economic Aspects of Southern Sectionalism, 1840–1861*. Urbana: University of Illinois Press.

Ruttenberg, Stanley H., & Associates. 1971. *Needed: A Constructive Foreign Trade Policy*. Washington, DC: Industrial Union Department, AFL-CIO.

Safire, William. 1975. *Before the Fall: An Inside View of the Pre-Watergate White House*. Garden City, NY: Doubleday.

Salant, Walter S., and Beatrice N. Vaccara. 1961. *Import Liberalization and Employment: The Effects of Unilateral Reductions in United States Import Barriers*. Washington, DC: Brookings Institution.

Saloom, Joseph A. 1972. Organized Labor and Adjustment Assistance. MSc Thesis, Sloan School of Business, MIT.

Samuelson, Paul A. 1971. "Ohlin Was Right." *Swedish Journal of Economics* 73:365–84.

Sanders, Elizabeth. 1999. *Roots of Reform: Farmers, Workers, and the American State, 1877–1917*. Chicago: University of Chicago Press.

Sarasohn, David. 1989. *The Party of Reform: Democrats in the Progressive Era*. Jackson: University of Mississippi Press.

Sawers, Larry. 1992. "The Navigation Acts Revisited." *Economic History Review* 45:262–84.

Sayre, Francis B. 1939. "The Constitutionality of the Trade Agreements Act." *Columbia Law Review* 39:751–75

———. 1939. *The Way Forward: The American Trade Agreements Program*. New York: Macmillan.

———. 1957. *Glad Adventure*. New York: Macmillan.

Schattsneider, E. E. 1935. *Politics, Pressures, and the Tariff*. New York: Prentice Hall.

Schatz, Arthur W. 1970. The Anglo-American Trade Agreement and Cordell Hull's Search for Peace 1936–1938. *Journal of American History* 57:85–103.

———. 1972. "The Reciprocal Trade Agreements Program and the 'Farm Vote,' 1934–1940." *Agricultural History* 46:498–514.

Schneitz, Karen E.1998. "Democrats' 1916 Tariff Commission: Responding to Dumping Fears and Illustrating the Consumer Costs of Protectionism." *Business History Review* 72:1–45.

———. 2000. "The Institutional Foundations of U.S. Trade Policy: Revisiting Explanations for the 1934 Reciprocal Trade Agreements Act." *Journal of Policy History* 12:417–44.

———. 2003. "The Reaction of Private Interests to the 1934 Reciprocal Trade Agreements Act." *International Organization* 57:213–33.

———, and Timothy Nieman. 1999. "Politics Matter: The 1997 Derailment of Fast-Track Negotiating Authority." *Business and Politics* 1:233–51.

Schoppa, Leonard J. 1997. *Bargaining with Japan: What American Pressure Can and Cannot Do*. New York: Columbia University Press.

Schulman, Bruce J. 1991. *From Cotton Belt to Sunbelt: Federal Policy, Economic Development, and the Transformation of the South, 1938–1980*. New York: Oxford University Press.

Schultze, Charles L. 1983. "Industrial Policy: A Dissent." *Brookings Review* 2:4–12.

Schwab, Susan C. 1994. *Trade-Offs: Negotiating the Omnibus Trade and Competitiveness Act*. Boston: Harvard Business School Press.

Scott, Robert E., and Will Kimball. 2014. "China Trade, Outsourcing, and Jobs." EPI Briefing Paper No. 385. Washington, DC: Economic Policy Institute.

Scroggs, William O. 1930. "Revolt against the Tariff." *North American Review* 230:18–24.

Sears, Louis M. 1921. "Philadelphia and the Embargo of 1808." *Quarterly Journal of Economics* 35:354–59.

———. 1927. *Jefferson and the Embargo*. Durham, NC: Duke University Press.

Select Committee on Investigation of the United States Tariff Commission. 1928. *Report: Investigation of the Tariff Commission*. Washington: Government Printing Office.

Sell, Susan K. 2003. *Private Power, Public Law: The Globalization of Intellectual Property Rights*. New York: Cambridge University Press.

Sellers, Charles G. 1966. *James K. Polk: Continentalist, 1843–46*. Princeton, NJ: Princeton University Press.

———. 1991. *The Market Revolution: Jacksonian America, 1815–1846*. New York: Oxford University Press.

Sellers, James. 1927. "Economic Incidence of the Civil War on the South." *Mississippi Valley Historical Review* 14, 179–91.

Setser, Vernon G. 1933. "Did Americans Originate the Conditional Most-Favored-Nation Clause?" *Journal of Modern History* 5:319–23.

———. 1937. *The Commercial Reciprocity Policy of the United States, 1774–1829*. Philadelphia: University of Pennsylvania Press.

Shammas, Carole. 1982. "How Self-Sufficient Was Early America?" *Journal of Interdisciplinary History* 13:247–72.

Shankman, Andrew. 2003. "'A New Thing on Earth': Alexander Hamilton, Pro-Manufacturing Republicans, and the Democratization of American Political Economy." *Journal of the Early Republic* 23:323–52.

Shapiro, Hal S. 2006. *Fast Track: A Legal, Historical, and Political Analysis*. Ardsley, NY: Transnational Publishers.

Shelburne, Robert C., and Robert W. Bednarzik. 1993. "Geographic Concentration of Trade-Sensitive Employment." *Monthly Labor Review* 116 (June): 3–13.

Shenton, James P. 1961. *Robert James Walker: A Politician from Jackson to Lincoln*. New York: Columbia University Press.

Shepherd, James F. 1993. "State Tariff Policies in the Era of Confederation." Unpublished paper, presented at Western Economic Association, Lake Tahoe, Nevada.

———, and Gary M. Walton. 1972. *Shipping, Maritime Trade, and the Economic Devel-*

*opment of Colonial North America*. New York: Cambridge University Press.

———, and Gary M. Walton. 1976. "Economic Change after the American Revolution: Pre- and Post-War Comparisons of Maritime Shipping and Trade." *Explorations in Economic History* 12:397–422.

Sheridan, Richard B. 1960. "The British Credit Crisis of 1772 and the American Colonies." *Journal of Economic History* 20:161–86.

Sherman, John. 1895. *Recollections of Forty Years in the House, Senate, and Cabinet*. 2 vols. Chicago: Werner Company.

Sherman, Richard. 2002. "Delegation, Ratification, and US Trade Policy." *Comparative Political Studies* 35:1171–97.

Shikher, Sergei. 2012. "Predicting the Effects of NAFTA: Now We Can Do It Better!" *Journal of International and Global Economic Studies* 5:32–59

Shoch, James. 2001. *Trading Blows: Party Competition and U.S. Trade Policy in a Globalizing Era*. Chapel Hill: University of North Carolina Press.

Singleton, Christopher J. 1990. "The 1987–88 Surge in Exports and the Rise in Factory Jobs." *Monthly Labor Review* (May), 42–49.

Sjaastad, Larry. 1980. "Commercial Policy, 'True Tariffs' and Relative Prices." In *Current Issues in Commercial Policy and Diplomacy*, edited by John Black and Brian Hindley. New York: St Martin's Press.

Skocpol, Theda. 1993. "America's First Social Security System: The Expansion of Benefits for Civil War Veterans." *Political Science Quarterly* 108:85–116.

Smith, Adam. 1976 [1776]. *An Inquiry into the Nature and Causes of the Wealth of Nations*. Oxford: Clarendon Press.

Smith, Howard R. 1954. "The Farmer and the Tariff: A Reappraisal." *Southern Economic Journal* 21:152–65.

Smith, Mark. 1926. *Wool and the Tariff*. New York: Macmillan.

Smith, Walter B., and Arthur H. Cole. 1935. *Fluctuations in American Business, 1790–1860*. Cambridge, MA: Harvard University Press.

Smoot, Reed. 1931. "Our Tariff and the Depression." *Current History* 35:173–81.

———. 1997. *In the World: The Diaries of Reed Smoot*. Edited by Harvard S. Heath. Salt Lake City, UT: Signature Books.

Snyder, J. Richard. 1968. "Coolidge, Costigan, and the Tariff Commission." *Mid-America* 50:131–48.

———. 1973. "Hoover and the Hawley-Smoot Tariff: A View of Executive Leadership." *Annals of Iowa* 41:1173–1189.

———. 1980. *William S. Culbertson: In Search of a Rendezvous*. Washington, DC: University Press of America.

Solvick, Stanley D. 1963. "William Howard Taft and the Payne-Aldrich Tariff." *Mississippi Valley Historical Review* 50:424–42.

Spinelli, Lawrence. 1989. *Dry Diplomacy: the United States, Great Britain, and Prohibition*. Wilmington, DE: Scholarly Resources.

Spivak, Burton. 1979. *Jefferson's English Crisis: Commerce, Embargo, and the Republican Revolution*. Charlottesville: University Press of Virginia.

Stagg, J. C. A. 1983. *Mr. Madison's War: Politics, Diplomacy, and Warfare in the Early American Republic, 1783–1830*. Princeton, NJ: Princeton University Press.

Stanwood, Edward. 1903. *American Tariff Controversies in the Nineteenth Century.* 2 vols. Boston: Houghton, Mifflin.

Stapleford, Thomas A. 2009. *The Cost of Living in America: A Political History of Economic Statistics, 1880–2000.* New York: Cambridge University Press.

*Statistical Abstract of the United States.* Various years. Washington, DC: Government Printing Office.

Steel, Ronald. 1980. *Walter Lippmann and the American Century.* Boston: Little, Brown.

Steeples, Douglas W., and David O. Whitten. 1998. *Democracy in Desperation: The Depression of 1893.* Westport, CT: Greenwood Press.

Stein, Judith. 2010. *Pivotal Decade: How the United States Traded Factories for Finance in the Seventies.* New Haven, CT: Yale University Press.

Steward, Dick. 1975. *Trade and Hemisphere: The Good Neighbor Policy and Reciprocal Trade.* Columbia: University of Missouri Press.

Stiles, Kendall W. 1995. "The Ambivalent Hegemon: Explaining the 'Lost Decade' in Multilateral Trade Talks: 1948–58." *Review of International Political Economy* 2:1–26.

Stockman, David A. 1986. *The Triumph of Politics: How the Reagan Revolution Failed.* New York: Harper & Row.

Stolper, Wolfgang, and Paul A. Samuelson. 1941. "Protection and Real Wages." *Review of Economic Studies* 41:58–73.

Story, Joseph. 1852. *The Miscellaneous Writings of Joseph Story,* edited by William W. Story. Boston: Little, Brown.

Strauss, Robert. 1987. "Foreword.: In *The Tokyo Round of Multilateral Trade Negotiations: A Case Study in Building Domestic Support for Diplomacy,* by J. E. Twiggs, Lanham, MD: University Press of America.

Strum, Harvey. 1994. "Rhode Island and the Embargo of 1807." *Rhode Island History* 52:58–67.

Stuart, Reginald C. 1982. "James Madison and the Militants: Republican Disunity and Replacing the Embargo." *Diplomatic History* 6:145–68.

Subramanian, Arvind, and Shang-jin Wei. 2007. "The WTO Promotes Trade, Strongly but Unevenly." *Journal of International Economics* 72:151–75.

Summers, Festus P. 1953. *William L. Wilson and Tariff Reform.* New Brunswick, NJ: Rutgers University Press.

Sumner, Scott. 2015. *The Midas Paradox: Financial Markets, Government Policy Shocks, and the Great Depression.* Oakland, CA: The Independent Institute.

Sundquist, James L. 1983. *The Dynamics of the Party System: Alignment and Realignment of Political Parties in the United States.* Washington, DC: Brookings Institution.

Suomela, John W. 1993. *Free Trade versus Fair Trade: The Making of American Trade Policy in a Political Environment.* Turku: Institute for European Studies.

Surdam, David. 2001. *Northern Naval Superiority and the Economics of the American Civil War.* Columbia: University of South Carolina Press.

Suskind, Ron. 2004. *The Price of Loyalty.* New York: Simon & Schuster.

Sutthiphisal, Dhanoos. 2006. "Learning-by-Producing and the Geographic Links between Invention and Production: Experience from the Second Industrial Revolution." *Journal of Economic History* 66:992–1025.

Taft, Robert A. 2003. *The Papers of Robert A. Taft*. Edited by Clarence F. Wunderlin. Vol. 3. Kent, OH: Kent State University Press.

Talbot, Ross B. 1978. *The Chicken War: An International Trade Conflict between the United States and the European Economic Community, 1961–1964*. Ames: Iowa State University Press.

Tarbell, Ida M. 1912. *The Tariff in our Times*. New York: Macmillan.

Tariff Commission. 1882. *Report of the Tariff Commission*. 2 vols. Washington, DC: Government Printing Office.

Tarr, David G., and Morris E. Morkre. 1984. *Aggregate Costs to the United States of Tariff and Quotas on Imports: General Tariff Cuts and Removal of Quotas on Automobiles, Steel, Sugar, and Textiles*. Washington, DC: Bureau of Economics, Federal Trade Commission.

Tasca, Henry J. 1938. *The Reciprocal Trade Policy of the United States*. Philadelphia: University of Pennsylvania Press.

Taussig, Frank W. 1892. *State Papers and Speeches on the Tariff*. Cambridge, MA: Harvard University Press.

———. 1915. *Some Aspects of the Tariff Question*. Cambridge, MA: Harvard University Press.

———. 1916. "The Proposal for a Tariff Commission." *North American Review* 203:194–204.

———. 1920. *Free Trade, the Tariff, and Reciprocity*. New York: Macmillan.

———. 1926. "The United States Tariff Commission and the Tariff." *American Economic Review* 16:171–81.

———. 1931. *The Tariff History of the United States*. 8th ed. New York: G. P. Putnam's Sons.

Taylor, George Rogers. 1951. *The Transportation Revolution, 1815–1860*. New York: Rinehart.

Taylor, Jason E., Bharati Basu, and Steven McLean. 2011. "Net Exports and the Avoidance of High Unemployment During Reconversion, 1945–1947." *Journal of Economic History* 71:444—54.

Taylor, Jason E., and Todd C. Neumann. 2016. "Recovery Spring, Faltering Fall: March to November 1933." *Explorations in Economic History* 61:54–67.

Tedesco, Paul H. 1985. *Patriotism, Protection, and Prosperity: James Moore Swank, the American Iron and Steel Association, and the Tariff: 1873–1913*. New York: Garland.

Temin, Peter, and Barrie A. Wigmore. 1990. "The End of One Big Deflation." *Explorations in Economic History* 27:483-502.

Temperley, H. W. V.. ed. 1921. *A History of the Peace Conference of Paris*. London: Frowde, Hodder & Stoughton.

Terrill, Tom E. 1969. "David A. Wells, the Democracy, and Tariff Reduction, 1877–1894." *Journal of American History* 56:540–55.

———. 1973. *The Tariff, Politics, and American Foreign Policy, 1874–1901*. Westport, CT: Greenwood Press.

Thomas, P. D. G. 1975. *British Politics and the Stamp Act Crisis: The First Phase of the American Revolution 1763–1767*. New York: Clarendon Press.

———. 1987. *The Townshend Duties Crisis: The Second Phase of the American Revolution, 1767–1773*. New York: Oxford University Press.

Thomas, Robert P. 1965. "A Quantitative Approach to the Study of the Effects of British Imperial Policy upon Colonial Welfare: Some Preliminary Findings." *Journal of Economic History* 25:615–38.

Thompson, Margaret S. 1985. *The "Spider Web": Congress and Lobbying in the Age of Grant*. Ithaca, NY: Cornell University Press.

Thorp, Willard L. 1926. *Business Annals*. New York: National Bureau of Economic Research.

Tiegle, Joseph G., Jr. 1942. "Louisiana and the Tariff, 1816–1846." *Louisiana Historical Quarterly* 25:24–148.

Timberlake, Richard. 1993. *Monetary Policy in the United States: An Intellectual and Institutional History*. Chicago: University of Chicago Press.

Tocqueville, Alexis de. 2004 [1848]. *Democracy in America*. Translated by Arthur Goldhammer. New York: Library of America.

Tontz, Robert L. 1958. "Origin of the Base Period Concept of Parity: A Significant Value Judgment in Agricultural Policy." *Agricultural History* 32:3–13.

Toye, Richard J. 2003a. "Developing Multilateralism: The Havana Charter and the Fight for the International Trade Organization, 1947–1948." *International History Review* 25:282–305

———. 2003b. "The Attlee Government, the Imperial Preference System, and the Creation of the GATT." *English Historical Review* 98:912–39.

Trela, Irene, and John Whalley. 1990. "Global Effects of Developed Country Trade Restrictions on Textiles and Apparel." *Economic Journal* 100:1190–1205.

Trubowitz, Peter. 1998. *Defining the National Interest: Conflict and Change in American Foreign Policy*. Chicago: University of Chicago Press.

Tugwell, Rexford G. 1968. *The Brains Trust*. New York: Viking.

Tullock, Gordon. 1975. "The Transitional Gains Trap." *Bell Journal of Economics* 6:671–78.

Tully, John. 1996. "Coal Fields of the Conterminous United States." USGS Open-File Report OF 96–92. Reston, VA: US Geological Survey.

US Bureau of the Census. 1975. *Historical Statistics of the United States: Bicentennial Edition*. Washington, DC: Government Printing Office.

———. Various years. *Census of Manufactures*. Online at https://www.census.gov/programs-surveys/decennial-census/library/publications.html.

US Department of Commerce. 1948. *International Transactions of the United States during the War, 1940–45*. Washington, DC: Government Printing Office.

———. 1950. *The Balance of International Payments of the United States, 1946–1948*. Washington, DC: Government Printing Office.

US Department of State. 1945. *Proposals for Expansion of World Trade and Employment*. Washington, DC: Government Printing Office.

US Department of the Treasury 2016 (April 29). *Foreign Exchange Policies of Major Trading Partners of the United States*. Available online at https://www.treasury.gov/resource-center/international/exchange-rate-policies/Pages/index.aspx.

US General Accounting Office. 1987. "Activity under Section 201." GAO/NSIAO-87-96FS.

———. 1994. *International Trade: U.S. Government Policy Issues Affecting U.S. Business Activities in China*. GGD-94-94. Washington, DC: GAO.

———. 2001. "World Trade Organization: U.S. Experience in Dispute Settlement System: The First Five Years." July. Washington, DC: GAO.

US International Trade Commission. 1982a. *Economic Effects of Export Restraints*. Publication No. 1256. Washington, DC: USITC.

———. 1982b. *The Effectiveness of Escape Clause Relief in Promoting Adjustment to Import Competition*. Publication No. 1229. Washington, DC: USITC.

———. 1989. *The Economic Effects of Significant U.S. Import Restraints, Phase I: Manufacturing*. Publication No. 2222. Washington, DC: USITC.

———. 1993. *Potential Impact on the U.S. Economy and Selected Industries of the North American Free Trade Agreement*. Publication No. 2596. Washington, DC: USITC.

———. 1995. *The Economic Effects of Antidumping and Countervailing Duty Orders and Suspension Agreements*. Publication No. 2900. Washington, DC: USITC.

———. 2004. *U.S.-Central America-Dominican Republic Free Trade Agreement: Potential Economy-wide and Selected Sectoral Effects*. Publication No. 3717. Washington, DC: USITC.

———. 2016. *Economic Impact of Trade Agreements Implemented under Trade Authorities Procedures, 2016 Report*. USITC Publication Number 4614.

US Tariff Commission. 1919. *Reciprocity and Commercial Treaties*. Washington, DC: Government Printing Office.

———. 1922. "Operations of Rates in the Emergency Tariff Act." Senate Document No. 224, 67th Congress, 2d Session.

US Tariff Commission. 1930. Annual Report. Washington, DC: Government Printing Office.

———. 1948. *Operation of the Trade Agreements Program, July 1934 to April 1948, Part 1. Summary*. Washington, DC: Government Printing Office.

Underwood, Oscar W. 1928. *Drifting Sands of Party Politics*. New York: The Century Co.

Uslaner, E. 1998. "Let the Chips Fall Where They May? Executive and Constituency Influences on Congressional Voting Behavior on NAFTA." *Legislative Studies Quarterly* 23:347–71.

Van Bertrab, Hermann. 1997. *Negotiating NAFTA: A Mexican Envoy's Account*. Westport, CT: Praeger.

Van Cott, T. Norman, and Larry J. Wipf. 1983. "Tariff Reduction via Inflation: U.S. Specific Tariffs, 1972–79." *Weltwirtschaftliches Archiv* 119:724–33.

Vandenberg, Arthur. 1952. *The Private Papers of Senator Vandenberg*. Boston: Houghton Mifflin.

VanGrasstek, Craig. 2013. *The History and Future of the World Trade Organization*. Geneva: World Trade Organization.

Varg, Paul A. 1976. "The Economic Side of the Good Neighbor Policy: The Reciprocal Trade Program and South America." *Pacific Historical Review* 45:47–71.

Viner, Jacob. 1923. *Dumping: A Problem in International Trade.* Chicago: University of Chicago Press.

———. "The Most Favored Nation Clause in American Commercial Treaties." *Journal of Political Economy* 32:101–129.

Vipperman, Carl J. 1989. *William Lowndes and the Transition of Southern Politics, 1782–1822.* Chapel Hill: University of North Carolina Press.

Volcker, Paul A. 1978–79. "The Political Economy of the Dollar." *Federal Reserve Bank of New York Quarterly Review* 3 (Winter): 1–12.

———, and Toyoo Gyohten. 1992. *Changing Fortunes: The World's Money and the Threat to American Leadership.* New York: Times Books.

Walker, Robert J. 1845. *Report of the Secretary of the Treasury.* Senate Doc. No. 21, 28th Congress, 2nd session.

Wallis, John J. 2001. "What Caused the Crisis of 1839?" NBER Historical Working Paper No. 133, April.

Walton, Gary M. 1971. "The New Economic History and the Burdens of the Navigation Acts." *Economic History Review* 24:533–42.

Wanniski, Jude. 1978. *The Way the World Works.* New York: Basic Books.

Ward, Marianne, and John Devereux. 2003. "Measuring British Decline: Direct versus Long-Span Income Measures." *Journal of Economic History* 63:826–51.

———. 2005. "Relative British and American Income Levels during the First Industrial Revolution." *Research in Economic History* 23:255–92.

Ware, Caroline F. 1926. "The Effect of the American Embargo, 1807–1809, on the New England Cotton Industry." *Quarterly Journal of Economics* 40:672–88.

———. 1931. *The Early New England Cotton Manufacture.* Boston: Houghton Mifflin.

Warren, Kenneth. 1973. *The American Steel Industry, 1850–1970: A Geographical Interpretation.* Oxford: Clarendon Press.

Watson, Richard A. 1956. "The Tariff Revolution: A Study of Shifting Party Attitudes." *Journal of Politics* 18:678–701.

Weiss, Thomas. 1993. "Long-Term Changes in U.S. Agricultural Output Per Worker, 1800–1900." *Economic History Review* 46:324–41.

Weller, Nicholas. 2009. "Trading Policy: Constituents and Party in U.S. Trade Policy." *Public Choice* 141:87–101.

Wells, David. 1867. "Report of the Special Commissioner of the Revenue." Senate Executive Documents, No. 2, 39th Congress, 2nd session. Washington, DC: Government Printing Office.

———. 1869a. "Report of the Special Commissioner of the Revenue [1868]." House Executive Documents, No. 16, 40th Congress, 3rd session. Washington, DC: Government Printing Office.

———. 1869b. "Report of the Special Commissioner of the Revenue [1869]." House Executive Documents, No. 27, 41st Congress, 2nd session. Washington, DC: Government Printing Office.

White, Eugene N. 1990. "When the Ticker Ran Late: The Stock Market Boom and Crash of 1929." In *Crises and Panics: The Lessons of History,* edited by Eugene N. White. Homewood: Dow Jones–Irwin.

Whittlesey, C. R. 1937. "Import Quotas in the United States." *Quarterly Journal of*

*Economics* 52:37–65.
Wilcox, Clair. 1949. *A Charter for World Trade.* New York: Macmillan.
Wilgress, Leolyn Dana. 1967. *Memoirs.* Toronto: Ryerson Press.
Wilkins, Mira. 1989. *The History of Foreign Investment in the United States to 1914.* Cambridge, MA: Harvard University Press.
Wilkinson, Joe R. 1960. *Politics and Trade Policy.* Washington, DC: Public Affairs Press.
Williamson, Jeffrey G. 1995. "The Evolution of Global Labor Markets since 1830: Background Evidence and Hypotheses." *Explorations in Economic History* 32:141–96.
Willis, H. Parker. 1914. "The Tariff of 1913: I." *Journal of Political Economy* 22:1–42.
Wilson, Theodore A. 1991. *The First Summit: Roosevelt and Churchill at Placentia Bay, 1941.* Rev. ed. Lawrence: University Press of Kansas.
Wilson, Woodrow. 1909. "Tariff Make-Believe." *North American Review* 190:535–56.
Winham, Gilbert R. 1980. "Robert Strauss, the MTN, and the Control of Faction." *Journal of World Trade Law* 14:377–97.
———. 1986. *International Trade and the Tokyo Round Negotiation.* Princeton, NJ: Princeton University Press.
Witkowski, Terrence H. 1989. "Colonial Consumers in Revolt: Buyer Values and Behavior during the Nonimportation Movement, 1764–1776." *Journal of Consumer Research* 16:216–26.
Wolff, Alan W. 1983. "The Need for New GATT Rules to Govern Safeguard Actions." In *Trade Policy in the 1980s*, edited by William R. Cline. Washington, DC: Institute for International Economics.
Wolford, Thorp L. 1942. "Democratic-Republican Reaction in Massachusetts to the Embargo of 1807." *New England Quarterly* 15:35–61.
Wolman, Paul. 1992. *Most Favored Nation: The Republican Revisionists and U.S. Tariff Policy: 1897–1912.* Chapel Hill: University of North Carolina Press.
Woltjer, Pieter. 2015. "Taking Over: A New Appraisal of the Anglo-American Productivity Gap and the Nature of American Economic Leadership c. 1910." *Scandinavian Economic History Review* 63:280–301.
Woods, Randall B. 1990. *A Changing of the Guard: AngloAmerican Relations, 1941-–1946.* Chapel Hill: University of North Carolina Press.
World Trade Organization. 1999. *The Legal Texts: The Results of the Uruguay Round of Multilateral Trade Negotiations.* New York: Cambridge University Press.
Wright, Chester W. 1910. *Wool-Growing and the Tariff.* Cambridge, MA: Harvard University Press.
Wright, Gavin. 1990. "The Origins of American Industrial Success, 1879–1940." *American Economic Review* 80:651–68.
Yang, Dennis Tao. 2012. "Aggregate Savings and External Imbalances in China." *Journal of Economic Perspectives* 26:125–46.
Younger, Edward. 1955. *John A. Kasson: Politics and Diplomacy from Lincoln to McKinley.* Iowa City: State Historical Society of Iowa.
Zeiler, Thomas W. 1987. "Free Trade Politics and Diplomacy: John F. Kennedy and Textiles." *Diplomatic History* 11:127–42.
———. 1992. *American Trade and Power in the 1960s.* New York: Columbia University Press.

———. 1999. *Free Trade, Free World: The Advent of GATT.* Chapel Hill: University of North Carolina Press.

Zevin, Robert B. 1971. "The Growth of Cotton Textile Production After 1815." In *The Reinterpretation of America's Past*, edited by Robert Fogel and Stanley Engerman. New York: Harper & Row.

Zinsmeister, Karl. 1993. "MITI Mouse." *Policy Review* 64:28–35.

Zoellick, Robert B. 2000. "A Republican Foreign Policy." *Foreign Affairs* 79:63–78.

Zornow, William F. 1954. "Georgia Tariff Policies, 1775–1789." *Georgia Historical Quarterly* 37:1–10.

———. 1954. "Massachusetts Tariff Policies, 1775–1789." *Essex Institute Historical Collections* 90:194–215.

———. 1954. "New Hampshire Tariff Policies, 1775–1789." *The Social Studies* 45:252–256.

———. 1954. "The Tariff Policies of Virginia, 1775–1789." *Virginia Magazine of History and Biography* 62:306–319.

———. 1955. "North Carolina State Tariff Policies, 1775–1789." *North Carolina Historical Review* 32:151–164.

———. 1955. "Tariff Policies of South Carolina, 1775–1789." *South Carolina Historical and Genealogical Magazine* 56:31–44.

———. 1956. "New York Tariff Policies, 1775–1789." *New York History* 37:40–63.